LA GUÍA
MICHEL

ESPAÑA | PORTUGAL

WITHDRAWN

SUMARIO

Introducción

ESPAÑA 38

Mapas regionales 46

Restaurantes & hoteles 76

Índice temático 544

Consulte la guía MICHELIN en :
www.viamichelin.es
y escríbanos a :
laguiamichelin-esport@michelin.com

ESTIMADO LECTOR,

Estamos encantados de presentar la edición 2019 de la guía MICHELIN España & Portugal, una publicación con los mejores lugares para comer y alojarse, tanto en la península ibérica, con Andorra incluida, como en las Baleares, las islas Canarias o el archipiélago de Madeira.

● *La guía satisface a todo tipo de clientes, en viajes de negocios o disfrutando de unas vacaciones familiares, ya que ofrece una lista con los mejores establecimientos de todas las categorías en función del confort y del precio; desde los bares de tapas y los turismos rurales más aislados a esos restaurantes y hoteles que tienen el lujo como emblema de distinción. Por ello, con independencia de que acuda por un tema de trabajo o por puro placer, seguro que aquí encuentra un espacio adecuado a sus necesidades.*

● *Todos los establecimientos de la guía han sido seleccionados por el equipo de inspectores MICHELIN, que ponen sus ojos y oídos al servicio de nuestros lectores. Pagan siempre las cuentas y protegen celosamente su anonimato, pues gracias a ello reciben exactamente el mismo tratamiento que cualquier otro cliente. Cada año, buscan nuevos establecimientos que agregar a la guía y… ¡solamente los mejores lo consiguen! Una vez hecha la selección anual, el "mejor del mejor" es reconocido con alguna distinción: nuestras famosas estrellas MICHELIN (una ✿, dos ✿✿ y tres ✿✿✿) y el deseado Bib Gourmand ⍟, que valora la mejor relación calidad/precio.*

● *Los restaurantes, que son los establecimientos de mayor importancia para nuestros lectores, aparecen los primeros en cada localidad y a continuación los hoteles. Estos restaurantes se ordenan conforme a la calidad de su cocina, con las estrellas MICHELIN en lo más alto, seguidos por los Bib Gourmand e inmediatamente después por los establecimientos con El plato MICHELIN ⵔ◯. Ser elegido por los inspectores MICHELIN para su inclusión en la guía es, en sí mismo, una garantía de calidad y el símbolo de El plato MICHELIN refrenda los restaurantes donde se puede degustar una buena comida.*

Restaurante Quique Dacosta

2019 trae consigo un montón de novedades

● *Un restaurante ha sido galardonado con la máxima distinción, las tres estrellas MICHELIN, y entra con honores en el exclusivo Olimpo de los chefs. Se trata de **Dani García**, en la localidad malagueña de Marbella.*

● *Dentro de la categoría de dos estrellas tenemos cuatro novedades: **Cocina Hermanos Torres** en Barcelona, **El Molino de Urdániz** en la localidad navarra de Urdaitz, **Ricard Camarena** en València y, ya en tierras lusas, el restaurante **Alma** de Lisboa.*

● *Estamos ante un gran año, pues presentamos hasta 25 novedades en la categoría de una estrella MICHELIN. Llegados a este punto queremos hablar de Portugal, pues el país consolida su tendencia al alza incorporando más restaurantes gastronómicos, como el **Midori** de Sintra, y establecimientos fuera de los círculos habituales, como el **G Pousada** de Bragança o **A Cozinha** en Guimarães, que también han sido reconocidos con esta distinción.*

● También luce con luz propia la ciudad de Madrid, que da una vuelta de tuerca a su riquísima diversidad y nos ha sorprendido con establecimientos como **Corral de la Morería Gastronómico, Yugo, La Tasquería, Clos Madrid** o la nueva propuesta del chef Rodrigo de la Calle, que ha regresado a la capital con su maravillosa visión de la cocina verde en **El Invernadero**. Todos estos establecimientos, algunos recién llegados a la guía, han sido reconocidos con una estrella MICHELIN.

● En lo que se refiere a los establecimientos con una buena relación calidad/precio, nuestros populares Bib Gourmand, vemos justo resaltar como gana protagonismo la provincia de Huesca, en Aragón, que a su ya destacable oferta dentro de esta categoría ha sumado los restaurantes **Trasiego** (Barbastro), **La Capilleta** (Plan) y **L'Usuella** (Salas Bajas).

● Nuestra misión sigue siendo la misma de siempre: ayudarle a encontrar los mejores restaurantes y hoteles en sus viajes. Por favor, no vacile a la hora de contactar con nosotros, pues tenemos mucho interés en saber su opinión sobre los establecimientos seleccionados en estas páginas, así como esas direcciones que usted considera interesantes para, en un futuro, también ser recomendadas.

● Estamos seguros de que disfrutará viajando con la edición 2019 de la guía MICHELIN España & Portugal.

Joaquín Ponce de León / The Ritz-Carlton, Abama

LOS COMPROMISOS DE LA GUÍA MICHELIN

LA EXPERIENCIA AL SERVICIO DE LA CALIDAD

Ya sea Japón, Estados Unidos, China o Europa, el inspector de la guía MICHELIN respeta exactamente los mismos criterios para evaluar la calidad de una mesa o de un establecimiento hotelero y aplica las mismas reglas en sus visitas. Porque si la guía goza hoy de un reconocimiento mundial, se debe a la constancia de su compromiso con respecto a sus lectores. Un compromiso del que queremos reafirmar aquí los principios fundamentales:

La visita anónima

Primera regla de oro. Los inspectores testan de manera anónima y habitual mesas y habitaciones, para apreciar plenamente el nivel de prestaciones ofrecidas a todos los clientes. Pagan la cuenta y, después, pueden revelar su identidad si quieren obtener algún tipo de información complementaria. El correo de los lectores nos proporciona, por otra parte, valiosos testimonios y toda una serie de información que se tendrá en cuenta para la elaboración de nuestros itinerarios de visitas.

La independencia

Para poder mantener un punto de vista totalmente objetivo – siempre buscando el interés del lector – la selección de establecimientos se realiza con total independencia, y la inscripción de los establecimientos en la guía es totalmente gratuita. Los inspectores y el redactor jefe adoptan las decisiones de manera colegiada y las distinciones más altas se debaten a escala europea.

Nuestras estrellas, una ✿, dos ✿✿ y tres ✿✿✿ distinguen las cocinas más notables, cualquiera que sea su estilo. La elección de los productos, el control de las cocciones y sabores, la personalidad de la cocina, la constancia de la prestación y la buena relación calidad/precio son los criterios que, más allá de los diferentes tipos de cocina, definen las mejores mesas.

La elección de lo mejor

La guía, lejos de ser un listín de direcciones, se concentra en una selección de los mejores hoteles y restaurantes, en todas las categorías de confort y precio. Una elección que es el resultado de la aplicación rigurosa de un mismo método por parte de todos los inspectores, independientemente del país en el que actúen.

✿✿✿ TRES ESTRELLAS MICHELIN
Una cocina única. ¡Justifica el viaje!

¡La firma de un gran chef! Productos de excepción, sabores puros y marcados, equilibrio en las composiciones: aquí la cocina está al nivel de una obra de arte. Los platos, perfectamente acabados, se transforman a menudo en clásicos.

✿✿ DOS ESTRELLAS MICHELIN
Una cocina excepcional. ¡Merece la pena desviarse!

Los mejores productos, se realzan gracias a la experiencia y la inspiración de un chef con talento, que firma con su equipo platos sutiles, impactantes y, en ocasiones, muy originales.

✿ UNA ESTRELLA MICHELIN
Una cocina de gran fineza. ¡Compensa pararse!

Productos de primera calidad, una evidente fineza en la elaboración, sabores marcados y una notable regularidad en la confección de los platos.

⊛ BIB GOURMAND
Nuestra mejor relación calidad/precio

Un momento de placer gastronómico por menos de 35 € (en España y Andorra) y a menos de 30 € (en Portugal): productos de calidad, precios contenidos y una cocina con una excelente relación calidad/precio.

⫯○ El plato MICHELIN
Una cocina de calidad

Productos de calidad y la mano del chef: ¡sencillamente una buena comida!

La actualización anual

Cada año se revisa y actualiza toda la información práctica, todas las clasificaciones y distinciones para poder ofrecer la información más fiable.

La homogeneidad de la selección

Los criterios de clasificación son idénticos para todos los países que cubre la guía MICHELIN. A cada cultura, su cocina, pero la calidad tiene que seguir siendo un principio universal...

"La ayuda a la movilidad": es la misión que se ha propuesto Michelin.

MODO DE EMPLEO...
COMO UTILIZAR LA GUÍA

RESTAURANTES

Los restaurantes están clasificados por la calidad de su cocina:

Estrellas

- ✿✿✿ Una cocina única. ¡Justifica el viaje!
- ✿✿ Una cocina excepcional.
  ¡Merece la pena desviarse!
- ✿ Una cocina de gran fineza.
  ¡Compensa pararse!

Bib Gourmand

- ⊛ Nuestra mejor relación calidad/precio.

El plato MICHELIN

- ⑩ Una cocina de calidad.

Dentro de cada categoría de calidad de cocina, los restaurantes están clasificados según su standing (de 𝕏𝕏𝕏𝕏 a 𝕏) y se citan por orden alfabético.

En rojo: Nuestros restaurantes más agradables.

HOTELES

Los hoteles están clasificados por categorías de confort (de 🏨🏨🏨 a 🏠), y se citan por orden alfabético.

🏠 Otros tipos de alojamiento recomendados
En rojo: Nuestros establecimientos más agradables.

Localizar el establecimiento

Los establecimientos están situados en los planos, y sus coordenadas indicadas en la dirección.

LOGROÑO

La Rioja – 153 066 h. – Alt. 384 m – V◻
Mapa de carreteras Michelin nº573-E2

✿ **Cortés**
COCINA CLASICA • ACTUAL 𝕏◻
Estamos en un restaurante fa◻
ductos locales de temporada◻
Completa bodega con extenso◻
→ Los garbanzos con boletus◻
Menú 50/65€ – (solo menú)
Plano: B1-a – *Madre de Dios 3◻*
Semana Santa, octubre, dom◻

⊛ **La Casa de Ramón**
COCINA CREATIVA • MODERN◻
so por un bar a un comedor ac◻
trasera. Posee agradables hab◻
Menú 28/36€ – Carta 38/47 €
11 hab – 🞖 4,50 € – 🛏 24/30◻
Plano: A2-c – *Marqués de Sa◻*
www.lacasaderamon.com

⑩ **Las Cancelas**
COCINA TRADICIONAL • RÚS◻
casona de piedra. Su cuidada◻
sante cocina creativa y una bu◻
Menú 22/37 € – (solo almuer◻
Plano: A1-e – *Saturnino Ularg◻*
www.lascancelas.com – Cerr◻

🏨🏨🏨 **Mikasa** ⓝ
ROMANTICO • ELEGANTE Re◻
tados, ya que ocupa una casa◻
tas habitaciones, todas con r◻
un restaurante de excelente ◻
caballerizas.
48 hab – 🞖 10 € – 🛏 70/120 ◻
Plano: A1-b – *Gran Vía del Re◻*
www.mikasa.com – cerrado ◻
⊛ **La Casa de Ramón** – ver selec◻

Palabras-clave

Dos palabras-clave para identificar de un vistazo el tipo de cocina (para los restaurantes) y el estilo (decoración, ambiente...) del establecimiento.

---

gional n° **14** A2

s edulis, níscalos, colmenillas, rebozuelos...
eferencia, pues siempre trabajan con pro-
vado la micología a la categoría de arte.
de vinos franceses.

n el pinar. Un paisaje dulce.

27 23 57 – www.cortes.com – cerrado
e y martes.

ocio familiar llevado con dedicación. Acce-
e complementa con otro salón en la parte
de adecuado confort.

€
°1 ⊠ 26001 – ☎ 979 12 50 80 –

ogedor restaurante instalado en una bella
a rústica se complementa con una interes-
ntación.
bado en invierno)
001 – ☎ 937 93 87 53 –
en enero, 7 días en junio y domingo

uo y rezuma nobleza por los cuatro cos-
el s. XVI bien restaurada. Ofrece exquisi-
de época, un bello entorno ajardinado y
ste último instalado en lo que fueron las

55 € – 6 appartamentos
los I-74 – ☎ 941 12 24 23 –

antes

Instalaciones y servicios

🕭	Carta de vinos atractiva
⛬	Hotel con restaurante
⇐	Restaurante con habitaciones
🌤	Tranquilo
≼	Bonita vista
🌳 ✾	Parque o jardín • Tenis
▮	Golf
▣	Ascensor
♿	Instalaciones adaptadas para personas con movilidad reducida
AC	Aire acondicionado
🛱	Comidas servidas en el jardín o en la terraza
⌀	No admite perros
🌊 ▣	Piscina al aire libre/cubierta
SPA	Spa
♨	Gimnasio
🏛	Salas de conferencias
✧	Salones privados
P 🚗	Parking • Garaje
⌀	No se aceptan tarjetas de crédito
Ⓜ	Estación de metro
Ⓝ	Nuevo establecimiento recomendado

Precios

Restaurantes

Menú/Menu 20/38 €	Menú a precio fijo, mínimo/máximo
Carta/Lista 20/60 €	Comida a la carta, precio mínimo/máximo
Tapa 4 €	Precio de una tapa
Ración aprox. 10 €	Precio de una ración

Hoteles

🛏🚹 40/70 € 🛏🚹🚹 70/100 €	Precio mínimo/máximo de una habitación individual o doble, desayuno incluido.
🛏 9 €	Precio del desayuno

11

LEYENDA DE LOS PLANOS

Hoteles ●
Restaurantes • Bares de tapas ●

Curiosidades

▰	Edificio interesante
✛ ⌂ ◧ ✿	Edificio religioso interesante

Vías de circulación

═══ ═══	Autopista • autovía
❶ ❶	Número del acceso : completo-parcial
▭▭▭	Vía importante de circulación
⊏⊐⊏⊐⊏⊐	Calle impracticable, de uso restringido
▭▭▭	Calle peatonal
⬭	Aparcamiento
▭ ▭ ▭	Túnel
─⊖─	Estación y línea férrea
□+++++□	Funicular • Tren de cremallera
□●■●□	Teleférico, telecabina

Signos diversos

🄱	Oficina de Información de Turismo
✛ ⌂ ◧ ✿	Edificio religioso
● ⁂ ✕	Torre • Ruinas • Molino de viento
▨ ₜᵗₜ	Jardín, parque, bosque • Cementerio
⬭ ▶ ⚘	Estadio • Golf • Hipódromo
≋ ▨	Piscina al aire libre, cubierta
◄ ☀	Vista • Panorama
▪ ◎	Monumento • Fuente
⚓	Puerto deportivo
𝑖	Faro
✈	Aeropuerto
⬛	Boca de metro
🚌	Estación de autobuses
○	Tranvía
⛴ ⚓ ⚓	Transporte por barco : Pasajeros y vehículos • pasajeros solamente
✉	Oficina central de lista de Correos
🏛 ⌂	Ayuntamiento • Universidad, Escuela superior

12

SUMÁRIO

Consulte o guia MICHELIN:
www.ViaMichelin.pt
e escreva para:
laguiamichelin-esport@michelin.com

CARO LEITOR,

Temos o prazer de apresentar a edição 2019 do guia MICHELIN España & Portugal, uma publicação com os melhores lugares para comer e alojar-se, tanto na península ibérica, com Andorra incluída, como nas ilhas Baleares, ilhas Canárias ou no arquipélago da Madeira.

• O guia satisfaz todo o tipo de clientes, em viagens de negócios ou durante umas férias familiares, pois proporciona uma lista com os melhores estabelecimentos de todas as categorias em função do conforto e do preço; dos bares de tapas e dos turismos rurais mais isolados a esses restaurantes e hotéis que se distinguem pelo luxo. Por isso, independentemente de viajar por trabalho ou por puro prazer, certamente aqui vai encontrar um espaço adequado às suas necessidades.

• Todos os estabelecimentos do guia foram selecionados pela equipa de inspetores MICHELIN, que põem os seus olhos e ouvidos ao serviço dos nossos leitores. Pagam sempre as contas e protegem sigilosamente o seu anonimato, pois graças ao mesmo recebem exatamente o mesmo atendimento que qualquer outro cliente. Todos os anos procuram novos estabelecimentos para adicionar ao guia e somente os melhores conseguem isso! Depois de fazer a seleção anual, o "melhor do melhor" é reconhecido com alguma distinção: as nossas famosas estrelas MICHELIN (uma ✿, duas ✿✿ e três ✿✿✿) e o desejado Bib Gourmand ⊛, que avalia a melhor relação qualidade/preço.

• Os restaurantes, que são os estabelecimentos mais importantes para os nossos leitores, aparecem primeiro em cada localidade e depois os hotéis. Estes restaurantes ordenam-se consoante a qualidade da sua cozinha, com as estrelas MICHELIN no mais alto, seguidos pelos Bib Gourmand e imediatamente depois pelos estabelecimentos com O prato MICHELIN ⊩©. Ser selecionado pelos inspetores MICHELIN para ser incluído no guia é, por si só, uma garantia de qualidade e o símbolo de O prato MICHELIN referenda os restaurantes onde se pode saborear uma boa comida.

17

WWW.NUMO.PT/The Yeatman

2019 traz consigo imensas novidades

● *Um restaurante foi galardoado com a máxima distinção, as três estrelas MICHELIN, e entra com honra no exclusivo Olimpo dos chefes. É **Dani García**, na localidade de Marbella (Málaga).*

● *Na categoria de duas estrelas temos quatro novidades: **Cocina Hermanos Torres** em Barcelona, **El Molino de Urdániz** na localidade navarra de Urdaitz, **Ricard Camarena** em València e, já em terras lusitanas, o restaurante **Alma** de Lisboa.*

● *Estamos perante um grande ano, pois apresentamos até 25 novidades na categoria de uma estrela MICHELIN. Ao chegar a este ponto queremos falar de Portugal, pois o país consolida a sua tendência crescente ao incorporar mais restaurantes gastronómicos, como o **Midori** de Sintra, e estabelecimentos fora dos círculos habituais, como o **G Pousada** de Bragança ou **A Cozinha** em Guimarães, que também foram reconhecidos com esta distinção.*

● *Também brilha com luz própria a cidade de Madrid, que aumenta a sua já riquíssima diversidade e nos surpreendeu com estabelecimentos como **Corral de la Morería***

Gastronómico, Yugo, La Tasquería, Clos Madrid ou a nova proposta do chefe Rodrigo de la Calle, que regressou à capital com a sua maravilhosa visão da cozinha verde em **El Invernadero**. Todos estes estabelecimentos, alguns recém-chegados ao guia, foram reconhecidos com uma estrela MICHELIN.

● No que se refere aos estabelecimentos com uma boa relação qualidade/preço, os nossos populares Bib Gourmand, vemos nitidamente como ganha protagonismo a província de Huesca, em Aragón, que à já sua considerável oferta dentro desta categoria somou os restaurantes **Trasiego** (Barbastro), **La Capilleta** (Plan) e **L'Usuella** (Salas Bajas).

● A nossa missão continua a ser a mesma de sempre: ajudá-lo a encontrar os melhores restaurantes e hotéis nas suas viagens. Por favor, não duvide contactar connosco, pois temos muito interesse de saber a sua opinião sobre os estabelecimentos selecionados nestas páginas, assim como esses endereços que considera interessantes para, num futuro, também possam ser recomendados.

● Certamente que vai desfrutar a viajar com a edição 2019 do guia MICHELIN España & Portugal.

WWW.NUMO.PT/The Yeatman

OS COMPROMISSOS DO GUIA MICHELIN

A EXPERIÊNCIA AO SERVIÇO DA QUALIDADE

Quer seja no Japão, nos Estados Unidos, na China ou na Europa, o inspector do guia MICHELIN respeita exactamente os mesmos critérios para avaliar a qualidade de uma mesa ou de um estabelecimento hoteleiro e aplica as mesmas regras durante as suas visitas. Se o guia goza hoje de reconhecimento mundial, é graças à constância do seu compromisso para com os seus leitores. Um compromisso cujos princípios ratificamos a seguir:

A visita anónima

Primeira regra de ouro. Os inspectores testam de forma anónima e regular mesas e quartos, com o intuito de apreciar plenamente o nível dos serviços oferecidos aos clientes. Também pagam as suas contas, podendo depois revelar a sua identidade para obterem informações adicionais. O correio dos leitores fornece-nos, por outra parte, preciosos testemunhos e muitas informações que são tidas em conta no momento da elaboração dos nossos itinerários de visitas.

A independência

Para manter um ponto de vista perfeitamente objectivo, para interesse exclusivo do leitor, a selecção dos estabelecimentos realiza-se com total independência e a inscrição dos estabelecimentos no guia é totalmente gratuita. As decisões são discutidas de forma colegial pelos inspectores e o redactor-chefe, e as distinções mais altas são objecto de um debate a nível europeu.

As nossas estrelas, uma ✿ duas ✿✿ e três ✿✿✿ distinguem as cozinhas mais notáveis, qualquer que seja o seu estilo. A escolha dos produtos, o controle do ponto de cozedura e sabores, a personalidade da cozinha, a constância da prestação e a boa relação qualidade/preço são os critérios que, para além das diferentes cozinhas, definem as melhores mesas.

A escolha do melhor

Longe de ser uma lista de endereços, o guia concentra-se numa selecção dos melhores hotéis e restaurantes, em todas as categorias de conforto e preços. Uma escolha que resulta da aplicação rigorosa de um mesmo método por parte de todos os inspectores, seja qual for o país onde actuam.

❀❀❀ TRÊS ESTRELAS MICHELIN
Uma cozinha única. Justifica a viagem!

A assinatura de um grande chef! Produtos excepcionais, sabores puros e marcados, composições equilibradas: aqui a cozinha está ao nível de uma obra de arte. Os pratos, perfeitamente acabados muitas vezes se tornam clássicos.

❀❀ DUAS ESTRELAS MICHELIN
Uma cozinha excecional. Vale um desvio!

Os melhores produtos, realçados pela experiência e pela inspiração de um chefe com talento, que assina com a sua equipa pratos sutis, impactantes e em certas ocasiões muito originais.

❀ UMA ESTRELA MICHELIN
Uma cozinha de grande fineza. Merece a pena parar!

Produtos de primeira qualidade, uma evidente finura na execução dos pratos, sabores acentuados, constância na realização dos pratos.

☺ BIB GOURMAND
A nossa melhor relação qualidade/preço

Un momento de prazer gastronómico por menos de 35 € em Espanha e Andorra, e menos de 30 € em Portugal: produtos de qualidade, uma conta moderada, uma cozinha com uma excelente relação qualidade/preço.

⅏○ O prato MICHELIN
Uma cozinha de qualidade

Produtos de qualidade e a mão do chefe: uma boa refeição, nem mais nem menos!

A actualização anual

Todas as informações práticas, todas as classificações e distinções são revistas e actualizadas anualmente, com o objectivo de oferecermos uma informação confiável.

A homogeneidade da selecção

Os critérios de classificação são idênticos para todos os países cobertos pelo guia MICHELIN. A cada cultura, sua cozinha, mas a qualidade deve permanecer como um princípio universal ...

"A ajuda a mobilidade": é a missão à qual se dedica a Michelin.

MODO D'EMPREGO...
COMO USAR O GUIA

RESTAURANTES

Os restaurantes estão classificados pela qualidade da sua cozinha:

Estrelas

❀❀❀ Uma cozinha única. Justifica a viagem!
❀❀ Uma cozinha excecional. Vale um desvio!
❀ Uma cozinha de grande fineza.
Merece a pena parar!

Bib Gourmand

☺ A nossa melhor relação qualidade/preço.

O prato MICHELIN

⑩ Uma cozinha de qualidade.

Dentro de cada categoria de qualidade de cozinha, os restaurantes estão classificados de acordo com o seu conforto (de XXXXX a X) e apresentam-se por ordem alfabética.

A cor Vermelha: Os nossos restaurantes mais agradáveis.

HOTÉIS

Os hotéis são classificados por categorias de conforto (de 🏠🏠🏠🏠 a 🏠) e estão dispostos em ordem alfabética.

🏠 Outros tipos de alojamento recomendados

A cor Vermelha: Os nossos estabelecimentos mais agradáveis.

Localização do estabelecimento

Os estabelecimentos estão localizados nos mapas da cidade, e suas coordenadas enumeradas no seu endereço.

LOGROÑO

La Rioja – 153 066 h. – Alt. 384 m – V
Mapa de carreteras Michelin n°573-E2

❀ **Cortés**
COCINA CLASICA • ACTUAL X
Estamos en un restaurante fa
ductos locales de temporada
Completa bodega con extenso
→ Los garbanzos con boletus
Menú 50/65€ – (solo menú)
Plano: B1-a – Madre de Dios
Semana Santa, octubre, dom

☺ **La Casa de Ramón**
COCINA CREATIVA • MODERN
so por un bar a un comedor a
trasera. Posee agradables hab
Menú 28/36€ – Carta 38/47 €
11 hab – 🛏 4,50 € – ♥ 24/30
Plano: A2-c – Marqués de Sa
www.lacasaderamon.com

⑩ **Las Cancelas**
COCINA TRADICIONAL • RÚS
casona de piedra. Su cuida
sante cocina creativa y una bu
Menú 22/37 € – (solo almuer
Plano: A1-e – Saturnino Ularg
www.lascancelas.com – Cerr

🏠🏠🏠 **Mikasa** ⓝ
ROMANTICO • ELEGANTE R
tados, ya que ocupa una cas
tas habitaciones, todas con
un restaurante de excelente
caballerizas.
48 hab – 🛏 10 € – ♥70/120
Plano: A1-b – Gran Vía del R
www.mikasa.com – cerrado
☺ **La Casa de Ramón** –ver sele

Palavras chave

Duas palavras-chave para identifica rapidamente o tipo de cozinha (para os restaurantes) e o estilo (decoração, atmosfera ...) do estabelecimento.

gional n° **14** A2

edulis, níscalos, colmenillas, rebozuelos...
ferencia, pues siempre trabajan con pro-
ado la micología a la categoría de arte.
de vinos franceses.

 el pinar. Un paisaje dulce.

27 23 57 – www.cortes.com – cerrado
 y martes.

cio familiar llevado con dedicación. Acce-
complementa con otro salón en la parte
 adecuado confort.

€
✉ 26001 – ☎ 979 12 50 80 –

gedor restaurante instalado en una bella
rústica se complementa con una intere-
cación.

ado en invierno)
01 – ☎ 937 93 87 53 –
n enero, 7 días en junio y domingo

 y rezuma nobleza por los cuatro cos-
 s. XVI bien restaurada. Ofrece exquisi-
 época, un bello entorno ajardinado y
 último instalado en lo que fueron las

5 € 6 appartamentos
os I-74 – ☎ 941 12 24 23 –

ntes

Instalações e serviços

🍷	Carta de vinhos atractiva
🏠	Hotel com restaurante
🍴	Restaurante com quartos
🐾	Em calma
≼	Bela vista
🌳 ✛	Parque ou jardim • Ténis
▣	Golfe
🔼	Elevador
♿	Instalações adaptadas para pessoas com mobilidade reduzida
AC	Ar condicionado
🍽	Refeições servidas no jardim ou na esplanada
✗	Acesso proibido aos cães
⌿ ⊠	Piscina ao ar livre/coberta
🕮	Spa
🏋	Ginásio
🛋	Salas de conferências
✤	Salões privados
▣	Parque de estacionamento
🚗	Garagem
⊘	Não são aceites cartões de crédito
Ⓜ	Estação de metro
Ⓝ	Novo estabelecimento recomendado

Preços

Hotéis

🛏♦ 40/70 €	Preço minimo/maximo
🛏♦♦ 70/100 €	do quarto individual ou duplo, pequeno almoço incluido.
🛏9 €	Preço do pequeno almoço

staurantes

nú/Menu /60 €	Menu a preço fixo, mínimo/máximo
rta/Lista /35 €	Refeição a lista, preço mínimo/máximo
ba 4 €	Preço de uma tapa
ción rox. 10 €	Preço de uma porção

LEGENDA DAS PLANTAS

Hotéis ●
Restaurantes • Bares de tapas ●

Curiosidades

	Edifício interessante
	Edifício religioso interessante

Vias de circulação

══	══	Auto-estrada • estrada com faixas de rodagem separadas
❶	❶	Número do nó de acesso: completo-parcial
══		Grande via de circulação
⁞⁞⁞⁞⁞		Rua impraticável, regulamentada
══		Via reservada aos peões
🅿		Parque de estacionamento
⁝ ⁝ ⁝		Túnel
—⬤—		Estação e via férrea
o++++++o		Funicular • Trem de cremalheira
o-■-■-■-o		Teleférico, telecabine

Signos diversos

🄸		Posto de Turismo
		Edifício religioso
● ∴ ☼		Torre • Ruínas • Moinho de vento
	ᵗ⁺ᵗ	Jardim, parque, bosque • Cemitério
⬭ ⚑ 🏇		Estádio • Golfe • Hipódromo
≋	🏞	Piscina ao ar livre, coberta
⋞	☀	Vista • Panorama
■	◎	Monumento • Fonte
⚓		Porto desportivo
🛆		Farol
✈		Aeroporto
🚇		Estação de metro
🚌		Estação de autocarros
○		Eléctrico
		Transporte por barco :
⛴ ⛴		Passageiros e automóveis • só de passageiros
✉		Correio principal com posta-restante
🏛	🏛	Câmara municipal • Universidade, Grande Escola

24

CONTENTS

Consult the MICHELIN Guide at:
www.ViaMichelin.es or **.pt**
and write to us at:
laguiamichelin-esport@michelin.com

DEAR READER

We are delighted to present the 2019 edition of the Michelin Guide Spain & Portugal, featuring the finest dining and accommodation options not only in the Iberian Peninsula, including Andorra, but also in the Balearics, the Canary Islands and the Madeira archipelago.

• *The guide meets the needs of all types of customers, either travelling on business or taking time out with the family, as it includes a list of the leading establishments in all categories based on comfort and price, ranging from tapas bars and the most secluded rural tourism houses to those restaurants and hotels that stand out for their luxury and distinction. Whether you are travelling for business or sheer pleasure, you can rest assured that our guide will feature an establishment tailored to your requirements.*

• *All the establishments included in the guide have been meticulously selected by MICHELIN's team of inspectors, who have placed their eyes and ears at the service of our readers. They always pay the bill and jealously guard their anonymity, thereby ensuring that they receive exactly the same service and attention as all other customers. Each year, they hunt down new establishments for inclusion in the guide... A privilege that is reserved for only the very best! Once the year's selection has been made, the "best of the best" receive one of our accolades: our famous MICHELIN stars (one ✿, two ✿✿ and three ✿✿✿) or the much sought-after Bib Gourmands ⊛, which rate the best value for money.*

• *The restaurants, the establishments our readers are most interested in, are listed first under each town or city, followed by the hotels. The restaurants are classified by the standard of their cuisine, starting with the MICHELIN stars, followed by the Bib Gourmands and finally the MICHELIN Plate ⑩. Being singled out by a MICHELIN inspector for inclusion in the guide ensures guaranteed quality and the MICHELIN Plate symbol endorses those restaurants where diners can be sure to enjoy good food.*

Restaurante Atrio

A host of exciting new additions for 2019

● *One restaurant has received the highest award – the three MICHELIN stars, triumphantly joining the exclusive ranks of the world's finest chefs. This latest addition is* **Dani García**, *situated in Marbella (Málaga).*

● *The two star category also welcomes four new restaurants:* **Cocina Hermanos Torres** *in Barcelona,* **El Molino de Urdániz** *in the town of Urdaitz, in the Navarra region,* **Ricard Camarena** *in València and, moving to Portugal, the* **Alma** *restaurant in Lisbon.*

● *This is a truly great year, as there are as many as 25 new inclusions in the one MICHELIN star category. In this sense Portugal deserves a special mention, as the country has successfully consolidated its upward trend, adding more gourmet restaurants such as* **Midori** *(Sintra), as well as a number of establishments off the typical culinary routes, such as* **G Pousada** *in Bragança or* **A Cozinha** *in Guimarães, which have also received this accolade.*

● *Another leading light in the MICHELIN firmament is the city of Madrid, which has added a further twist to* its wealth of diversity, surprising us with restaurants such as **Corral de la Morería Gastronómico, Yugo, La Tasquería, Clos Madrid** or the new venture by chef Rodrigo de la Calle, who has returned to the capital with his fabulous vision of green cuisine at **El Invernadero**. All these establishments, some of which are listed in the guide for the first time ever, have all received a MICHELIN star.

● As for those establishments that offer outstanding value for money, our highly popular Bib Gourmands, particularly worthy of mention is the province of Huesca, in Aragón, which now can now also boast new restaurants – **Trasiego** (Barbastro), **La Capilleta** (Plan) and **L'Usuella** (Salas Bajas) – amongst its already considerable number.

● Our mission remains unchanged: to help you discover the very best restaurants and hotels during your travels. We would be delighted to hear from you, as we value your opinion of the establishments featured in this guide, as well as those that you consider could be included as recommendations in the future.

● We are confident that you will continue to enjoy travelling in the company of the 2019 edition of the MICHELIN Guide Spain & Portugal.

El Invernadero

THE MICHELIN GUIDE'S COMMITMENTS

EXPERIENCED IN QUALITY!

Whether they are in Japan, the USA, China or Europe, our inspectors apply the same criteria to judge the quality of each and every hotel and restaurant that they visit. The Michelin guide commands a worldwide reputation thanks to the commitments we make to our readers – and we reiterate these below:

Anonymous inspections

Our inspectors make regular and anonymous visits to hotels and restaurants to gauge the quality of products and services offered to an ordinary customer. They settle their own bill and may then introduce themselves and ask for more information about the establishment. Our readers' comments are also a valuable source of information, which we can follow up with a visit of our own.

Independence

To remain totally objective for our readers, the selection is made with complete independence. Entry into the guide is free. All decisions are discussed with the Editor and our highest awards are considered at a European level.

Our famous one ❀, two ❀❀ and three ❀❀❀ stars identify establishments serving the highest quality cuisine – taking into account the quality of ingredients, the mastery of techniques and flavours, the levels of creativity and, of course, consistency.

Selection and choice

The guide offers a selection of the best hotels and restaurants in every category of comfort and price. This is only possible because all the inspectors rigorously apply the same methods.

✿✿✿ THREE MICHELIN STARS
Exceptional cuisine, worth a special journey!
Our highest award is given for the superlative cooking of chefs at the peak of their profession. The ingredients are exemplary, the cooking is elevated to an art form and their dishes are often destined to become classics.

✿✿ TWO MICHELIN STARS
Excellent cooking, worth a detour!
The personality and talent of the chef and their team is evident in the expertly crafted dishes, which are refined, inspired and sometimes original.

✿ ONE MICHELIN STAR
High quality cooking, worth a stop!
Using top quality ingredients, dishes with distinct flavours are carefully prepared to a consistently high standard.

😊 BIB GOURMAND
Good quality, good value cooking
'Bibs' are awarded for simple yet skilful cooking for under €35 (for Spain and Andorra) or under €30 (for Portugal).

ⅠO THE PLATE MICHELIN
Good cooking
Fresh ingredients, capably prepared: simply a good meal.

Annual updates
All the practical information, classifications and awards are revised and updated every year to give the most reliable information possible.

Consistency
The criteria for the classifications are the same in every country covered by the MICHELIN guide.

The sole intention of Michelin is to make your travels safe and enjoyable.

SEEK AND SELECT...
HOW TO USE THIS GUIDE

RESTAURANTS

Restaurants are classified by the quality of their cuisine:

Stars

❀❀❀ Exceptional cuisine, worth a special journey!

❀❀ Excellent cooking, worth a detour!

❀ High quality cooking, worth a stop!

Bib Gourmand

☺ Good quality, good value cooking.

The Plate Michelin

t◎ Good cooking.

Within each cuisine category, restaurants are listed by comfort, from XxXxX to X, and alphabetical order.

Red: Our most delightful places.

HOTELS

Hotels are classified by categories of comfort, from 🏨🏨🏨 to 🏠 and alphabetical order.

🏠 Other accommodation

Red: Our most delightful places.

Locating the establishment

Location and coordinates on the town plan, with main sights.

ESPAÑA

LOGROÑO
La Rioja – 153 066 h. – Alt. 384 m – V
Mapa de carreteras Michelin n°573-E

❀ **Cortés**

COCINA CLASICA • ACTUAL
Estamos en un restaurante fa
ductos locales de temporada
Completa bodega con extens
→ Los garbanzos con boletu
Menú 50/65€ – (solo menú)
Plano: B1-a – *Madre de Dios*
Semana Santa, octubre, dor

☺ **La Casa de Ramón**

COCINA CREATIVA • MODER
so por un bar a un comedor a
trasera. Posee agradables hal
Menú 28/36€ – Carta 38/47 €
11 hab – 立 4,50 € – ♦ 24/3€
Plano: A2-c – *Marqués de Sa*
www.lacasaderamon.com

t◎ **Las Cancelas**

COCINA TRADICIONAL • RÚ
casona de piedra. Su cuidada
sante cocina creativa y una b
Menú 22/37 € – (solo almue
Plano: A1-e – *Saturnino Ular*
www.lascancelas.com – *Cera*

🏨🏨 **Mikasa** 🄽

ROMANTICO • ELEGANTE R
tados, ya que ocupa una cas
tas habitaciones, todas con
un restaurante de excelente
caballerizas.
48 hab – 立 10 € – ♦ 70/120
Plano: A1-b – *Gran Vía del R*
www.mikasa.com – *cerrado*
☺ **La Casa de Ramón** –ver sele

Key words

Each entry comes with two key words, making it quick and easy to identify the type of establishment and/or the food that it serves.

gional nº **14** A2

&& 😷 AC ⇔ 🐾 P

s edulis, níscalos, colmenillas, rebozuelos...
eferencia, pues siempre trabajan con pro-
vado la micología a la categoría de arte.
de vinos franceses.

n el pinar. Un paisaje dulce.

27 23 57 – www.cortes.com – cerrado
e y martes.

⇔ 😷 🐾

ocio familiar llevado con dedicación. Acce-
e complementa con otro salón en la parte
de adecuado confort.

€
'1 ✉ 26001 – ☎ 979 12 50 80 –

😷 ⊟

ogedor restaurante instalado en una bella
 rústica se complementa con una intere-
ntación.
bado en invierno)
001 – ☎ 937 93 87 53 –
en enero, 7 días en junio y domingo

🏠 🎋 AC 🏛 🐾 🚗

o y rezuma nobleza por los cuatro cos-
el s. XVI bien restaurada. Ofrece exquisi-
de época, un bello entorno ajardinado y
ste último instalado en lo que fueron las

5 € – 6 appartamentos
los I-74 – ☎ 941 12 24 23 –

antes

Facilities & services

⅋	Particularly interesting wine list
🏠	Hotel with a restaurant
⇔	Restaurant with bedrooms
🐾	Peaceful establishment
≤	Great view
🎋 🎾	Garden or park • Tennis court
▮	Golf course
⊟	Lift (elevator)
♿	Wheelchair access
AC	Air conditioning
😷	Outside dining available
🐾	No dogs allowed
🔺 🔲	Swimming pool: outdoor or indoor
🈂	Wellness centre
⚘ 🏋	Sauna • Exercise room
🏛	Conference room
⇔	Private dining room
P	Car park
🚗	Garage
⊘	Credit cards not accepted
Ⓜ	Nearest Underground station
Ⓝ	New establishment in the guide

Prices

Restaurants

Menú/Menu 20/38 €	Fixed price menu. Lowest/highest price
Carta/Lista 20/35 €	A la carte menu. Lowest/highest price
Tapa 4 €	Price for a tapa
Ración aprox. 10 €	Price for a portion

Hotels

⌑♦ 40/70 € ⌑♦♦ 70/100 €	Lowest/highest price for single and double room, breakfast included
⌑9 €	Breakfast price where not included in rate.

TOWN PLAN KEY

● Hotels
● Restaurants

Sights

Place of interest

Interesting place of worship

Road

Motorway, dual carriageway

Junction: complete, limited

Main traffic artery

Unsuitable for traffic; street subject to restrictions

Pedestrian street

Car park

Tunnel

Station and railway

Funicular

Cable car, cable way

Various signs

Tourist Information Centre

Place of worship

Tower or mast • Ruins • Windmill

Garden, park, wood • Cemetery

Stadium • Golf course • Racecourse

Outdoor or indoor swimming pool

View • Panorama

Monument • Fountain

Pleasure boat harbour

Lighthouse

Airport

Underground station

Coach station

Tramway

Ferry services:
passengers and cars, passengers only

Main post office with poste restante

Town Hall • University, College

ESPAÑA

EL PALMARÉS 2019
O PALMARÉS

LAS NUEVAS ESTRELLAS ✿
AS NOVAS ESTRELAS

✿✿✿

Marbella *(Andalucía)*	**Dani García**

✿✿

Barcelona *(Cataluña)*	**Cocina Hermanos Torres**
Urdaitz *(Navarra)*	**El Molino de Urdániz**
València *(Comunidad Valenciana)*	**Ricard Camarena**

✿

Barcelona *(Cataluña)*	**La Barra de Carles Abellán**
Barcelona *(Cataluña)*	**Oria**
Bilbao *(País Vasco)*	**Eneko Bilbao**
Bilbao *(País Vasco)*	**Etxanobe Atelier**
Calp *(Comunidad Valenciana)*	**Beat**
Calp *(Comunidad Valenciana)*	**Orobianco**
Cuenca *(Castilla-La Mancha)*	**Trivio**
Donostia / San Sebastián *(País Vasco)*	**eMe Be Garrote**
Jaén *(Andalucía)*	**Bagá**
Jerez de la Frontera *(Andalucía)*	**LÚ Cocina y Alma**
León *(Castilla y León)*	**Pablo**
Logroño *(La Rioja)*	**Ikaro**
Madrid *(Comunidad de Madrid)*	**Clos Madrid**
Madrid *(Comunidad de Madrid)*	**Corral de la Morería Gastronómico**
Madrid *(Comunidad de Madrid)*	**El Invernadero**
Madrid *(Comunidad de Madrid)*	**La Tasquería**
Madrid *(Comunidad de Madrid)*	**Yugo**
La Nucía *(Comunidad Valenciana)*	**El Xato**
S'Agaró *(Cataluña)*	**Terra**
Santiago de Compostela *(Galicia)*	**A Tafona**
Sigüenza / Alcuneza *(Castilla-La Mancha)*	**El Molino de Alcuneza**
Zaragoza *(Aragón)*	**Cancook**

LOS NUEVOS BIB GOURMAND
OS NOVOS BIB GOURMAND

Barbastro *(Aragón)*	**Trasiego**
Barcelona / Santa Coloma de Gramenet *(Cataluña)*	**Verat**
A Coruña *(Galicia)*	**Artabria**
Cosgaya *(Cantabria)*	**Del Oso**
La Garriga *(Cataluña)*	**Vinòmic**
A Guarda *(Galicia)*	**Xantar**
León *(Castilla y León)*	**LAV**
Madrid *(Comunidad de Madrid)*	**La MaMá**
Madrid *(Comunidad de Madrid)*	**Tripea**
Málaga *(Andalucía)*	**Café de París**
Oruña *(Cantabria)*	**El Hostal**
Oviedo *(Asturias)*	**Ca'Suso**
Oviedo *(Asturias)*	**El Foralín**
Plan *(Aragón)*	**La Capilleta**
Puerto de Vega *(Asturias)*	**Mesón el Centro**
Ruiloba *(Cantabria)*	**El Remedio**
Salas Bajas *(Aragón)*	**L'Usuella**
San Román de Candamo *(Asturias)*	**El Llar de Viri**
Santander *(Cantabria)*	**Umma**
Santiago de Compostela *(Galicia)*	**Café de Altamira**

Restaurante Dani Garcia

Barizo
A Coruña
Santa Comba
Santiago de Compostela
Salinas
Prendes
Gijón
Puente Arce
Ribadesella
Villaverde de Pontones
Arriondas
Pancar
San Vicente de la Barquera
Reboredo
Cambados
Raxo
San Salvador de Poio
Vigo
Ourense
León
Santander
Hoznayo
Ampuero
Benavente
Burgos
Ezcaray
Navaleno
Porto
Valladolid
Matapozuelos
Sardón de Duero
Salamanca
Segovia
Coimbra
San Lorenzo de El Escorial
MADRID
Illescas
Valdemoro
PORTUGAL
Valdepalacios
Toledo
Cáceres
LISBOA
Faro
Huelva
Sevilla
Córdoba
Jaén
Jerez de la Frontera
Ronda
El Puerto de Santa María
Málaga
El Ejido
Marbella
Novo Sancti Petri
Casares
Fuengirola
Roquetas-de Mar
Ceuta
Melilla

Las estrellas de buena mesa 2019

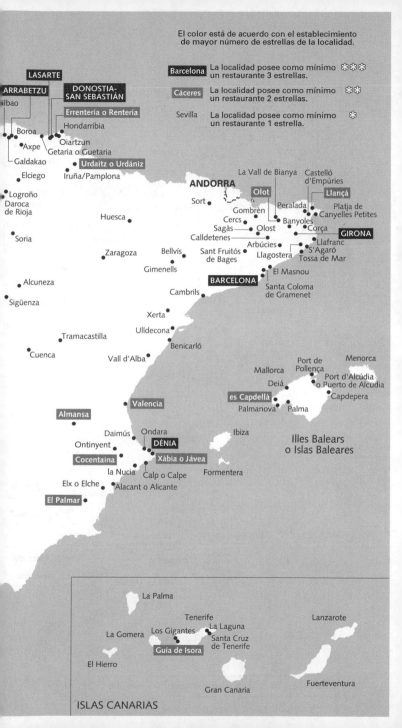

El color está de acuerdo con el establecimiento
de mayor número de estrellas de la localidad.

Barcelona La localidad posee como mínimo ✿✿✿
un restaurante 3 estrellas.

Cáceres La localidad posee como mínimo ✿✿
un restaurante 2 estrellas.

Sevilla La localidad posee como mínimo ✿
un restaurante 1 estrella.

LASARTE
ARRABETZU
DONOSTIA-
SAN SEBASTIÁN
ilbao
Errentería o Rentería
Boroa
Hondarribia
Axpe
Oiartzun
Getaria o Guetaria
Galdakao
Urdaitz o Urdániz
Elciego
Iruña/Pamplona
La Vall de Bianya
Castelló
d'Empúries
ANDORRA
Olot
Llançà
Logroño
Sort
Daroca
de Rioja
Gombrèn
Peralada
Platja de
Canyelles Petites
Soria
Huesca
Cercs
Banyoles
Sagàs
Olost
Corçà
Calldetenes
GIRONA
Zaragoza
Bellvís
Sant Fruitós
Arbúcies
Llafranc
de Bages
S'Agaró
Alcuneza
Gimenells
Llagostera
Tossa de Mar
Sigüenza
El Masnou
BARCELONA
Cambrils
Santa Coloma
de Gramenet
Xerta
Ulldecona
Tramacastilla
Benicarló
Cuenca
Vall d'Alba
Menorca
Port de
Pollença
Mallorca
Port d'Alcúdia
o Puerto de Alcudia
Deiá
Capdepera
Valencia
es Capdellà
Almansa
Palmanova
Palma
Daimús
Ondara
Ibiza
Illes Balears
o Islas Baleares
Ontinyent
DÉNIA
Cocentaina
Xàbia o Jávea
la Nucia
Formentera
Elx o Elche
Calp o Calpe
Alacant o Alicante
El Palmar

La Palma
Tenerife
Lanzarote
Los Gigantes
La Laguna
La Gomera
Santa Cruz
Guía de Isora
de Tenerife
El Hierro
Gran Canaria
Fuerteventura
ISLAS CANARIAS

Localidades que poseen como mínimo un establecimiento Bib Gourmand.

Los Bib Gourmand 2019

Mapas Regionales

Mapas regionais

Localidad que posee como mínimo...

- ● un hotel o un restaurante
- ✽ una de las mejores mesas del año
- ⊛ un restaurante « Bib Gourmand »
- ⌂ un hotel o una casa rural particularmente agradable

Localidade que possui como mínimo...

- ● um hotel ou um restaurante
- ✽ uma das melhores mesas do ano
- ⊛ um restaurante « Bib Gourmand »
- ⌂ um hotel ou uma casa rural particularmente agradável

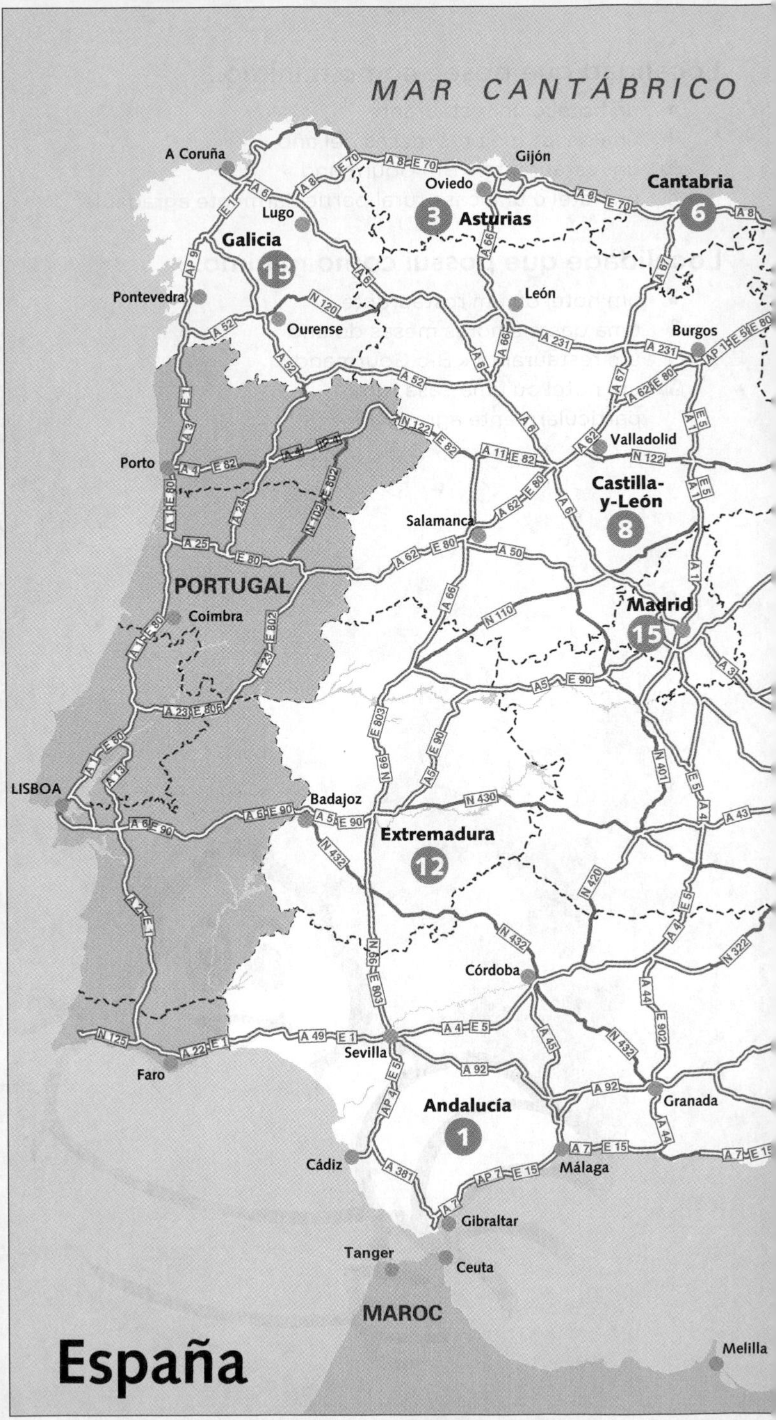
MAR CANTÁBRICO
A Coruña
Gijón
Oviedo
Cantabria
6
Lugo
3
Asturias
Galicia
13
Pontevedra
León
Ourense
Burgos
Porto
Valladolid
Castilla-
y-León
8
Salamanca
PORTUGAL
Coimbra
Madrid
15
LISBOA
Badajoz
Extremadura
12
Córdoba
Sevilla
Faro
Andalucía
1
Granada
Cádiz
Málaga
Gibraltar
Tanger
Ceuta
MAROC
Melilla
España

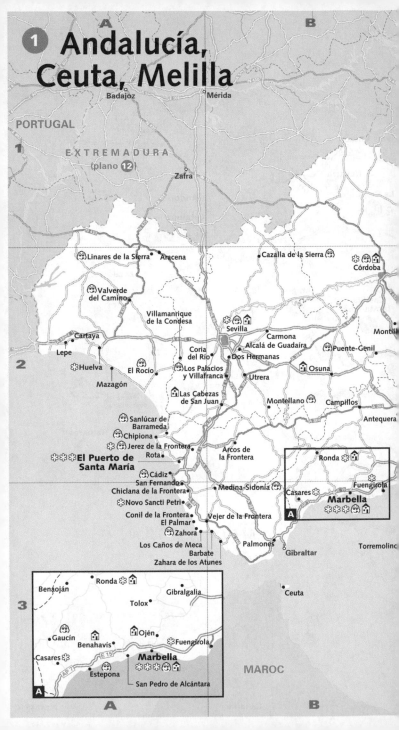

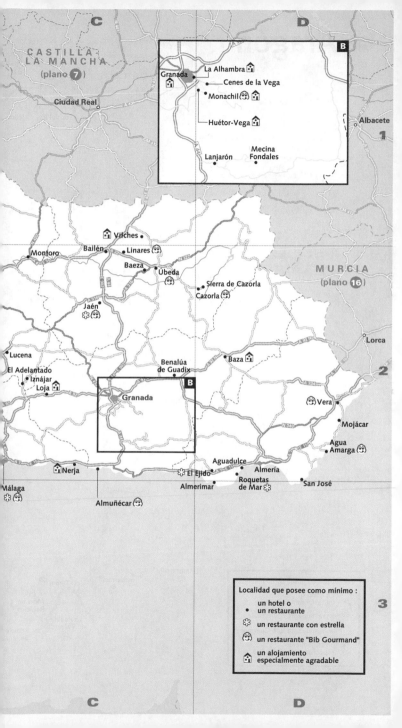

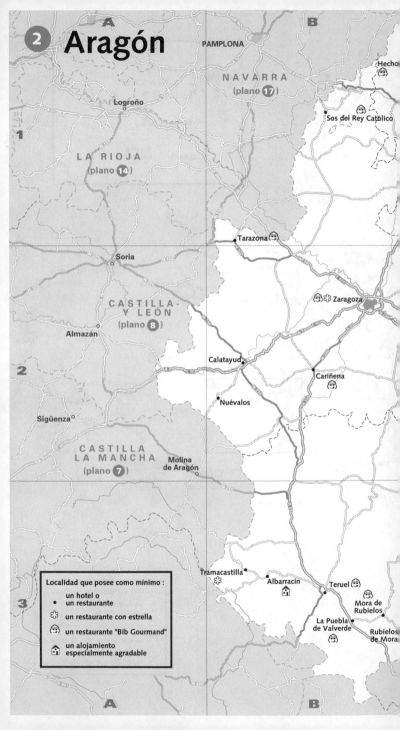

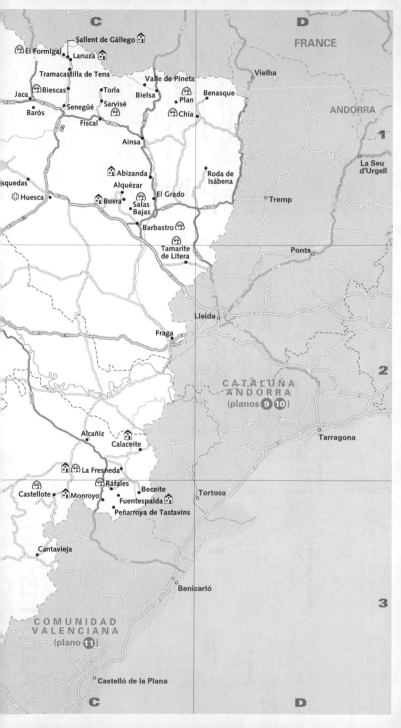

Asturias

Baleares

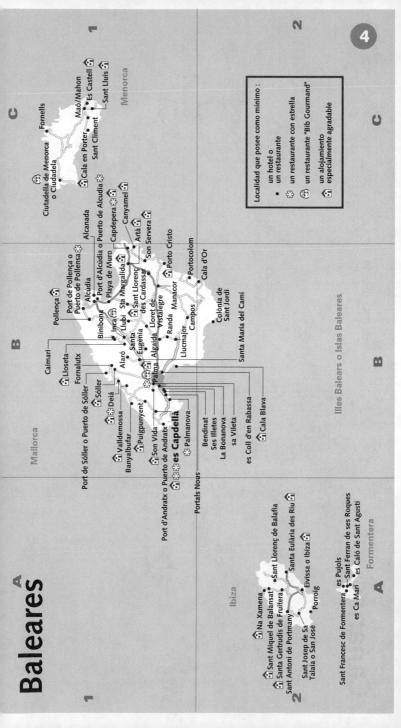

Mallorca

Port de Sóller o Puerto de Sóller
Caimari
Lloseta
Formalutx
Sóller
Deià
Valldemossa
Banyalbufar
Puigpunyent
Son Vida
es Capdellà
Palmanova
Portals Nous
Bendinat
Ses Illetes
La Bonanova
sa Vileta
es Coll d'en Rabassa
Cala Blava

Pollença
Port de Pollença o Puerto de Pollensa
Alcúdia
Binibona
Inca
Santa Eugènia
Alaró
Palma
Santa Maria del Camí
Biniali
Llubí
Sta Margalida
Sant Llorenç des Cardassar
Lloret de Vistalegre
Algaida
Randa
Llucmajor
Campos
Colònia de Sant Jordi

Port d'Alcúdia o Puerto de Alcúdia
Alcanada
Capdepera
Canyamel
Artà
Son Servera
Porto Cristo
Manacor
Portocolom
Cala d'Or

Ciutadella de Menorca o Ciudadela
Fornells
Maó/Mahón
Es Castell
Cala en Porter
Sant Climent
Sant Lluís

Menorca

Illes Balears o Islas Baleares

Ibiza

Na Xamena
Sant Miquel de Balansat
Santa Gertrudis de Fruitera
Sant Antoni de Portmany
Sant Llorenç de Balàfia
Santa Eulària des Riu
Sant Josep de Sa Talaia o San José
Porroig
Eivissa o Ibiza

Formentera

Sant Francesc de Formentera
es Pujols
Sant Ferran de ses Roques
es Ca Marí
es Caló de Sant Agustí

Localidad que posee como mínimo :
- un hotel o
- un restaurante
- ✿ un restaurante con estrella
- ⊕ un restaurante "Bib Gourmand"
- 🏠 un alojamiento especialmente agradable

A   B   C

1   2

4

Canarias

La Palma

Los Llanos de Aridane
Breña Alta
Breña Baja
Tazacorte

El Hierro

Mirador de la Peña
Valverde
Las Playas

La Gomera

Hermigua
San Sebastián de la Gomera
Playa de las Américas

Tenerife

Garachico
Los Gigantes
Guía de Isora
Puerto de la Cruz
El Sauzal
La Orotava
Vilaflor
La Escalona
Teguste
San Andrés
Santa Cruz de Tenerife
San Cristóbal de La Laguna
Güímar
Las Cañadas del Teide
Chimiche

Gran Canaria

Arucas
Las Palmas de Gran Canaria
Cruz de Tejeda
Mogán
Patalavaca
Arguineguín
Playa del Inglés
Maspalomas

Lanzarote

Famara
Arrecife
Playa Honda
Playa Blanca
Puerto Calero
Corralejo

Fuerteventura

La Oliva
Betancuria
Pájara
Esquinzo

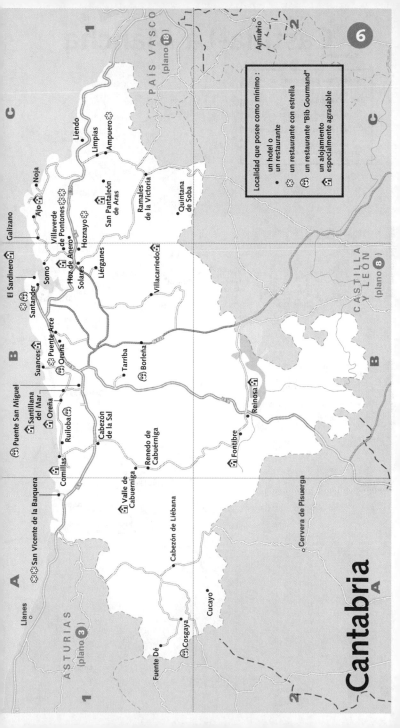

Cantabria

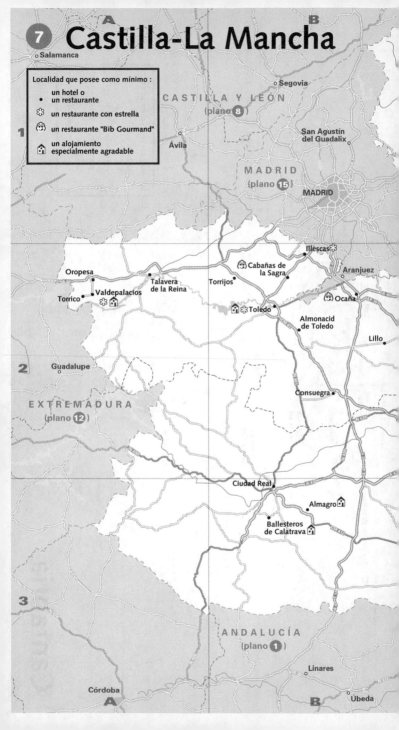

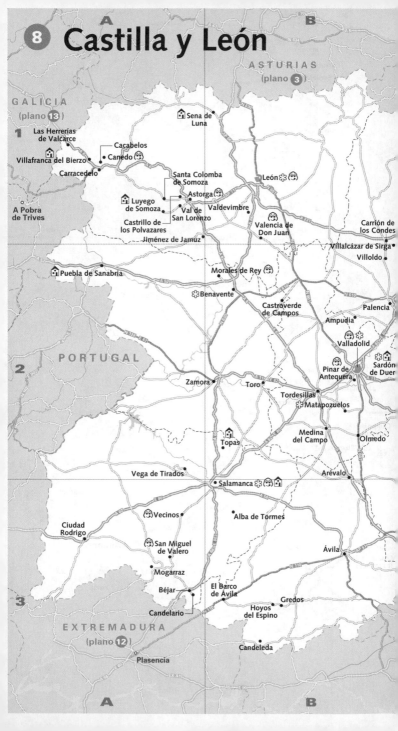

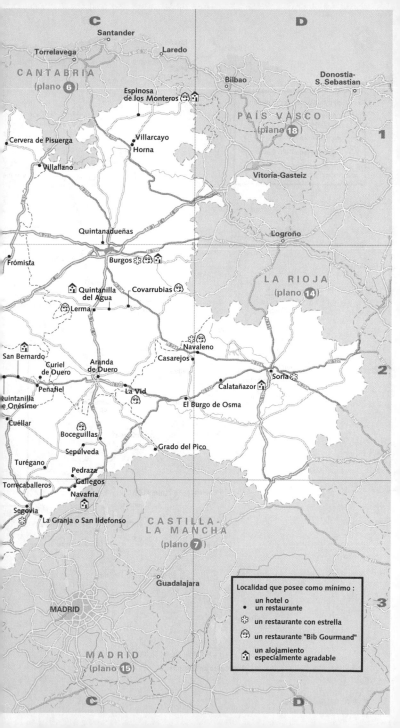

Cataluña, Andorra

FRANCE

Pas-de-la-Casa

Perpignan

Meranges
Bolvir de Cerdanya 🏛
Llívia

Alp 😊
Tregurà de Dalt
Setcases

Ribes
de Freser
Camprodón

Bagà
Gombrèn ❄
La Vall de Bianya ❄
Olot ❄❄❄ 🏛

Peralada ❄
Llançà ❄❄❄ 😊

Ripoll
Sant Miquel
de Pineda
Platja de
Canyelles Petites ❄

Cercs ❄
Joanetes 🏛
Sant Feliu
de Pallerols
Castelló
d'Empúries ❄

Berga
Els Hostalets
d'En Bas
Banyoles 😊

Sagàs ❄
Oris
Cantonigròs

Olost ❄
Manlleu
Calldetenes
GIRONA
Corçà ❄

Puig-Reig
Vic 😊
Sant Julià de
Vilatorta 🏛
❄❄❄ 😊

Castelladral 🏛
Arbúcies ❄
Llafranc ❄

Sallent
Tona
Llagostera
S'Agaró ❄

Santpedor
El Brull
Tossa de Mar ❄

Calders

Sant Fruitós de Bages ❄

El Masnou ❄

Santa Coloma
de Gramenet
❄ 😊

Barcelona
❄❄❄❄ 😊 🏛

Maçanet de
Cabrenys 😊
Mollet
de Peralada
Garriguella
Llançà ❄❄ 😊

Pont de
Molins
Pau 🏛

Avinyonet
de Puigventós 🏛
Peralada ❄
Santa Margarida
Roses
Cadaqués 🏛

Vilert 🏛
Figueres
Platja de
Canyelles Petites ❄

Besalú
Espinavessa
Empuriabrava

Esponellá
Orfes
Castelló
d'Empúries ❄

Ollers
Cinc Claus 😊

Banyoles ❄ 😊
L'Escala 😊

Vilamarí 😊

Cataluña, Andorra

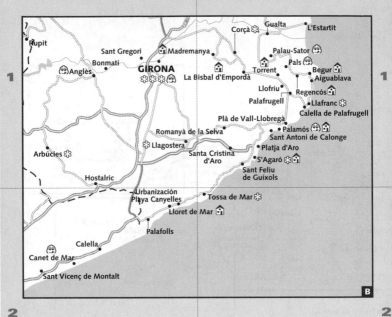

Comunidad Valenciana 11

ARAGÓN
(plano 2)

CASTILLA-
LA MANCHA
(plano 7)

MURCIA
(plano 16)

Localidad que posee como mínimo :

• un hotel o
  un restaurante
✿ un restaurante con estrella
😊 un restaurante "Bib Gourmand"
🏠 un alojamiento
  especialmente agradable

Morella 😊

✿ Benicarló

😊 Alcossebre o Alcocéber

✿ Vall d'Alba
Vilafamés

😊 L'Alcora

• Benicàssim
Castelló de la Plana 😊
• Grau de Castelló

😊 Segorbe
• La Vall d'Uixó

Sagunt o Sagunto 😊

• Meliana 😊
Playa de Levante
Valencia ✿✿✿ 😊

El Saler
• El Palmar

Utiel

Benisanó

😊 Benifaió

Alzira

• Cullera

Daimús ✿

😊 Piles

Ondara ✿

DÉNIA ✿✿✿

✿ Ontinyent u Onteniente

Alfafara 😊

Xàbia o Jávea ✿✿

Bocairent

Benimaurell

El Castell de
Guadalest 😊
Benissa
Moraira

😊 ✿✿ Cocentaina

🏠 Alcoi

Penàguila

• Calp o Calpe ✿ 😊

Villena

Benimantell 🏠

Altea
la Nucia ✿

😊 Xinorlet
😊 El Pinós o Pinoso

Elda   Petrer

😊 El Campello

Benidorm
La Vila Joiosa o Villajoyosa 🏠

La Romana •

Torrellano

Sant Joan d'Alacant o San Juan de Alicante

Sant Vicent del Raspeig
o San Vicente del Raspeig

Alacant o
Alicante
✿ 😊

Platja de Sant Joan o Playa de San Juan

😊 ✿ Elx o Elche

Almoradí
😊

Murcia

⑫ Extremadura

A

B

San Martín de Trevejo

Villamiel

1

PORTUGAL

Castelo
Branco

Pedroso de Acim

Casar de Cáceres

Cáceres

Portalegre

2

Estremoz

Badajoz

Mérida

PORTUGAL

Zafra

3

A

B

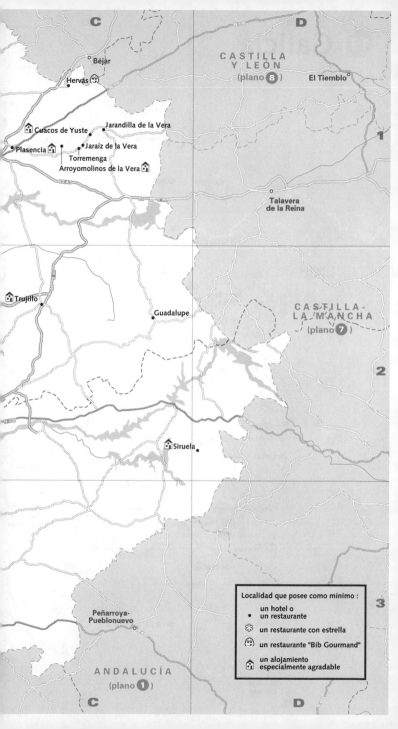

C   **D**

CASTILLA
Y LEÓN
(plano **8**)

● Béjar

● Hervás 🥘

El Tiemblo ○

1

🏠 Cuacos de Yuste   ● Jarandilla de la Vera

● Plasencia 🏠   ● Jaraíz de la Vera

Torremenga

Arroyomolinos de la Vera 🏠

● Talavera
de la Reina

🏠 Trujillo 🥘

● Guadalupe

CASTILLA-
LA MANCHA
(plano **7**)

2

🏠 Siruela ●

3

Peñarroya-
Pueblonuevo ○

Localidad que posee como mínimo :
●   un hotel o   un restaurante
🥘   un restaurante con estrella
🥘   un restaurante "Bib Gourmand"
🏠   un alojamiento   especialmente agradable

ANDALUCÍA
(plano **1**)

C   **D**

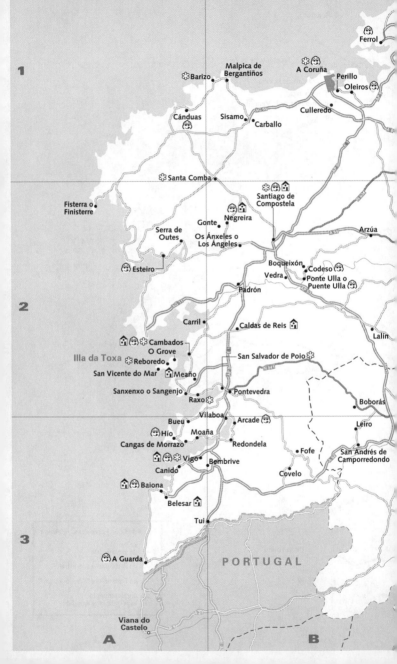

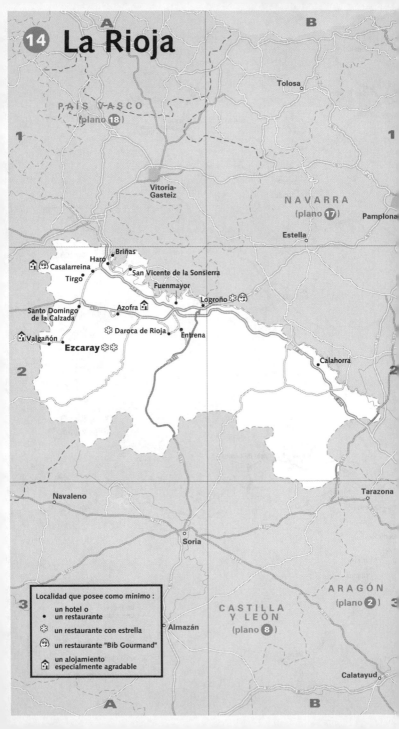

La Rioja

14

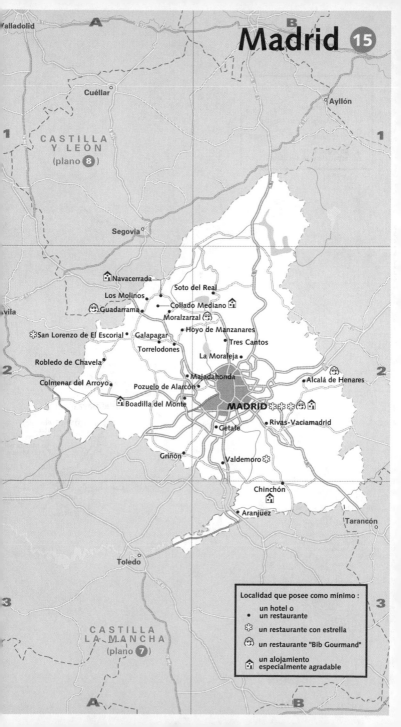

Madrid 15

Valladolid

Cuéllar

Ayllón

CASTILLA Y LEÓN
(plano 8)

Segovia

Navacerrada
Los Molinos
Soto del Real
Guadarrama
Collado Mediano
Moralzarzal
San Lorenzo de El Escorial
Galapagar
Hoyo de Manzanares
Torrelodones
Tres Cantos
La Moraleja
Robledo de Chavela
Colmenar del Arroyo
Majadahonda
Alcalá de Henares
Pozuelo de Alarcón
Boadilla del Monte
MADRID ❀❀❀ 😊 🏠
Rivas-Vaciamadrid
Getafe
Griñón
Valdemoro ❀
Chinchón
Aranjuez
Tarancón

Toledo

CASTILLA LA MANCHA
(plano 7)

Localidad que posee como mínimo :

	un hotel o un restaurante
❀	un restaurante con estrella
😊	un restaurante "Bib Gourmand"
🏠	un alojamiento especialmente agradable

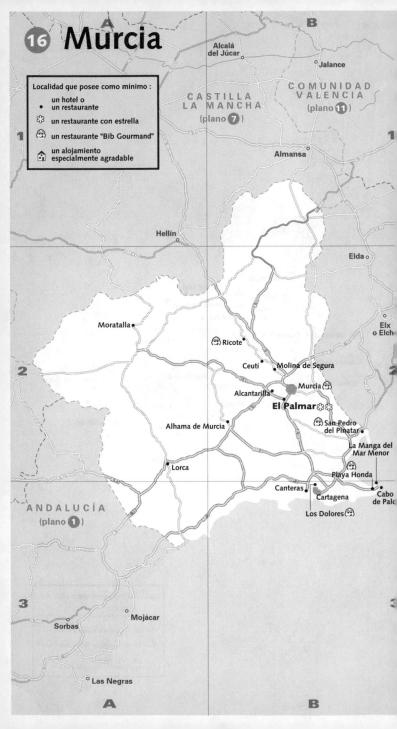

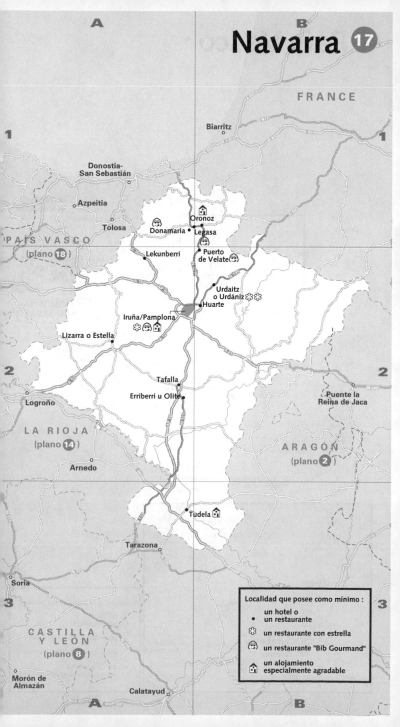

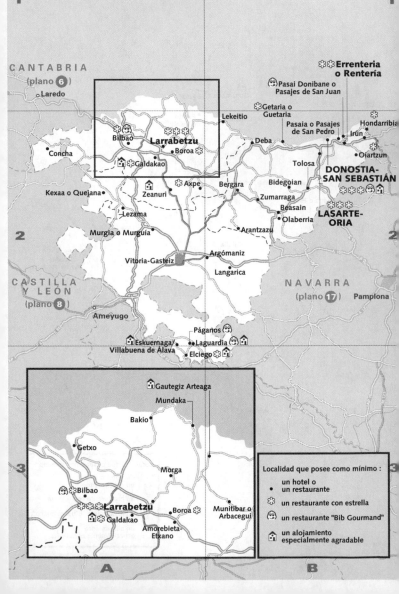

estaurant s
& hoteles

Restaurantes & hotéis

Localidades de A a Z

Localidades de A a Z

ABIZANDA

Huesca – 142 h. – Mapa regional : **2**-C1
Mapa de carreteras Michelin n° 574-F30

La Demba   ☆ ⑳ ⇔ ⊡ ⅋ 🄰🄲 ⅋ 🅿

FAMILIAR · PERSONALIZADA Una casa de piedra que le sorprenderá, pues en ella la rusticidad y el diseño conviven con el arte y la cultura. Ofrece habitaciones personalizadas por distintos artistas, una biblioteca, una antigua bodega... y un restaurante fiel a la gastronomía de la zona.

10 hab – ♥88/118 € ♥♥88/118 € – ⊡ 6 €

*Afueras, carret. A 138 - Este : 1.5 km ✉ 22392 – ☎ 974 94 25 00
– www.lademba.com – cerrado 1 noviembre-1 marzo*

El ADELANTADO Córdoba → Ver Iznájar

AGUA AMARGA

Almería – 318 h. – Mapa regional : **1**-D2
Mapa de carreteras Michelin n° 578-V24

Asador La Chumbera   🍴 ⅋ 🅿

COCINA TRADICIONAL · AMBIENTE TRADICIONAL ⅂ Un restaurante apartado, tranquilo y muy especial, pues la atractiva construcción de aire rústico se completa con una coqueta terraza para disfrutar del Parque Natural. Cocina tradicional de calidad y a buen precio, con algunas influencias árabes y orientales.

Carta 24/48 €

*paraje Los Ventorrillos, en la carretera de Carboneras : Noreste 1.2 km ✉ 04149
– ☎ 634 67 62 98 – www.asadorlachumbera.com – cerrado noviembre, martes noche y miércoles en invierno*

Mikasa   ☆ ⅂ ⑳ ⅃⅋ ⅋ 🄰🄲 ⅃⅋ 🅿

SPA Y BIENESTAR · MEDITERRÁNEA Villa mediterránea formada por tres edificios, encalados y comunicados entre sí. Encontrará agradables zonas sociales, habitaciones bien personalizadas y un completo SPA. El restaurante, de explotación independiente, ofrece una cocina tradicional actualizada.

18 hab ⊡ – ♥100/250 € ♥♥100/250 €

carret. de Carboneras 20 ✉ 04149 – ☎ 950 13 80 73 – www.mikasasuites.com

AGUADULCE

Almería – 9 558 h. – Mapa regional : **1**-D2
Mapa de carreteras Michelin n° 578-V22

Bacus   🍴 ⅋ 🄰🄲 ⅋

MODERNA · A LA MODA ⅂ Ubicado en una nueva zona residencial. Este gastro-bar de estética moderna se presenta con una barra a la entrada, una zona de mesas al fondo y un reservado. Tapas creativas.

Tapa 6 € – Ración aprox. 14 €

camino de los Parrales 330 ✉ 04720 – ☎ 950 34 13 54 – www.bacus.eu – cerrado 15 enero-1 febrero y domingo

AIGUABLAVA Girona → Ver Begur

AIGUADOLÇ (Puerto de) Barcelona → Ver Sitges

AÍNSA

Huesca – 2 128 h. – Alt. 589 m – Mapa regional : **2**-C1
Mapa de carreteras Michelin n° 574-E30

‖O Callizo

CREATIVA · MARCO CONTEMPORÁNEO XxX ¡Le sorprenderá! Su propuesta se traduce en un recorrido por la casa (bodega, cocina, comedor...), descubriendo por etapas los sabores de temporada de la comarca de Sobrarbe.

Menú 55/75 € – solo menú

pl. Mayor ✉ 22330 – 𝒞 974 50 03 85 *(es necesario reservar)*
– www.restaurantecallizo.es – solo fines de semana en noviembre – cerrado enero, febrero, lunes y martes salvo verano

🏠 Los Arcos

FAMILIAR · CONTEMPORÁNEA Instalado en una bella casa de piedra con soportales. Ofrecen cuidadas habitaciones y desayunos artesanos, pues la propietaria tiene una tienda delicatessen a pocos metros.

6 hab 🖙 – 🛉60/80 € 🛉🛉80/118 €

pl. Mayor 23 ✉ 22330 – 𝒞 974 50 00 16 – *www.hotellosarcosainsa.com*

AJO

Cantabria – 2 011 h. – Mapa regional : **6**-C1
Mapa de carreteras Michelin n° 572-B19

🏠 Palacio de la Peña

LUJO · HISTÓRICA Resulta íntimo y rezuma nobleza por los cuatro costados, ya que ocupa una casa-palacio del s. XVII bien restaurada. Ofrece exquisitas habitaciones, todas con mobiliario de época, un bello entorno ajardinado y un restaurante de excelente montaje, este último instalado en lo que fueron las caballerizas.

8 hab – 🛉120/200 € 🛉🛉220/360 € – 🖙 28 €

De la Peña 26 ✉ 39170 – 𝒞 942 67 05 67 – *www.hotelpalacio.es*

I. Caperochipi / age fotostock

NOS GUSTA...

Subir al castillo de Santa Bárbara y disfrutar, desde **La Ereta**, de las mejores vistas a la ciudad. Tras un paseo por el puerto darse un homenaje en **Monastrell**, toda una experiencia para el paladar. A la hora de ir de tapas no podemos perdernos dos grandes clásicos, **Nou Manolín** y **Piripi**, donde también se puede comer. El ambiente afterwork de **El Portal**.

ALACANT ALICANTE

329 988 h. – Mapa regional : **11**-A3
Mapa de carreteras Michelin n° 577-Q28

Restaurantes

🏵 **Monastrell** (María José San Román) ← 🏠 🅰️🅲 💱 ↔ 🅿️

MODERNA · DE DISEÑO 🟩🟩🟩 Un restaurante que hace constantes guiños al mar y destaca por su maravilloso emplazamiento, en el paseo marítimo y a pocos metros del Real Club de Regatas de Alicante. Cocina sencilla y natural, muy próxima a los pescados y mariscos de la lonja y, por supuesto, a los arroces, estos últimos con atrevidas elaboraciones.

→ Gamba roja con su coral en aceite de azafrán y sal de caviar, Arroz seco negro con sepia, alcachofa, hueva de mújol y níspero pasificado. Crema helada de hojiblanca, miel, flores y polen.

Menú 65/95 € – Carta 50/75 €

Plano : B3-x – *av. del Almirante Julio Guillén Tato 1* ✉ *03002* – ☎ *965 12 66 40 – www.monastrell.com – cerrado domingo noche y lunes salvo verano*

😊 **Govana** 🅰️🅲

COCINA TRADICIONAL · AMBIENTE CLÁSICO 🟩 Íntegramente familiar, distribuido en dos plantas y dotado con dos coquetos comedores. Ofrecen una completa carta de cocina tradicional especializada en arroces, con hasta 15 tipos diferentes, y dos interesantes menús.

Menú 28 € – Carta 30/45 €

Plano : D1-h – *pl. Dr. Gómez Ulla 4* ✉ *03013* – ☎ *965 21 82 50 – www.govana.net – solo almuerzo – cerrado septiembre y lunes*

🍽️ **Celeste - Don Carlos** 🅰️🅲 💱

MODERNA · AMBIENTE CLÁSICO 🟩🟩 ¡Singular! Para acceder al restaurante gastronómico debe atravesar el gastrobar Don Carlos. Cocina tradicional puesta al día, en base al mercado y propuesta a través de menús.

Menú 20/140 € – solo menú

Plano : C2-t – *General Primo de Rivera 12* ✉ *03002* – ☎ *966 14 56 82 (es necesario reservar) – www.doncarlosalicante.com – cerrado 20 días en enero, 10 días en junio, 10 días en octubre, domingo y lunes*

LISBOA
Europe's Leading City Destination

visitlisboa.com

⊗○ La Ereta ⟨ 🛋 ⟨ 🅰🅲 🅿

CREATIVA · DE DISEÑO XX Original construcción de línea moderna ubicada en la subida al castillo de Santa Bárbara. Proponen unos menús muy creativos, uno como homenaje a los mejores platos de la casa.

Menú 49/75 € – solo menú

Plano : C1-d – *parque de la Ereta* ✉ *03001* – 𝒞 *965 14 32 50* – *www.laereta.es* – *cerrado 15 días en enero, martes noche y miércoles noche en invierno, martes mediodía y miércoles mediodía en verano, domingo y lunes*

⊗○ Murri ⟨ 🅰🅲 🍽

CREATIVA · DE DISEÑO XX De línea moderna y a pocos pasos del puerto deportivo. Aquí proponen una cocina actual elaborada de bastante buen nivel, con platos de autor y la opción de interesantes menús.

Menú 30/70 €

Plano : C2-a – *Bilbao 10* ✉ *03002* – 𝒞 *966 14 83 80* – *www.murrirestaurante.com* – *solo almuerzo martes y miércoles – cerrado del 15 al 31 de enero, del 15 al 31 de agosto, domingo noche, lunes*

⊗○ Nou Manolín ⟨ 🅰🅲 🍽 ⟷

REGIONAL · ACOGEDORA XX Restaurante de larga trayectoria y prestigio en la ciudad. Posee varios privados y un gran comedor rústico-actual que sorprende por su precioso techo de diseño en madera. Completa carta tradicional con arroces, pescados, mariscos...

Carta 31/51 €

Plano : B2-m – *Villegas 3* ✉ *03001* – 𝒞 *965 20 03 68* – *www.grupogastronou.com*

⊗○ Piripi ⟨ 🅰🅲 🍽 ⟷

REGIONAL · AMBIENTE TRADICIONAL XX Se halla en una zona comercial, con un bar de tapas en la planta baja y las salas en el piso superior. Proponen una completa carta con mariscos, pescados y carnes, aunque la especialidad de la casa, con hasta 15 variantes, son los arroces.

Carta 31/51 €

Plano : A2-v – *Oscar Esplá 30* ✉ *03003* – 𝒞 *965 22 79 40* – *www.grupogastronou.com*

⊗○ El Portal ⟨ 🅰🅲 🍽

MODERNA · A LA MODA 𝄢 Moderno gastrobar dotado con una buena barra y varias mesas. Su amplia oferta contempla mariscos, platos del día, tapas, ibéricos, quesos, arroces... ¡Cocktails y afterworks!

Tapa 8 € – Ración aprox. 13 €

Plano : C2-c – *Bilbao 2* ✉ *03001* – 𝒞 *965 14 32 69* – *www.elportaltaberna.com*

⊗○ La Taberna del Gourmet 🛋 🅰🅲 🍽

REGIONAL · A LA MODA 𝄢 Se podría definir como... ¡un delicatessen del tapeo! Presenta una amplísima variedad de tapas, raciones, mariscos, pescados, carnes y arroces, todo con productos de excelente calidad y apoyado por una gran selección de vinos.

Tapa 12 € – Ración aprox. 18 €

Plano : C2-b – *San Fernando 10* ✉ *03002* – 𝒞 *965 20 42 33* – *www.latabernadelgourmet.com*

⊗○ Nou Manolín 🅰🅲 🍽

REGIONAL · RÚSTICA 𝄢 Local de aire rústico que atesoran una carta muy completa para tapear, con raciones, arroces, ostras, gambas rojas... ¡Los Calamares a la romana siguen la receta de la abuela!

Tapa 4 € – Ración aprox. 16 €

Plano : B2-m – *Villegas 3* ✉ *03001* – 𝒞 *965 20 03 68* – *www.grupogastronou.com*

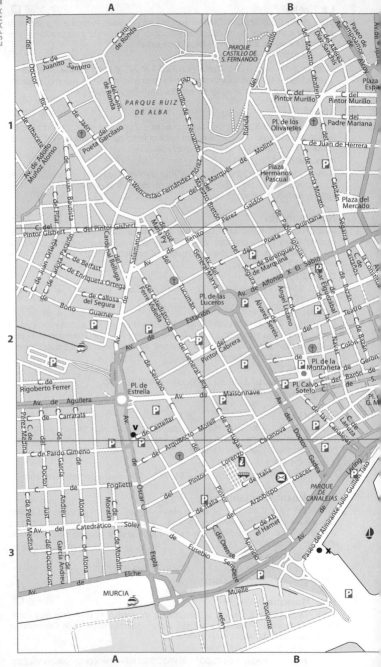

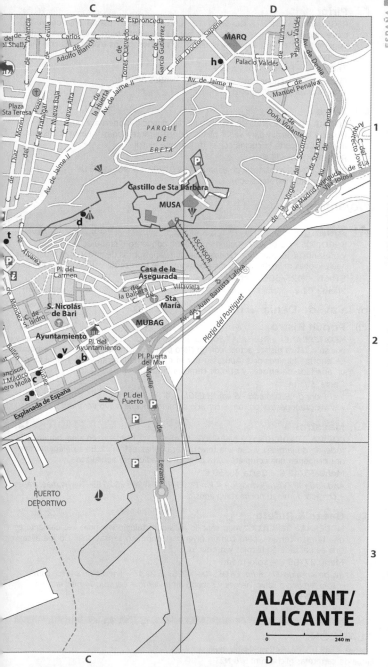

ALACANT/ ALICANTE

0   240 m

🍴 Piripi 🄰🄲 ⌀

REGIONAL · AMBIENTE CLÁSICO ℣ Se encuentra en la planta baja del restaurante que le da nombre, destacando por su excelente barra pública en madera. Sugerente, extensa y atractiva variedad de pinchos, todos elaborados con materias primas de excelente calidad.

Tapa 4 € – Ración aprox. 16 €

Plano : A2-v – *Oscar Esplá 30* ✉ *03003* – ℰ *965 22 79 40*
– *www.grupogastronou.com*

🍴 Terre ⅋ 🄰🄲 ⌀

COCINA TRADICIONAL · A LA MODA ℣ Un negocio moderno y singular, pues su filosofía le capacita para servir platos de restaurante, tapas y hasta copas por la noche. ¡Comparte la cocina con el restaurante Murri!

Ración aprox. 15 €

Plano : C2-a – *explanada de España 11* ✉ *03002* – ℰ *965 29 78 08*
– *www.restauranteterre.com*

Alojamientos

🏨 Amérigo ⌂ 🔲 🛁 🔼 🄰🄲 🚿 🚗

NEGOCIOS · DE DISEÑO Ocupa un antiguo convento distribuido en dos edificios y presenta un interior de estética actual, con varias obras de arte y unas espaciosas habitaciones definidas por su diseño. ¡Agradable terraza de verano en la azotea!

81 hab – ▮125/600 € – ▮▮145/600 € – ⌑ 22 €

Plano : C2-v – *Rafael Altamira 7* ✉ *03002* – ℰ *965 14 65 70* – *www.hospes.com*

por la av. de Dénia ver plano : D1

🆑 Pópuli Bistró 🕮 🄰🄲 ⌀ ⇆ 🅿

MEDITERRÁNEA · RÚSTICA ⅒ Sorprende por su ubicación, en una gran finca, y por su estética rústica-actual, con un claro protagonismo de la madera y espacios de enorme luminosidad. Apuestan por la cocina mediterránea de mercado, con un apartado de arroces y otro de carnes a la brasa.

Carta 31/51 €

Vial Flora de España 36 - 5 km ✉ *03016* – ℰ *965 15 49 04*
– *www.grupogastronou.com* – *cerrado domingo noche salvo verano*

🍴 Maestral 🕮 🄰🄲 ⌀ ⇆ 🅿

COCINA TRADICIONAL · AMBIENTE CLÁSICO ⅒⅒ Ubicado en una bonita villa, rodeada de jardines y con una terraza para cenas estivales. En su elegante interior proponen una completa carta de cocina tradicional actualizada.

Menú 36/42 € – Carta 35/50 €

Andalucía 18 (Vistahermosa) - 4 km ✉ *03016* – ℰ *965 26 25 85* – *www.maestral.es*
– *cerrado domingo noche salvo agosto*

🍴 Baeza & Rufete 🕮 🄰🄲 ⌀

MODERNA · SENCILLA ⅒ Algo sencillo en sus instalaciones, pues básicamente es una terraza cerrada, pero con un nivel gastronómico sensacional. Cocina alicantina actualizada en técnica y producto.

Menú 27/65 € – solo menú

av. de Ansaldo 31 - 6 km ✉ *03540* – ℰ *965 16 22 47* – *www.baezarufete.com*
– *solo almuerzo salvo viernes y sábado en invierno* – *cerrado 14 días en septiembre*

ALARCÓN
Cuenca – 148 h. – Alt. 845 m – Mapa regional : **7**-C2
Mapa de carreteras Michelin nº 576-N23

⌂ Parador de Alarcón   ✿ ➲ ⇇ ✦ AC 🍴

HISTÓRICO · ACOGEDORA Fortaleza árabe-medieval del s. VIII emplazada sobre un peñón rocoso, dominando el Júcar y toda la localidad. Las habitaciones saben combinar lo rústico y lo actual. En su restaurante, con altos techos en piedra, descubrirá la esencia del recetario regional.

14 hab – ♥110/250 € ♥♥110/250 € – ⌑19 €

av. Amigos de los Castillos 3 ✉ *16214 –* ℰ *969 33 03 15 – www.parador.es*

ALBA DE TORMES

Salamanca – 5 309 h. – Alt. 826 m – Mapa regional : **8**-B3
Mapa de carreteras Michelin n° 575-J13

🍴 Don Fadrique   AC P

COCINA TRADICIONAL · RÚSTICA ✕✕ Se halla a las afueras del pueblo, en lo alto de una loma, y se caracteriza tanto por la amplitud de espacios como por sus ganas de agradar. ¡Trabajan mucho los banquetes!

Menú 45/58 € – Carta 35/65 €

carret. de Salamanca, Noroeste : 2 km ✉ *37800 –* ℰ *923 37 00 76
– www.donfadrique.com – solo almuerzo salvo viernes y sábado – cerrado del 7 al 26 de enero*

ALBACETE

172 816 h. – Alt. 686 m – Mapa regional : **7**-D3
Mapa de carreteras Michelin n° 576-P24

☺ Don Gil   🏠 AC 🍴 ⇄

COCINA TRADICIONAL · RÚSTICA ✕✕ Un restaurante de carácter polivalente, pues completa la zona de tapeo y los comedores de línea clásica-regional con un moderno lounge-bar para eventos en el piso superior. Tapas elaboradas, platos tradicionales-actuales, un apartado de arroces y varios menús.

Menú 35 € – Carta 23/45 €

Baños 2 ✉ *02004 –* ℰ *967 23 97 85 – www.restaurantedongil.com – cerrado domingo y lunes noche*

🍴 El Callejón   AC 🍴 ⇄

COCINA TRADICIONAL · ACOGEDORA ✕✕ He aquí un restaurante rústico con personalidad y encanto, pues está repleto de rincones que tienen en el mundo taurino su eje temático. Tienda gourmet y cocina tradicional.

Carta 35/45 €

Guzmán el Bueno 18 ✉ *02002 –* ℰ *967 21 11 38 – www.restauranteelcallejon.com
– cerrado 22 julio-22 agosto, domingo en verano, domingo noche y lunes*

🍴 Nuestro Bar   AC 🍴 P

REGIONAL · RÚSTICA ✕✕ Su sabrosa cocina de corte local lo mantiene en la cima del éxito. Presenta un marco con cierto tipismo, un buen servicio de mesa y una carta de tinte regional que se completa, acertadamente, con varios menús. ¡Concurrido bar de tapas!

Menú 23/27 € – Carta 16/42 €

Alcalde Conangla 102 ✉ *02002 –* ℰ *967 24 33 73 – www.nuestrobar.es – cerrado julio y domingo noche*

🍴 Caldereros   🏠 ⅙ AC 🍴

COCINA TRADICIONAL · ACOGEDORA ✕ En una animada calle peatonal. Posee una zona de bar y dos pequeños comedores, ambos con preciosos suelos hidráulicos. Cocina tradicional con platos de cuchara y de mercado.

Menú 25/55 € – Carta 19/53 €

Caldereros 13 ✉ *02002 –* ℰ *967 61 02 17 – www.caldereros.es – cerrado agosto y domingo*

al Sureste 5 km

 Parador de Albacete

NEGOCIOS · REGIONAL Construcción que imita lo que fueron las quintas manchegas. Posee unas espaciosas instalaciones de ambiente regional, un patio interior ajardinado y confortables habitaciones. En su comedor podrá descubrir los platos más representativos de esta tierra.

68 hab – ♦70/145 € ♦♦70/145 € – ⌑16 €

✉ 02080 Albacete – 𝒞 967 01 05 00 – www.parador.es

ALBARRACÍN
Teruel – 1 044 h. – Alt. 1 200 m – Mapa regional : **2**-B3
Mapa de carreteras Michelin n° 574-K25

 Caserón de la Fuente 𝒮 𝒮

FAMILIAR · RÚSTICA Ocupa un edificio que en otro tiempo funcionó como molino y fábrica de lanas. Hoy ofrece un interior rústico-regional, con amplias habitaciones y una coqueta cafetería que sorprende por su suelo, acristalado para ver pasar el agua del río.

14 hab ⌑ – ♦65/79 € ♦♦65/79 €

Carrerahuertos ✉ 44100 – 𝒞 978 71 03 30 – www.caserondelafuente.es – cerrado del 12 al 18 de septiembre

Casa de Santiago 𝒮 𝒮 ⪡ 𝒮

FAMILIAR · RÚSTICA Está en el casco viejo y aloja recuerdos de un pasado exquisito, pues ocupa una antigua casona que invita al reposo. Disfruta de agradables salones sociales y pequeñas habitaciones... eso sí, todas con un estilo rústico sumamente detallista. En su comedor le propondrán una carta de corte casero-tradicional.

9 hab – ♦48/54 € ♦♦64/70 € – ⌑6 €

Subida a las Torres 11 ✉ 44100 – 𝒞 978 70 03 16 – www.casadesantiago.es – cerrado del 15 al 31 enero, del 4 al 10 febrero y del 13 al 17 de septiembre

La Casona del Ajimez

FAMILIAR · ACOGEDORA ¡Al pie de la Alcazaba! Con su nombre ensalza una curiosa parte de su fachada, pues el término Ajimez se refiere a los antiguos balcones volados de inspiración musulmana. Ofrece unas habitaciones muy acogedoras, todas bien personalizadas.

6 hab – ♦60 € ♦♦76 € – ⌑6 €

San Juan 2 ✉ 44100 – 𝒞 978 71 03 21 – www.casonadelajimez.com – cerrado del 23 al 26 de diciembre y del 13 al 18 de septiembre

ALCALÁ DE GUADAIRA
Sevilla – 74 845 h. – Alt. 92 m – Mapa regional : **1**-B2
Mapa de carreteras Michelin n° 578-T12

ⅠO La Cochera

COCINA TRADICIONAL · RÚSTICA ¡/ Negocio de ambiente neorrústico y taurino. Presenta una carta de tapas amplia e interesante, con sabrosos guisos caseros y unas deliciosas carnes de vacuno a la plancha.

Tapa 4 € – Ración aprox. 18 €

Profesora Francisca Laguna 6 ✉ 41500 – 𝒞 955 33 48 92 – cerrado 15 julio-15 agosto, domingo noche y lunes

ALCALÁ DE HENARES
Madrid – 194 310 h. – Alt. 588 m – Mapa regional : **15**-B2
Mapa de carreteras Michelin n° 576-K19

⊛ Ambigú   🏠 ⚅ AC ⌀

MODERNA · SIMPÁTICA X Se encuentra junto al Teatro Cervantes y destaca por su filosofía, pues recrea una propuesta joven, fresca y desenfadada tanto en la cocina como en el diseño interior. Carta actual, con platos e ingredientes internacionales para conseguir detalles de fusión.

Menú 15/50 € – Carta 30/45 €

Cervantes 7 ✉ *28801 –* ☎ *910 13 84 32*

– www.ambigualcala.com

⑩ Goya   AC ⌀

COCINA TRADICIONAL · AMBIENTE TRADICIONAL XX Está bien llevado entre hermanos y ofrece dos estilos de cocina diferentes, uno de gusto tradicional en el bar-cafetería y otro de tendencia más actual en el cuidado comedor.

Menú 14/65 € – Carta 35/50 €

Goya 2 ✉ *28807 –* ☎ *918 82 60 34*

– www.restaurantegoya.com – cerrado domingo noche

⑩ Hostería del Estudiante   AC ⇱ 🚗

COCINA TRADICIONAL · AMBIENTE CLÁSICO XX Un restaurante que destaca por sus magníficas vistas al famoso Triángulo o Patio Trilingüe de la Universidad, llamado así porque allí impartían las clases en latín, griego y hebreo. Cocina autóctona de calidad y regional elaborada.

Menú 36/60 € – Carta 36/55 €

Parador de Alcalá de Henares, Colegios 3 ✉ *28801 –* ☎ *918 88 03 30*

– www.parador.es – cerrado lunes y martes

⑩ Ki-Jote   🏠 AC ⌀

JAPONESA · SENCILLA X Disfrute de la cocina nipona en un negocio que emana tranquilidad. Su chef-propietario se ha formado en el laureado Kabuki, por lo que trabaja a la perfección cada producto.

Menú 14/31 € – Carta 20/40 €

Vía Complutense 42, trasera ✉ *28805 –* ☎ *652 83 10 15 – www.ki-jote.com*

– cerrado lunes

🏘 Parador de Alcalá de Henares   ⚐ 🛏 ⚒ 🏊 🛁 ♨ ⚅ AC ⌀ 🎪 🚗

HISTÓRICO · MODERNA Conjuga diversas partes de lo que fue el histórico colegio-convento de Santo Tomás (s. XVII) con varios elementos de equilibrado diseño actual y vanguardista. Amplia zona social, habitaciones modernas y buen confort general. En el comedor, de montaje actual, encontrará la típica carta regional de Paradores.

127 hab – ♦100/300 € ♦♦100/300 € – ⌑ 18 € – 1 suite

Colegios 8 ✉ *28801 –* ☎ *918 88 03 30*

– www.parador.es

⑩ **Hostería del Estudiante** – ver selección restaurantes

ALCANAR

Tarragona – 9 603 h. – Alt. 72 m – Mapa regional : **9**-A3

Mapa de carreteras Michelin nº 574-K31

en la carretera N 340 Este : 3,5 km y por camino 0,5 km

🏠 Tancat de Codorniu   ⚐ 🐾 🛏 ⚒ AC ⌀ P

PARTICULAR · MODERNA Un establecimiento que sorprende por sus habitaciones, amplias y modernas, por sus rincones y por su extenso entorno arbolado. El restaurante, acristalado y polivalente, ofrece una cocina de gusto tradicional. ¡Los fines de semana se vuelcan con los banquetes!

17 hab – ♦99/150 € ♦♦99/150 € – ⌑ 14 €

✉ *43530 Alcanar –* ☎ *977 73 71 94*

– www.tancatdecodorniu.com – cerrado del 10 al 31 de enero

ALCANTARILLA

Murcia – 41 021 h. – Alt. 66 m – Mapa regional : **16**-B2
Mapa de carreteras Michelin n° 577-S26

❆○ La Cava de Royán   🅰️ ⛓ 🆎 🗙 🔄

COCINA TRADICIONAL · MARCO CONTEMPORÁNEO ✗✗ De estética actual y próximo al centro. Tanto en los comedores, dos de ellos privados, como en su bar de tapas la apuesta es clara: cocina tradicional con toques actuales.

Menú 30/45 € – Carta 30/43 €

av. estación de Lorca 4 ⊠ 30820 – 𝒞 968 80 86 83 – www.lacavaderoyan.net
– cerrado 2ª quincena de agosto, domingo noche y lunes

ALCAÑIZ

Teruel – 15 937 h. – Alt. 338 m – Mapa regional : **2**-C2
Mapa de carreteras Michelin n° 574-I29

❆○ Meseguer   ⇆ ⛓ 🆎 🗙 🚗

COCINA TRADICIONAL · SENCILLA ✗ He aquí un negocio familiar fiel al trabajo y al producto, un detalle notable tanto en los platos tradicionales como en los más actualizados. Su amplia carta se enriquece con varios menús, ofrecen comida para llevar y... ¡gestionan unos cuidados apartamentos!

Menú 15/45 € – Carta 30/55 €

10 apartamentos 🛏 – 🛉🛉81/91 €

av. del Maestrazgo 9 ⊠ 44600 – 𝒞 978 83 10 02 – www.meseguer.info – solo almuerzo salvo viernes y sábado – cerrado domingo

🏛 Parador de Alcañiz   🐕 🐾 ⇆ 🛀 🗄 ⛓ 🆎 🗙 🎿 🅿️

HISTÓRICO · TRADICIONAL Ocupa el llamado Castillo de los Calatravos y resulta singular, pues domina todo Alcañiz desde lo alto de una colina. Presenta un recoleto patio-terraza, habitaciones de línea castellana-actual y un cuidado restaurante, ideal para descubrir la cocina regional.

37 hab – 🛉95/195 € 🛉🛉95/195 € – 🛏 17 €

Castillo de Calatravos ⊠ 44600 – 𝒞 978 83 04 00 – www.parador.es

ALCOBENDAS

Madrid – 113 055 h. – Alt. 670 m – Mapa regional : **15**-B2
Mapa de carreteras Michelin n° 576-K19

en La Moraleja Sur : 4 km

❆○ 99 sushi bar   🏠 🆎 🗙 🔄

JAPONESA · DE DISEÑO ✗✗ Este moderno restaurante japonés llamará su atención tanto por la barra, donde se ve trabajar al sushiman, como por la cortina-cascada de agua que hay tras él. Cocina nipona.

Menú 90 € – Carta 45/70 €

Estafeta 2 ⊠ 28109 Alcobendas – 𝒞 916 50 31 59 – www.99sushibar.com – cerrado domingo noche

❆○ A'Kangas by Urrechu   🏠 🆎 🗙

CARNES · MARCO CONTEMPORÁNEO ✗✗ Presenta una diáfana terraza y un cuidado interior, donde destaca el expositor. Cocina tradicional elaborada y fantásticas carnes rojas a la brasa, algunas maduradas con mimo.

Carta 42/56 €

Estafeta 4 ⊠ 28109 Alcobendas – 𝒞 915 55 56 00 – www.akangas.com – cerrado domingo noche

❆○ El Barril de La Moraleja   🏠 🆎 🗙 🔄

PESCADOS Y MARISCOS · ACOGEDORA ✗✗ Sorprende con una cuidadísima terraza y un interior actual-marinero. La carta, especializada en productos del mar, se completa con un buen apartado de arroces y carnes rojas.

Carta 42/70 €

Estafeta 4 ⊠ 28109 Alcobendas – 𝒞 916 50 95 86 – www.grupo-oter.com

ALCOCÉBER Castellón ➜ Ver Alcossebre

ALCOI
Alicante – 59 106 h. – Alt. 545 m – Mapa regional : **11**-A3
Mapa de carreteras Michelin n° 577-P28

por la carretera de la Font Roja Suroeste : 8 km y desvío a la derecha 1 km

🏠 **Masía la Mota**   🏠 🐾 ⇐ 🍴 🎇

FAMILIAR · ACOGEDORA Data del s. XVII y lo encontrará en pleno parque natural, por lo que atesora unas magníficas vistas a la Font Roja y a la sierra de Mariola desde sus terrazas, habitaciones y piscina. El restaurante, en la antigua almazara, apuesta por la cocina tradicional.

12 hab 🍽 – 🛏100 € 🛏🛏110 €

carret. de la Font Roja, km 5 ✉ 03801 Alcoi – ℰ 966 54 03 70
– www.masialamota.com – cerrado del 10 al 26 de diciembre y del 20 al 28 de
agosto

L'ALCORA
Castellón – 10 591 h. – Alt. 279 m – Mapa regional : **11**-B1
Mapa de carreteras Michelin n° 577-L29

🙂 **Sant Francesc**   🆎 🎇 ⇔

COCINA TRADICIONAL · AMBIENTE CLÁSICO XX Este negocio familiar debe su nombre al barrio donde se ubica. Dispone de un amplio salón clásico, con profusión de madera, así como tres privados panelables. Cocina tradicional, de corte casero, rica en guisos y pescados del Mediterráneo.

Menú 20/35 € – Carta 25/40 €

av. Castelló 19 ✉ 12110 – ℰ 964 36 09 24 – www.restaurantsantfrancesc.es – solo
almuerzo – cerrado 27 julio-22 de agosto y sábado

ALCOSSEBRE ALCOCÉBER
Castellón – 934 h. – Mapa regional : **11**-B1
Mapa de carreteras Michelin n° 577-L30

en la urbanización El Pinar Norte : 4 km

🙂 **El Pinar**   ⇐ 🏠 🎇

COCINA TRADICIONAL · AMBIENTE TRADICIONAL XX En lo alto de una montaña y con excelentes vistas al mar. Ofrece una cocina tradicional y un buen apartado de arroces, así como una carta de tapas en temporada baja.

Carta 26/40 €

Islas Mancolibre 4-A ✉ 12579 Alcossebre – ℰ 964 41 22 66 – cerrado
7 enero-15 marzo y lunes salvo verano

ALCUNEZA Guadalajara ➜ Ver Sigüenza

ALEVIA Asturias ➜ Ver Panes

ALFAFARA
Alicante – 406 h. – Mapa regional : **11**-A2
Mapa de carreteras Michelin n° 577-P28

🙂 **Casa el Tio David**   🎇 🆎 🎇 ⇔

REGIONAL · RÚSTICA X Se halla en el centro de la localidad y está llevado en familia, entre el propietario y su esposa. En el comedor, de acogedor ambiente rústico, le propondrán una carta regional bien complementada por dos menús. ¡Buena carta de vinos digital!

Menú 36/46 € – Carta 30/40 €

Bancal del Clot 2 ✉ 03838 – ℰ 965 51 01 42 – www.casaeltiodavid.com – solo
almuerzo salvo viernes y sábado – cerrado 1ª quincena de julio y martes

ESPAÑA

ALHAMA DE MURCIA
Murcia – 21 351 h. – Alt. 180 m – Mapa regional : **16**-B2
Mapa de carreteras Michelin n° 577-S25

en El Berro Noroeste : 14 km

Bajo el Cejo
FAMILIAR · RÚSTICA En un pueblo de montaña de acusada pendiente, por lo que sus instalaciones son escalonadas y ofrece magníficas vistas a los bancales de almendros, cítricos, olivos... Agradable zona social, comedor privado bajo reserva, buenas terrazas y cuidadas habitaciones.
12 hab ⌷ – ♦81/115 € ♦♦103/126 €
El Paso ✉ *30848 El Berro –* ℰ*968 66 80 32 – www.bajoelcejo.com*

La ALHAMBRA Granada → Ver Granada

ALICANTE Alicante → Ver Alacant

ALLARIZ
Ourense – 6 026 h. – Alt. 470 m – Mapa regional : **13**-C3
Mapa de carreteras Michelin n° 571-F6

Portovello
COCINA TRADICIONAL · RÚSTICA La belleza del entorno, en un parque junto al río, define esta antigua fábrica de curtidos de aire rústico. Balcón-terraza con hermosas vistas y cocina de sabor tradicional.
Menú 19 € – Carta 30/40 €
Parque Porto Vello ✉ *32660 –* ℰ*988 44 23 29 – www.restauranteportovello.es*
– cerrado domingo noche, lunes noche y martes noche en invierno

O Portelo
FAMILIAR · CLÁSICA ¡En el casco histórico! Presenta una acogedora zona social, con obras de Agustín Ibarrola, y coquetas habitaciones, la mayoría con las paredes en piedra y las vigas de madera.
13 hab – ♦42/45 € ♦♦52/57 € – ⌷5 € – 1 suite
Portelo 20 ✉ *32660 –* ℰ*988 44 07 40 – www.hoteloportelorural.com*

en Vilaboa Este : 1,2 km y desvío a la derecha

Vilaboa
TRADICIONAL · CLÁSICA Ocupa una vieja fábrica de curtidos que ha sido recuperada como casa rural, con los muros en piedra y un interior actual. Decoración sobria y mobiliario restaurado. Espacioso restaurante de cocina tradicional, con las paredes en piedra y los techos en madera.
7 hab – ♦55 € ♦♦55 € – ⌷5 €
Vilaboa 101 ✉ *32667 Vilaboa –* ℰ*988 44 24 24 – www.casaruralvilaboa.com*
– cerrado 22 diciembre-22 enero

ALLES Asturias → Ver Panes

ALMAGRO
Ciudad Real – 8 983 h. – Alt. 643 m – Mapa regional : **7**-B3
Mapa de carreteras Michelin n° 576-P18

Parador de Almagro
EDIFICIO HISTÓRICO · HISTÓRICA Instalado parcialmente en un convento franciscano del s. XVI. Ofrece unos patios de extraordinaria tranquilidad, varios espacios sociales y habitaciones de buen confort, sorprendiendo todas por sus detalles regionales. El elegante comedor se complementa con un salón de desayunos en el refectorio.
54 hab – ♦90/210 € ♦♦90/210 € – ⌷16 € – 3 suites
Ronda de San Francisco 31 ✉ *13270 –* ℰ*926 86 01 00 – www.parador.es*

La Casa del Rector

FAMILIAR • PERSONALIZADA En esta preciosa casa solariega encontrará unas habitaciones totalmente personalizadas, unas de atractivo ambiente rústico, otras modernas y, finalmente, las de diseño. ¡Hermoso patio regional y pequeño SPA con tratamientos de cromoterapia!

26 hab – †80/95 € ††95/135 € – ☕ 11 € – 3 suites

Pedro Oviedo 8 ✉ 13270 – ☎ 926 26 12 59 – www.lacasadelrector.com

Hostería de Almagro Valdeolivo

FAMILIAR • FUNCIONAL Sencillo hotelito de organización plenamente familiar. Posee un agradable patio central y habitaciones sobrias pero de impecable mantenimiento, la mayoría con ducha de obra.

8 hab – †60/70 € ††69/83 € – ☕ 10 €

Dominicas 17 ✉ 13270 – ☎ 926 26 13 66 – www.valdeolivo.com – cerrado 7 enero-4 febrero

ALMANSA

Albacete – 24 837 h. – Alt. 685 m – Mapa regional : **7**-D3
Mapa de carreteras Michelin nº 576-P26

✿✿ Maralba (Fran Martínez)

CREATIVA • MINIMALISTA XX Definen su propuesta en una frase llena de sabor: "cocina manchega con balcones al Mediterráneo". Lo cierto, es que estamos ante un negocio familiar llevado con maestría entre Fran Martínez, el atento chef, y su esposa Cristina Díaz, que combina el trabajo al frente de la sala con las labores de sumiller.

En su cuidado comedor, con la bodega acristalada, buscan poner en valor la gastronomía regional y sus productos, aportando a las elaboraciones esos toques de modernidad que la hacen auténtica y diferente, todo con el añadido de una relación calidad/precio difícilmente mejorable cuando hablamos de platos de autor. También llama la atención la inserción en sus menús de diversos pescados de Levante, normalmente reinterpretados con acierto, y la posibilidad de añadir un maridaje que juega, a un coste relativamente económico, con los vinos naturales de La Mancha y de la costa levantina.

El pan, por supuesto, también está a la altura, pues... ¡lo elaboran ellos mismos!

→ Calamar del Mediterráneo en texturas con su caldo de jengibre y royal de cebolla asada. Pescado de playa con pil-pil de sus pieles y espinas e hinojo a la brasa. Peras al vino tinto, granizado de vermut y sorbete de canela.

Menú 50/90 € – solo menú

Violeta Parra 5 ✉ 02640 – ☎ 967 31 23 26 – www.maralbarestaurante.es – solo almuerzo salvo jueves, viernes y sábado – cerrado 10 días en febrero, 10 días en septiembre y martes

Mesón de Pincelín

COCINA TRADICIONAL • MARCO REGIONAL XX Disfruta de un bar, con mesas altas para tapear, varias salas y tres privados, siendo unos espacios actuales y otros de línea clásica-regional. Su extensa carta tradicional se enriquece con un apartado de guisos y arroces. Completa bodega.

Menú 39 € – Carta 35/48 €

Las Norias 10 ✉ 02640 – ☎ 967 34 00 07 – www.pincelin.com – cerrado 7 días en enero, 14 días en agosto, domingo noche y lunes

ALMERÍA

194 515 h. – Mapa regional : **1**-D2
Mapa de carreteras Michelin nº 578-V22

La Encina

COCINA TRADICIONAL • AMBIENTE CLÁSICO XX Casa de gestión familiar dotada con un bar de tapas, donde veremos un antiguo pozo árabe, y un agradable comedor clásico-actual. Cocina tradicional con algún plato elaborado.

Menú 33/45 € – Carta 28/54 €

Marín 16 ✉ 04003 – ☎ 950 27 34 29 – www.restaurantelaencina.net – cerrado lunes salvo festivos y vísperas

⭑○ Tony García Espacio Gastronómico   🏠 ₺ 🅰🄲 ⅋ ⇄

COCINA TRADICIONAL · A LA MODA ✕✕ Ganas de agradar, pasión y productos de gran calidad. Presenta un buen gastrobar, una maravillosa cocina abierta orientada al "show cooking" y, por último, un comedor actual.

Menú 42 € – Carta 30/81 €

av. del Mediterráneo 281 ✉ 04009 – 𝒞 673 38 02 70
– www.tonygarciaespaciogastronomico.com

⭑○ Valentín   🏠 ₺ 🅰🄲 ⅋

COCINA TRADICIONAL · AMBIENTE CLÁSICO ✕✕ Un negocio que, tras su transformación, ha sabido ganar clientes tanto para el tapeo como para la carta. Cocina tradicional con pescados, mariscos y buen apartado de arroces.

Menú 38 € – Carta 30/49 €

Tenor Iribarne 19 ✉ 04001 – 𝒞 950 26 44 75 – www.restaurantevalentin.es
– cerrado 15 días en enero, domingo noche salvo julio y agosto, y lunes

⭑○ Salmantice   🏠 ₺ 🅰🄲 ⅋

COCINA TRADICIONAL · SENCILLA ✕ Se accede directamente a la sala, que tiene un estilo funcional-actual y la cocina a la vista. Recetario castellano tradicional, carnes abulenses y... ¡algún plato asiático!

Menú 20/80 € – Carta 40/60 €

Costa Balear 16 ✉ 04009 – 𝒞 950 62 55 00 – www.restaurantesalmantice.es
– cerrado julio, agosto, domingo y lunes noche

⭑○ Joseba Añorga   🏠 ₺ 🅰🄲 ⅋

CREATIVA · TENDENCIA ⅌ Gastrobar de ambiente rústico-actual ubicado en la misma plaza del Ayuntamiento, bajo unos soportales. Cocina de autor elaborada con productos de calidad y hecha al momento.

Tapa 3 € – Ración aprox. 15 €

pl. de la Constitución 4 ✉ 04003 – 𝒞 950 26 86 23
– www.tabernavascaenalmeria.com – cerrado domingo en verano y lunes resto del año

ALMERIMAR Almería → Ver El Ejido

ALMONACID DE TOLEDO

Toledo – 865 h. – Mapa regional : **7**-B2
Mapa de carreteras Michelin nº 576-M18

en la carretera de Chueca Oeste : 4 km

🏠🏠 Villa Nazules   ⛷ ⅋ ⟨ 🏊 🕙 🛁 ⅋ 🚣 🅰🄲 ⅍ 🅿

CASA DE CAMPO · ACOGEDORA ¡Con encanto y en pleno campo! Presenta un interior muy detallista, con un buen SPA y habitaciones actuales de excelente nivel, la mayoría con terraza o balcón. Su restaurante propone una carta actual. La propiedad disfruta de una yeguada, por lo que muchos clientes acuden para recibir clases de equitación.

30 hab – ♦68/138 € ♦♦83/138 € – ⌑ 14 €

carret. Almonacid a Chueca ✉ 45190 Nambroca – 𝒞 925 59 03 80
– www.villanazules.com

ALMORADÍ

Alicante – 19 955 h. – Alt. 9 m – Mapa regional : **11**-A3
Mapa de carreteras Michelin nº 577-R27

🄬 El Buey   🅰🄲 ⅋

CLÁSICA · AMBIENTE CLÁSICO ✕ En su origen trabajó mucho el vacuno mayor, de ahí su nombre... con el tiempo, el chef-propietario evolucionó su propuesta para explotar mucho más las materias primas de la huerta y de temporada. Su producto talismán es la Alcachofa de la Vega Baja del Segura.

Carta 22/35 €

La Reina 94 ✉ 03160 – 𝒞 966 78 15 93 – solo almuerzo salvo viernes y sábado
– cerrado lunes

ALMUÑÉCAR

Granada – 27 397 h. – Alt. 24 m – Mapa regional : **1**-C2
Mapa de carreteras Michelin n° 578-V18

🐷 El Chaleco

FRANCESA · AMBIENTE CLÁSICO 𝕏 Bien llevado por sus propietarios, con ella en la sala y él al frente de los fogones. En su coqueto comedor, repartido en dos espacios, le propondrán una cocina francesa con una pequeña carta a precio fijo y la posibilidad de suplemento en algunos platos.

Menú 27/32 € – Carta 31/61 €

av. Costa del Sol 37 ✉ 18690 – 𝒞 958 63 24 02 – www.elchaleco.com – solo cena en julio-agosto – cerrado enero, domingo noche y lunes salvo verano

ALP

Girona – 1 595 h. – Alt. 1 158 m – Mapa regional : **9**-C1
Mapa de carreteras Michelin n° 574-E35

🐷 Casa Patxi

REGIONAL · RÚSTICA 𝕏 Antigua casa de payés construida en piedra. Presenta un buen comedor rústico, donde ofrecen guisos regionales y carnes de caza, así como l'Era Casa Patxi, un espacio más informal para tomar raciones y tostas fieles a la filosofía "Km 0".

Menú 22/35 € – Carta 25/44 €

Orient 23 ✉ 17538 – 𝒞 972 89 01 82 – www.casapatxi.com – cerrado 15 días en octubre-noviembre, 15 días en abril-mayo, martes noche y miércoles

ALQUÉZAR

Huesca – 297 h. – Alt. 660 m – Mapa regional : **2**-C1
Mapa de carreteras Michelin n° 574-F30

🏨 Villa de Alquézar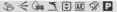

FAMILIAR · ACOGEDORA Estamos en uno de los pueblos más bonitos de España, en un hotel con historia por ocupar parcialmente la casa que alojó al rey Sancho Ramírez. ¡Tienen habitaciones con vistas!

34 hab ⌑ – †68/85 € ††75/125 €

Pedro Arnal Cavero 12 ✉ 22145 – 𝒞 974 31 84 16 – www.villadealquezar.com – cerrado 24 diciembre-25 enero

🏠 Castillo

FAMILIAR · ACOGEDORA ¡En pleno casco antiguo de la villa medieval! Destaca por su carácter familiar y por la cuidada personalización de las habitaciones, cada una dedicada a una variedad de oliva.

8 hab – †77/84 € ††80/94 € – ⌑ 6 €

Pedro Arnal Cavero 11 ✉ 22145 – 𝒞 974 94 25 65 – www.hotelcastilloalquezar.com – cerrado 8 enero-3 marzo

ALTAFULLA

Tarragona – 5 052 h. – Mapa regional : **9**-B3
Mapa de carreteras Michelin n° 574-I34

🍽O Bruixes de Burriac

COCINA TRADICIONAL · DE DISEÑO 𝕏𝕏 ¡Elegancia, diseño y modernidad! Sorprende su sala, presidida por una bodega acristalada y con la cocina a la vista. Carta de corte tradicional con amplia variedad de menús.

Menú 30/65 € – Carta 50/65 €

Hotel Gran Claustre, Cup 2 ✉ 43893 – 𝒞 977 65 15 57 – www.bruixesdeburriac.com – cerrado domingo noche y lunes salvo junio-septiembre

⌂ Gran Claustre 🕭 ⌶ 🅱 ☕ Ⅿ AC ✂ ⚿ 🅿

FAMILIAR · ACOGEDORA Debe acceder por un pasadizo, pues forma parte de un bellísimo casco histórico. El hotel se reparte entre dos edificios, el más antiguo recuperado tras servir como residencia de monjas. Confort y modernidad se conjugan para su descanso.

39 hab ⌿ – �♦105/160 € ♦♦130/300 €

Cup 2 ✉ 43893 – ✆ 977 65 15 57 – www.granclaustre.com

🍽 **Bruixes de Burriac** – ver selección restaurantes

ALTEA

Alicante – 22 385 h. – Mapa regional : **11**-B3
Mapa de carreteras Michelin n° 577-Q29

🍽 Oustau de Altea 🏮

INTERNACIONAL · RÚSTICA ✕✕ En la parte más bonita del casco viejo. Este restaurante presenta una refrescante terraza y una distribución interior en tres espacios, con un ambiente de elegante aire rústico y detalles de diseño. Cocina internacional a precios reducidos.

Carta 23/34 €

Mayor 5 (casco antiguo) ✉ 03590 – ✆ 965 84 20 78 – www.oustau.com – solo cena – cerrado 10 enero-10 marzo y lunes salvo julio-septiembre

🍽 La Capella 🏮 AC ✂

COCINA TRADICIONAL · RÚSTICA ✕ Un negocio de contrastes que no le dejará indiferente. Esta casa familiar, en pleno casco viejo y con más de tres siglos de historia, disfruta de una coqueta terraza y dos salas de aire rústico. Cocina tradicional mediterránea y de arroces.

Carta 35/55 €

San Pablo 1 ✉ 03590 – ✆ 966 88 04 84 – www.lacapella-altea.com – cerrado 2ª quincena de febrero, 1ª quincena de noviembre y miércoles salvo verano

⌂ Tossal d'Altea 🛋 🕭 ⪦ ⌶ 🅱 ☕ Ⅿ AC ✂ ⚿ 🅿

FAMILIAR · RÚSTICA ¡Ideal para quien busque tranquilidad! Posee habitaciones de buen confort, unas con el mobiliario en madera, otras en forja y varias abuhardilladas con terraza. El restaurante, decorado con objetos de la antigua almazara, ofrece una carta de cocina clásica-regional.

21 hab ⌿ – ♦60/90 € ♦♦85/120 € – 1 suite

Partida Plà del Castell 96, Norte: 1 km ✉ 03590 – ✆ 966 88 31 83 – www.hoteltossalaltea.com

ALZIRA

Valencia – 44 554 h. – Alt. 24 m – Mapa regional : **11**-B2
Mapa de carreteras Michelin n° 577-O28

⊛ Cami·Vell AC ✂ ⇄

COCINA TRADICIONAL · AMBIENTE TRADICIONAL ✕✕ Casa de gestión familiar y ambiente rústico-tradicional que ha tomado impulso con la incorporación al negocio de las nuevas generaciones. De sus fogones surge una cocina sumamente interesante, pues combina en su justa medida la tradición con la vanguardia.

Menú 32 € – Carta 30/45 €

Colón 51 ✉ 46600 – ✆ 962 41 25 21 – www.camivell.com – cerrado Semana Santa, 7 días en agosto y domingo

L'AMETLLA DE MAR

Tarragona – 7 183 h. – Alt. 20 m – Mapa regional : **9**-A3
Mapa de carreteras Michelin n° 574-J32

🍴 **La Llotja**

COCINA TRADICIONAL · RÚSTICA ⅄ Un restaurante con personalidad donde intentan que el producto y el sabor sean los protagonistas. Ofrecen auténtica cocina de mercado, fiel a la temporada y con base marinera.

Menú 66 € – Carta 40/55 €

Sant Roc 23 ✉ 43860 – ☏ 977 45 73 61 – www.restaurantlallotja.com – solo almuerzo salvo verano – cerrado 20 diciembre-enero, 7 días en junio, martes en invierno, domingo noche en julio y agosto, y lunes

AMOREBIETA-ETXANO

Vizcaya – 18 736 h. – Alt. 70 m – Mapa regional : **18**-A3
Mapa de carreteras Michelin nº 573-C21

en Boroa Noroeste : 3,6 km

❀ **Boroa**

COCINA TRADICIONAL · RÚSTICA ⅄⅄ Cocina tradicional de corte actual y alto valor gastronómico... salvo las noches de lunes a jueves, cuando su carta es algo más sencilla. Caserío vasco del s. XV ubicado en pleno campo, con una taberna típica y varias salas de aire rústico.

→ Cigala asada sobre crema cuajada de espárrago blanco, emulsión de su coral y caviar Per Sé. Bacalao confitado y brandada crocante, pil-pil de sus pieles y néctar de pimiento. "Frescor" de hierbabuena, fresa, cava y pimienta negra.

Menú 42/110 € – Carta 48/100 €

Caserío Garai 11 ✉ 48340 Amorebieta-Etxano – ☏ 946 73 47 47 – www.boroa.com – cerrado febrero y domingo noche

AMPOSTA

Tarragona – 20 952 h. – Mapa regional : **9**-A3
Mapa de carreteras Michelin nº 574-J31

en El Poblenou del Delta Sureste : 17 km

☺ **L'Algadir**

COCINA TRADICIONAL · MARCO CONTEMPORÁNEO ⅄⅄ Coqueto, actual y en pleno Delta del Ebro, con los arrozales a pocos metros. El chef-propietario, fiel a los productos "Km 0", ofrece una cocina tradicional actualizada y una gran selección de arroces, su especialidad. ¡Cuidadas habitaciones como complemento!

Menú 37/50 € – Carta 25/55 €

15 hab ⌂ – ♦67/115 € ♦♦89/150 €

Ronda dels Pins 27 ✉ 43549 Amposta – ☏ 977 74 45 59 – www.hotelalgadirdelta.com – cerrado 6 enero-12 marzo, domingo noche y lunes

AMPUDIA

Palencia – 640 h. – Alt. 790 m – Mapa regional : **8**-B2
Mapa de carreteras Michelin nº 575-G15

🏠 **Posada de la Casa del Abad de Ampudia**

HISTÓRICO · HISTÓRICA Ocupa un edificio del s. XVII que, entre otros usos, sirvió de casa al abad. La mayoría de habitaciones son de aire rústico-antiguo... sin embargo, también posee algunas modernas. El restaurante, ubicado en el lagar, ofrece una cocina tradicional actualizada.

24 hab ⌂ – ♦60/110 € ♦♦70/120 €

pl. Francisco Martín Gromaz 12 ✉ 34191 – ☏ 979 76 80 08 – www.casadelabad.com – cerrado 15 diciembre-1 enero

¿Un comedor privado para un grupo de amigos o para una cena de negocios? Lo encontrará en los restaurantes con el símbolo ✿.

AMPUERO

Cantabria – 4 184 h. – Alt. 11 m – Mapa regional : **6**-C1
Mapa de carreteras Michelin n° 572-B19

en La Bien Aparecida Suroeste : 5 km

❀ **Solana** (Ignacio Solana) ⬦ ≼ ⅜ 🅰🄲 ⅋ ⇔ 🅿

MODERNA · MARCO CONTEMPORÁNEO ⅩⅩ Se encuentra junto al Santuario de la Bien Aparecida, patrona de Cantabria, y destaca por las amplias vistas que ofrece desde su comedor. Encontrará una cocina actual de muy buen nivel, con algunos platos tradicionales, basada tanto en los productos de temporada como en los de proximidad. ¡Atractiva bodega visitable!

→ Versión actualizada del cocido montañés. Rodaballo con vieira de daikon y refrito emulsionado. Chocolate, naranja y caramelo.

Menú 75 € – Carta 50/70 €

La Bien Aparecida 11 ✉ *39849 Ampuero* – ☎ *942 67 67 18*
– www.restaurantesolana.com – solo almuerzo salvo fines de semana y verano
– cerrado 21 enero-12 febrero, lunes noche en verano y lunes resto del año

ANDRÍN Asturias → Ver Llanes

Los ÁNGELES A Coruña → Ver Os Ánxeles

ANGLÈS

Girona – 5 540 h. – Alt. 181 m – Mapa regional : **10**-A1
Mapa de carreteras Michelin n° 574-G37

🕲 **L'Aliança 1919 d'Anglès** 🏠 🄰🄲 ⇔ 🅿

MODERNA · BISTRÓ FRANCÉS Ⅹ Instalado en un elegante edificio de 1919 que funcionó como casino y club social. La sala principal se presenta a modo de bistró, con mesas de mármol, sillas en mimbre y los bellos suelos de la época. Cocina actual y buen apartado de tapas para el vermut.

Menú 36/46 € – Carta 31/53 €

Jacint Verdaguer 3 ✉ *17160 Anglès* – ☎ *972 42 01 56 – www.alianca1919.com*
– solo almuerzo salvo jueves, viernes y sábado – cerrado Navidades, 15 días en agosto y lunes

ANTEQUERA

Málaga – 41 065 h. – Alt. 512 m – Mapa regional : **1**-B2
Mapa de carreteras Michelin n° 578-U16

⅋🔘 **Plaza de Toros** 🏠 🄰🄲 ⅋

COCINA TRADICIONAL · AMBIENTE TRADICIONAL ⅩⅩ Resulta atractivo y singular, pues se encuentra bajo los tendidos de la mismísima plaza de toros. Su carta de cocina andaluza se enriquece con diversos platos antequeranos.

Menú 18/120 € – Carta 25/47 €

paseo de María Cristina ✉ *29200* – ☎ *951 46 93 33*
– www.restauranteplazadetoros.es

🏨 **Parador de Antequera** ⅋ 🕭 ≼ 🍴 ⅄ 🖭 ⅜ 🄰🄲 ⅍ 🅿

TRADICIONAL · TRADICIONAL Un Parador de línea actual emplazado junto a un parque, de ambiente moderno y con predominio de los tonos blancos. Presenta unas confortables habitaciones de línea actual-funcional y un luminoso restaurante, este con cocina de tinte regional y buenas vistas.

57 hab – ♦85/160 € ♦♦85/160 € – ☲ 16 €

paseo García del Olmo 2 ✉ *29200* – ☎ *952 84 02 61 – www.parador.es*

Os ÁNXELES LOS ÁNGELES

A Coruña – Mapa regional : **13**-B2
Mapa de carreteras Michelin n° 571-D3

⌂⌂ Balneario de Compostela   ♟ 🏨 ♨ 🔄 ᵭ ❖ AC ⅍ ⌂ 🚗

TERMAL · FUNCIONAL Confortables habitaciones y mobiliario funcional. El balneario anexo, que data de 1813, ofrece unas completísimas instalaciones, con aguas minero-medicinales, gimnasio y un circuito termal. En su restaurante encontrará platos fieles a la tradición gallega.

55 hab ⌑ – ♦50/70 € – ♦♦60/90 € – 4 suites

carret. C-543, km 9 ✉ 15280 – ☎ 981 55 90 00

– www.hbcompostela.com

ARACENA

Huelva – 7 972 h. – Alt. 682 m – Mapa regional : **1**-A2
Mapa de carreteras Michelin n° 578-S10

⅋○ Jesús Carrión   🏮 ᵭ AC ⅍

COCINA TRADICIONAL · RÚSTICA ✕ Céntrico y de sencillo aire rústico. Ofrece una carta tradicional con posibilidad de probar los platos por tapas o raciones, resultando estas últimas ideales para compartir.

Carta 18/59 €

Pozo de la Nieve 35 ✉ 21200 – ☎ 959 46 31 88

– www.jesuscarrionrestaurante.com – cerrado domingo noche, lunes, martes y miércoles noche

⅋○ Montecruz   🏮 AC ⅍

COCINA TRADICIONAL · RÚSTICA ✕ ¡Una referencia en la zona! Su carta, tradicional, serrana y basada en los productos ibéricos, se enriquece con un apartado de setas, varios arroces, jornadas cinegéticas...

Menú 15/45 € – Carta 25/41 €

pl. San Pedro 36 ✉ 21200 – ☎ 959 12 60 13

– www.restaurantemontecruz.com – cerrado 15 días en julio y miércoles

⌂⌂ Convento Aracena   ♟ 🌿 ✕ 🏨 🔄 ᵭ AC ⅍ ᪲ 🚗

HISTÓRICO · CONTEMPORÁNEA Un hotel vinculado a la historia... no en vano, recupera un convento dominico que hunde sus raíces hasta el s. XVII. Las habitaciones, repartidas entre el claustro y un patio, aúnan la estética actual con el marco original. Restaurante funcional y polivalente.

57 hab – ♦95/150 € – ♦♦120/200 € – ⌑14 €

Jesus y Maria 19 ✉ 21200 – ☎ 959 12 68 99

– www.hotelconventoaracena.es

⌂ Essentia de Aracena 🅽   ♟ 🛋 ✕ 🔄 ᵭ AC ⅍ 🅿

BOUTIQUE HOTEL · DE DISEÑO Sorprende conceptualmente, pues tras su encalada fachada presenta un moderno hall en el que organizan exposiciones, habitaciones personalizadas, un gastrobar, un agradable jardín-piscina asomado al castillo... y un comedor de cocina actual con base regional.

7 hab – ♦80/130 € – ♦♦80/130 € – ⌑5 € – 2 apartamentos

José Nogales 17 ✉ 21200 – ☎ 959 12 78 22

– www.hotelessentia.es

ARANDA DE DUERO

Burgos – 32 880 h. – Alt. 798 m – Mapa regional : **8**-C2
Mapa de carreteras Michelin n° 575-G18

⅋○ Casa Florencio   AC ⅍ ⟷

REGIONAL · RÚSTICA ✕ Se presenta con un bar de estética actual que deja el horno de leña a la vista y varios comedores de ambiente rústico, destacando el del piso superior. Cocina regional.

Menú 32/52 € – Carta 30/50 €

Isilla 14 ✉ 09400 – ☎ 947 50 02 30

– www.casaflorencio.com – solo almuerzo salvo viernes y sábado

ⅱ○ **Mesón El Pastor** 🅰🅲 ⅍

CASTELLANA · RÚSTICA ⅹ Casa de gestión familiar llevada con cercanía y buen hacer. Ofrece varias salas de ambiente castellano y una carta regional en la que el Lechazo asado es el gran protagonista.

Menú 38 € – Carta 30/50 €

pl. de la Virgencilla 11 ✉ *09400 –* ☎ *947 50 04 28 – www.meson-elpastor.com*
– cerrado martes noche

por la carretera N 122 Oeste : 5,5 km y desvío a la izquierda 2 km

🏰 **Torremilanos** ✿ ⅍ 🖭 & ⅍ ⅍ 🅿

MANSIÓN · CLÁSICA Edificio en piedra ubicado en una extensa finca de viñedos. Ofrece unas zonas nobles polivalentes y habitaciones de buen confort general, las más nuevas de línea moderna. El restaurante, de estilo clásico, cuenta con varias salas para banquetes.

37 hab 🖙 – ♥81/143 € ♥♥97/160 €

Finca Torremilanos ✉ *09400 Aranda de Duero –* ☎ *947 51 28 52*
– www.torremilanos.com – cerrado 24 diciembre-1 enero

ARANJUEZ

Madrid – 58 213 h. – Alt. 489 m – Mapa regional : **15**-B3
Mapa de carreteras Michelin nº 576-L19

ⅱ○ **Casa José** 🏠 🅰🅲 ⅍ ⇔

COCINA TRADICIONAL · ACOGEDORA ⅹⅹ Una casa renovada, pues su precioso comedor del piso superior se apoya hoy en el "Atelier", un atractivo espacio al que se abre la cocina. ¡Verduras y hortalizas de temporada!

Menú 55/75 € – Carta 49/64 €

carrera de Andalucía 17 (esq. Abastos 32) ✉ *28300 –* ☎ *918 91 14 88*
– www.casajose.es – cerrado 7 días en enero, 21 días en agosto, domingo noche y lunes

ⅱ○ **Aguatinta** 🏠 & 🅰🅲 ⇔

COCINA TRADICIONAL · SENCILLA ⅹ Instalada en la antigua casa donde pernoctaba Goya siempre que venía a trabajar al palacio. Ofrece un interior actual, con un patio cubierto, y una carta de gusto tradicional.

Carta 30/45 €

Almíbar 5-7 ✉ *28300 –* ☎ *910 18 26 61 – www.restauranteaguatinta.com – cerrado del 6 al 28 de agosto y lunes*

ARANTZAZU

Guipúzcoa – 123 h. – Alt. 800 m – Mapa regional : **18**-B2
Mapa de carreteras Michelin nº 573-D22

ⅱ○ **Zelai Zabal** 🅰🅲 ⅍ 🅿

VASCA · RÚSTICA ⅹⅹ Un restaurante de tradición familiar con solera y prestigio, no en vano abrió sus puertas en 1898 como hostal y casa de comidas. Cocina clásica vasca con detalles actuales.

Menú 24/40 € – Carta 39/54 €

carret. de Oñate, Noroeste : 1 km ✉ *20567 –* ☎ *943 78 13 06*
– www.zelaizabal.com – solo almuerzo salvo viernes y sábado – cerrado 23 diciembre-10 febrero, del 1 al 8 de agosto y lunes

ARBÁCEGUI Vizcaya ➜ Ver Munitibar

ARBÚCIES

Girona – 6 297 h. – Alt. 291 m – Mapa regional : **10**-A1
Mapa de carreteras Michelin nº 574-G37

ESPAÑA

✿ Les Magnòlies   ⚜ AC ❀

MODERNA · ELEGANTE %%% Casa señorial del s. XIX que debe su nombre a los tres magnolios centenarios que rodean el edificio. En su elegante interior, de línea clásica-actual, le propondrán una pequeña carta de autor, con dos menús degustación, donde se alían de manera acertada la creatividad, la técnica y una gran puesta en escena.

→ Guisantes con mollejas, maridado con erizos de mar. Guiso de terrina de cerdo, espardeñas y alubias del ganxet de Arbúcies. Fresa y mimosa.

Menú 66/85 € – Carta 65/80 €

passeig Mossèn Anton Serres 7 ⊠ 17401 – ☎ 972 86 08 79
– www.lesmagnolies.com – solo almuerzo salvo viernes y sábado – cerrado enero, lunes y martes

ARCADE

Pontevedra – 3 723 h. – Mapa regional : **13**-B3
Mapa de carreteras Michelin nº 571-E4

⊛ Arcadia   AC ❀ ⟷

PESCADOS Y MARISCOS · FAMILIAR % Casa familiar dotada con una amplia sala de línea clásica-funcional, otra más actual junto a la cafetería y un privado. Carta tradicional especializada en pescados y mariscos. ¡Pruebe la Empanada de zamburiñas o su Rape con almejas!

Menú 12 € – Carta 30/40 €

av. Castelao 25-A ⊠ 36690 – ☎ 986 70 00 37
– www.restaurantearcadia.com – cerrado 15 octubre-8 noviembre, domingo noche y lunes

ARCOS DE LA FRONTERA

Cádiz – 31 193 h. – Alt. 187 m – Mapa regional : **1**-B2
Mapa de carreteras Michelin nº 578-V12

🏰 Parador de Arcos de la Frontera   ⚜ ⚘ ⟨ 🔳 AC ❀

EDIFICIO HISTÓRICO · REGIONAL En pleno casco histórico y en un enclave elevado, por lo que disfruta de unas magníficas vistas. Ofrece un precioso patio típico y habitaciones de completo equipamiento. Su restaurante supone una gran oportunidad para conocer los sabores de la cocina gaditana.

24 hab – ♦95/190 € ♦♦95/190 € – ⚏ 17 €
pl. del Cabildo ⊠ 11630 – ☎ 956 70 05 00
– www.parador.es

🏠 Los Olivos   AC

FAMILIAR · CLÁSICA Está bien situado y refleja las características estéticas más representativas de la arquitectura andaluza. Posee un salón social bastante hogareño, un agradable patio con plantas y unas espaciosas habitaciones, todas de línea clásica.

19 hab – ⚏ – ♦60/150 € ♦♦92/225 €
paseo de Boliches 30 ⊠ 11630 – ☎ 956 70 08 11
– www.hotel-losolivos.es

🏠 El Convento   ⚘ ⟨ AC ❀

FAMILIAR · ACOGEDORA Instalado parcialmente en el convento de las monjas Mercedarias. El mobiliario regional y la sobriedad decorativa evocan su pasado histórico... aunque el confort es actual.

13 hab – ♦40/95 € ♦♦55/115 € – ⚏ 8 €
Maldonado 2 ⊠ 11630 – ☎ 956 70 23 33
– www.hotelelconvento.es – abierto marzo-octubre

AREA (Playa de) Lugo → Ver Viveiro

El ARENAL (Playa de) Alicante → Ver Xàbia

Les ARENES Valencia → Ver València (playa de Levante)

ARÉVALO

Ávila – 8 172 h. – Alt. 827 m – Mapa regional : **8**-B2
Mapa de carreteras Michelin n° 575-I15

🏠 Posada los Cinco Linajes   🕯 🖃 ᬀ 🅰 🛇 ᬪ

TRADICIONAL · ELEGANTE Instalado en un céntrico edificio señorial. Tras su elegante fachada hallará un patio interior porticado y unas cuidadas habitaciones, las del 1er piso de marcado carácter palaciego. El restaurante, especializado en el típico Tostón asado, ocupa la antigua bodega de la casa con una estética rústica-actual.

14 hab – 🛉70 € 🛉🛉75 € – ⚏ 8 €

pl. del Tello 5 ✉ 05200 – ℰ 920 30 25 70 – www.loscincolinajes.es

ARGÓMANIZ

Álava – 25 h. – Alt. 614 m – Mapa regional : **18**-B2
Mapa de carreteras Michelin n° 573-D22

🏠 Parador de Argómaniz   🕯 ᬁ ⪕ 🖼 🖃 ᬀ 🅰 ᬪ 🅿

TRADICIONAL · CLÁSICA ¡Un remanso de paz próximo a Vitoria-Gasteiz! Recupera un palacio renacentista y presenta un interior clásico-actual, con cuidadas habitaciones y salones polivalentes. El restaurante, fiel a la cocina regional, sorprende al mostrar la bella cubierta en madera.

52 hab – 🛉80/175 € 🛉🛉80/175 € – ⚏ 16 € – 1 suite

Parador 14 ✉ 01192 – ℰ 945 29 32 00 – www.parador.es

ARGÜELLES

Asturias – 405 h. – Mapa regional : **3**-B1
Mapa de carreteras Michelin n° 572-B12

🍽 El Asador de Abel   🏡 🅰 🛇 🅿

COCINA TRADICIONAL · MARCO REGIONAL 🛪 ¡Con el propietario al frente! Dispone de un amplio bar que utilizan cada vez más como comedor, una sala para la carta de línea actual y un gran salón de banquetes. Cocina tradicional con platos de cuchara, carnes y pescados a la parrilla.

Menú 21 € – Carta 44/65 €

*La Revuelta del Coche ✉ 33188 – ℰ 985 74 09 13 – www.elasadordeabel.com
– solo almuerzo salvo jueves, viernes y sábado – cerrado 10 días en febrero
y 20 días en agosto*

ARRIONDAS

Asturias – 5 490 h. – Alt. 39 m – Mapa regional : **3**-C1
Mapa de carreteras Michelin n° 572-B14

🌸 El Corral del Indianu (José A. Campoviejo)   🏡 🅰 🛇

CREATIVA · ACOGEDORA 🛪 Disfruta de una sala interior rústica-actual y otra acristalada, más luminosa y moderna, con vistas a un precioso patio-jardín. Su reducida carta se completa con dos menús degustación, demostrando en ellos el gusto por la cocina creativa que toma como base el recetario asturiano tradicional. ¡Encontrará trampantojos!

→ Lácteos de Asturias. Guisante lágrima, jugo yodado y tocino. "Fabes fresques, fabes roxes", pura fantasía.

Menú 66/92 € – Carta 45/65 €

*av. de Europa 14 ✉ 33540 – ℰ 985 84 10 72 – www.elcorraldelindianu.com
– cerrado Navidades, 20 días en enero, domingo noche, miércoles noche y jueves
salvo agosto*

en la carretera AS 342

🏵️🏵️ Casa Marcial (Nacho Manzano) ⚭ AC 🍴 P

CREATIVA · ACOGEDORA ✗✗ Nacho Manzano nos propone un viaje a los orígenes, a las raíces de sus ancestros, a la tierra que le vio nacer... pero también,
una travesía por la esencia atemporal de las cosas y, sobre todo, de los potentes
sabores asturianos.

El negocio en sí es heredero de la antigua casa de comidas familiar; sin embargo,
no abrió sus puertas bajo el formato actual hasta finales de 1993, por lo cual hace
muy poco que han celebrado sus bodas de plata. Casa Marcial, que permanece
aislada entre montañas, es mucho más que un restaurante, pues ejerció como
testigo mudo ante el estrecho vínculo que el chef estableció con el entorno en
sus primeros años de vida.

¿Qué implica gastronómicamente? Pasión, respeto, amor, hospitalidad... siendo
todos estos términos interpretables a través de sus menús degustación, donde
se conjuga tradición e innovación en un fantástico ejemplo de técnica, equilibrio
y consecución de sabores nítidos. ¡No ofrecen carta, pero permiten extraer cualquier plato de sus menús!

→ Croqueta de jamón, almeja con su sofrito y granizado con puré de algas. Colágeno, xarda y berros. Leche y pasto.

Menú 105/158 € – Carta 81/104 €

La Salgar 10, Norte : 4 km ✉ 33549 La Salgar – ✆ 985 84 09 91
– www.casamarcial.com
– cerrado 7 enero-15 marzo, domingo noche y lunes

en Cofiño por la carretera AS 260 - Noroeste : 7 km

🏨 Pbiloastur ⚘ 🛁 ⟨ 🗒 🖼 SPA ▣ ⅏ AC 🍴 ⚒ 🚗

GRAN LUJO · ELEGANTE Lujo, relax, naturaleza... todo a su servicio con auténtico espíritu astur. Presenta una variada zona social, detallistas habitaciones de
línea clásica-actual, un buen SPA y una sugerente oferta gastronómica, siempre
con el valle del Sueve como telón de fondo.

30 hab – ♦190/318 € ♦♦265/424 € – ⭢ 25 € – 2 suites

✉ 33540 Cofiño – ✆ 984 08 18 18
– www.pebloastur.com

ARROYOMOLINOS DE LA VERA

Cáceres – 471 h. – Alt. 617 m – Mapa regional : **12**-C1
Mapa de carreteras Michelin n° 576-L12

🍴 La Era de mi Abuelo ⛭ 🍽 ⅏ AC 🍴 P

COCINA TRADICIONAL · RÚSTICA ✗✗ ¡Bastante acogedor! Su chef propone una
cocina tradicional de calidad, sin dejar de lado la evolución pero respetando también los platos típicos y los productos autóctonos.

Menú 30/55 € – Carta 33/52 €

Hotel Peña del Alba, camino de la Gargüera, Suroeste : 1,8 km ✉ 10410
– ✆ 927 17 75 16 – www.pdelalba.com
– cerrado 7 enero-21 febrero

🏠 Peña del Alba 🍽 ⛭ 🗒 🍴 ⅏ AC 🍴 P

CASA DE CAMPO · RÚSTICA ¡Construcción en piedra de atractivos exteriores! La
zona social está presidida por una chimenea circular, en ladrillo visto, y ofrece
unas habitaciones rústicas repletas de detalles, alguna tipo duplex y otras en
casitas independientes.

18 hab – ♦78/86 € ♦♦100/122 € – ⭢ 8 €

camino de la Gargüera, Suroeste : 1,8 km ✉ 10410 – ✆ 927 17 75 16
– www.pdelalba.com
– cerrado 7 enero-21 febrero

🍴 **La Era de mi Abuelo** – ver selección restaurantes

ARTESA DE LLEIDA

Lleida – 1 517 h. – Mapa regional : **9**-A2
Mapa de carreteras Michelin n° 574-H32

⊛ Antoni Rubies · AC 🌣

COCINA TRADICIONAL · FAMILIAR ⅃ Casa de sencillo montaje que compensa sus limitaciones con enorme amabilidad, buenas elaboraciones y unos precios ajustados. Proponen una cocina tradicional que tiene en los arroces a sus grandes protagonistas... de hecho, de estos últimos hay hasta un menú.

Menú 14/27 € – Carta 25/40 €

Lleida 6 ✉ 25150 – ℰ 973 16 75 53 – www.antonirubies.com – solo almuerzo salvo viernes y sábado – cerrado lunes y martes

ARTIES

Lleida – Alt. 1 143 m – Mapa regional : **9**-B1
Mapa de carreteras Michelin n° 574-D32

⅃○ Casa Irene · ⅃ AC 🌣 ⇦ P

COCINA TRADICIONAL · ACOGEDORA ⅃⅃ Acogedor restaurante dotado con un comedor principal de estilo montañés. Encontrará una cocina regional y tradicional con platos actualizados, así como dos menús degustación.

Menú 70 € – Carta 48/70 €

Hotel Casa Irene, Major 22 ✉ 25599 – ℰ 973 64 43 64 – www.hotelcasairene.com – solo cena salvo fin de semana, Navidades, Semana Santa y agosto – cerrado 22 abril-13 julio y 23 septiembre-5 diciembre

🏨 Casa Irene · 🈭 ← ⇦ 🖼 🖸 🌣 P

BOUTIQUE HOTEL · MONTAÑESA Se halla en pleno Arties y toma su nombre del restaurante, donde se originó el negocio. Ofrece una cálida zona social con chimenea, elegantes habitaciones de ambiente montañés, destacando las abuhardilladas y las tipo dúplex, así como algunos servicios de SPA.

22 hab ⊊ – ♦96/156 € ♦♦117/183 €

Major 22 ✉ 25599 – ℰ 973 64 43 64 – www.hotelcasairene.com – cerrado 22 abril-13 julio y 23 septiembre-5 diciembre

⅃○ **Casa Irene** – ver selección restaurantes

🏨 Parador de Arties · ♤ ⅃ 🖼 🕭 🖸 🌣 🏃 🚗

TRADICIONAL · CLÁSICA Sólido edificio, con curiosas raíces históricas, donde la piedra y la madera conviven para reivindicar los valores de la arquitectura pirenaica. Posee cálidas zonas sociales, piscinas comunicadas y habitaciones bien equipadas, ocho tipo dúplex. Su restaurante se complementa en verano con una agradable terraza.

54 hab – ♦90/200 € ♦♦90/200 € – ⊊ 19 € – 3 suites

Sant Joan 1 ✉ 25599 – ℰ 973 64 08 01 – www.parador.es – cerrado 8 abril-17 mayo

ARZÚA

A Coruña – 6 219 h. – Alt. 385 m – Mapa regional : **13**-B2
Mapa de carreteras Michelin n° 571-D5

al Suroeste 10 km

⅃○ Casa Brandariz · ⇦ AC P

CASERA · RÚSTICA ⅃ Queso Arzúa, ternera gallega, miel... Este restaurante, ubicado en unas antiguas cuadras, exalta con claridad los productos gallegos. ¡Solo tienen carta los fines de semana!

Menú 25 € – Carta 25/35 €

Hotel Casa Brandariz, Dombodán ✉ 15819 Dombodán – ℰ 981 50 80 90 – www.casabrandariz.com – cerrado 11 diciembre-6 enero y lunes

🏠 Casa Brandariz ⤵ 🛏 ⊘ **P**

CASA DE CAMPO · RÚSTICA Antigua casa de labranza construida en piedra. Ofrece un interior rústico de gran tipismo, un bello pórtico y habitaciones
de correcto confort, con los baños sencillos.

8 hab – ♦45/57 € ♦♦52/65 € – � 7 €

*Dombodán ⊠ 15819 Dombodán – ☎ 981 50 80 90 – www.casabrandariz.com
– cerrado 11 diciembre-6 enero*

🍽 **Casa Brandariz** – ver selección restaurantes

ASTORGA

León – 11 153 h. – Alt. 869 m – Mapa regional : **8**-A1
Mapa de carreteras Michelin n° 575-E11

🍽 Las Termas 🔠 ⊘

REGIONAL · AMBIENTE CLÁSICO 🍴 Una parada obligada si desea darse un
homenaje y degustar el famoso Cocido maragato, la especialidad que toman la
inmensa mayoría de sus clientes. ¡Excelentes atenciones!

Menú 22 € – Carta 20/35 €

*Santiago 1 ⊠ 24700 – ☎ 987 60 22 12 – www.restaurantelastermas.com – solo
almuerzo – cerrado 28 enero-8 febrero y 17 junio-5 julio*

ÁVILA

58 149 h. – Alt. 1 131 m – Mapa regional : **8**-B3
Mapa de carreteras Michelin n° 575-K15

🍽 El Almacén 🐝 ⇐ 🏠 🔠 ⊘

COCINA TRADICIONAL · ACOGEDORA 🍴🍴🍴 Negocio de línea moderna emplazado
en un antiguo almacén, a orillas del río. Ofrece una cocina de gusto tradicional y
una gran bodega acristalada. Solicite las mesas ubicadas junto a las ventanas,
pues tienen buenas vistas a las murallas.

Carta 35/63 €

*carret. de Salamanca 6 ⊠ 05002 – ☎ 920 25 44 55
– www.restauranteelalmacen.com – cerrado septiembre, domingo noche y lunes*

🍽 Corral 🏠 ⟵ 🔠 ⊘

COCINA TRADICIONAL · RÚSTICA 🍴🍴 Ubicado a las afueras, con un bar de tapas
y un comedor rústico-actual. Ofrece una carta tradicional y regional con especialidades de la zona. ¡Pruebe sus platos de cuchara!

Menú 13/48 € – Carta 21/39 €

*Rejero Lorenzo de Ávila 2, por av. de Portugal : 1,5 km C1 ⊠ 05004
– ☎ 920 21 19 51 – www.corralhosteleria.com – cerrado martes*

🍽 Las Cancelas ⇐ ⤵ 🏠 🔠 ⊘

COCINA TRADICIONAL · RÚSTICA 🍴🍴 Negocio familiar ubicado en una posada
del s. XV. Encontrará un bar público, el comedor en un atractivo patio cubierto y
una terraza de verano cruzando la calle. Cocina tradicional bien elaborada.
Haciendo honor a la historia del edificio también ofrece habitaciones, amplias y
con mobiliario rústico-actual.

Menú 25/45 € – Carta 35/60 €

16 hab – ♦65/75 € ♦♦80/85 € – ⊘ 6 €

*Cruz Vieja 6 ⊠ 05001 – ☎ 920 21 22 49 – www.lascancelas.com – cerrado del
8 al 31 de enero*

🏠 Parador de Ávila ⌂ ⤵ 🛏 📶 ⅋ 🔠 ⊘ ♨ 🚗

HISTÓRICO · HISTÓRICA En el casco antiguo y al pie de las murallas. Este bello
palacio del s. XVI ofrece unas dependencias muy cuidadas pero algo sobrias en
su decoración. El comedor, de ambiente castellano y con vistas al jardín, es una
gran opción para descubrir la cocina típica y regional. ¡Pruebe el famoso Chuletón de Ávila!

59 hab – ♦85/175 € ♦♦85/175 € – ⊘ 16 € – 2 suites

Marqués Canales de Chozas 2 ⊠ 05001 – ☎ 920 21 13 40 – www.parador.es

ESPAÑA

🏠 Las Leyendas ☆ ⊡ ⅙ 🅰 ⅍

TRADICIONAL · RÚSTICA Casa del s. XVI ubicada al pie de las portentosas murallas de Ávila, emplazada extramuros y rehabilitada en un estilo rústico-actual. Su restaurante, también rústico, apuesta por una carta de tinte tradicional, con algún plato argentino y toques actuales.

19 hab – ♦40/57 € ♦♦46/104 € – � 6 €

Francisco Gallego 3 ✉ 05002 – ℰ *920 35 20 42 – www.lasleyendas.es*

AVILÉS

Asturias – 80 880 h. – Alt. 13 m – Mapa regional : **3**-B1
Mapa de carreteras Michelin n° 572-B12

🏨 NH Palacio de Avilés ☆ ⅌ ⅙ ⊡ ⅙ 🅰 ⅍ 🛁 🚗

CADENA HOTELERA · CLÁSICA Se reparte entre un palacio del s. XVII y un anexo moderno, por eso las dependencias, dependiendo de su ubicación, pueden reflejar una estética antigua o actual. El restaurante basa su oferta en un menú tradicional. ¡No se pierda su precioso jardín francés!

74 hab – ♦80/230 € ♦♦80/230 € – ⊇ 21 € – 4 suites

pl. de España 9 ✉ 33400 – ℰ *985 12 90 80 – www.nh-hotels.com*

AVINYONET DE PUIGVENTÓS

Girona – 1 565 h. – Mapa regional : **9**-D3
Mapa de carreteras Michelin n° 574-F38

🏠 Mas Falgarona ☆ ⅌ ⅈ 🅾 🅰 ⅍ 🅿

CASA DE CAMPO · MEDITERRÁNEA Idóneo para alojarse en el Alt Empordà, pues esta preciosa masía está rodeada de agreste naturaleza. Presenta unas cuidadas habitaciones de estilo mediterráneo, no muy amplias pero decoradas con gusto, y un restaurante que se abastece de su propia huerta.

15 hab ⊇ – ♦140/200 € ♦♦140/200 € – 1 apartamento

carret. de Llers, Norte : 1,5 km ✉ 17742 – ℰ *972 54 66 28*
– www.masfalgarona.com – cerrado enero

AXPE

Vizcaya – 229 h. – Mapa regional : **18**-A2
Mapa de carreteras Michelin n° 573-C22

ⵛ Etxebarri (Bittor Arginzoniz) 🍴 🅰 ⅍ ⟳ 🅿

COCINA TRADICIONAL · RÚSTICA XX Un auténtico placer para los amantes de la cocina a la brasa, pues en este caserío de piedra siempre encontrarán mariscos, pescados y carnes con unos puntos sencillamente perfectos. Agradable terraza, bar y salas de estilo rústico-regional.

→ Berberechos a la brasa. Kokotxa de bacalao rebozada a la brasa. Helado de leche reducida.

Menú 180 € – Carta 70/95 €

pl. San Juan 1 ✉ 48291 – ℰ *946 58 30 42 – www.asadoretxebarri.com – solo almuerzo salvo sábado en abril-octubre – cerrado 24 diciembre-8 enero, del 18 al 23 de abril, agosto y lunes*

AZOFRA

La Rioja – 205 h. – Alt. 559 m – Mapa regional : **14**-A2
Mapa de carreteras Michelin n° 573-E21

🏠 Real Casona de las Amas ⅈ ⊡ ⅍ 🅿

HISTÓRICO · ACOGEDORA Instalado en un palacete del s. XVII. Posee acogedoras estancias de aire rústico, habitaciones de gran confort y una pequeña pero agradable piscina con solárium. ¡Ideal si lo que busca es tranquilidad, paseos por el campo o jugar al golf!

13 hab ⊇ – ♦89/139 € ♦♦99/159 € – 2 suites

Mayor 5 ✉ 26323 – ℰ *941 41 61 03 – www.realcasonadelasamas.com*
– cerrado 31 diciembre-24 enero

BADAJOZ

150 543 h. - Alt. 183 m - Mapa regional : **12**-A2
Mapa de carreteras Michelin n° 576-P9

🍽 Lugaris ☂ ❄ 🚭 ◇

COCINA TRADICIONAL • AMBIENTE CLÁSICO XX Tras la pequeña terraza-jardín de la entrada esta casita se presenta con dos salas de línea actual y cuidado montaje. Su chef propone una cocina tradicional bien actualizada, sincera y de precios ajustados.

Menú 38 € - Carta 30/50 €

av. Adolfo Díaz Ambrona 44 ✉ 06006 - ✆ 924 27 45 40 - www.restaurantelugaris.es - cerrado 7 días en agosto, domingo en verano y domingo noche resto del año

🍽 El paso del Agua ♿ ❄ 🚭

INTERNACIONAL • DE BARRIO X Se halla en pleno centro y resulta singular, pues conserva algunas estructuras del antiguo convento de Santa Lucía. Cocina tradicional no exenta de fantasía y varios menús.

Menú 15/35 € - Carta 25/40 €

Santa Lucía 2 ✉ 06001 - ✆ 924 10 87 93 - cerrado domingo noche

BADALONA

Barcelona - 215 654 h. - Mapa regional : **10**-B3
Mapa de carreteras Michelin n° 574-H36

☺ Olmosgourmet ♿ ❄ 🚭 ◇ 🚗

COCINA TRADICIONAL • TENDENCIA XX Interesante pese a su ubicación en un polígono industrial. Posee una cafetería en la planta baja, donde sirven desayunos y menús, así como un moderno restaurante a la carta en el piso superior. Cocina tradicional actualizada y buena opción de vinos por copas.

Menú 30 € - Carta 28/40 €

Francesc Teixidó 7 ✉ 08918 - ✆ 933 20 55 42 - www.olmosrestaurant.com - solo almuerzo - cerrado agosto, domingo y festivos

BAEZA

Jaén - 16 100 h. - Alt. 760 m - Mapa regional : **1**-C2
Mapa de carreteras Michelin n° 578-S19

🍽 Palacio de Gallego ☂ ❄

COCINA TRADICIONAL • ACOGEDORA X Agradable, en plena zona monumental y... ¡dotado con una fantástica terraza ajardinada! Las verduras, los pescados y las carnes a la parrilla son el gran eje de su propuesta.

Menú 30 € - Carta 30/50 €

Santa Catalina 5 ✉ 23440 - ✆ 667 76 01 84 - www.palaciodegallego.com - cerrado martes y miércoles mediodía

🍽 Taberna Canela en Rama ☂ ❄ 🚭

COCINA TRADICIONAL • RÚSTICA 🍷 Se halla en el casco histórico, destaca por su terraza y sigue la línea, orientada al tapeo, de la casa madre en Linares. Cocina tradicional-regional pensada para compartir.

Tapa 1,20 € - Ración aprox. 12 €

Comendadores 6 ✉ 23440 - ✆ 671 71 47 35 - cerrado del 15 al 30 de julio, martes noche y miércoles

🏨 Puerta de la Luna ☀ 🏊 🏋 ⇅ ♿ ❄ 🚭 👥 🚗

HISTÓRICO • CLÁSICA ¡Instalado, parcialmente, en un edificio del s. XVI! Presenta un patio central, bellos rincones y unas habitaciones de completo equipamiento. Tanto el restaurante, ubicado junto a la piscina, como el bar de tapas apuestan por la cocina de gusto tradicional.

44 hab - 🚹66/145 € 🚹🚹72/179 € - ☕15 €

Canónigo Melgares Raya 7 ✉ 23440 - ✆ 953 74 70 19 - www.hotelpuertadelaluna.com

BAGÀ

Barcelona – 2 188 h. – Alt. 785 m – Mapa regional : **9**-C1
Mapa de carreteras Michelin n° 574-F35

⅋○ Ca L'Amagat ⒜ⓒ ⅋

COCINA TRADICIONAL · AMBIENTE CLÁSICO ⅋ Canelones caseros, Manitas de cerdo rellenas de "ceps", Costillas a la brasa... Aquí encontrará una carta tradicional y varios menús, todo en base a productos de proximidad.
Menú 18/40 € – Carta 30/51 €
Clota 4 ⊠ *08695 –* ☎ *938 24 40 32*
– www.hotelcalamagat.com – solo almuerzo salvo viernes, sábado y
julio-septiembre – cerrado 24 diciembre-8 enero, domingo noche y lunes salvo
verano

BAGERGUE Lleida → Ver Salardú

BAILÉN

Jaén – 18 243 h. – Alt. 349 m – Mapa regional : **1**-C2
Mapa de carreteras Michelin n° 578-R18

⅋○ Taberna de Miguel ⒜ⓒ

COCINA TRADICIONAL · SENCILLA ⅋ Ofrecen una carta tradicional, con toques actuales, y un sugerente menú, siendo aquí donde el chef libera su creatividad. ¡Tomar el menú exige una reserva previa de dos días!
Menú 35/60 € – Carta 35/45 €
María Bellido 118 ⊠ *23710 –* ☎ *615 41 50 28*
– cerrado del 15 al 31 de agosto, lunes noche y martes

BAIONA

Pontevedra – 12 169 h. – Mapa regional : **13**-A3
Mapa de carreteras Michelin n° 571-F3

⅋○ Casa Rita ⓝ ⒜ⓒ ⅋

PESCADOS Y MARISCOS · AMBIENTE CLÁSICO ⅋ En esta casa, especializada en pescados y mariscos, saben que el producto es el rey y apuestan por grandes piezas que trocean para raciones individuales. ¡Excelentes cortes!
Carta 36/60 €
Carabela La Pinta 17 ⊠ *36300 –* ☎ *677 06 83 65*
– www.casarita.eu

⌂⌂ Parador de Baiona ⚘ ⅋ ⟨ ⌨ ⤳ ⊡ ⅁ ⒜ⓒ ⅋ ⚙ ℗

HISTÓRICO · HISTÓRICA Singular pazo gallego reconstruido en un entorno amurallado que destaca tanto por sus exteriores como por sus vistas al mar. Amplia zona noble, confortables habitaciones y restaurante de carácter polivalente. ¡La muralla, visitable, tiene un perímetro de 2 Km!
117 hab – ♦100/275 € ♦♦100/275 € – � 20 € – 5 suites
Castelo Monterreal ⊠ *36300 –* ☎ *986 35 50 00*
– www.parador.es

al Sur 2,5 km

⊛ Paco Durán ⟨ ⌂ ⒝ ⒜ⓒ ⅋ ℗

COCINA TRADICIONAL · AMBIENTE CLÁSICO ⅋⅋ Está en pleno monte y atesora unas vistas increíbles, tanto a Baiona como a la ría. En su sala, totalmente acristalada, ofrecen la cocina tradicional gallega vertebrada en torno a los pescados y mariscos de estas costas, pero también con carnes a la parrilla.
Carta 22/47 €
Iglesia Louzans 60 ⊠ *36308 Baiña –* ☎ *986 35 50 17*
– cerrado 7 enero-6 febrero, lunes salvo verano y domingo noche

en Belesar Sureste : 3 km y desvío a la derecha 2,5 km

🏠 Le Sept 　　　　　　　🐾 ⇐ ⟲ ⟐ ⊡ 🅰🅲 🕱 🅿

CASA DE CAMPO · MODERNA Casa de diseño moderno definida por su luminosidad... no en vano, disfruta de abundantes acristalamientos y buenas vistas. ¡Alquilan un "txoko", al estilo vasco, para grupos!

7 apartamentos 🖙 – 📶90/170 €

Medialdea 58 ⊠ 36307 Belesar – 𝒞 630 96 87 48 – www.lesept.es

BAKIO

Vizcaya – 2 589 h. – Mapa regional : **18**-A3
Mapa de carreteras Michelin nº 573-B21

🍴 Zintziri Errota 　　　　　　　　　　　 🐾 🅰🅲 🕱

MODERNA · RÚSTICA 🗡 Instalado en un bucólico caserío de 1650 que primero
funcionó como ferrería y después como molino harinero. Sorprende con un interior de hermosa rusticidad y una carta actual.

Menú 32/51 € – Carta 37/55 €

*barrio Arzalde 5 ⊠ 48130 – 𝒞 946 19 32 23 – www.zintzirierrota.com – solo
almuerzo salvo jueves en julio y agosto, viernes y sábado – cerrado
23 diciembre-1 enero y febrero*

🍴 Gotzon Jatetxea 　　　　　　　　　 🏠 🐾 🅰🅲 🕱

REGIONAL · AMBIENTE CLÁSICO 🗡 Frente a la playa, llevado en familia y avalado
por una larga trayectoria. Cocina vasca elaborada con productos de temporada,
buenos pescados y carnes de confianza.

Carta 42/65 €

*Luzarragako Bidea 2 ⊠ 48130 – 𝒞 946 19 40 43 – www.gotzonjatetxea.com – solo
almuerzo salvo verano – cerrado 8 enero-febrero y miércoles salvo julio-agosto*

🏠 Basarte 　　　　　　　　　　　　 🐾 ⇐ 🕱 🅿

CASA DE CAMPO · RÚSTICA Caserío típico rodeado por una amplia finca repleta
de viñedos. Ofrece un salón social con cocina y unas habitaciones bastante coloristas, todas confortables y bien equipadas.

5 hab – 📶66 € 📶88/110 € – 🖙5 €

*Urkitzaurrealde 4 ⊠ 48130 – 𝒞 605 02 61 15 – www.basarte.net – abierto
marzo-noviembre*

BALAGUER

Lleida – 16 479 h. – Alt. 233 m – Mapa regional : **9**-A2
Mapa de carreteras Michelin nº 574-G32

🍴 Cal Xirricló 　　　　　　　　　　　 🐾 🅰🅲 🕱

COCINA TRADICIONAL · ACOGEDORA 🗡🗡 Este negocio familiar, de 3ª generación, presenta un buen bar para tapear y una sala actual. Platos de temporada
con detalles modernos, tapas creativas y menús degustación.

Menú 25/68 € – Carta 28/61 €

*Doctor Fleming 53 ⊠ 25600 – 𝒞 973 44 50 11 – www.calxirriclo.com – cerrado
domingo, lunes noche y martes noche*

BALEA → Ver O Grove

ILLES BALEARS/ ISLAS BALEARES

La gastronomía balear resulta exquisita, variada y tremendamente singular, pues tomando como base los espléndidos productos del Mediterráneo también refleja siglos de esforzada tradición campesina e interesantes influencias, tanto peninsulares (cocina catalana y valenciana) como foráneas (cocina francesa e italiana).

Las especialidades culinarias:
Dentro del recetario balear encontraremos platos comunes a todo el archipiélago, como las tradicionales Coques o el sabroso Rostit (cerdo relleno al horno), y otros que, por derecho propio, se han convertido en un pequeño emblema de su isla; entre estos últimos destacan la famosa Sobrasada y el Tumbet mallorquín, la maravillosa Caldereta de langosta menorquina, la popular Borrida de ratjada de Ibiza o la Ensalada payesa con "peix sec" de Formentera. En lo que se refiere a los postres, hay uno que copa casi todo el protagonismo: la deliciosa Ensaimada mallorquina, que puede presentarse con o sin rellenos.

1 115 999 h.
- Mapa regional n° 4-B1
- Mapa de carreteras Michelin n° 579

ILLES BALEARS · ISLAS BALEARES

ÍNDICE DE LA LOCALIDADES

MALLORCA

ALARÓ – 5 275 h. – Alt. 240 m – Mapa regional : **4**-B1

en la carretera de Orient Noroeste : 3,5 km

🏚 S'Olivaret   ⇗ ⌗ ⌂ ⌕ ⎅ ⎀ ⏃ ⏃ 🅿

EDIFICIO HISTÓRICO · MEDITERRÁNEA Una antigua casa de campo que combina el mobiliario de época y el confort más actual. El restaurante, elegante, rústico y con su propio aceite de oliva, propone una sencilla carta tipo snack al mediodía y otra internacional más elaborada por las noches.

24 hab � – 🛉120/150 € 🛉🛉135/200 € – 3 suites
carret. Alaró-Orient, km 3 ⊠ 07340 – ✆ 971 51 08 89
– www.solivaret.com – abierto marzo-octubre

ALCÚDIA – 19 763 h. – Alt. 20 m – Mapa regional : **4**-B1

🏠 Can Mostatxins   ⎀ ⏃ ⌇

BOUTIQUE HOTEL · MODERNA No muy grande pero singular, pues es moderno y respetuoso con la tradición al conservar muchos muros en piedra. El patio, con su pequeña piscina, es perfecto para relajarse.

8 hab ⊻ – 🛉155/180 € 🛉🛉155/180 €
Lledoner 15 ⊠ 07400 – ✆ 971 54 96 39
– www.hotelcanmostatxins.com – cerrado 16 diciembre-enero

🏘 Sant Jaume   ⌗ ⏃ ⌇

TOWNHOUSE · REGIONAL Instalado en una casa señorial del s. XIX restaurada con acierto. Ofrecen atractivas habitaciones, todas personalizadas, un bonito patio y... iexcursiones en su propio barco!

6 hab ⊻ – 🛉75/95 € 🛉🛉95/125 €
Sant Jaume 6 ⊠ 07400 – ✆ 971 54 94 19
– www.hotelsantjaume.com – cerrado diciembre-enero

ALGAIDA – 5 410 h. – Mapa regional : **4**-B1

🍴 Hostal Algaida   ⌂ ⏃ 🅿

COCINA TRADICIONAL · FAMILIAR ⅄ Realmente sencillo pero auténtico, con toda la familia implicada en el negocio. Ofrecen cocina casera y tradicional mallorquina, siendo famosos por sus tartas y ensaimadas.

Carta 25/35 €
carret. de Manacor ⊠ 07210 – ✆ 971 66 51 09

🍴 Es 4 Vents   ⌂ ⏃ 🅿

COCINA TRADICIONAL · RÚSTICA ⅄ Excelente casa para degustar cocina tradicional mallorquina, paellas y, sobre todo, unas fantásticas carnes a la parrilla. Si hace bueno no lo dude y... icoma en la terraza!

Carta 25/50 €
carret. de Manacor ⊠ 07210 – ✆ 971 66 51 73
– www.es4vents.es

ARTÀ Mapa regional : **4**-B1

🏚 Sant Salvador   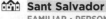 ⏃ ⏃

FAMILIAR · PERSONALIZADA Bello edificio de carácter señorial ubicado a las afueras de Artà, un encantador pueblo medieval. Presenta una decoración personalizada, colorista e imaginativa, combinando detalles clásicos y de diseño. Agradable jardín con piscina y buen restaurante.

8 hab ⊻ – 🛉93/229 € 🛉🛉99/265 €
Castellet 7 ⊠ 07570 – ✆ 971 82 95 55
– www.santsalvador.com

ISLAS BALEARES · ESPAÑA

Can Moragues ⏚ 🏧 🍽️

FAMILIAR · HISTÓRICA Un edificio del s. XIX en el que... ise sentirá como en casa! Posee un acogedor salón con chimenea, encantadoras habitaciones con mobiliario de época y un bonito jardín.

8 hab 🍽️ – ♦80/133 € ♦♦90/143 €

Pou Nou 12 ✉ 07570 – ☎ 971 82 95 09 – www.canmoragues.com

BANYALBUFAR – 548 h. – Alt. 100 m – Mapa regional : **4**-B1

🍽️ Son Tomás ⪦ 🏠 🍽️

COCINA TRADICIONAL · FAMILIAR 🍴 Este negocio familiar disfruta de un correcto comedor y una agradable terraza, con vistas tanto al mar como a los bancales del pueblo. Cocina tradicional, buenos arroces y platos mallorquines. ¡La cafetería de la planta baja es muy popular entre los ciclistas!

Carta 25/45 €

Baronía 17 ✉ 07191 – ☎ 971 61 81 49 – solo almuerzo en febrero y marzo
– cerrado 11 noviembre-15 enero y martes

BENDINAT Mapa regional : **4**-B1

🏨 Lindner ⏼ 🛋️ ⏚ 🖼️ 🆑 ℒ𝒶 🎱 & 🏧 🍽️ 🛁 🅿️

RESORT · TEMÁTICA Está rodeado por un campo de golf y disfruta de una estética africana bastante marcada, con numerosos trofeos de caza mayor, mobiliario colonial y detalles decorativos propios de un safari. SPA ambientado en el continente negro, zona de entretenimiento infantil y variada oferta gastronómica de carácter internacional.

118 hab 🍽️ – ♦121/210 € ♦♦121/210 € – 37 suites

Arquitecto Francisco Casas 18 ✉ 07181 – ☎ 971 70 77 77 – www.lindnerhotels.com

🏨 Bendinat ⏼ 🏖️ ⪦ 🛋️ ⏚ & 🏧 🍽️ 🛁 🅿️

FAMILIAR · CLÁSICA ¡Tranquilo y al borde del mar! Ofrece confortables bungalows, habitaciones de línea clásica-funcional y un cuidado entorno ajardinado, con frondosos árboles e idílicas terrazas que también sirven para montar las mesas del restaurante cuando el tiempo lo permite. Cocina tradicional e internacional.

62 hab 🍽️ – ♦132/197 € ♦♦216/338 € – 12 suites

Andrés Ferret Sobral 1 ✉ 07181 – ☎ 971 67 57 25 – www.hotelbendinat.es – abierto 23 febrero-4 noviembre

CAIMARI – 661 h. – Mapa regional : **4**-B1

🍽️ Ca Na Toneta 🏠

REGIONAL · RURAL 🍴 En esta casa, llevada entre hermanas y dotada con una pequeña tienda, encontrará honestidad, tradición y una cocina mallorquina estacional realmente excelente, pues recupera los sabores primigenios de la isla. ¡Su nombre rinde un homenaje a la abuela Toneta!

Menú 55 € – solo menú

Horitzó 21 ✉ 07314 – ☎ 971 51 52 26 (es necesario reservar)
– www.canatoneta.com – solo cena en verano – solo fines de semana salvo verano – cerrado 23 diciembre-8 febrero y miércoles en verano

en Binibona Noreste : 4 km

🏨 Binibona Parc Natural ⏼ 🏖️ ⪦ 🛋️ ⏚ ℒ𝒶 🍴 🖼️ 🍽️ 🅿️

CASA DE CAMPO · RÚSTICA Atractivo edificio en piedra dotado con vistas al campo y a las montañas. Ofrece unas espaciosas habitaciones, todas con jacuzzi y mobiliario rústico, destacando por su terraza las que rodean la piscina. Cuenta con su propia huerta y un sencillo restaurante.

20 hab – ♦150/180 € ♦♦150/180 € – 🍽️ 14 €

Finca Binibona ✉ 07314 Binibona – ☎ 971 87 35 65 – www.binibona.es – abierto marzo-octubre

🏠 Albellons Parc Natural ⇪ 🍸 ⊰ 🗓 🗚 🧼 🅿

AGROTURISMO · RÚSTICA Un agroturismo fantástico, pues disfruta de buenas vistas y tiene la tranquilidad garantizada. Organizan barbacoas una vez a la semana y tienen una sauna cerca de la piscina.

16 hab – †151/175 € ††195 € – 🍵 14 €

Finca Albellons ⊠ 07314 Binibona – 𝒞 971 87 50 69 – www.albellons.es – abierto 15 febrero-13 noviembre

CALA BLAVA Mapa regional : **4**-B1

🏰 Cap Rocat ⇪ 🍸 ⊱ 🗓 🛗 🗚 🧼 🅿

HISTÓRICO · INSÓLITA Impresionante, exclusivo y... ¡único sí busca privacidad! Este hotel, al borde del mar, recupera una antigua ciudadela fortificada, con fantásticas vistas y espacios de inusitada belleza. Ofrece habitaciones con piscina propia y una buena oferta gastronómica.

30 hab 🍵 – †350/550 € ††400/600 €

carret. d'Enderrocat ⊠ 07609 – 𝒞 971 74 78 78 – www.caprocat.com – abierto marzo-noviembre

CALA D'OR – 2 706 h. – Mapa regional : **4**-B2

⅏○ Port Petit ⊰ 🈁 🗚

FRANCESA · ROMÁNTICA ✕✕ En este coqueto local, que destaca por su agradable terraza y sus hermosas vistas a la marina, apuestan por una cocina mediterránea e internacional de influencia francesa.

Menú 38/70 € – Carta 50/65 €

av. Cala Llonga ⊠ 07660 Cala d'Or – 𝒞 971 64 30 39 – www.portpetit.com – cerrado noviembre-marzo y martes

CAMPOS – 9 892 h. – Mapa regional : **4**-B1

⅏○ Fontsanta 🗚 🧼 🅿

REGIONAL · ELEGANTE ✕✕ ¡Instalado en unas antiguas cuadras! En su comedor, presidido por una chimenea, le propondrán una cocina de gusto tradicional-mediterráneo, con algún que otro plato clásico.

Menú 55 € – Carta 45/65 €

Hotel Fontsanta, carret. Campos-Colonia de Sant Jordi, km 8 ⊠ 07630 – 𝒞 971 65 50 16 – www.fontsantahotel.com – cerrado 10 noviembre-21 febrero

⅏○ Tess de Mar 🆕 🈁 ⅊ 🗚 🧼

MEDITERRÁNEA · MARCO CONTEMPORÁNEO ✕✕ Restaurante de ambiente contemporáneo ubicado... ¡en unas antiguas cocheras! Destaca por la zona que se asoma al coqueto jardín y ofrece una cocina actual de producto "Km. 0".

Menú 49 € – Carta 52/78 € – carta sencilla al mediodía

Hotel Sa Creu Nova Art H., Nou 10 ⊠ 07630 – 𝒞 871 51 53 45 – www.tessdemar.com

⅏○ Kairiku 🆕

JAPONESA · RÚSTICA ✕ Singular e íntimo, pues solo tiene una gran mesa para 10 comensales. El chef reproduce el concepto nipón "Omakase", no sujeto a un menú fijo y con alguna influencia peruana.

Menú 70 € – solo menú

Hotel Sa Creu Nova Art H., Nou 10 ⊠ 07630 – 𝒞 871 51 53 45 (es necesario reservar) – www.kairiku.es – solo cena

¿Desayuno incluido? La taza 🍵 aparece junto al número de habitaciones.

Fontsanta 🕭 🕼 🏊 🖽 SPA ⅃⅃ ⅃ AC ♨ P

SPA Y BIENESTAR · MINIMALISTA Si busca reposo descubra este encantador hotel-balneario, pues tiene personalidad y es el único de la isla que ofrece aguas termales naturales en un entorno protegido. Habitaciones de estética actual y buen restaurante.

37 hab ⌂ – †180/295 € ††190/330 €

carret. Campos-Colonia de Sant Jordi, km 8 ⊠ 07630 – ℰ 971 65 50 16
– www.fontsantahotel.com – cerrado 10 noviembre-21 febrero

⍩ **Fontsanta** – ver selección restaurantes

Sa Creu Nova Art H. ❶ 🏊 🖽 SPA ⅃⅃ ⅃ AC

BOUTIQUE HOTEL · CONTEMPORÁNEA Ubicado en el centro de la localidad, donde ocupa tres casas típicas contiguas. Ofrece un agradable salón-biblioteca, con moderna chimenea, y habitaciones bastante espaciosas, conviviendo en muchas la piedra vista con la madera. ¡Marcado carácter mediterráneo!

16 hab ⌂ – †250/450 € ††250/450 € – 1 apartamento

Nou 10 ⊠ 07630 – ℰ 871 51 53 45 – www.sacreunova.com

⍩ **Kairiku** • ⍩ **Tess de Mar** – ver selección restaurantes

en la carretera de Porreres Norte : 4 km y desvío a la izquierda 1 km

Son Bernadinet 🏠 🕭 ⪡ 🕼 🏊 AC ♨ 🕭 P

FAMILIAR · MEDITERRÁNEA ¡Edificio tradicional mallorquín ubicado en pleno campo! Combina sus líneas puras con una agradable rusticidad, todo para recrear una atmósfera marcada por el sosiego. Zona social con chimenea, amplias habitaciones y cuidados exteriores. Su restaurante solo ofrece un menú de tinte actual y base tradicional.

17 hab ⌂ – †190/220 € ††220/265 €

⊠ *07630 – ℰ 971 65 06 94 – www.sonbernadinet.com – abierto 18 marzo-octubre*

CANYAMEL – 190 h. – Mapa regional : **4**-B1

⍩ Can Simoneta ⪡ ♨ P

FUSIÓN · CASA DE CAMPO XxX Emana encanto por los cuatro costados, pues se encuentra en un acantilado con magníficas vistas. Sabores del mundo en base al mejor producto español. ¡Una pequeña experiencia!

Menú 68/80 € – Carta 50/65 €

Hotel Can Simoneta, carret. Artà-Canyamel, km 8 ⊠ 07580 – ℰ 971 81 61 10 (es necesario reservar) – www.cansimoneta.com – cerrado 11 noviembre-23 marzo

Park Hyatt Mallorca 🏠 🕭 🕼 🏊 🖽 🕭 🕭 AC 🕭 🚐

GRAN LUJO · MEDITERRÁNEA Lujo, tranquilidad, belleza mediterránea, excelso confort... En este hotel, que domina el valle de Canyamel, recrean la fisonomía de un típico pueblo mallorquín. Encontrará habitaciones de ensueño, en general con maravillosas vistas, y una variada oferta gastronómica en torno a la plaza de la villa.

142 hab ⌂ – †205/800 € ††250/845 € – 16 suites

Urbanización Atalaya de Canyamel, Vial A 12 ⊠ 07589 – ℰ 871 81 12 34
– www.parkhyattmallorca.com

Can Simoneta 🕭 🕼 🏊 🖽 AC ♨ P

LUJO · ELEGANTE Una de las direcciones más bellas de la isla, pues se halla sobre un acantilado y disfruta de un fantástico jardín asomado al mar. En lo que se refiere a las habitaciones, bien personalizadas, destacan las llamadas Beach House por su acceso directo a la playa.

15 hab ⌂ – †250/390 € ††280/450 € – 11 suites

carret. Artà-Canyamel, km 8 ⊠ 07580 – ℰ 971 81 61 10 – www.cansimoneta.com
– cerrado 11 noviembre-23 marzo

⍩ **Can Simoneta** – ver selección restaurantes

ES CAPDELLÀ Mapa regional : 4-B1

🌸🌸 **Zaranda** (Fernando P. Arellano) 🍸 🛏 🏠 ♿ AC ✂ **P**

CREATIVA · ELEGANTE XXXX Estamos ante el máximo baluarte gastronómico del archipiélago balear, algo especialmente significativo entre el público sibarita internacional al encontrarnos en un destino turístico de primer orden.

La llegada al restaurante resulta en sí misma espectacular, pues el hotel Castell Son Claret ocupa una maravillosa hacienda-castillo del s. XVIII, en plena campiña mallorquina, que por la exuberante vegetación circundante nos recuerda las mansiones señoriales de las colonias de otros tiempos.

La creativa propuesta de Fernando Pérez Arellano, un chef madrileño formado en diferentes casas europeas, sitúa el producto mediterráneo y autóctono en una posición de primacía, buscando con valentía una reflexión y una reinterpretación del mismo que sea apreciable en sus menús, normalmente abiertos para que pueda componer su propia selección de platos. ¿Una frase o idea que resuma su filosofía culinaria? La que toma prestada del genial artista Joan Miró: "para ser universal, hay que ser local".

→ Huevo negro con caviar de sepia y cebolla blanca. Pavé de ternera glaseada, ensalada tibia de puerro y patata. Las cuatro estaciones de una almendra mallorquina.

Menú 130/175 € – solo menú

Hotel Castell Son Claret, carret. Ma 1032, km 1,7 ✉ *07196* – ✆ *971 13 86 27*
– www.zaranda.es – solo cena – cerrado noviembre-enero, domingo y lunes

🏯 **Castell Son Claret** 🎿 🚲 ⛵ 🍸 🏹 🖼 🌐 🛁 ✂ 🔲 ♿ AC ✂ 🧖 **P**

GRAN LUJO · MEDITERRÁNEA Llamativo edificio del s. XVIII construido en piedra a modo de hacienda-castillo, en una enorme finca arbolada y con el acceso por un idílico paseo de palmeras. Encontrará unas elegantes habitaciones, todas con destacable domótica, un pequeño pero lujoso balneario y una excelente oferta culinaria.

40 hab 🖂 – ♦300/450 € ♦♦300/450 €

carret. Ma 1032, km 1,7 ✉ *07196* – ✆ *971 13 86 20 – www.castellsonclaret.com*
– cerrado noviembre-enero

🌸🌸 **Zaranda** – ver selección restaurantes

CAPDEPERA – 11 420 h. – Alt. 102 m – Mapa regional : 4-B1

por la carretera de Cala Mesquida Norte : 1,5 km y desvío a la derecha 1,5 km

🌸 **Andreu Genestra** 🛏 🏠 ♿ AC ✂ **P**

CREATIVA · RURAL XXX Una apuesta firme por los frutos autóctonos y el sabroso recetario mallorquín... eso sí, elaborado con las técnicas culinarias más actuales y mucho producto ecológico. Proponen desayunos que enraízan con el gusto local, almuerzos de tinte tradicional con deliciosos arroces y unas cenas de marcado carácter gastronómico.

→ Langosta con lentejas melosas y fruta de la pasión. Cochinillo de "porc negre" con frutas asadas y ensaimada de boniato. Dulce de huevo con cereza trufada.

Menú 65/105 € – Carta 55/72 €

Hotel Predi Son Jaumell, carret. Cala Mesquida, camí de Son Moltó
✉ *07580 Capdepera* – ✆ *971 56 59 10 – www.andreugenestra.com – solo cena salvo viernes, sábado y domingo – cerrado martes – abierto marzo-15 noviembre*

🏯 **Predi Son Jaumell** 🚲 🍸 🏹 ♿ AC ✂ **P**

LUJO · MODERNA Encantador edificio en piedra del s. XVII emplazado en mitad del campo, en una finca cultivada que cuenta con varias cuevas naturales. Ofrece unas habitaciones de elegante simplicidad, con partes en piedra vista e hidromasaje en la mayoría de los baños.

24 hab 🖂 – ♦199/305 € ♦♦249/602 €

carret. Cala Mesquida, camí de Son Moltó ✉ *07580 Capdepera* – ✆ *971 81 87 96*
– www.hotelsonjaumell.com – abierto marzo-15 noviembre

🌸 **Andreu Genestra** – ver selección restaurantes

Cases de Son Barbassa ⚜ 🦢 ⪦ 🛋 ⤒ ⟶ AC ⟶ P

CASA DE CAMPO · ELEGANTE Una casa rural ubicada en plena naturaleza. Presenta una pequeña torre defensiva con más de 500 años, un interior rústico-actual y amplias habitaciones. El restaurante, en una terraza acristalada y con magníficas vistas, es fiel al recetario mediterráneo.

20 hab 🛏 – ♦144/257 € ♦♦196/266 €

carret. Cala Mesquida, camí de Son Barbassa ✉ 07580 Capdepera
– ✆ 971 56 57 76 – www.sonbarbassa.com – cerrado 12 noviembre-12 febrero

COLÒNIA DE SANT JORDI – 1 537 h. – Mapa regional : **4**-B2

El Coto ⚜ ⪦ 🛋 ⊡ AC ⟶ P

FAMILIAR · ELEGANTE Frente a las históricas salinas y... ¡a tan solo 100 m. de la playa! Este hotel de gestión familiar posee elegantes habitaciones de línea clásica-actual, todas con terraza, así como un restaurante de tinte internacional-mediterráneo y un solárium en el ático.

43 hab 🛏 – ♦142/169 € ♦♦190/226 € – 8 suites

av. Primavera 8 ✉ 07638 – ✆ 971 65 50 25 – www.hotelcoto.es
– abierto 29 marzo-27 octubre

DEIÀ – 713 h. – Alt. 184 m – Mapa regional : **4**-B1

⁂ Es Racó d'Es Teix (Josef Sauerschell) 🏠 AC ⟶ P

CLÁSICA · ROMÁNTICA XX Negocio familiar ubicado en una acogedora casa de piedra. Sorprende con una encantadora terraza asomada a las montañas de Deià y una sala de ambiente rústico dispuesta en dos niveles. Su experimentado chef plantea una cocina clásica con toques de modernidad.

→ Setas y verduras en aceite de oliva, almendras y hierbas. Medallón de rodaballo en costra de limón, salsa de acedera y risotto de tomate. Tarta tatin de manzana con helado de miel y romero.

Menú 38/115 € – Carta 70/95 €

Sa Vinya Vella 6 ✉ 07179 Deià – ✆ 971 63 95 01 – www.esracodesteix.es
– cerrado 15 noviembre-febrero, lunes y martes

⃔○ El Olivo 🐝 🏠 AC ⟶ P

INTERNACIONAL · ROMÁNTICA XXX Atesora una magnífica sala principal de elegante aire rústico, con los techos altos en madera y el ambiente de una antigua prensa de aceite. Cocina internacional actualizada.

Menú 115/150 € – Carta 76/95 €

Hotel Belmond La Residencia, Finca Son Canals ✉ 07179 – ✆ 971 63 90 11
– www.laresidencia.com – solo cena – cerrado 11 noviembre- 21 marzo

Belmond La Residencia ⚜ 🦢 ⪦ 🛋 ⤒ 🖼 ⚿ ✕ ⊡ ⪦ AC ♨ P

HISTÓRICO · ELEGANTE Una antigua casa señorial, restaurada con maestría, que recoge la herencia arquitectónica de la isla. Encontrará dependencias de cálido confort, todas decoradas con sumo gusto, y una amplia oferta gastronómica, proponiendo en su restaurante Café Miró una buena selección de tapas y platos mediterráneos.

66 hab 🛏 – ♦375/980 € ♦♦375/980 € – 6 suites

Finca Son Canals ✉ 07179 – ✆ 971 63 90 11 – www.belmond.com – cerrado
11 noviembre- 21 marzo

⃔○ **El Olivo** – ver selección restaurantes

en la carretera de Valldemossa Noroeste : 2,5 km

Sa Pedrissa ⚜ 🦢 ⪦ 🛋 ⤒ AC P

AGROTURISMO · ACOGEDORA Casa del s. XVI situada en un enclave privilegiado, con vistas a la bahía de Deià y la piscina sobre el acantilado. La mayoría de sus habitaciones son tipo suite. El restaurante ocupa un antiguo molino de aceite, con los suelos en piedra y chimenea. ¡Disfrute de sus preciosas terrazas, entre pinos y olivos!

11 hab 🛏 – ♦195/400 € ♦♦195/400 € – 6 suites

carret. Valldemossa-Deià, km 64,5 ✉ 07179 – ✆ 971 63 91 11 – www.sapedrissa.com
– cerrado diciembre-enero

FORNALUTX – 703 h. – Alt. 160 m – Mapa regional : **4**-B1

🏠 Ca'n Verdera   🛏 ⌧ AC ⅔

HISTÓRICO · MODERNA Ocupa tres céntricas casitas comunicadas entre sí, la principal del s. XIX y marcado carácter mallorquín. Preciosas terrazas arboladas, piscina panorámica y lounge con vistas.

11 hab ⌧ – ♦140/205 € ♦♦150/250 € – 2 suites

des Toros 1 ✉ *07109 –* ☎ *971 63 82 03 – www.canverdera.com – abierto 15 marzo-octubre*

SES ILLETES – 3 380 h. – Mapa regional : **4**-B1

⅋○ Arrels 🟢   🏠 ⅖ AC ⅔ ⇄ P

REGIONAL · AMBIENTE MEDITERRÁNEO ⅩⅩ ¡Sinceridad y pasión! En su sala, con amplios ventanales asomados al mar, le propondrán una cocina mallorquina muy personal, siempre elaborada en base al producto de mercado.

Menú 56 € – solo menú

Hotel Gran Meliá de Mar, passeig Illetes 7 ✉ *07184 –* ☎ *971 40 25 11 (es necesario reservar) – www.restaurantearrels.com – solo cena salvo sábado, domingo y verano – abierto abril-octubre*

🏘 Gran Meliá de Mar 🟢   ⌦ ⌧ ▣ 🌶 🏊 ⬆ ⅖ AC ⚴ P

RESORT · MODERNA Un hotel singular, sin duda, tanto por la arquitectura como por su cuidado interiorismo. Ofrece varias zonas sociales, toda una planta con un tratamiento exclusivo (RedLevel) y unos maravillosos exteriores, no exento de espacios chill out y románticas vistas.

129 hab ⌧ – ♦330/600 € ♦♦355/625 € – 13 suites

passeig Illetes 7 ✉ *07184 –* ☎ *971 40 25 11 – www.melia.com – abierto abril-octubre*

⅋○ **Arrels** – ver selección restaurantes

INCA – 30 651 h. – Alt. 120 m – Mapa regional : **4**-B1

😊 Sa Fàbrica   🏠 ⅖ AC ⇄

MODERNA · MARCO CONTEMPORÁNEO Ⅹ Singular, pues ocupa una nave de la mítica Fàbrica Ramis dedicada a la producción textil. Presenta una estética contemporánea-industrial y una cocina actual en base al producto de temporada, con un menú libre al mediodía y una completa carta por las noches.

Menú 17/55 € – solo menú

Gran Vía Colón 28 ✉ *07300 –* ☎ *971 41 25 07 – www.safabrica.es – cerrado 6 enero-15 febrero, domingo y lunes*

⅋○ Joan Marc   AC ⅔ ⇄

MODERNA · DE DISEÑO Ⅹ Un restaurante de estética elegante, actual y natural con un indiscutible protagonista: el árbol. Sorprende por su oferta cambiante y de temporada, permitiendo a los comensales que elaboren ellos mismos sus menús a unos precios fijos. ¡Sabores bien definidos!

Menú 41/65 €

pl. del Blanquer 10 ✉ *07300 –* ☎ *971 50 08 04 – www.joanmarcrestaurant.com – cerrado del 8 al 31 de enero, del 3 al 8 de julio, del 15 al 29 de noviembre, lunes, domingo en mayo-agosto, domingo noche resto del año*

LLORET DE VISTALEGRE – 1 233 h. – Alt. 250 m – Mapa regional : **4**-B1

por la carretera de Montuïri Sureste : 1 km y desvío a la izquierda 2,5 km

🏠 Sa Rota d'en Palerm   ⅍ ⌦ 🛏 ⌧ AC ⅔ P

FAMILIAR · MEDITERRÁNEA Casa de campo aislada en una finca, donde atesora agradables terrazas e impresionantes vistas. Ofrece habitaciones y apartamentos de ambiente rústico en las antiguas cuadras.

6 hab ⌧ – ♦139/172 € ♦♦154/187 €

passeig Mallorca 34-6 ✉ *07518 Lloret de Vistalegre –* ☎ *654 13 13 31 – www.sa-rota.com – cerrado Navidades*

LLOSETA – 5 639 h. – Alt. 180 m – Mapa regional : **4**-B1

🍴 Santi Taura   ♿ 🅰🅲 ⌘

REGIONAL · ELEGANTE XX Pasión, oficio, gusto... estas palabras describen a Santi Taura, un chef tremendamente fiel a los productos de su isla. Sorprende con dos restaurantes en uno: el Santi Taura, que varía su propuesta cada semana, y el DINS, volcado con la cocina mallorquina.

Menú 46 € – solo menú

Joan Carles I-48 ✉ *07360 –* 𝒞 *656 73 82 14 (es necesario reservar)*
– www.restaurantsantitaura.com – cerrado agosto, lunes mediodía y martes

🏨 Cas Comte   ⌘ 🍴 ☎ 🅰🅲 ⌘

FAMILIAR · HISTÓRICO Fantástica casa señorial en piedra que remonta sus orígenes al s. XVIII. Sus dependencias, que concilian la atmósfera de antaño con el confort actual, se ven apoyadas por un patio y un espacio de relax. En su cálido comedor encontrará cocina de tinte casero.

20 hab 🍽 – 🛏100 € 🛏🛏140 €

Comte d'Aiamans 11 ✉ *07360 –* 𝒞 *971 87 30 77 – www.hotelcascomte.com*

LLUBÍ – 2 176 h. – Mapa regional : **4**-B1

🍴 Daica   ⇦ 🏠 🅰🅲

COCINA TRADICIONAL · RÚSTICA X Casa rústica, de sencillo montaje, dotada con un agradable patio interior en el que montan la terraza de verano. Cocina de raíces mallorquinas basada en los productos locales.

Menú 45/75 € – Carta aprox. 60 €

3 hab – 🛏70/80 € 🛏🛏70/80 €

Nou 8 ✉ *07430 –* 𝒞 *971 52 25 67 – www.daica.es – solo cena en verano salvo domingo – cerrado 8 enero-8 febrero, domingo noche y lunes, salvo verano, y martes*

LLUCMAJOR – 34 618 h. – Mapa regional : **4**-B1

🏰 Son Julia Country House H.   ⛳ ⌘ 🚗 🍴 📺 🎱 ☎ 🅰🅲 ⌘ 🧖 🅿

LUJO · ELEGANTE En esta mansión mallorquina del s. XV encontrará un espectacular salón oriental, habitaciones de gran confort y un hermoso entorno ajardinado. Su restaurante propone una cocina de fusión mediterránea con toques asiáticos y... ¡unas buenas barbacoas en verano!

28 hab 🍽 – 🛏220/280 € 🛏🛏220/280 € – 1 suite

carret. de S'Arenal, Suroeste : 1 km ✉ *07620 –* 𝒞 *971 66 97 00*
– www.sonjulia.com – abierto 15 marzo-15 noviembre

MANACOR – 40 170 h. – Alt. 110 m – Mapa regional : **4**-B1

al Norte 4 km

🏰 La Reserva Rotana   ⛳ ⌘ 🚗 🍴 🎱 🎱 📺 ☎ 🅰🅲 ⌘ 🅿

CASA DE CAMPO · ELEGANTE ¡Finca señorial situada en una reserva natural! La decoración de sus elegantes dependencias revela el gusto por los detalles. Presenta un anexo algo más sencillo y, como la propiedad tiene 300 ha, cuenta con su propio campo de golf.

24 hab 🍽 – 🛏175/225 € 🛏🛏350/420 €

camí de s'Avall ✉ *07500 Manacor –* 𝒞 *971 84 56 85 – www.reservarotana.com*
– cerrado noviembre-febrero

por la carretera de Cales de Mallorca Suroeste: 6,5 km

🏠 Son Amoixa Vell   ⛳ ⌘ ⇦ 🚗 🍴 🅰🅲 🅿

CASA DE CAMPO · MEDITERRÁNEA He aquí el sueño de un matrimonio alemán que lo dejó todo para reconstruir, sobre los restos de una antigua mansión, un hotel rural que hoy se muestra muy atractivo. Las habitaciones se reparten alrededor de la casa y de los edificios agrícolas reconvertidos.

16 hab 🍽 – 🛏140/228 € 🛏🛏175/285 € – 4 suites

carret. Cales Mallorca- Manacor, km 5,4 ✉ *07500 Manacor –* 𝒞 *971 84 62 92*
– www.sonamoixa.com – cerrado 11 noviembre-febrero

PALMA – 400 578 h. – Mapa regional : **4**-B1

⌘ Marc Fosh 🏡 ♿ 🏧 ⌘ ⇄

MODERNA · MINIMALISTA ✕✕ Una casa de estética moderna que le sorprenderá, pues atesora espacios de notable personalidad. El chef, que presenta unos platos muy meditados, propone una cocina actual-creativa de gran nivel técnico, accesible al comensal a través de varios menús y donde los productos de temporada suelen tomar el protagonismo.

→ Consomé frío de tomates ahumados y albahaca con atún marinado, plancton y escaramujo. Arroz con bogavante, coco, sake y su bullabesa. Huevos rotos, mango, cardomomo, té matcha y yogur.

Menú 28/89 € – Carta 60/82 €

Hotel Convent de la Missió, Missió 7-A ⊠ 07003 – ℰ 971 72 01 14 (es necesario reservar) – www.marcfosh.com – cerrado 21 enero-3 febrero y domingo de noviembre-marzo

⌘ Adrián Quetglas 🏡 🏧 ⌘

CREATIVA · SIMPÁTICA ✕ Visitar este bistró supone un gran regalo para el paladar. El talentoso chef-propietario, que da nombre al local, propone una cocina actual que sin duda le cautivará, tanto por la combinación de sabores como por sus curiosas influencias rusas y mediterráneas. Además... ¡su atenta brigada le hará sentir como en casa!

→ Nuestro borsch. Rodaballo con guisantes, hierba luisa y quinoa negra. Chocolate con pimienta de Jamaica y fruta de la pasión.

Menú 33/50 € – solo menú

paseo Mallorca 20 ⊠ 07012 – ℰ 971 78 11 19 (es necesario reservar) – www.adrianquetglas.es – cerrado del 15 al 28 de febrero, del 16 al 31 de agosto, domingo y lunes

⊛ Aromata 🏧 ⌘

MODERNA · ACOGEDORA ✕ La opción ideal para comer en el centro de Palma, pues ocupa el patio de un histórico edificio señorial y es la sucursal del laureado chef Andreu Genestra en la capital mallorquina. Cocina actual, con elaboraciones delicadas y una buena oferta de menús.

Menú 20/48 € – Carta 39/55 € – carta sencilla al mediodía

Concepción 12 (Centro Cultural "Sa Nostra") ⊠ 07012 – ℰ 971 49 58 33 – www.aromatarestaurant.com – cerrado domingo y lunes noche

🍴○ La Bodeguilla 🏧 ⌘ ⇄

COCINA TRADICIONAL · ROMÁNTICA ✕✕ Céntrico, de línea actual y abierto todo el día. Posee una sala-tienda de vinos donde se puede tapear y dos comedores de cuidado montaje. Cocina tradicional actualizada.

Carta 42/54 €

Sant Jaume 3 ⊠ 07012 – ℰ 971 71 82 74 – www.grupoamida.com

🍴○ Quadrat 🏡 ♿ 🏧

CREATIVA · ELEGANTE ✕✕ Ocupa las antiguas caballerizas de la casa-palacio y destaca por su terraza, un auténtico oasis de tranquilidad en la ciudad. ¿Su propuesta? Cocina mediterránea y creativa.

Menú 24/65 € – Carta 36/58 €

Hotel Sant Francesc, pl. Sant Francesc 5 ⊠ 07001 – ℰ 971 49 50 00 (es necesario reservar) – www.hotelsantfrancesc.com

🍴○ Sumaq ♿ 🏧 ⇄

PERUANA · MARCO CONTEMPORÁNEO ✕✕ Atesora una clientela habitual y apuesta por la cocina de fusión, con fuertes raíces peruanas. Pruebe su Secuencia de Ceviches, tres elaboraciones distintas en un mismo plato.

Menú 50 € – Carta 37/62 €

Cotoner 44 ⊠ 07013 – ℰ 696 52 67 58 – www.restaurantesumaq.com

Calatrava 🏠 🐾 ⊲ 🖃 ⚊ 🅰🅲 🎏

TOWNHOUSE · DE DISEÑO Se halla en uno de los barrios más antiguos de la ciudad, levantado en gran parte sobre las antiguas murallas y con fantásticas vistas a la bahía. Sirven el desayuno en la terraza-solárium del último piso y proponen una cocina casual en el bistró.

16 hab ⊊ – 🛉220/450 € 🛉🛉220/450 €

pl. Llorenç Villalonga 8 ⊠ 07001 – 🕾 971 72 81 10

– www.boutiquehotelcalatrava.com

Can Alomar 🏠 🖃 ⚊ 🅰🅲 🎏

TOWNHOUSE · ELEGANTE Distinguido, céntrico y con un buen emplazamiento, pues recupera una casa señorial urbana de gran valor Patrimonial. Disfrute de la terraza-solárium, de las vistas desde su mirador o del restaurante, donde proponen cocina nipona-peruana de base mediterránea.

16 hab – 🛉170/300 € 🛉🛉200/360 € – ⊊ 22 €

Sant Feliu 1 ⊠ 07012 – 🕾 871 59 20 02 – www.boutiquehotelcanalomar.com

Can Cera 🏠 🖃 🅰🅲 🎏

TOWNHOUSE · HISTÓRICA Está en pleno casco antiguo, recuperando un edificio señorial del s. XVII. Tras el patio de la entrada descubrirá una zona social de aire palaciego y unas habitaciones de gran confort, todas con algún detalle de época. El restaurante propone una cocina actual con platos de origen tradicional e internacional.

14 hab – 🛉160/450 € 🛉🛉180/470 € – ⊊ 22 € – 1 suite

San Francisco 8 ⊠ 07001 – 🕾 971 71 50 12 – www.cancerahotel.com

Palacio Ca Sa Galesa 🐾 🖵 🖃 🅰🅲 🅿

TOWNHOUSE · ELEGANTE Un palacete del s. XVI para estar como en casa. Ofrece lujosas zonas nobles y coquetas habitaciones, con obras de Miró, Calde, Bennàssar... ¡Terraza panorámica con "haimas"!

12 hab – 🛉210/370 € 🛉🛉240/420 € – ⊊ 24 € – 4 suites

Miramar 8 ⊠ 07001 – 🕾 971 71 54 00 – www.palaciocasagalesa.com

Sant Francesc 🏊 🛗 🖃 ⚊ 🅰🅲 🎏 🚗

BOUTIQUE HOTEL · MODERNA Un palacete neoclásico, del s. XIX, en el corazón del casco antiguo. Ofrece singulares espacios y habitaciones de gran confort, muchas con molduras y frescos restaurados.

42 hab – 🛉185/405 € 🛉🛉195/420 € – ⊊ 25 € – 1 suite

pl. Sant Francesc 5 ⊠ 07001 – 🕾 971 49 50 00 – www.hotelsantfrancesc.com

🍽 **Quadrat** – ver selección restaurantes

Convent de la Missió 🏊 🛗 🖃 🅰🅲 🎏 🧖 🚗

HISTÓRICO · MINIMALISTA ¡Relajante y seductor! Ocupa un seminario del s. XVII que hoy presenta una estética vanguardista, convirtiendo las antiguas estancias en espacios diáfanos, con detalles de diseño y una decoración minimalista en tonos blancos. ¡Terraza-solárium con piscina!

27 hab – 🛉180/270 € 🛉🛉202/300 € – ⊊ 18 €

Missió 7-A ⊠ 07003 – 🕾 971 22 73 47 – www.conventdelamissio.com

❀ **Marc Fosh** – ver selección restaurantes

Posada Terra Santa 🏠 🐾 🖃 ⚊ 🅰🅲 🧖

TOWNHOUSE · DE DISEÑO Atesora la autenticidad derivada de su ubicación, pues se halla en las callejuelas que vertebran el casco viejo. Los arcos en piedra originales conviven hoy con una estética simpática y actual. Su restaurante propone una cocina de fusión asiático-mediterránea.

26 hab ⊊ – 🛉150/300 € 🛉🛉160/350 €

Posada Terra Santa 5 ⊠ 07001 – 🕾 971 21 47 42 – www.posadaterrasanta.com

Palau Sa Font 🏠 ⬆ AC

TOWNHOUSE · MINIMALISTA Una casa del s. XVI con mirador. Encontrará una decoración actual-minimalista, una cafetería que funciona como zona social y cuidadas habitaciones. ¡Pequeño patio con piscina!

19 hab ☲ – ♦85/128 € ♦♦116/189 €

Apuntadors 38 ✉ 07012 – 🕿 971 71 22 77

– www.palausafont.com – cerrado 6 enero-10 febrero

Santa Clara ⬆ AC 🍴 🛁

TOWNHOUSE · MINIMALISTA ¡Un edificio con encanto! Lo mejor son sus habitaciones, pues suelen combinar la piedra vista con una estética moderna. Pequeño SPA y terraza-solárium con magníficas vistas.

20 hab – ♦150/200 € ♦♦180/220 € – ☲ 15 €

Sant Alonso 16 ✉ 07001 – 🕿 971 72 92 31

– www.santaclarahotel.es – cerrado enero-febrero

AL OESTE DE LA BAHÍA

Gran Meliá Victoria 🍸 ⬅ 🛋 ⬅ 📶 ⬆ & AC 🍴 🛁 🚗

GRAN LUJO · CLÁSICA Frente al puerto deportivo. Presenta unas instalaciones de línea clásica dotadas con amplias zonas nobles, un centro de congresos, habitaciones bien equipadas y buenas vistas. El restaurante, íntimo y acogedor, sirve una cocina atenta al recetario vasco.

171 hab ☲ – ♦200/400 € ♦♦250/600 € – 6 suites

av. Joan Miró 21 ✉ 07014 Palma – 🕿 971 73 25 42

– www.granmeliavictoria.com

en La Bonanova

 Valparaíso Palace 🍸 ⬅ 🛋 🛋 📶 🔊 📶 🍴 ⬆ & AC 🍴 🛁 🅿

NEGOCIOS · CLÁSICA Su privilegiada ubicación dominando la bahía le brinda unas maravillosas vistas. Presenta una cuidada zona social, con un magnífico hall, equipadas habitaciones de línea actual y un completísimo SPA... ¡el más grande de la isla! Sus restaurantes ofrecen una buena oferta gastronómica de tinte moderno e internacional.

163 hab – ♦120/225 € ♦♦180/390 € – ☲ 28 € – 11 suites

Francisco Vidal i Sureda 23 ✉ 07015 Palma – 🕿 971 40 03 00

– www.gprovalparaiso.com

en Son Vida

Castillo H. Son Vida 🍸 🏠 ⬅ 🛋 🛋 📶 🍴 📷 ⬆ & AC 🍴 🛁 🅿

PALACE · CLÁSICA Lujo y clasicismo conviven en este histórico palacio señorial, ubicado entre frondosos pinares y con espléndidas vistas tanto a la ciudad como a la bahía o las montañas. Dentro de su oferta gastronómica destaca el restaurante Es Víí, refinado y con una cocina basada en sus menús degustación.

164 hab ☲ – ♦230/350 € ♦♦280/420 € – 10 suites

Raixa 2 ✉ 07013 Palma – 🕿 971 49 34 93

– www.luxurycollection.com

en Sa Vileta

🍴 Schwaiger XINO'S 🌿 AC ⬌ 🅿

MEDITERRÁNEA · DE DISEÑO Curioso restaurante tipo ático ubicado sobre un centro comercial. Disfruta de una estupenda terraza y propone una cocina mediterránea con marcadas influencias internacionales.

Menú 20/39 € – Carta 45/67 €

camino de la Vileta 39 ✉ 07011 – 🕿 971 66 68 19

– www.schwaiger.es – cerrado domingo y lunes noche salvo verano

AL ESTE DE LA BAHÍA

en Es Coll d'en Rabassa

⫶○ Bonsol   🕭 AC ⅀

PESCADOS Y MARISCOS ⅄ Este negocio de aire marinero presenta una sala dividida en varios espacios, un vivero y una buena barra-expositor. Productos del mar de calidad a precios de mercado.

Carta 55/75 €

Illa de Xipre 12 ✉ 07007 Palma – ☏ 971 26 62 70 – www.marisqueriabonsol.com – cerrado lunes noche

🏠 Ciutat Jardí   ⅄ ⊡ AC ⅀ ⅍

FAMILIAR · ACOGEDORA Singular, de larga trayectoria familiar y emplazado frente al mar, en un edificio de aspecto señorial que data de1921. Posee una agradable piscina con terrazas e instalaciones de línea clásica. ¡Habitaciones reducidas pero confortables!

20 hab �☐ – ♦120/145 € ♦♦135/250 €

Illa de Malta 14 ✉ 07007 Palma – ☏ 971 74 60 70 – www.hciutatj.es – cerrado 25 noviembre-enero

PALMANOVA – 3 902 h. – Mapa regional : **4**-B1

✿ Es Fum   ♨ ⪦ 🛖 🕭 AC ⅀ 🚗

CREATIVA · ELEGANTE ⅄⅄⅄⅄ Resulta impecable y es considerado una de las joyas del hotel St. Regis Mardavall. Presenta una elegante sala de línea clásica-actual y una magnífica terraza techada, esta última de estética mediterránea. Su cocina actual-creativa combina con gran acierto las texturas y toma cuerpo en base al mejor producto local.

→ Ostra Gillardeau, manzana ácida y coco. Lomo de lubina, coliflor trufada y moluscos en salsa verde. Flor de hibiscos, fresas y yogur de oveja.

Menú 135/160 € – solo menú

Hotel St. Regis Mardavall, carret. Palma-Andratx 19 ✉ 07181 – ☏ 971 62 96 29 – www.restaurant-esfum.com – solo cena – cerrado 31 octubre-18 marzo, lunes y martes

🏨 St. Regis Mardavall ⅄ 🐕 ⪦ 🛏 ⅄ 🖥 ☏ 🗜 ⊡ AC ⅀ ⅍ 🚗

GRAN LUJO · ELEGANTE Lujoso y repartido en varios edificios, con un bello jardín y vistas al mar. Encontrará un elegante hall octogonal, excelentes habitaciones y un completo SPA. Variada oferta gastronómica y servicio de gran nivel, pues su personal viene de... ¡más de 30 países!

125 hab ⊡ – ♦450/1000 € ♦♦450/1000 € – 10 suites

carret. Palma-Andratx 19 ✉ 07181 – ☏ 971 62 96 29 – www.stregismardavall.com – cerrado 26 noviembre-13 enero

✿ **Es Fum** – ver selección restaurantes

POLLENÇA – 16 115 h. – Alt. 200 m – Mapa regional : **4**-B1

🏠 Desbrull   ⊡ AC ⅀

TOWNHOUSE · ELEGANTE Moderno hotel instalado en la parte vieja de Pollença, en un hermoso edificio que viste sus estancias con obras de arte contemporáneo. Las habitaciones resultan acogedoras.

6 hab ⊡ – ♦70/85 € ♦♦85/105 €

Marqués Desbrull 7 ✉ 07460 – ☏ 971 53 50 55 – www.desbrull.com

por la carretera Ma 2200 Sur : 3 km y desvío a la izquierda 0,5 km

⫶○ 365   ⪦ 🛏 AC ⅀ 🅿

CREATIVA · ROMÁNTICA ⅄⅄⅄ Una propuesta sumamente interesante, tanto por el entorno como por el nivel gastronómico y el cuidado servicio de mesa. Encontrará una carta de carácter creativo, elaborada con materias primas de calidad y en un ambiente vanguardista.

Carta 65/80 €

Hotel Son Brull, carret. Palma-Pollença ✉ 07460 Pollença – ☏ 971 53 53 53 – www.sonbrull.com – solo cena – cerrado 18 noviembre-13 febrero

🏨 Son Brull   🐾 ⟨ 🍷 ⌧ 📷 ɲ ✂ ⊡ ⚐ 🅰 ✂ 🎐 🅿

HISTÓRICO · ELEGANTE Este imponente edificio, rodeado por una extensa finca, ocupa un convento jesuita del s. XVIII. Combina el encanto antiguo con las características del confort más moderno. ¡Atesora longevos olivos, gran variedad de árboles frutales y un buen huerto ecológico!

25 hab ⌂ – 🛏242/675 € 🛏🛏260/700 €

carret. Palma-Pollença ✉ *07460 Pollença* – 𝒞 *971 53 53 53* – *www.sonbrull.com*
– *cerrado 18 noviembre-13 febrero*

🍽 **365** – ver selección restaurantes

PORT D'ALCÚDIA – 3 208 h. – Mapa regional : **4**-B1

⭐ Maca de Castro   🐾 ✂ 🅰 🎐

CREATIVA · DE DISEÑO XXX Un restaurante gastronómico... ¡con todas las de la ley! Ocupa la 1ª planta de una casa tipo villa, donde encontraremos una sala de diseño moderno y buen confort. Su chef propone un menú degustación de gran nivel técnico, con una buena combinación de sabores y una reinterpretación del recetario mallorquín muy personal.

→ Anguila, remolacha y encurtidos.Yema de pato al azahar con raya y tronco de alcachofa. Bizcocho de aceite de oliva borracho con guisantes tiernos y queso de cabra.

Menú 132 € – solo menú

dels Tritons ✉ *07400* – 𝒞 *971 89 23 91* – *www.macadecastro.com*
- solo cena– cerrado 29 octubre-5 abril, miércoles en abril-mayo y octubre, lunes y martes

🍽 Bistró del Jardín   🏠 ✂ 🅰 🎐

COCINA TRADICIONAL · SIMPÁTICA XX En la planta baja de la villa donde está Maca de Castro, de la misma propiedad. Presenta una sala tipo porche y una bella terraza-jardín, su razón de ser. Cocina tradicional.

Menú 40 € – Carta 40/60 €

dels Tritons ✉ *07400* – 𝒞 *971 89 31 26* – *www.bistrodeljardin.com*
– *cerrado noviembre-15 marzo, lunes, martes, miércoles y domingo noche*

🍽 Casa Gallega   🏠 🅰 🎐

COCINA TRADICIONAL · BAR DE TAPAS 🍸 Este local, tipo mesón gallego, posee una terraza, una barra con varias mesas y un comedor rústico-actual. Carta tradicional con raciones, medias raciones y un económico menú.

Tapa 5 € – Ración aprox. 11 € – Menú 11/15 €

Hostelería 11 ✉ *07400* – 𝒞 *971 54 51 79* – *www.casagallegaalcudia.com*

en la playa de Muro Sur : 6 km :

🍽 Fusion19   🏠 🅰

FUSIÓN · CHIC X Curioso, pues de día funciona como sushi-bar (snacks, tapas, ensaladas...) y de noche evoluciona hacia una propuesta más ambiciosa, con sugerentes menús y platos de autor.

Menú 42 € – Carta 37/58 €

av. s'Albufera 23 ✉ *07458* – 𝒞 *971 89 42 59* – *www.fusion19.com* – *cerrado noviembre-12 febrero*

en Alcanada Este : 3,5 km

🍽 La Terraza   ⟨ 🏠 🅰

COCINA TRADICIONAL · A LA MODA XX ¡A unos dos metros sobre el agua! Posee una sala interior y una idílica terraza techada, con maravillosas vistas a la bahía. Cocina tradicional con influencias mediterráneas.

Carta 48/60 €

pl. Pompeu Fabra 7 ✉ *07400 Port d'Alcúdia* – 𝒞 *971 54 56 11*
– *www.laterrazaalcanada.com* – *abierto marzo-10 noviembre*

PORT D'ANDRATX – 2 108 h. – Mapa regional : **4**-B1

🏨 Villa Italia ☂ ⪻ ⴵ 🅰🅲

¡Un hotel cautivador! Posee una estética a modo de villa toscana y está construido en una ladera, lo que le otorga unas fantásticas vistas sobre el puerto de Andratx. También es llamativo su restaurante, pues se reparte entre dos terrazas cubiertas con los techos retráctiles y ofrece una carta internacional.

21 hab ☲ – ♦150/265 € ♦♦165/310 €

camino San Carlos 13 ✉ 07157 – ☏ 971 67 40 11 – www.hotelvillaitalia.com
– cerrado 6 enero-febrero

PORT DE POLLENÇA – 4 778 h. – Mapa regional : **4**-B1

🕸 Argos ⪻ 🏠 ⴵ 🅰🅲 🛇

CREATIVA · CHIC ✗✗ ¡Dentro del hotel La Goleta! Sorprende por el carácter dual de su propuesta, sencilla, fresca y sana durante el horario de playa y mucho más gastronómica por la noche, momento en el que dan rienda suelta a su creatividad y denotan influencias de todas las regiones de España. ¡Los sabores están magníficamente maridados!

→ Gazpacho de naranja como un aguachile con papada ibérica, gamba panxuda y fino. Molleja a la brasa glaseada y remolachas. Umbelíferas-choc.

Menú 80/120 € – solo menú

28 hab ☲ – ♦89/160 € ♦♦99/360 €

paseo Saralegui 118 ✉ 07470 – ☏ 971 86 59 02 (es necesario reservar)
– www.argosrestaurant.com – solo cena salvo sábado – cerrado noviembre-abril,
domingo y lunes

en la carretera de Alcúdia Sur : 3 km

🍴 Ca'n Cuarassa ⪻ 🏠 🛇 ⴶ

INTERNACIONAL · RÚSTICA ✗✗ Atractivo marco de estilo rústico mallorquín. Ofrece una terraza acristalada y varias salas, todas con bellas lámparas y litografías abstractas. Cocina de gusto internacional.

Menú 34 € – Carta 32/57 €

✉ 07470 Alcúdia – ☏ 971 86 42 66 – www.cancuarassa.com – abierto
marzo-octubre

PORT DE SÓLLER Alt. 160 m – Mapa regional : **4**-B1

🍴 Es Canyis 🏠 🅰🅲 🛇 🅿

COCINA TRADICIONAL · AMBIENTE CLÁSICO ✗ Negocio de arraigada tradición familiar que destaca por su emplazamiento en el paseo marítimo, con una terraza y vistas al mar. Ofrece un luminoso comedor clásico y una carta tradicional, con varios platos actualizados y algunos arroces.

Menú 30 € – Carta 35/50 €

passeig de la platja de'n Repic 21 ✉ 07108 – ☏ 971 63 14 06 – www.escanyis.es
– cerrado 15 noviembre-febrero y lunes salvo festivos

🏨 Jumeirah Port Sóller ☂ 🛏 🝌 🆂🅿🅰 ⛀ ⴵ 🅰🅲 🕸 🚗

GRAN LUJO · MODERNA Un hotel moderno y lujoso, emplazado sobre un acantilado y con todo lo que el cliente más cosmopolita pueda desear. Deslumbra por sus vistas al mar, sus maravillosas zonas sociales, el relajante SPA, las espaciosas habitaciones... y en lo gastronómico, una variada oferta que viaja del recetario local al internacional.

121 hab ☲ – ♦259/699 € ♦♦259/699 € – 3 suites

Bélgica ✉ 07108 – ☏ 971 63 78 88 – www.jumeirah.com – abierto abril-octubre

PORTALS NOUS – 2 098 h. – Mapa regional : **4**-B1

🍴 Baiben 🏠 ⴵ 🅰🅲

INTERNACIONAL · MARCO CONTEMPORÁNEO ✗✗ Se halla frente a los lujosos yates de Puerto Portals, a los que se asoma, y sorprende por su luminosidad. Completa carta internacional, con platos de multitud de países.

Menú 22 € – Carta 45/74 €

Puerto Portals, Local 1 ✉ 07181 – ☏ 971 67 55 47 – www.baibenrestaurants.com

Portals Hills

BOUTIQUE HOTEL · DE DISEÑO Elegante, luminoso, de inspiración art decó... y ubicado sobre una de las colinas de Calvià, en una zona residencial próxima al glamuroso Puerto Portals. Destaca tanto por su estética, dominada por los tonos blancos y dorados, como por su bella piscina.

29 hab 🖙 – †240/690 € ††270/720 € – 2 suites

Seguí 4 ✉ 07181 – 𝒞 971 67 90 41 – www.portals-hills.com – abierto abril-diciembre

PORTO CRISTO – 5 042 h. – Mapa regional : **4**-B1

por la carretera de Portocolom Suroeste : 4,5 km y desvío a la derecha

1 km

Son Mas

TRADICIONAL · ELEGANTE Esta hermosa casa señorial pertenece a una de las estirpes más influyentes de la isla, pues la familia Servera también es la propietaria de las famosas Cuevas del Drach. Tanto las zonas sociales como las habitaciones son muy amplias e invitan al relax. ¡Espectacular piscina y torre original del s. XVII!

16 hab 🖙 – †240/300 € ††280/350 €

carret. Porto Cristo-Portocolom, camí de Son Mas ✉ 07680 Porto Cristo – 𝒞 971 55 87 55 – www.sonmas.com – abierto marzo-octubre

PORTOCOLOM – 2 808 h. – Mapa regional : **4**-B1

Sa Llotja

MODERNA · SIMPÁTICA X ¡Asomado a la cala y a los amarres del puerto! Ocupa el primer piso del edificio portuario, con la sala acristalada y una espectacular terraza. Su carta de cocina actual contempla algún plato asturiano y pescados frescos de gran calidad.

Menú 39 € – Carta 42/66 €

Cristobal Colón 2, edif portuario ✉ 07670 – 𝒞 971 82 51 65 – www.restaurantsallotjaportocolom.com – cerrado noviembre-24 diciembre, martes mediodía en julio-agosto y lunes

PUIGPUNYENT – 2 018 h. – Alt. 240 m – Mapa regional : **4**-B1

Oleum

INTERNACIONAL · RÚSTICA XxX No luce el nombre "Oleum" de forma banal, pues ocupa una antigua almazara de aceite decorada con las muelas del molino original. Carta de cocina actual, amplia y variada.

Menú 55 € – Carta 52/85 €

Hotel G.H. Son Net, Castillo Son Net ✉ 07194 – 𝒞 971 14 70 00 – www.sonnet.es – solo cena

G.H. Son Net

EDIFICIO HISTÓRICO · ACOGEDORA Mansión mallorquina del s. XVII que realza con exquisito gusto todos sus rincones. Posee unas maravillosas estancias, habitaciones en distintos estilos y cinco villas que destacan por su gran privacidad, una con su propia piscina privada.

26 hab 🖙 – †180/450 € ††180/450 € – 5 suites

Castillo Son Net ✉ 07194 – 𝒞 971 14 70 00 – www.sonnet.es

🍴 **Oleum** – ver selección restaurantes

RANDA – 91 h. – Mapa regional : **4**-B1

Es Recó de Randa

COCINA TRADICIONAL · ELEGANTE XX Acogedora casa señorial en piedra donde encontrará varios comedores, luminosos y con mobiliario de calidad, así como una bonita terraza. Carta amplia de gusto tradicional. También disfruta de unas confortables habitaciones, todas espaciosas y bien equipadas.

Carta 30/45 €

25 hab – †76/90 € ††102/150 € – 🖙 16 €

Font 21 ✉ 07629 – 𝒞 971 66 09 97 – www.esrecoderanda.com

SANT LLORENÇ DES CARDASSAR – 8 146 h. – Alt. 140 m
– Mapa regional : **4**-B1

Son Penya ☆ ⑆ ⌂ 🛏 🖥 AC ⚹ P

CASA DE CAMPO · ELEGANTE ¿Busca tranquilidad y naturaleza? Si es así, este pequeño hotel rural, diseñado por Antoni Esteva, está pensado para usted. ¡Algunas habitaciones poseen piscina privada!

20 hab ☐ – ♦210/310 € ♦♦210/310 €

camino de Son Berga ✉ 07530 – ☏ 971 82 66 40 – www.sonpenya.com – cerrado 4 noviembre-febrero

SANTA EUGÈNIA – 1 638 h. – Mapa regional : **4**-B1

Sa Torre de Santa Eugènia ☆ ⑆ ⌂ 🛏 AC ⚹ P

AGROTURISMO · RÚSTICA Masía mallorquina del s. XV instalada en una finca llena de árboles frutales, viñas y cultivos. Posee apartamentos tanto en el edificio principal como en un anexo, todos con terraza. El restaurante, que ocupa la antigua bodega, centra su oferta en un menú tradicional e internacional de carácter mediterráneo.

6 hab ☐ – ♦140/180 € ♦♦140/180 €

Alqueries 7, Norte : 2 km ✉ 07142 – ☏ 971 14 40 11 – www.sa-torre.com

SANTA MARGALIDA – 11 672 h. – Alt. 100 m – Mapa regional : **4**-B1

en la carretera de Alcúdia Ma 3410 Norte : 4 km

Casal Santa Eulàlia ☆ ⑆ ⌂ 🛏 ⚹ ⅃ AC ⚹ P

LUJO · CLÁSICA Mansión del s. XIII y estilo mallorquín que ha respetado la nobleza de los antiguos señoríos. Ofrece unas habitaciones amplias y serenas, todas de elevado confort. El restaurante, que ocupa un típico "celler" o bodega, propone una cocina mediterránea.

25 hab ☐ – ♦155/219 € ♦♦194/280 €

✉ 07458 Santa Margalida – ☏ 971 85 27 32 – www.casal-santaeulalia.com – cerrado 4 noviembre-15 marzo

SANTA MARÍA DEL CAMÍ – 6 685 h. – Alt. 150 m – Mapa regional : **4**-B1

○ Molí des Torrent 🛏 AC ⇔ P

CLÁSICA · RÚSTICA ✕✕ Antiguo molino de viento dotado con varios comedores rústicos y una agradable terraza-patio, esta última con porche. Cocina clásica con influencias alemanas y mediterráneas.

Menú 28/60 € – Carta 44/65 €

carret. de Bunyola 75, Noroeste : 1,8 km ✉ 07320 – ☏ 971 14 05 03 – www.molidestorrent.de – solo cena en julio y agosto – cerrado diciembre-enero, miércoles y jueves

SÓLLER – 13 648 h. – Alt. 54 m – Mapa regional : **4**-B1

G.H. Sóller ☆ ⅃ 🛏 ⚹ 🖥 ⅃ AC ⚹ 🛁 🚗

HISTÓRICO · CLÁSICA Este céntrico hotel ocupa un antiguo edificio de carácter señorial, con el exterior ajardinado. Disfruta de una correcta zona noble y habitaciones de muy buen confort. En su luminoso restaurante encontrará una carta tradicional y una atractiva terraza de verano. ¡Agradable sala de desayunos en el ático!

50 hab ☐ – ♦180/240 € ♦♦180/240 € – 5 suites

Romaguera 18 ✉ 07100 – ☏ 971 63 86 86 – www.granhotelsoller.com – cerrado 10 noviembre-9 febrero

¿Hace buen tiempo? Disfrute el placer de comer en la terraza: 🛏

🏨 Son Grec

MANSIÓN · ACOGEDORA Una preciosa casa señorial del s. XVIII, rehabilitada con acierto y vestida con numerosas obras de arte moderno. Presenta espléndidos exteriores, una coqueta zona social con chimenea y habitaciones decoradas con muchísimo gusto. ¡Detalles, silencio y relax!

13 hab ⌂ – †195/257 € ††215/285 €

camí de Sa Figuera 28 ⊠ 07100 – ✆ 971 63 17 05 – www.songrec.com – abierto marzo-octubre

🏠 Ca'n Abril

TOWNHOUSE · PERSONALIZADA Un hotelito familiar instalado en una casona mallorquina de principios del s. XX. Ofrece un patio-terraza, amplias habitaciones y... ¡un desayuno casero que cambia cada día!

10 hab ⌂ – †125/141 € ††138/165 €

Pastor 26 ⊠ 07100 – ✆ 971 63 35 79 – www.hotel-can-abril-soller.com – abierto 15 marzo-noviembre

en el camino de Son Puça Noroeste : 2 km

🏨 Ca N'Aí

CASA DE CAMPO · ACOGEDORA Espectacular casa de campo arropada por la paz y el silencio de los naranjos. Su decoración, de ambiente tradicional-mallorquín, transforma las estancias en un microcosmos del ideal estético mediterráneo. ¡Todas las habitaciones poseen terraza privada!

30 hab ⌂ – †150/275 € ††165/300 €

camí Son Sales 50 ⊠ 07100 Sóller – ✆ 971 63 24 94 – www.canai.com – cerrado diciembre-febrero

por la carretera de Deià

🍴 Béns d'Avall

REGIONAL · ELEGANTE XX Está ubicado en una urbanización rodeada de monte y destaca por su fantástica terraza, con vistas a la costa y al mar. La cocina, basada en un recetario regional actualizado, sorprende por sus detalles y su buen nivel.

Menú 68/98 € – Carta 51/75 €

urb. Costa de Deià, Noroeste : 5 km y desvío a la derecha 2,3 km ⊠ 07100 Sóller – ✆ 971 63 23 81 (es necesario reservar) – www.bensdavall.com – solo almuerzo en marzo y octubre – cerrado noviembre-febrero, domingo noche de marzo-abril, martes de junio-septiembre y lunes

🏠 Ca's Xorc

CASA DE CAMPO · PERSONALIZADA Encantadora finca agrícola del s. XIX emplazada en la ladera de la montaña, rodeada de frutales, olivos, terrazas... y una atractiva piscina panorámica. Atesora unas habitaciones de gran confort y un coqueto restaurante, este último instalado en el viejo molino de aceite y con una carta de tintes creativos.

15 hab ⌂ – †243/540 € ††243/540 €

Noroeste : 4 km y desvío a la izquierda 0,5 km ⊠ 07100 Sóller – ✆ 971 63 82 80 – www.casxorc.com – abierto 23 marzo-2 noviembre

SON SERVERA – 11 449 h. – Alt. 92 m – Mapa regional : 4-B1

por la antigua carretera de Artà

🏨 Son Gener

CASA DE CAMPO · MODERNA Si busca un agroturismo tranquilo y especial hospédese en este, pues data del s. XVII y aúna lo original con lo contemporáneo. Ofrece bellos jardines, salones que invitan al sosiego, espaciosas habitaciones y un restaurante que se nutre de su propia huerta.

10 hab ⌂ – †215/295 € ††325/400 €

carret. Son Severa-Artà km 3 (MA-4031), Norte : 3 km y desvío a la derecha 0,5 km ⊠ 07550 Son Servera – ✆ 971 18 36 12 – www.songener.com – abierto abril-octubre

⌂ Ses Cases de Fetget ⋄⋄⋄⋄⋄⋄ P

AGROTURISMO · MODERNA Buen conjunto rural con el entorno ajardinado. Su decoración combina la madera, la piedra y cálidas fibras vegetales. Agradable zona de estar con chimenea y habitaciones actuales, muchas de ellas con hidromasaje en los baños.

12 hab ⌷ – †160/200 € ††180/210 €

carret. Son Servera-Artà (MA-4031), Norte : 1,5 km ⌧ 07550 Son Servera – ℰ 971 81 73 63 – www.sescasesdefetget.com – cerrado 7 enero-10 febrero

VALLDEMOSSA – 2 005 h. – Alt. 427 m – Mapa regional : **4**-B1

⌂ Valldemossa ⋄⋄⋄⋄⋄⋄ P

CASA DE CAMPO · ACOGEDORA Lujosa casa ubicada en lo alto de un cerro, con varias escalinatas, terrazas y una hermosa panorámica a la sierra de Tramontana. Encontrará un precioso jardín, grandes dosis de privacidad y un restaurante que destaca por sus bellísimas vistas al pueblo.

12 hab ⌷ – †330/600 € ††330/600 €

carret. vieja de Valldemossa ⌧ 07170 – ℰ 971 61 26 26 – www.valldemossahotel.com – cerrado noviembre-febrero

⌂ Es Petit Hotel de Valldemossa ⋄⋄⋄⋄

FAMILIAR · FUNCIONAL Céntrica casa de piedra llevada directamente por sus propietarios. Cuenta con una coqueta terraza panorámica, donde se puede desayunar, y unas habitaciones de buen confort, destacando las cinco que tienen vistas a las montañas.

8 hab ⌷ – †100/126 € ††112/140 €

Uetam 1 ⌧ 07170 – ℰ 971 61 24 79 – www.espetithotel-valldemossa.com – cerrado noviembre

MENORCA

CALA EN PORTER Mapa regional : **4**-C1

en la carretera Me 12 Noreste : 2 km

⏺○ Torralbenc ⋄⋄⋄⋄⋄⋄ P

MODERNA · ÍNTIMA XX Sorprende por su emplazamiento, en un espacio agrícola recuperado de línea rústica-actual. Cocina variada pero de gran calidad, con platos clásicos, tradicionales, modernos...

Menú 75 € – Carta 48/79 €

Hotel Torralbenc, carret. Maó-Cala'n Porter, km 10 ⌧ 07730 Alaior – ℰ 971 37 72 11 (es necesario reservar) – www.torralbenc.com – solo cena – abierto marzo-noviembre

⌂ Torralbenc ⋄⋄⋄⋄⋄⋄⋄ P

LUJO · PERSONALIZADA Instalado en una tradicional finca menorquina, rodeada de viñedos, que ha sido rehabilitada con muchísimo acierto, pues combina los colores, espacios y materiales propios de esta tierra con el confort y diseño actual. ¡Descubra las habitaciones de los anexos!

27 hab ⌷ – †183/495 € ††183/495 €

carret. Maó-Cala'n Porter, km 10 ⌧ 07730 Alaior – ℰ 971 37 72 11 – www.torralbenc.com – abierto marzo-noviembre

⏺○ **Torralbenc** – ver selección restaurantes

ES CASTELL – 7 635 h. – Mapa regional : **4**-C1

por la carretera de Sant Lluis Sur : 2 km y desvío a la izquierda 1 km

⌂ Sant Joan de Binissaida ⋄⋄⋄⋄⋄⋄ P

MANSIÓN · MODERNA ¡Aquí el descanso está asegurado! Esta hermosa casa señorial se encuentra en pleno campo y sorprende por la personalización de sus cuidadas habitaciones, cada una de ellas dedicada a un compositor clásico. El restaurante ofrece una cocina actual y presume de utilizar productos ecológicos de su propia finca.

15 hab ⌷ – †80/140 € ††145/340 €

camí de Binissaida 108 ⌧ 07720 Es Castell – ℰ 971 35 55 98 – www.binissaida.com – abierto mayo-16 octubre

CIUTADELLA DE MENORCA – 29 098 h. – Alt. 25 m – Mapa regional : **4**-C1

Smoix   🍽 & AC ⌘

COCINA TRADICIONAL · MARCO CONTEMPORÁNEO XX Bien ubicado en el centro de la avenida que cruza la localidad, donde se presenta con una estética contemporánea-industrial como guiño a la antigua fábrica-taller de artículos de joyería que aquí existió. Cocina de producto y temporada plena de sabor.

Menú 21/35 € – Carta 25/53 €

av. Jaume el Conqueridor 38 ⊠ *07760 – 𝒞 971 38 28 08 – www.smoix.com – solo almuerzo salvo sábado y domingo en invierno – cerrado martes mediodía en verano y lunes*

🍽 Mon Restaurant   ⇆ 🍽 & AC

REGIONAL · ELEGANTE XX Encontrará una zona de espera, una sala muy luminosa y un patio cubierto en el que también montan mesas. Cocina actual que busca sacar el máximo partido al producto autóctono. Como complemento al negocio también ofrece unas agradables habitaciones.

Menú 20/45 € – Carta 36/49 € – solo menú

8 hab ⊑ – ♦65/120 € ♦♦75/150 €

paseo de San Nicolás 4 ⊠ *07760 – 𝒞 971 38 17 18 – www.restaurantmon.com – solo almuerzo salvo fines de semana en octubre-diciembre – cerrado enero, febrero, domingo noche y lunes*

🍽 Rels   & AC ⌘

MODERNA · BISTRÓ X Su nombre evoca las raíces y supone el regreso a su tierra de dos chefs formados en grandes casas. ¿Su propuesta? Platos menorquines actualizados, sabrosos y equilibrados.

Menú 20/45 € – Carta 36/50 €

Sant Isidre 33 ⊠ *07760 – 𝒞 971 48 05 16 – www.relsrestaurant.com – solo almuerzo de noviembre-mayo salvo viernes y sábado – cerrado lunes*

🏨 Can Faustino   ✿ 🛋 🗔 ⊡ & AC ⌘

PALACE · PERSONALIZADA Instalado en un edificio señorial, hoy remodelado, del s. XVI. Ofrece un amplio hall, espacios de gran personalidad y habitaciones equipadas con sobrio mobiliario Art Decó.

24 hab ⊑ – ♦165/315 € ♦♦165/315 €

San Rafael 9 ⊠ *07760 – 𝒞 971 48 91 91 – www.canfaustino.com – abierto abril-noviembre*

por la carretera de Cala Morell

🏨 Sant Ignasi   ✿ ⚘ ⇐ 🛋 🎎 AC ⌘

TRADICIONAL · RÚSTICA ¡Un oasis de paz! Alójese en una finca señorial de 1777, rodeada de jardines y encinas centenarias. Ofrece un elegante salón social y habitaciones bien personalizadas, las mejores en la antigua vaquería. Su restaurante propone una cocina de tinte tradicional.

20 hab ⊑ – ♦105/169 € ♦♦197/251 € – 5 suites

Noreste : 3 km y desvío a la izquierda 1,6 km ⊠ *07760 – 𝒞 971 38 55 75 – www.santignasi.com – abierto mayo-8 octubre*

en el camino de Macarella Sureste : 7,5 km

🏨 Morvedra Nou   ✿ ⚘ ⇐ 🛋 & AC ⌘

TRADICIONAL · RÚSTICA Antigua casa de campo rehabilitada según criterios actuales, con un bonito porche y un cuidadísimo jardín. En el comedor, de carácter polivalente, sirven una carta bastante sugerente. ¡A escasos kilómetros de aquí están las dos calas más famosas de la isla!

24 hab ⊑ – ♦130/250 € ♦♦130/250 €

passeig Sant Nicolau 88 ⊠ *07760 – 𝒞 971 35 95 21 – www.morvedranou.es – abierto abril-octubre*

ISLAS BALEARES · ESPAÑA

FORNELLS – 602 h. – Alt. 12 m – Mapa regional : **4**-C1

¡O **Es Cranc**   A/C ⌘

PESCADOS Y MARISCOS · FAMILIAR X Un restaurante familiar especializado en pescados y mariscos, aunque sin duda el plato que les ha dado fama es la Caldereta de langosta. ¡No se marche sin visitar su vivero!

Carta 28/75 €

Escoles 31 ✉ *07748 –* ✆ *971 37 64 42 – cerrado diciembre-febrero y miércoles salvo agosto*

MAÓ – 28 006 h. – Alt. 57 m – Mapa regional : **4**-C1

¡O **Jàgaro**   ⩽ 🍴 A/C ⌘

PESCADOS Y MARISCOS · AMBIENTE CLÁSICO X Casa familiar de larga trayectoria instalada en un extremo del puerto. Cuenta con una terraza y dos comedores, el principal de ambiente clásico y el otro a modo de bodega. Carta regional con especialidades como la Langosta frita al huevo.

Carta 35/55 €

Moll de Llevant 334 (puerto) ✉ *07701 –* ✆ *971 36 23 90*
– www.jagaromenorca.com – solo almuerzo salvo verano

¡O **S'Espigó**   🍴 A/C ⌘

PESCADOS Y MARISCOS · AMBIENTE CLÁSICO X ¡Ubicado en la zona del puerto! Presenta una terraza a la entrada, uno de sus puntos fuertes, y un único comedor de adecuado montaje. Cocina especializada en pescados, mariscos y platos marineros... como su sabrosa Caldereta de langosta.

Carta 41/87 €

Moll de Llevant 267 (puerto) ✉ *07701 –* ✆ *971 36 99 09 – www.sespigo.com*
– cerrado noviembre-febrero, domingo mediodía y lunes mediodía en verano, domingo noche y lunes resto del año

¡O **Ses Forquilles**   A/C ⌘

MODERNA · RÚSTICA ₰/ Este bar disfruta de una amplia barra, con varias mesas para el tapeo, y un coqueto comedor en el piso superior. El secreto de su éxito está en el uso de buenas materias primas, unas dosis de creatividad y cierto mimo en las presentaciones.

Tapa 7 € – Ración aprox. 22 €

Rovellada de Dalt 20 ✉ *07703 –* ✆ *971 35 27 11 – www.sesforquilles.com – cerrado Navidades, del 7 al 11 septiembre y domingo*

SANT CLIMENT – 545 h. – Alt. 91 m – Mapa regional : **4**-C1

¡O **Es Molí de Foc**   🐜 🍴 A/C ⟷

MODERNA · RÚSTICA XX Muy conocido, pues ocupa un molino de fuego del s. XIX y tiene contigua una fábrica de cerveza artesanal. En su comedor, de aire rústico, le ofrecerán una carta de cocina actual y otra de arroces, uno de los puntos fuertes de esta casa.

Carta 45/72 €

Sant Llorenç 65 ✉ *07712 –* ✆ *971 15 32 22 – www.molidefoc.es – cerrado enero y lunes*

SANT LLUÍS – 7 521 h. – Alt. 50 m – Mapa regional : **4**-C1

¡O **Sa Pedrera d'es Pujol**   🐜 🍴 A/C P

CREATIVA · ELEGANTE XxX Interesante, pues su chef-propietario recupera viejas recetas de antaño para ponerlas al día en técnica y presentación. Ofrece varias salas de ambiente rústico, otra acristalada y una bodega-cueva en la que el cliente puede escoger su vino.

Menú 50 € – Carta 40/65 €

camí d'es Pujol 14 (Torret), Sur : 1,5 km ✉ *07710 –* ✆ *971 15 07 17*
– www.sapedreradespujol.com – solo fines de semana en otoño-invierno – cerrado miércoles

⁋○ Pan y Vino 🍴 AC ⌘ P

FRANCESA CLÁSICA · RÚSTICA ✕✕ Instalado en una casa encalada, típica de la zona, que hoy atesora un interior lleno de rincones a modo de saloncitos. Cocina francesa basada en productos de temporada.

Menú 38/55 € – Carta 38/52 €

camí de la Coixa 3 (Torret), Sur : 1 km ✉ *07710 –* 🕾 *971 15 02 01 – www.panyvinomenorca.com – solo cena en verano – cerrado noviembre-14 febrero, lunes, miércoles, jueves y viernes mediodía en invierno y martes*

por la carretera de Es Castell Noreste : 1,5 km y desvío a la izquierda 0,5 km

Biniarroca ☆ ⌂ 🍴 ☒ ↻ 🚿 AC P

HISTÓRICO · RÚSTICA Romántico, tranquilo y con jardines más propios de una bucólica villa italiana. En este precioso conjunto rural, del s. XVIII, encontrará habitaciones personalizadas y un buen restaurante, este con una propuesta internacional en base a productos de la isla.

18 hab ⌷ – ✦90/170 € ✦✦120/220 €

camí Vell 57 ✉ *07710 –* 🕾 *971 15 00 59 – www.biniarroca.com – abierto 29 abril-12 octubre*

por la carretera de Alcalfar Sureste : 2 km y desvío a la derecha 0,5 km

Alcaufar Vell ☆ ⌂ 🍴 ☒ ↻ AC ⌘ P

HISTÓRICO · REGIONAL Casa señorial de estilo neoclásico emplazada en pleno campo. Posee unas habitaciones muy cuidadas, tanto en el edificio principal como en los viejos establos, destacando las últimas por sus terrazas. El restaurante, ubicado también en las caballerizas, oferta una cocina actual de temporada y diversos menús.

22 hab ⌷ – ✦85/270 € ✦✦95/320 €

carret. de Cala Alcalfar ✉ *07710 –* 🕾 *971 15 18 74 – www.alcaufarvell.com – cerrado enero-febrero*

EIVISSA o IBIZA

EIVISSA – 49 975 h. – Mapa regional : **4**-A2

⁋○ El Cigarral AC ⌘

COCINA TRADICIONAL · MARCO REGIONAL ✕✕ Llevado con acierto por el chef-propietario y su familia. En su comedor, de ambiente castellano, ofrecen una cocina de base tradicional donde nunca falta algún plato de caza.

Menú 22/80 € – Carta 35/55 €

Fray Vicente Nicolás 9, por av. d'Ignasi Wallis ✉ *07800 –* 🕾 *971 31 12 46 – www.elcigarralrestaurante.com – cerrado 25 agosto-17 septiembre y domingo*

⁋○ It 🍴 AC

ITALIANA · MARCO CONTEMPORÁNEO ✕✕ Destaca tanto por su elegante línea actual como por su emplazamiento, frente a los amarres de un puerto deportivo. Elaboraciones italianas actualizadas e interesantes menús.

Menú 24/105 € – Carta 64/105 €

puerto deportivo Marina Botafoch 110 ✉ *07800 –* 🕾 *971 31 11 07 – www.it-ibiza.com – solo cena de mayo a octubre – cerrado domingo noche y lunes de octubre a mayo*

⁋○ La Gaia ❶ 🍴 ↻ AC 🍽 🚗

FUSIÓN · MARCO CONTEMPORÁNEO ✕✕ Su chef apuesta por lo que llaman cocina "japeruvian", una propuesta fresca y diferente que se mueve entre lo japonés y lo peruano... eso sí, con productos de la propia isla.

Carta 45/65 €

paseo Juan Carlos I-17, Ibiza Gran Hotel ✉ *07800 –* 🕾 *971 80 68 06 – www.ibizagranhotel.com – solo cena – abierto abril-octubre*

🍴○ Mirador de Dalt Vila 🛱 AC ⅀

MODERNA · ÍNTIMA XX Disfruta de un acceso independiente respecto al hotel y cuenta con un bar de estilo clásico-actual. La sala es pequeña pero agradable, con el techo pintado al fresco y varios óleos decorando sus paredes. Cocina actual muy bien elaborada.

Menú 80/120 € – Carta aprox. 85 €

Plano : B2-b – *Hotel Mirador de Dalt Vila, pl. de España 4* ⊠ *07800*
– 𝒞971 30 30 45 – www.hotelmiradoribiza.com – abierto Semana Santa-octubre

🍴○ Sa Nansa 🛱 AC ⅀

MEDITERRÁNEA · SIMPÁTICA XX ¡Próximo al puerto deportivo! Encontrará dos salas, una a modo de terraza acristalada, y una carta tradicional-marinera especializada en arroces y pescados salvajes.

Carta 45/70 €

av. 8 de Agosto 27 ⊠ *07800 – 𝒞971 31 87 50 – www.restaurantesanansa.com*
– cerrado del 5 al 25 de noviembre, 15 días en abril, domingo noche y lunes salvo verano

🍴○ Zela 🆕 🛱 ⅃ AC ⟺

JAPONESA · MARCO CONTEMPORÁNEO XX Toma el nombre de una mariposa, denota una gran labor de interiorismo y sorprende con la fusión japo-ibérica de los Kabuki, aquí con toques tailandeses. ¡Exuberante terraza!

Carta 55/75 €

av. 8 d'Agost 29 ⊠ *07800 – 𝒞871 51 53 80 – www.zelarestaurants.com – solo cena – abierto 21 mayo-9 octubre*

🍴○ Sa Brisa 🛱 ⅃ AC ⅀

MODERNA · MARCO CONTEMPORÁNEO X Uno de los locales más de moda en el centro, con una estética moderna a la par que elegante. Platitos y gastrotapas con influencias tradicionales, sudamericanas y asiáticas.

Menú 42/65 € – Carta 30/50 €

Vara de Rey 15 ⊠ *07800 – 𝒞971 09 06 49 – www.sabrisagastrobar.com – cerrado noviembre y lunes en invierno*

🍴○ Ca n'Alfredo 🛱 AC

COCINA TRADICIONAL · FAMILIAR X Céntrico, familiar y de larga trayectoria en la ciudad. Viste sus paredes con curiosas fotografías de clientes famosos y ofrece una cocina tradicional de abundantes raciones, enriquecida con algunos platos ibicencos y catalanes.

Menú 35/55 € – Carta 40/70 €

passeig Vara de Rei 16 ⊠ *07800 – 𝒞971 31 12 74 – www.canalfredo.com*
– cerrado del 16 al 30 de noviembre, domingo noche y lunes salvo festivos

🍴○ Mar a Vila 🛱 ⅃ AC ⅀

ESPAÑOLA · MINIMALISTA ⅃⁄ Un sencillo local que le atrapará nada más entrar, pues las tapas allí expuestas no tienen desperdicio. Su pequeña cocina no para y procura trabajar con productos locales.

Tapa 7 € – Ración aprox. 12,50 €

av. Ignasi Wallis 16 ⊠ *07800 – 𝒞971 31 47 78 – www.maravilaibiza.es – cerrado enero y domingo*

🍴○ Re.Art 🆕 🛱 ⅃ AC

MODERNA · BISTRÓ ⅃⁄ Un gastrobar de estética urbana-industrial en el que se cocina a la vista del cliente. Su atrevida propuesta combina el producto local con sabores de influencia asiática.

Tapa 9 € – Ración aprox. 12 €

Castella 9 ⊠ *07800 – 𝒞871 03 65 75 – www.reart.es – cerrado domingo*

🏠 Mirador de Dalt Vila

HISTÓRICO · ACOGEDORA Esta preciosa casa señorial data de 1905 y destaca por su emplazamiento, pues se encuentra dentro del recinto amurallado. Compensa su escueta zona social con unas magníficas habitaciones, todas con mobiliario clásico-actual de calidad.

13 hab ⌂ – ♦200/360 € ♦♦300/750 € – 2 suites

Plano : B2-b – *pl. de España 4* ✉ *07800* – *℘ 971 30 30 45*
– *www.hotelmiradoribiza.com* – *abierto Semana Santa-octubre*

🍴 **Mirador de Dalt Vila** – ver selección restaurantes

PORROIG Mapa regional : **4**-A2

🍴 Es Xarcu

PESCADOS Y MARISCOS · RURAL ✗ Una excelente recomendación a pie de playa, sencilla en el montaje pero con idílicas vistas y honestidad desde sus fogones. Magníficos pescados al peso y mariscos de calidad.

Carta 43/75 €

Cala des Jondal ✉ *07829* – *℘ 971 18 78 67* – *www.esxarcurestaurante.com*
– *abierto Semana Santa-octubre*

en la playa d'Es Torrent

🍴 Es Torrent

PESCADOS Y MARISCOS · AMBIENTE MEDITERRÁNEO ✗ Sorprende por su emplazamiento sobre una playa, a modo de chiringuito, y es famoso por la calidad de sus pescados. ¡Prolongue la experiencia descansando en una de sus hamacas!

Carta 40/91 €

✉ *07829* – *℘ 971 80 21 60* – *www.estorrent.net* – *abierto Semana Santa-octubre*

SANT ANTONI DE PORTMANY – 23 631 h. – Mapa regional : **4**-A2

🍴 Es Tragón 🄽

CREATIVA · AMBIENTE MEDITERRÁNEO ✗✗ Atractivo restaurante en dos niveles dotado con una agradable terraza. El chef muestra una cocina muy personal, atrevida y elaborada, con una historia detrás de cada plato.

Menú 55/115 € – solo menú

carret. Cap Negret ✉ *07820* – *℘ 971 34 64 54* – *www.estragonibiza.com* – *solo cena salvo viernes, sábado y domingo* – *abierto marzo-octubre*

SANT JOSEP DE SA TALAIA – 25 674 h. – Alt. 216 m – Mapa regional : **4**-A2

en la carretera de Cala Tarida Oeste : 4 km

🍴 S'Espartar

PESCADOS Y MARISCOS · RÚSTICA ✗ Un restaurante familiar que emana honestidad y respeto por el producto. Encontrará unos pescados realmente magníficos, pues... ¡el hermano del chef posee dos barcos de pesca!

Carta 40/50 €

✉ *07830 Sant Josep de sa Talaia* – *℘ 971 80 02 93* – *www.restaurantsespartar.com*
– *cerrado 10 diciembre-marzo y lunes salvo agosto*

en la playa de Cala Tarida Noroeste : 7 km

🍴 Ca's Milà

MEDITERRÁNEA · AMBIENTE CLÁSICO ✗✗ Destaca por su privilegiada localización a pie de playa, con agradables terrazas, serenas vistas y la recreación de un ambiente chill out en temporada. Buena carta de cocina tradicional marinera especializada en arroces y pescados.

Carta 30/55 €

✉ *07829 Sant Josep de Sa Talaia* – *℘ 971 80 61 93* – *www.restaurantecasmila.com*
– *abierto mayo-octubre, y sábado mediodía y domingo mediodía resto del año*

en la carretera de Cala d'Hort Suroeste : 7 km

🍴○ **Es Boldado**   ⟨⟩ 🏠 AC 🍽 **P**

PESCADOS Y MARISCOS · RÚSTICA ⅹ Se halla al final de un camino de tierra y destaca por sus fantásticas vistas, tanto al mar como a los islotes de Es Vedrà y Es Vedranell. ¡Su pescado no puede ser más fresco!

Carta 35/75 €

✉ 07830 Sant Josep de sa Talaia – 𝒸 626 49 45 37 – www.restauranteboldado.net
– solo almuerzo en invierno – cerrado noviembre-15 febrero

SANT LLORENÇ DE BALAFIA Mapa regional : 4-A2

🏠 **Can Gall**   ⟨⟩ 🐾 ⟨⟩ 🍽 ⟨⟩ 🔥 AC 🍽 **P**

CASA DE CAMPO · ACOGEDORA ¡Idóneo para descansar! Este turismo rural se encuentra en una extensa finca, con más de 200 años y repleta de árboles frutales. Recrea el ambiente típico ibicenco tanto en los salones, con chimenea, como en las habitaciones, todas personalizadas. El restaurante ocupa un anexo acristalado, con terraza y bar.

11 hab � – ⃗135/220 € ⃗⃗180/270 €

carret. Sant Joan de Labritja, km. 17,2 ✉ 07812 – 𝒸 971 33 70 31
– www.agrocangall.com – abierto abril-octubre

SANT MIQUEL DE BALANSAT Mapa regional : 4-A2

🏠 **Can Pardal**   ⟨⟩ 🐾 ⟨⟩ 🍽 AC 🍽

TRADICIONAL · RURAL Paredes encaladas, muros anchos, agradables patios, una elegante estética rústica-ibicenca, piscina con vistas al valle... ¡perfecto para una escapada en pareja! Presenta dos comedores, uno con chimenea, y unas habitaciones muy confortables, estas repartidas entre el edificio principal y los anexos.

5 hab � – ⃗185/269 € ⃗⃗185/269 €

Missa 3 ✉ 07815 – 𝒸 971 33 45 75 – www.canpardalibiza.com – abierto
abril-octubre

por la carretera de Port de Sant Miquel Norte : 2,5 km y desvío a la
izquierda 1 km

🏠 **Cas'Pla**   🐾 ⟨⟩ 🍽 AC **P**

TRADICIONAL · RURAL Encantador conjunto hotelero emplazado en plena naturaleza. Disfruta de unas buenas zonas sociales, que combinan clasicismo y rusticidad, así como unas elegantes habitaciones, destacando las que tienen terraza privada y vistas al valle.

16 hab – ⃗150/186 € ⃗⃗186/229 € – ⟐17 € – 2 suites

✉ 07815 Sant Miquel de Balansat – 𝒸 971 33 45 87 – www.caspla-ibiza.com
– abierto 27 abril-15 octubre

en la urbanización Na Xamena Noroeste : 6 km

🍴○ **Eden by Fran López**   ⟨⟩ 🍽 🏠 ⟨⟩ AC ⟲ **P**

MEDITERRÁNEA · AMBIENTE MEDITERRÁNEO ⅹⅹ Realmente idílico, pues presenta pequeñas terrazas y románticas vistas al mar. Descubra la filosofía del chef Fran López, aquí con productos ibicencos y algún toque oriental.

Carta 60/82 €

Hotel Hacienda Na Xamena ✉ 07815 Sant Miquel de Balansat – 𝒸 971 33 45 00
– www.haciendanaxamena-ibiza.com – abierto 26 abril-octubre

🏨 **Hacienda Na Xamena**   🐾 ⟨⟩ 🍽 🔲 🕙 🔥 ⟨⟩ 🍽 🔥 AC 🍽 🛁 **P**

LUJO · CONTEMPORÁNEA Cautiva por su privilegiado emplazamiento en una reserva natural, asomado a una cala y con bellas vistas al mar desde todas las habitaciones, algunas con piscina privada. Lujo, SPA con circuito de aguas, servicios terapéuticos, una buena oferta culinaria...

77 hab – ⃗382/668 € ⃗⃗478/835 € – ⟐27 € – 5 suites

✉ 07815 Sant Miquel de Balansat – 𝒸 971 33 45 00
– www.haciendanaxamena-ibiza.com – abierto 26 abril-octubre

🍴○ **Eden by Fran López** – ver selección restaurantes

SANTA EULÀRIA DES RIU – 35 812 h. – Mapa regional : 4-A2

🍴⃝ Es Terral ⛩ Ⓐ🄲

FRANCESA · FAMILIAR ꭕ Una pequeña joya, de aire rústico, ubicada en una calle peatonal repleta de restaurantes. Ofrece buena cocina francesa de tinte actual, sobre todo en base al producto local.

Menú 16/49 € – Carta 38/63 €

Sant Vicent 47 ⊠ 07840 – ℰ 628 58 13 14 – cerrado noviembre-enero y miércoles

por la carretera de Es Canar Noreste : 2 km

🍴⃝ Donde Marian y Miguel ⛩ ⅏ 🅿

CARNES · RÚSTICA ꭕ Si le apetece comer carne a la parrilla no encontrará un sitio mejor, pues aquí la traen de la península y de gran calidad. Ofrecen varios espacios de agradable aire rústico.

Menú 18 € – Carta 35/65 €

av. de s'Argamassa 2 ⊠ 07840 Santa Eulària des Riu – ℰ 971 33 92 71
– www.dondemarianymiguel.com – cerrado enero-10 febrero y lunes

por la carretera de Sant Carles Noreste : 5 km y desvío a la izquierda 0,5 km

🍴⃝ Can Curreu 🛏 ⛩ Ⓐ🄲 ⅏ 🅿

MODERNA · RÚSTICA ꭕꭕ ¡Uno de los mejores restaurantes de la isla! Disfruta de un acogedor comedor de estilo mediterráneo-ibicenco y una atractiva terraza techada junto a un olivo milenario. Carta de corte tradicional con toques actuales.

Carta 50/70 €

Hotel Can Curreu ⊠ 07840 Santa Eulària des Riu – ℰ 971 33 52 80
– www.cancurreu.com

🏠 Can Curreu ♨ 🛏 ⎯ 🖵 ⌸ Ⓐ🄲 ⅏ 🅿

TRADICIONAL · RÚSTICA Se encuentra en una finca arbolada, distribuido entre varias casas encaladas de ambiente ibicenco. Encontrará unas habitaciones de aire rústico-actual y gran nivel, con los techos en madera, terraza y en muchos casos chimenea. Pequeño SPA.

11 hab ⬜ – ♦195/295 € ♦♦195/295 € – 4 suites

⊠ 07840 Santa Eulària des Riu – ℰ 971 33 52 80 – www.cancurreu.com

🍴⃝ **Can Curreu** – ver selección restaurantes

por la carretera de Cala Llonga Suroeste 5,5 km y desvío a la derecha 1 km

🍴⃝ Can Domo ⓝ ⇔ ⛩ 🅿

MEDITERRÁNEA · RÚSTICA ꭕ Se halla en una casa del s. XVII que funciona como Agroturismo y ofrece cocina de mucho nivel, conjugando con acierto y técnica los sabores propios de esta tierra y del mar.

Menú 85 € – Carta 55/75 €

8 hab ⬜ – ♦151/294 € ♦♦217/393 €

carret. de Jesús a Cala Llonga, km 7,6 ⊠ 07840 Santa Eulària des Riu
– ℰ 971 33 10 59 – www.candomo.com – solo cena – cerrado noviembre-marzo y lunes

SANTA GERTRUDIS DE FRUITERA Mapa regional : 4-A2

al Oeste 6,5 km

🏠 Cas Gasi 🜔 ♨ 🛏 ⎯ ⌸ Ⓐ🄲 🅿

AGROTURISMO · TRADICIONAL Finca rústica de aire ibicenco ubicada en pleno campo, donde sorprenden con un precioso entorno ajardinado, un espacio para practicar yoga y un área al aire libre reservada para los masajes. Cálidas habitaciones y oferta gastronómica de tinte internacional.

15 hab ⬜ – ♦325/625 € ♦♦325/625 €

camí Vell de Sant Mateu ⊠ 07814 Santa Gertrudis de Fruitera – ℰ 971 19 77 00
– www.casgasi.com

FORMENTERA

ES CA MARI Mapa regional : 4-A2

🏠 Gecko ✿ 🛁 🛋 ⌧ 👍 ⅃ & AC ✚ P

BOUTIQUE HOTEL · CONTEMPORÁNEA Una opción ideal para relajarse unos días y desconectar, pues resulta elegante, cómodo y... ¡está en la misma playa de Migjorn! Habitaciones actuales que ensalzan los materiales naturales y correcta oferta culinaria de tinte mediterráneo e internacional.

30 hab 🖙 – 🛏235/785 € 🛏🛏235/785 €

playa de Migjorn ⌧ 07860 – ☏ 971 32 80 24 – www.geckobeachclub.com – abierto Semana Santa-octubre

ES CALÓ DE SANT AGUSTÍ – 318 h. – Mapa regional : 4-A2

🍽○ Es Caló 👍 ⅃

COCINA TRADICIONAL · AMBIENTE TRADICIONAL 🗶 Agradable y asomado a un mar de... ¡increíbles aguas turquesas! Aquí podrá degustar una cocina española elaborada con mimo, siempre con buenos pescados y sabrosísimos arroces.

Carta 50/65 €

Vicari Joan Marí 14 ⌧ 07872 – ☏ 971 32 73 11 – www.restauranteescalo.com – abierto 15 marzo-2 noviembre

ES PUJOLS – 555 h. – Mapa regional : 4-A2

🍽○ Pinatar 🏡 👍

COCINA TRADICIONAL · RÚSTICA 🗶🗶 Aquí apuestan por la cocina más isleña, especializada en pescados y mariscos, sin olvidarse de unos buenos arroces o algunas recetas de la abuela. ¡Gran menú a base de tapas!

Carta 35/62 €

av. Miramar 25 ⌧ 07871 – ☏ 971 32 81 37 – www.restaurantpinatar.com – solo cena – cerrado noviembre-abril

SANT FERRAN DE SES ROQUES Mapa regional : 4-A2

en la carretera del Far de la Mola Sureste : 2,5 km

🍽○ Can Dani 🏡 👍 AC P

CREATIVA · SIMPÁTICA 🗶🗶 Emana aires mediterráneos, destaca por su terraza y propone una cocina de raíces con gran nivel técnico, basada en el producto local y en una acertada combinación de sabores.

Menú 65/79 € – Carta 64/87 €

carret. de la Mola, km 8,5 ⌧ 07871 Sant Ferrán de ses Roques – ☏ 971 32 85 05 – www.candaniformentera.com – solo cena – abierto Semana Santa-octubre

SANT FRANCESC DE FORMENTERA – 11 878 h. – Mapa regional : 4-A2

🍽○ Ca Na Joana 🏡 👍 ⅃

MEDITERRÁNEA · ÍNTIMA 🗶🗶 Singular, romántico e intimista, pues recupera una casa típica, del s. XVII, en cuya restauración han intervenido numerosos artesanos. Cocina mediterránea, fresca y aromática.

Carta 45/70 €

Berenguer Renart 2 ⌧ 07860 – ☏ 971 32 31 60 – www.canajoanaformentera.com – solo cena – abierto mayo-14 octubre

en la platja de Cala Saona Suroeste : 5,5 km

🏠 Cala Saona ✿ 🏖 ⪕ ⌧ 🌐 👍 🖃 👍 AC ⅃ P

TRADICIONAL · CONTEMPORÁNEA Disfruta de una situación ideal, al pie de la bellísima playa Cala Saona, y ofrece unas habitaciones de línea contemporánea, todas dominadas por los tonos blancos y la profusión de madera. El restaurante destaca por la noche, con una oferta más gastronómica.

96 hab 🖙 – 🛏120/450 € 🛏🛏150/550 € – 2 suites

⌧ 07860 Sant Francesc de Formentera – ☏ 971 32 20 30 – www.hotelcalasaona.com – abierto mayo-octubre

BALLESTEROS DE CALATRAVA
Ciudad Real – 416 h. – Alt. 659 m – Mapa regional : **7**-B3
Mapa de carreteras Michelin n° 576-P18

🏠 Palacio de la Serna ⚑ 🦢 ⅃ AC 🛁 P 🍴

PALACE · PERSONALIZADA Este palacio del s. XVIII combina, con acierto, los detalles de época y la decoración más vanguardista... no en vano, el propietario es un artista polifacético que muestra aquí muchas de sus obras. Comedor de buen montaje y cocina tradicional. ¡Visite sus museos, uno de coches clásicos y otro al aire libre!

26 hab – †99/239 € – ††99/239 € – ⊑ 12 €

Cervantes 18 ⊠ 13432 – ☏ 926 84 22 08 – www.hotelpalaciodelaserna.com

BANYOLES
Girona – 19 299 h. – Alt. 172 m – Mapa regional : **9**-C3
Mapa de carreteras Michelin n° 574-F38

✿ Ca l'Arpa (Pere Arpa) ⇦ ⅃ AC 🍴

COCINA TRADICIONAL · ACOGEDORA ✗✗ Resulta céntrico y apuesta por la cocina tradicional actualizada, siempre en base a productos catalanes y con la personal reinterpretación del chef. También ofrece, como complemento, unas cuidadas habitaciones de línea actual. ¡Si le gusta la enología hable con la propietaria, en permanente búsqueda de nuevas bodegas!

→ Verduritas de temporada y papada de cerdo. Canelones de ave asada. Manzana y regaliz.

Menú 42/80 € – Carta 50/75 €

8 hab ⊑ – †110/140 € ††125/155 €

passeig Indústria 5 ⊠ 17820 Banyoles – ☏ 972 57 23 53 – www.calarpa.com
– cerrado domingo noche, lunes y martes mediodía

😊 Quatre Estacions AC 🍴

COCINA TRADICIONAL · AMBIENTE CLÁSICO ✗✗ Este negocio, bien llevado entre dos matrimonios, disfruta de un cuidado comedor con profusión de madera y un semiprivado circular. Su carta presenta una cocina tradicional. ¡Pruebe su especialidad, los Erizos de mar rellenos y gratinados!

Menú 18/30 € – Carta 27/44 €

av. de La Farga 5 ⊠ 17820 – ☏ 972 57 33 00
– www.restaurantquatreestacions.com – solo almuerzo salvo viernes y sábado
– cerrado del 1 al 15 de septiembre, lunes y martes en enero-febrero

BARBASTRO
Huesca – 16 907 h. – Alt. 215 m – Mapa regional : **2**-C1
Mapa de carreteras Michelin n° 574-F30

😊 Trasiego 🅝 AC 🍴 ⇔

CREATIVA · MARCO CONTEMPORÁNEO ✗✗ Le sorprenderá, pues se halla en el atractivo Complejo de San Julián y Santa Lucía, donde también se ubica el Consejo Regulador de la D.O. Somontano. Su chef apuesta, en un entorno que ensalza la enología, por una carta de tinte actual e interesantes menús.

Menú 18/30 € – Carta 31/43 €

av. De La Merced 64 ⊠ 22300 – ☏ 974 31 27 00 – www.eltrasiego.com – cerrado 7 días en enero, 15 días en julio y 7 días en noviembre, domingo noche y lunes

🍴 Flor AC 🍴

MODERNA · AMBIENTE CLÁSICO ✗ Restaurante de gran capacidad dotado con varios comedores y un espacioso salón para banquetes. Encontrará una carta clásica-actual y un menú con el que trabajan muy bien.

Menú 20/45 € – Carta 36/50 €

Goya 3 ⊠ 22300 – ☏ 974 31 10 56 – www.restauranteflor.com – cerrado del 8 al 28 de enero, domingo noche y lunes

BARBATE

Cádiz – 22 808 h. – Alt. 16 m – Mapa regional : **1**-B3
Mapa de carreteras Michelin nº 578-X12

🍴○ El Campero   🛋 AC 🍽

COCINA TRADICIONAL · TENDENCIA XX Una referencia indiscutible para cualquier gastrónomo. Aquí el producto estrella es el emblemático atún rojo de almadraba, del que ofrecen... ¡hasta 24 cortes diferentes!

Carta 41/58 €

av. de la Constitución 5 ✉ *11160 –* 🖋 *956 43 23 00 – www.restauranteelcampero.es*
– cerrado 15 noviembre-15 febrero y lunes salvo agosto

🍴○ El Campero   🛋 AC

COCINA TRADICIONAL · A LA MODA 🍽 Diseño nórdico, vinilos temáticos, suelos hidráulicos... En este precioso gastrobar se apuesta por el mítico atún de almadraba, en formato de tapas y platos para compartir.

Tapa 4 € – Ración aprox. 18 €

av. de la Constitución 5 ✉ *11160 –* 🖋 *956 43 23 00 – www.restauranteelcampero.es*
– cerrado 15 noviembre-15 febrero y lunes salvo agosto

BARCELONA

Barcelona, como todo Cataluña, es una tierra de gran tradición culinaria, defensora de sus raíces pero también referente mundial en cuanto a la innovación gastronómica, trabajando siempre en base a una materia prima de excepción y, a ser posible, de proximidad. Debe dar una vuelta por los populares mercados, las concurridas terrazas, sus sorprendentes espacios de ambiente modernista... y disfrutar del bullicio de una de las ciudades más turísticas del país.

Las especialidades culinarias:
Seguramente el plato más conocido es el Pantumaca (pa amb tomàquet)... sin embargo, no puede dejar de probar la popular Escalivada, la Esqueixada, el Xató, los famosos Cargols a la llauna, el Suquet de pescado... y, por supuesto, la universal Crema catalana.

Y para beber:
Aquí hay que hablar, necesariamente, del Cava, un vino espumoso de gran tradición que tiene su principal zona de producción en las tierras del Penedés. Si tiene la posibilidad, debe visitar alguna de sus famosas bodegas.

1 620 809 h.

• Mapa regional n° 10-B3

• Mapa de carreteras Michelin n° 574-H36

Planos de la ciudad en páginas siguientes

NUESTRA SELECCIÓN DE RESTAURANTES

LOS RESTAURANTES DE LA A A LA Z

Melba/age fotostock

H. Leue/Getty Images

143

RESTAURANTES POR TIPO DE COCINA

RESTAURANTES ABIERTOS SÁBADO Y DOMINGO

R. Valls López/age fotostock

NUESTRA SELECCIÓN DE HOTELES

BARCELONA

0 ━━━━━ 1750 m

Passeig del Baixador

Avinguda del Carril

Passeig d'Olabarría

Passeig de la Floresta

C-16 / E-9

C. de Vallvidrera

Túnel de Vallvidrera

C. de l'Arrabassada

PARC

TIBIDABO

Temple del Sagrat Cor

VALLVICRERA

Peu del Funicular

VALLVIDRERA

Av. del Tibidabo

SARRIÀ

COLLSEROLA

DE

Monestir Sta Maria de Pedralbes

PEDRALBES

LE VALL D'HEBRON

Mundet

PARC DE LES HEURES

Mont

B-20

Vall d'Hebr

PARC DEL Col

Parc Creu del Col

Penitent

Vallcc

PARC DEL PUTGET

ST GERVASI DE CASSOLES

SANT GERVASI

V. Augusta

Ronda de General Mitre

Diagonal

Ciutat Universitària

ESPLUGUES DE LLOBREGAT

ST JUST DESVERN

Avinguda de la Riera

B-23

Autopista B-23

B-23 / E-90

C. de Laurea Miró

Can Vidalet

Can Serra

C. de Cornellà

Avinguda de Barcelona

Can Boixeres

Rambla Just Oliveras

Sant Ildefons

Savara

Cornellà

PARC DE LA INFANTA

PARC DE LES AIGÜES

CORNELLÀ DE LLOBREGAT

C. Major

A-2

C. de Sant Boi

C-32

Pubilla Cases

Florida

Torrassa

Santa Eulàlia

C. de Barcelona

Sant Josep

Avinguda Catllet

MIG

LES CORTS

Avinguda de Madrid

Gran V. de Carles Rambla de Badal

SANTS

C. de Collblanc

C. de Sants

Magòria La Campana

C. de Sta Eulàlia

C. de l'Apresadora

Ildefons Cerdà

Passeig de la Zona Franca

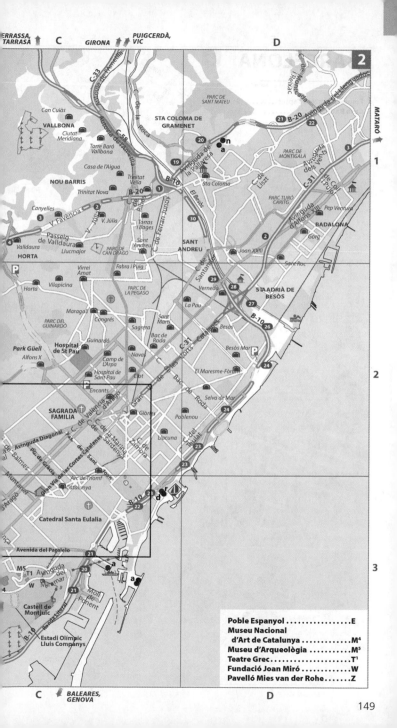

TERRASSA, TARRASA

MATARÓ

Can Cuiàs

VALLBONA

Ciutat Meridiana

Torre Baró Vallbona

PARC DE SANT MATEU

STA COLOMA DE GRAMENET

B-20

PARC DE MONTIGALÀ

Casa de l'Aigua

NOU BARRIS

Trinitat Vella

Sta Coloma

PARC TURÓ CARITG

Trinitat Nova

B-20

El Besòs

Canyelles

V. Favència

V. Júlia

Torras i Bages

Sant Andreu

SANT ANDREU

BADALONA

Pep Ventura

Avinguda d'Alfons XIII

Valldaura

Passeig de Valldaura

Llucmajor

PARC DE CAN DRAGÓ

Gorg

HORTA

Fabra i Puig

Joan XXIII

Sant Roc

Virrei Amat

Vilapicina

PARC DE LA PEGASO

Verneda

STA ADRIÀ DE BESÒS

Horta

La Pau

Maragall

Congrés

Sant Martí

Sagrera

Besòs

PARC DEL GUINARDÓ

Guinardó

Bac de Roda

Besòs Mar

Park Güell

Hospital de St Pau

Alfons X

Camp de L'Arpa

Navas

El Maresme Fòrum

Hospital de Sant Pau

Clot

Selva de Mar

Encants

Poblenou

SAGRADA FAMILIA

Glòries

Avinguda Diagonal

Llacuna

Gran Via de les Corts Catalanes

Arc de Triomf

Catalunya

Catedral Santa Eulàlia

Avenida del Paralelo

M5 T1 Avinguda del Miramar

W

Castell de Montjuïc

Moll de Ponent

Estadi Olímpic Lluís Companys

B-10

Poble Espanyol	E
Museu Nacional d'Art de Catalunya	M[4]
Museu d'Arqueològia	M[5]
Teatre Grec	T[1]
Fundació Joan Miró	W
Pavelló Mies van der Rohe	Z

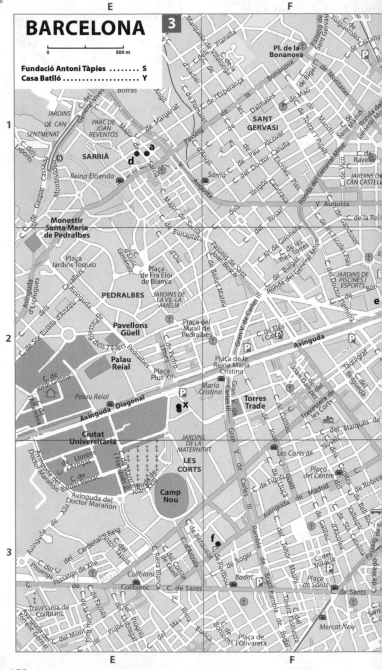

151

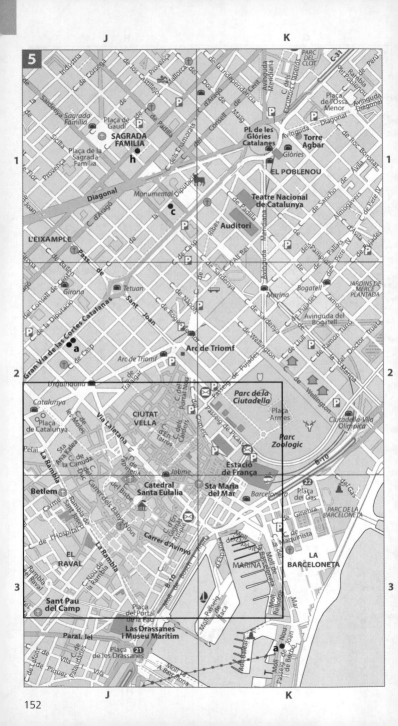

BARCELONA:

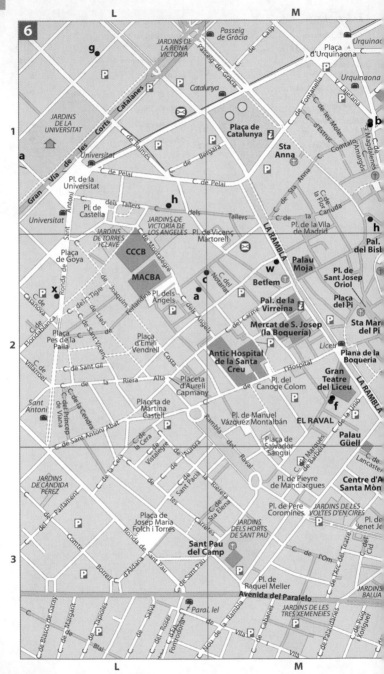

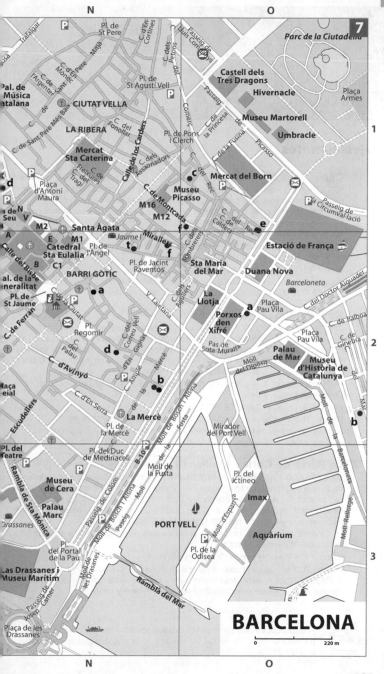

BARCELONA

0   220 m

Ciutat Vella
y La Barceloneta

S. Politi Markovina / AWL Images / Getty Images

Restaurantes

❀ **Caelis** (Romain Fornell)   👤 AC 🍴

CREATIVA · ELEGANTE XxX Elegante, actual y con la cocina abierta, donde también encontraremos una barra para degustar los platos. El laureado chef, de origen francés, presenta su propuesta creativa a través de varios menús, dando siempre la posibilidad de extraer platos de los mismos, a un precio unitario, como si se tratara de una carta.

➜ El huevo de Xavier en su nido y con sabayón trufado. Macarrones "mar y montaña" con alcachofas y bogavante. Limón cristal.

Menú 92/135 € – Carta aprox. 106 €

Plano : 6M1-b – *Hotel Ohla Barcelona, Via Laietana 49* ✉ *08003* Ⓜ *Urquinaona* – ☎ *935 10 12 05 – www.caelis.com – cerrado domingo, lunes y martes mediodía*

❀ **Koy Shunka** (Hideki Matsuhisa)   👤 AC 🍴

JAPONESA · MARCO CONTEMPORÁNEO Xx Este restaurante, cuyo nombre se traduce como "Intenso aroma de temporada", nos abre las puertas al sabor, a la emoción y al peculiar quehacer de la gastronomía nipona. El chef, un gran maestro siempre pendiente de los cocineros jóvenes, fusiona los sabores y texturas clásicos de Japón con los productos mediterráneos.

➜ "Espardenyes" a la plancha y berenjena asiática. Anguila del Delta del Ebro. Chocolate, fresón y pera.

Menú 89/132 € – Carta 55/95 €

Plano : 7N1-x – *Copons 7* ✉ *08002* Ⓜ *Urquinaona* – ☎ *934 12 79 39* – *www.koyshunka.com – cerrado Navidades, Semana Santa, agosto, domingo noche y lunes*

❀ **La Barra de Carles Abellán** Ⓝ   🏮 👤 AC 🍴

DE MERCADO · AMBIENTE MEDITERRÁNEO ⅑ Un bar de tapas fresco y desenfadado que sorprende tanto en lo gastronómico como en lo estético, pues la decoración está firmada por el interiorista Lázaro Rosa-Violán. Ofrecen un completísimo menú dedicado al mar y sus sabores, en muchos casos con platos elaborados en la robata (parrilla japonesa) que preside la sala.

➜ Calamar relleno a la brasa con yema picante. Raya de playa a la madrileña. Fresas del Maresme con nata.

Tapa 7 € – Ración aprox. 18 € – Menú 70 €

Plano : 7O2-b – *passeig Joan de Borbó 19* ✉ *08003* Ⓜ *Barceloneta* – ☎ *937 60 51 29 – www.carlesabellan.com – cerrado 21 días en enero, 14 días en agosto, martes en invierno, domingo noche en verano y lunes*

¿Buena cocina sin arruinarse? Busque los Bib Gourmand ⊛.
¡Le ayudarán a encontrar las mesas con la mejor relación calidad/precio!

✿ Dos Palillos 🛏 🗚 ⌬ ⌘

ASIÁTICA · MARCO CONTEMPORÁNEO ⅋ Original, tanto por su peculiar concepto de "show cooking" como por su filosofía culinaria, centrada en la fusión de la cocina oriental con los productos españoles. Cuenta con dos barras: la de la entrada, sin reserva, solo con servicio de carta y la del interior, más gastronómica, donde ofrecen los menús degustación.

→ Sopa wonton de bogavante yin yang. Angulas vivas y angulas escaldadas. Helado de soja ahumada con caqui maduro caramelizado.

Tapa 9 € – Menú 90/110 € – Carta 40/51 €

Plano : 6LM2-c – *Elisabets 9* ✉ *08001* Ⓜ *Catalunya* – ℰ *933 04 05 13*
– *www.dospalillos.com* – *cerrado 24 diciembre-8 enero, del 6 al 27 de agosto, domingo, lunes, martes mediodía y miércoles mediodía*

⊛ Senyor Parellada 🗚 ⌬

REGIONAL · ACOGEDORA ⅩⅩ Esta casa familiar sorprende tanto por su elegancia, casi atemporal, como por su bella estética clásica-colonial, rindiendo un pequeño homenaje a su pasado como fonda, con guiños al constante trasiego de viajeros que allí se vivió. Cocina tradicional catalana, con grandes clásicos y un sugerente... "menú de viajante".

Menú 18 € – Carta 25/48 €

Plano : 7N2-t – *L'Argenteria 37* ✉ *08003* Ⓜ *Jaume I* – ℰ *933 10 50 94*
– *www.senyorparellada.com*

ⅰ◯ Marea Alta Ⓝ

PESCADOS Y MARISCOS · AMBIENTE MEDITERRÁNEO ⅩⅩⅩ Disfruta de unas maravillosas vistas, no en vano... ¡estamos en el piso 24! Aquí apuestan por los sabores del mar, con una cocina de brasa que resalta la calidad del producto.

Menú 75/100 € – Carta 50/70 €

Plano : 6MN3-a – *av. Drassanes 6-8, Edif. Colón, piso 24* ✉ *08001* Ⓜ *Drassanes*
– ℰ *936 31 35 90* – *www.restaurantemareaalta.com* – *cerrado lunes*

ⅰ◯ Torre d'Alta Mar

MODERNA · MARCO CONTEMPORÁNEO ⅩⅩⅩ Destaca por su original emplazamiento en lo alto de una torre metálica, a 75 metros de altura. Sala circular, actual y totalmente acristalada, con magníficas vistas al mar, al puerto y a la ciudad. Carta tradicional con detalles actuales.

Menú 39/98 € – Carta 65/95 €

Plano : 5K3-a – *passeig Joan de Borbó 88* ✉ *08039* Ⓜ *Barceloneta*
– ℰ *932 21 00 07* – *www.torredealtamar.com* – *cerrado del 24 al 26 de diciembre, del 12 al 20 de agosto, domingo mediodía y lunes mediodía*

ⅰ◯ Bravo 24 🛏 ⌖ 🗚 ⌬ ⌘

COCINA TRADICIONAL · TENDENCIA ⅩⅩ En la entreplanta del hotel W Barcelona, donde se presenta con una estética actual que da gran protagonismo a la madera y una coqueta terraza de verano. Cocina de base tradicional con toques actuales. ¡Las raciones suelen ser contundentes!

Menú 90/130 € – Carta 60/80 €

Plano : 2C3-a – *Hotel W Barcelona, pl. de la Rosa dels Vents 1 (Moll De Llevant)*
✉ *08039* – ℰ *932 95 26 36* – *www.carlesabellan.com*

ⅰ◯ El Cercle

CLÁSICA · AMBIENTE CLÁSICO ⅩⅩ ¡En el Reial Cercle Arstístic! Un local que combina varias propuestas, de la cocina nipona a la actual-catalana, en distintos ambientes (terraza, biblioteca o barra japonesa).

Menú 28/65 € – Carta 31/47 €

Plano : 6M1-h – *dels Arcs 5-1º* ✉ *08002* Ⓜ *Plaça Catalunya* – ℰ *936 24 48 10*
– *www.elcerclerestaurant.com*

⫶○ Fonda España   🅰️ 🅐🅒 ❌

COCINA TRADICIONAL · ACOGEDORA XX ¡Un icono del Modernismo! Ofrece una cocina tradicional actualizada, con el sello del chef Martín Berasategui y sugerentes propuestas, como su menú "Viaje por el Modernismo".
Menú 28/79 € – Carta 35/60 €
Plano : 6M2-f – *Hotel España, Sant Pau 9* ✉ 08001 Ⓜ *Liceu* – ☏ 935 50 00 10
– *www.hotelespanya.com* – *solo cena en agosto* – *cerrado domingo noche*

⫶○ Informal by Marc Gascons Ⓝ   🏠 🅰️ 🅐🅒

MEDITERRÁNEA · BISTRÓ XX Restaurante de hotel dotado con un acceso independiente. Tiene el sello de Els Tinars y una carta pensada para compartir, con platos catalanes y mediterráneos de temporada.
Menú 29/49 € – Carta 38/78 €
Plano : 7N2-b – *Hotel The Serras, Plata 4* ✉ 08002 Ⓜ *Drassanes* – ☏ 931 69 18 69
– *www.restauranteinformal.com*

⫶○ Ají   🏠 🅰️ 🅐🅒 ❌

PERUANA · BISTRÓ X Su nombre, que significa "chile" en peruano y "gusto" en japonés, ya da una buena pista sobre la orientación de esta casa. Cocina nikkei con sabor y texturas muy definidas.
Menú 21/45 € – Carta 31/50 €
Plano : 2C3-d – *Marina 19* ✉ 08005 Ⓜ *Ciutadella-Vila Olímpica* – ☏ 935 11 97 67
– *www.restaurantaji.com* – *cerrado del 1 al 15 de enero, domingo y lunes*

⫶○ Dos Pebrots   🅰️ 🅐🅒 ❌

MEDITERRÁNEA · DE BARRIO X Combina su carácter informal con un concepto muy singular, pues aquí plantean una cocina de estudio e investigación que narra la evolución de la gastronomía mediterránea.
Menú 50 € – Carta 30/50 €
Plano : 6L2-a – *Doctor Dou 19* ✉ 08001 Ⓜ *Catalunya* – ☏ 938 53 95 98
– *www.dospebrots.com* – *solo cena salvo viernes, sábado y domingo* – *cerrado 23 diciembre-7 enero, 29 julio-21 agosto, lunes y martes*

⫶○ Estimar   🅐🅒

PESCADOS Y MARISCOS · AMBIENTE MEDITERRÁNEO X Un restaurante íntimo y algo escondido que acumula parabienes, pues hace notoria la pasión por el mar de la familia Gotanegra y el chef Rafa Zafra. Cocina de brasa y producto.
Menú 90/160 € – Carta 56/106 €
Plano : 7N2-f – *Sant Antoni dels Sombrerers 3* ✉ 08003 Ⓜ *Jaume I*
– ☏ 932 68 91 97 – *www.restaurantestimar.com* – *cerrado 13 agosto-4 septiembre, domingo y lunes mediodía*

⫶○ Majide   🅰️ 🅐🅒 ❌

JAPONESA · SENCILLA X Un restaurante japonés que sigue la senda marcada por el laureado Koy Shunka, del mismo grupo. La cocina está totalmente a la vista, así que recomendamos comer en su barra.
Menú 16/65 € – Carta 30/45 €
Plano : 6L1-h – *Tallers 48* ✉ 08001 Ⓜ *Universitat* – ☏ 930 16 37 81
– *www.majide.es* – *cerrado domingo noche y lunes mediodía*

⫶○ Montiel   🅐🅒 ❌ ⟳

MODERNA · SENCILLA X Este restaurante gastronómico, ubicado junto al Museo Picasso, sorprende por la creatividad de sus menús, siempre con unas presentaciones muy cuidadas y productos "Km. 0".
Menú 36/75 € – Carta 35/84 €
Plano : 7O1-c – *Flassaders 19* ✉ 08003 Ⓜ *Jaume I* – ☏ 932 68 37 29
– *www.restaurantmontiel.com* – *cerrado miércoles mediodía en verano y martes*

⁏○ Oaxaca ⛩ & AC ✗

MEXICANA · TENDENCIA ✗ Descubra los auténticos sabores de la gastronomía mexicana en un espacio que, dentro de un ambiente actual-informal, no huye de los tipismos. ¡Haga una pausa en su mezcalería!

Menú 56 € – Carta 35/55 €

Plano : 7O1-a – *Pla del Palau 19* ✉ *08002* ⓜ *Barceloneta* – ☏ *933 19 00 64*
– *www.oaxacacuinamexicana.com*

⁏○ Ten's ⛩ & AC ✗

MODERNA · TENDENCIA ✗ Un moderno gastrobar tutelado por Jordi Cruz. Apuestan por las tapas, pero sin olvidarse de las raciones y de unas magníficas ostras. ¡Los fines de semana triunfan sus menús!

Menú 48/62 € – Carta 22/36 €

Plano : 7O1-2-e – *av. Marqués de l'Argentera 11* ✉ *08003* ⓜ *Barceloneta*
– ☏ *933 19 22 22*
– *www.tensbarcelona.com*

⁏○ Kak Koy AC ✗

JAPONESA · ACOGEDORA ⥁ La gastronomía nipona, con influencias mediterráneas, llevada al concepto de tapas y raciones. El trabajo en la Robata, la singular parrilla japonesa, toma gran protagonismo.

Tapa 8 € – Ración aprox. 15 €

Plano : 7N1-d – *Ripoll 16* ✉ *08002* ⓜ *Urquinaona* – ☏ *933 02 84 14*
– *www.kakkoy.com*
– *cerrado Navidades, Semana Santa, agosto, domingo y martes mediodía*

⁏○ El Xampanyet AC

COCINA TRADICIONAL · AMBIENTE TRADICIONAL ⥁ Taberna de gran tradición familiar y atmósfera típica, a base de azulejos, botas de vino, barriles... Variada selección de tapas especializadas en conservas y salazones.

Tapa 5 € – Ración aprox. 15 €

Plano : 7O1-f – *Montcada 22* ✉ *08003* ⓜ *Jaume I* – ☏ *933 19 70 03*
– *cerrado 15 días en enero, Semana Santa, agosto, domingo noche y lunes*

Alojamientos

⌂ W Barcelona ✗ ≼ ⅃ ⊕ ⌸ ⊡ & AC ✗ ⅏ ⇠

NEGOCIOS · DE DISEÑO El hotel, diseñado por Ricardo Bofill, se encuentra en la zona del puerto y presenta dos edificios de cristal, uno en forma de cubo y el otro a modo de vela abierta al mar. Completo SPA, excelentes habitaciones, amplias salas de reuniones y sorprendente lounge-bar en la planta 26.

406 hab – †299/1025 € ††299/1025 € – ⌿ 22 € – 67 suites

Plano : 2C3-a – *pl. de la Rosa dels Vents 1 (Moll De Llevant)* ✉ *08039*
– ☏ *932 95 28 00*
– *www.w-barcelona.com*
⁏○ **Bravo 24** – ver selección restaurantes

⌂ H1898 ✗ ⅃ ⊠ ⊕ ⌸ ⊡ & AC ⅏ ⇠

CADENA HOTELERA · HISTÓRICA Ocupa lo que fue la sede de Tabacos de Filipinas y presenta una estética clásica-actual. Zona SPA, habitaciones equipadas al más alto nivel y azotea-solárium con vistas. En el restaurante, de ambiente colonial-actual, propone una cocina de gusto mediterráneo.

166 hab – †180/400 € ††180/400 € – ⌿ 24 € – 3 suites

Plano : 6M2-w – *La Rambla 109* ✉ *08002* ⓜ *Catalunya* – ☏ *935 52 95 52*
– *www.hotel1898.com*

BARCELONA · ESPAÑA

🏨 Mercer H. Barcelona ✿ 🖃 ⚘ 🅰🅺 ⚘

PALACE · HISTÓRICA Un hotel con historia, pues ocupa un palacio remodelado por Rafael Moneo que aún atesora maravillosos vestigios, como... ¡la muralla romana de Barcino! Aquí el detalle se hace arte, con excelentes habitaciones y una atractiva terraza-solárium en la azotea.

27 hab ☲ – ♦400/670 € ♦♦400/670 € – 1 suite

Plano : 7N2-a – *Lledó 7* ✉ *08002* Ⓜ *Jaume I* – ☏ *933 10 74 80*
– *www.mercerbarcelona.com*

🏨 The Serras 🛁 🖃 ⚘ 🅰🅺 ⚘

LUJO · ELEGANTE Lujo, practicidad y líneas puras frente a la gigantesca Gamba diseñada por Javier Mariscal. Encontrará habitaciones muy bien equipadas, una terraza-solárium en la azotea, con inmejorables vistas sobre la zona portuaria, y un restaurante de carácter "informal".

28 hab ☲ – ♦250/450 € ♦♦300/500 €

Plano : 7N2-b – *Passeig de Colom 9* ✉ *08002* Ⓜ *Drassanes* – ☏ *931 69 18 68*
– *www.hoteltheserrasbarcelona.com*

🍴 **Informal by Marc Gascons** – ver selección restaurantes

🏨 España 🖃 ⚘ 🅰🅺 ⚘ 🛋

CADENA HOTELERA · ACOGEDORA ¡Una joya del Modernismo! Se encuentra en pleno casco antiguo y es fácil de localizar, pues ocupa un edificio del s. XIX contiguo al Liceu. Cuidada zona social con detalles históricos y habitaciones no muy amplias pero confortables, todas de línea moderna.

83 hab – ♦131/368 € ♦♦131/368 € – ☲ 18 €

Plano : 6M2-f – *Sant Pau 9* ✉ *08001* Ⓜ *Liceu* – ☏ *935 50 00 00*
– *www.hotelespanya.com*

🍴 **Fonda España** – ver selección restaurantes

🏨 Neri ✿ 🖃 ⚘ 🅰🅺 ⚘

HISTÓRICO · MODERNA ¡A unos pasos de la Catedral! Recupera dos edificios históricos, donde sorprende con unas habitaciones detallistas, una atractiva terraza en la azotea, un restaurante de línea "casual" que apuesta por las tapas y varios apartamentos, estos en la misma calle.

21 hab – ♦280/600 € ♦♦280/600 € – ☲ 27 € – 1 suite – 6 apartamentos

Plano : 7N2-c – *Sant Sever 5* ✉ *08002* Ⓜ *Liceu* – ☏ *933 04 06 55*
– *www.hotelneri.com*

🏨 Ohla Barcelona 🛁 🖃 ⚘ 🅰🅺 ⚘ 🛋

BOUTIQUE HOTEL · CONTEMPORÁNEA Se halla en pleno centro y tras su bella fachada neoclásica, salpicada por los curiosos ojos del artista Frederic Amat, se presenta como una gran opción para el turista. Habitaciones actuales con detalles de diseño, azotea con vistas y coqueto bar chill out.

74 hab ☲ – ♦230/460 € ♦♦230/460 €

Plano : 6M1-b – *Via Laietana 49* ✉ *08003* Ⓜ *Urquinaona* – ☏ *933 41 50 50*
– *www.ohlabarcelona.com*

❀ **Caelis** – ver selección restaurantes

🏨 The Wittmore Ⓝ ✿ 🖃 ⚘ 🅰🅺 ⚘

BOUTIQUE HOTEL · ELEGANTE ¡Exclusividad escondida en pleno Barrio Gótico! Sorprende por su filosofía, pues busca el sosiego de un auténtico club inglés, con servicios personalizados, un restaurante muy "british" y espacios singulares (salón biblioteca, patio con jardín vertical...).

22 hab – ♦200/280 € ♦♦200/280 € – ☲ 23 €

Plano : 7N2-d – *Riudarenes 7* ✉ *08002* Ⓜ *Jaume I* – ☏ *935 50 08 85*
– *www.thewittmore.com*

Un sabor
muy grande
para un viaje
con estrellas

Sur Diagonal

Restaurantes

❀❀❀ Lasarte 🍸 ᵹ AC ⌀ ⟷ 🚗

CREATIVA · DE DISEÑO XxxX ¡El "garrote" de Martín Berasategui en Barcelona! Esta casa, que suma sus tres estrellas a los restaurantes dirigidos por el chef vasco, ha supuesto un hito en la historia de la publicación española, pues es la primera filial que se hace con la deseada distinción.

Ni que decir tiene que Paolo Casagrande, su jefe de cocina, ha demostrado ser un alumno aventajado a la hora de plasmar el ideario, la metodología y la fantasía que el maestro, Martín Berasategui, diseña para cada uno de los restaurantes asesorados que pertenecen a su grupo.

¿Qué encontrará? Un espacio con personalidad que desvela una gran labor de interiorismo, profesionales de primer orden pendientes tanto de la sala como de la bodega, una "Mesa del chef" con capacidad para ocho comensales y vistas al laborioso proceso creativo en los fogones... todo, bajo el paraguas de tres valores fundamentales que se repiten como un mantra: honestidad, un constante afán de superación y el uso, siempre, de las mejores materias primas.

→ Ravioli de wagyu y anguila glaseada, crema yodada, raifort y caviar. Pez rey con salsa de crustáceos, cangrejo real, tomate en crudo y azafrán. Bombón de nuez de Pecán, rocas de leche, café y whisky ahumado.

Menú 215/245 € – Carta 109/162 €

Plano : 4H2-m – *Hotel Monument H., Mallorca 259* ✉ *08008* Ⓜ *Passeig de Gràcia* – ☏ *934 45 32 42 – www.restaurantlasarte.com – cerrado del 1 al 9 de enero, Semana Santa, 21 días en agosto, domingo, lunes y festivos*

❀❀ **Moments** 🍸 ᵹ AC ⌀

CREATIVA · ELEGANTE XxxX Ubicado en el cosmopolita hotel Mandarin Oriental Barcelona, que destaca tanto por su diseño interior como por su emplazamiento. Este restaurante nos permite acercarnos a la cocina de la famosa chef Carme Ruscalleda, que fue la mujer con más estrellas MICHELIN del mundo; eso sí, siendo hoy elaborada por las expertas manos de su hijo, Raül Balam, que evidentemente demuestra ser un alumno aventajado.

El moderno local, definido en lo estético por el juego entre los tonos ámbar y dorado, presenta los laterales acristalados y una llamativa "mesa del chef", para un máximo de 15 comensales, con vistas a todo el trabajo de elaboración que se realiza "in situ" en la cocina.

¿Las sensaciones que transmite? La creatividad oculta tras una aparente sencillez, la frescura de los productos, la potencia y nitidez de los sabores, el carácter saludable de los platos... todo interpretable tanto en la carta como en el menú, que suele tener un planteamiento temático (el séptimo arte, los ecosistemas...).

→ Arroz caldoso de colas de gambas, homenaje a los pescadores de Sant Pol de Mar. Foie-gras con contrastes dulces, ácidos y picantes. Nuestra versión de la tarta ópera.

Menú 77/176 € – Carta 122/223 €

Plano : 4H2-y – *Hotel Mandarin Oriental Barcelona, passeig de Gràcia 38-40* ✉ *08007* Ⓜ *Passeig de Gràcia – ☏ 931 51 87 81 – www.mandarinoriental.com – cerrado del 14 al 29 de enero, 26 agosto-12 septiembre, domingo y lunes*

✿✿ **Cocina Hermanos Torres** Ⓜ (Sergio y Javier Torres) ⅍ 🆎 ⇧

CREATIVA · DE DISEÑO 𝕏𝕏𝕏 Asista al espectáculo de... ¡una gran cocina abierta con mesas! La propuesta más personal de los mediáticos y afables gemelos Torres, Sergio y Javier, explora un nuevo concepto que busca integrar el microcosmos de los fogones en el restaurante, para que cada cliente viva una experiencia única y diferente.

El local, instalado en una nave industrial del distrito de Les Corts, sorprende tanto por la fachada, un bosque con juegos lumínicos que cambia de tonos con cada estación, como por su interior, con tres módulos de cocina alineados en el epicentro de la sala y varias zonas exclusivas (producción, preparación, obrador, I +D...) arropando el trabajo/servicio que se ofrece en el espacio central; todo bajo las mágicas "nubes" de luz del diseñador barcelonés Pete Sans.

Plantean un recetario creativo con guiños a sus viajes por el mundo, a los recuerdos de infancia con la abuela Catalina, a las regiones de España... siempre en base a la tradición y a los mejores productos de temporada.

→ Tartar de rubia gallega. Paletilla de cordero lechal, pólvora de Duc y almendras. Flor de almendra de leche.

Menú 120/135 € – Carta 82/105 €

Plano : 4G2-c – *Taquígraf Serra 20* ✉ *08029* Ⓜ *Entença* – ☏ *934 10 00 20* – *www.cocinahermanostorres.com* – *cerrado agosto, sábado y domingo*

✿✿ **Enoteca** 🕸 🍴 🆎 ✔ 🚗

MODERNA · AMBIENTE MEDITERRÁNEO 𝕏𝕏𝕏 Si buscamos una idea o premisa con la que definir este restaurante tenemos que fijarnos en su luminosidad, en el cuidado interiorismo dominado por los tonos blancos, en la necesidad de trabajar con productos de proximidad para narrar historias... todo en un claro esfuerzo por transmitir la auténtica atmósfera mediterránea.

Este restaurante del lujoso hotel Arts, tutelado por el chef Paco Pérez, que a sus 2 estrellas MICHELIN de aquí suma las dos que posee en la casa madre Miramar (Llançà), la del restaurante Terra (S'Agaró) y la que brilla en su apuesta berlinesa "5 - cinco by Paco Pérez" (hotel Das Stue), propone una cocina mediterránea repleta de matices, pues la enriquece con toques internacionales y algún guiño de fusión asiática.

El planteamiento prioritario, de todas formas, se construye siempre desde el máximo respeto al producto de temporada y una clara puesta en valor de conceptos gastronómicos como el "mar y montaña", tremendamente arraigado en el rico recetario catalán.

→ Espardenyes desnudas en fricandó con guiso de tendones. Pichón, huitlacoche, mole de mil días y dumplings. Torrija de cacao, trufa melanosporum, toffee, miel y limón.

Menú 175 € – Carta 105/147 €

Plano : 2C3-r – *Hotel Arts, Marina 19* ✉ *08005* Ⓜ *Ciutadella-Vila Olímpica* – ☏ *934 83 81 08* – *www.enotecapacoperez.com* – *solo cena salvo sábado* – *cerrado del 1 al 16 de diciembre, del 3 al 18 de marzo, domingo y lunes*

✿✿ **Disfrutar** ⅍ 🆎 ✔

CREATIVA · DE DISEÑO 𝕏𝕏 Comprender el éxito de esta casa es entender la creatividad de los tres grandes chefs sobre los que se sustenta, Eduard Xatruch, Oriol Castro y Mateu Casañas, que un buen día decidieron unir sus fuerzas en la Ciudad Condal en pos de un objetivo común: hacer "disfrutar" a sus comensales. Parece claro que su pasado bulliniano tuvo mucho que ver, pues los conceptos y técnicas que todos aprendieron en el mítico "elBulli", junto a Ferran Adrià, marcaron su forma de trabajar y entender la gastronomía para siempre.

El local, que llama también la atención en lo estético por su búsqueda de las raíces mediterráneas a través de la cerámica, sorprende a propios y extraños por sus juegos cromáticos, con unas curiosísimas celosías y un elemento claramente protagonista, la cocina vista.

¿Qué tiene de especial? La propuesta en sí misma, pues es tan personal y creativa que demanda auténtica maestría técnica, jugando con las formas y texturas pero manteniendo unos sabores tremendamente nítidos.

➜ Pan chino relleno de caviar Beluga. Pichón con abrigo de maíz y trufa. Cornete de sésamo negro con fresitas y yogur.

Menú 120/185 € – solo menú

Plano : 4G2-h – *Villarroel 163* ✉ *08036* Ⓜ *Hospital Clinic* – ☏ *933 48 68 96 – www.disfrutarbarcelona.com – cerrado 24 diciembre-8 enero, 7 días en marzo, 15 días en agosto, sábado y domingo*

Enigma   🕸 & 🗚

CREATIVA · DE DISEÑO XXX Una restaurante realmente incomparable, modulable y de diseño rompedor que aspira a convertirse en la referencia gastronómica del grupo "El Barri", liderado por Albert Adrià. Propone una experiencia en siete zonas o pasos, destacando el denominado "41º" que cierra el recorrido. ¡Las reservas deben hacerse desde su Web!

➜ Salmonete, escamas, paté y huevas. Nuez de conejo doble. Piña y mostaza.

Menú 220 € – solo menú

Plano : 4GH3-z – *Sepúlveda 38-40* ✉ *08015* Ⓜ *Plaza España (es necesario reservar)* – *www.enigmaconcept.es* – *solo cena salvo sábado* – *cerrado 2 semanas en Navidades, Semana Santa, 3 semanas en agosto, domingo y lunes.*

Angle   & 🗚 ✄ ⇦ 🚗

MODERNA · MINIMALISTA XXX Se halla en el 1er piso del hotel Cram y disfruta de una estética minimalista, dominada por la presencia de grandes cortinajes blancos. La cocina, creativa, de gran nivel técnico e inspirada en los mejores productos de temporada, sigue la filosofía del chef Jordi Cruz, que sin duda sabe aportar sentido a cada plato.

➜ Raviolone de parmesano con huevo trufado y alcachofa en texturas. Sobre una pincelada de boniato asado, royal de pato, maíz y foie gras con mole poblano. Burbujas de tónica con yuzu, sorbete de mango y "sweet chili".

Menú 75/100 € – solo menú

Plano : 4H2-b – *Aragó 214* ✉ *08011* Ⓜ *Universitat* – ☏ *932 16 77 77 – www.anglebarcelona.com*

Gaig (Carles Gaig)   🕸 & 🗚 ✄ ⇦

MODERNA · ELEGANTE XXX Elegancia y buen hacer en pleno Ensanche barcelonés. El chef, criado entre los fogones del antiguo negocio familiar, propone una completa carta que aúna tradición e innovación, con interesantísimos menús y algún plato legendario, como su famoso Canelón Gaig. Mantiene su idilio con la estrella Michelin... ¡desde 1993!

➜ Trío de tártars, gamba de Palamós, lubina y atún bluefin. Codorniz salvaje y foie a la moda de Alcántara. Limón y yogur.

Menú 70/130 € – Carta 60/90 €

Plano : 4G2-g – *Còrsega 200* ✉ *08036* Ⓜ *Hospital Clinic* – ☏ *934 53 20 20 – www.restaurantgaig.com – cerrado Semana Santa, 10 días en agosto, domingo noche, lunes y festivos noche*

Alkimia (Jordi Vilà)   🕸 & 🗚 ✄ ⇦

MODERNA · DE DISEÑO XX Sorprende por su estética, con vanguardistas guiños al mundo marino y un novedoso concepto "Unplugged" junto a la sala principal o gastronómica. Su propuesta, actual y basada en productos de proximidad, resulta sublime en algunos platos, con unas texturas perfectas, sabores marcados y gran coherencia en los maridajes.

➜ Tartar de pescado, gamba, cigala y caviar. Bogavante en dos servicios, con suquet seco de galanga y arroz caldoso a banda. "Menjar blanc" con fruta fresca y gelée de cava.

Menú 98/158 € – Carta 65/95 €

Plano : 6L2-x – *Ronda San Antoni 41, 1º* ✉ *08011* Ⓜ *Universitat* – ☏ *932 07 61 15 – www.alkimia.cat – cerrado 22 enero-4 febrero, del 13 al 26 de agosto, sábado y domingo*

Hoja Santa (Paco Méndez)   🔥 AC 🍴

MEXICANA · SIMPÁTICA XX ¡Descubra la alta cocina mexicana! El local, que toma su nombre de un arbusto autóctono, recrea un ambiente desenfadado y actual con detalles tanto étnicos como coloniales. La sugerente combinación de sabores y, sobre todo, el punto de picante adaptado al paladar europeo lo convierten en una experiencia muy placentera.

→ Flor de calabacín con ocosingo. Mole de ajo negro con aguacate. Garibaldi de naranja.

Menú 130/160 € – solo menú

Plano : 4GH3-g – *av. Mistral 54* ✉ *08015* Ⓜ *Espanya* – ✆ *933 48 21 94*
– *www.hojasanta.es* – *solo cena salvo sábado*
– *cerrado 24 diciembre-15 de enero, Semana Santa, 14 días en agosto, domingo y lunes*

Oria   AC 🍴

MODERNA · A LA MODA XX Amplio, moderno, elegante... y abierto al lobby del hotel. Aquí la cocina está tutelada por el chef Martín Berasategui, lo que se traduce en unos platos de excelente factura y sabor. La carta se completa con un "Menú ejecutivo" a 40 euros y el que llaman "A medida", ajustable a su presupuesto desde esa misma cantidad.

→ Steak tartare con jugo de olivas verdes y bombones líquidos de Kalamata. Dorada asada con perlas de hinojo y caracolas de mar. Souflé de almendra con helado de miel.

Menú 40 € – Carta 63/81 €

Plano : 4H2-m – *Hotel Monument H., passeig de Gràcia 75* ✉ *08008*
Ⓜ *Passeig de Gràcia* – ✆ *935 48 20 33* – *www.monument-hotel.com*

Pakta   🔥 AC 🍴

PERUANA · DE DISEÑO XX Un local informal, actual y colorista que evoca la cultura peruana tanto con el nombre ("juntos" o "unión" en lengua quechua) como con la decoración; no en vano, visten sus techos y paredes con unos llamativos telares. Proponen una cocina nikkei que cuida técnicas y presentaciones. ¡Las reservas se hacen desde su Web!

→ Ceviche de corvina salvaje con leche de tigre de almendras. Nigiri de espardeña. Kakigori de coco.

Menú 120/150 € – Carta 45/70 €

Plano : 4H3-b – *Lleida 5* ✉ *08004* Ⓜ *Espanya* – ✆ *936 24 01 77 (es necesario reservar)* – *www.pakta.es* – *solo cena salvo sábado* – *cerrado Navidades, Semana Santa, 3 semanas en agosto, domingo y lunes*

Xerta   🔥 AC 🍴 🚗

CREATIVA · DE DISEÑO XX Elegante, actual y con personalidad, pues presenta llamativos tragaluces, un jardín vertical y una gran cocina vista. Encontrará una pequeña carta de tinte actual-mediterráneo y varios menús, siempre en base a los mejores productos del Delta del Ebro y a unos fantásticos pescados, estos adquiridos a diario en la lonja.

→ Arroz de ortigas y espardeñas. Pichón con setas. Agua y jabón.

Menú 38/105 € – Carta 58/81 €

Plano : 4H2-i – *Hotel Ohla Eixample, Còrsega 289* ✉ *08008* Ⓜ *Diagonal* – ✆ *937 37 90 80* – *www.xertarestaurant.com* – *cerrado domingo y lunes*

Tickets   🔥 AC 🍴

CREATIVA · COLORIDA ⑰ Realmente singular, colorista, muy divertido... y con varias barras de líneas vanguardistas. Su cocina de autor, a base de tapas de diseño que suelen elaborar ante los clientes, homenajea los míticos platos que un día vieron la luz en "elBulli". No se pierda la parte dulce, pues es... ¡todo un derroche de imaginación!

→ Olivas esféricas. Pulpo crujiente con kimchi. Tarta de queso Coulommiers.

Tapa 12 €

Plano : 4H3-a – *av. del Paral.lel 164* ✉ *08015* Ⓜ *Espanya (es necesario reservar)* – *www.ticketsbar.es* – *solo cena salvo sábado* – *cerrado 24 diciembre-16 enero, Semana Santa, dos semanas en agosto, domingo y lunes*

⑪○ Petit Comitè   🔥 AC ⑨ ⇔

REGIONAL · DE DISEÑO ✕✕✕ Un restaurante de línea actual decorado con loza y morteros. Apuestan por una cocina de proximidad, siempre con producto nacional y apetecibles sugerencias temáticas diarias.

Menú 65 € – Carta 45/80 €

Plano : 4H2-c – *passatge de la Concepció 13* ✉ *08008* ◍ *Diagonal*
– *℘ 936 33 76 27* – *www.petitcomite.cat* – *cerrado 14 días en agosto*

⑪○ Racó d'en Cesc   ⑧ 🔥 🔥 AC ⑨ ⇔

MODERNA · AMBIENTE CLÁSICO ✕✕✕ Posee una terracita, una sala tipo bistró y un comedor clásico, proponiendo una carta catalana-creativa diferente para cada espacio. ¡Amplia oferta de cervezas artesanales!

Menú 40 € – Carta 40/53 €

Plano : 4H2-k – *Diputació 201* ✉ *08011* ◍ *Universitat* – *℘ 934 51 60 02*
– *www.elracodencesc.com* – *cerrado Semana Santa, agosto, domingo y festivos*

⑪○ Rías de Galicia   ⑧ 🔥 AC

PESCADOS Y MARISCOS · AMBIENTE CLÁSICO ✕✕✕ Percebes, ostras, lamprea, atún... Aquí ofrecen, bajo múltiples formatos culinarios, los mayores tesoros del Atlántico y el Mediterráneo. ¡Bodega con grandes nombres y añadas!

Menú 80/120 € – Carta 70/100 €

Plano : 4H3-b – *Lleida 7* ✉ *08004* ◍ *Espanya* – *℘ 934 24 81 52*
– *www.riasdegalicia.com*

⑪○ Windsor   ⑧ 🔥 🔥 AC ⑨ ⇔ 🚗

MODERNA · AMBIENTE CLÁSICO ✕✕✕ Este restaurante, de ambiente clásico actualizado, se ve apoyado por una exquisita terraza interior y unos espacios que admiten varias configuraciones. Cocina catalana-actual.

Menú 32/99 € – Carta 55/75 €

Plano : 4H2-e – *Còrsega 286* ✉ *08008* ◍ *Diagonal* – *℘ 932 37 75 88*
– *www.restaurantwindsor.com* – *cerrado del 6 al 9 de diciembre, del 1 al 7 de enero, Semana Santa, del 5 al 25 de agosto y domingo*

⑪○ Be So ◍   AC ⑨

COCINA TRADICIONAL · MARCO CONTEMPORÁNEO ✕✕ Tiene gran personalidad y sorprende tanto por su elegante decoración, dominada por los tonos dorados, como por su propuesta tradicional actualizada. ¡Esmeradas presentaciones!

Menú 80/120 € – Carta 68/99 €

Plano : 3H2-x – *Hotel Sofía, pl. de Pius XII-4* ✉ *08028* ◍ *Maria Cristina*
– *℘ 935 08 10 20* – *www.sofiabarcelona.com* – *cerrado domingo y lunes*

⑪○ Manairó   🔥 AC ⑨

CREATIVA · MARCO CONTEMPORÁNEO ✕✕ Resulta singular, tanto por la decoración de estética moderna como por el carácter intimista de su iluminación. Cocina actual de bases catalanas y cuidadas presentaciones.

Menú 45/90 € – Carta 60/75 €

Plano : 5J1-c – *Diputació 424* ✉ *08013* ◍ *Monumental* – *℘ 932 31 00 57*
– *www.jordiherrera.es* – *cerrado del 1 al 7 de enero, domingo y festivos.*

⑪○ Monvínic   ⑧ 🔥 AC ⑨ ⇔

MODERNA · BAR-VINOTECA ✕✕ Sorprende tanto por su diseño contemporáneo como por su filosofía, pues aquí todo gira en torno al mundo del vino. Cocina actualizada de base tradicional y espléndida bodega.

Menú 27/80 €

Plano : 6L1-g – *Diputació 249* ✉ *08007* ◍ *Catalunya* – *℘ 932 72 61 87*
– *www.monvinic.com* – *cerrado agosto, sábado mediodía, domingo y lunes mediodía*

Nectari   `AC` `⌗` `⌂`

MODERNA · AMBIENTE CLÁSICO XX Sus instalaciones se reducen a dos peque-ñas salas de línea actual y un privado, donde apuestan por una carta de raíces mediterráneas con diversos toques creativos y de autor.

Menú 39/83 € – Carta 54/76 €

Plano : 4G3-x – *València 28* ✉ *08015* Ⓜ *Tarragona* – ☏ *932 26 87 18*
– *www.nectari.es* – *cerrado 15 días en septiembre y domingo*

Tunateca Balfegó Ⓝ   `&` `AC` `⌂`

MODERNA · MARCO CONTEMPORÁNEO XX Si le interesan los distintos cortes y cocinados del atún no puede perdérselo. Sorprende por su estética, en tonos azules y con bellos detalles alusivos a este majestuoso pez.

Menú 52/72 € – Carta 31/51 €

Plano : 4G2-a – *Av. Diagonal 439* ✉ *08036* – ☏ *937 97 64 60*
– *www.tunatecabalfego.com* – *cerrado del 14 al 21 de abril, del 5 al 19 de agosto y domingo*

Xavier Pellicer Ⓝ   `&` `AC`

DE MERCADO · MARCO CONTEMPORÁNEO XX La apuesta más personal del chef, que sigue abanderando la cocina "healthy" (sana y ecológica). Hay un espa-cio informal y otro más gastronómico, este denominado "El Menjador".

Menú 28 € – Carta 40/50 €

Plano : 4H1-a – *Provença 310* ✉ *08037* Ⓜ *Diagonal* – ☏ *935 25 90 02*
– *www.xavierpellicer.com* – *cerrado domingo*

El Bar   `⛶` `AC` `⌗`

CATALANA · BAR DE TAPAS X Un local que honra su nombre más por el tamaño y la sencillez estética que por la propuesta, pues ofrece una carta consistente y completa. Tapas variadas y platos elaborados.

Menú 22 € – Carta 33/53 €

Plano : 4GH3-s – *Calabria 118* ✉ *08015* Ⓜ *Rocafort* – ☏ *934 26 03 82*
– *www.elbarbarcelona.com* – *cerrado domingo noche y lunes*

Espai Kru   `AC` `⌂`

INTERNACIONAL · TENDENCIA X Se halla en la 1ª planta del restaurante Rías de Galicia y resulta singular, pues presenta un espacio único. Carta internacional y de fusión, con productos crudos y cocinados.

Menú 100 € – Carta 40/65 €

Plano : 4H3-b – *Lleida 7* ✉ *08004* Ⓜ *Espanya* – ☏ *934 23 45 70*
– *www.espaikru.com* – *cerrado domingo noche y lunes*

Gresca   `&` `AC`

MODERNA · MINIMALISTA X Apuesta por unas elaboraciones actuales basadas en la temporalidad del producto. Su gran cocina se comunica con el local anexo (Gresca Bar), más centrado en el mundo del vino.

Menú 21/70 € – Carta 35/65 €

Plano : 4H2-z – *Provença 230* ✉ *08036* Ⓜ *Diagonal* – ☏ *934 51 61 93*
– *www.gresca.net* – *cerrado 7 días en Navidades, Semana Santa, 15 días en agosto, sábado y domingo*

Lomo Alto   `&` `AC` `⌗`

CARNES · SIMPÁTICA X Un templo carnívoro en dos alturas (Lomo Bajo y Lomo Alto) que sorprende por sus impresionantes cámaras acristaladas. Carnes bovinas ibéricas viejas, maduradas y a la brasa.

Menú 95 € – Carta 50/70 €

Plano : 4H2-s – *Aragó 283-285* ✉ *08007* Ⓜ *Passeig de Gràcia* – ☏ *935 19 30 00*
– *www.lomoalto.barcelona*

⫙○ Mano Rota   🆎 💥 ⇔

MODERNA · DE BARRIO ✕ Tiene un aspecto industrial y defiende un concepto: el restaurante con barra. Su interesante carta muestra platos tradicionales, actuales e internacionales de Perú y Japón.

Menú 18/60 € – Carta 35/50 €

Plano : 4H3-x – *Creus dels Molers 4* ✉ *08004* Ⓜ *Poble Sec* – 𝒞 *931 64 80 41*
– *www.manorota.com*
– *cerrado 31 diciembre-7 enero, domingo y lunes mediodía*

⫙○ Osmosis   🆎 💥

MODERNA · MARCO CONTEMPORÁNEO ✕ Agradable, de ambiente contemporáneo y distribuido en dos plantas. ¿Qué proponen? Un menú degustación actual, corto o largo, elaborado con productos de mercado y de temporada.

Menú 42/72 € – solo menú

Plano : 4H2-z – *Aribau 100* ✉ *08036* Ⓜ *Diagonal* – 𝒞 *934 54 52 01*
– *www.restauranteosmosis.com*
– *cerrado del 24 al 29 de diciembre y domingo*

⫙○ Da Paolo   🆎 💥 ⇔

ITALIANA · AMBIENTE CLÁSICO ✕ Restaurante italiano ubicado en las proximidades del estadio Nou Camp. Conjunto sencillo y cuidado, dotado con una sala bastante agradable y una carta bien elaborada.

Menú 12/20 € – Carta 25/35 €

Plano : 3F3-f – *av. de Madrid 63* ✉ *08028* Ⓜ *Badal* – 𝒞 *934 90 48 91*
– *www.dapaolo.es*
– *cerrado 3 semanas en agosto y domingo*

⫙○ Sergi de Meià   🅶 🆎

REGIONAL · SENCILLA ✕ Su chef-propietario apuesta, claramente y sin complejos, por la cocina 100% catalana, recuperando sabores de antaño y siempre en base al producto ecológico o de proximidad.

Menú 24/68 € – Carta 45/70 €

Plano : 4H2-z – *Aribau 106* ✉ *08036* Ⓜ *Diagonal* – 𝒞 *931 25 57 10*
– *www.restaurantsergidemeia.cat*
– *cerrado domingo y lunes*

⫙○ Bodega 1900   🛋 🆎 💥

COCINA TRADICIONAL · DE BARRIO 💱 ¡Un negocio con el encanto de los antiguos colmados! Aquí proponen una pequeña carta con platos a la brasa, productos ibéricos y conservas caseras, todo de excelente calidad.

Tapa 4 € – Ración aprox. 13 €

Plano : 4H3-e – *Tamarit 91* ✉ *08015* Ⓜ *Poble Sec* – 𝒞 *933 25 26 59*
– *www.bodega1900.com*
– *cerrado 24 diciembre-14 enero, Semana Santa, 2 semanas en agosto, domingo y lunes*

⫙○ Mediamanga ⓞ   🅶 🆎 💥

MODERNA · VINTAGE 💱 Gastrobar de ambiente ecléctico en el que conviven elementos modernistas y art decó. Su propuesta mima todos los detalles, ofreciendo platos actuales pensados para compartir.

Tapa 7 € – Ración aprox. 22 €

Plano : 4H2-k – *Aribau 13* ✉ *08011* Ⓜ *Universitat* – 𝒞 *938 32 56 94*
– *www.mediamanga.es*

⫙○ Mont Bar   🎐 🛋 🅶 🆎 💥 ⇔

COCINA TRADICIONAL · BISTRÓ 💱 Un gastrobar, con encanto, que huye de tipismos. Tratan con amabilidad, ofrecen un servicio profesional y proponen una cocina tradicional basada en la excelencia del producto.

Tapa 4,50 € – Ración aprox. 17 €

Plano : 4H2-k – *Diputació 220* ✉ *08011* Ⓜ *Universitat* – 𝒞 *933 23 95 90*
– *www.montbar.com*
– *cerrado del 14 al 29 de enero y del 19 al 29 de agosto*

🍴 Niño Viejo   🏠 AC

MEXICANA · AMBIENTE EXÓTICO 🍷 Curiosa, bulliciosa, colorista, informal... En esta taquería de ambiente étnico encontrará sabrosos tacos artesanos, antojitos, potentes salsas... ¡Cocina mexicana de calidad!

Tapa 5 € – Ración aprox. 15 €

Plano : 4GH3-g – *av. Mistral 54* ✉ *08015* Ⓜ *Poble Sec* – ℰ *933 48 21 94*
– *www.ninoviejo.es* – *solo cena salvo jueves, viernes y sábado* – *cerrado 24 diciembre-15 enero, Semana Santa, 14 días en agosto, domingo y lunes*

🍴 Paco Meralgo   AC 🍸 ⇔

COCINA TRADICIONAL · AMBIENTE MEDITERRÁNEO 🍷 Ofrece dos barras y dos accesos independientes, pero sobre todo unos sugerentes expositores de marisco, con productos de calidad frescos y variados. También posee un privado.

Tapa 6 € – Ración aprox. 12 €

Plano : 4G2-f – *Muntaner 171* ✉ *08036* Ⓜ *Hospital Clínic* – ℰ *934 30 90 27*
– *www.restaurantpacomeralgo.com*

Alojamientos

🏨 Arts   🛎 ⩽ ⏳ ⓢ 🛗 🖃 ⅃ AC 🍸 🛁 🚗

LUJO · DE DISEÑO ¡Excelente en todos los sentidos! Ocupa una torre acristalada del Puerto Olímpico y destaca tanto por sus vistas como por su interior, con amplios espacios, diversas zonas sociales privadas y unas habitaciones detallistas de gran nivel. Inmensos salones decorados con obras de arte y exquisita oferta gastronómica.

397 hab – 🚹295/485 € 🚻295/485 € – ☲ 39 € – 86 suites – 28 aparta-mentos

Plano : 2C3-r – *Marina 19* ✉ *08005* Ⓜ *Ciutadella-Vila Olímpica* – ℰ *932 21 10 00*
– *www.hotelartsbarcelona.com*

  ❀❀ **Enoteca** – ver selección restaurantes

🏨 Mandarin Oriental Barcelona   ⌂ 🖵 ⓢ 🛗 🖃 ⅃ AC 🛁 🚗

LUJO · DE DISEÑO ¡Lujo y placer! Un hotel de diseño innovador y carácter cos-mopolita que, en su día, funcionó como banco. Ofrece maravillosas habitaciones, una atractiva terraza-patio, una azotea de ambiente "cool"... ¿Y en lo gastronó-mico? Varias propuestas, con el restaurante Blanc del lobby pensado para todos los servicios del día.

120 hab – 🚹425/725 € 🚻425/725 € – ☲ 45 € – 29 suites

Plano : 4H2-y – *passeig de Gràcia 38-40* ✉ *08007* Ⓜ *Passeig de Gràcia*
– ℰ *931 51 88 88* – *www.mandarinoriental.com*

  ❀❀ **Moments** – ver selección restaurantes

🏨 El Palace Barcelona   ⌂ ⅃ ⓢ 🛗 🖃 ⅃ AC 🛁 🚗

LUJO · ELEGANTE Un símbolo de la hostelería barcelonesa, pues abrió sus puer-tas en 1919 y transmite la esencia de aquellos años. Ofrece distinguidas zonas nobles y habitaciones de excelente equipamiento, la mayoría de elegante clasi-cismo y algunas... ¡hasta con baños romanos!

102 hab – 🚹290/575 € 🚻290/575 € – ☲ 29 € – 18 suites

Plano : 5J2-a – *Gran Via de les Corts Catalanes 668* ✉ *08010* Ⓜ *Urquinaona*
– ℰ *935 10 11 30* – *www.hotelpalacebarcelona.com*

🏨 Sofia Ⓝ   ⌂ ⩽ ⅃ ⓢ 🛗 🖃 ⅃ AC 🍸 🛁 🚗

NEGOCIOS · CONTEMPORÁNEA Vanguardista, tecnológico, diferente... Este hotel ha sido rediseñado para que el lujo y el confort sean una parte implícita a su esencia, con un gran abanico de opciones para la organización de eventos, espectaculares vistas desde la azotea y una recepción independiente en las dos últimas plantas, las más exclusivas.

447 hab – 🚹210/310 € 🚻230/350 € – ☲ 28 € – 18 suites

Plano : 3H2-k – *pl. de Pius XII 4* ✉ *08002* Ⓜ *Maria Cristina* – ℰ *935 08 10 00*
– *www.sofiabarcelona.com*

🍴 **Be So** – ver selección restaurantes

Claris

TRADICIONAL · MODERNA Resulta señorial, ya que está ubicado en el antiguo palacio Vedruna, donde clasicismo y vanguardia se alían en armonía. Sorprende con una importante colección arqueológica repartida, mediante vitrinas, por la mayoría de las habitaciones. Cuenta con un restaurante completamente acristalado en la azotea.

84 hab – ♦210/600 € ♦♦210/600 € – ☑ 26 € – 40 suites
Plano : 4H2-w – *Pau Claris 150* ✉ 08009 ⓜ *Passeig de Gràcia* – ✆ *934 87 62 62*
– *www.hotelclaris.com*

Majestic

TRADICIONAL · CLÁSICA Este emblemático hotel, elegante y ya centenario, destaca tanto por su historia como por su agradable azotea de carácter panorámico. Combina la excelencia en el servicio con unas habitaciones clásicas de gran confort. Su restaurante sigue la filosofía "Km. 0".

226 hab – ♦224/800 € ♦♦224/800 € – ☑ 37 € – 45 suites
Plano : 4H2-f – *passeig de Gràcia 68* ✉ 08007 ⓜ *Passeig de Gràcia*
– ✆ *934 88 17 17* – *www.hotelmajestic.es*

Monument H.

GRAN LUJO · CONTEMPORÁNEA Instalado en un hermoso edificio premodernista que destaca por su emplazamiento, a escasísimos metros de La Pedrera. Evidencia una impresionante obra de interiorismo presentando un gran lobby, con la cafetería abierta, y unas habitaciones de excelente confort.

60 hab – ♦308/523 € ♦♦308/523 € – ☑ 38 € – 24 suites
Plano : 4H2-m – *passeig de Gràcia 75* ✉ 08008 ⓜ *Passeig de Gràcia*
– ✆ *935 48 20 00* – *www.monumenthotel.com*
❀❀❀ **Lasarte** • ❀ **Oria** – ver selección restaurantes

Cotton House

CADENA HOTELERA · ELEGANTE Desprende personalidad... no en vano, su nombre recuerda que este imponente edificio, de finales del s. XIX, fue la sede de la Fundación Textil Algodonera. Habitaciones cuidadas, aunque algo pequeñas, y cocina creativa de bases tradicionales e internacionales.

78 hab – ♦300/600 € ♦♦300/600 € – ☑ 28 € – 5 suites
Plano : 5J2-a – *Gran Vía de les Corts Catalanes 670* ✉ 08010 ⓜ *Urquinaona*
– ✆ *934 50 50 45* – *www.hotelcottonhouse.com*

The One Barcelona

LUJO · DE DISEÑO ¡Lujo urbano junto al Quadrat d'Or del Modernismo! Mármoles de Jordania, maderas nobles, detalles de diseño... todo combinado con elegancia en una línea clásica atemporal. Su oferta culinaria brilla con el restaurante Somni, dotado de un acceso independiente.

84 hab ☑ – ♦340/380 € ♦♦340/380 € – 5 suites
Plano : 4H1-2-a – *Provença 277* ✉ 08037 ⓜ *Diagonal* – ✆ *932 14 20 70*
– *www.hotelstheone.com*

Ohla Eixample

NEGOCIOS · MODERNA Un hotel moderno y con acabados industriales que sorprende por su fachada, destacando esta aún más gracias a un impactante juego de luces nocturno. Presenta habitaciones de diseño, una terraza interior y una bonita piscina en el ático, con zona chill out.

94 hab ☑ – ♦210/500 € ♦♦230/500 €
Plano : 4H2-i – *Còrsega 289-291* ✉ 08008 ⓜ *Diagonal* – ✆ *937 37 79 77*
– *www.ohlaeixample.com*
❀ **Xerta** – ver selección restaurantes

Norte Diagonal

L. Maisant / hemis.fr

Restaurantes

✿✿✿ ABaC   🕸 🏡 AC 🍸 🔄 🚗

CREATIVA · DE DISEÑO XxxX Tradición, modernidad, coherencia, precisión, producto... todos estos términos definen las bases sobre las que se construye la cocina de Jordi Cruz, uno de los cocineros más jóvenes del mundo en conquistar su primera estrella MICHELIN (a los 24 años) e imagen mediática de referencia por su labor como jurado, y divulgador gastronómico, en el exitoso programa MasterChef.

En su elegante restaurante, con vistas a un apacible jardín, nos plantea una experiencia culinaria única, pues no es fácil narrar una historia lógica en la que el hilo conductor sean los productos de temporada; siempre desde la excelencia técnica, con una atractiva revisión de los platos mediterráneos, alguna chispa de rock & roll y un guiño al estilo "platos del mundo", pues es capaz de exaltar las cualidades del producto ibérico con sugerentes toques orientales, consiguiendo así unas armonías dignas de elogio.

Una cocina de autor, madura y atrevida, que deja virtualmente desguarnecidas las fronteras del sabor.

→ Salmón gallego y yema curada, huevas de trucha, mantequilla de soja y texturas de nori. Magret de pato, jugo de cilantro y lavanda con romesco y jugo de zanahorias escabechadas. Coco helado, sorbete de coco tostado, vainilla y barquillo con perfume de limón.

Menú 180/210 € – solo menú

Plano : 1B2-c – *Hotel ABaC, av. del Tibidabo 1* ✉ 08022 Ⓜ *Av. Tibidabo* – 𝄢 933 19 66 00 – *www.abacrestaurant.com*

✿ Via Veneto   🕸 AC 🍸 🔄

CLÁSICA · AMBIENTE CLÁSICO XxxX En esta emblemática casa recrean un hermoso marco al estilo Belle Époque, con la sala en varios niveles y numerosos privados. Carta de gusto clásico bien actualizada, con caza en temporada e interesantes menús degustación. La fantástica bodega, que es visitable, destaca por su colección de vinos nacionales y franceses.

→ Tartar de cigala con ajoblanco sobre pan negro molido. Pescado de lonja sobre emulsión de mejillones de roca y rocas de azafrán. Biscuit glacé de piñones de "Cap Roig" con helado de miel de trufa negra.

Menú 80/165 € – Carta 70/100 €

Plano : 3F2-e – *Ganduxer 10* ✉ 08021 Ⓜ *Hospital Clínic* – 𝄢 932 00 72 44 – *www.viavenetorestaurant.com* – *cerrado agosto, sábado mediodía y domingo*

✿ Hofmann   ♿ AC 🍸 🔄

MODERNA · AMBIENTE CLÁSICO XxX ¡Gastronomía! Esta palabra refleja la gran pasión de May Hofmann, la chef-fundadora, que supo inculcar las directrices a seguir en uno de los restaurantes-escuela más influyentes del país. Su hija Silvia y el actual equipo de profesores han sabido dar continuidad a su obra formulando una propuesta llena de creatividad.

→ Canelón de ternera con foie, crema trufada y teja de parmesano crujiente. Arroz meloso de pato ahumado, colmenillas y foie asado. Crujientes de vainilla.

Menú 38/95 € – Carta 59/76 €

Plano : 4G1-n – *La Granada del Penedès 14-16* ✉ 08006 Ⓜ *Diagonal* – 𝄢 932 18 71 65 – *www.hofmann-bcn.com* – *cerrado Navidades, Semana Santa, agosto, sábado mediodía, domingo y festivos*

⌘ **Hisop** (Oriol Ivern)

CREATIVA · MINIMALISTA ✕✕ Dado su tamaño este restaurante, que toma el nombre de una planta aromática y medicinal, resulta a la vez íntimo y moderno. En su minimalista sala descubrirá unas elaboraciones creativas, frescas y de sólidas raíces tradicionales, siempre en base a productos de la zona o de temporada. ¡Interesantes maridajes!

→ Foie "after eight". Salmonete con mayonesa de moluscos. Chocolate con burrata y miel de caña.

Menú 65 € – Carta 56/64 €

Plano : 4G2-b – *passatge de Marimon 9* ✉ *08021* Ⓜ *Hospital Clínic*
- *☏ 932 41 32 33*
- *www.hisop.com*
- *cerrado del 1 al 7 de enero, Semana Santa, sábado mediodía, domingo y festivos*

⊛ **Vivanda**   ⌂ & 🄰🄲 ⌘ ⟷

COCINA TRADICIONAL · ACOGEDORA ✕ Resulta singular, pues ofrece una carta tradicional centrada en "Platillos" (poco más de medias raciones) y lo que denominan "Platos del mes". Atractiva terraza arbolada y moderno interior, donde conviven las mesas bajas del restaurante con las altas de tapeo.

Carta 25/35 €

Plano : 3E1-a – *Major de Sarrià 134* ✉ *08017* Ⓜ *Reina Elisenda* – *☏ 932 03 19 18*
- *www.vivanda.cat* – *cerrado domingo noche y lunes*

‖○ **Tram-Tram**   ⌂ 🄰🄲 ⌘ ⟷

MODERNA · FAMILIAR ✕✕ Casa de línea clásica con cuyo nombre se rinde un pequeño homenaje al tranvía. Ofrece una cocina tradicional actualizada, con detalles internacionales, y la opción de menús.

Menú 33/90 € – Carta 40/65 €

Plano : 3E1-d – *Major de Sarrià 121* ✉ *08017* Ⓜ *Reina Elisenda*
- *☏ 932 04 85 18* – *www.tram-tram.com*
- *cerrado Semana Santa,15 días en agosto, domingo y martes noche del 15 junio-15 septiembre, domingo noche y lunes resto del año*

‖○ **La Balsa**   ⌂ & 🄰🄲 ⌘

MEDITERRÁNEA · ACOGEDORA ✕✕ Un clásico renovado que le sorprenderá, pues transforma una pequeña joya arquitectónica en un remanso de paz. Buena cocina mediterránea de producto y... ¡singulares terrazas!

Menú 20/60 € – Carta 35/62 €

Plano : 1B2-a – *Infanta Isabel 4* ✉ *08022* – *☏ 932 11 50 48*
- *www.labalsarestaurant.com* – *cerrado agosto, domingo noche y lunes*

‖○ **99 sushi bar**   🄰🄲 ⌘ ⟷

JAPONESA · DE DISEÑO ✕✕ Cocina nipona de calidad en sintonía con la de los restaurantes homónimos. Si hay sitio coma en la barra, pues... ¡esta gastronomía es más atractiva en las distancias cortas!

Menú 90 € – Carta 55/75 €

Plano : 4G2-x – *Tenor Viñas 4* ✉ *08002* Ⓜ *Muntaner* – *☏ 936 39 62 17*
- *www.99sushibar.com* – *cerrado agosto y domingo noche*

Los turismos rurales 🏠 no nos ofrecen los mismos servicios que un hotel. Se distinguen frecuentemente por su acogida y su decoración, que reflejan a menudo la personalidad de sus propietarios. Aquellos clasificados en rojo 🏠 son los mas agradables.

♨○ Roig Robí   🏮 AC ⚄ ⇧

REGIONAL · AMBIENTE CLÁSICO XX Resulta agradable, presenta un ambiente clásico y está dotado con una sala tipo invernadero, alrededor de un patio-jardín. Cocina catalana con opción a diferentes menús.

Menú 40/66 € – Carta 40/65 €

Plano : 4H1-c – *Sèneca 20* ✉ 08006 Ⓜ *Diagonal* – ☎ 932 18 92 22
– *www.roigrobi.com*
– *cerrado del 1 al 7 enero, del 6 al 26 de agosto, sábado mediodía y domingo*

♨○ Silvestre   AC ⚄ ⇧

COCINA TRADICIONAL · ACOGEDORA X Coqueto, acogedor y con varios espacios independientes, lo que aporta cierta intimidad. Cocina tradicional e internacional, con buenos menús y opción a medias raciones.

Menú 26/50 € – Carta 27/43 €

Plano : 4G1-e – *Santaló 101* ✉ 08021 Ⓜ *Muntaner* – ☎ 932 41 40 31
– *www.restaurante-silvestre.com*
– *cerrado Semana Santa, 21 días en agosto, sábado noche en julio-agosto, sábado mediodía, domingo y festivos*

♨○ Bardeni-Caldeni   AC ⚄

CARNES · DE DISEÑO ⑨/ Estamos en un "meat bar" y aquí las carnes son las protagonistas. Sorprende por su estética de carnicería antigua y cuenta con una barra, al fondo, donde se puede comer.

Tapa 9 € – Ración aprox. 15 €

Plano : 5J1-h – *Valencia 454* ✉ 08013 Ⓜ *Sagrada Familia* – ☎ 932 32 58 11
– *www.bardeni.es*
– *cerrado Semana Santa, 14 días en agosto, domingo y lunes*

Alojamientos

🏨 Casa Fuster   ⍟ ⒧⬛ ⬆ ⬇ AC ⌧

LUJO · DE DISEÑO ¡En un edificio de carácter modernista! Atesora un Café Vienés con música de jazz, habitaciones al más alto nivel y un bar panorámico en la terraza-azotea. El restaurante, con buenas vistas al paseo, enriquece su carta con una interesante oferta de menús.

85 hab ⌑ – ♥176/600 € ♥♥176/600 € – 20 suites

Plano : 4H1-s – *passeig de Gràcia 132* ✉ 08008 Ⓜ *Diagonal* – ☎ 932 55 30 00
– *www.hotelcasafuster.com*

🏨 G.H. La Florida   ⍟ ⧉ ⇐ 🛏 ⌧ 🖼 ⒧⬛ ⬇ AC ⌧ 🚗

LUJO · DE DISEÑO Encanto y vanguardismo en la misma cima del Tibidabo, pues presenta estancias diseñadas por famosos interioristas y preciosas terrazas escalonadas. Sin duda lo mejor son las espectaculares vistas sobre la ciudad, tanto desde el hotel como desde su restaurante.

62 hab – ♥150/350 € ♥♥250/450 € – ⌑ 28 € – 8 suites

Plano : 1B2-c – *carret. Vallvidrera al Tibidabo 83-93* ✉ 08035 – ☎ 932 59 30 00
– *www.hotellaflorida.com*

🏨 ABaC   ⬆ AC ⚄ 🚗

LUJO · MODERNA Aquí encontrará unas habitaciones realmente magníficas, todas de estética actual, con tecnología domótica y hasta cromoterapia en los baños. ¡Ofrecen algunos servicios de SPA!

15 hab – ♥210/358 € ♥♥329/460 € – ⌑ 31 €

Plano : 1B2-c – *av. del Tibidabo 1* ✉ 08022 Ⓜ *Av. Tibidabo* – ☎ 933 19 66 00
– *www.abacbarcelona.com*

❀❀❀ ABaC – ver selección restaurantes

Alrededores

en Sant Joan Despí

🍴 **Follia** AC ⇌ P

CREATIVA · TENDENCIA 🗱🗱 Casa en piedra de moderna decoración dotada con un huerto propio. Escoja entre su cocina creativa a base de medias raciones o el menú degustación, este con maridaje de vinos. También puede tapear o comer de forma más informal en el sótano.

Menú 39/80 € – Carta 33/52 €

Plano : 1A3-b – *Creu de Muntaner 17* ✉ *08970 Sant Joan Despí* – 𝒞 *934 77 10 50* – *www.follia.com* – *cerrado Semana Santa, 21 días en agosto y domingo noche*

en Santa Coloma de Gramenet

🏵 **Lluerna** (Víctor Quintillà) ♿ AC 𝒳 ⇌

MODERNA · DE DISEÑO 🗱🗱 Local de estética moderna en el que la cocina, "oculta" tras amplias puertas acristaladas, toma el mismo protagonismo que la sala. Su propuesta gastronómica, tradicional actualizada, se enfoca hacia los productos de proximidad sin renunciar a otros orígenes e influencias. ¡Interesante oferta de menús degustación!

→ Arroz de gambas de playa. Pescado de playa sobre pil pil de almejas. Coulant de avellanas, albaricoque y fruta de la pasión.

Menú 43/80 € – Carta 48/63 €

Plano : 2D1-n – *av. Pallaresa 104* ✉ *08921 Santa Coloma de Gramenet* ⓜ *Santa Coloma* – 𝒞 *933 91 08 20* – *www.lluernarestaurant.com* – *cerrado del 14 al 22 de abril, del 4 al 26 de agosto, domingo, lunes y festivos noche*

🍴 **Ca n'Armengol** AC 𝒳 ⇌ 🛋

COCINA TRADICIONAL · AMBIENTE CLÁSICO 🗱🗱 Casa de organización familiar y ambiente clásico dotada con dos entradas, una directa al antiguo bar, donde ofrecen el menú, y la otra tanto a las salas como al privado, reservados estos para la carta. Cocina de base tradicional con opción a medias raciones.

Menú 12/35 € – Carta 30/45 €

Plano : 2D1-a – *Prat de La Riba 1* ✉ *08921 Santa Coloma de Gramenet* ⓜ *Santa Coloma* – 𝒞 *933 91 68 55* – *www.canarmengol.net* – *cerrado Semana Santa, 2 semanas en agosto, domingo noche, lunes y martes noche*

🍴 **Verat** ⓝ ♿ AC

FUSIÓN · DE BARRIO 𝒳 La versión "low cost" del restaurante Lluerna, su hermano mayor, ubicado justo al lado. Aquí proponen, en un ambiente informal de extrema simplicidad, una cocina a base de platillos y raciones de fusión, tanto a la carta como a través de económicas fórmulas.

Menú 18/30 € – Carta 20/30 €

Plano : 2D1-n – *av. Pallaresa 104* ✉ *08921 Santa Coloma de Gramenet* ⓜ *Santa Coloma* – 𝒞 *936 81 40 80* – *www.barverat.com* – *cerrado del 14 al 22 abril, del 3 al 20 agosto, domingo y lunes.*

El BARCO DE ÁVILA

Ávila – 2 576 h. – Alt. 1 009 m – Mapa regional : **8**-B3
Mapa de carreteras Michelin nº 575-K13

⫟◯ LY.2   🍴 ℀ **P**

COCINA TRADICIONAL · SENCILLA No se deje engañar por las apariencias, pues su modesto exterior esconde un restaurante muy cuidado. Cocina tradicional actualizada, elaborada y de esmeradas presentaciones.
Menú 10/92 € – Carta 35/42 €
Cabezuelo 30 ⊠ 05600 – ℰ 606 42 82 30 – cerrado 7 enero-6 febrero, 15 días en septiembre y martes

BARIZO A Coruña ➜ Ver Malpica de Bergantiños

BARÓS Huesca ➜ Ver Jaca

BAZA

Granada – 20 668 h. – Alt. 872 m – Mapa regional : **1**-D2
Mapa de carreteras Michelin nº 578-T21

por la carretera de Murcia Noreste : 3,5 km y desvío a la derecha 4 km

🏠 Cuevas Al Jatib   ℀ 🛏 ⚒ ᳖ ℀ **P**

CASA DE CAMPO · PERSONALIZADA Estas encantadoras casas-cueva, algo aisladas y típicas de la arquitectura popular, se presentan con unos relajantes baños árabes y acogedoras habitaciones. En su coqueto comedor podrá degustar platos propios de la gastronomía árabe, francesa y local.
6 apartamentos – ⫟84/110 € – � 8 € – 4 hab
Arroyo Cúrcal ⊠ 18800 Baza – ℰ 958 34 22 48 – www.aljatib.com

BEASAIN

Guipúzcoa – 13 980 h. – Mapa regional : **18**-B2
Mapa de carreteras Michelin nº 573-C23

🏠 Dolarea   ℀ ╠ ⚒ ᳖ 🆊 ℀ 🚗

PALACE · MODERNA Instalado en un caserío del s. XVII que le sorprenderá, pues conserva una prensa para la producción de sidra. Presenta habitaciones de línea actual, destacando las de la 2ª planta por ser abuhardilladas, y un restaurante que apuesta por la cocina tradicional.
20 hab ⊠ – ⫟80/180 € ⫟⫟80/210 €
Nafarroa Etorbidea 57 ⊠ 20200 – ℰ 943 88 98 88 – www.dolareahotela.com

BECEITE

Teruel – 566 h. – Mapa regional : **2**-C3
Mapa de carreteras Michelin nº 574-J30

🏠 La Fábrica de Solfa   ℀ ⚒ 🆊 ℀

FAMILIAR · ACOGEDORA Hotel rural, de sencilla organización familiar, instalado en un molino papelero construido a finales del s. XVIII. Ofrece un buen salón social y cálidas habitaciones de aire rústico instaladas en lo que fueron los secaderos. En su coqueto restaurante elaboran una carta de tinte tradicional y un buen menú.
8 hab ⊠ – ⫟60/65 € ⫟⫟82/95 €
*Arrabal del Puente 16 ⊠ 44588 – ℰ 978 85 07 56 – www.fabricadesolfa.com
– cerrado 22 diciembre-8 enero*

BEGUR

Girona – 3 985 h. – Mapa regional : **10**-B1
Mapa de carreteras Michelin nº 574-G39

⅋○ Fonda Caner ⌂ AC ※

REGIONAL · AMBIENTE CLÁSICO ⅋ Restaurante de funcionamiento independiente muy centrado en los clientes del hotel. Proponen una cocina regional que
procura trabajar con productos biológicos y de la zona.
Menú 24/33 € – Carta 25/50 €

*Hotel Rosa, Pi iRalló 10 ⊠ 17255 – ☏ 972 62 23 91 – www.fondacaner.com – solo
cena salvo Semana Santa, agosto y fines de semana – abierto marzo-octubre,
fines de semana y puentes en invierno*

⌂ Rosa ⇕ AC ※

FAMILIAR · CONTEMPORÁNEA Está en pleno casco antiguo, ocupando dos
casas que se comunican por un patio y ofrecen buenas vistas desde sus azoteas.
Habitaciones con mobiliario moderno y baños actuales.
21 hab � – ⅋69/105 € ⅋⅋94/137 €

*Pi i Ralló 19 ⊠ 17255 – ☏ 972 62 30 15 – www.hotel-rosa.com – abierto
marzo-octubre, fines de semana y puentes en invierno*

⅋○ **Fonda Caner** – ver selección restaurantes

⌂ Aiguaclara ⌂ AC P

FAMILIAR · PERSONALIZADA Ocupa una casa de indiano que data de 1866, con
un pequeño salón social, un patio y coquetas habitaciones, todas personalizadas.
El restaurante, repartido en dos zonas y con una carta tradicional, tiene un espacio chill out para picar y un sencillo comedor.
10 hab ⊠ – ⅋70/220 € ⅋⅋100/285 €

*Sant Miquel 2 ⊠ 17255 – ☏ 972 62 29 05 – www.hotelaiguaclara.com
– cerrado 9 diciembre-15 febrero*

en Aiguablava Sureste : 3,5 km

⌂ Aigua Blava ⌂ ⅋ ⅋ ⅋ ⅋ ⅋ AC ※ ⅋ P

TRADICIONAL · CLÁSICA Destaca por su privilegiado emplazamiento, pues se
encuentra sobre una cala rodeada de zonas verdes. Ofrecen habitaciones de distintos estilos, la mayoría con terraza y vistas al mar. El restaurante, enfocado al
cliente vacacional y también asomado al Mediterráneo, elabora una carta de
tinte tradicional.
84 hab ⊠ – ⅋125/315 € ⅋⅋160/375 € – 1 suite

*platja de Fornells ⊠ 17255 Begur – ☏ 972 62 45 62 – www.hotelaiguablava.com
– abierto 12 abril-5 noviembre*

por la carretera GIP 6531 Sur : 4 km y desvío a la izquierda 1 km

⌂ Mas Ses Vinyes ⌂ ⅋ ⅋ ⅋ AC ※ ⅋ P

TRADICIONAL · ACOGEDORA Se distribuye entre una bonita masía restaurada y
cuatro anexos que rodean la piscina panorámica. Pequeño SPA, habitaciones clásicas y otras de línea más actual. El restaurante tiene un uso polivalente, ya que
ofrece los desayunos y una carta mediterránea.
25 hab ⊠ – ⅋90/130 € ⅋⅋135/260 €

*⊠ 17255 Begur – ☏ 972 30 15 70 – www.massesvinyes.com
– abierto abril-4 noviembre*

BÉJAR

Salamanca – 13 724 h. – Alt. 938 m – Mapa regional : **8**-A3
Mapa de carreteras Michelin n° 575-K12

⅋○ La Plata ⌂ AC ※

COCINA TRADICIONAL · DE BARRIO ⅋ Llevado entre hermanos. Posee un bar
tipo mesón y dos comedores, orientando el pequeño a raciones y tapeo. Carta
tradicional especializada en productos ibéricos, carnes de ternera Morucha y platos de la comarca, como el Calderillo bejarano.
Menú 11/36 € – Carta 30/45 €

*Recreo 93 ⊠ 37700 – ☏ 923 40 02 82 – www.restaurantelaplata.com – cerrado
23 abril-6 mayo, del 15 al 30 de septiembre y miércoles*

BELATE (Puerto de) VELATE

Navarra – Alt. 847 m – Mapa regional : **17**-B2
Mapa de carreteras Michelin n° 573-C25

en la carretera NA 1210 Sur : 2 km

⊛ **Venta de Ulzama** ⇦ 🍴 ⇐ ⅙ 🄰🄲 💱 🚗

COCINA TRADICIONAL · AMBIENTE CLÁSICO ✗✗ Un negocio familiar de 5ª generación que destaca por sus instalaciones y emplazamiento, en el precioso valle de
Ulzama. En su comedor, de elegante línea clásica, encontrará una cocina tradicional muy bien ejecutada. ¡También ofrecen impecables habitaciones!

Carta 30/40 €

14 hab - ♦66/70 € ♦♦70/75 € - ♀10 €

✉ 31797 Arraitz – ✆ 948 30 51 38 – www.ventadeulzama.com – cerrado enero y
lunes

BELESAR Pontevedra ➜ Ver Baiona

BELLATERRA

Barcelona – Mapa regional : **10**-B3
Mapa de carreteras Michelin n° 574-H36

🍴○ **Ébano** 🏡 ⅙ 🄰🄲 💱 ⇦ 🄿

MODERNA · DE DISEÑO ✗✗ Restaurante familiar instalado en una bonita casa
señorial. Ofrece varios espacios de línea actual y una cocina de mercado bien elaborada, con exóticas influencias culinarias.

Carta 34/51 €

av. Josep María Marcet i Coll 24 ✉ 08290 – ✆ 935 80 33 40
– www.ebanogastrobar.com – solo almuerzo salvo jueves, viernes y sábado en
invierno – cerrado 5 días en enero, domingo en verano y lunes

BELLVÍS

Lleida – 2 270 h. – Mapa regional : **9**-B2
Mapa de carreteras Michelin n° 574-G32

❀ **La Boscana** (Joël Castanyé) 🕸 ⇐ ⇐ ⅙ 🄰🄲 💱 🄿

CREATIVA · DE DISEÑO ✗✗ Este magnífico restaurante se halla en una finca aco-
tada, a las afueras de la localidad, y sorprende al distribuir sus pabellones acristalados entre jardines, arboledas y hasta un bello estanque con patos. Ofrece espacios de diseño y una experiencia gastronómica de autor, siempre tras una
cuidadísima puesta en escena.

➜ Crema de ave con su canapé. Cochinillo en dos cocciones. Milhojas con frutas
de Lleida.

Menú 55/120 € – Carta 62/82 €

carret. Bell-lloc d'Urgell, Suroeste : 1 km ✉ 25142 – ✆ 973 56 55 75
– www.laboscana.net – solo almuerzo salvo viernes y sábado
– cerrado 31 diciembre-22 enero y martes

BEMBRIVE Pontevedra ➜ Ver Vigo

BENAHAVÍS

Málaga – 7 105 h. – Alt. 185 m – Mapa regional : **1**-A3
Mapa de carreteras Michelin n° 578-W14

🏠 **Amanhavis** ⇧ 🍴 🖾 🄰🄲 💱

TRADICIONAL · ACOGEDORA Una casa con encanto, pues aquí cuidan la decoración hasta el último detalle. Ofrece habitaciones temáticas y un tranquilo patio
central, con plantas y una pequeña piscina. Su restaurante propone una carta-
menú que toma como base el recetario internacional.

9 hab - ♦79/119 € ♦♦79/119 € - ♀15 €

del Pilar 3 ✉ 29679 – ✆ 952 85 60 26 – www.amanhavis.com
– cerrado 9 diciembre-30 enero

BENALÚA DE GUADIX

Granada – 3 298 h. – Alt. 903 m – Mapa regional : **1**-C2
Mapa de carreteras Michelin n° 578-T20

⛺ Cuevas La Granja

TRADICIONAL · RÚSTICA Está a las afueras del pueblo, pues se trata de las típicas cuevas de la zona transformadas en apartamentos, unos de aire antiguo y otros más rústicos. El restaurante, que también tiene el comedor montado en una gruta, ofrece una carta tradicional andaluza.

19 hab – ♦60/65 € ♦♦70/80 € – � 8 € – 2 suites – 11 apartamentos

camino de la Granja, Norte : 0,5 km ✉ *18510* – ✆ *958 67 60 00* – *www.cuevas.org*

BENAOJÁN

Málaga – 1 513 h. – Alt. 565 m – Mapa regional : **1**-A3
Mapa de carreteras Michelin n° 578-V14

por la carretera de Ronda

🏨 Molino del Santo

FAMILIAR · CONTEMPORÁNEA Coqueto hotel de aire regional ubicado junto al nacimiento del arroyo de Montejaque, en un molino reconvertido del s. XIX. Ofrecen tranquilidad, habitaciones con mobiliario provenzal y... ¡rutas de senderismo! El comedor se completa con una agradable terraza.

18 hab ⊃ – ♦112/217 € ♦♦112/217 €

barriada Estación, Suroeste : 2 km ✉ *29370 Benaoján* – ✆ *952 16 71 51*
– *www.molinodelsanto.com* – *abierto 15 marzo-4 noviembre*

BENASQUE

Huesca – 2 090 h. – Alt. 1 138 m – Mapa regional : **2**-D1
Mapa de carreteras Michelin n° 574-E31

⭑○ El Fogaril

REGIONAL · RÚSTICA XX Con su nombre rememoran una cocina, en forma de círculo, típica de esta tierra. En su comedor, de aire rústico y con detalles cinegéticos, le ofrecerán una carta regional basada en guisos, platos de caza y deliciosas setas en temporada.

Menú 23 € – Carta 24/46 €

av. de Los Tilos ✉ *22440* – ✆ *974 55 16 12* – *www.hotelciria.com* – *cerrado 15 días en mayo y 15 días en noviembre*

BENAVENTE

Zamora – 18 550 h. – Alt. 724 m – Mapa regional : **8**-B2
Mapa de carreteras Michelin n° 575-F12

por la carretera de León Noreste : 2,5 km y desvío a la derecha 0,5 km

✿ El Ermitaño (Óscar Pérez)

COCINA TRADICIONAL · ACOGEDORA XX Sorprende, pues ocupa una casa de campo señorial que incluye una ermita del s. XVIII. Sus recios muros dan paso a un atractivo mesón, origen del negocio, y varias salas de ambiente rústico. La carta contempla dos apartados: los clásicos de la casa y los platos de temporada. ¡Gran selección de quesos y vinos por copas!

→ Nuestro arroz de pueblo con chorizo, jamón, ternera y manitas de cerdo. La pluma ibérica al humo del sarmiento con boletus, cebolleta y vermut. Choco crack.

Menú 45/65 € – Carta 40/65 €

arrabal Huerta de los Salados ✉ *49600 Benavente* – ✆ *980 63 67 95*
– *www.elermitano.com* – *cerrado 30 diciembre-16 enero, domingo noche y lunes salvo festivos*

BENICARLÓ

Castellón – 26 403 h. – Alt. 27 m – Mapa regional : **11**-B1
Mapa de carreteras Michelin nº 577-K31

⁂ Raúl Resino   🅰🅲 ✑

CREATIVA · MARCO CONTEMPORÁNEO ✕✕ Talento, esfuerzo, creatividad, sabor... ¡es imposible poner puertas al campo o al mar! Raúl Resino demuestra, a través de sus menús, un gran dominio técnico y una constante evolución, trabajando siempre con pescados, mariscos y productos de la huerta a los que sabe sacar todo su potencial. ¡Magnífica puesta en escena!

→ Crema de cigalitas de Sant Carles de la Rapita, infusionada con lemongrass y boulgur marino. Juliola con aromas de la "Costa Azahar". Agua de Valencia de yuzu.

Menú 53/73 € – solo menú

Alacant 2 ✉ 12580 – ℰ 964 86 55 05 – www.restauranteraulresino.com – cerrado del 21 al 31 de enero, 14 junio-1 julio, domingo noche y lunes

⳾○ Pau   🅰🅲 ✑

ARROCES · AMBIENTE MEDITERRÁNEO ✕ Presenta un estilo moderno, desenfadado y de aires mediterráneos, muy en la línea de una oferta centrada, básicamente, en los arroces. ¡También hay un gastrobar llamado Xixo!

Menú 20/40 € – Carta 25/40 €

av. Marqués de Benicarló 11 ✉ 12580 – ℰ 964 47 05 46 – www.paurestaurant.com – cerrado 10 días en marzo, 10 días en septiembre-octubre, lunes y martes

🏨 Parador de Benicarló   ⳾ ⳾ ⳾ ⳾ ⳾ ⳾ ⳾ ⳾ 🅰🅲 ⳾ 🅿

CADENA HOTELERA · MEDITERRÁNEA Amplio, de aire mediterráneo y emplazado frente al mar. Posee una extensa zona ajardinada y espaciosas habitaciones, todas con terraza. El restaurante, fiel a los sabores de la cocina regional, tiene como especialidad los arroces y diferentes platos marineros.

104 hab – ⳾85/180 € ⳾⳾85/180 € – ⳾15 € – 2 suites

av. del Papa Luna 5 ✉ 12580 – ℰ 964 47 01 00 – www.parador.es

BENICÀSSIM

Castellón – 18 098 h. – Mapa regional : **11**-B1
Mapa de carreteras Michelin nº 577-L30

en la zona de la playa

🏨 El Palasiet   ⳾ ⳾ ⳾ ⳾ ⳾ ⳾ ⳾ ⳾ ⳾ 🅰🅲 ✑ ⳾ ⳾

SPA Y BIENESTAR · CLÁSICA Atesora un enclave privilegiado frente al mar y una historia singular, pues... ¡fueron pioneros en los servicios de talasoterapia! Entorno ajardinado, habitaciones con terraza y coqueto restaurante, tipo jardín de invierno, especializado en cocina saludable.

74 hab ⳾ – ⳾138/190 € ⳾⳾190/274 € – 6 suites

Pontazgo 11 ✉ 12560 Benicàssim – ℰ 964 30 02 50 – www.palasiet.com – abierto abril-octubre

BENIDORM

Alicante – 66 831 h. – Mapa regional : **11**-B3
Mapa de carreteras Michelin nº 577-Q29

🏨 Villa Venecia   ⳾ ⳾ ⳾ ⳾ ⳾ ⳾ 🅰🅲

LUJO · ELEGANTE Elegante, acogedor y en la zona más elevada de la ciudad, por lo que disfruta de unas excelentes vistas sobre el mar. Ofrece habitaciones de muy buen confort y un restaurante, de marcado carácter panorámico, que apuesta por la cocina tradicional mediterránea.

25 hab ⳾ – ⳾181/349 € ⳾⳾226/436 €

pl. Sant Jaume 1 ✉ 03501 – ℰ 965 85 54 66 – www.hotelvillavenecia.com

BENIFAIÓ

Valencia – 11 913 h. – Alt. 30 m – Mapa regional : **11**-B2
Mapa de carreteras Michelin nº 577-O28

Juan Veintitrés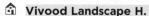

COCINA TRADICIONAL · SIMPÁTICA X Está bien llevado entre tres hermanos, con uno atento a los fogones y los otros a la sala. La carta, tradicional con toques creativos, se recita de palabra y vuelca todo el protagonismo tanto en los pescados frescos como en sus arroces.

Menú 30 € – Carta 38/50 €

Papa Juan XXIII-8 ⊠ *46450* – ☏ *961 78 45 75* – *www.restaurantejuanxxiii.com – cerrado del 13 al 31 de agosto, domingo noche y lunes*

BENIMANTELL

Alicante – 501 h. – Alt. 527 m – Mapa regional : **11**-B3
Mapa de carreteras Michelin nº 577-P29

Vivood Landscape H.

BOUTIQUE HOTEL · DE DISEÑO Un hotel único, pues su diseño participa del paisajismo y juega con la naturaleza. ¿Qué ofrece? Edificaciones sostenibles, eficacia energética, sorprendentes habitaciones en cubos de madera... y un restaurante que apuesta por la cocina ecológica de la zona.

25 hab – ♦175/320 € ♦♦175/320 € – ☷ 15 €

carret. Guadalest-Alcoy 10 ⊠ *03516* – ☏ *966 31 85 85* – *www.vivood.com*

BENIMAURELL

Alicante – 280 h. – Mapa regional : **11**-B3
Mapa de carreteras Michelin nº 577-P29

Alahuar

AGROTURISMO · RÚSTICA Está en la zona alta de Benimaurell, brindando magníficas vistas a las montañas, al valle y al mar. Ofrece unas habitaciones muy confortables, la mayoría tipo dúplex. El restaurante, con los techos abovedados, propone una carta regional con buenos guisos. ¡Agradable piscina en un jardín secomediterráneo!

20 hab ☷ – ♦60/90 € ♦♦80/120 €

Partida El Tossalet ⊠ *03791* – ☏ *965 58 33 97* – *www.hotelalahuar.es*

BENISANÓ

Valencia – 2 233 h. – Alt. 70 m – Mapa regional : **11**-A2
Mapa de carreteras Michelin nº 577-N28

Rioja

COCINA TRADICIONAL · AMBIENTE CLÁSICO XX Brinda un comedor clásico-actual, varios reservados y una cuidada bodega. Junto a sus platos tradicionales, siempre basados en la calidad de los productos locales, encontrará una buena carta de arroces. ¡No se marche sin probar su Paella valenciana a la leña!

Menú 15 € – Carta 25/43 €

av. Verge del Fonament 37 ⊠ *46181* – ☏ *962 79 21 58* – *www.hotel-rioja.es – cerrado domingo noche y festivos noche*

BENISSA

Alicante – 11 598 h. – Alt. 274 m – Mapa regional : **11**-B3
Mapa de carreteras Michelin nº 577-P30

Casa Cantó

PESCADOS Y MARISCOS · ÍNTIMA XX Presenta varias salas, la principal con una bodega acristalada y vistas al peñón de Ifach. Su carta tradicional se enriquece con un apartado de arroces, pescados y mariscos.

Menú 18/40 € – Carta 35/65 €

av. País Valencià 237 ⊠ *03720* – ☏ *965 73 06 29* – *www.casacanto.com – cerrado noviembre, domingo noche y lunes*

ESPAÑA

BENTRACES
Ourense – Mapa regional : **13**-C3
Mapa de carreteras Michelin n° 571-F6

🏠 Pazo de Bentraces   ♨ ≤ 🛏 ⌚ 🖨 ⅌ 🛁 🅿

HISTÓRICO · PERSONALIZADA Ocupa un bello pazo señorial que en su origen, allá por el s. XV, sirvió como residencia episcopal. Posee un hermoso jardín, una zona social repleta de objetos de anticuario y encantadoras habitaciones, todas de línea clásica-elegante.

6 hab – ♦100/115 € ♦♦105/115 € – ⌚ 11 €

do Eiro 9 (Barbadás) ⊠ 32890 – ℰ 988 38 33 81 – www.pazodebentraces.com
– cerrado 22 diciembre-22 febrero

BERGA
Barcelona – 16 238 h. – Alt. 715 m – Mapa regional : **9**-C2
Mapa de carreteras Michelin n° 574-F35

🍴 Terra 🄽   🅰🄲 ⇔

COCINA TRADICIONAL · AMBIENTE CLÁSICO XX Un restaurante que, más allá de una buena experiencia, busca transmitir un sentimiento. Su chef propone una cocina tradicional catalana y de temporada, con interesantes menús.

Menú 40/80 € – Carta 40/51 €

passeig de la Pau 27 ⊠ 08600 – ℰ 938 21 11 85 – www.elterrarestaurant.com
– solo almuerzo salvo viernes y sábado – cerrado del 5 al 26 de febrero y martes

BERGARA
Guipúzcoa – 14 780 h. – Alt. 155 m – Mapa regional : **18**-B2
Mapa de carreteras Michelin n° 573-C22

🍴 Lasa   🛋 ⅋ 🅰🄲 ⅌ ⇔ 🅿

COCINA TRADICIONAL · AMBIENTE CLÁSICO XX ¡En el histórico Palacio de Ozaeta, declarado Monumento Nacional! Posee varios salones, alguno polivalente, ya que trabaja tanto la carta como el banquete. Cocina tradicional con toques actuales, destacando especialmente por sus ahumados.

Menú 29/52 € – Carta 48/68 €

Zubiaurre 35 ⊠ 20570 – ℰ 943 76 10 55 – www.restaurantelasa.es – solo
almuerzo salvo viernes y sábado – cerrado 24 diciembre-3 enero, Semana Santa,
agosto y lunes

El BERRO Murcia → Ver Alhama de Murcia

BESALÚ
Girona – 2 437 h. – Alt. 151 m – Mapa regional : **9**-C3
Mapa de carreteras Michelin n° 574-F38

🍴 Pont Vell   ≤ 🛋

COCINA TRADICIONAL · RÚSTICA X ¡En pleno casco antiguo! Ofrece dos salas de aire rústico y una idílica terraza a la sombra de un níspero, todo con magníficas vistas al río. Cocina tradicional y regional, con especialidades como el Conejo agridulce o el Rabo de buey.

Menú 33/38 € – Carta 30/45 €

Pont Vell 24 ⊠ 17850 – ℰ 972 59 10 27 – www.restaurantpontvell.com – solo
almuerzo salvo viernes, sábado y Semana Santa-octubre – cerrado
20 diciembre-20 enero, del 1 al 7 de julio, lunes noche y martes

🏠 Casa Marcial   ♨ 🛏 ⌚ 🖨 🅰🄲 ⅌ 🛁

TRADICIONAL · FUNCIONAL Distribuido entre dos casas y encantador, pues su estética actual-minimalista contrasta con la fachada y los jardines, donde hallaremos el ábside de una colegiata del s. XII.

12 hab ⌚ – ♦80/90 € ♦♦98/139 €

Tallaferro 15 ⊠ 17850 – ℰ 608 02 94 27 – www.casa-marcial.com – cerrado
2 semanas en diciembre- febrero

BIDEGOIAN

Guipúzcoa – 526 h. – Mapa regional : **18**-B2
Mapa de carreteras Michelin nº 573-C23

❌ Bailara   ⪕ 🛏 ⅙ 🆎 ⅗ **P**

COCINA TRADICIONAL · ELEGANTE ❌❌ Cocina bien actualizada. Su carta tiene la singularidad de que, salvo suplementos, muestra los grupos de alimentos (entrantes, pescados, carnes y postres) a un precio fijo.

Menú 65 € – Carta 58/74 €

Hotel Iriarte Jauregia, Eliz Bailara 8 ✉ 20496 – ℰ 943 68 12 34 – www.bailara.com – cerrado 9 diciembre-22 febrero, martes y miércoles mediodía

🏠 Iriarte Jauregia   ⅖ ⪕ 🛏 ⊡ ⅙ 🆎 **P**

MANSIÓN · ELEGANTE Casa palaciega del s. XVII construida en piedra y rodeada por un hermoso jardín... ¡con árboles centenarios! Sus coquetas habitaciones combinan elementos antiguos y modernos.

19 hab ⌑ – ♦73/96 € ♦♦122/188 €

Eliz Bailara 8 ✉ 20496 – ℰ 943 68 12 34 – www.iriartejauregia.com – cerrado 9 diciembre-22 febrero

❌ **Bailara** – ver selección restaurantes

BIELSA

Huesca – 488 h. – Alt. 1 053 m – Mapa regional : **2**-C1
Mapa de carreteras Michelin nº 574-E30

en el Valle de Pineta Noroeste : 14 km

🏠 Parador de Bielsa   ⚘ ⅖ ⪕ ⊡ ⅙ ⅗ 🅰 **P**

TRADICIONAL · MONTAÑESA ¡La montaña en estado puro! Disfruta de un emplazamiento privilegiado, pues ocupa un sólido edificio a modo de refugio en la entrada oriental al Parque Nacional de Ordesa. En su restaurante elaboran los platos típicos de la cocina belsetana y del Alto Aragón.

34 hab – ♦90/180 € ♦♦90/180 € – ⌑ 17 € – 6 suites

alt. 1350 ✉ 22350 Bielsa – ℰ 974 50 10 11 – www.parador.es – cerrado 8 enero-16 febrero

La BIEN APARECIDA Cantabria ➔ Ver Ampuero

BIESCAS

Huesca – 1 487 h. – Alt. 860 m – Mapa regional : **2**-C1
Mapa de carreteras Michelin nº 574-E29

◉ El Montañés   🆎 ⅗

COCINA TRADICIONAL · AMBIENTE TRADICIONAL ❌ ¡No luce su nombre en vano! Aquí recrean un espacio de marcado ambiente montañés, pues está dominado por la presencia de la madera y la piedra. Carta tradicional con toques actuales e interesantes menús, uno de ellos de degustación.

Menú 20/25 € – Carta 30/40 €

Escudial 1 ✉ 22630 – ℰ 974 48 52 16 – www.elmontanes.net – solo fines de semana en mayo, junio y noviembre – cerrado domingo noche, lunes y martes salvo julio-agosto, festivos y vísperas

NOS GUSTA...

Salir de tapas por el casco viejo y tomar unos pintxos en **Gure-Toki**. Contemplar las fantásticas vistas al Guggenheim desde el **G.H. Domine Bilbao** y comer en **Nerua**, una experiencia única por estar dentro de ese museo. También nos gusta pasarnos por un gran clásico como **Zortziko**, un restaurante elegantísimo que ya ha cumplido sus bodas de plata.

Cultura Exclusive / RUSS ROHDE / Getty Images

BILBAO

Vizcaya – 345 110 h. – Mapa regional : **18**-A3
Mapa de carreteras Michelin nº 573-C20

Restaurantes

🕸 **Nerua** (Josean Alija)   🆎 ✄

CREATIVA · MINIMALISTA XxX En el mismísimo Guggenheim... aunque con un acceso independiente. Ya desde el hall se puede ver la cocina y presenta una sala de estética minimalista. Su chef propone una cocina innovadora que evoluciona con la adición de matices vegetales, unos platos más meditados y diferentes menús, todos con la opción de maridaje.

→ Quisquillas, vainas y melocotón. Panza de cerdo, jugo de "txoriceros" y maíz. Macarrón de frambuesa y saúco.

Menú 80/170 € – solo menú

Plano : B1-d – *av. de Abandoibarra 2* ⊠ *48009* Ⓜ *Moyúa* – *ℰ944 00 04 30*
– *www.neruaguggenheimbilbao.com* – *cerrado del 1 al 17 de enero, miércoles noche de noviembre a abril, domingo noche, lunes y martes noche*

🕸 **Zortziko** (Daniel García)   ✿ 🆎 ✄ ↻

CLÁSICA · ELEGANTE XxX Uno de los mayores iconos gastronómicos de Bilbao, pues lleva abierto desde 1989 y sorprende al comensal con un interior de inusitado clasicismo. Daniel García, el chef-propietario, plantea su cocina como un viaje iniciático a las raíces vizcaínas, revisando siempre los sabores desde la modernidad y la estacionalidad.

→ Sopa de la costa de Bizkaia, tosta con caviar de wakame y espuma de mar. Carré de cordero "pré-salé" con bizcocho de anchoa al vapor y chutney de uva. Esponjoso de coco, gel de lima limón, helado de lulo y albahaca crujiente.

Menú 65/95 € – Carta 61/85 €

Plano : C2-e – *Alameda de Mazarredo 17* ⊠ *48001* Ⓜ *Abando* – *ℰ944 23 97 43*
– *www.zortziko.es* – *cerrado domingo y lunes*

Una clasificación en rojo destaca el encanto del establecimiento 🏠🏠 XxX.

🍃 Eneko Bilbao 🅽   🏠 AC 🍸

CREATIVA · DE DISEÑO ✕✕ Disfruta de un privilegiado emplazamiento en el Palacio Euskalduna, con el acceso por un ascensor panorámico, y refleja la cocina del laureado chef Eneko Atxa en Bilbao. Ambiente de diseño que ensalza los valores de la cultura vasca y elaboraciones de autor, cuidando mucho las presentaciones y todos los detalles.

→ Irlandés de alubias, morcilla y pil-pil de coliflor. Cochinillo, albahaca y flores. Fresas y yogur.

Menú 69/98 € – Carta 51/83 €

Plano : A2-u – *av. de Abandoibarra 4-3º* ✉ *48007* Ⓜ *San Mamés*
– 𝒞 944 03 50 00 – www.enekobilbao.restaurant – solo almuerzo salvo jueves, viernes y sábado – cerrado del 1 al 15 de enero, del 1 al 15 de agosto y martes

🍃 Etxanobe Atelier 🅽 (Fernando Canales)   AC 🍸

CREATIVA · MARCO CONTEMPORÁNEO ✕✕ Restaurante de línea contemporánea que da un paso más hacia las nuevas tecnologías, pues complementa su oferta, un menú degustación sorpresa, con vídeos que explican los platos y... ¡hasta efectos 3D en los postres! La cautivadora propuesta, de tinte actual y claras bases tradicionales, no le dejará indiferente.

→ Lasaña fría de anchoas en sopa de tomate. Bacalao con berenjenas y aceitunas. Capricho de flores, hinojo, fresa y tomate.

Menú 115 € – único menú sorpresa

Plano : B2-d – *Juan de Ajuriaguerra 8* ✉ *48007* Ⓜ *Abando* – *𝒞 944 42 10 71*
– www.etxanobe.com – cerrado del 1 al 30 de enero, 21 julio-14 de agosto, domingo y martes

🍃 Mina (Álvaro Garrido)   AC 🍸

CREATIVA · DE DISEÑO ✕✕ Está frente a la ría y debe su nombre a la antigua explotación minera que había bajo su suelo. Encontrará una sala de diseño, con detalles rústicos y la cocina vista, así como una barra en la que también se pueden degustar sus menús, cada uno con distinto número de platos-tapas y todos en base a productos de cercanía.

→ Sopa de txangurro con yema de huevo de caserío en salazón. Capón de Güeñes, guisado a la antigua. Tamarindo, toffee y Perrins.

Menú 74/115 € – solo menú

Plano : C3-b – *Muelle Marzana* ✉ *48003* – *𝒞 944 79 59 38*
– www.restaurantemina.es – cerrado del 7 al 23 de enero, Semana Santa, 15 días en septiembre, domingo noche salvo verano, lunes y martes

🍃 Zarate (Sergio Ortiz de Zarate)   🔥 AC 🍸

COCINA TRADICIONAL · A LA MODA ✕✕ ¡Totalmente recomendable! El chef-propietario, un apasionado del mar y la pesca, propone una cocina de gusto tradicional especializada en pescados frescos y salvajes, siendo estos traídos siempre de los puertos de Lekeitio y Ondarroa. Su moderna sala, con la cocina parcialmente a la vista, suele llenarse a diario.

→ Huevo trufado sobre puré de patata y hongos, jamón y aceite de oliva. Kokotxas de merluza, jugo de begi haundi, tentáculos y toffe de cebolla. Nube cítrica.

Menú 62/100 € – Carta 50/70 €

Plano : A2-d – *Licenciado Poza 65* ✉ *48013* Ⓜ *San Mamés* – *𝒞 944 41 65 21*
– www.zaratejatetxea.com – solo almuerzo salvo jueves, viernes y sábado
– cerrado lunes

🍃 Los Fueros   🏠 AC 🍸 🍴

VASCA · BISTRÓ ✕ Un establecimiento "botxero" (de Bilbao de toda la vida), pues... ¡data de 1878! Bello interior tipo bistró y platos típicos de la ciudad, estos presentados de forma actual.

Menú 35/50 € – Carta 25/42 €

Plano : C2-b – *de los Fueros 6* ✉ *48005* Ⓜ *Casco Viejo* – *𝒞 944 15 30 47*
– www.losfueros.com – cerrado domingo noche en enero-marzo y martes

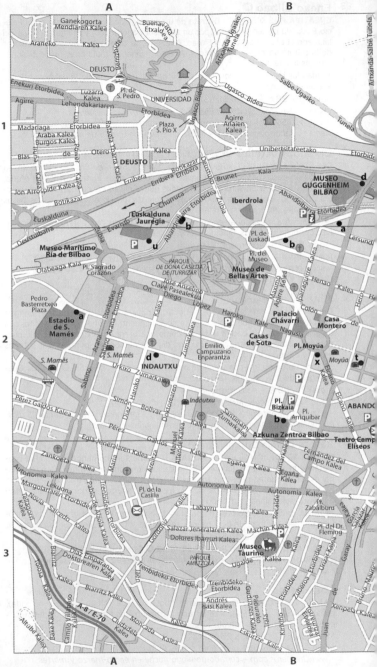

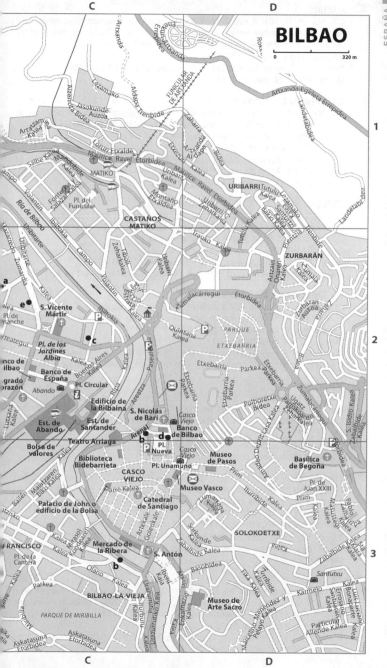

BILBAO

0   320 m

C   **D**

1

URIBARRI

ZURBARÁN

CASTAÑOS MATIKO

MATIKO

Pl. del Funicular

FUNICULAR DE ARTXANDA

Zumalacárregui   Etorbidea

PARQUE ETXEBARRIA

Quintana Kalea

2

a

e

S. Vicente Mártir

Pl. de l'Ensanche

Pl. de los Jardines Albia

c

Banco de España

anco de ilbao

grado orazón

Pl. Circular

Abando

Edificio de la Bilbaína

S. Nicolás de Bari

Est. de Abando

Est. de Santander

Teatro Arriaga

b   **d**

Banco de Bilbao

Casco Viejo

Pl. Nueva

Museo de Pasos

Basílica de Begoña

Bolsa de valores

Biblioteca Bidebarrieta

Pl. Unamuno

CASCO VIEJO

Porre Kalea

Museo Vasco

Pl. de Juan XXIII

Palacio de John o edificio de la Bolsa

Catedral de Santiago

SOLOKOETXE

FRANCISCO

Pl. de la Cantera

Mercado de la Ribera

b

S. Antón

3

BILBAO-LA-VIEJA

PARQUE DE MIRIBILLA

Museo de Arte Sacro

Santutxu

Askatasuna Etorbidea

C   **D**

⫶○ Aizian　　　　　　　　　　　　🛋 AC ⫘ ⟳

COCINA TRADICIONAL · AMBIENTE CLÁSICO ✕✕ Tiene personalidad respecto al hotel y con su nombre rememora una obra del maestro Chillida, el gran "herrero del arte". Proponen una cocina de gusto actual bastante variada.

Menú 20/85 € – Carta 55/70 €

Plano : A1-b – *Hotel Meliá Bilbao, Lehendakari Leizaola 29* ⊠ *48001*
Ⓜ *San Mamés* – ✆ *944 28 00 39*

⫶○ San Mamés Jatexea　　　　　　　⫖ AC ⫘ ⟳ 🚗

COCINA TRADICIONAL · TENDENCIA ✕✕ Resulta singular por su ubicación, en el mismísimo estadio de "Los Leones" y asomado al terreno de juego. Carta tradicional y menús degustación. ¡No abre durante los partidos!

Menú 45/80 € – Carta 55/75 €

Plano : A2-a – *Raimundo Pérez Lezama (Estadio de Fútbol San Mamés, puerta 14 - 1º)* ⊠ *48007* **Ⓜ** *San Mamés* – ✆ *946 41 24 32* – *www.sanmamesjatetxea.com*
– *solo almuerzo salvo jueves, viernes y sábado*

⫶○ KUMA　　　　　　　　　　　　　⫖ AC ⫘

JAPONESA · A LA MODA ✕✕ Brinda una estética bastante cuidada, con una barra de sushi para la elaboración de los platos fríos. Cocina nipona y de fusión, siempre con el máximo respeto por el producto.

Carta 40/88 €

Plano : C2-a – *Ercilla 8* ⊠ *48007* **Ⓜ** *Moyúa* – ✆ *677 48 33 48*
– *www.restaurantekuma.com* – *cerrado 28 julio-17 agosto, domingo y lunes*

⫶○ La Despensa del Etxanobe Ⓝ　　　⫖ AC ⫘

COCINA TRADICIONAL · DE DISEÑO ✕✕ Un espacio más informal anexo al Etxanobe Atelier, con el que comparte las instalaciones de cocina. Buenos expositores y elaboraciones tradicionales, con platos actualizados.

Menú 65/75 € – Carta 55/70 €

Plano : B2-d – *Juan de Ajuriaguerra 8* ⊠ *48007* **Ⓜ** *Abando* – ✆ *944 42 10 23*
– *www.etxanobe.com* – *cerrado del 1 al 15 de enero, 21 julio-14 agosto y domingo*

⫶○ Yandiola　　　　　　　　　　　　⫖ AC ⫘

COCINA TRADICIONAL · DE DISEÑO ✕✕ En el centro cívico-cultural Askuna Zentroa (antiguo AlhóndigaBilbao), un emblemático almacén de vinos que fue rehabilitado por Philippe Starck. Cocina actual y de temporada.

Menú 55 € – Carta 45/65 €

Plano : B2-b – *pl. Arrikibar 4* ⊠ *48010* **Ⓜ** *Indautxu* – ✆ *944 13 36 36*
– *www.yandiola.com* – *cerrado domingo y lunes*

⫶○ Bascook　　　　　　　　　　　　⫖ AC ⫘

MODERNA · DE DISEÑO ✕ ¡Un negocio moderno, distendido e informal! Su original carta desgrana una cocina de gusto actual con tres apartados: vegetariana, tradicional y de fusión con otras culturas.

Menú 32/62 € – Carta 42/60 €

Plano : C2-c – *Barroeta Aldamar 8* ⊠ *48001* **Ⓜ** *Abando* – ✆ *944 00 99 77*
– *www.bascook.com* – *solo almuerzo salvo jueves, viernes y sábado* – *cerrado domingo*

⫶○ El Globo　　　　　　　　　　　　🛋 AC

COCINA TRADICIONAL · ACOGEDORA 𝄒 Resulta céntrico y casi siempre está lleno. Ofrece una barra bien surtida de pinchos y raciones, todos de excelente aspecto. ¡No se marche sin probar su Txangurro gratinado!

Tapa 2 € – Ración aprox. 10 €

Plano : B2-t – *Diputación 8* ⊠ *48008* **Ⓜ** *Moyúa* – ✆ *944 15 42 21*
– *www.barelglobo.com* – *cerrado del 15 al 28 de febrero, del 1 al 15 de agosto y domingo*

🍴 Gure-Toki   ⒶⒸ

VASCA · FAMILIAR ⒴ Una casa familiar, en pleno casco viejo, que sabe mirar al futuro sin olvidar sus raíces. Sus elaborados "pintxos" y raciones apuestan por la cocina tradicional actualizada.

Tapa 3 € – Ración aprox. 10 €

Plano : C2-3-d – *pl. Nueva 12* ⊠ *48005* Ⓜ *Casco Viejo* – ☏ *944 15 80 37*
– *www.guretoki.com – cerrado 16 julio-14 agosto, domingo noche y miércoles*

Alojamientos

🏨 Carlton   ⑂ ᵭ 🖵 㐅 ⒶⒸ ⑅ 🛁 🚗

TRADICIONAL · CLÁSICA Un hotel-monumento que atesora historia, elegancia y cierto abolengo. Ofrece atractivas zonas nobles y habitaciones espaciosas, la mayoría de estilo clásico. En su restaurante, también clásico, le propondrán una cocina de carácter tradicional e internacional.

142 hab – 🛏108/645 € 🛏🛏108/645 € – ⊇ 23 € – 6 suites
Plano : B2-x – *pl. de Federico Moyúa 2* ⊠ *48009* Ⓜ *Moyúa* – ☏ *944 16 22 00*
– *www.hotelcarlton.es*

🏨 G.H. Domine Bilbao   ⑂ ᵭ 🖵 㐅 ⒶⒸ ⑅ 🛁 🚗

NEGOCIOS · DE DISEÑO Muestra el inconfundible sello del diseñador Javier Mariscal, con detalles modernos por doquier y vistas al Museo Guggenheim desde muchas de sus habitaciones. Amplias zonas nobles, donde encontraremos hasta una cascada de agua, y buena oferta gastronómica.

139 hab – 🛏150/600 € 🛏🛏150/600 € – ⊇ 26 € – 6 suites
Plano : B1-a – *Alameda Mazarredo 61* ⊠ *48009* Ⓜ *Moyúa* – ☏ *944 25 33 00*
– *www.hoteldominebilbao.com*

🏨 Meliá Bilbao   ⑂ ⛲ ᵭ 🖵 㐅 ⒶⒸ 🛁 🚗

CADENA HOTELERA · CLÁSICA Construcción moderna y escalonada emplazada al lado de la ría. Posee un gran hall-lobby con ascensores panorámicos, varios salones y unas habitaciones muy bien equipadas, todas exteriores y algunas con su propia terraza. ¡Atractiva oferta gastronómica!

196 hab ⊇ – 🛏100/950 € 🛏🛏110/960 € – 15 suites
Plano : A1-b – *Lehendakari Leizaola 29* ⊠ *48011* Ⓜ *San Mamés* – ☏ *944 28 00 00*
– *www.melia.com*
🍴 **Aizian** – ver selección restaurantes

🏨 Miró   ᵭ 🖵 㐅 ⒶⒸ ⑅ 🛁

TRADICIONAL · MODERNA Se halla junto al Guggenheim y sorprende por su interior, ya que responde a la creatividad del diseñador Antonio Miró. Buen confort y soluciones prácticas en el mobiliario.

50 hab – 🛏100/500 € 🛏🛏150/800 € – ⊇ 18 €
Plano : B2-b – *Alameda Mazarredo 77* ⊠ *48009* Ⓜ *Moyúa* – ☏ *946 61 18 80*
– *www.mirohotelbilbao.com*

La BISBAL D'EMPORDÀ

Girona – 10 759 h. – Alt. 39 m – Mapa regional : **10**-B1
Mapa de carreteras Michelin n° 574-G39

🍴 Drac   ⪕ 🏛 㐅 ⒶⒸ ⇆ 🅿

COCINA TRADICIONAL · RÚSTICA ㄨㄨ Cuidado, agradable y con bellos muros en piedra. Le propondrán unos platos de tinte actual no exentos de atrevimiento y una interesante carta de vinos con rarezas de la zona.

Carta 45/70 €

Hotel Castell d'Empordà, carret. del Castell, Norte : 1,5 km ⊠ *17115*
– ☏ *972 64 62 54 – www.castelldemporda.com – cerrado 1 enero-22 marzo*

🏠 Castell d'Empordà   🛎 ⇐ 🛏 ⚖ 🖭 ⛴ 🅰🅲 ❦ 🅿

EDIFICIO HISTÓRICO · PERSONALIZADA Castillo medieval rodeado por un hermoso bosque. Atesora preciosas dependencias y una singular maqueta, donde se reproduce una batalla napoleónica... icon soldaditos de plomo!

38 hab ⌂ – ♦189/279 € ♦♦229/319 €

carret. del Castell, Norte : 1,5 km ✉ *17115 –* ☎ *972 64 62 54*
– www.castelldemporda.com – abierto 23 marzo-03 noviembre

🍽 **Drac** – ver selección restaurantes

BOADILLA DEL MONTE
Madrid – 48 775 h. – Alt. 689 m – Mapa regional : **15**-A2
Mapa de carreteras Michelin n° 576-K18

🏠 El Antiguo Convento de Boadilla del Monte   🛎 🖭 🅰🅲 ❦ ⛲

HISTÓRICO · CLÁSICA Convento del s. XVII dotado con un hermoso   🚗
claustro y refectorio. Sorprende por sus magníficas instalaciones, vestidas con detalles antiguos, valiosos arcones, bellas alfombras, espléndidas tapicerías... y hasta doseles sobre algunas camas.

16 hab ⌂ – ♦140/175 € ♦♦158/228 € – 1 suite

Las Monjas ✉ *28660 –* ☎ *916 32 22 20 – www.elconvento.net*

BOBORÁS
Ourense – 2 510 h. – Alt. 42 m – Mapa regional : **13**-B2
Mapa de carreteras Michelin n° 571-E5

🏠 Pazo Almuzara   ⛲ 🛏 ⚒ ❦ 🅿

TRADICIONAL · CLÁSICA Tradición y distinción se dan cita en este pazo del s. XIX. Disfruta de un bello jardín arbolado, una acogedora zona social y dos tipos de habitaciones: las de estilo antiguo, con mobiliario de época, y las de línea actual. Comedor de carácter polivalente.

19 hab – ♦35/60 € ♦♦40/75 € – ⌂6 €

Almuzara, Este : 1 km ✉ *32514 –* ☎ *988 40 21 75 – www.pazoalmuzara.com*
– cerrado 7 enero-6 febrero

BOCAIRENT
Valencia – 4 357 h. – Alt. 680 m – Mapa regional : **11**-A3
Mapa de carreteras Michelin n° 577-P28

🏠 L'Àgora   🛎 🖭 🅰🅲 ❦

HISTÓRICO · ACOGEDORA Ocupa un edificio clásico-modernista, construido en 1921, donde se ha procurado conservar tanto los suelos como las barandillas, las maderas... Ofrece espaciosas habitaciones, todas muy bien personalizadas y cuatro de carácter temático.

8 hab ⌂ – ♦60/88 € ♦♦70/116 €

Sor Piedad de la Cruz 3 ✉ *46880 –* ☎ *962 35 50 39 – www.lagorahotel.com*

BOCEGUILLAS
Segovia – 793 h. – Alt. 957 m – Mapa regional : **8**-C2
Mapa de carreteras Michelin n° 575-H19

🍴 Área de Boceguillas   ⇐ & 🖭 🅰🅲 ❦ 🅿

REGIONAL · AMBIENTE TRADICIONAL ✕✕ ¡Un área de servicios realmente ejemplar! Presenta una amplia cafetería, una sala circular que atesora vistas a Somosierra y una carta regional con dos grandes protagonistas: el lechazo asado y las verduras. ¡También ofrece varios apartamentos tipo bungalow!

Menú 19/29 € – Carta 35/45 €

autovía A 1, salidas 115 y 118 ✉ *40560 –* ☎ *921 54 37 03 – cerrado del 1 al 15 de agosto*

BOLVIR DE CERDANYA

Girona – 380 h. – Alt. 1 145 m – Mapa regional : **9**-C1
Mapa de carreteras Michelin nº 574-E35

⌘○ Torre del Remei   🏍 ⩽ � AC P

CLÁSICA · ELEGANTE XxX Restaurante de gran nivel gastronómico, acorde al hotel en el que se encuentra y con un montaje de impecable clasicismo. Su carta combina el recetario clásico con el catalán, siempre apostando por los productos autóctonos de temporada.

Menú 55/95 € – Carta 53/85 €

Hotel Torre del Remei, Camí del Remei 3, Noreste : 1 km ✉ *17539 –* ✆ *972 14 01 82*
– www.torredelremei.com

🏚 Torre del Remei   🏊 ⩽ � ⬛ ⬦ AC P

LUJO · ELEGANTE Magnífico palacete modernista dotado con vistas a la sierra del Cadí y a los Pirineos. La elegancia arquitectónica encuentra su réplica en unas estancias de sumo confort.

7 hab ⌑ – ♦190/365 € ♦♦220/420 € – 4 suites

Camí del Remei 3, Noreste : 1 km ✉ *17539 –* ✆ *972 14 01 82*
– www.torredelremei.com

   ⌘○ **Torre del Remei** – ver selección restaurantes

BONMATÍ

Girona – 1 272 h. – Mapa regional : **10**-A1
Mapa de carreteras Michelin nº 574-G37

⌘○ Duc de L'Obac   🛖 AC 🍽

CATALANA · RÚSTICA X Descubra los sabores de la cocina catalana en una masía rústica, hoy reformada, con más de 200 años de historia. Buen menú diario, sugerencias de temporada y arroces para dos.

Menú 15/30 € – Carta 25/40 €

Amer 10 ✉ *17164 –* ✆ *972 42 09 77 – www.restaurantducdelobac.cat – solo almuerzo salvo viernes y sábado – cerrado lunes noche y martes*

BOQUEIXÓN

A Coruña – Mapa regional : **13**-B2
Mapa de carreteras Michelin nº 571-D4

en Codeso Sureste : 3 km – Mapa regional : **13**-B2

🉐 O Balado   🅖 🍽 P

COCINA TRADICIONAL · SENCILLA X Singular, auténtico, diferente... sin duda, la pareja al frente ha plasmado aquí su filosofía vital. La discreta fachada de la casa esconde una sala de carácter ecléctico, presidiéndose esta por una típica "lareira". Cocina de calidad elaborada con esmero.

Menú 30/40 € – Carta 25/38 €

Ardesende 3 ✉ *15881 Boqueixón –* ✆ *639 89 37 49 – www.obalado.com – solo almuerzo salvo viernes y sábado – cerrado 24 diciembre-6 enero y del 20 al 30 de junio*

Les BORGES BLANQUES

Lleida – 6 019 h. – Alt. 310 m – Mapa regional : **9**-B2
Mapa de carreteras Michelin nº 574-H32

⌘○ Hostal Benet 🅝   AC

CATALANA · AMBIENTE TRADICIONAL XX Ocupa un edificio con siglos de historia, pues sirvió como molino y ayuntamiento. Carta actual de base tradicional, con guiños al aceite de "Les Garrigues" y opción de menús.

Carta 29/49 €

pl. Constitució 21-23 ✉ *25400 –* ✆ *973 14 23 18 – www.restauranthostalbenet.com – solo almuerzo salvo viernes y sabado – cerrado del 2 al 10 de enero, del 10 al 30 de septiembre, martes y miércoles*

BORLEÑA

Cantabria – 102 h. – Mapa regional : **6**-B1
Mapa de carreteras Michelin n° 572-C18

Mesón de Borleña   🛋 AC ✗

COCINA TRADICIONAL · AMBIENTE CLÁSICO ✗ Emplazado frente al hotel. Cuenta con un pequeño bar y un comedor clásico, algo recargado pero de impecable mantenimiento. Ofrecen un trato muy familiar y una carta tradicional rica en guisos, como sus sabrosas Alubias blancas con chorizo.
Menú 15/25 € – Carta 25/40 €
carret. N 623 ✉ 39699 – 𝒸 942 59 76 43
– www.hoteldeborlena.com – solo almuerzo salvo viernes, sábado y verano
– cerrado 5 noviembre-4 diciembre y lunes salvo verano

BOROA Vizcaya → Ver Amorebieta-Etxano

BOSSÒST

Lleida – 1 137 h. – Alt. 710 m – Mapa regional : **9**-A1
Mapa de carreteras Michelin n° 574-D32

Er Occitan   ৬ AC ✗

MODERNA · MARCO CONTEMPORÁNEO ✗✗ Un negocio muy conocido en el valle, aunque el acceso está algo escondido. En su sala podrá degustar un menú-carta a precio fijo y un curioso menú degustación, este reservado a mesas completas y para compartir. ¡A la dueña le encanta el mundo de los vinos!
Menú 35/55 € – solo menú
Major 66 ✉ 25550 – 𝒸 973 64 73 66 (es necesario reservar)
– www.eroccitan.com – solo almuerzo salvo Navidades, Semana Santa, agosto, viernes y sábado – cerrado 24 junio-9 julio y lunes salvo festivos

El Portalet   AC ✗ 🅿

MODERNA · MARCO CONTEMPORÁNEO ✗✗ Un restaurante con historia y carácter, pues ocupa una antigua casa de postas en la que paraban las diligencias camino de Francia. Hoy presenta un interior renovado, con espacios de aire rústico-moderno y detalles de diseño. Sugerentes menús de tinte actual.
Menú 35/50 € – solo menú
Sant Jaume 32 ✉ 25550 – 𝒸 973 64 82 00
– www.restaurantportalet.com – solo almuerzo salvo Navidades, Semana Santa, 15 julio-15 septiembre, viernes y sábado – cerrado 21 junio-9 julio, domingo noche y lunes

BRIHUEGA

Guadalajara – 2 538 h. – Alt. 897 m – Mapa regional : **7**-C1
Mapa de carreteras Michelin n° 576-J21

Niwa   🖼 🕤 ⅃⅃ ⬚ ৬ AC ✗ 🅿

SPA Y BIENESTAR · MODERNA Moderno, exclusivo y con la propietaria volcada en el negocio, por lo que garantiza un trato personalizado. Presenta unas habitaciones de completo equipamiento y un coqueto SPA, especializado en tratamientos estéticos y masajes orientales.
10 hab ⌂ – †97/120 € ††135/175 €
paseo Jesús Ruíz Pastor 16 ✉ 19400 – 𝒸 949 28 12 99
– www.hotelspaniwa.com

BRIÑAS

La Rioja – 210 h. – Alt. 454 m – Mapa regional : **14**-A2
Mapa de carreteras Michelin n° 573-E21

🏠 Hospedería Señorío de Briñas

HISTÓRICO · ACOGEDORA Bello palacete del s. XVIII decorado con mobiliario de época. Todas las habitaciones son acogedoras... sin embargo, recomendamos las de la última planta por ser abuhardilladas y tener las vigas de madera a la vista.

20 hab ☑ – †75/90 € ††85/95 €

Señorío de Briñas 5 ✉ 26290 – ✆ 941 30 42 24
– www.hotelesconencantodelarioja.com

El BRULL

Barcelona – 254 h. – Alt. 843 m – Mapa regional : **9**-C2
Mapa de carreteras Michelin n° 574-G36

🍴 El Castell ⪡ & ⃞ ⃟ ⃠ 🅿

CATALANA · FAMILIAR Restaurante tipo masía ubicado en lo alto de una colina, junto a los vestigios del castillo. Ofrecen una buena carta regional y elaborados desayunos de "cuchillo y tenedor".

Menú 14 € – Carta 25/38 €

✉ 08559 – ✆ 938 84 00 63 – www.elcastelldelbrull.com – solo almuerzo
– cerrado 7 días en febrero, 21 días en septiembre y miércoles

en el Club de Golf Oeste : 3 km

🍴 L'Estanyol ⪡ �🏠 ⃞ ⃟ ⃠ 🅿

COCINA TRADICIONAL · AMBIENTE TRADICIONAL iUna antigua masía en un campo de golf! Posee un bar con un espacio dedicado a Johan Cruyff y comedores de aire rústico-elegante. Cocina tradicional, regional e internacional.

Menú 14/65 € – Carta 35/70 €

✉ 08559 El Brull – ✆ 938 84 03 54 – www.restaurantestanyol.com – solo almuerzo salvo viernes, sábado y verano – cerrado domingo noche y lunes noche en verano

BUERA

Huesca – 100 h. – Alt. 522 m – Mapa regional : **2**-C1
Mapa de carreteras Michelin n° 574-F30

🏠 La Posada de Lalola

FAMILIAR · PERSONALIZADA Una antigua casa de pueblo restaurada con muchísimo encanto. Tiene la recepción en el restaurante, posee un salón con chimenea y ofrece habitaciones de estilo rústico-actual.

7 hab ☑ – †70/79 € ††72/95 €

La Fuente 14 ✉ 22146 – ✆ 619 22 51 02 – www.laposadadelalola.com – cerrado del 8 al 25 de enero

BUEU

Pontevedra – 12 251 h. – Mapa regional : **13**-A3
Mapa de carreteras Michelin n° 571-F3

🍴 A Centoleira 🔘 🏠 & ⃞ ⃟ ⃠

PESCADOS Y MARISCOS · FAMILIAR iUn negocio familiar centenario! Posee una taberna de gran tipismo, un comedor rústico y una sala para banquetes con excelentes vistas a la ría. Cocina atlántica tradicional.

Menú 27/55 € – Carta 31/49 €

playa de Beluso 28 ✉ 36937 – ✆ 986 32 34 81 – www.acentoleira.com – cerrado del 15 al 31 octubre, domingo noche y lunes salvo verano

🍴 Loureiro ⪡ & ⃞ ⃟ ⃠ 🅿

PESCADOS Y MARISCOS · FAMILIAR Bien situado frente a la playa homónima. En los comedores, que sorprenden por sus fantásticas vistas a la ría de Pontevedra, le propondrán una sabrosa cocina marinera.

Menú 35/45 € – Carta 24/56 €

playa de Loureiro, 13, Noreste : 1 km ✉ 36930 – ✆ 986 32 07 19 – www.restauranteloureiro.com – cerrado domingo noche salvo verano

El BURGO DE OSMA
Soria – 4 984 h. – Alt. 895 m – Mapa regional : **8**-C2
Mapa de carreteras Michelin n° 575-H20

🏨 **Castilla Termal Burgo de Osma** 🔥 🏊 🗔 🚭 ₤₃ ⊟ & 🏧 🛝 🎎

TERMAL · HISTÓRICA Instalado en un impresionante edificio, ya que 🚗
ocupa lo que fue la Universidad de Santa Catalina, del s. XVI. Amplias zonas
nobles, habitaciones detallistas y un hermoso balneario emplazado bajo el patio
columnado. El restaurante completa su carta tradicional con un apartado vegeta-
riano y otro para celíacos.

66 hab ⬡ – ♦106/144 € ♦♦119/189 € – 4 suites

Universidad 5 ⊠ 42300 – 𝒞 975 34 14 19 – www.castillatermal.com

BURGOS
175 623 h. – Alt. 856 m – Mapa regional : **8**-C2
Mapa de carreteras Michelin n° 575-E18

🕸 **Cobo Vintage** (Miguel Cobo) 🏧 🛝

MODERNA · TENDENCIA XX Luz, alegría, modernidad... todo salpicado con detalles de diseño e inspiración nórdica. El chef, que demuestra inquietudes, defiende
una cocina actual de marcadas raíces tradicionales y encierra la filosofía de su
casa en una frase de Andy Warhol: "La idea no es vivir para siempre, es crear
algo que sí lo haga".

→ Cangrejo real, escabeche de mejillón, ensalada de apio y maracuyá. Merluza
de "El Vallés". El postre de los chocolates.

Menú 62/68 € – Carta 45/65 €

Plano : A2-b – *La Merced 19 ⊠ 09002 – 𝒞 947 02 75 81 – www.cobovintage.es*
– cerrado del 8 al 24 enero, 23 septiembre-10 octubre, domingo noche, lunes y
martes noche

🕸 **La Fábrica** 🏧 🛝

COCINA TRADICIONAL · MINIMALISTA XX ¡Llevado con ganas e ilusión! Ofrece
un comedor actual-minimalista, este con una chimenea en forja que aporta calidez. Cocina de mercado actualizada y tradicional burgalesa puesta al día, siempre
con opción a menús y a descubrir sus platos en medias raciones.

Menú 21/45 € – Carta 34/46 €

Briviesca 4 ⊠ 09004 – 𝒞 947 04 04 20 – www.fabricarestaurante.com – cerrado
del 15 al 31 de agosto, domingo noche y lunes

🍽 **Blue Gallery** & 🏧

CREATIVA · A LA MODA XX Instalado en un cubo de cristal, donde se presenta
con una pequeña barra y las mesas en la zona acristalada. Cocina de fusión con
bases asiáticas y buen producto de mercado.

Menú 19/42 € – solo menú

paseo Comuneros de Castilla 19 ⊠ 09006 – 𝒞 947 05 74 51 (es necesario reservar)
– www.bluegalleryrestaurante.com

🍽 **Casa Ojeda** 🕸 🏠 🏧 🛝 ⇄

COCINA TRADICIONAL · RÚSTICA XX Negocio ya centenario que da cabida a
un bar-cafetería, una pastelería, una tienda de delicatessen y varios apartamentos. Posee dos salas de aire castellano y tres privados.

Carta 34/57 €

Vitoria 5 ⊠ 09004 – 𝒞 947 20 90 52 – www.grupojeda.es – cerrado domingo
noche

🍽 **Puerta Real** 🏠 & 🏧 🛝 ⇄

COCINA TRADICIONAL · AMBIENTE CLÁSICO XX Destaca por su excelente ubicación en la plaza de la Catedral, con un bar de tapas a la entrada y una sala de
montaje actual. Cocina actualizada y un menú fiel a la tradición.

Menú 33/60 € – Carta 26/80 €

pl. Rey San Fernando 9 ⊠ 09003 – 𝒞 947 26 52 00 – www.puertareal.es – cerrado
domingo noche

⅃⊖ La Favorita   🕭 AC 🕀

COCINA TRADICIONAL · RÚSTICA 🕭 Excelente bar-restaurante de aire rústico, pues aún conserva las paredes originales en ladrillo visto y piedra. Destaca por la calidad de sus pinchos y sus carnes a la brasa.

Tapa 2 € – Ración aprox. 18 €

Avellanos 8 ✉ 09003 – 𝒞 947 20 59 49 – www.lafavoritaburgos.com

🏨 NH Palacio de Burgos   🕭 🛗 🔁 🕭 AC 🕀 🕭 🚗

NEGOCIOS · CONTEMPORÁNEA Instalado en un antiguo convento de fines del s. XVI que conserva la fachada y el claustro, este último hoy cubierto por un techo acristalado. Ofrece unas habitaciones amplias y luminosas, así como un restaurante de montaje actual orientado al cliente alojado.

110 hab – ∮109/209 € ∮∮109/209 € – 🖵 19 € – 3 suites

La Merced 13 ✉ 09002 – 𝒞 947 47 99 00 – www.nh-hotels.com

🏠 Vía Gótica   🔁 AC 🕀 🚗

TRADICIONAL · FUNCIONAL Sencillo y funcional pero... ¡con personalidad! Presenta unas instalaciones luminosas y de línea moderna, con vistas a la Catedral. Encontrará detalles que lo hacen diferente.

17 hab – ∮45/200 € ∮∮47/270 € – 🖵 8 €

pl. de Vega 3 ✉ 09002 – 𝒞 947 24 44 44 – www.hotelviagotica.com

al Sur en la autovía A1

🏨 Landa   🕭 🛏 ⌇ 🔲 🔁 AC 🕀 🕭 🚗

TRADICIONAL · CLÁSICA Magnífico hotel ubicado, parcialmente, en un torreón del s. XIV. Atesora amplias zonas nobles y habitaciones bien personalizadas, la mitad con hidromasaje en los baños. Acogedor comedor clásico-regional para el almuerzo y salón de aire medieval para las cenas.

36 hab – ∮97/101 € ∮∮130/145 € – 🖵 18 € – 1 suite

3,5 Km ✉ 09001 Burgos – 𝒞 947 25 77 77 – www.landa.as

CABAÑAS DE LA SAGRA

Toledo – 1 760 h. – Mapa regional : **7**-B2
Mapa de carreteras Michelin n° 576-L18

🕲 Casa Elena   🕭 🕭 AC 🕀

REGIONAL · MARCO REGIONAL 🕭🕭 Instalado en una sencilla casa rural, de paredes encaladas, que sorprende con el comedor principal en las viejas caballerizas. Exaltan la cocina regional y tienen la sostenibilidad por bandera, por lo que siempre trabajan con productos locales o de proximidad.

Menú 23/55 € – Carta 37/51 €

Nueva 15 ✉ 45592 – 𝒞 925 35 54 07 – www.restaurantecasaelena.com – solo almuerzo salvo viernes y sábado

Las CABEZAS DE SAN JUAN

Sevilla – 16 514 h. – Alt. 71 m – Mapa regional : **1**-B2
Mapa de carreteras Michelin n° 578-V12

por la carretera A 371 Este : 8,5 km y desvío a la izquierda 1 km

🏨 Hacienda de San Rafael   🕭 🕭 ⌇ 🕭 AC P

CASA DE CAMPO · ELEGANTE Exclusivo, aislado e instalado en una gran hacienda que funcionó como almazara en el s. XVIII. Atesora un bello entorno ajardinado, habitaciones detallistas, casitas independientes y un restaurante, para el cliente alojado, que se adapta a cualquier exigencia.

14 hab 🖵 – ∮280/580 € ∮∮280/580 €

carret. N-IV, km 594 ✉ 41730 – 𝒞 955 87 21 93 – www.haciendadesanrafael.com – abierto 5 marzo-15 noviembre

CABEZÓN DE LA SAL

Cantabria – 8 353 h. – Alt. 128 m – Mapa regional : **6**-B1
Mapa de carreteras Michelin n° 572-C17

🏠 El Jardín de Carrejo   🐾 🛜 🌿 **P**

FAMILIAR · MODERNA Casona en piedra rodeada por unos extensos jardines, con riachuelos, árboles catalogados, antiguas piscinas de piscifactorías... Sorprende la modernidad y armonía de su interior, combinando distintas maderas en unos diseños limpios y puros.

12 hab – ♦66/108 € ♦♦69/122 € – ⌒11 €

Sur : 1,5 km ✉ 39509 – ℰ 942 70 15 16 – www.eljardindecarrejo.com

CABEZÓN DE LIÉBANA

Cantabria – 622 h. – Alt. 779 m – Mapa regional : **6**-A1
Mapa de carreteras Michelin n° 572-C16

🏠 Casona Malvasia   🐾 ⪥ 🛜 ⌁ 🝙 🌿 **P**

FAMILIAR · PERSONALIZADA Hotel de aire montañés construido sobre una bodega visitable. Ofrece un salón social con chimenea y habitaciones de elegante ambiente rústico personalizadas en su decoración.

8 hab – ♦80/100 € ♦♦96/130 € – ⌒9 €

Cabariezo, Noroeste : 1 km ✉ 39571 – ℰ 942 73 51 48
– www.hotelcasonamalvasia.com – abierto abril-15 diciembre

CABO → Ver a continuación y el nombre propio del cabo

CABO DE PALOS

Murcia – 889 h. – Mapa regional : **16**-B3
Mapa de carreteras Michelin n° 577-T27

🍴 La Tana   ⪥ 🛋 ⪥ 🝙 🌿

COCINA TRADICIONAL · FAMILIAR 🕅 Negocio familiar ubicado en la zona del puerto, donde ofrecen unos comedores de correcto montaje y una carta rica en pescados, mariscos, arroces y calderos. Su atractiva terraza destaca por sus buenas vistas al mar.

Menú 18/42 € – Carta 12/32 €

paseo de la Barra 3 ✉ 30370 – ℰ 968 56 30 03 – www.la-tana.com – cerrado febrero

CABRERA DE MAR

Barcelona – 4 522 h. – Alt. 125 m – Mapa regional : **10**-B3
Mapa de carreteras Michelin n° 574-H37

🍴 Cal Tito   🝙 🌿

PESCADOS Y MARISCOS · SENCILLA 🕅 Restaurante de organización familiar ubicado cerca del centro. Plantean una cocina de producto sin grandes complicaciones... eso sí, especializada en pescados y mariscos.

Carta 34/58 €

Ronda de Calalunya 42 ✉ 08349 Cabrera de Mar – ℰ 937 59 19 13 – cerrado domingo noche y lunes no festivos

CABRILS

Barcelona – 7 250 h. – Alt. 147 m – Mapa regional : **10**-B3
Mapa de carreteras Michelin n° 574-H37

🍴 Axol   🛋 🝙 🌿 **P**

MODERNA · FAMILIAR 🕅🕅 Negocio de gestión familiar instalado en un atractivo chalet de líneas vanguardistas. Ofrecen una cocina actual, apegada al producto de temporada, y una buena oferta de menús.

Menú 19/65 € – Carta 40/50 €

Arboç 6, Urb. Can Cabot ✉ 08348 – ℰ 937 53 86 45 – www.restaurantaxol.com
– cerrado 15 días en febrero, 15 días en septiembre-octubre, domingo noche, lunes y martes

ⅱ○ Ca L'Estrany   🏠 ⅆ AC P

COCINA TRADICIONAL · AMBIENTE CLÁSICO XX Esta casa, tipo masía pero de estética actual, está muy vinculada a La Cofradía de Pescadores de Arenys de Mar. Aquí lo mejor son las sugerencias y el pescado de temporada.

Menú 20/30 € – Carta 31/40 €

camí Coll de Port 19 ✉ *08348 – ℰ 937 50 70 66 – www.calestrany.com – cerrado domingo noche y lunes salvo festivos*

🏠 Mas de Baix   🏊 ⅅ AC ℅ P

MANSIÓN · RÚSTICA ¡Alójese en una preciosa casona señorial del s. XVII! En este céntrico edificio encontrará zonas sociales de aire rústico y unas habitaciones muy cuidadas, todas bien personalizadas y con cierto aire colonial. Entorno con piscina y césped.

11 hab – ♦75/97 € ♦♦115/145 € – ⌑ 10 €

passeig Tolrà 1 ✉ *08348 – ℰ 937 53 80 84 – www.hotelmasdebaix.com – cerrado del 1 al 20 de enero*

CABUEÑES Asturias → Ver Gijón

CACABELOS

León – 5 318 h. – Mapa regional : **8**-A1
Mapa de carreteras Michelin nº 575-E9

en Canedo Noreste : 6,5 km

😊 Palacio de Canedo   ⇦ 🏊 🏠 AC ℅ P

REGIONAL · RÚSTICA XX Un palacio rural rodeado de viñedos, la sede de Prada a Tope. Disfruta de un cálido bar, una preciosa tienda, dos comedores de ambiente rústico-antiguo y unas habitaciones muy originales, todas con mobiliario rústico de diseño. Cocina regional y vinos propios.

Menú 30/36 € – Carta 25/40 €

14 hab ⌑ – ♦85/120 € ♦♦105/230 €

La Iglesia ✉ *24546 Canedo – ℰ 987 56 33 66 – www.pradaatope.es – cerrado del 15 al 28 de febrero*

CÁCERES

95 917 h. – Alt. 439 m – Mapa regional : **12**-B2
Mapa de carreteras Michelin nº 576-N10

🌸🌸 Atrio (Toño Pérez)   🌸 ⅅ AC ℅

CREATIVA · DE DISEÑO XxxX Si algo se respira en esta casa es la pasión por los detalles, pues la delicadeza va más allá de la gastronomía para transmitirse a todos los elementos físicos que rodean al cliente, empezando por las depuradas líneas arquitectónicas que fusionan pasado y presente.

Con el chef cacereño Toño Pérez, el alma y motor del restaurante, descubrirá una cocina innovadora de maridajes clásicos, cercana a los austeros productos de la zona pero con un increíble poder para potenciarlos y convertir la experiencia en un festival de sabores.

No se pierda bajo ningún concepto la bodega, una de las mejores del mundo gracias a la incansable labor de José Polo (copropietario, sumiller y jefe de sala), pues atesora colecciones internacionales de incalculable valor enológico y auténticas joyas, como el Château d'Yquem de 1806 (recorchado en el propio château en 2001), que por los extraordinarios, y casi épicos, avatares del destino ha llegado a tener un precio en carta que... ¡supera los 300.000 euros!

→ Gambas marinadas, ensalada de brotes y crema agria. Careta de cerdo, cigala y jugo cremoso de ave. Binomio de Torta del Casar y pera con bizcocho de té matcha y aceites de oliva.

Menú 155/165 € – solo menú

Hotel Atrio, pl. San Mateo 1 ✉ *10003 – ℰ 927 24 29 28 – www.restauranteatrio.com*

ESPAÑA

⊛ Madruelo   AC ⌀

COCINA TRADICIONAL · AMBIENTE TRADICIONAL ✕✕ ¡Procuran mimar a sus clientes! En este acogedor restaurante, ubicado en una casa antigua que sorprende por sus techos abovedados, encontrará una cocina de base tradicional bien actualizada, siempre con productos extremeños y de temporada.

Menú 30/36 € – Carta 28/40 €

Camberos 2 ⊠ 10003 – ℰ 927 24 36 76 – www.madruelo.com – cerrado 15 días en enero, 15 días en julio, domingo noche, lunes noche y martes noche

⛫ Atrio   ⌁ ⊡ AC ⚐ ⇔

LUJO · DE DISEÑO Se halla en el espectacular casco antiguo y ocupa un edificio excepcional, no en vano ha sido rehabilitado por los prestigiosos arquitectos Mansilla y Tuñón. Encontrará unas estancias y habitaciones de inmaculado diseño, jugando siempre con los espacios, las luces y la interpretación visual de cada cliente.

14 hab – ♦309/374 € ♦♦309/374 € – ☲ 41 €

pl. San Mateo 1 ⊠ 10003 – ℰ 927 24 29 28 – www.restauranteatrio.com

❀❀ **Atrio** – ver selección restaurantes

⛫ Parador de Cáceres   ⚑ ⌁ ⊡ ⅍ AC ⚐ ⚐ ⇔

HISTÓRICO · MODERNA Este atractivo Parador se encuentra en pleno centro histórico, ocupando el antiguo Palacio de Torreorgaz. Pese a ser un edificio del s. XIV hoy se presenta totalmente renovado, conservando reminiscencias del pasado pero ofreciendo también un confort muy actual. El restaurante destaca por su zona ajardinada.

39 hab – ♦100/255 € ♦♦100/255 € – ☲ 19 €

Ancha 6 ⊠ 10003 – ℰ 927 21 17 59 – www.parador.es

⛫ NH Collection Palacio de Oquendo   ⚑ ⌁ ⅍ ⊡ ⅍ AC ⚐ ⚐

CADENA HOTELERA · MODERNA Casa-palacio del s. XVI vinculada a los Marqueses de Oquendo. Encontrará un bonito patio y unas habitaciones de estilo moderno, algunas con los techos abuhardillados. El restaurante, de reducida capacidad, se complementa con un buen bar-tapería y una terraza.

86 hab – ♦70/310 € ♦♦70/310 € – ☲ 19 €

pl. de San Juan 11 ⊠ 10003 – ℰ 927 21 58 00 – www.nh-collection.com

⛫ Casa Don Fernando   ⊡ ⅍ AC ⚐

TRADICIONAL · CONTEMPORÁNEA Destaca por su emplazamiento, pues ocupa un edificio del s. XVI que tiene varias habitaciones con balcón asomadas a la Plaza Mayor. Encontrará un moderno lobby, estancias de línea actual y un bar que deja el antiguo aljibe a la vista.

36 hab – ♦70/150 € ♦♦80/250 € – ☲ 12 €

pl. Mayor 30 ⊠ 10003 – ℰ 927 21 42 79 – www.sohohoteles.com

en la carretera N 521 Oeste : 6 km

⛫ Palacio de Arenales   ⚑ ⌁ ⊛ ⅍ ⊡ ⅍ AC ⚐ ⇔

TRADICIONAL · ACOGEDORA Se halla en pleno campo, en lo que fue la finca de verano de una importante familia cacereña. Posee habitaciones de diferentes tamaños, todas de línea actual, un buen SPA y un acogedor restaurante que ofrece tanto carta, tradicional e internacional, como menú.

46 hab – ♦90/300 € ♦♦90/300 € – ☲ 18 €

km 52 ⊠ 10005 Cáceres – ℰ 927 62 04 90 – www.hospes.com

CADAQUÉS

Girona – 2 840 h. – Mapa regional : **9**-D3
Mapa de carreteras Michelin n° 574-F39

‖○ Compartir   🏠 AC ⇔

MODERNA · RÚSTICA X Posee un amplio patio-terraza y un agradable interior de ambiente rústico-mediterráneo, con fuerte presencia de la piedra y la madera. Su propuesta culinaria apunta hacia el plato completo, de gran calidad, pero todo ideado para compartir.

Carta 29/70 €

Riera Sant Vicenç ⊠ 17488 – 𝒞 972 25 84 82 – www.compartircadaques.com – solo fines de semana 4 febrero-abril – cerrado del 5 al 31 de enero y lunes

🏠 Playa Sol   ≤ 🛏 ⊥ 🖭 & AC ⅍ 🚗

TRADICIONAL · MEDITERRÁNEA Todo un clásico, bien renovado, que lleva más de medio siglo en manos de la misma familia. La mayoría de las habitaciones, de estética mediterránea, ofrecen vistas al mar.

48 hab – ♦122/176 € ♦♦152/220 € – � 15 €

platja Pianc 3 ⊠ 17488 – 𝒞 972 25 81 00 – www.playasol.com – cerrado 15 noviembre-12 febrero

🏠 Calma Blanca   ⅏ ≤ ⊥ 🕮 ♨ ⊡ AC 🅿

LUJO · DE DISEÑO ¡Ideal para huir del estrés! Presenta unas instalaciones bastante modernas, con habitaciones de diseño bien personalizadas, un pequeño SPA y bonitas vistas sobre Cadaqués.

7 hab – ♦370/530 € ♦♦370/530 € – � 30 €

av. Salvador Dalí 8 ⊠ 17488 – 𝒞 972 15 93 56 – www.calmablanca.es

CADAVEDO

Asturias – Mapa regional : **3**-A1
Mapa de carreteras Michelin nº 572-B10

🏠 Torre de Villademoros   ⅏ ⅏ ≤ 🛏 ⅍ 🅿

TRADICIONAL · ACOGEDORA Casona solariega del s. XVIII, con porche y un cuidado jardín, emplazada junto a la torre medieval de la que toma su nombre. Posee amplias habitaciones de estética rústica-actual y un correcto comedor, para desayunos y cenas, orientado al cliente alojado.

10 hab – ♦66/99 € ♦♦88/113 € – � 9 € – 1 suite

Villademoros, Oeste : 1,5 km ⊠ 33788 – 𝒞 985 64 52 64 – www.torrevillademoros.com – abierto marzo-octubre

CÁDIZ

118 919 h. – Mapa regional : **1**-A2
Mapa de carreteras Michelin nº 578-W11

⊛ Sopranis   🏠 AC ⅍

MODERNA · A LA MODA X ¡En pleno barrio de Santa María! Se presenta con una pequeña barra de apoyo y dos salas, la principal decorada con fotos de modelos. Proponen una cocina de gusto actual muy interesante, con platos bien elaborados y de cuidada presentación.

Menú 35/50 € – Carta 30/40 €

Sopranis 5 ⊠ 11005 – 𝒞 956 28 43 10 – www.sopranis.es – cerrado del 4 al 22 de noviembre, domingo noche y lunes salvo verano y festivos

‖○ El Faro   🕸 AC ⅍ ⇔ 🚗

ANDALUZA · AMBIENTE CLÁSICO XX Uno de los restaurantes más prestigiosos de Cádiz... no en vano, está avalado por medio siglo de éxitos e historia. Propone una completa carta de cocina regional, con predominio de pescados y mariscos, así como una excelente bodega.

Menú 41/76 € – Carta 34/49 €

San Félix 15 ⊠ 11002 – 𝒞 956 21 10 68 – www.elfarodecadiz.com

🍽️ La Curiosidad de Mauro Barreiro

MODERNA · MARCO CONTEMPORÁNEO 🍴 Restaurante de estética contemporánea que sorprende por su oferta culinaria, pues esta fusiona la cocina de otros países, sobre todo de Sudamérica, con el producto local.

Menú 42/55 € – Carta 35/50 €

Veedor 10 ⊠ 11003 – 𝒞 *956 99 22 88 – www.lacuriosidaddemaurobarreiro.com*
– cerrado domingo en julio y agosto, domingo noche y lunes resto del año

🍽️ Barrasie7e

COCINA TRADICIONAL · TENDENCIA 🍴 Gastrobar de estética actual emplazado en 1ª línea de playa. Con su nombre hacen un guiño al número de dependencias del local y al total de hijos de los propietarios. Carta de tapas y raciones, con arroces individuales y conservas caseras.

Tapa 4 € – Ración aprox. 12 €

av. Amílcar Barca 17 ⊠ 11008 – 𝒞 *956 26 32 63 – www.barrasie7e.com*

🍽️ La Barra de El Faro

ANDALUZA · MARCO REGIONAL 🍴 Trabaja bastante y se presenta con un ambiente de estilo clásico-marinero. Le ofrecerán deliciosas tapas y raciones, aunque su especialidad son los pescaditos y las frituras.

Tapa 3 € – Ración aprox. 13 €

San Félix 15 ⊠ 11002 – 𝒞 *956 21 10 68 – www.elfarodecadiz.com*

🏨 Parador H. Atlántico   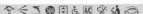

TRADICIONAL · DE DISEÑO ¡Vanguardismo orientado al océano! Este Parador atesora unas zonas sociales que tienen en el hierro a su gran protagonista, un buen salón de conferencias y modernas habitaciones, todas con terraza y vistas al mar. El restaurante, dotado con una bodega acristalada, propone una carta tradicional actualizada.

124 hab – 🛏110/305 € 🛏🛏110/305 € – ⊆ 19 €

av. Duque de Nájera 9 ⊠ 11002 – 𝒞 *956 22 69 05 – www.parador.es*

🏨 Argantonio

FAMILIAR · PERSONALIZADA Edificio del s. XIX ubicado en una estrecha calle del casco antiguo. Sin duda posee cierto encanto, presentándose con un hall-patio, muchos detalles, suelos hidráulicos y unas habitaciones bastante bien personalizadas en su decoración.

21 hab ⊆ – 🛏69/89 € 🛏🛏90/125 €

Argantonio 3 ⊠ 11004 – 𝒞 *956 21 16 40 – www.hotelargantonio.com*

en la playa de Cortadura Sur : 4,5 km

🍽️ Ventorrillo del Chato

COCINA TRADICIONAL · RÚSTICA 🍴🍴 Venta de 1780 y entrañable rusticidad ubicada junto a las dunas de la playa. Aquí encontrará una completa carta de cocina tradicional actualizada, bien enriquecida con guisos típicos y diferentes arroces.

Menú 47/80 € – Carta 30/84 €

Vía Augusta Julia (carret. San Fernando) ⊠ 11011 Cádiz – 𝒞 *956 25 00 25*
– www.ventorrilloelchato.com – cerrado domingo noche salvo agosto

CALACEITE

Teruel – 1 052 h. – Alt. 511 m – Mapa regional : **2**-C2
Mapa de carreteras Michelin nº 574-I30

🏨 Hotel del Sitjar

TRADICIONAL · ACOGEDORA Lo mejor es su emplazamiento, pues ocupa una hermosa casa solariega del s. XVIII situada en la misma plaza Mayor. Presenta un interior con mucho encanto, cálido y confortable, dominado por los detalles decorativos, la piedra y la madera. El restaurante, de carácter polivalente, ofrece una carta tradicional.

15 hab ⊆ – 🛏80/95 € 🛏🛏90/105 €

pl. España 15 ⊠ 44610 – 𝒞 *978 85 11 14 – www.hoteldelsitjar.com*
– cerrado 3 enero-febrero

CALAFELL

Tarragona – 24 256 h. – Mapa regional : **9**-B3
Mapa de carreteras Michelin nº 574-I34

en la playa

‖○ **Masia de la Platja**   🕭 AC 🍽

COCINA TRADICIONAL · FAMILIAR XX Este negocio familiar, que abrió sus puertas en 1961, ofrece una carta basada en pescados, mariscos y arroces. Se complementa con un local de tapas anexo bastante concurrido.

Menú 40 € – Carta 40/60 €

Vilamar 67-69 ✉ *43820 Calafell –* ☎ *977 69 13 41 – www.masiadelaplatja.com*
– cerrado del 7 al 13 de enero, del 4 al 27 de noviembre, martes noche y miércoles

‖○ **Masia de la Platja - Tapes**   🍽

MODERNA · MARCO CONTEMPORÁNEO ¾ ¡Tiene identidad propia respecto al restaurante! Su carta, que ensalza sobre todo los productos del mar, contempla un buen número de tapas, tanto tradicionales como creativas.

Tapa 5 € – Ración aprox. 15 €

Vilamar 69 ✉ *43820 Calafell –* ☎ *977 69 51 00 – www.masiadelaplatja.com*
– cerrado del 7 al 13 de enero, del 4 al 27 de noviembre, martes noche y miércoles

en la carretera C-31 Sureste : 2 km

‖○ **La Barca de Ca l'Ardet**   🏠 AC

COCINA TRADICIONAL · FAMILIAR X Se encuentra a las afueras de la localidad, instalado en un chalet azul de una zona residencial. En sus salas podrá descubrir una carta tradicional, con claras influencias del mar y un buen apartado de arroces. ¡Amplia variedad de menús!

Menú 26/50 € – Carta 38/65 €

Marinada 1, urb. Mas Mel ✉ *43820 Calafell –* ☎ *977 69 15 59*
– www.labarcadecalardet.com – solo almuerzo en invierno – cerrado del
1 al 15 septiembre y martes

CALAHORRA

La Rioja – 23 955 h. – Alt. 350 m – Mapa regional : **14**-B2
Mapa de carreteras Michelin nº 573-F24

‖○ **Chef Nino**   AC 🍽 ⇦

COCINA TRADICIONAL · AMBIENTE CLÁSICO XX Un restaurante elegante, de ambiente clásico y con más de 40 años de historia. Su propuesta, tradicional y de temporada con platos actualizados, se completa con un apartado más informal denominado "D'tapas". ¡No se pierda su Menestra de verduras de temporada!

Menú 17 € – Carta 33/50 €

Basconia 2 ✉ *26500 –* ☎ *941 13 31 04 – www.chefnino.com*
– cerrado 20 diciembre-20 enero, domingo noche y lunes

CALATAÑAZOR

Soria – 55 h. – Alt. 1 027 m – Mapa regional : **8**-D2
Mapa de carreteras Michelin nº 575-G21

🏠 **Casa del Cura**

FAMILIAR · RURAL Tiene la categoría de Posada Real, se halla en un pueblo pintoresco y ofrece un coqueto salón social, presidido por la típica chimenea pinariega. Habitaciones coloristas y buen restaurante, pionero en la cocina micológica. ¡Pregunte por sus jornadas mozárabes!

6 hab – ♦60/75 € ♦♦75/90 € – ⌙ 6 €

Real 25 ✉ *42193 –* ☎ *975 18 36 42 – www.posadarealcasadelcura.com – cerrado*
del 7 al 31 de enero

CALATAYUD

Zaragoza – 19 724 h. – Alt. 534 m – Mapa regional : **2**-B2
Mapa de carreteras Michelin n° 574-H25

⃝ Casa Escartín   AK ⌘ ⬦

COCINA TRADICIONAL · RÚSTICA X Una casa familiar que cuida muchísimo tanto los productos como los sabores. El chef, hijo del propietario, va actualizando poco a poco el recetario tradicional de su padre.

Menú 15/25 € – Carta 24/47 €

paseo San Nicolás de Francia 19 ✉ 50300 – 𝒞 976 89 17 38
– www.restaurantecasaescartin.com – cerrado del 10 al 17 julio, lunes en julio y agosto, domingo noche y festivos noche

Las CALDAS

Asturias – 120 h. – Alt. 125 m – Mapa regional : **3**-B1
Mapa de carreteras Michelin n° 572-C12

⌂⌂⌂⌂ G.H. Las Caldas   ⇞ ⬭ ⊜ ⌱ ⬚ ⓢⓟⓐ ⌖ ⊡ ⸂ AK ⅍ ⚘ ⇒

TERMAL · ELEGANTE ¡Recargue las pilas en un magnífico complejo lúdico-termal! Las excelentes instalaciones del balneario se completan con un SPA y un Centro de medicina deportiva, siempre compartiendo servicios con el hotel Enclave. Bello entorno ajardinado y elegantes habitaciones de línea clásica, todas equipadas al detalle.

79 hab ⌷ – ♦128/168 € ♦♦140/180 € – 11 suites
✉ 33174 – 𝒞 985 79 87 87 – www.lascaldas.com

⌂⌂⌂ Enclave   ⇞ ⬭ ⌱ ⬚ ⓢⓟⓐ ⌖ ⊡ ⸂ AK ⅍ ⇒

TERMAL · FUNCIONAL La Villa Termal de Las Caldas resulta realmente espectacular, por eso aquí vemos como se amplía la oferta hotelera con unas confortables habitaciones de estilo clásico-actual. ¡Todos los servicios están compartidos con el G.H. Las Caldas!

77 hab ⌷ – ♦97/137 € ♦♦109/149 € – 5 suites
✉ 33174 – 𝒞 985 79 87 87 – www.lascaldas.com

CALDAS DE REIS CALDAS DE REYES

Pontevedra – 9 834 h. – Alt. 22 m – Mapa regional : **13**-B2
Mapa de carreteras Michelin n° 571-E4

⌂⌂ Torre do Río   ⇞ ⬭ ⋖ ⊜ ⌱ ⅍ P

CASA DE CAMPO · ACOGEDORA ¡Encantador! Ocupa un complejo textil del s. XVIII bien rehabilitado y emplazado en un entorno único... no en vano, la finca fue declarada de Interés Paisajístico Nacional. Las estancias denotan buen gusto y a los clientes se les ofrece un menú previa reserva.

12 hab ⌷ – ♦85/100 € ♦♦100/120 €

Baxe 1, carretera de Moraña - Este : 1.5 km ✉ 36650 – 𝒞 986 54 05 13
– www.torredorio.es

CALDERS

Barcelona – 968 h. – Alt. 552 m – Mapa regional : **9**-C2
Mapa de carreteras Michelin n° 574-G35

en la carretera N 141 C Noreste : 2,5 km

⃝ Urbisol   ⊜ ⸂ AK ⅍ P

COCINA TRADICIONAL · ACOGEDORA XX Emana personalidad propia respecto al hotel... no en vano, fue el origen del negocio. Amabilidad, confort, cuidada iluminación y cocina tradicional actualizada de buen nivel.

Carta 29/77 €

Hotel Urbisol ✉ 08275 Calders – 𝒞 938 30 91 53 – www.hotelurbisol.com
– cerrado del 2 al 26 de enero, domingo noche, lunes y martes

OLEO
TOUR
JAÉN

Jaén
PARAÍSO INTERIOR

OLEO TOUR JAÉN

Un viaje de experiencias y sabor
por un mar de olivos

DIPUTACIÓN
DE JAÉN

VER +

www.oleotourjaen.es

⌂ Urbisol

FAMILIAR · MODERNA Tranquila masía ubicada en pleno bosque, donde disfruta de agradables terrazas y un amplio espacio de ambiente chill out. Ofrece confortables habitaciones de línea actual, la mayoría personalizadas con la temática de flores y algunas con espléndidas vistas.

16 hab ☲ – ♦99/132 € ♦♦110/165 €

✉ 08275 Calders – ☎ 938 30 91 53

– www.hotelurbisol.com

– cerrado del 2 al 26 de enero

⭑○ **Urbisol** – ver selección restaurantes

CALDES DE MONTBUI

Barcelona – 17 098 h. – Alt. 180 m – Mapa regional : **10**-B2
Mapa de carreteras Michelin n° 574-H36

🙂 Mirko Carturan Cuiner

MODERNA · A LA MODA ✕✕ Tener la cocina acristalada, nada más entrar, o el comedor decorado a base de libros gastronómicos son rasgos derivados de la personalidad de un talentoso chef de origen piamontés. Cocina actual de buen nivel, con finas texturas y delicadas presentaciones.

Menú 30 € – Carta 30/45 €

av. Pi i Margall 75 ✉ 08140 – ☎ 938 65 41 60

– www.mirkocarturan.com – solo almuerzo salvo viernes y sábado

– cerrado 15 días en agosto y domingo

CALELLA

Barcelona – 18 226 h. – Mapa regional : **10**-A2
Mapa de carreteras Michelin n° 574-H37

⭑○ El Hogar Gallego

PESCADOS Y MARISCOS · AMBIENTE CLÁSICO ✕✕ Este negocio familiar tiene un bar con mesas para raciones, un comedor principal de línea clásica y otros tres salones algo más actuales. Pescados y mariscos de gran calidad.

Menú 60 € – Carta 50/75 €

Ànimes 73 ✉ 08370 – ☎ 937 66 20 27

– www.elhogargallego.cat

– cerrado domingo noche y lunes

CALELLA DE PALAFRUGELL

Girona – 707 h. – Mapa regional : **10**-B1
Mapa de carreteras Michelin n° 574-G39

⭑○ Sa Jambina

COCINA TRADICIONAL · AMBIENTE MEDITERRÁNEO ✕ Está cerca de las playas y presenta dos salas, ambas de línea mediterránea-actual. La carta, muy orientada a las sugerencias, se centra en los pescados y mariscos de la zona.

Menú 40/60 € – Carta 39/60 €

Boffil i Codina 21 ✉ 17210 – ☎ 972 61 46 13

– cerrado 15 diciembre-15 enero y lunes

⌂ Sant Roc

FAMILIAR · MEDITERRÁNEA Un hotel familiar que enamora por su ubicación, sobre un acantilado y dominando toda la costa. Encontrará unas cuidadas habitaciones, todas con balcón o terraza, y un buen restaurante asomado al Mediterráneo, donde proponen una carta tradicional elaborada.

45 hab ☲ – ♦100/160 € ♦♦150/200 €

pl. Atlàntic 2 (barri Sant Roc) ✉ 17210 – ☎ 972 61 42 50

– www.santroc.com – abierto 16 marzo-5 noviembre

CALLDETENES

Barcelona – 2 427 h. – Alt. 489 m – Mapa regional : **9**-C2
Mapa de carreteras Michelin n° 574-G36

Can Jubany (Nandu Jubany)　　　　　🕸 �& 🅰🅲 ℅ 🅿

MODERNA · RÚSTICA XᴧᴧX Singular, pues ocupa una preciosa masía dotada con cálidos espacios para la sobremesa, varias salas de ambiente rústico-actual y hasta una mesa en la propia cocina, está última asomada al jardín. Sus exquisitos platos muestran una cocina actual de raíces tradicionales, en muchos casos con productos de su propia huerta.

→ Torta de cigalas de la costa con espárragos y caviar. Mollejas de ternera con mantequilla negra, tirabeques y rebozuelos. Fresas del huerto con nata.

Menú 85/125 € – Carta 63/95 €

carret. C 25 (salida 187), Este : 1,5 km ⊠ 08506 – ℰ 938 89 10 23
– www.canjubany.com – solo almuerzo salvo jueves, viernes y sábado
– cerrado del 1 al 21 de enero, 14 días en agosto, domingo y lunes

CALP CALPE

Alicante – 21 540 h. – Mapa regional : **11**-B3
Mapa de carreteras Michelin n° 577-Q30

Audrey's by Rafa Soler　　　　　　& 🅰🅲 ℅

CREATIVA · ELEGANTE XX Elegante, moderno y con un nombre sugerente, pues hace un guiño tanto al hotel AR Diamante Beach como a la eterna protagonista de "Desayuno con diamantes". Completa carta de tinte actual y bases mediterráneas, con elaboraciones que cuidan tanto los sabores como las presentaciones. ¡Buena oferta de menús degustación!

→ Tomates de Benissa frescos, encurtidos, secos, helados y en sopa. Suquet de salmonete de Moraira con patatas, alioli e hierbas de playa. Rosáceas, pasión y mantequilla.

Menú 42/85 € – Carta 50/65 €

Av. Juan Carlos I-48 ⊠ 03710 – ℰ 608 66 76 37
– www.audreys.es
– cerrado del 21 al 29 de enero, del 20 al 28 de mayo, del 4 al 19 de noviembre, lunes y martes

Beat　　　　　　　　　　🏠 🅰🅲 ℅ ⇦ 🅿

MEDITERRÁNEA · AMBIENTE MEDITERRÁNEO XX ¡El latido culinario del hotel The Cook Book! Aunque centra su propuesta en tres mágicos menús también ofrece elaboraciones actuales a la carta, de base mediterránea y con toques internacionales. Lo mejor aquí es la coherencia en los platos, coloristas, divertidos y con una armonía en los sabores digna de todo elogio.

→ Bogavante con sopa fría de lombarda y helado de mostaza. Canetón con su croqueta, aguacate, cebolla y remolacha. Nuestra lima.

Menú 42/85 € – Carta 55/70 €

urb. Marisol Park 1A, Norte : 0,5 km ⊠ 03710 – ℰ 628 27 78 58
– www.thecookbookhotel.com
– cerrado 22 octubre-27 noviembre, lunes y martes

Komfort　　　　　　　　　　🏠 🅰🅲 ℅ 🅿

INTERNACIONAL · A LA MODA X Forma parte de las instalaciones del hotel The Cook Book y ofrece una estética informal, con un sinfín de lámparas de distintos tamaños dando personalidad a la sala. Cocina tradicional e internacional de calidad, elaborada con mimo y a precios contenidos.

Carta 27/44 €

urb. Marisol Park 1A, Norte : 0,5 km ⊠ 03710 – ℰ 636 57 22 41
– www.thecookbookhotel.com
– cerrado 21 octubre-27 noviembre y miércoles salvo julio-agosto

⍩○ Abiss ◁ & ⏇ ⏦

MEDITERRÁNEA · MARCO CONTEMPORÁNEO XX Junto a la playa y dotado de románticas vistas al mar. Aquí encontrará una carta tradicional e internacional, bien complementada por tres menús degustación y uno más de tapas.

Menú 48/53 € – Carta 26/56 €

Benidorm 3 ⊠ 03710 – ℰ 965 83 91 43 (es necesario reservar)
– www.restauranteabiss.com – cerrado lunes y martes

⍩○ El Bodegón ⏠ ⏇ ⏦

COCINA TRADICIONAL · RÚSTICA X Un gran clásico impasible al paso del tiempo. Presenta un interior de pulcra rusticidad y una carta fiel al gusto tradicional e internacional. ¡Compran en la lonja a diario!

Menú 30/45 € – Carta 25/44 €

Delfín 8 ⊠ 03710 – ℰ 965 83 01 64
– www.bodegoncalpe.com – cerrado 22 diciembre-22 enero y domingo en invierno

al Norte 3 km

⍟ Orobianco ◁ ⏠ & ⏇ ⏦ P

ITALIANA · AMBIENTE MEDITERRÁNEO XXX Restaurante de lujo y carácter panorámico, con una agradable terraza, que sorprende al presentar una gastronomía italiana de altísimo nivel. El chef, natural de Rímini, apuesta por una técnica no exenta de personalidad y una cocina en constante evolución en función del mercado. ¡Podrá extraer platos sueltos de su menú!

→ Sepia de playa, callos y espárragos. Lechazo, ostras y cebolla caramelizada. Tiramisú de "Mamma Franca".

Menú 85 € – Carta 66/80 €

partida Colina del Sol 49 A ⊠ 03710 – ℰ 965 83 79 33
– www.orobianco.es – solo cena salvo viernes, sábado y domingo – cerrado enero, febrero, marzo y miércoles

CAMBADOS

Pontevedra – 13 895 h. – Mapa regional : **13**-A2
Mapa de carreteras Michelin nº 571-E3

⍟ Yayo Daporta ⏇

CREATIVA · AMBIENTE CLÁSICO XX Se halla en una céntrica casona con las fachadas en piedra que, allá por el s. XVIII, funcionó como Hospital Real. Interesante cocina de tinte actual y creativo, con finas elaboraciones y un notable protagonismo tanto para el producto local como para los pescados. ¡El vino se elige directamente de su cava acristalada!

→ Caballa marinada y asada con dashi de algas. Versión de los choquitos en su tinta. Manzana 2019.

Menú 65/80 € – Carta aprox. 48 €

Hospital 7 ⊠ 36630 – ℰ 986 52 60 62
– www.yayodaporta.com – cerrado del 6 al 19 de mayo, del 4 al 24 de noviembre, domingo noche y lunes

⊛ Ribadomar ⏠ ⏇ ⏦ P

GALLEGA · AMBIENTE CLÁSICO X He aquí una casa de organización plenamente familiar, con el chef-propietario al frente de los fogones. Ofrece un comedor bastante clásico, con chimenea, y una cocina tradicional gallega que sabe aprovechar la calidad de los pescados y mariscos.

Menú 25/35 € – Carta 28/47 €

Valle Inclán 17 ⊠ 36630 – ℰ 986 54 36 79
– www.ribadomar.es – solo almuerzo salvo viernes, sábado y verano – cerrado lunes en invierno

🕥 A Taberna do Trasno

COCINA TRADICIONAL · TENDENCIA ⟨ Ocupa una preciosa casa de piedra del centro de la localidad y sorprende por el contraste con su interior, de línea moderna. El chef-propietario, de origen vasco, apuesta por una cocina tradicional actualizada donde los platos a la brasa toman el protagonismo.

Menú 13 € – Carta 26/45 €

Príncipe 12 ✉ 36630 – 𝒸 986 52 49 88 – www.atabernadotrasno.com – cerrado 23 diciembre-2 enero, 24 junio-4 julio y miércoles

🍴 Pandemonium

MODERNA · AMBIENTE CLÁSICO ⟨⟨ Restaurante de aire moderno dotado con dos espacios de buen montaje. ¿Su propuesta? Una carta de tinte actual que busca la fusión de estilos y un correcto menú degustación.

Menú 33/45 € – Carta 27/40 €

Albariño 16 ✉ 36630 – 𝒸 986 54 36 38 – cerrado del 15 al 30 de noviembre, domingo noche y lunes

🍴 Posta do Sol

PESCADOS Y MARISCOS · ACOGEDORA ⟨ Instalado en un antiguo bar. El comedor posee antigüedades y detalles regionales, como los encajes de Camariñas. Su especialidad son la Empanada de vieiras y los mariscos.

Menú 18 € – Carta 25/52 €

Ribeira de Fefiñans 22 ✉ 36630 – 𝒸 986 54 22 85 – www.restaurantepostadosol.com

🏰 Parador de Cambados

EDIFICIO HISTÓRICO · REGIONAL Elegante pazo del s. XVI ubicado en el centro de la localidad, rodeado de jardines y próximo a la ría. Amplia zona social y habitaciones con mobiliario neorrústico. El restaurante se presenta con un bello techo en madera y una completa carta de cocina gallega.

57 hab – 🛏80/190 € 🛏🛏80/190 € – ☲16 € – 1 suite

paseo de la Calzada ✉ 36630 – 𝒸 986 54 22 50 – www.parador.es – cerrado enero

🏡 Pazo A Capitana

AGROTURISMO · RÚSTICA Un bellísimo pazo del s. XV rodeado de zonas verdes. Conserva los antiguos lagares, las cocinas, un precioso patio... todo en armonía con sus estancias. ¡Elaboran Albariño!

11 hab ☲ – 🛏59/70 € 🛏🛏80/100 €

Sabugueiro 46 ✉ 36630 – 𝒸 986 52 05 13 – www.pazoacapitana.com – cerrado 15 diciembre-enero

CAMBRILS

Tarragona – 32 915 h. – Mapa regional : **9**-B3
Mapa de carreteras Michelin nº 574-I33

✿ Can Bosch (Joan y Arnau Bosch)

COCINA TRADICIONAL · ACOGEDORA ⟨⟨⟨ Un restaurante familiar donde tradición e innovación van de la mano... eso sí, con el producto como gran protagonista. Encontrará arroces, mariscos, maravillosos pescados, platos creativos y especialidades que no debe perderse, como su Arroz negro Can Bosch.

→ Tartar de lubina y cigalas con caviar beluga ruso y crujiente de lentejas. Rodaballo con espinacas, tomate y chalotas confitadas a la mantequilla de alcaparras. Milhojas de avellanas de Reus, vainilla y algarroba.

Menú 49/97 € – Carta 60/90 €

Rambla Jaume I-19 ✉ 43850 – 𝒸 977 36 00 19 – www.canbosch.com – cerrado 22 diciembre-enero, domingo noche y lunes

⌘ Rincón de Diego (Diego Campos)   🕸 AC 🍸

COCINA TRADICIONAL · MARCO CONTEMPORÁNEO ✕✕ Abre sus puertas cerca del Club Náutico y es una referencia en la localidad, pues la pasión del chef y su familia por la gastronomía se traslada al comensal ávido de nuevas sensaciones. Su propuesta, actualizada y sumamente detallista, ensalza los fantásticos pescados y mariscos de la zona. ¡Sugerente oferta de menús!

→ Ensalada de bogavante con papaya verde tailandesa y cangrejo de caparazón blando. Lubina salvaje con falso arroz negro de calamar de potera. Semifrío de praliné con helado de vainilla.

Menú 49/82 € – Carta 65/108 €

Drassanes 19 ⊠ *43850 –* ☏ *977 36 13 07 – www.rincondediego.com – cerrado 20 diciembre-1 febrero, domingo noche y lunes*

⍣○ Bresca   ♿ AC

COCINA TRADICIONAL · A LA MODA ✕✕ Una casa de línea actual-funcional que mima cada detalle. Su oferta, tradicional actualizada, se enriquece en los postres con una carta más de infusiones, tés y vinos dulces.

Menú 22 € – Carta 38/46 €

Dr. Fleming 4 ⊠ *43850 –* ☏ *977 36 95 12 – www.brescarestaurant.com – cerrado 23 diciembre-24 enero, domingo noche, lunes y martes noche*

⍣○ Club Nàutic   ⇐ 🏡 ♿ AC

COCINA TRADICIONAL · AMBIENTE MEDITERRÁNEO ✕✕ En pleno paseo marítimo. En su luminoso comedor acristalado, con vistas al puerto deportivo, podrá degustar una cocina tradicional-marinera muy detallista, siempre con pescados frescos de la zona. ¡Interesantes menús y coqueta terraza!

Menú 20/40 € – Carta 40/60 €

passeig Miramar 44 ⊠ *43850 –* ☏ *977 79 50 02 – www.cncbrestaurant.com – cerrado 15 enero-18 febrero, domingo noche y lunes salvo verano*

⍣○ Miramar   🏡 AC

COCINA TRADICIONAL · MARCO CONTEMPORÁNEO ✕✕ Negocio familiar de 3ª generación ubicado junto a la Torre del Port (s. XVII). Proponen una cocina marinera actualizada que cuida mucho los detalles. ¡Gran carro de postres!

Menú 45/73 € – Carta 55/80 €

passeig Miramar 30 ⊠ *43850 –* ☏ *977 36 00 63 – www.miramar-cambrils.com – cerrado 20 diciembre-2 febrero, lunes noche salvo verano y miércoles*

⍣○ Acuamar-Casa Matas   AC 🍸

COCINA TRADICIONAL · SENCILLA ✕ Se halla frente al puerto, reparte las sencillas salas entre dos plantas y trabaja mucho por la buena relación calidad-precio de sus pescados y mariscos. ¿Qué pedir? Pruebe los pescados al horno o a la sal, los Pulpitos de Cambrils, la Paella de bogavante...

Menú 24 € – Carta 27/45 €

Consolat del Mar 66 ⊠ *43850 –* ☏ *977 36 00 59 – www.acuamar.com – cerrado 20 diciembre-3 enero, 15 octubre-16 noviembre, miércoles noche (salvo julio-agosto) y jueves*

El CAMPELLO

Alicante – 27 356 h. – Mapa regional : **11**-B3
Mapa de carreteras Michelin nº 577-Q28

⍣ Brel   🏡 ♿ AC

INTERNACIONAL · DE DISEÑO ✕ Se halla frente al mar y toma su nombre del famoso cantante belga Jacques Brel, pues los propietarios hacen así un guiño a sus orígenes. Pastas, pizzas y platos más modernos.

Menú 25 € – Carta 25/50 €

San Vicente 91 ⊠ *03560 –* ☏ *965 63 07 01 – www.restaurantebrel.com – cerrado martes y miércoles salvo verano*

ⓘ◯ **Andra-Mari** 🈀 ⅙ ⒶⒸ ⅗ ⇄

VASCA · SENCILLA ⅩⅩ Una oferta tradicional de auténtica cocina vasca en la costa mediterránea. Posee una terraza a la entrada, donde se puede comer o tapear, así como un bar con mesas altas y varios comedores de línea actual convertibles en privados.

Menú 25/45 € – Carta 35/53 €

av. Xixona 37 ⊠ 03560 – ℰ 965 63 34 35 – www.restaurante-andramari.com
– cerrado 8 días en junio, 19 días en noviembre, domingo noche, lunes noche y martes salvo festivos

CAMPILLOS

Málaga – 8 524 h. – Alt. 461 m – Mapa regional : **1**-B2
Mapa de carreteras Michelin nº 578-U15

ⓘ◯ **Yerbagüena** 🈀 ⒶⒸ 🅿

COCINA TRADICIONAL · RÚSTICA ⅩⅩ Una opción interesante tanto si está de paso como si ha venido para visitar las famosas lagunas que rodean la localidad. Presenta una zona de bar y una sala rústica-actual distribuida en dos alturas. Cocina tradicional con toques actuales.

Carta 35/50 €

carret. de la Estación ⊠ 29320 – ℰ 952 72 23 20
– www.restauranteyerbaguena.com – cerrado lunes

CAMPO DE CRIPTANA

Ciudad Real – 14 126 h. – Alt. 707 m – Mapa regional : **7**-C2
Mapa de carreteras Michelin nº 576-N20

ⓘ◯ **Cueva La Martina** ⪦ ⒶⒸ ⅗ ⇄

REGIONAL · RÚSTICA Ⅹ Una buena combinación de tipismo y gastronomía, pues ocupa una cueva con mirador ubicada sobre una loma, junto a los famosos molinos de viento contra los que luchó Don Quijote. Su carta combina la cocina manchega con platos más innovadores.

Menú 15/50 € – Carta 30/50 €

Rocinante 13 ⊠ 13610 – ℰ 926 56 14 76 – www.cuevalamartina.com – cerrado del 15 al 31 de octubre y lunes

🏠 **La Casa de los Tres Cielos** ⵊ ⒶⒸ ⅗ ⊨

FAMILIAR · RÚSTICA Tiene cierto encanto y está construido en varias alturas, con un patio-terraza y la zona de desayunos ubicada en unas cuevas. Ofrece estancias de ambiente rústico y excelentes vistas, tanto desde la terraza como desde alguna habitación.

9 hab ⌧ – ♦30/40 € ♦♦60/70 € – 5 apartamentos
Libertad 11 ⊠ 13610 – ℰ 926 56 37 90 – www.casalos3cielos.com

CAMPRODÓN

Girona – 2 299 h. – Alt. 950 m – Mapa regional : **9**-C1
Mapa de carreteras Michelin nº 574-F37

ⓘ◯ **El Pont 9** 🈀 ⅙ ⒶⒸ ⇄

COCINA TRADICIONAL · FAMILIAR ⅩⅩ Este restaurante familiar, ubicado junto a un precioso puente del s. XII, destaca por su estética actual y sus idílicas vistas al Ter desde el comedor principal. Ofrecen una cocina actual... eso sí, elaborada con el mejor producto local.

Menú 23/55 € – Carta 35/60 €

camí Cerdanya 1 ⊠ 17867 Camprodon – ℰ 972 74 05 21
– www.restaurantelpont9.com – solo almuerzo salvo jueves, viernes y sábado
– cerrado 25 junio-11 julio, del 5 al 15 de noviembre, lunes y martes

🏠 Maristany

FAMILIAR · CONTEMPORÁNEA Instalado en una casa señorial tipo chalet, con una coqueta zona social, confortables habitaciones, las de la planta superior abuhardilladas, y un bello entorno ajardinado.

10 hab 🍴 – ♦99/169 € ♦♦132/201 €

av. Maristany 20 ✉ 17867 – 𝒞 972 13 00 78 – www.hotelmaristany.com
– cerrado 10 diciembre-marzo

al Noreste por la carretera C-38, 3,5 km y desvío a la derecha 3 km

🏠 Puig Francó

CASA DE CAMPO · RÚSTICA Disfrute del sosiego y las vistas al campo en esta masía, restaurada con mucho gusto. Ofrece un salón social con chimenea, habitaciones personalizadas en torno al mundo del trial y un bar público, donde también sirven los desayunos. ¡Completa oferta deportiva!

18 hab 🍴 – ♦100/135 € ♦♦100/270 €

urb. Font Rubí ✉ 17867 Camprodón – 𝒞 972 74 09 71 – www.puigfranco.es

ISLAS CANARIAS

La gastronomía canaria ha forjado su identidad en base a la diversidad y al mestizaje, pues combina los ingredientes de producción propia con los llegados tanto desde la península como de Latinoamérica. Dentro de su sencillez se caracteriza por su eclecticismo, pues es habitual que las recetas evolucionen de distinta manera en cada una de las islas e islotes que forman el archipiélago.

Las especialidades culinarias:
Debe probar las Papas arrugadas, unas patatas de pequeñísimo tamaño que son hervidas con piel y presentadas, tal cual, con dos tipos de salsas (Mojo rojo y Mojo verde). También son típicos el Potaje de berros, el Conejo en salmorejo, la Vieja sancocha (un pescado autóctono guisado)... Muchos platos van acompañados del tradicional Gofio, una antiquísima elaboración, ya conocida por los guanches, en base a cereales tostados. En lo que respecta a los postres los más populares son el Bienmesabe y el incomparable Plátano de Canarias.

2 108 121 h.
- Mapa regional n° 5-B2
- Mapa de carreteras Michelin n° 125

G. Azumendi/age fotostock

ISLAS CANARIAS

ÍNDICE DE LA LOCALIDADES

GRAN CANARIA

ARGUINEGUÍN – 2 347 h. – Mapa regional : **5**-B2

en la playa de Patalavaca Noroeste : 2 km

⑪◯ La Aquarela   🏠 🎇

CREATIVA · ELEGANTE 🏠🏠 Se encuentra en un recinto semiprivado, con un bar, un comedor actual y una coqueta terraza asomada a una piscina. La carta, de destacable corte internacional y creativo durante las cenas, se vuelve algo más sencilla para los almuerzos.

Menú 54/89 € – Carta 60/85 €

barranco de la Verga (edificio Aquamarina), carret GC-500 ⊠ 35129 Patalavaca – 𝒸 928 73 58 91 – www.restaurantelaaquarela.com – solo cena de marzo a octubre – cerrado junio y lunes

ARUCAS – 37 054 h. – Mapa regional : **5**-B2

⊛ Casa Brito   🅰🅲 🎇 🅿

COCINA TRADICIONAL · RÚSTICA 🏠🏠 Casa de aire rústico con un buen nivel gastronómico. Presentan una carta tradicional especializada en carnes a la brasa, dándole el punto adecuado a carnes de vacuno de Alemania, Uruguay, Galicia, Asturias, Castilla... ¡Pruebe el Baifo, el cabrito autóctono!

Menú 27/36 € – Carta 25/38 €

pasaje Ter 17 (Visvique), Sur : 1,5 km ⊠ 35412 – 𝒸 928 62 23 23 – www.casabrito.com – cerrado Semana Santa, del 1 al 15 de septiembre, domingo noche, lunes y martes salvo festivos

CRUZ DE TEJEDA – 2 001 h. – Mapa regional : **5**-B2

🏨 Parador Cruz de Tejeda   🏠 🦌 ⇐ 🕙 🛗 🔳 🔦 🅰🅲 🎮 🅿

TRADICIONAL · CLÁSICA Tranquilidad, relax y... ¡buenas vistas! Este parador se desmarca un poco de la oferta dominante en la isla para complacer a un cliente de senderismo y naturaleza. El restaurante, de línea clásica, propone descubrir los mejores platos del recetario regional.

43 hab – ♦90/170 € ♦♦90/170 € – ☲ 19 € – 1 suite

Cruz de Tejeda ⊠ 35328 – 𝒸 928 01 25 00 – www.parador.es

MASPALOMAS – 57 530 h. – Mapa regional : **5**-B2

junto al faro

⑪◯ Las Rías   ⇐ 🏠 🔦 🅰🅲 🎇 🅿

PESCADOS Y MARISCOS · A LA MODA 🏠🏠 Forma parte del hotel Costa Meloneras y atesora magníficas vistas, pues tiene un acceso desde el paseo que da al mar. ¡Buenos pescados y mariscos, tanto gallegos como locales!

Carta 40/60 €

boulevard El Faro 21 (Hotel Costa Meloneras) ⊠ 35100 Maspalomas – 𝒸 928 14 00 62 – www.restaurantelasriasmaspalomas.com

🏨 Grand H. Residencia   🏠 🦌 🏊 🕙 🛗 🔳 🔦 🅰🅲 🚗

LUJO · ELEGANTE Complejo hotelero formado por una serie de villas de estilo canario, todas bien distribuidas en torno a una bella terraza con piscina. Distinguido confort y una exquisita decoración. El restaurante, de ambiente elegante y cocina internacional, atesora una entrañable terraza elevada sobre la piscina.

94 hab ☲ – ♦530/1000 € ♦♦720/1350 € – 21 suites

av. del Oasis 32 ⊠ 35100 Maspalomas – 𝒸 928 72 31 00 – www.grand-hotel-residencia.com

ISLAS CANARIAS · ESPAÑA

en la playa del Inglés

ⅈ◯ Rías Bajas 🄰🄲 🛇

GALLEGA · AMBIENTE CLÁSICO XX Tras muchos años de trabajo se ha convertido, gracias a su profesionalidad y buen hacer, en todo un clásico de la isla. Su nombre evidencia una cocina sumergida en el recetario gallego, siendo la especialidad los pescados y mariscos.

Carta 32/58 €

av. de Tirajana 26, edificio Playa del Sol ✉ *35100 Maspalomas –* ✆ *928 76 40 33*
– www.riasbajas-playadelingles.com

en la urbanización Salobre Golf Oeste : 4 km y desvío a la derecha 3 km

🏨 Sheraton Gran Canaria Salobre Golf Resort ✿ 🕉 ⪕ 🏊 ☃ 🚲

CADENA HOTELERA · MODERNA Un oasis de lujo, confort y diseño... ¡en un paraje desértico! Ofrece habitaciones de gran calidad, con una decoración moderna bien integrada en el entorno y varias piscinas, una panorámica. Sus bares y restaurantes proponen una variada oferta gastronómica.

286 hab – ⸶120/280 € ⸶⸶190/400 € – ⌷ 21 € – 27 suites

Swing, salida 53 autovía GC1 ✉ *35100 Maspalomas –* ✆ *928 94 30 00*
– www.sheratongrancanaria.com

MOGÁN – 22 277 h. – Mapa regional : 5-B2

en el puerto de Mogán Suroeste : 8 km

ⅈ◯ Los Guayres 🍽 🄰🄲 🛇 🚲

MODERNA · AMBIENTE CLÁSICO XXX Se encuentra dentro del hotel Cordial Mogán Playa y sorprende con varios espacios bien diferenciados. ¿Su propuesta? Cocina canaria puesta al día, llena de honestidad y sabor.

Menú 68/85 € – solo menú

av. de los Marreros 2 ✉ *35140 –* ✆ *928 72 41 00*
– www.becordial.com – solo cena – cerrado domingo y lunes

LAS PALMAS DE GRAN CANARIA – 379 766 h. – Mapa regional : 5-B2

🙂 Deliciosamarta 🍽 🄰🄲

CREATIVA · ACOGEDORA XX Singular, actual y... ¡con toda una cohorte de seguidores! El nuevo local, a pocos metros del anterior, emana personalidad y buen gusto, destacando por las notas de calidez que dan sus paredes en piedra. Cocina actual de mercado con ligeras raíces catalanas.

Carta 30/40 €

Pérez Galdós 33 ✉ *35002 –* ✆ *928 37 08 82 (es necesario reservar)*
– cerrado Semana Santa, 15 días en agosto, sábado y domingo

🙂 Qué Leche 🄰🄲

MODERNA · SIMPÁTICA X Restaurante de ambiente desenfadado e informal que apuesta por una cuidada gastronomía. De sus fogones surge una cocina actual, detallista y en gran medida pensada para compartir, siempre con platos elaborados en base a unas buenas materias primas.

Carta 25/35 €

Torres 22 ✉ *35002 –* ✆ *607 91 78 03 (sin reserva)*
– cerrado, 15 días en abril, 15 días en septiembre, domingo y lunes

ⅈ◯ El Equilibrista 33 🄰🄲 🛇

MODERNA · SENCILLA X Refleja la personalidad del chef-propietario, que se ha encargado también de casi toda la decoración. Cocina de gusto actual y base canaria, siempre con sugerencias del día.

Carta 30/45 €

Ingeniero Salinas 23 ✉ *35006 –* ✆ *928 23 43 26*
– cerrado del 7 al 16 de enero, del 23 al 29 de abril, del 9 al 25 de
septiembre, domingo noche, lunes, martes y miércoles

🍴○ La Barra   🍴 AC

MODERNA · TENDENCIA ℣/ Este gastrobar fija su modelo en las icónicas vermu-
terías de Madrid y Barcelona. Sus platitos, divertidos pero también muy técnicos,
toman como base el recetario canario.

Tapa 4 € – Ración aprox. 11 € – Menú 20/30 €

Joaquín Costa 25 ✉ *35007 –* 𝄢 *928 93 97 03*

– www.traddiction.es – cerrado miércoles

🏨 Santa Catalina   ✿ 🐾 🎰 🖼 📶 🛗 🖨 AC 🚭 🏋 🚗

HISTÓRICO · ELEGANTE Data de 1890 y es toda una referencia, pues combina el
estilo colonial inglés con los típicos balcones canarios en madera. Ofrece excelentes salas de reuniones, habitaciones clásicas y un cálido restaurante repartido
entre la terraza y un espacio interior.

200 hab 🍽 – 🛏140/200 € 🛏🛏160/220 € – 2 suites

León y Castillo 227 ✉ *35005 –* 𝄢 *928 24 30 40*

– www.hotelsantacatalina.com

🏠 Mozart   AC 🚭

BOUTIQUE HOTEL · ACOGEDORA Posee mobiliario colonial y mucho
encanto... de hecho, ocupa un edificio de D. Miguel Martín-Fernández de la
Torre, un representante del racionalismo arquitectónico canario.

5 hab 🍽 – 🛏72/98 € 🛏🛏72/98 €

Mozart 2 ✉ *35005 –* 𝄢 *619 57 46 73*

– www.casamozart.com

FUERTEVENTURA

Las Palmas

BETANCURIA – 713 h. – Alt. 395 m – Mapa regional : **5**-C2

🍴○ Casa Santa María   🚪 🍴 AC

COCINA TRADICIONAL · RÚSTICA ✗✗ Destaca por su atractiva decoración, ya
que muestra detalles típicos en un marco dominado por la madera y los objetos
de inspiración árabe. Terraza de exuberante vegetación. Su carta aglutina una
buena selección de platos canarios.

Menú 23 € – Carta 35/55 €

pl. Santa María 1 ✉ *35637 –* 𝄢 *928 87 82 82*

– www.casasantamaria.net – solo almuerzo – cerrado junio y domingo

CORRALEJO – 5 362 h. – Mapa regional : **5**-C2

🏨 Gran Hotel Atlantis Bahía Real   ✿ ≺ 🎰 📶 🛗 🖨 ♿ AC 🚭 🏋 🚗

GRAN LUJO · ELEGANTE Magnífico conjunto en cuya arquitectura se fusiona la
estética neomudéjar con algunas influencias coloniales. Le sorprenderá con un
hermoso espacio chill out sobre las aguas e idílicas vistas, a las islas de Lanzarote
y Lobos. Entre sus restaurantes destaca La Cúpula, de elegante estilo clásico y
carácter gastronómico.

226 hab 🍽 – 🛏170/250 € 🛏🛏210/310 € – 16 suites

av. Grandes Playas 103 ✉ *35660 –* 𝄢 *928 53 64 44*

– www.atlantisbahiareal.com

🏨 Avanti H. Boutique   ✿ 🖨 ♿ AC 🚭

TRADICIONAL · MEDITERRÁNEA Déjese seducir por su luminosidad, grácilmente
conjugada entre los tonos blancos y azul. Presenta unas habitaciones confortables y detallistas... sin embargo, debemos destacar la del ático por su enorme
ventanal abierto a la bahía. ¡Relajante terraza-solárium!

14 hab 🍽 – 🛏145/225 € 🛏🛏145/225 €

Delfín 1 ✉ *35660 –* 𝄢 *928 86 75 23*

– www.avantihotelboutique.com

ESQUINZO – 260 h. – Mapa regional : **5**-C2

ⓈⓄ Casanova   🕭 AC 🍴 P

ITALIANA · AMBIENTE MEDITERRÁNEO 🕱 Se halla en un gran complejo hotelero, donde supone la alternativa gourmet dentro de una oferta culinaria bastante variada. Buena cocina italiana, con interesantes menús.

Carta 32/77 €

av. de los Pueblos (Hotel Sensimar Royal Palm) ⊠ 35626 – 𝒞 828 12 01 50
– www.royalpalmfuerteventura.com – solo cena – cerrado domingo y lunes

LA OLIVA – 25 199 h. – Mapa regional : **5**-C2

🏠 Casa Vieja   🕭 🛏 🍴 🍴 P

TRADICIONAL · RÚSTICA Levantado sobre los restos en piedra de un antiguo edificio. Posee un amplio porche-terraza y espaciosas habitaciones, estas con elegante mobiliario de aire rústico. Lo más atractivo son las villas independientes, todas con piscina privada y su propia cocina.

10 hab 🖵 – †68/126 € ††78/136 €

El Almendrero ⊠ 35640 – 𝒞 928 86 19 87 – www.oasiscasavieja.com

LANZAROTE

Las Palmas

ARRECIFE – 56 940 h. – Mapa regional : **5**-C1

🕭 Lilium   ⪕ 🏠 AC 🍴

REGIONAL · SENCILLA 🕱 Se halla en La Marina, una zona de nueva construcción donde se presenta con la fachada acristalada, un interior actual con la cocina completamente vista y una bonita terraza mirando al embarcadero. Carta de cocina canaria bien actualizada.

Menú 35 € – Carta 25/40 €

Plano : B2-a – *av. Olof Palme, Marina Lanzarote ⊠ 35500 – 𝒞 928 52 49 78*
– www.restaurantelilium.com – cerrado 7 días en marzo y domingo

ⓈⓄ Naia   ⪕ 🏠

MODERNA · SIMPÁTICA 🕯 Funciona como un gastrobar y destaca por su ubicación, frente a un pequeño puerto pesquero rodeado de terrazas. Cocina actual y detallista, con platos pensados para compartir.

Tapa 5 € – Ración aprox. 13 €

Plano : B1-x – *av. César Manrique 33, Charco de San Ginés ⊠ 35500*
– 𝒞 928 80 57 97 – www.restaurantenaia.es – cerrado domingo

FAMARA – 48 h. – Mapa regional : **5**-C1

🕭 El Risco   ⪕ 🏠

PESCADOS Y MARISCOS · SENCILLA 🕱 Ocupa una casa realmente única, pues la diseñó y decoró el genial César Manrique para su hermano. Cocina marinera con elaboraciones actuales y fantásticas vistas a la cala.

Carta 29/35 €

Montaña Clara 30 ⊠ 35530 – 𝒞 928 52 85 50 – www.restauranteelrisco.com
– cerrado domingo noche

PLAYA BLANCA – 2 163 h. – Mapa regional : **5**-C1

🏨 Princesa Yaiza   🏠 🛏 ⪕ 🍴 📺 ⊙ 🖦 🍴 📖 🕭 AC 🍴 🏋 P

LUJO · ELEGANTE Resulta sorprendente, ya que es como un pueblecito a pie de mar donde imperan la amabilidad y el trato personalizado. Disfruta de amplias zonas sociales, piscinas de todo tipo, buenas instalaciones deportivas y diversos tipos de habitaciones, todas con terraza y una estética colonial. Oferta gastronómica variada y de gran calidad.

225 suites 🖵 – †162/206 € ††175/340 € – 160 hab

av. Papagayo 22 ⊠ 35580 – 𝒞 928 51 92 22 – www.princesayaiza.com

PLAYA HONDA – 10 081 h. – Mapa regional : **5**-C1

†⚪ **Aguaviva** 🏠 AC

MODERNA · ACOGEDORA XX Agradable restaurante instalado en un chalet de una zona residencial. En sus salas, decoradas con numerosos detalles, podrá degustar una cocina actual de base tradicional.

Carta 43/57 €

Mástil 31 ✉ *35509* – ℰ *928 82 15 05 (es necesario reservar)*
– *www.restauranteaguaviva.com*
– *cerrado 15 días en septiembre, domingo y lunes*

PUERTO CALERO – 27 h. – Mapa regional : **5**-C1

†⚪ **Amura** 🏠 AC �ö ⇔ P

COCINA TRADICIONAL · ELEGANTE XXX Sorprende por su original construcción de aire colonial, contrastando el blanco exterior con un interior más colorista. Gran terraza asomada a la marina y cocina tradicional.

Menú 35 € – Carta 31/46 €

paseo Marítimo ✉ *35771* – ℰ *928 51 31 81*
– *www.restauranteamura.com*
– *cerrado lunes*

TENERIFE

Santa Cruz de Tenerife

LAS CAÑADAS DEL TEIDE Alt. 2 160 m – Mapa regional : **5**-B2

🏠 **Parador de Las Cañadas del Teide** ⚐ ⚑ ⟨ 🗆 🛁 🖵 🖇 AC P

TRADICIONAL · CLÁSICA Edificio de aire montañés emplazado en un paraje volcánico de extraordinaria belleza. Resulta ideal para aislarse y hacer senderismo por la zona, destacando las habitaciones con terraza y vistas al Teide. ¡Pruebe el típico Puchero canario en su restaurante!

37 hab – ∮90/185 € ∮∮90/185 € – ⍈19 €

Las Cañadas del Teide ✉ *38300* – ℰ *922 38 64 15*
– *www.parador.es*

CHIMICHE Mapa regional : **5**-B2

🉐 **Casa Fito** ⟨ 🏠 AC 🖇 P

REGIONAL · RÚSTICA X Se encuentra a pie de carretera y disfruta de un ambiente rústico renovado. Su carta combina los platos a la parrilla con elaboraciones propias de dos cocinas, la canaria y la tradicional española. ¡No se pierda su Chuletón de vacuno mayor madurado a la brasa!

Menú 39/46 € – Carta 22/45 €

carret. general del Sur 4 ✉ *38594* – ℰ *922 77 72 79*
– *www.casafitochimiche.com* – *solo almuerzo salvo viernes y sábado*
– *cerrado del 24 al 30 de junio, del 24 al 31 de diciembre y lunes*

GARACHICO – 4 966 h. – Mapa regional : **5**-A1

🏠 **San Roque**

HISTÓRICO · ACOGEDORA Casa señorial del s. XVIII distribuida en torno a un patio canario, con balconadas de madera. Sus coquetas estancias combinan los detalles modernos con el confort actual. El restaurante, que tiene un uso polivalente para los tres servicios del día, extiende sus mesas hasta el porche que rodea la piscina.

20 hab ⍈ – ∮155/197 € ∮∮235/294 € – 7 suites

Esteban de Ponte 32 ✉ *38450* – ℰ *922 13 34 35*
– *www.hotelsanroque.com*
– *cerrado 3 junio-11 julio*

LOS GIGANTES Mapa regional : 5-A2

ISLAS CANARIAS · ESPAÑA

☃ **El Rincón de Juan Carlos** (Juan Carlos Padrón) AC ✗

CREATIVA · DE DISEÑO ✗✗ Se encuentra en una zona de gran afluencia turística y sorprende, gratamente, por su marcado carácter familiar, con los hermanos Padrón al frente de los fogones. Aquí plantean un interesante menú degustación de tinte actual-creativo, pudiendo extraer del mismo los platos que quiera como si se tratara de una carta.

→ Chipirón, alcachofas y salsa acidulada de mantequilla. Ravioli de parmesano y caldo de lentejas. Taco de maíz, yogur y ajo negro.

Menú 90/95 € – Carta 50/70 €

pasaje Jacaranda 2 ✉ 38683 – ✆ 922 86 80 40 – www.elrincondejuancarlos.es
– solo cena – cerrado 7 días en diciembre, 17 días en julio, 7 días en septiembre, domingo y lunes

GUÍA DE ISORA – 20 373 h. – Mapa regional : 5-A2

al Suroeste 12,5 km

☃☃ **M.B** 🛏 🍴 ⚄ AC ✗ ↔ P

CREATIVA · AMBIENTE CLÁSICO ✗✗✗✗ ¡A la altura de uno de los mejores resorts del mundo! Si el hotel The Ritz-Carton Abama ya merece todo tipo de parabienes, pues se trata de un espectacular complejo repleto de jardines, palmeras y opciones de ocio, el restaurante emana esa esencia de lujo clásico, relax y exclusividad que solo está al alcance de los elegidos, con un servicio de sala de máximo nivel que sabe convertir al cliente y su experiencia culinaria en el centro del universo.

En lo gastronómico, debemos resaltar la figura del chef al frente, Erlantz Gorostiza, que sabe trasmitir con total fidelidad la apasionante cocina del maestro Martín Berasategui (10 estrellas MICHELIN); no debemos olvidar que este restaurante pertenece a su grupo y todo lo que aquí se hace esta tutelado por él desde su casa matriz en Lasarte-Oria (Guipúzcoa).

Creatividad a raudales, finísimas texturas, sabores nítidos, productos escogidos... según se van degustando los platos solo anhelas una cosa, que nunca se acaben.

→ Buñuelo semi-líquido de bacalao y piñones. Ventresca de atún a la parrilla sobre espaguetis de caldo dashi ibérico, cebolletas y crujiente de algas. Bizcocho de chocolate al curry sobre crema helada de pimienta, fina escarcha de naranja y jugo especiado de cacao.

Menú 140/188 € – Carta 108/121 €

Hotel The Ritz-Carlton, Abama, carret. TF 47, km 9 ✉ 38687 Guía de Isora
– ✆ 922 12 60 00 – www.ritzcarlton.com – solo cena – cerrado 12 mayo-15 julio, domingo y lunes

☃ **Abama Kabuki** 🍴 🛏 ⚄ AC ✗ P

JAPONESA · MARCO CONTEMPORÁNEO ✗✗✗ Se aloja en la Casa Club del golf y sorprende por su estética, pues trasmite todo el carácter ceremonial inherente al resto de restaurantes del grupo Kabuki. Encontrará unos increíbles sushi y sashimi, las grandes especialidades, así como otros suculentos platos elaborados a la robata (parrilla japonesa) o al wok.

→ Sunomono moriawase, ensalada de alga, pepino, pulpo, pescado y marisco. Chutoro Dijon. Degustación de mochis.

Menú 107/145 € – Carta 72/93 €

Hotel The Ritz-Carlton, Abama, carret. TF 47, km 9 ✉ 38687 Guía de Isora
– ✆ 922 12 60 00 – www.ritzcarlton.com – solo cena – cerrado septiembre y martes

⅝◯ **Txoko** ⟨ 🛏 AC ✗ P

COCINA TRADICIONAL · BISTRÓ ✗ Refleja la esencia de un moderno txoko vasco y quiere rememorar los orígenes del chef Martín Berasategui en El Bodegón de Alejandro. Cocina tradicional de carácter "casual".

Carta 40/64 €

Hotel The Ritz-Carlton, Abama, carret. TF 47, km 9 ✉ 38687 Guía de Isora
– ✆ 922 12 60 00 – www.ritzcarlton.com – solo cena – cerrado domingo y lunes en junio

The Ritz-Carlton, Abama 🏊 ⭐ 🛏 🎱 🍳 ♨ 🍴 🖥 🔲 ⚙ 🍸

GRAN LUJO · ELEGANTE En este espectacular complejo encontrará hermosos jardines y terrazas, todo repleto de palmeras, así como un campo de golf y hasta un club de playa. Excelente zona social, magníficas habitaciones y amplia oferta gastronómica, por lo que en sus restaurantes podrá degustar elaboraciones tradicionales, especialidades japonesas y deliciosos platos de autor.

359 hab 🛌 – †279/460 € ††279/460 € – 102 suites

carret. TF 47, km 9 ✉ *38687 Guía de Isora* – 𝒞 *922 12 60 00*
– *www.ritzcarlton.com*

❀❀ **M.B** • ❀ **Abama Kabuki** • 🍴 **Txoko** – ver selección restaurantes

GÜIMAR – 18 777 h. – Alt. 290 m – Mapa regional : **5**-B2

Finca Salamanca 🌾 🏊 � 🛏 🆎 ♨ 🅿

AGROTURISMO · RÚSTICA Ubicado en una amplísima finca, con más de 50.000 m² y... ¡hasta un jardín botánico! Ofrece diferentes tipos de habitaciones repartidas por varios edificios, la mayoría rústicas y con terraza. El restaurante, también rústico, apuesta por la cocina tradicional.

16 hab 🛌 – †72/129 € ††103/185 € – 4 suites

carret. Puertito 2, Sureste : 1,5 km ✉ *38500* – 𝒞 *922 51 45 30*
– *www.hotelfincasalamanca.com*

LA OROTAVA – 41 317 h. – Alt. 390 m – Mapa regional : **5**-B2

🍴 Haydée ⓝ 🍽 🆎

MODERNA · RÚSTICA ⅹ Instalado en una antigua y bella casa que sorprende por sus terrazas. Los hermanos-chefs apuestan, en base al producto autóctono, por una cocina actual con toques asiáticos.

Carta 30/40 €

Camino Torreón Bajo 80 ✉ *38300* – 𝒞 *822 90 25 39* – *www.restaurantehaydee.es*
– *cerrado 21 días en junio, domingo noche, martes y miércoles*

PLAYA DE LAS AMÉRICAS Mapa regional : **5**-A2

🍴 La Cúpula ⭐ 🍴 🆎

CREATIVA · MARCO CONTEMPORÁNEO ⅩⅩ Restaurante de carácter panorámico que sorprende por su colorista cúpula, pues refleja... ¡la explosión de una supernova! Cocina internacional y canaria, con platos actuales.

Menú 63/92 € – Carta 50/65 €

París, Hotel Jardines de Nivaria (playa de Fañabé) ✉ *38660* – 𝒞 *922 71 33 33*
– *www.restaurantelacupula.com* – *solo cena* – *cerrado 15 junio-15 julio, domingo y lunes*

🍴 Sensu ⓝ 🍽 ♨ 🆎 🍸

JAPONESA · AMBIENTE EXÓTICO ⅩⅩ Toma su nombre de los abanicos japoneses y da continuidad a la propuesta del restaurante Kazan, aquí con una vertiente más divertida que mezcla técnicas clásicas y actuales.

Menú 95 € – Carta 46/71 €

Unterhaching (Casa del Lago 1º piso), Hotel G.H. Bahía del Duque ✉ *38660*
– 𝒞 *922 10 59 68* – *www.restaurantesensu.com* – *cerrado 7 días en diciembre, 7 días en junio, 7 días en septiembre, martes en invierno y lunes*

🍴 Sucás 🆎 🍷

CREATIVA · DE DISEÑO ⅩⅩ Atesora una estética actual, con la cocina vista desde la sala y una sugerente "mesa del chef" que funciona como privado. Carta de tinte moderno-creativo con opción de menús.

Menú 36/55 € – Carta 38/51 €

Roques del Salmor 5 ✉ *38670* – 𝒞 *822 07 00 35* – *www.sucas.rest* – *cerrado domingo*

🏨 G.H. Bahía del Duque 🏖 🐾 ⟨ 🛏 🎾 📶 🛁 ✕ ☎ ㋴ 🎿 📅

LUJO · CLÁSICA Espectacular complejo dotado con un bello hall y unas cuidadas habitaciones, muchas en edificios independientes tipo villa. Vegetación subtropical en torno a varias piscinas. Su excelente oferta culinaria engloba restaurantes de cocina actual, franco-belga, italiana... y hasta oriental de fusión.

300 hab 🖭 – †300/400 € – ††350/450 € – 46 suites – 40 apartamentos
av. de Bruselas (playa del Duque) ✉ 38660 – ☎ 922 74 69 00
– www.bahia-duque.com

🏨 Royal Hideaway Corales Resort ⓝ 🏖 ⟨ 🎾 📶 ㋴ ☎ ㋴ 🛁 🐾 🎿

LUJO · DE DISEÑO Hotel de línea moderna ubicado al lado de La Caleta, 🚗 una localidad que aún conserva el espíritu de los pueblos pesqueros. Sorprende al distribuirse en dos edificios, uno pensado para el turismo en familia y el otro, con el concepto "Adults Only", más orientado al descanso. Gran oferta gastronómica y de entretenimiento.

121 hab 🖭 – †225/350 € – ††300/500 € – 114 apartamentos
Virgen de Guadalupe 21 ✉ 38670 – ☎ 922 75 79 00
– www.royalhideaway.com

🏨 Vincci La Plantación del Sur 🏖 🐾 ⟨ 🎾 📶 ㋴ ✕ ㋴ 🛁 🐾 🎿 🚗

CADENA HOTELERA · ACOGEDORA Hotel de ambiente canario y carácter vacacional dotado con unas confortables habitaciones, las más independientes denominadas "villas" y todas con una estética colonial-isleña. Completo SPA con centro de belleza y restaurante especializado en cocina canaria.

163 hab 🖭 – †125/275 € – ††125/275 €
Roque Nublo 1 ✉ 38670 – ☎ 922 71 77 73
– www.vinccihoteles.com

PUERTO DE LA CRUZ – 29 412 h. – Mapa regional : 5-B1

🍽 Brunelli's ⟨ 🛁 🐾

STEAKHOUSE · MARCO CONTEMPORÁNEO ✕✕ ¡Junto al famoso Loro Parque! Aquí apuestan sobre todo por las carnes, de excelente calidad, de distintas procedencias y, en varios casos, maduradas en el propio restaurante.

Menú 40/60 € – Carta 39/58 €
Bencomo 42 (Punta Brava) ✉ 38400 – ☎ 922 06 26 00
– www.brunellis.com

SAN ANDRÉS Mapa regional : 5-B1

🍴 La Posada del Pez 🏡 🛁 ㋡

MODERNA · SIMPÁTICA ✕ Se halla a la entrada del pueblo, en un llamativo edificio adornado con una balconada de madera. En su comedor, de amable rusticidad, le ofrecerán una cocina tradicional actualizada especializada en pescados, sobre todo de la zona pero también de la península.

Menú 28/50 € – Carta 25/40 €
carret. Taganana 2 ✉ 38140 – ☎ 922 59 19 48
– www.restaurantelaposadadelpez.es – cerrado del 1 al 7 de junio, del 1 al 7 de octubre, 7 días en febrero-marzo, domingo noche y lunes

🍽 Abikore ⓝ 🏡 🛁 🐾 ㋡

JAPONESA · TENDENCIA ✕ Le sorprenderá, pues ocupa una típica casa canaria con interiorismo de aire nórdico. Cocina de base japonesa adaptada tanto al gusto español como al producto isleño autóctono.

Menú 45/75 € – Carta 40/55 €
Carmen 3 ✉ 38120 – ☎ 922 59 19 39
– www.abikore.com – cerrado 23 diciembre-8 enero, del 4 al 10 de junio, del 1 al 7 de octubre, domingo y lunes

SAN CRISTÓBAL DE LA LAGUNA – 152 843 h. – Alt. 550 m
– Mapa regional : **5**-B1

🏵️ **Nub ❶** (Fernanda Fuentes y Andrea Bernadi)   ⚬ 🅰️ 🎏 🚗

CREATIVA · A LA MODA 💥💥 Ubicado en un céntrico hotel-palacete del s. XVIII que, en su día, ejerció como fábrica de tabacos. En sus comedores, de línea actual-minimalista, podrá descubrir una cocina que fusiona el recetario chileno e italiano con el canario más tradicional, lo que habla por sí mismo de los chefs al frente y sus orígenes.

→ Pastelera de millo, cebolla vieja y ceviche de hierbas. Pichón, repollo fermentado y cochino negro. Vino, miel, rosas y violetas.

Menú 68/85 € – solo menú

Nava y Grimón 18, Hotel La Laguna G. H. ✉️ *38201* – 📞 *922 07 76 06*
– www.nubrestaurante.com – solo cena salvo viernes, sábado y domingo
– cerrado del 18 al 27 de marzo, del 19 al 28 de agosto, 23 diciembre
- 2 enero, domingo noche, lunes y martes

SANTA CRUZ DE TENERIFE – 203 811 h. – Mapa regional : **5**-B1

🏵️ **Kazan**   ⚬ 🅰️ 🎏 ⟷

JAPONESA · DE DISEÑO 💥💥 Es un referente en la isla y con su nombre, que significa "Volcán", hacen un guiño tanto al mágico entorno del Teide como a la explosión de sabores que ansían provocar. Encontrará una cocina nipona clásica, con detalles locales, que sorprende en las sugerencias diarias y en los menús Omakase propuestos por el chef.

→ Sashimi de moluscos con algas y espárragos. Tempura de rodaballo salvaje. Las cuatro estaciones de la manzana.

Menú 55/95 € – Carta 45/63 €

paseo Milicias de Garachico 1, local 4 ✉️ *38004* – 📞 *922 24 55 98*
– www.restaurantekazan.com – cerrado domingo y lunes noche

🍴 **Solana**   🏠 ⚬ 🅰️ ⟷

MODERNA · A LA MODA 💥💥 Un restaurante renovado, pues han aprovechado el cambio de local para dar un paso al frente en sus propuestas. Cocina canaria actual, con un interesante apartado de arroces.

Menú 25/50 € – Carta 35/50 €

Angel Guimerá 37 ✉️ *38004* – 📞 *922 24 37 80* – *www.solanarestaurante.es*
– cerrado del 4 al 26 de agosto, Semana Santa, domingo y lunes

🍴 **Sagrario**   🅰️ 🎏

COCINA TRADICIONAL · AMBIENTE TRADICIONAL 💥 ¡Una casa muy personal! Sagrario Pablos, la chef-propietaria, ha sabido fidelizar a sus clientes con honestidad, cercanía y buen hacer. Cocina tradicional con guiños locales.

Carta 38/50 €

Doctor Guigou 37 ✉️ *38001* – 📞 *922 10 27 88*

🏨 **Iberostar Grand H. Mencey**   🌿 🛎️ 🏊 🖼️ 🌀 ⛷️ 🎗️ ⚬ 🅰️ 🛁 🚗

HISTÓRICO · ELEGANTE Tiene su encanto, ya que se halla en un edificio protegido de inspiración colonial y viste su interior con elegancia. Buenos espacios sociales, habitaciones clásicas renovadas e interesante oferta culinaria, destacando la propuesta del restaurante Papa Negra.

256 hab – 🛏️150/220 € 🛏️🛏️150/220 € – ☕ 22 € – 5 suites

Doctor José Naveiras 38 ✉️ *38004* – 📞 *922 60 99 00* – *www.iberostar.com*

EL SAUZAL – 8 930 h. – Alt. 450 m – Mapa regional : **5**-B1

🍴 **Las Terrazas del Sauzal**   ⪡ 🏠 🅿️

CREATIVA · AMBIENTE CLÁSICO 💥💥 En pleno centro de El Sauzal pero en una zona elevada, por lo que sus terrazas atesoran unas idílicas vistas a todo el litoral costero. Cocina actual con detalles creativos.

Carta 30/46 €

pasaje Sierva de Dios 9 ✉️ *38360* – 📞 *922 57 14 91* – *www.terrazasdelsauzal.com*
– cerrado lunes y martes

ISLAS CANARIAS · ESPAÑA

TEGUESTE – 11 107 h. – Mapa regional : **5**-B1

La Sandunga 🛖 🌿 **P**

INTERNACIONAL · ACOGEDORA ✗ Se halla en una casa de campo y sorprende por su interior, con la cocina vista y la sala principal abierta al paisaje. Carta de gusto internacional, con buen apartado de carnes, en la que encontrará tanto platos canarios como franceses, japoneses o peruanos.

Carta 31/42 €

San Ignacio 17 ✉ 38280 – 𝒞 923 63 72 09 – www.lasandunga.es – cerrado domingo noche, lunes y martes noche

VILAFLOR – 1 671 h. – Alt. 1 400 m – Mapa regional : **5**-B2

en La Escalona por la carretera de Arona - Suroeste : 7 km

🏠 El Nogal 🕊 🐾 ⋜ 🎿 📺 🖲 🎱 🌿 ⚚ **P**

CASA DE CAMPO · RÚSTICA Una casa de montaña que data del s. XVIII. Sorprende con un entorno muy cuidado, bellísimos balcones canarios y habitaciones de buen confort, unas rústicas y otras clásicas. Oferta gastronómica bastante variada, con un apartado de arroces y vinos de la zona.

42 hab ⌂ – 🛉50/85 € 🛉🛉70/114 €

camino Real ✉ 38614 La Escalona – 𝒞 922 72 60 50 – www.hotelnogal.com

LA GOMERA
Santa Cruz de Tenerife

HERMIGUA – 1 950 h. – Alt. 170 m – Mapa regional : **5**-A2

🏠 Casa Los Herrera 🎿 🖲 ♿

FAMILIAR · RÚSTICA Este pequeño hotel rural ocupa una casa de 1846 emplazada frente a la iglesia. Posee un bello patio central dotado con una balconada en madera, un acogedor salón social y confortables habitaciones de aire rústico, seis con terraza.

8 hab ⌂ – 🛉65 € 🛉🛉92 €

*pl. Nuestra Señora de la Encarnación ✉ 38820 – 𝒞 922 88 07 01
– www.casalosherrera.com*

SAN SEBASTIÁN DE LA GOMERA – 8 591 h. – Mapa regional : **5**-A2

🏰 Parador de San Sebastián de La Gomera 🕊 🐾 ⋜ 🛏 🎿 🖲

CADENA HOTELERA · RÚSTICA Está en la parte alta de la ciudad ♿ 🖲 ⚚ **P** y atesora, junto a las buenas vistas al mar y el amplio jardín botánico, una encantadora decoración regional. Entre sus habitaciones destacan las que tienen los típicos balcones de madera. En el comedor podrá degustar las especialidades gastronómicas propias de esta tierra.

60 hab – 🛉100/225 € 🛉🛉100/225 € – ⌂ 19 € – 2 suites

cerro de la Horca 1 ✉ 38800 – 𝒞 922 87 11 00 – www.parador.es

EL HIERRO
Santa Cruz de Tenerife

VALVERDE – 4 870 h. – Alt. 600 m – Mapa regional : **5**-A2

en el Mirador de la Peña Oeste : 9 km

🍽 Mirador de La Peña ⋜ 🛖 🌿 **P**

REGIONAL · AMBIENTE CLÁSICO ✗✗ Se trata de un restaurante muy especial, pues fue diseñado por el genial artista César Manrique y está considerado como un monumento por parte del cabildo. Cocina regional.

Menú 15/40 € – Carta 26/42 €

carret. de Guarazoca 40 ✉ 38916 Guarazoca – 𝒞 922 55 03 00

en Las Playas Suroeste : 20 km

🏨 Parador de El Hierro

TRADICIONAL · CLÁSICA El sosiego está asegurado en este parador, colgado sobre una playa de roca volcánica. La mayoría de sus habitaciones poseen mobiliario de línea clásica y unas bonitas vistas. El comedor, de aire regional, es idóneo para descubrir la gastronomía de la isla.

47 hab – †90/165 € †¶90/165 € – ⌁ 18 €

Las Playas 15 ✉ 38900 Valverde – 🏢 922 55 80 36 – www.parador.es

LA PALMA

Santa Cruz de Tenerife

BREÑA ALTA – 7 170 h. – Mapa regional : **5**-A1

🍴 Casa Osmunda

COCINA TRADICIONAL · RÚSTICA ⅓ Instalado en una bonita casa de indianos que sirvió como lugar de descanso para comerciantes. Ofrece un interior rústico-canario y una cocina tradicional de gran honestidad.

Carta 25/40 €

subida la Concepción 2 ✉ 38710 – 🏢 922 41 26 35 – cerrado domingo noche y lunes

BREÑA BAJA – 5 362 h. – Mapa regional : **5**-A1

🏨 Parador de La Palma

TRADICIONAL · CLÁSICA Construido en una zona elevada, con amplios espacios verdes y hermosas vistas sobre el océano. El edificio tiene dos plantas, con una torre adosada y espaciosas habitaciones. En sus comedores podrá conocer los platos más representativos de la cocina palmera.

78 hab – †80/170 € †¶80/170 € – ⌁ 18 €

carret. El Zumacal ✉ 38712 – 🏢 922 43 58 28 – www.parador.es

LOS LLANOS DE ARIDANE – 20 227 h. – Alt. 350 m – Mapa regional : **5**-A1

🍴 El Rincón de Moraga

COCINA TRADICIONAL · RÚSTICA ⅓ Alojado en una antigua casa canaria de ambiente rústico-regional. Apuestan por una cocina tradicional actualizada que fusiona los platos locales con los de otras latitudes.

Carta 24/47 €

Llano de San Pedro 4 (Argual) ✉ 38760 – 🏢 922 46 45 64 – cerrado del 1 al 15 de febrero, del 1 al 15 de mayo, domingo y lunes mediodía

TAZACORTE – 4 771 h. – Mapa regional : **5**-A1

🏨 Hacienda de Abajo

TRADICIONAL · HISTÓRICA Singular, histórico, diferente... en pleno Tazacorte y rodeado de platanales. Podríamos catalogarlo como un hotel-museo, pues cobija más de 1100 piezas de arte o anticuario. Habitaciones con balcón o terraza y oferta culinaria de sabor canario e internacional.

31 hab ⌁ – †178/448 € †¶231/668 € – 1 suite

Miguel de Unamuno 11 ✉ 38770 – 🏢 922 40 60 00
– www.hotelhaciendadeabajo.com

Los precios junto al símbolo † corresponden al precio más bajo en temporada baja, después el precio más alto en temporada alta, para una habitación individual. El mismo principio con el símbolo †¶, esta vez para una habitación doble.

CANDELARIO

Salamanca – 930 h. – Alt. 1 126 m – Mapa regional : **8**-A3
Mapa de carreteras Michelin n° 575-K12

Artesa

FAMILIAR · RÚSTICA Centro de turismo rural dotado con una tienda de artesanía en la recepción, cálidas habitaciones de aire rústico y un taller textil. En el comedor, que sirve también para albergar exposiciones temporales, ofrecen cocina de tinte regional y tradicional.

9 hab ⌂ – ♦45/68 € ♦♦45/68 €

Mayor 57 ⌂ 37710 – 𝒞 923 41 31 11 – www.artesa.es – cerrado del 1 al 10 de julio

Casa de la Sal

AGROTURISMO · RÚSTICA Ocupa una fábrica de embutidos del s. XVIII ubicada en el centro del pueblo y presenta unas habitaciones de cuidado ambiente rústico-actual, todas con profusión de madera y bellas pinturas que ensalzan el mundo del caballo. El restaurante, de buen montaje, centra su oferta en una cocina de gusto tradicional.

8 hab ⌂ – ♦65/75 € ♦♦65/75 €

Fuente de Perales 1 ⌂ 37710 – 𝒞 923 41 30 51 – www.casadelasal.com

CANDELEDA

Ávila – 5 104 h. – Alt. 428 m – Mapa regional : **8**-B3
Mapa de carreteras Michelin n° 575-L14

por la carretera del Santuario de Chilla Noroeste : 6 km y desvío a la derecha 1 km

Nabia

FAMILIAR · PERSONALIZADA Aislado y tranquilo, pues se halla en una finca arbolada con excelentes vistas a las montañas y al valle del Tiétar. Agradable terraza, zona noble con chimenea y espaciosas habitaciones, la mejor en un edificio independiente. Oferta gastronómica tradicional.

12 hab ⌂ – ♦155/165 € ♦♦185/195 €

*carret. del Santuario de Chilla ⌂ 05480 Candeleda – 𝒞 920 38 23 07
– www.hotelnabia.com – cerrado del 24 al 28 de diciembre y
24 septiembre-5 octubre*

CÁNDUAS

A Coruña – 49 h. – Mapa regional : **13**-A1
Mapa de carreteras Michelin n° 571-C3

Mar de Ardora

GALLEGA · ACOGEDORA ✗✗ Instalado en una casita de piedra, donde destaca tanto por el confort del comedor, en dos ambientes, como por su terraza chill out. Cocina tradicional gallega puesta al día y música en directo los fines de semana.

Menú 15 € – Carta 25/45 €

*As Revoltas - carret. AC 430, Este : 2 km ⌂ 15116 – 𝒞 981 75 43 11
– www.mardeardora.com – solo almuerzo salvo verano y fines de semana
– cerrado del 7 al 30 de enero, domingo noche en verano y lunes*

CANEDO León ➜ Ver Cacabelos

CANET DE MAR

Barcelona – 14 177 h. – Mapa regional : **10**-A2
Mapa de carreteras Michelin n° 574-H37

La Font 🏠 AC ⌖

MODERNA · A LA MODA X Muy luminoso, llevado con profesionalidad entre hermanos y emplazado en la parta alta de la localidad. Proponen una cocina de gusto actual construida en base a la temporalidad y al producto de cercanía. ¡Buena oferta de menús!

Menú 20/41 € – Carta 35/65 €

Rafael Masó 1-3, (acceso por vía Figuerola) ⊠ 08360 – 𝒞 937 94 36 73
– *www.restaurantlafont.es – solo almuerzo salvo viernes y sábado*
– *cerrado 7 días en febrero, 15 días en septiembre y martes*

CANGAS DE MORRAZO

Pontevedra – 26 520 h. – Mapa regional : **13**-A3
Mapa de carreteras Michelin nº 571-F3

en Hío Oeste : 6 km

Doade 🏠 ዲ AC ⌖ ⇔ 🅿

PESCADOS Y MARISCOS · AMBIENTE CLÁSICO X Una casa familiar que siempre tiene pescado fresco, pues cuenta con un gran contacto en la lonja. Posee un bar y dos salas de montaje clásico-actual, donde ofrecen buenas carnes, platos marineros y sabrosísimos pescados (lubina, sargo, rodaballo...) al horno.

Menú 15/35 € – Carta 30/55 €

bajada playa de Arneles 1 ⊠ 36948 – 𝒞 986 32 83 02
– *www.hoteldoade.com*
– *cerrado noviembre y lunes salvo julio-agosto*

CANGAS DE ONÍS

Asturias – 6 498 h. – Alt. 63 m – Mapa regional : **3**-C2
Mapa de carreteras Michelin nº 572-B14

ⵏO Los Arcos 🏠 ዲ AC ⌖

COCINA TRADICIONAL · TENDENCIA XX Se encuentra junto al Ayuntamiento, donde disfruta de una buena terraza, una amplia cafetería y un comedor clásico-actual. Completa carta de cocina tradicional y regional.

Menú 13/35 € – Carta 29/49 €

pl. del Ayuntamiento 3 ⊠ 33550 – 𝒞 985 84 92 77
– *www.loslagosnature.com*

ⵏO El Molín de la Pedrera 🏠 ዲ AC ⌖

COCINA TRADICIONAL · ACOGEDORA X Resulta popular y ofrece dos salas, una amplia para grupos y otra más íntima, con chimenea, de línea rústica-actual. Cocina regional actualizada rica en productos autóctonos.

Carta 30/44 €

Río Güeña 2 ⊠ 33550 – 𝒞 985 84 91 09
– *www.elmolin.com*
– *cerrado 17 diciembre-8 febrero, martes noche y miércoles salvo verano*

en la carretera de Arriondas

Parador de Cangas de Onís 🌂 🐾 ⟨ 🛏 🖥 ዲ AC 🛁 🅿

HISTÓRICO · CLÁSICA Parador de carácter histórico integrado en el monasterio de San Pedro de Villanueva, en plena naturaleza. Ofrece un bello patio central en el antiguo claustro, confortables habitaciones y un restaurante de montaje clásico que apuesta por la cocina tradicional.

64 hab – ♦90/195 € ♦♦90/195 € – ☱ 18 €

Villanueva, Noroeste : 3 km ⊠ 33550 Cangas de Onís – 𝒞 985 84 94 02
– *www.parador.es*

CANGAS DEL NARCEA

Asturias – 13 451 h. – Alt. 376 m – Mapa regional : **3**-A2
Mapa de carreteras Michelin nº 572-C10

en Corias Norte : 2 km

🏛️ Parador de Corias

EDIFICIO HISTÓRICO · HISTÓRICA Le llaman El Escorial asturiano y toma como base un monasterio del s. XI que hoy destaca por sus dos claustros, uno con un árbol centenario. Amplio salón social, salas polivalentes, habitaciones sobrias pero actuales y buen comedor en lo que fue el refectorio.

76 hab – †85/185 € ††85/185 € – ☕ 18 €

Monasterio de Corias ✉ 33816 Corias – 𝒞 985 07 00 00 – www.parador.es
– cerrado 7 enero-2 marzo

CANIDO

Pontevedra – Mapa regional : **13**-A3
Mapa de carreteras Michelin nº 571-F3

🍽️ Durán

PESCADOS Y MARISCOS · AMBIENTE CLÁSICO XX Frente a la playa, donde se presenta con dos salas de aire clásico-actual y una terracita de verano. Encontrará buenos pescados y mariscos, así como un apartado de arroces.

Menú 25 € – Carta 30/55 €

playa de Canido 129 ✉ 36390 – 𝒞 986 49 08 37 – www.restauranteduran.com
– cerrado del 16 al 31 de enero, del 18 al 25 de septiembre, domingo noche y lunes

La CANONJA

Tarragona – 5 839 h. – Alt. 60 m – Mapa regional : **9**-B3
Mapa de carreteras Michelin nº 574-I33

en la autovía T 11 Noroeste : 2 km

🍽️ La Boella

COCINA TRADICIONAL · ELEGANTE XXX El salón-biblioteca, un molino de aceite, comedores de elegante rusticidad... En este restaurante, realmente singular, elaboran una cocina tradicional con platos actualizados.

Menú 25/45 € – Carta 39/81 €

Hotel Mas La Boella, salida km 12 ✉ 43310 La Canonja – 𝒞 977 77 15 15
– www.laboella.com – cerrado enero

🏨 Mas La Boella

BOUTIQUE HOTEL · PERSONALIZADA ¡Un complejo oleoturístico definido por el sosiego! Reparte sus estancias entre dos edificios: uno de nueva construcción, donde están las habitaciones más modernas, y el otro fruto de recuperar una antigua masía rodeada de jardines, olivos y viñedos.

13 hab ☕ – †150/280 € ††150/280 €

salida km 12 ✉ 43310 La Canonja – 𝒞 977 77 15 15 – www.laboella.com – cerrado enero
🍽️ **La Boella** – ver selección restaurantes

CÀNOVES

Barcelona – 2 897 h. – Alt. 552 m – Mapa regional : **10**-B2
Mapa de carreteras Michelin nº 574-G37

al Norte 5 km

🏨 Can Cuch

CASA DE CAMPO · ECO-RESPONSABLE Instalado en una antigua masía de piedra que destaca por sus vistas, desde más de 700 m. de altitud, al entorno del Montseny. Cuidadas habitaciones de aire rústico, las superiores con chimenea, y sorprendente piscina panorámica en lo que fue la balsa de riego.

11 hab ☕ – †95/130 € ††110/160 €

Can Cuch de Muntanya 35 ✉ 08445 Cànoves – 𝒞 931 03 39 80
– www.hotelcancuch.com

CANTAVIEJA

Teruel – 741 h. – Alt. 1 200 m – Mapa regional : **2**-C3
Mapa de carreteras Michelin n° 574-K28

🍴○ **Balfagón Alto Maestrazgo** ⟨ & AC 🎿 🚗

COCINA TRADICIONAL · AMBIENTE TRADICIONAL 🗙🗙 Aunque basan su propuesta en una cocina tradicional, con detalles actuales, también procuran dinamizar la carta con sugerencias de temporada y jornadas gastronómicas.

Menú 15/19 € – Carta 25/52 €

Hotel Balfagón Alto Maestrazgo, av. del Maestrazgo 20 ⊠ *44140 –* 𝒞 *964 18 50 76 – www.hotelbalfagon.com – cerrado del 1 al 8 de enero y domingo noche salvo agosto*

🏠 **Balfagón Alto Maestrazgo** ⟨ 🖻 & AC 🎿 🔱 🚗

TRADICIONAL · MODERNA ¡Interesante para una escapada en pareja! Estamos en la capital del Maestrazgo, lo que se traduce en múltiples opciones de relax y ocio mientras visita la comarca turolense.

46 hab – 🛉67/77 € – 🛉🛉89/99 € – 🖵 10 € – 3 apartamentos

av. del Maestrazgo 20 ⊠ *44140 –* 𝒞 *964 18 50 76 – www.hotelbalfagon.com – cerrado del 1 al 8 de enero*

🍴○ **Balfagón Alto Maestrazgo** – ver selección restaurantes

CANTERAS Murcia → Ver Cartagena

CANTONIGRÒS

Barcelona – Mapa regional : **9**-C2
Mapa de carreteras Michelin n° 574-F37

🍴○ **Ca l'Ignasi** & 🗘

CATALANA · FAMILIAR 🗙🗙 Posee tres comedores de aire rústico catalán y una sala, también rústica pero más informal y con acceso independiente, en la que se ofrece una carta sencilla y específica para las veladas. Cocina catalana fiel a los productos de proximidad.

Menú 20/45 € – Carta 40/55 €

Major 4 ⊠ *08569 –* 𝒞 *938 52 51 24 – www.calignasi.com – solo almuerzo salvo viernes y sábado – cerrado 7 días en enero, 7 días en julio, 7 días en septiembre, lunes y martes*

CANYELLES PETITES (Playa de) Girona → Ver Roses

CAÑETE

Cuenca – 802 h. – Alt. 1 105 m – Mapa regional : **7**-D2
Mapa de carreteras Michelin n° 576-L25

🍢 **La Muralla** ⟸ 🏠 AC 🎿 🚗

COCINA TRADICIONAL · RÚSTICA 🗙 Se encuentra frente a una muralla antigua y cuenta con un cálido comedor de ambiente rústico. Carta tradicional, sugerentes menús y elaboraciones de setas durante la temporada. El negocio se complementa con sencillas habitaciones y unos coquetos apartamentos.

Menú 12/35 € – Carta 20/35 €

9 apartamentos 🖵 – 🛉🛉45/65 €

carret. Valdemeca 20 ⊠ *16300 –* 𝒞 *969 34 62 99 – www.hostallamuralla.com – cerrado 18 junio-8 julio, del 13 al 23 de septiembre y martes salvo verano*

Los CAÑOS DE MECA

Cádiz – 284 h. – Mapa regional : **1**-A3
Mapa de carreteras Michelin n° 578-X11

🍴○ **La Breña** ⟨ 🏠 AC 🅿

CREATIVA · ACOGEDORA 🗙🗙 Ofrece una carta de tinte actual-creativo que intenta sorprender, con claras influencias asiáticas y gran presencia de pescados. Si hace bueno... ¡coma en su coqueto porche!

Carta 28/49 €

av. Trafalgar 4 ⊠ *11159 –* 𝒞 *956 43 73 68 – www.hotelbrena.com – cerrado 15 octubre-15 marzo y miércoles salvo agosto*

ESPAÑA

en Zahora Noroeste : 5 km

Arohaz ⇦ 🏠 ♿ 🏧 ⚡ P

MODERNA · SIMPÁTICA X Interesante tanto en lo estético como en lo gastronómico, pues presenta un espacio minimalista y apuesta por una cocina actual que hace incursiones en la gastronomía japonesa, asiática, sudamericana y magrebí. ¡También ofrece magníficas habitaciones!

Menú 29 € – Carta 33/44 €

6 hab 🛏 – 🛉50/160 € 🛉🛉60/180 €

Carril del Pozo 25 ✉ 11159 Los Caños de Meca – 𝒞 956 43 70 05
– www.hotelarohaz.com – cerrado diciembre-febrero

CARABIAS

Guadalajara – 20 h. – Alt. 1 016 m – Mapa regional : **7**-C1
Mapa de carreteras Michelin nº 575-I21

Cardamomo 🏠 🐾 🏧 P

TRADICIONAL · CONTEMPORÁNEA Destaca por su personalísima decoración, pues ansía un estilismo de fusión donde se armonicen colores, influencias, diseño... Elegante salón social y confortables habitaciones, algunas abuhardilladas. La reducida oferta culinaria es de sabor tradicional.

13 hab 🛏 – 🛉65/95 € 🛉🛉95/125 €

Ciruelches 2 ✉ 19266 – 𝒞 630 38 05 43 – www.cardamomosiguenza.com

CARBALLO

A Coruña – 31 283 h. – Alt. 106 m – Mapa regional : **13**-B1
Mapa de carreteras Michelin nº 571-C3

🍽 Rio Sil 🏧 🐾

COCINA TRADICIONAL · AMBIENTE CLÁSICO X Este templo carnívoro, bien remodelado, sorprende con una bodega acristalada y una parrilla digna de visitar. Carnes gallegas selectas y sugerentes jornadas gastronómicas.

Menú 12 € – Carta 30/50 €

Rio Sil 43 ✉ 15100 – 𝒞 981 70 04 78 – www.riosil.gal – cerrado 15 días en enero, sábado y domingo noche

CARDONA

Barcelona – 4 898 h. – Alt. 750 m – Mapa regional : **9**-B2
Mapa de carreteras Michelin nº 574-G35

Parador de Cardona 🏠 🐾 ⇦ 🛗 🎾 ♿ 🏧 🐾 🧖 P

EDIFICIO HISTÓRICO · HISTÓRICA Parador-Museo instalado en una gran fortaleza medieval que domina el horizonte sobre un promontorio. Realizan interesantes rutas turísticas dentro del edificio y ofrecen sobrias habitaciones, destacando las que poseen camas con dosel. En su comedor podrá descubrir una cocina atenta al recetario regional.

54 hab – 🛉95/200 € 🛉🛉95/200 € – 🛏 19 €

Castell de Cardona ✉ 08261 – 𝒞 938 69 12 75 – www.parador.es

en La Coromina Este : 4 km

La Premsa 🏠 🐾 🐾 P

FAMILIAR · ORIGINAL ¡Singular y de trato muy familiar! Ocupa una antigua prensa de aceite que aún cobija entre sus recios muros de piedra los aperos, silos y utensilios propios de aquella actividad. Posee espaciosas habitaciones, todas personalizadas, y un restaurante especializado tanto en platos regionales como a la brasa.

9 hab 🛏 – 🛉100/130 € 🛉🛉100/130 €

de l'Església 53 ✉ 08261 Cardona – 𝒞 938 69 17 83 – www.lapremsahotelrural.com
– cerrado del 1 al 15 de agosto

CARIÑENA

Zaragoza – 3 389 h. – Alt. 591 m – Mapa regional : **2**-B2
Mapa de carreteras Michelin n° 574-H26

La Rebotica   AC

REGIONAL · RÚSTICA X Coqueto, familiar, de ambiente rústico y a tan solo unos metros de la hermosa iglesia de Nª Sra. de la Asunción. El restaurante, instalado en la que un día fue la casa del farmacéutico, propone una cocina regional bien presentada que ensalza tanto el recetario autóctono como los productos de Aragón.

Menú 15/30 € – Carta 25/42 €

San José 3 ⊠ 50400 – ℰ 976 62 05 56 – www.restaurantelarebotica.com – solo almuerzo – cerrado 25 diciembre-2 enero, del 22 al 29 de abril, 14 días en julio-agosto y lunes

CARMONA

Sevilla – 28 656 h. – Alt. 248 m – Mapa regional : **1**-B2
Mapa de carreteras Michelin n° 578-T13

La Almazara de Carmona   🖾 �& AC ⅋

COCINA TRADICIONAL · ACOGEDORA XX Se halla en una vieja almazara de aceite, con un concurrido bar de tapas y un comedor clásico-actual. Su carta, de gusto tradicional, posee un apartado de platos más modernos.

Menú 32 € – Carta 33/43 €

Santa Ana 33 ⊠ 41410 – ℰ 954 19 00 76 – www.alfar2.com

La Yedra   🖾 �& AC ⇔

COCINA TRADICIONAL · AMBIENTE TRADICIONAL XX Almuerce o cene a escasos metros del Parador, en una casa encalada que sorprende con un patio a la entrada. Mónica, la chef-propietaria, actualiza el recetario tradicional.

Menú 25/50 € – Carta 30/55 €

General Freire 6 ⊠ 41410 – ℰ 954 14 45 25 – www.restaurantelayedra.es – solo cena en agosto – cerrado domingo noche y lunes

Molino de la Romera   🖾 �& AC ⇔

COCINA TRADICIONAL · RÚSTICA X Atractivo y curioso, pues recupera un molino de aceite del s. XV que con el tiempo se convirtió en granero. Está llevado entre hermanos y apuesta por el recetario tradicional.

Carta 20/35 €

Pedro I ⊠ 41410 – ℰ 954 14 20 00 – www.molinodelaromera.com – cerrado del 1 al 15 de agosto, domingo en verano, domingo noche y lunes resto del año

Parador de Carmona   🕈 🦮 ⟨ 🖾 🌣 ⊡ �& AC ⅋ 🎿 P

EDIFICIO HISTÓRICO · CLÁSICA Ocupa el antiguo alcázar de Pedro I, por lo que disfruta de unas vistas que no dejan nunca de sorprender. Tiene el aparcamiento en el patio de armas y unas habitaciones muy bien actualizadas, tanto en los aseos como en su iluminación y la decoración. En su comedor podrá descubrir los sabores regionales.

63 hab – †105/225 € ††105/225 € – � 19 €

Alcázar ⊠ 41410 – ℰ 954 14 10 10 – www.parador.es

El Rincón de las Descalzas   🌣 ⊡ AC

HISTÓRICO · ACOGEDORA Instalado en una casona del s. XIX. Posee pequeños patios y múltiples rincones... sin embargo, lo más notable son sus habitaciones, todas diferentes y con mobiliario de época.

13 hab � – †52/65 € ††64/98 €

Descalzas 1 ⊠ 41410 – ℰ 954 19 11 72 – www.elrincondelasdescalzas.com

CARRACEDELO

León – Alt. 476 m – Mapa regional : **8**-A1
Mapa de carreteras Michelin nº 575-E9

⭙○ **La Tronera**   🏠 🅰🅲 🅿

MODERNA · ACOGEDORA XX Restaurante de línea actual, con chimenea, dominado por los tonos blancos. Su carta, tradicional-regional pero con toques actuales, se ve enriquecida por un menú degustación.

Menú 35 € – Carta 35/55 €

Hotel La Tronera, El Caño 1, Suroeste. 1,5 km (Villadepalos) ⊠ 24565 (es necesario reservar) – cerrado 10 días en septiembre, lunes, martes y miércoles salvo abril-agosto

🏠 **La Tronera**   🛎 🅰🅲 🍽 🅿

TRADICIONAL · RÚSTICA En una antigua casa que ostenta la categoría de Posada Real. Ofrece un salón social de aire rústico, con los muros en piedra, y habitaciones no muy amplias pero confortables.

8 hab – ♦70/77 € ♦♦77/88 € – ⊆ 6 €

El Caño 1, Suroeste. 1,5 km (Villadepalos) ⊠ 24565 – 𝒞 616 18 26 19
– www.hotelrurallatronera.com – cerrado 20 días en deciembre

   ⭙○ **La Tronera** – ver selección restaurantes

CARRIL

Pontevedra – 1 453 h. – Mapa regional : **13**-A2
Mapa de carreteras Michelin nº 571-E3

🏠 **A Esmorga - Posada del Mar**   ⇐ 🅰🅲 🍽

FAMILIAR · AL BORDE DEL MAR Ocupa un edificio centenario que destaca por su ubicación, a pocos pasos de la playa. Gran terraza frente a la ría, bar-tapería y coquetas habitaciones, la mayoría con vistas.

7 hab ⊆ – ♦50/70 € ♦♦60/90 €

Lucena 16 ⊠ 36610 – 𝒞 986 51 01 41 – www.aesmorga.es

CARRIÓN DE LOS CONDES

Palencia – 2 177 h. – Alt. 830 m – Mapa regional : **8**-B1
Mapa de carreteras Michelin nº 575-E16

🏠🏠 **Real Monasterio San Zoilo**   🏠 🛎 🔄 🅰🅲 🍽 🛗 🅿

HISTÓRICO · CLÁSICA Está instalado en el antiguo monasterio benedictino, por lo que alojarse aquí supone un reencuentro con la historia. Presenta sobrios espacios comunes y habitaciones detallistas. En el comedor, de ambiente rústico, encontrará una carta tradicional actualizada.

47 hab – ♦45/70 € ♦♦60/85 € – ⊆ 11 € – 5 suites

Obispo Souto ⊠ 34120 – 𝒞 979 88 00 50 – www.sanzoilo.com
– cerrado 6 enero-15 febrero

CARTAGENA

Murcia – 214 177 h. – Alt. 3 m – Mapa regional : **16**-B3
Mapa de carreteras Michelin nº 577-T27

⭙○ **El Barrio de San Roque**   🏠 ♿ 🅰🅲 ⇱

COCINA TRADICIONAL · AMBIENTE CLÁSICO XX Ocupa un antiguo almacén que ha cuidado mucho su decoración original y hoy se presenta con un montaje clásico-actual. Dentro de su carta tradicional merecen ser destacados los pescados de la zona, los arroces y sus sabrosos guisos del día.

Menú 20/28 € – Carta 30/50 €

Jabonerías 30 ⊠ 30201 – 𝒞 968 50 06 00 – www.elbarriodesanroque.com
– cerrado del 6 al 21 de enero, 21 abril-6 mayo, del 1 al 9 de
septiembre, 23 octubre-4 noviembre y domingo salvo diciembre y Semana Santa

⫚○ La Marquesita

COCINA TRADICIONAL · AMBIENTE CLÁSICO XX En una plaza bastante céntrica. Su completa carta tradicional se enriquece con sabrosas especialidades, como el Rabo de toro, y por la noche dan la opción de medias raciones.

Menú 23/50 € – Carta 30/50 €

pl. de Alcolea 6 ⊠ *30201 –* ✆ *968 50 77 47 – www.lamarquesita.net – cerrado agosto, domingo noche y lunes*

⫚○ Magoga

COCINA TRADICIONAL · SIMPÁTICA XX Agradable, actual y llevado con ilusión. Su cocina, tradicional actualizada, procura tomar como base tanto los productos de temporada como los pescados y mariscos de la zona.

Menú 70 € – Carta 33/81 €

pl. Doctor Vicente García Marcos 5 ⊠ *30201 –* ✆ *629 98 02 57 – www.restaurantemagoga.com – cerrado del 7 al 13 de enero, del 9 al 15 de septiembre, domingo noche y lunes*

en Los Dolores Norte : 3,5 km

⊛ La Cerdanya

CATALANA · RÚSTICA X Una casa que destaca por la manera de elaborar sus guisos... muy lentamente, a la antigua, logrando una cocina tradicional y catalana con el máximo sabor. En su comedor, de ambiente rústico, verá aperos y ornamentos típicos de la Cerdanya.

Menú 26 € – Carta 29/38 €

Subida al Plan 5, por Alameda San Antón ⊠ *30310 Los Dolores –* ✆ *968 31 15 78 – solo almuerzo – cerrado del 15 al 30 de agosto, domingo en verano y lunes*

en Canteras Oeste : 4 km

⫚○ Sacromonte

COCINA TRADICIONAL · RÚSTICA X Casa familiar dotada con un mesón de tapas y raciones, dos salas rústicas y un comedor más clásico para la carta, este con dos privados. Su carta tradicional se ve refrendada por un excelente expositor de mariscos, pescados y carnes rojas.

Menú 12 € – Carta 25/35 €

Monte San Juan 1, por N 332 Mazarrón ⊠ *30394 Canteras –* ✆ *968 53 53 28 – www.restaurantesacromonte.com – cerrado martes salvo festivos*

CARTAYA

Huelva – 19 164 h. – Alt. 20 m – Mapa regional : **1**-A2
Mapa de carreteras Michelin n° 578-U8

⫚○ Consolación

COCINA TRADICIONAL · FAMILIAR X Sencillo negocio familiar de 3ª generación. Goza de fama gracias a la calidad y el sabor de sus langostinos, pescados a "trasmallo" y con un incomparable punto de cocción.

Carta 25/40 €

carret. Huelva-Ayamonte ⊠ *21450 –* ✆ *959 39 02 98 – www.restauranteconsolacion.es – cerrado 30 septiembre-7 octubre, domingo noche y lunes noche*

CASALARREINA

La Rioja – 1 190 h. – Alt. 499 m – Mapa regional : **14**-A2
Mapa de carreteras Michelin n° 573-E21

⊛ La Vieja Bodega

COCINA TRADICIONAL · RÚSTICA XX No toma el nombre que tiene de forma banal, pues realmente ocupa una vieja bodega del s. XVII. La bondad de sus productos y una interesante carta de vinos lo han convertido en todo un clásico. Cocina tradicional-regional de cuidadas presentaciones.

Menú 35/55 € – Carta 33/50 €

av. de La Rioja 17 ⊠ *26230 –* ✆ *941 32 42 54 – www.laviejabodega.es – solo almuerzo salvo viernes y sábado – cerrado 7 enero-7 febrero*

🏠 Hospedería Señorío de Casalarreina 🐾 ⊡ 🅰🅲 ⌕

EDIFICIO HISTÓRICO · ACOGEDORA Estupendo hotel instalado en un ala del monasterio de la Piedad. Sus dependencias están decoradas con mucho gusto, cuidando los detalles y utilizando mobiliario antiguo restaurado. ¡La mayoría de los baños poseen bañera de hidromasaje!

15 hab ☲ – †69/139 € ††69/139 €

pl. Santo Domingo de Guzmán 6 ⊠ *26230 –* ℰ *941 32 47 30*

– www.hscasalarreina.com

CASAR DE CÁCERES

Cáceres – 4 664 h. – Alt. 365 m – Mapa regional : **12**-B2

Mapa de carreteras Michelin n° 576-N10

🏠 Quinta La Encarnación 🐾 ⊼ 🅰🅲 🅿

AGROTURISMO · RÚSTICA Cortijo extremeño ubicado en pleno campo, pero cerca de la ciudad. Sus cálidas habitaciones, una con chimenea, ocupan lo que fueron las vaquerías. ¡Conserva una antigua plaza de toros cuadrada que ahora se utiliza como zona verde multiusos!

5 hab – †70/100 € ††80/110 € – ☲ 9 €

camino de la Encarnación ⊠ *10190 –* ℰ *699 06 53 37*

– www.hotelquintalaencarnacion.com

CASAREJOS

Soria – 185 h. – Alt. 1 261 m – Mapa regional : **8**-C2

Mapa de carreteras Michelin n° 575-G20

🏠 Cabaña Real de Carreteros ⇪ 🐾

TRADICIONAL · RÚSTICA Bella casona de carreteros que remonta sus orígenes al s. XVIII. Presenta unas confortables habitaciones, algunas abuhardilladas, y un restaurante de aire rústico, donde ofrecen una carta tradicional rica en platos de la zona (caza, setas, pollo de corral...).

15 hab – †50 € ††69 € – ☲ 7 €

Las Angustias 45 ⊠ *42148 –* ℰ *975 37 20 62 – www.posadacarreteros.com*

– cerrado enero

CASARES

Málaga – 5 954 h. – Alt. 435 m – Mapa regional : **1**-A3

Mapa de carreteras Michelin n° 578-W14

en la carretera MA 8300 Sureste : 11 km

✿ Kabuki Raw 🕸 🍴 ⴜ 🅰🅲 🍽 🅿

JAPONESA · ELEGANTE XxX Elegancia, armonía, distinción... y las virtudes gastronómicas de los laureados restaurantes Kabuki de Madrid. La cocina está abierta al comedor, por lo que podrá contemplar el exquisito trabajo del chef y su equipo. Plantean una completa carta de cocina nipona, fusionada con platos mediterráneos y productos ibéricos.

→ Usuzukuri "bilbaína", pescado blanco del día cortado en lonchas finas. Anguila salvaje Don Style sobre cama de arroz y salsa tare. Sorbete de calabaza con pimienta de Jamaica.

Menú 85/140 € – Carta 47/109 €

Hotel Finca Cortesin ⊠ *29690 Casares –* ℰ *952 93 78 00 – www.fincacortesin.com*

– solo cena – cerrado 8 enero-21 febrero, domingo salvo verano y lunes

🏨 Finca Cortesin ⇪ 🐾 ⋖ 🍴 ⊼ ⊼ 🌀 ⌱ 🍴 🖼 ⊡ ⴜ 🅰🅲 🍽 ⌕ 🚗

GRAN LUJO · ELEGANTE Magnífico hotel, a modo de hacienda, emplazado en una soberbia finca. Presenta detalles de lujo, excelentes habitaciones de línea clásica y una sugerente oferta gastronómica, pues mientras en el restaurante Kabuki Raw proponen alta cocina japonesa, en El Jardín de Lutz apuestan por los auténticos sabores mediterráneos.

34 hab ☲ – †584/2822 € ††671/3950 € – 33 suites

⊠ *29690 Casares –* ℰ *690 23 01 88 – www.fincacortesin.com*

– cerrado 8 enero-21 febrero

✿ **Kabuki Raw** - ver selección restaurantes

El CASTELL DE GUADALEST

Alicante – 224 h. – Alt. 995 m – Mapa regional : **11**-B3
Mapa de carreteras Michelin n° 577-P29

Nou Salat

COCINA TRADICIONAL · AMBIENTE CLÁSICO X Ubicado a la entrada de la ciudad, en una casa con dependencias de línea clásica-funcional. De sus fogones surge una cocina tradicional-mediterránea con elaboraciones caseras. ¡Las salas acristaladas tienen buenas vistas a las montañas!

Menú 18/45 € – Carta 20/35 €

carret. de Callosa d'en Sarrià, Sureste 0,5 km ⊠ 03517 – ℰ 965 88 50 19 – solo almuerzo salvo fines de semana – cerrado 20 días en enero-febrero, 10 días en junio-julio y miércoles

CASTELLADRAL

Barcelona – 51 h. – Mapa regional : **9**-C2
Mapa de carreteras Michelin n° 574-G35

por la carretera de Súria Suroeste : 4 km

La Garriga de Castelladral

EDIFICIO HISTÓRICO · RURAL Esta majestuosa masía, construida en piedra y con vistas a la montaña de Montserrat, arropa tras sus recios muros unos valores que ensalzan el sosiego, la tradición y el reencuentro con la naturaleza. Disfruta de cálidas zonas sociales, habitaciones de excelente confort y un buen comedor en el antiguo pajar.

14 hab 🖵 – ♦145/398 € ♦♦165/535 €

carret. de Súria a Castelladral, (km 5,2) ⊠ 08671 Castelladral – ℰ 938 68 22 50 – www.masialagarriga.com – cerrado enero

CASTELLAR DEL VALLÈS

Barcelona – 23 442 h. – Mapa regional : **10**-B2
Mapa de carreteras Michelin n° 574-H36

por la carretera de Terrassa Suroeste : 5 km

Can Font

COCINA TRADICIONAL · RÚSTICA XxX Este impecable restaurante presenta una sala de estilo rústico catalán, un privado y tres salones de banquetes, ya que estos últimos constituyen el punto fuerte del negocio. Cocina de mercado con platos tradicionales e internacionales.

Menú 40 € – Carta 38/62 €

urb. Can Font, km 22,5 ⊠ 08211 Castellar del Vallès – ℰ 937 14 53 77 – www.boda-font.es – solo almuerzo salvo viernes y sábado – cerrado del 7 al 17 de enero, 21 días en agosto, lunes en enero-marzo y martes no festivos

CASTELLBISBAL

Barcelona – 12 364 h. – Alt. 132 m – Mapa regional : **10**-A3
Mapa de carreteras Michelin n° 574-H35

en la carretera de Martorell a Terrassa C 243c Oeste : 9 km

Ca l'Esteve

CATALANA · AMBIENTE CLÁSICO XX Negocio familiar de 4ª generación instalado en una gran casa de piedra, próxima a los viñedos de la finca. Su carta, clásica catalana, se enriquece con sugerencias diarias.

Menú 22 € – Carta 35/45 €

⊠ 08755 – ℰ 937 75 56 90 – www.restaurantcalesteve.com – solo almuerzo salvo jueves, viernes y sábado – cerrado del 7 al 14 de enero, del 16 al 1 de septiembre y lunes

CASTELLCIUTAT Lleida → Ver La Seu d'Urgell

CASTELLDEFELS
Barcelona – 63 891 h. – Mapa regional : **10**-A3
Mapa de carreteras Michelin n° 574-I35

en el barrio de la playa

🍴○ **La Canasta**   🏠 AC 🍸 ⇔

PESCADOS Y MARISCOS · AMBIENTE CLÁSICO XX Goza de cierta reputación y atesora una larga trayectoria. En sus salas, de elegante estilo clásico-marinero, podrá descubrir una cocina especializada en arroces, fideos, pescados y mariscos. ¡No se pierda sus carros de quesos y tartas!

Menú 35/120 € – Carta 50/70 €

passeig Marítim 197 ✉ 08860 Castelldefels – 𝒞 936 65 68 57
– www.restaurantelacanasta.com

CASTELLÓ D'EMPÚRIES
Girona – 10 870 h. – Alt. 17 m – Mapa regional : **9**-D3
Mapa de carreteras Michelin n° 574-F39

❀ **Emporium** (Màrius y Joan Jordà)   🎎 🕭 AC 🍸 ⇔ 🅿

MODERNA · FAMILIAR XX Este negocio familiar supone un magnífico ejemplo de honestidad, tanto por su conocimiento del producto autóctono como por su total dedicación. En el comedor, clásico pero con atractivos detalles de modernidad, le propondrán una cocina tradicional actualizada y diferentes menús. ¡Descubra los sabores del Alt Empordà!

→ Pulpo y globitos al pimentón con patata, algas y tinta. Cabrito lechal con coliflor, caviar y queso. Cuajada con ciruelas al vino, nueces y leche merengada.

Menú 36/91 € – Carta 59/84 €

Santa Clara 31 ✉ 17486 – 𝒞 972 25 05 93 – www.emporiumhotel.com
– cerrado 15 días en febrero, 15 días en noviembre, domingo noche salvo verano y lunes

🏠 **De La Moneda**   ⟰ 🖭 AC 🍸 🚗

FAMILIAR · PERSONALIZADA Mansión del s. XVII emplazada en el centro de la localidad. Presenta unas habitaciones coloristas, amplias y de confort actual, las de la 1ª planta con los techos originales abovedados. ¡Tienen buenos detalles!

11 hab ⚏ – †99/187 € ††99/187 €

pl. de la Moneda 8-10 ✉ 17486 – 𝒞 972 15 86 02 – www.hoteldelamoneda.com
– abierto Semana Santa-octubre

CASTELLÓ DE LA PLANA CASTELLÓN DE LA PLANA
Castellón – 169 498 h. – Alt. 28 m – Mapa regional : **11**-B1
Mapa de carreteras Michelin n° 577-M29

☺ **Aqua**   🕭 AC 🍸 🚗

MODERNA · DE DISEÑO X Se halla en el lobby del hotel Luz Castellón y, sin duda, le sorprenderá, pues muestra un espacio de inspiración contemporánea y carácter polivalente. ¿Su propuesta? Cocina actual con detalles de fusión, siempre a unos precios muy moderados.

Menú 22/44 € – Carta 26/34 €

Pintor Oliet 3, por paseo Morella A1 ✉ 12006 – 𝒞 964 20 10 10
– www.hotelluz.com

☺ **ReLevante**   AC 🍸

MODERNA · A LA MODA X Sencillez, alegría, juventud, profesionalidad... y muchos más conceptos positivos en un mismo negocio. ¿Su propuesta? Productos locales elaborados con toques innovadores, sugerencias en base al mercado y un buen menú. ¡Acceda por el hall del hotel NH Mindoro!

Menú 23/35 € – Carta 31/44 €

Moyano 4 ✉ 12002 – 𝒞 964 22 23 00 – www.nh-hotels.com – cerrado agosto,
domingo y lunes mediodía

🍴 La Llenega

MODERNA · MINIMALISTA X Un local de línea moderna y organización familiar. Propone una oferta gastronómica de tinte mediterráneo y algún plato morellano, estos como un guiño a los orígenes del chef.

Menú 15/32 € – Carta 28/40 €

Conde Noroña 27 ⊠ 12002 – 𝒞 964 05 68 26

– www.lallenega.com – cerrado agosto, domingo (mayo-octubre), lunes noche y martes noche

en el puerto (Grau) Este : 5 km

🍴 Tasca del Puerto

PESCADOS Y MARISCOS · AMBIENTE CLÁSICO X Está distribuido en dos casas y tras su remozada fachada presenta varias salas de reducida capacidad, todas con detalles típicos y buen montaje en su categoría. Carta tradicional y menús basados en arroces, pescado fresco y mariscos.

Menú 35/54 € – Carta 38/68 €

av. del Puerto 13 ⊠ 12100 El Grau – 𝒞 964 28 44 81

– www.tascadelpuerto.com – cerrado 15 días en enero, 15 días en octubre, domingo noche y lunes salvo festivos

CASTELLOTE

Teruel – 728 h. – Alt. 774 m – Mapa regional : **2**-C3
Mapa de carreteras Michelin nº 574-J29

😊 Castellote

COCINA TRADICIONAL · SENCILLA X Ensalza los sabores tradicionales, cuida las presentaciones y disfruta de un comedor diáfano a la par que funcional, decorado con curiosísimos botijos. Pruebe su Dulce de galletas con nata, un plato que lleva... ¡más de 40 años en la carta!

Menú 18/30 € – Carta 25/45 €

paseo de la Mina 15 ⊠ 44560 – 𝒞 978 88 75 96

– www.hotelcastellote.com – cerrado Navidades y domingo noche

CASTRILLO DE LOS POLVAZARES

León – Alt. 907 m – Mapa regional : **8**-A1
Mapa de carreteras Michelin nº 575-E11

🍴 Casa Coscolo

COCINA TRADICIONAL · RÚSTICA X Instalado en una casona de piedra de atractivo aire rústico-actual. Aunque su carta contempla otras opciones, aquí casi todo el mundo viene a comer el famoso Cocido maragato.

Menú 20 € – Carta 25/35 €

La Magdalena 1 ⊠ 24718 – 𝒞 987 69 19 84

– www.casacoscolo.com – solo almuerzo – cerrado 10 días en enero, 10 días en febrero y 10 días en junio

CASTROPOL

Asturias – 3 638 h. – Mapa regional : **3**-A1
Mapa de carreteras Michelin nº 572-B8

🍴 Casa Vicente ⓝ

COCINA TRADICIONAL · AMBIENTE CLÁSICO XX Son conocidos por sus pescados (hasta 10 tipos) y sus mariscos, aunque también tienen buenas carnes y otros platos de tinte regional. ¡Amplias cristaleras con vistas a la ría!

Carta 38/55 €

carret. N 640 ⊠ 33760 – 𝒞 985 63 50 51 – cerrado 24 diciembre-enero, lunes y martes salvo agosto

ESPAÑA

CASTROVERDE DE CAMPOS

Zamora – 349 h. – Alt. 707 m – Mapa regional : **8**-B2
Mapa de carreteras Michelin nº 575-G14

⫟○ Lera   ᕫ AC P

REGIONAL · AMBIENTE CLÁSICO XX Uno de los restaurantes especializados en caza con más prestigio de España, pues su cocina regional ensalza el producto cinegético. ¡Descubra los Pichones de Tierra de Campos!

Menú 58 € – Carta 35/50 €

Hotel Lera, Conquistadores Zamoranos ✉ *49110*
– cerrado del 1 al 15 de septiembre y martes

⌂ Lera   ᕽ ᭙ P

TRADICIONAL · REGIONAL Ocupa un edificio rústico-regional que, siendo de nueva construcción, transmite la tranquilidad y el encanto propios de un turismo rural en Tierra de Campos. Instalaciones actuales, con detalles neorrústicos, y un curiosísimo anexo en forma de palomar.

9 hab ⌂ – †50 € ††64/76 €

Conquistadores Zamoranos ✉ *49110* – ℰ *980 66 46 53*
– www.restaurantelera.com
– cerrado del 1 al 15 de septiembre

⫟○ **Lera** – ver selección restaurantes

CAZALLA DE LA SIERRA

Sevilla – 5 007 h. – Alt. 590 m – Mapa regional : **1**-B2
Mapa de carreteras Michelin nº 578-S12

⊛ Agustina   ᾆ ᕫ AC ᭙

MODERNA · FAMILIAR X Bien llevado por una pareja que siempre hace lo imposible por agradar. El bar de tapas, de línea actual, funciona como una zona de iniciación para descubrir los platos servidos en el piso superior. Cocina agradable y actual, con pequeñas dosis de imaginación.

Carta 25/35 €

pl. del Concejo ✉ *41370* – ℰ *954 88 32 55*
– www.agustinarestaurante.com
– cerrado del 15 al 22 de enero y martes salvo festivos

CAZORLA

Jaén – 7 692 h. – Alt. 790 m – Mapa regional : **1**-D2
Mapa de carreteras Michelin nº 578-S20

⊛ Mesón Leandro   ᾆ ᕫ AC ᭙

REGIONAL · ACOGEDORA X En pleno casco viejo y llevado por un matrimonio, con él en la sala y ella al frente de los fogones. Se presenta con una coqueta terraza y una sala de montaje rústico-actual, donde ofrecen una carta regional especializada en carnes rojas y de caza a la brasa.

Menú 18 € – Carta 25/45 €

La Hoz 3 ✉ *23470* – ℰ *953 72 06 32*
– www.mesonleandro.com
– cerrado del 1 al 15 de junio y martes

⫟○ Casa Alfonso 🅝   AC

COCINA TRADICIONAL · AMBIENTE CLÁSICO X Se encuentra en el centro de Cazorla y sorprende en lo gastronómico, pues ofrece una amplia carta de base tradicional con platos actualizados, tanto de caza como de temporada.

Menú 40 € – Carta 32/54 €

pl. Consuelo Mendieta 2 ✉ *23470* – ℰ *953 72 14 63*
– cerrado del 17 al 30 de julio, lunes noche en invierno y martes

234

en la Sierra de Cazorla

 Parador de Cazorla   ⚜ 🏖 < 🛋 ⌁ ⊡ 🛁 **P**

EDIFICIO HISTÓRICO · CLÁSICA A su magnífica ubicación, en plena sierra de Cazorla, se le unen unas confortables instalaciones de aire regional, unos amplios exteriores ajardinados y una piscina dotada de excelentes vistas. En su restaurante podrá descubrir la cocina típica de la zona.

34 hab – ♥75/170 € ♥♥75/170 € – ⌷ 17 €

Lugar Sacejo, Este : 26 km - alt. 1 400 ⊠ 23470 Cazorla – 𝒞 953 72 70 75
– www.parador.es
– cerrado 7 enero-18 febrero

CEDEIRA

A Coruña – 7 062 h. – Mapa regional : **13**-C1
Mapa de carreteras Michelin nº 571-B5

🏠 **Herbeira**   < ⌁ ⊡ 🕭 MC **P**

FAMILIAR · CONTEMPORÁNEA ¡Atesora magníficas vistas a la ría de Cedeira! Aquí encontrará una zona social de estética actual y confortables habitaciones, las del piso superior con las vigas a la vista.

16 hab – ♥56/120 € ♥♥70/160 € – ⌷ 8 €

Cordobelas - carret. de Ferrol, Sur : 1 km ⊠ 15350 – 𝒞 981 49 21 67
– www.hotelherbeira.com
– cerrado 22 diciembre-12 enero

CELORIO Asturias → Ver Llanes

CENES DE LA VEGA

Granada – 7 942 h. – Alt. 741 m – Mapa regional : **1**-D1
Mapa de carreteras Michelin nº 578-U19

🍴 **Ruta del Veleta**   🏠 🕭 MC 🕭 ⇌ **P**

COCINA TRADICIONAL · ELEGANTE XxX Llevado con gran profesionalidad. Su interesante carta, la decoración típica y la ubicación en un lujoso edificio le otorgan el reconocimiento unánime. ¡Bodega visitable!

Menú 70/100 € – Carta 45/70 €

carret. de Sierra Nevada 136 ⊠ 18190 – 𝒞 958 48 61 34
– www.rutadelveleta.com
– cerrado domingo noche

CERCS

Barcelona – Mapa regional : **9**-C1
Mapa de carreteras Michelin nº 574-F35

en el cruce de las carreteras C 16 y C 26 Sur : 4 km

🕸 **Estany Clar** (Josep Xandri)   🏠 🕭 MC ⇌ **P**

MODERNA · RÚSTICA XX En esta hermosa masía del s. XIV encontrará un agradable comedor, con los techos abovedados en piedra, así como un coqueto privado dotado de chimenea. Su propuesta, de tinte innovador, denota fuertes raíces tradicionales y el uso de técnicas actuales. ¡En una masía próxima también ofrecen habitaciones y apartamentos!

→ Foie, solomillo de ternera y avellana. Bullabesa. Chocolate Valrhona, avellana, aceituna negra, remolacha y helado de hoja de roble.

Menú 77 € – Carta 50/80 € – cena solo con reserva

carret. C 16, km 99,4 ⊠ 08600 Berga – 𝒞 628 20 67 80
– www.estanyclar.com
– cerrado 9 días en febrero, 9 días en junio, 9 días en noviembre y lunes

CERDANYOLA DEL VALLÈS

Barcelona – 57 413 h. – Mapa regional : **10**-B3
Mapa de carreteras Michelin nº 574-H36

🍴○ Tast & Gust   🐧 🅰🅲 🍸 ⇔

COCINA TRADICIONAL · ACOGEDORA ✕✕ Carne de vacuno picada y cruda, cebolla, pimienta negra, alcaparras... esta casa es un templo del Steak tartar, por ello su carta tradicional contempla aquí varias propuestas.

Carta 25/50 €

Sant Martí 92 ✉ *08290 –* 𝒞 *935 91 00 00 – www.tastandgust.com – cerrado Semana Santa, del 4 al 26 de agosto, domingo noche y lunes*

CERVELLÓ

Barcelona – 8 851 h. – Alt. 122 m – Mapa regional : **10**-A3
Mapa de carreteras Michelin nº 574-H35

al Noroeste 4,5 km

🍴○ Can Rafel   ⇐ 🏠 🅰🅲 🍸 ⇔ 🅿

MODERNA · RÚSTICA ✕✕ Se presenta con dos salas y dos privados, destacando la principal por su luminosidad, sus vistas al campo de golf y su chimenea. Interesantes elaboraciones de tinte actual y agradable terraza panorámica.

Menú 17/28 € – Carta 38/55 €

Hotel Can Rafel, urb. Can Rafel ✉ *08758 Cervelló –* 𝒞 *936 50 10 05 – www.canrafel.net – cerrado del 7 al 31 de enero, domingo noche y martes*

🏠 Can Rafel   🐧 ⇐ 🏠 🛏 🖼 🖧 ♿ 🅰🅲 🏊 🅿

FAMILIAR · RÚSTICA Está en una zona elevada, junto a un campo de golf tipo Pitch & Putt. Zona social variada y habitaciones de línea clásica-regional, algunas con terraza. Si desea relajarse puede ser una buena opción, pues también ofrece un pequeño espacio con jacuzzi, sauna, sala de masajes...

23 hab – 🛉50/70 € 🛉🛉70/90 € – 🛏12 € – 1 suite

urb. Can Rafel ✉ *08758 Cervelló –* 𝒞 *936 50 10 05 – www.canrafel.net – cerrado del 7 al 31 de enero*

🍴○ **Can Rafel** – ver selección restaurantes

CERVERA DE PISUERGA

Palencia – 2 442 h. – Alt. 900 m – Mapa regional : **8**-C1
Mapa de carreteras Michelin nº 575-D16

en la carretera de Resoba Noroeste : 2,5 km

🏠 Parador de Cervera de Pisuerga   🌲 🐧 ⇐ 🖂 🍸 🏊 🚗

TRADICIONAL · RÚSTICA En un magnífico entorno, con vistas a las montañas y al pantano de Ruesga. Posee varios salones sociales y espaciosas habitaciones de ambiente rústico, todas con terraza. Su amplio comedor tiene un carácter polivalente, pues atiende los tres servicios del día.

70 hab – 🛉75/150 € 🛉🛉75/150 € – 🛏17 €

✉ *34840 Cervera de Pisuerga –* 𝒞 *979 87 00 75 – www.parador.es – cerrado 7 enero-11 febrero*

CERVO

Lugo – 4 336 h. – Alt. 69 m – Mapa regional : **13**-C1
Mapa de carreteras Michelin nº 571-A7

🏠 Casa do Mudo   🌲 🐧 🚪 ♿ 🍸 🅿

CASA DE CAMPO · RÚSTICA Turismo rural instalado en una casa de labranza. Ofrece un jardín con hórreo, un porche y cálidas habitaciones, todas con mobiliario de aire antiguo y las paredes en piedra. El comedor, que ocupa la antigua cocina de la casa, está reservado al cliente alojado.

9 hab – 🛉55/70 € 🛉🛉66/82 € – 🛏8 €

Senra 25, Sur : 2 km ✉ *27891 –* 𝒞 *982 55 76 89 – www.casadomudo.com – cerrado 27 septiembre-8 octubre*

CEUTA

84 263 h. – Mapa regional : **1**-B3
Mapa de carreteras Michelin nº 734-F15

⊪○ **Bugao**   AC 🖫 ⇔

DE MERCADO · DE DISEÑO X ¡Frente a la popular playa de La Ribera! Aquí encontrará una estética actual y un chef con ganas, que propone una cocina tradicional actualizada rica en pescados de la zona.
Carta 38/59 €

Plano : C2-b – *Independencia 15* ✉ *51001* – *𝒞 956 51 50 47*
– *www.restaurantebugao.com* – *cerrado del 7 al 18 de enero y domingo en verano*

CEUTÍ

Murcia – 11 227 h. – Mapa regional : **16**-B2
Mapa de carreteras Michelin nº 577-R26

⊪○ **El Albero**   ♿ AC 🖫

INTERNACIONAL · AMBIENTE CLÁSICO XX Ha consolidado su propuesta: cocina tradicional actualizada con detalles orientales. Pruebe alguno de sus clásicos, como las Rocas de bacalao o el Ravioli de chato murciano.
Menú 13/40 €

Mallorca 10 ✉ *30562* – *𝒞 868 92 34 00*
– *www.restauranteelalbero.net* – *cerrado del 16 al 31 de agosto, domingo noche y lunes*

CHANTADA

Lugo – 8 493 h. – Alt. 483 m – Mapa regional : **13**-C2
Mapa de carreteras Michelin nº 571-E6

al **Noreste** 4 km

🏠 **Pazo do Piñeiro**   🏝 🐾 ⩽ 🛏 🖒 **P**

EDIFICIO HISTÓRICO · RÚSTICA Instalado en pleno campo, en un recio edificio de piedra que data del s. XV. Las habitaciones, todas con mobiliario de estilo antiguo, se distribuyen en torno a un patio. En su restaurante, de ambiente rústico elegante, encontrará una buena carta tradicional.
11 hab – †50/55 € ††55/60 € – ☲ 5 €

Pesqueiras - O Piñeiro ✉ *27516 Pesqueiras* – *𝒞 982 44 06 42*
– *www.pazodopineiro.com* – *cerrado 24 diciembre-enero*

CHÍA

Huesca – 90 h. – Mapa regional : **2**-D1
Mapa de carreteras Michelin nº 574-E31

😊 **Casa Chongastán**   AC 🖫 **P**

REGIONAL · ACOGEDORA XX Un negocio familiar que abarca el funcionamiento del restaurante y la cría natural de ganado vacuno. Aquí la especialidad son los guisos caseros y, sobre todo, sus sabrosas carnes a la brasa, provenientes tanto de la caza como de sus reses.
Carta 25/40 €

Fondevila 8 ✉ *22465* – *𝒞 974 55 32 00*
– *www.chongastan.com* – *solo almuerzo salvo viernes, sábado y verano* – *cerrado 10 días en mayo, 10 días en septiembre, 10 días en noviembre, domingo noche y lunes salvo festivos*

 ¿Un comedor privado para un grupo de amigos o para una cena de negocios? Lo encontrará en los restaurantes con el símbolo ⇔.

CHICLANA DE LA FRONTERA

Cádiz – 82 777 h. – Alt. 17 m – Mapa regional : **1**-A3
Mapa de carreteras Michelin nº 578-W11

en la urbanización Novo Sancti Petri : Suroeste : 11,5 km

✿ Alevante   🐴 AC ⇔ 🅿

CREATIVA · MINIMALISTA 🟡🟡🟡 Cuidado montaje, profesionalidad, detalles marinos de diseño... Podemos ver aquí la filial del restaurante Aponiente, del famoso chef Ángel León, pero también debemos constatar una inequívoca personalidad. Su propuesta reproduce, a través de dos menús, los mejores platos de la casa madre en El Puerto de Santa María.

→ Ostra alcalina. Atún guisado a la antigua. Fresas con nata.

Menú 110/125 € – solo menú

Hotel Meliá Sancti Petri, playa de La Barrosa ⊠ *11130 Novo Sancti Petri*
– 🕽 956 49 12 00 – www.alevanteangelleon.com – solo cena – cerrado
noviembre-febrero, lunes salvo julio y agosto, y domingo

🍽 Cataria   🏠 🐴 AC 🍽 🚗

PESCADOS Y MARISCOS · MARCO CONTEMPORÁNEO 🟡🟡 Esta casa tiene por piedra angular los productos de la lonja, por estandarte los pescados a la brasa y como gran referencia... ¡el emblemático restaurante Elkano de Getaria!

Menú 85/120 € – Carta 56/124 €

Hotel Iberostar Andalucía Playa, playa de La Barrosa ⊠ *11130 Novo Sancti Petri*
– 🕽 664 15 07 52 – www.restaurantecataria.com – solo cena en julio-15 septiembre
– cerrado 16 octubre-marzo, domingo noche, lunes noche, martes y miércoles

🏨 Meliá Sancti Petri   🏖 🐴 ⇐ 🛏 🍸 📺 🌐 🎱 🔲 🐴 AC 🍽 🏋 🚗

GRAN LUJO · CLÁSICA Lujo, confort, belleza... y un precioso patio porticado frente al mar, con agradables terrazas, fuentes y espacios verdes. En conjunto atesora unas excelentes habitaciones, todas actuales y con terraza. Su amplia oferta gastronómica permite viajar de los sabores internacionales a los más regionales y mediterráneos.

227 hab ⊡ – ♦190/484 € ♦♦190/484 € – 9 suites

playa de La Barrosa ⊠ *11130 Novo Sancti Petri – 🕽 956 49 12 00*
– www.melia-sanctipetri.com – abierto marzo-octubre

✿ **Alevante** – ver selección restaurantes

🏨 Iberostar Andalucía Playa   🍸 🌐 🔲 📺 🐴 AC 🍽 🏋 🚗

Toda la magia del sur en un hotel vacacional. Posee una estética clásica-contemporánea, cuidados jardines, luminosas habitaciones, un Spa y... ¡hasta un acceso directo a la playa de La Barrosa! Buena oferta gastronómica y de actividades complementarias.

244 hab ⊡ – ♦175/340 € ♦♦225/415 € – 30 suites

playa de La Barrosa ⊠ *11130 Novo Sancti Petri – 🕽 956 49 70 60*
– www.iberostar.com – abierto abril-octubre

🍽 **Cataria** – ver selección restaurantes

CHINCHÓN

Madrid – 5 436 h. – Alt. 753 m – Mapa regional : **15**-B3
Mapa de carreteras Michelin nº 576-L19

🍽 La Casa del Pregonero   AC 🍽 ⇔

COCINA TRADICIONAL · AMBIENTE TRADICIONAL 🟡🟡 ¡En la casa del que fuera pregonero! Ofrece un bar, un patio rústico-actual que sirve de comedor y dos salas más modernas en el piso superior. Cocina tradicional actualizada.

Menú 24/40 € – Carta 25/54 €

pl. Mayor 4 ⊠ *28370 – 🕽 918 94 06 96 – www.lacasadelpregonero.com – cerrado*
martes

Parador de Chinchón

EDIFICIO HISTÓRICO · TRADICIONAL Instalado en un convento del s. XVII que emana el sosiego de otros tiempos. Presenta un bello jardín y cuidadas habitaciones, todas actuales. El restaurante se complementa con una taberna, famosa por ofrecer el "Cocido completo de Taba" los fines de semana.

38 hab – †90/190 € ††90/190 € – ☑ 18 €

Los Huertos 1 ⊠ 28370 – ℰ 918 94 08 36 – www.parador.es

La Casa del Convento

FAMILIAR · PERSONALIZADA ¡Un hotel rural de gran nivel! Ocupa una casa del s. XVIII, completamente rehabilitada, en la que han sabido combinar detalles rústicos y actuales. También cuenta con un SPA y un restaurante, donde ofrecen platos tradicionales y regionales.

5 hab ☑ – †110/150 € ††110/170 €

Zurita 7 ⊠ 28370 – ℰ 918 94 09 36 – www.spalacasadelconvento.com – cerrado del 15 al 31 de agosto

Casa de la Marquesa

FAMILIAR · FUNCIONAL ¡Próxima a la plaza Mayor! Lo más llamativo de esta casa son las obras pictóricas y de arte que constituyen su decoración. Amplio patio interior y habitaciones de línea actual, muy confortables para su categoría.

5 hab – †65/85 € ††65/100 € – ☑ 8 €

Morata 9 ⊠ 28370 – ℰ 918 94 11 71 – www.casadelamarquesa.com – cerrado enero

La Graja

FAMILIAR · RÚSTICA Cuenta con un agradable patio porticado, una pequeña sala de estar y acogedoras habitaciones de ambiente rústico, todas personalizadas. ¡Íntimo SPA a modo de cueva termal!

8 hab ☑ – †36/50 € ††55/75 €

Paje 7 ⊠ 28370 – ℰ 687 31 78 66 – www.lagraja.com

CHINORLET Alicante → Ver Xinorlet

CHIPIONA

Cádiz – 19 062 h. – Mapa regional : **1**-A2
Mapa de carreteras Michelin nº 578-V10

Casa Paco

PESCADOS Y MARISCOS · AMBIENTE TRADICIONAL ✗ En el mismísimo Puerto Deportivo, con los barcos y yates amarrados frente a su agradable terraza. Encontrará un interior de clásico ambiente marinero, jugando mucho con la madera y los tonos azules, así como una carta basada en el mejor producto de la lonja.

Menú 30 € – Carta 25/40 €

Puerto Deportivo de Chipiona ⊠ 11550 – ℰ 956 37 46 64 – solo almuerzo salvo Semana Santa, verano, fines de semana y festivos

CINC CLAUS Girona → Ver L'Escala

CIUDAD REAL

74 427 h. – Alt. 635 m – Mapa regional : **7**-B3
Mapa de carreteras Michelin nº 576-P18

San Huberto

COCINA TRADICIONAL · MARCO CONTEMPORÁNEO ✗✗ Restaurante-asador dotado con una buena terraza de verano y un horno de leña. Su carta, especializada en asados, también contempla pescados salvajes y mariscos del día.

Menú 25/30 € – Carta 30/56 €

Montiel ⊠ 13004 – ℰ 926 92 35 35 – www.asadorsanhuberto.es – cerrado domingo noche y lunes noche

ⅰⅠ○ **Mesón Octavio**

COCINA TRADICIONAL · RÚSTICA ⅹ ¡Bien llevado entre hermanos! Aquí apuestan claramente por la caza mayor y el venado, recuperando los intensos sabores de los montes de Toledo. Fomentan los vinos de la zona.

Menú 14/60 € – Carta 30/45 €

Severo Ochoa 6 ⊠ *13005 –* 𝒞 *926 25 60 50 – www.mesonoctavio.com – solo almuerzo en mayo-septiembre – cerrado agosto y domingo*

ⅰⅠ○ **Miami Gastro** 🛋 ⅼ ⅿ ⅾ

MODERNA · BAR DE TAPAS ⅳ Gastrobar de estética moderna dotado con una zona de tapeo y una sala en el piso superior. Buena carta de tapas y raciones, siempre fiel a una cocina tradicional actualizada.

Tapa 4 € – Ración aprox. 12 €

av. Rey Santo 3 ⊠ *13001 –* 𝒞 *926 92 19 43 – www.miamigastro.es – cerrado domingo*

CIUDAD RODRIGO

Salamanca – 12 668 h. – Alt. 650 m – Mapa regional : **8**-A3
Mapa de carreteras Michelin nº 575-K10

🏰 **Parador de Ciudad Rodrigo** ⌁ ⅾ ⅼ ⅿ ⅾ 🅿

EDIFICIO HISTÓRICO · REGIONAL Castillo feudal del s. XIV construido en un marco excepcional, sobre la vega del río Águeda. Disfruta de una correcta zona social vestida con detalles medievales, cuidadas habitaciones de aire castellano y un jardín con vistas. En su comedor encontrará especialidades regionales y locales, como el Farinato.

35 hab – 🛏90/200 € 🛏🛏90/200 € – 🍽16 €

pl. del Castillo ⊠ *37500 Ciudad Rodrigo –* 𝒞 *923 46 01 50 – www.parador.es*

COCENTAINA

Alicante – 11 406 h. – Alt. 445 m – Mapa regional : **11**-A3
Mapa de carreteras Michelin nº 577-P28

🏵 **El Laurel** 🛋 ⅼ ⅿ ⅾ

COCINA TRADICIONAL · RÚSTICA ⅹⅹ Posee una terraza y salones de elegante rusticidad, pues ocupa una casa del s. XVIII dominada por la piedra y la madera. Su carta tradicional contempla platos actualizados y de temporada... sin embargo, aquí la especialidad son los arroces y el Rabo de toro.

Menú 25/28 € – Carta 25/35 €

Juan María Carbonell 3 ⊠ *03820 –* 𝒞 *965 59 17 38 – www.ellaurelrestaurante.com – solo almuerzo salvo viernes y sábado – cerrado del 8 al 15 de enero, del 15 al 31 de agosto y lunes*

por la carretera N 340 (km 803) Norte : 1,5 km y desvío a la izquierda

0,5 km

✿✿ **L'Escaleta** (Kiko Moya) ❀ 🛋 ⅼ ⅿ ⅾ ⌁ 🅿

CREATIVA · ELEGANTE ⅹⅹⅹ Ocupa un atractivo chalet en las laderas del Montcabrer y refleja como pocos la evolución, ese progreso natural que se suele percibir en los negocios que pasan de una generación a otra.

El restaurante, muy conocido en la zona por su buena disposición para la organización de eventos, ha sabido elevar su estatus gastronómico gracias a la filosofía culinaria impuesta por su chef, Kiko Moya, que sin dar la espalda a la creatividad huye de los excesos para ensalzar el terruño y encontrar su esencia en la tradición... eso sí, tomando como base el producto de temporada y de proximidad.

La carta, que saca a la luz todo un año de creatividad, se completa con dos menús degustación, ambos con opción de maridaje. ¿Qué encontrará? Fideos translúcidos, gambas curadas, sofisticados huevos... y unos increíbles "arroces al cuadrado", una variante de arroz, meloso o seco, presentado en una bandeja de hierro rectangular y terminado al horno, lo que le ha abierto las puertas de la fama de par en par.

CUANDO MÁS IMPORTA.

Sea cual sea tu viaje, una cosa es cierta: siempre vas a recorrer más kilómetros por las personas que te importan. Michelin hace lo mismo.

Pregunta por los nuevos neumáticos MICHELIN CrossClimate +.

Descubre todo lo que MICHELIN CrossClimate + puede ofrecer en:
michelin.es/neumaticos/michelin-crossclimateplus

→ Fideuá de fideos translúcidos, quisquillas marinadas y contrastes agridulces. Arroz de ortigas de mar y crestas de gallo. Supermousse de chocolate con café y avellanas.
Menú 95/155 € – Carta 50/70 €

Pujada Estació del Nord 205 ⊠ 03820 Cocentaina – 𝒸 965 59 21 00
– www.lescaleta.com – solo almuerzo salvo miércoles y jueves en verano, viernes y sábado – cerrado 22 enero- 4 febrero, domingo en agosto y lunes

CODESO A Coruña → Ver Boqueixón

COFIÑO Asturias → Ver Arriondas

COLES Ourense → Ver Ourense

COLLADO MEDIANO
Madrid – 6 599 h. – Alt. 1 030 m – Mapa regional : **15**-A2
Mapa de carreteras Michelin n° 576-J17

🏠 La Torre Box Art H.   ✿ 🍴 ⅃ ♿ 📶 ⅏ ♨ 🅿

TRADICIONAL · DE DISEÑO Instalado en una casa señorial que sorprende por sus exteriores, su bello torreón y, sobre todo, por... ¡un salón polivalente a modo de cubo de cristal! Presenta un moderno interior, luminosas habitaciones y un restaurante que apuesta por la cocina de fusión.
7 hab ☴ – †112/136 € ††150/175 €

paseo de Rosales 48 ⊠ 28450 – 𝒸 918 55 85 58 – www.latorreboxarthotel.es
– cerrado 22 diciembre-11 enero

COLLOTO Asturias → Ver Oviedo

COLMENAR DEL ARROYO
Madrid – 1 611 h. – Alt. 690 m – Mapa regional : **15**-A2
Mapa de carreteras Michelin n° 576-K17

🍴 El Mesón de Doña Filo   📶 ⅏

COCINA TRADICIONAL · RÚSTICA ⅩⅩ Coqueta casa familiar fiel a los guisos y los platos de cuchara. Proponen menús degustación que varían semanalmente, pudiendo extraer de ellos los platos a modo de carta.
Menú 52/56 € – Carta 43/55 €

San Juan 3 ⊠ 28213 – 𝒸 918 65 14 71 – cerrado 21 días en agosto, domingo noche, lunes, martes, miércoles y jueves salvo reservas

🍴 Chicote's   🍴 📶 ⅏

COCINA TRADICIONAL · AMBIENTE TRADICIONAL Ⅹ Bien llevado entre hermanos y enfocado a la cocina tradicional. Posee un bar a la entrada, donde sirven el menú, y un cálido comedor a la carta de ambiente rústico-regional.
Menú 12 € – Carta 36/50 €

av de España 1 ⊠ 28213 – 𝒸 918 65 12 26 – www.restaurantechicotes.com – solo almuerzo salvo viernes y sábado de octubre-junio – cerrado del 15 al 30 de septiembre y lunes noche

La COMA i La PEDRA
Lleida – 270 h. – Alt. 1 004 m – Mapa regional : **9**-B1
Mapa de carreteras Michelin n° 574-F34

🍴 Fonts del Cardener   📶 ⅏ 🅿

REGIONAL · FAMILIAR Ⅹ Muy familiar, por lo que... ¡aquí se sentirá como en casa! En sus salas, de línea clásica-regional, ofrecen una cocina catalana muy completa, con guisos y platos a la brasa.
Menú 13/22 € – Carta 24/46 €

Hotel Fonts del Cardener, carret. de Tuixén, Norte : 1 km ⊠ 25284
– 𝒸 973 49 23 77 – www.hotelfontsdelcardener.com – cerrado
11 noviembre-4 diciembre, del 7 al 18 de enero, del 13 al 31 mayo, miércoles y jueves salvo navidades, Semana Santa, verano y festivos

ESPAÑA

🏠 Fonts del Cardener

FAMILIAR · FUNCIONAL Establecimiento familiar emplazado en un pueblecito de montaña. Posee hogareñas habitaciones y apartamentos: las primeras personalizadas con el nombre de montañas e iglesias de la zona y los segundos dotados de cálidos salones con chimenea.

12 hab – 🛉48/55 € 🛉🛉60/75 € – 🖵8 € – 4 apartamentos
carret. de Tuixén, Norte : 1 km ⊠ 25284 – 𝒞 973 49 23 77
– www.hotelfontsdelcardener.com – cerrado
11 noviembre-4 diciembre, del 7 al 18 de enero, del 6 al 31 mayo
🍽🔘 **Fonts del Cardener** – ver selección restaurantes

COMILLAS
Cantabria – 2 267 h. – Mapa regional : **6**-B1
Mapa de carreteras Michelin nº 572-B17

en El Tejo Suroeste : 3,5 km

🏠 La Posada Los Trastolillos

FAMILIAR · ACOGEDORA Casa rural, de corte actual, rodeada por un cuidado jardín con frutales. Encontrará unas luminosas habitaciones, todas personalizadas y las de mayor confort con vistas al mar.

10 hab 🖵 – 🛉64/115 € 🛉🛉78/120 €
barrio Ceceño 46 B ⊠ 39528 El Tejo – 𝒞 942 72 22 12 – www.lostrastolillos.com

CONCHA
Vizcaya – 2 749 h. – Mapa regional : **18**-A2
Mapa de carreteras Michelin nº 573-C19

🍽🔘 Casa Garras

COCINA TRADICIONAL · AMBIENTE CLÁSICO 🅇 Un negocio familiar, de los de toda la vida, que hoy se muestra con aires renovados, tanto en la estética como en sus fogones. ¡La carne que usan proviene de su propio ganado!

Menú 19/55 € – Carta 40/60 €
barrio Concha 6 ⊠ 48891 – 𝒞 946 80 62 80 – www.casagarras.com – solo cena con reserva domingo, miércoles y jueves – cerrado lunes y martes

CONIL DE LA FRONTERA
Cádiz – 22 136 h. – Mapa regional : **1**-A3
Mapa de carreteras Michelin nº 578-X11

🏠 Casa Alborada

FAMILIAR · ACOGEDORA Bien situado, pues ocupa una antigua casa restaurada de una calle peatonal. Sorprende con dos bonitos patios, uno lleno de plantas, y unas cuidadas habitaciones de ambiente rústico-actual. ¡Suba a su azotea, pues tiene buenas vistas al mar!

11 hab – 🛉40/90 € 🛉🛉50/110 €
G. Gabino Aranda 5 ⊠ 11140 – 𝒞 956 44 39 11 – www.alboradaconil.com

CONSUEGRA
Toledo – 10 437 h. – Alt. 704 m – Mapa regional : **7**-B2
Mapa de carreteras Michelin nº 576-N19

🏠 La Vida de Antes

FAMILIAR · ACOGEDORA Casa manchega del s. XIX de acogedoras instalaciones. Ofrece un atractivo patio central, con lucernario, y habitaciones bien personalizadas, algunas de ellas tipo dúplex.

12 hab – 🛉39/55 € 🛉🛉55/75 € – 🖵8 €
Colón 2 ⊠ 45700 – 𝒞 925 48 06 09 – www.lavidadeantes.com

CORBERA DE LLOBREGAT

Barcelona – 14 240 h. – Alt. 342 m – Mapa regional : **10**-A3
Mapa de carreteras Michelin n° 574-H35

🍴 **Casa Nostra**   🏡 AC 🍸 ✦

MODERNA · SENCILLA XX Ofrece una sala clásica, un privado y una zona de terraza, con piscina, que utilizan para el servicio al aire libre. Cocina actual, platos de temporada y una cuidada bodega.

Menú 14/35 € – Carta 39/50 €

Federic Soler Pitarra ✉ 08757 – 𝒞 936 50 06 52 – www.restaurantcasanostra.com – solo almuerzo en invierno salvo viernes y sábado – cerrado domingo noche y lunes

CORÇÀ

Girona – 1 244 h. – Alt. 43 m – Mapa regional : **10**-B1
Mapa de carreteras Michelin n° 574-G39

🕸 **Bo.TiC** (Albert Sastregener)   🎛 ⚐ AC 🍸

CREATIVA · MINIMALISTA XXX ¡Un edificio con muchísima personalidad! Tras el jardín de acceso encontrará un interior de diseño minimalista, y techos altos, donde conviven los muros en hormigón y piedra, sirviendo estos últimos como testimonio de lo que fue... ¡una antigua fábrica de carruajes! Amplia carta de gusto actual y buena oferta de menús.

→ Nigiri de calamar y crema de cebolla. Cochinillo, manzana al horno y pimienta rosa. Sotobosque (chocolate 70%, tamarindo, cacao y avellana).

Menú 59/135 € – Carta 75/95 €

av. Costa Brava 6 ✉ 17121 – 𝒞 972 63 08 69 – www.bo-tic.com – cerrado 15 días en noviembre, 15 días en febrero, domingo noche y martes salvo verano, y lunes

NOS GUSTA...

Tapear por la judería y tomar un Montilla-Moriles en la **Taberna el nº 10**. Subir a la terraza de **Casa Rubio** para disfrutar de las vistas y, escapando de tipismos, descubrir la cocina andalusí más renovada en el restaurante **Noor**. Disfrutar la belleza renacentista del **Palacio del Bailío** y comer en el **Choco**, decorado con obras del artista local Pablo Rubio.

CÓRDOBA

Córdoba – 326 609 h. – Alt. 124 m – Mapa regional : **1**-B2
Mapa de carreteras Michelin nº 578-S15

Planos de la ciudad en páginas siguientes

Restaurantes

💮 **Choco** (Kisko García)   🔥 🅰🅲 🛇

CREATIVA · MINIMALISTA 🕸🕸 He aquí un restaurante de barrio que, tras reinventarse en lo estético, ha sabido fusionar elegancia y sobriedad. Su chef propone unos menús meditados, detallistas y de técnica actual, siempre apegados a los sabores locales pero también abiertos a pinceladas más exóticas. ¡Potencie la experiencia comiendo en su cocina!

→ Choco en amarillo. Lechón iberico, ajo asado y aceite de carbón. Lima limón.

Menú 90/120 € – solo menú

Plano : D1-a – *Compositor Serrano Lucena 14* ✉ *14010* – ✆ *957 26 48 63*
– *www.restaurantechoco.es*
– *cerrado agosto, domingo noche y lunes*

💮 **Noor** (Paco Morales)   🔥 🅰🅲 🛇

CREATIVA · DE DISEÑO 🕸🕸 Algo alejado del casco histórico pero singular y sorprendente, tanto por su estética de raíces árabes como por su propuesta culinaria de inspiración andalusí... eso sí, redimiendo con las técnicas más actuales los sabores, aromas y sutilezas de aquel entonces. ¡Un portentoso foco de "luz" para la gastronomía cordobesa!

→ Karim de pistacho, manzana con especias del desierto, botarga y orégano fresco. Pichón asado y reposado, caracoles a la menta y madre de vinagre. Dulce de leche, algarroba y helado de oveja de Ras al-hanout.

Menú 85/150 € – solo menú

Pablo Ruiz Picasso 6, por av. de Libia D1 ✉ *14014* – ✆ *957 96 40 55 (es necesario reservar)* – *www.noorrestaurant.es*
– *solo almuerzo salvo viernes y sábado*
– *cerrado del 6 al 29 de enero, 16 junio-10 septiembre, domingo, lunes y martes*

El Envero   🛋 AK ⇔

MODERNA · MARCO CONTEMPORÁNEO XX ¡Su nombre hace referencia a la época de coloración de las uvas! Este moderno restaurante se presenta con un bar ideado para comidas informales, un comedor y un privado. Cocina actual y de temporada, con productos ecológicos y de almadraba.

Carta 30/50 €

Teruel 21 ⊠ 14011 – 𝒞 957 20 31 74 – www.elenvero.com – cerrado domingo noche y lunes

La Taberna de Almodóvar   AK ℅ ⇔

COCINA TRADICIONAL · ACOGEDORA XX Este negocio familiar, que marcó un antes y un después en Almodóvar del Río, se presenta aquí en base a la promesa de acercar sus sabores a los clientes de Córdoba capital. Cocina tradicional y regional bien elaborada, con platos copiosos muy bien presentados.

Carta 25/40 €

Plano : B1-x – *Benito Pérez Galdós 1 ⊠ 14001 – 𝒞 957 94 03 33 – cerrado agosto y domingo*

La Cuchara de San Lorenzo   🛋 & AK ℅

COCINA TRADICIONAL · DE BARRIO X Llevado entre hermanos, colorista y de alegre simplicidad. Proponen una cocina actual de base tradicional, no exenta de platos típicos y especialidades, como el Salmorejo con jamón ibérico y huevo de codorniz, el Bacalao gratinado o su Brownie de xoco blanco.

Carta 20/49 €

Plano : C1-b – *Arroyo de San Lorenzo 2 ⊠ 14002 – 𝒞 957 47 78 50 – www.lacucharadesanlorenzo.es – cerrado agosto, domingo noche y lunes salvo festivos*

La Lonja   🛋 AK ℅

PESCADOS Y MARISCOS · SENCILLA X Un restaurante de ambiente rústico-marinero que emana, a partes iguales, sencillez y honestidad. Trabaja sobre todo con productos de la lonja, por eso en su amplia carta encontraremos muchos pescados salvajes, moluscos y pequeños mariscos. ¡Concurrida terraza!

Menú 25/50 € – Carta 30/50 €

María "La Judía" ⊠ 14011 – 𝒞 957 40 46 80 – www.lalonjacordoba.com – cerrado del 12 al 28 de agosto, domingo noche y lunes

⅋O Arbequina   🛋 AK ℅ 🚗

MODERNA · DE DISEÑO XX Presenta un acceso independiente y plantea una propuesta gastronómica muy personal, actualizando los platos tradicionales en la técnica y haciendo guiños a la cocina oriental.

Menú 55/75 € – Carta 40/70 €

Plano : B1-g – *Hotel Palacio del Bailío, Ramírez de las Casas Deza 10-12 ⊠ 14001 – 𝒞 957 49 89 93 – www.hospes.com*

⅋O Casa Pepe de la Judería   🛋 AK ℅ ⇔

REGIONAL · ACOGEDORA XX Está en plena judería y sorprende por su interior, con un patio andaluz, agradables comedores y una encantadora terraza en la azotea. Cocina regional con detalles actuales.

Carta 28/59 €

Plano : B2-s – *Romero 1 ⊠ 14003 – 𝒞 957 20 07 44 – www.restaurantecasapepedelajuderia.com*

⅋O Casa Rubio   🛋 AK ℅

REGIONAL · ACOGEDORA XX Posee un bar de tapas, dos confortables comedores de estilo clásico-actual y una agradable terraza en la azotea, esta última dotada de vistas a las murallas. Cocina tradicional con especialidades, como el Rabo o las Berenjenas con miel.

Carta 35/55 €

Plano : AB2-t – *Puerta Almodóvar 5 ⊠ 14003 Córdoba – 𝒞 957 42 08 53 – www.restaurantecasarubiocordoba.com*

A   B

SEVILLA, HUELVA   MEDINA AZAHARA

Torre de la Malmuerta

Pl. de Colón

Palacio de la Diputación x

JARDINES DE LA MERCED

C. de la Libertad

Av. del Gran Capitán

C. de Alhakén II

C. de los Reyes Católicos

Cristo de los Faroles

Pl. de los Capuchinos

g

JARDÍN DE LA AGRICULTURA

C. Arfe

Callejón de la Guardia Civil

Paseo de la Victoria

C. del Conde de Robledo

C. Góngora

San Miguel b

Av. de América

Via Augusta

Av. Augusta

C. Tartesos

C. de Sextafonio

Mausoleo Romano

Av. de Medina Azahara

C. de Alcalde Sanz Noguer

C. Villa de Rota

C. Diego Serrano

C. Vázquez Aroca

Bulevar de Hernán Ruiz

JARDINES DE LA VICTORIA

C. de Concepción

C. de Eduardo Dato

C. de la Morería

C. Conde de Gondomar

Pl. de las Tendillas

Claudio Marce

Templo Romano

San Nicolás de la Villa x

La Trinidad

C. de Jesús y María

f

Paseo de la Victoria

Paseo de la República Argentina

C. Antonio Maura

C. de Miguel Benzo

Cam. de los Sastres

C. Maestro Priego López

C. de Don Lope de Sosa

C. de José María Valdenebro

C. de la Previsión

C. Marruecos

Sta Victoria

LA JUDERÍA

Pl. J. Páez

Museo Arqueológ Provincia

2

Puerta de Almodóvar t

z e

Sinagoga

Museo Taurino S

v

Palacio de Congresos

Calleja de las Flores a

C. Rey

C. Osio

C. Heredia

MEZQUITA-CATEDRAL

M

Puerta del Puente

Av. del Aeropuerto

C. del Vallellano

C. del Conde de Vallellano

C. del Doctor Fleming

C. del Cardenal

S. BASILIO

Alcázar

JARDINES DEL ALCÁZAR

Ronda de Isasa

Puente Romano

3

C. del Escritor Azorín

Av. de los Custodios

Puerta de Sevilla

Ronda de Isasa

Torre d Calaho

C. de Menéndez

Prieto

Corregidor

Puerta de Sevilla

PARQUE CRUZ CONDE

Av. del Corregidor

Ronda de

Puente de S. Rafael

C. Fray Luis de C. de C. de braille

Cordel de Écija

Av. de burgos

C. Atrilla

Museo Diocesano de Bellas Artes . . . . . M

A   B

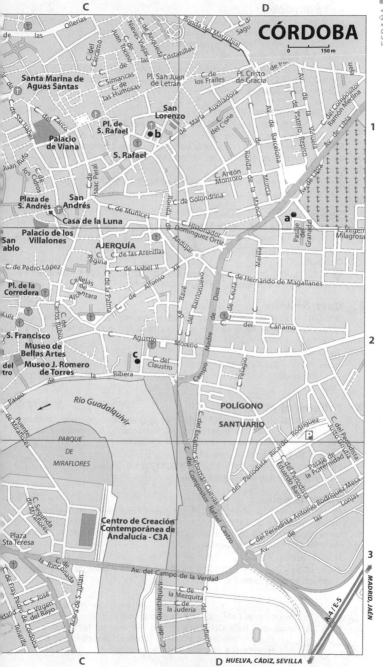

CÓRDOBA

0   150 m

Ollerías

de   las

C. del Cárcamo

C. de Andújar

Costanillas

Ronda del Marrubial

C. de Sagu

Santa Marina de Aguas Santas

C. del Cárcamo

C. de Juan Tocino

C. de Nieves Viejas

C. de Simancas

C. de las Humosas

Pl. San Juan de Letrán

C. de los Frailes

Pl. Cristo de Gracia

Av. de Vi

de Sta Isabel

C. del Zarco

San Lorenzo

C. de María Auxiliadora

Auxiliadora

Av. de la Viñuela

Av. del Compositor Ramón Medina

Palacio de Viana

Pl. de S. Rafael

● b

C. del Cisne

Av. de Barcelona

Ronda

Av. de Libia

Av. de Libia

Av. de Libia

1

Juan Rufo

C. de los Claros

S. Rafael

C. de Isaac Peral

C. Antón Montoro

Ronda de la Mancha

de Murcia

Plaza de S. Andrés

San Andrés

C. de Muñices

Ronda

C. de Golondrina

a ●

Pasaje del Granadal

C. Virgen Milagrosa

San ablo

Palacio de los Villalones

Casa de la Luna

AJERQUÍA

Regina

C. de las Arenillas

C. Historiador Domínguez Ortiz

Andújar

Sebastián

C. de Hernando de Magallanes

C. de Pedro López

Callejas de Montara

C. de Isabel II

XII

de Alfonso

Ravé

Barrionuevo

de

Ceuta

Melilla

Pl. de la Corredera

C. de Carlos Rubio

C. de la Palma

de Dios

del

Cáñamo

2

Luis

S. Francisco

Museo de Bellas Artes

Museo J. Romero de Torres

C.

Agustín

Moreno

Madre de

C. de

Pelagio

del

tro

c ●

C. del Claustro

la   Ribera

Campo

POLÍGONO

SANTUARIO

C. del Periodista Justo Urrutia

Paseo

de Mirallores

Río Guadalquivir

Puente de Mirallores

PARQUE DE MIRAFLORES

C. del Escritor Sebastián Cuevas

C. del Compositor Rafael Castro

C. del Periodista Ricardo Rodríguez

P

Pasaje de la Fraternidad

C. del Periodista Eduardo Baro

C. Segunda de Miraflores

Centro de Creación Contemporánea de Andalucía - C3A

C. del Periodista Antonio Rodríguez Mesa

de

las

Lonjas

Plaza Sta Teresa

C. de la Rinconada

3

C. de Fray Pedro

C. S. José

dalía

C. Virgen del Rayo

C. Álcea de Tullan

Av. del Campo de la Verdad

Guadanped

del

C. de la Mezquita

C. de la Judería

del

Infierno

A-4 E-5

MADRID, JAÉN

Tenerife

de Córdoba

C

D HUELVA, CÁDIZ, SEVILLA

247

Celia Jiménez   🦽 AC 🍴

MODERNA · TENDENCIA XX ¡En el complejo deportivo más grande de Andalucía! La chef, con buen nombre en el mundo gastronómico, propone una cocina andaluza puesta al día en técnicas y presentaciones.

Menú 55/70 € – solo menú

Escritora María Goyri (Complejo Deportivo Open Arena) ✉ *14005*
– ☏ 957 04 98 55 – www.celiajimenez.com – solo almuerzo salvo viernes y sábado
– cerrado julio, agosto y domingo

Los Berengueles   🌿 🦽 AC 🍴 ⇦

COCINA TRADICIONAL · MARCO REGIONAL XX Instalado en la antigua casa de la Marquesa de Valdeloro, un edificio de raíces andaluzas que conserva su patio, los zócalos de azulejos y una belleza atemporal. Cocina tradicional rica en pescados, muchos procedentes del puerto de Motril.

Carta 30/50 €

Plano : B1-b – *Conde de Torres Cabrera 7* ✉ *14001* – *☏ 957 47 28 28*
– www.losberengueles.com – cerrado agosto, domingo noche y lunes

Tellus   🌿 AC 🍴 ⇦

MODERNA · A LA MODA XX Disfruta de una estética actual y toma su nombre de la diosa que simboliza la tierra en la mitología romana. Cocina tradicional actualizada basada en productos de cercanía.

Carta 35/50 €

María "La Judía", esq. Conchita Cintrón ✉ *14011* – *☏ 957 24 49 23 – www.tellus.es*
– cerrado del 15 al 31 agosto, domingo y lunes noche

Cuatromanos   🦽 AC 🍴

MODERNA · SIMPÁTICA X Informal, llevado entre hermanos y dotado de un curioso comedor, en tonos blancos, que sorprende con la cocina acristalada y un pequeño jardín vertical. ¡Técnica e innovación!

Carta 45/60 €

Plano : B2-x – *San Felipe 13* ✉ *14003* – *☏ 957 11 05 91 – www.cuatromanos.es*
– cerrado 15 días en agosto, domingo en verano, domingo noche en invierno, y lunes

Taberna el nº 10   🌿 🦽 AC 🍴

COCINA TRADICIONAL · ACOGEDORA 🍷 Se halla en plena judería y... ¡está dedicada al vino con la D.O. Montilla-Moriles! Sus tapas y raciones son un buen método para descubrir la cocina tradicional y regional.

Tapa 3,50 € – Ración aprox. 14 €

Plano : B2-e – *Romero 10* ✉ *14003* – *☏ 957 42 14 83*
– www.tabernaelnumero10cordoba.com

Taberna Salinas   AC 🍴

REGIONAL · MARCO REGIONAL 🍷 Esta taberna, llena de tipismo, distribuye sus salitas en torno a un patio cordobés. Aquí no hay tapas, solo raciones propias de la cocina regional como el Potaje de garbanzos con manitas, el Pisto o las Naranjas con cebolletas y bacalao.

Ración aprox. 7,95 €

Plano : C2-t – *Tundidores 3* ✉ *14002* – *☏ 957 48 01 35 – www.tabernasalinas.com*
– cerrado agosto y domingo

Los precios junto al símbolo 🛉 corresponden al precio más bajo en temporada baja, después el precio más alto en temporada alta, para una habitación individual. El mismo principio con el símbolo 🛉🛉, esta vez para una habitación doble.

Alojamientos

🏰 Palacio del Bailío

HISTÓRICO · MINIMALISTA Se encuentra en un palacio declarado Bien de Interés Cultural, pues combina la belleza arquitectónica de los ss. XVI-XVII con la decoración minimalista más moderna, sugerentes opciones de relax y... ¡los impresionantes vestigios de una auténtica villa romana!

53 hab – ♦120/550 € ♦♦150/700 € – 立25 €

Plano : B1-g – *Ramírez de las Casas Deza 10-12* ✉ *14001* – *℘957 49 89 93* – *www.hospes.com*

🍴 **Arbequina** – ver selección restaurantes

🏰 NH Collection Amistad Córdoba

CADENA HOTELERA · CONTEMPORÁNEA Conjunto histórico ubicado junto a la muralla árabe. Disfruta de amplias zonas comunes, solárium, un bonito patio mudéjar y cuidadas habitaciones, estas repartidas entre dos edificios. El restaurante, ubicado en un patio cubierto, apuesta por la cocina actual.

108 hab – ♦79/300 € ♦♦89/400 € – 立25 €

Plano : B2-v – *pl. de Maimónides 3* ✉ *14004* – *℘957 42 03 35* – *www.nh-hotels.com*

🏰 Balcón de Córdoba

LUJO · ELEGANTE Ocupa una casa típica cordobesa que formó parte de la iglesia de la Encarnación, por lo que conserva algunos objetos relacionados y restos arqueológicos. Atesora tres patios y se presenta con unas habitaciones de sobria modernidad, todas distintas. ¡Suba a su azotea, pues ofrece unas inmejorables vistas!

8 hab 立 – ♦137/412 € ♦♦153/427 € – 2 suites

Plano : B2-a – *Encarnación 8* ✉ *14003* – *℘957 49 84 78* – *www.balcondecordoba.com*

🏰 La Llave de la Judería

BOUTIQUE HOTEL · ACOGEDORA Coqueto hotelito ubicado en plena judería cordobesa. Atesora dos pequeños patios y unas habitaciones de línea clásica, todas personalizadas con mobiliario restaurado.

9 hab 立 – ♦117/150 € ♦♦135/170 €

Plano : B2-z – *Romero 38* ✉ *14003* – *℘957 29 48 08* – *www.lallavedelajuderia.es*

🏰 Casa de los Azulejos

FAMILIAR · FUNCIONAL Atesora un encanto indudable, pues combina el estilo tradicional andaluz con los detalles coloniales. Posee bellos suelos hidráulicos, baños coloristas, un hermoso patio lleno de plantas... y habitaciones con aspectos originales de la casa.

9 hab 立 – ♦59/90 € ♦♦79/172 €

Plano : C2-a – *Fernando Colón 5* ✉ *14002* – *℘957 47 00 00* – *www.casadelosazulejos.com*

🏰 Conde de Cárdenas

FAMILIAR · ORIGINAL Agradable hotelito instalado en una casa del s. XVIII. Presenta unas habitaciones muy variadas y coloristas, unas con los suelos hidráulicos originales y otras en mármol.

12 hab – ♦44/240 € ♦♦44/240 €

Plano : B2-f – *Conde de Cárdenas 9* ✉ *14002* – *℘957 94 03 90* – *www.hotelcondedecardenas.com* – *cerrado 7 enero-13 febrero, julio y agosto*

🏰 Viento 10

TOWNHOUSE · CONTEMPORÁNEA Este hotel, íntimo y de moderno interiorismo, remonta sus orígenes a lo que fue el Hospital de los Santos Mártires (s. XV), del que solo conserva su bello patio con columnas.

8 hab – ♦75/110 € ♦♦89/127 € – 立9 €

Plano : C2-c – *Ronquillo Briceño 10* ✉ *14002* – *℘957 76 49 60* – *www.hotelviento10.es* – *cerrado 20 días en enero y 20 días en julio*

CORIA DEL RÍO

Sevilla – 30 358 h. – Mapa regional : **1**-B2
Mapa de carreteras Michelin nº 578-U11

ⅱ○ Sevruga   🏠 ᴊ AC ⅏ ⟷

MODERNA · SIMPÁTICA ✕✕ Restaurante de moderna fachada e interior actual que destaca tanto por la agradable terraza a orillas del Guadalquivir como por su atractiva terraza-bar en la azotea. Cocina tradicional con toques actuales y agradables presentaciones.

Carta 25/35 €

av. de Andalucía 5 ✉ *41100 –* 𝒞 *954 77 66 95 – www.sevruga.es – cerrado del 8 al 15 de septiembre, domingo noche salvo verano y lunes*

ⅱ○ Sevruga Cervecería   🏠 ᴊ AC ⅏

ANDALUZA · SIMPÁTICA ᴾ/ Céntrico, moderno e informal, pues su decoración combina distintos motivos andaluces con antiguas fotos de la ciudad. ¿Qué encontrará? Chacinas, ibéricos, quesos, pescaitos...

Tapa 3,20 € – Ración aprox. 18 €

pl. Manuel Ruiz Sosa 1 ✉ *41100 –* 𝒞 *954 77 21 49 – www.sevruga.es – cerrado 15 días en septiembre, domingo noche y lunes*

CORIAS Asturias ➜ Ver Cangas de Narcea

La COROMINA Barcelona ➜ Ver Cardona

CORTADURA (Playa de) Cádiz ➜ Ver Cádiz

O. Strewe / Getty Images

NOS GUSTA...

Subir a **Árbore da Veira**, en el monte de San Pedro, para degustar la nueva cocina gallega y disfrutar de las vistas. Dar una vuelta por el paseo Marítimo y darnos un homenaje en **El de Alberto**. Saborear los tradicionales pescados y mariscos de restaurantes como **A Mundiña**. Tapear por las calles Estrella, Olmos, Galera... y terminar en el gastrobar **Culuca**.

A CORUÑA

244 099 h. – Mapa regional : **13**-B1
Mapa de carreteras Michelin n° 571-B4

Restaurantes

❀ **Árbore da Veira** ❶ (Luis Veira)   ⇐ & AC ⇦ P
CREATIVA · MARCO CONTEMPORÁNEO XxX Un restaurante de merecida fama que ahora, con su emplazamiento en lo alto del monte de San Pedro, también enamora por sus maravillosas vistas. Su atractiva propuesta de autor, siempre en base a productos de temporada, busca invitarnos, según sus propias palabras, a "una travesía que enrole todos nuestros sentidos".
→ Huevo con trufa, jamón Joselito y cigala gallega a la brasa. Merluza de Celeiro con guisantes y anguila. Milhoja de vainilla de Tahití y chocolate blanco.
Menú 60/75 € – Carta 45/60 €
Parque Monte San Pedro ✉ *15011 –* ✆ *981 07 89 14 – www.arboredaveira.com
– solo almuerzo salvo jueves en verano, viernes y sábado – cerrado del 16 al 31 de enero, 25 septiembre-9 octubre y martes*

❀ **Artabria**   AC ⅍
COCINA TRADICIONAL · MARCO CONTEMPORÁNEO XX De línea moderna y próximo a la playa de Riazor, donde se presenta con un bar privado y una sala actual vestida con cuadros de autores gallegos. Su oferta, tradicional con guiños actuales, se enriquece con varias jornadas gastronómicas y Lamprea en temporada.
Menú 29/50 € – Carta 30/40 €
Fernando Macías 28 ✉ *15004 –* ✆ *981 26 96 46 – www.restauranteartabria.com
– cerrado domingo noche y lunes noche*

❀ **El de Alberto**   AC ⅍
MODERNA · VINTAGE X Un restaurante de contrastes, pues estando algo escondido en una calle del casco viejo sorprende con un look de aire contemporáneo-vintage. Su cocina actual toma como punto de partida la calidad del producto. No está de más reservar, ya que... ¡suele llenarse!
Menú 25/32 € – Carta 20/41 €
Plano : A1-b – *Ángel Rebollo 18* ✉ *15002 –* ✆ *981 90 74 11 – cerrado domingo noche y lunes*

251

🍴 A Mundiña 🅽

🏠 🚰 ⎈ AC 🍷 🔄

GALLEGA · MARCO CONTEMPORÁNEO XX Mantiene su propuesta de gusto tradicional y presenta una estética renovada. Los pescados de las lonjas cercanas (Laxe, Malpica, A Coruña...) son los grandes protagonistas.

Carta 35/55 €

Plano : A2-c – *Real 77* ✉ *15003* – ☎ *881 89 93 27* – *www.amundina.com* – *cerrado domingo*

🍴 Asador Coruña

AC 🍷 🔄

COCINA TRADICIONAL · AMBIENTE CLÁSICO XX Una casa en la que se respeta muchísimo el producto. Presenta una sala de corte clásico-tradicional con profusión de madera, detalles en piedra y la cocina a la vista. ¡Excelentes carnes gallegas en parrilla de leña... y buenos pescados!

Carta 30/45 €

Alcalde José Crespo López Mora 4 ✉ *15008* – ☎ *981 24 01 57*
– *www.asadorcoruna.com* – *cerrado 10 días en agosto y domingo noche*

🍴 Bido

⎈ AC

MODERNA · MARCO CONTEMPORÁNEO XX Platos bien resueltos, productos de calidad, elaboraciones delicadas... He aquí un restaurante que sorprende en fondo y forma, con cocina actual en un ambiente de diseño.

Menú 30/65 € – Carta 35/45 €

Plano : A2-v – *Marcial del Adalid 2* ✉ *15005 A Coruña* – ☎ *881 92 28 47*
– *www.bidorestaurante.es* – *cerrado domingo y miércoles noche*

‖○ Comarea Marina ⓝ

PESCADOS Y MARISCOS · SIMPÁTICA ⅩⅩ Destaca por las vistas desde el comedor y la terraza, tanto al puerto como a la fortaleza. Cocina tradicional pensada para compartir, con pescados, mariscos y arroces melosos.

Menú 35/65 € – Carta 25/50 €

Plano : B2-a – *paseo Marítimo Alcalde Francisco Vázquez* ✉ 15002
– ℰ 981 20 88 85 – *www.comarea.es* – *cerrado domingo noche y lunes*

‖○ Eclectic ⓝ

CREATIVA · COLORIDA Ⅹ Ubicado en un callejón del casco viejo, donde sorprende con un interiorismo clásico. Cocina que fusiona tendencias, bajo una "mirada migrante" y siempre con productos locales.

Menú 38/57 € – solo menú

Plano : B2-d – *Oliva 3* ✉ 15001 – ℰ 617 62 14 23 – *www.eclecticrestaurante.com*
– *cerrado del 7 al 17 de enero, del 6 al 28 de mayo, domingo noche y lunes*

‖○ Arallo Taberna ⓝ

FUSIÓN · TENDENCIA ⅌ Un local simpático e informal en el que desaparecen los protocolos para que los fogones tomen el protagonismo. Cocina de fusión peruano-nipona elaborada con producto gallego.

Tapa 5 € – Ración aprox. 16 €

Plano : B2-b – *pl. María Pita 3* ✉ 15001
– *www.arallotaberna.com* – *cerrado 7 días en diciembre, 7 días en abril, 7 días en septiembre y lunes*

‖○ Comarea

COCINA TRADICIONAL · MARCO CONTEMPORÁNEO ⅌ Negocio de tapas-vinoteca repartido entre dos locales anexos, ambos con la misma filosofía. ¿Quiere unas raciones? Pruebe sus mariscos, los ibéricos, el pulpo, los arroces...

Ración aprox. 15 €

Carlos Martínez Barbeito y Morás 4 ✉ 15009 – ℰ 981 13 26 58
– *www.comarea.es* – *cerrado domingo*

‖○ Culuca

MODERNA · BAR DE TAPAS ⅌ Un gastrobar céntrico, amplio y actual, pero también de ambiente joven e informal. Aquí ofrecen tapas y raciones que mezclan las recetas clásicas con otras más creativas.

Tapa 4 € – Ración aprox. 15 € – Menú 12 €

Plano : A2-a – *av. Arteixo 10* ✉ 15004 – ℰ 981 97 88 98
– *www.culuca.com* – *cerrado domingo en julio y agosto, y domingo noche resto del año*

‖○ Hokutō

JAPONESA · DE BARRIO ⅌ Este curioso y diminuto local refleja la quintaesencia de la sencillez... eso sí, exaltando las virtudes de la cocina japonesa. ¡Elaboran los platos en base a las existencias!

Ración aprox. 15 € – Menú 35/70 € – Carta 35/65 €

Plano : B1-c – *Campo de Artillería 5* ✉ 15002 – ℰ 981 90 11 30 (es necesario reservar) – *cerrado 3 semanas en febrero, 4 días en Navidades, domingo, lunes y martes mediodía*

Alojamientos

⌂ Lois

FAMILIAR · MINIMALISTA Céntrico hotelito de organización familiar. Ofrece unas habitaciones de estética minimalista, destacando la de la azotea tanto por su amplitud como por su terraza privada. El restaurante, de línea rústica-actual, propone una cocina fiel a los sabores caseros.

10 hab – ♦43/52 € ♦♦54/69 € – ⌑ 8 €

Plano : A2-x – *Estrella 40* ✉ 15003 – ℰ 981 21 22 69
– *www.loisestrella.com* – *cerrado 10 días en noviembre*

en Perillo Sureste : 7,5 km – Mapa regional : **13**-B1

🛇 **El Mirador del Madrileño 🄽** ⌂ 🕭 AC 🕏

PESCADOS Y MARISCOS · ACOGEDORA XX Coqueto negocio familiar, asomado a la bahía, en el que apuestan por la cocina tradicional y las sugerencias diarias, pues siempre ofrecen producto salvaje de río o de mar.

Carta 30/51 €

av. Ernesto Che Guevara 73 ✉ *15172 Perillo –* 𝒞 *981 63 85 17 – cerrado domingo noche*

en Culleredo Sur : 13 km

🛇 **La Picotería 🄽** 🕭 AC ⇔

MODERNA · MARCO CONTEMPORÁNEO X Atractivo local de aire contemporáneo en el que apuestan por una cocina actualizada de base tradicional, con buenos detalles técnicos y unas cuidadas presentaciones.

Carta 29/39 €

Ferrocarril 1 ✉ *15670 Culleredo –* 𝒞 *881 96 50 78 – www.lapicoteria.es – cerrado domingo noche y lunes*

COSGAYA

Cantabria – 86 h. – Alt. 530 m – Mapa regional : **6**-A1
Mapa de carreteras Michelin nº 572-C15

🏵 **Del Oso** 🕏 **P**

CASERA · RÚSTICA XX Este restaurante, de larga trayectoria familiar y marcado ambiente rústico, es muy conocido en la zona gracias tanto a la contundencia de sus platos como al sabor de su popular Cocido lebaniego. ¡Las elaboraciones son de esas que nos recuerdan a las abuelas!

Menú 20 € – Carta 25/40 €

Hotel Del Oso ✉ *39582 –* 𝒞 *942 73 30 18 – www.hoteldeloso.com – cerrado 10 diciembre-enero*

🏠 **Del Oso** 🛌 🕭 ⊡ 🕏 **P**

FAMILIAR · RÚSTICA Bello hotel de línea tradicional constituido por dos edificios en piedra. Ofrece acogedores espacios sociales y habitaciones de ambiente rústico, algo más amplias en el anexo.

49 hab – ♦60/71 € ♦♦72/90 € – ⊡ 12 €

✉ *39582 –* 𝒞 *942 73 30 18 – www.hoteldeloso.com – cerrado 10 diciembre-enero*

🏵 **Del Oso** – ver selección restaurantes

COVADONGA

Asturias – Alt. 260 m – Mapa regional : **3**-C2
Mapa de carreteras Michelin nº 572-C14

🏠 **G.H. Pelayo** ⛲ 🐾 ⇐ ⊡ 🕭 AC 🔱 **P**

TRADICIONAL · CLÁSICA Edificio de fachada clásica y carácter centenario ubicado a pocos metros de la cueva de La Santina. Ofrece confortables habitaciones, la mayoría con vistas al valle o a la basílica. El restaurante, muy luminoso, combina su carta tradicional con varios menús.

52 hab – ♦70/105 € ♦♦85/120 € – ⊡ 12 €

Real Sitio de Covadonga ✉ *33589 –* 𝒞 *985 84 60 61 – www.granhotelpelayo.com – cerrado enero-6 marzo*

COVARRUBIAS

Burgos – 560 h. – Alt. 840 m – Mapa regional : **8**-C2
Mapa de carreteras Michelin nº 575-F19

De Galo

COCINA TRADICIONAL · RÚSTICA ✕✕ Restaurante de estilo rústico instalado en una antigua posada. Presenta una bella cocina serrana en el hall y un buen comedor en lo que fueron las cuadras. ¡Su especialidad son las legumbres, las carnes a la brasa y el Cordero asado!

Menú 13/19 € – Carta 15/37 €

Monseñor Vargas 10 ⊠ 09346 – € 947 40 63 93 – www.degalo.com – solo almuerzo salvo fines de semana en mayo-octubre – cerrado del 19 al 26 de diciembre, febrero y miércoles

COVAS Lugo → Ver Viveiro

COVELO

Pontevedra – 2 617 h. – Alt. 490 m – Mapa regional : **13**-B3
Mapa de carreteras Michelin nº 571-F4

en Fofe Noreste : 8 km

Rectoral de Fofe

FAMILIAR · RÚSTICA Singular turismo rural aislado en plena naturaleza, con una decoración rústica y vistas al valle. Agradable piscina, coqueta terraza-porche y habitaciones de correcto confort. En su comedor proponen una carta muy sencilla, tipo raciones.

10 hab ☲ – †45/75 € ††50/90 €

Aldea de Arriba 13 ⊠ 36873 Fofe – € 986 66 87 50 – www.rectoraldefofe.com – cerrado 10 enero-10 febrero

CUACOS DE YUSTE

Cáceres – 865 h. – Alt. 520 m – Mapa regional : **12**-C1
Mapa de carreteras Michelin nº 576-L12

en la carretera de Valfrío Sur : 4,5 km

La Casona de Valfrío

CASA DE CAMPO · RÚSTICA Casa rústica levantada en un paraje de bellísimos exteriores, con la piscina rodeada de césped, un agradable porche y una pequeña zona chill out junto al estanque. Cálido salón con chimenea y habitaciones de aire rústico, las del piso superior abuhardilladas.

6 hab ☲ – †92/100 € ††92/100 €

carret. de Valfrío ⊠ 10430 Cuacos de Yuste – € 629 46 45 72 – www.lacasonadevalfrio.com – cerrado 10 enero-31 marzo

CUCAYO

Cantabria – 57 h. – Mapa regional : **6**-A2
Mapa de carreteras Michelin nº 572-C16

La Posada de Cucayo ⓝ

AGROTURISMO · RURAL Idóneo para disfrutar de la naturaleza, pues se encuentra entre impresionantes desfiladeros. Está llevado en familia y cuenta con animales en el jardín (gansos, gallinas...).

12 hab ☲ – †45/51 € ††56/63 €

carret. de Dobres ⊠ 39575 – € 942 73 62 46 – www.laposadadecucayo.com – cerrado 15 enero-febrero

 ¿Desayuno incluido? La taza ☲ aparece junto al número de habitaciones.

CUDILLERO

Asturias – 5 210 h. – Mapa regional : **3**-B1
Mapa de carreteras Michelin n° 572-B11

ⅼⅼ○ **El Pescador** 🛖 **P**

PESCADOS Y MARISCOS · AMBIENTE CLÁSICO XX Restaurante de gestión familiar que ofrece una carta muy amplia, con diversos platos asturianos y, sobre todo, los pescados y mariscos locales (merluza, pixín, virrey...).
Menú 20 € – Carta 25/79 €
El Pito, Tolombreo de Arriba, Sureste : 1,5 km ✉ *33150 –* ℰ *985 59 09 37*
– www.hotelrestauranteelpescador.com
– solo almuerzo en invierno salvo viernes y sábado – cerrado 21 diciembre-5 enero
y lunes noche

🏠 **Casona de la Paca** 🐾 🛖 🖵 ⅏ **P**

MANSIÓN · CLÁSICA Una casona de indianos (1887) que nos traslada en el tiempo. Posee un bello jardín, una elegante sala acristalada, habitaciones coloniales... y apartamentos de línea actual.
19 hab – ¡65/95 € ¡¡85/115 € – ⌁ 10 € – 8 apartamentos
El Pito, Sureste : 1 km ✉ *33150 –* ℰ *985 59 13 03*
– www.casonadelapaca.com
– cerrado 9 diciembre-2 marzo

🏠 **La Casona de Pío** ⅏

FAMILIAR · RÚSTICA Se halla en pleno casco viejo y homenajea al Doctor Pío, el dueño de la antigua fábrica de salazones que ocupa. Habitaciones muy cuidadas, clásicas pero con detalles rústicos.
11 hab – ¡50/74 € ¡¡62/106 € – ⌁ 9 €
Riofrío 3 ✉ *33150 –* ℰ *985 59 15 12*
– www.lacasonadepio.com
– cerrado 10 enero-10 febrero

CUÉLLAR

Segovia – 9 477 h. – Alt. 857 m – Mapa regional : **8**-C2
Mapa de carreteras Michelin n° 575-I16

ⅼⅼ○ **San Francisco**

REGIONAL · AMBIENTE CLÁSICO X En este negocio familiar, de 4ª generación, encontrará platos como el Guiso de rabo de toro, las Carrilleras de ternera con ciruelas o el típico Lechazo asado. ¡Bodega propia!
Menú 14/39 € – Carta 19/53 €
av. Camilo José Cela 2 ✉ *40200 –* ℰ *921 14 20 67*
– www.hmsanfrancisco.com
– cerrado domingo noche

CUENCA

54 876 h. – Alt. 923 m – Mapa regional : **7**-C2
Mapa de carreteras Michelin n° 576-L23

⅏ **Trivio** (Jesús Segura Gracia) 🅰🅲 ⅏ ⅾ

MODERNA · A LA MODA XX Algo alejado de la zona monumental pero... ¡con muchísima personalidad! El chef propone, solo a través de unos interesantes menús degustación que varían en función del número de platos, una cocina actual que busca ensalzar el producto manchego, siempre con técnicas modernas que juegan con los sabores y las texturas.
→ Croqueta Trivio. Texturas de pichón. Miso con té matcha.
Menú 45/65 € – solo menú
Colón 25 ✉ *16002 –* ℰ *969 03 05 93*
– www.restaurantetrivio.com
– cerrado del 22 al 29 de enero, del 23 al 30 de abril, del 25 al 03 de julio, del
17 al 24 de septiembre, domingo noche y lunes

ⅱ○ Raff San Pedro

CASTELLANA · HISTÓRICA ✗✗ Forma parte del hotel Leonor de Aquitania, donde ocupa las antiguas caballerizas de una casa palaciega en piedra. Cocina tradicional actualizada y buen menú, llamado "Km. 0".

Menú 24/35 € – Carta 30/45 €

San Pedro 58 ✉ 16001 – 𝒞 969 69 08 55 – www.raffsanpedro.es – cerrado domingo noche y lunes noche

⅏ Parador de Cuenca

EDIFICIO HISTÓRICO · HISTÓRICA Instalado en un convento del s. XVI que atesora magníficas vistas a las Casas Colgadas. Posee confortables habitaciones de aire castellano, un hermoso claustro que usan para las cenas estivales y un buen comedor, este último volcado con el recetario manchego.

62 hab – ♦110/305 € ♦♦110/305 € – ☐ 19 € – 1 suite

subida a San Pablo ✉ 16001 – 𝒞 969 23 23 20 – www.parador.es

⅏ Convento del Giraldo

EDIFICIO HISTÓRICO · CONTEMPORÁNEA Emana cierto encanto, pues está instalado en un convento del s. XVII que aún conserva una bonita escalera de la época. Presenta unas instalaciones bastante actuales, con correctas zonas sociales, cuidadas habitaciones y el restaurante sobre un antiguo aljibe.

34 hab – ♦132/150 € ♦♦155/185 € – ☐ 14 €

San Pedro 12 ✉ 16001 – 𝒞 969 23 27 00 – www.hotelconventodelgiraldo.com

Ⅾ Posada de San José

FAMILIAR · ACOGEDORA Seductor, pues ocupa un edificio del s. XVII. Atesora hermosos rincones, un pequeño jardín y aposentos de época, la mayoría con balcones asomados al Huécar. El restaurante, coqueto y con platos de sabor casero, monta una terraza panorámica sobre el jardín.

22 hab – ♦56/64 € ♦♦76/103 € – ☐ 9 €

Julián Romero 4 ✉ 16001 – 𝒞 969 21 13 00 – www.posadasanjose.com

CULLERA

Valencia – 22 236 h. – Mapa regional : **11**-B2
Mapa de carreteras Michelin n° 577-O29

ⅱ○ Eliana Albiach

CREATIVA · AMBIENTE CLÁSICO ✗✗ Íntimo, de línea clásica-actual y... ¡a solo 20 m. de la playa! Su carta, mediterránea con detalles actuales, atesora un gran apartado de arroces tradicionales y varios menús.

Menú 25/44 € – Carta 25/40 €

Peset Alexandre 2 ✉ 46400 – 𝒞 961 73 22 29 – www.elianaalbiach.com – cerrado 7 enero-12 febrero y lunes salvo festivos

CULLEREDO A Coruña → Ver A Coruña

CURIEL DE DUERO

Valladolid – 111 h. – Mapa regional : **8**-C2
Mapa de carreteras Michelin n° 575-H17

⅏ Castillo de Curiel

EDIFICIO HISTÓRICO · ELEGANTE ¡En lo alto de un cerro y con magníficas vistas! Este hotel se ha construido, al estilo medieval, sobre los cimientos de un castillo derruido del s. VII. Sorprende por la terraza de las almenas y sus elegantes habitaciones de línea clásica, todas personalizadas. El restaurante elabora una cocina tradicional.

25 hab ☐ – ♦74/108 € ♦♦82/130 €

Castillo de Curiel, Norte : 1 km ✉ 47316 – 𝒞 983 88 04 01
– www.castillodecuriel.com

ESPAÑA

DAIMÚS

Valencia – 3 054 h. – Alt. 6 m – Mapa regional : **11**-B2
Mapa de carreteras Michelin n° 577-P29

en la playa Noreste : 1,5 km

❀ **Casa Manolo** (Manuel Alonso)   ❀ ≼ 🅰🅲 ⅋ ⇦

MODERNA · AMBIENTE TRADICIONAL ❌❌ Una casa de asentada tradición familiar que destaca tanto por su magnífico emplazamiento, a pie de playa, como
por la evolución que han experimentado sus fogones desde el primitivo chiringuito frente al mar. Cocina tradicional marinera ciertamente sabrosa, con detalles
actuales y productos de gran calidad.
→ Gamba roja de Gandía cocida en agua de mar. Arroz con sepia y turrón. Chufa,
tupinambo y almendra.
Menú 59/89 € – Carta 46/58 €
paseo Marítimo 5 ✉ 46710 Daimús – ☎ 962 81 85 68
– www.restaurantemanolo.com – solo almuerzo salvo jueves, viernes, sábado,
Semana Santa y verano – cerrado miércoles salvo verano

DAROCA DE RIOJA

La Rioja – 54 h. – Alt. 726 m – Mapa regional : **14**-A2
Mapa de carreteras Michelin n° 573-E22

❀ **Venta Moncalvillo** (Ignacio Echapresto)   ❀ 🅰🅲 ⅋ ⇦ 🅿

MODERNA · RÚSTICA ❌❌ Hablar de esta casa es hablar de los hermanos Echapresto, un tándem que ha hecho de la pasión su oficio. Proponen una cocina
actualizada que respete los sabores regionales, siempre con productos de temporada propios de la despensa riojana o de su propia huerta. Su maravillosa bodega
atesora... ¡más de 1300 referencias!
→ Verduras de nuestra huerta. Cocochas de merluza asadas al sarmiento. Queso,
miel y nueces.
Menú 60/125 € – Carta 50/70 €
carret. de Medrano 6 ✉ 26373 – ☎ 941 44 48 32 – www.ventamoncalvillo.com
– solo almuerzo salvo viernes y sábado – cerrado 10 días en diciembre, 15 días en
enero, 10 días en junio, domingo y lunes

DEBA

Guipúzcoa – 5 463 h. – Mapa regional : **18**-B2
Mapa de carreteras Michelin n° 573-C22

🍴 **Urgain**   🏠 ⅁ 🅰🅲

PESCADOS Y MARISCOS · MARCO REGIONAL ❌❌ Original, pues combina su esté-
tica funcional-actual con sutiles detalles rupestres en alusión a la cueva de Ekain.
Carta de temporada rica en pescados y mariscos de la zona.
Menú 45 € – Carta 37/71 €
Hondartza 5 ✉ 20820 – ☎ 943 19 11 01 – www.urgain.net – cerrado martes noche
salvo verano

DÉNIA

Alicante – 41 553 h. – Mapa regional : **11**-B2
Mapa de carreteras Michelin n° 577-P30

🍴 **El Raset**   🏠 ⅁ 🅰🅲 ⅋

COCINA TRADICIONAL · AMBIENTE CLÁSICO ❌❌ Encontrará una terraza y dos
salas, ambas con una decoración clásica-elegante marcada por los tonos blancos.
Cocina tradicional actualizada, varios arroces y un completo menú.
Menú 27/36 € – Carta 32/47 €
Bellavista 7 ✉ 03700 – ☎ 965 78 50 40 – www.grupoelraset.com – cerrado martes
en invierno

🍴 **Peix & Brases** 🐷 ⪪ 🏠 ⪪ 🄰🄲 ⪪

MEDITERRÁNEA · A LA MODA XX Presenta dos ambientes, el gastrobar en la planta baja y el gastronómico en el primer piso... con atractiva terraza en la azotea. Cocina mediterránea actualizada y de fusión.

Menú 45/89 € – Carta 40/60 €

pl. de Benidorm 16 ✉ *03700 –* ✆ *965 78 50 83*

– www.peixibrases.com

– cerrado del 12 al 26 de noviembre y lunes salvo agosto

🏨 **La Posada del Mar** ⪪ 🛏 🖃 ⪪ 🄰🄲 ⪪ 🔧 🚗

TRADICIONAL · ELEGANTE Resulta emblemático, remonta sus orígenes al s. XIII y destaca por su emplazamiento, frente al puerto deportivo. ¡La mayoría de las habitaciones atesoran vistas a los veleros!

25 hab 🖙 – ♦121/180 € ♦♦146/203 €

pl. de les Drassanes 2 ✉ *03700 –* ✆ *966 43 29 66*

– www.laposadadelmar.com

en la carretera de Las Marinas

🌸🌸🌸 **Quique Dacosta** 🐷 🄰🄲 ⪪

CREATIVA · DE DISEÑO XxX Rompa las barreras de su mente y explore un mundo de sensaciones únicas, concebidas desde la imaginación y el sabor pero también abiertas a todos los procesos creativos que permite la innovación.

El restaurante, fiel reflejo de la personalidad mediterránea del chef, ocupa un edificio tipo villa con una terraza y un agradable interior, de diseño moderno, dominado por los tonos blancos y una desbordante irrupción de la luz. No se pierdan su futurista Estudio de Creatividad, diseñado en Krion blanco y negro, pues refleja la evolución de la "mesa del chef" hacia un mundo más interactivo y conectado, permitiendo que el cliente viva una experiencia de rango tecnoemocional. Todos sus platos alimentan cuerpo y alma, pero tanto los arroces como la famosa Gamba de Denia, cocida en agua de mar, deben catalogarse, llanamente, como un regalo para el paladar.

¿Una curiosidad? Uno de sus libros se llama "3" en homenaje a la guía MICHELIN y a la conquista del tercer "macaron" en la edición de 2013.

→ Sopa de guindillas ahumada. Gamba roja de Dénia hervida en agua de mar. Flores raras.

Menú 210 € – solo menú

Rascassa 1 (urb. El Poblet), Noroeste : 3 km ✉ *03700 Dénia –* ✆ *965 78 41 79*

– www.quiquedacosta.es

– cerrado octubre-marzo, lunes y martes salvo julio y agosto

🏨 **Los Ángeles** 🌸 🐷 ⪪ 🎿 🛏 🎾 🖃 ⪪ 🄰🄲 🔧 🅿

FAMILIAR · CLÁSICA El mayor encanto radica en su emplazamiento... no en vano, tiene la playa a los pies y la mitad de las habitaciones asomadas al mar. Atesora un restaurante-galería, con vistas al Mediterráneo, y una carta tradicional que destaca por su apartado de arroces.

81 hab 🖙 – ♦70/210 € ♦♦100/300 €

Noroeste : 5 km ✉ *03700 Dénia –* ✆ *965 78 04 58*

– www.hotellosangelesdenia.com

– cerrado noviembre-25 febrero

Los precios junto al símbolo ♦ corresponden al precio más bajo en temporada baja, después el precio más alto en temporada alta, para una habitación individual. El mismo principio con el símbolo ♦♦, esta vez para una habitación doble.

en la carretera de Les Rotes Sureste : 4 km

Les Rotes

FAMILIAR · ELEGANTE Tiene su encanto, pues se encuentra en una zona residencial... ¡próxima a una cala! Variada zona social y habitaciones de buen confort, destacando las 12 con vistas al mar. Su restaurante trabaja sobre una carta regional, con un buen apartado de arroces.

33 hab ☲ – †86/143 € ††101/168 €

carret. del Barranc del Monyo 85 ⊠ 03700 Dénia – ℰ 965 78 03 23
– www.hotellesrotesdenia.com

Los DOLORES Murcia → Ver Cartagena

DONAMARIA

Navarra – 443 h. – Alt. 175 m – Mapa regional : **17**-A1
Mapa de carreteras Michelin nº 573-C24

Donamaria'ko Benta

COCINA TRADICIONAL · RÚSTICA ⚔ Un negocio familiar instalado en una venta del s. XIX de entrañable rusticidad. En su agradable comedor, dotado de chimenea, podrá descubrir una oferta gastronómica basada en varios menús de tinte tradicional, aunque también ofertan carta los fines de semana.

Menú 20/30 € – Carta 25/35 € – solo menú

barrio de la Venta 4, Oeste : 1 km ⊠ 31750 – ℰ 948 45 07 08
– www.donamariako.com – solo almuerzo salvo sábado y verano – cerrado
15 diciembre-4 enero, domingo noche y lunes

NOS GUSTA...

Contemplar las bellísimas vistas que ofrece el **Mirador de Ulía** y pasear por el casco viejo; aquí es imprescindible hacer una parada en **Ganbara** y pedir un pintxo de boletus. Pasarnos por el mítico hotel **María Cristina** a tomar una copa y cumplir con una visita obligada para cualquier gastrónomo: comer en **Arzak**, el tres estrellas Michelin más antiguo de España.

DONOSTIA / SAN SEBASTIÁN

Guipúzcoa – 186 370 h. – Mapa regional : **18**-B2
Mapa de carreteras Michelin nº 573-C24

Centro

⁕ **Amelia** (Paulo Airaudo) AC ⁕

CREATIVA · MARCO CONTEMPORÁNEO XX Este céntrico restaurante, de atípico ambiente contemporáneo-industrial, refleja la original propuesta de Paulo Airaudo, un chef argentino de origen italiano que en base al mejor producto de temporada, y desde la técnica más depurada, consigue fascinar al comensal. ¡La visita al corazón de su cocina está incluida!

→ Guisante lágrima con puerros asados. Molleja, ajo negro y zanahoria. Nata quemada, aguacate y caviar.

Menú 100/130 € – solo menú

Plano : E2-c – *Prim 34* ✉ *20006* – 𝒞 *943 84 56 47 (es necesario reservar)*
– *www.ameliarestaurant.com* – *cerrado 23 de diciembre-8 de enero, del 5 al 21 de agosto, domingo, lunes, martes y miércoles mediodía*

⁕ **Kokotxa** (Daniel López) & AC ⁕

MODERNA · AMBIENTE TRADICIONAL XX Restaurante de estética actual ubicado en pleno casco viejo. Aquí, con un servicio especialmente amable a la par que profesional, le propondrán una cocina tradicional actualizada y varios menús, uno de mercado y otro tipo degustación.

→ Corvina marinada, crema agria, encurtidos y caviar per sé. Pescado del día, aguacate, daikon y lima. Crujiente de regaliz, mango, fruta de la pasión y crumble de chocolate.

Menú 85/115 € – solo menú

Plano : D1-a – *Kanpandegi 11* ✉ *20003* – 𝒞 *943 42 19 04*
– *www.restaurantekokotxa.com* – *cerrado 13 febrero-28 marzo, 29 mayo-4 junio, del 16 al 31 de octubre, domingo y lunes*

⁑○ **Juanito Kojua** Ⓝ AC ⇆

VASCA · AMBIENTE CLÁSICO XX ¡El más antiguo de la parte vieja! En sus salas, de marcado aire marinero, podrá degustar una cocina de fuertes raíces vascas centrada en los pescados y mariscos de la zona.

Menú 48 € – Carta 32/55 €

Plano : D1-b – *Puerto 14* ✉ *20003* – 𝒞 *943 42 01 80* – *www.juanitokojua.com*
– *cerrado domingo noche*

DONOSTIA-
SAN SEBASTIÁN

0 — 400 m

C

B

A

1

2

✈ IRÚN

Monte Urgull/
Urgull Mendia

Santa Klara
Uhartea

Aquarium
S. Sebastián

Museo
Naval

BAHÍA DE LA CONCHA /
KONTXAKO BADIA

Playa de Ondarreta

MONTE IGUELDO/
IGELDO MENDIA

Pal. de
Miramar

S. Sebastián

ANOETA
KUROLGUNEA

MIRAMÓN
PARKEA

Paseo de la Concha

Calle Prim

Pas. de Francia

Unumea

BILBAO   TOLOSA, PAMPLONA,   MUSEO CHILLIDA · LEKU

HERNANI

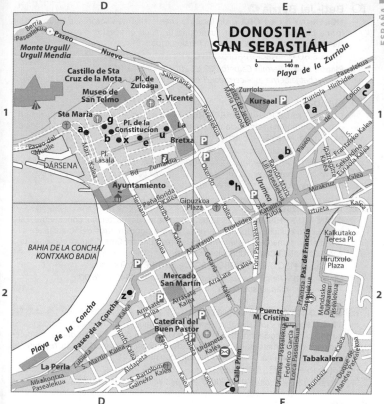

ESPAÑA

DONOSTIA-SAN SEBASTIÁN

🍽 Bodegón Alejandro   AC 🍴 ⇔

COCINA TRADICIONAL · RÚSTICA ✗ ¿Busca un lugar que ensalce los valores vascos y recupere el recetario tradicional? Pues no indague más. Aquí, en pleno casco viejo, encontrará calidad, gran dedicación y una carta vasca con menú degustación.

Carta 39/65 €

Plano : D1-u – *Fermín Calbetón 4* ⊠ 20003 – 𝒞 943 42 71 58
– *www.bodegonalejandro.com* – *cerrado 23 enero-8 febrero, domingo noche, lunes y martes salvo verano*

🍽 A Fuego Negro   AC 🍴

CREATIVA · MARCO CONTEMPORÁNEO ⸮/ También en el barrio antiguo pero distinto conceptualmente al resto de bares de la zona. La barra se complementa con varias mesas para degustar sus menús de pinchos creativos.

Tapa 4 € – Ración aprox. 12 €

Plano : D1-g – *Abutzuaren 31-31* ⊠ 20003 – 𝒞 650 13 53 73
– *www.afuegonegro.com* – *solo cena salvo fines de semana, Navidades, Semana Santa y julio-agosto* – *cerrado del 11 al 24 de febrero y lunes*

    El símbolo indica una carta de vinos especialmente atractiva.

ⅈ◯ Beti-Jai Berria ❶   🅐🅒

MODERNA · A LA MODA 🖗 Un local de línea actual que sorprende tanto por su forma de trabajar como por su propuesta, pues ofrece los pintxos vascos de siempre y platos de alta cocina en versión tapa.

Tapa 3,80 € – Ración aprox. 18 €

Plano : D1-e – *Fermin Calbeton 22* ✉ *20003* – *🕾 943 44 19 44*
– *www.betijaiberria.es* – *cerrado 21 enero-15 marzo y miércoles*

ⅈ◯ Ganbara   🅐🅒

COCINA TRADICIONAL · MARCO REGIONAL 🖗 Con el devenir de los años se ha convertido en una referencia del casco viejo. Carta de asador, con productos de temporada, magníficos pinchos y una especialidad: las setas.

Tapa 3 € – Ración aprox. 20 €

Plano : D1-x – *San Jerónimo 21* ✉ *20003* – *🕾 943 42 25 75*
– *www.ganbarajatetxea.com* – *cerrado 2ª quincena de junio, 2ª quincena de noviembre, domingo noche salvo agosto y lunes*

🏨 María Cristina   🕸🗠🖪🖳🛁🅐🅒🛎🚗

GRAN LUJO · HISTÓRICA ¡El buque insignia de la hostelería donostiarra! Este maravilloso edificio, de principios del s. XX y a pocos metros del Kursaal, atesora un interior sumamente elegante. En el restaurante Café Saigón elaboran una cocina oriental que, sin duda, le cautivará.

110 hab – ♦180/585 € ♦♦180/950 € – ☲ 33 € – 29 suites

Plano : E1-h – *República Argentina 4* ✉ *20004* – *🕾 943 43 76 00*
– *www.hotel-mariacristina.com*

🏨 De Londres y de Inglaterra   🕸🗠🖳🛁🅐🅒🛎🚗

TRADICIONAL · CLÁSICA ¡Excelentemente situado y de hermoso clasicismo! Si su cálido salón social nos brinda serenas vistas a la bahía de La Concha, las habitaciones nos sumergen en un entorno de elegancia y confort. En su restaurante podrá degustar una cocina de base tradicional.

160 hab – ♦73/353 € ♦♦99/378 € – ☲ 22 € – 7 suites

Plano : D2-z – *Zubieta 2* ✉ *20007* – *🕾 943 44 07 70* – *www.hlondres.com*

al Este

🌸🌸🌸 Arzak (Elena y Juan Mari Arzak)   🕷🅐🅒🛎🔄🅿

CREATIVA · MARCO CONTEMPORÁNEO 🖈🖈🖈 Este restaurante donostiarra es una auténtica institución, pues forma parte del firmamento MICHELIN desde 1974 y... ¡lleva tres décadas entre los triestrellados!

La centenaria casona familiar del Alto de Miracruz es hoy un foco de atracción culinaria donde convergen la historia y la modernidad, pues el tándem formado por Juan Mari Arzak, uno de los padres de la Nueva Cocina Vasca, y su hija Elena, una de las mejores cocineras del mundo, ha sabido plantear el maridaje perfecto entre la sorprendente vanguardia y el buen hacer derivado de la tradición. La creatividad, la puesta en escena y los sabores pueden parecernos mágicos, sin embargo son fruto de muchísimas horas de experimentación en el Laboratorio Arzak, ubicado en el mismo edificio, donde juegan como auténticos alquimistas con un "Banco de sabores" que atesora más de 1.000 productos e ingredientes.

¿Sabía que el popular Pastel de cabracho se inventó aquí? Nació en 1971, fruto de la adaptación del tradicional Pudin de merluza vasco.

→ Bogavante con telar de plátano y puerro. Lenguado en caña de azúcar. Homenaje al arce y a la fruta.

Menú 220 € – Carta 170/200 €

Plano : C1-a – *av. Alcalde José Elosegi 273 (Alto de Miracruz)* ✉ *20015* – *🕾 943 27 84 65* – *www.arzak.es* – *cerrado 16 junio-3 julio, del 3 al 27 de noviembre, domingo y lunes*

ESPAÑA

🕸 Mirador de Ulía (Rubén Trincado)   ⪻ AC 🛇 **P**

CREATIVA · AMBIENTE CLÁSICO XX Un restaurante singular, sin duda, pues disfruta de un emplazamiento privilegiado y unas fabulosas vistas sobre la playa de la Zurriola. El chef Rubén Trincado, la 3ª generación al frente de esta casa, propone una cocina de tintes creativos sumamente personal, elaborada siempre en base a los productos de temporada.

→ Carabinero con sus huevas y limón, Pichón guisado a la brasa. Chocolate en texturas.

Menú 105 € – Carta 62/71 €

Plano : B1-c – *paseo de Ulía 193* ✉ *20013* – 𝒞 *943 27 27 07*
– *www.miradordeulia.es* – *cerrado 20 diciembre-febrero, domingo noche, lunes y martes*

😊 Galerna   AC

CREATIVA · SIMPÁTICA X ¡Bien ubicado en el emblemático barrio de Gros! Este pequeño local, de ambiente actual-marinero, ha sabido hacerse un hueco en la exigente gastronomía local gracias a una propuesta de temporada que combina, sin miedos, la cocina moderna y la tradicional.

Menú 13/60 € – Carta 23/45 €

Plano : E1-c – *paseo Colón 46 (Gros)* ✉ *20002* – 𝒞 *943 27 88 39*
– *www.galernajanedan.com* – *cerrado del 1 al 15 de junio, del 4 al 25 de noviembre, lunes noche y martes*

😊 Topa   ⑃ AC

FUSIÓN · TENDENCIA X Se encuentra a unos pasos del Kursaal, presenta una estética moderna-urbana bastante cuidada y sorprende al comensal por su propuesta, pues pretende explorar de una manera divertida la fusión culinaria y cultural que existe entre el País Vasco y Latinoamérica.

Carta 20/40 €

Plano : E1-b – *Aguirre Miramón 7* ✉ *20012* – 𝒞 *943 56 91 43*
– *www.topasukalderia.com* – *cerrado martes salvo verano*

🍴 Bergara   ⑃ AC

COCINA TRADICIONAL · MARCO REGIONAL ⑨/ Un negocio que atesora varios premios de alta cocina en miniatura. En su excelente barra encontraremos tapas y pinchos como la Txalupa, un gratinado de setas con langostinos.

Tapa 3 € – Ración aprox. 15 €

Plano : B1-e – *General Arteche 8 (Gros)* ✉ *20001* – 𝒞 *943 27 50 26*
– *www.pinchosbergara.es* – *cerrado del 16 al 31 de octubre*

al Sur

🍴 Misura 🆕   ⑃ ⑃ AC 🛇

MODERNA · DE DISEÑO XX Está tutelado por el chef Xavier Pellicer y refleja lo que fue el restaurante Céleri (Barcelona). Cocina acristalada y propuesta saludable, basada en los productos ecológicos.

Menú 25/70 € – Carta 32/42 €

Hotel Arima, Paseo de Miramón 162, por B2 – 𝒞 *943 56 91 36*
– *www.misurarestaurant.com* – *solo almuerzo salvo viernes y sábado* – *cerrado lunes y martes*

🏨 Arima 🆕   ⪻ 🗵 🖬 ⑃ AC 🛇 🚴 🚗

NEGOCIOS · MODERNA Hotel de líneas vanguardistas que destaca por su emplazamiento en el bosque de Miramón, dentro del Parque Tecnológico y cerca del Basque Culinary Center. Apuesta por la sostenibilidad y las energías limpias, con muchas habitaciones abiertas a la naturaleza.

67 hab – 🛏90/150 € 🛏🛏100/160 € – ⌷ 20 € – 2 suites

Paseo de Miramón 162, por B2 ✉ *20014* – 𝒞 *943 56 91 36* – *www.arimahotel.com*
🍴 **Misura** – ver selección restaurantes

al Oeste

⁂⁂⁂ Akelaṙe (Pedro Subijana) ⌘ ≼ AC ℅ ⇄ P

CREATIVA · AMBIENTE CLÁSICO XxxX Si buscamos analogías entre el restaurante Akelaṙe, ubicado en la falda del monte Igueldo, y el chef Pedro Subijana, inconfundible por su enorme mostacho, encontraremos una clara semejanza, la inequívoca serenidad emanada de ambos, el primero por sus impresionantes vistas al Cantábrico y el otro, desde su humanidad, por la coherencia y sensatez que pone en todo lo que hace.

La propuesta de este chef, uno de los padres de la Nueva Cocina Vasca que revolucionó los fogones españoles, es excepcional, sin duda, pues apuesta por la creatividad sin negar las raíces tradicionales.

Aquí degustará platos equilibrados, comprensibles y llenos de matices, normalmente en base a productos de temporada del propio entorno. Descubrirá nuevas recetas, aportaciones históricas para nuestra cocina contemporánea, como su ya clásico Gin-Tonic en Plato, y las directrices de un método que el chef procura cincelar a fuego en su equipo: ensayar, repetir, preguntarse los porqués y... ¡cuestionárselo todo!

→ Infusión de caldo verde, cigala y rape ahumado. Calamar como un risotto, flor de mantequilla. Otra nueva tarta de manzana.

Menú 210 € – solo menú

paseo del Padre Orcolaga 56 (barrio de Igueldo), 7,5 km por Igeldo pasealekua A1
✉ *20008* – ✆ *943 31 12 09*
– *www.akelarre.net* – *cerrado 23 diciembre-febrero, martes salvo verano, domingo noche y lunes*

⁂ eMe Be Garrote AC ℅ P

COCINA TRADICIONAL · RÚSTICA XX Le sorprenderá, pues han sabido recuperar para la hostelería una antigua sidrería que hoy se presenta, gracias a su original estética "euskandinava", totalmente renovada. ¿Su propuesta? Una cocina actualizada de bases tradicionales y regionales, siempre con el sello de Martín Berasategui. ¡Pruebe su menú degustación!

→ Lasaña fría de anchoas con verduras y gazpacho vasco. Jarrete de cordero con cremoso de coliflor y tierra tandoori. Gin tonic de apio, pepino, manzana y menta.

Menú 35/70 € – Carta 33/57 €

Plano : A2-b – *Camino de Igara 33* ✉ *20018* – ✆ *943 22 79 71*
– *www.emeberestaurante.com* – *cerrado del 21 al*
26 de diciembre, 18 marzo-2 abril, del 2 al 17 de septiembre, domingo noche y lunes

⁑○ Oteiza ⓝ ≼ & AC ℅ ⇄ P

MODERNA · MARCO CONTEMPORÁNEO XX Rinde un homenaje al genial escultor guipuzcoano y apuesta por el servicio a la carta, recuperando los grandes clásicos que un día triunfaron con Pedro Subijana en Akelaṙe.

Carta 70/90 €

Hotel Akelare, paseo del Padre Orcolaga 56 (barrio de Igueldo), 7,5 km por Igeldo pasealekua A1 ✉ *20008* – ✆ *943 31 12 08* – *www.akelarre.net*
– *cerrado 23 diciembre-febrero*

⁑○ Agorregi AC ℅

REGIONAL · FAMILIAR XX Encontrará una pequeña barra a la entrada, con algunas mesas para los menús, y al fondo el comedor, este de línea actual. Cocina vasca con detalles actuales y precios moderados. ¡Pruebe su Arroz negro de chipirón o el Pichón a la sartén!

Menú 22/51 € – Carta 37/52 €

Plano : A2-a – *Portuetxe bidea 14* ✉ *20008* – ✆ *943 22 43 28*
– *www.agorregi.com* – *solo almuerzo salvo lunes en verano, jueves, viernes y sábado* – *cerrado Navidades, Semana Santa, 2ª quincena de agosto y domingo*

ESPAÑA

ⓘ○ Rekondo

VASCA · AMBIENTE CLÁSICO 𝕏𝕏 Bello caserío ubicado en la subida al monte Igueldo, donde ofrecen un bar-vinoteca, dos salas y dos privados. Cocina vasca con platos de corte más actual y excepcional bodega.

Carta 53/78 €

Plano : A1-f – *paseo de Igueldo 57* ⌧ *20008* – 𝒞 *943 21 29 07* – *www.rekondo.com* – *cerrado 15 días en junio, 15 días en noviembre, martes salvo julio-agosto y miércoles*

ⓘ○ Xarma Cook & Culture ⓝ

MODERNA · TENDENCIA 𝕏 Un local diferente e informal, con la cocina abierta en un atractivo espacio de ambiente rústico-industrial. Su propuesta, muy "canalla", se basa en el producto de temporada.

Menú 40 € – Carta 31/49 €

Plano : E1-a – *Miguel Imaz 1* ⌧ *20002* – 𝒞 *943 14 22 67* – *www.xarmacook.com* – *cerrado martes*

Akelaře

BOUTIQUE HOTEL · DE DISEÑO ¡Un sueño hecho realidad! Así se refiere Pedro Subijana a este fantástico hotel, integrado en la ladera del monte Igueldo. Ofrece un espléndido SPA y habitaciones de diseño actual, todas con profusión de madera, maravillosas terrazas e idílicas vistas al mar.

22 hab ⌷ – ∤380/750 € ∤∤495/960 €

paseo del Padre Orcolaga 56 (barrio de Igueldo), 7,5 km por Igeldo pasealekua A1 ⌧ *20008* – 𝒞 *943 31 12 08* – *www.akelarre.net* – *cerrado 23 diciembre-febrero*

ⓘ○ **Oteiza** – ver selección restaurantes

DOS HERMANAS

Sevilla – 131 317 h. – Alt. 42 m – Mapa regional : **1**-B2
Mapa de carreteras Michelin nº 578-U12

ⓘ○ Los Baltazares

COCINA TRADICIONAL · A LA MODA 𝕏𝕏 ¡Una opción diferente! Posee un patio-terraza que hace funciones de cocktelería, un concurrido gastrobar y un moderno comedor. Carta actual, con mariscos y pescados al peso.

Carta 35/60 €

av. Cristóbal Colón 31 ⌧ *41701* – 𝒞 *955 67 84 91* – *www.losbaltazares.com* – *solo almuerzo salvo jueves, viernes y sábado* – *cerrado domingo*

El EJIDO

Almería – 85 961 h. – Alt. 140 m – Mapa regional : **1**-D2
Mapa de carreteras Michelin nº 578-V21

✿✿ La Costa (José Álvarez)

MODERNA · MARCO CONTEMPORÁNEO 𝕏𝕏𝕏 Presenta varios privados, sugerentes expositores y un comedor clásico-actual dominado por una atractiva bodega acristalada. Proponen una cocina de tinte tradicional, con detalles actuales, basada tanto en la honestidad como en la excelente calidad de sus productos, destacando especialmente los pescados y mariscos.

→ Quisquilla de hueva azul y yodo del Mar de Alborán. Colágeno de romerete y guiso de hinojo almeriense. El invernadero versión 2018.

Menú 88 € – Carta 45/56 €

Bulevar 48 ⌧ *04700* – 𝒞 *950 48 17 77* – *www.restaurantelacosta.com* – *cerrado del 1 al 15 de julio, domingo y martes noche*

EL EJIDO

⑪○ La Costa   ⅄ 🆎 ⌁

COCINA TRADICIONAL · ACOGEDORA ⅄ Este gastrobar, que en su día fue el origen del negocio, se presenta hoy con un amplio interior de aire rústico. Sugerente cocina en miniatura y menú gastronómico de tapas.

Tapa 5 € – Ración aprox. 19 €

Bulevar 48 ⊠ 04700 – 𝒞 950 48 17 77 – www.restaurantelacosta.com – cerrado del 1 al 15 de julio y domingo

en Almerimar Sur : 10 km

🏨 Golf Almerimar   🛋 ⅏ 🆕 ⅄ 🔆 ⅄ 🆎 ⌁ ⅄ 🚗

RESORT · CONTEMPORÁNEA Un hotel de equipamiento moderno y altas calidades que aspira tanto al público de empresa como al vacacional. Ofrece unas habitaciones de gran confort, numerosos servicios complementarios y una oferta gastronómica de sabor oriental. ¡Bus propio hasta la playa!

104 hab ⊊ – ♦300/400 € ♦♦350/450 € – 11 suites

av. Almerimar ⊠ 04711 Almerimar – 𝒞 950 49 70 50
– www.hotelgolfalmerimar.com

ELCHE Alicante → Ver Elx

ELCIEGO

Álava – 1 051 h. – Alt. 450 m – Mapa regional : **18**-A3
Mapa de carreteras Michelin nº 573-E22

🍃 Marqués de Riscal   ⅄ 🆎 ⌁ ⟷ 🅿

CREATIVA · DE DISEÑO ✕✕✕ ¡Diseño, diseño, diseño...! Su magnífica sala de techos altos nos sumerge en un mundo mágico y rico en detalles, siendo aquí donde la cocina de autor aflora con constantes guiños a la tradición. La propuesta, basada en dos menús degustación, denota la influencia del chef riojano Francis Paniego, que ejerce como asesor.

→ Calabacín en escabeche, trucha del Oja y vinagreta de almendras y miel. Pichón asado y guarnecido con las notas de cata de un gran reserva. Granizado de melocotón con zurracapote.

Menú 110/140 €

Hotel Marqués de Riscal, Torrea 1, Bodegas Marqués de Riscal ⊠ 01340 – 𝒞 945 18 08 88 – www.hotel-marquesderiscal.com – cerrado 7 enero-1 abril, domingo noche, lunes y martes mediodía

🏨 Marqués de Riscal   ⅄ 🍃 🔆 🆕 ⅄ 🔆 ⅄ 🆎 ⌁ ⅄ 🅿

LUJO · DE DISEÑO Forma parte del impresionante edificio creado por Frank O. Gehry para albergar las bodegas de las que toma su nombre, con habitaciones de lujoso diseño y un moderno SPA en un edificio anexo. También posee dos restaurantes, uno de carácter gastronómico y otro de gusto tradicional llamado Bistró 1860.

43 hab ⊊ – ♦350/1200 € ♦♦350/1200 €

Torrea 1, Bodegas Marqués de Riscal ⊠ 01340 – 𝒞 945 18 08 88 – www.hotel-marquesderiscal.com – cerrado 7 enero-1 abril

🍃 **Marqués de Riscal** – ver selección restaurantes

ELDA

Alicante – 53 248 h. – Alt. 395 m – Mapa regional : **11**-A3
Mapa de carreteras Michelin nº 577-Q27

⑪○ Fayago   🆎 ⌁ ⟷

COCINA TRADICIONAL · SENCILLA ✕ Céntrico restaurante familiar de estética actual. Posee un vivero de marisco a la entrada y un comedor bastante diáfano. Carta de producto especializada en arroces y mariscos.

Menú 25 € – Carta 34/52 €

Colón 19 ⊠ 03600 – 𝒞 965 38 10 13 (es necesario reservar para cenar) – www.fayago.es – solo almuerzo salvo jueves, viernes y sábado – cerrado del 10 al 31 de agosto

268

ELX ELCHE

Alicante – 228 675 h. – Alt. 90 m – Mapa regional : **11**-A3
Mapa de carreteras Michelin nº 577-R27

Frisone   🕭 AC 🏴 ⇦

COCINA TRADICIONAL · A LA MODA XX Un restaurante de estética actual en el que encontraremos diferentes espacios, detalles de diseño y hasta un pequeño patio-jardín japonés. Cocina mediterránea bien diversificada, pues no se olvida de los arroces ni de los mariscos de la zona de Santa Pola.

Menú 30/48 € – Carta 26/44 €

Ángel 31-2 ✉ *03203 –* ✆ *965 45 11 97*
– www.restaurantefrisone.com
– cerrado 16 agosto-4 septiembre, domingo noche y lunes

🍴○ Mesón El Granaíno   AC 🏴 ⇦

COCINA TRADICIONAL · RÚSTICA X Una casa familiar con medio siglo de historia. Posee dos comedores de ambiente alpujarreño y dos salas más, tipo bodega, en el sótano. Cocina tradicional con toques actuales.

Menú 41/60 € – Carta 30/55 €

Josep María Buch 40 ✉ *03201 –* ✆ *966 66 40 80*
– www.mesongranaino.com
– cerrado del 22 al 29 de abril, del 16 al 31 de agosto y domingo

🏯 Huerto del Cura   🛠 🐾 🛏 ⌁ 🛗 🕭 AC 🏴 🎿 🚗

TRADICIONAL · ACOGEDORA Se halla en un bellísimo palmeral, catalogado como Jardín Histórico Nacional, y destaca por sus habitaciones, todas distribuidas en bungalows y de estética actual-colonial.

73 hab – ♦90/250 € ♦♦90/250 € – ⌑ 13 € – 8 suites

Porta de la Morera 14 ✉ *03203 –* ✆ *966 61 00 11*
– www.huertodelcura.com

en la carretera N 340 Este : 5 km

🍴○ La Masía de Chencho   🕭 🛏 AC ⇦ P

COCINA TRADICIONAL · RÚSTICA XXX Negocio familiar instalado en una centenaria casona de campo, donde ofrecen varias salas de elegante línea rústica y numerosos privados. Aquí encontrará una cocina tradicional actualizada y algunos clásicos, como su exitoso Steak Tartar.

Carta 32/45 €

partida de Jubalcoy 1-9 ✉ *03295 Elx –* ✆ *965 45 97 47*
– www.lamasiadechencho.com
– cerrado domingo noche

por la av. de Santa Pola Sureste : 4,5 km y desvío a la derecha 1 km, ver

plano : B1-2

🌸 La Finca (Susi Díaz)   🕭 🏛 🛗 AC 🏴 ⇦ P

CREATIVA · RÚSTICA XXX Bonita casa de campo rodeada por una terraza ajardinada. Posee un moderno hall y un comedor rústico-actual definido por el atractivo uso decorativo de la piedra, la madera y los detalles en barro. Su chef propone una carta de base regional con toques de autor, fiel al producto local y con maridajes muy bien concebidos.

→ Alcachofa rellena de cebolla y gamba roja con mayonesa de ajo. Arroz cremoso con rape y quisquilla de Santa Pola. Limón: Tartaleta, cremoso streusel al jengibre y helado.

Menú 75/105 € – Carta 70/85 €

partida de Perleta 1-7 ✉ *03295 Elx –* ✆ *965 45 60 07*
– www.lafinca.es
– cerrado del 2 al 16 de enero, Semana Santa, domingo y lunes en verano, domingo noche, lunes, martes noche y miércoles noche resto del año

EMPURIABRAVA

Girona – 2 877 h. – Mapa regional : **9**-D3
Mapa de carreteras Michelin n° 574-F39

🏠 **Port Salins**   ❧ ⊰ ⊼ ⊡ ⟁ 🅰️ ⌀ ⊜

TRADICIONAL · FUNCIONAL Excelentemente ubicado, junto a uno de los canales del puerto deportivo y... ¡con amarres propios a disposición de los clientes! Zona social con ascensor panorámico, cuidadas habitaciones y agradable azotea, utilizada en verano para organizar barbacoas.

41 hab – 🛉68/160 € 🛉🛉98/225 € – ⌸15 €

av. Fages de Climent 10-15 ✉ *17487* – ✆ *972 45 66 40* – *www.hotelportsalins.com*

ENTRENA

La Rioja – 1 489 h. – Mapa regional : **14**-A2
Mapa de carreteras Michelin n° 573-E22

🏠 **Finca de los Arandinos**   ⭐ ❧ ⊰ ⊡ 🅰️ 🎿 🅿️

AGROTURISMO · DE DISEÑO Este hotel-bodega, rodeado de viñedos, sorprende por su diseño en forma de cubos y por su estética interior... no en vano, muchas habitaciones las vistió David Delfín, el "enfant terrible" de la moda española. El restaurante basa su oferta en diferentes menús.

14 hab ⌸ – 🛉100/200 € 🛉🛉120/280 €

carret. LR 137, km 4,6 ✉ *26375* – ✆ *941 44 61 26* – *www.fincadelosarandinos.com*
– cerrado del 7 al 13 de enero

ERRENTERIA RENTERÍA

Guipúzcoa – 39 276 h. – Alt. 11 m – Mapa regional : **18**-B2
Mapa de carreteras Michelin n° 573-C24

en el cruce de la carretera de Astigarraga a Oiartzun Sur : 4 km
y desvío 1,5 km

✿✿ **Mugaritz** (Andoni Luis Aduriz)   ⊗ ⟁ 🅰️ ⌀ 🅿️

CREATIVA · MINIMALISTA 𝕏𝕩𝕩𝕏 Aquél que visita Mugaritz busca algo más que una experiencia gastronómica, pues allí se traspasan los conocidos límites del sabor en busca de nuevas fronteras.

La especial vinculación del chef Andoni Luis Aduriz con la tierra queda patente desde nuestra aproximación al restaurante, aislado en un típico caserío vasco que, por sí mismo, ya nos habla de un carácter muy concreto, abierto a las vanguardias estéticas y estrechamente relacionado con la naturaleza del entorno.

El chef, tremendamente creativo, muy disciplinado e infatigable en su búsqueda de nuevas formas de expresión, para lo que mantiene una estrecha colaboración con distintas universidades e instituciones científicas, configura su peculiar sello culinario apostado por unas presentaciones provocadoras y, por qué no decirlo, muchas veces arriesgadas, con unos menús degustación que cada temporada intentan contarnos una historia distinta, compleja, exaltando la técnica en favor de sorprendentes texturas y juegos cromáticos.

➜ Abrazos improbables. Comunión de texturas. Lo que dure un beso.

Menú 220 € – solo menú

Aldura Aldea 20-Otzazulueta Baserria ✉ *20100 Errenteria* – ✆ *943 52 24 55*
– www.mugaritz.com – cerrado 15 diciembre-15 abril, domingo noche, lunes y martes mediodía

ERRIBERRI OLITE

Navarra – 3 927 h. – Alt. 380 m – Mapa regional : **17**-A2
Mapa de carreteras Michelin n° 573-E25

🏯 Parador de Olite ✿ ⑳ ⊡ ⅙ AC ⅍ ᠘

EDIFICIO HISTÓRICO · HISTÓRICA Instalado parcialmente en el Palacio-Castillo Primitivo de Olite, declarado Monumento Nacional. Ofrece elegantes dependencias donde conviven el pasado histórico y el confort actual, así como un comedor que exalta los platos propios del recetario regional.

43 hab – ▮90/185 € ▮▮90/185 € – ⌷ 18 €

pl. de los Teobaldos 2 ✉ *31390 –* ✆ *948 74 00 00*
– www.parador.es

L'ESCALA

Girona – 10 276 h. – Mapa regional : **9**-D3
Mapa de carreteras Michelin n° 574-F39

🕲 La Gruta AC

INTERNACIONAL · AMBIENTE CLÁSICO ✕✕ Bien ubicado junto a la playa urbana del Port d'en Perris, en Punta de l'Olla. El chef, de origen francés, propone una cocina moderna con toques galos que está teniendo mucho éxito, pues se centra en tres menús-carta donde podrá escoger los platos a degustar.

Menú 20/48 € – Carta 30/45 €

de la Casa Gran 1 (Port d'en Perris) ✉ *17130 –* ✆ *972 77 62 11*
– www.restaurantlagruta.com – cerrado Navidades, 21 junio-1 julio, lunes salvo verano y domingo

ⅱ◯ El Molí de L'Escala 🏠 AC 🅿

MODERNA · RÚSTICA ✕✕ Instalado en un antiquísimo molino-masía que pasó de explotar las harinas y arroces a, desde 1895, producir electricidad. Cocina actual fiel al producto local y de temporada.

Menú 22/60 € – Carta 42/75 €

camí de les Corts ✉ *17130 –* ✆ *972 77 47 27*
– www.molidelescala.com – solo almuerzo en invierno salvo viernes y sábado
– cerrado enero, febrero, domingo noche y lunes

ⅱ◯ El Roser 2 ⅏ ⪡ 🏠 AC ⅍ 🚗

MEDITERRÁNEA · AMBIENTE CLÁSICO ✕✕ Llevado entre hermanos y dotado con sorprendentes vistas al mar. Carta amplia, variada, atrevida... de carácter marinero, con un apartado de mariscos y sugerentes menús.

Menú 25 € – Carta 48/70 €

passeig Lluís Albert 1 ✉ *17130 –* ✆ *972 77 11 02*
– www.elroser2.com – cerrado domingo noche y miércoles

ⅱ◯ Miryam 🏠 AC ⅍ 🅿

PESCADOS Y MARISCOS · AMBIENTE CLÁSICO ✕✕ En esta impecable casa familiar encontrará una cocina marinera basada en el producto y sabrosas sugerencias de temporada. ¡Viste sus paredes con valiosas obras pictóricas!

Menú 35/50 € – Carta 45/75 €

Ronda del Pedró 4 ✉ *17130 –* ✆ *972 77 02 87*
– www.restaurantmiryam.com – cerrado domingo noche salvo julio y agosto

🏯 Empúries ✿ ⑳ ▦ 🕲 ⅙ ⊡ ⅙ AC ᠘ 🅿

SPA Y BIENESTAR · AL BORDE DEL MAR ¡Junto a las ruinas de Empúries! Un magnífico ejemplo de arquitectura sostenible, pues parte del moderno hotel se asienta sobre un antiguo hostal ubicado frente a la playa. Las habitaciones, al igual que el restaurante, emanan un marcado carácter mediterráneo.

53 hab – ▮90/323 € ▮▮90/323 € – ⌷ 18 €

platja del Portixol ✉ *17130 –* ✆ *972 77 02 07*
– www.hostalempuries.com

ESPAÑA

en Cinc Claus Noroeste : 1 km – Mapa regional : **9**-D1

Mas Concas

MEDITERRÁNEA · RÚSTICA XX Instalado en una bella masía no exenta de historia. En sus salones, de altísimos techos, descubrirá una cocina mediterránea-actual basada en las materias primas de la zona.

Menú 18/35 € – Carta 30/45 €

camí de Cinc Claus ⊠ 17130 L'Escala – 𝒞 972 77 51 58 – www.masconcas.com
– solo almuerzo salvo viernes, sábado y domingo en invierno – cerrado enero, febrero y martes

ESCUNHAU Lleida → Ver Vielha

ESKUERNAGA VILLABUENA DE ÁLAVA

Álava – 306 h. – Alt. 487 m – Mapa regional : **18**-A2
Mapa de carreteras Michelin n° 573-E21

Viura

LUJO · DE DISEÑO Muy moderno, vinculado a la cultura del vino y construido en forma de cubos. Ofrece habitaciones amplias y luminosas, con mucho diseño y los suelos en cemento pulido. El restaurante, diáfano, actual y tremendamente original por cubrir el techo con barricas, ofrece una cocina tradicional actualizada.

33 hab ⊠ – †110/250 € ††120/260 €

Mayor ⊠ 01307 – 𝒞 945 60 90 00 – www.hotelviura.com – cerrado enero y febrero

ESPINOSA DE LOS MONTEROS

Burgos – 1 788 h. – Mapa regional : **8**-C1
Mapa de carreteras Michelin n° 575-C19

Posada Real Torre Berrueza

COCINA TRADICIONAL · RÚSTICA XX Atractivo edificio de estética rústica emplazado junto al hotel. En su comedor, rústico-actual, le propondrán una cocina tradicional-personalizada que cuida mucho el producto.

Carta 30/40 €

Hotel Posada Real Torre Berrueza, Nuño de Rasura 5 ⊠ 09560 (es necesario reservar)

Posada Real Torre Berrueza

HISTÓRICO · CONTEMPORÁNEA Instalado en una torre del s. XII rehabilitada con gusto. Presenta un coqueto salón social con chimenea y habitaciones no exentas de carácter, todas coloristas y confortables.

8 hab ⊠ – †65/85 € ††65/85 €

Nuño de Rasura 5 ⊠ 09560 – 𝒞 947 14 38 22 – www.torreberrueza.es

Posada Real Torre Berrueza – ver selección restaurantes

ESPONELLÀ

Girona – 444 h. – Alt. 142 m – Mapa regional : **9**-C3
Mapa de carreteras Michelin n° 574-F38

Can Roca

REGIONAL · AMBIENTE CLÁSICO X Una casa centenaria y de carácter familiar. Ofrece cocina tradicional catalana y sabrosos guisos, estos últimos elaborados en la antigua cocina de leña. ¡Pruebe sus Canelones!

Menú 15/38 € – Carta 25/46 €

av. Carlos de Fortuny 1 ⊠ 17832 – 𝒞 972 59 70 12 – www.restaurantcanroca.cat
– solo almuerzo en invierno salvo fines de semana – cerrado del 16 al 31 de marzo, del 15 al 30 de septiembre y martes

en Vilert Este : 2,5 km

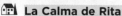 La Calma de Rita

FAMILIAR · RÚSTICA Rusticidad, historia, tranquilidad, encanto... encontrará todo eso, y más, en un bucólico pueblo donde el tiempo parece haberse detenido. Habitaciones bien personalizadas.

6 hab ☑ – †138/198 € ††138/220 €

del Riu 8 ⊠ 17832 Vilert – 𝒸 972 59 78 43 – www.lacalmaderita.com

L'ESTARTIT

Girona – 1 994 h. – Mapa regional : **10**-B1
Mapa de carreteras Michelin n° 574-F39

⏷○ Les Corones

PARRILLA · MARCO CONTEMPORÁNEO ✗✗ Este restaurante, de estilo contemporáneo, presume de estrechos vínculos con Getaria y de confiar al producto todo el protagonismo. Carta especializada en pescados a la brasa.

Carta 40/70 €

av. Roma 50 ⊠ 17258 – 𝒸 972 75 00 99 – www.lescorones.com – cerrado noviembre-marzo

ESTEIRO

A Coruña – 72 h. – Mapa regional : **13**-A2
Mapa de carreteras Michelin n° 571-D3

☺ Muiño

PESCADOS Y MARISCOS · SENCILLA ✗ Una casa que despunta, claramente, por la calidad de sus productos. Aquí encontrará una cocina tradicional gallega rica en mariscos y carnes a la piedra, aunque la gran especialidad es, sin duda, su Bogavante con arroz.

Carta 25/42 €

*Ribeira de Mayo, carret. AC 550 ⊠ 15240 – 𝒸 981 76 38 85
– www.restaurantemuino.com – cerrado del 4 al 21 de noviembre y lunes salvo festivos*

Punta Uia

FAMILIAR · RÚSTICA Este hotel goza de gran encanto, ya que disfruta de bellos hórreos e idílicas vistas a la ría. Entre sus habitaciones, todas detallistas, destacan las tres con terraza. En su restaurante, bastante coqueto, podrá degustar una carta tradicional bien elaborada.

10 hab – †70/90 € ††85/110 € – ☑ 11 €

*carret. AC 550, Sureste : 1,5 km ⊠ 15240 – 𝒸 981 85 50 05
– www.hotelpuntauia.com – cerrado noviembre-abril*

ESTELLA Navarra → Ver Lizarra

ESTEPONA

Málaga – 67 080 h. – Mapa regional : **1**-A3
Mapa de carreteras Michelin n° 578-W14

☺ El Palangre

PESCADOS Y MARISCOS · AMBIENTE CLÁSICO ✗ Se halla en una zona alta de la ciudad, instalado en la que se conoce como Casa del Mar. Ofrece un comedor de ambiente marinero, una coqueta terraza asomada al mar y una cocina especializada en pescados y arroces, los primeros llegados a diario de la lonja.

Menú 30/40 € – Carta 24/40 €

Colón 20 ⊠ 29680 – 𝒸 952 80 58 57 – www.restauranteelpalangre.com – cerrado miércoles salvo agosto

EZCARAY

La Rioja – 2 050 h. – Alt. 813 m – Mapa regional : **14**-A2
Mapa de carreteras Michelin n° 573-F20

✿✿ El Portal (Francis Paniego)

MODERNA · MINIMALISTA ✕✕✕ No es fácil de olvidar la emoción y humildad que Francis Paniego transmitió a los medios cuando ganó la segunda estrella MICHELIN (edición de 2014); lo cierto, es que esa misma naturalidad es la mejor carta de presentación de quién se siente orgulloso de su historia y sus orígenes.

Hablar de El Portal supone referirnos a un negocio familiar de 5ª generación, por lo que podemos decir que lleva la cocina en las venas. Vinculado al ya mítico Echaurren Tradición, en manos de su madre (Marisa Sánchez) durante muchísimos años y considerado un templo de la cocina tradicional riojana, la propuesta del chef en El Portal evoluciona hacía una reinterpretación de las propias raíces culinarias... eso sí, desde el punto de vista de una gastronomía de autor, con un nivel técnico y creativo capaz de encandilarnos.

¿Un producto fetiche? Todo lo que tenga que ver con la casquería, pues él ha sabido llevarla como nadie a un nivel superior y transformar su aparente modestia en la mayor de las virtudes.

→ Cigala al pil-pil de nueces de Ezcaray y trufa blanca. Pichón asado con uvas al vino tinto, cereales y su canelón. La lana, crema helada de jugo verde, manzana y apio.

Menú 125/150 € – Carta 70/100 €

*Hotel Echaurren, Padre José García 19 ✉ 26280 – ✆ 941 35 40 47
– www.echaurren.com – solo almuerzo salvo viernes y sábado – cerrado del 17 al 27 de diciembre, del 8 al 31 de enero, 24 junio-11 julio, lunes y martes*

⫶○ Casa Masip

COCINA TRADICIONAL · RÚSTICA ✕✕ Instalado en una céntrica casa solariega con las paredes en piedra. En su comedor, rústico-actual y con la viguería de madera vista, podrá degustar una cocina tradicional especializada en verduras de temporada y platos de caza. Por si desea alojarse, disponen de un buen salón social y cuidadas habitaciones.

Menú 20/35 € – Carta 30/50 €

12 hab ⌷ – ⸙66/77 € ⸙⸙77/99 €

*Academia Militar de Zaragoza 6 ✉ 26280 – ✆ 941 35 43 27 – www.casamasip.com
– solo almuerzo salvo viernes, sábado, Semana Santa y verano – cerrado del 15 al 30 de noviembre y lunes*

⫶○ Echaurren Tradición

COCINA TRADICIONAL · AMBIENTE CLÁSICO ✕✕ Este restaurante, que fue la piedra angular del negocio, se presenta como el templo que guarda la memoria gastronómica de toda una vida dedicada a los fogones. Su chef propone una cocina tradicional bien elaborada y que cuida los detalles.

Menú 24/65 € – Carta 41/65 €

*Hotel Echaurren, Padre José García 19 ✉ 26280 – ✆ 941 35 40 47
– www.echaurren.com – cerrado del 16 al 25 de diciembre, del 7 al 22 de enero y domingo noche salvo julio-agosto*

⛻ Echaurren

FAMILIAR · MODERNA Un hotel de larga tradición familiar y gran prestigio en la región. Se presenta con una zona social renovada, una moderna cafetería y habitaciones bien actualizadas, todas ellas amplias, modernas y de completo equipamiento.

24 hab – ⸙136/246 € ⸙⸙160/290 € – ⌷ 20 €

Padre José García 19 ✉ 26280 – ✆ 941 35 40 47 – www.echaurren.com – cerrado del 16 al 25 de diciembre y del 7 al 22 de enero

✿✿ **El Portal** • ⫶○ **Echaurren Tradición** – ver selección restaurantes

FALSET

Tarragona – 2 867 h. – Alt. 364 m – Mapa regional : **9**-A3
Mapa de carreteras Michelin n° 574-I32

El Celler de L'Aspic

COCINA TRADICIONAL · A LA MODA XX Un restaurante de línea moderna que ensalza el mundo de la enología, con numerosas vitrinas y expositores como parte de su decoración. Aquí proponen una cocina tradicional actualizada e interesantes menús de degustación, uno de ellos con maridaje de vinos.
Menú 35/65 € – Carta 30/45 €

Miquel Barceló 31 ⊠ 43730 Falset – ℰ 977 83 12 46 – www.cellerdelaspic.com – solo almuerzo salvo jueves, viernes y sábado – cerrado Navidades, 15 días en junio-julio y miércoles

FANALS (Playa de) Girona → Ver Lloret de Mar

FELECHOSA

Asturias – 678 h. – Mapa regional : **3**-B2
Mapa de carreteras Michelin n° 572-C13

De Torres

COCINA TRADICIONAL · AMBIENTE CLÁSICO X Este negocio familiar, junto a la carretera, apuesta por la cocina tradicional asturiana y la organización de sugerentes Jornadas Gastronómicas (Caza, Bacalao, Matanza...).
Menú 12/20 € – Carta 25/35 €

carret. General 85 ⊠ 33688 – ℰ 985 48 70 11 – www.hrdetorres.com – cerrado lunes noche y martes salvo festivos

FERROL

A Coruña – 69 452 h. – Mapa regional : **13**-B1
Mapa de carreteras Michelin n° 571-B5

O Camiño do Inglés

MODERNA · TENDENCIA X Un negocio con nuevas inquietudes tras el cambio de local. Presenta grandes cristales biselados, mobiliario colorista, la cocina abierta al comedor, una pequeña barra de inspiración nipona... así como un menú degustación y la opción de platos para compartir.
Menú 49 € – Carta 30/40 €

Espartero 77-79 ⊠ 15401 – ℰ 981 35 20 90 – www.ocaminodoingles.com – cerrado domingo noche y jueves noche en invierno, domingo en verano y lunes

Medulio

GALLEGA · AMBIENTE CLÁSICO XX ¡A las afueras de Ferrol! Presenta un comedor principal de línea actual y varios privados. Cocina gallega tradicional con especialidades, como las Caldeiradas y el Lacón.
Menú 25 € – Carta 28/47 €

lugar del Bosque 73 (Serantes), por estrada de Xoane ⊠ 15405 – ℰ 981 33 00 89 – www.restaurantemedulio.com – cerrado domingo noche y lunes

Modesto 🆕

PESCADOS Y MARISCOS · MARCO CONTEMPORÁNEO XX Una casa de ambiente clásico-actual ubicada a pie de carretera. Plantean una cocina tradicional que ensalza los productos de la zona, con un destacable apartado de mariscos.
Carta 35/60 €

carret. de Ferrol-Cobas 89 (Serantes), por estrada de Xoane ⊠ 15405 – ℰ 981 32 32 75 – www.rmodesto.com – cerrado 5 noviembre-3 diciembre, domingo, martes noche y miércoles noche

﷯O **O Parrulo** 🏠 ⚙ AC ⚙ ⟷ P

GALLEGA · MARCO CONTEMPORÁNEO ✗✗ Este negocio familiar debe su nombre al apodo cariñoso de su propietario, pato en gallego, por eso muestran también una curiosa colección de figuras dedicadas a este animal. Ofrecen cocina gallega y una especialidad, el Chuletón de ternera.

Menú 30 € – Carta 28/96 €

av. Catabois 401, por B1 ✉ *15405 –* ☎ *981 31 86 53*
– www.oparrulo.com – cerrado 24 diciembre-8 enero, domingo y miércoles noche

﷯O **Frank** ⓝ ⚙ AC ⚙

MODERNA · MINIMALISTA ✗ En este pequeño pero simpático restaurante, llevado por un amable matrimonio, apuestan por una cocina actual, ligera y desenfadada. ¡Suelen incorporar ingredientes exóticos!

Carta 20/25 €

Plano : AB-c *– San Francisco 42-44* ✉ *15401 –* ☎ *981 35 50 71*
– cerrado 23 diciembre-3 enero, 20 días en octubre, lunes y martes

🏠 **Parador de Ferrol** ⬆ ⚙ AC ⚙ ⚙

TRADICIONAL · CLÁSICA Esta mansión señorial combina su emplazamiento en el casco antiguo con unas buenas vistas, tanto al puerto como al mar. Ofrece unas confortables habitaciones de gusto clásico, destacando las asomadas al mar y las cuatro que tienen galería.

38 hab – ♦74/140 € – ♦♦74/140 € – ⌑ 16 €

pl. Contralmirante Azarola Gresillón ✉ *15401 –* ☎ *981 35 67 20*
– www.parador.es

por estrada de praias Doniños Noroeste : 4 km, ver plano B1

﷯O **A Gabeira** 🏠 AC ⟷ P

COCINA TRADICIONAL · AMBIENTE CLÁSICO ✗✗ Un elegante restaurante, de 4ª generación, que debe su nombre a un islote cercano. Presenta un privado, dos salas y la cocina vista, donde el experimentado chef-propietario apuesta por una gastronomía tradicional no exenta de toques creativos, con un buen apartado de mariscos y clásicos de la casa. ¡Acogedora terraza!

Menú 55 € – Carta 35/55 €

Valón 172 ✉ *15593 Ferrol –* ☎ *981 31 68 81*
– www.agabeira.com – cerrado del 7 al 14 de septiembre, 13 octubre-2 noviembre,
domingo noche, lunes y martes noche

FIGUERES

Girona – 45 346 h. – Alt. 30 m – Mapa regional : **9**-D3
Mapa de carreteras Michelin nº 574-F38

🕸 **Cap i Pota** ⚙ AC

COCINA TRADICIONAL · FAMILIAR ✗ Una casa a la que merece la pena ir, más por la calidad de sus fogones que por la decoración o el confort. Cocina tradicional y regional basada en el producto de mercado.

Carta 25/40 €

Vilafant 35 ✉ *17600 –* ☎ *972 50 34 73*
– cerrado martes mediodía en verano, martes noche y miércoles noche en invierno
y lunes

﷯O **Antaviana** ⚙ AC ⚙ ⟷

MODERNA · DE DISEÑO ✗ Un restaurante con garantías, pues escogen los productos cuidadosamente. En su interior, de línea rústica-moderna, podrá degustar una cocina actual con toques de innovación.

Menú 19/37 € – Carta 27/45 €

Llers 5 ✉ *17600 –* ☎ *972 51 03 77*
– www.restaurantantaviana.cat – cerrado 10 días en febrero, 10 días en junio,
10 días en noviembre, domingo noche y lunes

🏠 Duràn 🐾 ☑ & 🖭 ⅍ 🛁 🚗

FAMILIAR · MODERNA Atesora cierto prestigio y una indudable solera... no en vano, ya es centenario y, por encima, está muy cerca del famoso Teatre-Museu Dalí. Ofrece unas habitaciones totalmente actualizadas y un restaurante de línea clásica, destacando aquí un privado al que llaman "Ca la Teta", lleno de recuerdos de famosos.

65 hab – †50/90 € ††90/120 € – ⬜ 11 €

Lasauca 5 ✉ 17600 – ℰ 972 50 12 50 – www.hotelduran.com

en la antigua carretera N II

Ⅰ○ El Motel 🐾 🖙 🖭 ⅍ 🚗

REGIONAL · AMBIENTE CLÁSICO ✗✗ Goza de gran prestigio, de hecho está considerado como el precursor de la nueva gastronomía catalana. Su cocina se basa mucho en el producto local, normalmente de temporada y de mercado, con elaboraciones clásicas e internacionales.

Carta 42/65 €

av. Salvador Dalí 170, por av. Salvador Dalí : 1,5 km ✉ 17600 Figueres – ℰ 972 50 05 62 – www.hotelemporda.com

FINCA LA BOBADILLA Granada → Ver Loja

FINISTERRE A Coruña → Ver Fisterra

FISCAL

Huesca – 361 h. – Alt. 768 m – Mapa regional : **2**-C1
Mapa de carreteras Michelin n° 574-E29

por la carretera de Ainsa Sureste : 4 km y desvío a la derecha 5,5 km

🏠 Casa Arana 🐾 🦡 ← ⅍ 🅿

FAMILIAR · RÚSTICA ¡En una extensa finca con cultivos propios! Curiosa casona construida en piedra y dotada de llamativos balcones en color añil. Presenta un pequeño comedor privado y unas habitaciones de buen confort, todas con mobiliario rústico.

7 hab – †64/67 € ††64/67 € – ⬜ 7 €

✉ 22371 Albella – ℰ 974 34 12 87 – www.casasarana.com – cerrado enero

FISTERRA FINISTERRE

A Coruña – 4 775 h. – Mapa regional : **13**-A2
Mapa de carreteras Michelin n° 571-D2

Ⅰ○ Tira do Cordel ⓝ 🦡 & ⅍

PESCADOS Y MARISCOS · RÚSTICA ✗ Destaca por su emplazamiento a pie de playa, en un edificio centenario que funcionó como fábrica de salazones. Excelente producto gallego elaborado, sobre todo, a la parrilla.

Carta 40/75 €

paseo Marítimo 1 (antiguo San Roque 2) ✉ 15155 – ℰ 981 74 06 97 – www.tiradocordel.com – solo almuerzo salvo viernes y sábado en verano – cerrado enero-15 febrero, domingo noche y lunes salvo julio y agosto

al Norte 2 km

Ⅰ○ Ó Fragón ← & 🖭 ⅍

GALLEGA · MINIMALISTA ✗✗ Llama bastante la atención, pues ocupa un edificio de estética minimalista en la ladera de la montaña y... ¡ofrece unas espectaculares vistas! Cocina tradicional gallega.

Carta 28/48 €

San Martiño de Arriba 22 ✉ 15154 Fisterra – ℰ 981 74 04 29 – www.ofragon.es – solo almuerzo en invierno – cerrado 15 días en noviembre, 5 días en febrero, martes noche en verano y martes resto del año

FOFE Pontevedra → Ver Covelo

FONTIBRE

Cantabria – 82 h. – Mapa regional : **6**-B2
Mapa de carreteras Michelin n° 572-C17

🏠 **Posada Rural Fontibre**

FAMILIAR · RÚSTICA Casona de labranza del s. XIX vestida con multitud de detalles. Su atractiva fachada en piedra da paso a un coqueto salón con chimenea y unas cálidas habitaciones, todas rústicas, confortables, de vivos colores y con mobiliario restaurado.

6 hab ♱ – ♦50/70 € ♦♦65/87 €

El Molino 23 ✉ *39212 – ℰ 942 77 96 55 – www.posadafontibre.com*

El FORMIGAL Huesca → Ver Sallent de Gállego

FRAGA

Huesca – 14 921 h. – Alt. 118 m – Mapa regional : **2**-C2
Mapa de carreteras Michelin n° 574-H31

🍽️ **+Billauba**

COCINA TRADICIONAL · FAMILIAR XX Encontrará una barra de tapeo a la entrada, un comedor clásico-actual y un altillo que se reserva para comidas más privadas. Cocina tradicional y menús con opción de maridaje.

Menú 20/42 € – Carta 36/49 €

av. de Aragón 41 ✉ *22520 – ℰ 974 47 41 67 – www.billauba.com – solo almuerzo salvo viernes y sábado – cerrado del 1 al 7 de enero, del 15 al 31 de agosto y domingo*

La FRESNEDA

Teruel – 474 h. – Alt. 585 m – Mapa regional : **2**-C2
Mapa de carreteras Michelin n° 574-J30

😊 **Matarraña**

COCINA TRADICIONAL · FAMILIAR X Céntrica casa de piedra dotada con varias salas, todas de ambiente rústico y algunas con chimenea. Ofrecen una carta tradicional bien elaborada, aunque como la mayoría de sus clientes son de paso esta no suele variar mucho durante el año.

Carta 20/35 €

pl. Nueva 5 ✉ *44596 – ℰ 978 85 45 03 – cerrado 10 días en septiembre, domingo noche y martes salvo festivos*

🍽️ **El Convent 1613**

COCINA TRADICIONAL · ELEGANTE XX Se distribuye en torno al patio acristalado del hotel y suele tener clientes alojados, pues se halla en un marco que merece la pena disfrutar. Cocina tradicional actualizada.

Carta 32/55 €

Hotel El Convent 1613, El Convento 1 ✉ *44596 – ℰ 978 85 48 50 (es necesario reservar) – www.hotelelconvent.com – solo fines de semana en enero y febrero – cerrado del 9 al 26 de diciembre, del 6 al 12 de enero, domingo noche, lunes y martes mediodía*

🏠 **El Convent 1613**

HISTÓRICO · RÚSTICA Este hotelito rural, que en su día fue un convento, atesora muchísimo encanto, tanto por sus estancias como por su agradable jardín. Encontrará dos tipos de habitaciones, las del edificio principal de estética rústica y las del anexo con una línea más actual.

20 hab ♱ – ♦92/113 € ♦♦115/140 €

El Convento 1 ✉ *44596 – ℰ 978 85 48 50 – www.hotelelconvent.com – cerrado del 8 al 26 de diciembre y del 6 al 12 de enero*

🍽️ **El Convent 1613** – ver selección restaurantes

FRÓMISTA
Palencia – 822 h. – Alt. 780 m – Mapa regional : **8**-C2
Mapa de carreteras Michelin nº 575-F16

🏋️ **Hostería de los Palmeros**   88 🛋 AC 🌿

COCINA TRADICIONAL · AMBIENTE CLÁSICO XX ¡En un edificio que funcionó como hospital de peregrinos! Posee un hermoso bar, un salón con chimenea para tomar el café y un comedor a la carta en el piso superior. Cocina tradicional basada en el producto, tanto del mar como del mercado.

Carta 45/60 €

pl. San Telmo 4 ⊠ 34440 – 𝒞 979 81 00 67 – www.hosteriadelospalmeros.com
– cerrado 8 enero-15 febrero y martes salvo Navidades, Semana Santa, verano y festivos

FUENGIROLA
Málaga – 77 525 h. – Mapa regional : **1**-B3
Mapa de carreteras Michelin nº 578-W16

🏋️ **Los Marinos José**   88 🛋 ᬛ AC 🌿 ⇔ 🅿

PESCADOS Y MARISCOS · FAMILIAR XX Un negocio familiar de ambiente marinero actualizado. Trabaja con los pescados y mariscos de la zona, comprados a diario en la lonja y ofrecidos al peso. ¡Carta de champagnes!

Carta 45/75 €

paseo Marítimo Rey de España 161, 2,5 km ⊠ 29640 – 𝒞 952 66 10 12
– www.losmarinosjose.com – cerrado 9 diciembre-12 enero, domingo y lunes

🏋️ **Charolais**   88 🛋 ᬛ AC 🌿

COCINA TRADICIONAL · RÚSTICA X Posee una terraza exterior, un bar y un comedor de aire rústico, este dividido en varios rincones. Completa carta de cocina tradicional en la que predominan los platos vascos.

Carta 35/60 €

Larga 14-16 ⊠ 29640 – 𝒞 952 47 54 41 – www.bodegacharolais.com

🏋️ **Vinotinto**   88 🛋 ᬛ AC

MODERNA · A LA MODA X Bien montado y de aspecto moderno. El chef, tutelado muchos años por Martín Berasategui, plantea una cocina actual ajustada al gusto local, en general de gran nivel técnico.

Menú 55 € – Carta 45/60 €

pl. Reyes Católicos ⊠ 29640 – 𝒞 952 47 33 71 – www.vinotinto-online.com
– cerrado 20 días en febrero y domingo

🏋️ **Charolais Tapas**   88 ᬛ AC 🌿

MODERNA · ACOGEDORA ﹩ Anexo al restaurante homónimo pero con un acceso independiente. Este bar se presenta con una estética actual que juega con los colores y los espacios, pues ofrece mesas y taburetes a distintas alturas. Tapas creativas y vinos por copas.

Tapa 2 € – Ración aprox. 10 €

Larga 14-16 ⊠ 29640 – 𝒞 952 47 54 41 – www.bodegacharolais.com

en la urbanización Reserva del Higuerón

🏵️ **Sollo** (Diego Gallegos)   🛋 ᬛ AC 🌿

CREATIVA · DE DISEÑO XX Diego Gallegos, "El chef del caviar", demuestra a través de sus menús su innegable capacidad e imaginación para sacar el máximo partido a los pescados de río, siendo el esturión andaluz (Sollo) su producto fetiche. Gran técnica, ambiente moderno, producción acuapónica, terraza con vistas... ¡Debe reservar desde su Web!

→ Ostra, yuca y caviar. Esturión, trufa y setas. Mazamorra.

Menú 75/100 € – solo menú

av. del Higuerón 48 (AP-7, salida 217) ⊠ 29640 Fuengirola – 𝒞 951 38 56 22
– www.sollo.es – solo cena de 15 abril-15 octubre – cerrado domingo en verano, domingo noche, lunes y martes en invierno

FUENMAYOR

La Rioja – 3 146 h. – Alt. 433 m – Mapa regional : **14**-A2
Mapa de carreteras Michelin nº 573-E22

⅋○ Alameda

REGIONAL · AMBIENTE CLÁSICO XX Una casa familiar con prestigio entre la profesión gracias a la calidad de sus materias primas. ¿Busca protagonistas? Aquí, sin duda, son la parrilla y el carbón de encina.

Carta 41/71 €

pl. Félix Azpilicueta 1 ⊠ 26360 – ℰ 941 45 00 44 – www.restaurantealameda.com
– cerrado Navidades, agosto, domingo noche y lunes

FUENTE DÉ

Cantabria – Alt. 1 070 m – Mapa regional : **6**-A1
Mapa de carreteras Michelin nº 572-C15

🏠 Parador de Fuente Dé

TRADICIONAL · RÚSTICA Gran edificio en piedra recorrido por una amplia cristalera. Por su ubicación, al pie de los Picos de Europa, resulta el alojamiento idóneo para los amantes de la montaña. Posee dos comedores, uno para clientes y otro para grupos, ambos de estilo rústico.

77 hab – ♥75/150 € ♥♥75/150 € – ⵣ 17 €

alt. 1 070 ⊠ 39588 – ℰ 942 73 66 51 – www.parador.es – cerrado
23 diciembre-5 febrero

FUENTERRABÍA Guipúzcoa → Ver Hondarribia

FUENTESPALDA

Teruel – 285 h. – Alt. 712 m – Mapa regional : **2**-C3
Mapa de carreteras Michelin nº 574-J30

por la carretera de Valderrobres Noreste : 6,3 km y desvío a la izquierda 5,3 km

🏠 La Torre del Visco

LUJO · ACOGEDORA Masía del s. XV ubicada en el campo, en una finca repleta de olivos y que cuenta con un huerto ecológico. Resulta ideal para desconectar, ofreciendo también rutas de senderismo, talleres de cocina, catas... Gastronomía de proximidad con productos de temporada.

9 hab ⵣ – ♥175/210 € ♥♥195/240 € – 7 suites

⊠ 44587 Fuentespalda – ℰ 978 76 90 15 – www.torredelvisco.com
– cerrado 6 enero-28 febrero

GALAPAGAR

Madrid – 32 294 h. – Alt. 881 m – Mapa regional : **15**-A2
Mapa de carreteras Michelin nº 576-K17

⅋○ Garnacha

COCINA TRADICIONAL · RÚSTICA XX Encontrará un comedor algo reducido pero de buen montaje, en piedra vista y con vigas de madera, así como un reservado y una coqueta bodega. Cocina tradicional actualizada.

Menú 38/48 € – Carta 40/65 €

carret. Las Rozas-El Escorial 12, km 16 ⊠ 28260 – ℰ 918 58 33 24
– www.restaurantegarnacha.com – cerrado 20 días en noviembre, domingo noche
y lunes

GALDAKAO GALDÁCANO

Vizcaya – 29 344 h. – Alt. 60 m – Mapa regional : **18**-A3
Mapa de carreteras Michelin nº 573-C21

⧉ **Andra Mari**

COCINA TRADICIONAL · RÚSTICA XX Hermoso caserío ubicado en lo alto del pueblo, por lo que disfruta de unas fantásticas vistas al valle del río Ibaizábal. Presenta una zona de espera con bar, varias salas de ambiente rústico-regional y un bello espacio en el sótano dedicado tanto al vino como a la sidra. Cocina vasca tradicional con toques actuales.

→ Mejillones al vapor con su jugo y pomelo. Cabrito con tatín de berenjena y frambuesa. Bombón de chocolate negro con crema de caramelo y especias.

Menú 39/70 € – Carta 45/65 €

barrio Elexalde 22 ✉ *48960* – ☏ *944 56 00 05*
– www.andra-mari.com – solo almuerzo salvo fines de semana – cerrado del 7 al 15 de enero, del 22 al 26 de abril, del 12 al 30 de agosto y martes

 Iraragorri

FAMILIAR · RÚSTICA Debe su nombre al mítico futbolista del Athletic (José Iraragorri) y recupera su precioso caserío familiar, del s. XV. Encontrará coquetas habitaciones, con profusión de madera y mobiliario de época, así como un atractivo restaurante en las antiguas cuadras.

9 hab – †55/60 € ††70/75 € – ☕ 8 €
Txomin Egileor 28 ✉ *48960* – ☏ *944 36 36 01*
– www.iraragorri.com

GALDO Lugo → Ver Viveiro

GALIZANO

Cantabria – 666 h. – Mapa regional : **6**-C1
Mapa de carreteras Michelin nº 572-B18

 Casona Las Cinco Calderas

FAMILIAR · MODERNA Esta casona rural disfruta de un agradable jardín, un porche, un salón-biblioteca y unas habitaciones de línea actual, con profusión de maderas claras y algún que otro mueble restaurado. En la misma finca podrá disfrutar de varias actividades hípicas, como clases de equitación o excursiones a caballo.

12 hab ☕ – †70/100 € ††82/110 €
barrio Linderrío 13, Este : 1.5 km ✉ *39160* – ☏ *942 50 50 89*
– www.lascincocalderas.com – cerrado 15 diciembre-15 enero

GALLEGOS

Segovia – 94 h. – Mapa regional : **8**-C3
Mapa de carreteras Michelin nº 575-I18

 La Posada de Gallegos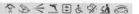

FAMILIAR · ACOGEDORA Excelente turismo rural ubicado a unos 200 m. del pueblo, en un edificio de piedra. Posee un salón social con chimenea y coquetas habitaciones, cuatro con terraza. Su atractivo restaurante se complementa, en el sótano, con un espacio a modo de asador vasco.

7 hab ☕ – †68/79 € ††79/88 € – 1 suite
camino de Matabuena ✉ *40162* – ☏ *921 50 90 70*
– www.laposadadegallegos.com – cerrado 7 días en septiembre

 Los precios junto al símbolo † corresponden al precio más bajo en temporada baja, después el precio más alto en temporada alta, para una habitación individual. El mismo principio con el símbolo ††, esta vez para una habitación doble.

GARÒS Lleida → Ver Vielha

La GARRIGA
Barcelona – 15 740 h. – Alt. 258 m – Mapa regional : **10**-B2
Mapa de carreteras Michelin nº 574-G36

Vinòmic
COCINA TRADICIONAL · SENCILLA X ¡Bien llevado por dos jóvenes socios! En sus salas, modestas en el montaje y con parte de las paredes en piedra, le propondrán una cocina tradicional actualizada de gran coherencia, construida siempre en base a los productos de proximidad.
Menú 17/37 € – Carta 30/40 €
Banys 60 ⊠ 08530 – 𝒞 931 29 82 70
– www.vinomic.cat – cerrado 19 febrero-5 marzo, 27 agosto-10 septiembre, domingo noche, miércoles noche, lunes y martes

GARRIGUELLA
Girona – 842 h. – Mapa regional : **9**-D3
Mapa de carreteras Michelin nº 574-E39

Vilamont
FAMILIAR · ACOGEDORA Coqueto hotelito de organización familiar ubicado junto a la iglesia del pueblo. Disfruta de unas habitaciones muy cuidadas, una agradable tarraza-solárium y un pequeño SPA.
11 hab ⌂ – †95/105 € ††130/151 €
pl. de l'Església 5 ⊠ 17780 – 𝒞 972 53 17 57
– www.hotelspavilamont.com

GAUCÍN
Málaga – 1 670 h. – Alt. 626 m – Mapa regional : **1**-A3
Mapa de carreteras Michelin nº 578-W14

Platero & Co
MEDITERRÁNEA · RÚSTICA X Un local de aire rústico y tonos blancos en plena sintonía con las bellas casas encaladas de este pueblo serrano. El chef, de origen holandés, propone una cocina internacional en base al mejor producto local de temporada (castañas, cerezas, setas, higos...).
Menú 23/32 € – Carta 24/37 €
Los Bancos 9 ⊠ 29480 – 𝒞 667 49 38 87
– www.platero-gaucin.com – cerrado enero, lunes y martes

GAUTEGIZ-ARTEAGA
Vizcaya – 869 h. – Alt. 40 m – Mapa regional : **18**-B3
Mapa de carreteras Michelin nº 573-B22

Castillo de Arteaga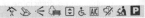
EDIFICIO HISTÓRICO · CLÁSICA ¡Le enamorará! Sorprende tanto por el emplazamiento, en la bellísima reserva de Urdaibai, como por su azarosa historia, marcada por personajes tan singulares como la emperatriz Eugenia de Montijo. Habitaciones personalizadas e interesante oferta gastronómica.
13 hab ⌂ – †140/175 € ††175/210 €
Gaztelubide 7 ⊠ 48314 – 𝒞 946 24 00 12
– www.castillodearteaga.com – cerrado enero, domingo noche y lunes en invierno

GAVÀ
Barcelona – 46 405 h. – Mapa regional : **10**-B3
Mapa de carreteras Michelin nº 574-I36

en la zona de la playa Sur : 5 km

ⅠⅠ◯ Les Marines   🏠 🄰🄲 🕅 🖢 🄿

COCINA TRADICIONAL · AMBIENTE CLÁSICO ✕✕✕ Está emplazado en una finca arbolada próxima al mar, con una atractiva terraza y acogedoras salas de ambiente clásico. Cocina tradicional actualizada y sugerencias del día.

Menú 30 € – Carta 33/53 €

Calafell 21 ✉ *08850 Gavà –* ✆ *934 09 20 19*

– www.restaurantetxalaparta.com – cerrado domingo noche y festivos noche

GERONA Girona ➜ Ver Girona

GETAFE

Madrid – 174 921 h. – Alt. 623 m – Mapa regional : **15**-B2
Mapa de carreteras Michelin nº 576-L18

ⅠⅠ◯ Casa de Pías   🏠 🄰🄲 🕅 🖢

MODERNA · A LA MODA ✕✕ Este céntrico negocio presenta una estética de gusto contemporáneo, con cuadros actuales y un claro dominio de los tonos blancos. Cocina actual y reservado en la 1ª planta.

Carta 30/55 €

pl. Escuelas Pías 4 ✉ *28901 –* ✆ *916 96 47 57*

– www.casadepias.com – cerrado Semana Santa, agosto, domingo noche, lunes noche y martes noche

GETARIA GUETARIA

Guipúzcoa – 2 783 h. – Mapa regional : **18**-B2
Mapa de carreteras Michelin nº 573-C23

❀ Elkano   🄰🄲 🕅

PESCADOS Y MARISCOS · AMBIENTE CLÁSICO ✕✕ Una casa familiar que demuestra un extraordinario conocimiento del producto, seleccionado diariamente en la lonja. Centran su propuesta en unos pescados y mariscos muy bien elaborados, normalmente de temporada y con unos puntos de parrilla realmente especiales. ¡Carta de vinos cuidada a la par que asequible!

➜ Cocochas de merluza en diferentes cocciones. Rodaballo a la parrilla. Helado de queso con infusión.

Menú 100 € – Carta 70/95 €

Herrerieta 2 ✉ *20808 –* ✆ *943 14 00 24*

– www.restauranteelkano.com – cerrado 17 diciembre-4 enero, del 1 al 4 octubre, miércoles noche en invierno, domingo noche, lunes noche y martes

ⅠⅠ◯ Kaia Kaipe   🕸 ⪕ 🏠 🄰🄲 🕅

PESCADOS Y MARISCOS · AMBIENTE CLÁSICO ✕✕ Se halla en el casco antiguo y cuenta con unos cuidados comedores, uno tipo terraza. Excelente bodega, vivero propio, vistas al puerto y la parrilla como gran protagonista.

Carta 47/76 €

General Arnao 4 ✉ *20808 –* ✆ *943 14 05 00*

– www.kaia-kaipe.com – cerrado Navidades, 14 días en febrero, 10 días en octubre, lunes noche y miércoles noche salvo verano

🏠 Saiaz Getaria   ⪕ 🄳 ᵫ 🄰🄲 🏃

FAMILIAR · ACOGEDORA Casa del s. XV con detalles de antigua nobleza. Ofrece dos tipos de habitaciones: las clásicas con las paredes en piedra y las más modernas, en tonos blancos, asomadas al mar.

18 hab – †66/115 € ††75/115 € – ☲ 9 €

Roke Deuna 25 ✉ *20808 –* ✆ *943 14 01 43*

– www.saiazgetaria.com – cerrado 16 diciembre-28 febrero

🏠 Itxas-Gain ⬆ ⬇ ⌖ 🚫

FAMILIAR · ACOGEDORA Su nombre significa "Sobre el mar" y atesora una terraza panorámica al borde mismo del acantilado, sirviendo allí los desayunos. Habitaciones modernas, algunas abuhardilladas.

16 hab – †50/75 € ††65/95 € – ⬜ 6 €

Roke Deuna 1 ✉ 20808 – 𝒞 943 14 10 35 – www.hotelitxasgain.com
– cerrado 24 diciembre-enero

GETXO

Vizcaya – 78 846 h. – Alt. 51 m – Mapa regional : **18**-A3
Mapa de carreteras Michelin n° 573-B21

🍽 Brasserie ⛲ ⌖ 🅰🅲 🚫 🅿

COCINA TRADICIONAL · MARCO CONTEMPORÁNEO ✕✕ Presenta una sala luminosa y actual, así como una terraza frente al mar. Cocina tradicional especializada en pescados salvajes, que suelen elaborar con maestría a la brasa.

Carta 40/55 €

Hotel Igeretxe, Muelle de Ereaga 3 - playa de Ereaga ✉ 48992 – 𝒞 944 91 00 09
– www.hotel-igeretxe.com – cerrado domingo noche y lunes en invierno

🏨 Igeretxe ✗ ⬅ ⬆ ⌖ 🅰🅲 🦶 🅿

NEGOCIOS · CONTEMPORÁNEA Un hotel con cierto encanto, pues se halla en plena playa de Ereaga y atesora unas magníficas terrazas con vistas. Ofrece correctos espacios sociales y amplias habitaciones, todas de línea actual-funcional y la mayoría asomadas al mar. Su oferta gastronómica viaja de la cocina japonesa a la más tradicional.

22 hab ⬜ – †75/88 € ††97/117 €

Muelle de Ereaga 3 - playa de Ereaga ✉ 48992 – 𝒞 944 91 00 09
– www.hotel-igeretxe.com
🍽 **Brasserie** - ver selección restaurantes

GIBRALGALIA

Málaga – Mapa regional : **1**-A3
Mapa de carreteras Michelin n° 578-V15

🏠 Posada los Cántaros ✗ 🍴 ⬅ 🔺 🅰🅲 🅿

FAMILIAR · ACOGEDORA ¡Ideal para una escapada romántica! Destaca tanto por sus detalles decorativos como por las vistas a la Sierra de las Nieves. Habitaciones personalizadas, menú internacional e interesantes propuestas de ocio cercanas (Caminito del Rey, Pantano del chorro...).

6 hab – †79/109 € ††79/109 € – ⬜ 9 €

Don Ramón 17 ✉ 29569 – 𝒞 952 42 35 63 – www.posadaloscantaros.com

GIJÓN

Asturias – 272 365 h. – Mapa regional : **3**-B1
Mapa de carreteras Michelin n° 572-B12

🍀 La Salgar (Esther Manzano) ⛲ 🅰🅲 🚫

MODERNA · ACOGEDORA ✕✕✕ Restaurante de línea actual emplazado junto al Museo del Pueblo de Asturias, con los exteriores ajardinados. En su atractivo comedor, que tiene altos techos en madera y amplias cristaleras, descubrirá una carta de bases tradicionales y regionales con la mayor parte de sus platos actualizados. ¡Buenos menús degustación!

→ Yema de huevo, maíz y jugo de salazón. Fabada asturiana. Galleta de naranja con mango, helado de mango y culis de jengibre.

Menú 40/75 € – Carta 52/75 €

paseo Dr. Fleming 859, por av. del Molinón ✉ 33203 – 𝒞 985 33 11 55
– www.lasalgar.es – cerrado febrero, domingo noche, lunes y martes noche

ESPAÑA

❀ **Auga** (Gonzalo Pañeda)   ≼ & Ⓐ𝐂 ⅏ ⇔

MODERNA · ELEGANTE XxX En pleno puerto deportivo de Gijón y con idílicas vistas al mismo, especialmente desde su agradable terraza. En su luminosa sala, de estética actual aunque con los techos y los suelos en madera, podrá degustar una cocina de bases tradicionales y regionales con platos actualizados. ¡Interesante menú degustación!

➜ Erizo, manzana y trufa. Merluza con algas, espárragos y bergamota. Ensalada de menta, frutas y chocolate.

Menú 50/80 € – Carta 40/75 €

Claudio Alvargonzález ✉ 33201 – ✆ 985 16 81 86 – *www.restauranteauga.com*
– cerrado 7 días en junio, 21 días en octubre-noviembre, domingo noche y lunes salvo en agosto

☷○ **Ciudadela**   Ⓐ𝐂 ⅏

COCINA TRADICIONAL · RÚSTICA XX Cuenta con un concurrido bar de tapas y dos comedores, todo de cuidado ambiente rústico. En el sótano poseen otros cinco espacios más a modo de cuevas. Su completa carta alberga platos tradicionales, de cuchara, internacionales, de caza...

Menú 19 € – Carta 36/58 €

Capua 7 ✉ 33202 – ✆ 985 34 77 32 – *www.restauranteciudadela.com – cerrado domingo noche y lunes salvo festivos o vísperas*

☷○ **V. Crespo**   Ⓐ𝐂 ⅏ ⇔

COCINA TRADICIONAL · AMBIENTE TRADICIONAL XX ¡Un clásico de ambiente marinero! Su cocina tradicional y asturiana se enriquece con varias jornadas gastronómicas, como las del Cocido maragato o las del Bacalao en Cuaresma.

Menú 18/47 € – Carta 38/54 €

Periodista Adeflor 3 ✉ 33205 – ✆ 985 34 75 34 – *www.restaurantevcrespo.com – cerrado 26 junio-15 julio, domingo noche y lunes*

☷○ **El Cencerro**   Ⓐ𝐂 ⅏

COCINA TRADICIONAL · SIMPÁTICA X Ofrecen una cocina de bases tradicionales y elaboraciones actuales, siendo su especialidad el bacalao y las carnes rojas (ternera Casina, Frisona holandesa, buey de Kobe...).

Menú 17/50 € – Carta 32/52 €

Decano Prendes Pando 24 ✉ 33208 – ✆ 984 39 15 67 – *www.elcencerro.es – cerrado domingo y lunes mediodía*

☷○ **Gloria** ℕ   ⌂ Ⓐ𝐂 ⅏

COCINA TRADICIONAL · DE DISEÑO ⅋ Este excelente gastrobar, con instalaciones de diseño, nos trae la propuesta más informal de los hermanos Manzano (Nacho y Esther). Platos tradicionales, modernos y de fusión.

Tapa 5 € – Ración aprox. 17 €

pl. Florencio Rodríguez 3 ✉ 33206 – ✆ 984 29 94 90 – *www.estasengloria.com*

🏬 **Parador de Gijón Molino Viejo**   ⌂ 🔲 Ⓐ𝐂 ⅏ 🛁 🅿

EDIFICIO HISTÓRICO · REGIONAL Con cierto encanto, instalado en un antiguo molino y ubicado en un parque, junto al estadio de fútbol de El Molinón. Sus luminosas dependencias brindan todas las comodidades y disfruta de un restaurante que apuesta por recuperar la "cocina de las guisanderas".

40 hab – ♦80/185 € ♦♦80/185 € – ⌷ 15 €

av. Torcuato Fernández Miranda 15 (parque de Isabel la Católica), por B2
✉ 33203 – ✆ 985 37 05 11 – *www.parador.es*

en Cabueñes por la carretera de Villaviciosa, ver plano : B2

🏠 **Quinta Duro**   ⅏ 🍴 🔲 & ⅏ 🛁 🅿

FAMILIAR · HISTÓRICA Atractiva casa señorial de finales del s. XIX rodeada por una extensa zona verde, con jardines y árboles centenarios. ¡Todo se viste con maderas nobles y mobiliario antiguo!

11 hab – ♦70/140 € ♦♦90/140 € – ⌷ 8 €

camino de las Quintas 384, 5 km ✉ 33394 *Cabueñes* – ✆ 985 33 04 43
– www.hotelquintaduro.com – cerrado 10 diciembre-10 abril

en Santurio por la carretera de Villaviciosa : 7,5 km, ver plano B2

ⅈℂ **Los Nogales** ≼ 🏠 ৬ 🝙 ⇩ 🅿

COCINA TRADICIONAL · MARCO REGIONAL 🗙🗙 Un negocio familiar que destaca por su situación en pleno campo, con bellas vistas a los prados y las montañas. Cocina tradicional de raciones generosas y precios ajustados.

Menú 50 € – Carta 40/60 €

camino La Matona 118 ⊠ *33394 Santurio –* 𝒞 *985 33 63 34*
– www.restaurantelosnogales.es – solo almuerzo en invierno salvo viernes y sábado – cerrado 24 diciembre-7 enero y martes

GIMENELLS

Lleida – 1 151 h. – Mapa regional : **9**-A2
Mapa de carreteras Michelin n° 574-H31

⍟ **Malena** (Josep María Castaño) 🏠 🝙 ⅏ ⇩ 🅿

MODERNA · ACOGEDORA 🗙🗙 Instalado en una antigua vaquería, hoy reconvertida en un centro de investigación de frutas y otros productos agrícolas. El chef, fiel a esta tierra y a las materias primas de proximidad, propone una completa carta de tinte catalán-actual, con numerosos aperitivos y un claro predominio de las carnes. ¡Sugerentes menús!

→ Velouté de pollo de corral con maíz, trufa y foie. Torbiscal con bergamota y regaliz. Cremoso de requesón con membrillo y helado de calabaza al jengibre.

Menú 40/65 € – Carta 40/55 €

carret. de Sucs (La Vaqueria) ⊠ *25112 –* 𝒞 *973 74 85 23*
– www.malenagastronomia.com – solo almuerzo salvo viernes y sábado – cerrado del 2 al 9 de enero y lunes

GIRONA GERONA

97 586 h. – Alt. 70 m – Mapa regional : **10**-A1
Mapa de carreteras Michelin n° 574-G38

⍟ **Massana** (Pere Massana) 🕸 🝙 ⅏ ⇩

MODERNA · AMBIENTE CLÁSICO 🗙🗙🗙 Un negocio serio, bien llevado y... ¡con más de 30 años de historia! En su comedor, de elegante línea clásica, le propondrán una cocina actualizada que, lejos de conformarse, siempre busca sorprender desde la evolución. Trabajan muy bien con el producto de proximidad y de temporada: la caza, las setas, las trufas...

→ Boletus, gambas y trufa en carpaccio. Pichón de sangre, chalotas al café y salsa hoisin de ciruelas. Manzana de Girona, lima, albahaca y sopa de manzana.

Menú 90/130 € – Carta 66/89 €

Bonastruc de Porta 10-12 ⊠ *17001 –* 𝒞 *972 21 38 20*
– www.restaurantmassana.com – cerrado 15 días en Navidades, 15 días en agosto, domingo y martes noche

☺ **Nu** 🝙 ⅏

FUSIÓN · TENDENCIA 🗙🗙 El local, que hace esquina en una zona peatonal del casco antiguo, se presenta con un interior minimalista y una barra al estilo nipón frente a la cocina. Su propuesta actual de fusión le sorprenderá, pues muchos platos se terminan ante los ojos del cliente.

Menú 60 € – Carta 30/45 €

Abeuradors 4 ⊠ *17001 –* 𝒞 *972 22 52 30 – www.nurestaurant.cat – 10 días en noviembre, 10 días en febrero, 10 días en junio, lunes mediodía y domingo*

ⅈℂ **Divinum** 🝙 ⇩

DE MERCADO · AMBIENTE CLÁSICO 🗙🗙 Un restaurante clásico no exento de personalidad, pues cubre sus dependencias con las tradicionales bóvedas catalanas. Carta actual de temporada e interesante oferta de menús.

Menú 42/70 € – Carta 52/82 €

Albereda 7 ⊠ *17004 –* 𝒞 *872 08 02 18 – www.divinum.cat – cerrado domingo*

🍽 Maran ♿ [A/C]

MODERNA • MARCO CONTEMPORÁNEO X Presenta una línea moderna-funcional y está llevado por dos jóvenes socios. Aquí apuestan por una cocina actual, siempre abierta a influencias tradicionales e internacionales.

Menú 19 € – Carta 40/65 €

Gran Vía Jaume I - 8 ✉ 17001 – ✆ 972 66 43 93 – www.restaurantmaran.com – cerrado 7 días en febrero, 15 días en agosto, domingo noche, lunes noche y martes

🍽 Occi ⛱ [A/C] 🚫🐕

COCINA TRADICIONAL • BISTRÓ X Ubicado en una calle peatonal del casco antiguo. Su carta, tradicional con toques de actualidad, se completa con dos menús. ¡Trabajan mucho la caza y las setas en temporada!

Menú 20 € – Carta 36/53 €

Mercaders 3 ✉ 17004 – ✆ 972 22 71 54 – www.restaurantocci.com – cerrado del 1 al 15 de julio, del 7 al 15 de noviembre, domingo en verano, domingo noche en invierno y miércoles noche

🍽 Plaça del Vi 7 🍇 ⛱ [A/C] 🚫🐕

COCINA TRADICIONAL • ACOGEDORA 🍷 Singular, pues combina detalles clásicos, rústicos y de aire retro. Como el dueño es "sommelier" enriquece su cocina tradicional actualizada con una magnífica carta de vinos.

Tapa 6 € – Ración aprox. 14 €

pl. del Vi 7 ✉ 17004 – ✆ 972 21 56 04 – cerrado Navidades, del 15 al 30 de junio, domingo y lunes mediodía

🏨 Ciutat de Girona 🏋 ⇕ ♿ [A/C]

TRADICIONAL • MODERNA Compensa su escueta zona social con unas espléndidas habitaciones, todas luminosas, bien equipadas y de estética moderna. El restaurante sorprende por su fusión de cocinas de distintas culturas. Si le gusta el deporte baje al sótano, pues allí tienen una sala de spinning y una original piscina.

44 hab – 🚹85/155 € 🚹🚹90/165 € – ☕ 13 €

Nord 2 ✉ 17001 – ✆ 972 48 30 38 – www.hotelciutatdegirona.com

🏨 Nord 1901 🏊 ⇕ ♿ [A/C] 🚫🐕

BOUTIQUE HOTEL • ELEGANTE Instalado en un edificio familiar que ha sido recuperado. Lo más significativo es su amplia gama de habitaciones y apartamentos, distinguiéndose tanto por su tamaño como por sus vistas, a la calle o al encantador patio de la casa.

22 hab – 🚹🚹100/180 € – ☕ 13 €

Nord 7-9 ✉ 17001 – ✆ 972 41 15 22 – www.nord1901.com

🏨 Llegendes de Girona ⇕ ♿ [A/C] 🚫🐕

BOUTIQUE HOTEL • MODERNA ¡Con encanto y en el casco histórico! Tiene la zona social repartida por pequeños rincones y unas coquetas habitaciones, cada una con su leyenda y las superiores tipo dúplex.

15 hab – 🚹110/137 € 🚹🚹110/137 € – ☕ 12 €

Portal de la Barca 4 ✉ 17004 – ✆ 972 22 09 05 – www.llegendeshotel.com

al Noroeste por Pont de França, desvío a la izquierda dirección Sant Gregori y cruce desvío a Taialà : 2 km, ver plano A1

✿✿✿ El Celler de Can Roca (Joan y Jordi Roca) 🍇 ♿ [A/C] 🚫🐕 🅿

CREATIVA • DE DISEÑO XXXX Son muchos los que buscan, normalmente desde la admiración, la alquímica piedra filosofal que ha llevado a este restaurante a convertirse en uno de los mejores del mundo; la respuesta empieza a desvelarse con solo ver su logo, una R con tres patas que refleja, desde el mundo simbólico, los tres mágicos sustentos de esta casa.

Ya no resulta difícil encontrar hermanos que trabajen juntos, de hecho en España tenemos varios casos de éxito, lo extraño es que se complementen a la perfección y que cada uno de ellos, en sus respectivas áreas de trabajo (Joan como chef y director, Jordi como responsable del universo dulce y Josep en labores de sumiller), haya logrado el reconocimiento unánime del orbe gastronómico para hacer de El Celler de Can Roca un templo hedonista de obligado peregrinaje.

Fantasía, seducción, contrastes, cromatismo, recuerdos, aromas, equilibrio, viajes, culturas... la paleta de emociones en el plato es realmente única y digna de vivir, al menos, una vez en la vida.

→ Guisantes a la brasa con pesto de guisantes, tofu y gelatina de vaina. Gamba marinada en vinagre de arroz. Bosque lluvioso.

Menú 180/250 € – Carta 140/180 €

Can Sunyer 48 ⊠ 17007 Girona – 𝒞 972 22 21 57 (es necesario reservar)
– www.cellercanroca.com
– cerrado 23 diciembre-16 enero, Semana Santa, del 20 al 28 de agosto, domingo, lunes y martes mediodía

GOMBRÈN

Girona – 185 h. – Alt. 919 m – Mapa regional : **9**-C1
Mapa de carreteras Michelin n° 574-F36

❀ **La Fonda Xesc** (Francesc Rovira)   ⅃ 𝔸ℂ ⌘ ⇔ 🚗

MODERNA · MARCO REGIONAL ✕✕ Sorprende ver un restaurante así en una aldea de montaña. Presenta espacios de ambiente acogedor, uno con robustos arcos en piedra y otro con enormes cristales panorámicos para disfrutar del paisaje. Su cocina actualiza el recetario regional y evoluciona con los productos de temporada. ¡Descubra sus menús degustación!

→ Consomé vegetal, huevo de corral, correhuelas y hierbas. Potro de Espinavell, "moixernons", cebolleta y aceite de hierbas. Níspero al cava, vainilla y borracho de almendra.

Menú 45/90 € – Carta 55/80 €

pl. Roser 1 ⊠ 17531 – 𝒞 972 73 04 04
– www.fondaxesc.com – solo almuerzo salvo viernes, sábado y festivos
– cerrado 7 días en marzo, 22 julio-5 agosto, 7 días noviembre y lunes

GONTE A Coruña → Ver Negreira

GORGUJA Girona → Ver Llívia

El GRADO

Huesca – 433 h. – Alt. 467 m – Mapa regional : **2**-C1
Mapa de carreteras Michelin n° 574-F30

⊩○ **La Bodega del Somontano**   𝔸ℂ 🅿

COCINA TRADICIONAL · AMBIENTE CLÁSICO ✕ Establecimiento de organización familiar emplazado en la entrada de la localidad, en lo que fueron unas antiguas cuadras. Ofrece dos salas de buen confort, destacando la que reservan a la carta por contar con chimenea. Cocina pirenaica y tradicional aragonesa.

Menú 17 € – Carta 20/35 €

barrio del Cinca 11 (carret. de Barbastro) ⊠ 22390 – 𝒞 974 30 40 30
– www.restaurantebodegasdelsomontano.com – solo almuerzo salvo viernes, sábado y verano

GRADO DEL PICO

Segovia – 24 h. – Mapa regional : **8**-C2
Mapa de carreteras Michelin n° 575-I20

🏠 La Senda de los Caracoles   ⚘ ⚲ ⚙ ⚖ 🅿

CASA DE CAMPO · RÚSTICA Se halla en un entorno aislado y debe su nombre al apodo familiar. Ofrece un acogedor ambiente rústico, un salón con chimenea, una pequeña zona SPA y correctas habitaciones, en el piso superior abuhardilladas. El restaurante apuesta por la cocina tradicional.

16 hab ⌂ – †65/70 € ††79/119 €

Manadero, camino rural : 1,5 km ✉ 40512 – ✆ 921 12 51 19

– www.lasendadeloscaracoles.com

– cerrado lunes, martes y miércoles salvo Navidades y Semana Santa

GRANADA

Granada – 234 758 h. – Alt. 682 m – Mapa regional : **1**-C1
Mapa de carreteras Michelin nº 578-U19

�ⓘ○ Arriaga   ⚲ ⚙ 🄰🄲 ⚠ ⇔

COCINA TRADICIONAL · MINIMALISTA ✕✕ Singular, pues está en lo alto del Centro Cultural Memoria de Andalucía y atesora espectaculares vistas. Cocina tradicional puesta al día, siempre con productos de temporada.

Menú 50/65 € – Carta 50/60 €

av. de la Ciencia 2 (Centro Cultural Memoria de Andalucía) ✉ 18006
– ✆ 958 13 26 19 – www.restaurantearriaga.com

– cerrado 15 días en julio-agosto, domingo y lunes en julio-agosto, domingo noche, lunes y martes noche resto del año

ⓘ○ Damasqueros   ⚙ 🄰🄲 ⚠ ⇔

MODERNA · A LA MODA ✕✕ En este restaurante, agradable y de línea moderna, apuestan por un menú degustación que se transforma con bastante frecuencia. Cocina actual, fresca y de espíritu innovador.

Menú 40 € – solo menú

Plano : C2-b *– Damasqueros 3* ✉ 18009 – ✆ 958 21 05 50
– www.damasqueros.com

– cerrado domingo noche y lunes

ⓘ○ Las Tinajas   ⌂ 🄰🄲 ⚠ ⇔

ANDALUZA · RÚSTICA ✕✕ ¡Un clásico granadino! Su completa carta presenta, además de dos menús degustación, un apartado de cocina andaluza y otro donde conviven platos nacionales e internacionales.

Menú 54 € – Carta 25/45 €

Plano : A3-p *– Martínez Campos 17* ✉ 18002 – ✆ 958 25 43 93
– www.restaurantelastinajas.com

– cerrado agosto y martes

ⓘ○ Alacena de las Monjas   ⌂ 🄰🄲 ⚠

COCINA TRADICIONAL · RÚSTICA ✕ Céntrico y curioso, pues presenta un bar de tapas y un atractivo comedor en el sótano, instalado en un antiguo aljibe con los techos abovedados. Cocina actual y de temporada.

Menú 35/60 € – Carta 31/54 €

Plano : B2-3-c *– pl. Padre Suárez 5* ✉ 18009 – ✆ 958 22 95 19
– www.alacenadelasmonjas.com

– cerrado domingo noche y lunes

ⓘ○ Irreverente   ⚙ 🄰🄲 ⚠

MODERNA · SIMPÁTICA ✕ No se deje engañar por el tamaño, pues resulta coqueto y atesora un interiorismo que sorprende. Cocina muy sabrosa y actual, con buenas notas creativas e interesantes menús.

Menú 40 € – Carta 34/55 €

Plano : B2-x *– Jáudenes 1 (esquina pl. Alhóndiga)* ✉ 18001 – ✆ 958 05 46 59
– www.lamilagrosairreverente.com

– cerrado domingo

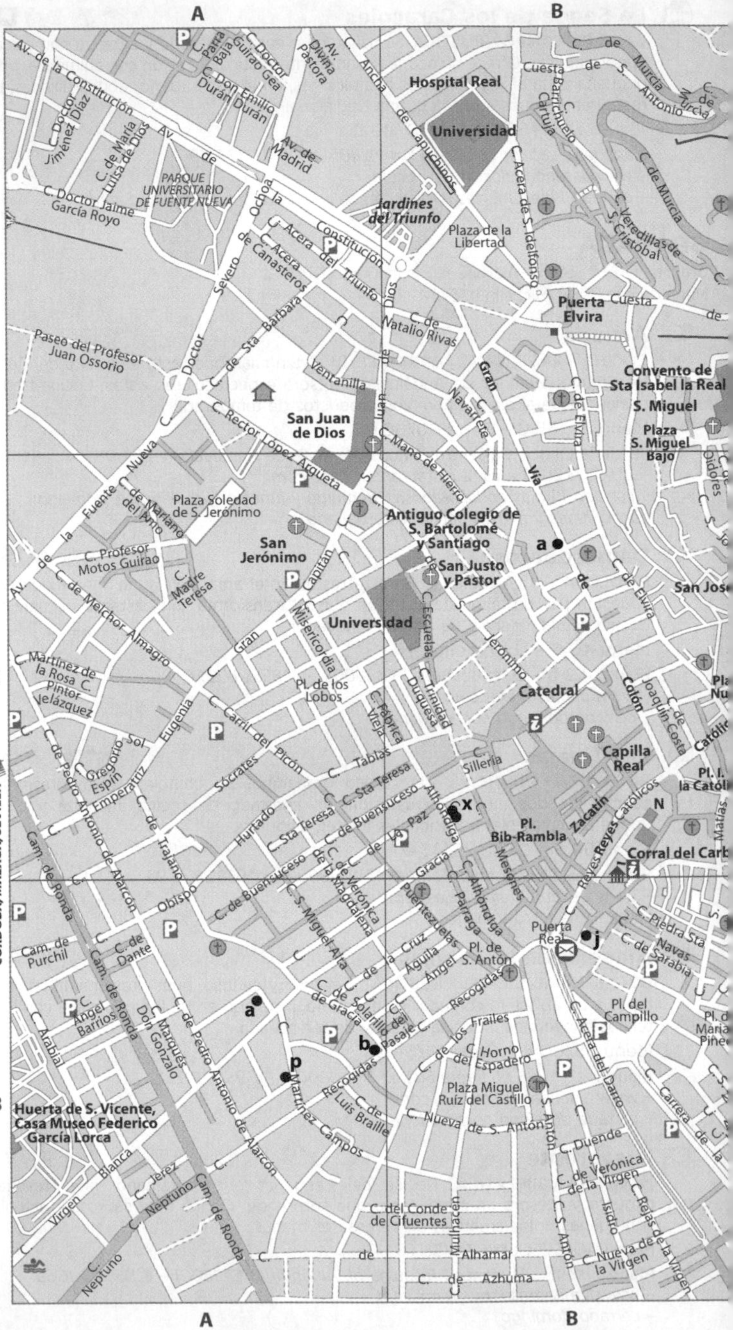
A
B
1
2
3
Hospital Real
Universidad
Jardines del Triunfo
Plaza de la Libertad
Puerta Elvira
Convento de Sta Isabel la Real
S. Miguel
Plaza S. Miguel Bajo
PARQUE UNIVERSITARIO DE FUENTE NUEVA
Av. de la Constitución
Av. de Madrid
Paseo del Profesor Juan Ossorio
San Juan de Dios
Plaza Soledad de S. Jerónimo
San Jerónimo
Antiguo Colegio de S. Bartolomé y Santiago
San Justo y Pastor
Universidad
Pl. de los Lobos
Catedral
Capilla Real
Pl. Bib-Rambla
Zacatín
Corral del Carb
Puerta Real
Pl. del Campillo
Pl. de S. Antón
Plaza Miguel Ruíz del Castillo
Huerta de S. Vicente, Casa Museo Federico García Lorca
CÓRDOBA, MÁLAGA, SEVILLA
Gran Vía de Colón
C. Reyes Católicos
Acera del Darro
Recogidas
Cam. de Ronda
C. de Pedro Antonio de Alarcón
C. Nueva de S. Antón
C. de Alhamar
C. de Azhuma
C. Mulhacén
C. del Conde de Cifuentes
a
x
j
b
p
N

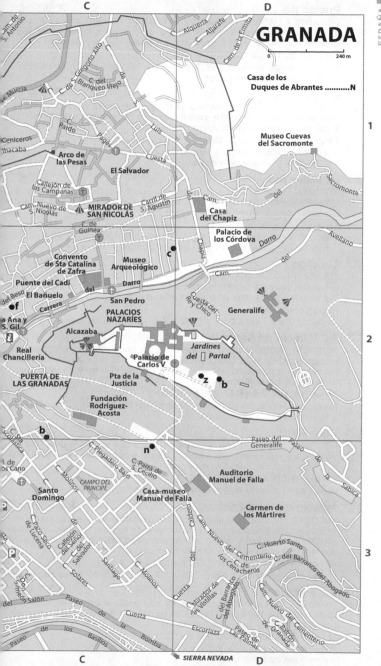

GRANADA

0 — 240 m

Casa de los
Duques de Abrantes ....N

Museo Cuevas
del Sacromonte

Arco de
las Pesas

El Salvador

MIRADOR DE
SAN NICOLÁS

Casa
del Chapiz

Convento
de Sta Catalina
de Zafra

Museo
Arqueológico

Palacio de
los Córdova

Puente del Cadí

El Bañuelo

San Pedro

PALACIOS
NAZARÍES

Generalife

Alcazaba

Real
Chancillería

Jardines
del ◻ Partal

Palacio de
Carlos V

PUERTA DE
LAS GRANADAS

Pta de la
Justicia

Fundación
Rodríguez-
Acosta

Paseo del
Generalife

Auditorio
Manuel de Falla

Santo
Domingo

CAMPO DEL
PRINCIPE

Casa-museo
Manuel de Falla

Carmen de
los Mártires

C. Huerto Santo

C. del Barranco del Abogado

SIERRA NEVADA

C   D

C   D

⫶○ Puesto 43 ⏚ 🗚 ⅌ ⇄

PESCADOS Y MARISCOS · AMBIENTE MEDITERRÁNEO ⅍ ¡Un homenaje a la tradición pescadera! Este restaurante destaca por sus expositores... no en vano, compran diariamente todos los pescados y mariscos en la lonja de Motril.

Menú 30/50 € – Carta 35/50 €

Plano : A3-a – *pl. de Gracia 3* ✉ *18002* – 🕾 *958 08 29 48* – *www.puesto43.com*
– *cerrado domingo noche y lunes*

⫶○ Alameda ⏚ ὅ 🗚 ⅌

CREATIVA · DE DISEÑO ⅍ Atractivo gastrobar de ambiente moderno y decoración vanguardista en el que se combina la cocina típica andaluza de elaboración actual con diversos platos de nueva creación.

Tapa 7 € – Ración aprox. 15 €

Plano : B3-j – *Rector Morata 3, esquina Escudo del Carmen* ✉ *18009*
– 🕾 *958 22 15 07* – *www.alameda.com.es*

⫶○ La Milagrosa ⏚ ὅ 🗚 ⅌

MODERNA · SIMPÁTICA ⅍ Un local de línea actual que convive con el restaurante Irreverente. Presenta una gran barra, grandes cristaleras y una zona de sillones a modo de afterwork. ¡Buena terraza!

Tapa 3 € – Ración aprox. 14 €

Plano : B2-x – *Jáudenes 1 (esquina pl. Alhóndiga)* ✉ *18001* – 🕾 *958 05 46 59*
– *www.lamilagrosairreverente.com* – *cerrado domingo*

⫶○ Tendido 1 ⏚ 🗚 ⅌

COCINA TRADICIONAL · RÚSTICA ⅍ Encantador, rústico-actual y... ¡en los sorprendentes bajos de la plaza de toros! Su amplia oferta engloba picoteo, unas buenas raciones y la carta propia de un restaurante.

Ración aprox. 6 €

av. Doctor Olóriz 25 ✉ *18012* – 🕾 *958 27 23 02* – *www.tendido1.com*

🏨 AC Palacio de Santa Paula ⚡ 🛋 ⊡ ὅ 🗚 ⅌ 🛁 🚗

HISTÓRICO · MODERNA Está formado por un edificio del s. XIX, una casa morisca del XIV y el antiguo convento de Santa Paula, del s. XVI. Atesora unas instalaciones que rebosan encanto, con un precioso claustro y un salón socialbar en lo que fue la biblioteca.

71 hab – ⬧131/197 € ⬧⬧142/208 € – ⊑ 20 € – 4 suites

Plano : B2-a – *Gran Vía de Colón 31* ✉ *18001* – 🕾 *958 80 57 40*
– *www.hotelacpalaciodesantapaula.com*

🏨 Casa 1800 ⌔ ⊡ 🗚

BOUTIQUE HOTEL · ELEGANTE Ocupa una típica casa granadina del s. XVII, de elegante aire regio y en pleno Albayzín. Traspasar su portalón y acceder al bellísimo patio es como... ¡viajar en el tiempo!

25 hab – ⬧100/425 € ⬧⬧100/425 € – ⊑ 12 € – 1 suite

Plano : C2-f – *Benalúa 11* ✉ *18010* – 🕾 *958 21 07 00* – *www.hotelcasa1800.com*

🏨 Palacio de los Patos ⚡ ⊡ ὅ 🗚 🛁 🚗

HISTÓRICO · MODERNA Conjunto del s. XIX donde conviven, en armonía, los elementos arquitectónicos clásicos y los detalles de vanguardia. Posee un edificio adyacente más actual y un restaurante que se completa con un patio-terraza, donde apuestan por la cocina local de producto.

42 hab – ⬧180/470 € ⬧⬧180/470 € – ⊑ 24 € – 4 suites

Plano : A3-b – *Solarillo de Gracia 1* ✉ *18002* – 🕾 *958 53 57 90* – *www.hospes.es*

🏨 Casa Morisca ⊡ ὅ 🗚 ⅌

FAMILIAR · ACOGEDORA ¡Casa del s. XV que emana el sosiego de otros tiempos! Un capricho, tanto por la belleza de las habitaciones como por su patio porticado, con el rumor del agua y las plantas.

14 hab – ⬧131/200 € ⬧⬧190/235 € – ⊑ 13 €

Plano : C2-c – *cuesta de la Victoria 9* ✉ *18010 Granada* – 🕾 *958 22 11 00*
– *www.hotelcasamorisca.com*

en La Alhambra – Mapa regional : **1**-C1

🏨 Alhambra Palace   🌳 ⪕ 🖻 🕭 🔄 🏊

LUJO · ELEGANTE Un hotel emblemático y ya centenario, pues fue inaugurado por el rey Alfonso XIII en 1910. Aquí se combinan por doquier los detalles palaciegos con los de influencia árabe e inspiración nazarí. El restaurante, suntuoso y con una terraza cubierta que destaca por sus vistas, propone una cocina de gusto internacional.

108 hab – ♦140/390 € ♦♦152/390 € – 🍽 20 € – 17 suites

Plano : **C3-n** – *pl. Arquitecto García de Paredes 1* ✉ *18009* – 𝒞 *958 22 14 68* – *www.h-alhambrapalace.es*

🏨 Parador de Granada   🌳 ⪔ 🍴 🖻 🔄 🔄 🍽 🏊 🅿

HISTÓRICO · ACOGEDORA Encantador y con historia, pues ocupa un antiguo convento franciscano construido sobre los restos de un palacio nazarí. Atesora un claustro, bellos jardines, terrazas... y una oferta culinaria que combina la cocina andaluza con algunas especialidades nazaríes.

40 hab – ♦210/410 € ♦♦210/410 € – 🍽 21 € – 5 suites

Plano : **D2-b** – *Real de la Alhambra* ✉ *18009* – 𝒞 *958 22 14 40* – *www.parador.es*

🏨 América   🌳 ⪔ 🔄

FAMILIAR · RÚSTICA ¡En la ciudadela de La Alhambra! Tiene un marcado carácter familiar y dos edificios que se unen por un patio-jardín. Entrañable zona social y habitaciones de ambiente rústico. En su comedor se pueden degustar diversos platos "granainos" y de sabor casero.

16 hab – ♦60/120 € ♦♦90/200 € – 🍽 9 €

Plano : **D2-z** – *Real de la Alhambra 53* ✉ *18009* – 𝒞 *958 22 74 71* – *www.hotelamericagranada.com* – *abierto marzo-noviembre*

La GRANJA SAN ILDEFONSO

Segovia – 5 403 h. – Alt. 1 192 m – Mapa regional : **8**-C3
Mapa de carreteras Michelin n° 575-J17

🍴○ Reina XIV   🔄 🍽

COCINA TRADICIONAL · AMBIENTE CLÁSICO ※ Fácil de localizar, pues se encuentra junto al parador. Posee una bonita bodega vista y dos comedores, el principal de ambiente clásico. Su cocina de tinte tradicional se enriquece con platos típicos, como los famosos Judiones de La Granja.

Carta 30/45 €

Reina 14 ✉ *40100* – 𝒞 *921 47 05 48* – *www.reina14.com* – *solo almuerzo salvo viernes y sábado* – *cerrado 7 enero-8 febrero, lunes y martes salvo festivos*

🏨 Parador de La Granja   🌳 ⪑ 💯 🔄 🖻 🔄 🍽 🏊 🅿

HISTÓRICO · MODERNA Instalado en la impresionante Casa de los Infantes, del s. XVIII. Presenta un interior muy actual, hasta tres patios y espaciosas habitaciones. El restaurante, que tiene entrada propia, ofrece una carta de base tradicional con platos actualizados y dos menús.

102 hab – ♦95/210 € ♦♦95/210 € – 🍽 19 € – 25 suites

Infantes 3 ✉ *40100* – 𝒞 *921 01 07 50* – *www.parador.es*

GRANOLLERS

Barcelona – 60 101 h. – Alt. 148 m – Mapa regional : **10**-B2
Mapa de carreteras Michelin n° 574-H36

🍴○ El Trabuc   🍴 🔄 ⇄ 🅿

CATALANA · RÚSTICA ※※ Antigua masía dotada con varias salas de aire rústico y un porche acristalado. Su carta de cocina tradicional catalana trabaja mucho los caracoles, el bacalao y la brasa.

Menú 37/70 € – Carta 45/55 €

cami de Can Bassa 2, por avinguda de Francesc Macià ✉ *08401* – 𝒞 *938 70 86 57* – *www.eltrabuc.com* – *cerrado del 15 al 31 de agosto y domingo noche*

🍴 La Taverna d'en Grivé 🎱 🅰🅲 ⇔ 🅿

COCINA TRADICIONAL · AMBIENTE CLÁSICO ✗✗ Restaurante familiar que sorprende, tras su discreta fachada, por su buen nivel de montaje, con tres salas de acogedora rusticidad. Buena carta de producto y de mercado.

Menú 35/65 € – Carta 50/70 €

Josep Maria Segarra 98 ⊠ 08400 – 𝒞 938 49 57 83 – www.tavernagrive.cat
– cerrado 15 días en agosto, domingo noche, lunes y miércoles noche

GREDOS

Ávila – Mapa regional : **8**-B3
Mapa de carreteras Michelin n° 575-K14

🏛 Parador de Gredos 🌲 🐄 ⟨ ✗ 🖃 🕭 🏔 🅿

TRADICIONAL · HISTÓRICA Edificio de piedra ubicado en un hermoso y aislado entorno natural. Fue el 1er parador de la cadena y es donde se reunieron los políticos que redactaron la Constitución española. En su comedor podrá descubrir los platos típicos de la región, como las famosas Judías del Barco o el Chuletón de ternera de Ávila.

74 hab – 🛏75/165 € 🛏🛏75/165 € – ☲ 16 € – 2 suites

carret. AV 941, km 42 (alt. 1 650) ⊠ 05635 – 𝒞 920 34 80 48 – www.parador.es

GRIÑÓN

Madrid – 9 918 h. – Alt. 670 m – Mapa regional : **15**-A2
Mapa de carreteras Michelin n° 576-L18

🍴 El Bistró 🕭 🅰🅲 🍸 🅿

COCINA TRADICIONAL · AMBIENTE CLÁSICO ✗✗ Instalado en un chalet que sorprende tanto por sus cuidados exteriores como por su interior, de línea clásica-actual. Amplia carta de cocina tradicional actualizada, con un interesante apartado para compartir y algunos grandes clásicos de la familia Sandoval.

Menú 49/69 € – Carta 35/55 €

av. Humanes 52 ⊠ 28971 – 𝒞 918 14 99 27 – www.laromanee.com – solo almuerzo salvo viernes y sábado – cerrado agosto y lunes

O GROVE

Pontevedra – 10 801 h. – Mapa regional : **13**-A2
Mapa de carreteras Michelin n° 571-E3

🍴 A Solaina 🅰🅲 🍸

PESCADOS Y MARISCOS · AMBIENTE TRADICIONAL ✗✗ Nécoras, centollos, navajas, bogavantes... esta es una casa especializada en pescados y mariscos, gallegos y de excepcional calidad. Destaca tanto por la amabilidad como por su emplazamiento, en una calle peatonal de la zona del puerto.

Carta 30/52 €

Cruceiro 8 ⊠ 36980 – 𝒞 986 73 34 04 – www.marisqueriassolaina.com – cerrado 15 enero-febrero y miércoles salvo festivos

🍴 Beiramar 🅰🅲 🍸

PESCADOS Y MARISCOS · FAMILIAR ✗✗ Restaurante de larga trayectoria familiar, y reducidas dimensiones, situado frente al puerto. Combina una estética actual con una carta especializada en pescados y mariscos.

Carta 33/54 €

av. Beiramar 30 ⊠ 36980 – 𝒞 986 73 10 81 – www.restaurantebeiramar.com
– cerrado noviembre, domingo noche y lunes salvo verano

🍴 D'Berto 🎱 🅰🅲 🍸 ⇔ 🅿

PESCADOS Y MARISCOS · AMBIENTE TRADICIONAL ✗✗ ¡Los productos de la ría en su máxima expresión! Si es de los que piensa que el tamaño sí importa no dude en comer aquí pues, aparte de unos pescados y mariscos realmente sorprendentes, encontrará un buen servicio e inigualable calidad.

Carta 45/80 €

av. Teniente Domínguez 84 ⊠ 36980 – 𝒞 986 73 34 47 – www.dberto.com
– cerrado 15 diciembre-28 febrero, lunes noche y martes salvo julio-agosto

en Reboredo Suroeste : 3 km

🏵 **Culler de Pau** (Javier Olleros) ⇐ & 🅰🅲 ℅ ⇔ 🅿

CREATIVA · MINIMALISTA XXX Buenas ideas, aptitudes, disposición y... ¡unas hermosas vistas a la ría! En la sala, con grandes cristaleras y aire minimalista, podrá elegir entre su menú degustación o una carta creativa, desvelándose siempre el gusto por una cocina de sabores con poco artificio y, sobre todo, el deseo de conexión con las emociones.

→ Espinaca en tres caldos, kombu, lacón y tomate. Lenguado con un jugo licuado de hierbas del litoral. Kéfir, fresas y vinagreta de remolacha.

Menú 75/110 € – Carta 72/95 €

Reboredo 73 ✉ 36988 Reboredo – 𝒞 986 73 22 75 – www.cullerdepau.com
– cerrado 13 enero-1 marzo, lunes noche, miércoles noche, jueves noche salvo julio-agosto y martes

en Balea Suroeste : 5 km

🍴 **Brasería Sansibar** 🏠 & ℅ 🅿

PARRILLA · AMBIENTE TRADICIONAL X Un establecimiento interesante, pues si ya eran populares por sus carnes a la parrilla ahora también ofrecen sabrosos pescados a la brasa, siempre recién llegados de la lonja.

Carta 40/66 €

Balea 20-B ✉ 36988 Balea – 𝒞 986 73 85 13 (es necesario reservar)
– www.braseriasansibar.com – solo almuerzo salvo viernes y sábado – cerrado 22 diciembre-10 enero y miércoles salvo julio y agosto

en San Vicente do Mar Suroeste : 8,5 km

🏨 **Atlántico** ⊗ 🏠 🍽 🔲 ⊚ 🛗 🔁 🅰🅲 ℅ 🅿

FAMILIAR · CLÁSICA Resulta agradable tanto por su estilo, de cierta elegancia, como por sus cuidados exteriores... de hecho, cuenta con algunos árboles realmente sorprendentes. Completa oferta lúdica con tratamientos corporales, piscina ajardinada y SPA.

43 hab ⊡ – ♦50/170 € ♦♦70/198 €

✉ 36989 San Vicente del Mar – 𝒞 986 73 80 61 – www.hotelspatlantico.com
– abierto 17 abril-14 octubre

GUADALUPE

Cáceres – 1 960 h. – Alt. 640 m – Mapa regional : **12**-C2
Mapa de carreteras Michelin n° 576-N14

🏨 **Parador de Guadalupe** ✿ ⊗ ⇐ 🏠 🍽 🔁 🅰🅲 ℅ 🏊 🅿

HISTÓRICO · CLÁSICA Rodeado de hermosos parajes y levantado sobre lo que fue el Palacio del Marqués de la Romana, del s. XVI. Atesora unas habitaciones de noble ambiente castellano, bellísimos jardines, relajantes patios y agradables terrazas. Cocina de inspiración regional.

41 hab – ♦120/270 € ♦♦120/270 € – ⊡ 19 €

Marqués de la Romana 12 ✉ 10140 – 𝒞 927 36 70 75 – www.parador.es

GUADARRAMA

Madrid – 15 538 h. – Alt. 965 m – Mapa regional : **15**-A2
Mapa de carreteras Michelin n° 576-J17

🍴 **La Calleja** 🏠 🅰🅲 ℅ 🅿

COCINA TRADICIONAL · RÚSTICA X Agradable establecimiento llevado entre hermanos. Ofrece un bar y un único comedor de aire rústico, sorprendiendo este con las paredes de ladrillo visto en espiga. Aquí triunfan las carnes a la brasa, presentadas en su propia mesa con una original parrillita.

Carta 25/45 €

calleja del Potro 6 ✉ 28440 – 𝒞 918 54 85 63 – www.restaurantelacalleja.com
– solo almuerzo en invierno salvo viernes y sábado – cerrado del 15 al 30 de junio, del 14 al 24 de octubre y lunes

GUALTA

Girona – 368 h. – Alt. 15 m – Mapa regional : **10**-B1
Mapa de carreteras Michelin nº 574-F39

en la carretera C31 Este : 3,5 km

🏨 Double Tree by Hilton Empordà ⌖ ⊗ ⊰ ▦ 🛏 🖻 🖥 🚿 AC 🛁

TRADICIONAL · MODERNA Hotel de líneas puras y sencillas ubicado dentro 🚗 del complejo de golf, por lo que está rodeado por el césped. Presenta unas instalaciones diáfanas y modernas habitaciones, todas muy luminosas y en tonos blancos. El restaurante, funcional y de carácter polivalente, ofrece una carta tradicional actualizada.

87 hab 🖵 – ♦60/300 € ♦♦70/310 €

carret. Torroella de Montgrí a Palafrugell ⊠ 17257 Gualta – ℰ 972 78 20 30 – cerrado 15 noviembre-15 febrero

A GUARDA LA GUARDIA

Pontevedra – 10 193 h. – Alt. 40 m – Mapa regional : **13**-A3
Mapa de carreteras Michelin nº 571-G3

😊 Trasmallo 🚪 ὁ AC

PESCADOS Y MARISCOS · FAMILIAR ⅄ Aunque en este negocio también encontraremos arroces y carnes, los grandes protagonistas de la casa son los pescados y mariscos; de hecho, cuentan con un gran vivero de langostas y bogavantes. Interior rústico y amable organización familiar.

Carta 28/52 €

Porto 59 ⊠ 36780 – ℰ 986 61 04 73 – www.trasmallo.es – solo almuerzo salvo viernes y sábado en invierno – cerrado 15 días en noviembre, 15 días en febrero y miércoles salvo verano

😊 Xantar ❶ 🚪 ὁ AC

COCINA TRADICIONAL · RÚSTICA ⅄ Se halla en el casco antiguo y transmite confianza, pues es uno de esos negocios acostumbrados a trabajar con clientela local que conoce a la perfección el producto de la zona. Cocina tradicional con toques actuales y buena selección de arroces.

Menú 10/26 € – Carta 22/37 €

Colón 11 ⊠ 36780 – ℰ 986 61 18 14 – solo almuerzo salvo jueves, viernes, sábado, julio y agosto

🏨 Convento de San Benito AC ⅏ 🚗

TRADICIONAL · PERSONALIZADA Hotel-monumento instalado en un antiguo convento del s. XVI. Sorprende con varias colecciones particulares de gran valor: libros, pinturas, cerámicas, vírgenes del románico...

24 hab – ♦48/61 € ♦♦51/78 € – 🖵 8 €

pl. de San Benito ⊠ 36780 – ℰ 986 61 11 66 – www.hotelsanbenito.es – cerrado enero

La GUARDIA Pontevedra → Ver A Guarda

GÜERTONA Asturias → Ver Ribadesella

GUETARIA Guipúzcoa → Ver Getaria

HARO

La Rioja – 11 305 h. – Alt. 479 m – Mapa regional : **14**-A2
Mapa de carreteras Michelin nº 573-E21

🏨 Los Agustinos ⌖ 🖥 AC ⅏ 🛁 🚗

HISTÓRICO · CLÁSICA Se halla en un antiguo convento del s. XIV, dotado hoy con habitaciones clásicas y un majestuoso claustro cubierto que hace de zona polivalente. El restaurante ofrece tres salas, dos de ellas en los pasillos del claustro, y una cocina tradicional actualizada.

62 hab – ♦80/110 € ♦♦85/130 € – 🖵 17 € – 2 suites

San Agustín 2 ⊠ 26200 – ℰ 941 31 13 08 – www.hotellosagustinos.com

Arrope

FAMILIAR · MODERNA En un edificio protegido del s. XIX, lo que le limita para hacer reformas pero le confiere un encanto especial. Bonita fachada en piedra con miradores, rincón-biblioteca y habitaciones de línea actual. El restaurante completa su pequeña carta con sugerencias.

21 hab - †61/110 € ††78/120 € - ☑ 5 €

Nuestra Señora de la Vega 31 ☒ 26200 - 𝒞 941 30 40 25 - www.hotelarrope.com

HECHO

Huesca – 880 h. – Alt. 833 m – Mapa regional : **2**-B1
Mapa de carreteras Michelin n° 574-D27

Canteré

COCINA TRADICIONAL · ACOGEDORA Ocupa una hermosa casa "chesa" definida por la piedra, la madera y por una antigua viña que crece abrazada a su fachada. Su carta tradicional se enriquece con jugosas jornadas gastronómicas, unas micológicas y otras dedicadas a la matanza.

Menú 24 € – Carta 25/45 €

Aire 1 ☒ 22720 - 𝒞 974 37 52 14 - www.cantere.es - solo almuerzo salvo viernes y sábado en invierno - cerrado febrero y miércoles

Las HERRERÍAS DE VALCARCE

León – Mapa regional : **8**-A1
Mapa de carreteras Michelin n° 575-D9

El Capricho de Josana

FAMILIAR · RÚSTICA Un agradable turismo rural en el que conviven la piedra y la madera. Ofrece habitaciones de atractivo ambiente rústico, todas personalizadas con alusiones al Camino de Santiago, así como un cálido restaurante que apuesta por la cocina tradicional y los menús.

8 hab - †36/47 € ††36/47 € - ☑ 7 €

camino de Santiago ☒ 24520 - 𝒞 987 45 31 67 - www.dejosana.com - cerrado febrero

HERVÁS

Cáceres – 4 194 h. – Alt. 685 m – Mapa regional : **12**-C1
Mapa de carreteras Michelin n° 576-L12

El Almirez

COCINA TRADICIONAL · FAMILIAR Disfruta de una acogedora terraza cruzando la calle y un reducido comedor en dos niveles, con mobiliario clásico y detalles estéticos de sumo gusto. Carta tradicional y de temporada, esta última especialmente volcada con las setas durante el otoño.

Menú 20 € – Carta 30/40 €

Collado 19 ☒ 10700 - 𝒞 927 47 34 59 - www.restauranteelalmirez.com - solo almuerzo en invierno salvo fines de semana - cerrado 8 días en junio, 8 días en septiembre, domingo noche y lunes salvo festivos

Nardi

COCINA TRADICIONAL · MARCO CONTEMPORÁNEO Está llevado por un amable matrimonio y se halla en una céntrica calle peatonal, donde montan una pequeña terraza de verano. Posee un bar privado y una sala distribuida en dos espacios, ambos de aire contemporáneo. Cocina tradicional con detalles creativos.

Menú 37 € – Carta 28/40 €

Braulio Navas 19 ☒ 10700 - 𝒞 927 48 13 23 - www.restaurantenardi.com - cerrado martes salvo festivos

🏠 El Jardín del Convento   🦮 🛌 ⚖ ✗

FAMILIAR · RÚSTICA Casona solariega de pueblo que sorprende por su tipismo. Ofrece habitaciones detallistas de gran autenticidad, con las paredes en piedra, los techos en madera y cuidado mobiliario antiguo. ¡Coqueta galería acristalada con vistas al jardín!

7 hab - ♦50/85 € ♦♦50/85 € – ⌿ 8 € – 1 apartamento
pl. del Convento 22 ✉ 10700 – ℰ 927 48 11 61
– www.eljardindelconvento.com

HÍO Pontevedra ➜ Ver Cangas de Morrazo

HONDARRIBIA FUENTERRABÍA
Guipúzcoa – 17 049 h. – Mapa regional : **18**-B2
Mapa de carreteras Michelin n° 573-B24

✿ Alameda (Gorka y Kepa Txapartegi)   🍴 ⚖ 🆎 ✗

MODERNA · AMBIENTE CLÁSICO ✗✗✗ Un restaurante de 3ª generación no exento de magia y romanticismo, pues los hermanos Txapartegi (Gorka, Kepa y Mikel) han sabido convertir el negocio familiar en una etapa de obligado cumplimiento para cualquier gastrónomo. ¿Qué encontrará? Cocina vasca actualizada, maravillosos menús y grandes dosis de autenticidad.

➜ Salpicón de "txangurro" y bogavante con crema fina de coliflor. "Txipirón" Begi Handi con cebolletas tiernas caramelizadas. Homenaje a Gartzinea 75 aniversario (manzana, queso y nueces).

Menú 65/98 € – Carta 55/70 €
Minasoroeta 1 ✉ 20280 – ℰ 943 64 27 89
– www.restaurantealameda.net – solo almuerzo salvo viernes y sábado en invierno
– cerrado Navidades, Semana Santa, martes en primavera y lunes

🍴 Sebastián   ✿

MODERNA · ACOGEDORA ✗✗ Precioso, íntimo, evocador... no en vano, se halla en una casa del s. XVI donde conviven los detalles rústicos y el mobiliario antiguo. Cocina tradicional bien puesta al día.

Carta 35/48 €
Mayor 11 ✉ 20280 – ℰ 943 64 01 67
– www.sebastianhondarribia.com
– cerrado lunes y martes mediodía

🍴 Laia 🆕   🍖 ≤ 🍴 ⚖ 🆎 ✗ ✿ 🅿

PARRILLA · RÚSTICA ✗✗ Instalado en lo que fueron las cuadras de un antiguo caserío. ¿Qué encontrará? Diferentes cortes de carne de maduración larga y pescados frescos, todo al calor de las brasas.

Menú 50 € – Carta 41/69 €
Arkolla Auzoa 33, (Suroeste : 2km) ✉ 20280 Hondarribia – ℰ 943 64 63 09
– www.laiaerretegia.com – solo almuerzo salvo viernes, sábado y verano
– cerrado 7 enero-6 febrero

🍴 Zeria   🍴

PESCADOS Y MARISCOS · ACOGEDORA ✗ En una antigua casita de pescadores. El comedor se encuentra en la 1ª planta, con profusión de madera y un estilo rústico muy acogedor. Especializado en pescados y mariscos.

Menú 25/65 € – Carta 40/60 €
San Pedro 23 ✉ 20280 – ℰ 943 64 09 33
– www.restaurantezeria.com
– cerrado 21 días en febrero, 21 días en noviembre, domingo noche y jueves salvo en verano

ⓘ○ Gran Sol 🗦 AC 😗

COCINA TRADICIONAL · RÚSTICA 🍴 Su nombre recuerda el legendario caladero del Atlántico Norte, lo que enlaza con la tradición pesquera local. Descubra sus pintxos: Jaizkibel, Hondarribia, Huevo Mollete...

Tapa 3 € – Ración aprox. 10 €

San Pedro 65 ✉ 20280 – ℰ 943 64 27 01
– www.bargransol.com – cerrado 15 días en febrero, 10 días en junio, 10 días en noviembre y lunes

🏛 Parador de Hondarribia 🦢 🖪 & 😗 🔌 🅿

EDIFICIO HISTÓRICO · CLÁSICA Un trozo de historia, pues esta fortaleza medieval sirvió de residencia al mismísimo Carlos V, el Rey Emperador. ¡Impresionante colección de tapices sobre la vida de Aquiles!

36 hab ☲ – 🛇150/300 € 🛇🛇160/350 €

pl. Arma 14 ✉ 20280 – ℰ 943 64 55 00 – www.parador.es

🏛 Villa Magalean 🖪 & AC 😗 🅿

BOUTIQUE HOTEL · ELEGANTE Un hotel boutique con encanto, a modo de villa de los años 50, que ha sabido renovarse manteniendo la esencia de esa época. ¡Destacan sus dos habitaciones abuhardilladas!

8 hab ☲ – 🛇135/255 € 🛇🛇195/305 €

Nafarroa Berea 2 ✉ 20280 – ℰ 943 56 91 30 – www.villamagalean.com
– cerrado del 7 al 28 de enero

HORNA Burgos → Ver Villarcayo

L'HOSPITALET DE L'INFANT HOSPITALET DEL INFANTE
Tarragona – 6 050 h. – Mapa regional : **9**-B3
Mapa de carreteras Michelin nº 574-J32

ⓘ○ Itxas-Begi 🗦 AC 😗

VASCA · FAMILIAR 🍴 Disfruta de un agradable ambiente familiar y destaca por su emplazamiento, en pleno puerto deportivo. Sala funcional, pequeña terraza acristalada y cocina vasca tradicional.

Menú 17/25 € – Carta 30/50 €

Puerto Deportivo, local 2 ✉ 43890 – ℰ 977 82 34 09
– cerrado 22 diciembre-7 febrero y lunes

Els HOSTALETS D'EN BAS
Girona – 137 h. – Mapa regional : **9**-C2
Mapa de carreteras Michelin nº 574-F37

😊 L'Hostalet & AC 😗 🅿

CATALANA · FAMILIAR 🍴 Establecimiento familiar y de ambiente neorrústico que destaca por los techos abovedados de su comedor principal. Cocina catalana y "volcánica", la típica de la Garrotxa.

Menú 13 € – Carta 20/40 €

Vic 18 ✉ 17177 – ℰ 972 69 00 06 – www.restaurantlhostalet.com – solo almuerzo salvo viernes y sábado – cerrado julio y martes

HOSTALRIC
Girona – 4 005 h. – Mapa regional : **10**-A1
Mapa de carreteras Michelin nº 574-G37

ⓘ○ Quatre Vents 3.0 🗦 & AC

MODERNA · BISTRÓ 🍴 Luminoso, moderno y con vistas a la sierra del Montseny, tanto desde algunas mesas como desde la terraza. Su carta de cocina actual evoluciona con los productos de temporada.

Menú 14/46 € – Carta 30/54 €

av. Coronel Estrada 122 ✉ 17450 – ℰ 972 86 56 90 – www.restaurantquatrevents.com
– solo almuerzo salvo viernes y sábado – cerrado 10 días en enero y lunes

HOYO DE MANZANARES

Madrid – 7 880 h. – Alt. 1 001 m – Mapa regional : **15**-A2
Mapa de carreteras Michelin n° 576-K18

ⅰ○ El Vagón de Beni

MODERNA · ROMÁNTICA ⅩⅩ Evocador conjunto, a modo de pequeña estación, dotado con dos antiguos vagones de tren restaurados. Ofrece una coqueta terraza sobre el andén y una cocina actual elaborada.

Carta 45/58 €

San Macario 6 ✉ 28240 – 𝒞 918 56 68 12 – www.elvagondebeni.es – cerrado 15 días en noviembre, domingo noche, lunes y martes noche

HOYOS DEL ESPINO

Ávila – 364 h. – Mapa regional : **8**-B3
Mapa de carreteras Michelin n° 575-K14

ⅰ○ Mira de Gredos

COCINA TRADICIONAL · FAMILIAR ⅩⅩ Dotado con una gran sala acristalada para contemplar la sierra de Gredos. Proponen una cocina tradicional-actualizada y varios menús. ¡Tiene que probar sus Patatas revolconas!

Menú 15 € – Carta 30/55 €

carret. de El Barco (AV 941) ✉ 05634 – 𝒞 920 34 90 23 (es necesario reservar para cenar) – www.lamiradegredos.com – solo almuerzo salvo viernes y sábado – cerrado 15 días en enero, 23 septiembre-9 octubre, lunes y martes salvo Semana Santa, verano y festivos

🏠 El Milano Real

BOUTIQUE HOTEL · PERSONALIZADA Atesora unas estancias definidas por la profusión de madera y el gusto por los detalles, destacando tanto la biblioteca como las habitaciones abuhardilladas. En el comedor, dotado de atractivas vistas, apuestan por la cocina moderna elaborada con productos locales. ¡No se pierda su observatorio astronómico!

21 hab – ♦50/76 € ♦♦55/118 € – ⎚ 14 €

Toleo 2 ✉ 05634 – 𝒞 920 34 91 08 – www.elmilanoreal.com

HOZ DE ANERO

Cantabria – 2 267 h. – Mapa regional : **6**-C1
Mapa de carreteras Michelin n° 572-B19

🏠 Casona Camino de Hoz 🅝

AGROTURISMO · ACOGEDORA Antigua casona cántabra llevada en familia y rodeada de verdes prados. Sorprende por su decoración, con muchos detalles personalizados, un espacio para la venta de jabones artesanales a la entrada y habitaciones de aire rústico-moderno, todas diferentes.

11 hab – ♦80/100 € ♦♦88/108 € – 1 suite

barrio Gorenzo ✉ 39794 – 𝒞 942 50 72 23 – www.caminodehoz.com

HOZNAYO

Cantabria – Mapa regional : **6**-B1
Mapa de carreteras Michelin n° 572-B18

✿ La Bicicleta (Eduardo Quintana)

MODERNA · ACOGEDORA ⅩⅩ Este simpático restaurante, de estética retro-chic, sorprende por su singular emplazamiento en una casona rehabilitada del s. XVIII. Aquí la cocina, elaborada y de gusto actual, reinterpreta el recetario tradicional combinando el mejor producto autóctono con el foráneo a estas tierras. ¡Ambiente joven y desenfadado!

→ La huerta de primavera, verduras de temporada en sus cocciones, bombón de foie y chacolí. Cabrito guisado, puré de patata, remolacha, canelón de panceta y patata soufflé. Mousse de limón, helado de laurel, jengibre, "tipsy cake" y granizado de guisante.

Menú 65/85 € – Carta 45/60 €

La Plaza 12, carret. N 634 ✉ 39716 – 𝒞 636 29 69 70 – www.labicicletahoznayo.com – solo almuerzo salvo fines de semana y agosto – cerrado 7 enero-febrero, lunes y martes

HUARTE

Navarra – 6 776 h. – Alt. 441 m – Mapa regional : **17**-B2
Mapa de carreteras Michelin n° 573-D25

🍴○ **Asador Zubiondo**   点 AC ⇔ **P**

COCINA TRADICIONAL · RÚSTICA XX En este atractivo caserón, construido en piedra y emplazado en la ribera del Arga, podrá degustar una cocina tradicional que ensalza el producto, sobre todo las verduras.

Carta 35/52 €

av. Roncesvalles 1 ⊠ 31620 – ℰ 948 33 08 07 – www.asadorzubiondo.com – cerrado del 15 al 31 de julio y domingo noche

HUELVA

145 468 h. – Alt. 56 m – Mapa regional : **1**-A2
Mapa de carreteras Michelin n° 578-U9

❀ **Acánthum** (Xanty Elías)   点 AC ⇔

MODERNA · MARCO CONTEMPORÁNEO XX Una gran experiencia gastronómica y visual, pues combina sus llamativas paredes en piedra negra con cuadros contemporáneos y... ¡un techo de tonalidad variable! La propuesta, muy actual, sobresaliente en la ejecución y con un elegante maridaje de sabores, denota un profundo conocimiento ante los productos de la zona.

→ Carpaccio de pulpo y manteca "colorá". Pierna de cochinillo 24 horas. La torrija del pobre.

Menú 50/85 € – Carta 35/55 €

San Salvador 17 ⊠ 21003 – ℰ 959 24 51 35 – www.acanthum.com – solo almuerzo salvo jueves, viernes y sábado – cerrado 15 días en enero, 15 días en mayo y lunes

🍴○ **Azabache**   点 AC ⌘

REGIONAL · AMBIENTE CLÁSICO XX Resulta céntrico, disfruta de un concurrido bar y posee un impoluto comedor de línea clásica, destacando este último por su buen servicio de mesa. Carta clásica de producto.

Menú 38/59 € – Carta 40/70 €

Vázquez López 22 ⊠ 21001 – ℰ 959 25 75 28 – www.restauranteazabache.com – cerrado del 20 agosto-2 de septiembre, domingo y festivos

🍴○ **Portichuelo**   🏠 AC ⌘

REGIONAL · SENCILLA X En una zona de animadas calles peatonales. Posee un bar público y un comedor clásico-actual dominado por el expositor de vinos del fondo. Sencilla cocina de corte regional.

Menú 30/75 € – Carta 30/45 €

Vázquez López 15 ⊠ 21001 – ℰ 959 24 57 68 – www.restauranteportichuelo.com – cerrado domingo en verano y domingo noche resto del año

🍴○ **Taberna El Condado**   🏠 点 AC ⌘

COCINA TRADICIONAL · MARCO CONTEMPORÁNEO ¶/ Este local, de aire rústico-actual, es famoso por la calidad de sus jamones ibéricos. También ofrecen tapas y raciones, tanto de salazones como de carnes serranas a la brasa.

Tapa 3 € – Ración aprox. 12 €

Santa Ángela de la Cruz 3 ⊠ 21003 – ℰ 959 26 11 23 – cerrado domingo en verano, domingo noche y lunes resto del año

---

¿Buena cocina sin arruinarse? Busque los Bib Gourmand ❀.
¡Le ayudarán a encontrar las mesas con la mejor relación calidad/precio!

ESPAÑA

HUESCA

52 223 h. – Alt. 466 m – Mapa regional : **2**-C1
Mapa de carreteras Michelin nº 574-F28

⭐ Lillas Pastia (Carmelo Bosque)   🏠 ⅗ 🆎 ⅍ ⇔

MODERNA · AMBIENTE CLÁSICO XXX Elegante y distinguido, pues ocupa la planta baja del que fuera el casino oscense. En el comedor, modernista y de techos altos, le propondrán una cocina actual basada en dos menús... eso sí, con posibilidad de extraer de ellos los platos que quiera como si fuera una carta. ¡La trufa toma el protagonismo en temporada!

→ Usones con royal de huevo, trigueros silvestres y laminas de papada. Manitas de cerdo rellenas de setas y trufa. Cremoso de vainilla bourbon y granizado de wisky.

Menú 37/75 € – Carta aprox. 50 €

pl. de Navarra 4 ✉ *22002 –* ℰ *974 21 16 91 – www.lillaspastia.es*
– cerrado domingo noche y lunes

⭐ Tatau (Tonino Valiente)   ⅗ 🆎 ⅍

CREATIVA · DE DISEÑO ⅋ No es fácil cambiar de local y mantener la personalidad de un negocio, algo que sí han conseguido aquí para beneficio de su devota clientela. La propuesta permanece fiel a la filosofía de la casa, con tapas, raciones y platos para compartir de elevado nivel técnico. ¡Su cocina abierta permite ver el trabajo en directo!

→ Tartar de trucha de El Grado. Cochinillo meloso y crujiente. Chocolate sexy.

Tapa 8 € – Ración aprox. 20 €

Azara ✉ *22002 –* ℰ *974 04 20 78 – www.tatau.es – cerrado 24 diciembre-2 enero, Semana Santa, 15 días en agosto, domingo y lunes*

🍴 Las Torres   🆎 ⅍

MODERNA · ELEGANTE XX Una casa de línea clásica-actual que debe su nombre a la zona en la que se encuentra, conocida popularmente como "Las tres torres". Cocina actual con interesantes menús.

Menú 40/75 € – Carta 45/70 €

María Auxiliadora 3 ✉ *22003 –* ℰ *974 22 82 13 – www.lastorres-restaurante.com*
– cerrado 7 días en abril, del 16 al 26 de agosto, domingo y lunes noche

🍴 El Origen   🏠 🆎 ⅍

COCINA TRADICIONAL · AMBIENTE CLÁSICO X Sus chefs apuestan claramente por los productos ecológicos, sobre todo en lo referente a las verduras y a las carnes de granja. Cocina tradicional con buena oferta de menús.

Menú 18/40 € – Carta 35/45 €

pl. Justicia 4 ✉ *22001 –* ℰ *974 22 97 45 – www.elorigenhuesca.com*
– cerrado 28 agosto-15 septiembre, domingo noche y miércoles

HUÉTOR VEGA

Granada – 11 849 h. – Alt. 685 m – Mapa regional : **1**-D1
Mapa de carreteras Michelin nº 578-U19

🏨 Villa Sur   ⇐ 🗻 🖭 ⅗ 🆎 ⅍ 🚗

FAMILIAR · CLÁSICA Elegancia, calidez y sabor andaluz se funden en esta villa, decorada con exquisito gusto. Sorprenden sus detalles hogareños y el luminoso salón de desayunos asomado al jardín.

11 hab – ♦57/59 € ♦♦65/72 €

av. Andalucía 57 ✉ *18198 –* ℰ *958 30 22 83 – www.hotelvillasur.com*
– abril-octubre

IGUALADA

Barcelona – 38 751 h. – Alt. 315 m – Mapa regional : **10**-A2-3
Mapa de carreteras Michelin nº 574-H34

Somiatruites

MODERNA · DE DISEÑO Realmente singular, pues su estética interior combina las pieles curtidas y el diseño para rememorar la extinta actividad industrial del edificio. Aquí ofrecen una cocina fresca y divertida, de base tradicional pero puesta al día en técnicas y presentaciones.

Menú 14 € – Carta 21/30 €

Del Sol 19 ⊠ 08700 – ✆ 938 03 66 26 – www.somiatruites.eu – cerrado 14 días en agosto, domingo noche y lunes noche

ILLESCAS

Toledo – 25 964 h. – Alt. 588 m – Mapa regional : **7**-B2
Mapa de carreteras Michelin n° 576-L18

El Bohío (Pepe Rodríguez)

MODERNA · AMBIENTE TRADICIONAL Tradición y alta gastronomía hallan el equilibrio en este negocio familiar, llevado entre hermanos y con Pepe Rodríguez, su mediático chef, como máximo exponente del éxito. Elaboran una cocina tremendamente apegada a la tierra pero también con elevadas dosis de creatividad, siendo solo accesible a través de sus menús.

→ La pringá del cocido, berza y su caldo. Buñuelo de bacalao y su ensalada. Macarrón de mango, coco y arroz con leche.

Menú 65/130 € – solo menú

av. Castilla-La Mancha 81 ⊠ 45200 Illescas – ✆ 925 51 11 26 – www.elbohio.net – solo almuerzo salvo jueves, viernes y sábado – cerrado agosto

IMÓN

Guadalajara – 30 h. – Alt. 955 m – Mapa regional : **7**-C1
Mapa de carreteras Michelin n° 576-I21

La Botica

PARTICULAR · PERSONALIZADA La antigua botica del pueblo ha sido transformada en una casa rural con encanto. Ofrece bellas habitaciones, personalizadas en su decoración, y una agradable terraza-porche. En su comedor encontrará una reducida carta de gusto tradicional.

6 hab ⌂ – †80/120 € ††120/150 €

Cervantes 40 ⊠ 19269 – ✆ 949 39 74 15 – www.laboticahotelrural.com

IRÚN

Guipúzcoa – 61 481 h. – Alt. 20 m – Mapa regional : **18**-B2
Mapa de carreteras Michelin n° 573-C24

Singular Iñigo Lavado

CREATIVA · MARCO CONTEMPORÁNEO Se halla en el atractivo recinto ferial e intenta ofrecer una experiencia "singular" tanto en lo estético como en lo gastronómico. ¡Puede pedir platos sueltos de sus menús!

Menú 28/50 € – Carta 28/54 €

av. Iparralde 43 - Ficoba ⊠ 20304 Irun – ✆ 943 63 96 39 – www.inigolavado.com – solo almuerzo salvo viernes y sabado – cerrado 19 agosto-4 septiembre y lunes

J. Larrea / age fotostock

NOS GUSTA...

Ser partícipes de la historia del **G. H. La Perla**, en la animada plaza del Castillo, y comer en el restaurante **Europa**, un clásico de la gastronomía navarra. Ver la curiosa colección de carruajes antiguos del hotel **Palacio Guendulain** y tomar unos pintxos en la calle Estafeta (**Bodegón Sarria**), la más famosa del recorrido de los encierros de San Fermín.

IRUÑA PAMPLONA

Navarra – 197 138 h. – Alt. 415 m – Mapa regional : **17**-A2
Mapa de carreteras Michelin n° 573-D25

Restaurantes

⽊ **Europa** (Pilar Idoate)   🅰🅲 ⌿ ⇦

MODERNA · AMBIENTE CLÁSICO ✗✗✗ Hablar del Europa supone hablar de los hermanos Idoate, pues llevan la hostelería en las venas y regentan varios negocios en la ciudad. Aquí podrá degustar una cocina actualizada de fuertes raíces vascas, impecable en la técnica y basada en un producto de excelsa calidad. ¡También ofrecen unas cuidadas habitaciones!

→ Cigalas a la brasa, alcachofas confitadas en aceite de arbequina y yuca con ajoblanco. Pichón de Araiz, pechuga asada y sus muslitos guisados al estilo tradicional. Tocino de cielo con virutas de regaliz de tierra y pistacho con sorbete de coco trufado.

Menú 63/79 € – Carta 52/89 €

Plano : B1-r – *Espoz y Mina 11-1°* ✉ *31002* – ☎ *948 22 18 00*
– *www.hreuropa.com*
– *cerrado domingo*

⽊ **Rodero** (Koldo Rodero)   ⚹ 🅰🅲 ⌿ ⇦

MODERNA · AMBIENTE CLÁSICO ✗✗✗ Creatividad, imaginación, cariño... tras estas elevadas palabras solo hay un secreto: un gran chef y su personal querencia por estar siempre tras los fogones, controlando directamente tanto los puntos como las elaboraciones. ¡Todo un clásico familiar, hoy con atractivos detalles contemporáneos, que no le defraudará!

→ Espárragos verdes y blancos con pil pil de albahaca y huevas de trucha. Cochinillo de Baztán crocante con pomelo y tomate picante. Helado salado "las dos cafeteras" con bizcocho de hierbas y sopa de cacao especiado.

Menú 65/78 € – Carta 50/65 €

Plano : B1-s – *Arrieta 3* ✉ *31002* – ☎ *948 22 80 35*
– *www.restauranterodero.com*
– *cerrado Semana Santa, domingo, lunes noche y martes noche*

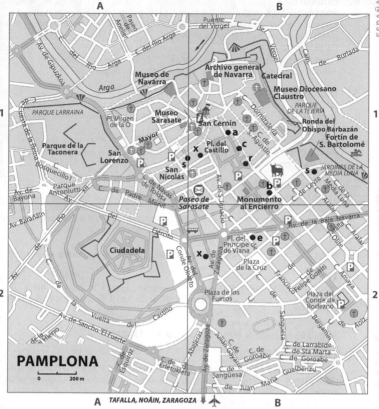

PAMPLONA

0   200 m

A   *TAFALLA, NOÁIN, ZARAGOZA* ✈   B

😊 **Ábaco**   AC ⌀

DE MERCADO · MARCO CONTEMPORÁNEO XX Bastante fácil de localizar, pues se halla junto al popular coso taurino. Posee una terraza de orientación "after work" y cuenta con dos plantas, donde ofrecen una carta de tinte actual y dos menús degustación. ¡Sus pinchos y tapas han ganado varios premios!

Menú 36/45 € – Carta 30/45 €

Plano : B1-b – *Juan de Labrit 19* ✉ *31001* – ☎ *948 85 58 25*

– *www.abacorestaurante.com*

– *cerrado 14 días en febrero, 14 días en agosto, domingo noche y lunes*

🍽️○ **Alhambra**   ⅊ AC ⌀ ⇄

COCINA TRADICIONAL · ELEGANTE XXX Todo un clásico de la hostelería local, puesto al día y con el sello de calidad que aportan los hermanos Idoate. Cocina tradicional elaborada y una variada oferta de menús.

Menú 46/67 € – Carta 44/61 €

Plano : B2-e – *Francisco Bergamín 7* ✉ *31003* – ☎ *948 24 50 07*

– *www.restaurantealhambra.es*

– *cerrado Semana Santa, del 1 al 15 de agosto, miércoles noche y domingo*

⫟○ Enekorri

MODERNA · A LA MODA XxX Una casa definida por dos conceptos: la fidelidad a los productos de temporada y su pasión por los vinos, lo que hace que su estupenda bodega esté en constante evolución.

Carta 40/70 €

Plano : B2-x – *Tudela 14* ✉ *31003* – ☏ *948 23 07 98* – *www.enekorri.com*
– *cerrado Semana Santa, 2ª quincena de agosto y domingo*

⫟○ Baserriberri ⓝ

MODERNA · SIMPÁTICA ⫶/ ¡Auténtico! Aquí proponen, a través de un menú sorpresa de varias tapas o "destinos", un viaje gastronómico por diversos países del mundo... eso sí, en base al producto local.

Tapa 3 € – Ración aprox. 10 € – Menú 25/28 € – único menú sorpresa
Plano : B1-x – *San Nicolás 32* ✉ *31001* – ☏ *948 22 20 21* – *www.baserriberri.com*
– *cerrado lunes*

⫟○ Bodegón Sarria

COCINA TRADICIONAL · RÚSTICA ⫶/ Se presenta con unos sugerentes jamones colgados de las vigas y curiosos vinilos en las paredes, estos últimos con los "encierros" como motivo principal. Pinchos tradicionales, fríos y calientes, buenas raciones y embutidos ibéricos.

Tapa 3 € – Ración aprox. 12 €

Plano : B1-c – *Estafeta 50-52* ✉ *31001* – ☏ *948 22 77 13* – *www.bodegonsarria.com*

⫟○ Guría

MODERNA · BAR DE TAPAS ⫶/ Abre sus puertas junto a la animada Plaza del Castillo y es un clásico, eso sí... ¡totalmente actualizado! Pinchos cuidados y bien elaborados, con una base de cocina actual.

Tapa 3 € – Ración aprox. 15 €

Plano : B1-r – *Estafeta 60-62* ✉ *31001 Iruña* – ☏ *948 22 74 05*

⫟○ Letyana

MODERNA · BAR DE TAPAS ⫶/ ¡Un icono del tapeo local! Posee una barra repleta de pinchos y un comedor en la entreplanta, donde proponen una pequeña carta de raciones, cazuelitas y platos tradicionales.

Tapa 2,90 € – Ración aprox. 13,50 €

travesía de Bayona 2, por av. de Bayona C1 ✉ *31011* – ☏ *948 25 50 45* – *cerrado del 15 al 31 de julio, domingo en verano y domingo noche resto del año*

Alojamientos

🏨 G.H. La Perla

HISTÓRICO · PERSONALIZADA Todo un clásico, bien reformado, por el que han pasado personajes de la talla de Ernest Hemingway o Manolete, por lo que cada habitación está personalizada y recuerda a alguno de sus huéspedes más ilustres. Curiosa biblioteca y restaurante a modo de gastrobar.

43 hab – ♦171/330 € – ♦♦182/330 € – ⌂ 27 € – 1 suite
Plano : B1-a – *pl. del Castillo 1* ✉ *31001* – ☏ *948 22 30 00*
– *www.granhotellaperla.com*

🏨 Muga de Beloso

LUJO · DE DISEÑO Edificio de diseño moderno situado en la ribera del río, junto a un club deportivo. Encontrará garaje gratuito y espaciosas habitaciones, todas de ambiente minimalista. El restaurante, que propone una cocina tradicional actualizada, destaca por sus verduras.

58 hab – ♦99/400 € – ♦♦99/400 € – ⌂ 20 € – 1 suite
Beloso Bajo 11 ✉ *31006* – ☏ *948 29 33 80* – *www.almapamplona.com*

Palacio Guendulain

EDIFICIO HISTÓRICO · ELEGANTE Le sorprenderá, pues viste su zona social con bellos carruajes y objetos históricos. Bar inglés, biblioteca, salones de aire regio... y confortables habitaciones, la mayoría clásicas. En su elegante restaurante ofrecen una carta de gusto actual y varios menús.

24 hab 🖙 – †136/386 € †† 146/396 € – 2 suites
Plano : AB1-s – *Zapatería 53* ✉ *31001* – ☎ *948 22 55 22*
– *www.palacioguendulain.com*

IZNÁJAR

Córdoba – 4 556 h. – Alt. 345 m – Mapa regional : **1**-C2
Mapa de carreteras Michelin n° 578-U17

en El Adelantado Suroeste : 7 km – Mapa regional : **1**-C2

Cortijo La Haza

CASA DE CAMPO · RÚSTICA Este antiguo cortijo, rodeado de olivos y naturaleza, disfruta de un ambiente rústico bastante acogedor, con una zona ajardinada, un patio y cálidas habitaciones. Su restaurante apuesta por una cocina internacional y un menú degustación que cambian a diario.

6 hab 🖙 – †73 € ††96 €
Adelantado 119 ✉ *14978 Iznájar* – ☎ *957 33 40 51* – *www.cortijolahaza.com*

JÁBAGA

Cuenca – 568 h. – Alt. 971 m – Mapa regional : **7**-C2
Mapa de carreteras Michelin n° 576-L23

en la carretera N 400 Sur : 3,5 km

La Casita de Cabrejas

AGROTURISMO · ACOGEDORA Destaca tanto por su elegante rusticidad como por sus exteriores, pues se halla en una preciosa finca repleta de pinares. Ofrece un salón social con chimenea, habitaciones de estilo antiguo y un coqueto restaurante. ¡Disfrute con sus actividades multiaventura!

13 hab 🖙 – †73/85 € ††81/94 €
vía de servicio, km 168 ✉ *16194 Jábaga* – ☎ *969 27 10 08*
– *www.lacasitadecabrejas.com* – *cerrado del 24 al 27 de diciembre*

JACA

Huesca – 12 889 h. – Alt. 820 m – Mapa regional : **2**-C1
Mapa de carreteras Michelin n° 574-E28

en Barós Sur : 3 km

Barosse

AGROTURISMO · ACOGEDORA Piedra, madera, forja... estos son los elementos fundamentales para crear una casa rural con encanto. Ofrece habitaciones de línea ecléctica y un jacuzzi con sauna, incluido en el precio, que podrá usar 50 minutos por cada día de estancia. ¡Ojo, solo adultos!

5 hab 🖙 – †110 € ††138 €
Estiras 4 ✉ *22712 Barós* – ☎ *974 36 05 82* – *www.barosse.com* – *cerrado Navidades, 15 días en abril y 15 días en noviembre*

 Una clasificación en rojo destaca el encanto del establecimiento 🏠 XXX.

114 658 h. – Alt. 574 m – Mapa regional : **1**-C2
Mapa de carreteras Michelin n° 578-S18

🏵 **Bagá ⑩** (Pedro Sánchez Jaén)   🏠 AC

MODERNA · BISTRÓ 𝕏 Este original restaurante, que toma su nombre de la flor del olivo, puede resultar algo pequeño en el espacio pero... ies muy grande en el sabor! Presenta un interior con sugerentes detalles de diseño y ofrece, a través de un único menú, una cocina mediterránea-actual elaborada con productos de temporada y proximidad.

→ Quisquillas de Motril con escabeche de perdiz. Riñón de cabrito con caviar. Quenelle de helado de aceite arbequina ecológico y miel de brezo, crema de naranja amarga y chocolate.

Menú 65 € – solo menú

Reja de la Capilla 3 ⊠ *23001 –* ℰ *953 04 50 74 (es necesario reservar)*
– www.bagagastronomico.com – cerrado del 1 al 26 de agosto, domingo noche y lunes

🍽️◯ **Casa Antonio**   🏠 ♿ AC ❄ ⟷

MODERNA · MARCO CONTEMPORÁNEO 𝕏𝕏 Se presenta con una terraza, un bar de tapeo y varias salas de aire contemporáneo. La carta contempla platos actualizados que toman como base la cocina tradicional y regional.

Menú 48/65 € – Carta 45/65 €

Fermín Palma 3 ⊠ *23008 –* ℰ *953 27 02 62 – www.casantonio.es – cerrado agosto, domingo en julio, domingo noche resto del año y lunes*

🍽️◯ **Horno de Salvador**   🏠 ♿ AC ❄ **P**

COCINA TRADICIONAL · ELEGANTE 𝕏𝕏 Casa solariega emplazada en un paraje relativamente solitario. Cuenta con una agradable terraza arbolada y una sala de línea clásica-elegante, donde podrá descubrir una cocina tradicional rica en asados, carnes rojas y caza en temporada.

Menú 40/70 € – Carta 35/50 €

carret. al Castillo ⊠ *23002 –* ℰ *953 23 05 28 – www.hornodesalvador.com*
– cerrado 20 días en julio, domingo noche y lunes

🍽️◯ **Yuma's**   AC ❄

COCINA TRADICIONAL · AMBIENTE CLÁSICO 𝕏𝕏 Uno de esos sitios de los que se suele salir contento, pues combina sus impecables instalaciones con una carta tradicional sencilla pero honesta. Pruebe su Ensalada de perdiz, el Revuelto de bacalao con aguacate o las Cocochas en caldo.

Menú 35/50 € – Carta 30/50 €

av. de Andalucía 74 ⊠ *23006 –* ℰ *953 22 82 73 – cerrado del 5 al 25 de agosto y domingo*

🍽️◯ **MangasVerdes**   🏠 AC

MODERNA · SIMPÁTICA 𝕪 iUn gastrobar de contrastes! Concilia la creación de un ambiente desenfadado con una cocina ciertamente destacable, donde las texturas y los sabores son muy agradables.

Tapa 5 € – Ración aprox. 14 € – Menú 33/55 €

Bernabé Soriano 28 ⊠ *23001 –* ℰ *953 08 94 95 – www.mangasverdesjaen.com*
– cerrado del 11 al 20 de agosto, domingo noche y lunes

🏰 **Parador de Jaén**   🌂 🦮 ⟵ ⛭ ⊡ AC ❄ 🛁 **P**

HISTÓRICO · HISTÓRICA Instalado junto al castillo-fortaleza de Jaén, del s. XIII, con el que comparte algunos muros. Recrea un ambiente medieval y destaca por sus magníficas vistas sobre la ciudad. El restaurante presenta altas bóvedas en piedra y una carta de carácter regional.

45 hab – 🕴105/190 € 🕴🕴105/190 € – ⊡ 19 €

Oeste, 4,5 km ⊠ *23001 –* ℰ *953 23 00 00 – www.parador.es – cerrado octubre*

en la carretera Bailén-Motril Sureste : 10 km

Oliva Garden 🛖 AC 🍴 P

MODERNA · MARCO CONTEMPORÁNEO ✕✕ ¡Un oasis gastronómico a las afueras de Jaén! Ofrece una zona de bar, una agradable terraza con barbacoa en la parte posterior y un comedor clásico, este con detalles rústicos y de diseño. Cocina de base tradicional, actualizada en técnicas y presentaciones.

Carta 30/50 €

km 44 ⊠ 23170 La Guardia de Jaén – ℰ 953 03 79 16 – solo almuerzo salvo jueves, viernes, sábado y verano – cerrado 7 días en mayo, 21 días en octubre y lunes

JARAÍZ DE LA VERA
Cáceres – 6 481 h. – Mapa regional : **12**-C1
Mapa de carreteras Michelin n° 576-L12

⭮O La Finca ⪻ 🛖 ₺ AC 🍴 ⭤ 🚗

REGIONAL · AMBIENTE TRADICIONAL ✕✕ El restaurante, que goza de gran aceptación y está precedido por una cafetería, propone una cocina de tinte regional. Agradable terraza, buenas vistas y precios ajustados.

Menú 12 € – Carta 30/45 €

carret. EX 203, Norte : 0,5 km ⊠ 10400 – ℰ 927 66 51 50 – www.villaxarahiz.com – cerrado domingo noche y lunes salvo verano

JARANDILLA DE LA VERA
Cáceres – 2 955 h. – Alt. 660 m – Mapa regional : **12**-C1
Mapa de carreteras Michelin n° 576-L12

🏯 Parador de Jarandilla de La Vera ⭏ 🐾 ⪽ 🏊 ☐ ₺ AC 🍴 🏋 P

EDIFICIO HISTÓRICO · CLÁSICA ¡Sirvió como residencia al mismísimo emperador Carlos V! En este castillo feudal del s. XV, que aún conserva sus murallas, el patio interior y el entorno ajardinado, encontrará unas habitaciones algo sobrias pero de buen confort. La oferta gastronómica refleja un marcado carácter local y regional.

52 hab – ♦85/190 € – ♦♦85/190 € – ⊒ 15 €

av. García Prieto 1 ⊠ 10450 – ℰ 927 56 01 17 – www.parador.es

JÁVEA Alicante → Ver Xàbia

JEREZ DE LA FRONTERA
Cádiz – 212 830 h. – Alt. 55 m – Mapa regional : **1**-A2
Mapa de carreteras Michelin n° 578-V11

✡ LÚ Cocina y Alma 🅽 (Juanlu Fernández) AC

DE MERCADO · MARCO CONTEMPORÁNEO ✕✕ Al entrar aquí accederá a un universo onírico, mágico, hilarante... con muchos toques de alocada elegancia y constantes guiños a la fantasía de "Alicia en el país de las maravillas". La propuesta, apreciable a través de menús degustación, exalta la cocina clásica francesa y sus maridajes usando el mejor producto local.

→ Láminas de presa ibérica, suero de cebolletas y trufa. Caballa soasada al sarmiento. Chocolate, caramelo y canela.

Menú 70/90 € – solo menú

Zaragoza 2 ⊠ 11402 – ℰ 695 40 84 81 – www.lucocinayalma.com – cerrado lunes

La Condesa 🛖 AC 🍴 P

MODERNA · SIMPÁTICA ✕✕ Un restaurante que sorprende tanto en lo estético, pues propone un transgresor juego entre los colores blanco y rojo, como en lo gastronómico, ya que plantea una cocina actual repleta de platos apetecibles, buenas intenciones y sabor.

Menú 14/58 € – Carta 22/37 €

Hotel Palacio Garvey, Tornería 24 ⊠ 11403 – ℰ 956 32 67 00 – www.sferahoteles.com

‖O La Carboná 🔲 ⅗ ⟁

ANDALUZA · RÚSTICA XX Instalado en una antigua, pero céntrica, nave-bodega que hoy se presenta bien renovada en su estética, iluminación y confort. Carta amplia de cocina tradicional actualizada.

Menú 38/60 € – Carta 35/55 €

San Francisco de Paula 2 ✉ *11401* – 𝒞 *956 34 74 75* – *www.lacarbona.com* – *cerrado julio y martes*

‖O Albalá 🏠 ⅗ 🔲 ⅗

MODERNA · DE DISEÑO ⅌ Tapas y raciones de elaboración actual... ¡al lado de la Real Escuela Andaluza del Arte Ecuestre! En general resulta acogedor, presentándose con una sala de moderno montaje.

Tapa 4 € – Ración aprox. 10 €

av. Duque de Abrantes, esquina Divina Pastora ✉ *11403* – 𝒞 *956 34 64 88* – *www.restaurantealbala.com*

‖O Juanito 🏠 🔲

ANDALUZA · AMBIENTE TRADICIONAL ⅌ De ambiente regional y en pleno casco viejo. En conjunto posee una estética informal, sorprendiendo con la curiosa terraza de acceso cubierta por toldos y un agradable patio interior. ¡No se puede ir sin probar sus famosísimas Alcachofas!

Tapa 2 € – Ración aprox. 10 €

Pescadería Vieja 8-10 ✉ *11403* – 𝒞 *956 33 48 38* – *www.bar-juanito.com* – *cerrado del 6 al 18 enero, domingo en verano y domingo noche resto del año*

🏨 Palacio Garvey 🔲 ⅗ 🔲 ⅗ 🅿

HISTÓRICO · MODERNA En este magnífico palacete del s. XIX encontraremos un hermoso patio y cuidadas habitaciones, las superiores con mayor espacio pero todas definidas por su diseño y confort.

16 hab 🛏 – ⅋55/70 € ⅋⅋66/90 €

Tornería 24 ✉ *11403* – 𝒞 *956 32 67 00* – *www.hotelpalaciogarvey.com*

🅐 **La Condesa** – ver selección restaurantes

🏨 Villa Jerez 🔲 🔲 🔲 🔲 🔲 ⅗ 🔲 🔲 🚗

TRADICIONAL · ELEGANTE Elegante casa señorial rodeada de jardines y decorada con detalles de sumo gusto. Pone a su disposición una acogedora zona noble y habitaciones de excelente equipamiento. El restaurante apuesta por una cocina que ensalza los sabores típicos y tradicionales.

18 hab – ⅋100/450 € ⅋⅋100/450 € – 🛏 15 €

av. de la Cruz Roja 7 ✉ *11407* – 𝒞 *956 15 31 00* – *www.villajerez.com*

JIMÉNEZ DE JAMUZ

León – 980 h. – Alt. 770 m – Mapa regional : **8**-A1
Mapa de carreteras Michelin n° 575-F12

‖O El Capricho 🔲 🏠 ⅗ ⟁ 🅿

CARNES · RÚSTICA X ¡Un paraíso para los amantes de la auténtica carne de buey! Atesora ganadería propia y está instalado en una antigua cueva-bodega. Cocina tradicional y carnes a la parrilla.

Menú 30/140 € – Carta 50/75 €

Carrobierzo 28 ✉ *24767* – 𝒞 *987 66 42 27* – *www.bodegaelcapricho.com* – *cerrado del 8 al 23 de enero*

JOANETES

Girona – 299 h. – Mapa regional : **9**-C1
Mapa de carreteras Michelin n° 574-F37

🏠 Les Comelles ⚘ 🐾 ≼ ⌂ 🄰🄲 ✂ 🧆 🅿

AGROTURISMO · RURAL Masía del s. XIV emplazada en la ladera de una montaña, con vistas al valle y una preciosa piscina. Ofrece un salón social con chimenea, confortables habitaciones, un coqueto restaurante y un pabellón, tipo aula de cocina, donde sirven su menú degustación.

8 hab ⌂ – ♦125/145 € ♦♦150/210 €

Sur : 1,5 km ✉ *17176 –* 𝒸 *628 61 77 59 – www.maslescomelles.com – cerrado 24 diciembre-enero*

JUNCO Asturias → Ver Ribadesella

KEXAA QUEJANA
Álava – 56 h. – Mapa regional : **18**-A2
Mapa de carreteras Michelin n° 573-C20

🍽 Arcos de Quejana ≼ ⅏ 🄰🄲 ✂ 🅿

COCINA TRADICIONAL · RÚSTICA XX ¡Se accede por el bar del hotel, en la 1ª planta! Ofrece una moderna bodega visitable, varias salas panelables y un salón para banquetes abuhardillado en el último piso, este con el acceso por un ascensor panorámico. Cocina tradicional.

Menú 16/48 € – Carta 40/65 €

carret. Beotegi ✉ *01478 –* 𝒸 *945 39 93 20 – www.arcosdequejana.com – solo almuerzo salvo fines de semana – cerrado 20 diciembre-20 enero y domingo noche*

LAGUARDIA
Álava – 1 474 h. – Alt. 635 m – Mapa regional : **18**-A2
Mapa de carreteras Michelin n° 573-E22

😊 Amelibia ⅏ 🄰🄲 ✂

COCINA TRADICIONAL · AMBIENTE CLÁSICO XX Negocio de línea clásica-actual regido con pasión y profesionalidad por un amable matrimonio. En la sala, con vistas a los campos y viñedos desde algunas mesas, podrá elegir entre su carta de cocina tradicional actualizada o su siempre cuidado menú del día.

Menú 18/50 € – Carta 30/45 €

Barbacana 14 ✉ *01300 –* 𝒸 *945 62 12 07 – www.restauranteamelibia.com – solo almuerzo salvo viernes y sábado – cerrado 24 diciembre-6 enero, 15 días en agosto y martes*

🏠 Hospedería de los Parajes ⚘ 🖻 ⅏ 🄰🄲 ✂

FAMILIAR · PERSONALIZADA Está instalado en dos antiguas casas de piedra y destaca tanto por el equipamiento como por su originalidad... pero sobre todo por como cuidan cada detalle. Habitaciones personalizadas, bodega y tienda delicatessen. El restaurante acompaña su cocina tradicional actualizada con un impecable servicio de mesa.

18 hab ⌂ – ♦140/500 € ♦♦140/500 €

Mayor 46 ✉ *01300 –* 𝒸 *945 62 11 30 – www.hospederiadelosparajes.com*

LALÍN
Pontevedra – 20 005 h. – Alt. 552 m – Mapa regional : **13**-B2
Mapa de carreteras Michelin n° 571-E5

🍽 Cabanas 🎇 🄰🄲 ✂ 🔄

COCINA TRADICIONAL · ACOGEDORA XX De sus fogones surge una cocina tradicional actualizada que se ve enriquecida con diversos platos de temporada y de caza. ¡No dude en probar el famoso Cocido gallego de Lalín!

Carta 30/50 €

Pintor Laxeiro 3 ✉ *36500 –* 𝒸 *986 78 23 17 – www.restaurantecabanas.com – cerrado lunes salvo septiembre-abril y domingo noche*

🍴○ **Asturiano** ⓝ   [A/C]

PESCADOS Y MARISCOS · MARCO CONTEMPORÁNEO ⅹ Muy bien llevado en familia. Destaca por la bondad de sus pescados y mariscos, comprados personalmente en la lonja. Cocina tradicional de producto con escasa manipulación.

Carta 30/62 €

Rosalía de Castro 24 ⊠ 36500 – 𝒞 986 78 12 63 – cerrado del 1 al 15 de julio, domingo noche y lunes

🍴○ **La Molinera**   & [A/C] ⇦

COCINA TRADICIONAL · AMBIENTE CLÁSICO ⅹ Un sencillo negocio familiar que ha adquirido nuevos bríos al pasar de padres a hijos. Cocina tradicional y actual, con platos típicos gallegos y otros mucho más elaborados.

Menú 21/40 € – Carta 31/47 €

Rosalía de Castro 15 ⊠ 36500 – 𝒞 986 78 20 55 – www.restaurantelamolinera.com – cerrado del 4 al 17 de octubre, martes noche y miércoles

LANGARIKA

Álava – Mapa regional : **18**-B2
Mapa de carreteras Michelin nº 573-D22

🍴○ **Laua** ⓝ   & [A/C] ⇦

CREATIVA · MARCO REGIONAL ⅩⅩ En esta casa, de medida rusticidad, los hermanos Ramírez le propondrán dos esmerados menús degustación sorpresa, uno corto y otro largo, ambos de marcado carácter creativo.

Menú 50/65 € – solo menú

Langarika 4 ⊠ 01206 – 𝒞 945 30 17 05 (es necesario reservar) – www.lauajantokia.com – cerrado del 10 al 31 de agosto, domingo noche, lunes, martes, miércoles noche y jueves noche

LANJARÓN

Granada – 3 715 h. – Alt. 720 m – Mapa regional : **1**-D1
Mapa de carreteras Michelin nº 578-V19

🏠 **Alcadima**   🎋 ⌖ ≤ ⌁ ⅃⌂ ▣ ⊡ & [A/C] ❀ ⅏ ⇆

TRADICIONAL · RÚSTICA Está formado por varios edificios ubicados en la parte baja de la localidad y cuenta con unas habitaciones de estilo rústico, la mayoría de ellas con vistas a la sierra. En su coqueto comedor podrá degustar deliciosos platos regionales y locales.

40 hab ⌷ – ♦65/70 € ♦♦75/90 €

Francisco Tárrega 3 ⊠ 18420 – 𝒞 958 77 08 09 – www.alcadima.com – cerrado 17 noviembre-3 diciembre y 9 diciembre-27 febrero

LANUZA Huesca → Ver Sallent de Gállego

LARRABETZU

Vizcaya – 2 046 h. – Alt. 100 m – Mapa regional : **18**-A3
Mapa de carreteras Michelin nº 573-C21

junto a la autovía N 637 (salida 25) Oeste : 2,8 km

🌼🌼🌼 **Azurmendi** (Eneko Atxa Azurmendi)   🕸 ≤ & [A/C] ❀ 🗗 [P]

CREATIVA · DE DISEÑO ⅩⅩⅩ Los valores que marcan la personalidad de un restaurante no se construyen solo en torno a los fogones o el interiorismo, y un magnífico ejemplo lo tenemos en Azurmendi, una casa que intenta marcar las pautas a la hora de ejercer la profesión con responsabilidad; por ello, todo lo que usan en la cocina viene de sus propias huertas e invernaderos.

El edificio, diseñado por la arquitecta Naia Eguino, procura también su integración en el entorno, lo que le ha convertido en un símbolo mundial dentro de la gastronomía eficiente y un ejemplo de sostenibilidad (reutilización del agua de lluvia, máximo aprovechamiento de la luz solar, control inteligente de la temperatura, producción autónoma de energías renovables...).

El chef Eneko Atxa, al frente del proyecto, plantea una propuesta creativa e innovadora que, a través de sus menús degustación, ve la luz en un ameno recorrido por las distintas instalaciones del edificio, haciendo de la comida una experiencia tremendamente singular.

→ Guisante lágrima, gel de ibérico y pan de maíz. Salmonete en tempura, jugo de pimientos asados al carbón y perejil. Oliva negra, leche de oveja y cacao.

Menú 220 € – solo menú

Legina Auzoa ✉ 48195 Larrabetzu – 𝒞 944 55 83 59 – www.azurmendi.biz – solo almuerzo salvo viernes y sábado – cerrado 16 diciembre-febrero, y lunes

✿ Eneko ≼ ⅙ AK 𝒮 ⇔ 🅿

CREATIVA · ACOGEDORA XX Instalado sobre la bodega Gorka Izagirre, pues... ¡ocupa lo que fue el antiguo Azurmendi! Sorprende con una sala de estética actual-informal y dos cocinas a la vista, una a cada lado. ¿Su propuesta? Elaboraciones actuales con toques de autor, todo dentro de un único menú degustación que se cambia cada semana.

→ Yema de huevo de caserío sobre estofado de trigo y jugo de pimientos asados al carbón. Pato asado a la brasa, manzana y perejil. Frutos rojos, granizado de menta y aroma de rosas.

Menú 77 € – solo menú

Legina Auzoa ✉ 48195 Larrabetzu – 𝒞 944 55 88 66 – www.eneko.restaurant – solo almuerzo salvo viernes y sábado – cerrado 16 diciembre-21 enero y lunes

LASARTE-ORIA

Guipúzcoa – 18 093 h. – Alt. 42 m – Mapa regional : **18**-B2
Mapa de carreteras Michelin nº 573-C23

✿✿✿ Martín Berasategui ఴ ≼ 🏠 AK 𝒮 🅿

CREATIVA · ELEGANTE XxX Honestidad, pasión, fe ciega en su equipo... ¡y más de 40 años en la profesión! Acercarse a un gigante de la cocina como Martín Berasategui supone un hito para cualquier gastrónomo, por lo que la experiencia encontrará un espacio imborrable en su memoria.

La tremenda familiaridad de este hombre, en el top 5 del ranking mundial en cuanto al número de estrellas MICHELIN (10 en total), no deja de sorprender, sobre todo porque se considera, a sí mismo, un humilde "transportista de felicidad" y esto le ha llevado a tutelar un pequeño imperio culinario. ¿El posible secreto de su éxito? Tener las ideas muy claras, manejar productos de máxima calidad, aplicar las técnicas modernas que más respeten los sabores y, sin lugar a dudas, lo que él promulga con su ya famoso gesto de "garrote" (levantar el antebrazo con el puño cerrado en actitud de fortaleza): trabajar, trabajar y trabajar.

¿Un plato de referencia? El mítico Milhojas caramelizado de anguila ahumada, foie gras, cebolleta y manzana verde.

→ "La Trufa" con setas fermentadas y berza al aceite "Alma de Jerez". Pichón tierno relleno de aceituna y foie-gras asado al carbón con colinabo y zanahorias al pil-pil, capuchina de cacao y patata. Chocolate, café y té con quinoa crujiente.

Menú 235/260 € – Carta aprox. 164 €

Loidi 4 ✉ 20160 – 𝒞 943 36 64 71 – www.martinberasategui.com – cerrado 16 diciembre-12 marzo, domingo noche, lunes y martes

LASTRES

Asturias – 1 396 h. – Alt. 21 m – Mapa regional : **3**-C1
Mapa de carreteras Michelin nº 572-B14

🍽 Eutimio ≼ 𝒮

PESCADOS Y MARISCOS · FAMILIAR XX Casa de aire regional con cierto prestigio en la zona. En su mesa encontrará una cocina tradicional especializada en pescados, pero también una selecta carta de vinos a buen precio ¡Pregunte por sus mariscos y por los pescados del día!

Menú 30 € – Carta aprox. 49 €

Hotel Eutimio, San Antonio ✉ 33330 – 𝒞 985 85 00 12 – www.casaeutimio.com – solo almuerzo en invierno salvo viernes y sábado – cerrado 7 días en noviembre, 15 días en enero, domingo noche y lunes

⌂ Eutimio ✍

FAMILIAR · RÚSTICA Céntrico hotelito de organización familiar instalado en una casona de piedra. En general ofrece unas habitaciones de ambiente neorrústico muy acogedoras... así como una de estética actual. ¡Salón social con terraza y vistas al mar!

10 hab – ♦40/53 € ♦♦60/66 € – ☐ 10 €

San Antonio ⊠ 33330 – ℰ 985 85 00 12 – www.casaeutimio.com – cerrado 7 días en noviembre y 15 días en enero

♨O **Eutimio** – ver selección restaurantes

LEGASA

Navarra – Mapa regional : **17**-A1
Mapa de carreteras Michelin n° 573-C25

⊛ Arotxa 🗘 🖭 ✍ ⇔ 🅿

COCINA TRADICIONAL · RÚSTICA ✕✕ En este cuidado restaurante, clásico pero con detalles rústicos, encontrará una carta tradicional que convence por su honestidad, con muy buenas carnes y sugerencias diarias. Pruebe los Pimientos rellenos de hongos o el popular Chuletón de vaca a la parrilla.

Carta 30/47 €

Santa Catalina 34 ⊠ 31792 Legasa – ℰ 948 45 61 00 – www.arotxa.com – solo almuerzo salvo viernes y sábado – cerrado del 8 al 26 de enero, del 2 al 10 de julio y martes

LEIRO

Ourense – 1 630 h. – Alt. 99 m – Mapa regional : **13**-B3
Mapa de carreteras Michelin n° 571-E5

⌂⌂⌂ Mosteiro de San Clodio 🗘 🕭 ⊐ 🖭 ✍ ⚐ 🅿

HISTÓRICO · CLÁSICA La calidez de la piedra y la sobriedad del románico se funden en este monasterio cisterciense del s. XII. Las instalaciones destacan por su confort y equipamiento, con amplias habitaciones de línea clásica y una oferta culinaria fiel al recetario tradicional.

25 hab – ♦84/189 € ♦♦84/189 € – ☐ 10 €

San Clodio, Este : 1 km ⊠ 32420 – ℰ 988 48 56 01 – www.eurostarshotels.com – abierto marzo-octubre

LEKEITIO

Vizcaya – 7 229 h. – Alt. 10 m – Mapa regional : **18**-B2
Mapa de carreteras Michelin n° 573-B22

⌂⌂ Zubieta 🕭 🖭 ᵹ 🅿

TRADICIONAL · ACOGEDORA Un hotel de bello entorno ajardinado que combina la rusticidad estética y el confort actual. Ofrece habitaciones de diferentes estilos, las de la última planta abuhardilladas.

22 hab – ♦75/140 € ♦♦85/150 € – ☐ 10 €

Atea ⊠ 48280 – ℰ 946 84 30 30 – www.hotelzubieta.com – abierto 15 febrero-3 noviembre

LEKUNBERRI

Navarra – 1 483 h. – Mapa regional : **17**-A2
Mapa de carreteras Michelin n° 573-C24

♨O Epeleta 🖭 ⇔ 🅿

CARNES · RÚSTICA ✕✕ Uno de esos sitios que gusta recomendar, pues resulta muy acogedor y emana honestidad. Ocupa un atractivo caserío dotado con un bar y un comedor, ambos de cuidado ambiente rústico. Buenas carnes y pescados a la brasa.

Menú 50 € – Carta 40/60 €

Aralar ⊠ 31870 – ℰ 948 50 43 57 – www.asadorepeleta.com – solo almuerzo – cerrado Navidades, 2ª quincena de junio y lunes

LEÓN

125 317 h. – Alt. 822 m – Mapa regional : **8**-B1
Mapa de carreteras Michelin n° 575-E13

🕸 **Cocinandos** (Yolanda León y Juanjo Pérez)　　 🔥 AC 🍴

MODERNA · MINIMALISTA XX Se enfrentan a un salto cualitativo determinante, pues llevan todas sus ollas y sartenes al histórico edificio de la Casa del Peregrino, junto al monumental Parador de San Marcos. Aquí quieren convertir la transparencia en una seña de identidad para que el comensal participe mucho más del proceso creativo en la cocina.

→ Tartar de carne de potro marinada, bañado en mostaza y crema de aguacate. Salmonete, seta de San Jorge y nabo. Manzana, frambuesa, su galleta y hojaldre.

Menú 45 € – solo menú

Las Campanillas 1 (previsto traslado a pl. San Marcos 5, junto al Parador)
✉ *24008* – ☎ *987 07 13 78*
– *www.cocinandos.com*
– *cerrado 15 días en febrero, 20 días en agosto, domingo y lunes*

🕸 **Pablo** (Juan José Losada)　　 🔥 AC 🍴

MODERNA · MINIMALISTA XX Un restaurante de carácter familiar que denota pasión, entusiasmo y ganas de mejorar cada día. El chef apuesta por una cocina leonesa de vanguardia que alcanza su identidad ensalzando los contrastes y los productos propios de esta tierra, siempre de temporada y proximidad. ¡Minimalismo al servicio de la gastronomía!

→ Palos y hojas. Carrillera de merluza. El bosque de chocolate.

Menú 45 € – solo menú

av. Los Cubos 8 ✉ *24007* – ☎ *987 21 65 62*
– *www.restaurantepablo.es*
– *cerrado del 9 al 24 de enero, del 5 al 25 de agosto, domingo y lunes*

😋 **LAV** 　　 AC 🍴 ⇔

MODERNA · TENDENCIA XX Un restaurante de línea actual que aporta nuevos aires en León, tanto por la oferta culinaria como por su planteamiento de la experiencia en varios espacios o etapas. Encontrará un único menú degustación abierto a que se pueda elegir entre diferentes platos.

Menú 37 € – solo menú

av. Padre Isla 1 (Hotel Alfonso V) ✉ *24002* – ☎ *987 22 09 52*
– *www.restaurantelav.com*
– *cerrado 15 julio-15 agosto y domingo*

😋 **Becook**　　 AC 🍴

FUSIÓN · SIMPÁTICA X Negocio tipo bistró llevado con acierto entre dos jóvenes cocineros. En sus simpáticas instalaciones, de ambiente informal y con los fogones a la vista del cliente, le propondrán una moderna carta de gusto internacional que fusiona varios estilos de cocina.

Carta 20/35 €

Cantareros 2 ✉ *24002* – ☎ *987 01 68 08*
– *www.restaurantebecook.es*
– *cerrado domingo y lunes*

🍴○ **Koi**　　 AC 🍴 ⇔

JAPONESA · A LA MODA X Un restaurante japonés bastante singular, pues fusiona la estética urbana-actual con los elementos estructurales de un edificio antiguo. ¡Se accede por un estrecho pasillo!

Menú 19 € – Carta 30/40 €

Cervantes 1 ✉ *24002* – ☎ *987 79 39 72*
– *www.koijapones.com*
– *cerrado lunes*

🍴 **Clandestino**   AC 🍸

FUSIÓN · A LA MODA 🍸 Un gastrobar urbano que sorprende con paredes rotas, suelos de hormigón, maderas recicladas... ¿Su propuesta? Cocina actual-creativa con influencias asiáticas y peruanas.

Ración aprox. 14 €

Cervantes 1 ✉ 24003 – ✆ 987 75 39 71

– www.clandestinoleon.es

🏨 **NH Plaza Mayor**   📶 & AC 🍸 🛁 🚗

CADENA HOTELERA · FUNCIONAL Resulta confortable y tiene un emplazamiento privilegiado, pues el popular barrio Húmedo es la zona más animada de León. ¡Solicite las habitaciones orientadas a la plaza!

51 hab – ♦87/159 € ♦♦97/220 € – ☲ 19 €

pl. Mayor 15 ✉ 24003 – ✆ 987 34 43 57

– www.nh-hotels.com

🏨 **La Posada Regia**   🍸 📶 🛁

TRADICIONAL · RÚSTICA Instalado en un edificio del s. XIV que, próximo a la Catedral, aún conserva el encanto de antaño. Ofrece habitaciones de aire rústico, muchas con vigas de madera a la vista y mobiliario de anticuario, así como un restaurante que ensalza la cocina tradicional.

19 hab ☲ – ♦45/100 € ♦♦60/216 €

Regidores 11 ✉ 24003 – ✆ 987 21 31 73

– www.regialeon.com

🏨 **Q!H Centro León**   📶 & AC 🍸

TRADICIONAL · FUNCIONAL ¡Tiene cierto encanto! Su casi inexistente zona social se compensa con un buen bar-cervecería. En este hotel encontrará unas habitaciones reducidas pero actuales, todas con vistas a la Catedral, y algunos servicios propios de un SPA.

22 hab – ♦50/130 € ♦♦55/160 € – ☲ 3 €

av. Los Cubos 6 ✉ 24007 – ✆ 987 87 55 80

– www.qhhoteles.com

LEPE

Huelva – 27 675 h. – Alt. 28 m – Mapa regional : **1**-A2

Mapa de carreteras Michelin n° 578-U8

🍴 **El Rincón de Rafa**   🌿 & AC

COCINA TRADICIONAL · RÚSTICA 🍸 Resulta agradable, recrea un ambiente clásico-rústico y ofrece una cocina tradicional de producto, con carnes del norte de la provincia y magníficos pescados de trasmallo.

Carta 25/35 €

de las Malagueñas 2 (Recinto Romero de la Bella), Sur : 3 km ✉ 21440

– ✆ 959 38 37 27 – cerrado mayo, noviembre, festivos y lunes salvo julio-agosto

LÉRIDA Lleida → Ver Lleida

LERMA

Burgos – 2 703 h. – Alt. 844 m – Mapa regional : **8**-C2

Mapa de carreteras Michelin n° 575-F18

🏠 **Casa Brigante**   🍸 🪑

REGIONAL · RÚSTICA 🍸 Instalado en una casa centenaria. Posee un comedor rústico, presidido por un horno de leña, así como dos salas más en el 1er piso y un privado. ¡Pruebe sus magníficos asados!

Carta 24/46 €

pl. Mayor 5 ✉ 09340 – ✆ 947 17 05 94

– www.casabrigante.com – solo almuerzo – cerrado 5 días en marzo y 5 días en noviembre

Parador de Lerma

HISTÓRICO · CLÁSICA Hermoso palacio del s. XVII ubicado en la Plaza Mayor. Atesora un espectacular patio central, cubierto por un lucernario, y habitaciones de completo equipamiento, todas amplias y de gran clasicismo. En el restaurante ensalzan la cocina local y regional.

70 hab – †95/200 € ††95/200 € – ⊆ 19 €

pl. Mayor 1 ⊠ 09340 – ℰ 947 17 71 10 – www.parador.es

La Hacienda de mi Señor

TRADICIONAL · RÚSTICA Este hotelito, muy colorista y simpático, ocupa una construcción que data del s. XVII. Amplia zona social con las paredes en piedra, coquetas habitaciones y terraza-patio.

15 hab ⊆ – †50 € ††75 €

El Barco 6 ⊠ 09340 – ℰ 947 17 70 52 – www.lahaciendademisenor.com

Posada de Eufrasio

FAMILIAR · PERSONALIZADA Ubicado muy cerca del Parador, llevado en familia y repartido entre dos edificios, uno para el hotel y el otro para el restaurante, este último de ambiente rústico. Encontrará unas habitaciones de buen confort, acogedoras y personalizadas en su decoración.

10 hab – †66/100 € ††66/150 €

Vista Alegre 13 ⊠ 09340 – ℰ 947 17 02 57 – www.posadadeeufrasio.com

LEVANTE (Playa de) Valencia → Ver València

LEZAMA

Álava – Alt. 350 m – Mapa regional : **18**-A2
Mapa de carreteras Michelin n° 573-C21

Iruaritz

AGROTURISMO · RÚSTICA Un marco ideal para el descanso, pues se trata de un caserío vasco del s. XV dotado con dependencias de gran confort, todas distintas y con mobiliario antiguo restaurado.

5 hab – †55/66 € ††68/76 € – ⊆ 7 €

barrio San Prudencio 29 ⊠ 01450 – ℰ 945 89 26 76 – www.grupolezama.es

LIENDO

Cantabria – 995 h. – Mapa regional : **6**-C1
Mapa de carreteras Michelin n° 572-B19

Posada La Torre de la Quintana

CADENA HOTELERA · RÚSTICA Ocupa un antiguo edificio cuya torre, del s. XV, está considerada patrimonio artístico. Correctas habitaciones de aire rústico, las del piso superior abuhardilladas.

12 hab – †65/105 € ††65/105 € – ⊆ 8 €

barrio de Hazas, casa 26 ⊠ 39776 – ℰ 942 67 74 39 – www.intergrouphoteles.com – cerrado noviembre, enero y febrero

LIÉRGANES

Cantabria – 2 386 h. – Alt. 110 m – Mapa regional : **6**-B1
Mapa de carreteras Michelin n° 572-B18

El Arral

MANSIÓN · CLÁSICA Casona en piedra construida junto al río Miera, con diversas zonas comunes y un jardín. Ofrece habitaciones amplias y coloristas, así como su propia ermita abierta al culto.

10 hab ⊆ – †63/81 € ††79/103 €

Convento 10 ⊠ 39722 – ℰ 942 52 84 75 – www.casonaelarral.com – abierto 12 marzo-12 diciembre

ESPAÑA

LILLO

Toledo – 2 813 h. – Mapa regional : **7**-B2
Mapa de carreteras Michelin n° 576-M20

🏠 Posada Hospedería El Convento 🛏 🍴 ☑ 🅰🅲 🛁

EDIFICIO HISTÓRICO · PERSONALIZADA ¡Idóneo para desconectar! Recupera
un convento del s. XVII distribuido en torno a un pequeño patio central, con todas
las habitaciones personalizadas. Cuidado restaurante e interesante oferta de ocio,
pues organizan visitas a las bodegas y molinos de la zona.

8 hab ⌂ – ♦75/95 € ♦♦85/105 €
El Convento 25 ☒ 45870 – ☎ 639 40 95 15
– www.posadahospederiaelconvento.com
– cerrado enero

LIMPIAS

Cantabria – 1 815 h. – Alt. 29 m – Mapa regional : **6**-C1
Mapa de carreteras Michelin n° 572-B19

🏰 Parador de Limpias 🛏 🍴 🚪 ⌃ 🗊 🧖 ✕ ☑ ♿ 🅰🅲 🍸 🛁 🚗

MANSIÓN · MODERNA Se alza en la finca del Palacio de Eguilior, arbolada y de
gran extensión. Consta de dos construcciones, un recio palacio del s. XX y un
anexo más actual, con habitaciones modernas y confortables. El restaurante
ofrece una carta tradicional. En su jardín encontrará un sendero bien marcado
para el paseo.

65 hab – ♦85/200 € ♦♦85/200 € – ⌂17 € – 7 suites
Fuente del Amor ☒ 39820 – ☎ 942 62 89 00
– www.parador.es
– cerrado enero-10 febrero

LINARES

Jaén – 59 737 h. – Alt. 418 m – Mapa regional : **1**-C2
Mapa de carreteras Michelin n° 578-R19

🍽 Canela en Rama ♿ 🅰🅲 ⇔

REGIONAL · MARCO CONTEMPORÁNEO XX En este restaurante, de montaje
moderno, se apuesta claramente por la actualización del recetario local y andaluz,
siempre desde el respeto a los sabores y usando los mejores AOVEs jiennenses.
¡Platos contundentes, bien presentados y a precios comedidos!

Carta 30/45 €
Espronceda 22 ☒ 23700 – ☎ 953 60 25 32
– www.canelaenramalinares.es – solo almuerzo salvo viernes y sábado
– cerrado 24 julio-7 agosto y lunes

🍽 Los Sentidos ♿ 🅰🅲 🍸 ⇔

MODERNA · MARCO CONTEMPORÁNEO XX Tras su atractiva fachada en piedra
presenta una pequeña recepción y cuatro salas de estética actual, una asomada
a un pequeño patio interior. Cocina de corte actual que toma como base el recetario tradicional, poniéndolo al día en técnicas y presentaciones.

Menú 36/60 € – Carta 28/50 €
Doctor 13 ☒ 23700 – ☎ 953 65 10 72
– www.restaurantelossentidos.com
– cerrado domingo noche y lunes noche

🍽 Taberna Canela en Rama 🅰🅲 🍸

COCINA TRADICIONAL · SENCILLA ⁹ La acogedora taberna de dos plantas que
dio origen al negocio, presentada ahora con una barra en cada piso. ¡Las tapas
individuales van acompañando siempre la consumición!

Tapa 1,10 € – Ración aprox. 12 €
República Argentina 12 ☒ 23700 – ☎ 953 60 25 32
– www.canelaenramalinares.es

318

🍴 **Taberna La Carbonería**   AC 🚫

COCINA TRADICIONAL · TABERNA 🍴/ Esta taberna, algo pequeña y de ambiente rústico, destaca tanto por su amplia carta de raciones como por su extensa variedad de vinos, servidos por copas. ¡Suele llenarse!

Tapa 1,50 € – Ración aprox. 7,50 €

Zabala 9 ✉ *23700* – ☎ *953 01 09 40*

LINARES DE LA SIERRA

Huelva – 272 h. – Alt. 497 m – Mapa regional : **1**-A2
Mapa de carreteras Michelin n° 578-S10

😊 **Arrieros**   🏡 & AC 🚫

REGIONAL · RÚSTICA 🍴 Con encanto, pues ocupa una casona típica. Sorprende tanto por su interior, de aire rústico-actual, como por su destacable propuesta en torno a la cocina serrana, fiel a los productos autóctonos pero con sabores suavizados. ¡Pruebe su fabulosa Sopa de tomate!

Menú 35/48 € – Carta 32/54 €

Arrieros 2 ✉ *21207* – ☎ *667 59 96 73* – *www.restaurantearrieros.com* – *solo almuerzo salvo agosto* – *cerrado 20 junio-31 julio*

LINYOLA

Lleida – 2 652 h. – Alt. 220 m – Mapa regional : **9**-B2
Mapa de carreteras Michelin n° 574-G32

😊 **Amoca**   AC 🚫

COCINA TRADICIONAL · FAMILIAR 🍴 Entrañable y familiar. Tanto en el bar de la entrada como en su moderno comedor la apuesta es muy clara: ofrecer una cocina tradicional de nivel, con productos de calidad y a precios moderados. ¿Una especialidad? Pruebe alguno de sus platos de caracoles.

Carta 25/35 €

Llibertat 32 ✉ *25240* – ☎ *973 57 51 10* – *www.amocarestaurant.com* – *cerrado 15 julio-9 agosto, domingo noche y lunes*

LIZARRA ESTELLA

Navarra – 13 707 h. – Alt. 430 m – Mapa regional : **17**-A2
Mapa de carreteras Michelin n° 573-D23

🏨 **Tximista**   🍴 🖭 & AC 🚫 ⚒ P

TRADICIONAL · MODERNA Instalado en una fábrica de harinas del s. XIX que hay junto al río. Ofrece habitaciones de línea actual, algunas emplazadas en unos antiguos silos de planta octogonal, y un comedor que centra su propuesta en un menú. ¡Trabajan mucho con peregrinos a Santiago!

29 hab - †65/90 € ††75/100 € – 🍴 11 €

Zaldu 15 ✉ *31200* – ☎ *948 55 58 70* – *www.sanvirila.com*
– *cerrado 18 diciembre-10 enero*

LLADURS

Lleida – 193 h. – Mapa regional : **9**-B2
Mapa de carreteras Michelin n° 574-G34

🏨 **La Vella Farga** 🆕   🍴 🚫 ⟨ ⚒ 🖭 & AC 🚫 ⚒ P

Una antigua masía restaurada y rodeada de naturaleza. Sus recios muros en piedra dan paso a unas dependencias, de confort actual, sumamente elegantes y detallistas. El bello restaurante, en el viejo granero, propone una carta actual y un buen menú degustación.

13 hab - †160/180 € ††180/200 € – 🍴 28 €

carret. LV-4241 B ✉ *25283* – ☎ *973 29 92 12* – *www.hotelvellafarga.com* – *cerrado 10 días en enero*

LLAFRANC

Girona – 304 h. – Mapa regional : **10**-B1
Mapa de carreteras Michelin nº 574-G39

❀ **Casamar** (Quim Casellas)   ⌘ ⪕ 🏠 ♿ Ⓐ🅒

MODERNA · AMBIENTE CLÁSICO ✗✗ Uno de esos negocios de gestión familiar en los que la implicación, el trabajo y la creencia en los valores propios han dado sus frutos. Tanto en las salas como en su terraza, esta asomada a la bahía, podrá degustar una cocina actual repleta de personalidad, comprometida con la calidad y fiel a los productores locales.

→ Salteado de sepionas, "calçots" y panceta. Pato asado con cebollas a la ratafía. Lemon pie.

Menú 52/82 € – Carta 50/74 €

Hotel Casamar, Nero 3 ⊠ *17211 –* ✆ *972 30 01 04*
– www.hotelcasamar.net – cerrado enero-12 abril, domingo noche salvo julio-agosto y lunes

🏠 **Casamar**   ⪜ ⪕ 🔼 Ⓐ🅒

FAMILIAR · FUNCIONAL Resulta agradable y destaca por sus vistas, pues se encuentra en la parte alta del pueblo... en un extremo de la bahía. Se presenta totalmente renovado, con balcones y vistas al mar desde la mayor parte de sus habitaciones.

20 hab � – †75/115 € ††95/150 €

Nero 3 ⊠ *17211 –* ✆ *972 30 01 04*
– www.hotelcasamar.net – cerrado enero-12 abril
❀ **Casamar** – ver selección restaurantes

junto al Far de Sant Sebastià Este : 2 km

ⅰ🔘 **El Far de Sant Sebastià**   ⪬ ⪜ ⪕ 🏠 Ⓐ🅒 🍴 🅿

COCINA TRADICIONAL · AMBIENTE MEDITERRÁNEO ✗✗ Bien situado junto a un faro, por lo que ofrece buenas vistas al mar tanto desde el comedor como desde la terraza. Interesantes menús temáticos, pescados de la lonja, arroces de Pals... y como complemento, unas coquetas habitaciones de ambiente marinero.

Menú 20/36 € – Carta 34/56 €

9 hab ⊋ – †135/285 € ††190/300 €

Montanya del Far de Sant Sebastià ⊠ *17211 Llafranc –* ✆ *972 30 16 39*
– www.hotelelfar.com – cerrado enero-9 febrero, lunes noche y martes en invierno

LLAGOSTERA

Girona – 8 224 h. – Alt. 60 m – Mapa regional : **10**-A1
Mapa de carreteras Michelin nº 574-G38

en la carretera de Sant Feliu de Guíxols

❀ **Els Tinars** (Marc Gascons)   ⌘ 🏠 Ⓐ🅒 ⇔ 🅿

COCINA TRADICIONAL · ACOGEDORA ✗✗✗ Una casa de larga tradición familiar que hunde sus raíces en la mismísima historia turística de la Costa Brava. Encontrará atractivos espacios de ambiente mediterráneo y una completa carta que combina tanto platos tradicionales como creativos, siempre en base a los mejores productos de temporada. ¡Excelente bodega!

→ Bogavante azul a la brasa de carbón, parmentier de patata y panceta melosa. Trozo de cochinillo crujiente, ensalada de manzana, hinojo, queso fresco y raifort. Mango helado y natural, piña con anís, bizcocho de lima, earl grey y fruta de la pasión.

Menú 40/108 € – Carta 50/80 €

Este : 5 km ⊠ *17240 –* ✆ *972 83 06 26*
– www.elstinars.com – solo almuerzo de noviembre a febrero salvo viernes y sábado – cerrado 7 enero-7 febrero, del 4 al 7 de noviembre, domingo noche, lunes salvo agosto y festivos

ESPAÑA

ⓘ○ **Ca la María** 🍴 ♻ Ⓟ

COCINA TRADICIONAL · RÚSTICA ⅹ Atractiva masía del s. XVII dotada con tres salas, una en la antigua cocina. Su propuesta, tradicional actualizada y de proximidad, trabaja mucho con productos ecológicos.

Menú 54 € – Carta 35/52 €

Este : 4,5 km, carret. Llagostera - Sta. Cristina km 8 ✉ *17240 –* ✆ *972 83 13 34*
– www.restaurantcalamaria.cat – cerrado 19 diciembre-11 enero, lunes y miércoles en invierno, y martes

LLANÇÀ

Girona – 4 985 h. – Mapa regional : **9**-D3
Mapa de carreteras Michelin nº 574-E39

en el puerto Noreste : 1,5 km

✿✿ **Miramar** (Paco Pérez) 🎐 ⇦ 🍃 ⪡ ♿ 🅰🅲 🍸

CREATIVA · ELEGANTE ⅩⅩⅩ Dicen quienes mejor le conocen que, pese a su fama como uno de los grandes de la cocina española e internacional (6 estrellas MICHELIN), Paco Pérez es... ¡un auténtico obrero de los fogones! Como en otros muchos casos, el restaurante Miramar es la representación de un sueño hecho realidad, pues los deseos infantiles de un niño con aspiraciones de ser chef fueron tomando forma y vieron la luz tras conocer a su mujer, Montse Serra, con quien recuperó la vieja fonda de la familia Serra ubicada frente a la playa.

Hoy, tras un paulatino proceso de transformación y mucho trabajo, aquel edificio se ha transformado en un restaurante de referencia para descubrir la cocina mediterránea del s. XXI. Esto se debe agradecer, sobre todo, a unas elaboraciones impecables que ensalzan los productos de la zona y honran los valores tanto del recetario marinero como de los típicos "mar y montaña" de la gastronomía catalana, planteados, eso sí, desde un punto de vista totalmente creativo y vanguardista.

→ Almejas, gelée de su agua, lima, soja y jengibre. Arroz de bogavante, corales y brotes marinos. Yuzu, mango y limón.

Menú 160/185 € – Carta 100/152 €

5 hab – 🛏300/400 € 🛏🛏300/400 € – ☲ 30 €

passeig Marítim 7 ✉ *17490 Llançà –* ✆ *972 38 01 32 – www.restaurantmiramar.com
– cerrado enero-15 marzo, martes noche salvo julio-agosto, domingo noche y lunes*

😊 **El Vaixell** 🅰🅲 🍸

COCINA TRADICIONAL · SIMPÁTICA ⅩⅩ Restaurante de carácter familiar ubicado a pocos metros de la playa El Port. En su comedor, diáfano, luminoso y de vivos colores, le propondrán una cocina tradicional ampurdanesa de base marinera, rica en arroces y con la opción de varios menús a buen precio.

Menú 25/34 € – Carta 30/40 €

Castellar 62 ✉ *17490 Llançà –* ✆ *972 38 02 95 – www.elvaixell.com – solo almuerzo salvo Semana Santa, verano, viernes y sábado – cerrado lunes salvo agosto y festivos*

LLANES

Asturias – 13 694 h. – Mapa regional : **3**-C1
Mapa de carreteras Michelin nº 572-B15

ⓘ○ **El Bálamu** Ⓝ ♿ 🅰🅲 🍸

PESCADOS Y MARISCOS · SIMPÁTICA ⅹ Local de ambiente marinero ubicado en el primer piso de la lonja de Llanes, frente al puerto pesquero. Elaboraciones simples en base a un producto de extraordinaria calidad.

Carta 26/75 €

paseo del Muelle - edificio la Lonja ✉ *33500 –* ✆ *985 41 36 06
– cerrado 7 enero-7 marzo, martes noche y miércoles salvo verano*

en Pancar Suroeste : 1,5 km

🏵 El Retiro (Ricardo González) 🍴 🌿 ⛉

MODERNA · RÚSTICA 🍴🍴 ¡Talento y entusiasmo a los fogones! Encontrará un buen hall y un interior de ambiente rústico-actual, destacando la sala con la pared en roca natural. El chef, que propone una cocina de fuertes raíces regionales y mima las presentaciones, combina los platos de sabor tradicional con otros de técnicas más innovadoras.

→ Kiwi asturiano, berberechos, jalapeño y manzana. Merluza de pincho con emulsión de su cogote, cítricos, algas y licuado de piparras. Esponja de chocolate y café.

Menú 55/105 € – Carta 55/70 €

✉ 33509 Pancar – ✆ 985 40 02 40 – www.elretirollanes.es – solo almuerzo en invierno salvo viernes y sábado – cerrado febrero y martes salvo verano

en La Pereda Sur : 4 km

🏠 Arpa de Hierba 🐾 ≤ 🚘 🅿

FAMILIAR · CLÁSICA Se encuentra junto a la iglesia de la aldea y, en conjunto, presenta una decoración de elegante clasicismo. Amplia finca, salón social con chimenea e impecables habitaciones.

8 hab – ♦66/106 € ♦♦75/116 € – ⊆ 7 €

✉ 33509 La Pereda – ✆ 985 40 34 56 – www.arpadehierba.com
– cerrado 10 diciembre-14 febrero

🏠 El Habana 🏡 🐾 🚘 🔧 🅿

TRADICIONAL · ACOGEDORA Establecimiento familiar dotado con cálidos espacios y amplias habitaciones, todas con mobiliario de aire clásico-antiguo. También atesora un amplísimo jardín con recorrido botánico y un porche-comedor, este último acristalado y de carácter polivalente.

12 hab – ♦77/123 € ♦♦87/143 € – ⊆ 10 €

✉ 33509 La Pereda – ✆ 985 40 25 26 – www.elhabanallanes.net – abierto mayo-septiembre

🏠 CAEaCLAVELES 🐾 ≤ 🚘 🌿 🅿

AGROTURISMO · DE DISEÑO Un hotel sumamente moderno y original, por lo que atesora varios premios arquitectónicos. Se define como "un volumen orgánico de trayectoria curva" y cautiva por su cubierta.

5 hab – ♦99/119 € ♦♦99/139 € – ⊆ 9 €

✉ 33509 La Pereda – ✆ 985 92 59 81 – www.caeaclaveles.com
– cerrado 16 diciembre-18 enero

al Oeste 6,5 km y desvío derecha 1 km

🏠 Arredondo 🏡 🐾 ≤ 🚘 🅿

AGROTURISMO · TRADICIONAL Caserío asturiano del s. XVIII emplazado en una finca con bosques, prados y hasta ganado autóctono. Posee una buena zona social de aire rústico y cálidas habitaciones, varias con chimenea. En el comedor proponen una carta tradicional rica en carnes de la zona.

16 hab – ♦60/94 € ♦♦69/94 € – ⊆ 7 €

carret. Celorio-Porrua ✉ 33595 Celorio – ✆ 985 92 56 27
– www.hotelrural-arredondo.com – cerrado enero y febrero

en Celorio Oeste : 4,5 km – Mapa regional : **3**-C1

🍴 Castru el Gaiteru ❶ 🍽 🅰🅲 🌿 🅿

COCINA TRADICIONAL · SENCILLA 🍴 Una casa modesta pero digan de confianza, pues trabajan con buen producto y tienen una cámara para madurar las carnes. Su especialidad son los pescados y carnes a la brasa.

Carta 35/50 €

Eria de la Vega ✉ 33595 Celorio – ✆ 985 40 20 25 – www.castrugaiteru.es – solo almuerzo salvo viernes, sábado y verano – cerrado del 15 al 31 de octubre

en Andrín Sureste : 5 km – Mapa regional : **3**-C2

⁣⁣⁣⁣ Julia ⓝ   ⚬⚬ ⟨ 🏠 AC ⚬ P

COCINA TRADICIONAL · ELEGANTE XX Tiene un acceso independiente respecto al hotel Balcón de la Cuesta y sorprende por sus terrazas, idóneas para admirar las montañas de Andrín. Cocina actual y gran bodega.

Carta 38/64 €

Hotel Balcón de la Cuesta, camino de la Cuesta ⊠ 33596 Andrín – ℰ 984 20 88 20 – www.balcondelacuesta.com – cerrado 8 enero-8 febrero, domingo noche y lunes salvo verano

⌂ Balcón de la Cuesta ⓝ   ⚬ ⟨ 🛏 ⚬ AC ⚬ P

TRADICIONAL · ACOGEDORA Un hotel perfecto para desconectar y disfrutar de la naturaleza. Ofrece un salón con chimenea, idílicas vistas al entorno y espaciosas habitaciones, todas ellas tipo suite, con cocina americana, un salón separado y, en algunos casos, hasta terraza o balcón.

17 suites ⊊ – †85/178 € ††100/210 €

camino de la Cuesta ⊠ 33596 Andrín – ℰ 984 20 88 20 – www.balcondelacuesta.com – cerrado 8 enero-8 febrero

⁣⁣⁣⁣ **Julia** – ver selección restaurantes

LLEIDA LÉRIDA

138 542 h. – Alt. 151 m – Mapa regional : **9**-A2
Mapa de carreteras Michelin n° 574-H31

☺ Ferreruela   ⚬ AC

CATALANA · RÚSTICA XX Instalado en un antiguo almacén de frutas. En su interior, de línea rústica-actual, podrá descubrir la cocina tradicional de esta tierra, basada en la simplicidad de usar solo productos autóctonos y de temporada. ¡Trabajan bien a la brasa!

Carta 30/40 €

Bobalà 8 ⊠ 25004 – ℰ 973 22 11 59 – www.ferreruela.com – solo almuerzo salvo jueves, viernes y sábado – cerrado del 1 al 5 de enero, del 7 al 21 de agosto, domingo y festivos

☺ Aimia   ⚬ AC ⚬

MODERNA · MARCO CONTEMPORÁNEO X Toma su nombre del catalán antiguo (mujer querida) y presenta un interior de estética actual-funcional, con los fogones a la vista desde la sala. Cocina actual y de fusión, con bastantes influencias asiáticas e interesantes opciones de menús.

Menú 15/40 € – Carta 24/35 €

Doctor Combelles 67 ⊠ 25003 – ℰ 973 26 16 18 – www.aimia.cat – solo cena en verano – cerrado 7 días en enero, Semana Santa, 15 días en agosto, lunes, martes noche y miércoles noche de 15 septiembre-15 junio y domingo noche

⁣⁣⁣⁣ L'Espurna ⓝ   ⚬ AC ⚬ ⇔

DE MERCADO · MARCO CONTEMPORÁNEO XX Un restaurante de ambiente nórdico-actual que conjuga, con acierto, pasado y presente. Su propuesta se basa en varios menús que cambian mensualmente, todos de tinte moderno.

Menú 18/48 € – Carta 35/53 €

Salmerón 10 ⊠ 25007 – ℰ 973 22 54 54 – cerrado 31 diciembre-6 enero, del 5 al 11 de agosto, domingo noche y lunes

⁣⁣⁣⁣ Macao   AC ⚬

JAPONESA · A LA MODA X Makis, temakis, usuzukuris... En este negocio, próximo a la fortaleza de la Suda, se fusiona la estética moderna con una cocina japonesa muy adaptada al gusto mediterráneo.

Menú 15/40 € – Carta 20/40 €

Camp de Mart 27 ⊠ 25006 – ℰ 973 04 63 08 – cerrado 7 días en febrero, 21 días en agosto-septiembre y lunes

☖ Parador de Lleida ⓝ ☆ Ⅰₐ 🖃 ⅃ ⒶⒸ 🎐 ⅃₁ 🚗

EDIFICIO HISTÓRICO · FUNCIONAL Instalado en el Convento del Roser (s. XVII), en plano casco antiguo. Ofrece cuidadas habitaciones de línea actual-funcional, todas distribuidas en torno al bello claustro, hoy techado, y un restaurante que ensalza la cocina tradicional en la soberbia iglesia.

53 hab – ⑂85/170 € – ⌻ 17 €

Cavellers 15 ✉ 25007 – ✆ 973 00 48 66 – www.parador.es

en la carretera N II por Gran Passeig de Ronda : 3,5 km

Ⅰ○ Carballeira 🖼 ⒶⒸ 🎐 ⇄ 🅿

COCINA TRADICIONAL · AMBIENTE CLÁSICO ✕✕ Elegante, bien llevado en familia y con profusión de madera. El propietario es gallego, detalle que se nota en la gran calidad de sus pescados y mariscos. ¡Interesantes menús!

Menú 45/90 € – Carta 33/75 €

✉ 25194 Butsenit – ✆ 973 27 27 28 – www.carballeira.net

– cerrado 27 agosto-6 septiembre, domingo noche, lunes y martes noche

en la vía de servicio de la A 22 por av. Alcalde Rovira Roura : 7 km

☖ Finca Prats ☆ ☒ 🕹 Ⅰₐ 🖃 ⅃ ⒶⒸ ⅃₁ 🚗

NEGOCIOS · MODERNA Resulta atractivo tanto por el diseño, en hormigón, madera y cristal, como por la ubicación, junto a un campo de golf. Completo SPA y luminoso restaurante, donde ofrecen una cocina tradicional actualizada. ¡Interesante para reuniones de empresa y escapadas!

36 hab ⌻ – ⑂130/150 € – ⑂⑂130/150 € – 4 suites

salida 1 ✉ 25198 Lleida – ✆ 902 44 56 66 – www.fincaprats.com

LLÍVIA

Girona – 1 456 h. – Alt. 1 224 m – Mapa regional : **9**-C1

Mapa de carreteras Michelin nº 574-E35

Ⅰ○ Can Ventura 🖼 ⇄

REGIONAL · RÚSTICA ✕✕ En un edificio con encanto que data de 1791. Presenta un interior de aire rústico cuidado hasta el más mínimo detalle, con dos hermosas salas y las paredes en piedra. Su chef apuesta por la cocina regional elaborada con productos "Km 0".

Menú 50 € – Carta 30/54 €

pl. Major 1 ✉ 17527 – ✆ 972 89 61 78 – www.canventura.com – cerrado domingo noche, lunes y jueves salvo festivos

Ⅰ○ Ambassade de Llívia 🖼

FRANCESA · ACOGEDORA ✕ Íntimo, agradable y realmente sencillo en su decoración... aunque sorprende una pared con una curiosa colección de platos firmados por grandes chefs. Cocina de raíces galas.

Menú 25 € – Carta 36/54 €

dels Forns 15 ✉ 17527 – ✆ 972 89 65 35 – www.ambassadedellivia.com – cerrado 13 mayo-5 junio, 16 septiembre-1 octubre, domingo noche, lunes y martes

en Gorguja Noreste : 2 km

Ⅰ○ La Formatgeria de Llívia ⇐ 🖼 ⅃ ⒶⒸ ⇄ 🅿

INTERNACIONAL · RÚSTICA ✕✕ Un homenaje a la tradición quesera y láctea, de ahí su nombre. Ofrecen una cocina de tinte actual, rica en carnes y con especialidades, como la popular raclette o alguna de sus fondues (de setas, de oveja, de camembert o tradicional suiza).

Carta 35/65 €

Pla de Ro ✉ 17527 Llívia – ✆ 972 14 62 79 – www.laformatgeria.com – cerrado del 2 al 10 de mayo, del 1 al 15 de julio, martes y miércoles salvo agosto y festivos

LLOFRIU

Girona – 307 h. – Mapa regional : **9**-D2

Ⅰ○ La Sala de l'Isaac ❶   🕭 AC P

PARRILLA · RÚSTICA 🞥 Ocupa una bella casa de piedra de aire rústico-actual, donde apuestan por una cocina tradicional especializada en carnes y pescados a la brasa. ¡La parrilla está a la vista!

Menú 28/44 € – Carta 32/60 €

Barceloneta 44 ✉ 17124 – ☏ 972 30 16 38 – www.salagran.com – cerrado 7 enero-7 marzo, lunes noche y martes salvo 20 julio-agosto

LLORET DE MAR

Girona – 37 618 h. – Mapa regional : **10**-A2
Mapa de carreteras Michelin n° 574-G38

Ⅰ○ Freu   🏠 🕭 AC 🚗

CREATIVA · DE DISEÑO 🞥🞥🞥 Se halla en el hotel Guitart Monterrey, donde destaca tanto por la modernidad como por sus vistas al jardín, desde la sala y desde la idílica terraza. Cocina actual-creativa.

Menú 18/55 € – Carta 50/68 €

av. Vila de Tossa 27 ✉ 17310 – ☏ 972 36 93 26 – www.freurestaurant.com – cerrado enero, febrero, domingo noche y lunes

Ⅰ○ Mas Romeu   🏠 🕭 AC ⌘ ⇆ P

COCINA TRADICIONAL · RÚSTICA 🞥🞥 Algo alejado del centro pero con una agradable terraza arbolada. Este restaurante familiar propone varios menús y una completa carta tradicional, diferenciando entre carnes a la brasa, pescados, mariscos, guisos y especialidades de la casa.

Menú 20/50 € – Carta 28/76 €

urb. Mas Romeu, Oeste : 1,5 km ✉ 17310 – ☏ 972 36 79 63 – www.masromeu.com – cerrado 15 días en enero, 15 días en octubre y miércoles salvo julio-agosto

en la playa de Fanals Oeste : 2 km

🏠 Rigat Park   🞥 🞥 ⇆ 🏊 🗏 🎱 ⚷ 🔄 AC 🛁 P

FAMILIAR · ELEGANTE Hotel con detalles rústicos y coloniales emplazado en un parque arbolado frente al mar. Las habitaciones, de estilo clásico-elegante, cuentan con mobiliario restaurado original. El restaurante a la carta, que se distribuye en torno a una terraza de verano, siempre amplía su oferta durante la temporada alta.

78 hab ⌷ – ♦198/350 € ♦♦250/450 € – 21 suites

av. América 1 ✉ 17310 Lloret de Mar – ☏ 972 36 52 00 – www.rigat.com – abierto marzo-octubre

en la urbanización Playa Canyelles Este : 3 km

Ⅰ○ El Trull   🏠 🕭 AC ⌘ ⇆ P

COCINA TRADICIONAL · RÚSTICA 🞥🞥 Presenta una sala de ambiente rústico, una terraza sobre la piscina y varios salones para banquetes. Su amplia carta tradicional, en la que priman los pescados y mariscos, se enriquece con diversos menús. ¡Pruebe sus Erizos de mar trufados!

Menú 20/61 € – Carta 41/84 €

✉ 17310 Lloret de Mar – ☏ 972 36 49 28 – www.eltrull.com – cerrado lunes y martes salvo abril-octubre

en la playa de Santa Cristina Oeste : 3 km

🏠 Santa Marta   🞥 🞥 ⇆ 🏊 🔄 🎱 🛁 ⚷ 🔄 🕭 AC 🛁 P

TRADICIONAL · CLÁSICA Resulta encantador y atesora un emplazamiento único, pues se encuentra en un frondoso pinar asomado a la playa. Presenta idílicas terrazas escalonadas y confortables habitaciones, las redecoradas en un estilo clásico-actual. El restaurante, dotado con una chimenea y vistas al mar, tiene un uso polivalente.

76 hab ⌷ – ♦141/236 € ♦♦155/390 € – 2 suites

✉ 17310 Lloret de Mar – ☏ 972 36 49 04 – www.hotelsantamarta.es – cerrado noviembre-10 febrero

LOGROÑO

La Rioja – 150 979 h. – Alt. 384 m – Mapa regional : **14**-A2
Mapa de carreteras Michelin nº 573-E22

⁣❄ Ikaro ⓝ (Carolina Sánchez e Iñaki Murua)　　　ሁ ℵℂ ⅍

CREATIVA · DE DISEÑO ⅩⅩ Llevado por Iñaki y Carolina, una pareja que tras conocerse en el Basque Culinary Center decidió explotar lo mejor de sus orígenes, España y Ecuador, para conjugar su amor por la cocina y el diseño. Propuesta actualizada de base tradicional y regional, muy cuidada en las presentaciones y fiel al producto de temporada.

→ Raviolis de chuleta de vaca curada y marinada. Pichón en dos cocciones. Macedonia tropical.

Menú 34/54 € – Carta 40/57 €

av. de Portugal 3 ✉ 26001 – ℰ 941 57 16 14 (es necesario reservar)
– www.restauranteikaro.com – cerrado 15 días en enero, 15 días en agosto,
domingo noche, lunes, martes y miércoles noche

❄ Kiro Sushi (Félix Jiménez)　　　　　　　　ℵℂ ⅍

JAPONESA · MINIMALISTA Ⅹ Kiro significa "Camino de regreso" y refleja, mejor que nada, el viaje vital de Félix Jiménez a Japón, para formarse allí y asimilar su filosofía culinaria desde el propio sentimiento. Increíble materia prima, cortes magistrales, suntuosidad, delicadeza... ¡la magia de una gastronomía milenaria tras una barra de sushi!

→ Nigiri de amachi. Maki de erizo de mar. Tamagoyaki.

Menú 75 € – solo menú

María Teresa Gil de Gárate 24 ✉ 26001 – ℰ 941 12 31 45 (es necesario reservar)
– www.kirosushi.es – cerrado 7 días en diciembre, 15 días en abril, 15 días en
agosto, domingo noche, lunes y martes mediodía

⊛ La Cocina de Ramón　　　　　　　　　　ℵℂ ⅍

COCINA TRADICIONAL · MARCO CONTEMPORÁNEO ⅩⅩ ¡A escasos metros de la Catedral! Presenta una imagen renovada que transmite mayor calidez gracias, sobre todo, a la piedra de sus paredes. Ramón Piñeiro, el chef-propietario, elabora una cocina de base tradicional puesta al día en técnicas y presentaciones.

Menú 24/60 € – Carta 30/40 €

Portales 30 ✉ 26001 – ℰ 941 28 98 08 – www.lacocinaderamon.es
– cerrado 20 días en enero, 20 días en julio-agosto, domingo noche y lunes

ⅪⅭ La Galería　　　　　　　　　　　　　　ℵℂ

MODERNA · MARCO CONTEMPORÁNEO ⅩⅩ No tiene un nombre baladí, pues el comedor principal funciona también como sala de exposiciones temporales. Su carta, de gusto actual, se enriquece con varios arroces y menús.

Menú 28/48 € – Carta 22/45 €

Saturnino Ulargui 5 ✉ 26001 – ℰ 941 20 73 66 – www.restaurantelagaleria.com
– cerrado 7 días en enero, 5 días en junio, del 1 al 15 de agosto y domingo salvo
festivos

ⅪⅭ Tastavin　　　　　　　　　　　　　　　ℵℂ ⅍

COCINA TRADICIONAL · A LA MODA ⅋ Resulta agradable y cuenta con el beneplácito de la clientela local. Ofrecen buenas tapas de sabor tradicional, con toques actuales, así como muchos vinos por copa.

Tapa 2,70 €

San Juan 25 ✉ 26001 – ℰ 941 26 21 45 – www.tastavin.es – cerrado lunes y martes
mediodía

ⅪⅭ Tondeluna　　　　　　　　　　　　　ℸ ℵℂ ⅍

MODERNA · A LA MODA ⅋ Sorprende por su diseño, sin barra pero con enormes mesas para tapear sentados. Ofrecen raciones y medias raciones de cocina tradicional actualizada, así como varios menús.

Tapa 9 € – Ración aprox. 16 €

Muro de la Mata 9 ✉ 26001 – ℰ 941 23 64 25 – www.tondeluna.com – cerrado
domingo noche

‖○ **Umm** Ⓝ · 🄰🄲 ⚡

COCINA TRADICIONAL · BAR-VINOTECA 𝐘/ Se halla en pleno centro e intenta conquistarnos por los ojos, pues ofrece una enorme variedad de pinchos, raciones y bocadillitos, todo bien presentado y bastante elaborado.

Tapa 3 € – Ración aprox. 9 €

Marqués de Vallejo 10 ⊠ 26001 – 𝒞 941 04 76 12 – www.ummfoodanddrink.com
– cerrado 15 días en enero, 26 agosto-9 septiembre y lunes

‖○ **Umm** 🄲🄲 🄰🄲 ⚡

DE MERCADO · MARCO CONTEMPORÁNEO 𝐘/ De carácter polivalente y en un área residencial. Aquí encontrará tapas, raciones y bocadillos hechos al momento, pero también... ¡originales desayunos y copas por la noche!

Tapa 2,50 € – Ración aprox. 11 €

Torrecilla en Cameros 11 ⊠ 26008 – 𝒞 941 51 97 24 – www.ummfoodanddrink.com
– cerrado 26 agosto-9 septiembre

🏠 **Calle Mayor** 🄳 🄳 🄰🄲 ⚡ 🚗

FAMILIAR · DE DISEÑO Un hotel con carácter donde se sabe aunar pasado y presente, ya que ocupa un palacete del s. XVI ubicado en pleno casco antiguo. ¡Habitaciones modernas de excelente nivel!

30 hab – ♦65/95 € ♦♦80/145 € – ☲ 11 €

Marqués de San Nicolás 71 ⊠ 26001 – 𝒞 941 23 23 68 – www.hotelcallemayor.com

🏠 **Marqués de Vallejo** ✿ 🄳 🄳 🄰🄲 ⚡

NEGOCIOS · MODERNA Resulta singular y atesora cierto encanto, no en vano ocupa hasta tres edificios del casco viejo. Bello hall-patio cubierto, gran salón social y habitaciones de línea actual.

47 hab – ♦69/180 € ♦♦74/220 € – ☲ 12 €

Marqués de Vallejo 8 ⊠ 26001 – 𝒞 941 24 83 33
– www.hotelmarquesdevallejo.com

LOJA

Granada – 20 893 h. – Alt. 475 m – Mapa regional : **1**-C2
Mapa de carreteras Michelin nº 578-U17

en la Finca La Bobadilla por la autovía A 92 - Oeste : 18 km y desvío 3 km

🏠 **Barceló La Bobadilla** ✿ 🌿 ⟨ 🛏 🛏 🄽 🕸 🃏 🄲 ⚡ 🄳 🄰🄲 🅿 🅿

GRAN LUJO · ELEGANTE Precioso cortijo concebido como un oasis de paz... no en vano, se halla en una finca repleta de olivos. Encontrará un lujoso interior, con habitaciones bien personalizadas, una gran piscina exterior rodeada de zonas verdes y una nutrida oferta gastronómica.

67 hab ☲ – ♦188/305 € ♦♦188/305 €

por salida a Villanueva de Tapia ⊠ 18300 Loja – 𝒞 958 32 18 61
– www.barcelolabobadilla.com – abierto marzo-18 noviembre

LORCA

Murcia – 92 299 h. – Alt. 331 m – Mapa regional : **16**-A2
Mapa de carreteras Michelin nº 577-S24

🏠 **Parador Castillo de Lorca** ✿ 🌿 ⟨ 🄽 🕸 🄳 🄲 ⚡ 🅿 🅿

LUJO · CONTEMPORÁNEA Edificio de nueva planta construido en el histórico recinto del Castillo de Lorca. Presenta un moderno interior, un SPA y espaciosas habitaciones de línea actual. El restaurante, que ofrece la carta típica de los Paradores, se completa con una terraza que destaca por sus maravillosas vistas sobre la ciudad.

76 hab – ♦75/180 € ♦♦75/180 € – ☲ 16 € – 9 suites

Castillo de Lorca ⊠ 30800 – 𝒞 968 40 60 47 – www.parador.es

en la carretera de Granada Suroeste : 4 km

⅝O Paredes 　　　　　　　　　　🛋 ⅙ AC ⅗ ⇦

COCINA TRADICIONAL · AMBIENTE CLÁSICO XX En esta coqueta casa familiar proponen una cocina de gusto tradicional que destaca por sus cuidadas presentaciones. Posee un bar privado que ejerce como zona de espera, una sala actual-funcional y un reservado. Buena clientela de negocios.

Menú 35 € – Carta 35/55 €

carret. N-340 a, km 588 ⊠ 30817 Torrecilla – ℰ 626 27 77 25
– www.restauranteparedes.com – solo almuerzo salvo viernes y sábado – cerrado agosto, domingo en junio-julio y lunes resto del año

LUCENA

Córdoba – 42 697 h. – Alt. 485 m – Mapa regional : **1**-C2
Mapa de carreteras Michelin nº 578-T16

⅝O Araceli 　　　　　　　　　　AC ⅗ ⇦ P

COCINA TRADICIONAL · AMBIENTE CLÁSICO XX Llevado directamente por la pareja propietaria. Ofrecen una cocina tradicional de sencilla elaboración, con algunos mariscos de calidad y un buen apartado de pescados frescos.

Menú 13/80 € – Carta 33/44 €

av. del Parque 10 ⊠ 14900 – ℰ 957 50 17 14 – www.restaurantearaceli.es – cerrado del 15 al 30 de agosto

LUGO

97 995 h. – Alt. 485 m – Mapa regional : **13**-C2
Mapa de carreteras Michelin nº 571-C7

⅝O España 　　　　　　　　　　🛋 AC ⅗ ⇦

COCINA TRADICIONAL · AMBIENTE CLÁSICO XX Llevado entre hermanos y... icon más de 100 años de historia! Ofrece una carta tradicional actualizada e interesantes jornadas gastronómicas (setas, caza, reses propias...).

Menú 15 € – Carta 34/50 €

Teatro 10 ⊠ 27001 – ℰ 982 24 27 17 – www.restespana.es – cerrado lunes en julio-agosto y domingo

⅝O Mesón de Alberto 　　　　　　　　AC ⅗ ⇦

GALLEGA · AMBIENTE CLÁSICO XX Se halla en una calle peatonal del casco antiguo, con una tapería en la planta baja, un buen comedor en el primer piso y dos privados. Amplia carta de cocina tradicional gallega, con un apartado de mariscos y un menú degustación.

Menú 40 € – Carta 35/55 €

Cruz 4 ⊠ 27001 – ℰ 982 22 83 10 – www.mesondealberto.com – cerrado domingo noche, lunes noche y martes

⅝O Paprica 　　　　　　　　　　🛋 ⅙ AC

CREATIVA · DE DISEÑO XX Una propuesta gastronómica diferente en esta ciudad. Posee un pequeño bar de línea moderna, un único comedor que sirve como sala de exposiciones a los artistas locales y una terraza-patio en la parte de atrás. Cocina actual y de temporada.

Menú 24/45 € – Carta 40/57 €

Noreas 10 ⊠ 27001 – ℰ 982 25 58 24 – www.paprica.es – cerrado domingo noche y lunes en invierno, domingo y lunes mediodía en verano

🏠 Orbán e Sangro 　　　　　　　　⊡ AC P

HISTÓRICO · ACOGEDORA Coqueto hotel instalado en una casa señorial del s. XVIII. Las habitaciones combinan su valioso mobiliario antiguo con unos bellos baños de diseño, destacando las abuhardilladas y las que se asoman a las murallas. ¡Atractivo bar de época!

12 hab – †66/121 € ††88/165 €

Travesía do Miño 6 ⊠ 27001 – ℰ 982 24 02 17 – www.pazodeorban.es

LUINTRA

Ourense – 2 124 h. – Mapa regional : **13**-C3
Mapa de carreteras Michelin n° 571-E6

al Este 5 km

🏨 Parador de Santo Estevo   🏡 🦘 🌐 🖭 🕭 AC 🎿 🛖 🚗

EDIFICIO HISTÓRICO · HISTÓRICA Instalado en un monasterio benedictino de incomparable belleza, en pleno bosque y con los cañones del río Sil al fondo. Posee tres preciosos claustros y habitaciones de confort actual, las superiores más amplias y con mejores vistas. El restaurante, con los techos abovedados, ocupa las antiguas caballerizas.

77 hab – ♦95/225 € ♦♦95/225 € – ⏛ 18 €

Monasterio de Santo Estevo de Ribas de Sil ✉ 32162 Luíntra – ℰ 988 01 01 10
– www.parador.es
– cerrado enero-13 febrero

LUYEGO DE SOMOZA

León – 717 h. – Mapa regional : **8**-A1
Mapa de carreteras Michelin n° 575-E11

🏨 Hostería Camino   🏡 🦘 🎿 P

AGROTURISMO · RÚSTICA Encantadora casona de piedra ubicada en un pueblo maragato. Su portalón de madera da paso a un interior sumamente acogedor, con un cálido salón social, un patio típico, habitaciones de aire rústico y un buen restaurante, donde apuestan por la cocina regional.

9 hab ⏛ – ♦68/87 € ♦♦87/97 €

Nuestra Señora de los Remedios 25 ✉ 24717 – ℰ 987 60 17 57
– www.hosteriacamino.com

MAÇANET DE CABRENYS

Girona – 755 h. – Alt. 370 m – Mapa regional : **9**-C3
Mapa de carreteras Michelin n° 574-E38

🐸 Els Caçadors   ⪡ 🛏 🏠 🕭 AC 🎿 🔄 P

MODERNA · RÚSTICA 🕸 Un restaurante de contrastes, pues combina los antiguos techos abovedados y las paredes en piedra con un sorprendente montaje en tonos blancos. Su singular propuesta hace convivir el recetario regional y tradicional con... ¡platos propios del lejano oriente!

Menú 28 € – Carta 28/44 €

urb. Casanova ✉ 17720 – ℰ 972 54 41 36
– www.hotelelscassadors.com
– cerrado lunes y martes salvo verano

MADREMANYA

Girona – 276 h. – Alt. 177 m – Mapa regional : **10**-B1
Mapa de carreteras Michelin n° 574-G38

🍴 La Plaça   🏠 🕭 AC 🎿 🔄 P

COCINA TRADICIONAL · RÚSTICA 🕸 En el restaurante, dividido en dos salas y con los techos abovedados, apuestan por una cocina tradicional actualizada que siempre procura dar protagonismo a los productos provenientes de su huerta y de caza en temporada. ¡Agradable terraza!

Menú 57/69 € – Carta 40/65 €

Hotel La Plaça, Sant Esteve 17 ✉ 17462 – ℰ 972 49 04 87
– www.restaurantlaplaca.com – solo cena en agosto salvo fines de semana
– cerrado 15 enero-15 febrero, lunes, martes y miércoles en invierno y martes resto del año

⌂ La Plaça   ﹩ ⌁ ⊡ AC P

BOUTIQUE HOTEL · PERSONALIZADA Se halla en una antigua masía y atesora un encanto indudable. Aquí encontrará unas atractivas habitaciones tipo suite, la mayoría con chimenea, algunas con terraza y todas con una grata combinación de elementos rústicos y modernos.

7 hab – ♥96/152 € ♥♥120/185 € – ☕15 € – 4 suites

Sant Esteve 17 ✉ *17462 – ☎972 49 04 87 – www.laplacamadremanya.com*

– cerrado 15 enero-15 febrero

�○ **La Plaça** – ver selección restaurantes

⌂ El Racó de Madremanya   ✿ ﹩ ⌁ AC ⅍ P

BOUTIQUE HOTEL · CONTEMPORÁNEA Un establecimiento precioso, pues es fruto de la conexión de varias casas antiguas unidas entre sí. Ofrece habitaciones bastante amplias y de diferentes estilos, la zona social en lo que fueron las cuadras y un restaurante reservado a los clientes alojados.

14 hab ☕ – ♥112/136 € ♥♥140/170 €

Jaume Marquès Casanovas 7 ✉ *17462 – ☎972 49 06 49*

– www.elracodemadremanya.com – cerrado 14 días en Navidades

MADRID

Esta es una ciudad abierta, animada, cercana…
respetuosa con sus tradiciones pero también
receptiva ante las nuevas propuestas. No deje de
visitar sus revitalizados mercados, las agradables
terrazas (a pie de calle o en muchas azoteas),
los singulares espacios de ocio gastronómico,
cualquiera de sus atractivos restaurantes… y, sobre
todo, disfrute de la calle, pues Madrid es una
ciudad para andar y recorrer tomando tapas, desde
las más básicas y castizas hasta las más innovadoras.

Las especialidades culinarias:
La más famosa, con diferencia, es el Cocido
madrileño, normalmente servido en tres vuelcos:
primero la sopa, luego los garbanzos con las
verduras y, finalmente, tanto las carnes como los
embutidos. Otros platos típicos son los Callos a la
madrileña, el Besugo al horno, el popular Bocadillo
de Calamares… y en lo que se refiere a los postres
los Churros con chocolate, las Torrijas (en Semana
Santa) y las tradicionales Rosquillas de San Isidro
(Listas o Tontas).

3 182 981 h – Alt. 646 m
- Mapa regional n° 15-B2
- Mapa de carreteras Michelin n° 575 y 576 - K18 y K19

TODOS LOS RESTAURANTES DE LA A A LA Z

J. Larrea/age fotostock

LAS MESAS QUE NO DEBEN FALTAR

LAS ESTRELLAS: LAS MEJORES MESAS

BIB GOURMAND 🏷️
Nuestras mejores relaciones calidad-precio

RESTAURANTES POR TIPO DE COCINA

D. Hernanz Ramos/Moment/Getty Images

RESTAURANTES ABIERTOS SÁBADO Y DOMINGO

NUESTRA SELECCIÓN DE HOTELES

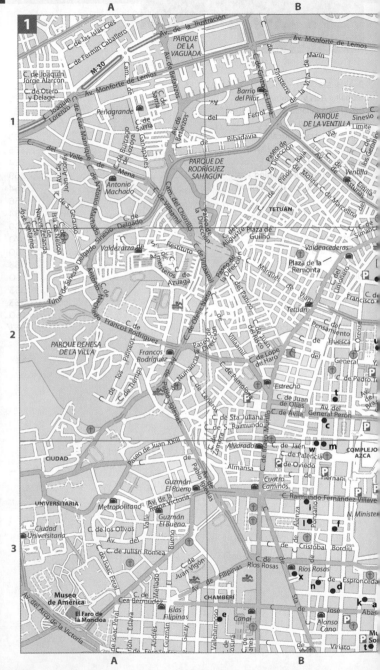

MADRID 2

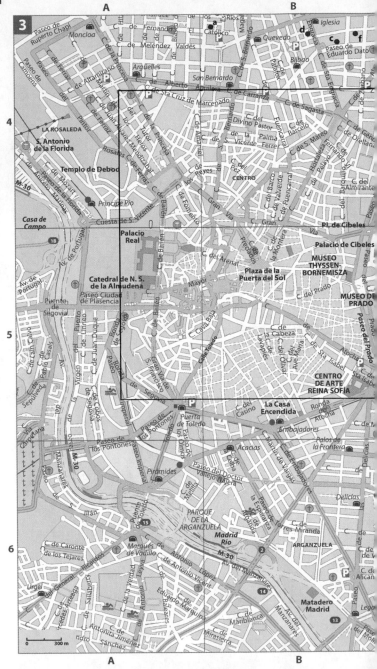

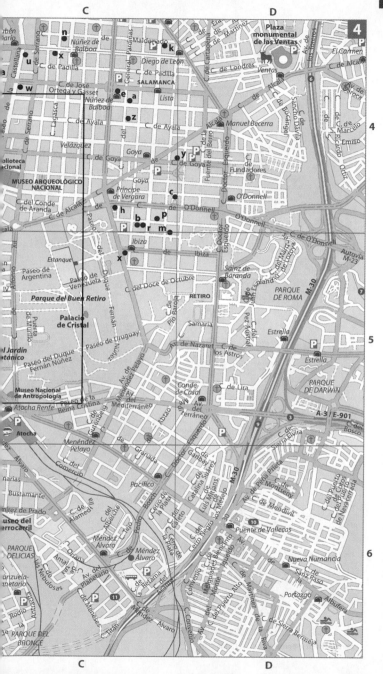

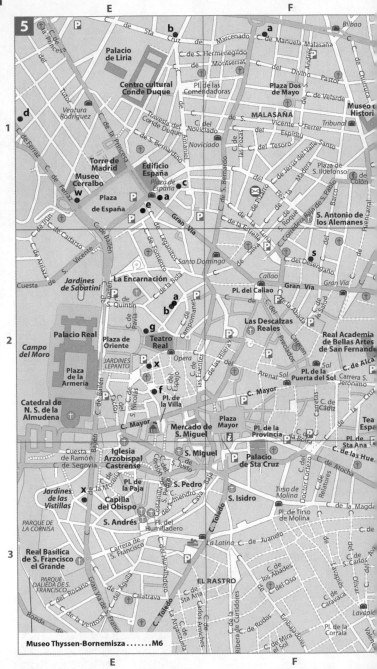

Museo Thyssen-Bornemisza M6

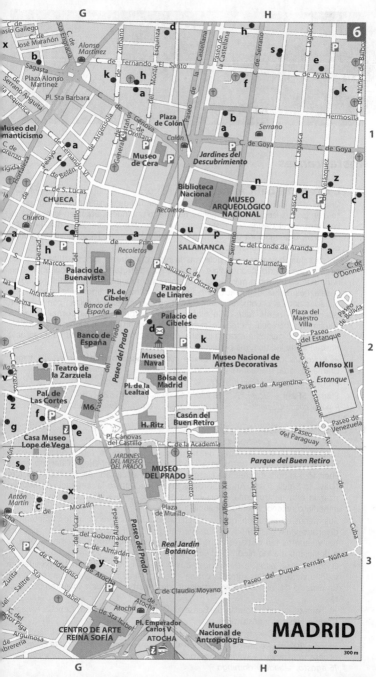

MADRID

Restaurantes

❀❀ **La Terraza del Casino** (Paco Roncero) 🐴 🏠 AC 🛇 ❖

CREATIVA · ELEGANTE ❌❌❌❌ Paco Roncero, que fiel a su espíritu "running" nunca ceja en la persecución de los sueños, ha abierto una nueva etapa en la historia de La Terraza del Casino, un restaurante de maravillosos contrastes que no debe perderse, pues atesora una estética de elegante vanguardia en la última planta de un edificio decimonónico.

En su salón, hoy más agradable tras la redecoración en tonos azules y verdes aguamarina del diseñador Jaime Hayon, podrá disfrutar de una experiencia culinaria completa, ahora más visual e interactiva con la potenciación del trabajo en la sala. Los menús degustación incrementan el número de aperitivos, muchos terminados ante el cliente, alcanzan el cenit en cada plato y finalizan con una gran selección de petits fours. ¿Su filosofía? El chef propone una cocina de autor sumamente personal y creativa, siempre fiel a su particular pasión por los aceites de oliva, con guiños a otras culturas y una constante evolución en su incansable búsqueda de las texturas perfectas.

→ Kokotxas de merluza al pil-pil de curry. Lenguado a la mantequilla negra. Crema tostada, mandarina y pasión.

Menú 79/185 € – Carta 95/121 €

Plano : 5F2-v – *Alcalá 15-3° ☒ 28014 🅜 Sevilla – 𝒞 915 32 12 75 – www.casinodemadrid.es – cerrado agosto, domingo, lunes y festivos*

❀❀ **DSTAgE** (Diego Guerrero) AC 🛇 ❖

CREATIVA · A LA MODA ❌❌ Lo que más llama la atención de este restaurante, ubicado en un loft industrial del barrio de Chueca, es lo que representa en sí mismo, conceptualmente, pues refleja la apuesta del chef Diego Guerrero por la libertad a la hora de crear. La filosofía de la casa, encerrada en su propio nombre (Days to Smell, Taste, Amaze, Grow & Enjoy), promueve la tendencia de popularizar la alta gastronomía disociándola de viejos clichés, lo que le ha valido el inmediato reconocimiento del público.

Sus menús degustación, que varían en función del número de platos, plantean un divertido viaje gastronómico por diferentes países, fusionando culturas, productos y sabores tan dispares como los que vienen de la propia España, de México o del lejano mundo nipón.

Encontrará un espacio de techos altos y carácter informal, con las paredes en ladrillo visto, detalles retro, la cocina abierta al final de la sala... y en el sótano, un espacio denominado Backdstage donde imparten cursos e inventan propuestas.

→ Tomate garum. Morcilla de Beasain, puerro joven y ceniza. Cebolla, vinagre, fresas silvestres y nasturtium.

Menú 95/150 € – solo menú

Plano : 6G1-c – *Regueros 8 ☒ 28004 🅜 Alonso Martínez – 𝒞 917 02 15 86 (es necesario reservar) – www.dstageconcept.com – cerrado Semana Santa, del 1 al 16 agosto, sábado y domingo*

✿ Cebo   ⓖ 🅐🅒 🍴 ⇆ 🚗

CREATIVA · DE DISEÑO ✕✕✕ Un espacio cuidado y moderno, con guiños al diseño y una preciosa barra para terminar platos ante el cliente. Su creativa propuesta es toda una declaración de intenciones sobre lo que debe ser una experiencia culinaria, construida en torno a una original fusión entre las diferentes cocina regionales que hay en España.

→ Nieve de gazpacho, camarones y remojón de olivas gordas. Bacalao a la riojana y mollejas de cordero. Aromas de naranja, mandarina, horchata, Mediterráneo y flor de azahar.

Menú 80/110 € – solo menú

Plano : 6G2-z – *Hotel Urban, Carrera de San Jerónimo 34* ✉ *28014* Ⓜ *Sevilla – 🕾 917 87 77 70 – www.cebomadrid.com – cerrado agosto, domingo, lunes y festivos*

✿ La Candela Restò (Samy Ali Rando)   🅐🅒 🍴

CREATIVA · VINTAGE ✕✕ Valiente, original, audaz... ¡fiel reflejo de las vivencias personales del chef! Estamos seguros de que este restaurante no le dejará indiferente, pues ofrece una curiosísima sala de ambiente retro-vintage y una cocina atrevida donde se fusionan, en su justa medida, distintas culturas gastronómicas de todo el mundo.

→ Solo Salmón. Harumaki. Basta.

Menú 69/100 € – solo menú

Plano : 5E2-x – *Amnistía 10* ✉ *28013* Ⓜ *Ópera – 🕾 911 73 98 88 – www.lacandelaresto.com – cerrado Semana Santa, domingo noche, lunes y martes mediodía*

✿ Corral de la Morería Gastronómico Ⓝ   🕸 🅐🅒

MODERNA · MARCO CONTEMPORÁNEO ✕✕ Un establecimiento singular, pues presenta dos espacios bien diferenciados: Tablao, desde donde se puede ver el espectáculo, y el restaurante gastronómico como tal, separado y con solo cuatro mesas, donde apuestan por una cocina moderna construida en base a la estacionalidad. ¡Los fondos y caldos cautivan al comensal!

→ Cocochas de merluza en tinta negra. Pichón, asado y reposado, tomate anisado y hojas de espinacas. Ruibarbo, regaliz, aire de champagne y helado de piel de limón.

Menú 49/65 € – solo menú

Plano : 5E3-x – *Morería 17* ✉ *28005* Ⓜ *La Latina – 🕾 913 65 84 46 – www.corraldelamoreria.com – solo cena – cerrado julio-15 agosto, domingo y lunes*

✿ Yugo (Julián Mármol)   🅐🅒 🍴

JAPONESA · AMBIENTE EXÓTICO ✕ Un japonés que nos transporta al ambiente de sus tabernas tradicionales (Izakayas), pues se decora con mucha madera, máscaras, banderas... Encontrará una propuesta adaptada al paladar europeo que fusiona la cocina nipona y la mediterránea. En el sótano hay otra sala, exclusiva para socios, conocida como "The Bunker".

→ Sashimi Moriawase. Nigiri de vieira salvaje con mantequilla de wasabi. Bombón de chocolate y té verde.

Menú 65/150 € – Carta 80/115 €

Plano : 6G3-y – *San Blas 4* ✉ *28014* Ⓜ *Atocha – 🕾 914 44 90 34 – www.yugothebunker.com – cerrado del 12 al 18 de agosto, domingo y lunes mediodía*

⊛ Atlantik Corner   🅐🅒 🍴

DE MERCADO · TENDENCIA ✕ Resulta interesante, pues dentro de una desenfadada estética bistró apuesta por una cocina viajera y atlántica global. La base de su carta se muestra fiel al recetario gallego y portugués, aunque no faltan guiños a la cocina brasileña, mexicana, marroquí...

Menú 15/45 € – Carta 31/45 €

Plano : 6G2-g – *Ventura de la Vega 11* ✉ *28014* Ⓜ *Sevilla – 🕾 910 71 72 45 – www.atlantikcorner.com – cerrado lunes*

⑱ Triciclo   AC ⌀

CREATIVA · BISTRÓ X ¡Un negocio que va de boca en boca! La sencillez del local se ve compensada por una apuesta culinaria de cierto nivel, pues en su carta proponen platos muy bien elaborados que viajan de la cocina más personal a la tradicional, la oriental y la de fusión.

Menú 52/75 € – Carta 34/58 €

Plano : 6G3-c – *Santa María 28* ✉ *28014* Ⓜ *Antón Martin* – ☏ *910 24 47 98*
– www.eltriciclo.es – cerrado 7 días en febrero, 7 días en julio-agosto y domingo

⑪O La Lonja del Mar   🏠 & AC ⌀ ⟷

PESCADOS Y MARISCOS · DE DISEÑO XXX Está frente al Palacio Real y resulta singular, pues la fantástica calidad de sus pescados y mariscos se ve apoyada por el genial diseño interior de Nacho García de Vinuesa.

Menú 55/120 € – Carta aprox. 59 €

Plano : 5E2-g – *pl. de Oriente 6* ✉ *28013* Ⓜ *Ópera* – ☏ *915 41 33 33*
– www.lalonjadelmar.com

⑪O Dos Cielos Madrid   🏠 & AC ⟷

CREATIVA · ELEGANTE XXX La apuesta madrileña de los famosos gemelos Torres, en las caballerizas de un lujoso palacio. Ofrecen un menú degustación y una carta actual en base a productos de temporada.

Carta 70/90 €

Plano : 5E2-b – *Hotel Gran Meliá Palacio de los Duques, cuesta de Santo Domingo 5* ✉ *28005* Ⓜ *Ópera* – ☏ *915 41 67 00 – www.melia.com*

⑪O La Manduca de Azagra   AC ⌀

COCINA TRADICIONAL · MINIMALISTA XXX A su privilegiada ubicación se suma un amplio local de estilo minimalista, donde se cuidan muchísimo tanto el diseño como la iluminación. Sencilla cocina de tinte tradicional basada en la calidad de las materias primas.

Carta 38/57 €

Plano : 5F1-b – *Sagasta 14* ✉ *28004* Ⓜ *Alonso Martínez* – ☏ *915 91 01 12*
– www.lamanducadeazagra.com – cerrado agosto, domingo y festivos

⑪O Ático   & ⌀ 🚗

CREATIVA · BURGUESA XX Demuestra personalidad respecto al hotel, está tutelado por el chef Ramón Freixa y destaca tanto por su estética clásica-actual como por sus vistas. Cocina actual desenfadada.

Menú 40/65 € – Carta 42/55 €

Plano : 6G2-k – *Hotel The Principal Madrid, Marqués de Valdeiglesias 1* ✉ *28004* Ⓜ *Banco de España* – ☏ *915 21 87 43 – www.restauranteatico.es*

⑪O Arce   AC ⌀ ⟷

CLÁSICA · AMBIENTE CLÁSICO X Una casa de organización familiar que denota buen hacer, pues plantean una cocina clásica de producto y sabor. Amplia carta, menús y la posibilidad de tomar medias raciones.

Menú 65/80 € – Carta 47/65 €

Plano : 6G2-h – *Augusto Figueroa 32* ✉ *28004* Ⓜ *Chueca* – ☏ *915 22 04 40*
– www.restaurantearce.com – cerrado Semana Santa, 15 días en agosto, lunes y martes

⑪O Askuabarra   AC ⌀

DE MERCADO · RÚSTICA X Llevado por dos hermanos que han mamado la profesión, de ahí el valor que dan a usar productos de calidad. Cocina de mercado actualizada y una especialidad, el Steak tartare.

Carta 35/57 €

Plano : 6G2-v – *Arlabán 7* ✉ *28014* Ⓜ *Sevilla* – ☏ *915 93 75 07*
– www.askuabarra.com – cerrado domingo noche de octubre-mayo, domingo de junio-septiembre y lunes

⑪○ Bistronómika ⓝ

COCINA TRADICIONAL · SENCILLA ✗ Modesto restaurante, con profusión de madera, que ve en el mar su razón de ser. Los pescados, frescos y a la brasa, son aquí el alma de todo... aunque también ofrecen carnes.

Carta 35/50 €

Plano : 6G3-x – *Santa María 39* ✉ *28014* Ⓜ *Antón Martín* – ✆ *911 38 62 98*
– *www.bistronomika.com* – *cerrado 2 semanas en agosto, domingo noche y lunes*

⑪○ Bolívar

COCINA TRADICIONAL · FAMILIAR ✗ Pequeño restaurante ubicado en el bohemio barrio de Malasaña, donde se presenta con una única sala dividida en dos espacios de corte moderno. Cocina tradicional de mercado.

Menú 20/38 € – Carta 30/45 €

Plano : 5F1-a – *Manuela Malasaña 28* ✉ *28004* Ⓜ *San Bernardo* – ✆ *914 45 12 74*
– *www.restaurantebolivar.com* – *cerrado del 5 al 31 agosto y domingo*

⑪○ Chuka Ramen Bar

JAPONESA · AMBIENTE ORIENTAL ✗ ¿Conoce la versión japonesa de la cocina china? Aquí ofrecen la fusión culinaria entre ambas culturas, con platos míticos como el Ramen y alguna propuesta mucho más callejera.

Carta 26/37 €

Plano : 6G2-t – *Echegaray 9* ✉ *28014* Ⓜ *Sevilla* – ✆ *640 65 13 46*
– *www.chukaramenbar.com* – *cerrado agosto, domingo, lunes y martes mediodía*

⑪○ La Gastroteca de Santiago

MODERNA · ACOGEDORA ✗ Sus dos grandes cristaleras dan paso a un restaurante reducido pero acogedor, con la cocina semivista y un montaje moderno. Carta tradicional con platos actualizados.

Carta 40/65 €

Plano : 5E2-f – *pl. Santiago 1* ✉ *28013* Ⓜ *Ópera* – ✆ *915 48 07 07*
– *www.lagastrotecadesantiago.es* – *cerrado del 15 al 31 de agosto, domingo noche y lunes*

⑪○ Gioia ⓝ

ITALIANA · ROMÁNTICA ✗ Coqueto local en dos alturas llevado por una pareja del Piamonte. Ofrecen una cocina italiana clásica con platos actuales. ¡Pruebe su L'uovo morbido o el curioso Riso e oro!

Menú 29 € – Carta 28/42 €

Plano : 6G2-a – *San Bartolomé 23* ✉ *28004* Ⓜ *Chueca* – ✆ *915 21 55 47*
– *www.gioiamadrid.es* – *cerrado 21 días en agosto, domingo noche y lunes*

⑪○ Gofio by Cícero Canary

REGIONAL · BISTRÓ ✗ ¡Todo un homenaje a la gastronomía canaria! Presenta la estética de un modesto bistró y reproduce los sabores isleños desde un punto de vista moderno-informal, con buen nivel técnico y precios moderados. ¡Sus menús varían en función del número de platos!

Menú 35/80 € – solo menú

Plano : 6G3-s – *Lope de Vega 9* ✉ *28014* Ⓜ *Antón Martin* – ✆ *915 99 44 04*
– *www.gofiomadrid.com* – *cerrado 24 diciembre-7 enero, 15 días en agosto, lunes y martes salvo festivos y vísperas*

⑪○ Krachai

TAILANDESA · AMBIENTE ORIENTAL ✗ Repartido en dos salas, ambas con una iluminación bastante cuidada y de montaje actual. La carta, de cocina tailandesa, distribuye los platos según su técnica de elaboración.

Menú 14/35 € – Carta 25/55 €

Plano : 6G1-a – *Fernando VI-11* ✉ *28004* Ⓜ *Alonso Martínez* – ✆ *918 33 65 56*
– *www.krachai.es* – *cerrado 20 días en agosto y domingo noche*

⅋○ Lamian by Soy Kitchen   🅰🅲 ⅏

FUSIÓN · BISTRÓ Ⅹ Con su nombre hacen referencia al icónico y popular Ramen, concebido aquí como el mejor punto de partida para descubrir la fusión entre la gastronomía española y la oriental.

Carta 25/40 €

Plano : 5E1-c – *pl. Mostenses 4* ✉ *28015* Ⓜ *Plaza de España* – ✆ *910 39 22 31*
– *www.lamianconcept.com*
– *cerrado lunes*

⅋○ Tampu   🅰🅲

PERUANA · DE DISEÑO Ⅹ Pizarra, madera, mimbre... y un nombre que rememora las antiguas posadas existentes en el Camino del Inca. Cocina peruana clásica y moderna, con ceviches, tiraditos, causas...

Carta 30/45 €

Plano : 6G2-a – *Prim 13* ✉ *28004* Ⓜ *Chueca* – ✆ *915 64 19 13*
– *cerrado domingo noche y lunes*

⅋○ La Tasquita de Enfrente   🅰🅲

INTERNACIONAL · FAMILIAR Ⅹ Una casa de ambiente informal que tiene el beneplácito de una fiel clientela. Su cocina de inspiración francesa, con toques actuales, toma como base la calidad del producto.

Menú 79/110 € – Carta 51/73 €

Plano : 5F2-s – *Ballesta 6* ✉ *28004* Ⓜ *Gran Vía* – ✆ *915 32 54 49 (es necesario reservar)* – *www.latasquitadeenfrente.com*
– *cerrado agosto y domingo*

⅋○ Tiradito   🕍 🅰🅲 ⅏

PERUANA · A LA MODA Ⅹ Restaurante joven y desenfadado en el que se apuesta por la cocina 100% peruana, fiel a sus productos y tradiciones. Elaboran ceviches, tiraditos, picoteos, tapas criollas...

Carta 40/58 €

Plano : 5E1-b – *Conde Duque 13* ✉ *28015* Ⓜ *San Bernardo* – ✆ *915 41 78 76*
– *www.tiradito.es*
– *cerrado 15 días en agosto, domingo noche y lunes*

⅋○ Umiko   🅰🅲 ⅏

JAPONESA · MINIMALISTA Ⅹ Un asiático divertido y diferente, pues aspira a fusionar la cocina nipona tradicional con los sabores madrileños más castizos. ¡Terminan la mayoría de los platos en la barra!

Carta 40/58 €

Plano : 6G2-c – *Los Madrazo 18* ✉ *28014* Ⓜ *Sevilla* – ✆ *914 93 87 06*
– *www.umiko.es*
– *cerrado 15 días en agosto, domingo y lunes mediodía*

⅋○ Arallo Taberna Ⓝ   ♿ 🅰🅲 ⅏

FUSIÓN · TENDENCIA ❢⁄ Un gastrobar urbano que rompe conceptos y apuesta por la fusión, combinando la cocina española con la oriental en un sutil juego de texturas y sabores. ¡Pruebe sus Dumplings!

Tapa 3 € – Ración aprox. 12 €

Plano : 6G2-l – *Reina 31* ✉ *28004* Ⓜ *Chueca* – ✆ *690 67 37 96*
– *www.arallotaberna.com*
– *cerrado Semana Santa y agosto*

⅋○ Barra M Ⓝ   🅰🅲 ⅏

FUSIÓN · DE DISEÑO ❢⁄ Este curioso local, presidido por una única mesa-barra, ensalza la comida callejera elaborando una sugerente fusión entre la cocina asiática y la peruana. ¡Ideal para foodies!

Tapa 6 € – Ración aprox. 18 €

Plano : 6G2-a – *Libertad 8* ✉ *28004* Ⓜ *Chueca* – ✆ *916 68 46 78*
– *www.barraeme.pacificogrupo.com*
– *cerrado del 23 al 26 diciembre, domingo, lunes noche y martes noche*

MADRID · ESPAÑA

Alojamientos

⌂⌂⌂⌂ The Westin Palace Madrid 🏊 ⛲ 🖥 ♿ 🅰🅒 💈 🚗

LUJO · CLÁSICA Elegante e histórico, pues es... ¡todo un símbolo de la Belle Époque! Alberga una bellísima zona social bajo una bóveda Art Nouveau y suntuosas habitaciones, unas clásicas y otras de línea más actual. En el restaurante La Rotonda elaboran cocina internacional.

470 hab – 🛏300/850 € 🛏🛏300/850 € – ⊑ 38 € – 51 suites

Plano : 6G2-e – *pl. de las Cortes 7* ✉ *28014* Ⓜ *Sevilla* – 𝒞 *913 60 80 00*
– *www.westinpalacemadrid.com*

⌂⌂⌂⌂ Gran Meliá Palacio de los Duques ⛲ 🖥 ♿ 🅰🅒 💈

EDIFICIO HISTÓRICO · ELEGANTE ¡A pocos metros del Teatro Real! Este palacio del s. XIX, tematizado en torno a la figura de Velázquez, ofrece espacios multifuncionales de carácter público y privado (Red Level), habitaciones actuales de gran confort y, ya en la azotea, unas idílicas vistas.

180 hab – 🛏250/450 € 🛏🛏250/450 € – ⊑ 35 €

Plano : 5E2-a – *cuesta de Santo Domingo 5* ✉ *28005* Ⓜ *Ópera* – 𝒞 *915 41 67 00*
– *www.melia.com*

🍽○ **Dos Cielos Madrid** – ver selección restaurantes

⌂⌂⌂⌂ Urban 🏊 🍴 ⛲ 🖥 ♿ 🅰🅒 🚳 💈 🚗

LUJO · DE DISEÑO Resulta idóneo para sentir el pulso de la ciudad, tiene una estética vanguardista y confirma una especial relación con el arte, ya que decora el edificio con muchas obras originales y... ¡tiene su propio museo! Habitaciones detallistas de línea clásica-actual.

96 hab – 🛏210/600 € 🛏🛏210/600 € – ⊑ 29 €

Plano : 6G2-z – *Carrera de San Jerónimo 34* ✉ *28014* Ⓜ *Sevilla* – 𝒞 *917 87 77 70*
– *www.hotelurban.com*

✿ **Cebo** – ver selección restaurantes

⌂⌂⌂⌂ Villa Real 🏊 🖥 ♿ 🅰🅒 💈 🚗

CADENA HOTELERA · PERSONALIZADA Sorprende, pues atesora una valiosa colección de arte griego y romano en todas sus dependencias. Las confortables habitaciones poseen atractivos detalles y mobiliario en caoba. El restaurante, decorado con litografías de Andy Warhol, muestra un carácter informal y una cocina tradicional con tintes actuales.

115 hab – 🛏150/475 € 🛏🛏175/475 € – ⊑ 23 € – 17 suites

Plano : 6G2-f – *pl. de las Cortes 10* ✉ *28014* Ⓜ *Sevilla* – 𝒞 *914 20 37 67*
– *www.hotelvillareal.com*

⌂⌂⌂⌂ VP Plaza España Design Ⓝ 🏊 ⛷ 🍴 💷 ⛲ 🖥 ♿ 🅰🅒 💈 🚗

LUJO · A LA MODA Un hotel pensado tanto para el turista como para el cliente de empresa. Encontrará detalles de diseño, obras de arte, zonas lúdicas... y un fantástico sky bar panorámico en la última planta, donde está el restaurante y su genial piscina con fondo transparente.

211 hab – 🛏205/280 € 🛏🛏205/280 € – ⊑ 25 € – 3 suites

Plano : 5E1-e – *pl. España 5* ✉ *28008* Ⓜ *Plaza de España* – 𝒞 *915 95 55 10*
– *www.plazaespana-hotel.com*

⌂⌂⌂ Dear H. 🏊 🍴 🖥 ♿ 🅰🅒 🚳 💈 🚗

BOUTIQUE HOTEL · CLÁSICA Recupera un edificio neoclásico y destaca por su fantástico emplazamiento, en pleno "Broadway" madrileño. Encontrará confortables habitaciones de línea clásica, una oferta culinaria orientada a la fusión y, sobre todo, unas maravillosas vistas desde la azotea.

162 hab – 🛏130/450 € 🛏🛏260/900 € – ⊑ 19 €

Plano : 5E1-a – *Gran Vía 80* ✉ *28013* Ⓜ *Plaza de España* – 𝒞 *914 12 32 00*
– *www.dearhotelmadrid.com*

🏨 Las Letras Gran Vía ✿ ♨ ⊡ ⚅ 🆎 ⚗

NEGOCIOS · CLÁSICA Edificio restaurado que sorprende por su interior, actual y colorista. Tiene habitaciones de diseño muy neoyorquino, con una iluminación intimista y curiosos poemas en las paredes. Su restaurante está casi unido al lounge-bar, donde suelen pinchar música.

109 hab – 🛏135/640 € 🛏🛏135/640 € – ☕ 20 €

Plano : 6G2-q – *Gran Vía 11* ✉ 28013 Ⓜ *Gran Vía* – ☎ 915 23 79 80
– *www.iberostar.com*

🏨 Only You Boutique H. Madrid ✿ ♨ ⊡ ⚅ 🆎 ⚗ ⚗

NEGOCIOS · DE DISEÑO Encantador hotel ubicado en el corazón de Chueca, en un palacio rehabilitado del s. XIX que hoy se muestra moderno y con mil detalles tras una profunda labor de interiorismo. Acogedoras zonas sociales, habitaciones muy bien equipadas y un correcto restaurante.

125 hab – 🛏180/1000 € 🛏🛏180/1000 € – ☕ 27 €

Plano : 6G1-2-c – *Barquillo 21* ✉ 28004 Ⓜ *Chueca* – ☎ 910 05 22 22
– *www.onlyyouhotels.com*

🏨 The Principal Madrid ♨ ⊡ ⚅ 🆎 ⚗ ⚗ 🚗

BOUTIQUE HOTEL · ELEGANTE Ubicado en uno de los primeros edificios que se construyeron en la Gran Vía, junto al emblemático Metrópolis. La recepción se halla en la sexta planta, ofrece habitaciones de línea actual, que varían según sus vistas, y atesora una encantadora azotea-terraza.

76 hab – 🛏200/540 € 🛏🛏200/540 € – ☕ 29 € – 4 suites

Plano : 6G2-s – *Marqués de Valdeiglesias 1* ✉ 28004 Ⓜ *Banco de España*
– ☎ 915 21 87 43 – *www.theprincipalmadridhotel.com*

🍴 **Ático** – ver selección restaurantes

Retiro, Salamanca

Hans Lippert / imageBROKER / age fotostock

Restaurantes

❀❀ Ramón Freixa Madrid ❀ 🆎 ⚗ ⊟ 🚗

CREATIVA · DE DISEÑO 𝕏𝕏𝕏𝕏 La conexión del chef Ramón Freixa con la ciudad de Madrid ha sido determinante para su evolución. Formado en el restaurante familiar de Barcelona (El Racó d'en Freixa, más de dos décadas con una estrella MICHELIN), este catalán ha sabido ganarse tanto los corazones como los paladares del cosmopolita comensal madrileño, siempre ávido de nuevas propuestas. Su filosofía, en línea con una cocina de autor bastante creativa, da un giro hacia los orígenes, las tradiciones mediterráneas y los maridajes clásicos, que son tratados de una manera, eso sí, muy actual.

El elegante local, ubicado en el hotel Único Madrid, presenta un comedor principal asomado a una terraza acristalada y un tranquilo privado, sorprendiendo ambos espacios por los bellísimos mosaicos geométricos de sus suelos.

El constante juego de equilibrios entre tradición y vanguardia se deja notar, especialmente, en la capital importancia que el chef da a la calidad de los panes, no en vano... ¡sus abuelos maternos eran panaderos!

→ El estudio del tomate 2019. Tortilla líquida de bacalao con guisantes lágrima y velo de menta. Miel, flores y pimientas.

Menú 80/165 € – Carta 110/125 €

Plano : 6H1-s – *Hotel Único Madrid, Claudio Coello 67* ✉ *28001* Ⓜ *Serrano* – ✆ *917 81 82 62 – www.ramonfreixamadrid.com*
– *cerrado Navidades, Semana Santa, agosto, domingo, lunes y festivos*

❀ ## Kabuki Wellington (Ricardo Sanz)   🍸 ♿ AC

JAPONESA · DE DISEÑO XXX Un restaurante emblemático, pues refleja como ningún otro el encuentro gastronómico entre Japón y el Mediterráneo. Atesora una elegante sala en dos alturas y una sugerente barra de sushi, donde fusionan la cultura culinaria nipona con la mejor materia prima local, demostrando siempre maestría en los cortes y texturas.

→ Sashimi de salmonete en su carcasa. Bol de arroz tostado a la mantequilla con huevo roto y anguila asada. Chocoreto en texturas.

Menú 93 € – Carta 70/130 €

Plano : 6H2-a – *Hotel Wellington, Velázquez 6* ✉ *28001* Ⓜ *Retiro* – ✆ *915 77 78 77* – *www.restaurantekabuki.com*
– *cerrado Semana Santa, 21 días en agosto, sábado mediodía, domingo y festivos*

❀ ## Álbora   AC 🍸

MODERNA · DE DISEÑO XX Atractivo marco de ambiente moderno claramente dividido en dos espacios, el gastrobar de la planta baja y el restaurante gastronómico del piso superior. Aquí encontrará una cocina de gran nivel en la que se apuesta por los productos de temporada, permitiendo en algunos casos degustar los platos en medias raciones.

→ Créme brûlée de bogavante con guarnición crema y caviar. Cabezada Joselito y jugo de cebolla roja. Torrija caramelizada con su helado de canela.

Menú 69/89 € – Carta 55/75 €

Plano : 6H1-z – *Jorge Juan 33* ✉ *28001* Ⓜ *Velázquez* – ✆ *917 81 61 97* – *www.restaurantealbora.com*
– *cerrado agosto y domingo*

❀ ## Punto MX (Roberto Ruiz)   AC 🍸

MEXICANA · MINIMALISTA XX Mexicano, pero... ¡ajeno al tipismo! Sorprende tanto por su modernidad, con un "mezcal bar" a la entrada, como por su propuesta, pues el chef Roberto Ruiz da su personal visión de la gastronomía mexicana unificando sabores en base a las materias primas españolas. ¡Muchos ingredientes vienen de su propio huerto!

→ Aguachile tatemado y rape curado. Tuétano a la brasa. Chocolate y maíz.

Menú 75/120 € – solo menú

Plano : 4C4-z – *General Pardiñas 40* ✉ *28001* Ⓜ *Goya* – ✆ *914 02 22 26 (es necesario reservar) – www.puntomx.es*
– *cerrado 23 diciembre-7 enero, Semana Santa, 15 días en agosto, domingo y lunes*

❀ ## La Tasquería (Javier Estévez)   AC 🍸

MODERNA · BISTRÓ X Una tasca de nueva generación en la que se obran milagros, pues tiene mérito convertir los modestos productos de casquería (ternera, cerdo, cordero) en platos modernos, delicados y elegantes. Presenta una estética urbana con detalles rústicos e industriales, tiene la cocina a la vista y, por encima, resulta económico.

→ Morro, brava y pulpo. Manitas, alcachofa y cigalas. Chocolate, vainilla y frambuesa.

Carta 33/45 €

Plano : 4C4-c – *Duque de Sesto 48* ✉ *28009* Ⓜ *Goya* – ✆ *914 51 10 00* – *www.latasqueria.com*
– *cerrado 10 días en enero, 21 días en agosto y domingo noche*

La Castela   ⅋ AC ⅋

COCINA TRADICIONAL · AMBIENTE TRADICIONAL X Da continuidad a las históricas tabernas madrileñas... no en vano, se asienta sobre una de ellas. Ofrece un concurrido bar de tapas y una sala de sencillo montaje, donde podrá degustar una cocina de tinte tradicional que destaca por sus sugerencias diarias.

Carta 25/40 €

Plano : 4C4-r – *Doctor Castelo 22* ✉ *28009* Ⓜ *Ibiza* – ☏ *915 74 00 15*
– *www.lacastela.com* – *cerrado agosto y domingo noche*

Castelados   AC ⅋

COCINA TRADICIONAL · AMBIENTE TRADICIONAL X Un restaurante de ambiente bullicioso y desenfadado que sigue la filosofía de La Castela, su cercano hermano mayor. Cocina tradicional basada en una buena materia prima e interesantes sugerencias diarias, destacando entre estas últimas los pescados frescos.

Carta 30/45 €

Plano : 4C4-h – *Antonio Acuña 18* ✉ *28009* Ⓜ *Príncipe de Vergara*
– ☏ *910 51 56 25* – *www.castelados.com* – *cerrado 20 días en agosto y domingo noche*

La Maruca   🍴 AC ⅋ ⇔

COCINA TRADICIONAL · SIMPÁTICA X Un restaurante alegre, desenfadado y de línea actual. Apuestan por una cocina tradicional de buen nivel, con predominio de los platos cántabros que marcan sus raíces y una clara premisa: ¡ser asequibles para todo el mundo!

Carta 25/42 €

Plano : 6H1-k – *Velázquez 54* ✉ *28001* Ⓜ *Velázquez* – ☏ *917 81 49 69*
– *www.restaurantelamaruca.com*

La Montería   AC ⅋

COCINA TRADICIONAL · SENCILLA X Este negocio familiar se presenta hoy con un bar y un íntimo comedor, ambos espacios de línea actual. Su chef propone una cocina tradicional actualizada que siempre aborda algún plato de caza. ¡No se marche sin probar sus Monterías (mejillones rellenos)!

Menú 42/46 € – Carta 33/42 €

Plano : 4C4-b – *Lope de Rueda 35* ✉ *28009* Ⓜ *Ibiza* – ☏ *915 74 18 12*
– *www.lamonteria.es* – *cerrado domingo noche*

Tepic   🍴 AC ⅋

MEXICANA · RÚSTICA X Un mexicano con carácter propio, pues presenta un espacio de estilo rústico-actual definido por la profusión de madera vista y el dominio de los tonos blancos. Encontrará cocina autóctona de calidad y una interesante carta de cervezas, tequilas, mezcales...

Menú 31 € – Carta 30/45 €

Plano : 6H1-f – *Ayala 14* ✉ *28001* Ⓜ *Goya* – ☏ *915 22 08 50* – *www.tepic.es*
– *cerrado domingo noche*

⅋〇 Alabaster   ⅋ AC ⅋ ⇔

MODERNA · A LA MODA XxX Atesora un gastrobar y un interior actual, con detalles de diseño, dominado por los tonos blancos. Cocina tradicional actualizada con devoción por los productos gallegos.

Carta 40/60 €

Plano : 6H2-k – *Montalbán 9* ✉ *28014* Ⓜ *Retiro* – ☏ *915 12 11 31*
– *www.restaurantealabaster.com* – *cerrado Semana Santa, 21 días en agosto y domingo*

⅋〇 Étimo Ⓝ   ⅋ AC

CREATIVA · TENDENCIA XxX Sorprende por su interiorismo, pues combina pasado y presente, y apuesta por una cocina actual, delicada en las formas pero muy técnica y consistente. ¡Hay una mesa del chef!

Menú 65/80 € – solo menú

Plano : 6H1-e – *Ayala 27* ✉ *28005* Ⓜ *Goya* – ☏ *913 27 36 07* – *www.etimo.es*
– *cerrado del 5 al 26 de agosto, domingo y lunes*

MADRID · ESPAÑA

❑○ Goizeko Wellington 🕸 🖾 🕸 ◁

ESPAÑOLA · AMBIENTE CLÁSICO XxX Disfruta de un comedor clásico-moderno y dos privados, todo de exquisito montaje. Su carta, que fusiona la cocina tradicional, la internacional y la creativa, se ha visto también enriquecida con varios platos de origen nipón.

Menú 85/120 € – Carta 52/74 €

Plano : 6H1-2-t – *Hotel Wellington, Villanueva 34* ✉ *28001* Ⓜ *Retiro*
– 𝄐 915 77 01 38 – www.goizekogaztelupe.com – cerrado Semana Santa, del 1 al 21 de agosto, sábado mediodía, domingo y festivos

❑○ Palacio Cibeles 🕿 ⅏ 🖾 🕸

COCINA TRADICIONAL · MARCO CONTEMPORÁNEO XxX Disfruta de un maravilloso emplazamiento, pues ocupa la 6ª planta del emblemático edificio del Ayuntamiento. Ofrece una sala de línea moderna, dos coquetas terrazas para comidas y copas, así como una cocina elaborada de gusto tradicional.

Menú 40 € – Carta 52/70 €

Plano : 6G2-d – *pl. de Cibeles 1, Planta 6ª* ✉ *28014* Ⓜ *Banco de España*
– 𝄐 915 23 14 54 – www.adolfo-palaciodecibeles.com

❑○ Sanxenxo 🕿 🖾 🕸 ⬭

PESCADOS Y MARISCOS · AMBIENTE CLÁSICO XxX ¡Todo un clásico! Presenta unas magníficas instalaciones dominadas por la presencia de materiales nobles, como el granito o la madera. Pescados y mariscos de enorme calidad.

Menú 50 € – Carta 45/66 €

Plano : 4C4-e – *José Ortega y Gasset 40* ✉ *28006* Ⓜ *Núñez de Balboa*
– 𝄐 915 77 82 72 – www.sanxenxo.es – cerrado Semana Santa, del 1 al 15 de agosto y domingo noche

❑○ Amparito Roca ⅏ 🖾 🕸

COCINA TRADICIONAL · ACOGEDORA XX Debe su nombre a un mítico pasodoble y apuesta por la honestidad, con las mejores materias primas por bandera. Montaje clásico-actual y... ¡sorprendentes detalles decorativos!

Carta 42/55 €

Plano : 4C4-x – *Juan Bravo 12* ✉ *28006* Ⓜ *Núñez de Balboa – 𝄐 913 48 33 04*
– www.restauranteamparitoroca.com – cerrado domingo y lunes noche

❑○ BiBo Madrid 🕸 ⅏ 🖾 🕸 ⬭

MODERNA · BISTRÓ XX ¡La magia del sur! El sorprendente espacio, inspirado en la portada del Real de la Feria de Málaga, se llena de luz para presentar la cocina más informal del chef Dani García.

Carta 35/55 €

Plano : 2C3-e – *paseo de la Castellana 52* ✉ *28046* Ⓜ *Gregorio Marañón*
– 𝄐 918 05 25 56 – www.grupodanigarcia.com

❑○ La Bien Aparecida 🕿 🖾 🕸

COCINA TRADICIONAL · TENDENCIA XX Lleva el nombre de la patrona de Cantabria y se distribuye en dos plantas, donde crean varios ambientes. Cocina tradicional actualizada, finas texturas y contundentes sabores.

Menú 75 € – Carta 47/68 €

Plano : 6H1-n – *Jorge Juan 8* ✉ *28001 – 𝄐 911 59 39 39*
– www.restaurantelabienaparecida.com

❑○ Cañadío 🕿 🖾 🕸 ⬭

COCINA TRADICIONAL · SIMPÁTICA XX Si conoce Santander le sonará, pues su nombre nos traslada a una de sus plazas más famosas y a la casa madre de este negocio. Ofrece una barra-cafetería pensada para tapear, dos salas de línea actual y una cocina tradicional bien elaborada.

Carta 35/60 €

Plano : 4C4-k – *Conde de Peñalver 86* ✉ *28005* Ⓜ *Diego de León*
– 𝄐 912 81 91 92 – www.restaurantecanadio.com – cerrado 15 días en agosto

ⅢO **47 Ronin**   🛏 ⅊ AC ⅌

JAPONESA · AMBIENTE ORIENTAL ✗✗ Cocina japonesa tratada de forma creativa, con técnicas actuales, finas texturas y una sugerente adaptación del recetario nipón a nuestros productos. ¡Platos muy visuales!

Menú 45/125 € – Carta 40/58 €

Plano : 6H1-c – *Jorge Juan 38* ✉ *28001* Ⓜ *Velázquez* – 🕾 *913 48 50 34*
– *www.47-ronin.es – cerrado del 1 al 3 de enero, del 5 al 29 de agosto, domingo noche y lunes*

ⅢO **El Gran Barril**   🛏 ⅊ AC ⅌ ⟷

PESCADOS Y MARISCOS · AMBIENTE TRADICIONAL ✗✗ Negocio de confortables instalaciones con la fachada acristalada. Presenta un bar público y varias salas de línea moderna, la de mayor capacidad junto al vivero en el nivel inferior. Ofrecen arroces, pescados y mariscos de gran calidad.

Carta 52/70 €

Plano : 4CD4-y – *Goya 107* ✉ *28009* Ⓜ *Goya* – 🕾 *914 31 22 10*
– *www.elgranbarril.com*

ⅢO **O grelo**   AC ⅌ ⟷

GALLEGA · AMBIENTE CLÁSICO ✗✗ Conozca las excelencias de la cocina gallega tradicional, con gran variedad de pescados y mariscos. Se han ido renovando y actualmente ofrecen un aspecto moderno, con un gastrobar que les funciona bastante bien, una sala y tres privados.

Carta 35/70 €

Plano : 4C4-5-m – *Menorca 39* ✉ *28009* Ⓜ *Ibiza* – 🕾 *914 09 72 04*
– *www.restauranteogrelo.com – cerrado domingo noche*

ⅢO **Huerta de Carabaña**   AC ⅌

COCINA TRADICIONAL · MARCO CONTEMPORÁNEO ✗✗ Un reino culinario de tintes tradicionales gobernado por un magnánimo monarca: las mejores verduras de Carabaña. Ofrece un espacio tipo bistró y otro de carácter gastronómico.

Carta 55/70 €

Plano : 6H1-d – *Lagasca 32* ✉ *28001* Ⓜ *Serrano* – 🕾 *910 83 00 07*
– *www.huertadecarabana.es – cerrado agosto y domingo noche*

ⅢO **Maldonado 14**   AC ⅌

COCINA TRADICIONAL · AMBIENTE CLÁSICO ✗✗ Presenta una única sala repartida en dos niveles, ambos con una decoración clásica y los suelos en madera. Proponen una carta tradicional de temporada y producto, así como sabrosos postres caseros. ¡No se pierda su famosa Tarta de manzana!

Menú 35/55 € – Carta 38/60 €

Plano : 4C4-n – *Maldonado 14* ✉ *28006* Ⓜ *Núñez de Balboa* – 🕾 *914 35 50 45*
– *www.maldonado14.com – cerrado Semana Santa, del 5 al 27 de agosto, domingo y festivos noche*

ⅢO **99 sushi bar**   AC ⅌ ⟷

JAPONESA · MINIMALISTA ✗✗ Perfecto para descubrir los sabores y texturas de la cocina nipona. Posee una pequeña barra en la que elaboran Sushi a la vista del cliente, una atractiva bodega acristalada y una sala de corte moderno con el típico montaje japonés.

Menú 90 € – Carta 44/65 €

Plano : 6H1-b – *Hermosilla 4* ✉ *28001* Ⓜ *Serrano* – 🕾 *914 31 27 15*
– *www.99sushibar.com – cerrado 30 julio-26 de agosto, domingo y festivos*

ⅢO **Santerra** Ⓝ   AC ⅌ ⟷

COCINA TRADICIONAL · MARCO CONTEMPORÁNEO ✗✗ En esta casa, no exenta de personalidad, ensalzan la cocina tradicional de raíces manchegas, con deliciosos platos de caza y guisos diarios. ¡No deje de probar sus croquetas!

Carta 46/58 €

Plano : 4C4-a – *General Pardiñas 56* ✉ *28001* Ⓜ *Núñez de Balboa*
– 🕾 *914 01 35 80 – www.santerra.es – cerrado Semana Santa, 15 días en agosto, domingo, lunes noche y festivos*

⇑○ Surtopía   AC

ANDALUZA · MARCO CONTEMPORÁNEO ※※ Un local de ambiente moderno que nos traslada, en lo gastronómico, a los aromas y sabores de Andalucía... eso sí, con técnicas actualizadas e interesantes detalles de autor.

Menú 35/45 € – Carta 38/56 €

Plano : 2C3-z – *Núñez de Balboa 106* ✉ *28006* Ⓜ *Núñez de Balboa – ☏ 915 63 03 64 – www.surtopia.es – cerrado del 1 al 7 de enero, Semana Santa, 13 agosto-4 septiembre, domingo y lunes*

⇑○ El 38 de Larumbe   🛋 & AC 🍴 ⇔

MODERNA · AMBIENTE CLÁSICO ※※ Ofrece dos espacios gastronómicos bien diferenciados, uno tipo gastrobar y otro de superior montaje para la carta. Cocina tradicional actualizada con opción a medias raciones.

Carta 42/59 €

Plano : 4C4-u – *paseo de la Castellana 38* ✉ *28006* Ⓜ *Rubén Darío – ☏ 915 75 11 12 – www.larumbe.com – cerrado 15 días en agosto, domingo noche y festivos noche*

⇑○ 99 KŌ sushi bar Ⓝ   AC

JAPONESA · A LA MODA ※ Presenta una estética actual y una preciosa barra de sushi, pues esta es el epicentro de todo lo que aquí acontece. ¡Cocina japonesa tradicional con toques de vanguardia!

Menú 110/165 € – solo menú

Plano : 6H1-h – *Marqués de Villamagna 1* ✉ *28001* Ⓜ *Rubén Darío – ☏ 914 31 38 78 – www.99kosushibar.com – cerrado agosto, sábado mediodía, domingo y festivos*

⇑○ Canalla Bistro   & AC ⇔

MODERNA · MARCO CONTEMPORÁNEO ※ Descubra la propuesta más informal del chef valenciano Ricard Camarena, que busca dejar su impronta en la capital con una fórmula muy urbana. ¡Platos idóneos para compartir!

Carta 35/45 €

Plano : 6H1-a – *Goya 5 (Platea Madrid)* ✉ *28001* Ⓜ *Serrano – ☏ 915 77 00 25 – www.plateamadrid.com*

⇑○ Flavia   AC 🍴

ITALIANA · AMBIENTE MEDITERRÁNEO ※ Moderna "trattoria" de estilo urbano distribuida en varias alturas. Ofrecen una buena cocina clásica italiana, siempre en base a productos originales del país transalpino.

Menú 17 € – Carta 25/45 €

Plano : 6H1-p – *Gil de Santivañes 2* ✉ *28001* Ⓜ *Colón – ☏ 914 93 90 51 – www.flaviamadrid.com*

⇑○ Kulto   AC 🍴

MODERNA · SIMPÁTICA ※ Simpático, moderno, luminoso... ¡y a un paso del Retiro! Ofrece unas elaboraciones de gusto actual, asociadas tanto al producto de mercado como a la fusión con otras culturas.

Carta 45/62 €

Plano : 4C5-x – *Ibiza 4* ✉ *28009* Ⓜ *Ibiza – ☏ 911 73 30 53 – www.kulto.es – cerrado lunes y martes*

⇑○ Marcano   AC 🍴

INTERNACIONAL · SENCILLA ※ Aquí encontrará una cocina de sabores bien definidos, con platos tradicionales de cuchara y otros de gusto internacional, estos últimos de origen tanto europeo como asiático.

Carta 50/75 €

Plano : 4C4-p – *Doctor Castelo 31* ✉ *28009* Ⓜ *Ibiza – ☏ 914 09 36 42 – www.restaurantemarcano.com – cerrado Semana Santa, domingo en agosto y domingo noche resto del año*

MADRID · ESPAÑA

ⅼ○ **Pelotari**   🅰️🅲 ⌁ ⇔

VASCA · RÚSTICA ✕ Clásico asador vasco llevado por sus propietarios, uno en sala y el otro en cocina. Posee cuatro comedores de estilo clásico regional, dos de ellos convertibles en privados.

Carta 40/60 €

Plano : 6H1-u – *Recoletos 3* ✉ *28001* Ⓜ *Colón* – ✆ *915 78 24 97*
– *www.pelotari-asador.com* – *cerrado domingo*

Alojamientos

🏨 **Villa Magna**   ✿ ℔ ⊡ � 🅰️🅲 🏊 🚗

LUJO · CLÁSICA Este magnífico hotel exhibe una zona social de elegante línea clásica y varios tipos de habitaciones, destacando las suites de la última planta por su terraza. La sugerente oferta culinaria, que incluye comidas tipo lunch, se enriquece con un restaurante gastronómico y otro dedicado a la cocina cantonesa-oriental.

150 hab – ╏660/860 € ╏╏760/860 € – ⌓ 42 € – 18 suites

Plano : 4C4-w – *paseo de la Castellana 22* ✉ *28046* Ⓜ *Rubén Darío*
– ✆ *915 87 12 34* – *www.hotelvillamagna.com*

🏨 **Hospes Puerta de Alcalá**   ✿ 🛜 ⊡ ⅼ 🅰️🅲 🏊

LUJO · CONTEMPORÁNEA Ocupa un edificio de 1883 con la recepción en el paso de carruajes, dos salas de reuniones y modernas habitaciones, muchas asomadas a la Puerta de Alcalá. En su restaurante encontrará raciones, un menú diario y... ¡un completo Cocido madrileño en tres vuelcos!

37 hab – ╏170/650 € ╏╏170/650 € – ⌓ 28 € – 5 suites

Plano : 6H2-v – *pl. de la Independencia 3* ✉ *28001* Ⓜ *Retiro* – ✆ *914 32 29 11*
– *www.hospes.com*

🏨 **Único Madrid**   ℔ ⊡ ⅼ 🅰️🅲 ⌁ 🏊 🚗

LUJO · CONTEMPORÁNEA Tras su atractiva fachada clásica encontrará un hall de diseño, una elegante zona social con varias salitas y confortables habitaciones, todas con elementos clásicos y vanguardistas. ¡Servicio de coches con chofer para visitar la ciudad!

44 hab ⌓ – ╏240/540 € ╏╏240/540 € – 1 suite

Plano : 6H1-s – *Claudio Coello 67* ✉ *28001* Ⓜ *Serrano* – ✆ *917 81 01 73*
– *www.unicohotelmadrid.com*

❀❀ **Ramón Freixa Madrid** – ver selección restaurantes

🏨 **Wellington**   ⏍ ℔ ⊡ ⅼ 🅰️🅲 ⌁ 🏊 🚗

LUJO · CLÁSICA Lujo y tradición se alían en un hotel realmente emblemático... no en vano, es aquí donde muchos toreros se alojan durante la Feria de San Isidro. Presenta unas instalaciones de línea clásica-elegante, con un concurrido bar de ambiente inglés y habitaciones de completo equipamiento.

226 hab – ╏181/393 € ╏╏181/393 € – ⌓ 37 € – 26 suites

Plano : 6H1-2-t – *Velázquez 8* ✉ *28001* Ⓜ *Retiro* – ✆ *915 75 44 00*
– *www.hotel-wellington.com*

❀ **Kabuki Wellington** • ⅼ○ **Goizeko Wellington** – ver selección restaurantes

Moncloa

S. Raccanello / Sime / Photononstop

Restaurantes

El Club Allard

CREATIVA · AMBIENTE CLÁSICO XxxX Singular, pues se halla en un edificio modernista protegido (1908) y no cuenta con ninguna indicación exterior. En su elegante interior, de línea clásica-actual, le propondrán una cocina creativa con matices autobiográficos y orientales que desgrana las influencias del chef. ¡Si busca exclusividad reserve "La Pecera"!

→ Guisadito con cigala y verduras encurtidas. Rubio con caldo de las espinas y pan de picada realizado al momento. Pedacito de cielo, torrija de remolacha, helado de vainilla y leche quemada.

Menú 115/145 € – Carta 82/120 €

Plano : 5E1-w – *Ferraz 2* ⊠ *28008* Ⓜ *Plaza España* – ☏ *915 59 09 39*
– *www.elcluballard.com* – *cerrado del 11 al 20 de agosto, domingo noche y lunes*

Enklima ❶

FUSIÓN · SENCILLA X Modesto, íntimo y llevado por una pareja emprendedora. A través de sus menús descubrirá una cocina de fusión muy personal, al gusto del día pero con muchos matices exóticos.

Menú 52/70 € – solo menú

Plano : 5E1-d – *Ferraz 36* ⊠ *28008* Ⓜ *Ventura Rodríguez* – ☏ *911 16 69 91*
– *www.enklima.com* – *cerrado 20 días en agosto, domingo y lunes*

Chamberí

Antonio_Sanchez / iStock

Restaurantes

Coque (Mario Sandoval)

CREATIVA · DE DISEÑO XxxXX Los hermanos Sandoval (Mario al frente de la cocina, Diego como jefe de sala y Rafael en labores de sumiller) han llegado a la capital dispuestos a dejar huella.

Con el traslado del negocio, fundado hace más de 40 años por sus padres en Humanes de Madrid, han marcado un antes y un después, pues lejos de replicarlo han apostado por un espacio excepcional, de unos 1.100 m², que multiplica la experiencia culinaria al plantearse esta como una serie de etapas que se van descubriendo en un recorrido por sus instalaciones.

361

Los maravillosos y elegantes espacios, presentados como una actualización del estilo clásico, responden a un nuevo código visual que combina papeles pintados, delicados entelados, piedra natural... todo para potenciar las sensaciones propuestas por el chef Mario Sandoval a través de sus creaciones, propias de la cocina más innovadora pero no exentas de guiños a las raíces familiares, como ese mítico Cochinillo lacado al horno de leña que nunca puede faltar en sus menús.

→ Guisante lágrima en texturas con ají amarillo, menta fresca y raíz de perifollo. Escabeche de foie y suprema de pato azulón en barrica de oloroso. Fresini de frutos rojos con esponja de naranja sanguina y yogur ácido.

Menú 145/195 € – solo menú

Plano : 4C4-a – *Marqués de Riscal 11* ⊠ *28010* Ⓜ *Rubén Darío* – *℘ 916 04 02 02 – www.restaurantecoque.com – cerrado 29 julio-27 agosto, del 24 al 31 diciembre, domingo y lunes*

✿✿ Santceloni   ✿ ⒶⒸ ♀ ⇔ ⇦

CREATIVA · ELEGANTE ✗✗✗✗ Lo primero que debe saber de este magnífico restaurante, ubicado en la principal arteria de la capital, es como vincula su nombre a la localidad natal del ya desaparecido Santi Santamaría, rindiendo así un velado homenaje a uno de los grandes maestros del chef Óscar Velasco.

Estamos ante uno de los establecimientos más exquisitos y elegantes de la ciudad, con un nivel de exigencia en cocina, servicio de sala y sumillería difícil de encontrar en todo el país. La experiencia culinaria en sus comedores, el principal con la cocina a la vista y un buen privado, se ve acrecentada por un espacio denominado "El Estudio", donde el comensal puede descubrir la extrema calidad de las materias primas.

En lo estrictamente gastronómico Óscar Velasco defiende la creatividad, el respeto por el producto y, sobre todo, el sabor, con platos muy bien ensamblados e impecables en la técnica. Su "carro" de quesos es uno de los más famosos y variados de España, así que no lo perdone a la hora de los postres.

→ Cigalas a la plancha en hojas de lechuga. Lasaña de pato, pistachos, cardamomo y suero de Idiazabal. Rábano daikon, maíz, regaliz y fruta de la pasión.

Menú 185 € – Carta 120/158 €

Plano : 1B3-b – *Hotel Hesperia Madrid, paseo de la Castellana 57* ⊠ *28046* Ⓜ *Gregorio Marañón* – *℘ 912 10 88 40 – www.restaurantesantceloni.com – cerrado Semana Santa, agosto, sábado mediodía, domingo y festivos*

✿ Clos Madrid Ⓝ   ⇧ & ⒶⒸ ⇔

MODERNA · MARCO CONTEMPORÁNEO ✗✗ La apuesta madrileña de Marcos Granda, el propietario del laureado Skina marbellí. En su sala, de gusto contemporáneo, le propondrán una cocina actual de tintes creativos en base a productos escogidos. ¿Y el nombre Clos? Es un término francés que alude a una explotación vitícola, de enorme calidad, cercada por un muro.

→ Arroz de pichón. Merluza y su pil-pil. Uvas, fresas silvestres y chantilly.

Menú 50/70 € – Carta 50/60 €

Plano : 1B3-i – *Raimundo Fernández Villaverde 28* ⊠ *28003* Ⓜ *Cuatro Caminos – ℘ 910 64 88 05 – www.restauranteclosmadrid.es – cerrado del 15 al 21 de abril, del 5 al 18 de agosto, sábado mediodía y domingo*

✿ El Invernadero Ⓝ (Rodrigo de la Calle)   ⒶⒸ

MODERNA · ACOGEDORA ✗✗ ¡El chef Rodrigo de la Calle está de vuelta en la capital! En su sala, de línea actual-natural, podrá descubrir esa "revolución verde" que ha roto fronteras, pues los vegetales son el hilo conductor de una propuesta única. Ofrece sabor, fantasía, delicadeza... y la opción de tomar siempre un plato de carne o pescado.

→ Alcachofa-trigo verde. Lechuga-trufa. Pera-goji.

Menú 95/135 € – solo menú

Plano : 1B3-l – *Ponzano 85* ⊠ *28003* Ⓜ *Rios Rosas* – *℘ 628 93 93 67 (es necesario reservar) – www.elinvernaderorestaurante.com – cerrado domingo, lunes y festivos.*

🕸 Lúa (Manuel Domínguez)   🗚 🚯 ⇔

MODERNA · ACOGEDORA XX Disfruta de dos ambientes bien diferenciados, uno tipo gastrobar a la entrada, donde ofrecen una carta de raciones y medias raciones, así como otro de carácter gastronómico en la zona inferior. Aquí descubrirá una cocina actual, de marcadas raíces gallegas, que ha sabido articularse en torno a un buen menú degustación.

→ Sopa de ají amarillo con pez mantequilla y quisquilla. Raya en caldeirada y ajada. Cremoso de queso San Simón con sopa de violetas.

Menú 68/90 € – solo menú

Plano : 3B4-c – *Eduardo Dato 5* ⊠ *28003* Ⓜ *Rubén Darío* – 🕿 *913 95 28 53*
– www.restaurantelua.com – cerrado domingo

🕸 Bacira   🗚 🚯 ⇔

FUSIÓN · VINTAGE X Instalado en un bonito local, con toques vintage, llevado por tres jóvenes socios-cocineros. ¿Su propuesta? Fresca cocina de fusión con matices mediterráneos, orientales y nikkeis, pensada para compartir y servida dentro de un ambiente informal.

Menú 43/68 € – Carta 23/45 €

Plano : 3B4-d – *Castillo 16* ⊠ *28010* Ⓜ *Iglesia* – 🕿 *918 66 40 30 (es necesario reservar) – www.bacira.es – cerrado 24 diciembre-2 enero, domingo noche y lunes*

🕸 Gala   🗚 🚯 ⇔

MODERNA · ÍNTIMA X Restaurante de larga trayectoria y reducidas dimensiones dotado con un comedor de línea actual. Proponen una cocina de mercado bien apoyada por distintos menús e interesantes jornadas gastronómicas. ¡Pruebe su Steak tartare de solomillo!

Menú 35/50 € – Carta 29/45 €

Plano : 1B3-n – *Espronceda 14* ⊠ *28003* Ⓜ *Alonso Cano* – 🕿 *914 42 22 44*
– www.restaurantegala.com – cerrado 15 días en agosto, domingo y lunes noche

🕸 La MaMá ①   🗚 🚯 ⇔

COCINA TRADICIONAL · SIMPÁTICA X Confían en la sencillez como fórmula estética y apuestan por una filosofía culinaria de corte emocional: revisar la cocina tradicional de nuestras madres para, respetando los sabores, darle un toque innovador. ¡Casi todo se puede pedir en medias raciones!

Menú 19/40 € – Carta 27/42 €

Plano : 1B3-f – *María Panes 6* ⊠ *28003* Ⓜ *Nuevos Ministerios* – 🕿 *910 61 97 64*
– www.lamamarestaurante.com – cerrado 24 diciembre-1 enero, Semana Santa, del 12 al 25 de agosto, domingo noche, lunes, martes noche y miércoles noche

🕸 Las Tortillas de Gabino   🗚 ⇔

COCINA TRADICIONAL · ACOGEDORA X Dispone de un recibidor, dos salas actuales decoradas con paneles de madera y un privado. Su carta, tradicional de mercado, se completa con un fantástico apartado de tortillas que evoluciona todo el año. ¡No se pierda la Trufada, la Velazqueña, la de Pulpo...!

Carta 30/48 €

Plano : 3B4-f – *Rafael Calvo 20* ⊠ *28010* Ⓜ *Rubén Darío* – 🕿 *913 19 75 05*
– www.lastortillasdegabino.com – cerrado Semana Santa, 15 días en agosto, domingo y festivos

🕸 Tripea ①   ⅋ 🚯

FUSIÓN · SIMPÁTICA X Ocupa hasta tres puestos en el Mercado de Vallehermoso y resulta singular, pues tiene todo el frontal dominado por la cocina y una gran mesa compartida en el mismo pasillo. Interesante fusión asiático-peruana, con especialidades como el Curry ají de gallina.

Menú 35 € – Carta 30/40 €

Plano : 3B4-a – *Vallehermoso 36 (Mercado de Vallehermoso, Puesto 44)*
⊠ *28005* Ⓜ *Quevedo* – 🕿 *918 28 69 47 – www.tripea.es – cerrado 19 agosto- 3 septiembre, domingo y lunes*

❌○ Benares   🏫 AC ✗ ⟷

INDIA · AMBIENTE CLÁSICO ✕✕✕ En la senda del restaurante homónimo de Londres... de hecho, también hay un bar-coctelería. Cocina india actualizada, excelente bodega y coqueta terraza en un patio interior.

Menú 39/100 € – Carta 45/65 €

Plano : 6G1-k – *Zurbano 5* ✉ *28010* Ⓜ *Alonso Martínez* – ℰ *913 19 87 16*
– *www.benaresmadrid.com* – *cerrado del 6 al 22 de agosto y domingo noche*

❌○ La Cabra   AC ✗ ⟷

CREATIVA · MARCO CONTEMPORÁNEO ✕✕✕ Una casa de carácter gastronómico que, bajo la dirección del chef Javier Aranda, busca una nueva orientación... eso sí, con muchos guiños de creatividad. ¡Bellísima bodega!

Carta 45/60 €

Plano : 6G1-x – *Francisco de Rojas 2* ✉ *28010* Ⓜ *Bilbao* – ℰ *914 45 77 50*
– *www.restaurantelacabra.com* – *cerrado del 1 al 4 de enero, Semana Santa, agosto y domingo*

❌○ Gourmand   AC ✗

BELGA · ACOGEDORA ✕✕ La auténtica gastronomía belga con interesantes guiños a la cocina creativa. Pruebe sus Mejillones o la Raya, con alcaparras y mantequilla negra. ¡Excelente carta de cervezas!

Menú 14/59 € – Carta 44/67 €

Plano : 1B3-d – *Bretón de los Herreros 39* ✉ *28003* Ⓜ *Alonso Cano*
– ℰ *915 45 84 48* – *www.restaurantegourmand.es* – *cerrado domingo noche y lunes*

❌○ Lakasa   🏫 ৬ AC ✗

COCINA TRADICIONAL · TENDENCIA ✕✕ Está en auge, pues tanto en su gastrobar como en el comedor reinan la cocina de mercado y las recomendaciones del día. ¡Todos los platos se pueden pedir en medias raciones!

Carta 36/73 €

Plano : 1B3-x – *pl. del Descubridor Diego de Ordás 1* ✉ *28003* Ⓜ *Rios Rosas*
– ℰ *915 33 87 15* – *www.lakasa.es* – *cerrado Semana Santa, domingo, lunes y festivos*

❌○ Soy Kitchen   AC ⟷

FUSIÓN · A LA MODA ✕✕ Su chef, oriundo de Pekín, elabora una propuesta única que fusiona la cocina asiática (China, Corea, Japón...) con la española y la peruana. ¡Platos llenos de color y sabor!

Menú 50/65 € – solo menú

Plano : 1B3-t – *Zurbano 59* ✉ *28010* Ⓜ *Gregorio Marañón* – ℰ *913 19 25 51*
– *www.soykitchen.es* – *cerrado 15 días en agosto y domingo noche*

❌○ Xanverí Ⓝ   AC ⟷

MODERNA · MARCO CONTEMPORÁNEO ✕✕ Una vuelta a los orígenes del chef César Anca. Propone una carta amplia y cuidada, con muchas opciones de picoteo, sabrosos arroces alicantinos y... ¡hasta un apartado de I+D!

Carta 40/50 €

Plano : 6G1-d – *Zurbarán 18* ✉ *28010* Ⓜ *Rubén Darío* – ℰ *910 57 77 33*
– *www.xanveri.com* – *cerrado Semana Santa, 21 días en agosto y domingo noche*

❌○ Aire   ৬ AC ✗

CLÁSICA · MARCO CONTEMPORÁNEO ✕ Este coqueto restaurante, tipo bistró, escenifica la primera etapa de un proyecto singular. Aquí, todo gira en torno a las aves (coquelet, pichón, faisán, oca, perdiz...).

Carta 36/57 €

Plano : 6G1-h – *Orfila 7* ✉ *28010* Ⓜ *Alonso Martínez* – ℰ *911 70 42 28*
– *www.grupolos4elementos.com* – *cerrado 15 días en agosto y domingo noche*

ⓘ○ **Fismuler**   ⅙ 🆊

COCINA TRADICIONAL · TENDENCIA ⅋ ¡Gastronomía e interiorismo! Presenta un ambiente retro-industrial de extrema austeridad donde, de forma desenfadada, sirven una cocina tradicional muy bien actualizada.

Menú 43 € – Carta 35/53 €

Plano : 6G1-b – *Sagasta 29* ✉ *28005* Ⓜ *Alonso Martínez* – 𝄞 *918 27 75 81*
– *www.fismuler.com*
– *cerrado 31 diciembre-6 enero, Semana Santa, 15 días en agosto y domingo*

ⓘ○ **Kappo**   🆊 ⅗

JAPONESA · TENDENCIA ⅋ Íntimo, de estética actual y con una sugerente barra de sushi como eje central. Cocina nipona de corte moderno propuesta a través de un único menú... ampliable, eso sí.

Menú 65 € – solo menú

Plano : 1B3-k – *Bretón de los Herreros 54* ✉ *28003* Ⓜ *Gregorio Marañón*
– 𝄞 *910 42 00 66* – *www.kappo.es*
– *cerrado Semana Santa, 21 días en agosto, domingo y lunes*

ⓘ○ **Miyama**   🆊 ⅗

JAPONESA · MARCO CONTEMPORÁNEO ⅋ Restaurante nipón con un gran nivel de aceptación, también entre los clientes japoneses. En su única sala conviven la amplia barra de sushi, en la que se puede comer, y unas mesas de sencillo montaje. Cocina tradicional japonesa de calidad.

Carta 45/70 €

Plano : 2C3-c – *paseo de la Castellana 45* ✉ *28046* Ⓜ *Gregorio Marañón*
– 𝄞 *913 91 00 26* – *www.restaurantemiyama.com*
– *cerrado del 7 al 31 de agosto, domingo y festivos*

ⓘ○ **John Barrita** Ⓝ   🍴 🆊 ⅗

COCINA TRADICIONAL · VINTAGE ⅋ Presenta una estética industrial que nos hace retroceder en el tiempo y una oferta a base de bocadillos muy trabajados, con divertidas presentaciones. ¡Bocatas de alta cocina!

Tapa 4 € – Ración aprox. 10 €

Plano : 1B3-e – *Vallehermoso 72* ✉ *28015* Ⓜ *Canal* – 𝄞 *918 58 84 51*
– *www.johnbarrita.com*
– *cerrado Semana Santa y 21 días en agosto*

ⓘ○ **Poncelet Cheese Bar**   ⅙ 🆊 ⅗

QUESOS, FONDUES Y RACLETTES · DE DISEÑO ⅋ Un espacio de diseño innovador que toma los quesos por leitmotiv, pues oferta hasta 150 tipos contando sus tablas, fondues y raclettes. ¡También hay platos sin este producto!

Tapa 6 € – Ración aprox. 14 €

Plano : 1B3-a – *José Abascal 61* ✉ *28003* Ⓜ *Gregorio Marañon* – 𝄞 *913 99 25 50*
– *www.ponceletcheesebar.es*
– *cerrado domingo noche y lunes*

Alojamientos

🏨 **InterContinental Madrid**   ⌂ 🛁 ▣ ⅙ 🆊 🎣 🚗

GRAN LUJO · CLÁSICA Goza de un elegante hall clásico, con cúpula y profusión de mármoles, así como de un agradable patio-terraza interior y unas habitaciones que destacan por su gran confort. En el restaurante, anexo al hall-bar, apuestan por una cuidada carta internacional y un completísimo brunch los domingos.

269 hab ⌑ – 🛏175/650 € 🛏🛏175/650 € – 33 suites

Plano : 2C3-v – *paseo de la Castellana 49* ✉ *28046* Ⓜ *Gregorio Marañón*
– 𝄞 *917 00 73 00* – *www.madrid.intercontinental.com*

🏨 Hesperia Madrid

LUJO · ELEGANTE Destaca por su emplazamiento, en la principal arteria de la ciudad y en una céntrica zona de negocios. Encontrará gran variedad de salones y habitaciones de elegante estilo clásico. Su variada oferta gastronómica engloba un restaurante fiel a los gustos mediterráneos y otro de cocina japonesa.

171 hab – 🛏169/269 € – 🛏🛏169/269 € – ⌂ 30 € – 8 suites

Plano : 1B3-b – *paseo de la Castellana 57* ✉ *28046* Ⓜ *Gregorio Marañón* – 🕾 912 10 88 00 – www.hesperia-madrid.com

❀❀ **Santceloni** – ver selección restaurantes

🏨 Orfila

LUJO · ELEGANTE Encantador palacete del s. XIX ubicado en una calle céntrica pero tranquila. Emana distinción, posee elegantes habitaciones vestidas con mobiliario de época y se está poniendo de moda los domingos, cuando ofrecen un Brunch diseñado por el chef Mario Sandoval.

32 hab – 🛏235/424 € – 🛏🛏255/468 € – ⌂ 33 € – 12 suites

Plano : 6G1-a – *Orfila 6* ✉ *28010* Ⓜ *Alonso Martínez* – 🕾 917 02 77 70 – www.hotelorfila.com – cerrado agosto

Chamartín, Tetuán

Ezhukov / iStock

Restaurantes

❀❀❀ DiverXO (David Muñoz)

CREATIVA · DE DISEÑO XXX ¡Vanguardia o morir! Bajo este lema, uno de los muchos que anclan el onírico mundo del chef David Muñoz (también llamado Dabiz) a la realidad, encontraremos la esencia de DiverXO, un espacio controvertido y transgresor que sorprende tanto por su propuesta culinaria como por su labor de interiorismo, pues aquí tienen cabida casi todos los personajes de su peculiar "País de Nunca Jamás": los icónicos cerdos voladores que le han acompañado siempre, calaveras con cresta, cientos de mariposas exóticas, enormes hormigas cromadas...

David, tremendamente mediático y conocido como el "enfant terrible" de la alta gastronomía española, apuesta por una cocina viajera, divertida, irreverente y, sobre todo, libre, pues rompe con todos los cánones para no fallar a su heterogénea clientela, siempre ávida de experiencias y abierta a vivir una metafórica "orgía" de sabores.

Podrá elegir entre dos menús degustación, ambos largos, con muchos platos terminados ante usted.

→ Ensalada de papaya verde con berberechos al vapor, "ventresca" de cochinillo crujiente y aliño de hibiscus agridulce. Royal de pato a las cinco especias chinas y "gochuyang", y pato asado al carbón. Ganache de coco, ajo negro, chicle de grosella, albahaca y regaliz.

Menú 195/250 € – solo menú

Plano : 2C2-a – *Hotel NH Collection Eurobuilding, Padre Damián 23* ✉ *28036* Ⓜ *Cuzco* – 🕾 915 70 07 66 (es necesario reservar) – www.diverxo.com – cerrado Semana Santa, 21 días en agosto, domingo y lunes

⚙ A'Barra   🍴 ⅋ 👌 🅰🅲 ⅍ ⇆

COCINA TRADICIONAL · DE DISEÑO XxxX Sorprende tanto por la estética, con profusión de maderas nobles, como por la distribución espacial, pues potencia sus posibilidades culinarias al diversificar la experiencia entre el sosegado comedor y una gran barra circular, orientada al Show Cooking. Gastronomía elaborada y actualizada, siempre en base al producto.

→ Endivia, caviar, naranja y crema agria. Cabezada Joselito, manzana y sidra. Maratonca.

Menú 65/105 € – Carta 55/87 €

Plano : 2C3-g – *Del Pinar 15* ✉ *28014* Ⓜ *Gregorio Marañón* – ℰ *910 21 00 61*
– *www.restauranteabarra.com* – *cerrado Semana Santa, agosto y domingo*

⚙ Gaytán (Javier Aranda)   👌 🅰🅲 ⅍

MODERNA · MINIMALISTA XX ¡Un espacio gastronómico diseñado para sorprender! Presenta un inesperado interior, de estética minimalista, dominado por la presencia de originales columnas y una gran cocina abierta, destacando esta última por ser el epicentro de toda la actividad. Sus diferentes menús degustación delatan una interesante creatividad.

→ Quisquillas con aguachile de anémona. Despiece de cordero lechal. Milhojas.

Menú 40/140 € – solo menú

Plano : 2C3-a – *Príncipe de Vergara 205 (lateral)* ✉ *28002* Ⓜ *Concha Espina*
– ℰ *913 48 50 30* – *www.chefjavieraranda.com* – *cerrado 5 días en Navidades,
Semana Santa, agosto, domingo y lunes*

⚙ Kabuki   👌 🅰🅲 ⅍

JAPONESA · MINIMALISTA XX Un restaurante japonés de sencilla estética minimalista, con lo que intentan dar aún más protagonismo a la cocina. Lo mejor en esta casa es dejarse llevar por las recomendaciones del día, que podrá degustar como si se tratara de un menú Omakase. Suele llenarse a diario, así que... ¡aconsejamos reservar!

→ Maguro picante, sushi de fusión mediterránea. Costilla de wagyu en teriyaki. Mochi de moscatel con helado de queso fresco.

Carta 65/95 €

Plano : 1B2-t – *av. Presidente Carmona 2* ✉ *28020* Ⓜ *Santiago Bernabeu*
– ℰ *914 17 64 15* – *www.grupokabuki.com* – *cerrado Semana
Santa, del 6 al 28 de agosto, sábado mediodía, domingo y festivos*

⅄○ Zalacaín Ⓝ   ⅋ 👌 🅰🅲 ⅍ ⇆

CLÁSICA · ELEGANTE XxxX ¡Un histórico remozado! Encontrará un ambiente clásico-actual y una propuesta que combina pasado y presente, con un buen menú degustación y la opción de tomar medias raciones.

Menú 90 € – Carta 62/98 €

Plano : 2C3-p – *Álvarez de Baena 4* ✉ *28006* Ⓜ *Gregorio Marañón*
– ℰ *915 61 48 40* – *www.restaurantezalacain.com* – *cerrado Semana Santa,
agosto, sábado mediodía, domingo y festivos*

⅄○ Ferreiro   🅰🅲 ⅍ ⇆

COCINA TRADICIONAL · AMBIENTE CLÁSICO XX En sus salas, de ambiente clásico-actual, le propondrán una cocina tradicional con fuertes raíces asturianas. Su amplia carta se completa con un buen apartado de sugerencias.

Menú 38/40 € – Carta 40/60 €

Plano : 1B3-m – *Comandante Zorita 32* ✉ *28020* Ⓜ *Alvarado* – ℰ *915 53 93 42*
– *www.restauranteferreiro.com*

⅄○ Goizeko Kabi   🍴 🅰🅲 ⅍

VASCA · MARCO CONTEMPORÁNEO XX Un restaurante de corte clásico que hoy se presenta renovado y actual. Ofrece cocina vasca tradicional, con la opción de tomar cualquier plato de la carta en medias raciones.

Menú 55/70 € – Carta 46/72 €

Plano : 1B2-3-e – *Comandante Zorita 37* ✉ *28020* Ⓜ *Alvarado* – ℰ *915 33 01 85*
– *www.goizeko-gaztelupe.com* – *cerrado domingo noche*

ⅠⅠ◯ **99 sushi bar** A/C 🍴

JAPONESA · DE DISEÑO XX Moderno y detallista. Proponen una gastronomía de raíces japonesas en cuya carta conviven tanto los platos nipones tradicionales como otros de fusión con la cocina española.

Menú 80 € – Carta 60/75 €

Plano : 2C2-a – *Hotel NH Collection Eurobuilding, Padre Damián 23* ✉ *28036*
Ⓜ *Cuzco* – ℰ *913 59 38 01* – *www.99sushibar.com* – *cerrado domingo noche*

ⅠⅠ◯ **Piñera** A/C 🍴 ⇔ 🚗

COCINA TRADICIONAL · MARCO CONTEMPORÁNEO XX Este negocio, que demuestra nuevos bríos de la mano del chef-socio Carlos Posadas, presenta hoy dos espacios bien diferenciados. Cocina de base tradicional puesta al día.

Menú 45/75 € – Carta 51/63 €

Plano : 1B2-x – *Rosario Pino 12* ✉ *28020* Ⓜ *Valdeacederas* – ℰ *914 25 14 25*
– *www.restaurantepinera.com* – *cerrado 21 días en agosto y domingo*

ⅠⅠ◯ **Rocacho** Ⓜ 🈁 A/C 🍴

COCINA TRADICIONAL · MARCO CONTEMPORÁNEO XX Un local de ambiente moderno donde el producto es el máximo protagonista, con magníficos pescados y carnes a la parrilla de carbón vegetal. También hay un apartado de arroces.

Carta 45/65 €

Plano : 2C2-t – *Padre Damián 38* ✉ *28036* Ⓜ *Cuzco* – ℰ *914 21 97 70*
– *www.rocacho.com*

ⅠⅠ◯ **Rubaiyat Madrid** 🕸 🈁 ⅷ A/C 🍴 ⇔

CHURRASQUERÍA · BRASSERIE XX ¡Sabores de São Paulo en la capital! Encontrará carnes Brangus y Tropical Kobe Beef, pero también elaboraciones típicas como el famoso menú Feijoada que ofertan los sábados.

Menú 46/70 € – Carta 40/75 €

Plano : 2C2-d – *Juan Ramón Jiménez 37* ✉ *28036* Ⓜ *Cuzco* – ℰ *913 59 10 00*
– *www.rubaiyat.es* – *cerrado del 6 al 23 de agosto y domingo noche*

ⅠⅠ◯ **La Tahona** 🈁 A/C 🍴 ⇔

CARNES · AMBIENTE CLÁSICO XX Pertenece a la cadena de El Asador de Aranda y ofrece salas de aire castellano-medieval, con el horno de leña como gran protagonista a la entrada. ¡El lechazo es la estrella!

Menú 36/55 € – Carta 38/50 €

Plano : 1B2-u – *Capitán Haya 21 (lateral)* ✉ *28020* Ⓜ *Cuzco* – ℰ *915 55 04 41*
– *www.asadordearanda.com* – *cerrado del 6 al 31 de agosto y domingo noche*

ⅠⅠ◯ **Viavélez** A/C

CREATIVA · A LA MODA XX Presenta un selecto bar de tapas y un moderno comedor en el sótano, donde podrá degustar platos creativos en base al recetario asturiano. ¡La taberna no cierra por vacaciones!

Menú 32/65 € – Carta 35/55 €

Plano : 1B2-c – *av. General Perón 10* ✉ *28020* Ⓜ *Santiago Bernabeu*
– ℰ *915 79 95 39* – *www.restauranteviavelez.com* – *cerrado agosto, domingo y lunes mediodía en verano, domingo noche y lunes resto del año*

ⅠⅠ◯ **La Bomba Bistrot** 🈁 A/C

COCINA TRADICIONAL · BISTRÓ X Intenta reflejar la esencia de un "bistrot" francés, aquí de la mano de un chef con inquietudes que siempre está inventando nuevos platos. Cocina de mercado muy elaborada.

Menú 53/75 € – Carta 38/50 €

Plano : 2C2-c – *Pedro Muguruza 5* ✉ *28036* Ⓜ *Cuzco* – ℰ *913 50 30 47*
– *www.labombabistrot.com* – *cerrado del 1 al 24 de agosto, domingo noche, lunes noche y martes*

ⅼⅼO Desencaja   𝖠𝖢

COCINA TRADICIONAL · MARCO CONTEMPORÁNEO ⅹ Una casa en constante evolución que, desde el respeto a su identidad, procura crecer satisfaciendo los deseos de sus clientes. Cocina de mercado con sugerentes platos de caza.

Menú 36/80 € – Carta 40/65 €

Plano : 2C2-x – *paseo de la Habana 84* ⌧ *28036* Ⓜ *Colombia* – 𝒞 *914 57 56 68* – *www.dsncaja.com* – *cerrado Semana Santa, agosto, domingo y lunes noche*

MADRID · ESPAÑA

Alojamientos

🏨 NH Collection Eurobuilding   ⌘ 🛠 ℔ 🖵 & 𝖠𝖢 ⅏ 🚗

NEGOCIOS · CONTEMPORÁNEA Atesora un lobby espectacular, pues su bóveda con tecnología led es... ¡la pantalla multimedia más grande de Europa! En conjunto, ofrece dependencias amplias y bien equipadas, con habitaciones de línea contemporánea, numerosas salas de reuniones y múltiples espacios sociales. ¡Interesantísima oferta gastronómica!

412 hab – ♦135/195 € ♦♦135/195 € – ⌸ 20 €

Plano : 2C2-a – *Padre Damián 23* ⌧ *28036* Ⓜ *Cuzco* – 𝒞 *913 53 73 00* – *www.nh-hotels.com*

❀❀❀ **DiverXO** · ⅼⅼO **99 sushi bar** – ver selección restaurantes

🏨 Puerta América   ⌧ ℔ 🖵 & 𝖠𝖢 ⅏ ⅏ 🚗

NEGOCIOS · DE DISEÑO Un hotel cosmopolita, colorista y que está marcado por el diseño, pues cada una de sus plantas refleja la creatividad de un famoso arquitecto o un prestigioso interiorista. Ofrece unas habitaciones muy originales y un atractivo espacio de ocio en el ático.

301 hab – ♦105/550 € ♦♦105/550 € – ⌸ 22 € – 14 suites

Plano : 2D3-x – *av. de América 41* ⌧ *28002* Ⓜ *Cartagena* – 𝒞 *917 44 54 00* – *www.hotelpuertamerica.com*

Ciudad Lineal, Hortaleza, Campo de las Naciones, San Blas

fserram / iStock

Restaurantes

ⅼⅼO Aderezo   ⌂ 𝖠𝖢 ⅏ ⇄

COCINA TRADICIONAL · AMBIENTE CLÁSICO ⅹⅹ Agradable, de ambiente clásico contemporáneo, con un bar de espera y un excelente expositor de pescados. Buena cocina de producto basada en el recetario tradicional.

Menú 24/59 € – Carta 40/60 €

Plano : 2D1-a – *Añastro 48* ⌧ *28033* – 𝒞 *917 67 01 58* – *www.aderezorestaurante.es* – *cerrado agosto y domingo*

MADRID · ESPAÑA

⫶○ **Los Cedros**   🏠 AC 🍽 🚗

COCINA TRADICIONAL · AMBIENTE CLÁSICO ✕✕ Restaurante de nivel tanto por el montaje como por lo gastronómico. Presenta varios espacios, una destacable terraza y una cocina clásica-actualizada donde impera el producto.

Menú 39 € – Carta 43/65 €

Plano : 2D2-x – *Hotel Quinta de los Cedros, Allendesalazar 4* ✉ *28043* ⓜ *Arturo Soria* – ☎ *915 15 22 00* – *www.restauranteloscedros.com* – *cerrado Semana Santa, 7 días en agosto y domingo*

⫶○ **Casa d'a Troya**   AC

GALLEGA · MARCO CONTEMPORÁNEO ✕ Casa de larga tradición familiar que se ha renovado bajo las riendas de las nuevas generaciones. Cocina gallega sencilla, de modestas presentaciones y copiosas raciones.

Menú 38/65 € – Carta 35/65 €

Plano : 2D3-a – *Emiliano Barral 14* ✉ *28043* ⓜ *Avenida de la Paz* – ☎ *914 16 44 55* – *www.casadatroya.es* – *solo almuerzo salvo viernes y sábado* – *cerrado Semana Santa, agosto y lunes*

Alojamientos

🏨 **Quinta de los Cedros**   ⬆ AC 🛁 🚗

TRADICIONAL · ELEGANTE Resulta coqueto y ciertamente sorprendente, pues ocupa una moderna construcción rodeada de jardines... ¡a modo de villa toscana! Encontrará unas acogedoras habitaciones, unas con terraza y otras tipo bungalow.

32 hab – ∲90/185 € ∲∲105/195 € – ⌧15 €

Plano : 2D2-x – *Allendesalazar 4* ✉ *28043* ⓜ *Arturo Soria* – ☎ *915 15 22 00* – *www.hotelquintadeloscedros.com*

⫶○ **Los Cedros** – ver selección restaurantes

🏨 **Globales Acis y Galatea**   🐾 ⫶ AC 🍽 P

NEGOCIOS · ELEGANTE Se halla en una zona residencial y posee habitaciones de línea clásica-actual, tres de ellas con terraza. Solárium en la azotea y servicio de transfer a IFEMA o al aeropuerto.

26 hab – ∲60/200 € ∲∲90/350 € – ⌧8 €

Galatea 6 ✉ *28042* ⓜ *Canillejas* – ☎ *917 43 49 01* – *www.hotelesglobales.com* – *cerrado agosto*

al Norte

🍴○ Filandón   🛋 ৬ 🅰🅒 🍷 ⇔ 🅿

COCINA TRADICIONAL · MARCO CONTEMPORÁNEO ✕✕ Negocio de línea actual-campestre, tipo asador, ubicado en pleno campo. Proponen una cocina de producto y parrilla especializada en pescados. ¡Tiene fama su Lenguado Evaristo!
Carta 40/65 €

carret. Fuencarral-El Pardo, km 1,9 (M 612) ✉ *28049 –* 📞 *917 34 38 26
– www.filandon.es – cerrado 2 semanas en enero, 30 julio-20 agosto, Semana
Santa, domingo noche y lunes*

🍴○ El Oso   🛋 🅰🅒 🍷 ⇔ 🅿

ASTURIANA · MARCO REGIONAL ✕✕ Casita de dos plantas dotada con varias
salas de estética actual, todas amplias, luminosas y con algún detalle "astur".
Cocina asturiana centrada en el producto de la huerta.
Menú 45/65 € – Carta 40/65 €

av. de Burgos 214 (vía de servicio La Moraleja, dirección Burgos) ✉ *28050
–* 📞 *917 66 60 60 – www.restauranteeloso.com – cerrado domingo noche*

MAJADAHONDA

Madrid – 70 800 h. – Alt. 743 m – Mapa regional : **15**-A2
Mapa de carreteras Michelin n° 576-K18

⑩ El Viejo Fogón   🏠 AC 🍴 ⇔

MODERNA · RÚSTICA XX Íntimo, de ambiente rústico y llevado por profesionales con muchas inquietudes, lo que se traduce en un constante deseo de evolucionar. Cocina actual rica en detalles.

Menú 20/49 € – Carta 39/55 €

San Andrés 14 ⊠ 28220 – ℰ 916 39 39 34 – www.elviejofogon.es – cerrado 15 días en agosto, domingo noche y lunes

⑩ Jiménez   🏠 ᱚ AC

MODERNA · AMBIENTE CLÁSICO XX Ocupa el edificio de un antiguo apeadero, reformado y embellecido con una decoración clásica no exenta de cierta elegancia. Agradable terraza y cocina tradicional actualizada.

Menú 25/50 € – Carta 34/56 €

*av. de la Estación (antiguo apeadero) ⊠ 28220 – ℰ 913 72 81 33
– www.restaurantejimenez.es – cerrado Semana Santa, agosto y noches de domingo a miércoles*

MÁLAGA

569 009 h. – Mapa regional : **1**-C2
Mapa de carreteras Michelin n° 578-V16

☸ José Carlos García   🏠 ᱚ AC

CREATIVA · DE DISEÑO XXX Se encuentra en una zona comercial frente al Muelle Uno, donde están los amarres de los yates. Muestra una gran terraza exterior de estética chill out y unas instalaciones de diseño totalmente acristalado, con la cocina abierta y sus dos salas vestidas con muchísimo gusto. ¡Cocina de autor en constante evolución!

→ Anguila, aguacate e hinojo. Cordero, regaliz y frambuesa. Chocolate, frutos rojos y algodón de feria.

Menú 66/127 € – Carta 62/87 €

*pl. de la Capilla, Muelle Uno, Puerto de Málaga ⊠ 29001 – ℰ 952 00 35 88
– www.restaurantejcg.com – solo cena en julio y agosto – cerrado 7 días en abril, domingo y lunes*

⑩ Café de París 🅝   AC ⇔

COCINA TRADICIONAL · SIMPÁTICA X Un histórico malagueño totalmente reformado, pues hoy refleja una estética muchísimo más informal y distendida. El chef José Carlos García da un nuevo rumbo al negocio familiar con una carta dinámica, de corte tradicional, pensada para disfrutar y compartir.

Menú 20/25 € – Carta 20/31 €

Vélez-Málaga 8 ⊠ 29016 – ℰ 952 22 50 43 – www.rcafedeparis.com – cerrado domingo noche y lunes

⑩ Figón de Juan   AC 🍴 ⇔

COCINA TRADICIONAL · FAMILIAR X Llevado en familia e instalado en un pasaje peatonal. Presenta un interior de ambiente clásico-regional, con un llamativo zócalo de azulejos, y una cocina tradicional de producto. ¿Alguna especialidad? Pruebe los Boquerones fritos al limón o su Rabo de toro.

Carta 25/45 €

*pasaje Esperanto 1 ⊠ 29007 – ℰ 952 28 75 47 – www.restaurantefigondejuan.com
– cerrado del 4 al 31 de agosto, sábado noche en julio, domingo y festivos noche*

⑩ La Cosmopolita   🏠 ᱚ AC 🍴

DE MERCADO · AMBIENTE MEDITERRÁNEO X Lo encontrará en el corazón peatonal del casco antiguo, donde sorprende con una acogedora decoración rústica-vintage. Buena cocina de mercado elaborada con técnicas actuales.

Carta 33/45 €

José Denís Belgrano 3 ⊠ 29015 – ℰ 952 21 58 27 – cerrado domingo

⁂○ KGB 🔥 AC ⅍

CREATIVA · BRASSERIE ⅋/ Céntrico y original, pues jugando con las palabras Kuartel Gastronomic Bar toma el mundo del espionaje como leitmotiv. Tapas "Top Secret" de gusto actual e internacional.

Tapa 5 € – Ración aprox. 9 €

Fresca 12 ✉ 29015 – 𝒞 952 22 68 51 – www.kgbmalaga.com – cerrado domingo y lunes mediodía

⁂○ Soca 🏠 AC

MEDITERRÁNEA · BAR DE TAPAS ⅋/ Un gastrobar curioso, sin duda, pues disfruta de una estética actual y apuesta por un concepto culinario que fusiona las tapas de la cocina mediterránea con el sushi bar.

Tapa 3,50 € – Ración aprox. 9 €

Carretería 54 ✉ 29008 – 𝒞 951 53 26 34 – www.restaurantesoca.es – cierra domingo noche y lunes

🏨 G.H. Miramar ⚘ ≼ 🏛 🍴 🛗 🔥 AC 🛁 🚗

EDIFICIO HISTÓRICO · HISTÓRICA ¡Lujo e historia a orillas del mar! Sorprende tanto por las zonas nobles, entre las que destaca el elegante patio cubierto, como por la estética de sus habitaciones (clásicas, neomudéjares o mediterráneas). Su restaurante brinda una cocina tradicional-actual.

170 hab ⌷ – 🛏240/600 € 🛏🛏240/600 € – 29 suites

Paseo de Reding 22 ✉ 29016 – 𝒞 952 60 30 00
– www.granhotelmiramarmalaga.com

🏨 Parador de Málaga Gibralfaro ⚘ 🐕 ≼ 🍴 🛗 AC ⅍ 🛁 🅿

TRADICIONAL · CLÁSICA ¡Una balconada sobre la bahía y la ciudad! Se encuentra a los pies del castillo y ofrece habitaciones con buenas vistas, reflejando todas ellas equilibrio entre lo clásico y lo actual. En su luminoso restaurante proponen platos típicos de la cocina andaluza.

38 hab – 🛏110/235 € 🛏🛏110/235 € – ⌷19 €

Castillo de Gibralfaro ✉ 29016 – 𝒞 952 22 19 02 – www.parador.es

🏠 Del Pintor 🛗 AC ⅍

TRADICIONAL · MODERNA Destaca por su decoración y diseño, con vanguardistas pinturas del artista local Pepe Bornoy. Ofrece unas habitaciones actuales dominadas por los colores rojo, blanco y negro.

17 hab – 🛏45/89 € 🛏🛏58/209 € – ⌷5 €

Álamos 27 ✉ 29012 – 𝒞 952 06 09 80 – www.hoteldelpintor.com

🏠 Monte Victoria 🐕 🛗 AC ⅍

FAMILIAR · CLÁSICA Esta hermosa casa, tipo villa, posee una zona social con objetos de época, cuidadas habitaciones y un patio-terraza donde suelen servir los desayunos. ¡Pregunte por sus gatos!

8 hab – 🛏59/79 € 🛏🛏79/140 € – ⌷9 €

Conde de Ureña 58 ✉ 29012 – 𝒞 952 65 65 25 – www.hotelmontevictoria.es
– cerrado Navidades

en El Palo por paseo marítimo de Pablo Ruiz Picasso : 6 km

⁂○ El Cobertizo 🏠 AC ⅍

COCINA TRADICIONAL · AMBIENTE TRADICIONAL ⅄ Casa de organización familiar y aire rústico no exenta de tipismo, pues luce curiosos aperos y detalles alpujarreños. Su carta tradicional se completa con sugerencias diarias.

Carta 25/40 €

av. Pío Baroja 25 (urb. Echeverría) ✉ 29017 Málaga – 𝒞 952 29 59 39 – cerrado octubre, domingo noche en invierno y miércoles salvo festivos

MALPICA DE BERGANTIÑOS

A Coruña – 5 666 h. – Mapa regional : **13**-B1
Mapa de carreteras Michelin n° 571-C3

en Barizo Oeste : 7 km

🍃 **As Garzas** (Fernando Agrasar) ⪡ 🍽 🅰🅲 🕉 🅿

GALLEGA · ACOGEDORA XX Casa tipo chalet aislada en plena costa, donde se presenta con una sala acristalada que otorga todo el protagonismo a sus maravillosas vistas. El chef-propietario, un apasionado del producto, plantea una cocina gallega actualizada y especializada en pescados, con platos de sabores bien definidos e impecable ejecución.

→ Empanada casera de Xoubas. Merluza, crema de berza y coliflor asada con hinojo marino. Mojitaco.

Menú 50/68 € – Carta 46/75 €

Porto Barizo 40, carret. DP 4306, km 2,7 ✉ 15113 Malpica de Bergantiños – ☎ 981 72 17 65 – www.asgarzas.com – solo almuerzo salvo viernes, sábado, verano y festivos – cerrado diciembre y lunes

La MANGA DEL MAR MENOR

Murcia – 1 173 h. – Mapa regional : **16**-B3
Mapa de carreteras Michelin n° 577-T27

en Playa Honda Sur : 5 km

🍽 **Malvasía** 🅰🅲 🕉 🔄

COCINA TRADICIONAL · AMBIENTE CLÁSICO XX La moderna fachada da paso a un restaurante de estética actual, con diversos detalles de diseño y una temática decorativa que toma el mundo del vino como leitmotiv. Su cocina actual-creativa se ve apoyada por una excelente bodega.

Carta 22/50 €

edificio Julieta - bajo 6 ✉ 30385 Playa Honda – ☎ 968 14 50 73 – www.restaurantemalvasia.com – cerrado del 20 al 30 de enero, domingo noche y lunes salvo julio-agosto

La MANJOYA Asturias → Ver Oviedo

MANLLEU

Barcelona – 20 228 h. – Alt. 461 m – Mapa regional : **9**-C2
Mapa de carreteras Michelin n° 574-F36

por la carretera BV 4608 Suroeste : 2,5 km y desvío a la izquierda

🍽 **Cau Faluga** 🍽 ⅊ 🅰🅲 🕉 🔄 🅿

COCINA TRADICIONAL · ELEGANTE XXX Instalado en la casa señorial donde vivió el artista y escritor Santiago Rusiñol. Encontrará espacios clásicos, una cocina tradicional actualizada y una espectacular chimenea.

Menú 35/75 € – Carta 51/73 €

colonia Rusiñol ✉ 08560 Manlleu – ☎ 938 51 38 59 – www.caufaluga.com – solo almuerzo salvo viernes y sábado – cerrado del 2 al 9 de enero, Semana Santa, del 16 al 31 de agosto y lunes

MANRESA

Barcelona – 74 655 h. – Alt. 205 m – Mapa regional : **10**-A2
Mapa de carreteras Michelin n° 574-G35

🍽 **Aligué** 🦐 ⅊ 🅰🅲 🔄 🅿

COCINA TRADICIONAL · FAMILIAR XX Una casa con... ¡más de 60 años de historia! Los hermanos Aligué proponen, en un espacio moderno y actual, una cocina tradicional catalana fiel a los productos de temporada.

Menú 55/69 € – Carta 45/55 €

barriada El Guix 10 (carret. de Vic) ✉ 08243 – ☎ 938 73 25 62 – www.restaurantaligue.es – solo almuerzo salvo viernes y sábado – cerrado del 6 al 21 de agosto

NOS GUSTA...

Contagiarnos del ambiente VIP que se respira en la plaza interior del hotel **Puente Romano**, donde hay propuestas gastronómicas para todos los gustos (**Dani García** y **BiBo**). Descubrir los pescados y mariscos de **Santiago**, la creatividad de **Skina** o los sabores mediterráneos de **El Gran Gatsby**, este último frente a los lujosos yates de Puerto Banús.

MARBELLA

Málaga – 139 537 h. – Mapa regional : **1**-A3
Mapa de carreteras Michelin n° 578-W15

Restaurantes

✿✿✿ Dani García   ✿ ⅏ ⏢ ⅏

CREATIVA · ELEGANTE XxxX Solo por su ubicación en un patio del hotel Puente Romano, uno de los iconos del turismo de lujo en Andalucía, ya merecería una visita.

Dani García busca reformular la cocina andaluza en clave contemporánea, pero también que cada plato cuente una historia, siempre en base a un producto popular que enlace con la tradición local (fritura de pescados, espetos, el atún de almadraba...), una puesta en escena que deslumbre al comensal (como su famoso Tomate Nitro) y la denominada "cocina contradicción", clásica en el paladar y moderna en lo conceptual, aquella que cimenta en el juego de contrastes el peso simbólico de su ser.

El local, mimetizado con el entorno y dotado con un jardín vertical que cubre la mitad de las paredes, es la base de operaciones de un chef que también destaca por su espíritu emprendedor, lo que ha permitido que de aquí salgan muchas de las ideas que luego ven la luz en sus restaurantes BiBo (Marbella y Madrid) o en el más modesto y accesible Lobito de Mar.

→ Milhoja de foie-gras, queso de cabra y manzana caramelizada. Arroz cremoso con pato azulón. Monográfico de almendra.

Menú 75/195 € – Carta 91/132 €

Plano : A2-r – *Hotel Puente Romano, Boulevard Príncipe Alfonso von Hohenlohe* ✉ 29602 – ✆ *952 76 42 52 – www.grupodanigarcia.com – cerrado enero, lunes salvo julio-agosto y domingo*

Los precios junto al símbolo ♦ corresponden al precio más bajo en temporada baja, después el precio más alto en temporada alta, para una habitación individual. El mismo principio con el símbolo ♦♦, esta vez para una habitación doble.

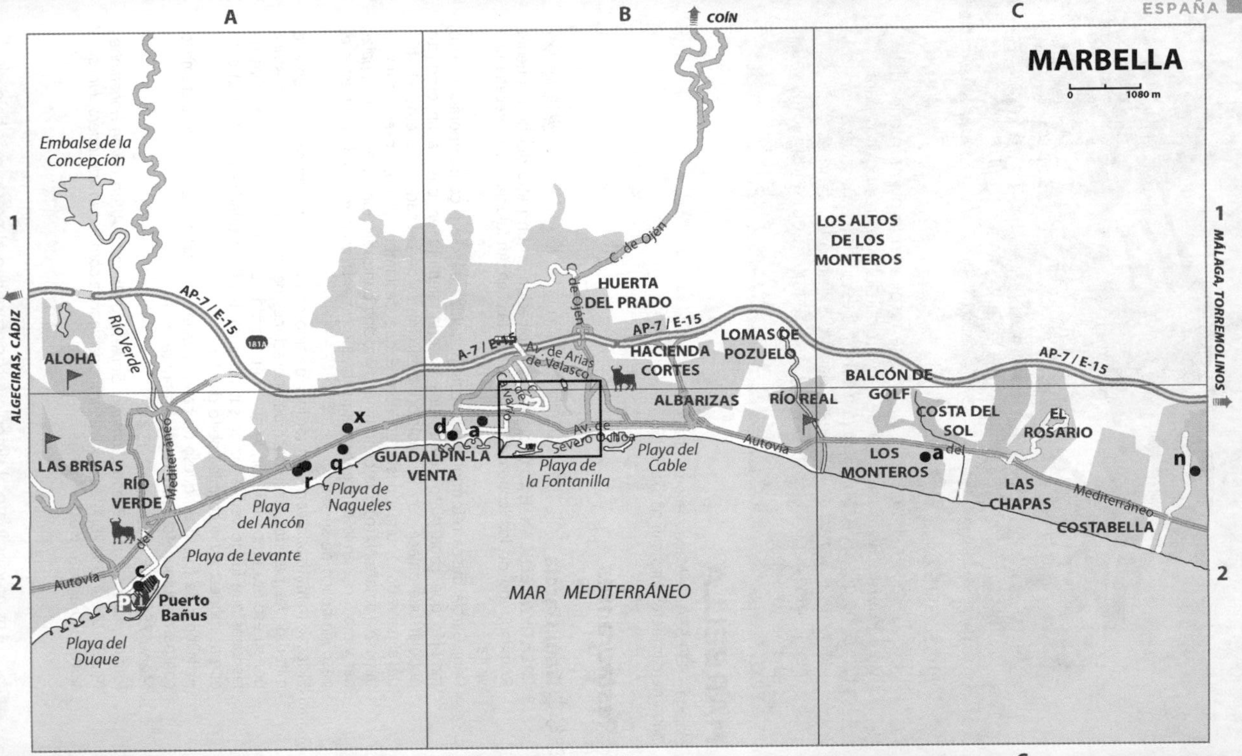
MARBELLA
0
1080 m
A
B
C
1
2
COÍN
ALGECIRAS, CÁDIZ
MÁLAGA, TORREMOLINOS
Embalse de la Concepcíon
Río Verde
AP-7 / E-15
A-7 / E-15
ALOHA
LAS BRISAS
RÍO VERDE
Mediterráneo
del
Autovía
Puerto Bañus
Playa del Duque
Playa de Levante
Playa del Ancón
Playa de Nagueles
GUADALPÍN-LA VENTA
C. de Ojén
HUERTA DEL PRADO
Av. de Arias de Velasco
C. del Calvario
Av. de Severo Ochoa
Playa de la Fontanilla
Playa del Cable
HACIENDA CORTES
ALBARIZAS
LOMAS DE POZUELO
RÍO REAL
LOS ALTOS DE LOS MONTEROS
BALCÓN DE GOLF
COSTA DEL SOL
LOS MONTEROS
EL ROSARIO
LAS CHAPAS
COSTABELLA
MAR MEDITERRÁNEO
x
q
r
d
a
c
n

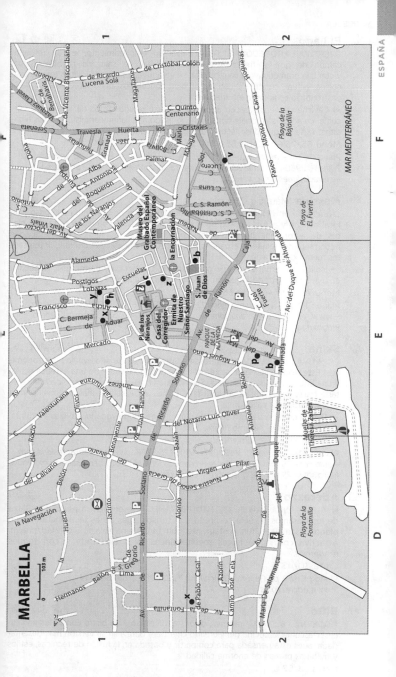

MARBELLA

0   103 m

ESPAÑA

MAR MEDITERRANEO

Playa de la Bajadilla

Playa de El Fuerte

Playa de la Fontanilla

Calles y lugares:

C. de Ricardo Lucena Solá
C. de Cristóbal Colón
C. de Vicente Blasco Ibáñez
C. Vázquez Clavel
Albería
Magallanes
Travesía Huerta los
Serenata
Doña
C. del Boquerón
C. Quinto Centenario
C. de Antonio
Granada
Jaén
Bolivia
Palmar
Málaga
Mario Cristales
C. S. Ramón
C. S. Cristóbal
Nabeul
Sol
Lucero
Luna
Av. del Doctor Maíz Viñals
C. de los Naranjos
Valencia
Museo del Grabado Español Contemporáneo
la Encarnación
Juan Alameda
Postigos
Lobatas
Pupul
Anoria
C. Bermeja
de Aduar
Mercado
S. Francisco
Pl. de los Naranjos
Casa del Corregidor
Ermita de Nuestro Señor Santiago
S. Juan de Dios
Escuelas
Av. de Ramón
Av. del Mar
Av. Miguel Cano
PARQUE DE LA ALAMEDA
Ahumada
Av. del Duque de Ahumada
Valentuñana
Jiménez
C. del Notario Luis Oliver
Belón
Antonio
Av. del Rocío
Valentuñana
Juan Ramón
Ricardo
Bazán
Benavente
C. Virgen del Pilar
Nuestra Señora de Gracia
Muelle de Thierra Zabel
Av. del Calvario
Belón
Jacinto
Av. de la Navegación
Soriano
Alonso
Av. de España
Duque de
C. de S. Gregorio
Lima
Ricardo
Azorín
Camilo José Cela
Av. de Pablo Casal
Av. de la Fontanilla
C. María De Salamanca
Hermanos

377

✿ El Lago   ⌂ ♿ 🆎 ⇔ 🅿

CREATIVA · ACOGEDORA XX Destaca por su emplazamiento, en un relajante campo de golf y frente a un lago artificial. La sala, de montaje actual y con una gran cristalera semicircular, se ve apoyada por unas idílicas terrazas. Su cocina, actual, creativa y con platos bien concebidos, bebe directamente de la gastronomía regional e internacional.

→ Ceviche de verduras con aguacate, cilantro y jugo cítrico de jengibre y cúrcuma. Lomo de salmonete con apionabo asado a la llama y emulsión de sus higaditos. Tarta de queso de leche cruda de cabra con sorbete de uvas.

Menú 65/75 € – Carta 55/71 €

Plano : C2-n – *av. Las Cumbres, urb. Elviria Hills, salida Elviria : 10 km y desvío 2 km* ✉ *29604 –* ✆ *952 93 23 71 – www.restauranteellago.com – solo cena – cerrado lunes salvo verano*

✿ Messina (Mauricio Giovanini)   🆎 🚭

CREATIVA · MINIMALISTA XX Las grandes cristaleras de la entrada dan paso a un local diáfano y actual, con un buen servicio de mesa. Su atractiva carta, con platos de autor, nos habla de una cocina sabrosa, madura y meditada, que bebe tanto del recetario español como del sudamericano y el oriental. ¡Interesantes menús degustación!

→ Molleja de ternera, puré de guiso de limón, espinaca y parmesano. Rodaballo en manteca. Tarta de requesón, naranja, pera y helado de lima.

Menú 70/90 € – Carta 55/75 €

Plano : F2-v – *av. Severo Ochoa 12* ✉ *29603 –* ✆ *952 86 48 95 – www.restaurantemessina.com – solo cena – cerrado 15 diciembre-15 enero y domingo*

✿ Skina   ⅋ ⌂ 🆎 🚭 ⇔

CREATIVA · SIMPÁTICA XX Interesante, atrevido y... ¡de altos vuelos gastronómicos! Este minúsculo restaurante del casco antiguo disfruta de una estética actual y una buena bodega acristalada. Su cocina creativa, que toma como base el recetario tradicional andaluz, atesora una técnica impecable y unas materias primas de extraordinaria calidad.

→ Ravioli de rabo de toro con café. Lubina en su jugo yodado, navajas y azafrán. Fresas, violetas y sésamo negro.

Menú 110/135 € – solo menú

Plano : E1-x – *Aduar 12* ✉ *29601 –* ✆ *952 76 52 77 – www.restauranteskina.com – solo cena 25 mayo-20 octubre – cerrado del 8 al 23 de enero, sábado mediodía, lunes salvo 25 mayo-20 octubre y domingo*

☺ Aderezzo   ⌂ 🆎

MEDITERRÁNEA · AMBIENTE MEDITERRÁNEO X Se encuentra junto a la Plaza de los Naranjos y suele sorprender al turista, pues no es fácil encontrar, en pleno casco viejo, un restaurante con tan buena relación calidad/precio. Atractiva cocina de raíces mediterráneas, bien elaborada y con toques modernos.

Carta 30/43 €

Plano : E1-c – *pl. General Chinchilla 2* ✉ *29601 –* ✆ *655 64 53 19 – www.aderezzo.es*

☺ BiBo   ⌂ ♿ 🆎 🚭

MODERNA · BISTRÓ X Informal, colorista, divertido... ¡un bistró con tintes andaluces! Descubra la cocina del laureado chef Dani García en su versión más desenfadada, pues está pensada para compartir y basada en la fusión de técnicas, estilos y materias primas de enorme calidad.

Carta 33/52 €

Plano : A2-r – *Hotel Puente Romano, Boulevard Príncipe Alfonso von Hohenlohe* ✉ *29602 –* ✆ *951 60 70 11 (es necesario reservar) – www.grupodanigarcia.com*

ESPAÑA

‖○ Buenaventura   🕮 AC

COCINA TRADICIONAL · RÚSTICA XX Coqueto restaurante de aire rústico que destaca por su cuidada terraza. Carta de gusto tradicional actualizada con varios menús y medias raciones. ¡Pida su Atún de almadraba!

Menú 25/65 € – Carta 40/65 €

Plano : E1-z – *pl. Iglesia de la Encarnación 5* ⊠ 29601 – 𝒞 952 85 80 69
– *www.restaurantebuenaventura.es* – *solo cena en agosto*

‖○ Santiago   🕸 🕮 AC ⑨ ⇔

PESCADOS Y MARISCOS · AMBIENTE CLÁSICO XX Un gran clásico, bien renovado, que demuestra su trayectoria con los numerosos reconocimientos que visten sus paredes. Cocina tradicional con predominio de producto marinero.

Menú 35 € – Carta 34/65 €

Plano : E2-b – *av. Duque de Ahumada 5* ⊠ 29602 – 𝒞 952 77 00 78
– *www.restaurantesantiago.com* – *cerrado noviembre*

‖○ Lobito de Mar ❶   🕸 ⅄ AC ⇔ 🅿

COCINA TRADICIONAL · ACOGEDORA X Ubicado en la Milla de Oro y definido por el propio chef Dani García como un "chiringuito sin playa". Pescados, mariscos, arroces... y un apartado exclusivo para el atún rojo.

Carta 40/60 €

Plano : A2-x – *carret. de Cádiz, km 178* ⊠ 29601 – 𝒞 951 55 45 54
– *www.grupodanigarcia.com*

‖○ Back! ❶   🕮 ⅄ AC

MODERNA · SIMPÁTICA X Un local colorista e informal que apuesta por la cocina andaluza de siempre, actualizada y con detalles viajeros. Tapas, platos para compartir, menús, nuevas creaciones...

Menú 30/60 € – Carta 30/40 €

Plano : D2-x – *Pablo Casals 8* ⊠ 29602 – 𝒞 971 80 68 06
– *www.backrestaurante.com*

‖○ TA-KUMI   🕮 AC

JAPONESA · FAMILIAR X Muy bien llevado, con socios nipones y una completa carta de cocina japonesa. ¿Una especialidad? Pruebe sus California roll de langostinos en tempura y espárragos verdes.

Menú 52/75 € – Carta 40/55 €

Plano : B2-a – *Gregorio Marañón 4* ⊠ 29602 – 𝒞 952 77 08 39
– *www.restaurantetakumi.com*

‖○ La Taberna de Santiago   🕮 AC ⑨

COCINA TRADICIONAL · AMBIENTE TRADICIONAL ⅋ Disfruta de una atractiva fachada azulejada, una espaciosa terraza y un coqueto interior. Amplia oferta de tapas y raciones, de tinte tradicional y a precios razonables.

Tapa 2 € – Ración aprox. 9 €

Plano : E2-p – *av. del Mar 20* ⊠ 29602 – 𝒞 952 77 00 78
– *www.restaurantesantiago.com* – *cerrado noviembre*

Alojamientos

🏛 Marbella Club   ⚘ ⑤ ⛱ ⚒ ⑩ 🛁 AC ⑨ 🛁 🅿

LUJO · CLÁSICA ¡Belleza, lujo e historia a orillas del Mediterráneo! Atesora un inmenso jardín, un seductor club de playa, excelentes habitaciones y hasta 15 idílicas villas, destacando con 6200 m^2 la exclusiva Villa del Mar. Gran oferta gastronómica de gusto internacional.

79 hab ⌂ – ♦360/1000 € ♦♦360/1000 € – 51 suites

Plano : A2-q – ⊠ 29602 – 𝒞 952 82 22 11 – *www.marbellaclub.com*

ESPAÑA

🏨 Puente Romano

LUJO · CLÁSICA Elegante conjunto de aire andaluz dotado con un jardín subtropical y habitaciones tipo bungalow, todas de elevado confort. Sorprende por su atractiva y variada propuesta gastronómica, pues atesora varios restaurantes en la Plaza Village (Dani García, Serafina, Bibo...) y uno más, llamado Sea Grill, con vistas al mar.

204 hab ⊊ – ♦253/841 € ♦♦253/841 € – 55 suites

Plano : A2-r – *Boulevard Príncipe Alfonso von Hohenlohe* ✉ *29602*
– ℘ 952 82 09 00 – www.puenteromano.com

🏨 Gran Meliá Don Pepe

CADENA HOTELERA · CONTEMPORÁNEA Un oasis junto al mar, pues se rodea por un bello jardín subtropical. Sus excelentes estancias le sorprenderán por el confort y la profusión en los detalles. En el restaurante T Bone Grill proponen una cocina tradicional especializada en productos a la brasa.

168 hab ⊊ – ♦230/1161 € ♦♦230/1161 € – 24 suites

Plano : B2-d – *José Meliá* ✉ *29602* – *℘ 952 77 03 00 – www.melia.com*

🏨 Los Monteros

LUJO · CLÁSICA Un histórico de la Costa del Sol que ha recuperado el pulso; de hecho, ha sido el primer hotel de Andalucía, en su categoría, en obtener la Q de Calidad Turística. Destaca su exclusivo Club La Cabane, con acceso directo a la playa y espléndidas vistas al mar.

178 hab ⊊ – ♦125/550 € ♦♦135/572 € – 116 suites

Plano : C2-a – ✉ *29603* – *℘ 952 77 17 00 – www.monteros.com*

🏨 La Villa Marbella

TRADICIONAL · PERSONALIZADA Ocupa varios edificios del casco viejo, todos con habitaciones de completo equipamiento y detalles personalizados. Destaca la amabilidad del personal y el gusto decorativo.

10 hab ⊊ – ♦90/139 € ♦♦119/169 €

Plano : E1-y – *Príncipe 10* ✉ *29601* – *℘ 952 76 62 20 – www.lavillamarbella.com*
– cerrado del 10 al 26 de diciembre

🏨 La Morada mas Hermosa

FAMILIAR · ACOGEDORA Céntrico, familiar... y en una casa antigua a la que se accede por una callejuela llena de plantas. Las coquetas estancias se visten con cuadros pintados por la propietaria.

7 hab – ♦80/104 € ♦♦89/116 € – ⊊ 12 €

Plano : E1-h – *Montenebros 16* ✉ *29601* – *℘ 952 92 44 67*
– www.lamoradamashermosa.com – cerrado enero-15 febrero

🏨 The Town House

FAMILIAR · ACOGEDORA Instalado en una casa rehabilitada del casco antiguo. Ofrece un encantador interior de línea clásica-actual, muy personal y con algún detalle nazarí en yeso. Terraza-solárium.

10 hab ⊊ – ♦130/230 € ♦♦150/250 €

Plano : E2-b – *Alderete 7* ✉ *29600* – *℘ 952 90 17 91*
– www.townhousemarbella.com

en Puerto Banús

🍴 El Gran Gatsby

COCINA TRADICIONAL · A LA MODA XX ¡Frente a los yates de Puerto Banús! Posee unas instalaciones muy luminosas, de estética actual y dominadas por los tonos blancos. Cocina tradicional-mediterránea actualizada.

Menú 58 € – Carta 40/65 €

Plano : A2-c – *Muelle de Honor* ✉ *29660 Puerto Banús* – *℘ 951 77 87 97*
– www.elgrangatsby.com – solo cena en julio-agosto

MARTINET

Lleida – 586 h. – Alt. 980 m – Mapa regional : **9**-B1
Mapa de carreteras Michelin n° 574-E35

Fonda Pluvinet

CATALANA · RÚSTICA Íntimo, acogedor, de sencillo ambiente rústico... Esta agradable casa, ubicada en la calle principal que cruza la localidad, apuesta por la cocina tradicional catalana de toda la vida, plena de sabores y fiel a la utilización de unas buenas materias primas.

Menú 29 € – Carta 26/40 €

Del Segre 13 D ✉ 25724 – ℰ 973 51 54 91 – solo almuerzo salvo viernes y sábado – cerrado 2ª quincena de mayo, 2ª quincena de noviembre y martes

El MASNOU

Barcelona – 22 923 h. – Mapa regional : **10**-B3
Mapa de carreteras Michelin n° 574-H36

Tresmacarrons (Miquel Aldana)

MODERNA · ACOGEDORA Casa de gestión familiar en la que se apuesta, clarísimamente, por el producto de temporada. En su moderna sala le propondrán una carta de tinte actual que, abriendo un apartado para platos clásicos, sobre todo emana compromiso, honestidad y amor por el trabajo bien hecho.

→ Calamar con leche de almendras y pera. Todo el pichón. Nuestra torrija con helado de limón y jengibre.

Menú 59/95 € – Carta 49/82 €

av. del Maresme 21 ✉ 08320 – ℰ 935 40 92 66 – www.tresmacarrons.com – cerrado 15 días en febrero, 15 días en octubre, domingo y lunes

MATAPOZUELOS

Valladolid – 1 016 h. – Mapa regional : **8**-B2
Mapa de carreteras Michelin n° 575-H15

La Botica (Miguel Ángel de la Cruz)

MODERNA · RÚSTICA Restaurante-asador familiar instalado en una antigua casa de labranza que, en otros tiempos, funcionó como farmacia. Se presenta con unas instalaciones de aire rústico, un privado en lo que fue la botica y una carta de tinte actual muy apegada a los productos tradicionales de esta tierra. ¡Completo menú degustación!

→ Paté de lechazo churro y dulce de membrillo. Lomo de ciervo en su jugo, con castañas de hígado de pato y piña verde de pino. Helado de higos y galleta crujiente.

Menú 58/85 € – Carta 35/50 €

pl. Mayor 2 ✉ 47230 – ℰ 983 83 29 42 – www.laboticadematapozuelos.com – solo almuerzo salvo fines de semana – cerrado 24 junio-7 julio y lunes

MATARÓ

Barcelona – 124 867 h. – Mapa regional : **10**-B3
Mapa de carreteras Michelin n° 574-H37

El Nou-Cents

MODERNA · RÚSTICA Presenta un buen hall y dos comedores, destacando el más rústico por contar con chimenea y tener una bóveda catalana en ladrillo visto. Ofrecen una cocina actual de bases clásicas, trabajando mucho la trufa, las setas y la caza.

Menú 38/58 € – Carta 45/65 €

El Torrent 21 ✉ 08302 – ℰ 937 99 37 51 – www.elnou-cents.restaurant – cerrado 30 julio-10 agosto y domingo

⏺○ Sangiovese · AC ⌇ ✿

CREATIVA · MARCO CONTEMPORÁNEO ХХХ Disfruta de una estética moderna, con detalles de diseño, dejando tanto la cocina como su completa bodega a la vista. Ofrecen elaboraciones de mercado y de temporada, por eso veremos como sus menús varían con los cambios de estación.

Menú 22/55 € – Carta 40/55 €

Sant Josep 31, posible traslado a Sant Llorenç 32 ⊠ 08302 – 𝒞 937 41 02 67
– www.sangioveserestaurant.com – cerrado 15 días en agosto, domingo noche, lunes y martes noche

⏺○ La Marineta Platets i Tapes · 🏠 ⅃ AC ⌇ ✿

DE MERCADO · RÚSTICA Х Agradable, informal y con una línea rústico-actual bastante cuidada. Cocina catalana de mercado bien interpretada por el chef, que equilibra técnica, creatividad y pasión.

Menú 18 € – Carta 30/42 €

Cuba 76 ⊠ 08302 – 𝒞 935 12 60 22 – www.lamarineta.com – cerrado del 18 al 24 de abril, del 1 al 21 de agosto, del 4 al 10 de noviembre, domingo y lunes

MAZAGÓN
Huelva – Mapa regional : **1**-A2
Mapa de carreteras Michelin nº 578-U9

por la carretera de Matalascañas

🏠 Parador de Mazagón · ⌇ ⅏ ⧼ 🛏 ⅃ 🖾 ⅃ ⅃ AC ⅄ ℙ

TRADICIONAL · CLÁSICA Disfruta de un enclave privilegiado, pues está a la entrada del Parque Nacional de Doñana y a un paso de la playa. Habitaciones clásicas con detalles rústicos, la mayoría con magníficas vistas al mar. En su luminoso restaurante encontrará una completa carta de carácter regional. ¡Perfecto para desconectar!

63 hab – ∲100/230 € – ∲∲100/230 € – ⊑ 19 € – 1 suite

Sureste : 7 km ⊠ 21130 Mazagón – 𝒞 959 53 63 00 – www.parador.es

MEAÑO
Pontevedra – 5 382 h. – Mapa regional : **13**-A2
Mapa de carreteras Michelin nº 571-E3

🏠 Quinta de San Amaro · ⌇ ⧼ 🛏 ⅃ ⅃ AC ⅄ ℙ

AGROTURISMO · ACOGEDORA Un hotelito rural con muchísimo encanto. Encontrará habitaciones de excelente confort, todas con mobiliario colonial, y un restaurante completamente acristalado que apuesta por la cocina gallega actualizada. ¡Buena oferta de actividades y cursos gastronómicos!

14 hab ⊑ – ∲95/130 € – ∲∲110/155 €

lugar de San Amaro 6 ⊠ 36968 – 𝒞 986 74 89 38 – www.quintadesanamaro.com

MECINA FONDALES
Granada – Alt. 930 m – Mapa regional : **1**-D1
Mapa de carreteras Michelin nº 578-V20

🏠 Mecina Fondales · ⅏ ⧼ 🛏 ⅃ ⅃ AC ⅄

FAMILIAR · RÚSTICA Finca con árboles frutales emplazada en un pueblecito de Las Alpujarras. Posee una coqueta zona social, un patio árabe y habitaciones de aire rústico, casi todas con terraza.

21 hab – ∲63/70 € – ∲∲86/95 € – ⊑ 10 €

La Fuente 2 ⊠ 18416 – 𝒞 958 76 62 41 – www.hoteldemecina.com

MEDINA DEL CAMPO
Valladolid – 21 110 h. – Alt. 721 m – Mapa regional : **8**-B2
Mapa de carreteras Michelin nº 575-I15

⊪○ El Mortero 🏠 �& 🗚 🕏

COCINA TRADICIONAL · AMBIENTE CLÁSICO XX Complementa su bar de tapas con un comedor de línea actual. Cocina tradicional con platos tan sugerentes como el Taco de bacalao confitado con verduritas y patatas a lo pobre.

Menú 12/40 € – Carta 24/47 €

pl. Segovia 2 ⊠ 47400 – ℰ 983 80 30 33 – cerrado lunes

MEDINA SIDONIA
Cádiz – 11 749 h. – Alt. 304 m – Mapa regional : **1**-B3
Mapa de carreteras Michelin n° 578-W12

⊛ El Duque ⇐ 🏠 🗚 **P**

COCINA TRADICIONAL · RÚSTICA X En este negocio familiar encontraremos un bar, con chimenea y mesas para tapear, así como un acogedor comedor rodeado de ventanales. Su carta tradicional, dominada por las carnes, deja ver algún toque de actualidad. También ofrece unas sencillas habitaciones.

Menú 35 € – Carta 23/44 €

9 hab – ♦30/50 € ♦♦50/70 € – ⊡ 3 €

av. del Mar 10 ⊠ 11170 – ℰ 956 41 00 40 – www.elduquedemedina.es – cerrado lunes

en la carretera de Vejer Sureste : 3 km

⊛ Venta La Duquesa 🏠 �& 🗚 🕏 ⇆ **P**

COCINA TRADICIONAL · RÚSTICA X Está en el campo, ocupando una venta típica que hoy se presenta con un bar de tapas, varias salas de línea clásica-regional y una agradable carpa. La carta, tradicional y de temporada, destaca por sus guisos, las famosas carnes de Retinto y los platos de caza.

Menú 19/50 € – Carta 25/45 €

carret. A 396 ⊠ 11170 Medina Sidonia – ℰ 956 41 08 36
– www.ventaladuquesa.com – cerrado del 14 al 30 de enero, del 11 al 28 de noviembre, lunes noche y martes salvo agosto

MELIANA
Valencia – 10 588 h. – Mapa regional : **11**-B2
Mapa de carreteras Michelin n° 577-N28

en el Barrio de Roca Este : 2 km

⊛ Ca' Pepico 🕸 🏠 �& 🗚 🕏 ⇆

REGIONAL · RÚSTICA X Un buen restaurante para descubrir la gastronomía valenciana, pues ocupa una casa rural típica ubicada en plena huerta. En su interior, de ambiente rústico y con mobiliario de época, le ofrecerán una carta regional con dos arroces diarios.

Carta 25/50 €

Mediterraneo 1 ⊠ 46133 – ℰ 961 49 13 46 – www.capepico.com – cerrado 15 agosto-15 septiembre, domingo y martes noche

MERANGES
Girona – 100 h. – Alt. 1 540 m – Mapa regional : **9**-C1
Mapa de carreteras Michelin n° 574-E35

⊪○ Can Borrell ⇐ 🛎 🌜 🏠 🕏 **P**

REGIONAL · FAMILIAR X En un pueblo de montaña con muchísimo encanto. Restaurante de aire rústico donde podrá saborear una cocina propia del recetario catalán aunque con sugerentes actualizaciones. Como complemento al negocio también ofrece habitaciones, varias con vistas al valle.

Menú 32/45 € – Carta 35/55 €

9 hab ⊡ – ♦97 € ♦♦112 €

Retorn 3 ⊠ 17539 – ℰ 972 88 00 33 – www.canborrell.com – cerrado 7 días en octubre-noviembre, 15 días en diciembre, enero-abril salvo fines de semana y Semana Santa

MÉRIDA

Badajoz – 59 187 h. – Alt. 221 m – Mapa regional : **12**-B2
Mapa de carreteras Michelin n° 576-P10

🏨 Parador de Mérida

HISTÓRICO · CLÁSICA Ocupa parte de un convento franciscano del s. XVIII, íntimo y acogedor, con habitaciones sobrias y mobiliario castellano. El patio conserva restos arqueológicos originales. En su restaurante podrá degustar una cocina que toma como base el recetario regional.

79 hab – ♦80/195 € ♦♦80/195 € – ☟ 18 € – 3 suites
pl. de la Constitución 3 (acceso parking por calle Almendralejo 58) ✉ 06800
– *☏ 924 31 38 00*
– *www.parador.es*

MIERES

Asturias – 40 338 h. – Alt. 209 m – Mapa regional : **3**-B2
Mapa de carreteras Michelin n° 572-C12

🍽️ El Cenador del Azul

COCINA TRADICIONAL · AMBIENTE CLÁSICO XX Céntrico y de amable organización familiar. Posee unas instalaciones de línea clásica-actual, con mobiliario de calidad y un buen servicio de mesa. Aquí ofrecen una cocina tradicional actualizada, trabajando bastante los pescados.

Menú 17/28 € – Carta 38/53 €
Aller 51-53 ✉ 33600 – *☏ 985 46 18 14*
– *solo almuerzo salvo viernes y sábado*
– *cerrado 22 julio-6 agosto y domingo*

MOAÑA

Pontevedra – 19 492 h. – Mapa regional : **13**-A3
Mapa de carreteras Michelin n° 571-F3

🍽️ Prado Viejo

COCINA TRADICIONAL · MINIMALISTA XX Cuenta con un bar a la entrada, donde ofrecen los menús, una sala de línea clásica y una huerta propia que abastece al restaurante. Cocina tradicional y sugerencias diarias.

Menú 14 € – Carta 25/40 €
Ramón Cabanillas 16 ✉ 36950 – *☏ 986 31 16 34*
– *www.pradoviejo.com*
– *solo almuerzo salvo jueves, viernes y sábado*
– *cerrado 15 días en enero, 15 días en octubre y lunes salvo verano*

MOGARRAZ

Salamanca – 314 h. – Alt. 766 m – Mapa regional : **8**-A3
Mapa de carreteras Michelin n° 575-K11

🍽️ Mirasierra

COCINA TRADICIONAL · RÚSTICA XX Ocupa un caserón y cuenta con varias salas, destacando la del fondo por sus vistas. Ofrecen deliciosos guisos, derivados del cerdo ibérico, setas, carnes a la brasa, quesos...

Menú 20/30 € – Carta 28/48 €
Miguel Ángel Maillo 58 ✉ 37610 – *☏ 923 41 81 44*
– *www.restaurantemirasierra.com*
– *solo almuerzo salvo sábado y agosto*
– *cerrado del 7 al 31 de enero, del 24 al 30 de junio y lunes salvo agosto*

MOJÁCAR

Almería – 6 825 h. – Alt. 175 m – Mapa regional : **1**-D2
Mapa de carreteras Michelin n° 578-U24

en la playa

🏨 Parador de Mojácar   🌳 🍴 🍷 🔲 🚫 AC 🚫 🛁 🅿

TRADICIONAL · MODERNA ¡Un bello paraje frente al mar! Presenta detalles de diseño tanto en la zona social como en la mitad de las habitaciones, pues el resto, las más antiguas, aún conservan la estética original. En el comedor, de uso polivalente, ofrecen platos típicos de la zona.

98 hab – 🛏75/195 € – 🛏🛏75/195 € – 🛏16 € – 10 suites

paseo del Mediterráneo 339, Sureste : 2,5 km ✉ 04638 Mojácar – 𝒞 950 47 82 50
– www.parador.es

MOLINA DE SEGURA

Murcia – 69 331 h. – Mapa regional : **16**-B2
Mapa de carreteras Michelin nº 577-R26

🍽 Lamarimorena   🍴 🚫 AC 🚫 🍽

CREATIVA · DE DISEÑO 🍴 He aquí un local moderno, fresco y polivalente que, dominado por los tonos blancos, sabe aunar los conceptos de gastrobar y restaurante. Cocina actual rica en tapas y menús.

Menú 22/28 € – Carta 22/39 €

av. del Chorrico 110 ✉ 30500 – 𝒞 968 61 12 89
– www.lamarimorenarestaurant.com
– cerrado 15 días en agosto, domingo noche y lunes

🍽 La Maita   🍴 AC 🚫

CREATIVA · DE DISEÑO 🍴 Sorprende por el diseño del edificio, pues combina partes de la antigua muralla con amplias placas de acero Corten y hormigón. Tapas locales, de autor y fieles al gusto nipón.

Tapa 4 € – Ración aprox. 9 €

Castillo 18 ✉ 30500 – 𝒞 968 97 36 07
– www.lamaita.com
– cerrado domingo noche, lunes y martes salvo agosto

Los MOLINOS

Madrid – 4 349 h. – Alt. 1 045 m – Mapa regional : **15**-A2
Mapa de carreteras Michelin nº 576-J17

🍽 Asador Paco   🍴 AC

COCINA TRADICIONAL · RÚSTICA 🍴 Ocupa una céntrica casa de piedra, con el coqueto comedor instalado en lo que fue el pajar, y tiene fama por sus asados en horno de leña. Buen producto y excelente Lechazo.

Carta 37/53 €

Pradillos 11 ✉ 28460 – 𝒞 918 55 17 52
– www.hornodeasarpaco.es – solo almuerzo en invierno salvo viernes y sábado
– cerrado 15 septiembre-7 octubre, domingo noche y martes

MOLINS DE REI

Barcelona – 25 155 h. – Alt. 37 m – Mapa regional : **10**-B3
Mapa de carreteras Michelin nº 574-H36

🍽 L'Àpat   AC 🚫

COCINA TRADICIONAL · RÚSTICA 🍴 Un negocio de organización familiar y ambiente rústico donde se sentirá como en casa. Su amplia carta tradicional se enriquece con sugerencias diarias y un menú degustación.

Carta 33/48 €

Del Carril 38 ✉ 08750 – 𝒞 936 68 05 58
– www.restaurantlapat.cat
– cerrado Semana Santa, 15 días en agosto, domingo, lunes noche y festivos

MOLLET DE PERALADA
Girona – 180 h. – Alt. 59 m – Mapa regional : **9**-D3
Mapa de carreteras Michelin nº 574-E39

⫣◯ Reina de Port-Lligat   ⚎ 🆎 ⟷
MODERNA · ACOGEDORA ⅩⅩⅩ Recupera una antigua casa de pueblo y sorprende desde el mismo acceso, pues muestra un cuidadísimo interior de ambiente rústico-actual... con detalles de diseño y algún techo abovedado. Cocina de mercado con interesantes toques de autor.

Menú 25/85 € – Carta 46/68 €

Unió 10-12 ✉ 17752 – ☏ 972 54 51 88 – www.port-lligat.net
– cerrado 2 enero-8 febrero, domingo noche salvo julio-agosto y lunes

MONACHIL
Granada – 7 538 h. – Alt. 730 m – Mapa regional : **1**-D1
Mapa de carreteras Michelin nº 578-U19

🍴 La Cantina de Diego   ⚎ 🕭 🆎 ⅏
COCINA TRADICIONAL · RÚSTICA Ⅹ Ubicado en la zona antigua de Monachil. Posee una agradable terraza y dos salas de atractivo aire rústico-regional. Cocina tradicional y regional rica en productos autóctonos.

Menú 12/45 € – Carta 28/41 €

callejón de Ricarda 1 ✉ 18193 – ☏ 958 30 37 58
– www.restaurantelacantinadediego.es – cerrado del 1 al 7 de febrero, del 15 al 31 de agosto, domingo noche en invierno, martes mediodía en verano y lunes

🏠 La Almunia del Valle   ☆ 🐾 ⪜ 🚿 ⌥ 🆎 🅿
CASA DE CAMPO · PERSONALIZADA Situado en una ladera e integrado en el paisaje. Presenta un atractivo salón-biblioteca y habitaciones bastante actuales, dos con forma de cubo. El comedor, iluminado por un lucernario y de ambiente casero, ofrece una cocina de mercado con toques actuales.

15 hab ☲ – 🛏110/125 € 🛏🛏115/158 €

camino de la Umbría (casco antiguo), Este : 1,5 km ✉ 18193 – ☏ 958 30 80 10
– www.laalmuniadelvalle.com – cerrado 10 diciembre-9 febrero

MONFORTE DE LEMOS
Lugo – 19 061 h. – Alt. 298 m – Mapa regional : **13**-C2
Mapa de carreteras Michelin nº 571-E7

⫣◯ Manuel Bistró   🕭 🆎 ⟷ 🅿
MODERNA · AMBIENTE TRADICIONAL ⅩⅩ Una casa sofisticada y agradable. Su chef propone una cocina de mercado con toques de vanguardia, pero también buenos arroces, algunos platos de pastas e interesantes menús.

Menú 14/50 € – Carta 22/43 €

Duquesa de Alba 62 ✉ 27400 – ☏ 982 40 27 47 – www.donmanuelbistro.com
– solo almuerzo salvo jueves, viernes, sábado, Semana Santa, agosto y Navidades
– cerrado del 10 al 30 de noviembre y lunes

🏰 Parador de Monforte de Lemos   ☆ 🐾 ⪜ ⌥ 🛗 🖭 🕭 🆎 ⅏ ♨
EDIFICIO HISTÓRICO · HISTÓRICA Bello conjunto arquitectónico situado   🚗 sobre un promontorio, con fantásticas vistas y el edificio principal instalado en un monasterio benedictino. Hay que destacar la amabilidad del personal y el hermoso claustro neoclásico. Su restaurante es una buena opción para descubrir la gastronomía típica de la zona.

45 hab – 🛏75/160 € 🛏🛏75/160 € – ☲ 16 € – 5 suites

pl. Luis de Góngora y Argote ✉ 27400 – ☏ 982 41 84 84 – www.parador.es
– cerrado enero-13 febrero

MONROYO
Teruel – 360 h. – Mapa regional : **2**-C3
Mapa de carreteras Michelin nº 574-J29

al Norte 2,5 km

🍴 Consolación · 🄰🄲 🕸 🅿

MODERNA · DE DISEÑO Ⅺ ¡En la antigua casa del ermitaño! Propone una cocina actual-creativa que ensalza los productos autóctonos, mima los detalles y siempre sorprende en la comarca del Matarraña.

Menú 30/50 € – Carta 34/45 €

Hotel Consolación, carret. N-232, km 96 ✉ 44652 Monroyo – 𝒞 978 85 67 87 (es necesario reservar) – www.consolacion.com.es – cerrado lunes y martes mediodía

🏠 Consolación · 🕸 ⅄ 🄰🄲 🅿

BOUTIQUE HOTEL · DE DISEÑO ¡Genial concepto arquitectónico en plena naturaleza! Aquí conviven, armónicamente, una ermita del s. XVI y unas estructuras independientes en forma de cubos, estas últimas con fantásticos miradores, pinceladas de diseño y unas curiosas chimeneas. ¡Idóneo para practicar senderismo, barranquismo o bicicleta!

12 hab ⌐ – ♦145/195 € ♦♦165/235 €

carret. N-232, km 96 ✉ 44652 Monroyo – 𝒞 978 85 67 87
– www.consolacion.com.es

🍴 **Consolación** – ver selección restaurantes

MONTELLANO

Sevilla – 7 088 h. – Mapa regional : **1**-B2
Mapa de carreteras Michelin nº 578-V13

🉐 Deli · 🄰🄲 🕸

ANDALUZA · RÚSTICA Ⅺ Un restaurante familiar de 3ª generación y cuidado ambiente rústico. Su amplia carta regional se enriquece con algunos platos herederos del antiguo recetario andalusí.

Menú 15 € – Carta 25/42 €

pl. Andalucía 10 ✉ 41770 – 𝒞 954 87 51 10 – www.restaurantedeli.com – cerrado agosto, domingo noche y lunes

MONTILLA

Córdoba – 23 365 h. – Alt. 400 m – Mapa regional : **1**-B2
Mapa de carreteras Michelin nº 578-T16

🍴 Las Camachas · 🕸 🄰🄲 🕸 ↔ 🅿

REGIONAL · AMBIENTE TRADICIONAL ⅫⅪ Mesón de arquitectura andaluza dotado con un bar y varias salas de buen montaje. Aquí apuestan por los platos típicos de la región elaborados a la antigua usanza, como el Paté de perdiz, el Rabo de toro o las verduras en temporada.

Menú 11/18 € – Carta 20/40 €

av. Europa 3 ✉ 14550 – 𝒞 957 65 00 04 – www.restaurantelascamachas.com

MONTORNÈS DEL VALLÈS

Barcelona – 16 172 h. – Mapa regional : **10**-B3
Mapa de carreteras Michelin nº 574-H36

🉐 Lucerón · 🄰🄲 🕸

COCINA TRADICIONAL · FAMILIAR Ⅺ Un restaurante de línea actual que emana el amor por los fogones y ha pasado de padres a hijos... o hijas, como en este caso. Amplia carta de tinte tradicional y regional, con buenos detalles y algún plato, como las Alitas de pollo a la vinagreta, muy popular.

Menú 16/37 € – Carta 25/40 €

Palau d'Ametlla 18 ✉ 08170 – 𝒞 935 68 16 10
– www.restaurantluceron.com – solo almuerzo salvo viernes y sábado – cerrado Semana Santa, agosto y martes

MONTORO

Córdoba – 9 640 h. – Alt. 195 m – Mapa regional : **1**-C2
Mapa de carreteras Michelin nº 578-R16

por la carretera de Villa del Rio A-3102 Noreste : 5 km y desvío a la derecha 1 km

🏠 Molino la Nava   🏠 🌁 ⌱ 占 AC P

FAMILIAR · RÚSTICA Molino de aceite del s. XVIII rodeado de olivos. Posee un agradable patio interior, un acogedor salón social y cuidadas habitaciones, personalizadas y con baños actuales. El restaurante, de buen montaje, ocupa la nave donde están los viejos tanques de aceite.

8 hab ☲ – 🛏65/70 € 🛏🛏81/90 €

camino La Nava 6 ⊠ 14600 Montoro – ℰ 957 33 60 41
– www.molinonava.com

MORA DE RUBIELOS

Teruel – 1 585 h. – Alt. 1 035 m – Mapa regional : **2**-B3
Mapa de carreteras Michelin nº 574-L27

😊 El Rinconcico   占 AC ✍

COCINA TRADICIONAL · AMBIENTE CLÁSICO ※ Un negocio familiar que toma nuevos bríos, pues se presenta con un amplio bar de tapas y un comedor clásico-funcional en el piso superior. Cocina tradicional sabrosa, honesta y fiel a los productos turolenses. ¿Un plato típico? Pruebe el Ternasco de Aragón.

Menú 12/40 € – Carta 26/35 €

Santa Lucía 4 ⊠ 44400 – ℰ 978 80 60 63
– www.elrinconcico.com
– cerrado martes salvo agosto

al Este 3 km y desvío a la derecha 2 km

🏠 Masía La Torre   🏠 🌁 占 ✍ P

TRADICIONAL · PERSONALIZADA Ocupa una antigua masía y sorprende en lo estético, pues combina la calidez de los materiales tradicionales (piedra y madera) con unos acabados modernos. Algunas habitaciones tienen la bañera integrada y el restaurante ofrece cocina tradicional actualizada.

11 hab ☲ – 🛏60/70 € 🛏🛏110/140 €

carret. A 232, km 21,600 ⊠ 44400 – ℰ 978 80 63 12
– www.masialatorre.es

MORAIRA

Alicante – 956 h. – Mapa regional : **11**-B3
Mapa de carreteras Michelin nº 577-P30

🍴 Sand   🏠 AC ✍

INTERNACIONAL · A LA MODA ※ Con personalidad propia, de estilo urbano-actual y ubicado a pocos pasos de la playa de l'Ampolla. Apuestan por una carta muy variada, de tinte mediterráneo e internacional.

Carta 31/53 €

av. de la Paz 24 ⊠ 03724 – ℰ 966 49 19 49
– www.restaurantesand.com

La MORALEJA Madrid → Ver Alcobendas

MORALES DE REY

Zamora – 618 h. – Mapa regional : **8**-B2
Mapa de carreteras Michelin nº 575-F12

Brigecio   👌 AC 🍴

COCINA TRADICIONAL · FAMILIAR XX Toma el nombre de un castro astur y se presenta con una única sala de línea actual. Su propuesta, de cocina tradicional actualizada y copiosas raciones, sorprende con un amplio apartado de bacalaos y sabrosas especialidades, como su famoso Pulpo a la zamorana.

Menú 13/34 € – Carta 33/48 €

Calvo Sotelo 2 ⊠ 49693 – 𝒞 980 65 12 65 – www.brigecio.net – solo almuerzo salvo viernes, sábado y agosto – cerrado del 2 al 23 de septiembre y lunes

MORALZARZAL
Madrid – 12 213 h. – Alt. 979 m – Mapa regional : **15**-A2
Mapa de carreteras Michelin n° 576-J18

Zalea   🏡 AC 🍴 ⇔

COCINA TRADICIONAL · AMBIENTE TRADICIONAL X Acogedor chalet en piedra al que se accede bajando unas escaleras. Cuenta con una barra de espera, una sala rústica-actual, una galería acristalada y una terraza de verano. Cocina tradicional y de mercado con buenas actualizaciones.

Menú 14/50 € – Carta 25/40 €

España 57 ⊠ 28411 – 𝒞 918 57 76 46 – www.restaurantezalea.es – solo almuerzo salvo viernes y sábado – cerrado agosto y martes

MORATALLA
Murcia – 8 189 h. – Alt. 700 m – Mapa regional : **16**-A2
Mapa de carreteras Michelin n° 577-R24

El Olivar   AC 🍴 ⇔

COCINA TRADICIONAL · ACOGEDORA XX Ubicado en la calle principal, con un bar de tapas y un interior rústico que sabe dar cabida a los detalles antiguos y actuales. En su cocina tradicional actualizada se da muchísimo protagonismo al arroz de Calasparra y al aceite de oliva.

Menú 20/59 € – Carta 40/50 €

carret. de Caravaca 50 ⊠ 30440 – 𝒞 968 72 40 54 – www.el-olivar.es – solo almuerzo salvo sábado – cerrado 27 mayo-27 septiembre, lunes y martes

MOREDA DE ALLER
Asturias – Mapa regional : **3**-B2
Mapa de carreteras Michelin n° 572-C12

Teyka   🍴

COCINA TRADICIONAL · AMBIENTE CLÁSICO XX Encontrará un espacioso bar-cafetería y una sala clásica, esta última con chimenea y el techo acristalado a modo de lucernario. Cocina tradicional y asturiana de corte casero, siempre con abundantes raciones y numerosas recomendaciones.

Menú 14/25 € – Carta 28/40 €

av. Constitución 35 ⊠ 33670 – 𝒞 985 48 10 20 – solo almuerzo salvo viernes y sábado – cerrado lunes, martes y miércoles

MORELLA
Castellón – 2 441 h. – Alt. 1 004 m – Mapa regional : **11**-B1
Mapa de carreteras Michelin n° 577-K29

Daluan   🏡 AC 🍴

MODERNA · FAMILIAR XX Una casa de línea actual que no deja indiferente, pues aquí los platos típicos morellanos conviven con otros, mucho más modernos, de base tradicional. Es famoso por sus jornadas gastronómicas, como las dedicadas a las setas, a la trufa o a las tapas en verano.

Menú 32/55 € – Carta 30/45 €

Callejón Cárcel 4 ⊠ 12300 – 𝒞 964 16 00 71 – www.daluan.es – solo almuerzo salvo viernes, sábado y verano – cerrado 20 días en enero y miércoles

🍴 Mesón del Pastor   AC 🚫

REGIONAL · AMBIENTE CLÁSICO ⅹ Una casa de larga tradición familiar que destaca por su rica oferta en carnes, a la brasa o en las distintas especialidades morellanas, bien apoyada por varios menús. ¡No se pierda las jornadas dedicadas a las setas y las trufas, siempre en temporada!

Menú 19/29 € – Carta 25/40 €

Cuesta Jovaní 7 ⊠ 12300 – 𝒞 964 16 02 49

– www.mesondelpastor.com

– solo almuerzo salvo viernes, sábado y agosto

– cerrado 25 junio-5 julio, miércoles salvo verano y festivos

🍴 Vinatea   🏠 ♿ AC

REGIONAL · BISTRÓ ⅹ Disfruta de un entorno muy atractivo, pues se halla en una casa del s. XII que, a su vez, forma parte de una calle porticada. Cocina tradicional morellana con toques actuales.

Menú 18/30 € – Carta 30/40 €

Blasco de Alagón 17 ⊠ 12300 – 𝒞 964 16 07 44

– www.restaurantevinatea.com

– solo almuerzo salvo viernes y sábado de octubre a junio

– cerrado 5 noviembre-5 diciembre y lunes salvo festivos

🏨 Cardenal Ram   🏔 ⬆ ♿ AC 🚫

TRADICIONAL · CLÁSICA Instalado en una céntrica casa señorial del s. XVI, donde un día residió el Cardenal Ram. Atractiva escalera en piedra y cuidadas habitaciones, todas con una buena combinación de muebles clásicos y actuales. Desde sus fogones apuestan por la cocina regional.

16 hab – 🛏42/82 € 🛏🛏62/150 € – ☕ 7 €

Cuesta Suñer 1 ⊠ 12300 – 𝒞 964 16 00 46

– www.hotelcardenalram.com

MORGA

Vizcaya – 420 h. – Alt. 248 m – Mapa regional : **18**-A3

Mapa de carreteras Michelin n° 573-C21

en el barrio Andra Mari

🍴 Katxi   🚪 AC 🚫 🚗

REGIONAL · FAMILIAR ⅹ Esta casa, ya centenaria, posee un bar con chimenea y una sala amplia a la par que luminosa. Carta regional e interesantes sugerencias, siempre con productos de gran calidad.

Menú 13/28 € – Carta 31/68 €

Hotel Katxi, Foruen Bidea 20 ⊠ 48115 Morga – 𝒞 946 25 02 95

– www.katxi.com

– cerrado 6 enero-13 febrero, domingo noche y lunes

🏨 Katxi   🚪 AC 🚫 ♨ 🚗

FAMILIAR · PERSONALIZADA Hotel a modo de caserío ubicado en la Reserva Natural de Urdaibai. Resulta muy coqueto, con una acogedora zona social y las habitaciones bien personalizadas en su decoración.

9 hab ☕ – 🛏75/95 € 🛏🛏75/95 €

Foruen Bidea 20 ⊠ 48115 Morga – 𝒞 946 27 07 40

– www.katxi.com

– cerrado 6 enero-13 febrero y 15 días en septiembre

🍴 **Katxi** – ver selección restaurantes

MUNDAKA

Vizcaya – 1 892 h. – Mapa regional : **18**-A3

Mapa de carreteras Michelin n° 573-B21

ESPAÑA

en la carretera de Gernika Sur : 1,2 km

⊫○ Portuondo ← & AC ※ P

COCINA TRADICIONAL · RÚSTICA ✗✗ Este bello caserío destaca por sus agradables terrazas de bar, asomadas al mar y a las montañas. En sus salas, de carácter panorámico, ofrecen una carta tradicional de asador.

Menú 22 € – Carta 42/62 €

barrio Portuondo ✉ *48360 Mundaka* – *☎ 946 87 60 50*
– www.restauranteportuondo.com – solo almuerzo en invierno salvo fines de semana – cerrado 8 diciembre-24 enero, domingo noche y lunes

MUNITIBAR ARBÁCEGUI

Vizcaya – 461 h. – Alt. 198 m – Mapa regional : **18**-B3
Mapa de carreteras Michelin nº 573-C22

 Garro ⅍ 🚙 ※ P 🚲

FAMILIAR · RÚSTICA Caserío ubicado en plena naturaleza, junto a un río y con el entorno ajardinado. Posee una bella terraza-mirador, una zona social con chimenea y habitaciones que combinan el confort actual con los detalles rústicos.

6 hab – ♦43/45 € ♦♦45/55 € – ☱ 6 €

Gerrikaitz 33, (barrio San Miguel) ✉ *48381* – *☎ 946 16 41 36*

MURCIA

443 243 h. – Alt. 43 m – Mapa regional : **16**-B2
Mapa de carreteras Michelin nº 577-S26

☻ Alborada AC ※ ⇔

COCINA TRADICIONAL · MARCO CONTEMPORÁNEO ✗✗ Un negocio de estética actual que emana honestidad y dedicación por los cuatro costados. Ofrece un pequeño bar de tapas y un agradable comedor, este con dos privados. Cocina tradicional de mercado con un apartado de mariscos, guisos y arroces previa reserva.

Menú 40 € – Carta 30/50 €

Andrés Baquero 15 ✉ *30001* – *☎ 968 23 23 23* – *www.alboradarestaurante.com*
– cerrado sábado y domingo en julio-agosto, domingo noche y lunes resto del año

⊫○ Gurea & AC ※ ⇔

VASCA · AMBIENTE CLÁSICO ✗✗ Los auténticos sabores de la cocina vasca y norteña trasladados a esta ciudad. Buena zona de tapeo con "pintxos" fríos y calientes, opción a medias raciones y comedor clásico.

Menú 12 € – Carta 30/50 €

Alejandro Séiquer 16 ✉ *30001* – *☎ 968 77 50 30* – *www.restaurantegurea.com*
– cerrado agosto, domingo noche y lunes

⊫○ Keki de Sergio Martínez 🛋 AC

MODERNA · BISTRÓ ✗ Restaurante-tapería de ambiente moderno ubicado a escasos metros de la Catedral. Apuestan por una cocina actual, siempre cimentada en buenas texturas e interesantes maridajes.

Menú 14/35 € – Carta 28/40 €

Fuensanta 4 ✉ *30001* – *☎ 968 22 07 98* – *www.keki.es* – *cerrado 2ª quincena de agosto, domingo en verano, domingo noche y lunes resto del año*

⊫○ La Pequeña Taberna 🛋 AC ※ ⇔

REGIONAL · AMBIENTE CLÁSICO ✗ Sorprende con una llamativa terraza repleta de hortalizas, así como una barra de tapeo y dos buenas salas de línea clásica-actual. ¡Pruebe las Alcachofas de la abuela!

Menú 35/52 € – Carta 22/37 €

pl. San Juan 7 ✉ *30003* – *☎ 968 21 98 40* – *www.lapequeñataberna.com*
– cerrado 21 días en agosto, domingo noche y lunes

🍽️○ **Local de Ensayo** ⓝ   🅰️🅲

CREATIVA · MARCO CONTEMPORÁNEO ⅹ Pequeño restaurante de aire ecléctico, con la cocina a la vista, en el que se aprecia una buena labor de interiorismo. Elaboraciones creativas, asequibles y bien construidas.

Menú 45/60 € – Carta 35/45 € – menú único el fin de semana

Policía Angel García 20 (Puente Tocinos) ✉ 30006 – 📞 968 24 70 54

– www.localdensayo.com – cerrado 7 días en enero, del 22 al 28 de abril, 21 días en agosto, domingo y lunes

🍽️○ **Pura Cepa**   🛋️ 🅰️🅲

COCINA TRADICIONAL · MARCO CONTEMPORÁNEO ⅴ Este bar-vinoteca, con terraza y un moderno comedor, rompe un poco con la estética habitual en los locales de tapeo murcianos. ¡Disfrute del tapeo o de sus menús degustación!

Tapa 3 € – Ración aprox. 11 €

pl. Cristo del Rescate 8 ✉ 30003 – 📞 968 21 73 97

– www.puracepamurcia.com – cerrado del 5 al 29 de agosto, domingo noche y lunes

en El Palmar por A-30 : 8 km

❀❀ **Cabaña Buenavista** (Pablo González)   🪑 🛋️ 🅰️🅲 🍽️ 🅿️

CREATIVA · ACOGEDORA ⅹⅹⅹ Cocinas singulares podemos encontrar en muchos sitios, lo que ya no resulta tan habitual es que estas se vean acompañadas por unos entornos realmente únicos, de esos que elevan la experiencia hasta el punto de permanecer para siempre en la memoria.

Este restaurante sorprende, sin duda, pues desde el mismo acceso al entorno ajardinado nos veremos trasladados a otro mundo; no en vano, el comedor principal en el que culmina el recorrido ocupa una espectacular cabaña, de estructura cónica, cubierta por... ¡auténtico junco africano!

La particular propuesta del chef Pablo González, exenta de convencionalismos y con guiños al recetario murciano, demuestra un elevado nivel técnico y creativo, con un maravilloso equilibrio en los maridajes y un enorme protagonismo para los aperitivos, que empiezan a tomarse de manera imprevista entre las exuberantes palmeras y olivos que rodean el edificio principal. Una vez sentado a la mesa, le darán a escoger entre su interesante carta y varios menús.

→ Cigala, aire de feta y microlentejas. Salmonete con cacahuetes, huacatay y salsa cítrica. Miel en la colmena.

Menú 90/125 € – Carta 50/60 €

urb. Buenavista ✉ 30120 El Palmar – 📞 968 88 90 06

– www.cabanabuenavista.com – solo almuerzo salvo jueves – cerrado agosto, sábado, domingo y festivos

MURGIA MURGUÍA

Álava – 2 383 h. – Alt. 620 m – Mapa regional : **18**-A2

Mapa de carreteras Michelin n° 573-D21

🏠 **La Casa del Patrón**   🍴 🌿 📶 🅰️🅲 🚗

TRADICIONAL · FUNCIONAL ¡Junto al Parque Natural de Gorbeia! Este hotelito, instalado en una casa de piedra, compensa su reducida zona social con unas cuidadas habitaciones, algunas abuhardilladas. Su restaurante ofrece cocina tradicional y regional, con sabrosos platos de cuchara.

14 hab – ♦47/52 € ♦♦59/74 € – ⌑ 5 €

San Martín 2 ✉ 01130 – 📞 945 46 25 28

– www.casadelpatron.com

NAVACERRADA

Madrid – 2 855 h. – Alt. 1 203 m – Mapa regional : **15**-A2

Mapa de carreteras Michelin n° 576-J17

🏠 Nava Real ⚘ ⚗ ♨ **P**

FAMILIAR · PERSONALIZADA Un edificio en piedra que le cautivará, tanto por las flores que visten su hermosa fachada como por sus coquetas habitaciones. Las estancias del anexo también tienen su encanto. El restaurante combina la calidez del ambiente rústico con una carta tradicional.

16 hab – †66 € †∤75 € – ☲8 €

Huertas 1 ✉ 28491 – ☎918 53 10 00 – www.hotelnavareal.com

NAVAFRÍA

Segovia – 324 h. – Alt. 1 193 m – Mapa regional : **8**-C3
Mapa de carreteras Michelin nº 575-I18

🏠 Posada Mingaseda ⚘ ⚗ ⊡ ♨

FAMILIAR · PERSONALIZADA Precioso rural instalado en una casa típica. Ofrece un atractivo patio y confortables habitaciones, todas personalizadas, algunas abuhardilladas y la mayoría con bañera de hidromasaje. En el restaurante, de estilo rústico, apuestan por la cocina tradicional.

6 hab ☲ – †96/125 € †∤96/125 €

Campillo 12 ✉ 40161 – ☎921 50 69 02 – www.posadamingaseda.com

NAVALENO

Soria – 832 h. – Alt. 1 200 m – Mapa regional : **8**-D2
Mapa de carreteras Michelin nº 575-G20

✿ La Lobita (Elena Lucas) ❀ 🅰 ⚗ ⇆

CREATIVA · FAMILIAR XX Una casa de referencia, pues desde la creatividad, la pasión y el oficio han elevado la micología a la categoría de arte. Integran la bella naturaleza circundante dentro de sus instalaciones y recuperan los sabores de siempre del recetario tradicional, sorprendiendo con delicadas texturas y divertidas presentaciones.

→ La serrería del pueblo. Una croqueta diferente de setas de temporada. Cuajada de oveja, dulces de monte y huertas, bizcocho y gominola de miel.

Menú 60/80 € – solo menú

av. La Constitución 54, carret. N 234 ✉ 42149 – ☎975 37 40 28 – www.lalobita.es – solo almuerzo salvo viernes y sábado – cerrado 15 julio-agosto, domingo noche, lunes y martes

😊 El Maño 🅰 ⚗

COCINA TRADICIONAL · RÚSTICA X Restaurante de gestión familiar que debe su nombre al apodo del abuelo, el fundador del negocio. Presenta un pequeño bar con chimenea y un comedor rústico, este vestido con detalles cinegéticos. La caza y la micología son los pilares de su oferta culinaria.

Menú 11/42 € – Carta 20/35 €

Calleja del Barrio 5 ✉ 42149 – ☎975 37 41 68 – www.abuelaeugenia.com – cerrado del 1 al 7 de enero y del 1 al 15 de septiembre y lunes noche salvo julio y agosto

NEGREIRA

A Coruña – 6 936 h. – Alt. 183 m – Mapa regional : **13**-B2
Mapa de carreteras Michelin nº 571-D3

😊 Casa Barqueiro 🅰 ⚗ ⇆

GALLEGA · FAMILIAR XX Un negocio familiar que ha sabido amoldarse a los tiempos, pues su propuesta de tinte regional, con carnes de contrastada calidad, se ve realzada por un concurrido bar-vinoteca y un comedor contemporáneo en el que la bodega acristalada asume el protagonismo.

Carta 30/45 €

av. de Santiago 13 ✉ 15830 – ☎981 81 82 34 – www.casabarqueiro.es – cerrado 15 días en noviembre y martes salvo agosto

ESPAÑA

🏠 Casa de Bola   🐾 👜 ⚒ 🕸 **P**

FAMILIAR · RÚSTICA Esta agradable casa de aldea, construida en piedra, data de 1830 y atesora un hórreo típico. Salón con chimenea y coquetas habitaciones, todas de elegante ambiente rústico.

5 hab ⚏ – †68/70 € ††75/80 €

Covas 9, Noroeste : 1 km ✉ *15830 –* 𝒞 *670 64 80 78*
– www.casadebola.com – abierto 11 abril-29 octubre

en Gonte Suroeste : 3 km

😊 Santiago Bidea   ↩ 🐾 ⚒ 🅰🅲 🕸

COCINA TRADICIONAL · MARCO CONTEMPORÁNEO 🗙 Se halla en una aldea próxima a Negreira y apuesta por la cocina vasca actual en base al producto gallego de temporada, todo en un ambiente contemporáneo de marcadas raíces regionales. Como complemento al negocio también ofrecen unas coquetas habitaciones.

Menú 40 € – Carta 27/45 €

7 hab ⚏ – †60/65 € ††60/65 €

✉ *15839 Gonte –* 𝒞 *981 88 63 42*
– www.santiagobidea.com – cerrado 20 diciembre-Semana Santa, domingo noche, lunes, martes noche y miércoles noche

NERJA

Málaga – 21 185 h. – Mapa regional : **1**-C2
Mapa de carreteras Michelin n° 578-V18

🍴 Oliva   🏠 ⚒ 🅰🅲 🕸

MEDITERRÁNEA · A LA MODA 🗙🗙 Resulta agradable y suele llenarse, tanto la sala como la tranquila terraza posterior. Cocina mediterránea-actual con detalles internacionales. ¡Pruebe su menú degustación!

Carta 34/49 €

Pintada 7 ✉ *29780 –* 𝒞 *952 52 29 88 – www.restauranteoliva.com*

🍴 Sollun   🏠 ⚒ 🅰🅲 🕸

MODERNA · A LA MODA 🗙🗙 Restaurante de línea moderna emplazado en una céntrica calle comercial. El chef, formado en grandes casas, propone una cocina actual-mediterránea de mimadas elaboraciones.

Menú 40/55 € – Carta 45/60 €

Pintada 9 ✉ *29780 –* 𝒞 *952 52 55 69 – www.sollunrestaurante.com – solo cena en julio-agosto – cerrado del 15 al 30 de noviembre, del 15 al 31 de enero y domingo salvo verano*

🏠 Carabeo   ☆ ↞ 🛋 🅰🅲 🕸

TRADICIONAL · ACOGEDORA Aquí encontrará habitaciones detallistas, una agradable zona social con un bar de estilo inglés y un precioso patio ajardinado, con piscina y vistas al Mediterráneo. Su restaurante, de estilo clásico y en varias alturas, elabora platos de gusto internacional.

7 hab ⚏ – †90/105 € ††170/205 €

Hernando de Carabeo 34 ✉ *29780 –* 𝒞 *952 52 54 44 – www.hotelcarabeo.com*
– cerrado del 1 al 15 de diciembre y 7 enero-febrero

NOJA

Cantabria – 2 587 h. – Mapa regional : **6**-C1
Mapa de carreteras Michelin n° 572-B19

🍴 Sambal   🏠 🕸 🔄

MODERNA · MARCO CONTEMPORÁNEO 🗙🗙 Disfruta de una estética actual y destaca por su ubicación junto al campo de golf, ofreciendo vistas a un "green" desde una de sus salas. Cocina actual de bases tradicionales.

Menú 52/68 € – Carta 43/58 €

El Arenal (Campo de golf Berceda) ✉ *39180 –* 𝒞 *942 63 15 31*
– www.sambalrestaurante.com – solo almuerzo salvo viernes, sábado, festivos y verano – abierto abril-septiembre

NOVO SANCTI PETRI (Urbanización) Cádiz → Ver Chiclana de la Frontera

La NUCÍA

Alicante – 20 039 h. – Alt. 85 m – Mapa regional : **11**-B3
Mapa de carreteras Michelin n° 577-Q29

El Xato (Cristina Figueira)   ⊗ AC

CREATIVA · A LA MODA XX Una casa familiar con más de un siglo de historia y... ¡un esplendoroso futuro! Cristina Figueira, la chef al frente, plantea a través de sus menús (Raíces, Tentaciones y Centenario "El Xato desde 1915") una cocina sumamente personal, con platos creativos, actuales y divertidos que ensalzan los productos mediterráneos.

→ Crema de ensalada valenciana. Foie al vino con texturas de maíz. Chocolate y nísperos.

Menú 35/54 € – solo menú

av. l'Esglèsia 3 ⊠ *03530 –* 𝒞 *965 87 09 31 – www.elxato.com – solo almuerzo salvo viernes y sábado en invierno – cerrado domingo noche y lunes*

NUEVA DE LLANES

Asturias – Mapa regional : **3**-C1
Mapa de carreteras Michelin n° 572-B15

Casa Pilar   ⌂ AC ⅍ P

PESCADOS Y MARISCOS · RÚSTICA X Casa de organización familiar y aire rústico. De sus fogones surge una cocina tradicional asturiana rica en arroces cremosos, pescados del Cantábrico y mariscos de la zona.

Carta 40/65 €

La Nogalera ⊠ *33592 –* 𝒞 *985 41 01 77 – www.restaurantecasapilar.com – cerrado 10 enero-12 febrero, lunes noche y martes salvo verano*

NUÉVALOS

Zaragoza – 327 h. – Alt. 724 m – Mapa regional : **2**-B2
Mapa de carreteras Michelin n° 574-I24

en el Monasterio de Piedra Sur : 3 km

Monasterio de Piedra   ⌂ ⊗ ⌂ ⊐ ⊕ ⊡ ⌂ ⅍ ⌂ P

EDIFICIO HISTÓRICO · HISTÓRICA Monasterio cisterciense del s. XII. Presenta elegantes corredores gótico-renacentistas, hermosos patios y habitaciones de sobria decoración, la mayoría con vistas al parque. El restaurante, vestido con cuadros de reyes de Aragón, ofrece una carta tradicional.

62 hab ⌂ – †79/125 € ††89/151 €

⊠ *50210 Nuévalos –* 𝒞 *976 87 07 00 – www.monasteriopiedra.com*

OCAÑA

Toledo – 10 795 h. – Alt. 730 m – Mapa regional : **7**-B2
Mapa de carreteras Michelin n° 576-M19

Palio   ⌂ AC ⅍

COCINA TRADICIONAL · AMBIENTE CLÁSICO XX Muy céntrico, pues se halla junto a la plaza Mayor. Se reparte en tres plantas y sorprende tanto por el servicio como por los detalles. Cocina tradicional actualizada, buenos menús, panes de elaboración artesanal y la opción de comprar los vinos de su carta.

Menú 28/70 € – Carta 27/40 €

Mayor 12 ⊠ *45300 –* 𝒞 *925 13 00 45 – www.paliorestaurante.es – solo almuerzo salvo jueves, viernes y sábado – cerrado 5 días en enero y lunes*

395

OIARTZUN OYARZUN

Guipúzcoa – 10 148 h. – Alt. 81 m – Mapa regional : **18**-B2
Mapa de carreteras Michelin n° 573-C24

al Sur

✿ **Zuberoa** (Hilario Arbelaitz) 🕸 🏠 AC ❄ ♻ P

CLÁSICA · MARCO REGIONAL ✕✕✕ Llevado en familia e instalado en un precioso caserío vasco... icon más de 600 años de historia! Disfruta de una agradable terraza, dos privados y un comedor de elegante rusticidad. Su cocina, todo un referente, aglutina tradición, producto y ciertas dosis de actualidad, siempre combinando los sabores con gran acierto.

➔ Raviolis de cigala al fumet de trufas. Carrillera de ternera guisada y braseada, y endibias caramelizadas. Pastel de almendra caliente y helado de leche fresca.

Menú 143 € – Carta 86/109 €

pl. Bekosoro 1 (barrio Iturriotz), 2,2 km ✉ 20180 Oiartzun – 𝒞 943 49 12 28 – www.zuberoa.com – cerrado del 1 al 15 de enero, 22 abril-6 mayo, del 15 al 31 de octubre, domingo noche y martes noche salvo junio-octubre, domingo en verano y miércoles

OJÉN

Málaga – 3 353 h. – Alt. 780 m – Mapa regional : **1**-A3
Mapa de carreteras Michelin n° 578-W15

🏠 **La Posada del Ángel** 🔲 AC ❄

FAMILIAR · PERSONALIZADA Coqueto, rústico y en el centro de un típico pueblo blanco. Las habitaciones se reparten entre varias casas contiguas, todas con un mismo patio. ¡Aparque a la entrada de Ojén!

16 hab ⬚ – ♦98/115 € ♦♦110/125 €

✉ 29610 – 𝒞 952 88 18 08 – www.laposadadelangel.net – cerrado 11 diciembre-7 enero

OLABERRIA

Guipúzcoa – 932 h. – Alt. 332 m – Mapa regional : **18**-B2
Mapa de carreteras Michelin n° 573-C23

⫶○ **Zezilionea** 🏠 AC ❄ ♻

VASCA · FAMILIAR ✕ Ofrece un bar con algunas mesas para el menú, un comedor moderno y un coqueto privado, donde proponen una cocina vasca de producto. ¡Pruebe sus deliciosos Hongos al horno!

Menú 35/55 € – Carta 40/70 €

San Joan Plaza ✉ 20212 – 𝒞 943 88 58 29 – www.hotelzezilionea.com – cerrado 23 diciembre-6 enero, del 7 al 21 de agosto, domingo noche y lunes noche

OLEIROS

A Coruña – 34 693 h. – Alt. 79 m – Mapa regional : **13**-B1
Mapa de carreteras Michelin n° 571-B5

😊 **Comei Bebei** AC ❄ P

COCINA TRADICIONAL · FAMILIAR ✕✕ Un negocio familiar con historia, pues abrió sus puertas en 1974. Tiene un atractivo bar-vinoteca y dos salas de línea actual. Su propuesta tradicional de temporada, generosa en las raciones, se refuerza con diversas jornadas gastronómicas a lo largo del año.

Menú 10/30 € – Carta 23/36 €

av. Ramón Núñez Montero 20 ✉ 15173 – 𝒞 981 61 17 41 – solo almuerzo salvo viernes, sábado y verano – cerrado domingo noche y lunes de noviembre-abril

ⅰ○ El Refugio ⠀⠀⠀⠀⠀⠀⠀⠀ 🕸 �& AC ⌾ ⇦ P

COCINA TRADICIONAL · AMBIENTE CLÁSICO ✕✕ Un negocio de sólida trayectoria profesional. Propone una completa carta de cocina tradicional e internacional, con algunos mariscos y buenas sugerencias de caza en temporada.

Carta 45/70 €

pl. de Galicia 8 ✉ *15173 –* ✆ *981 61 08 03*

– www.restaurante-elrefugio.com

– cerrado 20 días en septiembre, domingo noche y lunes salvo agosto y festivos

OLITE Navarra → Ver Erriberri

OLLERS

Girona – Mapa regional : **9**-C3
Mapa de carreteras Michelin nº 574-F38

🏚 Casa Anamaria ⠀⠀⠀⠀ 🌣 🐾 ⇐ 🍴 ╦ ✕ 🔲 AC 🛁 P

TRADICIONAL · ACOGEDORA Lujo, exclusividad, privacidad... en un sorprendente y aislado entorno natural. Las habitaciones se reparten entre una antigua masía en piedra, una pequeña casita y un edificio actual que también cobija las zonas comunes. Su restaurante propone varios menús.

28 hab ⌑ – ♦157/240 € ♦♦174/400 €

Este : 1 km ✉ *17833 –* ✆ *872 59 17 21*

– www.hotelcasanamaria.com

– cerrado noviembre-febrero

OLMEDO

Valladolid – 3 744 h. – Alt. 771 m – Mapa regional : **8**-B2
Mapa de carreteras Michelin nº 575-I15

🏚 Castilla Termal Balneario de Olmedo ⠀ 🌣 ╦ 🔲 � 🔲 �& AC ✕

SPA Y BIENESTAR · ACOGEDORA Instalado parcialmente en un 🛁 🌊 convento mudéjar (s. XII). Presenta espacios sociales en la antigua capilla, confortables habitaciones y una completa oferta termal. El restaurante, con dos salas y varios privados, propone una cocina actual de bases tradicionales.

79 hab – ♦91/180 € ♦♦91/244 € – ⌑ 15 € – 3 suites

Pago de Sancti Spiritus ✉ *47410 –* ✆ *983 60 02 37*

– www.castillatermal.com

OLOST

Barcelona – 1 182 h. – Alt. 669 m – Mapa regional : **9**-C2
Mapa de carreteras Michelin nº 574-G36

✿ Sala (Antonio Sala) ⠀⠀⠀⠀⠀⠀⠀⠀ 🕸 �& AC ✕

COCINA TRADICIONAL · AMBIENTE CLÁSICO ✕✕ Tras su atractiva fachada en piedra encontrará un bar, con mesas para el menú del día, y un comedor a la carta de línea clásica-funcional. Su propuesta, que ensalza el recetario tradicional, confiere gran protagonismo a los productos de proximidad y de temporada. ¡Jornadas gastronómicas dedicadas a la caza y la trufa!

→ Trufas negras del Lluçanès envueltas con panceta y hojaldre hechas al horno. Mar y montaña, terrina de pies de cerdo con gambas de Palamós y espardenyes. Tarta de queso al estilo de Toni con helado de turrón.

Menú 60/85 € – Carta 54/73 €

pl. Major 17 ✉ *08516 –* ✆ *938 88 01 06*

– www.fondasala.com

– cerrado Navidades, del 2 al 24 de septiembre, domingo noche, lunes noche y martes

OLOT

Girona – 33 944 h. – Alt. 443 m – Mapa regional : **9**-C1
Mapa de carreteras Michelin n° 574-F37

⊗⊗ Les Cols (Fina Puigdevall)   ⊗ & AC ⇔ P

CREATIVA · DE DISEÑO XxX Un restaurante singular en todos los sentidos. Si la propuesta gastronómica planteada por la chef Fina Puigdevall ya es de por sí increíble, pues construye su creatividad en base a la estacionalidad del paisaje y a los productos autóctonos de la comarca volcánica de La Garrotxa (trigo sarraceno, pollos de corral, patatas de la Vall d'en Bas, judías de Santa Pau...), la vanguardista e inesperada estética interior del edificio, instalado en una antigua masía catalana rediseñada por el estudio español RCR (premio Pritzker de arquitectura 2017), pone la guinda para que la experiencia resulte inolvidable.

Aquí todo está marcado, conceptualmente, por la relación de los espacios con la naturaleza, algo que se percibe de manera especial en el pabellón para eventos, acristalado, visualmente etéreo y rodeado de gallinas que se alimentan en libertad, o en los futuristas cubos de acero y cristal que ofrecen, a modo de habitaciones, para que pueda descansar y dormir en armonía con el entorno.

→ Vegetales de nuestra huerta en su propio caldo. Trucha salvaje, panceta, hierbas y flores. Flor de violeta, infusión y licor.

Menú 105 € – solo menú

Mas Les Cols, Av. Les Cols 2 ⊠ 17800 – ℰ 972 26 92 09 – www.lescols.com – cerrado del 1 al 22 de enero, del 22 al 28 de julio, domingo noche, lunes y martes

🏠 Les Cols Pavellons   ⊗ AC ⊗ P

BOUTIQUE HOTEL · DE DISEÑO Una experiencia... ¡singular! Consta de cinco cubos acristalados que anhelan, con su construcción, la conquista de sensaciones y la integración de cada espacio en el entorno.

5 hab ⊡ – ♥290/320 € ♥♥340/360 €

Mas Les Cols, Av. Les Cols 2 ⊠ 17800 – ℰ 699 81 38 17 – www.lescolspavellons.com – cerrado del 2 al 31 de enero, lunes y martes salvo festivos

🏠 Can Blanc   ⊗ 🛏 🌊 AC ⊗ P

TRADICIONAL · RÚSTICA Atesora cierto encanto, pues se ubica en una masía típica rodeada de árboles y frondosos parajes. Salón rústico con chimenea y habitaciones funcionales, todas muy coloristas.

12 hab ⊡ – ♥57/70 € ♥♥90/110 €

carret. La Deu, Sur : 2 km ⊠ 17800 – ℰ 972 27 60 20 – www.canblanc.es

ONDARA

Alicante – 6 617 h. – Alt. 35 m – Mapa regional : **11**-B2
Mapa de carreteras Michelin n° 577-P30

⊗ Casa Pepa (Antonia Ballester)   🏠 AC ⊗ ⇔ P

CREATIVA · AMBIENTE CLÁSICO XX Una antigua casa de labranza emplazada entre huertas, naranjos y longevos olivos. Aquí las hermanas Ballester, Antonia y Soledad, están exhibiendo la misma pasión gastronómica por la Marina Alta alicantina que un día demostró su madre, la gran Pepa Romans. Cocina de bases mediterráneas con platos bien actualizados.

→ Gamba roja con arroz salvaje, coco y cacahuetes. Pescado de palangre, mar y montaña. Cítricos, crema al Grand Marnier.

Menú 45/75 € – Carta 50/65 €

partida Pamis 7-30, Suroeste : 1,5 km ⊠ 03760 – ℰ 965 76 66 06 – www.casapepa.es – solo cena en julio y agosto – cerrado domingo y martes noche del 15 octubre-15 marzo y lunes

ONTINYENT ONTENIENTE

Valencia – 35 621 h. – Alt. 400 m – Mapa regional : **11**-A2
Mapa de carreteras Michelin nº 577-P28

🕄 **Sents** (Santiago Prieto)   🏵 🕭 🗚

MODERNA · MINIMALISTA ✕✕ Restaurante de estética minimalista llevado entre dos hermanos, uno en labores de chef y el otro de sumiller. Proponen una cocina de tinte actual, y base tradicional, en la que se aprecia investigación y un cierto gusto por fusionar ingredientes de diferentes orígenes. ¡Es necesario reservar con un mínimo de 24 horas!

→ Tom yum de bacalao. Curry verde. Mochi valenciano.

Menú 65/80 € – solo menú

pl. Vicente Andrés Estellés 9 ✉ *46870* – 𝒞 *960 08 83 32 (es necesario reservar) – www.sents.es – solo almuerzo salvo jueves, viernes y sábado – cerrado del 7 al 21 de enero, del 15 al 29 de abril, del 5 al 19 de agosto y lunes*

🕪 **El Tinell de Calabuig**   🏵 🕭 🗚 🛠

COCINA TRADICIONAL · AMBIENTE CLÁSICO ✕✕ Un negocio de ambiente clásico. Ofrecen una carta tradicional actualizada bastante amplia, varios menús e interesantes jornadas gastronómicas, tanto vegetarianas como de caza.

Menú 16/50 € – Carta 30/45 €

Josep Melcior Gomis 23 ✉ *46870* – 𝒞 *962 91 50 48 – cerrado 7 días en agosto, domingo, lunes noche y martes noche*

OREÑA

Cantabria – 2 600 h. – Mapa regional : **6**-B1
Mapa de carreteras Michelin nº 572-B17

🏠 **Posada Caborredondo**   🐾 📶 🛠 🅿

FAMILIAR · RÚSTICA Esta casona de piedra, ubicada a solo 2 km. de Santillana del Mar, sorprende por su amplio porche. Salón social con chimenea e impecables habitaciones, algunas abuhardilladas.

14 hab – †61/88 € ††61/88 € – ⌷ 6 €

barrio Caborredondo 81, Noroeste : 1,5 km ✉ *39525* – 𝒞 *942 71 61 81 – www.posadacaborredondo.com – cerrado 15 diciembre-15 marzo*

ORFES

Girona – 80 h. – Mapa regional : **9**-D3
Mapa de carreteras Michelin nº 574-F38

por la carretera GI 554 Norte : 2,5 km y desvío a la derecha 1 km

🕪 **Sa Poma**   🏵 🅿

COCINA TRADICIONAL · ACOGEDORA ✕ Resulta encantador, disfruta de un ambiente rústico y apuesta por una carta de tradicionales raíces catalanas... eso sí, con algún que otro sorprendente toque mallorquín.

Carta 33/42 €

Hotel Masía La Palma, Veïnat de la Palma ✉ *17746 Espinavessa* – 𝒞 *972 19 31 37 (es necesario reservar) – www.masialapalma.com – cerrado enero*

🏠 **Masía La Palma**   🐾 📶 🛁 🛠 🅿

CASA DE CAMPO · ACOGEDORA Masía de 1830 emplazada en plena montaña, en un fantástico entorno donde reina el silencio. Resulta bastante familiar, ofreciendo habitaciones modestas pero cuidadas.

11 hab ⌷ – †83/110 € ††115/150 €

Veïnat de la Palma ✉ *17746 Espinavessa* – 𝒞 *972 19 31 37 – www.masialapalma.com*

🕪 **Sa Poma** – ver selección restaurantes

ORÍS

Barcelona – 278 h. – Alt. 708 m – Mapa regional : **9**-C2
Mapa de carreteras Michelin n° 574-F36

‹↺ L'Auró   ៦ AC ⁒ P

COCINA TRADICIONAL · AMBIENTE CLÁSICO XX Negocio familiar dotado con un bar, una sala para el menú y un gran comedor principal. Cocina tradicional actualizada con platos fuera de carta, así que... idéjese aconsejar!

Menú 18/75 € – Carta 39/59 € – cena solo con reserva

carret. C 17, km 76,2 - Este : 0,5 km ✉ 08573 – *℘ 938 59 53 01*
– www.restaurantauro.com – solo almuerzo salvo viernes y sábado – cerrado del 6 al 27 de agosto y lunes

ORONOZ

Navarra – Mapa regional : **17**-A1
Mapa de carreteras Michelin n° 573-C25

en Zozaia Sur : 3 km

⌂ Kuko   ⇡ ⅏ ⩻ AC

CASA DE CAMPO · RÚSTICA Instalado en un gran caserón, con siglos de historia, que ha sido rehabilitado. Ofrece encantadoras habitaciones y un interesante restaurante, pues al chef-propietario le gusta escoger personalmente todos los productos y modificar los menús con frecuencia.

5 hab ☂ – ♥62/105 € ♥♥75/115 €

Barrio Zozaia 6 (Casa Gorritzenea) ✉ 31720 Zozaia – *℘ 948 59 22 99*
– www.kukohotel.com – cerrado enero

OROPESA

Toledo – 2 771 h. – Alt. 420 m – Mapa regional : **7**-A2
Mapa de carreteras Michelin n° 576-M14

⌂⌂⌂ Parador de Oropesa   ⇡ ⅏ ⇦ ⏃ ⊡ ៦ AC ⅏ P

EDIFICIO HISTÓRICO · HISTÓRICA Instalado en un castillo-palacio del s. XIV. Encontrará un atractivo patio, amplias zonas nobles y habitaciones de buen confort, con mobiliario actual que imita al antiguo. El comedor, con una terraza-mirador y el techo artesonado, presenta una carta regional.

44 hab – ♥75/160 € ♥♥75/160 € – ☂ 16 € – 4 suites

pl. del Palacio 1 ✉ 45560 – *℘ 925 43 00 00*
– www.parador.es

ORTIGUERA

Asturias – 613 h. – Mapa regional : **3**-A1
Mapa de carreteras Michelin n° 572-B9

‹↺ Ferpel   ⇞ ⁒ P

COCINA TRADICIONAL · SIMPÁTICA XX Un restaurante de origen familiar bastante singular, pues cuenta con una barra de bar orientada al "show cooking". Cocina identificada con el producto local y de proximidad.

Menú 38/68 € – Carta 33/45 €

carret. de bajada al puerto y desvío a la izquierda en el barrio El Molino 0,5 km ✉ 33716 – *℘ 985 47 32 85*
– www.ferpelgastronomico.com – solo almuerzo salvo viernes y sábado – cerrado 20 diciembre-enero y domingo

ORUÑA

Cantabria – Mapa regional : **6**-B1
Mapa de carreteras Michelin n° 572-B18

⊕ El Hostal

COCINA TRADICIONAL · AMBIENTE CLÁSICO XX Ocupa una antigua y atractiva casa señorial, de inspiración regional, dotada con un comedor clásico-minimalista y varios privados. Su cocina, tradicional y de mercado pero con toques actuales, ensalza los sabores sin artificios. ¡Agradable terraza-jardín!

Carta 28/44 €

barrio El Puente 13 ⊠ 39477 – 𝒞 942 57 58 98 – www.elhostalrestaurante.es – solo almuerzo salvo jueves, viernes y sábado – cerrado 24 septiembre-15 octubre y miércoles salvo julio-agosto

OSUNA

Sevilla – 17 801 h. – Alt. 328 m – Mapa regional : **1**-B2
Mapa de carreteras Michelin nº 578-U14

🏠 La Casona de Calderón

BOUTIQUE HOTEL · PERSONALIZADA Esta preciosa casa del s. XVII, con mil detalles, disfruta de un acogedor patio, una fuente, un pozo y habitaciones muy bien personalizadas. El restaurante, vestido con una curiosa colección de grabados dieciochescos, se muestra fiel a la cocina tradicional.

15 hab ⊡ – †50/92 € ††53/97 €

pl. Cervantes 16 ⊠ 41640 – 𝒞 954 81 50 37 – www.casonacalderon.es

OURENSE

105 636 h. – Alt. 125 m – Mapa regional : **13**-C3
Mapa de carreteras Michelin nº 571-E6

✿ Nova (Julio Sotomayor y Daniel Guzmán)

MODERNA · A LA MODA XX ¡Una apuesta fresca y sugerente! Presenta un espacio de estética actual que, bajo el concepto "Art Nova", está abierto a su uso en exposiciones temporales. Los jóvenes cocineros, que son primos y centran su trabajo en económicos menús, proponen una cocina de raíces locales puesta al día en técnicas y presentaciones.

→ Requesón de As Neves, chalotas y castañas. Pieza de gallo de Mos asada con sus zanahorias. Bica de pistacho, naranja y ruibarbo.

Menú 30/60 € – solo menú

Valle Inclán 5 ⊠ 32004 – 𝒞 988 21 79 33 – www.novarestaurante.com – cerrado 10 días en enero, 20 días en agosto, domingo noche y lunes

⑩ A Taberna

COCINA TRADICIONAL · RÚSTICA X Llevado por un amable matrimonio. En sus salas, de ambiente rústico, le propondrán una carta tradicional que se suele ver enriquecida con interesantes sugerencias de palabra.

Carta 32/45 €

Julio Prieto Nespereira 32 ⊠ 32005 – 𝒞 988 24 33 32 – www.ataberna.com – cerrado Semana Santa, del 1 al 15 de septiembre, domingo noche y lunes salvo festivos

en Coles por la av. de La Habana - Curros Enríquez : 8 km

🏠 Casa Grande de Soutullo

AGROTURISMO · RÚSTICA Instalado en un pazo familiar del s. XVIII. Dispone de un bello patio, una cálida zona social con chimenea y amplias habitaciones que combinan la piedra vista, la madera y el mobiliario de época. ¡Todo se decora con óleos de la propietaria!

8 hab – †78/100 € ††78/100 € – ⊡ 8,50 €

Soutullo de Abaixo ⊠ 32152 Soutullo de Abaixo – 𝒞 988 20 56 11 – www.pazodesoutullo.com

NOS GUSTA...

La espectacular arquitectura del **Ayre H. Oviedo**, diseñado por Santiago Calatrava e integrado en el impresionante Palacio de Congresos "Ciudad de Oviedo". Disfrutar con los sabores de toda la vida en **Casa Fermín** y visitar el **Eurostars H. De la Reconquista**, pues en sus patios y salones se deciden, año tras año, los prestigiosos premios Princesa de Asturias.

OVIEDO

Asturias – 220 301 h. – Alt. 236 m – Mapa regional : **3**-B1
Mapa de carreteras Michelin n° 572-B12

Restaurantes

Ca'Suso

MODERNA · ACOGEDORA XX Llevado entre dos hermanos y en pleno casco antiguo. Disfruta de unas instalaciones reducidas pero coquetas, con un estilo neorrústico muy acogedor. Su atractiva carta de cocina tradicional actualizada se compensa con dos interesantes menús, uno gastronómico.

Menú 26/48 € – Carta 35/50 €

Plano : B2-f - *Marqués de Gastañaga 13* ✉ *33009* – ✆ *985 22 82 32*
- *www.ca-suso.com*
- *cerrado domingo y lunes en julio-agosto, domingo noche, lunes y martes noche resto del año*

El Foralín ℕ

MODERNA · TENDENCIA X Una casa de ambiente informal en la que conviven, con gusto, los detalles actuales y los vintage. Su chef-propietario, Félix Martínez, apuesta por una cocina de cuidadas presentaciones y copiosas raciones, recuperando los sabores de antaño desde la modernidad.

Menú 22 € – Carta 34/47 €

Plano : B1-v - *Alcalde García Conde 3* ✉ *33001* – ✆ *985 74 67 97*
- *www.foralin.com*
- *cerrado domingo noche y lunes*

Casa Fermín

COCINA TRADICIONAL · ELEGANTE XxX Negocio familiar con prestigio en la ciudad. Ofrece una carta de cocina tradicional actualizada y una gran bodega que destaca por su variedad. El comedor, atractivo, amplio y confortable, se complementa con varios salones privados en el sótano.

Menú 70 € – Carta 45/66 €

Plano : B1-c - *San Francisco 8* ✉ *33003* – ✆ *985 21 64 52*
- *www.casafermin.com*
- *cerrado domingo*

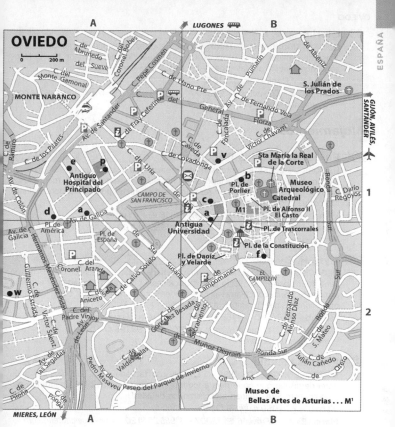

MIERES, LEÓN

🍴 **Del Arco** ❶

🅰️🅲 🕉️ 🔄

COCINA TRADICIONAL · AMBIENTE CLÁSICO 🗶🗶🗶 Restaurante de sólida trayectoria y elegante ambiente inglés en el que apuestan por una cocina clásica de corte tradicional e internacional... eso sí, con detalles actuales.

Menú 45/68 € – Carta 46/60 €

Plano : A1-d – *pl. de América 6* ✉ *33005* – ☏ *985 25 55 22* – *www.delarco.com* – *cerrado domingo*

🍴 **Mestura**

🅰️🅲 🕉️

COCINA TRADICIONAL · AMBIENTE CLÁSICO 🗶🗶 Se halla en la entreplanta del hotel España, donde encontraremos una sala de elegante línea clásica y una cocina tradicional que cuida los detalles. ¡También ofrecen menús!

Menú 42/66 € – Carta 40/55 €

Plano : B1-b – *Jovellanos 2* ✉ *33009* – ☏ *984 03 40 14* – *www.mesturarestaurante.es* – *cerrado domingo y lunes*

🍴 **Naguar**

🅰️🅲 🅰️🅲 🕉️

MODERNA · A LA MODA 🗶🗶 Este restaurante, de amplias instalaciones, ofrece un buen bar de espera, la cocina a la vista y un coqueto comedor. Cocina tradicional actualizada y productos de proximidad.

Menú 38/58 € – Carta 35/55 €

Plano : A1-a – *av. de Galicia 14* ✉ *33005* – ☏ *984 28 50 80* – *www.naguar.es* – *cerrado domingo noche y lunes*

ⅡO Gloria   🔥 AC ❌

COCINA TRADICIONAL · TENDENCIA ⅋ Sencillez, proximidad, tradición... Esta "Casa de comidas" es la propuesta más popular del chef asturiano Nacho Manzano, que apuesta por las tapas y los platos para compartir.

Tapa 4 € – Ración aprox. 16 €

Plano : A1-e – *Cervantes 24* ⊠ *33004* – ☎ *984 83 42 43* – *www.estasengloria.com*
– *cerrado domingo*

Alojamientos

🏨🏨 Eurostars H. De la Reconquista   🍴 🔳 🔥 AC ❌ 🛁 🚗

HISTÓRICO · CLÁSICA Suntuoso hotel-monumento instalado en un edificio del s. XVIII que, en su origen, funcionó como hospicio y hospital. Atesora maravillosos salones, patios porticados y un restaurante, de carácter polivalente, donde elaboran cocina tradicional e internacional.

131 hab – ♦89/328 € – ♦♦98/428 € – ⌑18 € – 11 suites

Plano : A1-p – *Gil de Jaz 16* ⊠ *33004* – ☎ *985 24 11 00*
– *www.eurostarshoteldelareconquista.com*

🏨🏨 Ayre H. Oviedo   🍴 ≤ 🎧 🔳 🔥 AC ❌ 🛁 🚗

NEGOCIOS · MINIMALISTA Tiene una fachada realmente espectacular... no en vano, forma parte del Palacio de Exposiciones y Congresos diseñado por el genial arquitecto Santiago Calatrava. Sus modernísimas instalaciones están definidas por la luminosidad, la amplitud y el diseño.

135 hab – ♦66/290 € – ♦♦66/290 € – ⌑15 € – 20 suites

Plano : A2-w – *Policarpo Herrero* ⊠ *33006* – ☎ *985 96 47 77*
– *www.ayrehoteles.com*

🏨 Princesa Munia   SPA 🔳 AC ❌ 🛁 🚗

BOUTIQUE HOTEL · DE DISEÑO La preciosa fachada del s. XIX da paso a un hotel de diseño que no le dejará indiferente, con una gran labor de interiorismo y un coqueto SPA. ¡Cuidan muchísimo los detalles!

23 hab – ♦65/159 € – ♦♦69/250 € – ⌑12 €

Plano : B1-2-a – *Fruela 6* ⊠ *33007* – ☎ *985 20 81 20* – *www.fruelahoteles.com*

en Colloto Noreste : 4 km

🏨 Palacio de la Viñona   🌿 🛌 🔳 ❌ 🅿

MANSIÓN · ACOGEDORA Una estancia con encanto entre el campo y la ciudad. La casona, que data de 1798 y está construida en piedra, se presenta rehabilitada con gusto ¡Tranquilidad garantizada!

15 hab – ♦55/95 € – ♦♦55/125 € – ⌑8 €

Julián Clavería 14, por La Tenderina ⊠ *33010 Colloto* – ☎ *985 79 33 99*
– *www.palaciovinona.com*

en La Manjoya Sur : 7 km

ⅡO La Zoreda 🅽   🛌 AC ❌ 🔄 🚗

COCINA TRADICIONAL · ELEGANTE XxX Atesora una elegante línea clásica y tiene el acceso por el hall del hotel. Aquí proponen una carta tradicional e internacional de buen nivel, complementada por varios menús.

Carta aprox. 40 €

Hotel Castillo del Bosque la Zoreda, La Manjoya, por la carretera de Mieres A2
⊠ *33170 La Manjoya* – ☎ *985 96 33 33* – *www.castillodelbosquelazoreda.com*

El símbolo 🍷 indica una carta de vinos especialmente atractiva.

🏰 Castillo del Bosque la Zoreda ⓝ 🚬 🛜 🕒 🅿 🛗 ♿ AC 🦅 🏊 🚗

LUJO · ELEGANTE Tranquilo palacete, a modo de pequeño castillo, ubicado en una zona boscosa que sorprende por su excelente entorno ajardinado. Dentro de sus encantadoras habitaciones, destacan las dúplex y la del torreón.

23 hab – †90/135 € †† 95/145 € – ⌑ 17 € – 2 suites

La Manjoya, por la carretera de Mieres A2 ⌧ 33170 La Manjoya – 𝒞 985 96 33 33 – www.castillodelbosquelazoreda.com

🍴○ **La Zoreda** – ver selección restaurantes

OYARZUN Guipúzcoa → Ver Oiartzun

PADRÓN

A Coruña – 8 643 h. – Alt. 5 m – Mapa regional : **13**-B2
Mapa de carreteras Michelin n° 571-D4

🍴○ A Casa dos Martínez AC 🦅

COCINA TRADICIONAL · SIMPÁTICA 🗶 Íntimo, agradable, singular... y ubicado en una calle peatonal del centro histórico. La pareja al frente, Quique y Marina, proponen un menú de mercado y una pequeña carta.

Menú 20 € – Carta 25/35 €

Longa 7 ⌧ 15900 – 𝒞 634 98 05 36 – solo almuerzo salvo viernes, sábado y mayo-octubre – cerrado lunes

PÁGANOS

Álava – 63 h. – Mapa regional : **18**-A2
Mapa de carreteras Michelin n° 573-E22

🉐 Héctor Oribe AC 🦅

MODERNA · RÚSTICA 🗶🗶 Presenta una zona de bar a la entrada, una sala clásica en tonos claros y una pequeña bodega vista. El chef-propietario, que da nombre al restaurante, apuesta por una cocina tradicional con detalles modernos. ¿Una especialidad? El Rabo de vacuno estofado.

Menú 19/45 € – Carta 30/42 €

Gasteiz 8 ⌧ 01309 – 𝒞 945 60 07 15 – www.hectororibe.es – solo almuerzo salvo sábado – cerrado 20 diciembre-15 enero, del 1 al 15 de julio y lunes

Los PALACIOS Y VILLAFRANCA

Sevilla – 38 157 h. – Alt. 12 m – Mapa regional : **1**-B2
Mapa de carreteras Michelin n° 578-U12

🉐 Manolo Mayo 🛜 ♿ AC 🦅 🅿

COCINA TRADICIONAL · AMBIENTE CLÁSICO 🗶🗶 Una casa con enorme prestigio en la región, no en vano... ¡lleva más de medio siglo conquistando paladares! Ofrece un bar de tapas y un buen comedor clásico, donde le propondrán una cocina tradicional con platos actualizados y dos menús, uno tipo degustación.

Menú 16/39 € – Carta 28/48 €

av. de Sevilla 29 ⌧ 41720 – 𝒞 955 81 10 86 – www.manolomayo.com

PALAFOLLS

Barcelona – 9 132 h. – Mapa regional : **10**-A2
Mapa de carreteras Michelin n° 574-G38

🍴○ Victor Trochi AC 🦅

CREATIVA · AMBIENTE CLÁSICO 🗶🗶 Está a la entrada de Palafolls, refleja el trabajo de un chef con buenas ideas y presenta dos espacios, uno informal y otro gourmet, siendo necesario en este último reservar.

Menú 21/85 € – solo menú

Sindicat 24 ⌧ 08389 – 𝒞 937 65 22 39 – www.victortrochi.com – solo almuerzo salvo jueves, viernes, sábado y junio-septiembre – cerrado 21 días en enero, 10 días en septiembre, domingo noche y lunes

PALAFRUGELL

Girona – 22 733 h. – Alt. 87 m – Mapa regional : **10**-B1
Mapa de carreteras Michelin n° 574-G39

🕽⃝ **Pa i Raïm**   ⛲ 🆎

COCINA TRADICIONAL · AMBIENTE CLÁSICO XX ¡En la antigua casa del escritor Josep Pla! Ofrece una sala clásica, otra tipo jardín de invierno y una coqueta terraza presidida por dos tilos centenarios. Su carta de temporada combina los platos tradicionales con otros más actuales.

Menú 23/60 € – Carta 32/55 €

Torres Jonama 56 ✉ 17200 – ☏ 972 30 45 72 – www.pairaim.com – solo almuerzo salvo viernes, sábado, festivos, julio y agosto – cerrado del 22 al 26 de diciembre, del 21 al 29 de enero y lunes

PALAMÓS

Girona – 17 911 h. – Mapa regional : **10**-B1
Mapa de carreteras Michelin n° 574-G39

☺ **La Salinera**   ⛲ 🆎

PESCADOS Y MARISCOS · AMBIENTE MEDITERRÁNEO XX Un restaurante que emana carácter... no en vano, ocupa un local, con parte de los techos abovedados, que en su día sirvió como fábrica de salazón. Atesoran sus propios viveros y presentan una carta especializada en pescados y mariscos, siempre de la zona.

Menú 30 € – Carta 30/55 €

av. 11 Setembre 93 ✉ 17230 – ☏ 972 31 64 74 – www.salinera.es – solo almuerzo salvo viernes y sábado – cerrado 2 noviembre-2 diciembre, enero-mayo salvo fines de semana y festivos, lunes en junio, septiembre y octubre

🕽⃝ **La Fàbrica del Gel**   ⛲ 🆎

COCINA TRADICIONAL · FAMILIAR XX Negocio familiar dotado con una elegante terraza y dos salas de cuidado montaje, ambas abovedadas. Cocina tradicional de calidad, con pescados del día e interesantes menús.

Menú 27/40 € – Carta 44/61 €

pl. Sant Pere 6 ✉ 17230 – ☏ 972 60 04 08 – www.lafabricadelgel.com – cerrado 15 febrero-15 marzo, domigo noche y martes salvo verano y festivos

🕽⃝ **Entre dos Mons**   🆎

PERUANA · MARCO CONTEMPORÁNEO X Su nombre lo dice casi todo, pues aquí fusionan la gastronomía catalana con los sabores e ingredientes del recetario peruano... no en vano, la chef es oriunda de aquel país.

Menú 20/60 € – Carta 45/65 €

Tauler i Servià 21 ✉ 17230 – ☏ 972 31 52 89 – www.entredosmons.es – cerrado domingo noche, lunes y martes noche

🕽⃝ **La Menta**   ⛲ 🆎

MEDITERRÁNEA · ACOGEDORA X Llevado por un amable matrimonio y dotado con dos salas, a diferentes alturas, de ambiente clásico-familiar. Cocina mediterránea con platos de sabor auténtico e identificable.

Menú 17/66 € – Carta 45/68 €

Tauler i Servià 1 ✉ 17230 – ☏ 972 31 47 09 – www.restaurantlamenta.com – cerrado del 1 al 15 de marzo, del 1 al 15 de noviembre, martes noche y miércoles

🏨 **Trias**   ⛲ ≤ ⤱ 🛗 🆎 👫 🚗

TRADICIONAL · DE DISEÑO Se presenta como un clásico aunque está bien actualizado, con detalles coloniales, marineros y mediterráneos. Habitaciones espaciosas, la mayoría con terraza y vistas al mar. En el comedor, luminoso y con dos salas anexas, encontrará una cocina tradicional.

83 hab ⛲ – ♦49/299 € ♦♦53/333 €

passeig del Mar 4 ✉ 17230 – ☏ 972 60 18 00 – www.hoteltrias.com

en Plà de Vall Llobregà carretera de Palafrugell C 31 - Norte : 3,5 km

ⅢO **Mas dels Arcs** 🖘 ᴴ AC ⇔ 🅿

COCINA TRADICIONAL · AMBIENTE MEDITERRÁNEO ✕✕ Este negocio familiar presenta una sala clásica, un buen porche acristalado de aire marinero y un espacio chill out más informal. Cocina tradicional en base al producto local.

Menú 20/28 € – Carta 30/50 €

✉ *17230 Palamós –* ✆ *972 31 51 35*

– www.masdelsarcspalamos.com

– cerrado 6 enero-febrero, lunes noche y martes salvo en verano

al Noroeste 4 km

🏠 **Finca Bell-Lloc** ✿ ⚘ 🖘 ᴶ ᴴ 🅿

AGROTURISMO · RÚSTICA Recupera una antigua casa ampurdanesa, rodeada de naturaleza, en la que se combinan los detalles tradicionales y de diseño. Encontrará habitaciones amplias y agradables, un comedor para los clientes alojados y... ¡una bodega que sorprende por su arquitectura!

8 hab ⌂ – ♦140/150 € ♦♦180/195 €

camí de Bell-Lloc 63 ✉ *17230 –* ✆ *972 31 62 03*

– www.fincabell-lloc.com

– cerrado 20 diciembre-enero

en la carretera de playa Castell por la carretera de Palafrugell C 31
- Norte : 4,5 km

ⅢO **La Malcontenta** 🖘 🖘 ᴴ AC ⅍ 🅿

COCINA TRADICIONAL · AMBIENTE CLÁSICO ✕✕✕ En su sala, amplia, elegante y de agradable ambiente clásico, le propondrán una cocina tradicional no exenta de personalidad, bien actualizada y fiel a los productos locales.

Menú 24/48 € – Carta 35/51 €

Hotel La Malcontenta, paratge Torre Mirona - platja Castell 12 ✉ *17230 Palamós – * ✆ *972 31 23 30 – www.lamalcontentahotel.com*

– cerrado enero-9 marzo, domingo noche y lunes salvo verano

🏰 **La Malcontenta** ⚘ 🖘 ᴶ 🖃 ᴴ AC 🅿

LUJO · PERSONALIZADA Resulta realmente atractivo, pues ocupa una masía fortificada del s. XVI que destaca por su emplazamiento, en un paraje protegido y rodeado de rutas forestales. Atesora un entorno ajardinado y magníficas habitaciones, todas amplias y con mobiliario de calidad.

14 hab ⌂ – ♦121/407 € ♦♦121/407 € – 4 suites

paratge Torre Mirona - platja Castell 12 ✉ *17230 Palamós –* ✆ *972 31 23 30*

– www.lamalcontentahotel.com

ⅢO **La Malcontenta** – ver selección restaurantes

PALAU-SATOR

Girona – 298 h. – Alt. 20 m – Mapa regional : **10**-B1

Mapa de carreteras Michelin n° 574-G39

🌐 **Mas Pou** 🖘 ᴴ AC ⇔ 🅿

REGIONAL · RÚSTICA ✕ Instalado en una típica casa de pueblo catalana que hoy se enriquece, en un anexo, con un singular Museo Rural dedicado a la labranza. Reparte los comedores por el edificio, a modo de privados, y propone una cocina regional rica en guisos.

Menú 26/40 € – Carta 33/50 €

pl. de la Mota 4 ✉ *17256 –* ✆ *972 63 41 25*

– www.maspou.com

– cerrado 7 enero-14 febrero, domingo noche salvo julio-agosto y lunes

PALENCIA

78 892 h. – Alt. 781 m – Mapa regional : **8**-B2
Mapa de carreteras Michelin n° 575-F16

🍴○ **Asador La Encina**   ♿ 🅰🅲 ⌀

COCINA TRADICIONAL · AMBIENTE CLÁSICO XX Su fama le precede, pues aquí elaboran una de las mejores tortillas de patata de España. Se presenta con las características propias de un asador, aunque algo más moderno.
Carta 40/55 €
Casañé 2 ⊠ *34002 – ℰ 979 71 09 36 – www.asadorlaencina.com – cerrado 15 días en agosto y domingo noche salvo vísperas de festivos*

🍴○ **Casa Pepe´s**   🅰🅲

COCINA TRADICIONAL · RÚSTICA XX ¡Amabilidad y productos de calidad! Encontrará un concurrido bar y un comedor castellano en dos niveles, donde ofrecen una completa carta tradicional con pescados y mariscos.
Menú 18/60 € – Carta 40/60 €
av. Manuel Rivera 16 ⊠ *34002 – ℰ 979 10 06 50 – www.casapepes.es
– cerrado del 1 al 23 de agosto y lunes*

El PALMAR

Valencia – 885 h. – Mapa regional : **11**-B2
Mapa de carreteras Michelin n° 577-O29

🍴○ **Arrocería Maribel** ⓝ   🏠 ♿ 🅰🅲 ⌀ 🅿

ARROCES · MINIMALISTA X El Parque Natural de la Albufera es una zona arrocera, por eso el local se viste con grandes imágenes dedicadas a su cultivo. ¡Paellas y arroces melosos con toques actuales!
Menú 22/50 € – Carta 21/44 €
Francisco Monleón 5 ⊠ *46012 – ℰ 961 62 00 60 – www.arroceriamaribel.com – solo almuerzo – cerrado 10 días en enero, 10 días en junio, 10 días en septiembre y miércoles*

El PALMAR (Playa de) Cádiz → Ver Vejer de la Frontera

El PALMAR Murcia → Ver Murcia

PALMONES

Cádiz – Mapa regional : **1**-B3
Mapa de carreteras Michelin n° 578-X13

🍴○ **Casa Mané**   ♿ 🅰🅲 ⌀ ⇄

PESCADOS Y MARISCOS · SENCILLA X Atractiva cabaña de madera ubicada al borde de la playa. Su especialidad son los pescados y mariscos, presentados en una barca-expositor refrigerada que hay en la misma sala.
Carta 30/46 €
Almadraba (playa de Palmones) ⊠ *11379 – ℰ 956 67 50 10 – solo almuerzo salvo viernes, sábado, y 15 junio-15 septiembre – cerrado 15 días en septiembre y lunes*

El PALO Málaga → Ver Málaga

PALS

Girona – 2 501 h. – Alt. 55 m – Mapa regional : **10**-B1
Mapa de carreteras Michelin n° 574-G39

😊 **Vicus**   ♿ 🅰🅲 ⌀ ⇄ 🅿

CREATIVA · DE DISEÑO XX Restaurante de origen familiar que hoy se presenta con un aspecto actual. De sus fogones surge una cocina actual-creativa realmente sorprendente, con deliciosas tapas, entrantes a base de pequeñas raciones, arroces de l'Estany de Pals, pescados de Palamós...
Menú 19/39 € – Carta 33/50 €
Enginyer Algarra 51 ⊠ *17256 – ℰ 972 63 60 88 – www.vicusrestaurant.com
– cerrado 15 enero-15 marzo y martes salvo julio-agosto*

ⅱ○ **Es Portal** ⇦ 🛖 🔥 AC 🎵 P

COCINA TRADICIONAL · RÚSTICA XX Formidable masía rehabilitada e integrada en el bello entorno natural del Baix Empordà. En sus comedores, de ambiente rústico, le propondrán una cocina tradicional y regional con platos actualizados. Como complemento, también ofrecen coquetas habitaciones.

Menú 28/60 € – Carta 40/65 €

9 hab ⌂ – †75/150 € ††110/200 €

carret. de Torroella de Montgrí, Norte : 1,7 km ✉ *17256 –* ℰ *972 63 65 96*
– www.esportalhotel.com
– cerrado lunes – abierto Navidades, Semana Santa-15 octubre y fines de semana en invierno

ⅱ○ **Pahissa del Mas Pou** 🛖 🔥 AC 🎵 P

MODERNA · MARCO REGIONAL XX Toma su nombre del término "pajar" en catalán antiguo y se halla en el campo, en una masía de carácter secular. Cocina actual muy personal, en base a los productos de la zona.

Menú 55/60 € – Carta 43/65 €

barri Molinet 16, carret. Torroella de Montgrí, Norte : 1,9 km ✉ *17256*
– ℰ *972 63 69 76 – www.pahissadelmaspou.com*
– cerrado diciembre-enero, domingo noche, lunes y martes salvo verano

ⅱ○ **Sol Blanc** 🛖 AC 🎵 P

CATALANA · RÚSTICA XX ¡Masía del s. XIX ubicada en pleno campo! Cocina de temporada, y base tradicional, que se preocupa por recuperar el recetario regional y ensalzar los productos de proximidad.

Carta 45/66 €

carret. Torroella de Montgrí, Norte : 1,5 km ✉ *17256 –* ℰ *972 66 73 65*
– www.restaurantsolblanc.com
– cerrado febrero, martes y miércoles salvo julio-agosto

en la playa Este : 6 km

🏨 **Sa Punta** ☆ 🐾 ⇱ 🗑 ⬚ AC 🏌 🚗

TRADICIONAL · CLÁSICA ¡De atenta gestión familiar! Presenta unos niveles de mantenimiento impecables, varias salas de carácter polivalente y unos cuidados exteriores, con un agradable porche junto a la piscina de agua de mar. Su restaurante mantiene una carta clásica de buen nivel.

30 hab – †80/160 € ††120/230 € – ⌂ 14 € – 3 suites
✉ *17256 Pals –* ℰ *972 66 73 76*
– www.hotelsapunta.com

PAMPLONA Navarra → Ver Iruña

PANCAR Asturias → Ver Llanes

PANES
Asturias – Alt. 50 m – Mapa regional : **3**-C2
Mapa de carreteras Michelin n° 572-C16

en Alevia Noroeste : 3 km

🏨 **Casona d'Alevia** 🐾 🎵

AGROTURISMO · RÚSTICA Bella casona en piedra ubicada en una preciosa aldea de montaña. Ofrece habitaciones muy detallistas, con profusión de madera y mobiliario de época en la mayoría de los casos.

9 hab – †64 € ††88 € – ⌂ 10 €
✉ *33579 Alevia –* ℰ *985 41 41 76*
– www.casonadealevia.com – cerrado enero

en Alles por la carretera de Cangas de Onís - Oeste : 10,5 km

🏠 La Tahona de Besnes   🏝 🐕 🍽 **P**

AGROTURISMO · RÚSTICA ¡Ideal para aislarse en plena naturaleza! Este atractivo conjunto rural se reparte entre varias edificaciones de piedra, ofreciendo una correcta zona social, unas cuidadísimas habitaciones de aire rústico-moderno y un modesto restaurante de cocina tradicional. Las casas anexas funcionan como apartamentos.

13 hab - ♦50/70 € ♦♦60/80 € - 🛏 6 € - 5 apartamentos

Besnes ✉ 33578 Alles – 𝒞 985 41 56 41 – www.latahonadebesnes.es – abierto 15 marzo-15 septiembre

PASAI DONIBANE PASAJES DE SAN JUAN

Guipúzcoa – 16 012 h. – Mapa regional : **18**-B2
Mapa de carreteras Michelin nº 573-C24

🍴 Txulotxo   ⩽ AC 🍽

PESCADOS Y MARISCOS · AMBIENTE TRADICIONAL 🍴 Al borde del mar, en la calle más pintoresca de la localidad. En su comedor principal, clásico-actual y con magníficas vistas, podrá degustar una cocina vasca y marinera. ¡Rodaballo, chipirones, marisco... todo fresco y bien tratado!

Menú 21/53 € – Carta 33/52 €

San Juan 71 ✉ 20110 – 𝒞 943 52 39 52 – www.restaurantetxulotxo.com – cerrado 21 enero-5 marzo, domingo noche y martes noche

PASAIA PASAJES DE SAN PEDRO

Guipúzcoa – 2 781 h. – Mapa regional : **18**-B2
Mapa de carreteras Michelin nº 573-C24

🍴 Izkiña   AC 🍽 ⟷

PESCADOS Y MARISCOS · AMBIENTE TRADICIONAL 🍴🍴 Negocio familiar de 3ª generación. Presenta un bar de pinchos a la entrada y dos salas, la principal de ambiente actual-marinero. Carta especializada en pescados y mariscos.

Carta 55/80 €

Euskadi Etorbidea 19 - Trintxerpe ✉ 20110 – 𝒞 943 39 90 43 – www.restauranteizkina.com – cerrado Semana Santa, 19 agosto-4 septiembre, domingo noche, lunes, martes y miércoles

PASAJES DE SAN JUAN Guipúzcoa ➜ Ver Pasai Donibane

PASAJES DE SAN PEDRO Guipúzcoa ➜ Ver Pasaia

PAU

Girona – 557 h. – Alt. 33 m – Mapa regional : **9**-D3
Mapa de carreteras Michelin nº 574-F39

🍴 Mas Lazuli   🛋 & AC 🍽 **P**

MODERNA · A LA MODA 🍴 Una perfecta alianza entre modernidad y rusticidad, pues han creado un espacio singular con la cocina a la vista y una atractiva terraza. Cocina actual de bases tradicionales.

Menú 48/75 € – Carta 47/65 €

Hotel Mas Lazuli, carret. de Roses, Este : 1 km ✉ 17494 – 𝒞 872 22 22 20 – www.hotelmaslazuli.es – cerrado 8 enero-marzo

🏛 Mas Lazuli   🐕 ⩽ 🏊 & AC 🍽 **P**

BOUTIQUE HOTEL · DE DISEÑO Parcialmente instalado en un convento-masía del s. XI que, estando rodeado de viñas y olivos, hoy se presenta rehabilitado. Ofrece atractivos espacios, diversos tratamientos de relax-belleza y luminosas habitaciones, todas con vistas a la comarca del Empordà.

17 hab 🛏 – ♦196/258 € ♦♦360/510 € – 1 apartamento

carret. de Roses, Este : 1 km ✉ 17494 – 𝒞 872 22 22 20 – www.hotelmaslazuli.es – cerrado 8 enero-marzo

🍴 **Mas Lazuli** – ver selección restaurantes

PEDRAZA

Segovia – 388 h. – Alt. 1 073 m – Mapa regional : **8**-C2
Mapa de carreteras Michelin nº 575-I18

ⅉ○ La Olma

COCINA TRADICIONAL · RÚSTICA XX Antigua casa de piedra dotada con varias salas de aire rústico. Proponen una cocina tradicional actualizada e interesantes menús: Buscasetas, Segoviano, el de Pedraza...

Carta 33/45 €

pl. del Alamo 1 ⊠ *40172* – ℰ *921 50 99 81*
– *www.laolma.com*
– *solo almuerzo salvo viernes, sábado y vísperas de festivos*

ⅉ○ El Jardín

REGIONAL · RÚSTICA X En este restaurante castellano encontraremos un horno de asar y la sala en dos alturas. Ofrece una carta regional y agradables terrazas, todas con buenas vistas a la muralla.

Carta 21/35 €

Calzada 6 ⊠ *40172* – ℰ *921 50 98 62*
– *solo almuerzo salvo agosto*
– *cerrado domingo noche y lunes noche en agosto y lunes resto del año*

🏠 Hospedería de Santo Domingo

TRADICIONAL · PERSONALIZADA Una casa que ha conservado su estructura original. Posee una zona social en dos ambientes y confortables habitaciones, destacando las que tienen terraza y vistas a la sierra.

17 hab � – ♥86/118 € ♥♥95/145 €

Matadero 3 ⊠ *40172* – ℰ *921 50 99 71*
– *www.hospederiadesantodomingo.com*

Las PEDROÑERAS

Cuenca – 6 816 h. – Alt. 700 m – Mapa regional : **7**-C2
Mapa de carreteras Michelin nº 576-N21

ⅉ○ Las Rejas

COCINA TRADICIONAL · TENDENCIA XX Con la vuelta del chef Manuel de la Osa a sus orígenes asistimos a una refundación de esta casa, ahora fusionada con la taberna gastronómica. ¡Grandes clásicos y dos menús!

Menú 40/80 € – Carta 55/75 €

General Borrero 41 ⊠ *16660* – ℰ *967 16 10 89*
– *www.lasrejas.es*
– *solo almuerzo* – *cerrado del 15 al 30 de julio y lunes*

PEDROSO DE ACIM

Cáceres – 104 h. – Mapa regional : **12**-B1
Mapa de carreteras Michelin nº 576-M10

en la carretera de El Palancar Sur : 2 km

ⅉ○ El Palancar

CARNES · AMBIENTE TRADICIONAL X ¡Junto al "conventito" de El Palancar! Ofrece cocina tradicional actualizada, carnes a la brasa y, durante el verano, unas curiosas cenas temáticas contemplando las estrellas.

Menú 25/35 € – Carta 35/65 €

⊠ *10829 Pedroso de Acim* – ℰ *927 19 20 33 (es necesario reservar para cenar)*
– *www.elpalancar.com*
– *solo almuerzo salvo viernes, sábado y agosto* – *cerrado del 1 al 15 de julio y lunes*

411

PENÀGUILA

Alicante – 353 h. – Alt. 685 m – Mapa regional : **11**-B3
Mapa de carreteras Michelin n° 577-P28

al Oeste 3 km

🏠🏠 **La Escondida** 🏠 🕸 ⇆ ⏹ ▣ ✕ 🅰🅲 ⚙ 🏛 🅿

BOUTIQUE HOTEL · PERSONALIZADA Tranquilo, cuidado y en sintonía con el entorno. Ofrece estancias de confort actual, amplias habitaciones y un agradable comedor de ambiente rústico, donde proponen una carta de gusto internacional. ¡Tienen dos atractivas cabañas de madera en un pinar anexo!

12 hab ⌑ – †165/310 € ††165/310 €
carret. de Alcoy, km 9 ✉ *03815* – 𝒞 *965 51 30 46*
– *www.hotelescondida.com*

PEÑAFIEL

Valladolid – 5 419 h. – Alt. 755 m – Mapa regional : **8**-C2
Mapa de carreteras Michelin n° 575-H17

🏠🏠 **AF Pesquera** 🏠 ▣ 🛗 ⊡ ⛲ 🅰🅲 ⚙ 🏛 🚗

BOUTIQUE HOTEL · DE DISEÑO Un hotel de diseño instalado... ¡en una antigua fábrica de harinas! Presenta varios tipos de habitaciones y una gran vinoteca en honor al prestigioso bodeguero Alejandro Fernández. Buena oferta gastronómica, con el restaurante Luna Llena y la taberna La Perla.

34 hab ⌑ – †100 € ††155 € – 2 suites
de la Estación 1 ✉ *47300* – 𝒞 *983 88 12 12*
– *www.hotelpesquera.com*

PEÑARROYA DE TASTAVINS

Teruel – 477 h. – Mapa regional : **2**-C3
Mapa de carreteras Michelin n° 574-J30

🍽️○ **Virgen de la Fuente** ⇆ 🅰🅲 ⚙ 🅿

COCINA TRADICIONAL · RÚSTICA ✕ Se halla en un edificio declarado Bien de Interés Cultural... no en vano, cuenta con dos ermitas, un claustro y una hospedería. En sus comedores, uno de elegante rusticidad y el otro con vistas, le propondrán una carta de cocina tradicional con opción a menús.

Menú 15/20 € – Carta 35/47 € – cena solo con reserva
5 hab – †95/105 € ††105/115 € – ⌑10 €
camino Ermita Virgen de la Fuente, Norte : 2 km ✉ *44586* – 𝒞 *978 09 02 61*
– *www.hospederiavirgendelafuente.com* – *cerrado 1 enero-13 febrero, lunes y martes salvo julio-septiembre*

PERALADA

Girona – 1 841 h. – Alt. 2 m – Mapa regional : **9**-D3
Mapa de carreteras Michelin n° 574-F39

❄️ **Castell Peralada** 🏠 🅰🅲 ⚙ ⟳ 🅿

MODERNA · AMBIENTE CLÁSICO ✕✕✕ Disfruta de un emplazamiento realmente singular, pues se halla en un castillo medieval declarado Bien de Interés Cultural. Aquí encontrará una cocina actual-creativa de gran nivel técnico, con guiños tanto al producto local como a la cocina catalana clásica. ¡En los altivos torreones hay dos excelentes reservados!

→ Espárragos con mayonesa de huevo frito. Crujiente de manitas de cerdo con cigalas. Rollito de pepino con albahaca, manzana verde y lima.

Menú 38/85 € – Carta 56/92 €
Sant Joan ✉ *17491* – 𝒞 *972 52 20 40*
– *www.castellperaladarestaurant.com* – *solo cena en julio y agosto* – *cerrado 8 enero-febrero, lunes y martes salvo julio y agosto*

ⅰ○ Cal Sagristà

COCINA TRADICIONAL · RÚSTICA ⅹ Resulta acogedor y tiene su encanto, no en vano ocupa la antigua rectoría de un céntrico convento. En el comedor, bien montado y de aire neorrústico, le ofrecerán una cocina tradicional actualizada que cuida mucho las presentaciones.

Carta 30/46 €

Rodona 2 ⊠ 17491 – 𝒞 972 53 83 01

– cerrado 21 días en febrero, 21 días en noviembre, lunes noche y martes salvo julio-agosto y festivos

al Noreste 1,5 km

⌂ Peralada

SPA Y BIENESTAR · CONTEMPORÁNEA Se encuentra en un campo de golf y destaca tanto por sus atractivas habitaciones, con un estilo contemporáneo-urbano y mucha madera, como por sus originales ofertas terapéuticas, vitivinícolas o de relax. ¡Amplios espacios polivalentes!

64 hab ⌕ – †175/270 € ††190/285 € – 4 suites

Rocaberti ⊠ 17491 Peralada – 𝒞 972 53 88 30

– www.hotelperalada.com

PERAMOLA

Lleida – 343 h. – Alt. 566 m – Mapa regional : **9**-B2
Mapa de carreteras Michelin n° 574-F33

al Noreste 2,5 km

⌂ Can Boix de Peramola

TRADICIONAL · CLÁSICA Casa de larga trayectoria familiar (nueve generaciones) ubicada al inicio de los Pirineos. Ofrece un gran jardín, correctas zonas sociales y habitaciones clásicas, destacando por su confort las del anexo. Su luminoso restaurante ensalza la cocina tradicional.

41 hab – †90/125 € ††112/156 € – ⌕ 13 €

Afueras ⊠ 25790 Peramola – 𝒞 973 47 02 66

– www.canboix.cat

La PEREDA Asturias → Ver Llanes

PERILLO A Coruña → Ver A Coruña

PETRER

Alicante – 34 586 h. – Alt. 640 m – Mapa regional : **11**-A3
Mapa de carreteras Michelin n° 577-Q27

ⅰ○ La Sirena

PESCADOS Y MARISCOS · AMBIENTE CLÁSICO ⅹⅹⅹ Atesora una buena barra y tres salas de línea clásica-actual. Su carta de temporada, que combina arroces, platos tradicionales y modernos, se complementa con distintos menús.

Menú 30/80 € – Carta 32/65 €

av. de Madrid 14 ⊠ 03610 – 𝒞 965 37 17 18

– www.lasirena.net – cerrado del 7 al 15 de enero, del 8 al 31 de agosto, domingo noche y lunes

---

¿Buena cocina sin arruinarse? Busque los Bib Gourmand ⊛.
¡Le ayudarán a encontrar las mesas con la mejor relación calidad/precio!

PIEDRA (Monasterio de) Zaragoza → Ver Nuévalos

PILES
Valencia – 2 740 h. – Mapa regional : **11**-B2
Mapa de carreteras Michelin n° 577-P29

en la playa Este : 2 km

🕙 GloriaMar ⩽ ⩽ 🅰🅲 🍽 ⇔
COCINA TRADICIONAL · MARCO CONTEMPORÁNEO 🅇🅇 Presenta un espacio denominado Blanc i Blau, para comidas informales, y luego el restaurante, mucho más moderno y con vistas al mar. Su propuesta, tradicional con toques creativos, se centra en tres menús degustación donde permiten elegir el plato principal.
Menú 35/60 € – solo menú
av. del Mar 1 ✉ 46712 – 𝒞 962 83 13 53 – www.gloriamar.es – solo almuerzo salvo viernes, sábado y 15 junio-15 septiembre

PINAR DE ANTEQUERA Valladolid → Ver Valladolid

PINETA (Valle de) Huesca → Ver Bielsa

El PINÓS PINOSO
Alicante – 7 695 h. – Alt. 450 m – Mapa regional : **11**-A3
Mapa de carreteras Michelin n° 577-Q26

🕙 El Racó de Pere i Pepa 🏠 ⩽ 🅰🅲 🍽
COCINA TRADICIONAL · RÚSTICA 🅇🅇 Restaurante rústico-actual llevado por un amable matrimonio. Ofrecen una cocina tradicional actualizada y regional, con hasta ocho arroces diferentes. ¡Interesantes jornadas gastronómicas, como las dedicadas a la Trufa, al Marisco, al Cochinillo segoviano...!
Menú 35/40 € – Carta 30/43 €
carret. de Jumilla 26 ✉ 03650 – 𝒞 965 47 71 75 – www.racodepereipepa.com – solo almuerzo salvo viernes y sábado – cerrado 15 días en enero, 15 días en agosto y lunes

PLÀ DE VALL-LLOBREGÀ Girona → Ver Palamós

PLAN
Huesca – 303 h. – Mapa regional : **2**-C1
Mapa de carreteras Michelin n° 574-E31

🕙 La Capilleta ❶ 🅰🅲 🍽
CREATIVA · BISTRÓ 🅇 ¡A la entrada del recóndito valle de Chistau! Este restaurante, que suele sorprender por su estética de aire desenfadado y algo vintage, propone una cocina actual de producto, con numerosos platos tradicionales y un interesante apartado de arroces al Josper.
Menú 16/30 € – Carta 30/40 €
carret. San Juan de Plan 7 ✉ 22367 – 𝒞 974 94 14 10 – www.lacapilleta.es – solo almuerzo salvo viernes y sábado – cerrado enero-8 febrero y lunes

PLASENCIA
Cáceres – 40 360 h. – Alt. 355 m – Mapa regional : **12**-C1
Mapa de carreteras Michelin n° 576-L11

🏛 Parador de Plasencia 🏯 🍃 🛉 🅿 📱 ⩽ 🅰🅲 🍽 🛁 🚗
EDIFICIO HISTÓRICO · CLÁSICA Magnífico, pues ocupa un convento del s. XV que aúna la austeridad dominica con un exquisito gusto decorativo. Impresionantes zonas nobles, extraordinarios claustros y mobiliario de época. El comedor, instalado en el refectorio, realza el recetario regional.
64 hab – ♦100/200 € ♦♦100/200 € – ☲ 18 € – 2 suites
pl. de San Vicente Ferrer ✉ 10600 – 𝒞 927 42 58 70 – www.parador.es

🏨 Palacio Carvajal Girón ⭐ 🦢 🖨 🛗 AC 🅿️

EDIFICIO HISTÓRICO · CONTEMPORÁNEA Singular, ya que ha recuperado un hermoso palacio del s. XVI. Tras su nobiliaria fachada se esconde un amplio zaguán, un patio porticado que funciona como zona social y una recia escalera en piedra. Modernas habitaciones y restaurante de correcto montaje.

28 hab – ♦85/135 € ♦♦99/155 € – 🍽 13 €

pl. Ansano 1 ✉ 10600 – 𝒞 927 42 63 26

– www.palaciocarvajalgiron.com

PLATJA D'ARO

Girona – Mapa regional : **10**-B1

Mapa de carreteras Michelin n° 574-G39

🏨 Cala del Pi ⭐ 🦢 ⟨ 🛁 🆂🅿🅰 🛗 🖨 🛗 AC 🦢 🐕 🚗

LUJO · CLÁSICA Complejo de lujo ubicado al borde del mar, junto a una pequeña cala. Ofrece una variada zona social, habitaciones completas, todas con terraza, y un circuito de aguas. El restaurante, dotado con atractivas terrazas, propone una extensa carta de cocina actual.

49 hab 🍽 – ♦171/515 € ♦♦171/515 € – 8 suites

av. Cavall Bernat 160, Este : 1,5 km ✉ 17250 – 𝒞 972 82 84 29

– www.hotelcaladelpi.com

PLATJA DE SANT JOAN PLAYA DE SAN JUAN

Alicante – Mapa regional : **11**-B3

Mapa de carreteras Michelin n° 577-Q28

en la carretera de Sant Joan d'Alacant Noroeste : 2 km

🍽️ La Vaquería 🍴 🛗 AC 🦢

COCINA TRADICIONAL · A LA MODA 🍴 Asador de estética actual dotado con terraza y zona de ocio infantil. Su especialidad son las carnes a la brasa... aunque también trabaja con pescados y verduras de temporada.

Carta 45/65 €

carret. Benimagrell 52 ✉ 03560 El Campello – 𝒞 965 94 03 23

– www.asadorlavaqueria.com

PLAYA CANYELLES (Urbanización) Girona ➜ Ver Lloret de Mar

PLAYA HONDA Murcia ➜ Ver La Manga del Mar Menor

PLAYA DE SAN JUAN Alicante ➜ Ver Platja de Sant Joan

El POBLENOU DEL DELTA Tarragona ➜ Ver Amposta

POBOLEDA

Tarragona – 363 h. – Mapa regional : **9**-B3

Mapa de carreteras Michelin n° 574-I32

🍽️ Brots AC 🦢

MODERNA · A LA MODA 🍴 Coqueto, rústico-actual y ubicado en una céntrica calleja. Su chef-propietario, formado en grandes casas europeas, plantea una cocina actual de firmes bases internacionales.

Menú 27/29 € – Carta 30/56 €

Nou 45 ✉ 43376 – 𝒞 977 82 73 28

– www.brotsrestaurant.com – cerrado 23 diciembre-7 enero, 7 días en julio, domingo noche, lunes noche y martes

El PONT DE BAR
Lleida – 159 h. – Mapa regional : **9**-B1
Mapa de carreteras Michelin n° 574-E34

en la carretera N 260 Este : 4,5 km

La Taverna dels Noguers

CASERA · AMBIENTE TRADICIONAL ⅄ A las afueras del pueblo y de ambiente familiar. En su sala, con los techos en madera y una chimenea, podrá degustar una cocina casera-catalana siempre sabrosa, con apetitosas especialidades como el Conejo a la mostaza de Dijon. ¡Carro de postres caseros!

Carta 28/40 €

✉ 25723 El Pont de Bar – ☏ 973 38 40 20 – www.tavernadelsnoguers.com – solo almuerzo salvo sábado – cerrado 7 enero-6 febrero y jueves

PONT DE MOLINS
Girona – 512 h. – Alt. 84 m – Mapa regional : **9**-D3
Mapa de carreteras Michelin n° 574-F38

ⅠⓄ El Molí

REGIONAL · RÚSTICA ⅄ Restaurante de ambiente rústico dotado con varias salas, la principal con chimenea. Propone una cocina regional en la que toman el protagonismo las carnes a la brasa y algunas especialidades de l'Empordà. ¡En verano disfrute de su terraza!

Carta 24/50 €

Hotel El Molí, carret. Les Escaules, Oeste : 2 km ✉ 17706 – ☏ 972 52 92 71
– www.hotelelmoli.es – cerrado 23 diciembre-23 enero, martes noche y miércoles

El Molí

FAMILIAR · DE DISEÑO Ocupa un singular molino harinero del s. XVIII y se presenta con dos tipos de habitaciones: las del edificio original, más rústicas, con mobiliario isabelino y las del anexo, mucho más amplias y modernas, con detalles de diseño y terraza.

15 hab 🖙 – †103/132 € ††129/165 €

carret. Les Escaules, Oeste : 2 km ✉ 17706 – ☏ 972 52 92 71 – www.hotelelmoli.es
– cerrado 23 diciembre-23 enero

ⅠⓄ **El Molí** – ver selección restaurantes

PONTE ULLA PUENTE ULLA
A Coruña – Mapa regional : **13**-B2
Mapa de carreteras Michelin n° 571-D4

Villa Verde

COCINA TRADICIONAL · MARCO REGIONAL ⅩⅩ Casa de campo del s. XVIII construida en piedra. Presenta dos salas de buen confort, una de aire rústico presidida por una "lareira" y la otra, más amplia y luminosa, con un montaje clásico-elegante. Cocina tradicional y bodega-lagar.

Menú 30/65 € – Carta 25/40 €

Lugar de Figueiredo 10 ✉ 15885 – ☏ 981 51 26 52 – www.villa-verde.es – solo almuerzo salvo jueves, viernes y sábado – cerrado 24 diciembre-4 enero

PONTEVEDRA
82 671 h. – Mapa regional : **13**-B2
Mapa de carreteras Michelin n° 571-E4

ⅠⓄ Eirado da Leña

MODERNA · ACOGEDORA ⅄ Instalado en una casa típica del casco viejo. Cocina gallega actualizada y con toques de fusión, siempre en base a unas buenas materias primas y con la opción de varios menús.

Menú 48/70 € – Carta 45/68 €

pl. da Leña 3 ✉ 36002 – ☏ 986 86 02 25 (es necesario reservar)
– www.eiradoeventos.com – cerrado domingo noche

ⅱ○ Il Piccolo ⑩ 🕸 ら AC ⅗

ITALIANA · SENCILLA ⅹ Un restaurante italiano de esos que dejan huella, pues lejos de limitarse a los consabidos platos de pasta y pizza presenta especialidades de todas las regiones del país.

Carta 23/42 €

Virgen del Camino 16 ✉ 36001 – 𝒞 986 85 99 99 – www.ilpiccolo.es

ⅱ○ La Ultramar ⑩ 🕸 ら AC

FUSIÓN · MARCO CONTEMPORÁNEO ⅌ Se halla en el Edificio Sarmiento del Museo de Pontevedra y hace un acertado homenaje gastronómico a todos los gallegos repartidos por el mundo. Sabrosísima cocina de fusión.

Tapa 6 € – Ración aprox. 12 €

Padre Amoedo Carballo 3 ✉ 36002 – 𝒞 986 85 72 66 – www.laultramar.es

ⅱ○ Loaira 🕸 ⅗

MODERNA · SENCILLA ⅌ Gastrobar dotado con una pequeña barra a la entrada y un salón tipo bistró en el piso superior. Platos de base tradicional, con toques actuales, pensados para compartir.

Ración aprox. 10 €

pl. de Leña 2 ✉ 36002 – 𝒞 986 85 88 15 – cerrado domingo noche

🏚 Parador de Pontevedra 🍷 🛏 🔼 ら AC ⅗ ♨ P

EDIFICIO HISTÓRICO · HISTÓRICA Atesora un encanto indudable, pues se encuentra en pleno casco viejo y ocupa el palacio del s. XVI donde residieron los Condes de Maceda. Historia en piedra, bellos jardines, confort actual... y como complemento, una propuesta culinaria de tinte regional.

45 hab – ♦85/190 € – ♦♦85/190 € – ☲ 16 € – 2 suites

Barón 19 ✉ 36002 – 𝒞 986 85 58 00 – www.parador.es

en San Salvador de Poio

⅏ Solla (Pepe Solla) 🕷 ⩗ AC ⅗ P

CREATIVA · TENDENCIA ⅹⅹ ¡Todo un referente de la alta gastronomía gallega! Se halla en una antigua casa de campo, de aire regional, que sorprende con un moderno hall y un cuidado comedor, este último con la cocina a la vista y asomado al relajante entorno rural. ¿Qué encontrará? Cocina creativa y de temporada en base al mejor producto local.

→ Cigala, escabeche cítrico y su pata rellena. Merluza, espárrago blanco y yema. Cerezas, kéfir y remolacha.

Menú 94/122 € – Carta 58/81 €

av. Sineiro 7, carret. de La Toja : 2 km ✉ 36005 San Salvador de Poio
– 𝒞 986 87 28 84 – www.restaurantesolla.com
– cerrado 20 diciembre-5 enero, del 22 al 30 de abril, domingo noche, lunes y jueves noche

PONTS

Lleida – 2 632 h. – Alt. 363 m – Mapa regional : **9**-B2
Mapa de carreteras Michelin nº 574-G33

⅏ Lo Ponts 🕸 AC ⅗ ⟳ P

CATALANA · ACOGEDORA ⅹⅹ Llevado en familia con ilusión y profesionalidad. En sus comedores podrá descubrir una carta de cocina regional actualizada, con un buen menú de temporada y otro de degustación. Siguen la filosofía "Slow Food", por lo que cuidan mucho el producto artesano.

Menú 20/54 € – Carta 27/52 €

carretera de Calaf 6 ✉ 25740 – 𝒞 973 46 00 17 – www.loponts.com – solo almuerzo salvo viernes y sabado – cerrado del 7 al 17 de enero, 25 junio-12 julio, domingo noche y lunes

POSADA DE LLANERA

Asturias – 13 904 h. – Mapa regional : **3**-B1
Mapa de carreteras Michelin nº 572-B12

La Corriquera ⒔   A/C

COCINA TRADICIONAL · AMBIENTE CLÁSICO XX Este restaurante, de línea clásica-actual, presenta una barra a la entrada, una moderna cocina acristalada y un comedor en el que podrá degustar tanto elaboraciones tradicionales como de mercado. Interesantes menús y... ¡un pequeño apartado de arroces!

Menú 18/25 € – Carta 28/42 €

av. de Oviedo 19 ✉ *33424 –* ℰ *985 77 32 30*

– www.lacorriquera.com – cerrado Semana Santa, 21 días en agosto, domingo noche y lunes

POZUELO DE ALARCÓN

Madrid – 84 558 h. – Alt. 690 m – Mapa regional : **15**-B2
Mapa de carreteras Michelin nº 576-K18

⑪〇 Kabutokaji   🏠 ⅙ A/C 🍸

JAPONESA · DE DISEÑO XX Un japonés que no le defraudará, pues resulta elegante a la par que sofisticado. Delicadas presentaciones, acertadas combinaciones y... ¡una sorprendente oferta de nigiris!

Carta 55/85 €

av. Navacerrada 1 ✉ *28224 –* ℰ *918 05 18 97*

– www.kabutojikikbk.com – cerrado Semana Santa, domingo noche y lunes

⑪〇 El Cielo de Urrechu   🕸 ⩽ A/C 🍸

COCINA TRADICIONAL · A LA MODA XX En la 2ª planta del centro comercial Zielo Shopping Pozuelo, donde se presenta con un sugerente bar, una zona de copas y dos salas muy actuales, la principal con magníficas vistas a Madrid. Cocina de gusto tradicional con detalles actuales.

Carta 40/62 €

av. de Europa 26 B (C.C. Zielo, local 217) ✉ *28223 –* ℰ *917 09 32 85*

– www.cielodeurrechu.com

⑪〇 Zurito   🏠 A/C 🍸 ⇔

DE MERCADO · MARCO CONTEMPORÁNEO XX Atesora una estética contemporánea y está bien llevado por el chef-propietario. Elaboraciones de base tradicional, menú diario y la opción de menús degustación por encargo.

Carta 33/57 €

Lope de Vega 2 ✉ *28223 –* ℰ *913 52 95 43*

– www.zurito.com

– cerrado Semana Santa, agosto, domingo noche y lunes

junto a la autovía M 502 Sureste : 2,5 km

⑪〇 Urrechu   🕸 🏠 A/C 🍸 ⇔

MODERNA · AMBIENTE CLÁSICO XXX Todo un referente culinario en la zona, pues es el buque insignia del mediático chef Íñigo Pérez "Urrechu". Ambiente clásico y carta de tinte moderno, con influencias vascas.

Carta 50/71 €

Barlovento 1 (C.C. Zoco Pozuelo) ✉ *28223 Pozuelo de Alarcón –* ℰ *917 15 75 59*

– www.urrechu.com

– cerrado Semana Santa, 20 días en agosto y domingo noche

PRATDIP

Tarragona – 697 h. – Mapa regional : **9**-B3
Mapa de carreteras Michelin nº 574-I32

por la carretera T 311 Sureste : 2 km

Mas Mariassa

CASA DE CAMPO · DE DISEÑO Masía bicentenaria emplazada a las afueras del pueblo, entre la costa y el Priorato, rodeada de bancales repletos de almendros y avellanos. Ofrece una terraza de estilo chill out, un interior rústico-actual, con habitaciones de sobria decoración, y un comedor gastronómico orientado al cliente alojado.

7 hab ⌑ – †104/130 € ††139/173 €

carret. de Santa Marina, km 30 ⊠ 43320 Pratdip – ☞ 977 26 26 01
– www.masmariassa.com

PRAVIA

Asturias – 8 667 h. – Alt. 17 m – Mapa regional : **3**-B1
Mapa de carreteras Michelin n° 572-B11

Antiguo Casino

TOWNHOUSE · CONTEMPORÁNEA Se encuentra en el centro monumental de la villa y ocupa un edificio que, en otra época, sirvió como casino a la localidad. Compensa su escasa zona social con unas impecables habitaciones... acogedoras, bien equipadas y de línea actual.

6 hab ⌑ – †60/132 € ††70/175 €

pl. Conde Guadalhorce 1 ⊠ 33120 – ☞ 984 83 82 81 – www.antiguocasino.com

PRENDES

Asturias – 128 h. – Mapa regional : **3**-B1
Mapa de carreteras Michelin n° 572-B12

✿ Casa Gerardo (Marcos Morán)

MODERNA · ACOGEDORA XxX ¡Un restaurante con enorme prestigio en el Principado! Sus centenarios muros dan paso a un singular mundo de sabores, con un atractivo hall-bar y varias salas de línea rústica-actual. Los platos, elaborados entre padre e hijo en un fantástico tándem, reflejan a la perfección la simbiosis entre tradición e innovación.

→ Bocadillo crujiente de quesos asturianos. Merluza en verde, crema de ajoperejil, hojas de repollo salteadas y habas de soja. Crema de arroz con leche requemada de Prendes.

Menú 75/120 € – Carta 60/85 €

carret. AS 19 ⊠ 33438 – ☞ 985 88 77 97 – www.restaurantecasagerardo.es – solo almuerzo salvo viernes, sábado y agosto – cerrado 14 enero-5 febrero, del 18 al 25 noviembre, domingo y lunes noche en agosto, y lunes resto del año

PUEBLA DE SANABRIA

Zamora – 1 432 h. – Alt. 898 m – Mapa regional : **8**-A2
Mapa de carreteras Michelin n° 575-F10

⑩ Posada de las Misas

COCINA TRADICIONAL · ÍNTIMA X Un sitio para comer bien y barato... ¡a solo unos pasos del castillo! Ofrece una carta tradicional de sencillas elaboraciones pero fiel defensora de los productos sanabreses.

Menú 25/65 € – Carta 30/49 €

Hotel Posada de las Misas, pl. Mayor 13 ⊠ 49300 – ☞ 980 62 03 58
– www.posadadelasmisas.com – cerrado del 8 al 31 de enero

Posada de las Misas

BOUTIQUE HOTEL · PERSONALIZADA ¡Lo mejor es su emplazamiento en el recinto amurallado! Tras sus vetustas paredes en piedra encontrará un edificio totalmente nuevo, bastante colorista y con mobiliario de vanguardia. Biblioteca en el ático, galerías y terraza con vistas.

14 hab ⌑ – †75/120 € ††90/120 € – 1 apartamento

pl. Mayor 13 ⊠ 49300 – ☞ 980 62 03 58 – www.posadadelasmisas.com – cerrado del 8 al 31 de enero

⑩ **Posada de las Misas** – ver selección restaurantes

🏠 La Cartería ⚜ 🐾 🛏 🍴

BOUTIQUE HOTEL · MODERNA Edificio del s. XVIII que en su día se utilizó para el cobro de diezmos. Combinan con equilibrio la rusticidad de las paredes en piedra y los detalles de diseño, logrando siempre un entorno acogedor. El comedor ocupa las antiguas bodegas excavadas en la roca.

8 hab – ♦70/110 € ♦♦90/133 € – 🍽 6,50 €

Rua 16 ✉ 49300 – ☎ 980 62 03 12 – www.lacarteria.com

La PUEBLA DE VALVERDE

Teruel – 500 h. – Alt. 1 118 m – Mapa regional : **2**-B3

Mapa de carreteras Michelin n° 574-L27

por la carretera de Camarena de la Sierra Oeste : 2 km

🍴 La Fondica ♿ 🍴 🪑

COCINA TRADICIONAL · SENCILLA X Un restaurante de estilo rústico-actual que sorprende tanto por su cocina, tradicional con toques actuales, como por sus relajantes vistas a la sierra. Muchos clientes piden su Ternasco aragonés, asado a baja temperatura y cubierto con hierbas del monte.

Menú 14/35 € – Carta 29/40 €

Hotel La Fonda de la Estación, carret. de la Estación ✉ 44450 – ☎ 978 67 04 67 – www.lafondadelaestacion.com – cerrado 3 noviembre-2 diciembre, lunes y martes salvo agosto

🏠 La Fonda de la Estación ♿ 🍴 🛁 🅿

FAMILIAR · RÚSTICA ¡Con múltiples opciones de ocio al aire libre! Tras su atractiva fachada en piedra encontrará un bello patio central y habitaciones personalizadas, todas de ambiente rústico.

14 hab – ♦50/70 € ♦♦65/100 € – 🍽 10 €

carret. de la Estación ✉ 44450 – ☎ 978 67 04 67 – www.lafondadelaestacion.com – cerrado 3 noviembre-2 diciembre

🍴 **La Fondica** – ver selección restaurantes

PUENTE ARCE

Cantabria – Mapa regional : **6**-B1

Mapa de carreteras Michelin n° 572-B18

⚜ El Nuevo Molino (José Antonio González) 🍷 🍴 🆎 🍴 🪑 🅿

MODERNA · RÚSTICA XXX Precioso molino de agua del s. XVIII decorado con detalles rústicos y vigas de madera. Ofrece un buen hall con chimenea, una salita para la sobremesa en lo que fue la capilla, dos comedores y un hórreo, utilizando este último como reservado. Cocina actualizada, de base tradicional, fiel a los productos de proximidad.

→ Rabas de calamar con espuma de ali oli de tinta. Costilla de vaca, patata mortero y arena ahumada. Chocolate en texturas.

Menú 42/70 € – Carta 50/68 €

barrio Monseñor 18, carret. N 611 ✉ 39478 – ☎ 942 57 50 55 – www.elnuevomolino.es – solo almuerzo salvo viernes y sábado en noviembre-diciembre – cerrado 7 enero-15 marzo, domingo noche y martes salvo agosto

PUENTE GENIL

Córdoba – 30 167 h. – Alt. 171 m – Mapa regional : **1**-B2

Mapa de carreteras Michelin n° 578-T15

🍴 Casa Pedro ♿ 🆎 🍴

COCINA TRADICIONAL · AMBIENTE CLÁSICO X Este negocio familiar posee un bar-cafetería, donde montan las mesas para el menú, y un amplio comedor a la carta de línea actual-funcional. Su carta, tradicional y de mercado, se enriquece con una variada oferta de pescaditos y mariscos.

Menú 10 € – Carta 25/35 €

Poeta García Lorca 5 ✉ 14500 – ☎ 957 60 42 76 – www.restaurantecasapedro.com – cerrado julio y lunes salvo festivos

PUENTE SAN MIGUEL

Cantabria – 8 382 h. – Mapa regional : **6**-B1
Mapa de carreteras Michelin nº 572-B17

ESPAÑA

⊛ **Hostería Calvo**   AC 🍸

REGIONAL · FAMILIAR 🍴 Está bien llevado en familia, es considerado un clásico en la zona y llama la atención por sus cuadros, pues los pintó el fundador de la casa. Su carta regional contempla especialidades como el Arroz con almejas o las sabrosas Albóndigas de calamar.

Menú 25/35 € – Carta 24/36 €

carret. de Oviedo 182 ✉ *39530* – ✆ *942 82 00 56 – cerrado 2ª quincena de junio, 2ª quincena de noviembre, domingo noche y lunes*

PUENTE ULLA A Coruña → Ver Ponte Ulla

PUERTO BANÚS Málaga → Ver Marbella

El PUERTO DE SANTA MARÍA

Cádiz – 88 335 h. – Mapa regional : **1**-A2
Mapa de carreteras Michelin nº 578-W11

✿✿✿ **Aponiente** (Ángel León)   舒 ✦ AC 🍸 ⇔ **P**

CREATIVA · DE DISEÑO 🍴🍴🍴 Enrólese en el buque del chef jerezano Ángel León, un entusiasta del mar que, al igual que el capitán Cousteau en su ya mítico barco Calypso, ha encontrado en su restaurante el entorno perfecto para estudiar todo lo relacionado con el medio marino, siempre en colaboración con distintas universidades e instituciones científicas.

Si el espacio en sí supone una metáfora del aprovechamiento de recursos, pues ocupa un maravilloso Molino de Mareas de 1815 ubicado en una marisma salinera, el planteamiento culinario no puede causar menor admiración.

El cocinero toma como base la exaltación de los humildes pescados de descarte (la esencia de sus salsas, caldos y fondos) y apuesta por la bioluminiscencia, la adaptación del plancton al consumo humano, los originales embutidos marinos, el aprovechamiento del exoesqueleto de los crustáceos... detalles increíbles logrados gracias a técnicas vanguardistas que le han llevado, en volandas, al Olimpo gastronómico y a ser conocido como "El chef del mar".

→ Embutidos marinos. Cáscaras del mar crujientes. Mar dulce.

Menú 190/220 € – solo menú

Francisco Cossi Ochoa (Molino de Mareas El Caño) ✉ *11500* – ✆ *956 85 18 70* *– www.aponiente.com – cerrado diciembre-marzo, lunes salvo julio-agosto y domingo*

⑩ **El Faro del Puerto**   舒 🍽 AC 🍸 ⇔ **P**

COCINA TRADICIONAL · AMBIENTE CLÁSICO 🍴🍴🍴 Atractivo restaurante dotado con varios comedores y privados de línea clásica-elegante, así como una completísima bodega. Cocina de base tradicional con algún toque actual.

Menú 55/95 € – Carta 38/61 €

av. de Fuenterrabía ✉ *11500* – ✆ *956 87 09 52* *– www.elfarodelpuerto.com – cerrado domingo noche salvo agosto*

⑩ **Los Portales**   AC 🍸 ⇔ 🚗

COCINA TRADICIONAL · AMBIENTE CLÁSICO 🍴🍴 Un gran clásico en la Ribera del Marisco, a orillas del Guadalete. Posee un bar típico y varias salas de línea clásica. Carta especializada en pescados y mariscos de la bahía.

Menú 25/40 € – Carta 30/45 €

Ribera del Marisco 7 ✉ *11500* – ✆ *956 54 21 16* *– www.losportales.com*

ⅱ○ **La Taberna del Chef del Mar**

CREATIVA · SIMPÁTICA ✗ Ocupa las antiguas instalaciones de Aponiente y es la manera más económica de acceder a las creaciones del chef Ángel León, pues aquí todo está en formato de tapas y raciones.

Tapa 5 € – Ración aprox. 12 €

Puerto Escondido 6 ✉ 11500 – ✆ 956 11 20 93 – cerrado diciembre-febrero, domingo noche y lunes

en la carretera de Rota - Oeste : 1,5 km

🏠 **Los Jándalos Vistahermosa**

TRADICIONAL · CLÁSICA Sobre todo destaca por el gran confort y la calidad de sus habitaciones, muy superiores a los apartamentos y a los dúplex del anexo. Espléndido entorno ajardinado y SPA. El restaurante, de buen montaje, se complementa con un agradable porche acristalado.

45 apartamentos – 🛏126/360 € – 🍴12 € – 18 hab

Amparo Osborne - Vistahermosa ✉ 11500 El Puerto de Santa María – ✆ 956 87 34 11 – www.jandalos.com

PUERTO DE VEGA

Asturias – 1 849 h. – Mapa regional : **3**-A1
Mapa de carreteras Michelin nº 572-B10

🍽 **Mesón el Centro** ⓝ

COCINA TRADICIONAL · SENCILLA ✗ Un local modesto, pero con carácter, ubicado en el casco antiguo de un precioso pueblo marinero. Aquí podrá degustar una cocina tradicional de muy buen nivel, con toques actuales y sabrosas especialidades, como las Croquetas cremosas de cigala y albariño.

Menú 35 € – Carta 26/48 €

pl. de Cupido ✉ 33790 – ✆ 985 64 85 67 – cerrado octubre, noviembre, lunes noche y martes salvo julio y agosto

🏠 **Pleamar**

FAMILIAR · ACOGEDORA Este coqueto hotel le sorprenderá por su cuidadísima decoración. Ofrece habitaciones personalizadas de estilo rústico-actual, todas con detalles marineros y vistas al mar.

9 hab – 🛏65/85 € 🛏75/90 € – 🍴8 €

Párroco Penzol 46 ✉ 33790 – ✆ 985 64 88 66 – www.hotelpleamar.com – cerrado 15 diciembre-febrero

PUIG-REIG

Barcelona – 4 167 h. – Alt. 455 m – Mapa regional : **9**-C2
Mapa de carreteras Michelin nº 574-G35

ⅱ○ **El Celler de Ca la Quica**

COCINA TRADICIONAL · RÚSTICA ✗ ¡Casa del s. XIX a la que se accede por un lateral! Tiene las salitas repartidas por su bodega, todas con las paredes en piedra y los techos abovedados. Ofrece una carta de mercado a precios económicos y un menú del día con varios arroces.

Menú 15 € – Carta 30/50 €

Major 48 (entrada lateral) ✉ 08692 – ✆ 938 38 02 20 – www.elcellerdecalaquica.es – solo almuerzo salvo viernes y sábado – cerrado del 20 al 26 de agosto y lunes

QUEJANA Álava → Ver Kexaa

QUINTANA DE SOBA

Cantabria – Mapa regional : **6**-C1
Mapa de carreteras Michelin nº 572-C19

Casona de Quintana   🕭 ≤ 🏠 🅿

AGROTURISMO · RURAL ¿Le apetece alojarse entre montañas y desfiladeros? En esta casa, rehabilitada desde el respeto a su propia rusticidad, podrá hacerlo. Relax, confort y tranquilidad absoluta.

8 hab ⌂ – ♦100/125 € ♦♦100/125 €

sitio del Castillo 1 ✉ 39806 – ℰ 942 67 73 53 – www.casonadequintana.com – cerrado 8 diciembre-marzo

QUINTANADUEÑAS
Burgos – Alt. 850 m – Mapa regional : **8**-C1
Mapa de carreteras Michelin n° 575-E18

al Sureste 1,3 km

🍴 **La Galería**   ᵶ 🖭 ⅌ ⇆ 🚗

COCINA TRADICIONAL · ACOGEDORA XX El restaurante a la carta, dotado con dos hornos de leña y un acceso independiente, presenta un comedor luminoso y actual con toda una pared acristalada. Cocina tradicional.

Menú 12 € – Carta 34/45 €

Gregorio López Bravo 2 ✉ 09197 Quintanadueñas – ℰ 947 29 26 06 – www.hqlagaleria.com – cerrado domingo noche

QUINTANAR DE LA ORDEN
Toledo – 11 604 h. – Alt. 691 m – Mapa regional : **7**-C2
Mapa de carreteras Michelin n° 576-N20

🍴 **Granero**   🖼 ᵶ 🖭

MODERNA · ELEGANTE XX Un restaurante familiar con historia, pues ya está regentado por la 3ª generación. Presenta un montaje bastante cuidado, actual y no exento de cierta elegancia. Amplia carta de cocina actual, donde juegan acertadamente con los sabores.

Menú 35/50 € – Carta 35/53 €

San Fernando 90 ✉ 45800 – ℰ 925 18 02 38 – cerrado del 1 al 15 de octubre y miércoles

QUINTANILLA DE ONÉSIMO
Valladolid – 1 078 h. – Alt. 745 m – Mapa regional : **8**-C2
Mapa de carreteras Michelin n° 575-H16

en la carretera N 122 Este : 3 km

🍴 **Taller**   ꝸ ≤ 🖭 ⅌ 🅿

CREATIVA · DE DISEÑO XX Resulta singular y sorprende por su amplitud, con detalles de diseño y vistas tanto a la cocina acristalada como a los viñedos. Cocina de autor con excelente puesta en escena.

Menú 70/110 € – Carta 62/70 €

Hotel Arzuaga, km 325 ✉ 47350 Quintanilla de Onésimo – ℰ 983 68 11 46 – www.tallerarzuaga.com – solo almuerzo salvo viernes y sábado – cerrado del 13 al 24 de enero y lunes

🏨 **Arzuaga**   ✿ 🏠 🛜 ⌱ 🖳 ᵶ 🖭 🧖 🅿

SPA Y BIENESTAR · ELEGANTE Se halla en la bodega homónima y es una gran opción para el enoturista. Encontrará numerosos salones para reuniones de empresa, confortables habitaciones, unas de estilo castellano y otras de estética clásica-actual, así como restaurantes y un SPA con servicios de vinoterapia. ¡Interesante oferta de experiencias!

97 hab ⌂ – ♦115/155 € ♦♦130/165 €

km 325 ✉ 47350 Quintanilla de Onésimo – ℰ 983 68 70 04 – www.hotelarzuaga.com

🍴 **Taller** – ver selección restaurantes

QUINTANILLA DEL AGUA
Burgos – 419 h. – Alt. 851 m – Mapa regional : **8**-C2
Mapa de carreteras Michelin n° 575-F19

🏠 El Batán del Molino ☆ 🦢 🕳 ⚒ 🅿

FAMILIAR · RÚSTICA Molino harinero del s. XI emplazado en un paraje de agradables exteriores, con jardín, césped y piscina. Su arquitectura tradicional combina el adobe y la piedra de los muros con las vigas de madera. Menú de cocina casera con productos de su propia huerta.

9 hab – 👤50 € 👥👥60 € – ☕5 €
El Molino, Sur : 1 km ✉ 09347 – ☎ 658 80 09 13
– www.elbatandelmolino.com
– cerrado enero y febrero

RACÓ DE SANTA LLUCÍA Barcelona → Ver Vilanova i la Geltrú

RÁFALES
Teruel – 133 h. – Alt. 627 m – Mapa regional : **2**-C3
Mapa de carreteras Michelin n° 574-J30

😊 La Alquería [AC]

MODERNA · RÚSTICA 🍴 Sorprende gratamente, tanto por su emplazamiento en la Plaza Mayor como por su esmerada oferta gastronómica. Resulta acogedor y tremendamente familiar, con una cocina de tinte actual que, partiendo de una materia prima cercana, siempre ensalza los sabores.

Carta 28/41 €
Hotel La Alquería, pl. Mayor 9 ✉ 44589 – ☎ 978 85 64 05 (es necesario reservar)
– www.lalqueria.net
– cerrado domingo noche

🏠 La Alquería 🦢 [AC]

TRADICIONAL · PERSONALIZADA Una casa restaurada de línea rústica-actual. Compensa su reducida zona social con habitaciones muy bien personalizadas, todas con guiños al libro "Los duendes del Matarraña".

6 hab ☕ – 👤52/84 € 👥👥72/92 €
pl. Mayor 9 ✉ 44589 – ☎ 978 85 64 05
– www.lalqueria.net
😊 **La Alquería** – ver selección restaurantes

RAMALES DE LA VICTORIA
Cantabria – 2 820 h. – Alt. 84 m – Mapa regional : **6**-C1
Mapa de carreteras Michelin n° 572-C19

🍴○ El Ronquillo ⓝ [AC]

REGIONAL · RURAL 🍴 En este negocio, de ambiente rústico y familiar, proponen una cocina regional que recupera sabores de otra época... eso sí, en base a producto autóctono y técnicas actuales.

Menú 15/50 € – Carta 30/62 €
Menéndez Pelayo 2 ✉ 39800 – ☎ 942 64 60 55 (es necesario reservar)
– www.restauranteronquillo.es
– cerrado 10 días en marzo, lunes noche de 14 junio-20 septiembre, domingo noche y lunes resto del año

---

Los precios junto al símbolo 👤 corresponden al precio más bajo en temporada baja, después el precio más alto en temporada alta, para una habitación individual. El mismo principio con el símbolo 👥👥, esta vez para una habitación doble.

ESPAÑA

RAXÓ
Pontevedra – 1 051 h. – Mapa regional : **13**-A2
Mapa de carreteras Michelin nº 571-E3

en Serpe Norte : 1,5 km

❀ **Pepe Vieira** (Xosé T. Cannas) ≼ 🅰🅲 🛇 🅿

CREATIVA · MARCO CONTEMPORÁNEO XxX ¡Toda una referencia de la cocina gallega actual! El restaurante, de estética vanguardista, destaca tanto por su emplazamiento, en pleno monte, como por su distribución interior, pues apuesta por convertir la cocina, físicamente, en una parte esencial de la experiencia. Sus menús denotan dominio técnico y creatividad.

→ O rei dos Xíbaros. Home peixe. Limón a Serpe.

Menú 93/110 € – solo menú

camiño da Serpe ✉ 36992 Raxó – 🕽 986 74 13 78 (es necesario reservar para cenar) – www.pepevieira.com – cerrado 6 enero-13 marzo, domingo noche y lunes

REBOREDO Pontevedra → Ver O Grove

REDONDELA
Pontevedra – 29 697 h. – Mapa regional : **13**-B3
Mapa de carreteras Michelin nº 571-F4

🏵 **O Xantar de Otelo** 🍴 ᚛ 🅰🅲 🛇 ⇔ 🅿

REGIONAL · AMBIENTE CLÁSICO X Este negocio familiar cuenta con sus propios barcos de pesca, por lo que aquí siempre ofrecen pescados y mariscos de calidad a precios interesantes. Buena cocina gallega.

Menú 10/60 € – Carta 25/39 €

*av. Estación de Ferrocarril 27 ✉ 36800 – 🕽 986 40 15 20
– www.oxantardeotelo.com – cerrado Semana Santa, domingo y lunes noche*

REGENCÓS
Girona – 285 h. – Alt. 78 m – Mapa regional : **10**-B1
Mapa de carreteras Michelin nº 574-G39

🏵 **La Calèndula** 🍴 ᚛ 🅿

MEDITERRÁNEA · DE DISEÑO XX Un restaurante original y atractivo, pues ocupa el antiguo teatro de la localidad. Su propuesta, sumamente detallista, exalta el producto cercano y... ¡el mundo de las flores!

Carta 45/63 €

Hotel Del Teatre, Nou 2 ✉ 17214 – 🕽 972 30 38 59 – www.lacalendula.net – abierto junio-septiembre y fines de semana en abril-mayo y octubre-diciembre

🏠 **Del Teatre** 🕭 ᛩ 🅰🅲 🛇 🅿

CASA DE CAMPO · RÚSTICA Una bella casa del s. XVIII que aún conserva los muros en piedra, en perfecta armonía con el entorno de este pequeño pueblo del Baix Empordà. Ofrece habitaciones con muchísimo encanto, todas en un estilo rústico bastante auténtico y con equipamiento actual.

7 hab ⌂ – †135/160 € ††135/160 €

pl. Major ✉ 17214 – 🕽 972 30 38 59 – www.hoteldelteatre.com – abierto junio-septiembre y fines de semana en abril-mayo y octubre-diciembre

🏵 **La Calèndula** – ver selección restaurantes

REINOSA
Cantabria – 9 605 h. – Alt. 850 m – Mapa regional : **6**-B2
Mapa de carreteras Michelin nº 572-C17

🏠 **Villa Rosa** ⛶

FAMILIAR · PERSONALIZADA Hotelito de ambiente clásico instalado en una hermosa villa de principios del s. XX. Ofrece unos cuidados exteriores, un atractivo SPA para uso privado y habitaciones de buen confort.

12 hab ⌂ – †40/60 € ††60/80 €

Héroes de la Guardia Civil 4 ✉ 39200 – 🕽 942 75 47 47 – www.villarosa.com

RENEDO DE CABUÉRNIGA

Cantabria – Mapa regional : **6**-B1

Mapa de carreteras Michelin n° 572-C17

🏠 Reserva del Saja ❶   🎣 ← 🛋 🍴 🕭 ♨ 🔲 👤 & 🏧 🛇 🅿

SPA Y BIENESTAR · ACOGEDORA Se encuentra en pleno Parque Natural Protegido de Saja-Nansa y llama la atención por su filosofía, pues sigue las directrices de un hotel ecológico. Ofrece habitaciones bien reformadas y un restaurante, este especializado en platos tradicionales y de caza.

48 hab ⌂ – ♦66/82 € ♦♦105/132 €

El Mentidero ✉ 39511 – *𝒞* 942 70 61 90 – www.arhareservadelsaja.com – *abierto 12 marzo-9 noviembre y fines de semana resto del año*

RENTERÍA Guipúzcoa ➜ Ver Errenteria

REUS

Tarragona – 103 194 h. – Alt. 134 m – Mapa regional : **9**-B3

Mapa de carreteras Michelin n° 574-I33

🍴 Joan Urgellès   🏧 🛇

MODERNA · A LA MODA ✕✕ Se halla en el casco antiguo y sorprende por su interiorismo, pues juega con las penumbras y una estudiada iluminación. Cocina mediterránea-creativa con influencias asiáticas.

Menú 20/50 € – Carta 38/57 €

Aleus 7 ✉ 43201 – *𝒞* 977 34 21 78 – www.joanurgelles.com – *cerrado enero y domingo*

RIBADEO

Lugo – 9 929 h. – Alt. 46 m – Mapa regional : **13**-D1

Mapa de carreteras Michelin n° 571-B8

🏠 Parador de Ribadeo   🎣 🐾 ← 🔲 & 🛇 🐎 🚗

TRADICIONAL · CLÁSICA Está en un paraje idílico, dominado por la ría y los bellos pueblos de la otra orilla... por eso, muchas habitaciones poseen galería-mirador. En el restaurante, de aire rústico, proponen una carta regional y especialidades como el Arroz caldoso con bogavante.

47 hab – ♦80/215 € ♦♦80/215 € – ⌂ 17 € – 1 suite

Amador Fernández 7 ✉ 27700 – *𝒞* 982 12 88 25 – www.parador.es

RIBADESELLA

Asturias – 5 904 h. – Mapa regional : **3**-C1

Mapa de carreteras Michelin n° 572-B14

❀ Arbidel (Jaime Uz)   🏠 🏧 🛇

MODERNA · ROMÁNTICA ✕✕ ¡Una joya gastronómica! Este restaurante, ubicado en una tranquila callejuela del casco antiguo, disfruta de una pequeña sala rústica-actual y una coqueta terracita sobre la calle peatonal. ¿Su propuesta? Cocina regional actualizada, con algunos platos de autor y la interesantísima opción de dos menús degustación.

➜ Anguila ahumada y trufa, pil pil de coliflor y ajonegro como si fuera un ajo-blanco. Merluza a la romana a nuestra manera. Esponjoso de Taramundi, guirla-che de nuez, nieve de remolacha y romero helado.

Menú 52/85 € – Carta 45/66 €

Oscura 1 ✉ 33560 – *𝒞* 985 86 14 40 – www.arbidel.com – *cerrado 15 días en noviembre, 15 días en enero, domingo noche, martes noche y lunes salvo verano*

🏠 El Jardín de Eugenia   🔲 🛇 🅿

FAMILIAR · ACOGEDORA Rompe con la estética de los hoteles en la zona, pues es moderno y tiene detalles de vanguardia. Habitaciones confortables, en la 2ª planta abuhardilladas, y buen desayuno.

14 hab ⌂ – ♦70/100 € ♦♦85/156 €

Palacio Valdés 22 ✉ 33560 – *𝒞* 985 86 08 05 – www.eljardindeugenia.com

en la playa

ⅠⒶ Quince Nudos

COCINA TRADICIONAL · ACOGEDORA X Algo escondido aunque... ¡próximo a la playa! Proponen una cocina de base tradicional con toques actuales, otorgando un lugar de honor a los arroces en todas sus variantes.

Menú 48 € – Carta 44/52 €

Avelina Cerra 6 ⊠ 33560 Ribadesella – ℰ 984 11 20 73
– www.restaurantequincenudos.com – solo almuerzo salvo viernes y sábado de octubre a mayo – cerrado noviembre y martes salvo 10 julio-10 septiembre

🏨 G.H. del Sella

TRADICIONAL · CLÁSICA Se encuentra en 1ª línea de playa y está instalado parcialmente en el antiguo palacio de verano de los marqueses de Argüelles, dotado con elegantes dependencias y un buen SPA. El restaurante ofrece una carta tradicional, con varios arroces y platos marineros.

78 hab ⌂ – ♦75/125 € ♦♦90/170 € – 4 suites

Ricardo Cangas 17 ⊠ 33560 Ribadesella – ℰ 985 86 01 50
– www.granhoteldelsella.com – abierto Semana Santa-15 octubre

🏨 Villa Rosario

TRADICIONAL · CLÁSICA Singular palacete de estilo indiano ubicado a pie de playa. Encontrará dos tipos de habitaciones: las clásicas en el edificio principal y unas más actuales cruzando la calle.

33 hab ⌂ – ♦90/240 € ♦♦90/270 €

Dionisio Ruisánchez 6 ⊠ 33560 Ribadesella – ℰ 985 86 00 90
– www.hotelvillarosario.com – cerrado enero y febrero

por la carretera de Collía

🏠 Villadesella

PARTICULAR · FUNCIONAL Agradable, cuidado y... ¡con estupendas vistas sobre al litoral! Ofrece confortables habitaciones de línea funcional-actual, algunas abuhardilladas, así como un restaurante de marcado carácter panorámico.

10 hab ⌂ – ♦45/98 € ♦♦68/144 €

Sebreño, Suroeste : 2 km ⊠ 33560 Ribadesella – ℰ 985 85 77 02
– www.hotelvilladesella.com – cerrado noviembre

en Güertona Suroeste : 2 km

ⅠⒶ La Huertona

COCINA TRADICIONAL · ACOGEDORA XX ¡Con buen nombre en la zona! Posee un gastrobar y un cuidado comedor, muy luminoso, con vistas a los verdes alrededores. Carta de mercado que ensalza los pescados de la zona.

Carta 31/84 €

carret. de Junco ⊠ 33560 Ribadesella – ℰ 985 86 05 53 (es necesario reservar para cenar) – www.restaurantelahuertona.com – solo almuerzo salvo viernes, sábado y verano
– cerrado 2ª quincena de junio, 2ª quincena de octubre y martes salvo julio-septiembre

en Junco Suroeste : 4 km

🏠 Paraje del Asturcón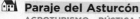

AGROTURISMO · RÚSTICA Tranquilo y con excelentes vistas, sobre todo desde las estancias abuhardilladas. Encontrará un acogedor salón social con chimenea y habitaciones rústicas de notable amplitud.

10 hab – ♦44/88 € ♦♦66/110 € – ⌂ 6 €

⊠ 33560 Junco – ℰ 696 76 77 70
– www.parajedelasturcon.com

RIBES DE FRESER

Girona – 1 818 h. – Alt. 920 m – Mapa regional : **9**-C1
Mapa de carreteras Michelin n° 574-F36

⅋○ Els Caçadors　　　　　　　　　　　　　　AC 🍽

REGIONAL · FAMILIAR XX Tiene tradición y viste sus paredes con fotos antiguas, del negocio y la familia. Su carta de tinte regional atesora algún que otro plato perenne en la historia desde sus tiempos de fonda, como los ya clásicos Calamares fritos de la casa.

Menú 18 € – Carta 23/45 €

Balandrau 24 ⊠ 17534 – 𝒞 972 72 70 77 – www.hotelsderibes.com – cerrado 25 junio-7 julio y del 5 al 24 de noviembre

🏠 Resguard dels Vents　　　🏠 🐾 ⪉ ☖ 🕸 ☰ 🕭 AC 🦽 **P**

TRADICIONAL · FUNCIONAL Interesante para disfrutar de la estancia y el entorno en pareja, pues se encuentra aislado en la falda de una montaña. Atesora unas atractivas fachadas en piedra, un luminoso SPA, magníficas vistas al valle y... ¡un poema al viento en cada habitación! El restaurante centra su oferta en un menú tradicional.

16 hab �︎ – ♦130/154 € ♦♦160/188 € – 1 suite

*camí de Ventaiola, Norte : 1 km ⊠ 17534 – 𝒞 972 72 88 66
– www.hotelresguard.com – cerrado 21 días en noviembre*

RICOTE

Murcia – 1 369 h. – Alt. 400 m – Mapa regional : **16**-B2
Mapa de carreteras Michelin n° 577-R25

⊛ El Sordo　　　　　　　　　　　　　　🐾 AC 🍽

COCINA TRADICIONAL · A LA MODA XX Una casa familiar que... ¡le sorprenderá! Presenta un bar público y dos salas de línea actual, en general con buenos detalles de diseño. Cocina tradicional y regional elaborada con muchos productos de la zona, buen menú degustación y exquisitos platos de caza.

Menú 32 € – Carta 25/40 €

Alharbona ⊠ 30610 – 𝒞 968 69 71 50 – www.elsordo.es – solo almuerzo salvo viernes, sábado y domingo – cerrado julio y lunes salvo festivos

RIPOLL

Girona – 10 632 h. – Alt. 682 m – Mapa regional : **9**-C1
Mapa de carreteras Michelin n° 574-F36

⅋○ Reccapolis　　　　　　　　　　　　🏠 AC 🍽 🔄

COCINA TRADICIONAL · AMBIENTE CLÁSICO XX Presenta tres acogedoras salas, coloristas y de línea clásica-modernista, así como un coqueto balcón-terraza con vistas al río. Cocina tradicional actualizada, siempre con producto de temporada y la posibilidad de medias raciones.

Menú 26 € – Carta 30/52 €

*carret. Sant Joan 68 (C 151a) ⊠ 17500 – 𝒞 972 70 21 06 – www.reccapolis.com
– solo almuerzo salvo viernes y sábado – cerrado 15 días en septiembre*

RIUDOMS

Tarragona – 6 633 h. – Mapa regional : **9**-B3
Mapa de carreteras Michelin n° 574-I33

⅋○ El Celler de L'Arbocet　　　　　　🏠 AC 🔄

REGIONAL · RÚSTICA XX Instalado en una casa solariega, del s. XVIII, que sorprende por su ambiente rústico-moderno. Cocina tradicional actualizada en base a productos ecológicos y de proximidad.

Menú 25/65 € – Carta 40/65 €

Masferrer 9 ⊠ 43330 – 𝒞 977 85 00 82 – www.cellerarbocet.com – solo almuerzo salvo julio-agosto, viernes y sábado – cerrado del 15 al 28 de febrero, 14 octubre-25 noviembre, domingo noche, lunes y martes

RIVAS-VACIAMADRID
Madrid – 81 473 h. – Alt. 590 m – Mapa regional : **15**-B2
Mapa de carreteras Michelin nº 576-L19

ⅰ○ **La Rotonda**
COCINA TRADICIONAL · SIMPÁTICA X Emplazado en un centro comercial de Rivas Urbanizaciones. Ofrece una sala de línea actual-funcional y una carta tradicional, con sugerencias diarias cantadas en la mesa.

Carta 35/50 €

paseo Las Provincias 3 (C.C. Covibar 2) ✉ *28523 –* ✆ *916 66 93 65 – cerrado domingo noche*

ROBLEDO DE CHAVELA
Madrid – 3 955 h. – Alt. 903 m – Mapa regional : **15**-A2
Mapa de carreteras Michelin nº 576-K17

🏠 **Rincón de Traspalacio**
TRADICIONAL · ELEGANTE Llama la atención por su estética rústica-elegante, con un espacio interior ajardinado, una acogedora zona social y habitaciones bien personalizadas. El restaurante ofrece una carta reducida, pero cuidada, con opción a menús, carnes y platos tradicionales.

20 hab 🖙 – ♦54/68 € ♦♦68/83 €

Traspalacio 24 ✉ *28294 –* ✆ *918 98 15 30 – www.rincondetraspalacio.com*

El ROCÍO
Huelva – Mapa regional : **1**-A2
Mapa de carreteras Michelin nº 578-U10

🕊 **Aires de Doñana**
COCINA TRADICIONAL · MARCO REGIONAL X Destaca por su ambiente marismeño, pues el mobiliario tradicional se ve apoyado por el típico techo, a dos aguas, en madera y castañuela. Encontrará una buena cocina tradicional y una maravillosa terraza asomada a la laguna, con la ermita de El Rocío al fondo.

Menú 35 € – Carta 25/40 €

av. de la Canaliega 1 ✉ *21750 –* ✆ *959 44 27 19 – cerrado del 8 al 10 de junio, 24 junio-14 julio y lunes*

RODA DE ISÁBENA
Huesca – 36 h. – Alt. 751 m – Mapa regional : **2**-D1
Mapa de carreteras Michelin nº 574-F31

🏠 **Hospedería de Roda de Isábena**
TRADICIONAL · FUNCIONAL ¡Frente a la Catedral románica del s. XI! Ocupa un sobrio edificio medieval que ha sido completamente renovado, ofreciendo un pequeño salón social con chimenea y unas habitaciones de confort actual... casi todas con balcón o terraza.

10 hab – ♦40/55 € ♦♦50/75 € – 🖙 9 €

pl. de la Catedral ✉ *22482 –* ✆ *974 54 45 54 – www.hospederia-rdi.com – cerrado del 20 al 30 de diciembre y del 5 al 15 de enero*

La ROMANA
Alicante – 2 431 h. – Mapa regional : **11**-A3
Mapa de carreteras Michelin nº 577-Q27

🏠 **La Romana**
Una antigua casona rodeada de viñedos. Ofrece unas habitaciones actuales, varias con terraza, y algunos tratamientos de relax (spa, hammam, masajes...). El restaurante, con una carta tradicional-mediterránea, posee también un salón para eventos en una bodega.

18 hab 🖙 – ♦69/89 € ♦♦85/135 €

Partida Casa Azorín, Sur : 1 km ✉ *03669 –* ✆ *629 92 88 74 – www.hotelspalaromana.com – cerrado 14 días en enero*

ROMANYÀ DE LA SELVA

Girona – 145 h. – Mapa regional : **10**-B1
Mapa de carreteras Michelin n° 574-G38

🍴○ Can Roquet   🈴 AC

MODERNA · ACOGEDORA 🟅🟅 Se halla en un pueblecito de montaña, instalado en una antigua casa de piedra que hoy se presenta con una decoración de contrastes. Cocina actual-creativa y relajante terraza.

Carta 38/66 €

pl. de l'Esglesia 1 ⊠ 17246 – 𝒞 972 83 30 81 – www.canroquet.com – cerrado 19 noviembre-febrero, lunes mediodía, martes mediodía y miércoles mediodía en julio-agosto, lunes y martes resto del año

RONDA

Málaga – 34 381 h. – Alt. 750 m – Mapa regional : **1**-A3
Mapa de carreteras Michelin n° 578-V14

⊗ Bardal (Benito Gómez)   ⅙ AC 🌿

CREATIVA · DE DISEÑO 🟅🟅 Toma el nombre de un arbusto espinoso y presenta una estética que supone todo un ejercicio de interiorismo, pues dentro de ser actual conjuga a la perfección la luz y la simplicidad. El chef propone, a través de sus menús, una cocina de sabor sin aparentes artificios, ensalzando el producto de temporada y proximidad.

→ Jugo de pipirrana picante y quisquillas. Chivo y berros. Moras, leche de oveja y eucalipto.

Menú 85/100 € – solo menú

José Aparicio 1 ⊠ 29400 – 𝒞 951 48 98 28 – www.restaurantebardal.com – cerrado 6 enero-7 febrero, domingo y lunes

🍴○ Albacara   ← 🈴 AC 🌿 🚗

COCINA TRADICIONAL · AMBIENTE CLÁSICO 🟅🟅 Disfruta de personalidad propia respecto al hotel Montelirio y destaca por sus vistas al Tajo desde algunas mesas. Cocina tradicional con un apartado de platos vegetarianos.

Carta 37/59 €

Hotel Montelirio, Tenorio 8 ⊠ 29400 – 𝒞 952 87 38 55 – www.hotelmontelirio.com – cerrado 11 enero-9 marzo

🍴○ Tragatá   🈴 AC

COCINA TRADICIONAL · MARCO CONTEMPORÁNEO 🌱 Informal, alegre, luminoso... ¡un espacio que fusiona lo moderno y lo andaluz! ¿Qué ofrecen? Embutidos, salazones, latas de alta gama, chapatas, platos de cuchara, raciones...

Tapa 3 € – Ración aprox. 12 €

Nueva 4 ⊠ 29400 – 𝒞 952 87 72 09 – www.tragata.com

🏨 Parador de Ronda   🏌 ← 🛎 ⤴ ⊡ AC 🔱 🚗

TRADICIONAL · MODERNA Destaca por su excepcional emplazamiento, pues se halla al mismo borde del Tajo. Presenta un buen hall-recepción, cubierto por una cúpula moderna, y habitaciones de completo equipamiento, todas con los suelos en tarima. En su comedor, luminoso y de montaje clásico, encontrará una cocina de tinte regional.

78 hab – ♦105/260 € ♦♦105/260 € – ☷ 19 €

pl. de España ⊠ 29400 – 𝒞 952 87 75 00 – www.parador.es

🏨 San Gabriel   🈂 ⊡ AC 🌿

HISTÓRICO · ACOGEDORA Una mansión nobiliaria de 1736 que perteneció a... ¡la familia del conquistador Pizarro! Atesora un patio andaluz y habitaciones personalizadas, todas con mobiliario de época.

22 hab – ♦69/89 € ♦♦69/129 € – ☷ 7 €

Marqués de Moctezuma 19 ⊠ 29400 – 𝒞 952 19 03 92 – www.hotelsangabriel.com – cerrado 21 diciembre-9 enero y del 19 al 31 de julio

ESPAÑA

🏛 Montelirio   🖼 ⅄ 🅰🅲 🍴 🚗

PALACE · ELEGANTE Casa-palacio del s. XVII dotada de vistas parciales al Tajo de Ronda. Ofrece habitaciones de muy buen confort, todas personalizadas en su decoración, así como un patio y una espectacular terraza-balconada.

15 hab – 🛏100/143 € 🛏🛏110/165 € – 🍽14 €

Tenorio 8 ⊠ 29400 – 𝒞 952 87 38 55 – www.hotelmontelirio.com

🍴 **Albacara** – ver selección restaurantes

ROQUETAS DE MAR

Almería – 90 623 h. – Mapa regional : **1**-D2
Mapa de carreteras Michelin nº 578-V22

🌸 Alejandro   🅰🅲 🍴 ⟷

MODERNA · MARCO CONTEMPORÁNEO ⅩⅩ Moderno restaurante situado en la zona del puerto. En su interior, con los fogones a la vista, le propondrán una cocina creativa de sugerentes matices y texturas, destacable por sus presentaciones y elaborada con productos de gran calidad.

→ Gurullos de calamar y ortiguillas de mar. Cordero confitado. Crema de hinojo, tierra de romero y aloe vera.

Menú 33/75 € – Carta 42/61 €

av. Antonio Machado 32 ⊠ 04740 – 𝒞 950 32 24 08
– www.restaurantealejandro.es – cerrado 2ª quincena de enero, domingo noche, lunes y martes noche

ROSES ROSAS

Girona – 19 575 h. – Mapa regional : **9**-D3
Mapa de carreteras Michelin nº 574-F39

🍴 Die Insel   🅰🅲

INTERNACIONAL · AMBIENTE CLÁSICO ⅩⅩ Llevado por su chef-propietario, un alemán afincado desde hace años en la localidad. En su carta, tradicional e internacional, encontrará platos tan dispares como el Tartar de ternera sobre torta de patata con caviar o la Lubina a la sal.

Menú 17 € – Carta 35/55 €

Pescadors 17 ⊠ 17480 – 𝒞 972 25 71 23 – www.dieinsel.info – cerrado enero y martes

🏛 Terraza   ⛲ ≤ ⍐ 🔲 🆂🅿🅰 🏋 🖼 ⅄ 🅰🅲 😺 🚗

TRADICIONAL · AL BORDE DEL MAR Se encuentra en pleno paseo marítimo, donde está llevado, de forma impecable, por la 3ª generación de la misma familia. Encontrará una variada zona social, habitaciones de línea clásica-actual y un coqueto SPA con solárium en la 5ª planta. El restaurante tiene mucha luz natural y un correcto montaje.

80 hab 🍽 – 🛏80/240 € 🛏🛏95/295 € – 5 suites

av. Rhode 32 ⊠ 17480 – 𝒞 972 25 61 54 – www.hotelterraza.com – abierto 15 marzo-15 noviembre

en la urbanización Santa Margarida Oeste : 2 km – Mapa regional : **9**-D3

🍴 ROM   🍴 ⅄ 🅰🅲 🍴

COCINA TRADICIONAL · SIMPÁTICA Ⅹ Esta curiosa taberna destaca por su emplazamiento, en un bonito chalet frente a la playa. Carta de tinte tradicional cuya oferta cubre tapas, arroces, platos clásicos...

Carta 31/60 €

passeig Marítim 43 ⊠ 17480 Roses – 𝒞 972 15 11 94 – www.romroses.com – solo cena salvo sábado y domingo en verano – cerrado del 7 al 31 de enero, domingo noche y lunes en invierno y martes

🏠 1935　　　　　　　　　　⊡ ⴺ AC ⴺ

FAMILIAR · MODERNA Hotelito tipo villa ubicado cerca del paseo marítimo. Destaca por sus confortables habitaciones, todas de línea actual y con buena terraza. ¡Pequeña zona de césped-solárium!

10 hab ⌂ – ♦80/200 € ♦♦95/250 € – 4 apartamentos

av. del Salatar 16 ⊠ 17480 Roses – 𝒞 972 45 99 60
– www.hotel1935.com

en la playa de Canyelles Petites Sureste : 2,5 km

🌸 Els Brancs　　　　　　🐾 ⩽ 🏠 AC ⴺ 🚗

CREATIVA · AMBIENTE MEDITERRÁNEO �†�† Cautiva por su emplazamiento frente al mar, el ambiente elegante y sus hermosas vistas, sobre todo desde la magnífica terraza. Le propondrán una carta de carácter creativo, bien compensada por un menú degustación que conjuga a la perfección técnica y producto. ¡No se pierda la idílica puesta de sol desde la terraza!

→ "El maremoto", lo mejor del mar al natural y sopa fría de almendra. "Escudella marinera", salmonetes, galets de cigalitas y verduras. Tarta al whisky.

Menú 95/140 € – Carta 78/94 €

Hotel Vistabella, av. Díaz Pacheco 26 ⊠ 17480 Roses – 𝒞 972 25 60 08
– www.elsbrancs.com – solo cena – cerrado 20 octubre-15 abril y lunes

🏠 Vistabella　　　🌸 🐾 ⩽ 🗒 🖬 ⊡ ⴺ AC ⴺ 🏋 🚗

LUJO · MEDITERRÁNEA Disfruta de un emplazamiento realmente increíble, sobre la misma playa y con accesos casi privados a la misma. Se presenta con agradables terrazas de estilo mediterráneo, modernas habitaciones y una selecta oferta gastronómica... no en vano, en el restaurante Balcó de Mar veremos que tienen hasta su propio embarcadero.

19 hab ⌂ – ♦125/310 € ♦♦175/350 € – 15 suites

av. Díaz Pacheco 26 ⊠ 17480 Roses – 𝒞 972 25 62 00
– www.hotelvistabella.com – abierto 11 abril-20 octubre

🌸 **Els Brancs** – ver selección restaurantes

ROTA

Cádiz – 29 123 h. – Mapa regional : **1**-A2
Mapa de carreteras Michelin nº 578-W10

🍴 El Embarcadero　　　　　　⩽ AC ⴺ 🚗

COCINA TRADICIONAL · AMBIENTE MEDITERRÁNEO �†�† ¡Con una estética marinera-actual ajena a los tipismos! La cercanía al puerto pesquero nos habla de su carta, aunque en ella también hay pasta, arroces, platos vegetarianos...

Carta 33/48 €

Gravina 2 ⊠ 11520 – 𝒞 956 84 63 30
– www.hotelduquedenajera.com

RUBIELOS DE MORA

Teruel – 661 h. – Alt. 929 m – Mapa regional : **2**-B3
Mapa de carreteras Michelin nº 574-L28

🏠 De la Villa　　　　　　　　🌸 🐾 ⴺ

HISTÓRICO · ACOGEDORA Casa palaciega del s. XV que destaca por su atractiva fachada almenada, su precioso hall en piedra vista y sus habitaciones, en general bien personalizadas dentro de un estilo rústico-elegante. El restaurante, que recrea una estética rústica-actual y tiene terraza, propone una cocina de tinte tradicional.

14 hab ⌂ – ♦50/60 € ♦♦60/70 €

pl. del Carmen 2 ⊠ 44415 – 𝒞 978 80 46 40
– www.delavillahotel.es – cerrado del 2 al 13 de julio

RUILOBA

Cantabria – 768 h. – Alt. 35 m – Mapa regional : **6**-B1
Mapa de carreteras Michelin n° 572-B17

El Remedio 🏠 🅿

COCINA TRADICIONAL · ACOGEDORA XX Destaca por su ubicación, casi de postal, junto a una iglesia del s. XIX, a pocos metros del acantilado y rodeado de espacios verdes. Su cocina, de bases tradicionales, se construye en base al producto, con unas elaboraciones muy finas y de elegantes texturas.

Carta 33/46 €

barrio de Liandres, Ermita del Remedio, Norte : 2 km ✉ 39527 – ℰ 942 10 78 13
– www.restauranteelremedio.com – cerrado enero, febrero, domingo noche salvo agosto, martes noche y miércoles noche en noviembre-mayo y lunes

RUPIT

Barcelona – 281 h. – Mapa regional : **10**-A1
Mapa de carreteras Michelin n° 574-F37

Estrella 🛏 ✸ 🔄

FAMILIAR · RÚSTICA Fundado en 1946, construido en piedra e instalado en un pintoresco pueblo de montaña al que no se puede acceder en coche... de hecho, debe dejarlo en un parking y cruzar andando un puente colgante. Comedor con vistas al río y habitaciones de ambiente rústico.

17 hab ☷ – ♦85/112 € ♦♦110/140 €

pl. Bisbe Font 1 ✉ 08569 – ℰ 938 52 20 05
– www.hostalestrella.com

SABADELL

Barcelona – 207 814 h. – Alt. 188 m – Mapa regional : **10**-B3
Mapa de carreteras Michelin n° 574-H36

Duuo 🛁 🅰🅲 🛇

MODERNA · MARCO CONTEMPORÁNEO X Amplios espacios, alguna pared de cristal, predominio de tonos neutros que hacen destacar los toques de color... En esta casa, de línea contemporánea, apuestan por una cocina de gusto actual basada en la calidad del producto. ¡Interesantes menús!

Menú 46/49 € – Carta 31/50 €

Sant Llorenç 57-61 ✉ 08202 – ℰ 937 25 71 51
– www.duuorestaurant.com – cerrado del 7 al 10 de enero, del 12 al 26 de agosto, domingo noche y lunes salvo festivos

Can Feu 🛁 🅰🅲

COCINA TRADICIONAL · AMBIENTE CLÁSICO XX Casa familiar de excelente organización dotada con tres salas, una muy enfocada al menú diario. Proponen una cocina de mercado y de temporada, siempre con productos selectos.

Menú 18/68 € – Carta 30/53 €

Pintor Borrassà 43 ✉ 08205 – ℰ 937 26 27 91
– www.restaurantcanfeu.com – cerrado agosto, sábado noche, domingo y festivos

Nou Canaletes 🛁 🅰🅲 🛇

COCINA TRADICIONAL · SIMPÁTICA ⁹⁄ Un negocio singular, pues combina la estética propia de un restaurante con un ambiente actual y desenfadado, centrando su oferta en las tapas y en los platos para compartir.

Tapa 4 € – Ración aprox. 10 €

Capmany 24 ✉ 08201 – ℰ 937 25 93 47
– www.noucanaletes.com – cerrado del 12 al 19 de agosto y domingo

S'AGARÓ

Girona – Mapa regional : **10**-B1
Mapa de carreteras Michelin n° 574-G39

❀ Terra   🚲 �&Ꮒ ᎯᏟ ᏕᎨ Ꮧ

MODERNA · ELEGANTE XxX Un restaurante gastronómico de lujo con el sello del laureado chef Paco Pérez. Tiene personalidad propia respecto al hotel y presenta una propuesta bien definida, pues aquí se busca sublimar los auténticos sabores del Mare Nostrum revisando los platos mediterráneos desde una óptica moderna y elegantemente evolucionada.

→ Atún de almadraba en escabeche. Buey de mar, tomate y maíz. Refresh de piña, chirivía y gingerbeer.

Menú 150 € – Carta 110/140 €

Hotel Alàbriga, carret. de Sant Pol 633 ✉ *17220 –* ☎ *872 20 06 06*
– www.terra-restaurant.com – solo cena – cerrado domingo y lunes

⑪ Candlelight   ⇦ 🏠 ᎯᏟ ᏕᎨ Ꮧ

CREATIVA · ELEGANTE XxX Se halla en los bajos del hotel, recrea un ambiente clásico-elegante y elabora una cocina de tintes mediterráneos no exenta de algún toque francés. ¡Agradable terraza-patio!

Menú 88 € – Carta 63/98 €

Hostal de La Gavina, pl. de la Rosaleda ✉ *17248 –* ☎ *972 32 11 00*
– www.lagavina.com – solo cena – abierto Semana Santa-1 noviembre

ᗧᨆᨆᨆ Alàbriga   ⇐ �🔄 ᏝᏅ 🖲 🖰 ᎯᏟ 🗐

GRAN LUJO · ELEGANTE ¡Realmente exclusivo! Sorprende tanto por el diseño, pues este simula el casco de un yate fondeado, como por el lujo de sus apartamentos tipo suite, todos con increíbles terrazas asomadas al mar. Selecta oferta gastronómica y servicios de alto standing.

29 apartamentos ⌂ – ¶555/2765 €

carret. de Sant Pol 633 ✉ *17220 –* ☎ *872 20 06 00 – www.hotelalabriga.com*

❀ **Terra** – ver selección restaurantes

ᗧᨆᨆᨆ Hostal de La Gavina   🤸 🏊 ⇐ ⇦ �🔄 🖥 🆂🅿🅰 ᏝᏅ 🖰 🗐 ᎯᏟ 🏋 🗐

LUJO · CLÁSICA Un hotel de hermosos exteriores y amplias instalaciones que destaca por su estupendo emplazamiento al lado del mar. Ofrece habitaciones de buen confort general, decoradas con mobiliario antiguo de diferentes estilos, y un completo SPA.

74 hab ⌂ – ¶220/430 € ¶¶240/450 € – 16 suites

pl. de la Rosaleda ✉ *17248 –* ☎ *972 32 11 00 – www.lagavina.com – abierto Semana Santa-1 noviembre*

⑪ **Candlelight** – ver selección restaurantes

SAGÀS

Barcelona – 157 h. – Alt. 738 m – Mapa regional : **9**-C2
Mapa de carreteras Michelin n° 574-F35

por la carretera C 62 Sur : 1,5 km y desvío a la derecha 0,5 km

❀ Els Casals (Oriol Rovira)   🚲 ⇦ 🏊 �&Ꮒ ᎯᏟ ᏕᎨ 🅿

MODERNA · RÚSTICA XxX Masía ubicada en una finca que, a su vez, le abastece de casi todos sus productos. En el comedor, decorado artesanalmente con la madera de robles centenarios, le presentarán una extensa carta de cocina actual con hondas raíces locales. También disponen de habitaciones y... ¡ofrecen visitar la granja al cliente alojado!

→ Sobrasada con panal de miel y pan con tomate. Cochinillo de Cal Rovira con trinxat de judía y ensalada de col y naranja. Flan con sorbete de limón y nata.

Menú 64/78 € – Carta 60/75 €

9 hab ⌂ – ¶76/146 € ¶¶76/146 €

Finca Els Casals ✉ *08517 Sagàs –* ☎ *938 25 12 00 (es necesario reservar)*
– www.elscasals.cat – solo almuerzo en invierno salvo viernes y sábado – cerrado del 2 al 11 de enero, 10 días en marzo, 10 días en octubre-noviembre, martes en invierno, domingo noche y lunes

SAGUNT SAGUNTO

Valencia – 64 944 h. – Alt. 45 m – Mapa regional : **11**-B2
Mapa de carreteras Michelin n° 577-M29

en el puerto Este : 6 km

🐸 **Negresca** 🛖 ᵹ 𝔸𝕮 ⅏

COCINA TRADICIONAL · AMBIENTE MEDITERRÁNEO XX Bien ubicado frente al mar, de línea actual y con grandes ventanales para ver la playa. Ofrecen una cocina tradicional actualizada que destaca por sus arroces y sus bacalaos.

Menú 16/27 € – Carta 30/45 €

av. Mediterráneo 141 ⊠ 46520 Puerto de Sagunto – ℰ 962 68 04 04 – solo almuerzo salvo viernes y sabado – cerrado lunes

SALAMANCA

144 436 h. – Alt. 800 m – Mapa regional : **8**-B3
Mapa de carreteras Michelin n° 575-J12

Planos de la ciudad en páginas siguientes

❀ **Víctor Gutiérrez** ᵹ 𝔸𝕮 ⅏ ⟷

CREATIVA · MINIMALISTA XX Disfruta de un amplio y luminoso interior vestido con algunos curiosos detalles de diseño. Su chef apuesta por una cocina de autor consistente y creativa que, en varios platos, fusiona el excelso producto regional con diversos sabores gastronómicos de origen peruano. ¡Menus en constante evolución, sin platos fijos!

→ Espárragos de Tudela de Duero, ají amarillo y anchoas. Cordero, anticucho y olluco. Lúcuma de los Andes y cacao.

Menú 72/99 € – solo menú

Plano : B2-t – *Empedrada 4 ⊠ 37007 – ℰ 923 26 29 73*
– www.restaurantevictorgutierrez.com – cerrado 10 días en diciembre, 10 días en enero, 24 junio-7 julio, domingo en julio-agosto, domingo noche y martes mediodía resto del año y lunes

🐸 **El Alquimista** ᵹ 𝔸𝕮 ⅏

MODERNA · DE DISEÑO XX Algo alejado del centro histórico pero realmente interesante, en lo estético y en lo gastronómico. La pareja al frente, formada en grandes casas, ha concebido un espacio moderno-actual y una propuesta tradicional actualizada con buenos detalles creativos.

Menú 18/36 € – Carta 27/45 €

Plano : C2-a – *pl. San Cristóbal 6 ⊠ 37001 – ℰ 923 21 54 93*
– www.elalquimistarestaurante.es – cerrado Navidades, 10 días en abril, 10 días en junio, martes noche y miércoles

🍴 **Don Mauro** 🛖 𝔸𝕮 ⅏

COCINA TRADICIONAL · AMBIENTE TRADICIONAL XX ¡En plena plaza Mayor! Presenta un concurrido bar a la entrada repleto de tostas y embutidos ibéricos, así como dos comedores de estilo clásico, el principal con un pequeño pozo. Carta tradicional rica en asados y carnes rojas de Morucha.

Menú 35/85 € – Carta 40/58 €

Plano : C2-f – *pl. Mayor 19 ⊠ 37001 – ℰ 923 28 14 87*
– www.restaurantedonmauro.es

🍴 **El Mesón de Gonzalo** 🛖 𝔸𝕮 ⅏

COCINA TRADICIONAL · ACOGEDORA XX Todo un ejemplo de adaptación a los nuevos tiempos. Sus asados, carnes al carbón y grandes clásicos conviven con platos más actuales y de fusión. ¡Pruebe su Steak Tartar!

Carta 40/55 €

Plano : C2-c – *pl. Poeta Iglesias 10 ⊠ 37001 – ℰ 923 21 72 22*
– www.elmesondegonzalo.es

A B ✈ **ZAMORA**

C. de Federico de Onís
C. de Santiago
Diego Madrazo
Av. de Portugal
Av. de Alfonso XI

1

Paseo de Francisco
Tomás y Valiente
Plaza Diego
de Cobarrubias

Av. del Doctor Gregorio Marañón

C. del Donante de Sangre

2

Tormes

Paseo del Desengaño

PARQUE DE
S. FRANCISCO

**Colegio
Fonseca**

**Purísim
Concep**

**PATIO DE
LAS ESCUELA**

**Museo de
Salamanca** U

S. Millán

*JARDÍN DE
LA MERCED*

Museo Art Nouveau y Art Déco . . . . . . M
Universidad . . . . U
Escuelas menores . . . . U¹

Pl. del Puente

**Puente
Romano**

Av. del Padre Ignacio Ellacuria
Paseo de Florencio Marcos
Paseo de Luis Cortés

3

SALAMANCA

0 ——— 290 m

A ⬇ **LA ALBERCA** B ⬇ **PLASENCIA**

436

C   **D**

1

2

3

Portugal

Av. de Portugal

C. de Juan Picornell

Av. de Italia

C. de Álvaro Gil

Pl. Puerta de Zamora

C. de las Moreno

Carmelitas

San Marcos

nda del Corpus

Plaza del Campillo

Av. de Mirat

C. de Peña Primera

nvento de s Úrsulas

f

PLAZA MAYOR

S. Martín

Pl. de S. Benito

enito

c

g

Casa de las recia Conchas

Pal. de la Salina

Torre del Clavero

Pl. de Colón

Convento de Sta Clara

Catedral Nueva

m

t

Convento de las Dueñas

ATEDRAL VIEJA

Patio Chico

Convento de S. Esteban

s

e

C. de Cordel de Merinas

C. de las Huertas

Av. de los Reyes de España

Tormes

Madrid

Helmántica

Maestro Marqués

C. de Fernando de la Peña

C. de García de Quiñones

Plaza de los Bandos

C. de Broense

C. del Concejo

C. del Pozo Amarillo

C. de la Rúa

Bermejeros

C. de la Parra

C. de los Bodegones

C. de Alonso de Ojeda

Van Dyck

C. de Toledo

C. de Valencia

C. de Peter Oliva

C. de Dimas Madariaga

C. de Pollo Martín

Portugal

Av. de Mirat

Azafranal

C. de la Gran Vía

C. del Grillo

C. de Pedro Cojos

Rosario

Garrido y Bermejo

C. Cabeza de Vaca

C. de Velázquez

C. de Vasco de Gama

C. del Padre Astete

C. del Padre Cámara

Plaza de España

Av. de Portugal

Paseo de la Estación

Paseo de Canalejas

Plaza del Toro

PARQUE DE LA ALAMEDILLA

Paseo de S. Antonio

C. del Primero de Mayo

Av. de los Comuneros

Av. de los Comuneros

C. de Espronceda

C. de Nicaragua

C. de Argentina

C. del Perú

C. de Bolivia

C. del Ecuador

Av. de Campoamor

C. del Príncipe de Vergara

PARQUE DE LOS JESUITAS

PARQUE DE LOS JESUITAS

C. de Jorge Ibor

C. de Pamplona

C. de Valladolid

C. de Covadonga

C. de Aguas

Almansa

C. de Príncipe de Vergara

Av. de la Aldehuela

Domus Artium2002

Av. de la Aldehuela

C. del Río Carrión

Paseo del parque fluvial

Sintra

C. de Madrid

C. Cáscalis

C. de Asturias

C. de Cordel de Merinas

C. del Príncipe de España

Puente

Vía Helmántica

C. de El Greco

Bolívar

C. de Ávila

C. de Valdivia

Torres Quevedo

C. de Galileo

Paseo de la Estación

C. de la Radio

C. de Domingo de Soto

Imperial

Av. de la Aldehuela

437

ⅈ○ En la Parra   AC ⌧

MODERNA · A LA MODA ⅄ Está llevado por una agradable pareja y emana buenas intenciones. Vino, setas, flores... basan su oferta en un único menú, normalmente temático y en constante evolución.

Menú 38 € – solo menú

Plano : C2-m – *San Pablo 80* ⌧ *37008* – 𝒞 *923 06 47 83*
– *www.restaurantenlaparra.com* – *cerrado 15 días en febrero, 15 días en agosto, domingo noche y lunes*

ⅈ○ El Mesón de Gonzalo ⓝ   AC

COCINA TRADICIONAL · ELEGANTE ⅄ ¡Uno de los locales de moda en Salamanca! Destaca por tener la cocina a la vista, ofreciendo un showcooking tradicional actualizado con guiños orientales y sudamericanos.

Tapa 4 € – Ración aprox. 14 €

Plano : C2-c – *pl. Poeta Iglesias 10* ⌧ *37001* – 𝒞 *923 21 72 22*

ⅈ○ Tapas 3.0   ⌂ AC ⌧

MODERNA · RÚSTICA ⅄ Sugerente gastrobar dotado con un buen comedor y una coqueta mesa en el sótano, frente a la cocina. Tapas y raciones de corte tradicional con toques actuales. ¡Gran bodega!

Tapa 4 € – Ración aprox. 11 €

Plano : C2-g – *Sánchez Barbero 9* ⌧ *37001* – 𝒞 *923 61 96 19*
– *www.tapastrespuntocero.es* – *cerrado del 15 al 30 de noviembre, del 1 al 15 de junio, martes noche y miércoles*

🏠 G.H. Don Gregorio   ⊡ & AC ⌧ ⚿

LUJO · ELEGANTE Exclusivo, sumamente acogedor y emplazado en el casco antiguo, donde ocupa una casa señorial del s. XVII. Atesora un bello patio porticado a modo de zona social y estancias de gran confort, las denominadas "monumental" con mejores vistas.

17 hab ⌹ – ♦154/263 € ♦♦174/285 €

Plano : C2-t – *San Pablo 80* ⌧ *37008* – 𝒞 *923 21 70 15*
– *www.hoteldongregorio.com*

🏠 Rector   ⊡ AC ⌧ 🚗

BOUTIQUE HOTEL · ELEGANTE Su hermosa fachada neoclásica da paso a un interior de indudable encanto. Presenta un acogedor salón social dotado de vidrieras modernistas y elegantes habitaciones, todas con el mobiliario en caoba. ¡Clientela mayoritariamente extranjera!

14 hab – ♦140/170 € ♦♦165/187 € – ⌹ 14 € – 1 suite

Plano : C3-e – *Rector Esperabé 10* ⌧ *37008* – 𝒞 *923 21 84 82*
– *www.hotelrector.com*

🏠 Hospes Palacio de San Esteban   ⚐ ʆ ⊡ AC 🚗

HISTÓRICO · ACOGEDORA Instalado parcialmente en el convento de los Dominicos, un soberbio edificio del s. XVI que le sorprenderá por su amplia y atractiva terraza exterior con olivos. El restaurante, que ocupa las antiguas cocinas y cuadras, ofrece una carta de gusto actual.

48 hab – ♦136/255 € ♦♦136/255 € – ⌹ 18 € – 3 suites

Plano : C2-3-s – *Arroyo de Santo Domingo 3* ⌧ *37001* – 𝒞 *923 26 22 96*
– *www.hospes.com*

SALARDÚ
Lleida – Alt. 1 267 m – Mapa regional : **9**-B1
Mapa de carreteras Michelin nº 574-D32

ⅈ○ Wellbourne ⓝ   & AC ⌧ ⟳ 🅿

MODERNA · MARCO CONTEMPORÁNEO ⅄⅄ Agradable y singular, pues disfruta de un entorno maravilloso, espacios bien diferenciados y una oferta gastronómica, de tinte actual, que ensalza los productos de la zona.

Menú 60/110 € – solo menú

Dera Mòla 5 ⌧ *25598* – 𝒞 *973 64 46 86* – *www.wellbourne.es* – *6 diciembre-30 abril*

en Bagergue Norte : 2 km

⅏○ Casa Perú

CASERA · RÚSTICA ✗ Se encuentra en un pueblecito de montaña situado a unos... ¡1400 metros de altitud! Tras su atractiva fachada en piedra encontrará tres acogedoras salas de aire rústico-regional, todas con mucha madera. Cocina tradicional, guisos caseros y alguna que otra especialidad, como su sabrosa Tortilla de patatas.

Carta 25/38 €

Sant Antoni 6 ✉ 25598 Bagergue – ℰ 973 64 54 37
– www.casaperu.es – solo cena en invierno
– cerrado abril-15 de julio, 15 septiembre-noviembre salvo fines de semana y miércoles en invierno

SALAS BAJAS

Huesca – 168 h. – Mapa regional : **2**-C1
Mapa de carreteras Michelin n° 574-F30

⊛ L'Usuella ⓝ

DE MERCADO · SENCILLA ✗ Un restaurante modesto pero también sorprendente, pues aquí la propuesta se basa en un único menú degustación que va evolucionando a lo largo del año. Su original cocina de mercado combina los productos propios de esta tierra con... ¡toques y salsas asiáticos!

Menú 25 € – solo menú

Iglesia 2 ✉ 22314 – ℰ 625 16 57 53 (es necesario reservar) – solo almuerzo salvo viernes y sabado – cerrado 7 días en enero, 7 días en septiembre y lunes

El SALER

Valencia – 1 122 h. – Mapa regional : **11**-B2
Mapa de carreteras Michelin n° 577-N29

al Sur : 7 km

🏚 Parador de El Saler

TRADICIONAL · MODERNA Está en un enclave protegido, junto a la playa y con un magnífico campo de golf. Ofrece luminosas habitaciones, todas con terraza, y un restaurante que destaca por sus vistas, con una carta muy cuidada que resulta superior a la media habitual en Paradores.

65 hab – ♦105/270 € – ♦♦105/270 € – ☐ 19 € – 2 suites
av. de los Pinares 151 ✉ 46012 – ℰ 961 61 11 86
– www.parador.es

SALINAS

Asturias – Mapa regional : **3**-B1
Mapa de carreteras Michelin n° 572-B12

✿ Real Balneario (Isaac Loya)

COCINA TRADICIONAL · AMBIENTE CLÁSICO ✗✗✗ ¡Situado frente a la playa! Atesora un buen hall de espera y unas salas de ambiente clásico-marinero, destacando las dos acristaladas, a modo de terrazas, por sus magníficas vistas al mar. Su cocina, tradicional actualizada y de temporada, se elabora siempre en base a los productos de la zona de mejor calidad.

→ Bogavante del Cantábrico flameado sobre su jugo. Virrey confitado a baja temperatura sobre su marmita. Helado de mandarina, burbujas de oliva y maldon.

Menú 45/140 € – Carta 50/70 €
av. Juan Sitges 3 ✉ 33405 – ℰ 985 51 86 13
– www.realbalneario.com
– cerrado 7 días en noviembre, 7 enero-9 febrero, domingo noche y lunes

SALLENT

Barcelona – 6 669 h. – Alt. 275 m – Mapa regional : **9**-C2
Mapa de carreteras Michelin n° 574-G35

⫶○ Ospi   🔥 AC ⌘

COCINA TRADICIONAL · MARCO CONTEMPORÁNEO XX Ofrece un moderno comedor, la cocina semivista y unos platos tradicionales con toques actuales. La carta se completa con un apartado de tapas, otro de raciones y varios menús.

Menú 30/60 € – Carta 45/60 €

Estació 4 ⊠ 08650 – ℰ 938 20 64 98
– www.restaurantospi.com – solo almuerzo salvo fines de semana
– cerrado Semana Santa, del 10 al 23 de agosto y domingo

SALLENT DE GÁLLEGO

Huesca – 1 441 h. – Alt. 1 305 m – Mapa regional : **2**-C1
Mapa de carreteras Michelin n° 574-D29

⌂ Almud   🐾 ◁ ⌘

FAMILIAR · ACOGEDORA Resulta acogedor y con su nombre se hace referencia a una unidad de medida típica de la región. Sorprende por sus habitaciones, bien personalizadas y con mobiliario de época.

10 hab � – ∯73/89 € ∯∯95/129 €

Vico 11 ⊠ 22640 – ℰ 974 48 83 66
– www.hotelalmud.com

en Lanuza Sureste : 3 km

🏠 La Casueña   ☆ 🐾

FAMILIAR · PERSONALIZADA Edificio de estilo montañés que destaca por sus atractivas pinturas de inspiración medieval, su acogedora zona social y sus detallistas habitaciones, cada una dedicada a un escritor. Cocina casera y amplio menú, de donde podrá seleccionar platos sueltos.

10 hab ⊡ – ∯77/95 € ∯∯105/135 €

Troniecho ⊠ 22640 Lanuza – ℰ 974 48 85 38
– www.lacasuena.com – cerrado 3 noviembre-5 diciembre, del 15 al 25 de diciembre y 2 mayo-3 junio

en El Formigal Noroeste : 4 km

⊛ Vidocq   ⌘

MODERNA · ACOGEDORA XX Este restaurante, que toma su nombre de un legendario detective francés, se presenta con un bar de tapas y un cuidado comedor de línea actual. Cocina de base tradicional con interesantes toques asiáticos, apreciables tanto en la carta como en el amplio menú.

Menú 38 € – Carta 35/50 €

Edif. Jacetania bajos ⊠ 22640 El Formigal – ℰ 974 49 04 72 (es necesario reservar) – cerrado 22 abril-1 junio, 20 octubre-29 noviembre y martes

SALOU

Tarragona – 26 459 h. – Mapa regional : **9**-B3
Mapa de carreteras Michelin n° 574-I33

⫶○ Deliranto 🅝   🏮 AC ⌘

CREATIVA · MARCO CONTEMPORÁNEO XX ¡Para disfrutar! Aquí apuestan por una cocina creativa y divertida que cada año da su visión de un cuento o una historia, abordándolo con distintas metáforas desde sus platos.

Menú 88/132 € – Carta 55/96 €

Llevant 7 ⊠ 43840 – ℰ 977 38 09 42
– www.deliranto.com – cerrado 22 diciembre-12 febrero, domingo, lunes, martes mediodía y miércoles mediodia

‖○ Club Náutico Salou

COCINA TRADICIONAL · AMBIENTE MEDITERRÁNEO XX Fiel a su nombre se encuentra en el puerto deportivo, con fantásticas vistas al mismo desde la sala y la terraza. Carta tradicional actualizada y buenos menús, uno de arroces.

Menú 25/55 € – Carta 40/58 €

Espigó del Moll, puerto deportivo ⊠ 43840 – 𝒞 977 38 21 68
– www.grupocasablancaevents.com – cerrado enero-marzo, domingo noche y lunes

‖○ La Morera de Pablo & Ester 🛋 🗚

COCINA TRADICIONAL · FAMILIAR XX ¡Apartado del bullicio turístico! El comedor, completamente acristalado, se complementa con una atractiva terraza a la sombra de una morera. Cocina actual y menús de mercado.

Menú 35/55 € – Carta 35/50 €

Berenguer de Palou 10 ⊠ 43840 – 𝒞 977 38 57 63 – cerrado febrero, domingo noche y lunes

SAN ADRIÁN DE COBRES Pontevedra → Ver Vilaboa

SAN ANDRÉS DE CAMPORREDONDO

Ourense – Mapa regional : **13**-B3
Mapa de carreteras Michelin n° 571-F5

🏠 Casal de Armán

AGROTURISMO · RÚSTICA Coqueto enoturismo instalado en una casa del s. XVIII, perteneciente a la bodega homónima y con vistas tanto al valle del Avia como a los viñedos adyacentes. Las habitaciones y el restaurante, que ofrece cocina tradicional, presentan un estilo rústico-actual.

6 hab 🖾 – ♦75 € ♦♦90 €

pl. O Cotiño ⊠ 33414 – 𝒞 988 49 18 09 – www.casaldearman.net

SAN BERNARDO Valladolid → Ver Valbuena de Duero

SAN FERNANDO

Cádiz – 96 131 h. – Mapa regional : **1**-A3
Mapa de carreteras Michelin n° 578-W11

‖○ Asador La Isla 🗚 🍽 ⟷

COCINA TRADICIONAL · AMBIENTE CLÁSICO XX Al lado del Ayuntamiento. Tras la fachada clásica encontrará un hall con fotos antiguas, un comedor de cuidado montaje y un privado. Su cocina de tinte tradicional pone el acento, claramente, tanto en las carnes como en los bacalaos.

Menú 28/40 € – Carta 34/48 €

Calderón de la Barca 7 ⊠ 11100 – 𝒞 956 88 08 35 – www.asadorlaisla.com
– cerrado domingo noche y lunes

SAN ILDEFONSO Segovia → Ver La Granja

SAN JOSÉ

Almería – 845 h. – Mapa regional : **1**-D2
Mapa de carreteras Michelin n° 578-V23

‖○ Casa Miguel 🛋 ⅍ 🗚 🍽

COCINA TRADICIONAL · VINTAGE X Un restaurante singular, pues aquí todo gira en torno al mundo de cine y las más de 500 películas rodadas en Almería. Amplia carta de gusto tradicional con pescados frescos.

Menú 12/40 € – Carta 27/48 €

av. San José 43-45 ⊠ 04118 – 𝒞 950 38 03 29 – www.casamiguelentierradecine.es
– cerrado 7 enero-22 febrero y lunes

SAN JUAN DE ALICANTE Alicante → Ver Sant Joan d'Alacant

SAN LORENZO DE EL ESCORIAL

Madrid – 18 191 h. – Alt. 1 040 m – Mapa regional : **15**-A2
Mapa de carreteras Michelin n° 576-K17

දි **Montia** (Daniel Ochoa y Luis Moreno)

MODERNA · MINIMALISTA XX Un restaurante de estética rústica-moderna que, sin duda, le cautivará. Aquí plantean una cocina de autor fresca a la par que divertida, técnica y delicada, con una firme apuesta por los productos biodinámicos y ecológicos de la región. Llame con tiempo, pues debido a su enorme éxito... ino es fácil conseguir mesa!

→ Cremoso de berujas y leche de cabra. Sopa de trucha picante. Trompetas de la muerte, vainilla y ajo negro.

Menú 50/70 € – solo menú

Calvario 4 ⊠ 28200 – ℰ 911 33 69 88 (es necesario reservar)
– www.montia.es – solo almuerzo salvo viernes y sábado – cerrado 15 días en Navidades, Semana Santa, 15 días en agosto y lunes

⑩ **Charolés**

COCINA TRADICIONAL · AMBIENTE CLÁSICO XX Atesora gran prestigio, tanto por la belleza del local como por su cocina tradicional de temporada. iPruebe su famosísimo cocido, servido solo los lunes, miércoles y viernes!

Menú 35/54 € – Carta 35/60 €

Floridablanca 24 ⊠ 28200 – ℰ 918 90 59 75
– www.charolesrestaurante.com

SAN MARTÍN DE TREVEJO

Cáceres – 851 h. – Alt. 610 m – Mapa regional : **12**-B1
Mapa de carreteras Michelin n° 576-L9

en la carretera EX 205 Suroeste : 8 km

⌂ **Finca El Cabezo**

AGROTURISMO · RÚSTICA Casa de labranza de gran rusticidad ubicada en pleno campo. Encontrará un acogedor salón social y espaciosas habitaciones de ambiente rústico, algunas con su propia chimenea.

6 hab ⊊ – ♦85/95 € ♦♦105/115 €
⊠ 10892 San Martín de Trevejo – ℰ 689 40 56 28
– www.fincaelcabezo.com

SAN MIGUEL DE REINANTE

Lugo – Mapa regional : **13**-D1
Mapa de carreteras Michelin n° 571-B8

⌂ **Casa do Merlo**

PARTICULAR · ACOGEDORA Este acogedor hotel rural está instalado en una antigua casa señorial, en pleno campo. Ofrece dos salones sociales con chimenea, una biblioteca y habitaciones de buen confort. El restaurante, que se encuentra en un edificio anexo, se presenta acristalado y posee vistas al patio central. Cocina de gusto tradicional.

10 hab ⊊ – ♦65/95 € ♦♦85/110 €
Sargendez 4, Norte : 1 km ⊠ 27793 – ℰ 982 13 49 06
– www.casadomerlo.com – abierto Semana Santa-12 octubre

SAN MIGUEL DE VALERO

Salamanca – 355 h. – Mapa regional : **8**-A3
Mapa de carreteras Michelin n° 575-K12

Sierra Quil'ama

COCINA TRADICIONAL · RÚSTICA XX Presenta varias salas de ambiente rústico y con su nombre rememora la leyenda del rapto de una princesa árabe por parte del rey Don Rodrigo. Su cocina actual se refleja en dos menús, el más interesante de tipo degustación. También ofrece unas cuidadas habitaciones, todas con diferentes nombres de la comarca.

Menú 25/35 € – solo menú

13 hab ⌂ – †35/45 € ††55/75 €

paraje los Perales ✉ *37763 –* ☏ *923 42 30 00 – www.hotelsierraquilama.com*
– solo almuerzo salvo fines de semana – cerrado martes salvo agosto y festivos

SAN PANTALEÓN DE ARAS

Cantabria – 299 h. – Alt. 50 m – Mapa regional : **6**-C1
Mapa de carreteras Michelin n° 572-B19

La Casona de San Pantaleón de Aras

AGROTURISMO · ACOGEDORA Esta atractiva casona rural del s. XVII disfruta de un bello y amplio entorno ajardinado, con césped, un riachuelo, terraza relax... Sus acogedoras habitaciones poseen una decoración personalizada, con los suelos en madera y muy buenos detalles. Pequeño SPA de línea moderna y uso privado.

7 hab ⌂ – †64/92 € ††80/115 €

barrio Alvear 65 (carret. CA 268) ✉ *39766 –* ☏ *942 63 63 20*
– www.casonadesanpantaleon.com – cerrado enero-15 febrero

SAN PEDRO DE ALCÁNTARA

Málaga – 27 820 h. – Mapa regional : **1**-A3
Mapa de carreteras Michelin n° 578-W14

por la carretera de Cádiz

Villa Padierna

LUJO · ELEGANTE Excelente hotel construido a modo de villa señorial, con profusión de mármoles, muebles antiguos y obras de arte. Dispone de un patio central, unas magníficas habitaciones y un completísimo SPA, pues se extiende por 2000 m². En el restaurante La Veranda le sorprenderán con una carta actual de tintes creativos.

76 hab ⌂ – †340/640 € ††340/640 € – 36 suites

carret. de Cádiz, km 166, salida Cancelada : 6 km y desvío 2 km ✉ *29679 Marbella*
– ☏ *952 88 91 50 – www.villapadiernapalacehotel.com*

SAN PEDRO DEL PINATAR

Murcia – 24 339 h. – Mapa regional : **16**-B2
Mapa de carreteras Michelin n° 577-S27

Juan Mari

COCINA TRADICIONAL · AMBIENTE CLÁSICO XX Negocio de ambiente familiar dotado con un comedor actual y una terraza. Ofrece una carta tradicional con platos de temporada, un menú degustación y una gran selección de arroces, siendo uno de los más populares entre sus clientes el Arroz con foie y boletus.

Carta 30/43 €

Emilio Castelar 113 C ✉ *30740 –* ☏ *968 18 62 98 – www.juanmari.es*
– cerrado 15 días en enero-febrero, domingo noche, lunes noche y martes

SAN RAMÓN

A Coruña – Mapa regional : **13**-C1
Mapa de carreteras Michelin n° 571-B5

Casa Pena

COCINA TRADICIONAL · RÚSTICA XX ¡Un refugio culinario! Ofrece un interior rústico muy acogedor, una carta tradicional que destaca por sus carnes y sugerentes jornadas gastronómicas marcadas en el calendario.

Carta 31/60 €

Feira 49 ✉ *15563 –* ☏ *981 40 40 24 – cerrado domingo noche y lunes*

ESPAÑA

SAN ROMÁN DE CANDAMO
Asturias – Mapa regional : **3**-B1
Mapa de carreteras Michelin n° 572-B11

El Llar de Viri

CASERA · RÚSTICA Ⅹ Un restaurante familiar con muchísimo encanto y merecido prestigio en la zona. En sus salas, ambas con un ambiente rústico que emana autenticidad, podrá degustar una cocina casera plena de sabor, elaborada con productos de proximidad y de su propia huerta.

Carta 25/36 € – cena solo con reserva

Tresquilos 20 ⊠ 33828 – ℰ 985 82 80 22 – www.llardeviri.eu – solo almuerzo salvo junio-septiembre y fines de semana resto del año

SAN SALVADOR DE POIO Pontevedra → Ver Pontevedra

SAN SEBASTIÁN Guipúzcoa → Ver Donostia / San Sebastián

SAN VICENTE DE LA BARQUERA
Cantabria – 4 247 h. – Mapa regional : **6**-A1
Mapa de carreteras Michelin n° 572-B16

✿✿ Annua (Óscar Calleja)

CREATIVA · MARCO CONTEMPORÁNEO ⅩⅩⅩ ¿Con qué nos quedamos de Annua? Con su atmósfera, realmente mágica, pues tiene un emplazamiento único frente al estuario de San Vicente de la Barquera. Tanto desde las terrazas como desde el comedor, acristalado y de línea contemporánea, podrá contemplar el lento avance de las embarcaciones pesqueras que van y vienen de faenar en el Cantábrico.

En lo gastronómico resulta sorprendente, pues Óscar Calleja propone una original cocina que fusiona los gustos locales con elementos propios del recetario mexicano, algo atrevido para una localidad de estas características pero que se entiende, muchísimo mejor, al saber que el chef vivió en aquél país los primeros años de su vida. La propuesta comparte espacio con Nácar, el hermano pequeño de Annua, un "bistró & sea lounge" donde también se puede ir a picar algo y tomar una copa.

¿Un producto estrella? Sin duda las ostras, pues existe un extraordinario parque de cultivo en esta misma localidad y toman todo el protagonismo en varios platos.

→ Coco y carabinero. Lubina con guisantes. Biscuit de plátano.

Menú 132/212 € – solo menú

paseo de la Barquera ⊠ 39540 – ℰ 942 71 50 50 – www.annuagastro.com – solo almuerzo salvo viernes, sábado y 15 julio-agosto – cerrado 15 octubre-15 marzo, domingo noche en verano, domingo resto del año, y lunes

Augusto

PESCADOS Y MARISCOS · SIMPÁTICA ⅩⅩ Su cuidada decoración nos transporta al interior de un barco, con profusión de maderas y bellas lámparas de inspiración náutica. Ofrecen pescados y mariscos de enorme calidad.

Carta 32/75 €

Mercado 1 ⊠ 39540 – ℰ 942 71 20 40 – www.restauranteaugusto.com – cerrado domingo noche y lunes

Las Redes

PESCADOS Y MARISCOS · ACOGEDORA ⅩⅩ Una casa familiar, con zona de picoteo, que siempre está pendiente de traer el producto más fresco posible de la lonja. Carta tradicional con arroces, mariscos, parrilladas...

Menú 40 € – Carta 40/70 €

av. de los Soportales 24 ⊠ 39540 – ℰ 942 71 25 42 – www.restaurantelasredes.com – cerrado enero, febrero, martes noche y miércoles salvo festivos y agosto

444

por la carretera N 634 Oeste : 3 km

🏠 Valle de Arco ॐ ⇐ 🔲 🛇 🅿

FAMILIAR · ACOGEDORA Una bellísima casona, construida en piedra y dotada con agradables vistas al mar. Ofrece una acogedora zona social y habitaciones de aire rústico, algunas abuhardilladas.

22 hab ☲ – ♦60/110 € ♦♦66/120 €

Barrio Arco 26 ⊠ 39548 Prellezo – 𝒞 942 71 15 65 – www.hotelvalledearco.com – cerrado 10 diciembre-15 marzo

SAN VICENTE DE LA SONSIERRA

La Rioja – 1 007 h. – Alt. 528 m – Mapa regional : **14**-A2
Mapa de carreteras Michelin n° 573-E21

🍴 Casa Toni ᐸ 🆎 🛇 ✧

CREATIVA · DE DISEÑO XX Sorprende, pues su fachada en piedra da paso a un interior bastante moderno. Destaca tanto por su carta, equilibrada entre la cocina actual y la regional, como por su bodega.

Menú 27 € – Carta 26/54 €

Zumalacárregui 27 ⊠ 26338 – 𝒞 941 33 40 01 – www.casatoni.es – solo almuerzo salvo viernes, sábado, Semana Santa, verano y festivos – cerrado 23 diciembre-7 enero y lunes

SAN VICENTE DO MAR Pontevedra → Ver O Grove

SANGENJO Pontevedra → Ver Sanxenxo

SANLÚCAR DE BARRAMEDA

Cádiz – 67 620 h. – Mapa regional : **1**-A2
Mapa de carreteras Michelin n° 578-V10

🦞 Casa Bigote ᐸ 🆎 🛇

PESCADOS Y MARISCOS · RÚSTICA X Casa familiar acreditada y con historia. Presenta una taberna típica y dos salas neorrústicas con detalles marineros, la del piso superior asomada a la desembocadura del Guadalquivir. ¡Pruebe sus famosos langostinos y sus guisos marineros!

Carta 30/45 €

Pórtico de Bajo de Guía 10 ⊠ 11540 – 𝒞 956 36 26 96 – www.restaurantecasabigote.com – cerrado noviembre y domingo

🏠 Barrameda 🔲 ᐸ 🆎 🛇

PARTICULAR · FUNCIONAL Un hotel muy céntrico que fusiona pasado y presente. Ofrece dependencias modernas y cuidadas, de distinto tamaño según la fisonomía del edificio, así como un pequeño solárium.

40 hab – ♦35/130 € ♦♦39/220 € – ☲ 6,50 €

Ancha 10 ⊠ 11540 – 𝒞 956 38 58 78 – www.hotelbarrameda.com – cerrado 9 diciembre-7 febrero

SANT ANTONI DE CALONGE

Girona – Mapa regional : **10**-B1
Mapa de carreteras Michelin n° 574-G39

🏠 Mas Falet 1682 ⌂ ॐ ⟨ 🔟 🆎 🛇 ⚐ 🅿

LUJO · CLÁSICA Se reparte entre una masía, donde encontraremos tanto los espacios sociales como las amplias habitaciones, y un anexo más moderno que da cabida a los salones de trabajo y al auditorio. Restaurante de buen nivel y bases catalanas, con detalles de personalidad.

11 hab ☲ – ♦89/149 € ♦♦139/199 € – 1 suite

Astúries 11 ⊠ 17252 – 𝒞 972 66 27 26 – www.masfalet.com

SANT CARLES DE LA RÁPITA

Tarragona – 14 760 h. – Mapa regional : **9**-A3
Mapa de carreteras Michelin n° 574-K31

🕽🔘 **Miami Can Pons**　　　　　　　　　🍴 🕭 🄰🄲 ✂ 🔄 🚗

PESCADOS Y MARISCOS · AMBIENTE CLÁSICO XX Posee un comedor de ambiente marinero, una agradable terraza acristalada y un pequeño expositor de productos. Su carta de pescados y mariscos se completa con varios menús.

Menú 24/47 € – Carta 31/56 €

passeig Maritim 20 ✉ *43540 –* 𝒞 *977 74 05 51 – www.miamicanpons.com*
– cerrado 15 días en enero

SANT FELIU DE GUÍXOLS

Girona – 21 586 h. – Mapa regional : **10**-B1
Mapa de carreteras Michelin n° 574-G39

🕽🔘 **Sa Marinada**　　　　　　　　　　　⇐ 🍴 🄰🄲 🅿

MEDITERRÁNEA · AMBIENTE MEDITERRÁNEO XxX Destaca por su ubicación, sobre el puerto deportivo, y por sus vistas. Brinda luminosidad, elegancia, un buen vivero, cocina clásica-marinera... ¡y hasta sus propios amarres!

Menú 25 € – Carta 55/75 €

passeig del Fortim ✉ *17220 –* 𝒞 *972 32 38 00 – www.samarinada.com*

🕽🔘 **Cau del Pescador**　　　　　　　　　　　　🄰🄲 🚫

PESCADOS Y MARISCOS · RÚSTICA X Un negocio familiar de aire rústico-marinero. Sus fogones levan anclas entre arroces, pescados, mariscos, sugerencias de temporada y algún que otro plato rescatado del pasado.

Menú 20/40 € – Carta 42/63 €

Sant Domènec 11 ✉ *17220 –* 𝒞 *972 32 40 52 – www.caudelpescador.com*
– cerrado del 7 al 21 de enero, lunes noche y martes salvo verano

SANT FELIU DE PALLEROLS

Girona – 1 332 h. – Mapa regional : **9**-C2
Mapa de carreteras Michelin n° 574-F37

en Sant Miquel de Pineda Noroeste : 3 km

🏠 **La Rectoria de Sant Miquel de Pineda**　　　⚐ 🍲 ✂ 🅿

EDIFICIO HISTÓRICO · RÚSTICA Instalado en una casa rectoral del s. XII, bien restaurada y ubicada junto a una iglesia. Correctas zonas sociales, habitaciones con detalles rústicos y sencillo comedor reservado para las cenas de los clientes alojados. Cocina casera con... ¡raíces escocesas!

7 hab ⌲ – ♦80/90 € ♦♦100/140 €

✉ *17174 Sant Miquel de Pineda –* 𝒞 *691 35 31 11 – www.larectoriadesantmiquel.com*

en la carret. de Sant Iscle de Colltort Norte : 10 km

🏠 **Finca El Ventós**　　　　　　　⚐ 🛎 ⇐ 🍲 🄰🄲 ⚒ 🅿

CASA DE CAMPO · RÚSTICA Tras su estrecho camino de acceso llegará a un espacio exclusivo y singular, en el mismísimo Parque Natural de la Zona Volcánica de la Garrotxa. Ofrece preciosas vistas, un interior rústico-actual y un restaurante de cocina tradicional-catalana.

10 hab ⌲ – ♦160/350 € ♦♦160/350 €

carret. Sant Iscle de Colltort ✉ *17174 Sant Feliu de Pallerols –* 𝒞 *972 10 79 62*
– www.fincaelventos.com – cerrado del 4 al 31 de enero

SANT FRUITÓS DE BAGES

Barcelona – 8 351 h. – Alt. 246 m – Mapa regional : **10**-A2
Mapa de carreteras Michelin n° 574-G35

ESPAÑA

🍴◯ Can Ladis   🌿 🅰🅲 ⇧

COCINA TRADICIONAL · MARCO CONTEMPORÁNEO ✗✗ Se encuentra en la avenida principal, disfruta de una estética moderna y está llevado en familia. Ofrece una cocina tradicional actualizada, especializada en pescados y mariscos, así como varios menús con las bebidas incluidas.

Menú 20/65 € – Carta 35/55 €

carret. de Vic 56 ✉ *08272 –* 𝒞 *938 76 00 19*

– *www.marisquercanladis.com*

– *solo almuerzo salvo viernes y sábado*

– *cerrado del 2 al 15 de enero, 19 agosto-3 septiembre, lunes y martes*

en la carretera de Sant Benet Sureste : 3 km

❀ L'Ó   🌿 🅰🅲 🍷 🅿

MODERNA · MINIMALISTA ✗✗✗ Ubicado en pleno campo pero fácil de localizar, pues se haya frente al bello monasterio benedictino de Sant Benet y la Fundación Alicia (ALI-mentación y cien-CIA). En su sala, moderna, luminosa y con amplios espacios acristalados, le propondrán una cocina creativa que siempre apuesta por los productos de proximidad.

→ Verduras guisadas con tripa de bacalao. Galta de cerdo Ral d'Avinyó guisada a baja temperatura. La Montserratina.

Menú 65/89 € – Carta 67/83 €

Hotel Món Sant Benet, camí de Sant Benet de Bages ✉ *08272 Sant Fruitós de Bages –* 𝒞 *938 75 94 04*

– *www.hotelmonstbenet.com*

– *solo almuerzo salvo viernes y sábado – cerrado del 7 al 31 de enero, lunes, martes y miércoles*

🏛 Món Sant Benet   🍽 🐾 🏊 🔲 🌿 🅰🅲 🍷 🏋 🅿

NEGOCIOS · MODERNA ¡Aquí el descanso está garantizado! Hotel de línea moderna ubicado en un tranquilo paraje junto al monasterio de Sant Benet, del s. X. Atesora amplias zonas nobles, habitaciones muy confortables y una variada oferta gastronómica con opción a "show cooking".

87 hab ☲ – 🛏89/139 € 🛏🛏99/199 € – 8 suites

camí de Sant Benet de Bages ✉ *08272 Sant Fruitós de Bages –* 𝒞 *938 75 94 04*

– *www.hotelmonstbenet.com*

❀ **L'Ó** – ver selección restaurantes

SANT GREGORI

Girona – 3 498 h. – Alt. 112 m – Mapa regional : **10**-A1
Mapa de carreteras Michelin nº 574-G38

🍴◯ Maràngels   🐝 🏡 🅰🅲 🍷 ⇧ 🅿

COCINA TRADICIONAL · RÚSTICA ✗✗ Instalado en una bella masía del s. XVII con el entorno ajardinado. En sus salas, de atmósfera rústica-actual, ofrecen una cocina tradicional actualizada y la opción de menús.

Menú 20/75 € – Carta 40/65 €

carret. GI 531, Este : 1 km ✉ *17150 –* 𝒞 *972 42 91 59*

– *www.marangels.com*

– *cerrado del 2 al 5 de enero, 15 días en verano, domingo noche y lunes*

🏛 Masferran   🐾 🛋 🏊 🎵 🍽 🅰🅲 🍷 🏋 🅿

CASA DE CAMPO · RÚSTICA Masía del s. XVIII que sorprende tanto por su anexo, un centro de medicina natural, como por sus espaciosas habitaciones de aire colonial. ¡Ideal para una escapada romántica!

10 hab ☲ – 🛏100/125 € 🛏🛏125/150 €

camí de la Bruguera ✉ *17150 –* 𝒞 *972 22 67 92*

– *www.masferran.com*

– *cerrado 9 diciembre-8 enero*

SANT JOAN D'ALACANT SAN JUAN DE ALICANTE

Alicante – 22 825 h. – Alt. 50 m – Mapa regional : **11**-B3
Mapa de carreteras Michelin n° 577-Q28

⫫○ La Quintería   🔧 AC 🍴 ⇔

GALLEGA · AMBIENTE CLÁSICO XX Resulta céntrico y tiene al dueño al frente del negocio. Encontrará varias salas de montaje clásico-tradicional y una carta bastante amplia, con numerosos platos gallegos basados en la calidad de las materias primas, pescados y mariscos.

Menú 36/50 € – Carta 35/55 €

Dr. Gadea 17 ✉ *03550 –* ✆ *965 65 22 94 – www.restaurantelaquinteria.com – solo almuerzo salvo jueves, viernes y sábado – cerrado miércoles*

SANT JOAN DESPÍ Barcelona → Ver Barcelona : Alrededores

SANT JULIÀ DE VILATORTA

Barcelona – 3 104 h. – Alt. 595 m – Mapa regional : **9**-C2
Mapa de carreteras Michelin n° 574-G36

⫫○ Masalbereda   AC 🍴 ⇔ P

COCINA TRADICIONAL · ACOGEDORA XX Un restaurante de ambiente rústico que destaca, especialmente, por su coqueta terraza acristalada. Cocina de gusto tradicional puesta al día en técnicas y presentaciones.

Menú 22/46 € – Carta 40/65 €

Hotel Masalbereda, av. Sant Llorenç 68 ✉ *08504 –* ✆ *938 12 28 52*
– www.masalbereda.com – cerrado domingo noche y miércoles

🏠 Masalbereda   🏖 🖼 ⬆ AC 🍴 P

TRADICIONAL · MODERNA Hotel con encanto ubicado en una masía muy antigua, no en vano... ¡existe documentación sobre ella de 1337! Encontrará un bello entorno ajardinado, acogedoras instalaciones y cálidas habitaciones, coexistiendo con acierto los detalles rústicos y modernos.

20 hab ⌑ – ♦108/140 € ♦♦138/294 €

av. Sant Llorenç 68 ✉ *08504 –* ✆ *938 12 28 52 – www.masalbereda.com*

⫫○ **Masalbereda** – ver selección restaurantes

🏠 Torre Martí   🎋 🏖 🦽 🍴 🔧 P

FAMILIAR · ACOGEDORA Esta preciosa casa señorial posee un salón-biblioteca y confortables habitaciones, casi todas con muebles antiguos de distintos estilos y, algunas de ellas, con acceso al jardín. El acogedor restaurante, enfocado al cliente alojado, trabaja en base a un menú.

8 hab ⌑ – ♦79/92 € ♦♦139/169 €

Ramón Llull 11 ✉ *08504 –* ✆ *938 88 83 72 – www.hoteltorremarti.com – cerrado 24 diciembre-8 enero y del 1 al 15 de agosto*

SANT MIQUEL DE PINEDA Girona → Ver Sant Feliu de Pallerols

SANT PAU D'ORDAL

Barcelona – Mapa regional : **10**-A3
Mapa de carreteras Michelin n° 574-H35

🅑 Cal Xim   🏖 🔧 AC

CARNES · AMBIENTE TRADICIONAL X Bien llevado entre dos hermanos. La clave de su éxito radica en la calidad del producto y en los precios moderados. Cocina catalana de temporada, a la parrilla y con una buena bodega. ¡No se pierda sus famosas Alcachofas a la brasa o la popular Calçotada!

Carta 26/45 €

pl. Subirats 5 ✉ *08739 –* ✆ *938 99 30 92 – www.calxim.com – solo almuerzo salvo viernes y sábado – cerrado 27 agosto-3 septiembre y martes*

🍽️ Cal Pere del Maset   🚵 ⛄ 🄰🄲 ⛛ 🔄 🅿️

COCINA TRADICIONAL · MARCO CONTEMPORÁNEO XX En este restaurante, de dilatada trayectoria familiar, encontrará unas instalaciones de línea actual con detalles rústicos y modernistas. En sus salas y privados, algunos panelables, ofrecen una cocina de mercado de sabor tradicional.

Menú 40 € – Carta 30/54 €

Ponent 20 ✉ 08739 – ☎ 938 99 30 28 – www.calperedelmaset.com – solo almuerzo salvo viernes y sábado – cerrado del 15 al 25 de agosto y lunes

SANT PERE DE RIBES

Barcelona – 29 666 h. – Alt. 44 m – Mapa regional : **10**-A3
Mapa de carreteras Michelin n° 574-I35

en la carretera de Vilafranca del Penedès (C-15B) Noroeste : 2,5 km

🍽️ Carnivor by Valentí   🍴 🄰🄲 🔄 🅿️

COCINA TRADICIONAL · ACOGEDORA XX ¡En el Parque Natural del Garraf! Esta antigua masía disfruta de una agradable terraza, un acogedor interior y una sabrosa cocina tradicional, destacando esta por sus carnes.

Carta 45/75 €

km 4,6 ✉ 08810 – ☎ 938 96 03 02 – www.carnivor1922.com

SANT QUIRZE DEL VALLÈS

Barcelona – 19 602 h. – Alt. 188 m – Mapa regional : **10**-B3
Mapa de carreteras Michelin n° 574-H36

en la carretera de Rubí C 1413a Suroeste : 5,5 km

😊 Can Ferrán   🍴 🄰🄲 ⛛ 🔄 🅿️ 🚫

CATALANA · FAMILIAR X Este negocio familiar, de gran éxito y tradición, ocupa una antigua masía rodeada de árboles. En sus salas, varias con chimenea, podrá descubrir los auténticos sabores de la cocina catalana. ¡No se aceptan reservas ni tarjetas de crédito!

Carta 20/34 €

km 14 ✉ 08192 Sant Quirze del Vallès – ☎ 936 99 17 63
– www.masiacanferran.com – cerrado agosto, sábado noche, domingo y festivos

SANT SADURNÍ D'ANOIA

Barcelona – 12 689 h. – Alt. 162 m – Mapa regional : **10**-A3
Mapa de carreteras Michelin n° 574-H35

😊 La Cava d'en Sergi   ⛄ 🄰🄲 ⛛

COCINA TRADICIONAL · MARCO CONTEMPORÁNEO XX Negocio llevado por un atento matrimonio. Presenta una carta de cocina tradicional actualizada, con toques creativos, así como dos menús, uno diario y otro de degustación.

Menú 19/43 € – Carta 31/45 €

València 17 ✉ 08770 – ☎ 938 91 16 16 – www.lacavadensergi.com – solo almuerzo salvo viernes y sábado – cerrado Semana Santa, 21 días en agosto, último domingo de mes y lunes

SANT VICENÇ DE MONTALT

Barcelona – 6 049 h. – Alt. 43 m – Mapa regional : **10**-A2
Mapa de carreteras Michelin n° 574-H7

🏨 Montaltmar   ⚡ ⪡ 🛋️ 📶 🄰🄲 ⛛

FAMILIAR · MODERNA Íntimo, renovado y con un trato totalmente personalizado. Presenta unas habitaciones modernas, luminosas y de excelente confort, todas con vistas al mar. El restaurante, que propone una cocina tradicional elaborada, ofrece una carta a precio fijo... aunque en algún plato se indica un suplemento.

9 hab �*꧂* – 🛏️130/150 € 🛏️🛏️150/165 €

av. Montaltmar 1 ✉ 08394 – ☎ 937 91 10 17 – www.montaltmar.com – abierto marzo-octubre

ESPAÑA

SANT VICENT DEL RASPEIG SAN VICENTE DEL RASPEIG

Alicante – 56 302 h. – Alt. 110 m – Mapa regional : **11**-A3
Mapa de carreteras Michelin n° 577-Q28

ⅱ○ La Paixareta   AC 🍴 ⇔

COCINA TRADICIONAL · AMBIENTE CLÁSICO 🍴 Una buena opción si solo busca amabilidad, honestidad y productos de calidad. Posee un pequeño expositor de pescados y mariscos a la entrada, en la misma sala principal, así como dos privados. ¡Deliciosos guisos y buen apartado de arroces!

Menú 18/30 € – Carta 25/45 €

Torres Quevedo 10 ✉ *03690* – *℘ 965 66 58 39* – *www.restaurantelapaixareta.es*
– cerrado del 20 al 30 de agosto y lunes

SANTA COLOMA DE GRAMENET Barcelona → Ver Barcelona :
Alrededores

SANTA COLOMA DE QUERALT

Tarragona – 2 850 h. – Mapa regional : **9**-B2
Mapa de carreteras Michelin n° 574-H34

⊛ Hostal Colomí   ይ AC ⇔

COCINA TRADICIONAL · FAMILIAR 🍴 Este negocio disfruta de un comedor clásico-rústico, donde está la parrilla vista, y una sala más en el piso superior. Plantean una cocina casera que conquista por su sabor y generosidad, así como sugerentes platos a la brasa. ¡Servicio especialmente atento!

Menú 17/50 € – Carta 25/54 €

Raval de Jesús 12 ✉ *43420* – *℘ 977 88 06 53* – *solo almuerzo* – *cerrado lunes salvo festivos*

SANTA COLOMBA DE SOMOZA

León – 567 h. – Alt. 989 m – Mapa regional : **8**-A1
Mapa de carreteras Michelin n° 575-E11

⌂ Casa Pepa   🐦 🐕 🍴

FAMILIAR · RÚSTICA Caserón de arrieros del s. XVIII ubicado en el corazón de La Maragatería. Presenta un patio típico y cálidas habitaciones, vistiendo todas las camas con atractivas mantas artesanales. El coqueto restaurante completa su carta de cocina casera con varios menús.

6 hab ⌑ – ♦79/84 € ♦♦79/84 €

Mayor 2 ✉ *24722* – *℘ 987 63 10 41* – *www.casapepa.com* – *cerrado enero-8 febrero*

SANTA COMBA

A Coruña – 10 683 h. – Alt. 352 m – Mapa regional : **13**-B1
Mapa de carreteras Michelin n° 571-C3

❀ Retiro da Costiña   ❀ ይ AC 🍴 ⇔ 🅿

MODERNA · ACOGEDORA 🍴🍴🍴 ¡Con personalidad! Plantea un viaje gastronómico que se inicia en la bodega, continúa en su elegante comedor y alcanza el cenit en su salón de sobremesa, donde ofrecen una ingente selección de cafés, infusiones y destilados. Cocina actualizada de excelente producto, con acertadas cocciones y sabores bien armonizados.

→ Bogavante asado, ajo blanco, encurtido de tomate y crujiente de arroz. Rodaballo de la ría braseado con algas y piparras. Bollo de brioche bañado en crema de leche y caramelizado, toffee y sorbete de mango.

Menú 68 € – Carta 45/65 €

av. de Santiago 12 ✉ *15840* – *℘ 981 88 02 44* (es necesario reservar)
– www.retirodacostina.com – *cerrado 23 diciembre-3 enero, domingo noche y lunes*

450

SANTA CRISTINA (Playa de) Girona → Ver Lloret de Mar

SANTA CRISTINA D'ARO
Girona – 5 089 h. – Mapa regional : **10**-B1
Mapa de carreteras Michelin n° 574-G39

al Noroeste 5 km

🏠 Mas Tapiolas   ✿ ⚘ ⇐ 🛏 ⚒ 🕥 🛋 🖂 🕭 🏧 🎿 🛁 **P**

TRADICIONAL · ACOGEDORA Ocupa parcialmente una antigua masía y destaca tanto por el paisaje circundante como por sus opciones de ocio, con un campo de Pitch & Putt y un moderno SPA. Le sorprenderá la exclusividad de algunas habitaciones o la variedad de salitas del restaurante.

53 hab ⌂ – †125/345 € ††125/345 €

Veïnat de Solius ✉ *17246 Solius* – *𝒞 972 83 70 17* – *www.hotelmastapiolas.com*

SANTA EULALIA DE OSCOS
Asturias – 471 h. – Alt. 547 m – Mapa regional : **3**-A1
Mapa de carreteras Michelin n° 572-C8

🏠 Casona Cantiga del Agüeira   ⚘ 🎿 **P**

FAMILIAR · RÚSTICA Casona del s. XVII rehabilitada respetando la arquitectura original. Si sabe tocar la guitarra o el piano no encontrará un destino mejor, pues su propietario es músico profesional y ha pensado en todo para organizar actividades musicales.

9 hab ⌂ – †79/98 € ††89/108 €

Pumares, Oeste : 1 km ✉ *33776* – *𝒞 985 62 62 24* – *www.cantigadelagueira.com*
– cerrado 10 diciembre-20 febrero

SANTA MARGARIDA (Urbanización) Girona → Ver Roses

M. Alvarez / Moment Open / Getty Images

NOS GUSTA...

Asomarnos a la terraza del hotel **Eurostars Real** y disfrutar de sus vistas a la bahía. Degustar los mejores pescados y mariscos del Cantábrico en restaurantes como **La Bombi** o **Del Puerto**, curiosear por la sorprendente colección de botellas de vino de **Bodega Cigaleña** y rendir nuestro tributo a la historia en **El Machi**, la taberna más antigua de Santander.

SANTANDER

Cantabria - 171 951 h. - Mapa regional : **6**-B1
Mapa de carreteras Michelin n° 572-B18

Restaurantes

El Serbal

COCINA TRADICIONAL • AMBIENTE CLÁSICO XXX Se halla en el turístico barrio de Puertochico y es una de las referencias culinarias de esta agradable ciudad. Su renovada orientación gastronómica busca en la honestidad su razón de ser, con una carta de pescados siempre abierta a los mejores productos de la lonja y carnes autóctonas, como las de las reses Tudanca.

→ Cigalas con quinoa, verduras y caldo de tudanca. Presa ibérica lacada al carbón con zanahorias confitadas en aceite de café. Helado de queso con chocolate blanco, membrillo y miel.

Menú 42/92 € - Carta 55/76 €

Plano : E1-k - *Andrés del Río 7 ✉ 39004 - ✆ 942 22 25 15 - www.elserbal.com - cerrado del 12 al 29 de noviembre, domingo noche y lunes*

Querida Margarita

COCINA TRADICIONAL • TENDENCIA XX La versión "low cost" de El Serbal, pues pertenece a la misma propiedad y se encuentra junto a este laureado restaurante. Presenta una estética actual tipo bistró y centra su oferta en un único menú, fiel al gusto tradicional, que se renueva diariamente.

Menú 19 € - solo menú

Plano : E1-k - *Andrés del Río 7 ✉ 39002 - ✆ 630 34 17 43 - cerrado domingo noche y lunes*

VORS

MODERNA • ACOGEDORA XX Disfruta de un emplazamiento envidiable, frente a los barcos amarrados en Puerto Chico y con las terrazas más cotizadas de la ciudad. Encontrará un bar bastante original, un interior actual con detalles rústicos y una cocina tradicional muy bien actualizada.

Menú 28/45 € - Carta 33/45 €

Plano : E2-x - *Castelar 5 ✉ 39004 - ✆ 942 22 39 75 - www.vors-santander.com - cerrado del 15 al 25 de enero, del 5 al 15 de noviembre, domingo noche y lunes de octubre a junio*

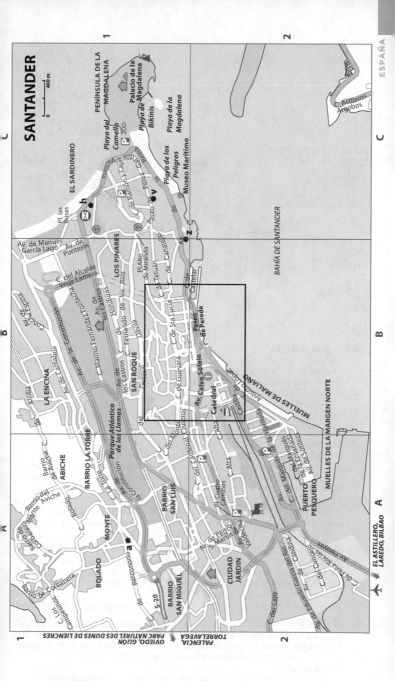

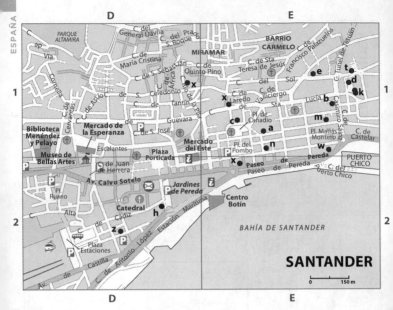

ESPAÑA

SANTANDER

0 ——— 150 m

🏠 Agua Salada

COCINA TRADICIONAL · BRASSERIE 𝕏 Restaurante de ambiente hogareño emplazado en un local que hace esquina. Su sencilla fachada da paso a un espacio informal pero bastante acogedor, tipo bistró, dominado por los tonos verdes y blancos. Sabrosa cocina de base tradicional puesta al día.

Menú 14 € – Carta 33/41 €

Plano : E1-x – *San Simón 2* ✉ *39003 –* 𝒞 *942 04 93 87 – cerrado lunes noche salvo verano y martes*

🏠 Umma

MODERNA · A LA MODA 𝕏 Un negocio de carácter informal y estética neoyorquina que sorprende tanto por la altura de sus techos como por sus paredes, revestidas de ladrillos blancos. Su chef apuesta por la cocina actual, con unas cuidadas elaboraciones que no olvidan la tradición.

Menú 17/35 € – Carta 30/40 €

Plano : E1-e – *Sol 47* ✉ *39003 –* 𝒞 *942 21 95 95 – www.ummasantander.com – cerrado 14 días en enero-febrero, 14 días en octubre-noviembre, domingo y lunes mediodía en verano, lunes y martes resto del año*

🍽 Asador Lechazo Aranda

CARNES · AMBIENTE CLÁSICO 𝕏𝕏 Sus instalaciones recrean sabiamente la belleza y atmósfera de la más noble decoración castellana. Ofrece una carta basada en carnes y especialidades como el cordero asado.

Menú 38 € – Carta 32/47 €

Plano : E1-t – *Tetuán 15* ✉ *39004 –* 𝒞 *942 21 48 23 – cerrado Navidades y lunes noche*

🍽 Cañadío

COCINA TRADICIONAL · AMBIENTE CLÁSICO 𝕏𝕏 ¡Es considerado toda una institución en la ciudad! Presenta un bar de tapeo, un comedor en un altillo y una sala clásica-actual. Cocina tradicional elaborada de buen nivel.

Carta 32/60 €

Plano : E1-c – *Gómez Oreña 15 (pl. Cañadío)* ✉ *39002 –* 𝒞 *942 31 41 49 – www.restaurantecanadio.com – cerrado domingo*

¡O Casona del Judío

MODERNA · MARCO CONTEMPORÁNEO XX Instalado parcialmente en una casona indiana del s. XIX. El bello edificio principal, donde están los privados, cuenta con unos anexos de línea más fresca, luminosa e informal, con una terraza chill out. Cocina actual de base tradicional.

Menú 41/59 € – Carta 42/60 €

Plano : A1-a – *Repuente 20* ✉ *39012* – *℘ 942 34 27 26* – *www.casonadeljudio.com – solo almuerzo salvo viernes, sábado y julio-agosto – cerrado 15 días en febrero, 15 días en noviembre, domingo noche salvo verano, y lunes*

¡O Del Puerto

PESCADOS Y MARISCOS · AMBIENTE CLÁSICO XX Un negocio de 4ª generación muy bien llevado entre hermanos. Se decora con maquetas de barcos y se han hecho un nombre por buscar siempre productos de la máxima calidad.

Carta 40/68 €

Plano : E1-m – *Hernán Cortés 63* ✉ *39003* – *℘ 942 21 30 01 – www.bardelpuerto.com – cerrado domingo noche y lunes salvo verano*

¡O La Bombi

COCINA TRADICIONAL · RÚSTICA XX Basa su éxito en la bondad de sus productos, no en vano cuenta con un sugerente expositor y su propio vivero. Posee tres salas de gran contraste, pues dos son rústicas y la otra de línea moderna, esta última con acceso a un patio-terraza.

Menú 50/75 € – Carta 45/75 €

Plano : E1-b – *Casimiro Sáinz 15* ✉ *39003* – *℘ 942 21 30 28* – *www.labombi.com*

¡O La Mulata

PESCADOS Y MARISCOS · AMBIENTE MEDITERRÁNEO XX Toma su nombre de un pequeño cangrejo, de color negro, parecido a la nécora. Aquí encontrará un buen bar público y una sala bastante luminosa de línea moderna-funcional, donde ofrecen una carta especializada en pescados y mariscos.

Menú 40/90 € – Carta 45/75 €

Plano : E1-d – *Andrés del Río 7* ✉ *39004* – *℘ 942 36 37 85 – www.restaurantemulata.es – cerrado martes salvo verano*

¡O Bodega Cigaleña

COCINA TRADICIONAL · RÚSTICA X Casa de ambiente rústico-antiguo, a modo de museo, vestida con mil detalles enológicos. Cocina tradicional rica en carnes de la zona, pescados de lonja, verduras, quesos...

Menú 48 € – Carta 30/55 €

Plano : E1-a – *Daoiz y Velarde 19* ✉ *39003* – *℘ 942 21 30 62* – *www.cigalena.com – cerrado domingo y lunes mediodía, salvo julio y agosto*

¡O Cadelo

MODERNA · SENCILLA X Un gastrobar de sencillas instalaciones, casi minimalistas, que está teniendo mucho éxito. Ofrece platos pensados para compartir, muchas veces con guiños a otras culturas.

Ración aprox. 14 € – Menú 25/45 €

Plano : D1-x – *Río de la Pila 18* ✉ *39003* – *℘ 942 22 10 51* – *cerrado del 15 al 28 de febrero, del 1 al 15 de octubre, domingo y lunes*

¡O La Caseta de Bombas 🅽

DE MERCADO · A LA MODA X Instalado en un curioso edificio que, en otro tiempo, contenía la maquinaria para achicar el agua del dique. Amabilidad, sabor y un magnífico producto procedente de la lonja.

Carta 30/52 €

Plano : B1-z – *Gamazo* ✉ *39002* – *℘ 942 74 26 68* – *www.lacasetadebombas.es*

🍴○ **Mesón Gele**   AC ⊗

COCINA TRADICIONAL · RÚSTICA ✗ Resulta céntrico y está llevado con amabilidad. Encontrará un concurrido bar público y un comedor rústico-regional distribuido en dos niveles. Cocina de tinte tradicional.

Menú 21/45 € – Carta 35/53 €

Plano : E1-n – *Eduardo Benot 4* ⊠ *39003* – ℰ *942 22 10 21*
– *www.restaurantegele.com* – *cerrado lunes en verano y domingo noche*

🍴○ **Casa Lita**   🏠 AC ⊗

COCINA TRADICIONAL · TABERNA ⅋ Taberna ubicada frente a Puertochico, una
zona privilegiada de Santander. Ofrece una buena terraza, una gran barra repleta
de pinchos que varían según la hora del día y una pequeña carta de raciones.
¡Pruebe su famosísimo Pollo al curry!

Tapa 2,60 € – Ración aprox. 15 €

Plano : E1-w – *paseo de Pereda 37* ⊠ *39004* – ℰ *942 36 48 30* – *www.casalita.es*

🍴○ **El Machi**   🏠 AC ⊗

PESCADOS Y MARISCOS · TABERNA ⅋ Tiene 80 años de historia y toma su
nombre a modo de alias, pues el apelativo original de esta casa era Taberna Marinera Machichaco. Combinan lo antiguo y lo moderno para crear un bar marinero
de diseño. Carta amplia de pescados y arroces.

Tapa 3 € – Ración aprox. 12 €

Plano : D2-z – *Calderón de la Barca 9* ⊠ *39002* – ℰ *942 21 87 22*
– *www.elmachi.es*

Alojamientos

🏨 **Bahía**   ⚒ ⊴ 🖥 ⅗ AC ⊗ 🛠 🚗

NEGOCIOS · CONTEMPORÁNEA Presenta una línea actual-vanguardista y destaca por su ubicado, entre la Catedral y el espectacular Centro Botín diseñado
por el arquitecto Renzo Piano. Ofrece atractivas zonas sociales, cuidadas habitaciones y un llamativo restaurante de estética vintage.

188 hab – ♦69/359 € ♦♦69/359 € – ☷16 € – 17 suites

Plano : D2-h – *Cádiz 22* ⊠ *39002* – ℰ *942 20 50 00*
– *www.hotelbahiasantander.es*

en El Sardinero

🏨 **Eurostars Real**   ⚒ 🐾 ⊴ 🛏 📶 ⅗ 🖥 ⅗ AC 🛠 🅿

HISTÓRICO · CLÁSICA Destaca tanto por su estratégica situación, en la parte
alta de Santander, como por su magnífico personal. Ofrece un amplio hall, luminosos salones tipo pérgola, elegantes habitaciones y un moderno centro de talasoterapia. El restaurante El Puntal disfruta de un estilo clásico y agradables vistas
a la bahía.

114 hab – ♦90/350 € ♦♦90/350 € – ☷24 € – 9 suites

Plano : C1-v – *paseo Pérez Galdós 28* ⊠ *39005 Santander* – ℰ *942 27 25 50*
– *www.hotelreal.es*

🏨 **G. H. Sardinero**   ⚒ ⊴ 🖥 ⅗ AC ⊗ 🛠 🚗

CADENA HOTELERA · MODERNA Se halla frente al Gran Casino y supone un
gran homenaje a la historia, pues ha sido totalmente reconstruido a imitación
del edificio neoclásico original. La línea clásica-actual y la elegancia van de la
mano tanto en las zonas nobles como en las habitaciones. El restaurante propone
una cocina tradicional.

102 hab – ♦81/160 € ♦♦88/205 € – ☷16 € – 16 suites

Plano : C1-h – *pl. de Italia 1* ⊠ *39005 Santander* – ℰ *942 27 11 00*
– *www.hotelsardinero.es*

O. Strewe / Getty Images

NOS GUSTA...

Recorrer el histórico **Parador Hostal dos Reis Católicos** y dar una vuelta por el animado Mercado de Abastos antes de tomarnos, allí mismo, unas tapas (**Taberna Abastos 2.0**). También degustar la original fusión de cocina gallega, nipona y peruana de **Casa Marcelo**. Los mejores pescados y mariscos de la zona los hemos encontrado en **Mar de Esteiro**, a tan solo 6 km.

SANTIAGO DE COMPOSTELA

A Coruña – 96 456 h. – Alt. 264 m – Mapa regional : **13**-B2
Mapa de carreteras Michelin nº 571-D4
Planos de la ciudad en páginas siguientes

Restaurantes

✿ A Tafona (Lucía Freitas)

MODERNA • ACOGEDORA XX Informal y lleno de contrastes, pues combina sus llamativas paredes en piedra con una preciosa escalera, un lucernario y algún que otro detalle de diseño. La joven chef, que con este restaurante ha convertido su sueño en realidad, elabora una cocina de corte moderno con mucho sabor, buena técnica y elegantes maridajes.

→ Ceviche de vieira y sorbete de leche de tigre. Merluza de Celeiro, hinojo y citronella. Cítricos.

Menú 50/70 € - Carta 34/54 €

Plano : D1-k – *Virxe da Cerca 7 ✉ 15703 – ✆ 981 56 23 14 – www.restauranteatafona.com – cerrado domingo noche, lunes, martes noche en invierno, domingo y lunes en verano*

✿ Casa Marcelo (Marcelo Tejedor)

FUSIÓN • A LA MODA Este atractivo gastrobar, ubicado a escasos metros de la Praza do Obradoiro, llama la atención por tener una gran mesa para compartir y la cocina a la vista, esta última con una barra donde se puede comer mientras ve trabajar al chef. Su carta refleja una original fusión entre las cocinas gallega, nipona y peruana.

→ Dim-Sum de bacalao. La alcachofa del amor. El milhojas de Casa Marcelo.

Ración aprox. 11,50 €

Plano : C1-m – *Hortas 1 ✉ 15705 – ✆ 981 55 85 80 – www.casamarcelo.net – cerrado 15 días en febrero, 15 días en noviembre, 7 días en mayo-junio, domingo y lunes*

Café de Altamira (N)

COCINA TRADICIONAL • AMBIENTE TRADICIONAL X Un local singular tanto por su emplazamiento, junto al famoso mercado de Abastos, como por su desenfadada estética entre lo rústico y lo vintage. Aquí la cocina, de base tradicional pero bien puesta al día, emana personalidad y ensalza los sabores gallegos.

Menú 14 € - Carta 30/47 €

Plano : D1-b – *Ameas 9 ✉ 15704 – ✆ 981 55 85 92 – www.cafedealtamira.com – cerrado miércoles salvo verano y domingo noche*

SANTIAGO
DE COMPOSTELA

0   240 m

VIGO   OURENSE   A   B

😊 Ghalpón Abastos

AIC 🖐

MODERNA · SIMPÁTICA ⅹ Restaurante de ambiente moderno e informal emplazado junto al mercado de abastos. En la sala, que tiene la cocina parcialmente
abierta, le propondrán un único menú de mercado.

Menú 35 € – solo menú

Plano : D1-2-a – *Das Ameas 4* ✉ *15704* – *☎ 654 01 59 37*
– www.abastoscompostela.com – cerrado domingo

😊 A Horta d'Obradoiro

🚻 🖐

MODERNA · SIMPÁTICA ⅹ Singular, pues ocupa la casa del s. XVII que alojaba
a los músicos de la Catedral. Presenta un pequeño bar, dos salas, una tipo invernadero, y un tranquilo huerto-jardín en la parte posterior. Cocina de mercado elaborada con sencillez y presentada con mimo.

Menú 20/80 € – Carta 29/49 €

Plano : C1-n – *Hortas 16* ✉ *15705* – *☎ 881 03 13 75 – www.ahortadoobradoiro.com*
– cerrado domingo noche y lunes

🍽️ Auga e Sal

🎴 🚻 AIC

MODERNA · MARCO CONTEMPORÁNEO ⅹⅹ Un coqueto restaurante donde conviven la piedra y la madera. Desde sus fogones proponen una cocina de tintes
modernos, con detalles creativos, y hasta tres sugerentes menús.

Menú 29/48 € – Carta 42/52 €

Plano : D2-p – *Fonte do Santo Antonio 8* ✉ *15702* – *☎ 680 59 81 10 – www.augaesal.com*
– cerrado 8 días en marzo, 8 días en noviembre, domingo y lunes al mediodía

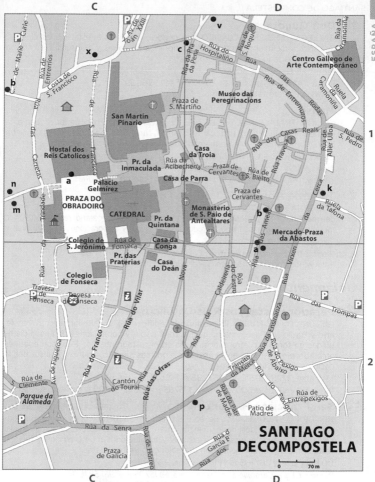

SANTIAGO DE COMPOSTELA

0   70 m

🍴 **Pedro Roca**   🅰🅲 ✑

MODERNA · MARCO CONTEMPORÁNEO XX Local de estética actual dotado con un amplio interior y dos salas, una solo de mesas y la otra con la cocina a la vista. Cocina gallega actualizada y excelente producto.

Menú 40/100 € – Carta 45/60 €

Plano : C1-b – *Domingo García Sabell 1* ✉ *15705* – ✆ *981 58 57 76*
– www.pedroroca.es – cerrado 27 agosto-10 septiembre y domingo noche salvo vísperas de festivos

🍴 **A Maceta** Ⓝ   🛋 &

FUSIÓN · RÚSTICA X Tiene carácter e identidad propia, pues atesora un estilo rústico-actual y una coqueta terraza-patio. Cocina actual con sugerentes dosis de fusión y detalles de creatividad.

Carta 27/35 €

Plano : B1-a – *San Pedro 120* ✉ *15703* – ✆ *981 58 96 00* – *www.amaceta.com*
– cerrado 15 días en noviembre, 15 días en febrero, domingo en julio y agosto, domingo noche y lunes

459

🍽️ Don Quijote   AC ⌾ ⇔

GALLEGA · AMBIENTE CLÁSICO X Un negocio familiar de instalaciones clásicas. Su carta tradicional gallega gira en torno a los pescados y mariscos... eso sí, con un buen apartado de caza en temporada.

Menú 25 € – Carta 30/50 €

Plano : A1-e – *Galeras 20* ✉ *15705* – ℰ *981 58 68 59*
– *www.quijoterestaurante.com*

🍽️ Manso   AC ⌾ ⇔

COCINA TRADICIONAL · AMBIENTE CLÁSICO X Cuenta con un buen bar a la entrada, donde sirven una carta informal, una sala de buen montaje y un pequeño privado. Cocina de mercado de buen nivel y opción a menús.

Menú 17/60 € – Carta 35/52 €

Plano : A2-a – *av. Vilagarcía 21* ✉ *15706* – ℰ *881 95 96 57*
– *www.mansorestaurante.com* – *cerrado domingo noche y lunes*

🍽️ Taberna Abastos 2.0   🕌

MODERNA · SIMPÁTICA ⅍ Resulta sorprendente y singular, pues ocupa seis casetas del mercado y se presenta con una estética actual. Es necesario reservar su única mesa y personalizan los menús. ¡Producto excepcional y elaboraciones de gran nivel!

Tapa 3 € – Ración aprox. 8 €

Plano : D1-2-a – *pl. de Abastos, Casetas 13-18* ✉ *15705* – ℰ *654 01 59 37*
– *www.abastoscompostela.com* – *cerrado domingo*

Alojamientos

🏨 Parador Hostal dos Reis Católicos   ⚿ 🖃 & AC ⌾ 🎇 🚗

HISTÓRICO · HISTÓRICA ¡Impresionante edificio del s. XVI donde conviven fe, arte y tradición! Posee una magnífica zona noble y habitaciones de época distribuidas en torno a cuatro patios. Tanto en el restaurante Dos Reis, con enormes arcos de piedra, como en el Enxebre, algo más sencillo, aquí se apuesta por la cocina gallega tradicional.

131 hab – †125/295 € ††125/295 € – ☲ 21 € – 6 suites

Plano : C1-a – *pl. do Obradoiro 1* ✉ *15705* – ℰ *981 58 22 00* – *www.parador.es*

🏨 San Francisco H. Monumento   ⚿ 🎇 🖾 🖃 & AC ⌾ 🎇 🅿

HISTÓRICO · ACOGEDORA He aquí un hotel-monumento, pues ocupa un convento del s. XVIII declarado Bien de Interés Cultural. Atesora una zona social con restos arqueológicos, dos claustros y habitaciones muy bien equipadas. Su restaurante se complementa con dos salones para banquetes.

80 hab ☲ – †116/165 € ††142/365 € – 2 suites

Plano : C1-x – *Campillo San Francisco 3* ✉ *15705* – ℰ *981 58 16 34*
– *www.sanfranciscohm.com* – *cerrado del 8 al 31 de enero*

🏨 A Quinta da Auga   ⚿ 🌤 🎇 🌐 🛁 🖃 & 🎇 🚗

FAMILIAR · ELEGANTE Ocupa una fábrica de papel del s. XVIII instalada junto a un meandro del río Sar, con preciosos jardines, una bella fachada en piedra y estancias personalizadas de singular encanto. En su coqueto restaurante podrá degustar una cocina tradicional-actualizada.

51 hab ☲ – †120/350 € ††150/350 € – 1 suite

Paseo da Amaia 23 b, por carretera de Noia A2 : 1,5 km ✉ *15706* – ℰ *981 53 46 36*
– *www.aquintadaauga.com* – *cerrado del 7 al 14 enero*

🏨 Altaïr   🖃 AC ⌾

TRADICIONAL · CONTEMPORÁNEA Esta casa combina, con especial gusto, los elementos de diseño y las paredes en piedra, pues asume los criterios estéticos de la filosofía oriental Wabi-Sabi. Todas las habitaciones resultan confortables, aunque destacan las abuhardilladas.

11 hab – †65/95 € ††75/120 € – ☲ 9 €

Plano : D1-v – *Loureiros 12* ✉ *15704* – ℰ *981 55 47 12* – *www.altairhotel.net*
– *cerrado 5 enero-10 febrero*

Costa Vella

FAMILIAR · ACOGEDORA Este hotelito destaca tanto por su agradable terraza-jardín, arbolada y con una fuente, como por sus coquetas habitaciones, cuatro de ellas con galería y bonitas vistas.

14 hab – †50/60 € ††55/83 € – ☐ 6 €

Plano : D1-c – *Porta da Pena 17* ⊠ *15704* – ℰ *981 56 95 30*
– *www.costavella.com*

en la carretera N 550 Noreste : 6 km

Mar de Esteiro

PESCADOS Y MARISCOS · AMBIENTE CLÁSICO XxX Ocupa una bella casona junto a la carretera. Encontrará pescados y mariscos de gran calidad, pues aquí los primeros son salvajes y los segundos salen de sus propios viveros.

Menú 35 € – Carta 30/55 €

Lugar Ponte Sionlla, Enfesta ⊠ *15884 Sionlla* – ℰ *981 88 80 57*
– *www.mardeesteiro.com* – *cerrado del 7 al 29 de enero, domingo, lunes y martes noche*

SANTILLANA DEL MAR

Cantabria – 4 154 h. – Alt. 82 m – Mapa regional : **6**-B1
Mapa de carreteras Michelin nº 572-B17

Gran Duque

COCINA TRADICIONAL · RÚSTICA X Este pequeño restaurante de organización familiar presenta una sala de aire rústico, un vivero de marisco y la cocina a la vista. Amplia carta tradicional con opción de menús.

Menú 19/35 € – Carta 31/46 €

Jesús Otero 7 ⊠ *39330* – ℰ *942 84 03 86*
– *www.granduque.com* – *cerrado del 6 al 20 de noviembre, domingo noche y lunes mediodía salvo verano*

Los Blasones

COCINA TRADICIONAL · RÚSTICA X Tras su bonita fachada en piedra presenta un interior de ambiente rústico, con un expositor de productos a la entrada. El chef mantiene el gusto de esta casa por la tradición.

Menú 18/30 € – Carta 35/50 €

pl. de la Gándara 8 ⊠ *39330* – ℰ *942 81 80 70*
– *www.restaurantelosblasones.es* – *cerrado 7 enero-21 marzo*

Casa del Marqués

MANSIÓN · ELEGANTE Una casa señorial con muchísimo encanto e historia, no en vano... ¡conserva una escalera con más de 700 años de antigüedad! En sus estancias conviven el gusto y la elegancia.

15 hab – †80/210 € ††80/210 € – ☐ 12 €

Cantón 26 ⊠ *39330* – ℰ *942 81 88 88*
– *www.hotelcasadelmarques.com* – *cerrado 8 diciembre-7 marzo*

Parador de Gil Blas y Parador de Santillana

CADENA HOTELERA · CLÁSICA Dos paradores en uno, pues en Gil Blas centralizan los servicios y el Santillana hace de anexo. El edificio principal ocupa una magnífica mansión solariega construida en piedra, con un bello zaguán empedrado y habitaciones rústicas de buen confort. Cocina regional con especialidades, como el Cocido montañés.

56 hab – †100/215 € ††100/215 € – ☐ 19 €

pl. Mayor ⊠ *39330* – ℰ *942 02 80 28* – *www.parador.es*

SANTO DOMINGO DE LA CALZADA

La Rioja – 6 298 h. – Alt. 639 m – Mapa regional : **14**-A2
Mapa de carreteras Michelin n° 573-E21

⅏○ Los Caballeros ⒶⒸ ⌖

REGIONAL · RÚSTICA ⅩⅩ Ocupa un edificio histórico ubicado en pleno centro, tras la cabecera de la Catedral. "Gastromesón" orientado al tapeo, buen comedor rústico y carta regional rica en bacalaos.

Menú 39/70 € – Carta 33/55 €

Mayor 58 ✉ 26250 – 𝄞 941 34 27 89 – www.restauranteloscaballeros.com – cerrado 7 enero-febrero y domingo noche salvo agosto

⌂ Parador de Santo Domingo de la Calzada ✿ ▣ & ⒶⒸ ⌖ ⌘

TRADICIONAL · CLÁSICA Instalado en un antiguo hospital de peregrinos, 🚗 junto a la Catedral. Posee una agradable zona social, dotada con bellos arcos en piedra, y confortables habitaciones de estilo clásico. En el restaurante, de cálida rusticidad, le propondrán una carta regional.

60 hab – ♠95/190 € ♠♠95/190 € – ⌑18 € – 2 suites

pl. del Santo 3 ✉ 26250 – 𝄞 941 34 03 00 – www.parador.es – cerrado enero-marzo

SANTPEDOR

Barcelona – 7 459 h. – Alt. 320 m – Mapa regional : **9**-C2
Mapa de carreteras Michelin n° 574-G35

⅏○ Ramón 🛋 ⒶⒸ ⇆ 🚗

COCINA TRADICIONAL · AMBIENTE CLÁSICO ⅩⅩ Este negocio familiar, con buena trayectoria, decora sus salas y privados a base de molinillos, relojes y pesas. Su carta tradicional se enriquece con un apartado de pescados y sugerencias de temporada. ¡Carpa independiente para banquetes!

Menú 38 € – Carta 35/65 €

Camí de Juncadella ✉ 08251 – 𝄞 938 32 08 50 – www.ramonparkhotel.com – cerrado domingo noche y festivos noche

SANTURIO Asturias ➜ Ver Gijón

SANXENXO SANGENJO

Pontevedra – 17 391 h. – Mapa regional : **13**-A2
Mapa de carreteras Michelin n° 571-E3

⅏○ La Taberna de Rotilio 🛋 ⒶⒸ ⌖

COCINA TRADICIONAL · AMBIENTE CLÁSICO ⅩⅩ Pulpo a la antigua, Vieiras, Arroz con choco, Guiso de rape... En esta casa, que debe su nombre al fundador, ofrecen una carta tradicional-marinera y un buen menú degustación.

Carta 35/55 €

av. do Porto 9 ✉ 36960 – 𝄞 986 72 02 00 – www.hotelrotilio.com – solo almuerzo salvo viernes y sábado – cerrado noviembre-febrero, domingo noche y lunes salvo 15 junio-agosto

⅏○ Sabino 🛋 & ⒶⒸ ⌖

COCINA TRADICIONAL · FAMILIAR Ⅹ Un restaurante de larga tradición familiar ubicado a escasos metros de la famosa playa de Silgar. Cocina tradicional de raíces gallegas, con toques actuales y buen producto.

Menú 28/50 € – Carta 33/47 €

Ourense 3 ✉ 36960 – 𝄞 986 72 34 00 – www.restaurantesabino.com – solo almuerzo salvo viernes, sábado y julio-agosto – cerrado del 22 al 30 de abril, 4 noviembre-4 diciembre, lunes y martes

🏨 Augusta

SPA Y BIENESTAR · ELEGANTE Elegante complejo distribuido en dos edificios, ambos con unos magníficos SPA y los exteriores ajardinados. Destaca su piscina y su amplia terraza Caribbean, dotada con unas fantásticas vistas a la ría. Encontrará dos restaurantes... uno de gusto tradicional y el otro, más actual, con platos internacionales.

107 hab – ♦65/315 € ♦♦72/349 € – ☷14 € – 53 suites – 51 apartamentos
Lugar de Padriñán 25 ✉ 36960 – 𝒞 986 72 78 78 – www.augustasparesort.com

🏨 Sanxenxo

SPA Y BIENESTAR · ELEGANTE Muy bien ubicado en un extremo de la playa. Posee un piano-bar, un completo SPA marino con centro de talasoterapia y dos tipos de habitaciones, las del anexo más amplias y modernas. El restaurante, de carácter panorámico, propone una carta gallega tradicional.

92 hab ☷ – ♦82/179 € ♦♦120/234 € – 5 suites
av. Playa de Silgar 3 ✉ 36960 – 𝒞 986 69 11 11 – www.hotelsanxenxo.com
– cerrado del 8 al 17 de enero

El SARDINERO Cantabria → Ver Santander

SARDÓN DE DUERO
Valladolid – 634 h. – Alt. 723 m – Mapa regional : **8**-B2
Mapa de carreteras Michelin n° 575-H16

al Noreste 2 km

✿ Refectorio

CREATIVA · ELEGANTE XXXX Disfruta de un marco excepcional, aportando contemporaneidad y confort al refectorio donde antaño comieron los monjes. El chef plantea a través de sus menús un viaje al producto de temporada y proximidad, siempre con elegancia, sabor, notables dosis de creatividad y un depurado nivel técnico. ¡Excelente carta de vinos!

→ Tuétano vegetal. Lechazo deshuesado, crema de requesón y laurel. Matices del vino.

Menú 140/160 € – solo menú
Hotel Abadía Retuerta LeDomaine, carret. N 122, km 332,5 ✉ 47340 Sardón de Duero – 𝒞 983 68 03 68 – www.ledomaine.es – solo cena
– cerrado 20 diciembre-febrero

🏨 Abadía Retuerta LeDomaine

EDIFICIO HISTÓRICO · GRAN LUJO Un hotel realmente único, no en vano recupera un maravilloso monasterio del s. XII rodeado de viñedos. Encontrará amplios jardines, un bello claustro y habitaciones de gran confort, todas con mobiliario clásico de calidad y servicio de mayordomo las 24 horas. ¡Oferta gastronómica ligada a los vinos de la propia bodega!

27 hab ☷ – ♦400/550 € ♦♦400/550 € – 3 suites
carret. N 122, km 332,5 ✉ 47340 Sardón de Duero – 𝒞 983 68 03 68
– www.ledomaine.es – cerrado 20 diciembre-febrero
✿ **Refectorio** – ver selección restaurantes

SARVISÉ
Huesca – 89 h. – Mapa regional : **2**-C1
Mapa de carreteras Michelin n° 574-E29

🍴 Casa Frauca

REGIONAL · RÚSTICA XX Agradable negocio familiar dotado con tres salas, dos de aire rústico y la otra actual. Ofrece una cocina regional-tradicional y sabrosas especialidades, como el Arroz con conejo y caracoles o la Paletilla de cordero del Valle del Broto con patatas a lo pobre.

Menú 25/45 € – Carta 34/50 €
carret. de Ordesa ✉ 22374 – 𝒞 974 48 63 53 – www.casafrauca.com
– cerrado 6 enero- 12 abril, domingo noche y lunes salvo verano y festivos

SEGORBE

Castellón – 9 073 h. – Alt. 358 m – Mapa regional : **11**-A2
Mapa de carreteras Michelin n° 577-M28

María de Luna

COCINA TRADICIONAL · MARCO CONTEMPORÁNEO ⅩⅩ La opción más sugerente para comer en esta localidad... además, una de sus salas se asoma al relajante claustro-patio del hotel. Su propuesta de gusto tradicional, regional y casero es conocida, sobre todo, por sus interesantísimas jornadas gastronómicas.

Menú 13/37 € – Carta 25/40 €
Hotel Martín El Humano, Fray Bonifacio Ferrer 7 ⊠ 12400 – 𝒞 964 71 36 01
– www.hotelmartinelhumano.es
– cerrado del 24 al 28 de diciembre y lunes

Martín El Humano

HISTÓRICO · MODERNA En un edificio del s. XVIII que, con su nombre, recuerda a uno de los reyes de Aragón. Encontrará un claustro-patio, cuatro tipos de habitaciones y algunos servicios de SPA.

37 hab ☑ – ♦68/78 € ♦♦85/100 €
Fray Bonifacio Ferrer 7 ⊠ 12400 – 𝒞 964 71 36 01
– www.hotelmartinelhumano.es
– cerrado del 24 al 28 de diciembre

⏀ **María de Luna** – ver selección restaurantes

SEGOVIA

51 756 h. – Alt. 1 005 m – Mapa regional : **8**-C3
Mapa de carreteras Michelin n° 575-J17

Villena

MODERNA · ELEGANTE ⅩⅩ ¡Un espacio que le sorprenderá! Ocupa la antigua iglesia del Convento de las Oblatas, presentada ahora bajo una estética actual, elegante y de gran confort. Tras el cambio de chef se apuesta más por la coherencia y el producto de proximidad, con sutiles elaboraciones de gusto tradicional, reconocibles y puestas al día.

→ Secuencia del pato. Carré de cordero al sarmiento de enebro. Esfera de azúcar soplado y yogur de oveja.

Menú 70/120 € – solo menú
Plano : B1-b – *pl. Capuchinos 2 ⊠ 40001 – 𝒞 921 46 17 42*
– www.restaurante-villena.com
– cerrado del 15 al 28 de febrero, domingo noche, lunes y martes noche

Casa Silvano-Maracaibo

MODERNA · ACOGEDORA ⅩⅩ Se presenta con un amplio bar de tapas, una sala principal de línea actual y otra en el sótano que usan como privado. Su carta, de gusto actual, se ve enriquecida a lo largo del año con varias jornadas gastronómicas. ¡Ofrecen vinos propios!

Menú 35/55 € – Carta 33/59 €
Plano : B2-h – *paseo de Ezequiel González 25 ⊠ 40002 – 𝒞 921 46 15 45*
– www.restaurantemaracaibo.com
– cerrado 20 días en julio y lunes

Duque

COCINA TRADICIONAL · MARCO REGIONAL ⅩⅩ ¡Desde 1895! Ofrece varias salas de aire castellano, todas decoradas con premios y reconocimientos, así como una completa carta tradicional. ¡El Cochinillo es el protagonista!

Menú 42 € – Carta 40/61 €
Plano : B2-e – *Cervantes 12 ⊠ 40001 – 𝒞 921 46 24 87*
– www.restauranteduque.es

SEGOVIA

0 — 150 m

Museo Esteban Vicente.............M
Iglesia de San Juan de los Caballeros .. M1

PALACIO DE RIOFRIO 🦌 *MADRID*

🍴 **José María**   AC ⇔

COCINA TRADICIONAL · MARCO REGIONAL XX Ofrece un concurrido bar de tapas, varias salas de ambiente castellano y una completa carta tradicional enriquecida con platos típicos y creativos. El propietario también posee una importante bodega circunscrita a la D.O. Ribera del Duero.

50 € – Carta 35/56 €

Plano : B1-u – *Cronista Lecea 11* ✉ *40001* – ✆ *921 46 11 11*
– *www.restaurantejosemaria.com*

🍴 **Mesón de Cándido**   🍴 AC ⅏ ⇔

REGIONAL · RÚSTICA XX Una auténtica institución, pues raigambre y tradición se dan cita en una casa del s. XV que, por méritos propios, se ha convertido en un referente de la cocina regional. No se pierda el trinchado del Cochinillo... icon el borde del plato!
Carta 35/55 €

Plano : B2-s – *pl. Azoguejo 5* ✉ *40001* – ✆ *921 42 59 11* – *www.mesondecandido.es*

🏨 **Eurostars Convento Capuchinos**   ॐ 💿 ⅙ 🔋 ⅙ AC ⅏ 🐾 🚗

HISTÓRICO · MODERNA Perfecto para descansar y... iestrechar lazos con la historia! Se halla en el antiguo Convento de las Oblatas, que hoy combina sus paredes en piedra con el confort más actual.

62 hab – ♦85/599 € ♦♦85/599 € – ☲ 17 € – 1 suite

Plano : B1-a – *pl. Capuchinos 2* ✉ *40001* – ✆ *921 41 52 50* – *www.eurostarshotels.com*

465

🏛️ San Antonio El Real 🍴 🦐 ᒲ⊞ 🕭 🅰🅲 🎉 🏋 🚗

HISTÓRICO · ACOGEDORA Ocupa un monasterio franciscano del s. XV dotado con agradables zonas sociales, un bello claustro y habitaciones de completo equipamiento, todas con mobiliario de calidad. En su comedor, de techos artesonados, proponen platos tradicionales e internacionales.

51 hab ☲ – ♦️80/150 € ♦️♦️80/150 €

San Antonio El Real, al Sureste ✉ *40004 –* ℰ *921 41 34 55*

– www.sanantonioelreal.es

🏛️ La Casa Mudéjar 🍴 🕮 ⊞ 🕭 🅰🅲 🎉 🏋

HISTÓRICO · ACOGEDORA El edificio, en pleno casco antiguo, combina sus dependencias con un aljibe medieval, bellos artesonados mudéjares y hermosos detalles decorativos. El restaurante, ubicado parcialmente en un patio, ofrece tanto platos castellanos como de inspiración sefardí.

42 hab – ♦️50/180 € ♦️♦️50/180 € – ☲ 10 €

Plano : B2-v – *Isabel La Católica 8* ✉ *40001 –* ℰ *921 46 62 50*

– www.lacasamudejar.com

SENA DE LUNA

León – 402 h. – Alt. 1 142 m – Mapa regional : **8**-B1
Mapa de carreteras Michelin n° 575-D12

🏠 Días de Luna 🍴 🦐 🍴 🎉 🏋 🅿

CASA DE CAMPO · RÚSTICA Sólido edificio en piedra, de principios del s. XX, construido como escuela y reconvertido en un acogedor establecimiento rural. Recrea unas instalaciones rústicas, con un coqueto salón dotado de chimenea, confortables habitaciones y un comedor en el que solo sirven un menú de cocina tradicional actualizada.

18 hab ☲ – ♦️45 € ♦️♦️65 €

Magistrado Rodríguez Quirós 24 ✉ *24145 –* ℰ *987 59 77 67*

– www.diasdeluna.com – cerrado enero-febrero - solo fines de semana en noviembre-Semana Santa

SENEGÜÉ

Huesca – 81 h. – Mapa regional : **2**-C1
Mapa de carreteras Michelin n° 574-E28

🍴 Casbas ⇦ 🅰🅲 🎉 🅿

COCINA TRADICIONAL · RÚSTICA XX Instalado en un bello edificio, en piedra y madera, que cuenta con un bar, un comedor rústico-actual y un privado. Su carta tradicional se enriquece con platos familiares, como el Solomillo "torrefacto" con pil-pil de hongos. ¡Habitaciones de aire rústico!

Menú 14/18 € – Carta 29/42 €

12 hab ☲ – ♦️45/60 € ♦️♦️62/82 €

carret. N 260 ✉ *22666 –* ℰ *974 48 01 49 – www.casbas.com*

SEO DE URGEL Lleida ➜ Ver La Seu d'Urgell

SEPÚLVEDA

Segovia – 1 168 h. – Alt. 1 014 m – Mapa regional : **8**-C2
Mapa de carreteras Michelin n° 575-I18

🍴 Cristóbal 🅰🅲 🎉

COCINA TRADICIONAL · RÚSTICA X Posee un bar de línea regional, un comedor principal de ambiente castellano y una peculiar sala excavada en la piedra, donde también está la bodega. Carta clásica-regional.

Menú 30 € – Carta 30/50 €

Conde de Sepúlveda 9 ✉ *40300 –* ℰ *921 54 01 00*

– www.restaurantecristobal.com – solo almuerzo salvo viernes, sábado, domingo y agosto – cerrado del 1 al 15 de septiembre, del 15 al 30 de diciembre y martes

🏠 Posada de San Millán   🐾 **P**

HISTÓRICO · RURAL Edificio románico del s. XI dotado con un patio porticado y muchos muebles restaurados. Sus confortables habitaciones están decoradas con antigüedades y detalles religiosos.

9 hab 🖙 – ♦78 € ♦♦78 €

Vado 12 ⊠ 40300 – ℰ 646 84 04 83 – www.posadasanmillan.es

SERPE Pontevedra ➜ Ver Raxó

SERRA DE OUTES

A Coruña – 6 691 h. – Alt. 16 m – Mapa regional : **13**-A2
Mapa de carreteras Michelin n° 571-D3

por AC 550 Sur : 2 km y desvío a la derecha 1 km

🏠 Casa do Zuleiro   🏡 🐾 🚷 **P**

FAMILIAR · RÚSTICA Este conjunto rural, formado por varias casas, resulta realmente encantador. Ofrece una zona social con chimenea y acogedoras habitaciones, una de ellas con un gran jacuzzi. ¡A los clientes alojados se les ofrece servicio de cenas bajo reserva!

9 hab 🖙 – ♦63 € ♦♦85 €

*Brion de Arriba 11, San Xoan de Roo ⊠ 15230 Outes – ℰ 981 76 55 31
– www.casadozuleiro.com*

SETCASES

Girona – 180 h. – Alt. 1 279 m – Mapa regional : **9**-C1
Mapa de carreteras Michelin n° 574-E36

🍴 Can Jepet   🚷 **AC** 🍴 🔄 **P**

CATALANA · RÚSTICA 🕱🕱 Restaurante de ambiente rústico emplazado en un pueblo pirenaico bastante pintoresco. Toma su nombre del apodo familiar y es un buen sitio para descubrir la cocina catalana de montaña, rica en carnes a la brasa, platos de caza, embutidos...

Menú 18/45 € – Carta 28/46 €

Molló 11 ⊠ 17869 – ℰ 972 13 61 04 – www.restaurantcanjepet.com – solo almuerzo salvo viernes y sábado – cerrado 25 junio-9 julio, del 5 al 19 de noviembre, martes salvo festivos y agosto

La SEU D'URGELL SEO DE URGEL

Lleida – 12 249 h. – Alt. 700 m – Mapa regional : **9**-B1
Mapa de carreteras Michelin n° 574-E34

🏨 Parador de la Seu d'Urgell   🏡 🖼 🛗 🧺 🚷 **AC** 🍴 🎱 🚐

CADENA HOTELERA · CONTEMPORÁNEA Remotos orígenes medievales se ciernen sobre sus modernas instalaciones, en general de línea actual. Presenta la zona social en el antiguo claustro y ofrece unas cuidadas habitaciones, todas con mobiliario funcional. Su amplio restaurante combina perfectamente el diseño con la cocina regional catalana.

79 hab – ♦85/170 € ♦♦85/170 € – 🖙 16 €

Sant Domènec 6 ⊠ 25700 – ℰ 973 35 20 00 – www.parador.es

en Castellciutat Suroeste : 1 km

🍴 Tàpies   🐾 ⪦ 🛗 🏡 **AC** 🍴 🔄 **P**

CLÁSICA · AMBIENTE CLÁSICO 🕱🕱 Toma su nombre del apellido familiar y destaca tanto por su elegancia como por sus magníficas vistas. Proponen una cocina actual con platos de temporada, dando siempre prioridad a los productos autóctonos. ¡Todos sus quesos son del Pirineo!

Menú 65/85 € – Carta 63/90 €

*Hotel El Castell de Ciutat, carret. N 260 ⊠ 25700 La Seu d'Urgell
– ℰ 973 35 00 00 – www.hotelelcastell.com – solo cena salvo sábado y domingo
– cerrado lunes y martes – abierto 5 abril -28 octubre y Navidades*

ESPAÑA

El Castell de Ciutat

LUJO · CLÁSICA Ocupa una zona elevada que, al mismo tiempo, se encuentra a los pies del castillo-fortaleza del s. XVI. Elegante zona noble, SPA gratuito para el cliente alojado y habitaciones de muy buen confort, unas abuhardilladas y otras con terraza.

36 hab ⌂ – ♦138/175 € ♦♦194/231 € – 2 suites – ♦237 € ♦♦343 €

carret. N 260 ✉ *25700 La Seu d'Urgell –* ☎ *973 35 00 00*
– www.hotelelcastell.com
🍴 **Tàpies** – ver selección restaurantes

al Noreste 6 km

Cal Serni

FAMILIAR · RÚSTICA Se halla en una pequeña aldea de montaña, en una casa del s. XV que presenta sencillas habitaciones, un coqueto restaurante y atractivos exteriores. Es la esencia de un turismo rural, con granja, huerto, un Museo del Pagès, vino, tienda de productos caseros...

7 hab – ♦40 € ♦♦60 € – ⌂10 €

Calbinyà (es necesario reservar) ✉ *25798 Calbinyà –* ☎ *973 35 28 09*
– www.calserni.com – cerrado del 21 al 31 de diciembre

bruev / iStock

NOS GUSTA...

Tomar un café en el emblemático hotel **Alfonso XIII**, subir a la terraza-azotea del **Eme Catedral** para "tocar" la Giralda y, sobre todo, callejear entre los barrios de San Lorenzo y Santa Cruz para tapear. Mención especial merecen la hermosa **Taberna del Alabardero**, el viaje al pasado de un histórico como **El Rinconcillo**, la original propuesta de **Cañabota**...

SEVILLA

690 566 h. – Alt. 12 m – Mapa regional : **1**-B2
Mapa de carreteras Michelin nº 578-T11
Planos de la ciudad en páginas siguientes

Restaurantes

🕸 **Abantal** (Julio Fernández)   🚭 🅰🄲 🛇

CREATIVA · MINIMALISTA ✗✗✗ ¡La cocina andaluza vestida de vanguardia! Si la personalidad es un grado aquí luce con luz propia, pues se apuesta por el minimalismo y hasta el nombre, predecesor etimológico de la palabra "delantal", hace un guiño a la profesión. Creatividad, sabor, técnica... y la posibilidad de extraer platos sueltos de su menú.

→ Castañeta de cerdo ibérico con bearnesa y emulsión de cebollino. Patata especiada, cola de toro, huevo trufado y hongos. Granizado de hinojo, cilantro, manzana y limón.

Menú 75/95 €

Plano : D2-b – *Alcalde José de la Bandera 7* ✉ *41003 –* ✆ *954 54 00 00*
– www.abantalrestaurante.es – cerrado 30 julio-3 septiembre, domingo y lunes

😊 **Az-Zait**   🅰🄲 🛇

MODERNA · ACOGEDORA ✗✗ Toma su nombre de un vocablo árabe que significa "jugo de aceituna" (aceite). Encontrará un sugerente servicio de tapas a la entrada y una carta bien equilibrada, entre la cocina internacional y los platos tradicionales de tintes creativos.

Menú 29/45 € – Carta 30/45 €

Plano : B1-d – *pl. San Lorenzo 1* ✉ *41002 –* ✆ *954 90 64 75 – www.az-zait.es*
– cerrado julio, martes mediodía y miércoles mediodía

😊 **Cañabota**   🍸 🅰🄲 🛇

PESCADOS Y MARISCOS · SENCILLA ✗ Un negocio de alma bipolar, pues tomando los pescados y mariscos como base de su propuesta busca la informalidad de un bar de tapas y el llamativo trabajo en directo de una barra de sushi. ¡Su expositor-pescadería y la parrilla son los grandes protagonistas!

Carta 24/50 €

Plano : C1-a – *Orfila 3* ✉ *41003 –* ✆ *954 87 02 98 (es necesario reservar)*
– cerrado sábado en julio-agosto y domingo

A

B

Monasterio de la Cartuja-
Centro Andaluz de
Arte Contemporáneo

CANAL DE ALFONSO XIII

Cam. de los Descubrimientos

Av. Torneo

Av. Torneo

Goles

Av. Torneo

C. de Mendoza Ríos

C. García Ramos

C. Redes

C. Abad Gordillo

Cid

San Lorenzo

Nuestro Padre
Jesús del Gran Poder

C. Martínez Montañés

Miguel de

Teodosio

Baños

d

e

m

Plaza de
Gavidia

Plaza de la
Concordia

Trajano

**Plaza del Du
de la Victo**

1

C. S. Laureano

Alfonso XII

Dársena

Bajeles

de

Alfonso

XII

Eloy

C. de José
de Velilla

O'Donnell

Rioja

Plaza del
Museo

**MUSEO
DE BELLAS
ARTES**

Torneo

Bailén

Baracaldo

Av. Cristo de
la Expiración

Jándalo

Radio
Sevilla

HUELVA ♦ MÉRIDA

Odiel

Plaza de
Chapina

C. Doctores
Lasso Simarro

Castilla

Alfarería

C. de Clara
de Jesús Montero

Purunuela

C. Vicente de Paúl

Jándalo

Arjona

Albuera

Radio
Sevilla

Reyes
Católicos

La Magdalena

Gravina

S.

Pablo

Moratín

Carlos Canal

Capilla de S. José

Tetuán

**Plaza
Nueva**

Zaragoza

k

n

EL ARENAL

Pastor y Landero

Galera

b

a

de Castelar

Adriano

Produrador

Castilla

Alfarería

**Nuestra Señora
de la O**

**Castillo de
San Jorge**

El Carmen

**Monumento
a la Tolerancia**

**La Real
Maestranza**

Antonia Díaz

Velarde

C. Dos
de Mayo

Gar
de Vin

2

Tejarería

**Plaza del
Altozano**

**Capilla de los
Marineros**

PUERTO

Paseo de Cristóbal Colón

**Iglesia
Hospita
de la Cari**

García Corona

Maestro
Bretón

Av. Sta Cecília

Antonio

Jacinto

S. Jacinto

Pagés del Corro

TRIANA

Sta Ana

Betis

Pureza

Pelay Correa

Pagés del Corro

**Torre
del Oro**

**Torre
la Pla**

Almirante Lo

Puer
de Je

3

López

C. de Asturias

Evangelista

C. de Juan
Díaz de Solís

de

C. de la Constancia

Espanza

Pagés del Corro

C. de Justino Matute

Faltita

C. de
Arbero

Farmacéutico
Murillo Herrera

Febo

Concha
Espina

Tabajo

C. de Troya

Ardilla

Paraíso

C. Génova

Plaza de
Cuba

Plaza
de Cuba

Asunción

CANAL DE A

Virtud

Trajano

Vicente de Fátima

Salado

Plaza
Marcelino

Niebla

Virgen
de Setefila

Carlos Arcos

A

B

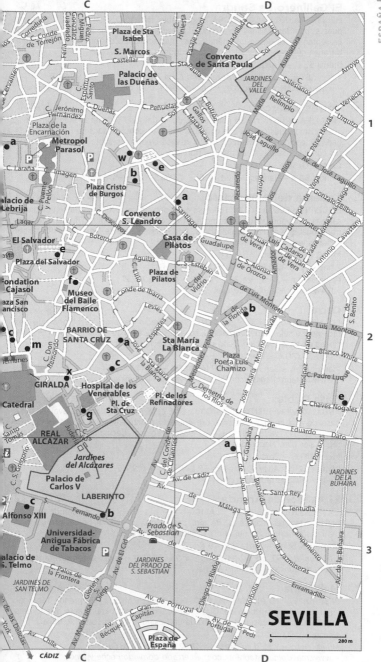

ESPAÑA

Plaza de Sta Isabel
S. Marcos
Castellar
Palacio de las Dueñas
Convento de Santa Paula
JARDINES DEL VALLE

C. Corredería
C. Conde de Torrejón
C. Pedro Miguel
C. Miguel González
Cuadrado
Pérez
C. Cervantes
C. Espíritu Santo
C. Dueñas
C. Jerónimo Hernández
Plaza de la Encarnación
Metropol Parasol
C. Laraña
C. Imagen
C. Puente y Pellón
Palacio de Lebrija
Lagar
C. Boteros
C. Peñuelas
C. Sol
C. Gallos
C. Matahacas
C. Gerona
Plaza Cristo de Burgos
Convento S. Leandro
C. Santiago
Casa de Pilatos
Guadalupe
C. de Juan de Vera
S. Alonso de Orozco
Av. de José Laguillo
Av. de José Laguillo
C. Hinista
C. Sta. Lucía
C. Sol
C. Auxiliadora
C. Arroyo
C. Salesianos
C. Venecia
C. Urquiza
C. Pérez Hervás
C. de Vega
C. Gonzalo Bilbao
C. Júpiter
C. Padre Méndez Casariego
C. Antonio Cavestany
C. de Juan Antonio Cavestany

El Salvador
Plaza del Salvador
Fondation Cajasol
aza San ancisco
Museo del Baile Flamenco
C. Águilas
C. Tintes
C. Conde de Ibarra
C. Levíes
C. Cespedes
Sta María La Blanca
C. Sta María la Blanca
C. S. Esteban
C. del Vidrio
Plaza de Pilatos
C. de Luis Montoto
C. Luis Cadarso
C. de Juan de Vera
C. de la Florida
C. de Luis Montoto
C. Blanco White
C. Aranda
C. Padre Luque
C. de S. Benito
C. Chaves Nogales

BARRIO DE SANTA CRUZ
C. Don Remondo
C. José
x
GIRALDA
Catedral
Hospital de los Venerables
Pl. de Sta Cruz
Plaza Poeta Luis Chamizo
C. Menéndez Pelayo
C. José María Moreno Galván
C. Jiménez
C. Demetrio de los Ríos
Pl. de los Refinadores
Av. de Eduardo Dato

REAL ALCÁZAR
C. Santo Tomás
C. San Gregorio
Jardines del Alcázares
Palacio de Carlos V
LABERINTO
C. Judería
C. del Conde de Cifuentes
Av. de Cádiz
a
C. de Guadaira
C. de Juan de Mata Carriazo
C. Santo Rey
C. Tentudia
JARDINES DE LA BUHAIRA
C. de la Buhaira
C. Portacelli

Alfonso XIII
C. S. Fernando
b
Universidad-Antigua Fábrica de Tabacos
alacio de S. Telmo
C. Palos de la Frontera
JARDINES DE SAN TELMO
Prado de S. Sebastián
Av. de El Cid
JARDINES DEL PRADO DE S. SEBASTIÁN
Av. de Málaga
Av. de Carlos V
C. de las Jazmineras
C. Campamento
C. Enramadilla

Av. de las Delicias
York
Av. Chile
Av. María Luisa
C. Glorieta Diego
Av. de Portugal
C. Gran Capitán
C. Diego de Riaño
C. Becquer
Plaza de España
Av. de la Borbolla
C. Pedr

SEVILLA
0   280 m

CÁDIZ

C   D

471

El Gallinero de Sandra 🛜 ⌖ 🅰🅲 ⌖

MEDITERRÁNEA · ACOGEDORA 🕽 Agradable, simpático y de ambiente elegante, pues si bien las gallinas centran la línea argumental de su decoración estas se presentan ahora desde una perspectiva más actual. Encontrará una cocina mediterránea que denota evolución y se enriquece según mercado.

Menú 55 € – Carta 29/47 €

Plano : B1-g – *pasaje Esperanza Elena Caro 2* ✉ *41002* – 𝒞 *954 90 99 31*
– *www.elgallinerodesandra.es* – *cerrado del 1 al 20 de agosto, domingo y lunes*

Torres y García ⌖ 🅰🅲 ⌖

CREATIVA · RÚSTICA 🕽 Se halla cerca de la Catedral y llama la atención por su interiorismo, pues cuenta con distintos espacios concatenados de gran personalidad. Su cocina, autodefinida como rústica-creativa, respeta tanto los productos como sus sabores. ¡Poseen un horno de leña!

Carta 20/36 €

Plano : B2-a – *Harinas 2-4* ✉ *41001* – 𝒞 *955 54 63 85* – *www.torresygarcia.es*

Taberna del Alabardero 🛏 🛜 ⌖ 🅰🅲 ⌖ 🚗

MODERNA · ELEGANTE 🕽🕽🕽 Preciosa casa-palacio del s. XIX dotada con elegantes salones y privados, todo en torno a un bucólico patio andaluz. Ofrecen una carta tradicional que se va actualizando y, por si desea alojarse, unas magníficas habitaciones vestidas con mobiliario de época.

Menú 55 € – Carta 45/65 €

7 hab – ♦75/120 € ♦♦100/150 € – ☐ 12 €

Plano : B2-n – *Zaragoza 20* ✉ *41001* – 𝒞 *954 50 27 21*
– *www.tabernadelalabardero.es*

Oriza 🛜 ⌖ 🅰🅲 ⌖ ⇆

COCINA TRADICIONAL · ELEGANTE 🕽🕽🕽 Negocio de larga trayectoria que destaca por su sala, tipo invernadero, su agradable ambigú y sus privados. Elaboraciones de base tradicional con guiños a la cocina vasca.

Menú 38/70 € – Carta 55/75 €

Plano : C3-b – *San Fernando 41* ✉ *41004* – 𝒞 *954 22 72 54*
– *www.restauranteoriza.com* – *cerrado agosto y domingo*

Casa Robles 🛜 ⌖ 🅰🅲 ⌖ ⇆

ANDALUZA · AMBIENTE CLÁSICO 🕽🕽 Esta casa, muy turística, está avalada por el peso de una larga trayectoria, presentándose actualmente con una terraza, un bar de tapas y varias salas de línea clásica-regional. Cocina tradicional con platos regionales bien elaborados.

Menú 49 € – Carta 35/54 €

Plano : C2-c – *Álvarez Quintero 58* ✉ *41004* – 𝒞 *954 21 31 50*
– *www.roblesrestaurantes.com*

El Asador de Aranda 🛜 🅰🅲 ⌖ 🅿

CASTELLANA · AMBIENTE CLÁSICO 🕽🕽 Casa señorial que sorprende por sus bellos exteriores. Las salas, de aire castellano, se definen por la profusión de maderas y vidrieras. ¡Aquí la especialidad es el Lechazo!

Menú 35/50 € – Carta 33/49 €

Luis Montoto 150, por D2 ✉ *41005* – 𝒞 *954 57 81 41* – *www.asadoresdearanda.com*
– *cerrado agosto y domingo noche*

Malaspina 🛜 ⌖ 🅰🅲 ⌖ ⇆

PESCADOS Y MARISCOS · MARCO CONTEMPORÁNEO 🕽🕽 Sorprende tanto por su ubicación, en la ribera del Guadalquivir, como por el impactante diseño de su terraza. Cocina tradicional actualizada en base al mejor pescado de lonja.

Carta 30/50 €

Muelle Delicias - Módulo Norte ✉ *41012* – 𝒞 *956 74 26 68*
– *www.malaspinarestaurante.com* – *cerrado domingo noche y lunes*

⁑○ Tribeca

CREATIVA · AMBIENTE CLÁSICO XX Está llevado entre hermanos, presenta detalles de diseño y debe su nombre a un famoso barrio de Nueva York. Carta de
tinte actual y buenos pescados, estos como sugerencias.

Carta 45/60 €

Plano : D2-e – *Chaves Nogales 3* ⊠ *41018* – ℰ *954 42 60 00*
– *www.restaurantetribeca.com* – *cerrado Semana Santa, agosto y domingo*

⁑○ El Bacalao

MODERNA · SIMPÁTICA X Acogedor, en dos alturas y con una buena barra de
tapas. La mayor parte de la carta gira en torno al bacalao, su producto fetiche,
que se prepara con distintas elaboraciones.

Menú 31/56 € – Carta 30/43 €

Plano : C1-e – *pl. Ponce de León 15* ⊠ *41003* – ℰ *954 21 66 70* – *www.elbacalao.es*
– *cerrado domingo noche*

⁑○ El Rinconcillo

COCINA TRADICIONAL · RÚSTICA X Negocio con encanto llevado entre dos hermanos. Dispone de una atractiva taberna en la planta baja y dos salas rústicas en
los pisos superiores. Carta tradicional muy variada, con pescados y asados.

Carta 21/45 €

Plano : C1-w – *Gerona 40* ⊠ *41003* – ℰ *954 22 31 83* – *www.elrinconcillo.es*
– *cerrado del 1 al 6 de enero y del 1 al 17 de agosto*

⁑○ Eslava

COCINA TRADICIONAL · FAMILIAR X Se halla en el famoso barrio de San
Lorenzo y, poco a poco, se está convirtiendo en uno de los referentes de la
cocina tradicional actualizada en esta ciudad. Ofrece un pequeño comedor de
línea actual-funcional, un bar de tapas de acceso independiente y, por si desea
alojarse, cuatro excelentes apartamentos.

Carta 30/56 €

4 apartamentos – ⴸ115/245 € – ⌷15 €

Plano : B1-e – *Eslava 5* ⊠ *41002* – ℰ *954 90 65 68* – *www.espacioeslava.com*
– *cerrado 10 días en enero, 20 días en agosto, domingo noche y lunes*

⁑○ El Rinconcillo

COCINA TRADICIONAL · TABERNA ⁹∕ ¡Todo un homenaje a la historia! La casa,
que se fundó en 1670 y tiene un incuestionable encanto, ocupa dos locales anexos, uno de ellos en una vieja tienda de ultramarinos.

Tapa 3 € – Ración aprox. 7 €

Plano : C1-w – *Gerona 40* ⊠ *41003* – ℰ *954 22 31 83* – *www.elrinconcillo.es*
– *cerrado del 1 al 6 de enero y del 1 al 17 de agosto*

⁑○ Eslava

COCINA TRADICIONAL · AMBIENTE TRADICIONAL ⁹∕ Reconocido por el público
y la crítica, no en vano ha sido galardonado con varios premios en diferentes cer-
támenes gastronómicos. De sus fogones surgen las tapas propias de una cocina
tradicional actualizada y algún que otro guiso.

Tapa 3 € – Ración aprox. 13 €

Plano : B1-e – *Eslava 3* ⊠ *41002* – ℰ *954 90 65 68* – *www.espacioeslava.com*
– *cerrado 10 días en enero, 20 días en agosto, domingo noche y lunes*

⁑○ La Azotea

COCINA TRADICIONAL · SENCILLA ⁹∕ ¡Está cosechando gran éxito! Proponen
una cocina tradicional con toques actuales, siempre basada en el producto y con
opción tanto a tapas y raciones como a medias raciones.

Tapa 4 € – Ración aprox. 16 €

Plano : B1-m – *Conde de Barajas 13* ⊠ *41002* – ℰ *955 11 67 48*
– *www.laazoteasevilla.com*

⫶○ Ovejas Negras AC ⌘

FUSIÓN · A LA MODA ⑨/ Pequeño local de ambiente desenfadado. Más que tapas lo que ofrecen son platitos, como el Atún vuelta y vuelta, la Mini hamburguesa o sus Mollejas crocantes con huevos rotos.

Tapa 4 € – Ración aprox. 9 €

Plano : C2-b – *Hernando Colón 8* ✉ *41003* – ☎ *955 12 38 11*
– *www.ovejasnegrastapas.com*

⫶○ Puratasca 🛋 AC ⌘

CREATIVA · SENCILLA ⑨/ Un bar de tapas que ha sabido, por méritos propios, ganarse un nombre en el barrio de Triana. Tiene el aspecto de una tasca tradicional... sin embargo, aquí proponen unos platos actuales y creativos, bastante bien concebidos y copiosos.

Ración aprox. 10 €

Numancia 5, por D2 ✉ *41010* – ☎ *954 33 16 21* – *www.puratasca.com* – *cerrado, del 12 al 18 de agosto, fin de semana en agosto y domingo*

⫶○ Tradevo AC ⌘

COCINA TRADICIONAL · SIMPÁTICA ⑨/ Lo que mejor explica la filosofía de este gastrobar es su propio nombre, pues nace de juntar las palabras Tradición y Evolución. La oferta varía según mercado y temporada.

Tapa 5 € – Ración aprox. 12 €

pl. Pintor Amalio García del Moral 2, por D3 ✉ *41005* – ☎ *854 52 15 54*
– *www.tradevo.es* – *cerrado agosto, sábado y domingo en julio, domingo noche resto del año y lunes*

⫶○ Tradevo Centro 🛋 ⑤ AC ⌘

MODERNA · TENDENCIA ⑨/ Agradable y bien ubicado, en una de las muchas placitas del centro histórico. Cocina de base tradicional, a la que saben dar un giro actual, y platos con toques orientales.

Tapa 5 € – Ración aprox. 12 €

Plano : C2-e – *cuesta del Rosario 15* ✉ *41004* – ☎ *854 80 74 24* – *www.tradevo.es*

⫶○ Tradevo de Mar 🛋 ⑤ AC ⌘

MODERNA · MARCO CONTEMPORÁNEO ⑨/ Sigue la filosofía de la casa madre (Tradevo), aunque aquí dando todo el protagonismo a los frutos del mar. Ofrece buenos expositores y el aliciente de ver trabajar al chef.

Tapa 5 € – Ración aprox. 12 €

Plano : D3-a – *Juan de Mata Carriazo 6* ✉ *41005* – ☎ *854 80 61 73*
– *www.tradevo.es* – *cerrado 15 días en enero, domingo y lunes mediodía en verano, domingo noche y lunes resto del año*

Alojamientos

🏨 Alfonso XIII ✿ 🛎 🗵 🖪 📶 ⑤ AC 🏋 🚐

GRAN LUJO · CLÁSICA Emana majestuosidad y resulta realmente sorprendente, pues atesora arcos, arabescos, mosaicos... Encontrará unas magníficas zonas nobles y varios tipos de habitaciones, destacando las suites. Restaurante gastronómico, coctelería, bar de tapas y tienda gourmet.

126 hab – ♦215/1055 € ♦♦245/1085 € – ⌑ 29 € – 22 suites

Plano : C3-c – *San Fernando 2* ✉ *41004* – ☎ *954 91 70 00*
– *www.hotel-alfonsoxiii-sevilla.com*

🏨 Eme Catedral ✿ 🗵 🖪 📶 ⑤ AC ⌘ 🏋 🚐

LUJO · DE DISEÑO Atesora un emplazamiento realmente privilegiado junto a la Giralda, unas habitaciones de gran nivel y una terraza-azotea que, sin duda, le sorprenderá por sus vistas y su ambiente, especialmente durante las noches de verano. Buena oferta gastronómica.

57 hab – ♦158/1000 € ♦♦158/1000 € – 1 suite

Plano : C2-m – *Alemanes 27* ✉ *41004* – ☎ *954 56 00 00*
– *www.emecatedralhotel.com*

Gran Meliá Colón

LUJO · CONTEMPORÁNEA Instalado en un edificio, hoy actualizado, que se construyó para la exposición iberoamericana de 1929. Sorprende ver que cada planta está dedicada a un pintor, reflejando las puertas una copia de sus lienzos. Algunas noches, en el bar, ofrecen música en vivo.

160 hab ⌑ – ♦180/700 € ♦♦180/700 € – 29 suites

Plano : B2-k – *Canalejas 1* ✉ *41001* – ✆ *954 50 55 99*
– *www.gran-melia-colon.com*

Mercer Sevilla

LUJO · ELEGANTE Instalado en la Casa-Palacio Castelar, un bellísimo edificio burgués de 1880. Presenta un elegante patio, una impresionante escalera en mármol y habitaciones clásicas vestidas por afamados interioristas. Su pequeño restaurante apuesta por la cocina creativa.

12 hab ⌑ – ♦320/460 € ♦♦320/460 €

Plano : B2-b – *Castelar 26* ✉ *41001* – ✆ *954 22 30 04*
– *www.mercerhoteles.com*

Palacio de Villapanés

TRADICIONAL · CONTEMPORÁNEA Parcialmente instalado en un palacio del s. XVIII. Disfruta de un hermoso patio central, una amplia azotea-solárium con vistas sobre Sevilla y elegantes habitaciones, algunas hasta con los artesonados originales. El restaurante realza las antiguas bodegas.

47 hab – ♦180/500 € ♦♦180/500 € – ⌑ 23 € – 3 suites

Plano : CD1-a – *Santiago 31* ✉ *41003* – ✆ *954 50 20 63*
– *www.palaciovillapanes.com*

Casa 1800

LUJO · ELEGANTE Ocupa un edificio del s. XIX y, junto al bonito patio interior, destaca por su maravillosa azotea, dotada con terrazas, solárium y una piscina... ¡con vistas a la Giralda!

33 hab – ♦95/550 € ♦♦95/550 € – ⌑ 12 €

Plano : C2-x – *Rodrigo Caro 6* ✉ *41004* – ✆ *954 56 18 00*
– *www.hotelcasa1800sevilla.com*

Corral del Rey

LUJO · PERSONALIZADA Lo encontrará en pleno centro, en el barrio de la Alfalfa, instalado en una Casa Palacio del s. XVII de indiscutible encanto. ¡Las habitaciones están totalmente domotizadas!

17 hab ⌑ – ♦278/660 € ♦♦278/308 €

Plano : C2-f – *Corral del Rey 12* ✉ *41004* – ✆ *954 22 71 16*
– *www.corraldelrey.com*

Amadeus Sevilla

FAMILIAR · CLÁSICA ¡Atribuye a la música clásica las claves de su filosofía! Posee un patio, una sala de té, una terraza-bar en la azotea y elegantes habitaciones, muchas con mobiliario inglés.

30 hab – ♦85/120 € ♦♦92/150 € – ⌑ 10 € – 1 suite

Plano : C2-a – *Farnesio 6* ✉ *41004* – ✆ *954 50 14 43*
– *www.hotelamadeussevilla.com*

Casa del Poeta ⓝ

BOUTIQUE HOTEL · ELEGANTE Instalado en una acogedora casa sevillana del s. XVII, con un patio típico y habitaciones de línea clásica-elegante. ¡Todos los días ofrecen un concierto de guitarra española!

17 hab – ♦195/245 € ♦♦195/245 € – ⌑ 12 € – 3 apartamentos

Plano : C2-c – *Carlos Alonso Chaparro 3* ✉ *41004* – ✆ *954 21 38 68*
– *www.casadelpoeta.es*

🏨 Elvira Plaza   ⌂ ⊡ ⅇ AC ✠

BOUTIQUE HOTEL · RÚSTICA Se halla en el bucólico barrio de Santa Cruz, en una placita peatonal a pocos metros del Real Alcázar y sus maravillosos jardines. Compensa la falta de zonas sociales con habitaciones de aire rústico, no exentas de elegancia. ¡Coqueto restaurante en un anexo!

9 hab – †70/149 € ††75/249 € – 🍴8 €

Plano : C2-g – *pl. de Doña Elvira 5* ✉ *41004* – ✆ *954 22 73 88*
– *www.hotelelviraplaza.com*

🏨 Alcoba del Rey de Sevilla   ⊡ ⅇ AC ✠

TRADICIONAL · PERSONALIZADA Una fantástica opción para descubrir la estética andalusí. Ofrece preciosas habitaciones, todas personalizadas, y una original zona social, con un pequeño patio mudéjar, una zona chill out en la azotea, el sonido del discurrir del agua...

15 hab 🍴 – †90/125 € ††120/145 €

Bécquer 9, por C1 ✉ *41002* – ✆ *954 91 58 00*
– *www.alcobadelrey.com*

🏨 La Casa del Maestro   ⅇ AC ✠

HISTÓRICO · ACOGEDORA Ocupa una bonita casa sevillana, donde vivió el famoso guitarrista flamenco Niño Ricardo. Posee un agradable patio, una terraza-solárium en la azotea y coquetas habitaciones, todas personalizadas y con cierto encanto.

12 hab 🍴 – †44/175 € ††62/224 €

Plano : C1-b – *Niño Ricardo 5, (antigua calle Almudena)* ✉ *41003*
– ✆ *954 50 00 07* – *www.lacasadelmaestro.com*

SIERRA DE CAZORLA Jaén → Ver Cazorla

SIGÜENZA

Guadalajara – 4 496 h. – Alt. 1 070 m – Mapa regional : **7**-C1
Mapa de carreteras Michelin n° 575-I22

✿ El Doncel (Enrique Pérez)   ⇦ AC ✠

MODERNA · ACOGEDORA ✕✕ La magia de la gastronomía moderna... ¡en una localidad medieval! Este negocio, llevado entre hermanos e instalado en una casona del s. XVIII, sorprende tanto por su estética, clásica en un marco rústico, como por su propuesta culinaria, bien cimentada sobre la honestidad, la delicadeza y, sobre todo, un intenso sabor.

→ Carpaccio de corzo con su helado de tomillo. Cordero lechal meloso y sus verduras al carbón. Lima-limón, galanga y miel.

Menú 64 € – Carta 42/65 €

17 hab 🍴 – †62/76 € ††62/76 €

paseo de la Alameda 3 ✉ *19250* – ✆ *949 39 00 01*
– *www.eldoncel.com* – *cerrado del 23 al 30 de diciembre, 8 enero-2 febrero, domingo noche y lunes salvo julio y agosto*

✿ Nöla   ⛱ AC ✠ ⇔

MODERNA · ACOGEDORA ✕ Ubicado en la casa de D. Martín Vázquez de Arce, el mítico Doncel de Sigüenza. En su interior, que armoniza el confort actual con la antigua estructura del edificio, le ofrecerán una cocina tradicional actualizada y varios menús. ¡Buen patio-terraza de verano!

Menú 27/42 € – Carta 33/41 €

pl. de San Vicente (Casa del Doncel) ✉ *19250* – ✆ *949 39 32 46 (es necesario reservar)* – *www.nolarestaurante.com* – *solo almuerzo salvo jueves, viernes y sábado* – *cerrado del 7 al 31 enero, miércoles salvo en verano y martes*

🏰 Parador de Sigüenza ⚐ 🦢 🖨 🕭 AC 🍴 🛁 P

EDIFICIO HISTÓRICO · HISTÓRICA Instalado en un castillo medieval cuyas murallas testimonian un pasado colmado de historia. El conjunto atesora un amplio patio de armas, estancias con decoración castellana de época y un hermoso salón-comedor, donde podrá degustar platos regionales y algunas especialidades típicas como las Migas del pastor.

81 hab – †100/205 € ††100/205 € – ☖17 €

pl. del Castillo ⊠ 19250 – ✆ 949 39 01 00
– www.parador.es

en Alcuneza Noreste : 6 km

✿ El Molino de Alcuneza (Samuel Moreno) ⚐ 🍴 P

MODERNA · ELEGANTE ✕✕ Posee una inequívoca personalidad y está llevado entre dos hermanos, uno en la sala y el otro al frente de los fogones. Le propondrán una cocina actual, de base clásica, que toma como punto de partida el producto de temporada (setas, caza...). ¡Los maravillosos panes artesanales hacen un guiño al origen del edificio!

→ Menestra de verduras y setas de temporada. Pulpo ahumado al momento con pimentón agridulce. Bizcocho fluido de mango con helado de coco.

Menú 45/65 € – Carta 47/64 €

Hotel El Molino de Alcuneza ⊠ 19250 Sigüenza – ✆ 949 39 15 01
– www.molinodealcuneza.com – solo cena salvo sábado y domingo – cerrado 11 diciembre-10 febrero

🏠 El Molino de Alcuneza 🦢 ⚐ 🛋 🛁 P

CASA DE CAMPO · RÚSTICA Antiquísima casa-molino que aún conserva la maquinaria en funcionamiento. Posee un salón con parte del suelo acristalado y coquetas habitaciones, las de la casa principal rústicas y las del anexo actuales.

17 hab ☖ – †140/220 € ††140/220 €

⊠ 19250 Sigüenza – ✆ 949 39 15 01
– www.molinodealcuneza.com – cerrado 11 diciembre-10 febrero
✿ **El Molino de Alcuneza** – ver selección restaurantes

SIRUELA

Badajoz – 2 017 h. – Mapa regional : **12**-C2
Mapa de carreteras Michelin nº 576-P14

🏠 La Pajarona 🦢 ⚐ AC

PARTICULAR · ACOGEDORA ¡Ideal si está visitando La Siberia extremeña! Ocupa una casa señorial de varias plantas y sorprende tanto por su acogedora decoración como por sus atractivas zonas sociales.

8 hab ☖ – †55/75 € ††85/90 €

Revenga 13 ⊠ 06650 – ✆ 924 62 66 59
– www.lapajarona.com

SÍSAMO

A Coruña – 876 h. – Mapa regional : **13**-B1
Mapa de carreteras Michelin nº 571-C3

🏰 Pazo do Souto ⚐ 🦢 ⚐ 🛋 🍴 P

EDIFICIO HISTÓRICO · RÚSTICA La que fuera residencia de los Marqueses de Montenegro, construida en 1672. Posee un bello entorno ajardinado y coquetas habitaciones, la mayoría con mobiliario de época. El cuidado restaurante enriquece su carta tradicional con platos vegetarianos y veganos.

13 hab – †40/60 € ††60/80 € – ☖10 €

Torre 1 ⊠ 15106 – ✆ 981 75 60 65
– www.pazodosouto.com – cerrado enero y febrero

SITGES

Barcelona – 28 269 h. – Mapa regional : **10**-A3
Mapa de carreteras Michelin nº 574-I35

⊩○ Fragata   🏠 AC 🍽

MODERNA · A LA MODA XX Un restaurante que ha sabido conjugar su legado familiar con una notable modernización de las instalaciones. Su completa carta de cocina actual, con diversos toques creativos, se ve enriquecida con un apartado de arroces más tradicionales.

Carta 35/55 €

passeig de la Ribera 1 ✉ 08870 – ✆ 938 94 10 86 – www.restaurantefragata.com

⊩○ Maricel   🏠 AC

COCINA TRADICIONAL · AMBIENTE CLÁSICO XX Este restaurante familiar posee una atractiva terraza acristalada y dos comedores clásicos. Su carta alterna platos tradicionales, como los arroces, con otros más creativos.

Menú 45/60 € – Carta 45/65 €

passeig de la Ribera 6 ✉ 08870 – ✆ 938 94 20 54 – www.maricel.es – cerrado del 15 al 30 de noviembre

en el puerto de Aiguadolç por camí dels Capellans - Este : 1,5 km

🏨 Estela Barcelona   🌳 ⇆ ⌕ 🖶 & AC 🛁 🚗

NEGOCIOS · PERSONALIZADA ¡De línea actual y frente a una pequeña playa! Este hotel ofrece confortables habitaciones y unas zonas sociales que se caracterizan por tener esculturas y pinturas de arte contemporáneo expuestas durante todo el año. En su restaurante encontrará una carta tradicional, con un buen apartado de arroces.

51 hab ⌕ – †100/165 € ††115/198 € – 12 suites

av. Port d'Aiguadolç 8 ✉ 08870 Sitges – ✆ 938 11 45 45 – www.hotelstela.com

SIURANA

Tarragona – Mapa regional : **9**-B3
Mapa de carreteras Michelin nº 574-I32

🌐 Els Tallers   ⇐ 🌤 AC 🍽

MODERNA · ACOGEDORA XX Esta casa, que sorprende en la zona, se encuentra en un idílico pueblo de montaña, compartiendo edificio con el hotel La Siuranella. En su sala, de ambiente rústico-actual, le propondrán una cocina actual-creativa basada en una mini carta y varios menús.

Menú 24/58 € – Carta 39/49 €

6 hab ⌕ – †98/138 € ††98/138 €

Rentadors 2 ✉ 43362 – ✆ 977 82 11 44 – www.siuranella.com – cerrado del 8 al 31 de enero, lunes mediodía y martes mediodía

SOLARES

Cantabria – 5 723 h. – Mapa regional : **6**-B1
Mapa de carreteras Michelin nº 572-B18

🏨 Balneario de Solares   🌳 ⇆ ⌕ 🖵 ⊕ 🛠 🖶 & AC 🛁 🚗

TERMAL · CLÁSICA Ubicado en pleno centro de Solares pero... ¡con amplias zonas ajardinadas y arboladas! Presenta unas habitaciones de línea clásica-actual, numerosos servicios de relax-belleza en base a sus aguas termales y una buena oferta culinaria de gusto tradicional.

108 hab ⌕ – †97/139 € ††113/168 € – 5 suites

Calvo Sotelo 13 ✉ 39710 – ✆ 942 52 13 13 – www.castillatermal.com – cerrado 8 enero-8 febrero

SOLIVELLA

Tarragona – 629 h. – Mapa regional : **9**-B2
Mapa de carreteras Michelin nº 574-H33

SOLIVELLA

ESPAÑA

ⓑ Cal Travé   AC 🍴 P

CATALANA · FAMILIAR XX Con el aval de toda una familia volcada en el negocio. Apuestan por una cocina catalana rica en detalles, con elaboraciones caseras y vinos propios. Pruebe su Steak tartar o el Atún a la brasa con verduritas, pues... ¡aquí la parrilla es la gran protagonista!

Menú 25 € – Carta 30/50 €

carret. d'Andorra 56 ✉ *43412 –* ✆ *977 89 21 65*

– www.sanstrave.com – solo almuerzo salvo jueves en verano, viernes y sábado
– cerrado del 1 al 15 de julio, del 1 al 15 de noviembre y miércoles

SOMO

Cantabria – 4 045 h. – Mapa regional : **6**-B1
Mapa de carreteras Michelin n° 572-B18

🏨 Torres de Somo   🏊 🍴 ⛶ 🛗 ♿ AC 🍴 🧖 P

MANSIÓN · CLÁSICA Hotel de nueva construcción a modo de casa señorial inglesa o pequeño "château" francés, pues está flanqueado por dos vistosas torres. Presenta unos relajantes exteriores y unas habitaciones de equipamiento actual, donde se alternan los estilos clásico y colonial. Un caminito da acceso directo a la playa.

30 hab – ♦69/159 € ♦♦79/169 € – ⌂ 11 €

Arna 66 ✉ *39140 –* ✆ *942 51 00 52*

– www.hoteltorresdesomo.com – abierto Semana Santa-octubre

SORIA

38 881 h. – Alt. 1 050 m – Mapa regional : **8**-D2
Mapa de carreteras Michelin n° 575-G22

⭐ Baluarte (Óscar J. García)   AC 🍴

MODERNA · DE DISEÑO XX Se halla en el centro de Soria y sorprende por su emplazamiento, en un edificio blasonado al que se accede por una entrada monumental. El chef, que ha revolucionado la gastronomía local, propone una cocina actual de raíces tradicionales e interesantes jornadas, como las dedicadas al Boletus edulis o a la Trufa negra.

➜ Raviolis de pasta fresca de arroz rellenos de boniato y foie con crema de boletus. Huevo con ensalada líquida. Coulant de chocolate negro y blanco con sorbete de mandarina.

Menú 59/66 € – Carta 34/48 €

Caballeros 14 ✉ *42002 –* ✆ *975 21 36 58*

– www.baluarte.info – cerrado 20 días después de Semana Santa, del 1 al 15 de septiembre, domingo noche, martes noche y lunes

🏨 Parador de Soria   🏊 🍴 ⇇ 🛗 ♿ AC 🍴 🧖 P

TRADICIONAL · FUNCIONAL Se encuentra en un parque de la parte alta de Soria y destaca por sus magníficas vistas, tanto al valle del Duero como a las montañas. Habitaciones amplias de buen confort y decoración actual, con detalles regionales. En su comedor podrá descubrir los platos y sabores propios de estas tierras.

67 hab – ♦75/160 € ♦♦75/160 € – ⌂ 17 €

parque del Castillo ✉ *42005 –* ✆ *975 24 08 00*

– www.parador.es

¿Buena cocina sin arruinarse? Busque los Bib Gourmand ⓜ.
¡Le ayudarán a encontrar las mesas con la mejor relación calidad/precio!

479

SORT

Lleida – 2 199 h. – Alt. 720 m – Mapa regional : **9**-B1
Mapa de carreteras Michelin n° 574-E33

⅏ **Fogony** (Zaraida Cotonat)   🗛 ⅋

MODERNA · ACOGEDORA XX Toma su nombre de un curioso efecto climatoló-
gico y ya es un clásico, pues hace poco celebró las bodas de plata del negocio. La
pareja propietaria resume su propuesta en dos menús, uno fiel a la cocina sostenible denominado "Km. 0" y el otro, llamado "Confianza", como una revisión de
los platos emblemáticos de la casa.

→ Colmenillas con foie-gras de pato, armagnac y oporto. Paletilla de lechazo Xis-
queta, bombón de queso y almendra. Chocolate, pasión y cacao.

Menú 38/75 € – solo menú

av. Generalitat 45 ⌧ 25560 – 𝒞 973 62 12 25 (es necesario reservar)
– www.fogony.com – cerrado 25 junio-2 julio, del 16 al 24 de septiembre, domingo
noche, lunes y martes

SOS DEL REY CATÓLICO

Zaragoza – 588 h. – Alt. 652 m – Mapa regional : **2**-B1
Mapa de carreteras Michelin n° 574-E26

⊛ **La Cocina del Principal**   🗚 🗛 ⅋

COCINA TRADICIONAL · DE DISEÑO XX Sólida construcción en piedra dotada
con un buen comedor principal y una sala, algo más íntima, en la antigua bodega.
Su cocina tradicional siempre enaltece los productos de la zona. Pruebe la típica
Firigolla o las famosas Pochas viudas de la Valdonsella.

Menú 28 € – Carta 31/54 €

Fernando El Católico 13 ⌧ 50680 – 𝒞 948 88 83 48
– www.lacocinadelprincipal.com – cerrado del 7 al 26 de enero, domingo noche y
lunes

🏨 **Parador de Sos del Rey Católico**   ⭏ ⅀ ⪦ 🖿 ᕱ 🗛 ⅋ ᏽ 🅿

TRADICIONAL · CLÁSICA Edificio de estilo regional construido en piedra y
emplazado junto a la muralla medieval. Posee habitaciones de completo equipamiento y sobria decoración. En su comedor encontrará la cocina típica de Paradores, de gusto regional, y lo que llaman el menú Medieval. ¡Buen abanico de
actividades al aire libre!

65 hab – ♦70/160 € ♦♦70/160 € – ⌑ 17 € – 1 suite

Arquitecto Sáinz de Vicuña 1 ⌧ 50680 – 𝒞 948 88 80 11 – www.parador.es
– cerrado 7 enero-15 febrero

SOTO DE LUIÑA

Asturias – Mapa regional : **3**-B1
Mapa de carreteras Michelin n° 572-B11

al Noroeste 1,5 km

⅝○ **Cabo Vidio**   🗛 ⅋ 🅿

COCINA TRADICIONAL · SIMPÁTICA X En esta coqueta casa familiar encontrará
un comedor rústico-actual asomado a una terraza ajardinada. Su cocina tradicional siempre ensalza las materias primas de la zona.

Carta 35/50 €

Oviñana ⌧ 33156 Soto de Luiña – 𝒞 985 59 61 12 – www.cabovidio.com – solo
almuerzo salvo viernes, sábado y verano – cerrado 7 enero-13 febrero, domingo
noche en verano, miércoles y jueves resto del año

SOTO DEL REAL

Madrid – 8 456 h. – Alt. 921 m – Mapa regional : **15**-B2
Mapa de carreteras Michelin n° 576-J18

Portugal, o melhor destino do mundo.

Portugal, el mejor destino del mundo.

#CantSkipPortugal

visit Portugal

World's Leading Destination

‖○ La Cabaña

COCINA TRADICIONAL · AMBIENTE TRADICIONAL XX Está instalado en un chalet, con un amplio jardín a la entrada y un porche que usan como terraza de verano. Carta tradicional, buen menú y destacables carnes a la parrilla.

Menú 18 € – Carta 40/65 €

pl. Chozas de la Sierra (urb. La Ermita) ⊠ *28791 –* 𝒞 *918 47 78 82*
– www.lacabanadesoto.com – solo almuerzo salvo jueves, viernes y sábado en invierno – cerrado lunes noche en verano y martes

SUANCES

Cantabria – 8 612 h. – Mapa regional : **6**-B1
Mapa de carreteras Michelin nº 572-B17

🏠 Costa Esmeralda Suites 🅽

PARTICULAR · ORIGINAL Sorprende, pues tras la preciosa fachada de aire rústico presenta un interior volcado con el mundo del motor; de hecho, hay un coche clásico en la recepción y sus bellas habitaciones, la mitad con jacuzzi privado, se visten con fotografías o citas de pilotos.

31 hab – †70/200 € – ††70/200 € – ⊡ 13 € – 10 suites

de Ceballos 53 ⊠ *39340 –* 𝒞 *942 84 43 43 – www.costaesmeraldasuites.com*
– cerrado 8 diciembre-8 febrero

SUDANELL

Lleida – 847 h. – Alt. 152 m – Mapa regional : **9**-A2
Mapa de carreteras Michelin nº 574-H31

😊 La Lluna

REGIONAL · RÚSTICA X Este modesto restaurante, que vio la luz en 1967 como merendero, presenta un pequeño bar y dos salas de ambiente rústico. ¿Su propuesta? Cocina regional con un buen apartado de brasas, siendo muy conocidos tanto por las carnes como por sus famosos Caracoles.

Menú 25 € – Carta 25/40 €

av. Catalunya 11 ⊠ *25173 –* 𝒞 *973 25 81 93 – solo almuerzo – cerrado Semana Santa, del 17 al 30 de agosto y lunes*

TAFALLA

Navarra – 10 809 h. – Alt. 426 m – Mapa regional : **17**-A2
Mapa de carreteras Michelin nº 573-E24

‖○ Túbal

REGIONAL · ELEGANTE XX Ubicado en una céntrica plaza con soportales. Cuenta con una tienda delicatessen, elegantes salas de línea clásica y un bonito patio. Cocina tradicional navarra puesta al día.

Menú 39/49 € – Carta 38/51 €

pl. Francisco de Navarra 4-1º ⊠ *31300 –* 𝒞 *948 70 08 52*
– www.restaurantetubal.com – solo almuerzo salvo viernes y sábado – cerrado del 21 enero-3 febrero, 21 agosto-3 septiembre y lunes

TALAVERA DE LA REINA

Toledo – 85 150 h. – Alt. 371 m – Mapa regional : **7**-A2
Mapa de carreteras Michelin nº 576-M15

‖○ Ruiz de Luna

COCINA TRADICIONAL · MINIMALISTA XX Tiene un hall en la planta baja, con un gran mueble-bodega, y las salas en la 1ª planta, estas últimas de estética minimalista. Cocina de base tradicional con toques actuales.

Menú 25/45 € – Carta 26/43 €

av. de la Constitución 7 ⊠ *45600 –* 𝒞 *925 81 89 95*
– www.restauranteruizdeluna.com – solo almuerzo en julio y agosto – cerrado, domingo noche y lunes

🍴 El Estu Talavera　　　　　　　　　AC ⌁

COCINA TRADICIONAL · ACOGEDORA ⌁ Negocio ubicado en una zona nueva de la ciudad. Ofrece un bar de tapas de ambiente marinero y un cuidado comedor. Su especialidad son las frituras y los productos ibéricos.

Tapa 5 € – Ración aprox. 12 €

Miguel Hernández 7 ✉ *45600 – ✆ 925 82 45 70 – cerrado 14 días en febrero, del 1 al 15 de agosto, domingo noche y lunes*

TAMARITE DE LITERA
Huesca – 3 538 h. – Alt. 360 m – Mapa regional : **2**-C2
Mapa de carreteras Michelin n° 574-G31

🍴 Carmen　　　　　　　　　　　AC ⌁

MODERNA · MARCO CONTEMPORÁNEO ⌁ Llevado por un chef con inquietudes. Ofrece una carta de tinte actual, un buen menú del día y lo que llaman "Los viernes al Carmen", unas cenas temáticas y de degustación a base de tapas. Interesantes jornadas gastronómicas: setas, trufas, azafrán de Aragón...

Menú 12/45 € – Carta 21/41 €

Teruel 3 ✉ *22550 – ✆ 974 42 05 31 – www.carmenrestaurante.com – solo almuerzo salvo viernes y sábado – cerrado lunes*

TARAMUNDI
Asturias – 698 h. – Alt. 276 m – Mapa regional : **3**-A1
Mapa de carreteras Michelin n° 572-B8

🏠 La Rectoral　　　　　✿ ⌁ ⇦ & AC ⌁ 🛁 P

TRADICIONAL · RÚSTICA Estamos ante una magnífica casona del s. XVIII, de estilo rústico-regional y asomada al valle. Ofrece una cálida zona social y correctas habitaciones, las de la planta baja con terraza. En el comedor, de ambiente rústico, se apuesta por la cocina tradicional.

18 hab – ♦70/110 € ♦♦80/125 € – ⌷ 8 €

La Villa ✉ *33775 – ✆ 985 64 67 60 – www.larectoral.com – cerrado enero y febrero*

TARAZONA
Zaragoza – 10 538 h. – Alt. 480 m – Mapa regional : **2**-B1
Mapa de carreteras Michelin n° 574-G24

🍴 La Merced de la Concordia　　　　& AC ⌁

COCINA TRADICIONAL · MARCO CONTEMPORÁNEO ⌁ Ocupa un edificio antiguo del centro histórico y, tras el portalón de acceso, sorprende por su interior: fresco, actual, en tonos claros y con atractivas obras de arte contemporáneas. Buena cocina tradicional actualizada y correctas habitaciones como recurso.

Menú 15/30 € – Carta 30/44 €

pl. La Merced 2 ✉ *50500 – ✆ 976 19 93 44 – www.lamerced.info – cerrado 10 días en septiembre, domingo noche y lunes*

🍴 Saboya 21　　　　　　　　　& AC ⌁

COCINA TRADICIONAL · MARCO CONTEMPORÁNEO ⌁⌁ Presenta una diáfana cafetería y un comedor de línea clásica-actual. Su carta tradicional actualizada se enriquece con numerosas sugerencias y un interesante menú de setas.

Menú 17/80 € – Carta 35/60 €

Marrodán 34-1° ✉ *50500 – ✆ 976 64 35 15 – www.restaurantesaboya21.com – solo almuerzo salvo agosto, viernes y sábado – cerrado 7 días en septiembre*

TARRAGONA
131 255 h. – Alt. 49 m – Mapa regional : **9**-B3
Mapa de carreteras Michelin n° 574-I33

⁑◯ Arcs ⒶⒸ 🚫

COCINA TRADICIONAL · ACOGEDORA ⅩⅩ Este restaurante dispone de una barra de apoyo y una sala de ambiente rústico-actual, con las paredes y arcos origina-les en piedra. Cocina actualizada de base tradicional. ¡Pruebe los grandes clásicos de la casa o alguno de sus menús!

Menú 23/41 € – Carta 32/45 €

Misser Sitges 13 ✉ *43003 – 𝒞 977 21 80 40 – www.restaurantarcs.com*
– cerrado del 2 al 11 de enero, 10 días en julio, 10 días en noviembre, domingo y lunes

⁑◯ Barquet Tarragona ⒶⒸ ⇔

REGIONAL · SIMPÁTICA Ⅹ Atesora una dilatada trayectoria y ha evolucionado de carbonería a envasadora de sifones, para luego convertirse en bar y por fin en restaurante, hoy de estética moderna. Cocina de mercado basada en sabrosos arroces y platos regionales.

Menú 25/50 € – Carta 33/50 €

Gasòmetre 16 ✉ *43001 – 𝒞 977 24 00 23 – www.restaurantbarquet.com – cerrado del 1 al 7 de enero, 15 agosto-15 septiembre, domingo, lunes noche y festivos*

⁑◯ De Vins 🌫 ⅙ ⒶⒸ

COCINA TRADICIONAL · SENCILLA Ⅹ Algo sencillo pero muy bien ubicado, pues se halla en una calle peatonal que desemboca en la Rambla Nova. Carta de cocina tradicional con un único protagonista: el producto.

Menú 22/32 € – Carta 33/50 €

Mendez Núñez 10 ✉ *43004 – 𝒞 977 23 00 20 – www.devins.es*
– cerrado 26 agosto-3 septiembre, domingo noche y martes

TARRASA Barcelona ➜ Ver Terrassa

TARRIBA

Cantabria – Mapa regional : **6**-B1
Mapa de carreteras Michelin nº 572-C17

🏠 Palacio García Quijano 🅿

PALACE · CLÁSICA Casa palaciega de 1606 con las fachadas en piedra, el entorno ajardinado y una pequeña piscina. Tanto las zonas comunes como las habitaciones presentan un estilo clásico-elegante, disponiendo la mayoría de estas últimas hidromasaje.

17 hab – ♦54/90 € ♦♦70/125 € – ⊊ 7 €

Tarriba 13-14 ✉ *39409 – 𝒞 942 81 40 91 – www.garciaquijano.com – cerrado diciembre-febrero*

El TEJO Cantabria ➜ Ver Comillas

TERRASSA TARRASA

Barcelona – 215 214 h. – Alt. 277 m – Mapa regional : **10**-B3
Mapa de carreteras Michelin nº 574-H36

😊 El Cel de les Oques 🌫 ⒶⒸ 🚫

MODERNA · MARCO CONTEMPORÁNEO ⅩⅩ Se encuentra en una callecita peato-nal del casco histórico y presenta un interior actual renovado, con la cocina a la vista. Encontrará unas elaboraciones de tinte actual con cierta creatividad, guiños a otras cocinas y un claro punto de partida, los productos de mercado y de pro-ximidad, a ser posible, de temporada.

Menú 18/40 € – Carta 27/38 €

de la Palla 15 ✉ *08221 – 𝒞 937 33 82 07 – www.elceldelesoques.com – cerrado Semana Santa, 21 días en agosto, domingo, lunes y martes noche*

(⊕) **Sara** · AC ⊗

COCINA TRADICIONAL · AMBIENTE CLÁSICO ✗ Ubicado en la parte alta de la localidad, donde es llevado con gran amabilidad por una pareja. En su sala, dividida en dos espacios de línea clásica, podrá descubrir una cocina de mercado de carácter atemporal, sabrosa y ajena a nuevas tendencias.

Menú 13/35 € – Carta 30/45 €

av. Abat Marcet 201 ⊠ 08225 – 𝒞 937 35 80 25

– www.sararestaurant.com – cerrado Semana Santa, 21 días en agosto, domingo y miércoles noche

(⊕) **Vapor Gastronòmic** · 🏠 AC

REGIONAL · BRASSERIE ✗ Un negocio íntimo y sencillo que, tanto con el nombre como con la decoración, rememora la particular revolución industrial que vivió la ciudad. ¿Su propuesta? Cocina tradicional con toques actuales... eso sí, con un claro protagonismo de los platos a la brasa.

Menú 14 € – Carta 26/35 €

de la Palla 15 ⊠ 08221 – 𝒞 659 56 61 36

– www.vaporgastronomic.com – cerrado Semana Santa, 21 días en agosto, domingo, lunes y martes noche

⑪○ **La Bodeguilla** · 🔥 AC ⊗ ⇔

COCINA TRADICIONAL · ACOGEDORA ✗✗ Sorprende por sus cuidadas instalaciones, con un claro protagonismo de la madera. Cocina de mercado de corte tradicional, rica en texturas y de sabores bastante marcados.

Menú 32/39 € – Carta 40/55 €

Josep Tapioles 1 ⊠ 08226 – 𝒞 937 84 14 62

– www.restaurantlabodeguilla.com – cerrado Semana Santa, agosto, domingo noche y lunes

TERUEL

35 590 h. – Alt. 916 m – Mapa regional : **2**-B3
Mapa de carreteras Michelin n° 574-K26

(⊕) **Yain** · 🎋 🔥 AC ⊗ ⇔

COCINA TRADICIONAL · MARCO CONTEMPORÁNEO ✗✗ Su nombre hace referencia al vino en hebreo, pequeño detalle que nos indica la importancia de la bodega en esta casa. Ofrece un interior de línea actual y una cocina de base tradicional con toques actuales... sencilla, agradable y sabrosa.

Menú 20/45 € – Carta 26/47 €

pl. del la Judería 9 ⊠ 44001 – 𝒞 978 62 40 76

– www.yain.es – cerrado domingo noche, lunes y martes noche

⑪○ **Rufino** · 🔥 AC ⊗ ⇔

COCINA TRADICIONAL · DE DISEÑO ✗ Interesante y a escasos metros de la estación de autobuses. Encontrará un espacio de diseño actual bastante cuidado y una cocina de tinte tradicional con alguna actualización.

Menú 18/49 € – Carta 33/52 €

Ronda Ambeles 36 ⊠ 44001 – 𝒞 978 60 55 26

– www.rufinorestaurante.com – cerrado 7 días en enero, 7 días en julio, 7 días en agosto, domingo noche y lunes

⑪○ **La Barrica** · AC ⊗

MODERNA · RÚSTICA ✗ ¡La referencia del tapeo turolense! Los pinchos se sirven al estilo vasco, sobre una rebanada de pan, y varían diariamente en función de los productos que haya en el mercado.

Tapa 2,20 € – Ración aprox. 8 €

Abadía 5 ⊠ 44001 – cerrado del 12 al 16 de julio, domingo en verano, domingo noche y martes resto del año

en la carretera N 234 Noroeste : 2 km

🏨 Parador de Teruel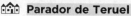

EDIFICIO HISTÓRICO · CLÁSICA Palacete de inspiración mudéjar ubicado en un paraje arbolado. Disfruta de unas correctas zonas nobles y amplias habitaciones, todas con mobiliario clásico actualizado. Su cocina plantea, a través del menú, un viaje por los platos más típicos de la región.

58 hab – ♦85/160 € ♦♦85/160 € – ♆16 € – 2 suites

✉ 44003 Teruel – ℰ 978 60 18 00 – www.parador.es

TIRGO

La Rioja – 211 h. – Mapa regional : **14**-A2
Mapa de carreteras Michelin nº 573-E21

🏨 Solar de Febrer

BOUTIQUE HOTEL · CONTEMPORÁNEA Un hotel de atractivos contrastes, pues ocupa una casona del s. XVIII dotada con un interior bastante actual y un tranquilo patio. ¡Una buena opción para el turismo enológico!

10 hab ♆ – ♦115 € ♦♦115 €

Salvador 8 ✉ 26211 – ℰ 941 30 18 26 – www.solardefebrer.com – abierto 15 marzo-15 diciembre

El TOBOSO

Toledo – 1 964 h. – Alt. 692 m – Mapa regional : **7**-C2
Mapa de carreteras Michelin nº 576-N21

🏨 Hospedería Casa de la Torre

FAMILIAR · HISTÓRICA Singular casona manchega del s. XVII decorada con muchos detalles alusivos a Cervantes. Atesora un precioso despacho, un salón social con chimenea y habitaciones bien personalizadas, algunas dedicadas a las novelas del escritor y todas con valioso mobiliario de anticuario.

12 hab ♆ – ♦65/75 € ♦♦80/95 €

Antonio Machado 16 ✉ 45820 – ℰ 925 56 80 06 – www.casadelatorre.com – cerrado del 1 al 15 de septiembre

La TOJA (Isla de) Pontevedra → Ver A Toxa (Illa de)

TOLEDO

83 741 h. – Alt. 529 m – Mapa regional : **7**-B2
Mapa de carreteras Michelin nº 576-M17

Planos de la ciudad en páginas siguientes

🍴 Adolfo

MODERNA · ELEGANTE XxX Un clásico toledano repartido entre dos antiguas casas del centro histórico, destacando por su elegante interior y su patio-comedor del s. XII. La carta, actualizada de base tradicional, se basa en tres menús adaptables. ¡Buenas habitaciones como complemento!

Menú 59/76 € – solo menú

9 hab ♆ – ♦70/108 € ♦♦93/128 € – 9 apartamentos – ♦♦76/135 €

Plano : C2-c – *Hombre de Palo 7 ✉ 45001 – ℰ 925 22 73 21 – www.grupoadolfo.com – cerrado del 16 al 31 de julio, domingo noche y lunes*

🍴 La Orza

REGIONAL · RÚSTICA XX Un restaurante íntimo, de aire rústico, con grandes ventanales y en plena judería toledana. Ofrecen una cocina regional y tradicional actualizada, siempre con buenos detalles.

Menú 44 € – Carta 38/49 €

Plano : B2-a – *Descalzos 5 ✉ 45002 – ℰ 925 22 30 11 – www.restaurantelaorza.com – cerrado domingo noche*

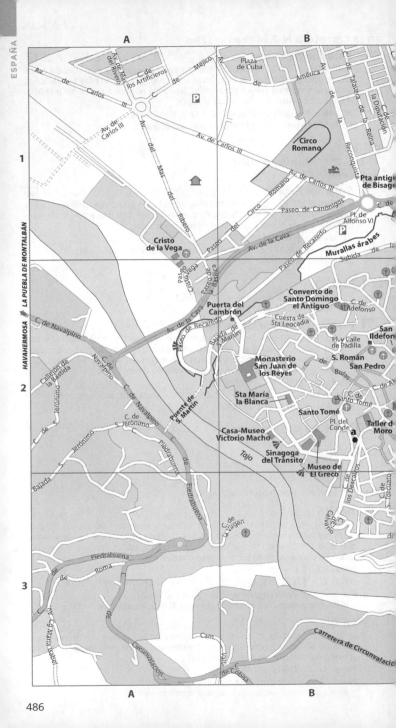

A B

Av. de Mª del Rivero
C de Méjico
C. de los Artificieros
Plaza de Cuba
Av. de América
C. de Talavera de la Reina
C. de la Diputación

Av. de Carlos III

Av. de Carlos III

Circo Romano

1

Av. de Carlos III

Paseo del Circo Romano

Pta antig de Bisag

C. de

Paseo de Canónigos

Pl. de Alfonso VI

Av. de la Cava

Paseo de Recaredo

Murallas árabes

Subida de la

Cristo de la Vega

Paseo Cristo Vega

Paseo de la Basílica

Convento de Santo Domingo el Antiguo

C. de St Ildefonso

Puerta del Cambrón

Cuesta de Sta Leocadia

San Ildefon

Pl. y Calle de Padilla

HAVAHERMOSA   **LA PUEBLA DE MONTALBÁN**

C de Navalpino

Av. de la Cava

Paseo de Recaredo

Bajada de S. Martín

S. Román

San Pedro

Bulas

Callejón de la Bastida

C. de S. Jerónimo

C. de Navalpino

Monasterio San Juan de los Reyes

de

C. de Santo Tomé

C. de A

2

C. de Navalpino

Sta María la Blanca

Santo Tomé

C. de S. Jerónimo

C. de S. Jerónimo

C. de Navalpino

Piedrabuena

Puente de S. Martín

Casa-Museo Victorio Macho

Tajo

Pl. del Conde

Taller d Moro

a

Bajada

Sinagoga del Tránsito

Museo de El Greco

C. de los Descalzos

C. de S. Torcuato

de

de Roma

Piedrabuena

C. de la Virgen

C. Gavarro

3

C. N. Plaza

Circunvalación

Piedrabuena

Cam.

Ctra. de Cobisa

Carretera de Circunvalació

A B

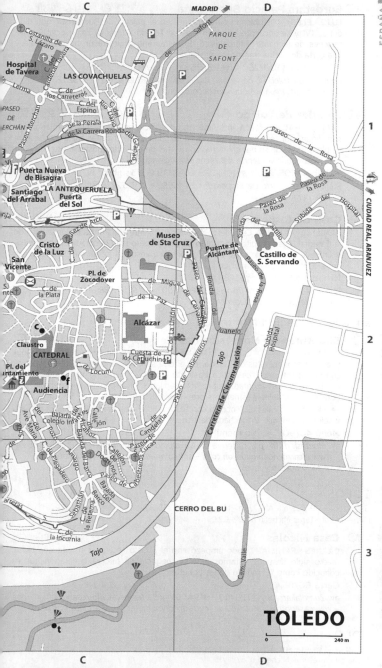

ESPAÑA

CIUDAD REAL ARANJUEZ

MADRID

C

D

PARQUE
DE
SAFONT

Costanilla de
S. Lázaro

Hospital
de Tavera

LAS COVACHUELAS

C de
los Carreteros

C del
Espino

C de la Perala

C de la Carrera Ronda del Granada

Paseo Merchán

PASEO
DE
ERCHÁN

Puerta Nueva
de Bisagra

Santiago
del Arrabal

LA ANTEQUERUELA

Puerta
del Sol

Paseo de la Rosa

Paseo de
la Rosa

Paseo de la Rosa

Subida del Castillo

Subida del Hospital

C de Sanchez de Arce

Cristo
de la Luz

San
Vicente

Pl. de
Zocodover

Museo
de Sta Cruz

Puente de
Alcántara

Castillo de
S. Servando

C de Miguel de Cervantes

C de la Paz

Paseo del Miradero

Ronda de Juanelo

Alcázar

Cuesta de
los Capuchinos

C de la Trinidad

Paseo de Cabresteros

Tajo

Claustro

CATEDRAL

Pl. del
Ayuntamiento

Audiencia

C de Locum

Bajada del
Colegio Infantes

Ave María

C del Pozo

C de Piedrador

Bajada del Barco

C de Santa Ana

Callejón

Callejón

Paseo de San Lucas

Paseo de Cabresteros

Carretera de Circunvalación

Subida Hospital

C de
Sebastián

C de la Reforma

Bajada del Barco

C de
la Incurnia

Tajo

CERRO DEL BU

Cam. valle

TOLEDO

0   240 m

C

D

487

🏨 Eurostars Palacio Buenavista

LUJO · ELEGANTE Ubicado parcialmente en el palacio de Buenavista, que data del s. XVI y se encuentra a las afueras de Toledo. Atractiva zona social y habitaciones de elegante estilo clásico. El restaurante muestra un buen montaje y una carta de cocina tradicional actualizada.

110 hab ☲ – †100/250 € ††115/265 € – 7 suites

Concilios de Toledo 1, por av. de la Reconquista B1 ✉ *45005 –* ✆ *925 28 98 00*
– www.eurostarspalaciobuenavista.com

🏨 Parador de Toledo

TRADICIONAL · CLÁSICA Instalado en un edificio antiguo, bien reformado, que sorprende por el confort de sus dependencias y habitaciones. Destaca la amplia terraza de su bar-cafetería, con vistas de auténtica postal. En su comedor podrá descubrir la esencia del recetario regional.

78 hab – †105/235 € ††105/235 € – ☲ 19 € – 3 suites

Plano : C3-t *– cerro del Emperador* ✉ *45002 –* ✆ *925 22 18 50*
– www.parador.es

🏠 Casa de Cisneros

FAMILIAR · RÚSTICA Casa del s. XVI ubicada frente a la Puerta de los Leones de la Catedral. Posee habitaciones algo pequeñas pero bien decoradas, con mobiliario rústico y baños de plato ducha. ¡Conserva vestigios de un palacio musulmán del s. XI y tiene un mirador en la azotea!

10 hab – †33/44 € ††55/88 € – ☲ 8 €

Plano : C2-f *– Cardenal Cisneros 12* ✉ *45002 –* ✆ *925 22 88 28*
– www.hospederiacasadecisneros.com

en la urbanización Montesión Oeste : 5 km

✿ El Carmen de Montesión (Iván Cerdeño)

MODERNA · MARCO CONTEMPORÁNEO ✕✕ He aquí un restaurante gastronómico, a pocos minutos de Toledo, en el que se conjuga la amplitud de espacios con una estética clásica-rústica bastante cuidada. Cocina de base tradicional y raíces manchegas asentada sobre firmes pilares: un producto seleccionado, elaboraciones actuales y esmeradas presentaciones.

→ Jugo frío de maíz de Mocejón con trucha. Foie-gras asado, albóndigas de pato y caldo de lentejas. Bizcochada de cítricos.

Menú 48/90 € – solo menú

av. Montesión 107, por carretera de Navalpino ✉ *45004 Toledo –* ✆ *925 22 36 74*
– www.elcarmendemontesion.com – solo almuerzo salvo viernes y sábado
– cerrado agosto y lunes

TOLOSA

Guipúzcoa – 19 386 h. – Alt. 77 m – Mapa regional : **18**-B2
Mapa de carreteras Michelin n° 573-C23

🍴 Casa Nicolás

CARNES · FAMILIAR ✕ Todo empezó con el abuelo Nicolás y su pequeña tasca; medio siglo después, estamos ante un negocio de tercera generación que es conocido como "El templo de las txuletas".

Carta 60/85 €

av. Zumalakarregi 7 ✉ *20400 –* ✆ *943 65 47 59 (es necesario reservar)*
– www.asadorcasanicolas.com – cerrado domingo noche y festivos noche

TOLOX

Málaga – 2 186 h. – Alt. 315 m – Mapa regional : **1**-A3
Mapa de carreteras Michelin n° 578-V15

al Noroeste 3,5 km

🏨 Cerro de Hijar　　　　　　🌳 🐾 ⚔ 🛎 👶 🖭 🅿

TRADICIONAL · RÚSTICA Resulta ideal para aislarse del mundanal ruido y destaca tanto por su emplazamiento, en plena Sierra de las Nieves, como por sus vistas. Encontrará un salón social con chimenea, habitaciones de aire rústico y un correcto comedor que ensalza la cocina regional.

18 hab – 🛏50/62 € 🛏🛏67/77 €

✉ 29109 Tolox – ☏ 952 11 21 11 – www.cerrodehijar.com – cerrado 20 días en enero

TONA
Barcelona – 8 021 h. – Alt. 600 m – Mapa regional : **9**-C2
Mapa de carreteras Michelin nº 574-G36

🍴 Torre Simón　　　　　　🍴 🍽 🛎 🅿

COCINA TRADICIONAL · ACOGEDORA XX Ubicado en una preciosa villa, de estética modernista, que ha tenido diversas utilidades a lo largo de su historia. Carta de cocina tradicional actualizada y sugerente menú.

Menú 46 € – Carta 35/49 €

Doctor Bayés 75 ✉ 08551 – ☏ 938 87 00 92 (es necesario reservar para cenar) – www.torresimon.com – solo almuerzo salvo viernes y sábado – cerrado 15 días en agosto

TOPAS
Salamanca – 552 h. – Alt. 820 m – Mapa regional : **8**-B2
Mapa de carreteras Michelin nº 575-I13

por la carretera N 630 Oeste : 9,5 km y desvío a la derecha 2,3 km

🏰 Castillo del Buen Amor　　　🌳 🐾 🛎 🛎 🆒 👶 🅿

EDIFICIO HISTÓRICO · HISTÓRICA Castillo-palacio del s. XV construido sobre una fortaleza. Posee una variada zona noble, un patio gótico-renacentista y espaciosas habitaciones, destacando especialmente las de la torre del homenaje. El restaurante, que ocupa las antiguas caballerizas abovedadas, propone una carta tradicional y varios menús.

40 hab 🖵 – 🛏107/149 € 🛏🛏125/175 € – 4 suites

✉ 37799 Topas – ☏ 923 35 50 02 – www.buenamor.net

TORÀ
Lleida – 1 232 h. – Alt. 448 m – Mapa regional : **9**-B2
Mapa de carreteras Michelin nº 574-G34

🍴 Hostal Jaumet　　　　　　🍴 🆒 🍽 🚗

REGIONAL · FAMILIAR X He aquí un negocio familiar de 5ª generación, pues abrió en 1890. Presenta un gran bar y un comedor clásico, donde ofrecen deliciosos guisos y platos "de la abuela" que ensalzan el recetario catalán. ¡Algunas especialidades se elaboran con cocina de carbón!

Menú 17/20 € – Carta 23/40 €

carret. C 1412a ✉ 25750 – ☏ 973 47 30 77 (es necesario reservar) – www.hostaljaumet.com – cerrado martes de noviembre a Semana Santa

TORDESILLAS
Valladolid – 8 858 h. – Alt. 702 m – Mapa regional : **8**-B2
Mapa de carreteras Michelin nº 575-H14

🏨 Parador de Tordesillas　🌳 🐾 🆒 🛎 🖥 🎠 💺 👶 🆒 🍽 🚗

CADENA HOTELERA · REGIONAL Hermosa casa solariega construida al abrigo de un frondoso pinar. Ofrece una agradable zona noble, habitaciones de ambiente castellano y un sobrio comedor con el techo artesonado, donde encontrará una carta de marcado gusto regional. Entre sus especialidades están los asados y el Gallo de corral turresilano.

68 hab – 🛏75/145 € 🛏🛏75/145 € – 🖵 16 €

carret. de Salamanca, Suroeste : 1 km ✉ 47100 – ☏ 983 77 00 51 – www.parador.es

TORLA

Huesca – 306 h. – Alt. 1 113 m – Mapa regional : **2**-C1
Mapa de carreteras Michelin nº 574-E29

🍴 **El Duende**   AC ✗

COCINA TRADICIONAL · RÚSTICA XX Casa en piedra dotada con un bar de
espera en la planta baja y dos salas en los pisos superiores, ambas rústicas y de
cuidado montaje. Cocina tradicional de buen nivel, dos menús y platos típicos...
como el sabroso Ternasco de la zona.
Menú 23/33 € – Carta 32/44 €
La Iglesia ✉ 22376 – 𝒞 974 48 60 32 – *www.restauranteelduende.com* – *cerrado
del 7 al 31 de enero y martes salvo verano*

TORO

Zamora – 9 214 h. – Alt. 745 m – Mapa regional : **8**-B2
Mapa de carreteras Michelin nº 575-H13

por la carretera de Peleagonzalo Suroeste : 11,5 km

🏨 **Valbusenda**   ✿ ⚓ ⊰ ⏋ 🕸 ℔ ✗ 🔲 ♿ AC ♨ 🚗

RESORT · MODERNA Orientado al turismo enológico, pues pertenece a una
bodega, está en pleno campo y sus modernas instalaciones se han pensado para
el relax. En el restaurante, de ambiente minimalista, elaboran una cocina actual.
¡Vistas a la vega del Duero y a los viñedos!
26 hab ⌂ – †190/255 € ††205/270 € – 9 suites
carret. Toro-Peleagonzalo ✉ 49800 Toro – 𝒞 980 69 95 73
– *www.valbusenda.com*

TORRECABALLEROS

Segovia – 1 288 h. – Alt. 1 152 m – Mapa regional : **8**-C3
Mapa de carreteras Michelin nº 575-J17

🍴 **El Rancho de la Aldegüela**   🏡 AC ✗ 🅿

REGIONAL · RÚSTICA XX Trabaja mucho y atesora un carácter rústico realmente
personal, pues ocupa una antigua finca de esquileo. En sus acogedoras salas
podrá degustar una cocina tradicional especializada en asados y carnes a la
parrilla.
Carta 35/47 €
pl. Marqués de Lozoya 3 ✉ 40160 – 𝒞 921 40 10 60 – *www.fincaelrancho.com*
– *solo almuerzo salvo julio, agosto, viernes y sábado*

🍴 **La Portada de Mediodía**   🏡 AC

REGIONAL · RÚSTICA XX Instalado en... ¡una casa de postas del s. XVI! En
sus salas, de acogedor ambiente rústico, proponen una cocina castellana dominada
por los asados y las carnes a la brasa.
Menú 35/50 € – Carta 33/47 €
San Nicolás de Bari 31 ✉ 40160 – 𝒞 921 40 10 11 – *www.laportadademediodia.com*
– *cerrado domingo noche y lunes salvo festivos*

TORRELLANO

Alicante – 7 173 h. – Alt. 74 m – Mapa regional : **11**-A3
Mapa de carreteras Michelin nº 577-R28

🍴 **Nuestrabarra**   ♿ AC ⇱

COCINA TRADICIONAL · A LA MODA XX Próximo a una zona industrial. Tras su
atractiva fachada presenta un interior muy moderno y acogedor. Su carta combina las tapas y raciones con los platos propios de la cocina tradicional, deliciosas
carnes a la brasa, arroces, pescados...
Menú 30/90 € – Carta 28/60 €
Consueta 6 ✉ 03320 – 𝒞 965 10 79 00 – *www.tapasnuestrabarra.com* – *cerrado
domingo*

TORRELODONES

Madrid – 23 117 h. – Alt. 845 m – Mapa regional : **15**-A2
Mapa de carreteras Michelin n° 576-K18

ⅠO **La Casita**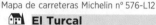

COCINA TRADICIONAL · RÚSTICA XX Ocupa una casita de piedra que, en su día, sirvió como... ¡casa de postas! Destaca el comedor principal, ubicado en una especie de cabaña. Cocina tradicional actualizada.

Menú 26/34 € – Carta 33/49 €

camino de Valladolid 10 ⊠ 28250 – 𝒞 918 59 55 05 – www.lacasitadetorre.com – cerrado domingo noche

TORREMENGA

Cáceres – 629 h. – Alt. 530 m – Mapa regional : **12**-C1
Mapa de carreteras Michelin n° 576-L12

🏠 **El Turcal** 🏕 🛁 🖭 🗿 AC 🛇 P

FAMILIAR · RÚSTICA Hotel rural de arquitectura bioclimática, con acogedoras dependencias de línea moderna que combinan diseño y tradición mediante la utilización de piedra, hierro y madera. Cocina de tinte casero orientada al cliente alojado.

11 hab – †88/100 € ††90/115 € – ⊊ 9 €

carret. EX 203, Suroeste : 1,5 km ⊠ 10413 – 𝒞 616 61 11 16 – www.elturcal.com – cerrado 12 diciembre-12 febrero y abierto solo fines de semana en otoño-invierno

TORREMOLINOS

Málaga – 67 492 h. – Mapa regional : **1**-B2
Mapa de carreteras Michelin n° 578-W16

al Suroeste barrios de La Carihuela y Montemar

🏠 **La Luna Blanca** 🏕 🛁 🗿 AC 🏔

PARTICULAR · FUNCIONAL Hotel tipo chalet llevado directamente por sus propietarios niponos. Posee un buen salón social y amplias habitaciones, la suite japonesa con tatami en vez de cama. En su restaurante, de línea informal, ofrecen platos internacionales y especialidades de Japón.

11 hab ⊊ – †80/110 € ††95/120 €

pasaje del Cerrillo 2 ⊠ 29620 Torremolinos – 𝒞 952 05 37 11 – www.hotellalunablanca.com

en la carretera de Málaga Norte : 5 km

🏨 **Parador de Málaga Golf** 🏕 ⟨ 🗿 🖭 🔲 🖭 & AC 🛇 🌊 P

CADENA HOTELERA · CONTEMPORÁNEA Atractivo e integrado en un entorno ideal para jugar al golf. Encontrará unos espacios muy luminosos, buenas terrazas y amplias habitaciones de línea clásica-actual. En el comedor, dominado por los tonos blancos, ofrecen una carta tradicional y un buen menú.

82 hab – †90/225 € ††90/225 € – ⊊ 18 € – 6 suites

junto al campo de golf, por la carretera de acceso a la autovía ⊠ 29004 Málaga – 𝒞 952 38 12 55 – www.parador.es

TORRENT

Girona – 169 h. – Mapa regional : **10**-B1
Mapa de carreteras Michelin n° 574-G39

ⅠO **Mas de Torrent** 🕸 ⟨ 🛁 🏠 AC 🛇 P

MODERNA · AMBIENTE CLÁSICO XxX Un punto gastronómico elegante y realmente relevante. Aquí apuestan por la gastronomía del Empordà, cuya esencia es la tradición catalana y los productos de proximidad.

Menú 78 € – Carta 55/73 €

Hotel Mas de Torrent, Afores ⊠ 17123 – 𝒞 972 30 32 92 – www.hotelmastorrent.com – cerrado 2 enero-16 marzo

🏨 Mas de Torrent ⬦ ⬦ 🛋 ⌇ 🗔 ⑨ ♨ ✶ ♿ 🅰🅲 🏊 🅿

CASA DE CAMPO · ACOGEDORA Disfruta de unas dependencias realmente magníficas, decoradas con sumo gusto y distribuidas entre la preciosa masía del s. XVIII y los distintos pabellones anexos. Atesora dos cuidados restaurantes, uno con vistas a la terraza y el otro junto a la piscina.

39 hab 🖙 – ♦284/469 € ♦♦310/495 € – 9 suites

Afores ⊠ 17123 – ℰ 972 30 32 92 – www.hotelmastorrent.com – cerrado 2 enero-16 marzo

🍽 **Mas de Torrent** – ver selección restaurantes

TORRICO
Toledo – 827 h. – Alt. 445 m – Mapa regional : **7**-A2
Mapa de carreteras Michelin nº 575-M14

en Valdepalacios Noreste : 6 km

❀ Tierra 🛋 ♿ 🅰🅲 ✾ 🅿

MODERNA · ELEGANTE XXX Agradable, luminoso, de montaje clásico-elegante... y con unas enormes cristaleras para ver tanto la piscina como la terraza. Aquí encontrará una cocina moderna y detallista construida en base a dos menús degustación, utilizando productos de proximidad que en muchos casos son criados o cultivados en la propia finca.

→ Tartar de trucha, crema de trufa, miel de saúco y oloroso. Presa ibérica frita al carbón, zanahorias y café tostado. Crema de limón y menta con helado de jengibre.

Menú 110/135 € – solo menú

Hotel Valdepalacios, carret. Oropesa a Puente del Arzobispo ⊠ 45572 Torrico – ℰ 925 45 75 34 (es necesario reservar) – www.tierra-valdepalacios.com – cerrado domingo noche, lunes y martes

🏨 Valdepalacios ⬦ 🛋 ⌇ 🗔 ♨ ⬙ 🅰🅲 ✾ 🏊 🅿

CASA DE CAMPO · CLÁSICA Presenta la fisonomía de una gran hacienda, con amplias zonas ajardinadas y construcciones anexas. Atesora una atmósfera de gusto clásico-elegante, acogedores salones con chimenea y unas habitaciones de excelente equipamiento.

27 hab – ♦256/560 € ♦♦320/700 € – 🖙 25 €

carret. Oropesa a Puente del Arzobispo ⊠ 45572 Torrico – ℰ 925 45 75 34 – www.valdepalacios.es

❀ **Tierra** – ver selección restaurantes

TORRIJOS
Toledo – 13 273 h. – Alt. 529 m – Mapa regional : **7**-B2
Mapa de carreteras Michelin nº 576-M17

🏨 La Salve ✿ 🛋 ⌇ ⬙ ♿ 🅰🅲 ✾ 🏊 🅿

HISTÓRICO · ACOGEDORA En una finca agrícola que sorprende por sus amplias terrazas. La mayor parte de las habitaciones son actuales, sin embargo también posee dos con mobiliario de época. Su precioso restaurante propone una cocina actual, de toques creativos y raíces tradicionales.

22 hab – ♦58/68 € ♦♦65/115 € – 🖙 6 €

Pablo Neruda 10 ⊠ 45500 – ℰ 925 77 52 63 – www.hotellasalve.com

TORTOSA
Tarragona – 33 864 h. – Alt. 10 m – Mapa regional : **9**-A3
Mapa de carreteras Michelin nº 574-J31

🏨 Parador de Tortosa ✿ ⬦ ⬦ 🛋 ⌇ ⬙ 🅰🅲 ✾ 🏊 🅿

EDIFICIO HISTÓRICO · HISTÓRICA Belleza e historia aúnan sus fuerzas, pues ocupa un castillo del s. X encaramado a una colina y asomado a la vega del Ebro. Sus magníficas dependencias recrean el ambiente de antaño con el confort actual. Cocina de base regional especializada en arroces.

69 hab – ♦95/170 € ♦♦95/170 € – 🖙 17 € – 3 suites

Castell de la Suda ⊠ 43500 – ℰ 977 44 44 50 – www.parador.es

TOSSA DE MAR
Girona – 5 623 h. – Mapa regional : **10**-B2
Mapa de carreteras Michelin nº 574-G38

La Cuina de Can Simon (Xavier Lores)   AK 🍴

CREATIVA · AMBIENTE CLÁSICO XX ¡Ubicado junto a las esbeltas murallas medievales! Los hermanos al frente, que como homenaje al oficio de sus abuelos (pescador y pintor) plantean la gastronomía como una perfecta unión entre colores y sabores, apuestan por el producto de mercado para elaborar una cocina actualizada de base tradicional y regional.

→ Cazuelita de cohombros de mar y cigalas con setas de temporada en ragú. Cabracho a la marinera con suquet. Átomos de algodón con chocolate negro.

Menú 68/135 € – Carta 60/100 €

Portal 24 ✉ 17320 – ☎ 972 34 12 69 – www.restaurantcansimon.com
– cerrado 14 enero-6 febrero, del 11 al 22 de noviembre, domingo noche,
lunes y martes de octubre-marzo, y lunes salvo agosto resto del año

TOX
Asturias – 128 h. – Mapa regional : **3**-A1
Mapa de carreteras Michelin nº 572-B10

Regueiro   🍴 P

CREATIVA · AMBIENTE CLÁSICO XX ¡Ubicado en pleno campo! Plantea una cocina creativa de fusión con muchas influencias asiáticas, plasmadas tanto en sus menús como en los platos a la carta más tradicionales.

Menú 49/75 € – Carta 35/60 €

✉ 33793 – ☎ 985 64 85 94 – www.restauranteregueiro.es – solo almuerzo salvo
viernes, sábado y agosto – cerrado enero-marzo y martes

A TOXA (Illa de) LA TOJA ISLA DE
Pontevedra – Mapa regional : **13**-A2
Mapa de carreteras Michelin nº 571-E3

Eurostars G.H. La Toja   🏨 🦢 ⬅ 🛁 ⅃ 🖼 🌐 🏋 🍴 📧 AK 🍴 ♨ P

LUJO · ELEGANTE Emblemático, de gran tradición y situado al borde de la hermosa ría de Arousa, con idílicas vistas y magníficos exteriores. Elegante zona social, SPA-balneario y habitaciones de gran confort. En su comedor, de cuidado montaje y con un excelente servicio de mesa, encontrará una cocina clásica bien elaborada.

199 hab ⌑ – †110/400 € ††120/420 € – 13 suites

Illa da Toxa ✉ 36991 – ☎ 986 73 00 25 – www.eurostarsgranhotellatoja.com

TRAMACASTILLA
Teruel – 107 h. – Alt. 1 260 m – Mapa regional : **2**-B3
Mapa de carreteras Michelin nº 574-K25

por la carretera A 1512 Este : 1 km

Hospedería El Batán (María José Meda)   ⬅ 🦢 AK 🍴 P

MODERNA · ACOGEDORA XX Restaurante de ambiente rústico-regional emplazado en pleno campo, en una antigua fábrica de lana. La chef apuesta por una cocina de raíces tradicionales que, en base a los productos del entorno, busca renovarse con toques actuales. Su oferta se centra en los menús y, como complemento, ofrecen habitaciones en un anexo.

→ Colmenillas de la sierra de Albarracín, foie-gras y jamón de Teruel. Costillas de esturión a la brasa. Nido de granny y huevos de melocotón.

Menú 50/65 € – solo menú

14 hab – †55 € ††75 € – ⌑ 7 €

✉ 44112 Tramascastilla – ☎ 978 70 60 70 – www.elbatan.es – cerrado del 1 al
25 de enero, lunes y martes

TRAMACASTILLA DE TENA
Huesca – 148 h. – Alt. 1 224 m – Mapa regional : **2**-C1
Mapa de carreteras Michelin n° 574-D29

🏠 El Privilegio
TRADICIONAL · ACOGEDORA ¡Interesante para una escapada romántica! Tras su atractiva fachada en piedra encontrará un hotel muy acogedor, con un pequeño SPA y habitaciones de varios estilos, algunas abuhardilladas. El restaurante, clásico-actual, apuesta por el recetario tradicional.

20 hab ⚏ – ♦130/180 € ♦♦160/225 € – 7 suites

Zacalera 1 ✉ *22663 –* ✆ *974 48 72 06 – www.elprivilegio.com*

TREGURÀ DE DALT
Girona – Alt. 1 410 m – Mapa regional : **9**-C1
Mapa de carreteras Michelin n° 574-F37

🍴 Fonda Rigà
CATALANA · RÚSTICA El restaurante, que disfruta de mucha luz natural, posee un bar de espera y varias salas, destacando una de carácter panorámico a modo de porche acristalado. Cocina catalana.

Carta 20/42 €

final carret. Tregurà ✉ *17869 –* ✆ *972 13 60 00 – www.fondariga.com – cerrado 14 días en noviembre y 14 días en junio*

TRES CANTOS
Madrid – 43 309 h. – Alt. 802 m – Mapa regional : **15**-B2
Mapa de carreteras Michelin n° 576-K18

🍴 La Terraza de Alba
COCINA TRADICIONAL · MARCO CONTEMPORÁNEO Está llevado con dedicación y tiene dos zonas bien diferenciadas, una tipo terraza. Cocina actual y de mercado con algún plato acabado ante los clientes, como su Steak tartar.

Menú 15/48 € – Carta 35/55 €

Alba 5 ✉ *28760 –* ✆ *918 03 24 40 – www.laterrazadealba.com – cerrado Semana Santa, 28 julio-21 de agosto, domingo noche y lunes*

TRESGRANDAS
Asturias – Mapa regional : **3**-C2
Mapa de carreteras Michelin n° 572-B16

🏠 El Molino de Tresgrandas
AGROTURISMO · RÚSTICA Antiguo molino rehabilitado y emplazado junto a un riachuelo, en un bello paraje que se encuentra completamente aislado. Se reparte entre dos edificios, ofreciendo una coqueta zona social, un comedor privado para clientes y unas habitaciones rústicas en las que la piedra y la madera son las protagonistas.

11 hab ⚏ – ♦75/90 € ♦♦100/115 €

✉ *33590 –* ✆ *985 41 11 91 – www.molinotresgrandas.com – abierto 24 marzo-30 septiembre*

TRUJILLO
Cáceres – 9 274 h. – Alt. 564 m – Mapa regional : **12**-C2
Mapa de carreteras Michelin n° 576-N12

🍴 Corral del Rey
COCINA TRADICIONAL · RÚSTICA Restaurante de gestión familiar y acogedor ambiente rústico. Aquí la especialidad son los asados y las carnes rojas elaboradas en parrilla de carbón de encina... sin embargo, también triunfa su propuesta de tapas para el centro de la mesa.

Menú 25 € – Carta 25/50 €

Corral del Rey 2 ✉ *10200 –* ✆ *927 32 30 71 – www.corraldelreytrujillo.com – cerrado domingo en julio-septiembre, miércoles noche y domingo noche resto del año*

🏠 Parador de Trujillo　　🌳 🐕 ⅃ 🖭 ⚅ 📠 ✂ 🐂 🚗

HISTÓRICO · CONTEMPORÁNEA Todo un remanso de tranquilidad entre los recios muros del convento de Santa Clara, del s. XVI. Las habitaciones, que contrastan con el edificio por su modernidad, se distribuyen alrededor de un hermoso claustro. El comedor se complementa con una antigua capilla, donde suelen servir los desayunos.

50 hab – ♦75/160 € ♦♦75/160 € – ⌷ 16 €

Santa Beatriz de Silva 1 ⊠ 10200 – ℰ 927 32 13 50 – www.parador.es – cerrado enero-13 febrero

🏠 Casa de Orellana　　🐕 ⅃ 🖭 ✂

HISTÓRICO · CLÁSICA Lo mejor es su emplazamiento, pues se encuentra en la hermosa casa natal de D. Francisco de Orellana, el descubridor del Amazonas ¡Todas las habitaciones están personalizadas!

5 hab ⌷ – ♦130/150 € ♦♦130/150 €

*Palomas 5-7, (es necesario reservar) ⊠ 10200 – ℰ 927 65 92 65
– www.casadeorellana.com*

TUDELA

Navarra – 35 298 h. – Alt. 275 m – Mapa regional : **17**-A3
Mapa de carreteras Michelin nº 573-F25

🍴 Treintaitres　　🖭 🖭 ✂ 🔁

COCINA TRADICIONAL · ACOGEDORA XX ¡Una referencia en la gastronomía vegetal! Aquí descubrirá una cocina de base tradicional, con toques actuales, que tiene en la verdura su producto estrella... de hecho, el menú degustación está realizado únicamente con estas hortalizas.

Menú 25/46 € – Carta 34/55 €

*Pablo Sarasate 7 ⊠ 31500 – ℰ 948 82 76 06 (es necesario reservar)
– www.restaurante33.com – cerrado del 1 al 14 de agosto, domingo noche, lunes noche y martes*

🍴 Trinquete　　🖭 🖭

COCINA TRADICIONAL · RÚSTICA XX Negocio de línea rústica-actual que apuesta, claramente, por los productos autóctonos. Cocina tradicional, sabores de casa y autenticidad, todo con frutos de su propia huerta.

Menú 25/45 € – Carta 40/70 €

Trinquete 1 bis ⊠ 31500 – ℰ 948 41 31 05 – www.trinquete.es – cerrado 20 junio-20 julio y domingo noche

en la carretera N 232 Sureste : 3 km

🍴 Beethoven　　🖭 🖭 🔁 🅿

COCINA TRADICIONAL · AMBIENTE CLÁSICO XX Un restaurante de ambiente clásico que siempre demuestra imaginación y ganas de trabajar. Su propuesta, tradicional actualizada, evoluciona en base al sublime producto local.

Menú 23/44 € – Carta 37/55 € – cena solo con reserva

av. Tudela 30 ⊠ 31512 Fontellas – ℰ 948 82 52 60 – www.rtebeethoven.com – solo almuerzo – cerrado del 1 al 10 de enero y del 4 al 14 de julio

por la carretera de Ejea de los Caballeros Noreste : 4 km y desvío a la derecha 0,5 km

🏠 Aire de Bardenas　　🌳 🐕 ⪡ ⅃ 🖭 🐂 🅿

BOUTIQUE HOTEL · DE DISEÑO Ha ganado numerosos premios de arquitectura y sorprende por su inhóspito emplazamiento, junto al desierto de las Bardenas Reales. Habitaciones insólitas, algunas... ¡tipo burbuja! El restaurante, de diseño moderno, elabora una cocina tradicional actualizada.

31 hab – ♦265/285 € ♦♦265/285 € – ⌷ 19 €

⊠ 31500 Tudela – ℰ 948 11 66 66 – www.airedebardenas.com

TUI

Pontevedra – 16 860 h. – Alt. 44 m – Mapa regional : **13**-B3
Mapa de carreteras Michelin n° 571-F4

🏨 Parador de Tui ☆ ⅁ ≤ 🛋 🛋 🖭 🖭 🛤 ⅍ **P**

TRADICIONAL · ACOGEDORA El granito y la madera marcan las pautas, pues este Parador reproduce la estética de un típico pazo gallego. Encontrará habitaciones de completo equipamiento y un elegante comedor acristalado, destacando este tanto por su oferta culinaria como por sus vistas.

32 hab – ♦70/150 € – ♦♦70/150 € – ☲ 16 € – 1 suite
av. de Portugal ⊠ 36700 – ℰ 986 60 03 00 – www.parador.es – cerrado enero-10 febrero

TURÉGANO

Segovia – 1 039 h. – Alt. 935 m – Mapa regional : **8**-C2
Mapa de carreteras Michelin n° 575-I17

🍽️ El Zaguán ⇦ 🛤 ⅍

REGIONAL · RÚSTICA XX Atractivo conjunto castellano definido por sus recias vigas de madera y la presencia en sala de un horno de asar. Carta regional especializada en asados (por encargo) y Bacalao ajoarriero, este al estilo de Turégano. ¡También ofrecen unas cálidas habitaciones!

Menú 15/40 € – Carta 47/65 €
15 hab – ♦45/55 € – ♦♦48/66 € – ☲ 7 €
pl. de España 16 ⊠ 40370 – ℰ 921 50 11 65 – www.el-zaguan.com

ÚBEDA

Jaén – 34 835 h. – Alt. 757 m – Mapa regional : **1**-C2
Mapa de carreteras Michelin n° 578-R19

🍽️ Cantina La Estación ⅏ ⅍ 🛤 ⅍

MODERNA · SIMPÁTICA XX Sorprende por su ambientación, pues tiene un bar de tapas a modo de estación y una sala que imita el interior de un antiguo vagón de tren, con las ventanas simuladas por pantallas de TV. Ofrecen una carta actual, un completo menú degustación y guisos del día.

Menú 36/50 € – Carta 30/45 €
*cuesta Rodadera 1 ⊠ 23400 – ℰ 687 77 72 30 – www.cantinalaestacion.com
– cerrado del 15 al 31 de julio, martes noche y miércoles*

🍽️ Amaranto 🛋 ⅍ 🛤 ⅍

MODERNA · AMBIENTE TRADICIONAL X Llevado por un matrimonio, con ella pendiente de los clientes y él atento a los fogones. En su sala, sencilla y de línea actual, le ofrecerán una cocina regional actualizada y varios menús. ¡Agradable terraza en un patio interior!

Menú 34/69 € – Carta 30/47 €
Hortelanos 6 ⊠ 23400 – ℰ 953 75 21 00 – www.restauranteamaranto.es – solo almuerzo en invierno salvo viernes y sábado – cerrado 30 junio-10 julio, domingo noche y lunes

🍽️ Asador de Santiago 🛋 ⅍ 🛤 ⅍

COCINA TRADICIONAL · AMBIENTE TRADICIONAL XX ¡Todo un clásico de la ciudad! Posee un animado bar de tapas y dos salas muy cuidadas, una de línea actual-contemporánea y la otra algo más clásica. Cocina tradicional y de producto, con asados en horno de leña y carnes rojas al carbón.

Menú 33 € – Carta 35/60 €
*av. Cristo Rey 4 ⊠ 23400 – ℰ 953 75 04 63 – www.asadordesantiago.com
– cerrado domingo noche*

🏛 Palacio de Úbeda ✿ 🐱 ⬆ ✦ AC ⅍ 🏛 🚗

LUJO · A LA MODA Se halla en pleno casco antiguo y ocupa varios edificios, destacando el bello palacio renacentista de los Condes de Guadiana (s. XVI). Cada habitación está dedicada a una familia nobiliaria y su restaurante apuesta por la actualización de la cocina andaluza.

37 hab ⌂ – ♦220/255 € ♦♦240/275 €

Juan Pasquau 4 ✉ 23400 – ℰ 953 81 09 73

– www.palaciodeubeda.com

🏛 Parador de Úbeda ✿ 🐱 ⬆ AC ⅍ 🏛

CADENA HOTELERA · HISTÓRICA Palacio del s. XVI dotado con un gran patio central de doble galería, una hermosa escalera en piedra y bellos artesonados. Habitaciones de línea rústica-elegante y buen nivel. En su restaurante podrá descubrir la cocina típica regional y unos curiosos menús.

36 hab – ♦100/210 € ♦♦100/210 € – ⌂ 17 €

pl. Vázquez Molina ✉ 23400 – ℰ 953 75 03 45

– www.parador.es

🏛 Las Casas del Cónsul ✿ 🐱 ← 🍽 ⬆ ✦ AC ⅍

TRADICIONAL · CLÁSICA Casa-palacio del s. XVII conocida también, por detalles decorativos de su fachada, como Casa de las bolas. Ofrece un hermoso patio central, que hace de zona social, y espaciosas habitaciones, algunas con excelentes vistas tanto a la sierra como a los olivares.

16 hab ⌂ – ♦50/80 € ♦♦60/90 €

pl. del Carmen 1 ✉ 23400 – ℰ 953 79 54 30

– www.lascasasdelconsul.es

ULLDECONA

Tarragona – 6 637 h. – Alt. 134 m – Mapa regional : **9**-A3
Mapa de carreteras Michelin nº 574-K31

en la carretera de La Sénia

🕸 L'Antic Molí (Vicent Guimerà) ✦ AC ⅍ 🅿

MODERNA · ACOGEDORA XX Un espacio gastronómico sorprendente... no en vano, recupera un antiguo molino harinero emplazado en pleno campo, con amplios exteriores ajardinados y salas de gran modernidad. Aquí cuidan por igual los banquetes, el menú del día y la carta, basada en tapas gastronómicas, sugerencias y platos de sus menús degustación.

→ Tuétano de chirivía con costilla de cerdo, cigala y caviar. Entrecot de cordero con calabaza, kéfir, algarroba y café. Horchata y limón.

Menú 50/90 € – Carta 42/55 €

Barri Castell, Noroeste : 10 km ✉ 43559 El Castell – ℰ 977 57 08 93

– www.anticmoli.com – solo almuerzo salvo viernes y sábado – cerrado 12 noviembre-2 diciembre y lunes

🕸 Les Moles (Jeroni Castell) AC 🅿

MODERNA · RÚSTICA XX Llevado en familia e instalado, parcialmente, en una antigua masía que debe su nombre a las piedras de molinos que se hacían en la cantera de la localidad. En su comedor, de ambiente rústico-actual, le propondrán una cocina actual-creativa, de bases tradicionales, muy bien complementada por la opción de varios menús.

→ Ensalada de gambas de Tarragona con mosaico de verduras y tomates. Suquet de raya con ñoquis de patata. Aceite, vinagre, sal y pimienta.

Menú 37/85 € – Carta 45/66 €

Noroeste : 2 km ✉ 43550 Ulldecona – ℰ 977 57 32 24

– www.lesmoles.com – solo almuerzo salvo miércoles en agosto, jueves, viernes y sábado – cerrado 23 diciembre-22 enero y lunes

URDAITZ URDÁNIZ

Navarra – 76 h. – Alt. 696 m – Mapa regional : **17**-B2
Mapa de carreteras Michelin n° 573-D25

⸫⸫ El Molino de Urdániz (David Yárnoz)   AC ⚘ P

CREATIVA · RÚSTICA XX Seguro que les sorprende, pues lo que menos te espe-
ras al ver un caserón en piedra de estas características, testigo mudo del fluido
tránsito de peregrinos que se dirigen a Santiago de Compostela, es una cocina
de autor digna de hacer un alto en el camino.

Presenta un interior de ambiente rústico-actual, diferenciando entre el comedor
del acceso, donde solo ofrecen un menú económico de tinte tradicional, y el
espacio gastronómico del piso superior, este último de mejor montaje y con
algún que otro detalle de diseño en la decoración.

¿Qué encontrará? El chef David Yárnoz, un hombre con fe ciega en sí
mismo y muchísima personalidad, elabora una cocina creativa que enamora
tanto por los sabores, siempre potentes, como por su atractivo visual, exaltando los productos de proximidad que nos hablan de la Comunidad Foral
de Navarra. En su menú degustación conviven las novedades de temporada
y los grandes clásicos de la casa, como su Caramelo de pimentón relleno de
mousse de txistorra.

→ Crema melosa de guisantes, topinambur y trufa. Trucha del Roncal, crema de
remolacha, lima, notas de humo y semillas. Trufa de primavera, cerveza y leche
fermentada.

Menú 80 € – solo menú

carret. N 135, Suroeste : 0,5 km ✉ *31698 –* ✆ *948 30 41 09*
– www.elmolinourdaniz.com – solo almuerzo salvo viernes y sábado – cerrado
7 días en noviembre, 15 días en febrero, 7 días en junio y lunes

UTIEL

Valencia – 11 915 h. – Alt. 720 m – Mapa regional : **11**-A2
Mapa de carreteras Michelin n° 577-N26

⑩○ El Carro   AC ⟷

COCINA TRADICIONAL · AMBIENTE TRADICIONAL XX ¡El nombre hace un guiño
a sus orígenes! Presenta un gastrobar y una sala actual en varios niveles, donde
ofrecen una carta tradicional de temporada con algún plato creativo.

Menú 29 € – Carta 25/40 €

Héroes del Tollo 25 ✉ *46300 –* ✆ *962 17 11 31*
– www.restauranteelcarro.com – cerrado domingo y miércoles noche

UTRERA

Sevilla – 52 558 h. – Alt. 49 m – Mapa regional : **1**-B2
Mapa de carreteras Michelin n° 578-U12

⑩○ Besana   ♿ AC

MODERNA · HISTÓRICA ⅋ Gastrobar de línea rústica, con detalles de diseño, ubicado en la antigua judería. Encontrará tapas de calidad presentadas como si fue-
ran los entrantes de un menú degustación.

Tapa 3,50 €

callejón Niño Perdido 1 ✉ *41710 –* ✆ *955 86 38 04*
– www.besanatapas.com – solo cena salvo viernes y sábado – cerrado
julio-15 agosto, domingo noche y lunes

Los precios junto al símbolo 🛉 corresponden al precio más bajo
en temporada baja, después el precio más alto en temporada
alta, para una habitación individual. El mismo principio con el
símbolo 🛉🛉, esta vez para una habitación doble.

VAL DE SAN LORENZO

León – 542 h. – Mapa regional : **8**-A1
Mapa de carreteras Michelin nº 575-E11

⫯O La Lechería ⟵ 🆎 ⌾

COCINA TRADICIONAL · RÚSTICA X ¡Un pueblo muy famoso por sus mantas y colchas artesanales! Ocupa una casona de piedra que funcionó como lechería y, en un cuidado ambiente neorrústico, propone una cocina tradicional bien actualizada... aunque aquí el plato estrella es el Cocido maragato.

Carta 27/38 €

9 hab ⌷ – ╫55/73 € ╫╫55/73 €

La Lechería 1 ☒ 24717 – ☏ 987 63 50 73 (es necesario reservar para cenar)
– www.la-lecheria.com – cerrado del 7 al 31 de enero, domingo noche y lunes

VALBUENA DE DUERO

Valladolid – 475 h. – Mapa regional : **8**-C2
Mapa de carreteras Michelin nº 575-H17

en San Bernardo Sureste : 4,5 km

🏨 Castilla Termal Monasterio de Valbuena ⟲ ⊛ ⻌ ▣ ⊛ ⌂

TERMAL · HISTÓRICA Hotel-balneario unido a uno de 🈁 ⟐ 🆎 ⌾ ⌂ **P** los monasterio cistercienses (s. XII) mejor conservados de Europa. Encontrará espléndidas habitaciones, una completa oferta lúdico-termal, distintas opciones de restauración y... ¡la sede de la Fundación Las Edades del Hombre!

79 hab ⌷ – ╫140/185 € ╫╫164/227 €

Monasterio ☒ 47359 San Bernardo – ☏ 983 68 30 40 – www.castillatermal.com

VALDEMORO

Madrid – 72 854 h. – Alt. 615 m – Mapa regional : **15**-B2
Mapa de carreteras Michelin nº 576-L18

❀ Chirón (Iván Muñoz) ⊛ 🆎 ⌾

MODERNA · AMBIENTE CLÁSICO XxX Llevado con profesionalidad entre dos hermanos, que así dan continuidad a la tradición familiar. Resulta elegante, presenta una estética clásica-actual y apuesta por una cocina creativa de marcadas raíces castizas, con toques manchegos e interesantes guiños a las vegas existentes en la región (Tajo, Jarama y Tajuña).

→ Morteruelo marino y berenjena de Almagro. Merluza en pepitoria. Gin-tonic de fresas de Aranjuez.

Menú 67/109 € – solo menú

Alarcón 27 ☒ 28341 – ☏ 918 95 69 74 – www.restaurantechiron.com – solo almuerzo salvo jueves, viernes y sabado – cerrado 25 días en agosto y lunes

⫯O La Fontanilla 🏠 🆎 ⌾ ⇄

COCINA TRADICIONAL · AMBIENTE CLÁSICO XX Casa de línea clásica dotada con un gastrobar y varias salas, la principal en la 1ª planta. En su amplia carta podrá encontrar platos tradicionales, regionales e innovadores.

Menú 14 € – Carta 30/49 €

Illescas 2 ☒ 28340 – ☏ 974 48 01 49 – www.casbas.com – cerrado 15 días en agosto, miércoles noche salvo verano, domingo noche, lunes y martes noche

⫯O Adri 🏠 ⟐ 🆎 ⌾ **P**

COCINA TRADICIONAL · SENCILLA X Restaurante de estilo actual-funcional que apuesta por unos entrantes imaginativos y unos platos principales más tradicionales. ¡Destacan sus arroces, con hasta 20 variantes!

Menú 12 € – Carta 33/46 €

Párroco Don Lorenzo 12 ☒ 28341 – ☏ 918 01 75 63 – www.restauranteadri.com
– cerrado domingo noche

ESPAÑA

🍴○ Adri Experience   ♿ 🄰🄺 ☕ ⇔

MODERNA · MARCO CONTEMPORÁNEO ⅹ Resulta coqueto y disfruta de una estética actual. Su propuesta, no exenta de detalles curiosos, se basa en dos menús degustación y una serie de platos a modo de sugerencias.

Menú 18/35 € – Carta 33/50 €

Libertad 41 ✉ *28340 – ℰ 911 10 46 52 – www.adriexperience.com – cerrado del 15 al 30 de agosto, domingo noche, lunes y martes noche*

VALDEPALACIOS Toledo → Ver Torrico

VALDEVIMBRE

León – 997 h. – Alt. 811 m – Mapa regional : **8**-B1
Mapa de carreteras Michelin nº 575-E13

🍴○ Los Poinos   🏠

COCINA TRADICIONAL · RÚSTICA ⅹ Su nombre rememora los tacos de madera sobre los que descansan las cubas. Dispone de un bar rústico y comedores tipo cueva, excavados a mano. Cocina tradicional actualizada.

Menú 26 € – Carta 20/41 €

canal de Rozas 81 ✉ *24230 – ℰ 987 30 40 18 – www.lospoinos.com – solo almuerzo salvo viernes y sábado en invierno – cerrado del 11 al 27 de enero y miércoles*

NOS GUSTA...

Ver las exposiciones del Bombas Gens Centre d'Art y comer en **Ricard Camarena**. Saborear la versión del "Garum" romano que ofrecen en **Sucede**. También nos encanta viajar en el tiempo con una visita a **Casa Montaña** o acercarnos a **Casa Carmela**, en la playa de la Malvarrosa, a degustar sus fantásticas paellas al estilo tradicional (con leña de naranjo).

VALÈNCIA

787 808 h. – Alt. 13 m – Mapa regional : **11**-B2
Mapa de carreteras Michelin n° 577-N28

Planos de la ciudad en páginas siguientes

Restaurantes

✿✿ **Ricard Camarena**   🖤 & 🅰🅲 ✍

MODERNA · MARCO CONTEMPORÁNEO XxxX ¡Una cocina de altura en un soberbio restaurante! Con el traslado del cocinero valenciano a la rehabilitada fábrica de Bombas Gens, que aún conserva rasgos de su industrial estética art déco y hoy es en un centro cultural de referencia (Bombas Gens Centre d'Art), el nivel de su propuesta ha sufrido una transformación espectacular.

Llama la atención el hecho de que reciban a la entrada y acompañen al comensal, para que no se sienta perdido ante la amplitud de sus instalaciones, con una gran recepción de aire contemporáneo, un bar privado donde sirven los primeros snacks y el moderno comedor al fondo, con profusión de maderas y la cocina a la vista, donde tomará un último aperitivo mientras charla con el chef.

Ricard Camarena nos presenta una cocina de autor tremendamente coherente y trabajada, con sólidas bases que toman las hortalizas como referencia, elaboraciones que denotan un proceso de investigación y salsas tan delicadas que ensalzan los mejores productos de proximidad.

➔ Ensalada de quisquillas, habitas y fresas silvestres. Angulas, cebolla asada, jugo de anguila y trufa. Migas frías de limón, romero y turrón.

Menú 55/155 € – solo menú

Plano : B1-2-h – *av. de Burjassot 54 (Bombas Gens Centre d'Art)* ✉ *46002* – ☎ *963 35 54 18 – www.ricardcamarenarestaurant.com – cerrado del 6 al 22 de enero, domingo y lunes*

 ¿Un comedor privado para un grupo de amigos o para una cena de negocios? Lo encontrará en los restaurantes con el símbolo ⇔.

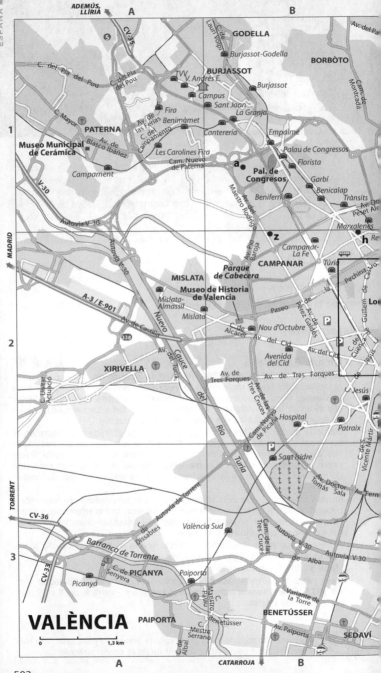

VALÈNCIA

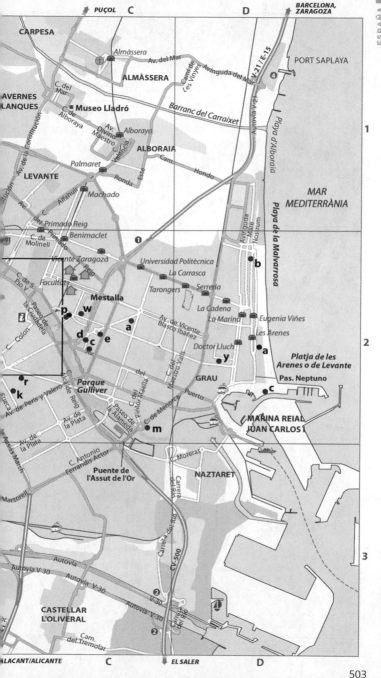

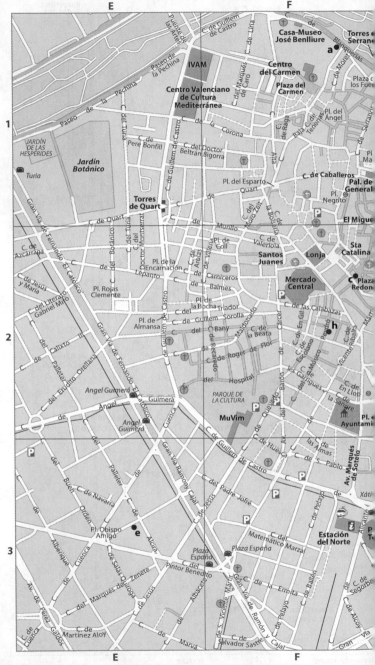

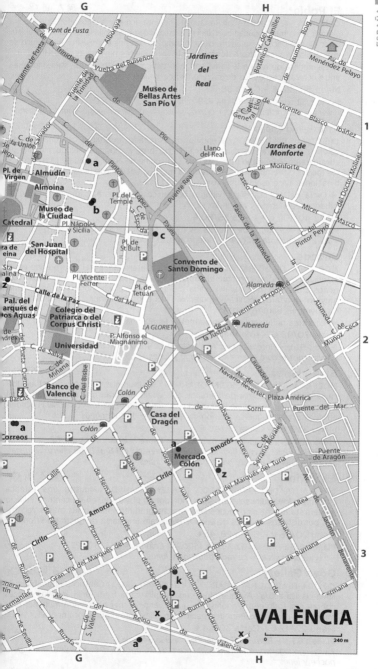

VALÈNCIA

El Poblet

CREATIVA · A LA MODA XXX Restaurante de línea actual y buen confort que viene a plasmar, en la misma ciudad de València, la creatividad desarrollada en Dénia por el laureado Quique Dacosta. Su amplia carta se completa con tres interesantes menús, uno de ellos dedicado a los platos históricos de este chef. ¡Buenos privados con luz natural!

→ Salmonete de roca a la llama con jugo cítrico y boniato. Arroz variedad senia entre cenizas, con dados de secreto ibérico grillado. La higuera.

Menú 58/120 € – Carta 58/73 €

Plano : G2-a – *Correos 8-1º* ⊠ *46002* Ⓜ *Colón* – ℰ *961 11 11 06*
– *www.elpobletrestaurante.com – cerrado sábado mediodía en agosto, domingo y martes*

Riff (Bernd Knöller)

CREATIVA · DE DISEÑO XXX Céntrico, de esmerado montaje y con una cuidada estética de inspiración minimalista. El chef-propietario, que siendo alemán se considera un valenciano más, propone una cocina de autor basada en los productos locales de temporada, siempre de la mejor calidad y con unas acertadas combinaciones. ¡Interesantes menús!

→ Ostra del Sol, sandía y vinagre balsámico. Salmonete, camelina y cebolla. Albaricoque, pepino y almendra.

Menú 40/109 € – Carta 53/80 €

Plano : H3-k – *Conde de Altea 18* ⊠ *46005* Ⓜ *Colón* – ℰ *963 33 53 53*
– *www.restaurante-riff.com – cerrado agosto, domingo y lunes*

Sucede

MODERNA · DE DISEÑO XXX Se accede por un lateral del hotel y sorprende en lo estético, pues no es corriente la combinación de modernidad y minimalismo con restos arqueológicos (muralla árabe de la ciudad). El chef propone una cocina muy arriesgada de técnicas depuradas, finas texturas, sabor... hasta el punto de recuperar el "Garum" romano.

→ La fritura de la sardina. Conejo melón. Mandarina y zanahoria

Menú 70/90 € – solo menú

Plano : G1-b – *Hotel Caro H., Almirante 14* ⊠ *46003* – ℰ *963 15 52 87*
– *www.sucede.com – cerrado domingo y lunes*

Blanqueries

MODERNA · MARCO CONTEMPORÁNEO XX Restaurante de estética actual ubicado junto a las Torres de Serranos. Sus chefs elaboran una cocina tradicional actualizada con toques de temporada. La mayor parte de los comensales acuden atraídos por la magnífica relación calidad/precio de sus menús.

Menú 21/27 € – Carta 25/40 €

Plano : F1-a – *Blanqueries 12 (entrada por Padre Huérfanos)* ⊠ *46002*
– ℰ *963 91 22 39 – www.blanquerias.com – cerrado del 8 al 15 de enero, Semana Santa, 14 días en agosto, domingo noche y lunes*

Entrevins

COCINA TRADICIONAL · MARCO CONTEMPORÁNEO XX Muestra una estética contemporánea-minimalista y sorprende por su ubicación, en un céntrico edificio modernista que ha sido recuperado tras una gran reforma. En sus mesas, repartidas por distintos rincones de la casa, degustará una carta de gusto tradicional.

Menú 20/35 € – Carta 28/45 €

Plano : G2-z – *de la Paz 7-1º* ⊠ *46003* Ⓜ *Colón* – ℰ *963 33 35 23*
– *www.entrevins.es – cerrado domingo y lunes*

Goya Gallery

COCINA TRADICIONAL · MARCO CONTEMPORÁNEO XX Céntrico, agradable y de línea clásica-actual. Aunque ofrece una amplia carta tradicional aquí los arroces cobran casi todo el protagonismo... no en vano, el chef ha ganado múltiples premios en la provincia. ¡Permiten pedir las paellas para un único comensal!

Menú 27/42 € – Carta 30/44 €

Plano : G3-x – *Burriana 3* ⊠ *46005* – ℰ *963 04 18 35*
– *www.goyagalleryrestaurant.com – cerrado 26 agosto- 3 septiembre, domingo noche y lunes*

☺ Gran Azul   ♿ AC ⌘ ⇄

COCINA TRADICIONAL · AMBIENTE MEDITERRÁNEO XX Un local de línea actual y carácter informal en el que apuestan, clarísimamente, por una cocina de arroces y platos a la brasa, estos últimos elaborados en una parrilla-horno Josper. ¡El expositor de productos es toda una invitación!

Menú 45/65 € – Carta 32/53 €

Plano : C2-d – *av. Aragón 12* ✉ *46021* Ⓜ *Aragón* – ℰ *961 47 45 23*
– *www.granazulrestaurante.com*
– *cerrado del 15 al 31 de agosto y domingo noche*

☺ Kaymus   AC ⌘ ⇄

COCINA TRADICIONAL · DE DISEÑO XX Este moderno establecimiento llama la atención por su cocina, sencilla en las elaboraciones aunque estas siempre se ejecutan con fineza y calidad. Posee un privado equipado para reuniones, o proyecciones, y una atractiva bodega. ¡Amplia oferta de menús!

Menú 24/59 € – Carta 33/46 €

Plano : B1-2-z – *av. Maestro Rodrigo 44* ✉ *46015* Ⓜ *Beniferri* – ℰ *963 48 66 66*
– *www.kaymus.es*
– *cerrado lunes noche*

☺ Lienzo   AC ⌘

MEDITERRÁNEA · A LA MODA XX Ocupa los bajos de un elegante edificio y sorprende por su modernidad, con dos salas separadas por una bodega acristalada y la cocina semivista. ¿Su propuesta? Buenas elaboraciones de gusto mediterráneo, algún plato de fusión y varios menús, todos sugerentes.

Menú 25 € – Carta 32/45 €

Plano : G2-c – *pl. de Tetuan 18* ✉ *46003* Ⓜ *Alameda* – ℰ *963 52 10 81*
– *www.restaurantelienzo.com*
– *cerrado 7 días en enero, 15 días en agosto, domingo noche y lunes*

☺ Boix Quatre   AC ⌘

DE MERCADO · ÍNTIMA X Minúsculo en tamaño pero... ¡grande en sabor! Se halla en el interior de un hotel, este con una gestión independiente, y ofrece un servicio muy personalizado, pues solo tiene cinco mesas. Su sencilla carta, de mercado y temporada, se completa con varios menús.

Menú 36 € – Carta 30/45 €

Plano : G1-a – *Boix 4* ✉ *46003* Ⓜ *Alameda* – ℰ *961 19 28 82*
– *cerrado 15 días en Semana Santa, 15 días en septiembre, domingo y lunes*

☺ 2 Estaciones   ⌗ AC ⌘

MEDITERRÁNEA · BISTRÓ X Bien llevado por dos chefs, también socios, volcados en su proyecto. Encontrará un bistró informal, con la cocina vista y unas curiosas mesas hechas con los pies de las antiguas máquinas de coser. Cocina mediterránea y de temporada, con platos actualizados.

Menú 35/48 € – Carta 30/50 €

Plano : C2-k – *Pintor Salvador Abril 28* ✉ *46002* – ℰ *963 03 46 70*
– *www.2estaciones.com*
– *cerrado del 23 al 31 de enero, domingo y lunes*

☺ Saiti   AC ⌘

COCINA TRADICIONAL · SIMPÁTICA X Restaurante de aspecto actual-informal, tipo bistró, desde cuyos fogones se destila ilusión, trabajo y unas enormes ganas de agradar. Aquí podrá descubrir una cocina sabrosa y llena de matices, con elaboraciones redondas que ensalzan la calidad del producto.

Menú 32/59 € – Carta 35/50 €

Plano : H3-x – *Reina Doña Germana 4* ✉ *46005* – ℰ *960 05 41 24*
– *www.saiti.es*
– *cerrado del 1 al 15 de septiembre, domingo y lunes noche*

⑪◯ Ameyal   🅰🅲

MEXICANA · AMBIENTE CLÁSICO ⅩⅩ Un mexicano romántico, elegante y realmente interesante en lo gastronómico. Su nombre, que en lengua Náhuatl significa "manantial", ya es toda una declaración de intenciones.

Menú 25/49 € – Carta 24/56 €

Plano : H3-z – *Conde de Salvatierra 39* ✉ *46004* ◍ *Colón* – ✆ *963 20 58 37*
– *www.ameyal.es* – *cerrado 29 julio-15 agosto, domingo noche, lunes salvo
festivos y martes mediodía*

⑪◯ La Sucursal   🅰🅲

MODERNA · DE DISEÑO ⅩⅩⅩ Sorprende por su mágico emplazamiento en pleno
puerto, concretamente en el ático del icónico edificio "Veles e Vents". Su propuesta se centra en menús degustación sorpresa.

Menú 60/90 € – solo menú

Plano : D2-c – *Edificio Veles e Vents, 3ª planta (en el puerto)* ✉ *46002*
– ✆ *963 74 66 65* – *www.restaurantelasucursal.com* – *cerrado domingo noche*

⑪◯ Vertical   🅰🅲

CREATIVA · DE DISEÑO ⅩⅩⅩ Destaca tanto por el montaje como por sus vistas,
pues se encuentra en la última planta del hotel Ilunion Aqua 4. Sala de estética
actual, curiosa terraza chill out e interesante cocina creativa reflejada
mediante menús gastronómicos.

Menú 33/90 € – solo menú

Plano : C2-m – *Luis García Berlanga 19* ✉ *46023* – ✆ *963 30 38 00*
– *www.restaurantevertical.com*

⑪◯ Karak ◍   🅰🅲

FUSIÓN · DE DISEÑO ⅩⅩ ¡En el hotel One Shot Mercat 09! Su mediática chef
apuesta por la cocina de fusión, con una carta de línea viajera en el gastrobar y
un buen menú degustación en el comedor.

Menú 55 € – Carta 30/45 €

Plano : F2-h – *Músico Peydró 9* ✉ *46001* ◍ *Àngel Guimerà* – ✆ *963 15 45 88 (es
necesario reservar)* – *www.restaurantekarak.com* – *cerrado 15 días enero-febrero,
domingo y lunes*

⑪◯ Alejandro del Toro   🅰🅲

CREATIVA · MINIMALISTA ⅩⅩ Un restaurante de línea moderna que, tras la reo-
rientación del negocio, centra su propuesta en diferentes menús, todos de tinte
creativo y uno de carácter gastronómico.

Menú 24/82 € – solo menú

Plano : C2-w – *Amadeo de Saboya 15* ✉ *46010* ◍ *Aragón* – ✆ *963 93 40 46*
– *www.restaurantealejandrodeltoro.com* – *cerrado domingo noche y lunes*

⑪◯ Apicius   🅰🅲

MODERNA · AMBIENTE CLÁSICO ⅩⅩ Se presenta con un único salón, amplio y de
estética actual, donde ofrecen una moderna cocina de mercado. Su completa
bodega hace hincapié en los vinos blancos alemanes.

Menú 28/54 € – Carta 40/60 €

Plano : C2-e – *Eolo 7* ✉ *46021* ◍ *Aragón* – ✆ *963 93 63 01*
– *www.restaurante-apicius.com* – *cerrado Semana Santa, agosto, sábado
mediodía y domingo*

⑪◯ Casa Carmela   🅰🅲

COCINA TRADICIONAL · RÚSTICA ⅩⅩ Un gran clásico de la Malvarrosa actualizado con gusto. Estamos en uno de los mejores restaurantes para comer paellas
y arroces, con muchas variantes y sobre fuego de leña.

Menú 41/55 € – Carta 37/55 €

Plano : D2-b – *Isabel de Villena 155* ✉ *46011* – ✆ *963 71 00 73*
– *www.casa-carmela.com* – *solo almuerzo* – *cerrado lunes*

ESPAÑA

ⅈ◯ Kōmori 🍴 ⅙ 🆊 ⅍ ⇄ ≅

JAPONESA · MINIMALISTA XX Tras su nombre, que significa "murciélago", encontrará un restaurante japonés con cierto pedigrí, pues sigue la senda de los Kabuki en Madrid. Cocina nipona-mediterránea.

Carta 45/65 €

Plano : C2-p – *Hotel The Westin València, General Gil Dolz* ✉ *46010* ⓶ *Alameda* – ✆ *960 04 56 35* – *www.restaurantekomori.com* – *cerrado Semana Santa, 15 días en agosto, domingo y festivos*

ⅈ◯ La Salita 🆊 ⅍

CREATIVA · ACOGEDORA XX Hablar de La Salita es hablar de Begoña Rodrigo... ¡la primera Top Chef España! Sus menús degustación, cuidados en la estética y de gusto actual, siempre intentan sorprender.

Menú 48/89 € – solo menú

Plano : C2-a – *Séneca 12* ✉ *46021* ⓶ *Amistat-Casa de Salud* – ✆ *963 81 75 16* – *www.lasalitarestaurante.com* – *cerrado del 23 al 29 de diciembre, del 11 al 17 de marzo, 2 agosto-8 septiembre y domingo*

ⅈ◯ Nozomi Sushi Bar ⅙ 🆊 ⅍

JAPONESA · MINIMALISTA XX El término Nozomi, que significa "La ilusión de un sueño cumplido", refleja a la perfección el amor por la cultura nipona. Cocina abierta, ambiente Zen y buenos productos.

Menú 35 € – Carta 33/42 €

Plano : C2-r – *Pedro III El Grande 11* ✉ *46005* ⓶ *Xàtiva* – ✆ *961 48 77 64* – *www.nozomisushibar.es* – *cerrado Navidades, 3 semanas en marzo, agosto, lunes, martes, miércoles mediodía y domingo mediodía*

ⅈ◯ Tavella ⅙ 🆊 ⅍ ⇄

COCINA TRADICIONAL · ACOGEDORA XX Instalado en una antigua alquería familiar a la que se accede por un patio. Presenta tres ambientes y una cocina tradicional, con toques mexicanos, en base a distintos menús.

Menú 29/54 € – solo menú

Plano : B1-a – *camino viejo de Líria 93* ✉ *46015* ⓶ *Beniferri* – ✆ *635 69 36 56* – *www.tavellarestaurant.com* – *cerrado del 8 al 15 de enero, 26 marzo-2 abril, del 13 al 27 de agosto, domingo noche y lunes*

ⅈ◯ Askua 🍽 ⅙ 🆊 ⅍

COCINA TRADICIONAL · MINIMALISTA X Un negocio consolidado gracias a la calidad de sus materias primas. En la sala, moderna y en tonos claros, le propondrán una cocina de producto muy respetuosa con los sabores.

Carta 42/70 €

Plano : C2-c – *Felip María Garín 4* ✉ *46021* ⓶ *Aragón* – ✆ *963 37 55 36* – *www.restauranteaskua.com* – *cerrado 3 semanas en agosto, domingo y festivos*

ⅈ◯ Canalla Bistro 🆊 ⅍

FUSIÓN · SIMPÁTICA X Un local diferente, simpático, informal... hoy más amplio tras unirse con el antiguo Ricard Camarena. Cocina actual y de fusión, con sabores de diferentes partes del mundo.

Menú 17/29 € – Carta 32/40 €

Plano : G3-a – *Maestro José Serrano 5* ✉ *46005* ⓶ *Xàtiva* – ✆ *963 74 05 09* – *www.canallabistro.com*

ⅈ◯ Habitual 🆊 ⅍ ⇄

INTERNACIONAL · A LA MODA X Esta curiosa propuesta del chef Ricard Camarena, en el modernista Mercado de Colón, sorprende por su diseño. Extensa carta de tinte internacional y base mediterránea.

Menú 18 € – Carta 34/51 €

Plano : H3-a – *Jorge Juan 19 (Mercado de Colón, planta inferior)* ✉ *46004* ⓶ *Colón* – ✆ *963 44 56 31* – *www.habitual.es*

⫶O Casa Montaña &&& AC 🕱

COCINA TRADICIONAL · TABERNA ⫶/ Uno de los establecimientos con más encanto y personalidad de Valencia, pues ocupa una típica taberna de 1836 en la que la tradición y la modernidad viven hoy reconciliadas.

Tapa 3 € – Ración aprox. 14 €

Plano : D2-y – *José Benlliure 69* ⊠ *46011* Ⓜ *Maritim Serreria* – ✆ *963 67 23 14*
– *www.emilianobodega.com*
– *cerrado domingo noche*

⫶O Coloniales Huerta 🏠 AC 🕱

COCINA TRADICIONAL · ACOGEDORA ⫶/ Tiene un encanto indudable y, aun presentando espacios actualizados, conserva la esencia de la vieja tienda de ultramarinos que hubo en 1916. ¡Vinoteca y tienda delicatessen!

Tapa 6 € – Ración aprox. 15 €

Plano : G3-b – *Maestro Gozalbo 13* ⊠ *46005* Ⓜ *Colón* – ✆ *963 34 80 09*
– *www.grupolasucursal.com*
– *cerrado domingo noche*

⫶O Birlibirloque &&& 🏠 & AC ⇔

MEDITERRÁNEA · SIMPÁTICA ⫶/ Un gastrobar de ambiente desenfadado y cosmopolita. Su carta se completa con un buen menú ejecutivo al mediodía y un menú de tapas por la noche. ¡Excelente selección de vinos!

Tapa 3,50 € – Ración aprox. 12,50 €

Plano : G2-z – *de la Paz 7* ⊠ *46003* Ⓜ *Colón* – ✆ *960 64 44 59*
– *www.birlibirloquebar.es*
– *cerrado domingo noche y lunes noche*

⫶O Vuelve Carolina & AC

CREATIVA · A LA MODA ⫶/ Resulta singular, pues tiene las paredes y techos totalmente forrados en madera. Posee una gran sala a la entrada, donde está la barra, así como un comedor de superior montaje al fondo. Carta de tapas creativas con opción a dos menús.

Tapa 6 € – Ración aprox. 16 € – Menú 28 €

Plano : G2-a – *Correos 8* ⊠ *46002* Ⓜ *Colón* – ✆ *963 21 86 86*
– *www.vuelvecarolina.com* – *cerrado domingo*

Alojamientos

🏨 The Westin València ⌂ 🖵 🚗 🐟 🛗 & AC 🛁 🚗

LUJO · CLÁSICA Instalado en un edificio histórico de bella estética modernista. Disfruta de un maravilloso jardín interior, elegantes zonas sociales y unas habitaciones de excelente equipamiento, destacando la espectacular Suite Real vestida por el diseñador Francis Montesinos. Interesante oferta gastronómica.

135 hab – ♦165/750 € – ♦♦165/750 € – ⊇ 24 € – 5 suites

Plano : C2-p – *Amadeo de Saboya 16* ⊠ *46010* Ⓜ *Aragón* – ✆ *963 62 59 00*
– *www.westinvalencia.com*
⫶O **Kōmori** – ver selección restaurantes

🏨 Caro H. 🛗 & AC 🕱

BOUTIQUE HOTEL · CONTEMPORÁNEA Un palacete del s. XIX tremendamente curioso. Conserva restos arqueológicos de gran valor en casi todas las habitaciones, siempre conciliando el estilo urbano más actual con los detalles romanos y árabes.

25 hab – ♦170/200 € – ♦♦180/300 € – ⊇ 22 € – 1 suite

Plano : G1-b – *Almirante 14* ⊠ *46003* – ✆ *963 05 90 00*
– *www.carohotel.com*
🕸 **Sucede** – ver selección restaurantes

en la playa de Levante (Les Arenes)

🏨 Las Arenas

LUJO · CLÁSICA Lujoso hotel ubicado frente a la playa. Se distribuye en tres edificios, con unas acogedoras zonas nobles, magníficas salas de reuniones y habitaciones muy bien equipadas. En su elegante restaurante Brasserie Sorolla proponen una carta de corte creativo.

243 hab – ♦150/565 € ♦♦150/565 € – ☕ 24 € – 10 suites

Plano : D2-a – *Eugenia Viñes 22* ✉ *46011* 🅜 *Marina Real Juan Carlos I*
– ☎ 963 12 06 00 – www.hotel-lasarenas.com

VALENCIA DE DON JUAN

León – 5 181 h. – Alt. 765 m – Mapa regional : **8**-B1
Mapa de carreteras Michelin n° 575-F13

🍴 Casa Alcón

COCINA TRADICIONAL · FAMILIAR 🍴 Negocio de ambiente familiar y aire clásico-regional emplazado junto al ayuntamiento, en un edificio cuyos soportales dan cabida a la terraza. Presentan un buen menú del día y una sugerente carta, con predominio de platos leoneses, asturianos y de bacalao.

Menú 13/17 € – Carta 29/41 €

pl. Mayor ✉ *24200 – ☎ 987 75 10 96*
– www.casaalcon.es
– solo almuerzo salvo jueves, viernes, domingo en verano y sábado – cerrado 24 diciembre-4 enero y del 20 al 30 de junio

VALGAÑÓN

La Rioja – 137 h. – Mapa regional : **14**-A2
Mapa de carreteras Michelin n° 573-F20

🏨 Pura Vida

FAMILIAR · MODERNA Un hotel con encanto que fusiona la arquitectura tradicional y el diseño de interiores más actual. Lo mejor son sus habitaciones, en tonos blancos y con mobiliario moderno.

8 hab ☕ – ♦85/105 € ♦♦95/115 €

Real 7 ✉ *26288 – ☎ 941 42 75 30*
– www.hotelpuravida.es
– cerrado 2 semanas en junio-julio y 7 días en septiembre

VALL D'ALBA

Castellón – 2 844 h. – Alt. 300 m – Mapa regional : **11**-B1
Mapa de carreteras Michelin n° 577-L29

🌸 Cal Paradís (Miguel Barrera)

MODERNA · ACOGEDORA 🍴🍴🍴 Una casa de organización familiar realmente magnífica, pues transmite pasión y no ceja en su enaltecimiento del producto local. El chef, inquieto, humilde y en constante formación para complacer a sus comensales, propone una carta de tintes creativos y tres sugerentes menús (Tradición, Gastro-Mercat y Miguel Barrera).

→ Tomate "de penjar" con sardina de bota a la brasa. Lenguado, maíz y jugo de carne. Cerezas, chocolate y brioche.

Menú 60/110 € – Carta 50/60 €

av. Vilafranca 30 ✉ *12194 – ☎ 964 32 01 31*
– www.calparadis.es
– solo almuerzo salvo jueves en verano, viernes y sábado – cerrado 24 diciembre-3 enero y lunes salvo Semana Santa y verano

La VALL D'UIXÓ

Castellón – 31 671 h. – Alt. 122 m – Mapa regional : **11**-B2

Mapa de carreteras Michelin n° 577-M29

🍽️ **La Gruta - Can Ballester**   AC

MODERNA · DE DISEÑO XX ¡En una impresionante cueva del Parque Natural de San José! Ofrece una sencilla carta y menú en la sala llamada La gruta y opciones más gastronómicas en la sala Can Ballester.

Menú 20/40 € – Carta 35/50 €

Paraje San José ✉ *12600 – 𝒞 964 66 00 08 – www.restaurantelagruta.com – solo almuerzo salvo viernes y sábado – cerrado lunes salvo agosto y festivos*

La VALL DE BIANYA

Girona – 1 228 h. – Alt. 480 m – Mapa regional : **9**-C1

Mapa de carreteras Michelin n° 574-F37

en la carretera N 260 Noroeste : 2 km

🏵️ **Ca l'Enric** (Jordi Juncà)   🌳 & AC ⇦ P

CREATIVA · DE DISEÑO XXX Una casa de poderosos contrastes e innegable personalidad que presume de tener un leitmotiv: la exaltación de los bosques de la Vall de Bianya y sus productos. Disfruta de una cuidada iluminación, mucho diseño, una moderna bodega visitable, un privado asomado a los fogones... todo en pro de una gran cocina creativa.

→ Sotobosque de roble. Cordero de pasto de "Mas de la Carrera". Las tres leches.

Menú 85/110 € – Carta 80/100 €

✉ *17813 La Vall de Bianya – 𝒞 972 29 00 15 – www.calenric.net – solo almuerzo salvo jueves, viernes y sábado – cerrado del 1 al 15 de enero, del 1 al 15 de junio y lunes*

NOS GUSTA...

El ambiente turístico y universitario que se respira en torno al hotel **El Coloquio de los Perros.** Probar platos de alta cocina como los de **Trigo**, donde se ensalzan los maravillosos productos de Castilla y León. Planear una romántica velada en **Llantén** y, por supuesto, salir de tapas y vinos por los aledaños de la Plaza Mayor (**Jero**, **Villa Paramesa**...).

VALLADOLID

299 715 h. – Alt. 694 m – Mapa regional : **8**-B2
Mapa de carreteras Michelin nº 575-H15

Restaurantes

€3 **Trigo** (Víctor Martín)   AC ⅀

MODERNA · MARCO CONTEMPORÁNEO XX De estética moderna y... ia un paso de la Catedral! El chef propone una cocina actual de marcadas raíces tradicionales, destacando por sus excelsas presentaciones y por el hecho de abastecerse siempre de la rica despensa regional. La carta, adaptada a la estacionalidad, se completa con varios menús degustación.

→ Espárragos de Tudela de Duero, manzana y piñones. Arroz ibérico socarrat. Chicharrones dulces y bellota con chocolate.

Menú 40/75 € – Carta 48/65 €

Plano : C2-m – *Tintes 8* ✉ *47002 – 𝒞 983 11 55 00 – www.restaurantetrigo.com – cerrado del 15 al 31 de agosto, domingo noche y lunes*

☺ **Don Bacalao**   AC ⅀

COCINA TRADICIONAL · TENDENCIA X ¡Un gran clásico pucelano! Presenta un animado bar de tapas y una sala de línea actual en dos ambientes, donde podrá descubrir las virtudes y sutilezas de su cocina tradicional. La carta, especializada en bacalaos, se complementa con un menú tipo degustación.

Menú 30/43 € – Carta 25/42 €

Plano : C1-e – *pl. Santa Brígida 5* ✉ *47003 – 𝒞 983 34 39 37 – www.restaurantedonbacalao.es – cerrado 15 días en agosto, domingo noche y lunes*

⫯O **Paco Espinosa**   ✿ AC ⅀

PESCADOS Y MARISCOS · AMBIENTE CLÁSICO XX ¡En el barrio de La Victoria! Su carta contempla ibéricos, revueltos, guisos caseros... pero también magníficos pescados y mariscos, algo poco habitual sin ser puerto de mar.

Menú 75 € – Carta 45/70 €

Plano : B1-c – *paseo Obregón 16* ✉ *47009 – 𝒞 983 33 09 88 – cerrado 15 días en agosto, domingo noche y lunes*

513

VALLADOLID

0 ——— 380 m

A **B**

Cam. de las Eras
Av. de Gijón
Av. de Gijón
Av. de Gijón
Av. de Gijón

LA VICTORIA

C. de la Tierra
de la Victoria
Plaza Solidaridad
Dársena
Plaza de la Armonía

Puente M.

C. de la Palma
C. del Haya
C. de la Contienda
C. de la Red
C. de las Contiendas
C. de la Enseñanza
C. de la Vida

GIRÓN

C. de las Mieses
C. de las Eras
C. de las Eras
C. de la Semencera
C. de la Trilla
C. del Bálago

Morena

PARQUE LAS MORERAS

Av. de los Cerros
Av. de Vicente Mortes
Av. de Vicente Mortes
Av. de la Granja
Av. de los Recreos

C. de Mariano García Abril
Paseo de Salamanca

Pl. d Ponie

Monasterio de la Sta. Espina
Monasterio de Sta. Isabel
C. de las Mieses
C. del Arado
C. del Barbecho

Av. de José Luis de Arese
C. de la Gavia

HUERTA DEL REY

C. de Francisco Hernández Pacheco

Rastrojo
Río
Hortega

Av. de Joaquín Velasco Martín

C. Francesco Scrimieri

Av. de Salamanca

C. de las Recoletas
C. de Paulina Harriet

C. del Padre José Acosta
C. del Padre José Acosta

Av. de Sánchez Arjona
Av. de Joaquín Velasco Martín
Delicado
José
Arzobispo
Puente Adolfo Su

Plaza de Juan Pablo II
C. del Monasterio de Yuste

Av. de Salamanca
Francisco Mendizábal

Pisuerga

Paseo del Cid
Reyes Católicos
Paseo de Zorrilla
Paseo del Hospital Militar

Orión

PARQUESOL

Villacián

C. del Doctor

Museo de la Ciencia

Hernán Cortés
C. de los Arces
Puente Colgante
C. del Estadio

Paseo del Cid
Paseo de Zorrilla
C. del Puente Colgante
C. de Italia
C. de S. José

C. de Álvarez Taladriz
C. de la Hípica

C. de la India
Av. de Zorrilla

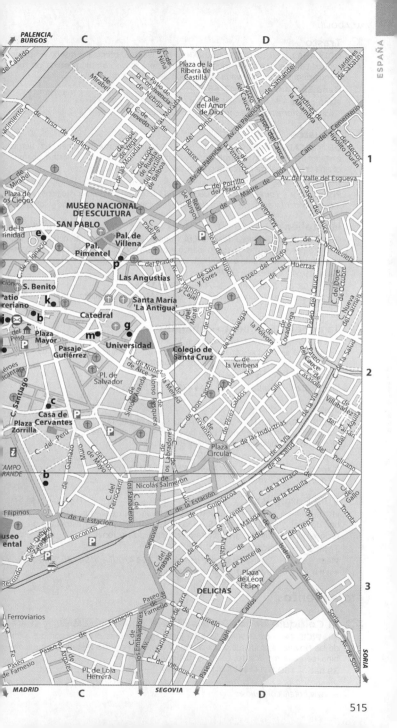

Plaza de la
Ribera de
Castilla

Calle
del Amor
de Dios

1

Av. del Valle del Esgueva

MUSEO NACIONAL
DE ESCULTURA

SAN PABLO

Pal. de
Villena

Pal.
Pimentel

e

p

Las Angustias

S. Benito

k

Santa María
'La Antigua'

Patio
eriano

Catedral

g

Plaza
Mayor

Pasaje
Gutiérrez

m

Universidad

Colegio de
Santa Cruz

2

Pl. de
Salvador

éroes
cántara

Santiago

c

Casa de
Cervantes

Plaza
Zorrilla

Plaza
Circular

AMPO
RANDE

b

Filipinos

useo
ental

Plaza
de León
Felipe

DELICIAS

3

Ferroviarios

Pl. de Lola
Herrera

‖◯ Trasto   🕭 AC 🍴

MODERNA · MARCO CONTEMPORÁNEO XX Juventud, técnica y diseño en pleno centro. La pequeña carta, moderna y de fusión, se ve complementada por dos menús degustación que varían en función del número de platos.

Menú 33/44 € – Carta 42/65 €

Plano : C2-c – *Menéndez Pelayo* ✉ *47001* – *✆ 983 45 50 90*
– www.trastorestaurante.com – cerrado domingo

‖◯ 5 Gustos   AC 🍴

DE MERCADO · MARCO CONTEMPORÁNEO X ¡Pasión mediterránea en tierras castellanas! Posee un gastrobar y un comedor actual, donde apuestan por una cocina tradicional de mercado con un selecto apartado de arroces.

Carta 33/45 €

Plano : C1-p – *Torrecilla 8* ✉ *47003* – *✆ 983 45 43 04* – *www.5gustos.com*
– cerrado del 14 al 20 de enero, del 1 al 15 de agosto, domingo noche y lunes

‖◯ Montellén   🌣 AC 🍴

COCINA TRADICIONAL · TENDENCIA X ¡Junto al remozado Mercado del Val! Destaca por sus carnes de cerdo ibérico y ternera morucha, elaboradas a la parrilla y provenientes, como los embutidos, de su propia finca.

Menú 19/47 € – Carta 30/50 €

Plano : C2-b – *Sandoval 7* ✉ *47003* – *✆ 983 33 48 50*
– www.restaurantemontellen.es – cerrado del 13 al 20 de agosto, domingo noche y lunes

‖◯ Jamonería Sarmiento-Jabuguito   AC 🍴

COCINA TRADICIONAL · TABERNA 🍴 El aroma a pan recién horneado, productos ibéricos escogidos, conservas seleccionadas... Acérquese a este curioso bar y pruebe una de sus especialidades, los Miguelitos.

Tapa 2 € – Ración aprox. 10 €

Plano : C2-k – *Conde Ansúrez 11* ✉ *47003* – *✆ 983 35 55 14*

‖◯ Jero   AC 🍴

COCINA TRADICIONAL · BAR DE TAPAS 🍴 Agradable, familiar y ubicado junto al edificio de Correos. Su barra, llena de pinchos y raciones, es toda una invitación. ¡Pruebe el Angelillo, la Cabra, su Mini Burguer...!

Tapa 2,50 € – Ración aprox. 15 €

Plano : C2-j – *Correos 11* ✉ *47001* – *✆ 983 35 35 08* – *cerrado 15 días en enero, 20 días en julio y martes*

‖◯ Villa Paramesa   AC 🍴

MODERNA · AMBIENTE TRADICIONAL 🍴 Llevado entre varios hermanos y con una decoración rústica-actual. Sus tapas, de enorme calidad y esmerada presentación, siempre rayan a gran altura en el Concurso Nacional.

Tapa 3 € – Ración aprox. 11 €

Plano : C2-d – *Calixto Fernández de la Torre 5* ✉ *47001* – *✆ 983 35 79 36*
– www.villaparamesa.com – cerrado domingo

Alojamientos

🏠 El Coloquio de los Perros   🔲 🕭 AC 🍴 🛎 🚗

TRADICIONAL · DE DISEÑO Se halla junto a la Catedral, debe su nombre a una de las Novelas ejemplares de Cervantes y ocupa un edificio restaurado que combina, con enorme acierto, diseño y rusticidad.

39 hab – †60/70 € – ††75/100 € – 🍽 11 €

Plano : C2-g – *pl. de la Universidad 11* ✉ *47002* – *✆ 983 04 40 35*
– www.hotelelcoloquio.es

ESPAÑA

🏨 Meliá Recoletos

NEGOCIOS · CLÁSICA Hace gala de una magnífica situación, con el acceso por una calle peatonal y el emblemático Campo Grande en frente. Presenta unas elegantes habitaciones de estilo clásico, abuhardilladas en la última planta, así como un buen restaurante, donde elaboran una cocina tradicional actualizada y deliciosos arroces.

80 hab – 🛏70/250 € – 🛏🛏80/300 € – ☕15 €

Plano : C3-b – *acera de Recoletos 13* ✉ *47004* – *☎ 983 21 62 00*
– *www.melia.com*

en Pinar de Antequera Sur : 6 km

🌳 Llantén

COCINA TRADICIONAL · ACOGEDORA XX Encanto, personalidad, una estética de marcado aire mediterráneo... Esta villa le sorprenderá tanto por su jardín como por sus salas, ambas con chimenea, donde le propondrán una cocina tradicional e internacional con platos actualizados a precios moderados.

Menú 54 € – Carta 30/45 €

Encina 11, por paseo Zorrilla B3 ✉ *47153 Valladolid* – *☎ 983 24 42 27*
– *www.restaurantellanten.com* – *cerrado enero, febrero, domingo noche y lunes*

al Suroeste por la av. de Salamanca, ver plano : A3

🏨 AC Palacio de Santa Ana

HISTÓRICO · CONTEMPORÁNEA En el antiguo monasterio de los Jerónimos, rodeado por una bonita pradera con mirador frente al río Pisuerga. Disfruta de un magnífico claustro y habitaciones funcionales, algunas abuhardilladas. Su restaurante propone una cocina actual de bases tradicionales.

93 hab – 🛏80/130 € – 🛏🛏90/215 € – ☕15 € – 5 suites

Santa Ana, 4 km ✉ *47195 Arroyo de la Encomienda* – *☎ 983 40 99 20*
– *www.hotelacpalaciodesantaana.com*

en el club de campo La Galera Noroeste : 4 km

🍴 Dámaso

MODERNA · AMBIENTE CLÁSICO XX Humildad, naturalidad, técnica... aquí todo gira en torno al chef Dámaso Vergara, el auténtico epicentro de la casa. ¡La sala se asoma al "tee" del hoyo 9 en el campo de golf!

Menú 45 € – Carta 33/45 €

Corbeta, por av. de Fuensaldaña (VA-900) B1 ✉ *47009 Valladolid*
– *☎ 983 40 53 72* – *www.restaurantedamaso.com* – *cerrado lunes y martes*

VALLE DE CABUÉRNIGA

Cantabria – 998 h. – Alt. 260 m – Mapa regional : **6**-B1
Mapa de carreteras Michelin nº 572-C17

🏨 Camino Real de Selores

HISTÓRICO · PERSONALIZADA Casona del s. XVII en la que se mezclan elementos rústicos originales con otros de diseño moderno. Las habitaciones, repletas de detalles, ocupan también cuatro edificios más. El restaurante, de ambiente muy acogedor, recupera lo que un día fueron las cuadras.

21 hab – 🛏70/90 € – 🛏🛏90/110 € – ☕8 € – 4 suites

Selores, Sur : 1,5 km ✉ *39511* – *☎ 942 70 61 71* – *www.caminorealdeselores.com*

¿Desayuno incluido? La taza ☕ aparece junto al número de habitaciones.

VALLROMANES
Barcelona – 2 543 h. – Alt. 153 m – Mapa regional : **10**-B3
Mapa de carreteras Michelin n° 574-H36

Can Poal 🛖 🅰🅲 💥

COCINA TRADICIONAL · FAMILIAR ⅟ Se halla en una masía rehabilitada que data del s. XIV. Aquí encontrará un ambiente familiar, un correcto montaje en su categoría y una cocina tradicional catalana bien actualizada. ¡Sus grandes bazas son los arroces, los guisos y los platos a la brasa!

Menú 25/36 € – Carta 30/48 €

av. Vilassar de Dalt 1b ✉ *08188* – 𝒞 *935 72 94 34*
– www.canpoal.cat
– solo almuerzo salvo viernes y sábado – cerrado 16 agosto-5 septiembre y lunes salvo festivos

🍽 Sant Miquel 🦀 🅰🅲 ⇔

COCINA TRADICIONAL · ACOGEDORA ⅟⅟ Un negocio familiar dotado de dos comedores, uno funcional y el otro tipo jardín de invierno. Enriquece su carta tradicional con menús temáticos de temporada. ¡Buena bodega!

Menú 22/55 € – Carta 32/54 €

pl. de l'Església 12 ✉ *08188* – 𝒞 *935 72 90 29*
– www.stmiquel.cat
– solo almuerzo salvo jueves en verano, viernes y sábado – cerrado del 14 al 29 de enero, del 5 al 20 de agosto y lunes

VALLS
Tarragona – 24 321 h. – Alt. 215 m – Mapa regional : **9**-B3
Mapa de carreteras Michelin n° 574-I33

en la carretera N 240 Norte : 8 km

🍽 Les Espelmes ⇐ 🛖 🕭 🅰🅲 💥 ⇔ 🅿

REGIONAL · RÚSTICA ⅟ En sus coquetas salas, de estilo clásico-regional, podrá descubrir los sabores de la cocina catalana y una selecta bodega. ¡Magnífica terraza techada con vistas panorámicas!

Menú 15 € – Carta 27/40 €

Norte : 8 km ✉ *43813 Fontscaldes* – 𝒞 *977 60 10 42*
– www.lesespelmes.com
– solo almuerzo salvo jueves, viernes y sábado – cerrado del 2 al 27 julio y miércoles

VALVERDE DEL CAMINO
Huelva – 12 766 h. – Mapa regional : **1**-A2
Mapa de carreteras Michelin n° 578-T9

Casa Dirección 🛖 🕭 🅰🅲 💥 🅿

DE MERCADO · MARCO CONTEMPORÁNEO ⅟⅟ Se encuentra a las afueras, junto al caserón-museo de estilo inglés donde se recuerda el pasado artesanal e industrial de la localidad. Su joven chef- propietario busca gustar más que sorprender, por eso apuesta por una cocina de temporada puesta al día.

Menú 34/45 € – Carta 30/45 €

av. de la Constitución 98 ✉ *21600* – 𝒞 *959 55 13 34*
– www.restaurantecasadireccion.com
– cerrado del 4 al 10 de marzo, del 3 al 13 de junio, 19 agosto-1 septiembre, domingo noche y lunes

VECINOS
Salamanca – 273 h. – Mapa regional : **8**-A3
Mapa de carreteras Michelin n° 575-J12

Casa Pacheco

COCINA TRADICIONAL · RÚSTICA XX Esta casa familiar, con muchos años de vida, se muestra profundamente unida al mundo taurino... no en vano, el comedor principal se ha dedicado al famoso diestro Julio Robles. Carta tradicional rica en carnes, bacalaos y embutidos ibéricos.

Carta 23/45 €

Jose Antonio 12 ✉ *37450 –* ✆ *923 38 21 69 – www.restaurantecasapacheco.com – solo almuerzo salvo viernes y sabado – cerrado 10 días en julio, 10 días en septiembre y lunes*

VEDRA

A Coruña – 5 059 h. – Mapa regional : **13**-B2
Mapa de carreteras Michelin nº 571-D4

⌂ Pazo de Galegos

FAMILIAR · CLÁSICA Un hotel rústico con mucho encanto e historia, pues ocupa el pequeño pazo donde vivió D. Antonio López Ferreiro, el descubridor de la tumba de Santiago Apóstol. Conserva parte del mobiliario original, tiene un restaurante polivalente y está rodeado de viñedos.

9 hab ☲ – ♦50/65 € ♦♦65/85 €

Lugar de Galegos 6 (San Pedro de Vilanova) ✉ *15886 –* ✆ *981 51 22 17 – www.pazodegalegos.com – abierto 15 marzo-octubre*

La VEGA

Asturias – Mapa regional : **3**-C1
Mapa de carreteras Michelin nº 572-B14

⫯○ Güeyu-Mar

PESCADOS Y MARISCOS · RÚSTICA X Una visita inexcusable si le gustan los pescados a la brasa, pues aquí son de gran tamaño y excepcional calidad. El nombre del negocio, en bable, significa "Ojos de mar".

Carta 45/85 €

Playa de Vega 84 ✉ *33545 –* ✆ *985 86 08 63 – www.gueyumar.es – solo almuerzo salvo viernes, sábado y verano – cerrado 20 diciembre-10 enero, del 9 al 23 de abril, lunes salvo julio-agosto y domingo noche*

VEGA DE TIRADOS

Salamanca – 181 h. – Alt. 789 m – Mapa regional : **8**-A2
Mapa de carreteras Michelin nº 575-I12

⫯○ Rivas

REGIONAL · FAMILIAR XX Restaurante de ambiente familiar y línea clásica. Presenta una sala a la entrada, en lo que fue el bar, y otra mayor al fondo, ambas con profusión de madera. Cocina regional y completa carta de vinos, esta última ofrecida en una tablet.

Carta 36/55 €

Serafin Gómez Mateos 19 ✉ *37170 –* ✆ *923 32 04 71 – www.restauranterivas.com – solo almuerzo salvo viernes y sábado – cerrado del 7 al 25 de enero, del 1 al 18 de julio y lunes*

VEJER DE LA FRONTERA

Cádiz – 12 788 h. – Alt. 193 m – Mapa regional : **1**-A3
Mapa de carreteras Michelin nº 578-X12

⫯○ El Jardín del Califa

NORTEAFRICANA · ACOGEDORA X Ofrece un patio con barbacoa, una sala acristalada y un comedor con el techo abovedado, este de superior montaje. Su amplia carta deshoja los sabores de la cocina marroquí y libanesa, aunque también tiene unas sabrosas carnes a la brasa.

Carta 30/41 €

Hotel La Casa del Califa, pl. de España 16 ✉ *11150 –* ✆ *956 45 17 06 – www.califavejer.com*

∏○ Trafalgar 🍴 AC

COCINA TRADICIONAL · MARCO CONTEMPORÁNEO X Un negocio de línea contemporánea que destaca tanto por su diseño interior, con la cocina vista, como por su cuidada terraza. Platos actualizados de base tradicional andaluza.

Carta 30/45 €

pl. de España 31 ✉ *11150* – *☎ 956 44 76 38 (es necesario reservar)*
– www.restaurantetrafalgar.com – cerrado 10 diciembre-18 febrero – solo fines de semana de febrero-Semana Santa

🏠 La Casa del Califa AC 🍽

FAMILIAR · ACOGEDORA Este singular hotel está repartido en varias casitas contiguas del centro de la ciudad. Sus habitaciones resultan detallistas, con mobiliario de anticuario y baños coloristas. ¡La distribución es como un laberinto... pero con mucho encanto!

20 hab ⌑ – ♦86/100 € ♦♦95/114 €

pl. de España 16 ✉ *11150* – *☎ 956 44 77 30 – www.califavejer.com*

∏○ **El Jardín del Califa** – ver selección restaurantes

en la playa de El Palmar Oeste : 11 km

∏○ Casa Francisco ⇔ ⇔ 🍴 AC 🍽 P

PESCADOS Y MARISCOS · RÚSTICA X En 1ª línea de playa. Dispone de un bar de tapas, un comedor rústico y una terraza acristalada, esta última con vistas al mar. Carta tradicional basada en pescados y arroces. Como complemento posee unas sencillas habitaciones vestidas con mobiliario provenzal.

Menú 25/80 € – Carta 45/62 €

12 hab ⌑ – ♦50/75 € ♦♦75/100 €

playa de El Palmar (Vejer Costa) ✉ *11150 Vejer de la Frontera* – *☎ 956 23 22 49*
– www.casafranciscoeldesiempre.com

VELATE (Puerto de) Navarra → Ver BELATE (Puerto de)

VERA

Almería – 15 108 h. – Alt. 102 m – Mapa regional : **1**-D2
Mapa de carreteras Michelin nº 578-U24

🐵 Juan Moreno

COCINA TRADICIONAL · MARCO CONTEMPORÁNEO XX Restaurante de línea actual ubicado en una zona industrial, cerca de la plaza de toros. Su chef propone una cocina de sabor tradicional, con la opción de varios menús y sugerencias diarias. ¡Organizan interesantes jornadas gastronómicas a lo largo del año!

Menú 26/53 € – Carta 29/45 €

carretera de Ronda, 3 ✉ *04620* – *☎ 950 39 30 51*
– www.restaurantejuanmoreno.es – cerrado 15 días en noviembre y domingo salvo agosto

∏○ Terraza Carmona 🍴 & AC 🍽 ⇔ P

REGIONAL · AMBIENTE TRADICIONAL XX Un negocio familiar con renombre en la zona, pues siempre ha ensalzado la cocina regional y local. De sus instalaciones debemos destacar, por su solera, el salón principal.

Menú 24/48 € – Carta 27/50 €

Del Mar 1 ✉ *04620* – *☎ 950 39 07 60 – www.terrazacarmona.com – cerrado del 9 al 23 de enero y lunes*

VERDICIO

Asturias – Mapa regional : **3**-B1
Mapa de carreteras Michelin nº 572-B12

🍴○ La Fustariega

COCINA TRADICIONAL · MARCO REGIONAL ※ Rodeado de verdes prados. Posee un bar-sidrería y dos salas de línea regional, donde ofrecen una sencilla carta tradicional rica en pescados y mariscos. ¡Interesante bodega!

Menú 12/25 € – Carta 30/60 €

Fiame ⊠ *33448 – 𝒞 985 87 81 03 – www.restaurantelafustariega.com – cerrado miércoles salvo julio, agosto y festivos*

VERÍN

Ourense – 14 107 h. – Alt. 612 m – Mapa regional : **13**-C3
Mapa de carreteras Michelin n° 571-G7

por la subida al castillo al Noroeste

Parador Castillo de Monterrei

EDIFICIO HISTÓRICO · ACOGEDORA ¡Un destino turístico en sí mismo! Los recios muros del conjunto salvaguardan un castillo, un antiguo palacio, la casa rectoral, una iglesia del s. XIII... así como unas vistas infinitas. En su restaurante procuran exaltar los productos y sabores de la zona.

12 hab – ♦85/180 € ♦♦85/180 € – ☲ 16 €

Castillo de Monterrei, 5 km ⊠ *32618 Monterrei – 𝒞 988 02 92 30*
– www.parador.es – cerrado 11 diciembre-2 febrero

Parador de Verín

TRADICIONAL · CLÁSICA Sólida construcción a modo de pazo ubicado junto al castillo medieval de Monterrei. Presenta unas cuidadas zonas nobles y las habitaciones distribuidas en dos plantas, todas con buenas vistas. En su comedor muestran lo mejor del recetario gallego tradicional.

23 hab – ♦75/150 € ♦♦75/150 € – ☲ 16 €

subida al Castillo, 4 km ⊠ *32600 Verín – 𝒞 988 41 00 75 – www.parador.es*
– abierto 13 febrero-septiembre

VIBAÑO

Asturias – 479 h. – Alt. 90 m – Mapa regional : **3**-C1
Mapa de carreteras Michelin n° 572-B15

al Noroeste 3,5 km

La Montaña Mágica

FAMILIAR · RÚSTICA Este conjunto rural, que toma su nombre de la famosa novela de Thomas Mann, ocupa tres edificios de montaña ubicados en pleno campo. Ofrece un comedor rústico y varios tipos de habitaciones, la mayoría con vistas a la Sierra del Cuera o a los Picos de Europa.

16 hab – ♦50/65 € ♦♦57/84 € – ☲ 6 €

El Allende ⊠ *33508 El Allende – 𝒞 985 92 51 76 – www.lamontanamagica.com*

VIC

Barcelona – 42 498 h. – Alt. 494 m – Mapa regional : **9**-C2
Mapa de carreteras Michelin n° 574-G36

🟢 Divicnus

COCINA TRADICIONAL · ACOGEDORA ※※ Este céntrico establecimiento, que inició su andadura como gastrobar, sorprende con un interior clásico-actual bastante acogedor, una pequeña terraza y un jardín posterior perfecto para desconectar. Su carta, de gusto tradicional pero con platos catalanes y toques actuales, se ve complementada por varios menús.

Menú 18/48 € – Carta 28/45 €

Sant Miquel dels Sants 1 ⊠ *08500 – 𝒞 937 42 00 23 – www.divicnus.com*
– cerrado del 15 al 30 de septiembre, domingo y lunes

🍴○ **Boccatti**　　　　　　　　　🛐 🗚 🏶

COCINA TRADICIONAL · ACOGEDORA ᚷ Ocupa un antiguo bar y deja un excelente sabor de boca, tanto por lo exquisito del trato como por la calidad y variedad de sus materias primas. Carta de carácter marinero.

Carta 45/65 €

Mossèn Josep Gudiol 21 ✉ *08500* – ℰ *938 89 56 44* – *www.boccatti.es*
– *cerrado del 15 al 30 de abril, del 15 al 31 de agosto, domingo noche, miércoles noche y jueves*

🍴○ **Magda Subirana**　　　　　　🛐 🗚 🏶 ♿

CATALANA · ACOGEDORA ᚷ Se halla en la parte peatonal del casco viejo, en una casa restaurada del s. XVII. Ambiente rústico-actual y amplia carta de base tradicional, con un gran apartado de tapas.

Menú 27/32 € – Carta 32/48 €

Sant Sadurní 4 ✉ *08500* – ℰ *938 89 02 12* – *www.magdasubirana.cat* – *solo almuerzo salvo viernes y sábado* – *cerrado del 5 al 25 de agosto y domingo*

🍴○ **Barmutet** Ⓝ　　　　　　　　🛐 ♿ 🗚

COCINA TRADICIONAL · BISTRÓ ᛏ/ Le sorprenderá por su formato, a medias entre un pequeño bistró y una taberna. Carta de tapas y raciones bastante variada, con especialidades a la brasa, latas, encurtidos...

Tapa 4 € – Ración aprox. 11 €

de la Ciutat 2 ✉ *08500* – ℰ *938 13 46 43* – *www.barmutet.cat* – *cerrado lunes*

por la carretera de Roda de Ter 15 km

🏠 **Parador de Vic-Sau**　　🏹 🦢 ⇆ 🎛 🔲 ♿ 🗚 🏶 🏋 🚗

TRADICIONAL · FUNCIONAL Emana aires de masía catalana, con una sobria arquitectura en piedra y magníficas vistas al pantano de Sau. Espaciosas instalaciones, salas polivalentes y habitaciones bien equipadas. En el luminoso restaurante proponen una carta regional con platos típicos.

38 hab – ♦100/185 € ♦♦100/185 € – ⌑17 €

carret. de Tavèrnoles BV-5213, km 10 ✉ *08500 Vic* – ℰ *938 12 23 23*
– *www.parador.es* – *cerrado enero-11 de febrero*

La VID

Burgos – 315 h. – Mapa regional : **8**-C2
Mapa de carreteras Michelin nº 575-H19

🍽 **La Casona de La Vid**　　　　♿ 🗚 🏶 🅿

COCINA TRADICIONAL · RÚSTICA ᚷᚷ Se accede desde la cafetería, tiene un horno de leña a la vista y ofrece varios espacios de estilo rústico-castellano, todos con detalles actuales. Amplia carta tradicional, con opción a menús, y un plato estrella por definición... ¡el Cordero lechal asado!

Menú 35/46 € – Carta 24/49 €

Camino Real 1 ✉ *09471* – ℰ *947 53 04 34* – *www.lagarisilla.es*

VIELHA VIELLA

Lleida – 5 450 h. – Alt. 971 m – Mapa regional : **9**-B1
Mapa de carreteras Michelin nº 574-D32

🍴○ **Era Coquèla**　　　　　　　♿ 🗚 🏶 ♿

MODERNA · AMBIENTE CLÁSICO ᚷᚷ Negocio de línea clásica que toma su nombre de una olla de hierro típica del valle. Proponen una cocina de bases tradicionales, con platos actualizados y la opción de menús.

Menú 17/26 € – Carta 35/45 €

av. Garona 29 ✉ *25530* – ℰ *973 64 29 15* – *www.eracoquela.com* – *cerrado 13 octubre-noviembre, mayo y lunes*

ᵗᵗ○ Era Lucana

COCINA TRADICIONAL · AMBIENTE CLÁSICO ⅩⅩ Tiene un bar, decorado con fotos y galardones gastronómicos, un comedor principal de buen montaje y dos privados, todo con profusión de madera. Cocina tradicional actualizada.

Menú 16/25 € – Carta 31/52 €

av. Alcalde Calbetó 10, edificio Portals d'Arán ⊠ 25530 – 𝒞 973 64 17 98
– www.eralucana.com – cerrado 21 días en abril-mayo y lunes no festivos salvo agosto

ᵗᵗ○ Deth Gormán

REGIONAL · AMBIENTE CLÁSICO Ⅹ Muy conocido, pues abrió hace tres décadas. Descubra los platos más famosos de la cocina autóctona, como la Olla aranesa, los Civet de jabalí, los Caracoles de alta montaña...

Carta 25/35 €

Met Día 8 ⊠ 25530 – 𝒞 973 64 04 45 – cerrado mayo, 12 octubre-15 noviembre y martes salvo Navidades y agosto

ᵗᵗ○ Eth Bistro ⓝ

DE MERCADO · BISTRÓ Ⅹ Íntimo local tipo bistró decorado con lámparas de diseño y unas curiosas cabezas de ciervo hechas de madera. Apuestan por una cocina moderna, accesible a través de dos menús.

Menú 38/75 € – solo menú

passeig dera Libertat 18 ⊠ 25530 – 𝒞 628 80 37 47 – www.bistrovielha.es
– cerrado 20 mayo-8 junio y del 15 al 30 de octubre

ᵃ El Ciervo

FAMILIAR · PERSONALIZADA Atesora unas preciosas habitaciones de línea nórdica, todas personalizadas, con los suelos en madera e innumerables detalles decorativos. ¡Sorprendente buffet de desayunos!

20 hab ⌂ – ✝45/88 € ✝✝66/130 €

pl. de Sant Orenç 3 ⊠ 25530 – 𝒞 973 64 01 65 – www.hotelelciervo.net
– cerrado 22 abril-16 junio y 15 octubre-6 diciembre

en la carretera N 230 Sur : 2,5 km

ᵃ Parador de Vielha

SPA Y BIENESTAR · CLÁSICA Lo mejor es su emplazamiento, pues se halla en una zona elevada con impresionantes vistas al valle. Ofrece habitaciones de línea clásica-funcional, la mitad con balcón, y un comedor circular de carácter panorámico, donde apuestan por la gastronomía aranesa.

116 hab – ✝80/190 € ✝✝80/190 € – ⌂ 18 € – 2 suites

⊠ 25530 Vielha – 𝒞 973 64 01 00 – www.parador.es – cerrado
16 octubre-24 noviembre

en Escunhau por la carretera de Salardú - Este : 3 km

ⓐ El Niu

COCINA TRADICIONAL · AMBIENTE CLÁSICO Ⅹ ¡Toda una referencia en el Val d'Aran! En esta casa familiar, de exitosa trayectoria, encontrará un comedor clásico vestido con profusión de madera, curiosos objetos de época y algún que otro detalle cinegético. Buena cocina tradicional rica en carnes.

Carta 25/40 €

Deth Pònt 1 ⊠ 25539 Escunhau – 𝒞 973 64 14 06 – cerrado 29 junio-20 julio y domingo noche salvo invierno

en Garòs por la carretera de Salardú - Este : 5 km – Mapa regional : **9**-B1

ᵗᵗ○ Es Arraïtzes ⓝ

PERUANA · FAMILIAR Ⅹ Toma su nombre de un término aranés que significa "raíces" y suele sorprender, pues propone una cocina de fusión en la que confluyen sabores peruanos, araneses y catalanes.

Menú 49 € – Carta 35/50 €

pl. Major 7 ⊠ 25539 – 𝒞 973 44 93 61 (es necesario reservar)
– www.esarraitzes.com – cerrado mayo, junio, octubre y noviembre

VIGO

Pontevedra – 292 986 h. – Alt. 31 m – Mapa regional : **13**-A3
Mapa de carreteras Michelin n° 571-F3

ध्रु **Maruja Limón** (Rafael Centeno)   占 AC 💇

CREATIVA · A LA MODA XX ¡Frente al Real Club Náutico de Vigo! Presenta una agradable zona espera y un cuidado interior, con las paredes en piedra y madera, diseñado para que el chef pueda cocinar todos los platos ante los clientes bajo el concepto showcooking. Elaboraciones actuales-creativas en base a los productos gallegos y de temporada.

→ Vieiras de Cambados asadas y setas de temporada. San Martiño asado en un jugo de algas y verduras encurtidas. Tocinillo de vainilla, cardamomo y huevas de la pasión.

Menú 48/82 € – Carta 42/65 €

Montero Ríos 4 ⊠ 36201 – 𝒞 986 47 34 06 – www.marujalimon.es – cerrado 26 enero-5 febrero, del 9 al 22 de octubre, domingo y lunes

🕲 **Casa Marco**   AC 💇

COCINA TRADICIONAL · AMBIENTE CLÁSICO XX En este restaurante, dotado con dos salas de elegante línea clásica-actual, proponen una cocina de tinte tradicional y raciones generosas, así como algunos arroces, pescados frescos y especialidades de temporada. ¡Preste atención a los platos fuera de carta!

Carta 35/40 €

av. García Barbón 123 ⊠ 36201 – 𝒞 986 22 51 10 – cerrado del 1 al 15 de septiembre y domingo

🕪〇 **Marina Davila**   🛋 占 AC 💇 ⇔ P

MODERNA · ELEGANTE XXX Le sorprenderá con un montaje contemporáneo y fantásticas vistas sobre la ría, especialmente desde sus terrazas. Cocina actual en base a los pescados y mariscos de la lonja.

Menú 50/90 € – Carta 45/70 €

*muelle de reparaciones de Bouzas ⊠ 36208 – 𝒞 986 11 44 46
– www.restaurantedavila.com – solo almuerzo salvo jueves, viernes y sábado de 8 octubre-marzo – cerrado del 10 al 31 de enero, 10 días en septiembre, domingo noche y lunes*

🕪〇 **Alameda XXI** 🛇   🛋 占 AC 💇 🚗

COCINA TRADICIONAL · A LA MODA XX Tiene personalidad propia respecto al hotel y presenta un estilo clásico-contemporáneo. La propuesta, actual de raíces gallegas, se complementa con una extensa carta de vinos.

Menú 18/85 € – Carta 42/65 €

*Hotel G. H. Nagari, pl. de Compostela 21 ⊠ 36201 – 𝒞 986 21 11 40
– www.granhotelnagari.com*

🕪〇 **Bitadorna Vigo**   占 AC

PESCADOS Y MARISCOS · MARCO REGIONAL XX Posee una estética actual y llama la atención por su buena oferta de pescados y mariscos, atreviéndose con unas elaboraciones más actualizadas y platos de caza en temporada.

Menú 18/55 € – Carta 35/55 €

Ecuador 56 ⊠ 36203 – 𝒞 986 13 69 51 – www.bitadorna.com – cerrado 7 días en febrero, 15 días en agosto y domingo en junio-agosto

🕪〇 **Silabario** 🛇   占 AC ⇔

MODERNA · MARCO CONTEMPORÁNEO XX Sorprende por su ubicación, pues ocupa la vanguardista cúpula de cristal sobre... ¡la sede del Real Club Celta de Vigo! Buenas vistas y cocina actual en base a producto local.

Menú 25/70 € – Carta 41/66 €

*Príncipe 44, 6ª planta ⊠ 36202 – 𝒞 986 07 73 63
– www.silabariogastronomia.com – solo almuerzo – cerrado 15 días en junio, 15 días en octubre y lunes*

‖○ Kero Ⓝ   🏠 & 🆎

PERUANA · SENCILLA 🗙 Su nombre rememora los vasos ceremoniales de la cultura inca, lo que nos sirve como prólogo o presentación ante un restaurante que apuesta por la cocina peruana de fusión.

Menú 35/43 € – Carta 25/40 €

Castelar 6 ✉ 36201 – 𝄞 886 12 40 66

– www.kerococinaperuana.com – cerrado domingo y lunes mediodía

‖○ The Othilio Bar Ⓝ   🏠 & 🆎 🍴

DE MERCADO · SIMPÁTICA 🗙 Acogedor local de carácter costumbrista llevado entre hermanos gemelos, uno en la dirección y el otro a los fogones. Cocina actual desenfadada que exalta el producto gallego.

Menú 14/43 € – Carta 25/43 €

Luis Taboada 11 ✉ 36202 – 𝄞 986 19 00 17

– www.othilio.es – cerrado del 16 al 28 de febrero, del 16 al 31 de agosto, domingo y lunes

🏨 Pazo Los Escudos   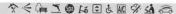

LUJO · ELEGANTE Encantador hotel distribuido en dos edificios contiguos, uno de nueva construcción y el otro en un precioso pazo del s. XIX. Magníficos exteriores, elegantes zonas comunes y varios tipos de habitaciones, destacando las asomadas al mar. En su restaurante proponen una carta de raíces gallegas con detalles actuales.

54 hab ⬚ – ♦125/320 € ♦♦140/335 € – 6 suites

av. Atlántida 106 ✉ 36208 – 𝄞 986 82 08 20

– www.pazolosescudos.com

🏨 G.H. Nagari   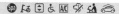

LUJO · MODERNA Resulta céntrico, es una referencia en la ciudad y cuenta con una atractiva terraza exterior. Aquí debemos destacar tanto la amplitud como los detalles de interiorismo de todas las estancias, con habitaciones de gran confort y una cuidadísima iluminación.

69 hab – ♦101/350 € ♦♦112/390 € – ⬚ 15 € – 3 suites

pl. de Compostela 21 ✉ 36201 – 𝄞 986 21 11 11

– www.granhotelnagari.com

‖○ **Alameda XXI** – ver selección restaurantes

en Bembrive Sur : 6 km

‖○ Soriano   🅿

COCINA TRADICIONAL · RÚSTICA 🗙🗙 El acceso es algo difícil, aunque está bien señalizado. Ofrece varias salas neorrústicas y una carta tradicional que destaca por sus carnes a la brasa. Excelente bodega y hermosas vistas. ¡Posee un club del fumador!

Carta 30/55 €

Chans 25 ✉ 36313 Bembrive – 𝄞 986 48 13 73

– www.asadorsoriano.com – cerrado domingo noche

La VILA JOIOSA VILLAJOYOSA

Alicante – 33 878 h. – Mapa regional : **11**-B3

Mapa de carreteras Michelin nº 577-Q29

por la carretera de Alacant Suroeste : 3 km

‖○ Emperador   🅿

INTERNACIONAL · AMBIENTE CLÁSICO 🗙🗙 Disfruta de un elegante montaje y una carta de tinte mediterráneo e internacional, con un apartado de clásicos de la casa. ¡Algunas mesas ofrecen maravillosas vistas al mar!

Carta 40/55 €

Hotel El Montíboli ✉ 03570 La Vila Joiosa – 𝄞 965 89 02 50

– www.montiboli.es

🏨 El Montíboli ♨ ⋜ 🎿 ☎ ♨ ✂ ⌂ AC ♨ P

LUJO · ELEGANTE Destaca por su privilegiada situación sobre el mar, pues se halla en un promontorio rocoso con dos pequeñas playas a sus pies. Encontrará espacios bastante elegantes, hermosos jardines, habitaciones bien personalizadas y distintos servicios de restauración, variando estos según la temporada y ocupación.

85 hab ⬚ – ♦110/244 € ♦♦152/264 €

✉ 03570 La Vila Joiosa – ☎ 965 89 02 50

– *www.montiboli.es*

🍴 **Emperador** – ver selección restaurantes

VILABOA Ourense → Ver Allariz

VILABOA

Pontevedra – 6 015 h. – Alt. 50 m – Mapa regional : **13**-B3
Mapa de carreteras Michelin n° 571-E4

en San Adrián de Cobres Suroeste : 7,5 km

🍴 Mauro ⋜ 🏠 & AC ⇔

COCINA TRADICIONAL · ACOGEDORA �XX ¡Buenas vistas a la ría! Se halla en el pantalán y destaca tanto por su estética actual como por su carácter panorámico. Carta tradicional gallega con un apartado de mariscos.

Menú 65 € – Carta 35/55 €

Muelle de San Adrián de Cobres ✉ *36142 San Adrián de Cobres* – ☎ *986 67 25 81*
– www.maurorestaurante.es – cerrado domingo noche y lunes salvo verano

VILADECAVALLS

Barcelona – 7 365 h. – Mapa regional : **10**-A3
Mapa de carreteras Michelin n° 574-H35

🍴 Ristol Viladecavalls 🏠 & AC ⇔ P

CATALANA · AMBIENTE CLÁSICO �XX La familia Ristol lleva más de un siglo en la restauración, por eso demuestran gran profesionalidad. Posee amplias instalaciones, destacando la sala principal por tener la cocina a la vista. Cocina tradicional catalana con toques actuales.

Menú 20 € – Carta 35/55 €

Antoni Soler Hospital 1 ✉ *08232* – ☎ *937 88 29 98*
– www.ristol.com – solo almuerzo salvo jueves, viernes y sábado – cerrado 21 días en agosto y martes

VILAFAMÉS

Castellón – 1 867 h. – Alt. 321 m – Mapa regional : **11**-B1
Mapa de carreteras Michelin n° 577-L29

🏨 El Jardín Vertical ⭐ ♨ AC ♨

FAMILIAR · ACOGEDORA Hermosa casa del s. XVII ubicada en un pueblo medieval. Presenta la recepción en el paso de carruajes, un salón con chimenea y coquetas habitaciones, una tipo dúplex y dos abuhardilladas. El restaurante, en las antiguas cuadras, ofrece tanto carta como menús.

9 hab ⬚ – ♦119 € ♦♦119 €

Nou 15 ✉ *12192* – ☎ *964 32 99 38*
– www.eljardinvertical.com

VILAFRANCA DEL PENEDÈS

Barcelona – 39 224 h. – Alt. 218 m – Mapa regional : **10**-A3
Mapa de carreteras Michelin n° 574-H35

ⅠⅠⒶ Cal Ton ⒶⒸ ✗ ✧

CATALANA · ACOGEDORA ✗✗ ¡Casa con solera y tradición! Posee varias salas, destacando una tipo jardín de invierno. Cocina catalana actualizada y tradicional, con platos tan singulares como sus famosos Mini Canelones. Buena bodega que ensalza los vinos del Penedès.

Menú 32/55 € – Carta 40/61 €

Casal 8 ⊠ 08720 – ℰ 938 90 37 41 – www.restaurantcalton.com – cerrado Semana Santa, del 1 al 21 de agosto, domingo noche, lunes, martes noche y festivos noche

VILALBA

Lugo – 14 645 h. – Alt. 492 m – Mapa regional : **13**-C1
Mapa de carreteras Michelin n° 571-C6

ⅠⅠⒶ Mesón do Campo ⊛ ⒶⒸ ✗

COCINA TRADICIONAL · RÚSTICA ✗✗ Un restaurante de referencia en la región. Aquí le propondrán una cocina de base tradicional con pinceladas actuales e interesantes jornadas gastronómicas a lo largo del año.

Menú 25/42 € – Carta 30/55 €

*pl. San Juan 10 ⊠ 27800 – ℰ 982 51 02 09 – www.mesondocampo.com
– cerrado 14 días en septiembre-octubre, martes noche y miércoles*

🏛 Parador de Vilalba ✿ 斤 ⊟ ⓺ ⒶⒸ ✗ 命 ⌁

HISTÓRICO · CLÁSICA El encanto de antaño y las comodidades de hoy se funden en este Parador, instalado parcialmente en un impresionante torreón del s. XV que perteneció a los señores de Andrade. Ofrece habitaciones de ambiente castellano y una cocina fiel al recetario regional.

48 hab - ⵏ70/145 € ⵏⵏ70/145 € – ⵉ 15 €

Valeriano Valdesuso ⊠ 27800 – ℰ 982 51 00 11 – www.parador.es – abierto 5 febrero-22 diciembre

VILAMARÍ

Girona – Mapa regional : **9**-C3
Mapa de carreteras Michelin n° 574-F38

⊛ Can Boix 斤 ⒶⒸ ✗ ✧ 🅿

REGIONAL · RURAL ✗ Una casa familiar basada en dos conceptos: la honestidad y la sencillez. La cocina catalana de los hermanos Boix juega entre los guisos tradicionales de mar y montaña, las carnes a la parrilla y algo que nunca falta en su oferta, unos estupendos arroces.

Menú 14/28 € – Carta 25/40 €

*carret. de Banyoles a l'Escala ⊠ 17468 – ℰ 972 56 10 05
– www.boixrestaurantvilamari.com – solo almuerzo salvo fines de semana y verano – cerrado del 24 al 31 de diciembre, del 15 al 30 de septiembre y jueves*

VILANOVA I LA GELTRÚ

Barcelona – 65 684 h. – Mapa regional : **10**-A3
Mapa de carreteras Michelin n° 574-I35

en Racó de Santa Llúcia Oeste : 2 km

ⅠⅠⒶ La Cucanya ≤ 斤 ⒶⒸ ✧ 🅿

INTERNACIONAL · AMBIENTE CLÁSICO ✗✗ Al borde del mar, en un edificio acristalado y rodeado de terrazas. Ofrece una carta internacional y nacional, pero también la organización de catas y jornadas gastronómicas. ¡Un plato emblemático de esta casa es el Suquet de gambas!

Menú 46 € – Carta 35/65 €

*⊠ 08800 Vilanova i la Geltrú – ℰ 938 15 19 34 – www.restaurantlacucanya.com
– solo almuerzo salvo jueves, viernes, sábado y verano*

VILCHES

Jaén – 4 689 h. – Mapa regional : **1**-C1

Mapa de carreteras Michelin nº 578-R19

por la carretera de La Carolina a Úbeda Noreste : 3 km y desvío a la

izquierda 7 km

🏠 El Añadío   🏡 🐾 🛋 🛖 🛁 ㅊ AC P

AGROTURISMO · RÚSTICA Establecimiento rural emplazado en una gran finca-dehesa, de difícil acceso, dedicada a la cría de toros bravos. Atesora bellas estancias, atractivas habitaciones y un comedor, todo de ambiente rústico. ¡Descubra las actividades ganaderas con el mayoral!

8 hab ♦️ – ♦100 € ♦♦136 €

Dehesa El Añadío ⌧ 23220 – 𝒸 953 06 60 31 – www.elanadio.es – abierto solo fines de semana en enero-febrero

VILERT Girona ➜ Ver Esponellà

VILLABUENA DE ÁLAVA Álava ➜ Ver Eskuernaga

VILLACARRIEDO

Cantabria – 1 669 h. – Alt. 211 m – Mapa regional : **6**-B1

Mapa de carreteras Michelin nº 572-C18

🏰 Palacio de Soñanes   🏡 🐾 🛋 🛖 🔊 AC 🛁 P

EDIFICIO HISTÓRICO · ELEGANTE Este impresionante palacio barroco destaca tanto por su fachada en piedra como por su espectacular escalera. Las habitaciones combinan con sumo gusto el mobiliario antiguo y el moderno. En el restaurante, de ambiente clásico, encontrará una cocina elaborada y actual. ¡Ideal si quiere sorprender a su pareja!

28 hab – ♦90/160 € ♦♦90/160 € – ♈ 10 € – 2 suites

barrio Camino 1 ⌧ 39640 – 𝒸 942 59 06 00
– www.abbapalaciodesonaneshotel.com – abierto Semana Santa y junio-13 octubre

VILLAFRANCA DEL BIERZO

León – 3 055 h. – Alt. 511 m – Mapa regional : **8**-A1

Mapa de carreteras Michelin nº 575-E9

🏰 Parador Villafranca del Bierzo   🏡 🛋 🛖 🔊 ㅊ AC 🚴 🛁 P

TRADICIONAL · FUNCIONAL Edificio de fisonomía actual revestido de piedra y pizarra, materiales característicos del Bierzo. Presenta un buen hall, un salón con chimenea de línea clásica y habitaciones actuales, en general bien equipadas. El restaurante apuesta por la cocina regional.

49 hab – ♦75/150 € ♦♦75/150 € – ♈ 16 € – 2 suites

av. de Calvo Sotelo 28 ⌧ 24500 – 𝒸 987 54 01 75 – www.parador.es – cerrado 23 diciembre-5 febrero

🏠 Las Doñas del Portazgo   🔊 ㅊ AC

FAMILIAR · ACOGEDORA ¡Una casa del s. XVII con personalidad! Ofrece habitaciones no muy grandes pero sumamente acogedoras, todas elegantemente empapeladas y las del piso superior abuhardilladas.

17 hab – ♦50/65 € ♦♦65/80 € – ♈ 7 €

Ribadeo 2 (calle del Agua) ⌧ 24500 – 𝒸 987 54 27 42 – www.elportazgo.es

VILLAJOYOSA Alicante ➜ Ver La Vila Joiosa

VILLALBA DE LA SIERRA

Cuenca – 509 h. – Alt. 950 m – Mapa regional : **7**-C2

Mapa de carreteras Michelin nº 576-L23

⊛ Mesón Nelia   🕮 🅰🅲 ❤ 🅿

COCINA TRADICIONAL · FAMILIAR ✕✕ Un negocio con prestigio en la zona, pues pertenece a una familia con solera en la hostelería. Presenta un bar de línea moderna, un comedor a la carta con chimenea y un gran salón para la organización de eventos. Cocina tradicional y regional bien actualizada.

Menú 15/50 € – Carta 26/39 €

carret. de Cuenca-Tragacete, km 21 ✉ 16140 – 𝒞 969 28 10 21
– www.mesonnelia.com – cerrado 10 enero-10 febrero, lunes noche, martes noche y miércoles salvo agosto

VILLALCÁZAR DE SIRGA

Palencia – 158 h. – Alt. 800 m – Mapa regional : **8**-B2
Mapa de carreteras Michelin n° 575-F16

🕪○ Mesón de Villasirga   🅰🅲 ❤

REGIONAL · RÚSTICA ✕ Gran tipismo, sencillez y una decoración de ambiente rústico. Sus especialidades son el Lechazo y los famosos Tropezones de morcilla casera. El restaurante vecino "Mesón los Templarios", también de ellos, propone la misma carta regional.

Carta 25/40 €

pl. Mayor ✉ 34449 – 𝒞 979 88 80 22
– www.mesondevillasirga.com – solo almuerzo salvo fines de semana – cerrado Navidades y enero

VILLALLANO

Palencia – 45 h. – Mapa regional : **8**-C1
Mapa de carreteras Michelin n° 575-D17

🕪○ Ticiano   🕮 🅰🅲 ❤

MODERNA · RÚSTICA ✕✕ ¡Instalado en unas antiguas cuadras! Ofrece un bar y un coqueto comedor, de ambiente rústico-actual pero con detalles de diseño. Carta tradicional actualizada rica en carnes.

Menú 15 € – Carta 30/50 €

Concepción ✉ 34815 – 𝒞 979 12 36 10
– www.ticiano.es – cerrado 20 días en febrero-marzo y lunes

VILLAMANRIQUE DE LA CONDESA

Sevilla – 4 503 h. – Mapa regional : **1**-A2
Mapa de carreteras Michelin n° 578-U11

🕪○ Ardea Purpurea   🕮 🅰🅲 ❤ 🅿

COCINA TRADICIONAL · RÚSTICA ✕ Resulta singular, sin duda, pues debe su nombre a la esbelta "Garza imperial" y ocupa una típica choza marismeña de ambiente rústico-actual. Cocina tradicional actualizada.

Menú 25/60 € – Carta 31/45 €

Hotel Ardea Purpurea, camino Vereda de los Labrados, Este : 1 km ✉ 41850
– 𝒞 955 75 54 79 – www.ardeapurpurea.com

🏠 Ardea Purpurea   ❤ 🛏 ♿ 🅰🅲 ❤ 🅿

AGROTURISMO · PERSONALIZADA Esta curiosa construcción reproduce, prácticamente a las puertas del parque de Doñana, las antiguas chozas o cabañas de los marismeños, con las paredes encaladas y los techos cubiertos de "castañuela" (un tipo de brezo autóctono). ¡Agradable y tranquilo!

19 hab ⌑ – ♦85/135 € ♦♦85/135 € – 7 apartamentos

camino Vereda de los Labrados, Este : 1 km ✉ 41850 – 𝒞 955 75 54 79
– www.ardeapurpurea.com

🕪○ **Ardea Purpurea** – ver selección restaurantes

VILLAMAYOR

Asturias – Mapa regional : **3**-C1
Mapa de carreteras Michelin n° 572-B14

por la carretera de Borines y desvío a Cereceda - Noreste : 5 km

Palacio de Cutre

FAMILIAR · RÚSTICA Antigua casa señorial emplazada en un pintoresco paraje, con espléndidas vistas a los valles y montañas. Sus dependencias recrean un marco de entrañable rusticidad. Los exteriores, ajardinados y con terrazas, están presididos por un gigantesco roble. En su elegante restaurante ofrecen una carta de buen nivel.

18 hab ☑ – ♦75/125 € ♦♦99/160 €
La Goleta ✉ *33583 Villamayor* – ℰ *985 70 80 72*
– www.palaciodecutre.com – cerrado enero-marzo

VILLAMIEL

Cáceres – 518 h. – Mapa regional : **12**-B1
Mapa de carreteras Michelin n° 576-L9

El Sosiego 🔵

CASA DE CAMPO · MODERNA Perfecto si busca tranquilidad, pues se encuentra en pleno campo, rodeado de naturaleza y repartido en tres edificios de nueva construcción. Presenta unos espacios de línea moderna que sorprenden con detalles coloniales, asiáticos y hasta de inspiración hindú.

6 hab – ♦90/100 € ♦♦90/100 €
Finca Valdelobos, Oeste : 2 km ✉ *10893* – ℰ *971 80 68 06*
– www.elsosiego.com

VILLANUEVA DE LOS INFANTES

Ciudad Real – 5 373 h. – Alt. 650 m – Mapa regional : **7**-C3
Mapa de carreteras Michelin n° 576-P20

La Morada de Juan de Vargas

FAMILIAR · ACOGEDORA Casa del s. XVI llevada con entusiasmo y dedicación. Atesora dos salones con chimenea, un patio interior y hermosas habitaciones de aire rústico, todas bien personalizadas.

7 hab – ♦45/69 € ♦♦50/75 € – ☑ 6 €
Cervantes 3 ✉ *13320* – ℰ *926 36 17 69*
– www.lamoradadevargas.com

VILLARCAYO

Burgos – 4 372 h. – Alt. 615 m – Mapa regional : **8**-C1
Mapa de carreteras Michelin n° 575-D19

en Horna Sur : 1 km

⁑○ Mesón El Cid

COCINA TRADICIONAL · FAMILIAR ⁑⁑ Un restaurante que sabe combinar los detalles rústicos y regionales con el mobiliario clásico. Ofrece un bar, un salón con chimenea, dos comedores y una carta tradicional.

Menú 35 € – Carta 21/73 €
Zamora ✉ *09554 Horna* – ℰ *947 13 11 71*
– www.hoteljimena.es – cerrado 25 octubre-3 diciembre y lunes salvo agosto

VILLARROBLEDO

Albacete – 25 989 h. – Alt. 724 m – Mapa regional : **7**-C2
Mapa de carreteras Michelin n° 576-O22

☺ **Azafrán** &. 🅰 ⅍ ⇔

REGIONAL · AMBIENTE CLÁSICO ✕✕ Una casa que cuida todos los detalles. Su chef-propietaria propone una sugerente cocina de corte actual y base regional... eso sí, sin olvidar los quesos manchegos, la caza en temporada y una buena oferta de menús. ¡Los fines de semana aconsejamos reservar!

Menú 20/55 € – Carta 29/49 €

av. Reyes Católicos 71 ✉ 02600 – 𝒞 967 14 52 98 – www.azafranvillarrobledo.com – solo almuerzo salvo viernes, sábado y víspera de festivos

VILLAVERDE DE PONTONES

Cantabria – Mapa regional : **6**-B1
Mapa de carreteras Michelin n° 572-B18

❀❀ **Cenador de Amós** (Jesús Sánchez) ❀ 🅰 ⅍ ⇔ 🅿

MODERNA · ACOGEDORA ✕✕✕ Cuando los sueños toman forma y escapan a lo intangible deslumbran con un carácter mucho más especial, mostrando rasgos de personalidad que los hace aún más perceptibles en su valía; este es el caso de este restaurante, que solo con su nombre ya busca rendir un pequeño tributo a la memoria de Amós, el abuelo que el chef Jesús Sánchez nunca llegó a conocer.

El bello edificio, que ocupa la antigua Casa-Palacio Mazarrasa (1756), sorprende por su cuidado interior de ambiente minimalista, con el comedor principal en lo que fue el patio, una cuidada labor de interiorismo y bellas imágenes decorativas que nos hablan de la otra pasión del chef, la fotografía.

Jesús Sánchez, que ha sentado cátedra entre los estilistas culinarios con su inseparable gorra, construye su propuesta jugando con sabores, texturas, presentaciones, productos "premium" en conserva... todo en la línea de una cocina de autor que entiende la gastronomía y sus valores como una filosofía vital. ¡Cantabria en estado puro!

→ Perfecto de foie sobre bizcocho de aceituna negra. Pichón asado y tronco de brócoli. Chocolates de origen, praliné de avellana y helado de café.

Menú 87/147 € – solo menú

pl. del Sol ✉ 39793 – 𝒞 942 50 82 43 – www.cenadordeamos.com – cerrado 23 diciembre-16 marzo, noches de martes, miércoles y jueves salvo Semana Santa y verano, domingo noche y lunes

VILLAVICIOSA

Asturias – 14 690 h. – Alt. 4 m – Mapa regional : **3**-B1
Mapa de carreteras Michelin n° 572-B13

🍴 **Lena** 🆕 🏠 🅰 ⅍

COCINA TRADICIONAL · RÚSTICA ✕ Se definen, con acierto, como una sidrería gastronómica, pues refleja el tipismo de esos locales y una cocina tradicional asturiana de mucho nivel. ¡Extensa carta de sidras!

Carta 30/55 €

Cervantes 2 ✉ 33300 – 𝒞 984 83 31 97 – www.sidrerialena.com – cerrado lunes noche y martes.

VILLENA

Alicante – 34 361 h. – Alt. 503 m – Mapa regional : **11**-A3
Mapa de carreteras Michelin n° 577-Q27

🍴 **La Teja Azul** 🅰

COCINA TRADICIONAL · RÚSTICA ✕ Ocupa una casa ya centenaria, con un bar y tres salas de marcada rusticidad. Carta tradicional especializada en arroces, como el de conejo y caracoles a la leña de sarmiento.

Menú 33/55 € – Carta 29/58 €

Sancho Medina 34 ✉ 03400 – 𝒞 965 34 82 34 – www.latejaazul.com – solo almuerzo salvo viernes y sábado – cerrado del 15 al 25 de julio y martes

VILLOLDO

Palencia – 364 h. – Alt. 790 m – Mapa regional : **8**-B2
Mapa de carreteras Michelin n° 575-F16

⊫○ **Estrella del Bajo Carrión**   ⅋ ⇦ 🏠 & 🄰🄲 ⅍ 🅿

COCINA TRADICIONAL · MARCO CONTEMPORÁNEO ✗✗ Recrea una atmósfera muy acogedora, con un salón de uso polivalente y un luminoso comedor de estética actual. Cocina tradicional con toques actuales y buenas presentaciones. Las habitaciones tienen un estilo bastante moderno, con detalles rústicos y de diseño.

Carta 40/50 €

10 hab – ♦80/100 € ♦♦80/100 € – ⌑10 €

Mayor 32 ✉ 34131 – ℰ 979 82 70 05 – www.estrellabajocarrion.com – cerrado 9 al 30 de enero, domingo noche y lunes salvo agosto

VITORIA-GASTEIZ

Álava – 246 976 h. – Alt. 524 m – Mapa regional : **18**-A2
Mapa de carreteras Michelin n° 573-D21

⊫○ **Andere**   🏠 🄰🄲 ⅍ ⇦

COCINA TRADICIONAL · AMBIENTE CLÁSICO ✗✗✗ Se halla en pleno centro y es considerado un clásico... eso sí, hoy bien actualizado y con un bello patio cubierto a modo jardín de invierno. Cocina tradicional puesta al día.

Menú 55/120 € – Carta 44/64 €

Gorbea 8 ✉ 01008 – ℰ 945 21 49 30 – www.restauranteandere.com – cerrado 15 días en agosto, domingo noche y lunes

⊫○ **Ikea**   🄰🄲 ⅍ ⇦ 🅿

MODERNA · DE DISEÑO ✗✗✗ Está instalado en una antigua villa, donde muestra un sorprendente interior de estética actual dominado por la madera y el original diseño de Javier Mariscal. De sus fogones surge una cocina creativa con bases tradicionales.

Menú 70/89 € – Carta 50/74 €

Portal de Castilla 27 ✉ 01007 – ℰ 945 14 47 47 – www.restauranteikea.com – cerrado domingo noche y lunes

⊫○ **Zaldiarán**   🄰🄲 ⅍ ⇦

INTERNACIONAL · ELEGANTE ✗✗✗ ¡Un gran clásico de la localidad! Ofrece un interior muy bien diversificado y una cocina actualizada de base tradicional e internacional, con carnes y pescados a la parrilla.

Menú 75 € – Carta 50/80 €

av. Gasteiz 21 ✉ 01008 – ℰ 945 13 48 22 – www.restaurantezaldiaran.com – cerrado del 9 al 25 de enero, domingo noche y martes

⊫○ **Arkupe**   🄰🄲 ⅍ ⇦

COCINA TRADICIONAL · MARCO CONTEMPORÁNEO ✗✗ Se halla en pleno casco viejo y disfruta de una estética más informal, pues la zona de picoteo juega ahora con detalles contemporáneos y vintage. Completa carta tradicional.

Menú 39/63 € – Carta 35/50 €

Mateo Moraza 13 ✉ 01001 – ℰ 945 23 00 80 – www.restaurantearkupe.com – cerrado domingo noche

⊫○ **El Clarete**   🄰🄲 ⅍

MODERNA · ACOGEDORA ✗✗ Está llevado entre hermanos y presenta un aspecto actual, con una bodega acristalada en una sala y la cocina semivista en la otra. Interesantes menús de línea actual-creativa.

Menú 22/47 € – solo menú

Cercas Bajas 18 ✉ 01001 – ℰ 945 26 38 74 – www.elclareterestaurante.com – solo almuerzo salvo jueves, viernes y sábado – cerrado Semana Santa, del 9 al 31 de agosto y domingo

🍴○ **La Escotilla**   🏠 AC 🍴

PESCADOS Y MARISCOS · TENDENCIA 🍴 Un bar de tapas con personalidad, sin duda, pues su apuesta de tapas y raciones, complementada por un apartado de arroces, mira constantemente al mar. ¡También tienen menús!

Tapa 3 € – Ración aprox. 10 €

San Prudencio 5 ✉ 01001 – ☎ 945 00 26 27
– www.laescotilla.es – cerrado domingo noche y lunes

🍴○ **PerretxiCo**   ♿ AC 🍴

COCINA TRADICIONAL · BAR DE TAPAS 🍴 ¡Junto al casco antiguo! En este bar de tapas, moderno con detalles rústicos, encontrará unos pinchos de excelente factura y la posibilidad de tomar tanto raciones como menús.

Tapa 2,50 € – Ración aprox. 9 €

San Antonio 3 ✉ 01005 – ☎ 945 13 72 21
– www.perretxico.es – cerrado domingo noche de noviembre-mayo

VIVEIRO

Lugo – 15 735 h. – Mapa regional : **13**-C1
Mapa de carreteras Michelin n° 571-B7

en Covas Noreste : 2 km

🏨 **Thalasso Cantábrico**   ⚡ ← 🛁 🌀 ✗ 🖥 ♿ AC 🍴 🏊 🚗

TRADICIONAL · MODERNA Este moderno hotel, asomado a la ría de Viveiro, se halla en un complejo turístico con acceso directo a la playa. Ofrece habitaciones de línea funcional, la mayoría con terraza, un restaurante de carácter panorámico y completísimos servicios de talasoterapia.

146 hab – 🛏55/180 € 🛏🛏68/200 € – ⊑ 10 €

Playa de Sacido ✉ 27850 Viveiro – ☎ 982 56 02 00
– www.thalassocantabricolassirenas.com

en Galdo Suroeste : 3,5 km

🏨 **Pazo da Trave**   ✎ 🛋 🛁 ⛳ P

EDIFICIO HISTÓRICO · ACOGEDORA Resulta encantador, pues tiene más de 500 años de historia y en él se han cuidado todos los detalles. Atractiva fachada en piedra, hórreo, capilla y precioso jardín.

18 hab – 🛏39/130 € 🛏🛏50/140 € – ⊑ 10 €

Trave ✉ 27867 Galdo – ☎ 982 59 81 63
– www.pazodatrave.com – abierto marzo-octubre

en la playa de Area por la carretera C 642 - Norte : 4 km

🍴○ **Nito**   ← 🏠 AC 🍴 ↻ 🚗

COCINA TRADICIONAL · AMBIENTE CLÁSICO ✗✗✗ Se presenta con un bar, una gran sala y una atractiva terraza, esta última concebida como un maravilloso balcón a la ría. Cocina tradicional basada en la calidad del producto.

Carta 35/80 €

Hotel Ego, playa de Area 1 ✉ 27850 Viveiro – ☎ 982 56 09 87
– www.hotelego.es

🏨 **Ego**   ✎ ← 🗆 🛋 🖥 ♿ AC 🍴 🚗

TRADICIONAL · MODERNA Se halla en una ladera frente a la ría, lo que hace que destaque por sus hermosísimas vistas. Las instalaciones resultan amplias y cuidadas, con un confort moderno y actual.

45 hab – 🛏60/150 € 🛏🛏88/200 € – ⊑ 14 €

playa de Area 1 ✉ 27850 Viveiro – ☎ 982 56 09 87
– www.hotelego.es

🍴○ **Nito** – ver selección restaurantes

XÀBIA JÁVEA
Alicante – 27 681 h. – Mapa regional : **11**-B2
Mapa de carreteras Michelin n° 577-P30

en la Playa del Arenal

✿ El Rodat   🅰🅲 ✸ 🅿

MODERNA · AMBIENTE CLÁSICO ⅩⅩ Le sorprenderá, sin duda, pues el chef vive la gastronomía como una extensión de su propio ser. Los menús degustación, que varían en función del número de platos, descubren los sabores y maneras de una cocina de autor, muy centrada en los pescados y mariscos de la zona pero... ¡con detalles de fusión asiática!

→ Caballa, helado de salmorejo con salmorreta de humo y tomates confitados. Pescadilla encurtida en pil-pil frío de sus cabezas. Milhojas de berenjena y limón con toffee de sus pieles.

Menú 65/165 € – solo menú

Hotel El Rodat, La Murciana 15 - 5,5 km ✉ *03730 Xabia –* ℰ *966 47 07 10*
– www.elrodat.com – cerrado domingo noche y lunes

ⅼＯ Tosca   🏠 🅖 🅰🅲

COCINA TRADICIONAL · ACOGEDORA ⅩⅩ Toma su nombre de la piedra autóctona que viste su interior, de montaje clásico y ambiente rústico. Cocina tradicional actualizada y... ¡agradable terraza con vistas al canal!

Menú 20/50 € – Carta 35/58 €

av. del Mediterráneo 238 (edif. Costa Blanca) ✉ *03730 Xàbia –* ℰ *965 79 31 45*
– www.restaurantetosca.com – cerrado 7 enero-9 febrero, lunes mediodía en agosto y lunes resto del año

ⅼＯ La Perla de Jávea   ⪦ 🅖 🅰🅲 ✸

COCINA TRADICIONAL · MARCO CONTEMPORÁNEO Ⅹ ¡En pleno paseo marítimo! Este negocio familiar, reformado y con vistas, ofrece una cocina tradicional especializada en arroces, con hasta 14 variantes, y pescados de lonja.

Menú 25/60 € – Carta 27/50 €

av. Libertad 21 - 3 km ✉ *03730 Xàbia –* ℰ *966 47 07 72*
– www.laperladejavea.com – cerrado lunes salvo verano

ⅼＯ Es Tapa Ti   ⪦ 🏠 🅰🅲 ✸

COCINA TRADICIONAL · BAR DE TAPAS ⅼ Tapas clásicas y de autor, ensaladas, pescados, carnes, arroz, hamburguesas... ¡perfecto para una comida informal mirando al mar! Sala actual acristalada y agradable terraza.

Tapa 3 € – Ración aprox. 12 €

paseo de David Ferrer 11 - 3 km ✉ *03730 Xàbia –* ℰ *966 47 31 27*
– www.estapatijavea.com – cerrado miércoles en invierno

🏨 El Rodat   ✿ 🅖 🅡 🅖🅟🅐 ✖ 🅰🅲 ✸ 🅢🅐 🅿

TRADICIONAL · CLÁSICA Se encuentra en una tranquila urbanización, repleta de chalets, y destaca por el buen confort de sus habitaciones, dotadas según su ubicación de terraza o jardín. Buen SPA e interesante oferta culinaria, pues presentan un espacio de tinte tradicional especializado en arroces y un cuidado restaurante gastronómico.

42 hab – †103/220 € ††119/236 € – ⌷ 18 €

La Murciana 15 - 5,5 km ✉ *03730 Xabia –* ℰ *966 47 07 10 – www.elrodat.com*
✿ **El Rodat** – ver selección restaurantes

🏨 Parador de Jávea   ✿ 🅖 ⪦ 🛏 🅡 🅵🅐 🖃 🅖 🅰🅲 ✸ 🅢🅐 🚗

TRADICIONAL · FUNCIONAL Playa y confort en perfecto equilibrio. Disfruta de una zona ajardinada y espaciosas habitaciones, la gran mayoría asomadas al mar y con su propia terraza. En el restaurante, de estilo clásico, se combina el recetario regional con un buen apartado de arroces.

70 hab – †95/240 € ††95/240 € – ⌷ 18 €

av. Mediterráneo 233 - 2 km ✉ *03730 Xàbia –* ℰ *965 79 02 00 – www.parador.es*

al Suroeste 2,5 km

✿✿ **BonAmb** (Alberto Ferruz) 🏃 🏠 AC ❀ **P**

CREATIVA · A LA MODA ✗✗✗ Los restaurantes gastronómicos siempre tienen un plus, una vuelta de tuerca que les hace diferentes. Aquí, en plena comarca alicantina de la Marina Alta, esa cocina con personalidad parte de un intenso revisionismo a la propia cultura mediterránea, lo que hizo que este establecimiento, cuyo nombre significa "buen ambiente", entrase directamente en el firmamento de la guía MICHELIN (edición de 2014).

Si el espacio en sí ya resulta singular, pues ocupa una casa de campo donde hoy conviven pasado y presente, mención aparte merecen tanto el entorno ajardinado, trufado de maravillosas esculturas, como la propuesta culinaria planteada por el chef Alberto Ferruz, formado en grandes casas nacionales e internacionales. Sus menús degustación descubren unos platos llenos de matices mediterráneos (sol, sal, tiempo, navegación de cabotaje...), en base a un sólido hilo conductor pero también con sugerentes combinaciones que enriquecen la experiencia al jugar con fusiones y contrastes orientales.

→ Calamar en adobo. Papada de merluza. Almendra salada.

Menú 89/135 € – Carta 63/78 €

carret. de Benitachell 100 ⊠ 03730 Xàbia – ☏ 965 08 44 40 – www.bonamb.com – cerrado 28 noviembre-2 enero, lunes y martes mediodía

XERTA

Tarragona – 1 209 h. – Alt. 26 m – Mapa regional : **9**-A3
Mapa de carreteras Michelin n° 574-J31

✿ **Villa Retiro** (Fran López) 🏃 ≼ 🛏 ⴺ AC ❀ ⇔ **P**

CREATIVA · ACOGEDORA ✗✗✗ ¡En las antiguas caballerizas de lo que hoy es el hotel! Se presenta con un ficus centenario justo a la entrada, un pozo y un comedor principal rústico-elegante. El chef propone una cocina creativa-marinera no exenta de toques personales, siempre en base a los mejores productos de la zona y con guiños a la tradición.

→ Tripa de bacalao con alcachofas y cangrejo azul. Lubina salvaje con algas marinas. Recreación del ficus centenario con hojas de chocolate, higos y piedras.

Menú 39/120 € – Carta 80/110 €

Hotel Villa Retiro, Dels Molins 2 ⊠ 43592 – ☏ 977 47 38 10 – www.hotelvillaretiro.com – cerrado Navidades, enero, domingo noche y lunes

🏨 **Villa Retiro** 🕹 ≼ 🛏 ⴺ AC ❀ 🐾 **P**

LUJO · ELEGANTE Instalado en un maravilloso palacete modernista con detalles coloniales. Consta de dos edificios, uno con habitaciones de época que sorprenden por sus bellísimos suelos hidráulicos y el otro con estancias de gusto contemporáneo. ¡Exuberante jardín arbolado!

17 hab ☳ – †154/274 € ††154/274 € – 2 suites

Dels Molins 2 ⊠ 43592 – ☏ 977 47 38 10 – www.hotelvillaretiro.com – cerrado enero

✿ **Villa Retiro** – ver selección restaurantes

XINORLET CHINORLET

Alicante – Mapa regional : **11**-A3
Mapa de carreteras Michelin n° 577-Q27

🅰 **Elías** ⴺ AC ❀ ⇔ **P**

REGIONAL · AMBIENTE CLÁSICO ✗✗ Casa de larga trayectoria familiar que, con una estética actual, ha sabido mantenerse fiel a la cocina regional de toda la vida. Ofrece muchos platos a la brasa de sarmientos y deliciosos arroces, destacando entre ellos el Arroz con conejo y caracoles.

Carta 30/45 €

Rosers 7 ⊠ 03649 – ☏ 966 97 95 17 – www.restauranteelias.es – solo almuerzo – cerrado 7 días en enero, 21 días en junio-julio y domingo

ZAFRA

Badajoz – 16 822 h. – Alt. 509 m – Mapa regional : **12**-B3
Mapa de carreteras Michelin n° 576-Q10

El Acebuche   🛖 🛗 🕮 🕏

COCINA TRADICIONAL · A LA MODA X Sorprende tanto por su buena oferta gastronómica como por su ubicación, en pleno casco histórico. En su comedor, actual-funcional pero con detalles de diseño, le ofrecerán dos cartas combinables entre sí, una a base de tapas y la otra con platos tradicionales.
Menú 25 € – Carta 30/44 €
Santa Marina 3 ✉ *06300 –* 𝒞 *924 55 33 20 – www.elacebuchedezafra.com*
– cerrado 10 días en octubre, 8 días en enero, domingo noche y lunes

La Rebotica   🕮 🕏

COCINA TRADICIONAL · AMBIENTE TRADICIONAL XX Se halla en una callejuela del casco viejo y sorprende por su estética, a modo de casa antigua pero con la cocina a la vista. Platos tradicionales con algún toque oriental.
Menú 35/60 € – Carta 31/48 €
Botica 12 ✉ *06300 Zafra –* 𝒞 *924 55 42 89 – www.lareboticazafra.com – cerrado en 15 días en invierno, 15 días en verano, domingo noche y lunes*

Casa Palacio Conde de la Corte   🐾 ⤓ ⊞ 🕮 🕏

PALACE · CLÁSICA Casa-palacio íntimamente ligada... ¡al mundo del toro bravo y de lidia! Presenta un hermoso patio central, una galería acristalada y elegantes habitaciones de ambiente clásico. Su patio-terraza trasero disfruta de abundante vegetación.
15 hab ☲ – †80/220 € ††125/220 €
pl. del Pilar Redondo 2 ✉ *06300 –* 𝒞 *924 56 33 11 – www.vivedespacio.com*

Parador de Zafra   🏠 🐾 ⤓ ⊞ 🛗 🕮 🕏 🏛

EDIFICIO HISTÓRICO · HISTÓRICA Un castillo del s. XV que permite convivir con la historia. Sus muros albergan auténticos tesoros, como el patio renacentista, la capilla o algunas habitaciones con los techos artesonados. Buena oferta gastronómica de gusto regional y... ¡visitas guiadas!
51 hab – †75/195 € ††75/195 € – ☲ 16 €
pl. Corazón de María 7 ✉ *06300 –* 𝒞 *924 55 45 40 – www.parador.es*

ZAHARA DE LOS ATUNES

Cádiz – 1 591 h. – Mapa regional : **1**-B3
Mapa de carreteras Michelin n° 578-X12

Trasteo   🛖 🕮

MODERNA · SIMPÁTICA 🍴 Un gastrobar de ambiente simpático e informal, pues se decora con enseres reciclados. Cocina de corte actual bien elaborada, fresca y ligera, basada en platos y medios platos.
Ración aprox. 10 €
María Luisa 24 ✉ *11393 –* 𝒞 *956 43 94 78 – cerrado octubre-marzo*

en la carretera de Atlanterra

Antonio   ⪡ 🛖 🕮 🕏 🅿

PESCADOS Y MARISCOS · AMBIENTE CLÁSICO XX Encontrará una coqueta terraza, una zona de espera con expositor de productos y dos salas, ambas de línea clásica con detalles marineros. Carta especializada en pescados de la zona, sobre todo atún de almadraba, así como mariscos y arroces.
Menú 35 € – Carta 36/58 €
Sureste, 1 km ✉ *11393 Zahara de los Atunes –* 𝒞 *956 43 95 42*
– www.restauranteantoniozahara.com – cerrado 5 noviembre-enero

ZAHORA Cádiz → Ver Los Caños de Meca

ZAMORA

62 389 h. – Alt. 650 m – Mapa regional : **8**-B2

Mapa de carreteras Michelin n° 575-H12

 Casa Mariano

COCINA TRADICIONAL · AMBIENTE CLÁSICO XX Dispone de un bar y varios comedores, entre los que destaca el que muestra una sección de la muralla de la ciudad. Tiene un buen horno de leña y la parrilla a la vista, por eso sus especialidades son las carnes asadas y a la brasa.

Menú 14/39 € – Carta 30/45 €

av. Portugal 28 ⊠ 49016 – 𝒞 980 53 44 87 – www.asadorcasamariano.com – cerrado domingo noche

Parador de Zamora

EDIFICIO HISTÓRICO · HISTÓRICA Palacio del s. XV dotado con un bello patio renacentista y un interior que aún emana recuerdos medievales. Amplia zona noble y habitaciones de correcto confort. El restaurante, de línea clásica y con vistas a una terraza, apuesta por la cocina tradicional.

46 hab – ♦90/315 € ♦♦90/315 € – ⊇17 € – 6 suites

pl. de Viriato 5 ⊠ 49001 – 𝒞 980 51 44 97 – www.parador.es

M. Cristofori / age fotostock

NOS GUSTA...

Alojarnos en el vanguardista hotel **Hiberus** y pasear por el Parque del Agua "Luís Buñuel", un meandro del Ebro recuperado y transformado para la EXPO de Zaragoza (2008). Disfrutar de la cocina creativa en restaurantes como **La Prensa** o **Cancook** y salir de tapas por la zona de El Tubo, con un "avituallamiento" obligatorio en la histórica **Casa Lac.**

ZARAGOZA

664 938 h. – Alt. 200 m – Mapa regional : **2**-B2
Mapa de carreteras Michelin nº 574-H27

Restaurantes

🕸 **Cancook** (Ramces González)   AC

CREATIVA · MARCO CONTEMPORÁNEO XX Se encuentra junto al Estadio de La Romareda y sorprende ya solo por el nombre, pues su "Puedo Cocinar" es un guiño al propio equipo por tener varios integrantes formados tras los fogones. En su comedor, de línea actual-minimalista, descubrirá una cocina moderna que realza los sabores de los productos de mercado.

→ Tartar de chuleta a la brasa. Salmonete con escabeche de erizos. Mandarina, especias y azahar.

Menú 45/67 € – solo menú

Plano : A3-a – *Juan II de Aragón 5* ⊠ *50009* – *€ 976 23 95 16*
– *www.cancookrestaurant.com* – *cerrado del 7 al 14 de enero, del 12 al 25 de agosto, domingo noche y lunes*

🕸 **La Prensa** (Marisa Barberán)   🕸🕸 AC 🕸

CREATIVA · MARCO   CONTEMPORÁNEO XX Alma,   imaginación,   sinceridad, sabor... ¡y unas enormes ganas de agradar! En este restaurante de gestión familiar, dotado con una atractiva bodega acristalada y un único comedor de diseño actual, apuestan a través de sus menús por una cocina creativa de fondo tradicional, siempre en base a las mejores materias primas.

→ Alcachofa, tocino y caviar. Vaca, setas y pimiento. Fresas en texturas y rosas.

Menú 60/115 € – solo menú

Plano : C3-c – *José Nebra 3* ⊠ *50007* – *€ 976 38 16 37*
– *www.restaurantelaprensa.com* – *cerrado del 24 al 31 de diciembre, Semana Santa, del 6 al 26 de agosto, domingo y lunes*

 Cuestión de standing: no espere el mismo servicio en un X o en un 🏠 que en un XXXX o en un 🏨🏨🏨.

Quema

MODERNA · DE DISEÑO XX ¡Junto al imponente Museo Pablo Serrano! Este restaurante, de diseño informal y carácter polivalente, propone una carta de tinte actual muy bien elaborada, a precio cerrado y con gran variedad de platos para elegir. La cocina está a la vista tras la barra.

Menú 22/33 €

Plano : B2-a – *paseo María Agustín 20* ✉ *50010* – 𝒞 *976 43 92 14*
– *www.restaurantequema.com* – *cerrado domingo y lunes noche*

⍩○ El Chalet

MODERNA · MARCO CONTEMPORÁNEO XX Su ubicación en una villa permite la distribución de sus salas y privados en dos plantas, siempre con una ambientación clásica-moderna y detalles de elegancia. Cocina de corte actual con platos tradicionales. ¡No se pierda su Steak tartar!

Menú 37/45 € – Carta 35/51 €

Plano : B3-x – *Santa Teresa de Jesús 25* ✉ *50006* – 𝒞 *976 56 91 04*
– *www.elchaletrestaurante.com* – *cerrado Semana Santa, del 10 al 25 de agosto, domingo en verano, domingo noche resto del año y lunes*

⍩○ Novodabo

MODERNA · AMBIENTE CLÁSICO XX Restaurante gastronómico ubicado en una céntrica casa-palacio. Ofrecen una cocina de gusto actual y elegantes detalles, como los bellos frescos o sus altos techos artesonados.

Menú 35/60 € – Carta 38/50 €

Plano : BC2-x – *pl. Aragón 12* ✉ *50004* – 𝒞 *976 56 78 46* – *www.novodabo.com*
– *cerrado del 13 al 26 de agosto, domingo en verano, lunes noche y martes noche*

⍩○ Aragonia Palafox

COCINA TRADICIONAL · ELEGANTE XX De línea rústica elegante y con personalidad. Ofrecen una cocina tradicional con toques actuales y la opción de menús, pudiendo a través de ellos escoger platos de la carta.

Menú 28/48 € – Carta 35/55 €

Plano : E2-k – *Hotel Palafox, Marqués de Casa Jiménez* ✉ *50004*
– 𝒞 *976 79 42 43* – *www.restaurantearagonia.com* – *cerrado agosto*

⍩○ Celebris

MODERNA · DE DISEÑO XX Un restaurante de diseño vanguardista realmente sorprendente, tanto por las cortinas de hilos que rompen los espacios como por su propuesta culinaria, arriesgada y actual.

Menú 19/39 € – Carta 28/38 €

Plano : A1-b – *Hotel Hiberus, paseo de los Puentes 2* ✉ *50018* – 𝒞 *876 54 20 06*
– *www.restaurantecelebris.com*

⍩○ Casa Lac

COCINA TRADICIONAL · HISTÓRICA X ¡Aquí las verduras son las protagonistas! El local, con mucha historia, atesora la licencia más antigua de España como restaurante (1825). Agradable bar de tapas y dos salones, destacando el del piso superior por su ambiente decimonónico.

Menú 19/41 € – Carta 40/55 €

Plano : E2-h – *Mártires 12* ✉ *50003* – 𝒞 *976 39 61 96* – *www.restaurantecasalac.es*
– *cerrado del 14 al 20 de agosto, domingo noche y lunes*

⍩○ Antonio

COCINA TRADICIONAL · FAMILIAR X Resulta íntimo, acogedor y detallista. Aquí encontrará una sabrosa cocina de base tradicional... eso sí, con toques actuales. Los platos destacados de su carta son los Arroces, que cambian con la temporada, el Ternasco y el Steak tartar.

Menú 25/39 € – Carta 30/45 €

Plano : F2-q – *pl. San Pedro Nolasco 5* ✉ *50001* – 𝒞 *976 39 74 74*
– *www.antoniorestaurante.com.es* – *cerrado del 15 al 30 de agosto, domingo noche y lunes*

ZARAGOZA

A   B

b

P

Paseo de los Puentes

0   500 m

1

JARDINES DE ATENAS

Francia   Av.

Av. de la Estación

C. de Berna

JARDINES DE LISBOA

Av. de la Autonomía

Av. de la Ciudad de Soria

Av. de la Puerta de Sancho

C. del Río Cinca

Pasarela de voluntariad

Av. de

Av. de la Almozara

Plaza de Europa

PARQUE DEL BUEN HUMOR

C. de Jc

Renillas

C. del Valle de Br

Av.

Puente de la Almozara

Av. de Navarra

Rioja

Av. de la Ciudad de

PARQUE DE LA ALJAFERÍA

Paseo de los Diputados

Paseo de Sta Lucía

de

de to

C. de la L

Aljafería

Av. de Madrid

C. de Cereros

de

del

Basilio

Boggie

de

PARQUE CASTILLO PALOMAR

C. de Sta Orosia

Rioja

Av. de

Navarra

Paseo de María Callas

C. de

C. de José María

Anselmo Clavé

de

Conde

Ramón Pignat

2

C. de Arias

Nicanor Villalta

C. de Lastanosa

de

Av. de Madrid

Pablo Saravia

C. de Don Pedro de Luna

C. de Italia

C. de Inglaterra

C. de Vicente Berdusán

C. de Bolivia

C. de Escoriaza y Fabro

Via

de Barcelona

de Caspe

de las Delicias

Uncet

Plaza de Roma

IAACC Pablo Serrano

a

C. de Agustín

Puerta del Carmen

C. de Daroca

PARQUE DE DELICIAS

Plaza de los Donantes de Órganos

C. de Pedro Lucas Gallego

Universidad

de la

Duquesa de Villahermosa

Av. de

Plaza de Santo Domingo Savio

Av. de

C. de Santander

C. de Tarragona

Paseo de Teruel

C. de Ávila de Burgos

C. del Carmen

C. de Valencia

Paseo de Goya

Hernán Cortés

C. del Doctor Cerrada

C. de

c

Gran Vía

C. de Mariano de Lagasca

Jardines de Avempace

JARDINES de Avicebrón

Av. de S. Juan Bosco

Av. de la Corona de Aragón

C. de Menéndez Pelayo

Av. de Goya

Av. de Martín Ruizanglada

Av. de

Paseo

PARC PIGNA

3

Av. del Alcalde Gómez Laguna

C. de Juan Pablo

Jardines de Al-Andalus

b

Carlos II

C. de los Condes de Aragón

Domingo Miral

C. de Violante de Hungría

C. de Domingo Miral de

C. de Eduardo Ibarra

C. de Pedro

Arzobispo Apolinar

P

P

C. de Sta Teresa de Jesús

x

Paseo de Don Bernardo El Católico

Río Huerva

C. de Sevilla

C. del Porvenir

C. de Miguel Labala

Vía Hispanidad

C. de Miguel Asín y Palacios

C. de Jerusalén

a

Paseo de Isabel La Católica

Huerva

Plátanos

S.

Sebastián

sol

de

Paseo de

Paseo de los Ruiseñores

Maestro

C. del

C. del Estremia

Vía Hispanidad

C. del Padre Arrupe

PARQUE GRANDE JOSÉ ANTONIO LABORDETA

Paseo

de

Vía de Colón

Ramón Pignat

C. de Venecia

C. de Jenaro Chec

C. de Gastón de Bearne

C. del Centro

A   B

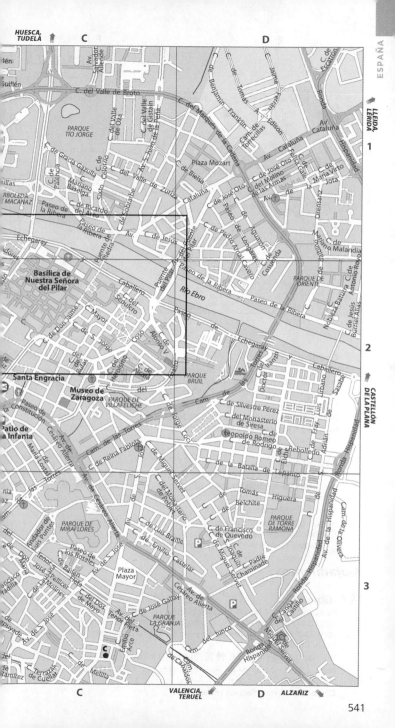

ZARAGOZA

0 — 150 m

‖○ Gamberro 🔵   AC ✗

CREATIVA · MARCO CONTEMPORÁNEO ✗ Una apuesta... ¡diferente! Aquí plantean una cocina creativa, arriesgada y personal, con detalles orientales y una constante búsqueda de contrastes a través de las texturas.

Menú 44/66 € – solo menú

Plano : E2-x – *Blasón Aragonés 6* ✉ *50003 –* 𝒞 *696 93 27 81 (es necesario reservar) –* www.restaurantegamberro.es

– *cerrado lunes y martes*

‖○ Crudo 🔵   AC ✗

FUSIÓN · MARCO CONTEMPORÁNEO ⑨ Una taberna de carácter gastronómico que busca su identidad trabajando con productos crudos y marinados. Su carta denota influencias niponas, mediterráneas y latinoamericanas.

Tapa 5 € – Ración aprox. 15 €

Plano : B2-c – *Doctor Cerrada 40* ✉ *50005 –* 𝒞 *876 71 01 47*

– www.crudozaragoza.com

– *cerrado 7 días en enero, 20 días en agosto, domingo y lunes*

Alojamientos

🏨 Hiberus   ⇐ 🛋 🖨 ⚛ AC ✗ 🧖 🚗

NEGOCIOS · DE DISEÑO Magnífico hotel ubicado junto al Parque Metropolitano del Agua. Ofrece amplias zonas comunes, interiores minimalistas, una zona chill out junto a la piscina y luminosas habitaciones, casi todas con vistas al Ebro.

168 hab 🗖 – †84/202 € ††99/214 € – 8 suites

Plano : A1-b – *paseo de los Puentes 2* ✉ *50018 –* 𝒞 *876 54 20 08*

– www.palafoxhoteles.com

‖○ **Celebris** – ver selección restaurantes

🏨 Palafox

NEGOCIOS · CLÁSICA Resulta céntrico y sorprende por su decoración... no en vano, está firmada por el famoso interiorista Pascua Ortega. Encontrará salones de gran capacidad y habitaciones de estilo clásico, estas últimas repartidas en tres categorías: Hotel, Club y Ducal.

160 hab – 🛏107/342 € 🛏🛏119/342 € – ⬚ 20 € – 19 suites

Plano : E2-k – *Marqués de Casa Jiménez* ✉ 50004 – *ℰ976 23 77 00*
– *www.palafoxhoteles.com*

🍴 **Aragonia Palafox** – ver selección restaurantes

🏨 Reina Petronila

NEGOCIOS · ELEGANTE Diseñado por un prestigioso arquitecto... ¡Rafael Moneo! Su atractivo exterior encuentra la réplica en un interior muy moderno, con un auditorio y numerosos servicios. En su cafetería encontrará una pequeña carta para comidas informales.

162 hab ⬚ – 🛏104/222 € 🛏🛏116/234 € – 15 suites

Plano : A3-b – *av. Alcalde Sáinz de Varanda 2* ✉ 50009 – *ℰ876 54 11 36*
– *www.palafoxhoteles.com*

ZEANURI

Vizcaya – 1 258 h. – Alt. 230 m – Mapa regional : **18**-A2
Mapa de carreteras Michelin n° 573-C21

en el barrio de Ipiñaburu Sur : 4 km

🏠 Etxegana

FAMILIAR · PERSONALIZADA ¡Ideal para aislarse! Este bello caserío, en pleno campo, ofrece habitaciones que fusionan la estética vasca y de indonesia, con materiales de calidad, tallas y algún detalle moderno. Pequeño SPA y buen restaurante de cocina tradicional, con vistas al valle.

18 hab ⬚ – 🛏80/120 € 🛏🛏120/140 €

Ipiñaburu 38 ✉ 48144 *Zeanuri* – *ℰ946 33 84 48* – *www.etxegana.com* – *cerrado enero salvo fines de semana*

ZOZAIA Navarra → Ver Oronoz

ZUMARRAGA

Guipúzcoa – 9 921 h. – Alt. 354 m – Mapa regional : **18**-B2
Mapa de carreteras Michelin n° 573-C23

🍴 Kabia

COCINA TRADICIONAL · FAMILIAR Una casa, llevada en familia, donde apuestan por la cocina tradicional actualizada. La carta, algo escueta, siempre es completa con sugerencias diarias e interesantes menús.

Menú 20/45 € – Carta 39/58 €

Legazpi 5 ✉ 20700 – *ℰ943 72 62 74* – *www.restaurantekabia.com* – *solo almuerzo salvo viernes y sábado* – *cerrado 9 días en enero, Semana Santa, 21 días en agosto y lunes*

Índice temático

Índice temático

LAS ESTRELLAS DE BUENA MESA

RESTAURANTES COM ESTRELAS ✻

N Nuevo establecimiento con distinción
N *Novo estabelecimento com distinção*

ANDALUCÍA

Casares (Málaga)	Kabuki Raw ✻
Chiclana de la Frontera / Novo Sancti Petri (Cádiz)	Alevante ✻
Córdoba (Córdoba)	Choco ✻
Córdoba (Córdoba)	Noor ✻
El Ejido (Almería)	La Costa ✻
Fuengirola (Málaga)	Sollo ✻
Huelva (Huelva)	Acánthum ✻
Jaén (Jaén)	Bagá ✻ **N**
Jerez de la Frontera (Cádiz)	LÚ Cocina y Alma ✻ **N**
Málaga (Málaga)	José Carlos García ✻
Marbella (Málaga)	Dani García ✻✻✻ **N**
Marbella (Málaga)	El Lago ✻
Marbella (Málaga)	Messina ✻
Marbella (Málaga)	Skina ✻
El Puerto de Santa María (Cádiz)	Aponiente ✻✻✻
Ronda (Málaga)	Bardal ✻
Roquetas de Mar (Almería)	Alejandro ✻
Sevilla (Sevilla)	Abantal ✻

ARAGÓN

Huesca (Huesca)	Lillas Pastia ✻
Huesca (Huesca)	Tatau ✻
Tramacastilla (Teruel)	Hospedería El Batán ✻
Zaragoza (Zaragoza)	Cancook ✻ **N**
Zaragoza (Zaragoza)	La Prensa ✻

ASTURIAS

Arriondas	Casa Marcial ✻✻
Arriondas	El Corral del Indianu ✻
Gijón	Auga ✻
Gijón	La Salgar ✻
Llanes / Pancar	El Retiro ✻
Prendes	Casa Gerardo ✻
Ribadesella	Arbidel ✻
Salinas	Real Balneario ✻

BALEARES (ISLAS)

Mallorca / Es Capdellà	Zaranda ✻✻
Mallorca / Capdepera	Andreu Genestra ✻

Mallorca / Deià	Es Racó d'Es Teix ✿
Mallorca / Palma	Adrián Quetglas ✿
Mallorca / Palma	Marc Fosh ✿
Mallorca / Palmanova	Es Fum ✿
Mallorca / Port d'Alcudia	Maca de Castro ✿
Mallorca / Port de Pollença	Argos ✿

CANARIAS (ISLAS)

Tenerife / Guía de Isora (Santa Cruz de Tenerife)	Abama Kabuki ✿
Tenerife / Guía de Isora (Santa Cruz de Tenerife)	M.B ✿✿
Tenerife / La Laguna (Santa Cruz de Tenerife)	Nub ✿
Tenerife / Los Gigantes (Santa Cruz de Tenerife)	El Rincón de Juan Carlos ✿
Tenerife / Santa Cruz de Tenerife (Santa Cruz de Tenerife)	Kazan ✿

CANTABRIA

Ampuero / La Bien Aparecida	Solana ✿
Hoznayo	La Bicicleta ✿
Puente Arce	El Nuevo Molino ✿
San Vicente de la Barquera	Annua ✿✿
Santander	El Serbal ✿
Villaverde de Pontones	Cenador de Amós ✿✿

CASTILLA-LA MANCHA

Almansa (Albacete)	Maralba ✿✿
Cuenca (Cuenca)	Trivio ✿ **N**
Illescas (Toledo)	El Bohío ✿
Sigüenza (Guadalajara)	El Doncel ✿
Sigüenza / Alcuneza (Guadalajara)	El Molino de Alcuneza ✿ **N**
Toledo (Toledo)	El Carmen de Montesión ✿
Torrico / Valdepalacios (Toledo)	Tierra ✿

CASTILLA Y LEÓN

Benavente (Zamora)	El Ermitaño ✿
Burgos (Burgos)	Cobo Vintage ✿
León (León)	Cocinandos ✿
León (León)	Pablo ✿ **N**
Matapozuelos (Valladolid)	La Botica ✿
Navaleno (Soria)	La Lobita ✿
Salamanca (Salamanca)	Víctor Gutiérrez ✿
Sardón de Duero (Valladolid)	Refectorio ✿
Segovia (Segovia)	Villena ✿
Soria (Soria)	Baluarte ✿
Valladolid (Valladolid)	Trigo ✿

CATALUÑA

Arbúcies (Girona)	Les Magnòlies ✿
Banyoles (Girona)	Ca l'Arpa ✿
Barcelona (Barcelona)	ABaC ✿✿✿
Barcelona (Barcelona)	Alkimia ✿
Barcelona (Barcelona)	Angle ✿
Barcelona (Barcelona)	La Barra de Carles Abellán ✿ **N**
Barcelona (Barcelona)	Caelis ✿
Barcelona (Barcelona)	Cocina Hermanos Torres ✿✿ **N**
Barcelona (Barcelona)	Disfrutar ✿✿
Barcelona (Barcelona)	Dos Palillos ✿

Barcelona (Barcelona)	Enigma ✿
Barcelona (Barcelona)	Enoteca ✿✿
Barcelona (Barcelona)	Gaig ✿
Barcelona (Barcelona)	Hisop ✿
Barcelona (Barcelona)	Hofmann ✿
Barcelona (Barcelona)	Hoja Santa ✿
Barcelona (Barcelona)	Koy Shunka ✿
Barcelona (Barcelona)	Lasarte ✿✿✿
Barcelona (Barcelona)	Moments ✿✿
Barcelona (Barcelona)	Oria ✿ **N**
Barcelona (Barcelona)	Pakta ✿
Barcelona (Barcelona)	Tickets ✿
Barcelona (Barcelona)	Via Veneto ✿
Barcelona (Barcelona)	Xerta ✿
Barcelona / Santa Coloma de Gramenet (Barcelona)	Lluerna ✿
Bellvís (Lleida)	La Boscana ✿
Calldetenes (Barcelona)	Can Jubany ✿
Cambrils (Tarragona)	Can Bosch ✿
Cambrils (Tarragona)	Rincón de Diego ✿
Castelló d'Empúries (Girona)	Emporium ✿
Cercs (Barcelona)	Estany Clar ✿
Corçà (Girona)	Bo.TiC ✿
Gimenells (Lleida)	Malena ✿
Girona (Girona)	El Celler de Can Roca ✿✿✿
Girona (Girona)	Massana ✿
Gombrèn (Girona)	La Fonda Xesc ✿
Llafranc (Girona)	Casamar ✿
Llagostera (Girona)	Els Tinars ✿
Llançà (Girona)	Miramar ✿✿
El Masnou (Barcelona)	Tresmacarrons ✿
Olost (Barcelona)	Sala ✿
Olot (Girona)	Les Cols ✿✿
Peralada (Girona)	Castell Peralada ✿
Roses / Playa de Canyelles Petites (Girona)	Els Brancs ✿
S'Agaró (Girona)	Terra ✿ **N**
Sagàs (Barcelona)	Els Casals ✿
Sant Fruitós de Bages (Barcelona)	L'Ó ✿
Sort (Lleida)	Fogony ✿
Tossa de Mar (Girona)	La Cuina de Can Simon ✿
Ulldecona (Tarragona)	L'Antic Molí ✿
Ulldecona (Tarragona)	Les Moles ✿
La Vall de Bianya (Girona)	Ca l'Enric ✿
Xerta (Tarragona)	Villa Retiro ✿

EXTREMADURA

Cáceres (Cáceres)	Atrio ✿✿

GALICIA

Cambados (Pontevedra)	Yayo Daporta ✿
A Coruña (A Coruña)	Árbore da Veira ✿
O Grove / Reboredo (Pontevedra)	Culler de Pau ✿
Malpica de Bergantiños / Barizo (A Coruña)	As Garzas ✿
Ourense (Ourense)	Nova ✿
Pontevedra / San Salvador de Poio (Pontevedra)	Solla ✿
Raxo (Pontevedra)	Pepe Vieira ✿

Santa Comba (A Coruña)	Retiro da Costiña ❀
Santiago de Compostela (A Coruña)	Casa Marcelo ❀
Santiago de Compostela (A Coruña)	A Tafona ❀ **N**
Vigo (Pontevedra)	Maruja Limón ❀

MADRID (COMUNIDAD)

Madrid	Álbora ❀
Madrid	A'Barra ❀
Madrid	La Candela Restò ❀
Madrid	Cebo ❀
Madrid	Clos Madrid ❀ **N**
Madrid	El Club Allard ❀
Madrid	Coque ❀❀
Madrid	Corral de la Morería Gastronómico ❀ **N**
Madrid	DiverXO ❀❀❀
Madrid	DSTAgE ❀❀
Madrid	Gaytán ❀
Madrid	El Invernadero ❀ **N**
Madrid	Kabuki ❀
Madrid	Kabuki Wellington ❀
Madrid	Lúa ❀
Madrid	Punto MX ❀
Madrid	Ramón Freixa Madrid ❀❀
Madrid	Santceloni ❀❀
Madrid	La Tasquería ❀ **N**
Madrid	La Terraza del Casino ❀❀
Madrid	Yugo ❀ **N**
San Lorenzo de El Escorial	Montia ❀
Valdemoro	Chirón ❀

MURCIA (REGIÓN)

Murcia / El Palmar	Cabaña Buenavista ❀❀

NAVARRA

Iruña / Pamplona	Europa ❀
Iruña / Pamplona	Rodero ❀
Urdaitz	El Molino de Urdániz ❀❀ **N**

PAÍS VASCO

Amorebieta / Boroa (Vizcaya)	Boroa ❀
Axpe (Vizcaya)	Etxebarri ❀
Bilbao (Vizcaya)	Eneko Bilbao ❀ **N**
Bilbao (Vizcaya)	Etxanobe Atelier ❀ **N**
Bilbao (Vizcaya)	Mina ❀
Bilbao (Vizcaya)	Nerua ❀
Bilbao (Vizcaya)	Zarate ❀
Bilbao (Vizcaya)	Zortziko ❀
Donostia / San Sebastián (Guipúzcoa)	Akelaře ❀❀❀
Donostia / San Sebastián (Guipúzcoa)	Amelia ❀
Donostia / San Sebastián (Guipúzcoa)	Arzak ❀❀❀
Donostia / San Sebastián (Guipúzcoa)	eMe Be Garrote ❀ **N**
Donostia / San Sebastián (Guipúzcoa)	Kokotxa ❀
Donostia / San Sebastián (Guipúzcoa)	Mirador de Ulía ❀
Elciego (Álava)	Marqués de Riscal ❀
Errenteria (Guipúzcoa)	Mugaritz ❀❀

Galdakao (Vizcaya)	Andra Mari ❀
Getaria (Guipúzcoa)	Elkano ❀
Hondarribia (Guipúzcoa)	Alameda ❀
Larrabetzu (Vizcaya)	Azurmendi ❀❀❀
Larrabetzu (Vizcaya)	Eneko ❀
Lasarte-Oria (Guipúzcoa)	Martín Berasategui ❀❀❀
Oiartzun (Guipúzcoa)	Zuberoa ❀

LA RIOJA

Daroca de Rioja	Venta Moncalvillo ❀
Ezcaray	El Portal ❀❀
Logroño	Ikaro ❀ **N**
Logroño	Kiro Sushi ❀

VALENCIANA (COMUNIDAD)

Alacant (Alicante)	Monastrell ❀
Benicarló (Castellón)	Raúl Resino ❀
Calp (Alicante)	Audrey's by Rafa Soler ❀
Calp (Alicante)	Beat ❀ **N**
Calp (Alicante)	Orobianco ❀ **N**
Cocentaina (Alicante)	L'Escaleta ❀❀
Daimús (València)	Casa Manolo ❀
Dénia (Alicante)	Quique Dacosta ❀❀❀
Elx (Alicante)	La Finca ❀
La Nucía (Alicante)	El Xato ❀ **N**
Ondara (Alicante)	Casa Pepa ❀
Ontinyent (València)	Sents ❀
València (València)	El Poblet ❀
València (València)	Ricard Camarena ❀❀ **N**
València (València)	Riff ❀
València (València)	Sucede ❀
Vall d'Alba (Castellón)	Cal Paradís ❀
Xàbia (Alicante)	BonAmb ❀❀
Xàbia (Alicante)	El Rodat ❀

BIB GOURMAND

BIB GOURMAND

N Nuevo establecimiento con distinción
N *Novo estabelecimento com distinção*

ANDALUCÍA

Agua Amarga (Almería)	Asador La Chumbera
Almuñécar (Granada)	El Chaleco
Cádiz (Cádiz)	Sopranis
Los Caños de Meca / Zahora (Cádiz)	Arohaz
Cazalla de la Sierra (Sevilla)	Agustina
Cazorla (Jaén)	Mesón Leandro
Chipiona (Cádiz)	Casa Paco
Córdoba (Córdoba)	La Cuchara de San Lorenzo
Córdoba (Córdoba)	El Envero
Córdoba (Córdoba)	La Lonja
Córdoba (Córdoba)	La Taberna de Almodóvar
Estepona (Málaga)	El Palangre
Gaucín (Málaga)	Platero & Co
Jaén (Jaén)	Oliva Garden
Jerez de la Frontera (Cádiz)	La Condesa
Linares (Jaén)	Canela en Rama
Linares (Jaén)	Los Sentidos
Linares de la Sierra (Huelva)	Arrieros
Málaga (Málaga)	Café de París **N**
Málaga (Málaga)	Figón de Juan
Marbella (Málaga)	Aderezzo
Marbella (Málaga)	BiBo
Medina-Sidonia (Cádiz)	El Duque
Medina-Sidonia (Cádiz)	Venta La Duquesa
Monachil (Granada)	La Cantina de Diego
Montellano (Sevilla)	Deli
Los Palacios y Villafranca (Sevilla)	Manolo Mayo
Puente-Genil (Córdoba)	Casa Pedro
El Rocío (Huelva)	Aires de Doñana
Sanlúcar de Barrameda (Cádiz)	Casa Bigote
Sevilla (Sevilla)	Az-Zait
Sevilla (Sevilla)	Cañabota
Sevilla (Sevilla)	El Gallinero de Sandra
Sevilla (Sevilla)	Torres y García
Úbeda (Jaén)	Amaranto
Úbeda (Jaén)	Cantina La Estación
Valverde del Camino (Huelva)	Casa Dirección
Vera (Almería)	Juan Moreno

ARAGÓN

Barbastro (Huesca)	Trasiego **N**
Biescas (Huesca)	El Montañés
Cariñena (Zaragoza)	La Rebotica

Castellote (Teruel)	Castellote
Chía (Huesca)	Casa Chongastán
La Fresneda (Teruel)	Matarraña
Hecho (Huesca)	Canteré
Mora de Rubielos (Teruel)	El Rinconcico
Plan (Huesca)	La Capilleta **N**
La Puebla de Valverde (Teruel)	La Fondica
Ráfales (Teruel)	La Alquería
Salas Bajas (Huesca)	L'Usuella **N**
Sallent de Gállego / El Formigal (Huesca)	Vidocq
Sarvisé (Huesca)	Casa Frauca
Sos del Rey Católico (Zaragoza)	La Cocina del Principal
Tamarite de Litera (Huesca)	Carmen
Tarazona (Zaragoza)	La Merced de la Concordia
Teruel (Teruel)	Yain
Zaragoza (Zaragoza)	Quema

ASTURIAS

Oviedo	Ca'Suso **N**
Oviedo	El Foralín **N**
Posada de Llanera	La Corriquera
Puerto de Vega	Mesón el Centro **N**
San Román de Candamo	El Llar de Viri **N**

BALEARES (ISLAS)

Mallorca / Inca	Sa Fàbrica
Mallorca / Palma	Aromata
Menorca / Ciutadella de Menorca	Smoix

CANARIAS (ISLAS)

Gran Canaria / Arucas (Las Palmas)	Casa Brito
Gran Canaria / Las Palmas de Gran Canaria (Las Palmas)	Deliciosamarta
Gran Canaria / Las Palmas de Gran Canaria (Las Palmas)	Qué Leche
Lanzarote / Arrecife (Las Palmas)	Lilium
Lanzarote / Famara (Las Palmas)	El Risco
Tenerife / Chimiche (Santa Cruz de Tenerife)	Casa Fito
Tenerife / San Andrés (Santa Cruz de Tenerife)	La Posada del Pez
Tenerife / Tegueste (Santa Cruz de Tenerife)	La Sandunga

CANTABRIA

Borleña	Mesón de Borleña
Cosgaya	Del Oso **N**
Oruña	El Hostal **N**
Puente San Miguel	Hostería Calvo
Ruiloba	El Remedio **N**
Santander	Agua Salada
Santander	Querida Margarita
Santander	Umma **N**
Santander	VORS

CASTILLA-LA MANCHA

Albacete (Albacete)	Don Gil
Cabañas de la Sagra (Toledo)	Casa Elena

Cañete (Cuenca)	La Muralla
Ocaña (Toledo)	Palio
Sigüenza (Guadalajara)	Nöla
Villalba de la Sierra (Cuenca)	Mesón Nelia
Villarrobledo (Albacete)	Azafrán

CASTILLA Y LEÓN

Astorga (León)	Las Termas
Boceguillas (Segovia)	Área de Boceguillas
Burgos (Burgos)	La Fábrica
Cacabelos / Canedo (León)	Palacio de Canedo
Covarrubias (Burgos)	De Galo
Espinosa de los Monteros (Burgos)	Posada Real Torre Berrueza
León (León)	Becook
León (León)	LAV **N**
Lerma (Burgos)	Casa Brigante
Morales de Rey (Zamora)	Brigecio
Navaleno (Soria)	El Maño
Salamanca (Salamanca)	El Alquimista
San Miguel de Valero (Salamanca)	Sierra Quil'ama
Valencia de Don Juan (León)	Casa Alcón
Valladolid (Valladolid)	Don Bacalao
Valladolid / Pinar de Antequera (Valladolid)	Llantén
Vecinos (Salamanca)	Casa Pacheco
La Vid (Burgos)	La Casona de La Vid

CATALUÑA

Alp (Girona)	Casa Patxi
Amposta (Tarragona)	L'Algadir
Anglès (Girona)	L'Aliança 1919 d'Anglès
Artesa de Lleida (Lleida)	Antoni Rubies
Badalona (Barcelona)	Olmosgourmet
Banyoles (Girona)	Quatre Estacions
Barcelona (Barcelona)	Senyor Parellada
Barcelona (Barcelona)	Vivanda
Barcelona / Santa Coloma de Gramenet (Barcelona)	Ca n'Armengol
Barcelona / Santa Coloma de Gramenet (Barcelona)	Verat **N**
Bossòst (Lleida)	Er Occitan
Bossòst (Lleida)	El Portalet
Caldes de Montbui (Barcelona)	Mirko Carturan Cuiner
Canet de Mar (Barcelona)	La Font
L'Escala (Girona)	La Gruta
L'Escala / Cinc Claus (Girona)	Mas Concas
Falset (Tarragona)	El Celler de L'Aspic
Figueres (Girona)	Cap i Pota
La Garriga (Barcelona)	Vinòmic **N**
Girona (Girona)	Nu
Els Hostalets d'En Bas (Girona)	L'Hostalet
Igualada (Barcelona)	Somiatruites
Linyola (Lleida)	Amoca
Llançà (Girona)	El Vaixell
Lleida (Lleida)	Aimia
Lleida (Lleida)	Ferreruela
Maçanet de Cabrenys (Girona)	Els Caçadors

Martinet (Lleida)	Fonda Pluvinet
Montornès del Vallès (Barcelona)	Lucerón
Palamós (Girona)	La Salinera
Palau-Sator (Girona)	Mas Pou
Pals (Girona)	Vicus
El Pont de Bar (Lleida)	La Taverna dels Noguers
Ponts (Lleida)	Lo Ponts
Sabadell (Barcelona)	Duuo
Sant Pau d'Ordal (Barcelona)	Cal Xim
Sant Quirze del Vallès (Barcelona)	Can Ferrán
Sant Sadurní d'Anoia (Barcelona)	La Cava d'en Sergi
Santa Coloma de Queralt (Tarragona)	Hostal Colomí
Siurana (Tarragona)	Els Tallers
Solivella (Tarragona)	Cal Travé
Sudanell (Lleida)	La Lluna
Terrassa (Barcelona)	El Cel de les Oques
Terrassa (Barcelona)	Sara
Terrassa (Barcelona)	Vapor Gastronòmic
Torà (Lleida)	Hostal Jaumet
Vallromanes (Barcelona)	Can Poal
Vic (Barcelona)	Divicnus
Vielha / Escunhau (Lleida)	El Niu
Vilamarí (Girona)	Can Boix

EXTREMADURA

Cáceres (Cáceres)	Madruelo
Hervás (Cáceres)	El Almirez
Hervás (Cáceres)	Nardi
Zafra (Badajoz)	El Acebuche

GALICIA

Arcade (Pontevedra)	Arcadia
Baiona (Pontevedra)	Paco Durán
Boqueixón / Codeso (A Coruña)	O Balado
Cambados (Pontevedra)	Ribadomar
Cambados (Pontevedra)	A Taberna do Trasno
Cánduas (A Coruña)	Mar de Ardora
Cangas / Hío (Pontevedra)	Doade
A Coruña (A Coruña)	El de Alberto
A Coruña (A Coruña)	Artabria **N**
Esteiro (A Coruña)	Muiño
Ferrol (A Coruña)	O Camiño do Inglés
A Guarda (Pontevedra)	Trasmallo
A Guarda (Pontevedra)	Xantar **N**
Negreira (A Coruña)	Casa Barqueiro
Negreira (A Coruña)	Santiago Bidea
Oleiros (A Coruña)	Comei Bebei
Ponte Ulla (A Coruña)	Villa Verde
Santiago de Compostela (A Coruña)	Café de Altamira **N**
Santiago de Compostela (A Coruña)	Ghalpón Abastos
Santiago de Compostela (A Coruña)	A Horta d'Obradoiro
Santiago de Compostela (A Coruña)	Mar de Esteiro
Vigo (Pontevedra)	Casa Marco

MADRID (COMUNIDAD)

Alcalá de Henares	Ambigú
Guadarrama	La Calleja
Madrid	Atlantik Corner
Madrid	Bacira
Madrid	La Castela
Madrid	Castelados
Madrid	Gala
Madrid	La MaMá **N**
Madrid	La Maruca
Madrid	La Montería
Madrid	Tepic
Madrid	Las Tortillas de Gabino
Madrid	Triciclo
Madrid	Tripea **N**
Moralzarzal	Zalea

MURCIA (REGIÓN)

Cartagena / Los Dolores	La Cerdanya
La Manga del Mar Menor / Urbanización Playa Honda	Malvasía
Murcia	Alborada
Ricote	El Sordo
San Pedro del Pinatar	Juan Mari

NAVARRA

Belate (Puerto de)	Venta de Ulzama
Donamaria	Donamaria'ko Benta
Iruña / Pamplona	Ábaco
Legasa	Arotxa

PAÍS VASCO

Bilbao (Vizcaya)	Los Fueros
Donostia / San Sebastián (Guipúzcoa)	Galerna
Donostia / San Sebastián (Guipúzcoa)	Topa
Laguardia (Álava)	Amelibia
Páganos (Álava)	Héctor Oribe
Pasai Donibane (Guipúzcoa)	Txulotxo

LA RIOJA

Casalarreina	La Vieja Bodega
Logroño	La Cocina de Ramón

VALENCIANA (COMUNIDAD)

Alacant (Alicante)	Govana
Alacant (Alicante)	Pópuli Bistró
L'Alcora (Castellón)	Sant Francesc
Alcossebre (Castellón)	El Pinar
Alfafara (Alicante)	Casa el Tio David
Almoradí (Alicante)	El Buey
Alzira (València)	Cami·Vell
Benifaió (València)	Juan Veintitrés
Calp (Alicante)	Komfort

El Campello (Alicante)	Brel
El Castell de Guadalest (Alicante)	Nou Salat
Castelló de la Plana (Castellón)	Aqua
Castelló de la Plana (Castellón)	ReLevante
Cocentaina (Alicante)	El Laurel
Elx (Alicante)	Frisone
Meliana (València)	Ca' Pepico
Morella (Castellón)	Daluan
Morella (Castellón)	Mesón del Pastor
Morella (Castellón)	Vinatea
Piles (València)	GloriaMar
El Pinós (Alicante)	El Racó de Pere i Pepa
Sagunt (València)	Negresca
Segorbe (Castellón)	María de Luna
València (València)	Blanqueries
València (València)	Boix Quatre
València (València)	2 Estaciones
València (València)	Entrevins
València (València)	Goya Gallery
València (València)	Gran Azul
València (València)	Kaymus
València (València)	Lienzo
València (València)	Saiti
Xinorlet (Alicante)	Elías

HOTELES AGRADABLES

HOTÉIS AGRADÁVEIS

ANDALUCÍA

Baza (Granada)	Cuevas Al Jatib
Benahavís (Málaga)	Amanhavis
Las Cabezas de San Juan (Sevilla)	Hacienda de San Rafael
Córdoba (Córdoba)	Balcón de Córdoba
Córdoba (Córdoba)	Palacio del Bailío
Granada (Granada)	Casa Morisca
Granada / La Alhambra (Granada)	Alhambra Palace
Granada / La Alhambra (Granada)	América
Granada / La Alhambra (Granada)	Parador de Granada
Huétor-Vega (Granada)	Villa Sur
Loja / Finca La Bobadilla (Granada)	Barceló La Bobadilla
Marbella (Málaga)	Marbella Club
Marbella (Málaga)	Puente Romano
Marbella (Málaga)	La Villa Marbella
Monachil (Granada)	La Almunia del Valle
Nerja (Málaga)	Carabeo
Ojén (Málaga)	La Posada del Ángel
Osuna (Sevilla)	La Casona de Calderón
Ronda (Málaga)	San Gabriel
Sevilla (Sevilla)	Alcoba del Rey de Sevilla
Sevilla (Sevilla)	Casa 1800
Sevilla (Sevilla)	Corral del Rey
Vilches (Jaén)	El Añadío

ARAGÓN

Abizanda (Huesca)	La Demba
Albarracín (Teruel)	Casa de Santiago
Albarracín (Teruel)	La Casona del Ajimez
Buera (Huesca)	La Posada de Lalola
Calaceite (Teruel)	Hotel del Sitjar
La Fresneda (Teruel)	El Convent 1613
Fuentespalda (Teruel)	La Torre del Visco
Monroyo (Teruel)	Consolación
Sallent de Gállego (Huesca)	Almud
Sallent de Gállego / Lanuza (Huesca)	La Casueña

ASTURIAS

Arriondas	Puebloastur
Cadavedo	Torre de Villademoros
Cudillero	Casona de la Paca
Llanes / La Pereda	CAEaCLAVELES
Oviedo	Castillo del Bosque la Zoreda
Panes / Allés	La Tahona de Besnes

Pravia	Antiguo Casino 🏨
Villamayor	Palacio de Cutre 🏨

BALEARES (ISLAS)

Mallorca / Artà	Can Moragues 🏨
Mallorca / Cala Blava	Cap Rocat 🏨
Mallorca / Canyamel	Can Simoneta 🏨
Mallorca / Es Capdellà	Castell Son Claret 🏨
Mallorca / Capdepera	Predi Son Jaumell 🏨
Mallorca / Deià	Belmond La Residencia 🏨
Mallorca / Deià	Sa Pedrissa 🏨
Mallorca / Lloseta	Cas Comte 🏨
Mallorca / Palma	Calatrava 🏨
Mallorca / Palma	Can Alomar 🏨
Mallorca / Palma	Can Cera 🏨
Mallorca / Palma	Castillo H. Son Vida 🏨
Mallorca / Palma	Palacio Ca Sa Galesa 🏨
Mallorca / Palma	Sant Francesc 🏨
Mallorca / Pollença	Son Brull 🏨
Mallorca / Porto Cristo	Son Mas 🏨
Mallorca / Puigpunyent	G.H. Son Net 🏨
Mallorca / Santa Margalida	Casal Santa Eulàlia 🏨
Mallorca / Sant Llorenç des Cardassar	Son Penya 🏨
Mallorca / Sóller	Ca N'ai 🏨
Mallorca / Sóller	Ca's Xorc 🏨
Mallorca / Sóller	Son Grec 🏨
Mallorca / Son Servera	Son Gener 🏨
Mallorca / Valldemossa	Valldemossa 🏨
Menorca / Cala en Porter	Torralbenc 🏨
Menorca / Es Castell	Sant Joan de Binissaida 🏨
Menorca / Sant Lluís	Alcaufar Vell 🏨
Menorca / Sant Lluís	Biniarroca 🏨
Ibiza / Eivissa	Mirador de Dalt Vila 🏨
Ibiza / Sant Miquel de Balansat	Can Pardal 🏨
Ibiza / Sant Miquel de Balansat	Cas'Pla 🏨
Ibiza / Sant Miquel de Balansat	Hacienda Na Xamena 🏨
Ibiza / Santa Eulària des Riu	Can Curreu 🏨
Ibiza / Santa Gertrudis de Fruitera	Cas Gasi 🏨

CANARIAS (ISLAS)

Gran Canaria / Maspalomas (Las Palmas)	Grand H. Residencia 🏨
Fuerteventura / Corralejo (Las Palmas)	Gran Hotel Atlantis Bahía Real 🏨
Tenerife / Garachico (Santa Cruz de Tenerife)	San Roque 🏨
Tenerife / Guía de Isora (Santa Cruz de Tenerife)	The Ritz-Carlton, Abama 🏨
Tenerife / Playa de las Américas (Santa Cruz de Tenerife)	G.H. Bahía del Duque 🏨
La Gomera / San Sebastián de la Gomera (Santa Cruz de Tenerife)	Parador de San Sebastián de La Gomera 🏨
La Palma / Tazacorte (Santa Cruz de Tenerife)	Hacienda de Abajo 🏨

CANTABRIA

Ajo	Palacio de la Peña 🏨
Comillas / El Tejo	La Posada Los Trastolillos 🏨

CASTILLA-LA MANCHA

CASTILLA Y LEÓN

CATALUÑA

Barcelona (Barcelona)	The One Barcelona 🏨
Barcelona (Barcelona)	El Palace 🏨
Barcelona (Barcelona)	The Serras 🏨
Barcelona (Barcelona)	Sofia 🏨
Begur (Girona)	Aiguaclara 🏠
La Bisbal d'Empordà (Girona)	Castell d'Empordà 🏨
Bolvir de Cerdanya (Girona)	Torre del Remei 🏨
Cabrils (Barcelona)	Mas de Baix 🏨
Cadaqués (Girona)	Calma Blanca 🏨
La Canonja (Tarragona)	Mas La Boella 🏨
Cànoves (Barcelona)	Can Cuch 🏨
Cardona / Coromina (Barcelona)	La Premsa 🏡
Castelladral (Barcelona)	La Garriga de Castelladral 🏨
Esponellà (Girona)	La Calma de Rita 🏡
Joanetes (Girona)	Les Comelles 🏡
Lladurs (Lleida)	La Vella Farga 🏨
Lloret de Mar (Girona)	Rigat Park 🏨
Madremanya (Girona)	La Plaça 🏨
Madremanya (Girona)	El Racó de Madremanya 🏡
Olot (Girona)	Les Cols Pavellons 🏨
Palamós (Girona)	La Malcontenta 🏨
Pau (Girona)	Mas Lazuli 🏨
Pratdip (Tarragona)	Mas Mariassa 🏡
Regencós (Girona)	Del Teatre 🏠
S'Agaró (Girona)	Alàbriga 🏨
Sant Julià de Vilatorta (Barcelona)	Torre Martí 🏨
Torrent (Girona)	Mas de Torrent 🏨
Vielha (Lleida)	El Ciervo 🏨
Xerta (Tarragona)	Villa Retiro 🏨

EXTREMADURA

Arroyomolinos de la Vera (Cáceres)	Peña del Alba 🏨
Cáceres (Cáceres)	Atrio 🏨
Cáceres (Cáceres)	Parador de Cáceres 🏨
Cuacos de Yuste (Cáceres)	La Casona de Valfrío 🏡
Plasencia (Cáceres)	Parador de Plasencia 🏨
Siruela (Badajoz)	La Pajarona 🏡
Trujillo (Cáceres)	Casa de Orellana 🏡
Trujillo (Cáceres)	Parador de Trujillo 🏨
Zafra (Badajoz)	Casa Palacio Conde de la Corte 🏨

GALICIA

Allariz (Ourense)	O Portelo 🏠
Baiona (Pontevedra)	Parador de Baiona 🏨
Baiona (Pontevedra)	Le Sept 🏡
Bentraces (Ourense)	Pazo de Bentraces 🏡
Caldas de Reis (Pontevedra)	Torre do Río 🏡
Cambados (Pontevedra)	Pazo A Capitana 🏡
Lugo (Lugo)	Orbán e Sangro 🏨
Luíntra (Ourense)	Parador de Santo Estevo 🏨
Meaño (Pontevedra)	Quinta de San Amaro 🏡
Negreira (A Coruña)	Casa de Bola 🏡
Santiago de Compostela (A Coruña)	Costa Vella 🏠
Santiago de Compostela (A Coruña)	Parador Hostal dos Reis Católicos 🏨

Santiago de Compostela (A Coruña)   A Quinta da Auga 🏨
Vigo (Pontevedra)   Pazo Los Escudos 🏨

MADRID (COMUNIDAD)

Boadilla del Monte   El Antiguo Convento de Boadilla del Monte 🏨
Chinchón   Parador de Chinchón 🏨
Collado Mediano   La Torre Box Art H. 🏨
Madrid   Orfila 🏨
Navacerrada   Nava Real 🏠

NAVARRA

Iruña / Pamplona   Palacio Guendulain 🏨
Oronoz   Kuko 🏨
Tudela   Aire de Bardenas 🏨

PAÍS VASCO

Donostia / San Sebastián (Guipúzcoa)   Akelaře 🏨
Donostia / San Sebastián (Guipúzcoa)   María Cristina 🏨
Elciego (Álava)   Marqués de Riscal 🏨
Eskuernaga (Álava)   Viura 🏨
Galdakao (Vizcaya)   Iraragorri 🏨
Gautegiz-Arteaga (Vizcaya)   Castillo de Arteaga 🏨
Laguardia (Álava)   Hospedería de los Parajes 🏨
Zeanuri (Vizcaya)   Etxegana 🏨

LA RIOJA

Azofra   Real Casona de las Amas 🏨
Casalarreina   Hospedería Señorío de Casalarreina 🏨
Valgañón   Pura Vida 🏨

VALENCIANA (COMUNIDAD)

Alcoi (Alicante)   Masía la Mota 🏨
Benimantell (Alicante)   Vivood Landscape H. 🏠
La Vila Joiosa (Alicante)   El Montíboli 🏨
Vilafamés (Castellón)   El Jardín Vertical 🏨

HOTELES CON SPA

HOTÉIS COM SPA

ANDALUCÍA

Agua Amarga (Almería)	Mikasa 🏨
Aracena (Huelva)	Convento Aracena 🏨
Cádiz (Cádiz)	Parador H. Atlántico 🏨
Casares (Málaga)	Finca Cortesin 🏨
Chiclana de la Frontera / Novo Sancti Petri (Cádiz)	Iberostar Andalucía Playa 🏨
Chiclana de la Frontera / Novo Sancti Petri (Cádiz)	Meliá Sancti Petri 🏨
El Ejido / Almerimar (Almería)	Golf Almerimar 🏨
Loja / Finca La Bobadilla (Granada)	Barceló La Bobadilla 🏨
Marbella (Málaga)	Gran Meliá Don Pepe 🏨
Marbella (Málaga)	Marbella Club 🏨
Marbella (Málaga)	Los Monteros 🏨
Marbella (Málaga)	Puente Romano 🏨
El Puerto de Santa María (Cádiz)	Los Jándalos Vistahermosa 🏨
San Pedro de Alcántara (Málaga)	Villa Padierna 🏨
Úbeda (Jaén)	Palacio de Úbeda 🏨

ARAGÓN

Nuévalos (Zaragoza)	Monasterio de Piedra 🏨

ASTURIAS

Arriondas	Puebloastur 🏨
Las Caldas	Enclave 🏨
Las Caldas	G.H. Las Caldas 🏨
Cangas del Narcea / Corias	Parador de Corias 🏨
Oviedo	Castillo del Bosque la Zoreda 🏨
Oviedo	Princesa Munia 🏨
Ribadesella	G.H. del Sella 🏨

BALEARES (ISLAS)

Mallorca / Bendinat	Lindner 🏨
Mallorca / Campos	Fontsanta 🏨
Mallorca / Campos	Sa Creu Nova Art H. 🏨
Mallorca / Es Capdellà	Castell Son Claret 🏨
Mallorca / Ses Illetes	Gran Meliá de Mar 🏨
Mallorca / Palma	Valparaíso Palace 🏨
Mallorca / Palmanova	St. Regis Mardavall 🏨
Mallorca / Port de Sóller	Jumeirah Port Soller 🏨
Ibiza / Sant Miquel de Balansat	Hacienda Na Xamena 🏨
Formentera / Sant Francesc de Formentera	Cala Saona 🏨

CANARIAS (ISLAS)

Gran Canaria / Cruz de Tejeda (Las Palmas)	Parador Cruz de Tejeda 🏨
Gran Canaria / Maspalomas (Las Palmas)	Grand H. Residencia 🏨
Gran Canaria / Maspalomas (Las Palmas)	Sheraton Gran Canaria Salobre Golf Resort 🏨

Gran Canaria / Las Palmas
 de Gran Canaria (Las Palmas)   Santa Catalina 🏨
Fuerteventura / Corralejo (Las Palmas)   Gran Hotel Atlantis Bahía Real 🏨
Lanzarote / Playa Blanca (Las Palmas)   Princesa Yaiza 🏨
Tenerife / Guía de Isora
 (Santa Cruz de Tenerife)   The Ritz-Carlton, Abama 🏨
Tenerife / Playa de las Américas
 (Santa Cruz de Tenerife)   G.H. Bahía del Duque 🏨
Tenerife / Playa de las Américas
 (Santa Cruz de Tenerife)   Royal Hideaway Corales Resort 🏨
Tenerife / Playa de las Américas
 (Santa Cruz de Tenerife)   Vincci La Plantación del Sur 🏨
Tenerife / Santa Cruz de Tenerife
 (Santa Cruz de Tenerife)   Iberostar Grand H. Mencey 🏨

CANTABRIA

Renedo de Cabuérniga   Reserva del Saja 🏨
Santander / El Sardinero   Eurostars Real 🏨
Solares   Balneario de Solares 🏨

CASTILLA-LA MANCHA

Almagro (Ciudad Real)   La Casa del Rector 🏨
Almonacid de Toledo (Toledo)   Villa Nazules 🏨
Brihuega (Guadalajara)   Niwa 🏨
Toledo (Toledo)   Eurostars Palacio Buenavista 🏨

CASTILLA Y LEÓN

Ampudia (Palencia)   Posada de la Casa del Abad de Ampudia 🏨
El Burgo de Osma (Soria)   Castilla Termal Burgo de Osma 🏨
La Granja (San Ildefonso) (Segovia)   Parador de La Granja 🏨
Hoyos del Espino (Ávila)   El Milano Real 🏨
Quintanilla de Onésimo (Valladolid)   Arzuaga 🏨
Sardón de Duero (Valladolid)   Abadía Retuerta LeDomaine 🏨
Segovia (Segovia)   La Casa Mudéjar 🏨
Segovia (Segovia)   Eurostars Convento Capuchinos 🏨
Toro (Zamora)   Valbusenda 🏨
Valbuena de Duero /
 San Bernardo (Valladolid)   Castilla Termal Monasterio de Valbuena 🏨

CATALUÑA

Avinyonet de Puigventós (Girona)   Mas Falgarona 🏨
Barcelona (Barcelona)   Arts 🏨
Barcelona (Barcelona)   H1898 🏨
Barcelona (Barcelona)   Mandarin Oriental Barcelona 🏨
Barcelona (Barcelona)   The One Barcelona 🏨
Barcelona (Barcelona)   El Palace 🏨
Barcelona (Barcelona)   Sofia 🏨
Barcelona (Barcelona)   W Barcelona 🏨
Cadaqués (Girona)   Calma Blanca 🏨
Calders (Barcelona)   Urbisol 🏨
Camprodon (Girona)   Puig Francó 🏨
L'Escala (Girona)   Empúries 🏨
Garriguella (Girona)   Vilamont 🏨
Lleida (Lleida)   Finca Prats 🏨

Lloret de Mar (Girona)	Santa Marta
Peralada (Girona)	Peralada
Platja d'Aro (Girona)	Cala del Pi
Ribes de Freser (Girona)	Resguard dels Vents
Roses (Girona)	Terraza
S'Agaró (Girona)	Hostal de La Gavina
Santa Cristina d'Aro (Girona)	Mas Tapiolas
La Seu d'Urgell / Castellciutat (Lleida)	El Castell de Ciutat
Torrent (Girona)	Mas de Torrent
Vielha (Lleida)	Parador de Vielha

EXTREMADURA

| Cáceres (Cáceres) | Palacio de Arenales |

GALICIA

Os Anxeles (A Coruña)	Balneario de Compostela
O Grove / San Vicente do Mar (Pontevedra)	Atlántico
Luíntra (Ourense)	Parador de Santo Estevo
Santiago de Compostela (A Coruña)	A Quinta da Auga
Sanxenxo (Pontevedra)	Augusta
Sanxenxo (Pontevedra)	Sanxenxo
A Toxa (Illa de) (Pontevedra)	Eurostars G.H. La Toja
Vigo (Pontevedra)	G.H. Nagari
Vigo (Pontevedra)	Pazo Los Escudos
Viveiro / Covas (Lugo)	Thalasso Cantábrico

MADRID (COMUNIDAD)

Alcalá de Henares	Parador de Alcalá de Henares
Chinchón	La Casa del Convento
Madrid	Hospes Puerta de Alcalá
Madrid	NH Collection Eurobuilding
Madrid	VP Plaza España Design

MURCIA (REGIÓN)

| Lorca | Parador Castillo de Lorca |

PAÍS VASCO

| Donostia / San Sebastián (Guipúzcoa) | Akelaře |
| Elciego (Álava) | Marqués de Riscal |

VALENCIANA (COMUNIDAD)

Benicasim (Castellón)	El Palasiet
València (València)	The Westin València
València / Playa de Levante (València)	Las Arenas
La Vila Joiosa (Alicante)	El Montíboli
Xàbia (Alicante)	El Rodat

ANDORRA (PRINCIPADO DE)

Andorra la Vella	Andorra Park H.
Andorra la Vella	Plaza
Escaldes-Engordany	Roc Blanc
Pas de la Casa	Grau Roig
Soldeu	Sport H. Hermitage

¿ Qué piensa de nuestras publicaciones ?

Deje sus comentarios en
satisfaction.michelin.com

E. Rodriguez/Moment Open/Getty Images

ANDORRA

ANDORRA LA VELLA

Andorra – 22 546 h. – Alt. 1 029 m – Mapa regional : **9**-B1
Mapa de carreteras Michelin n° 574-E34

⅟○ Celler d'en Toni

COCINA TRADICIONAL · AMBIENTE TRADICIONAL ✗✗ Casa de larga tradición familiar. En su comedor, de ambiente rústico, encontrará una cocina de mercado rica en productos de temporada. ¡Pruebe los Canelones al estilo de Toni!

Menú 29 € – Carta 35/55 €

Verge del Pilar 4 ✉ AD500 – ✆ 376 821 252 – www.cellerdentoni.com – cerrado del 1 al 20 de julio, domingo noche y lunes

⅟○ La Borda Pairal 1630

COCINA TRADICIONAL · RÚSTICA ✗✗ He aquí una "borda" típica del Pirineo, reconstruida en piedra y madera pero con atractivos detalles modernos. Ofrecen una cocina tradicional fiel a los productos de la zona.

Menú 16 € – Carta 35/48 €

Doctor Vilanova 7 ✉ AD500 – ✆ 376 869 999 – cerrado domingo noche y lunes

🏨 Andorra Park H.

LUJO · MODERNA Se halla en la parte alta de la ciudad, rodeado de jardines. Aquí encontrarán amplias zonas sociales y habitaciones de excelente confort, todas con terraza. En el restaurante gastronómico proponen una carta tradicional actualizada y un buen menú degustación.

88 hab � – †120/180 € ††160/235 € – 1 suite – 8 apartamentos

Les Canals 24 ✉ AD500 – ✆ 376 877 777 – www.andorraparkhotel.com

🏨 Plaza

TRADICIONAL · ELEGANTE Hotel de línea clásica-elegante que destaca tanto por la céntrica ubicación como por su diáfano lobby, con dos ascensores panorámicos. En su distinguido restaurante elaboran una cocina de corte internacional con toques actuales.

90 hab – †112/274 € ††149/366 € – ⊇ 19 €

María Pla 19 ✉ AD500 – ✆ 376 879 444 – www.plazandorra.com

ESCALDES ENGORDANY

13 859 h. – Alt. 1 105 m – Mapa regional : **9**-B1
Mapa de carreteras Michelin n° 574-E34

⅟○ A Casa Canut

INTERNACIONAL · AMBIENTE CLÁSICO ✗✗✗ Este restaurante, de ambiente clásico y en la primera planta del hotel, ha sabido hacerse un nombre gracias a la bondad de sus pescados. Extensa carta de tinte internacional.

Menú 30/62 € – Carta 46/82 €

Hotel Casa Canut, av. Carlemany 107 ✉ AD700 – ✆ 376 739 900 – www.acasacanut.com

⅟○ L' Enoteca

COCINA TRADICIONAL · DE DISEÑO ✗✗ Algo alejado del centro pero interesante, pues en su moderno interior apuestan por una cocina tradicional elaborada con productos de temporada. ¡Elija el vino en su bodega!

Menú 22/45 € – Carta 32/64 €

carrer del Parnal 4 ✉ AD700 – ✆ 376 813 545 – www.cruenoteca.com – cerrado del 12 al 31 de agosto y domingo

🏨 A Casa Canut

TRADICIONAL · PERSONALIZADA Ideal para ir de compras, pues se halla en una zona peatonal repleta de tiendas. Todas las habitaciones, de completo equipamiento, están personalizadas en su decoración... por eso, cada una lleva el nombre de un diseñador. ¡Las más lujosas son las Top Room!

33 hab – †126/261 € ††126/261 € – ⊇ 16 €

av. Carlemany 107 ✉ AD700 – ✆ 376 739 900 – www.acasacanut.com

⅟○ **A Casa Canut** – ver selección restaurantes

⌂ Roc Blanc   ⌘ ▢ 🅢 ⌂ ⊡ ⅏ Ⓐ 🛁 🚗

TRADICIONAL · CLÁSICA Está en el centro de la localidad y se reparte entre tres edificios unidos entre sí. Completa zona social, SPA con agua termal y acogedoras habitaciones, todas con mobiliario clásico-actual. El restaurante L'Entrecôte, de línea funcional, tiene en el entrecot de ternera francesa su producto estrella.

157 hab 🖃 – ✝75/200 € ✝✝100/350 € – 3 suites
pl. dels Co-Príncesps 5 ✉ *AD700 –* ✆ *376 871 400*
– www.rocblanchotels.com

La MASSANA

9 961 h. – Alt. 1 241 m – Mapa regional : **9**-B1
Mapa de carreteras Michelin n° 574-E34

⅏○ Molí dels Fanals   Ⓐ ⇔ 🅿

COCINA TRADICIONAL · RÚSTICA ✕✕ ¡Ocupa una antigua "borda"! En su comedor, de aire rústico-montañés, le presentarán una carta tradicional rica en carnes y, para terminar, un irresistible carrito de postres.

Menú 25/55 € – Carta 30/47 €

av. las Comes (Sispony), Sur : 2,3 km ✉ *AD400 –* ✆ *376 835 380*
– www.molidelsfanals.com – cerrado domingo noche y lunes

⌂ Rutllan   ⌘ ⪡ ⊜ ⌁ ⅏ ⊡ ⅊ ⅍ 🚗

FAMILIAR · RÚSTICA Hotel de organización familiar instalado en un edificio con profusión de madera. Ofrece unas confortables habitaciones y resulta muy llamativo durante la época estival, pues cubren sus balcones con preciosos geranios. El restaurante, de línea clásica, está decorado con numerosos jarrones de cerámica y cobre.

96 hab 🖃 – ✝80/95 € ✝✝90/190 €
av. del Ravell 3 ✉ *AD400 –* ✆ *376 738 738*
– www.hotelrutllan.com – cerrado mayo

PAS DE LA CASA

2 412 h. – Alt. 2 085 m – Mapa regional : **9**-C1
Mapa de carreteras Michelin n° 574-E35

por la carretera de Soldeu Suroeste : 10 km

⌂ Grau Roig   ⌘ ⅗ ⪡ ▢ 🅢 ⅏ ⊡ 🅿

FAMILIAR · PERSONALIZADA Con el circo de Pessons como telón de fondo... esta típica construcción de montaña resulta ideal para pasar unos días de esquí o trekking. Posee varios tipos de habitaciones, todas coquetas y bien equipadas, así como una oferta gastronómica suficientemente variada.

42 hab 🖃 – ✝120/550 € ✝✝150/600 €
Grau Roig ✉ *AD200 –* ✆ *376 755 556*
– www.hotelgrauroig.com – cerrado 22 abril-20 junio

SOLDEU

589 h. – Alt. 1 826 m – Mapa regional : **9**-B1
Mapa de carreteras Michelin n° 574-E35

⅏○ Sol i Neu   🏠 ⅊ ⅍

COCINA TRADICIONAL · ACOGEDORA ✕ Se encuentra a pie de pistas y está considerado todo un clásico en la zona. En conjunto tiene cierto aire montañés, con profusión de madera y objetos antiguos relacionados con el mundo del esquí. Cocina tradicional con detalles actuales.

Carta 40/60 €

Dels Vaquers ✉ *AD100 –* ✆ *376 851 325 – www.sporthotels.ad*
– solo almuerzo en verano salvo viernes y sábado - cerrado 7 abril-mayo,
domingo y lunes noche

🏨 Sport H. Hermitage   ☆ ⤡ 🖵 🕥 🛁 ⊡ & 🔤 💯 🔧 🚗

ALBERGUE · ELEGANTE ¡A 1850 m de altitud y con acceso directo a las pistas de Grandvalira! Presenta un exterior típico montañés y un interior de línea actual, con alguna que otra pincelada zen. Amplísimo SPA con vistas a las montañas, como todas las habitaciones. Sus restaurantes tienen el asesoramiento de reconocidos chefs.

135 hab ☟ – ♦215/700 € ♦♦240/850 € – 3 suites

carret. de Soldeu ✉ *AD100 – 🕾 376 870 670 – www.sporthotels.ad – cerrado 21 abril-1 junio*

🏨 Xalet Montana   ☆ ⤡ 🖵 ⊡ & 🅿

TRADICIONAL · CLÁSICA Hotel de esmerada decoración y carácter funcional-montañés que sorprende por la profusión de madera y las buenas vistas desde las habitaciones, todas con balcón y asomadas a las pistas de esquí. El restaurante basa su oferta en un buffet por las noches.

40 hab ☟ – ♦60/130 € ♦♦110/180 €

carret. General 2 ✉ *AD100 – 🕾 376 739 333 – www.xaletmontana.net – cerrado abril y mayo*

PORTUGAL

O PALMARÉS 2019
EL PALMARÉS

AS NOVAS ESTRELAS
LAS NUEVAS ESTRELLAS

Lisboa *(Estremadura)*   **Alma**

Bragança *(Tras-os-Montes)*   **G Pousada**
Guimarães *(Minho)*   **A Cozinha**
Sintra *(Estremadura)*   **Midori**

OS NOVOS
BIB GOURMAND
LOS NUEVOS BIB GOURMAND

Bragança *(Tras-os-Montes)*	**Tasca do Zé Tuga**
Lagos *(Algarve)*	**Avenida**

Você também pode encontrar todas as estrelas e os Bib Gourmand na página 676

Además podrá encontrar todas las estrellas y todos los Bib Gourmand, en la página 676

Estabelecimentos com estrelas 2019

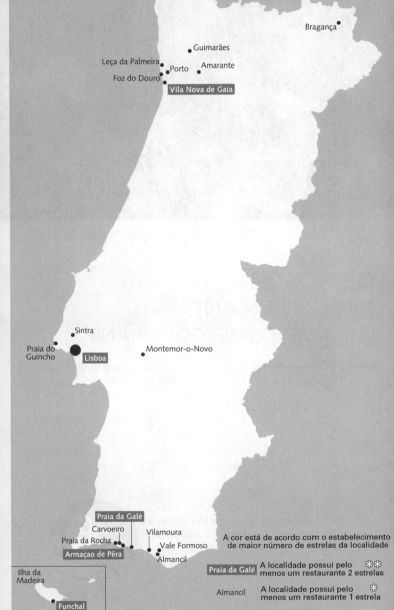

Bragança

Guimarães

Leça da Palmeira
Porto
Amarante
Foz do Douro
Vila Nova de Gaia

Sintra
Praia do Guincho
Lisboa
Montemor-o-Novo

Praia da Galé
Carvoeiro
Vilamoura
Praia da Rocha
Vale Formoso
Armação de Pêra
Almancil

Ilha da Madeira
Funchal

A cor está de acordo com o estabelecimento de maior número de estrelas da localidade

Praia da Galé — A localidade possui pelo menos um restaurante 2 estrelas ✹✹

Almancil — A localidade possui pelo menos um restaurante 1 estrela ✸

Os Bib Gourmand 2019

Santa Marta de Portuzelo
Viana do Castelo
Chaves
Bragança
Macedo de
Cavaleiros
Pedra Furada
Nogueira
Guimarães
Carvalhos
Alijó
Salreu
Costa Nova do Prado
Águeda
Viseu
Cantanhede
Tonda
Covilhã
Marrazes
Malhou
Bombarral
Portalegre
Tercena
Alcochete
Terrugem
Lisboa
Évora
Sines
Praia de São Torpes
Poço
Barreto
Lagos
Sesmarias
ha da Madeira
Câmara de Lobos
Funchal

• Localidade que possui pelo menos
um estabelecimento Bib Gourmand

Mapas Regionais

Mapas regionales

Localidade que possui como mínimo...

- um hotel ou um restaurante
- uma das melhores mesas do ano
- um restaurante « Bib Gourmand »
- Um hotel ou uma casa rural particularmente agradável

Localidad que posee como mínimo...

- un hotel o un restaurante
- una de las mejores mesas del año
- un restaurante « Bib Gourmand »
- un hotel o una casa rural particularmente agradable

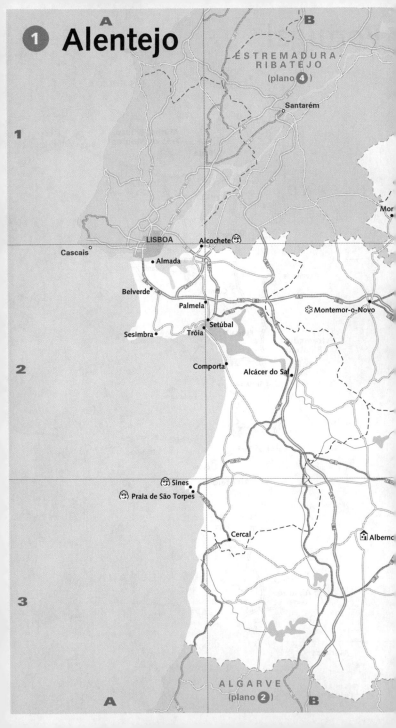

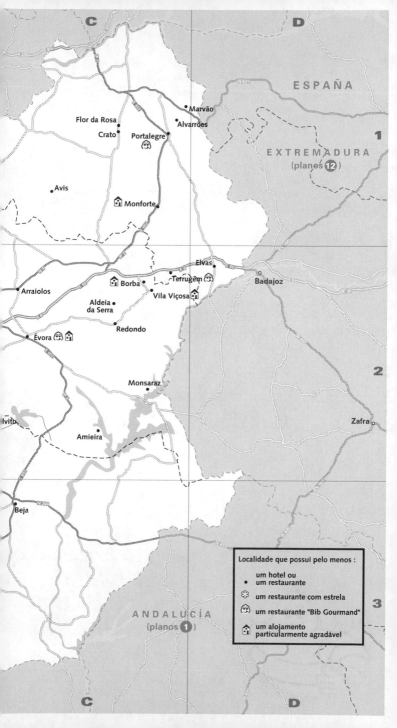

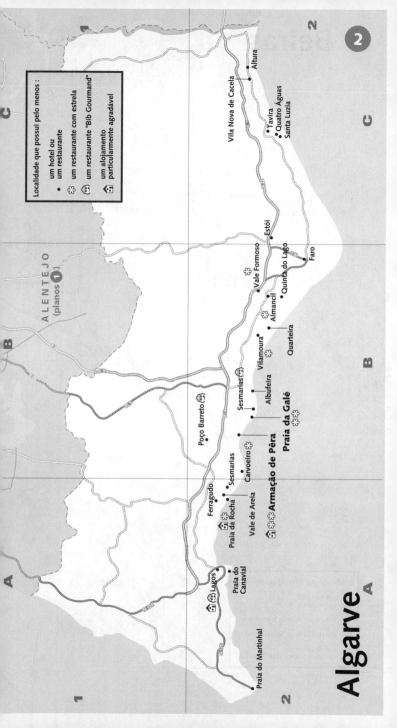

Algarve

Localidade que possui pelo menos :

- um hotel ou
- um restaurante
- 🌸 um restaurante com estrela
- 🌸 um restaurante "Bib Gourmand"
- 🏠 um alojamento particularmente agradável

ALENTEJO (planos ❶)

Praia do Martinhal

Lagos 🏠
Praia do Canavial

Ferragudo
Praia da Rocha 🏠🌸
Vale de Arela
Sesmarias
Carvoeiro 🌸
Armação de Pêra 🏠🌸🌸

Poço Barreto 🏠

Sesmarias 🌸
Albufeira
Praia da Galé 🌸🌸

Vilamoura 🌸
Quarteira
Almancil 🌸
Quinta do Lago

Vale Formoso 🌸
Estói
Faro

Vila Nova de Cacela
Altura

Tavira
Quatro Águas
Santa Luzia

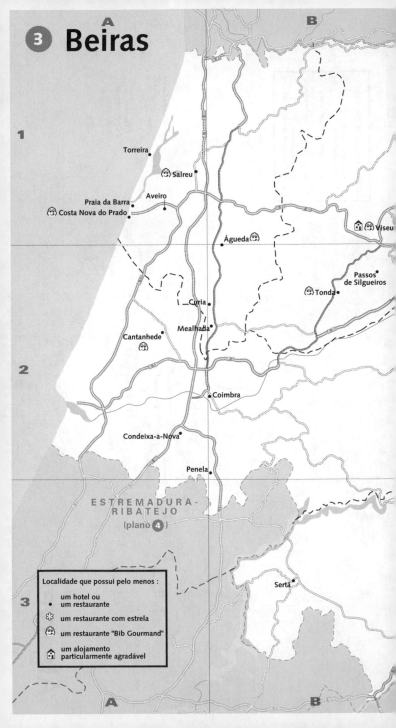

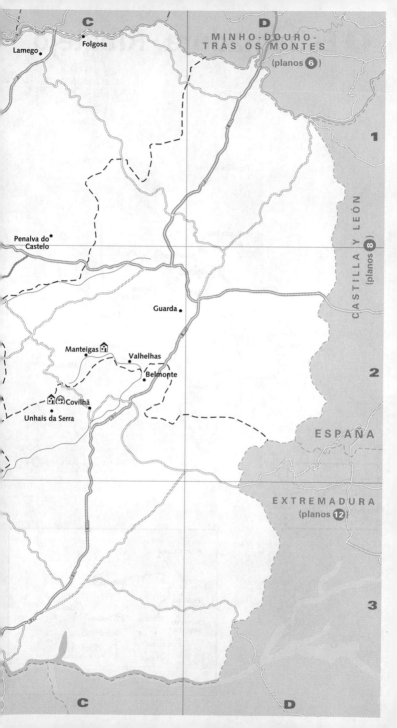

A B

BEIRAS
(planos 3)

1

Luso

Coimbra

Figueira da Foz

Monte Real

Marrazes

Leiria

Nazaré

Batalha
Ourém
Cova da Iria
Fátima
Alcobaça
Tomar

Peniche

Óbidos
Caldas da
Rainha
Malhou

Abrantes

Golegã
Alferrarede

2

Bómbarral

Santarém

ALENTEJO
(planos 1)

Praia
do Guincho

Lisboa

Praia Grande

Sintra

3

Praia do
Guincho

Tercena
Queluz

Quinta da
Marinha

Lisboa

Cascais

Estoril
Paço de Arcos
Carcavelos

A B

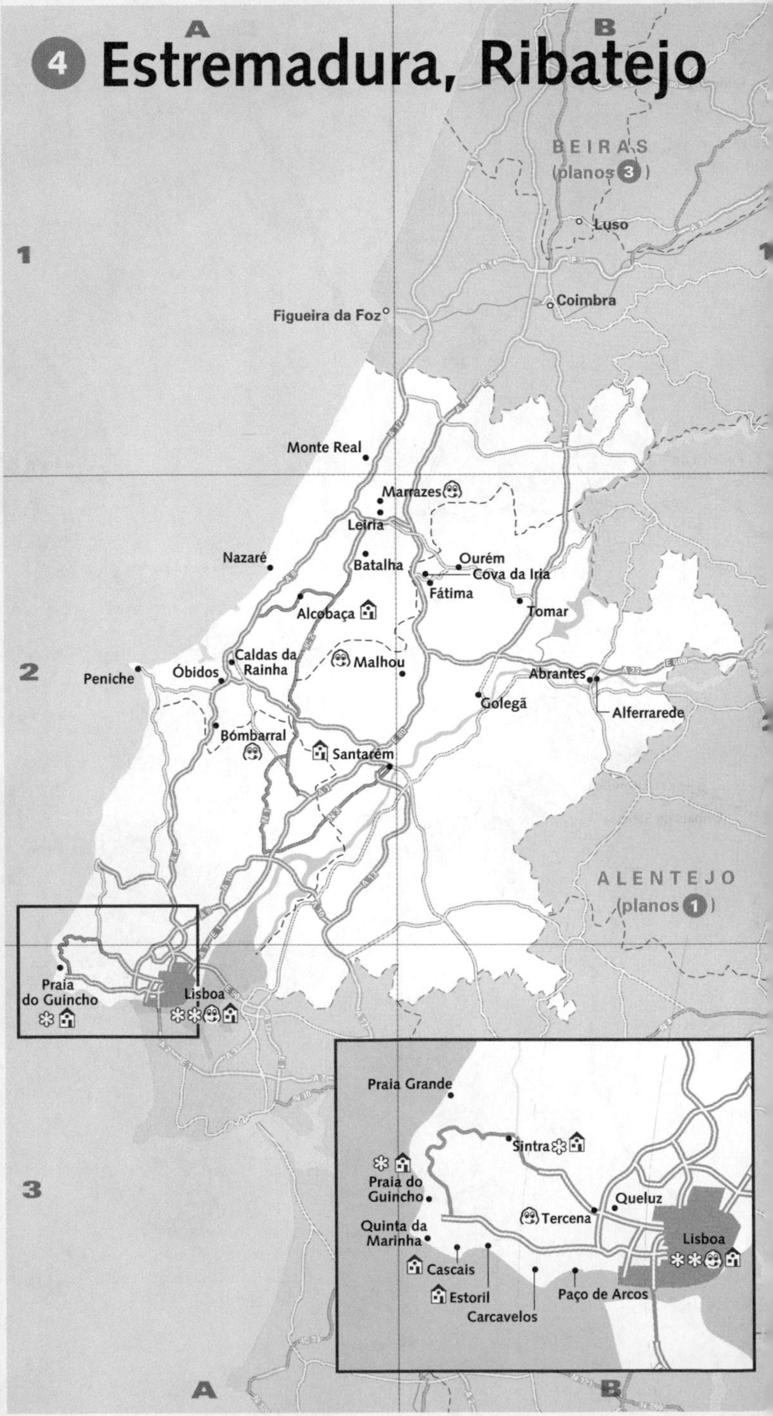

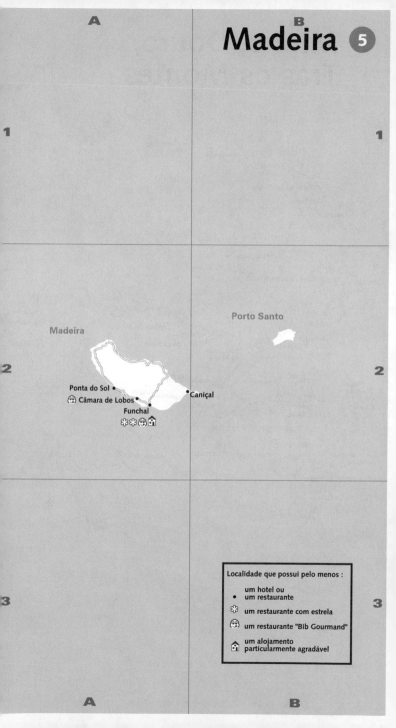

Madeira ⑤

Madeira

Porto Santo

Ponta do Sol •
☺ Câmara de Lobos •
Funchal •
✱✱☺🏠

• Caniçal

Localidade que possui pelo menos :

• um hotel ou
  um restaurante

✱ um restaurante com estrela

☺ um restaurante "Bib Gourmand"

🏠 um alojamento
  particularmente agradável

A

B

Ourense

1

GALICIA
(planos **13**)

Melgaço

Monção

Peso

Valença
do Minho

Vila Nova de Cerveira

Gondarém

Caminha

Santa Luzia

Ponte de Lima

Viana do
Castelo

Santa Marta de Portuzelo

Bouro

Caniçada

Redondelo

Amares

Vieira do Minho

Calvos

Vidago

2

Barcelos

Braga

Póvoa de Lanhoso

Bom Jesus
do Monte

Pedra
Furada

Guimarães

Póvoa
de Varzim

Portela

Vila
do Conde

Moreira
de Cónegos

Areia

Vila Nova
de Famalicão

Nogueira

Lousada

Amarante

Leça da
Palmeira

Maia

Alije

Foz do Douro

Porto

Mesão
Frio

Pinhão

Vila Nova de Gaia

Carvalhos

Peso da
Régua

3

BEIRAS
(planos **3**)

Aveiro

Viseu

A

B

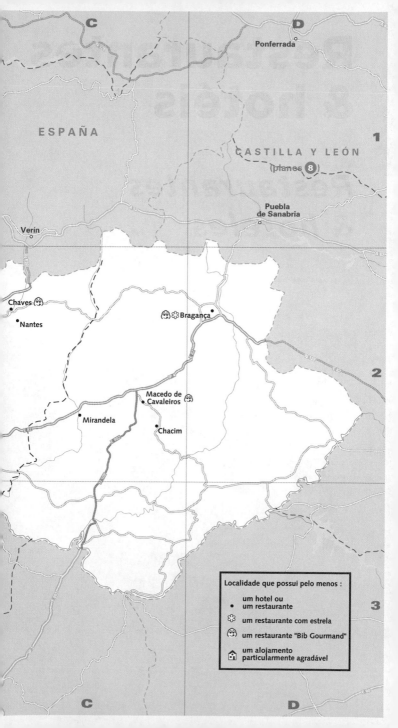

Restaurantes & hotéis

Restaurantes & hoteles

Localidades de A a Z

Localidades de A a Z

ABRANTES
Santarém – 37 352 h. – Alt. 188 m – Mapa regional n° **4**-B2
Mapa das estradas Michelin n° 592-N5

⑪○ **Santa Isabel**   ⚡ ⇔

TRADICIONAL · RÚSTICA ✗ Uma casa que apaixona pelo seu estilo! As salas de refeições com um toque rústico, distribuídas pelos espaços originais, combinam receitas tradicionais com especialidades deliciosas.
Lista 30/50 €
Rua Santa Isabel 12 ✉ 2200-393 – ✆ 241 366 230 (preciso reservar) – fechado domingo 7 dias em agosto, domingo e feriados

ÁGUEDA
Aveiro – 11 346 h. – Mapa regional n° **3**-B2
Mapa das estradas Michelin n° 591-K4

⊛ **O Típico**   🅰🅲 ⚡

TRADICIONAL · RÚSTICA ✗ Situado na parte alta de Águeda, este estabelecimento não decepciona, pois, na sua simplicidade, oferece uma cozinha tradicional portuguesa de grande qualidade. Na sala, com decoração típica, podem degustar--se especialidades como o Cabrito grelhado ou o seu famoso Polvo à lagareiro.
Lista 22/33 €
Rua Dr Manuel Alegre 42 ✉ 3750-139 – ✆ 234 625 336 – fechado de 12 a 31 agosto, sábado e domingo jantar

ALBERNOA
Beja – 758 h. – Mapa regional n° **1**-B3
Mapa das estradas Michelin n° 593-S6

pela estrada IP 2

⑪○ **Malhadinha Nova**   ⚶ 🅰🅲 ⚡ 🅿

CRIATIVA · TENDÊNCIA ✗✗ Integrado no edifício da Adega, surpreende pela cozinha de autor que privilegia os produtos naturais e frescos (horta, vaca de raça, porco ibérico, vinho...).
Menu 45/135 € – Lista 45/60 €
Hotel Malhadinha Nova, Herdade da Malhadinha Nova, Sudoeste : 7 km ✉ 7800-601 Albernôa – ✆ 284 965 432 – www.malhadinhanova.pt – fechado janeiro, domingo e 2ª feira

🏠 **Herdade dos Grous**   ⌂ ⊚ ⌿ ⊡ 🅰🅲 ⚡ 🚿 🅿

AGROTURISMO · CONFORTÁVEL Agricultura, ganadaria, passeios a cavalo, vinhedos. Estamos num precioso agroturismo, com quase 800 hectáreas e também um lindo lago, que distribui os seus quartos originais entre varios edificios independentes. O seu restaurante aposta por uma cozinha tradicional.
24 qto ☲ – †90/135 € †‡115/145 € – 12 suites
Herdade dos Grous, Norte : 3 km ✉ 7800-601 Albernoa – ✆ 284 960 000 – www.herdade-dos-grous.com

🏠 **Malhadinha Nova**   ⊚ ⌿ 🆂🅿🅰 🅰🅲 ⚡ 🚿 🅿

O acesso, por uma estrada de terra batida, integra perfeitamente o idílico monte rural com o conforto, design e exclusividade. Estacione o carro na Adega restaurante e deixe que o convidem aos quartos, rodeados de campos e vinhedos, ideais para desligar.
10 qto ☲ – †250/400 € †‡300/400 €
Herdade da Malhadinha Nova, Sudoeste : 7 km ✉ 7800-601 Albernôa – ✆ 284 965 210 – www.malhadinhanova.pt – fechado janeiro
⑪○ **Malhadinha Nova** – ver selecção restaurantes

ALBUFEIRA
Faro – 22 781 h. – Mapa regional n° **2**-B2
Mapa das estradas Michelin n° 593-U5

em Sesmarias Oeste : 4 km

🄰 O Marinheiro   🕎 🄰🄲 ⚄ 🄿

TRADICIONAL · RÚSTICA ✗✗ Instalado numa acolhedora vivenda, tipo villa, próxima da praia. Conta com um espaço à entrada para venda de produtos regionais e uma decoração interior de ambiente náutico-colonial. Uma cozinha simples mas honesta, com pratos típicos e internacionais.

Lista 20/38 €

Caminho da Praia da Coelha ✉ *8200-385 Albufeira –* ☎ *289 592 350*
– www.o-marinheiro.com – só jantar – fechado dezembro, janeiro e domingo salvo abril-outubro

na Praia da Galé Oeste : 6,5 km

🕸🕸 Vila Joya   🐟 🠔 🕸 ⊰ 🕎 🄰🄲 ⚄ 🄿

CRIATIVA · LUXO ✗✗✗ Distinção, serviço, ambiente, emoção... estamos num dos melhores restaurantes de Portugal! Há quem diga, e não sem razão, que comer aqui é o mais parecido a provar o paraíso, o que faz todo o sentido se olharmos para a idílica localização, no exótico litoral do Algarve.

No aspeto puramente gastronómico, o restaurante, sem dúvida, também surpreende, pois, a sua inspiradora proposta culinária, a cargo do chef de origem austríaca Dieter Koschina, reinterpreta a cozinha clássica-internacional do centro da Europa, do ponto de vista moderno e atual, tendo por base umas matérias primas de excecional qualidade e sempre com maridagens quase perfeitas.

As elegantes salas interiores complementam-se com dois espaços que merecem uma menção à parte: a incrível esplanada sob o alpendre, aberta à imensidão do oceano, idónea para um fim de tarde romântico, e a que se conhece como a "Mesa do chef", pensada para quem procura uma experiência ainda mais completa.

→ Carabineiro, jalapeño e datterino. Pombo mieral, caril roxo e beterraba. Vacherin, cassis e framboesa.

Menu 125/185 € – Lista 113/122 €

13 qto 🖵 – 🛏300/995 € 🛏🛏300/995 € – 9 suites
Estrada da Praia da Galé ✉ *8201-917 Albufeira –* ☎ *289 591 795*
– www.vilajoya.com – fechado 16 novembro-20 febrero

ALCÁCER DO SAL

Setúbal – 8 680 h. – Mapa regional n° **1**-B2
Mapa das estradas Michelin n° 593-Q4

🏛 Pousada D. Afonso II   🕊 🕸 ⊰ 🖵 🄰🄲 ⚄ 🄿

EDIFÍCIO HISTÓRICO · CLÁSSICA Passado e presente convivem neste castelo-convento, situado numa colina e próximo do rio Sado. Dispõe de zonas de convívio amplas, um pátio no claustro e quartos com traçado clássico sóbrio. O restaurante apresenta uma cozinha tradicional actualizada.

32 qto 🖵 – 🛏100/286 € 🛏🛏100/286 € – 3 suites
Castelo de Alcácer ✉ *7580-197 –* ☎ *265 613 070 – www.pousadas.pt*

ALCOBAÇA

Leiria – 5 751 h. – Alt. 42 m – Mapa regional n° **4**-A2
Mapa das estradas Michelin n° 592-N3

🍽 António Padeiro   🕎 🄰🄲

TRADICIONAL · FAMILIAR ✗ Um negócio de 3ª geração com história, inicialmente uma padaria, foi depois uma cervejaria e, finalmente, evoluiu até se transformar em restaurante. Cozinha do tipo caseiro.

Lista 19/33 €

Rua Dom Maur Cocheril 27 ✉ *2460 –* ☎ *262 582 295 – www.antoniopadeiro.com*
– só almoço salvo verão – fechado 4ª feira em outubro-abril

🏚 Challet Fonte Nova ⤳ 🍴 ⊡ 🆎 ⅗ 🅿

MANSÃO · REQUINTADA Bela casa senhorial com jardins, uma zona de convívio elegante e quartos de época, divididos por um edifício principal e um anexo mais actual. Ideal para relaxar, também dispõe de massagens e tratamentos de beleza.

9 qto ⬚ – ♦68/85 € ♦♦90/120 €

Rua da Fonte Nova 8 ⊠ 2460-046 – ☎ 262 598 300 – www.challetfontenova.pt – fechado Natal

ALCOCHETE
Setúbal – 12 239 h. – Mapa regional n° **1**-A2
Mapa das estradas Michelin n° 593-P3

🕸 Don Peixe 🏠 🆎 ⅗

PEIXES E FRUTOS DO MAR · FAMILIAR ⅄ Pequeno restaurante, localizado na zona dos pescadores, é ideal para os apreciadores de pratos de peixe. A carta alia os pratos regionais com pratos de peixe fresco avulso, normalmente grelhados e de excelente qualidade.

Lista 17/40 €

Largo António Santos Jorge 6 ⊠ 2890-022 – ☎ 21 234 0896 – www.donpeixe.com – fechado 15 dias em dezembro, 15 dias em janeiro, domingo jantar e 2ª feira

ALDEIA DA SERRA Évora ➜ Ver Redondo

ALFERRAREDE
Santarém – 3 884 h. – Mapa regional n° **4**-B2
Mapa das estradas Michelin n° 592-N5

🍴 Cascata 🆎 ⅗ 🅿

REGIONAL · QUADRO CLÁSSICO ⅄ Apresenta uma cafeteria actual no andar inferior, uma sala de refeições clássica no andar superior e um espaço para os banquetes. Cozinha regional e de corte caseiro, com especialidades.

Lista 20/32 €

Rua Manuel Lopes Valente Junior 19-A ⊠ 2200-260 – ☎ 241 361 011 – www.cascata.pt – fechado domingo jantar e 2ª feira

ALIJÓ
Vila Real – 2 635 h. – Mapa regional n° **6**-B3
Mapa das estradas Michelin n° 591-I7

🕸 Cêpa Torta 🏠 🆎 ⅗

REGIONAL · QUADRO CONTEMPORÂNEO ⅄⅄ Medalhão à Douro Gourmet, saborosa Carne Maronesa, Milhos à Transmontana... Está claro que este restaurante aposta na cozinha regional, no entanto, com um ambiente atual e usando sempre productos com denominação ou de origem controladas.

Lista 22/32 €

Rua Dr. José Bulas Cruz ⊠ 5070-047 – ☎ 259 950 177 – www.douro-gourmet.com – fechado 2ª feira

ALMADA
Setúbal – 16 584 h. – Mapa regional n° **1**-A2
Mapa das estradas Michelin n° 593-P2

🍴 Amarra ò Tejo ⪜ 🆎 ⅗

TRADICIONAL · ROMÂNTICA ⅄⅄ O melhor de tudo são as suas espectaculares vistas da capital! Está localizado no alto da cidade, junto ao castelo, numa construção com a forma de cubo envidraçado de estilo clássico-actual. Cozinha tradicional com toques actuais e matérias-primas de qualidade.

Lista 31/45 €

Alameda do Castelo (Jardim do Castelo) ⊠ 2800-034 – ☎ 21 273 0621 – fechado domingo jantar no inverno, 3ª feira almoço no verão e 2ª feira

ALMANCIL

Faro – 11 136 h. – Mapa regional nº **2**-B2
Mapa das estradas Michelin nº 593-U5

ⅰ○ **Pequeno Mundo**　　　🛱 A⃝C⃝ ⅌ P

FRANCESA · ELEGANTE XxX Ideal para casais, pois ocupa uma preciosa casa algarvia dotada com românticos pátios e cálidos refeitórios. Ementa internacional com claras influências francesas.

Lista 45/62 €

Pereiras - Caminho de Pereiras, Oeste : 1,5 km ✉ 8135-907 – ☏ 289 399 866
– www.restaurantepequenomundo.com – só jantar – fechado dezembro-janeiro,
2ª feira salvo no verão e domingo

em **Vale Formoso** Nordeste : 1,5 km

✿ **Henrique Leis**　　　🛱 A⃝C⃝ P

MODERNA · ÍNTIMA XxX Nesta bela casa encontrará duas salas com ar rústico, decoradas com muito gosto, e uma atractiva varanda com boas vistas no 1º andar. Cozinha actual com bases clássicas que cuida muito as suas elaborações, sempre com detalhes criativos.

→ Gambas com seus três ravioles: trufa, lagostim e foie-gras. Lombinho de veado, molho poivrade e bombom de castanha. Extravagancia de chocolates.

Menu 69/83 € – Lista 69/99 €

✉ 8100-267 Loulé – ☏ 289 393 438 – www.henriqueleis.com – só jantar
– fechado 15 novembro-26 dezembro, 2ª feira salvo julho-agosto e domingo

ao Sul

✿ **Gusto**　　　🛱 ⴛ A⃝C⃝ P

MEDITERRÂNEA · QUADRO CONTEMPORÂNEO XxX Um restaurante interessante, sem dúvida alguma, orientado pelo galardoado chef Heinz Beck e que procura, com pratos de cariz mediterrâneo-internacional sumamente cuidados, deslumbrar os paladares gastronómicos mais exigentes. Dono de uma atraente estética urbana e contemporânea, com toques de design escandinavo.

→ Carpaccio de vieiras em espuma de batata fumada, espargos e caviar. Fagotelli carbonara. Planeta avelã.

Menu 29/42 € – Lista 77/97 €

Hotel Conrad Algarve, Estrada de Vale do Lobo a Quinta do Lago, 5,5 km
✉ 8135-106 Almancil – ☏ 289 350 700 – www.conradalgarve.com – só jantar
– fechado 2 janeiro-13 fevereiro, 2ª feria e 3ª feira

✿ **São Gabriel**　　　🐝 🛱 A⃝C⃝ ⅌ P

TRADICIONAL · QUADRO CLÁSSICO XxX Um restaurante em evolução constante! Apresenta uma linha estética de classicismo elegante, com uma interessante adega à vista e uma surpreendente lareira circular no centro da sala. Praticam uma cozinha que assenta nos pontos de cozedura e procura, através dos seus menus, inovar a cozinha tradicional.

→ Vieiras frescas "mergulho". Risotto de lavagante. Branco e Preto.

Menu 98/115 € – Lista 64/95 €

Estrada de Vale do Lobo a Quinta do Lago, 4 km ✉ 8136-912 Almancil
– ☏ 289 394 521 – www.sao-gabriel.com – só jantar – fechado
dezembro-fevereiro e 2ª feira

ⅰ○ **Alambique**　　　🛱 ⴛ A⃝C⃝ ⅌ P

TRADICIONAL · CONFORTÁVEL XX Ideal para descobrir a cozinha tradicional portuguesa e internacional, com muitos pratos cozinhados em carvão natural e especialidades como o Arroz de tamboril. Esplanadas excelentes!

Lista 50/65 €

Estrada de Vale do Lobo a Quinta do Lago, 4 km ✉ 8135-160 Almancil
– ☏ 289 394 579 – só jantar – fechado de 14 a 26 de dezembro e domingo no
inverno

🏨 Conrad Algarve　　♔ ⛵ 🛋 🏊 🍽 📶 ☐ 🛗 🆎 🏋 🚗

GRANDE LUXO · COMTEMPORÂNEA Estátuas de mármore, quadros abstratos, dotado com uma vasta equipa e espaços sumamente luminosos... tudo isto e muito mais num hotel de estética contemporânea, direcionado para o cliente mais exigente. Encontrará quartos amplos, luxuosos e atuais, com a sua própria varanda, bem como uma oferta gastronómica bastante diversificada.

134 qto ☑ – 🛏179/609 € 🛏🛏199/629 € – 20 suites

Estrada de Vale do Lobo a Quinta do Lago, 5,5 km ⊠ 8135-106 Almancil – 𝒞 289 350 700 – www.conradalgarve.com

❀ **Gusto** – ver selecção restaurantes

na Praia do Ancão Sul : 7,5 km

🍽 2 Passos　　　　　　　　　≤ 🏠 🛗

PEIXES E FRUTOS DO MAR · QUADRO MEDITERRÂNEO 🕸🕸 Singular e com forte traçado panorâmico, uma vez que se encontra num local idílico protegido em frente ao mar. Cozinha tradicional portuguesa especializada em peixes e mariscos.

Menu 48 € – Lista 60/80 €

Praia do Ancão ⊠ 8135-905 Almancil – 𝒞 289 396 435 – www.restaurante2passos.com – só almoço salvo julho e agosto – fechado dezembro e janeiro

na Quinta do Lago Sul : 8,5 km

🍽 Casa Velha　　　　　　　🕸 🏠 🛗 🆎 🍽 🅿

INTERNACIONAL · CONFORTÁVEL 🕸🕸🕸 Instalado numa preciosa casa tipo Aldeia, que sorprende pela sua elegancia e sua cozinha de gosto internacional mas com detalhes franceses : perfeito para ir em casal.

Menu 76/105 € – Lista 65/102 €

Rua Formosa ⊠ 8135-024 Almancil – 𝒞 289 394 983 – www.quintadolago.com – só jantar – fechado 20 novembro-26 dezembro, 7 janeiro-18 fevereiro, 2º feira no inverno e domingo

ALTURA

Faro – 2 195 h. – Mapa regional nº **2**-C2
Mapa das estradas Michelin nº 593-U7

🍽 A Chaminé　　　　　　　　　🏠 🆎 🍽

TRADICIONAL · QUADRO CLÁSSICO 🕸 Numa grande avenida... mas também próximo da praia. Tem um bom expositor de peixe e mariscos, bem como uma carta tradicional marinheira com sugestões diárias.

Lista 28/45 €

Av. 24 de Junho 17, Sul : 1 km ⊠ 8950-411 – 𝒞 281 950 100 – www.restaurante-chamine.com – fechado de 2 a 30 de novembro e 3ª feira

ALVARRÕES

Portalegre – 28 h. – Mapa regional nº **1**-C1
Mapa das estradas Michelin nº 592-N7

pela estrada de Portalegre Sul : 1 km e desvio a esquerda 3 km

🏠 Quinta do Barrieiro　　🍃 ≤ ⛵ 🛋 🆎 🍽 🅿 🚳

AGROTURISMO · RÚSTICA Único, em plena natureza e o que o diferencia é a componente artística, com esculturas em todos os espaços, da autoria da ilustre proprietária. Visite o Atelier da escultora!

9 qto – 🛏70/100 € 🛏🛏70/100 € – ☑ 10 €

Reveladas ⊠ 7330-336 Alvarrões – 𝒞 936 721 199 – www.quintadobarrieiro.com

ALVITO

Beja – 1 259 h. – Mapa regional nº **1**-C2
Mapa das estradas Michelin nº 593-R6

🏠 Pousada Castelo Alvito

EDIFÍCIO HISTÓRICO · HISTÓRICA Neste castelo do século XV encontrará um pátio central e quartos de ar medieval, todos com mobiliário decapado. Oferece amplos espaços, devidamente equipado e um jardim com piscina. No restaurante, que tem um belíssimo tecto abobadado, são confeccionados pratos de sabor tradicional e alentejano.

20 qto ☲ - †90/130 € ††90/130 €

Largo do Castelo ✉ 7920-999 - 𝒞 284 480 700 - www.pousadas.pt

AMARANTE

Porto - 16 406 h. - Alt. 100 m - Mapa regional n° **6**-B2
Mapa das estradas Michelin n° 591-I5

✿ Largo do Paço

MODERNA · QUADRO CLÁSSICO XXX Instalado num belo palácio cujo interior exala um elegante classicismo. Aqui a aposta é feita por uma gastronomia de toque moderno, reconhecível tanto através da sua pequena ementa, tradicional, mas com pratos atualizados, como dos seus menus. Excelente seleção de vinhos, cuidada apresentação e inequívoco domínio técnico.

→ Jardim do chef. Vitelão Barrosã. Café gelado.

Menu 85/150 € - Lista 66/88 €

Hotel Casa da Calçada, Largo do Paço 6 ✉ 4600-017 - 𝒞 255 410 830
- www.largodopaco.com - só jantar - fechado janeiro, domingo e 2ª feira

🏠 Casa da Calçada

PALACE · REQUINTADA Instalado num palácio do séc. XVI realmente impressionante, pois é capaz de nos transportar a outros tempos, distribui as áreas sociais por belos recantos e oferece quartos de elegante linha clássica. Piscina panorâmica e agradáveis esplanadas-solárium!

26 qto ☲ - †135/185 € ††135/185 € - 4 suites

Largo do Paço 6 ✉ 4600-017 - 𝒞 255 410 830 - www.casadacalcada.com
- fechado janeiro

✿ **Largo do Paço** - ver seleccão restaurantes

AMARES

Braga - 1 550 h. - Mapa regional n° **6**-A2
Mapa das estradas Michelin n° 591-H4

pela estrada de Póvoa de Lanhoso Sudeste : 2,5 km, desvio a direita

0,5 km e desvio a esquerda 0,5 km

🏠 Quinta do Burgo

CASA DE CAMPO · RÚSTICA Está distribuído em várias casas e o conjunto é excelente, com uma extensa área relvada. A sua grande oferta de alojamento inclui apartamentos (T1, T2 e T3) e dois tipos de quartos: uns rústicos e outros mais modernos e atuais.

10 qto ☲ - †50/85 € ††50/85 € - 5 apartamentos

Rua dos Burgos 475 ✉ 4720-612 Prozelo AMR - 𝒞 253 992 749
- www.quintadoburgo.com

AMIEIRA

Évora - 362 h. - Mapa regional n° **1**-C2
Mapa das estradas Michelin n° 593-R7

ao Nordeste 3,5 km

🍴⃝ Amieira Marina

TRADICIONAL · QUADRO CONTEMPORÂNEO XX Restaurante panorâmico construído sobre as águas do Grande Lago de Alqueva. O restaurante dispõe de duas salas modernas e luminosas com uma bela vista. Cozinha alentejana.

Menu 16/23 € - Lista 30/45 € - jantar só com reserva

✉ 7220-999 Amieira - 𝒞 266 611 173 - www.amieiramarina.com - fechado janeiro, fevereiro e 4ª feira

PORTUGAL

ARMAÇÃO DE PÊRA
Faro – 4 867 h. – Mapa regional nº **2**-B2
Mapa das estradas Michelin nº 593-U4

ao Oeste 2 km

🕄🕄 Ocean   🕸 ≤ 🛏 ᴷ 🎮 🚗

CRIATIVA · DESIGN XxX Um restaurante distinto e especial, que conta com todos os detalhes necessários para que a experiência fique bem guardada na memória. O surpreendente acesso, flanqueado por vistosos vidros de Murano, chama muito a atenção, pois produz um efeito quase teatral antes de se encontrar na sala de jantar, decorada com um elegante jogo de tons dourados, brancos e azuis, mas onde prima, acima de qualquer outra coisa, a impressionante janela envidraçada que abre este espaço ao imenso e inabarcável oceano Atlântico.
O chef austríaco Hans Neuner, com o mundo da hotelaria nas veias, propõe uma cozinha criativa que destila uma interessante combinação de detalhes internacionais e lusitanos, tudo incluído numa conceção culinária refinada, fresca e colorida, que consegue uma maravilhosa nitidez nos sabores. Os menus de degustação, que variam em função do número de pratos, podem ser enriquecidos com a maridagem de vinhos, pois para algo... contam com uma seleta garrafeira!
→ Lagostim, cenoura, calamansi e coco. Tamboril, lentilhas e topinambur. Ananás, gengibre e abacate.
Menu 145/185 € – só menu
Hotel Vila Vita Parc, Alporchinhos ⊠ *8400-450 Porches –* ℰ *282 310 100 – www.restauranteocean.com – só jantar – fechado 7 janeiro-10 fevereiro, 2ª feira e 3ª feira*

🏠🏠 Vila Vita Parc   ⛱ ♨ ≤ 🛏 ⛷ 🏊 📶 ᴸ✄ ✗ 🔲 ᵺ 🎮 ⛳ 🧖 🚗

LUXO · CONFORTÁVEL Um hotel incrível, abrange... 22 hectares de jardins subtropicais verdejantes! Disponibiliza quartos e suítes fantásticos, todos com varanda, bem como villas deslumbrantes, um SPA e serviços que são um autêntico luxo. Os seus restaurantes convidam a uma viagem gastronómica.
86 qto ⊑ – ♦210/740 € ♦♦210/740 € – 52 suítes – 5 apartamentos
Alporchinhos ⊠ *8400-450 Porches –* ℰ *282 310 100 – www.vilavitaparc.com*
🕄🕄 **Ocean** – ver seleccão restaurantes

🏠🏠 Vilalara Thalassa Resort   ⛱ ♨ ≤ 🛏 ⛷ 📶 ᴸ✄ ✗ 🔲 🎮 🧖 🚗

RESORT · REQUINTADA Um oásis de paz que convida a momentos de relaxamento! Um pequeno paraíso, com acesso directo a uma praia quase privativa e até um anfiteatro natural, disponibiliza quartos espaçosos com excelente equipamento, rodeados por magníficos jardins.
118 qto ⊑ – ♦200/500 € ♦♦210/600 € – 11 apartamentos
Praia das Gaivotas ⊠ *8400-450 Porches –* ℰ *282 320 000 – www.vilalararesort.com – fechado novembro-15 fevereiro*

🏠 Casa Bela Moura   ⛷ ᵺ 🎮 🧖 🅿

CASA DE CAMPO · CONFORTÁVEL Excelente, trata-se de uma casa de campo e promove atividades enológicas que visam os vinhos do Algarve. Tem um coqueto salão social, quartos atuais e um ambiente ajardinado.
15 qto ⊑ – ♦109/199 € ♦♦109/249 €
Estrada de Porches ⊠ *8400-450 Porches –* ℰ *282 313 422 – www.casabelamoura.com – aberto março-17 novembro*

ARRAIOLOS
Évora – 3 386 h. – Mapa regional nº **1**-C2
Mapa das estradas Michelin nº 593-P6

Pousada Convento Arraiolos 🏠 🦯 🍳 📺 🛁 🎽 🖨 🎛 🌱 🕯 🅿

EDIFÍCIO HISTÓRICO · CONFORTÁVEL Instalado parcialmente num convento cuja igreja, revestida de azulejos, data de 1585. Encontrará um interior devidamente atualizado, com uma oferta gastronómica de cariz regional, um claustro belíssimo, jardins preparados para fazer piqueniques... e até um picadeiro!

30 qto ☲ – ♦105/272 € ♦♦105/272 € – 2 suites

Arraiolos, Norte : 1 km ✉ 7041-909 – 𝒞 266 419 340 – www.pousadas.pt

AVEIRO

54 398 h. – Mapa regional nº **3**-A1

Mapa das estradas Michelin nº 591-K4

⑪○ Salpoente 🕹 📺 🌱 ⟷

MODERNA · DESIGN 𝕏𝕏 Localizado em frente ao canal de São Roque, num edifício único que no seu dia foi um armazém de sal. Ambiente rústico sofisticado e cozinha contemporânea, especialistas em bacalhaus.

Menu 50/60 € – Lista 45/60 €

Cais de São Roque 83 ✉ 3800-256 – 𝒞 234 382 674 – www.salpoente.pt

⑪○ O Moliceiro 🍴 📺 🌱

TRADICIONAL · SIMPLES 𝕏 Casa familiar, especialistas em peixe fresco e grelhado. Conta com uma esplanada na rua, um bar privado e uma sala de jantar simples, com cozinha à vista e uma montra.

Lista 25/35 €

Largo do Rossio 6 ✉ 3800-246 – 𝒞 234 420 858 – fechado de 15 a 30 de junho, de 15 a 30 de novembro e 5ª feira

🏠 Moliceiro 🖨 🕹 📺 🌱 🕯

TOWNHOUSE · CLÁSSICA Sofisticado, distinto e com charme, um espaço onde nada foi deixado ao acaso. Conta com um acolhedor piano-bar e quartos temáticos, todos eles diferentes entre si: provençal, oriental, romântico...

48 qto ☲ – ♦105/160 € ♦♦125/200 € – 1 suite

Rua Barbosa de Magalhães 15-17 ✉ 3800-154 – 𝒞 234 377 400
– www.hotelmoliceiro.pt

🏠 Veneza H. 🖨 🕹 📺 🌱 🚗

FAMILIAR · REQUINTADA Um hotel com charme, tanto pela acolhedora esplanada como pelo ambiente colonial. Conta com acolhedores e sofisticados quartos, alguns temáticos.

49 qto – ♦55/79 € ♦♦65/86 € – ☲ 9 €

Rua Luís Gomes de Carvalho 23 ✉ 3800-211 – 𝒞 234 404 400
– www.venezahotel.com

na Praia da Barra por Cais de São Roque : 9 km

🏠 Farol 🖨 📺 🌱

FAMILIAR · FUNCIONAL Hotel com ambiente colonial localizado junto ao faro, perto da praia. Conta com uma recepção-sala pública, um snack bar e confortáveis quartos, destaque para aqueles que tem varanda.

21 qto ☲ – ♦75/120 € ♦♦100/145 € – 3 suites

Largo do Farol ✉ 3830-753 Praia da Barra – 𝒞 234 390 600 – www.hotelfarol.pt

em Costa Nova do Prado por Cais de São Roque: 9,5 km

⑧ Dóri ⟨ 🍴 🕹 📺 🌱

PEIXES E FRUTOS DO MAR · SIMPLES 𝕏 Situado no 1er piso dum edifício envidraçado moderno, com uma bonita vista para à ria desde a esplanada. A carta destaca que são especialistas em peixe salvagem e marisco.

Lista 22/45 €

Rua das Companhas ✉ 3830-453 Costa Nova – 𝒞 234 369 017 – fechado de 15 a 31 de outubro, domingo jantar e 2ª feira

AVIS

Portalegre – 1 840 h. – Mapa regional n° **1**-C1
Mapa das estradas Michelin n° 592-O6

🏡 Herdade da Cortesia

CASA DE CAMPO · COMTEMPORÂNEA Situado na periferia, perto da barragem, num curioso edifício de estética moderna forrado com madeira. Encontrará quartos atuais, um restaurante panorâmico e uma zona desportiva devidamente preparada. Muito frequentado por praticantes de remo!

30 qto ☲ – †130/200 € ††130/200 €

Herdade da Cortesia, Suroeste : 1,5 km ✉ *7480-102* – ☎ *242 410 130*
– www.herdadedacortesia.com

BARCELOS

Braga – 26 281 h. – Alt. 39 m – Mapa regional n° **6**-A2
Mapa das estradas Michelin n° 591-H4

⅋○ Turismo

TRADICIONAL · QUADRO CONTEMPORÂNEO ✕✕ Excelente, de linha moderna e orientado para o rio. Apresenta uma agradável esplanada, uma colorida sala envidraçada e um esmerado reservado, em que se serve uma ementa mais gastronómica.

Menu 65/120 € – Lista 42/73 €

Rua Duques de Bragança ✉ *4750-272* – ☎ *253 826 411*
– www.restauranteturismo.com – fechado 15 dias em setembro, domingo jantar e 2ª feira

BATALHA

Leiria – 8 548 h. – Alt. 71 m – Mapa regional n° **4**-A2
Mapa das estradas Michelin n° 592-N3

🏨 Villa Batalha

TRADICIONAL · MODERNA Destaca-se pelo seu jardim, com zonas relvadas e um campo de Pitch Putt. Área de convívio muito elegante e quartos actuais totalmente equipados, todos eles espaçosos. O restaurante, de linha clássica-actual, oferece uma carta tradicional e internacional.

93 qto ☲ – †80/100 € ††80/100 € – 18 suites

Rua Dom Duarte I-248 ✉ *2440-415* – ☎ *244 240 400* – *www.hotelvillabatalha.com*

🏠 Casa do Outeiro

FAMILIAR · A MODA Luminoso, familiar e devidamente atualizado. Oferece uma agradável zona social com lareira e quartos de traçado atual, destacando-se os que possuem varandas e vistas para o Mosteiro.

23 qto ☲ – †57/95 € ††62/100 €

Largo Carvalho do Outeiro 4 ✉ *2440-128* – ☎ *244 765 806*
– www.hotelcasadoouteiro.com

BEJA

25 148 h. – Alt. 277 m – Mapa regional n° **1**-C3
Mapa das estradas Michelin n° 593-R6

🏨 Pousada Convento Beja

EDIFÍCIO HISTÓRICO · CONFORTÁVEL Instalado num convento do século XIII que ainda conserva o seu traçado original, o claustro e a capela. Conta com um interior devidamente renovado, onde convivem a elegância, a história e o conforto atuais. O restaurante, sob arcadas, propõe uma carta tradicional.

34 qto ☲ – †90/230 € ††90/230 € – 1 suite

Largo D. Nuno Álvares Pereira ✉ *7801-901* – ☎ *284 313 580* – *www.pousadas.pt*

BELMONTE

Castelo Branco – 3 183 h. – Mapa regional n° **3**-C2
Mapa das estradas Michelin n° 592-K7

NÓS NÃO TRABALHAMOS PARA A MAKRO

TRABALHAMOS PARA MILHÕES DE NEGÓCIOS PRÓPRIOS EM TODO O MUNDO.

Descubra como ajudamos os nossos clientes a ter sucesso e acompanhe as suas histórias em makro.pt

makro

O SEU SUCESSO É O NOSSO NEGÓCIO

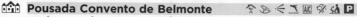
pela estrada de Caria Sul : 0,7 km e desvio a direita 1,5 km

🏯 Pousada Convento de Belmonte ☆ ♨ ⇐ ⌁ AC ⅏ ⚒ P

EDIFÍCIO HISTÓRICO · CONFORTÁVEL Destaca pelas suas belas vistas à serra da Estrela e à cova da Beira. A zona nobre aproveita as ruínas dum antigo convento e possui quartos de bom conforto. O refeitório que desfruta de uma moderna montagem encontra-se num ambiente aberto à serena majestade da paisagem circundante.

23 qto ⌂ – 👤85/250 € 👥👥85/250 € – 1 suite

✉ 6250-909 Belmonte – ☏ 275 910 300 – www.conventodebelmonte.pt

BELVERDE
Setúbal – Mapa regional n° **1**-A2
Mapa das estradas Michelin n° 593-Q2

🏯 Evidência Belverde Atitude H. ☆ ⌁ ▣ ⊡ ⅗ AC ⅏ ⚒ P

BUSINESS · DESIGN Um hotel sofisticado e confortável, situado numa simpática zona residencial, com pormenores de design e carácter cosmopolita. O restaurante oferece uma carta tradicional com sabores sofisticados e pratos de fusão.

71 qto ⌂ – 👤75/500 € 👥👥85/550 €

av. de Belverde 70 ✉ 2845-483 – ☏ 21 042 6900 – www.evidenciabelverde.com

BOM JESUS DO MONTE Braga → Ver Braga

BOMBARRAL
Leiria – 5 664 h. – Mapa regional n° **4**-A2
Mapa das estradas Michelin n° 592-O2

🕲 Dom José 🛋 AC ⅏ ⇌

CASEIRA · FAMILIAR 𝕏 Uma casa familiar que dá gosto recomendar, de estética atualizada e com uma agradável esplanada exterior. Propõe uma cozinha caseira que se afasta de floreados e aposta na honestidade. O cliente pode visitar a adega e selecionar o vinho!

Lista 25/40 €

Rua Dr. Alberto Martins dos Santos 4 ✉ 2540-087 – ☏ 262 604 384 – fechado de 1 a 4 de janeiro, de 10 a 19 de junho, de 23 a 31 de dezembro, domingo e 2ª feira jantar

BORBA
Évora – 4 537 h. – Mapa regional n° **1**-C2
Mapa das estradas Michelin n° 593-P7

🏡 Casa do Terreiro do Poço ⌁ ⅗ AC ⅏ ⚒

TRADICIONAL · PERSONALIZADA Casa rural cujas origens remontam ao século XVII. Apresenta uma atraente zona social e quartos sedutores, a maior parte personalizadas com mobiliário de época e belíssimas casas de banho. Oferece cursos de cozinha!

15 qto ⌂ – 👤65/75 € 👥👥75/100 €

Largo dos Combatentes da Grande Guerra 12 ✉ 7150-152 – ☏ 917 256 077 – www.casadoterreirodopoco.com

BOURO
Braga – Mapa regional n° **6**-A2
Mapa das estradas Michelin n° 591-H5

🏯 Pousada Mosteiro Amares - Gerês ☆ ♨ ⌁ ⊡ AC ⅏ ⚒ P

EDIFÍCIO HISTÓRICO · CONFORTÁVEL Situado num mosteiro beneditino do século XII que conserva a sobriedade estética original com mobiliário de vanguarda. O restaurante, instalado nas cozinhas antigas e dominado pela pedra exposta, oferece uma carta de sabores tradicionais e regionais.

30 qto ⌂ – 👤110/270 € 👥👥110/270 € – 2 suites

Largo do Terreiro ✉ 4720-633 – ☏ 253 371 970 – www.pousadas.com

BRAGA

145 831 h. – Alt. 190 m – Mapa regional n° **6**-A2
Mapa das estradas Michelin n° 591-H4

🍴○ **Cozinha da Sé** ⠀⠀⠀⠀⠀⠀⠀⠀⠀⠀⠀⠀⠀⠀⠀⠀⠀⠀⠀⠀⠀ 🅐🅒 🕏

TRADICIONAL · CONFORTÁVEL ⸝ Um dos restaurantes mais frequentados da
cidade, pois tem uma localização central e um proprietário que sabe como agradar aos seus clientes. Na sala, de estilo rústico-moderno, poderá degustar uma
cozinha tradicional portuguesa bem elaborada.

Lista 25/38 €

Rua D. Frei Caetano Brandão 95 ✉ 4700-031 – 𝒞 253 277 341
– www.cozinhadase.pt – fechado de 15 a 30 de setembro, 2ª feira almoço e 3ª
feira almoço

🍴○ **Cruz Sobral** ⠀⠀⠀⠀⠀⠀⠀⠀⠀⠀⠀⠀⠀⠀⠀⠀⠀⠀⠀ 🕸 🅐🅒 🕏

TRADICIONAL · RÚSTICA ⸝ Um agradável negócio familiar de 4ª geração, que
apresenta uma proposta de sabor popular, elaborando os pratos numa cozinha
de lenha à vista do cliente. Adega magnífica!

Lista 30/50 €

Campo das Hortas 7-8 ✉ 4700-210 – 𝒞 253 616 648
– www.restaurantecruzsobral.com.pt – fechado 22 julho-5 agosto, domingo jantar e 2ª feira

no Bom Jesus do Monte por Av. António Macedo

🏨 **Do Parque** ⠀⠀⠀⠀⠀⠀⠀⠀⠀⠀⠀⠀⠀ 🕸 ⊟ 🕭 🅐🅒 🕏 🅿

CADEIA HOTELEIRA · CONFORTÁVEL Sobresae pela sua localização no centro
do parque e hoje presenta-se completamente renovado, com uma zona social de
linha atual e quartos com bastante bom conforto.

40 qto � – 👤55/92 € 👤👤65/120 € – 4 suites
6,2 km ✉ 4715-056 Braga – 𝒞 253 603 470 – www.hoteisbomjesus.pt

🏨 **Elevador** ⠀⠀⠀⠀⠀⠀⠀⠀⠀⠀ ✿ 🕸 ⪤ 🍽 ⊟ 🅐🅒 🕏 🅪 🅿

CADEIA HOTELEIRA · CLÁSSICA Também se encontra dentro do parque e deve
o seu nome ao pitoresco elevador do séc. XIX, movido por agua, junto ao qual se
encontra. Quartos de linha clássica-portuguesa.

22 qto ⊒ – 👤50/90 € 👤👤65/120 €
6 km ✉ 4715-056 Braga – 𝒞 253 603 400 – www.hoteisbomjesus.pt

na estrada N 309 Sudeste : 5 km

🍴○ **Dona Júlia** ⑩ ⠀⠀⠀⠀⠀⠀⠀⠀⠀⠀⠀⠀⠀⠀⠀⠀⠀ 🍽 🕭 🅐🅒 🅿

TRADICIONAL · QUADRO CONTEMPORÂNEO ⸝⸝ Chama a atenção pela sua decoração, bastante moderna e orientada para o mundo do vinho. A sua proposta, de
tipo tradicional português, ao jantar é completada com uma carta de sushi.

Lista 40/56 €

Falperra ✉ 4800-001 Guimarães – 𝒞 253 270 826 – www.donajulia.pt – fechado
de 15 a 31 de agosto, domingo jantar e 2ª feira

BRAGANÇA

23 524 h. – Alt. 660 m – Mapa regional n° **6**-D2
Mapa das estradas Michelin n° 591-G9

✿ **G Pousada** (Óscar Gonçalves) ⠀⠀⠀⠀⠀⠀⠀ ⪤ 🍽 🅐🅒 🕏 🅿

MODERNA · CONVIVIAL ⸝⸝⸝ A melhor proposta para conhecer a cozinha transmontana atual. Apresenta uma luminosa sala de jantar de carácter panorâmico e
um terraço, ambos espaços com fantásticas vistas a fortaleza da cidade. Aqui, o
produto regional e de mercado (castanhas, setas, caça, azeites...) é sublime, atin-
gindo um novo paradigma nos menus de degustação.

→ Carabineiro, castanha e aipo. Arroz cremoso de pombo royal. Capuccino de
castanhas.

Menu 36 € – Lista 41/61 €

Hotel Pousada de Bragança,, Estrada de Turismo, Sudeste : 0,5 km ✉ 5300-271
– 𝒞 273 331 493 – www.gpousada.com – só jantar salvo sábado e domingo

⊛ **Tasca do Zé Tuga** Ⓝ   🏠

DE MERCADO · RÚSTICA ⅄ Destaca pela excelente localização num recinto murado, em frente do castelo de Bragança e com um interior de atrativo ambiente rústico-atual. O seu mediático chef aposta por uma carta de caráter regional, com toques modernos. Bons menus!

Menu 25/40 € – Lista 25/35 €

Rua da Igreja 66 ⊠ 5300-025 – ℰ 273 381 358

⫴○ **Porta**   ⴺ 🅰🅲 ⟳

MODERNA · QUADRO CONTEMPORÂNEO ⅄⅄⅄ Instalado nas antigas cavalariças, surpreende pela sua estética, elegante e com detalhes de design. O seu chef e proprietário, André Silva, propõe uma cozinha atual repleta de sabor.

Menu 19/85 € – Lista 33/52 €

Largo Forte São João de Deus 204 ⊠ 5300-263 – ℰ 273 098 516 – fechado domingo e 2ª feira

🏠 **Pousada de Bragança**   ⌘ ⪦ ⌶ 🖥 ⴺ 🅰🅲 🅿

FAMILIAR · CLÁSSICA Surpreende a forma de cuidar e mimar os seus clientes e pela sua localização, no alto de uma ladeira, com magníficas vistas tanto do Castelo de Bragança como da cidade. Salão social com chaminé e quartos de conforto atual.

28 qto ⊊ – ♦80/150 € ♦♦108/192 €

Estrada de Turismo, Sudeste : 0,5 km ⊠ 5300-271 – ℰ 273 331 493 – www.gpousada.com

❀ **G Pousada** – ver selecção restaurantes

pela estrada N 103-7 Norte : 4.5 km

⫴○ **O Javali**   🏠 🅰🅲

REGIONAL · RÚSTICA ⅄ Um restaurante com um ar rústico que não o vai dececionar. Cozinha transmontana especializada em pratos de caça, como o seu Javalí estufado com castanhas ou Arroz de lebre.

Menu 15/25 € – Lista 25/45 €

Quinta do Reconco 6 ⊠ 5300-672 Bragança – ℰ 273 333 898 – fechado 2º feira de outubro a fevereiro

CALDAS DA RAINHA

Leiria – 27 337 h. – Alt. 50 m – Mapa regional nº **4**-A2
Mapa das estradas Michelin nº 592-N2

⫴○ **Sabores d'Itália**   ⴺ 🅰🅲 🍸

ITALIANA · QUADRO CONTEMPORÂNEO ⅄⅄ Um negócio que cuida tanto os detalhes como a organização, com duas salas de design moderno e um excelente serviço de mesa. A sua carta de sabores italianos é complementada com alguns pratos de raízes portuguesas.

Menu 16 € – Lista 21/58 €

Praça 5 de Outubro 40 ⊠ 2500-111 – ℰ 262 845 600 – www.saboresditalia.com – fechado de 19 a 29 de novembro, 21 janeiro-8 fevereiro, 2ª feira almoço em agosto e 2ª feira resto do ano

CALVOS Braga → Ver Póvoa de Lanhoso

CAMINHA

Viana do Castelo – 1 346 h. – Mapa regional nº **6**-A1
Mapa das estradas Michelin nº 591-G3

⫴○ **Solar do Pescado**   🏠 🅰🅲 🍸

PEIXES E FRUTOS DO MAR · FAMILIAR ⅄ Uma boa casa para comer peixe, marisco ou... lampreia na época! Apresenta espaços de cálida rusticidade, a sala principal tem belos arcos de pedra e murais de azulejos.

Menu 15/23 € – Lista 20/32 €

Rua Visconde Sousa Rego 85 ⊠ 4910-156 – ℰ 258 922 794 – www.solardopescado.pt – fechado de 15 a 30 de maio, de 15 a 30 de novembro, domingo jantar e 3ª feira salvo julho-setembro

🏨 Design & Wine H. ☆ 🗙 ⅃ᴓ ⊡ ᵴ ĀC 💱 🛁

SPA E BEM ESTAR • DESIGN Aposta por o desenho e realça pela sua localização, junto a uma praça cheia de bares e esplanadas. Distribui seus quartos, todos com temática, entre o edifício principal e... um módulo giratório! O seu restaurante, de carácter informal, oferece uma cozinha tradicional.

23 qto � - 👤55/100 € 👥👥65/120 €

Praça Conselheiro Silva Torres 8 ⊠ *4910-122 -* ☎ *258 719 040*
- www.designwinehotel.com

CANIÇADA Braga → Ver Vieira do Minho

CANTANHEDE
Coimbra - 7 738 h. - Mapa regional n° **3**-A2
Mapa das estradas Michelin n° 592-K4

🏮 Marquês de Marialva 💱 ♻ 🅿

TRADICIONAL • CONVIVIAL ХХ O seu nome presta uma homenagem à história, pois recorda o general português mais relevante durante a Guerra de Restauração. Possui várias salas com uma montagem cuidadosa, uma delas com lareira, e uma proposta gastronómica de gosto tradicional. Excelentes menus!

Menu 30 € - Lista 25/40 €

Largo do Romal 16 ⊠ *3060-129 -* ☎ *231 420 010 - www.marquesdemarialva.com*
- fechado domingo jantar, 2ª feira e feriados ao jantar

CARCAVELOS
Lisboa - 23 296 h. - Mapa regional n° **4**-B3
Mapa das estradas Michelin n° 592-P1

na praia

🍴○ A Pastorinha ≼ 🏠 ᵴ ĀC 💱 🅿

PEIXES E FRUTOS DO MAR • CONFORTÁVEL ХХХ Esta casa, com prestígio na zona, é especializada em peixe e mariscos, destacando-se tanto pela qualidade dos produtos como pelas suas amplas instalações em frente ao mar. Não se esqueça de provar o seu fabuloso Arroz de marisco descascado!

Lista 37/51 €

Av. Marginal ⊠ *2775-604 Carcavelos -* ☎ *21 457 1892 - www.apastorinha.com*
- fechado 15 dias em abril, 15 dias em outubro e 3ª feira

CARVALHOS
Porto - Mapa regional n° **6**-A3
Mapa das estradas Michelin n° 591-I4

🏮 Mário Luso ĀC 💱

TRADICIONAL • FAMILIAR ХХ Um restaurante para visitar, situado no centro, é económico e disfruta de uma bonita decoração. Nas suas salas com ar rústico poderá saborear uma cozinha tradicional bem elaborada. Prove algum prato de Carne Mirandesa, pois em poucos lugares a preparam como aqui.

Lista 25/30 €

Largo França Borges 308 ⊠ *4415-240 -* ☎ *22 784 2111 - www.marioluso.com*
- fechado de 16 a 31 de agosto, domingo jantar e 2ª feira

CARVOEIRO → Ver Lagoa

fotostock

NÓS GOSTAMOS...

Combine relaxamento com a possibilidade de ver espaços de exposição curiosos na **Pousada Cascais**, repleta de estudos onde trabalham diferentes artistas. As vistas sobre o Atlântico que oferecem a **Fortaleza do Guincho** e **Furnas do Guincho,** além de comer deliciosos frutos do mar que sempre encontramos no **Porto de Santa Maria**.

CASCAIS

Lisboa - 35 409 h. - Mapa regional nº **4**-B3
Mapa das estradas Michelin nº 592-P1

Restaurantes

Mar do Inferno

PEIXES E FRUTOS DO MAR · QUADRO TRADICIONAL Situado junto à Boca do Inferno, uma gruta natural. Oferece as mais populares especialidades em peixe fresco e mariscos, que podem desfrutar tanto nas salas de refeições como na esplanada panorâmica.

Lista 40/60 €

Av. Rei Humberto II de Itália ✉ 2750-800 - ✆ 21 483 2218 - www.mardoinferno.pt - fechado 4ª feira

Alojamentos

Albatroz

PALACE · CLÁSSICA Complexo composto por dois palacetes e dois anexos de traçado mais actual. Para além da sua localização em pleno centro, sobre um promontório rochoso mas com acesso à praia, conta com quartos muito elegantes. Restaurante panorâmico, bar sedutor e explanada idílica sobre o mar.

46 qto - 150/500 € 150/1000 € - 6 suites

Rua Frederico Arouca 100 ✉ 2750-353 - ✆ 21 484 7380 - www.thealbatrozcollection.com

Cascais Miragem

LUXO · CLÁSSICA A luz, o vidro e as vistas definem este grande hotel de traçado actual, bem situado em frente ao oceano, com espaços de convívio amplos e quartos completamente equipados, a maior parte com varanda. O restaurante Gourmet destaca-se pela sua disposição elegante e cozinha actual de bases internacionais.

177 qto - 200/500 € 200/600 € - 15 suites

Av. Marginal 8554 ✉ 2754-536 - ✆ 21 006 0600 - www.cascaismirage.com

🏨 Pousada Cascais   ⌁ ⌖ ≤ ⌐ 🔲 🖼 ⊡ ⌂ 🔲 ✂ ⌂

HISTÓRICO · DESIGN Inserido na histórica Fortaleza da Cidadela, dividido num complexo de espaços, surpreende pelo conceito, na fusão da arte e da história, integrando na cidadela múltiplos espaços expositivos e "open studios" de artistas de residência. Peça os quartos com vistas para a marina!

124 qto ☲ – ♦100/250 € ♦♦100/250 € – 2 suites

Av. Dom Carlos I (Fortaleza da Cidadela) ✉ *2750-310* – ✆ *21 481 4300*
– *www.pestana.com*

🏨 Farol H.   ⌁ ≤ ⌐ ⊡ ⌂ 🔲 ⌂ 🅿

PALACE · HISTÓRICA Uma preciosidade, inserido numa mansão do séc. XIX, situado em frente ao oceano sobre as falésias. Apresenta quartos confortáveis de design contemporâneo, individualmente concebidos por reconhecidos designers, assim como uma oferta gastronómica de cozinha de autor sob influências mediterrâneas de fusão e japonesa.

31 qto ☲ – ♦180/520 € ♦♦180/520 € – 4 suites

Av. Rei Humberto II de Itália 7 ✉ *2750-800* – ✆ *21 482 3490* – *www.farol.com.pt*

🏨 Villacascais Guesthouse   ⌁ ⊡ 🔲

PALACE · PERSONALIZADA Este hotel, instalado num palacete do século XIX, próximo da praia, surpreende pela estética interior singular, clássica-atual mas em que as cores azul, verde e cinza são os verdadeiros protagonistas. O restaurante e o bar são bastante vistosos!

11 qto ☲ – ♦125/800 € ♦♦125/800 €

Rua Fernandes Thomaz 1 ✉ *2750* – ✆ *21 486 3410*
– *www.thealbatrozcollection.com*

🏨 Casa Vela   ⌂ ⌐ 🔲

TRADICIONAL · MODERNA Situado numa zona residencial ligeiramente afastado do centro. Está distribuído em duas casas, tendo uma, uma boa sala de estar com lareira. Oferece quartos de estilo moderno, alguns com cozinha. Bonitos jardins e terraços em socalcos!

27 qto ☲ – ♦80/160 € ♦♦80/180 €

Rua dos Bem Lembrados 17 ✉ *2750-306* – ✆ *21 486 8972* – *www.casavelahotel.com*

🏨 Pérgola House   ⌂ 🔲 ✂

HISTÓRICO · REQUINTADA Casa senhorial centenária com charme! Elegante tanto no interior como no exterior, oferece um jardim florido e um interior requintado com bom gosto nos detalhes.

12 qto ☲ – ♦55/185 € ♦♦95/185 €

Av. Valbom 13 ✉ *2750-508* – ✆ *21 484 0040* – *www.pergolahouse.pt* – *fechado 15 dezembro-15 janeiro*

na estrada do Guincho

🍴 Furnas do Guincho   ≤ ⌂ ⌂ 🔲 ✂ ⌂ 🅿

PEIXES E FRUTOS DO MAR · CONFORTÁVEL ✕✕ Apresenta grandes varandas e duas salas de linha moderna, ambas envidraçadas e com excelentes vistas ao Atlântico. Ementa tradicional com primazia de peixes e mariscos.

Lista 33/82 €

3,5 km ✉ *2750-642 Cascais* – ✆ *21 486 9243* – *www.furnasdoguincho.pt*

na Quinta da Marinha

🏨 The Oitavos   ⌁ ⌖ ≤ ⌐ 🔲 ⊙ 🖼 ✂ 🔲 ⊡ ⌂ 🔲 ✂ ⌂ ⌂

TRADICIONAL · COMTEMPORÂNEA Convida a momentos de relaxamento, conforto e design inovador... para além de mais, esta rodeado por um campo de golfe com uma magnifica vista para a imensidão azul do Oceano Atlântico. Disponibiliza quartos claramente contemporâneos, luminosos e incrivelmente espaçosos, todos com varanda privada. O restaurante oferece uma carta internacional.

140 qto – ♦172/1870 € ♦♦172/1870 € – ☲ 25 € – 2 suites

Rua de Oitavos, 4,8 km e desvio a direita 0,4 km ✉ *2750-374 Cascais*
– ✆ *21 486 0020* – *www.theoitavos.com* – *fechado dezembro-15 janeiro*

na Praia do Guincho

✿ Fortaleza do Guincho 🍴 ⇐ ৬ AC ⇕ P

MODERNA · ELEGANTE XxxX Este magnífico restaurante disfruta de um elegante pequeno salão, um bar e uma sala de jantar acristalada que destaca, sobretudo pelas suas impressionantes vistas ao océano. A sua Proposta? Uma cozinha de gosto atual, muito mais atenta aos produtos pátrios e do Atlântico, bem como vários menus com opção de maridagem.

→ Carabineiro do Algarve, cenouras e curcuma. Pargo, cebadinha e funcho. As dunas do Guincho: pinha, pinhões e resina.

Menu 95/135 € – Lista 74/100 €

Hotel Fortaleza do Guincho, Praia do Guincho ☒ 2750-642 Cascais
– ℰ 21 487 0491 – www.fortalezadoguincho.pt – só jantar em julho e agosto
– fechado domingo jantar

⫯◯ Porto de Santa Maria 🍴 ⇐ 🏠 AC ⇕ P

PEIXES E FRUTOS DO MAR · QUADRO CLÁSSICO XX Na 1ª linha da praia, apresenta umas instalações com moita luz natural, esplanada, viveiro e um sugestivo expositor de produtos. A sua cave contém cerca de 400 referências!

Menu 75/120 € – Lista 55/80 €

Praia do Guincho ☒ 2750-642 Cascais – ℰ 21 487 9450
– www.portosantamaria.com

⫯◯ Panorama 🍴 ⇐ 🏠 AC ⇕ P

PEIXES E FRUTOS DO MAR · QUADRO CLÁSSICO X Restaurante especializado em peixe e mariscos, possui um excelente expositor de produtos, no entanto também confecciona risottos, pastas, espetadas... Encontra-se próximo do mar, com instalações luminosas e actuais.

Lista 31/146 €

Praia do Guincho ☒ 2750-642 Cascais – ℰ 21 487 0062
– www.panorama-guincho.com – fechado 2ª feira jantar de outubro-abril e 3ª
feira

⛫ Fortaleza do Guincho ⇘ ⇐ AC ⚙ P

EDIFÍCIO HISTÓRICO · REQUINTADA Antiga fortaleza situada num promontório rochoso sobre o mar. Dispõe de um pátio com pórtico e quartos muito cuidados mas pouco espaçosos, sendo que os do primeiro andar são superiores aos do térreo, possuindo galerias envidraçadas e vistas para a praia.

27 qto ☑ – ♦180/260 € ♦♦190/270 €

Praia do Guincho ☒ 2750-642 Cascais – ℰ 21 487 0491
– www.fortalezadoguincho.pt

✿ **Fortaleza do Guincho** – ver selecção restaurantes

CERCAL

Setúbal – Mapa regional nº **1**-B3
Mapa das estradas Michelin nº 593-S3

pela estrada de Vila Nova de Milfontes 1,5 km e desvio a direita 3 km

⛫ Herdade da Matinha ⌂ ⇘ 🍴 🛋 AC P

CASA DE CAMPO · RÚSTICA Localizado em plena natureza, junto a una rota pedestre conhecida como a Rota Vicentina. Excelente sala de estar e quartos em estilo rústico, simples mas alegres e coloristas. Disponibiliza uma sala de jantar polivalente e... oferece passeios a cavalo!

22 qto ☑ – ♦100/250 € ♦♦130/270 €

☒ 7555-231 Cercal do Alentejo – ℰ 933 739 245
– www.herdadedamatinha.com

CHAVES

Vila Real – 19 253 h. – Alt. 350 m – Mapa regional n° **6**-C2
Mapa das estradas Michelin n° 591-G7

⊛ Carvalho   AC ✗

TRADICIONAL · QUADRO CONTEMPORÂNEO ✗✗ Esta casa deve parte do sucesso à total dedicação da sua proprietária, pois está constantemente a introducir melhorias. Dentro da sua ementa, devemos destacar o peixe fresco, pois muda diariamente, e os pratos típicos como a Alheira.

Menu 20/22 € – Lista 14/34 €

Alameda do Tabolado ⊠ 5400-523 – ℰ 276 321 727
– www.restaurante-carvalho.com – fechado Natal, domingo jantar e 2ª feira

⌂⌂⌂ Forte de S. Francisco   ✿ ⅏ ⇦ ⌐ ✗ ⊡ ⅃ AC ✗ ⇖ P

EDIFÍCIO HISTÓRICO · CONFORTÁVEL Gostaria de hospedar-se num Monumento Nacional? Este hotel ocupa parcialmente uma fortaleza que data do século XVII... No entanto, após as recentes reformas, apresenta uma área social moderna e quartos confortáveis. Sala de jantar panorâmica, elegante e de bom gosto.

54 qto � – ⅋60/100 € ⅋⅋75/125 € – 4 suites

Alto da Pedisqueira ⊠ 5400-435 – ℰ 276 333 700 – www.fortesaofrancisco.com
– fechado de 1 a 13 de janeiro

em Nantes Sudeste : 5 km

⌂⌂⌂ Quinta da Mata   ✿ ⅏ ⇦ ⅃ ✗ ✗ ⇖ P

FAMILIAR · RÚSTICA Estabelecimento agradável em pedra onde se conjuga a vida rural com a proximidade da cidade. Possui uma zona de convívio com lareira e quartos cuidados de ambiente rústico, de onde se destaca um deles com uma galeria que existe num anexo. Cozinha caseira e mesa partilhada.

6 qto ⊒ – ⅋55/65 € ⅋⅋65/80 €

Estrada de Valpaços ⊠ 5400-581 Chaves – ℰ 276 340 030
– www.quintadamata.net

COIMBRA

114 076 h. – Alt. 75 m – Mapa regional n° **3**-B2
Mapa das estradas Michelin n° 592-L4

⅃⃝ Arcadas   ⌂ AC ✗ P

TRADICIONAL · ELEGANTE ✗✗✗ Possui duas salas que comunicam entre si que ocupam as antigas cavalariças do palácio, ambas com um estilo clássico-atual, a melhor delas voltada para o jardim. O seu chef propõe uma cozinha atual, de base tradicional e internacional, que se vê refletida em interessantes menus.

Menu 50/120 € – só menu

Planta : A2-a *– Hotel Quinta das Lágrimas, Rua António Augusto Gonçalves*
⊠ 3041-901 – ℰ 239 802 380 – www.quintadaslagrimas.pt – só jantar

⅃⃝ Casas do Bragal   ⌂ AC ✗ P

TRADICIONAL · QUADRO CLÁSSICO ✗✗ Um restaurante de ambiente boémio, localizado num edifício independente, tipo chalé. Oferece uma cozinha do tipo tradicional, que varia de acordo com os produtos de mercado.

Lista 35/60 €

Rua Damião de Góis - Urbanização de Tamonte ⊠ 3030-088 Coimbra
– ℰ 918 103 988 – fechado de 1 a 16 de janeiro, de 1 a 15 de agosto, 2ª feira e 3ª feira almoço

🏛️ Quinta das Lágrimas   🐾 ⏋ 🗋 ⊕ 🖧 ⊟ ᇈ 🆚 ♚ 🔢 🅿️

HISTÓRICO · HISTÓRICA Um palácio magnífico onde convivem a história e a lenda, uma vez que está rodeado pelo famoso jardim botânico que testemunhou o amor da bela Inês de Castro e o infante Pedro, o herdeiro do trono português. Um luxo clássico renovado, congressos, gastronomia...

55 qto ⭢ – 🛏105/245 € 🛏🛏115/245 € – 2 suites

Planta : A2-a – *Rua António Augusto Gonçalves* ✉ *3041-901* – ☎ *239 802 380*
– *www.quintadaslagrimas.pt*

🍴 **Arcadas** – ver selecção restaurantes

COLARES

Lisboa – 7 628 h. – Alt. 50 m – Mapa regional n° **4**-B3
Mapa das estradas Michelin n° 592-P1

na Praia Grande Noroeste : 3,5 km

🍴 Nortada   ⩽ 🛖 🆚 🍽️

PEIXES E FRUTOS DO MAR · QUADRO CLÁSSICO X O seu principal trunfo é a sua localização, a escassos metros do oceano e com a sala debruçada sobre o imenso azul. A carta, bastante completa, baseia-se em peixes e mariscos.

Lista 35/55 €

Av. Alfredo Coelho 8 ✉ *2705-329 Colares* – ☎ *21 929 1516*
– *www.restaurantenortada.com*

🏠 Arribas   🍴 🐾 ⩽ ⏋ ⊟ ᇈ 🆚 🍽️ ♚ 🅿️

TRADICIONAL · FUNCIONAL Juntamente com a sua localização privilegiada em frente ao oceano, todos os seus quartos têm varandas voltadas também para o oceano. Importa destacar também a enorme piscina de água salgada e o restaurante, de carácter panorâmico e uma carta de sabor tradicional especialmente rica em peixe e mariscos.

59 qto ⭢ – 🛏40/100 € 🛏🛏60/160 €

Av. Alfredo Coelho 28 ✉ *2705-329 Colares* – ☎ *21 928 9050*
– *www.arribashotel.com*

COMPORTA

Setúbal – 1 268 h. – Mapa regional n° **1**-B2
Mapa das estradas Michelin n° 593-Q3

na estrada N 261-1 Sul : 15 km

🏠 Sublime Comporta   🍴 🐾 ⏋ 🗋 ᇈ 🆚 🅿️

CASA DE CAMPO · RÚSTICA Dividido em diferentes edifícios e... em plena comunhão com a natureza! Disponibiliza quartos de design contemporâneo. O restaurante, aposta numa cozinha de autor moderna, destaque para, o jantar que é sempre um menu de degustação.

14 qto ⭢ – 🛏200/400 € 🛏🛏200/400 €

✉ *7570-337 Carvalhal* – ☎ *269 449 376* – *www.sublimecomporta.pt*

CONDEIXA-A-NOVA

Coimbra – 5 136 h. – Mapa regional n° **3**-A2
Mapa das estradas Michelin n° 592-L4

🏛️ Pousada de Condeixa Coimbra   🍴 ⩽ 🛎️ ⏋ ⊟ ᇈ 🆚 🍽️ ♚ 🅿️

TRADICIONAL · CLÁSSICA Pousada com instalações impecáveis localizada no centro da localidade. Dispões de uma zona social de estilo clássico, com antiguidades, bem como quartos confortáveis e um excelente restaurante com vista para o jardim, o qual aposta na cozinha internacional.

43 qto ⭢ – 🛏86/127 € 🛏🛏99/145 € – 2 suites

Rua Francisco Lemos ✉ *3150-140* – ☎ *239 944 025*
– *www.pousadadecondeixa-coimbra.com*

COSTA NOVA DO PRADO Aveiro ➜ Ver Aveiro

COVA DA IRIA Santarém ➜ Ver Fátima

COVILHÃ
Castelo Branco – 19 022 h. – Alt. 675 m – Mapa regional n° **3**-C2
Mapa das estradas Michelin n° 592-L7

Taberna A Laranjinha
REGIONAL · TABERNA Localizado em pleno centro, é um daqueles locais que todos conhecem... na verdade, costuma estar quase sempre lotado. No seu interior, em forma de taberna decorada com objetos antigos, encontrará uma vasta seleção de petiscos e especialidades locais.

Lista 21/35 €

Rua 1º de Dezembro 10 ✉ *6200-032 –* ✆ *275 083 586 – fechado de 1 a 15 de julho, sábado almoço e domingo*

na estrada N 339 Noroeste : 6 km

Pousada Serra da Estrela
EDIFÍCIO HISTÓRICO · FUNCIONAL Um hotel de montanha que alia a história ao conforto mais atual, uma vez que está situado num imponente edifício reabilitado. Os quartos têm uma decoração cuidada mas sóbria. Cozinha regional, ar puro, tratamentos de beleza... e uma suite que ocupa um andar completo!

87 qto ☲ – ♦79/170 € ♦♦89/180 € – 5 suites
Estrada das Penhas da Saúde ✉ *6200-364 –* ✆ *21 040 7660 – www.pousadas.pt*

CRATO
Portalegre – 1 674 h. – Mapa regional n° **1**-C1
Mapa das estradas Michelin n° 592-O7

em Flor da Rosa Norte : 2 km

Pousada Mosteiro do Crato
HISTÓRICO · COMTEMPORÂNEA Singular porque já foi um castelo, do qual mantém o merlão, um convento, pelo qual se conserva a igreja e, finalmente, um belíssimo Palácio de Duques. Pátio aberto, zona de convívio ampla, quartos actuais e cozinha tradicional muito bem actualizada.

24 qto ☲ – ♦101/290 € ♦♦120/290 €
✉ *7430-999 Flor da Rosa –* ✆ *245 997 210 – www.pousadas.pt*

CURIA
Aveiro – 2 704 h. – Alt. 40 m – Mapa regional n° **3**-B2
Mapa das estradas Michelin n° 591-K4

Curia Palace H.
PALACE · PERSONALIZADA Inserido num grandioso Palácio Hotel dos "Dourados Anos 20"! Destaque para os belíssimos jardins. Concilia diferentes quartos; uns com design contemporâneo enquanto outros mantêm peças de mobiliário originais da época. Restaurante integrado no que outrora foi o salão de festas, com tectos altíssimos e varandim.

100 qto ☲ – ♦69/125 € ♦♦69/125 €
Av. Plátanos, Anadia ✉ *3780-541 –* ✆ *231 510 300 – www.almeidahotels.pt*

ELVAS
Portalegre – 17 625 h. – Alt. 300 m – Mapa regional n° **1**-D2
Mapa das estradas Michelin n° 592-P8

🏠 Santa Luzia   🕊 🍸 🎇 🆔 ⅍ ⅍ 🅿

HISTÓRICO · REGIONAL Hotel com charme, localizado junto à estrada que atravessa Elvas, típico alentejano, outrora primeira Pousada de Portugal. Abre remodelado, com belos jardins e matas envolventes, e quartos elegantes com mobiliário regional.

25 qto ⌒ – †65/88 € ††74/98 €
Av. de Badajoz ✉ *7350-097 –* ℰ *268 637 470*
– www.slhotel-elvas.pt

ESTÓI Faro ➜ Ver Faro

ESTORIL
Lisboa – 26 397 h. – Mapa regional nº **4**-B3
Mapa das estradas Michelin nº 592-P1

⅋○ Four Seasons   🆔 ⅍ 🚗

INTERNACIONAL · ELEGANTE ░░ Concilia perfeitamente a elegância com detalhes rústicos e a estética do estilo inglês, combinando as madeiras nobres com a alcatifa e um serviço de mesa magnífico. Cozinha internacional, portuguesa e grelhados, com dois grelhadores na mesma divisão.

Menu 45/70 € – Lista 45/75 €
Hotel Palácio Estoril, Rua Particular ✉ *2769-504 –* ℰ *21 464 8000*
– www.palacioestorilhotel.com – só jantar

🏠 Palácio Estoril   ⇽ 🛏 🍸 🗔 📱 ♨ 🔁 ⅚ 🆔 ⅍ ⅍ 🚗

SPA E BEM ESTAR · CLÁSSICA Um hotel de referência internacional desde 1930. Localizado próximo do famoso casino, temos a certeza que não ficará desiludido, pois combina história, distinção, elevadas doses de elegância... e um conforto de excelência. Descubra a sua piscina de água termal!

129 qto ⌒ – †340/370 € ††370/400 € – 32 suites
Rua Particular ✉ *2769-504 –* ℰ *21 464 8000*
– www.palacioestorilhotel.com
⅋○ **Four Seasons** – ver selecção restaurantes

ÉVORA
45 350 h. – Alt. 301 m – Mapa regional nº **1**-C2
Mapa das estradas Michelin nº 593-Q6

🙂 Dom Joaquim   🆔 ⅍

TRADICIONAL · CONVIVIAL ░░ Um negócio de família com um montagem cuidado que procura agradar, com paredes tipo pedra e uma equipa atenta. Distingue-se por uma cozinha de cariz tradicional, bastante variada, sincera nas elaborações, com preços em conta e baseada na qualidade dos produtos.

Menu 23/25 € – Lista 25/45 €
Rua dos Penedos 6 ✉ *7000-531 –* ℰ *266 731 105 – fechado de 2 a 17 de janeiro, de 1 a 15 de agosto, domingo jantar e 2ª feira*

🙂 Origens   🆔 ⅍

MODERNA · SIMPLES ░ Escondido, de certa forma, numa ruela mas muito interessante, está localizado em pleno centro histórico. Na sua pequena sala, alargada, atual e com cozinha à vista ao fundo da mesma, poderá descobrir os sabores da gastronomia alentejana contemporânea.

Lista 29/44 €
Rua de Burgos 10 ✉ *7000-863 –* ℰ *266 704 440*
– www.origensrestaurante.com – fechado janeiro, de 5 a 11 de agosto, domingo e 2ª feira

ⅈO Degust'Ar   🏠 AC ⅍

REGIONAL · CONFORTÁVEL ✕✕ Um restaurante com personalidade, apesar de fazer parte das instalações de um hotel. Chama a atenção pelas suas arcadas altas e sugere uma carta gastronómica de base regional.

Menu 28/40 € – Lista 26/55 €

Hotel M'AR De AR Aqueduto, Rua Candido dos Reis 72 ✉ *7000-582*
– ℰ *266 740 700 – www.mardearhotels.com*

M'AR De AR Aqueduto   🛏 ⅄ 𝄞 ⊡ ⌖ AC ⅍ 𝄠 🚗

CADEIA HOTELEIRA · MODERNA Ocupa parte do antigo palácio dos Sepúlveda (Séc. XV), próximo do aqueduto. Surpreende pelo seu amplo pátio com jardim e pelos seus quartos modernos completamente equipados. A oferta gastronómica divide-se pelo sushi bar e pelo restaurante que propõe uma cozinha regional actualizada.

60 qto ⌷ – ♦112/140 € ♦♦122/150 € – 4 suites

Rua Candido dos Reis 72 ✉ *7000-582 –* ℰ *266 740 700*
– www.mardearhotels.com

ⅈO **Degust'Ar** – ver seleccão restaurantes

Pousada Convento Évora   🏔 🐾 ⅄ AC ⅍ 𝄠 P

HISTÓRICO · FUNCIONAL A pousada encontra-se em um convento do século XV, hoje concebido como um local de meditação e relaxamento. Seu interior confortável conserva pinturas e detalhes de época. Os quartos foram renovados. A sala de refeição encontra-se nas galerias do claustro, que foram muito bem conservadas.

30 qto ⌷ – ♦100/280 € ♦♦110/290 € – 6 suites

Largo Conde de Vila Flor ✉ *7000-804 –* ℰ *266 730 070 – www.pousadas.pt*

Vitória Stone   🏔 ⅄ 𝄞 ⊡ ⌖ AC ⅍ 𝄠 P

FAMILIAR · DESIGN Um hotel familiar definido pelo design. Neste local, a pedra, a cortiça e os materiais de construção reciclados são os protagonistas. Quartos charmosos, um encantador solário e um restaurante moderno com uma carta tradicional atualizada.

48 qto ⌷ – ♦70/90 € ♦♦85/130 €

Rua Diana de Lis 5 ✉ *7005-413 –* ℰ *266 707 174 – www.vitoriastonehotel.com*

pela estrada de Estremoz N 18 por Av. Lino de Carvalho - Noreste : 4 km

Convento do Espinheiro   🏔 🐾 🛏 ⅄ 🔲 🌀 𝄞 ✕ ⊡ ⌖ AC ⅍ 𝄠

HISTÓRICO · CONFORTÁVEL Instalado num maravilhoso convento que P
data de 1458. Composto por uma zona de convívio variada, um claustro, uma igreja deslumbrante e dois tipos de quartos, sendo os mais novos os mais modernos. O bar ocupa o que outrora funcionou como cozinha e a sala de refeições funciona na cave antiga com tectos abobadados e uma carta tradicional actualizada.

90 qto ⌷ – ♦160/210 € ♦♦180/220 € – 6 suites

Canaviais ✉ *7002-502 Évora –* ℰ *266 788 200 – www.conventodoespinheiro.com*

pela estrada de Montemor N 114 6 km e desvío à esquerda 2 km

Ecorkhotel   🏔 🐾 ⅄ 🔲 🌀 𝄞 ⊡ ⌖ AC 𝄠 P

TOWNHOUSE · RURAL Apresenta a sustentabilidade como leitmotiv e possui um edifício principal surpreendente, uma vez que, para além de albergar as zonas comuns encontra-se... totalmente revestido com cortiça! Quartos com excelentes condições tipo suite, todas em edifícios independentes de design cúbico.

56 qto ⌷ – ♦60/150 € ♦♦60/300 €

Quinta da Deserta e Malina ✉ *7000-804 –* ℰ *266 738 500 – www.ecorkhotel.com*

FARO

44 119 h. – Mapa regional n° **2**-B2
Mapa das estradas Michelin n° 593-U6

ᵗⁱO **Faz Gostos**

TRADICIONAL · QUADRO CONTEMPORÂNEO ✗✗ Conta com dois espaços muito bem definidos: um é do tipo nave, com tetos altos, e o outro, mais moderno, designado bistrô. Ementa tradicional portuguesa com variadíssimos menus.

Menu 16/45 € – Lista 22/57 €

Rua do Castelo 13 ⊠ *8000-243 –* 𝒞 *914 133 668 – www.fazgostos.com – fechado domingo jantar de 28 outubro-24 março*

em Estói por Rua do Alportel : 11 km

🏠 **Pousada Palácio Estoi**

CADEIA HOTELEIRA · HISTÓRICA Ocupa um palácio do séc. XVIII que surpreende pela sua atractiva piscina panorâmica. Moderna recepção, salões palacianos, capela e quartos com linha funcional-actual. O restaurante, de montagem simples, apresenta tanto pratos regionais como tradicionais.

60 qto ⌧ – ♥110/300 € ♥♥150/400 € – 3 suites

Rua S. José ⊠ *8005-465 Faro –* 𝒞 *21 040 7620 – www.pousadas.pt*

FÁTIMA

Santarém – 11 596 h. – Alt. 346 m – Mapa regional n° **4**-B2
Mapa das estradas Michelin n° 592-N4

ᵗⁱO **Tia Alice**

TRADICIONAL · ELEGANTE ✗✗ Casa familiar situada no centro histórico. Disponibiliza três salas, com um ambiente rústico e uma decoração moderna, circunscrita pelas paredes em pedra e onde os tons de branco dominam o espaço. Cozinha tradicional.

Lista 30/44 €

Rua do Adro 152 ⊠ *2495-557 Fátima –* 𝒞 *249 531 737 – fechado de 10 a 31 de julho, domingo jantar e 2ª feira*

na Cova da Iria Noroeste : 2 km

ᵗⁱO **O Convite**

TRADICIONAL · QUADRO CLÁSSICO ✗✗✗ Dispõe de uma entrada própria, um acesso a partir do hall do hotel e uma confortável sala de jantar de linha clássica-atual. Carta tradicional bastante completa, com pratos elaborados.

Lista 20/45 €

Hotel Dom Gonçalo, Rua Jacinto Marto 100 ⊠ *2495-450 Fátima –* 𝒞 *249 539 330 – www.hoteldg.com*

🏠 **Dom Gonçalo**

FAMILIAR · CLÁSSICA Localizado próximo ao Santuário e dividido em duas partes, uma antiga e a outra moderna, o hotel oferece portanto dois tipos de quarto. Dispõe de uma área social renovada e um grande SPA.

71 qto ⌧ – ♥65/100 € ♥♥75/120 €

Rua Jacinta Marto 100 ⊠ *2495-450 Fátima –* 𝒞 *249 539 330 – www.hoteldg.com*

ᵗⁱO **O Convite** – ver seleccão restaurantes

FERRAGUDO

Faro – 1 973 h. – Mapa regional n° **2**-A2
Mapa das estradas Michelin n° 593-U4

em Vale de Areia Sul : 2 km

🏠 **Casabela H.**

TRADICIONAL · CLÁSSICA O melhor desta casa é a sua localização em plena natureza, com um cuidado ambiente ajardinado e uma impressionante vista panorâmica Quartos amplos e funcionais. O restaurante, dividido em duas salas, baseia o seu trabalho numa ementa diária.

66 qto ⌧ – ♥145/225 € ♥♥160/240 €

Praia Grande ⊠ *8400-275 Ferragudo –* 𝒞 *282 490 650 – www.hotel-casabela.com – fechado 15 novembro-janeiro*

FLOR DA ROSA Portalegre → Ver Crato

FOLGOSA

Viseu – 428 h. – Mapa regional n° **3**-C1
Mapa das estradas Michelin n° 591-I6

⁄○ DOC   🕸 ⟨ 🏠 AC 🍷 **P**

MODERNA · CONFORTÁVEL XXX Instalado num edifício de traçado actual que se
destaca pela sua localização, na margem do rio Douro e com uma esplanada
sugestiva sobre o mesmo. O seu chef propõe uma cozinha tradicional com
toques criativos e um menu degustação. Vistas magníficas!
Menu 90 € – Lista 57/79 €
Estrada Nacional 222 ✉ *5110-204 – ℰ 254 858 123*
*– www.ruipaula.com – fechado 3 semanas em janeiro, domingo jantar e 2ª feira
de novembro-fevereiro*

FOZ DO DOURO Porto → Ver Porto

GOLEGÃ

Santarém – 3 845 h. – Mapa regional n° **4**-B2
Mapa das estradas Michelin n° 592-N4

🏨 Lusitano   ⟨ 🖥 🕸 ⟨ 🛗 🔽 ⟨ AC 🍷 🐎 🚗

SPA E BEM ESTAR · CONFORTÁVEL Casa familiar encantadora que fica a dever
o seu nome a uma raça de cavalos originária desta região. Conta com uma zona
de convívio bastante sedutora, quartos bastante espaçosos, principalmente o
anexo, e um restaurante bem iluminado de traçado actual que oferece uma
carta tradicional.
23 qto ⚏ – †88/114 € ††88/124 € – 1 suite
Gil Vicente 4 ✉ *2150-193 – ℰ 249 979 170*
– www.hotellusitano.com

GONDARÉM Viana do Castelo → Ver Vila Nova de Cerveira

GUARDA

27 226 h. – Alt. 1 000 m – Mapa regional n° **3**-C2
Mapa das estradas Michelin n° 591-K8

⁄○ Don Garfo   AC 🍷 ⇔

TRADICIONAL · TENDÊNCIA XX De organização familiar e instalado numa antiga
casa de pedra. A oferta, tradicional portuguesa mas atualizada nas suas apresentações, geralmente complementa-se com algum menu.
Menu 60/75 € – Lista 25/50 €
Rua do bairro 25 Abril 10 ✉ *6300-774 – ℰ 271 211 077*
– www.dongarfo.net

⁄○ Aquariu's   AC 🍷

TRADICIONAL · QUADRO CLÁSSICO X Apresenta um bar-loja de vinhos e uma
sala clássica, com dois expositores. Cozinha tradicional do produto, com carnes
nacionais e peixes selvagens da zona de Aveiro.
Menu 15/35 € – Lista 20/35 €
av. Cidade de Salamanca 3A e 3B ✉ *6300-538 – ℰ 271 230 157*
*– www.restaquarius.com – fechado 10 dias em julho, 10 dias em novembro e 2ª
feira*

GUIMARÃES

Braga – 69 462 h. – Alt. 175 m – Mapa regional n° **6**-A2
Mapa das estradas Michelin n° 591-H5

🕸 A Cozinha ⓝ (Antonio Loureiro)   AC 🍽 🖧

MODERNA · TENDÊNCIA ✗ Uma excelente surpresa, tanto pela discreta e um pouco escondida localização no centro histórico, como pela sua proposta. O que é que encontramos? Sensibilidade, equilíbrio, ilusão... e o maior respeito pelo produto! A aposta aqui é uma cozinha moderna, com bases tradicionais, que cuida tanto a apresentação como os detalhes.

→ Carabineiro e manga. Foie-gras com maça. Chila.

Menu 18/70 € – Lista 35/49 €

Largo do Serralho 4 ✉ 4800-472 – ℰ 253 534 022

– www.acozinha.rest

– fechado de 1 a 15 de janeiro, de 1 a 9 de setembro, de 13 a 21 de outubro, domingo e 2ª feira

🕸 Histórico by Papaboa   🏠 AC 🍽 🖧

TRADICIONAL · CONFORTÁVEL ✗ Casa senhorial do século XVII que surpreende tanto pela torre como pelo seu lindo pátio-terraço. Dispõe de vários salões, o principal de estilo rústico-moderno e os outros de estilo palaciano. Cozinha tradicional bem elaborada e com porções generosas.

Lista 25/32 €

Rua de Valdonas 4 ✉ 4800-476 – ℰ 253 412 107

– www.papaboa.pt

🍽 Hool ⓝ   🏠 ఈ AC 🍽

TRADICIONAL · CONFORTÁVEL ✗✗ Tem personalidade e um acesso independente do hotel. Na sala, um pouco eclética, descobre-se uma cozinha atualizada que cuida da apresentação. Atrativa esplanada!

Lista 28/40 €

Hotel Da Oliveira, Largo da Oliveira ✉ 4800-443 – ℰ 253 519 390

– www.hoteldaoliveira.com

🏨 Da Oliveira   🔼 ఈ AC 🍽

TOWNHOUSE · CONFORTÁVEL Trata-se de uma antiga Pousada que ocupa cinco edifícios, todos eles com encanto, construídos em pedra e localizados no belo centro histórico. Encontrará uma área social decorada com gosto e quartos aconchegantes, de linha funcional.

13 qto 🛏 – 🛏74/91 € 🛏🛏85/105 € – 7 suites

Rua de Santa Maria ✉ 4800-443 – ℰ 253 514 157

– www.hoteldaoliveira.com

🍽 **Hool** – ver selecção restaurantes

na estrada da Penha Este : 2,5 km

🏯 Pousada Mosteiro de Guimarães   ✿ 🐾 ⪦ 🛋 ⅃ 🔼 ఈ AC 🛁 🅿

EDIFÍCIO HISTÓRICO · HISTÓRICA Instalado num imponente mosteiro do século XII! Na sua arquitetura e decoração encontram-se vestígios de outra época... Todavia, o que mais se destaca, são os seus magníficos painéis de azulejos, os seus jardins e a sua piscina panorâmica. O restaurante, que exala um ar monástico, propõe uma cozinha regional e tradicional.

49 qto 🛏 – 🛏100/262 € 🛏🛏110/272 € – 2 suites

✉ 4810-011 Guimarães – ℰ 253 511 249

– www.pousadas.pt

Os preços apresentados junto ao símbolo 🛉 correspondem ao preço mais baixo na época baixa, depois o preço mais elevado na época alta, para um quarto individual. O mesmo critério com o símbolo 🛉🛉 desta vez para um quarto duplo.

LAGOA

Faro – 7 266 h. – Mapa regional n° **2**-B2
Mapa das estradas Michelin n° 593-U4

em Carvoeiro Sudoeste : 3,5 km

✿ Bon Bon 🍴 ✗

MODERNA · ELEGANTE ✗✗✗ Situado dentro de uma urbanização tranquila. Na sua sala, hexagonal, de linha clássica-atual e com chaminé central em forja, propõe-nos um único menu, de tipo contemporâneo, do qual só se pagam os pratos que se consumem. Especial atenção dada às apresentações, às texturas e aos sabores!

→ Lavagante azul, beterrabas e tangerina. Peixe de linha, dashi de peixes secos, choco e mexilhão. Amêndoa, mel, alfazema e moscatel.

Menu 95/125 € – só menu

estrada de Sesmarias - urb. Cabeço de Pias ✉ *8400-525 Carvoeiro*
– ℰ 282 341 496 – www.bonbon.pt – só jantar salvo sábado e domingo
– fechado dezembro-janeiro, 3ª feira e 4ª feira

em Sesmarias Sudoeste : 4,7 km

⫶○ Hexagone 🍴 🅰🅲 ✗

TRADICIONAL · QUADRO CONTEMPORÂNEO ✗✗ Localizada numa urbanização, conta com uma charmosa esplanada, um bar e uma sala de refeições de estilo clássico. Cozinha tradicional e internacional atualizada.

Lista 35/60 €

urb. Presa de Moura ✉ *8400-008 Sesmarias – ℰ 282 342 485*
– www.restaurantehexagone.com – fechado 2ª feira no inverno e domingo

LAGOS

Faro – 22 094 h. – Mapa regional n° **2**-A2
Mapa das estradas Michelin n° 593-U3

✿ Avenida 🆕 🍸 🍴 ♿ 🅰🅲

MODERNA · QUADRO CONTEMPORÂNEO ✗✗ Um restaurante com estilo, carisma e personalidade. Oferece uma bela garrafeira envidraçada, uma sala de linha moderna com muitos toques de design e uma cozinha de gosto moderno que aposta pela gastronomia de produto, com muitos pratos frescos de fusão.

Menu 60 € – Lista 32/52 €

Hotel Lagos Avenida, Av. dos Descobrimentos 53 ✉ *8600-645 – ℰ 282 780 092*
– www.avenidarestaurante.pt

✿ Don Sebastião 🍸 🍴 🅰🅲 ✗ ⟷

TRADICIONAL · QUADRO REGIONAL ✗ Agradável e interessante. Apostam na cozinha portuguesa mais tradicional, devidamente apresentada e de doses generosas. Costumam apresentar o peixe fresco previamente a mesa antes de ser cozinhado. A sua adega também surpreende, conta com até 75 variedades de Portos!

Lista 20/40 €

Rua 25 de Abril 20 ✉ *8600-763 – ℰ 282 780 480*
– www.restaurantedonsebastiao.com – fechado 20 novembro-1 janeiro

⫶○ Dos Artistas 🍴 🅰🅲

MODERNA · TENDÊNCIA ✗✗ Desfrute de uma agradável esplanada e uma sala clássica-colonial. Ementa de sabor internacional, com um menu ao almoço apenas e uma oferta muito mais gastronómica ao jantar.

Menu 30/73 € – Lista 37/74 € – ementa simples ao almoço

Rua Cândido dos Reis 68 ✉ *8600-681 – ℰ 282 760 659*
– www.artistasrestaurant.com – fechado domingo

⫶○ Cantinho Algarvio   🏠 AC ✗

TRADICIONAL · SIMPLES ✗ Simples, autêntico e bem situado numa das ruas mais turísticas de Lagos. Carta tradicional com sugestões e especialidades, como as cataplanas ou o arroz de marisco.

Menu 20 € – Lista 25/36 €

Rua Afonso de Almeida 17-21 ✉ 8600-674 – ✆ 282 761 289
– www.ocantinhoalgarvio.pt – fechado dezembro e domingo

🏨 Lagos Avenida 🅝   ᴢ 🔄 ⴷ AC ✗

BOUTIQUE HOTEL · DESIGN Um hotel com muitos detalhes de design. Apresenta uma atrativa área social, esmerados quartos, todos eles com varanda ou sacada, e uma sugestiva área "chill out", com solárium e piscina infinita no terraço, destacando este espaço pelas suas maravilhosas vistas.

46 qto ⌷ – 🛏140/320 € 🛏🛏140/320 €

Av. dos Descobrimentos 53 ✉ 8600-645 – ✆ 282 780 092 – www.sonelhotels.com
🅐 **Avenida** – ver seleccão restaurantes

na Praia do Canavial Sul : 2,5 km

🏨 Cascade   ☀ ☙ ⟨ 🛏 ᴢ ✗ 🔄 ⴷ AC ✗ ♨ 🚗

RESORT · REQUINTADA Vasto complexo turístico localizado próximo do mar, com vários edifícios em forma de villas e jardim. Dispõe de quartos bastante confortáveis que se organizam em quatro linhas estéticas: sul-americana, asiática, europeia e africana. Excelente oferta gastronómica.

86 qto ⌷ – 🛏162/661 € 🛏🛏182/676 € – 22 suites – 56 apartamentos

Rua das Ilhas ✉ 8600-513 Lagos – ✆ 282 771 500
– www.cascaderesortalgarve.com

na Meia Praia Noreste : 3 km

⫶○ Vivendo   AC

INTERNACIONAL · QUADRO CLÁSSICO ✗✗ Restaurante de estilo clássico-atual onde não falta a elegância. Encontrará uma carta internacional, um menu Gourmet e... gelados deliciosos feitos no local!

Menu 39 € – Lista 35/50 €

Rua Rui Belo ✉ 8600-904 – ✆ 282 770 902 – www.vila-palmeira.com – só jantar
– fechado dezembro-20 janeiro e 2ª feira

pela estrada N 125 Este : 4,6 km e desvio a dereita 0,3 km

🏡 Quinta Bonita   ☙ ⟨ 🛏 ᴢ AC ✗ 🅿

CASA DE CAMPO · PERSONALIZADA Uma casa de campo que cuida até ao mais mínimo pormenor. Conta com agradáveis espaços com jardim, uma horta e quartos com diferentes estilos, ao longe avista-se o mar.

9 qto ⌷ – 🛏119/199 € 🛏🛏159/270 €

Matos Morenos, Quatro Estradas ✉ 8600-115 Lagos – ✆ 282 762 135
– www.boutiquehotelalgarve.com – fechado 12 novembro-10 fevereiro

LAMEGO

Viseu – 12 214 h. – Alt. 500 m – Mapa regional nº **3**-C1
Mapa das estradas Michelin nº 591-I6

ao Norte pela N 2 : na margem do rio Douro (estrada N 222)

🏨 Six Senses Douro Valley   ☀ ☙ ⟨ 🛏 ᴢ 🖼 ⊕ 🛁 🔄 ⴷ AC ♨ 🅿

GRANDE LUXO · REQUINTADA Uma antiga quinta, hoje de estética moderna, que se destaca pelos exteriores cuidados, os terraços e as românticas vistas do Douro. Distribui os quartos entre o edifício principal e vários chalés. Lista de cariz tradicional com alguns pratos internacionais.

50 qto – 🛏290/600 € 🛏🛏290/600 € – 7 apartamentos

Quinta do Vale de Abraão, 13 km ✉ 5100-758 Lamego – ✆ 254 660 660
– www.sixsenses.com

LEÇA DA PALMEIRA

Porto – 18 502 h. – Mapa regional n° **6**-A2

Mapa das estradas Michelin n° 591-I3

✧ Casa de Chá da Boa Nova (Rui Paula)   ✿ ⩤ 龠 ⒶⒸ ⌀ 🅿

PEIXES E FRUTOS DO MAR · DESIGN ✗✗✗ Realmente singular! De facto, ocupa uma casa frente ao oceano declarada Monumento Nacional. O seu chef propõe uma cozinha extremamente detalhista e de tendências atuais, assim como uns menus de degustação de grande nível, todos com o Atlântico e os produtos da zona como os grandes protagonistas. Excelente seleção de vinhos do Porto!

→ Ostra, atum e endro. Arroz de lula, arroz tufado e molho bordalês. Colheita tardia, mel e noz pecã.

Menu 90/135 € – só menu

av. da Liberdade (junto ao farol) ✉ *4450-705 –* 𝒞 *22 994 0066*

– www.casadechadaboanova.pt – fechado de 7 a 29 de janeiro, domingo e 2ª feira

LEIRIA

61 123 h. – Alt. 50 m – Mapa regional n° **4**-A2

Mapa das estradas Michelin n° 592-M3

em Marrazes na estrada N 109 - Norte : 1 km

☺ Casinha Velha   ✿ ⒶⒸ ⌀

CASEIRA · CONVIVIAL ✗ Uma casa de organização familiar e ambiente acolhedor. Conta com uma zona de espera e uma sala de jantar rústica no andar superior, provida de curiosos detalhes de inspiração regional. Cozinha caseira e saborosa, com uma carta de vinhos de destacar com mais de 1000 referências!

Lista 24/31 €

Rua Professores Portelas 23 ✉ *2415-534 Marrazes –* 𝒞 *244 855 355*

– www.casinhavelha.com – fechado 15 dias em janeiro, 15 dias em julho, domingo jantar e 3ª feira

LISBOA

O tradicional Chiado, o animado Bairro Alto, a encantadora Alfama... Passear pelos bairros de Lisboa é a melhor forma de conhecer a sua cultura gastronómica, herdeira dos saborosos traços que definem cada região, e devedora, evidentemente, da sua privilegiada localização junto das melhores lotas do Atlântico. Claro que tem de experimentar o famosíssimo bacalhau, mas também as fantásticas carnes do interior e as interessantes propostas dos novos chefes.

As especialidades gastronómicas:
Embora o produto estrela seja, sem dúvida, o bacalhau (bacalhau com natas, bacalhau à Brás, bacalhau à Gomes de Sá, pataniscas de bacalhau...), também são muito populares as sardinhas assadas, a ponto de se terem transformado num ex-líbris artístico-cultural da cidade. Quanto às sobremesas, nenhuma faz sombra aos autênticos pastéis de Belém, copiados incontáveis vezes, mas jamais igualados, porque são confecionados seguindo a receita original, e secreta, de 1837.

547 631 h – Alt. 111 m

• Mapa regional n° 4-B3

• Mapa de carreteras Michelin n° 733, 592 e 593-P2

A NOSSA SELECÇÃO DE RESTAURANTES

A NOSSA SELECÇÃO DE HOTÉIS

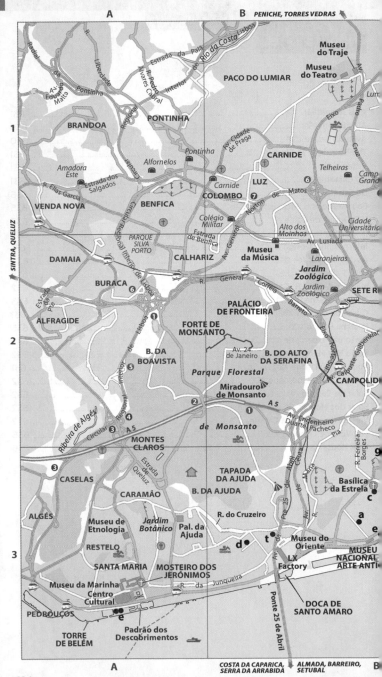

Rio do Costa

Estrada da Pal
R. Pedro Alvares Cabral Interior

Museu do Traje

Museu do Teatro

PACO DO LUMIAR

Liberdade
Pontinha
Radial da
A3 Edgar Malta

BRANDOA

PONTINHA

Pontinha

Regional

Lum

Av. Padre Cruz

Eixo

Alfornelos

Av. Cidade de Praga

CARNIDE

R. Elias Garcia
Amadora Este

Estrada dos Salgados

Pontinha

Carnide

LUZ

COLOMBO

Telheiras

6

Camp Grand

VENDA NOVA

BENFICA

Circular Regional Interior de Lisboa

Colégio Militar

7

Norton de Matos

Alto dos Moinhos

Cidade Universitária

Av. Lusiada

DAMAIA

PARQUE SILVA PORTO

Estrada de Benfica

CALHARIZ

Museu da Música

Laranjeiras

Av. General Correia

Jardim Zoológico

BURACA

6

R.

Jardim Zoológico

SETE R

ALFRAGIDE

Estrada Pte

Interior de Lisboa

Regional

1

PALÁCIO DE FRONTEIRA

Enxo Norte

Barreto

Calouste Gulbenkian

B. DA BOAVISTA

FORTE DE MONSANTO

Av. 24 de Janeiro

B. DO ALTO DA SERAFINA

CAMPOLID

5

Parque Florestal

Miradouro de Monsanto

1

A 5

2

Circular Regional

4

A 5

3

Ribeira de Algés

de Monsanto

Av. Engenheiro Duarte Pacheco

Pia

R. Ferreira Borges

9

MONTES CLAROS

Estrada de Queluz

TAPADA DA AJUDA

Av. de Ceuta

Av. 25 de Abril

Basílica da Estrela

CASELAS

CARAMÃO

B. DA AJUDA

c

ALGÉS

R. do Cruzeiro

a

e

Museu de Etnologia

Jardim Botânico

Pal. da Ajuda

d

t

Museu do Oriente

RESTELO

MUSEU NACIONAL ARTE ANTI

SANTA MARIA

MOSTEIRO DOS JERÓNIMOS

R. da Junqueira

LX Factory

Museu da Marinha

Centro Cultural

Ponte 25 de Abril

DOCA DE SANTO AMARO

PEDROUÇOS

e

TORRE DE BELÉM

Padrão dos Descobrimentos

COSTA DA CAPARICA, SERRA DA ARRABIDA   ALMADA, BARREIRO, SETUBAL

SINTRA, QUELUZ

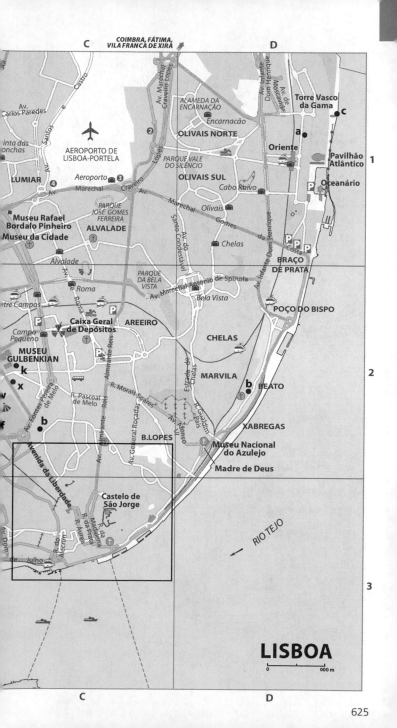

LISBOA

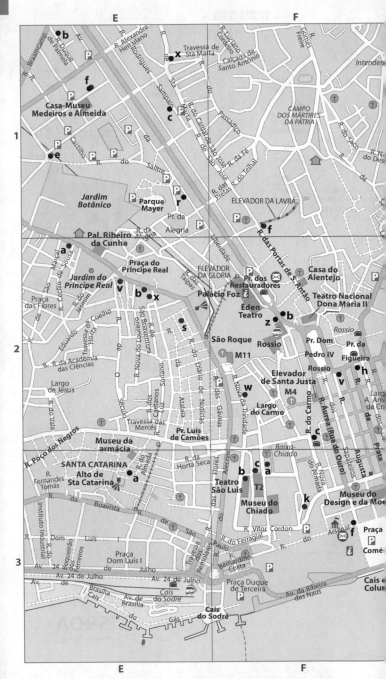

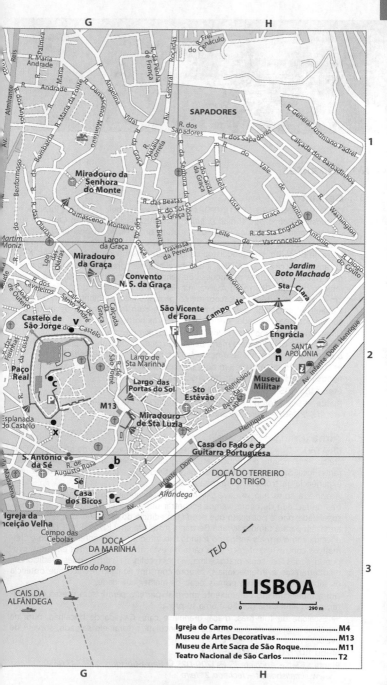

LISBOA

0 — 290 m

Centro

fotoVoyager / iStock

Restaurantes

✿✿✿ **Belcanto** (José Avillez) 🏵 AC ♚

CRIATIVA · QUADRO CONTEMPORÂNEO ✗✗ Destaca pela magnífica localização, no turístico Bairro Alto (Chiado), junto ao Teatro Nacional de São Carlos, e surpreende pela sua história, pois o seu atual proprietário, dando uma volta ao negócio, aquando da abertura em 2012, veio dar continuidade ao legendário restaurante Belcanto, que conquistou os lisboetas da segunda metade do séc. XX.

O carismático chef José Avillez, inesgotável como empreendedor e um dos máximos valores da cozinha portuguesa de vanguarda, apresenta a casa-mãe do seu império culinário (Bairro do Avillez, Mini Bar Teatro, Cantinho do Avillez...) como um espaço de autêntico descobrimento gastronómico, ambientado em salas de elegante classicismo, que vestem as paredes com interessantes peças de arte contemporânea, realizadas por diversos artistas portugueses.

Uma frase para emoldurar? José Avillez diz sempre que os seus pratos estão influenciados pela luz, pelo mar e pelos bairros de Lisboa, até ao ponto de chegar a afirmar que: "a cozinha é o nosso fado, a nossa forma de expressão".

→ Carabineiro do Algarve em dois serviços. Salmonete braseado, com molho de fígados e xerém de amêijoas à Bulhão Pato. Chocolate.

Menu 165/185 € – Lista 106/112 €

Planta : F3-a – *Largo de São Carlos 10* ✉ *1200-410* Ⓜ *Baixa-Chiado* – ✆ *21 342 0607* – *www.belcanto.pt* – *fechado domingo e 2ª feira*

✿✿ **Alma** (Henrique Sá Pessoa) ♚

CRIATIVA · QUADRO CONTEMPORÂNEO ✗✗ Se tiver vontade de se divertir e de conhecer a cozinha portuguesa atual, não deve perder, pois este singular restaurante, localizado junto à Basílica dos Mártires (em pleno Chiado), propõe uma experiência gastronómica em toda a linha.

A primeira coisa que se deve salientar é que o nome não é em vão e que, por trás da fachada de pedra, vamos encontrar um estabelecimento com muita personalidade; não é por acaso que ocupa um edifício do séc. XVIII, que serviu como armazém para a famosa livraria Bertrand, instalada em Lisboa desde 1732 e reconhecida como a mais antiga do mundo. No interior, de ar contemporâneo e chamativos contrastes, oferece uma carta da estação e interessantes ementas, propondo todos os seus pratos uma viagem culinária com toques tradicionais, mediterrânicos e internacionais, sempre com um domínio técnico que potencia os sabores e as matérias primas locais da melhor qualidade.

Um estabelecimento de ambiente informal, perfeito para ir sem pressa e desfrutar, pois... aqui cada porção é uma surpresa!

→ Escalope de foie-gras, maçã, granola e café. Calçada de bacalhau, puré de cebolada e gema de ovo. Bomba de chocolate e caramelo salgado, sorvete de avelã.

Menu 110/120 € – Lista 55/75 €

Planta : F3-c – *Anchieta 15* ✉ *1200-023* Ⓜ *Baixa-Chiado* – ✆ *21 347 0650* – *www.almalisboa.pt* – *fechado 2º feira*

ꔬO Tágide ⩵ AC ⵣ

MODERNA · QUADRO CLÁSSICO XxX Depois de subir um lance de escadas entra-se na sala nobre, com belíssimos lustres e paneis de azulejos. Cozinha de autor moderna e o Tapas Bar, com uma vasta selecção de tapas/petiscos.

Menu 60/80 € – Lista 40/65 €

Planta : F3-k – *Largo da Academia Nacional de Belas Artes 18-20* ⊠ *1200-005* ❽ *Baixa-Chiado* – ✆ *21 340 4010* – *www.restaurantetagide.com* – *fechado 7 días em janeiro e domingo*

ꔬO Bistrô 4 ⵛ ⵟ ⵣ

FRANCESA · BISTRÔ XX Um restaurante com personalidade própria. Conta com uma amplia sala de traçado clássico-atual e oferece uma carta tipo bistrô onde convivem pratos franceses, portugueses e sazonais.

Menu 22 € – Lista 26/58 €

Planta : E1-f – *Hotel Porto Bay Liberdade, Rua Rosa Araújo 8* ⊠ *1250-195* ❽ *Avenida* – ✆ *21 001 5700* – *www.portobay.com*

ꔬO O Faz Figura ⩵ ⵟ AC ⵣ

MODERNA · NA MODA XX Nos arredores da Alfama. Tem uma sala interior de linha actual, outra envidraçada e uma agradável esplanada. Cozinha tradicional com algum detalhe de criatividade.

Menu 25/50 € – Lista 30/45 €

Planta : H2-n – *Rua do Paraíso 15-B* ⊠ *1100-396* – ✆ *21 886 8981* – *www.fazfigura.com* – *fechado 2ª feira jantar*

ꔬO Pesca ❽ ⵟ AC ⵣ ⇔

CRIATIVA · TENDÊNCIA XX Localizado numa casa de pedra da parte alta de Lisboa. Oferecem cozinha tradicional e mediterrânica à base de produtos da zona, bem tratados e com uma excelente apresentação.

Menu 50/80 € – Lista 48/95 €

Planta : E2-a – *Rua da Escola Politécnica 27* ⊠ *1250-099* ❽ *Rato* – ✆ *21 346 0633* – *www.restaurantepesca.pt* – *fechado 2ª feira*

ꔬO Solar dos Presuntos ⵛ ⵐ AC ⵣ ⵓ

TRADICIONAL · NA MODA XX Um verdadeiro ícone da cidade, há 40 anos a conquistar paladares. Vasta carta tradicional de produto, onde se destacam os arrozes, peixes e mariscos.

Lista 33/57 €

Planta : F1-f – *Rua das Portas de Santo Antão 150* ⊠ *1150-269* ❽ *Avenida* – ✆ *21 342 4253* – *www.solardospresuntos.com* – *fechado 7 días no Natal, 21 días em agosto, domingo e feriados*

ꔬO O Asiático ⵟ AC ⵣ

ASIÁTICA · TENDÊNCIA X Índia, Tailândia, China, Japão... o chef transmite a sua experiência asiática através de uma apelativa fusão, sempre com base em produtos nacionais e com pratos para partilhar.

Lista 31/40 €

Planta : E2-x – *Rua da Rosa 317* ⊠ *1250-083* – ✆ *21 131 9369* – *www.oasiatico.com* – *só jantar salvo 6ª feira, sábado e domingo*

ꔬO Casa de Linhares AC ⵣ

PORTUGUESA · QUADRO REGIONAL X Instalado numa casa-palácio do Renascimento que se transformou numa das "Casas de Fado" mais populares de Lisboa. Uma boa lista de cozinha tradicional portuguesa.

Menu 50/65 € – Lista 37/61 €

Planta : G3-c – *Beco dos Armazéns do Linho 2* ⊠ *1100-037* ❽ *Terreiro do Paço* – ✆ *910 188 118 (preciso reservar)* – *www.casadelinhares.com* – *só jantar*

⁙○ A Cevicheria ⟨AC⟩

PERUANA · TENDÊNCIA ⅹ Cozinha peruana com sotaque português. É pouco espaçoso mas muito original, um enorme polvo pendurado no teto domina as atenções. Há sempre fila para entrar!

Lista 20/35 €

Planta : E2-v – *Dom Pedro V 129* ✉ *1200-093* – ✆ *21 803 8815 (sem reserva)*

⁙○ 100 Maneiras ⟨AC⟩ ⟨⟩

CRIATIVA · QUADRO TRADICIONAL ⅹ Pequeno restaurante situado numa ruela do bairro alto. O seu jovem chef propõe um menu de degustação de cozinha criativa, fresca e ligeira, sempre com bons detalhes.

Menu 60 € – só menu

Planta : E2-s – *Rua do Teixeira 35* ✉ *1200-459* – ✆ *910 307 575*
– www.100maneiras.com – só jantar

⁙○ Mini Bar Teatro ⟨⟩ ⟨� ⟩ ⟨AC⟩ ⟨⟩

CRIATIVA · BISTRÔ ⅹ Informal, intimista, descontraído... Localizado na zona dos teatros do Bairro Alto e quando já nada tem para surpreender depois do Belcanto, arrebata os sentidos com os novos pratos.

Menu 45/55 € – Lista 13/44 €

Planta : F3-b – *Rúa António Maria Cardoso 58* ✉ *1200-027* Ⓜ *Baixa-Chiado*
– ✆ 21 130 5393 – www.minibar.pt – só jantar

⁙○ Páteo - Bairro do Avillez ⟨AC⟩ ⟨⟩

PEIXES E FRUTOS DO MAR · QUADRO MEDITERRÂNEO ⅹ Instalado no pátio central de um atrativo complexo gastronómico. A qualidade é o fio condutor da variedade de propostas, protagonizada por peixes e mariscos saborosos.

Lista 41/65 €

Planta : F2-w – *Rua Nova da Trindade 18* ✉ *1200-466 Lisboa* Ⓜ *Baixa-Chiado*
– ✆ 21 583 0290 (preciso reservar) – www.bairrodoavillez.pt

⁙○ Taberna - Bairro do Avillez ⟨AC⟩ ⟨⟩

TRADICIONAL · TABERNA ⅹ Tem o formato de uma taberna-charcutaria e faz parte do complexo gastronómico sobejamente conhecido Bairro do Avillez. Cozinha tradicional apresentada em formato de petiscos e porções.

Lista 20/30 €

Planta : F2-w – *Rua Nova da Trindade 18* ✉ *1200-466* Ⓜ *Baixa-Chiado*
– ✆ 21 583 0290 – www.bairrodoavillez.pt

⁙○ Tapisco ⟨AC⟩ ⟨⟩

TRADICIONAL · TENDÊNCIA ⅹ Um local de estética atual que se define perfeitamente apenas com o seu nome, o qual combina as palavras tapas e petiscos. Existem muitos pratos para partilhar!

Lista 25/38 €

Planta : E2-b – *Rua Dom Pedro V 81* ✉ *1250-026 Lisboa* – ✆ *21 342 0681 (sem reserva) – www.tapisco.pt*

Alojamentos

🏨 Avenida Palace ⟨ᴸ⟩ ⟨⟩ ⟨ᴥ⟩ ⟨AC⟩ ⟨⟩ ⟨⟩

BUSINESS · CLÁSSICA Emana prestígio e distinção, não é em vão que data de 1892. Possui uma zona nobre esplêndida, complementada com belíssimo bar de estilo inglês, e quartos deslumbrantes ao estilo clássico.

66 qto ⯑ – †192/236 € ††234/277 € – 16 suites

Planta : F2-z – *Rua 1° de Dezembro 123* ✉ *1200-359* Ⓜ *Restauradores*
– ✆ 21 321 8100 – www.hotelavenidapalace.pt

Pousada de Lisboa

EDIFÍCIO HISTÓRICO · HISTÓRICA Encontra-se no coração turístico de Lisboa e forma parte de um conjunto arquitectónico catalogado como Monumento Nacional. Área social com antiguidades, quartos de conforto clássico-atual e bom restaurante, com um telhado curvado e uma lista de cozinha atual.

88 qto ⌷ – †235/605 € †††235/605 € – 2 suites

Planta : F3-f – *Praça do Comércio 31* ✉ *1100-148* Ⓜ *Terreiro do Paço*
– ✆ *21 040 7640* – *www.pestana.com*

Altis Avenida H.

TOWNHOUSE · CONFORTÁVEL Com uma localização extraordinária, na Praça dos Restauradores. Disponibiliza quartos de diferentes tamanhos e estilo contemporâneo, alguns com uma pequena varanda e muitos com vista. Restaurante sofisticado, no 7º andar, com deslumbrante vista panorâmica.

68 qto ⌷ – †150/350 € †††165/365 € – 2 suites

Planta : F2-b – *Rua 1º de Dezembro 120* ✉ *1200-360* Ⓜ *Restauradores*
– ✆ *21 044 0000* – *www.altishotels.com*

The Beautique H. Figueira

CADEIA HOTELEIRA · DESIGN Ocupa um edifício totalmente recuperado e que hoje se apresenta com elevado design. Os quartos, uns com duche e outros com banheira, seguem um estilo íntimo mas de completo equipamento. O seu restaurante faz uma homenagem pela cozinha tradicional portuguesa.

50 qto ⌷ – †120/420 € †††185/485 €

Planta : F2-h – *Praça da Figueira 16* ✉ *1100-241* Ⓜ *Rossio* – ✆ *21 049 2940*
– *www.thebeautiquehotels.com*

Britania

TOWNHOUSE · ART DÉCO Único, projectado pelo ilustre arquitecto português Cassiano Branco. Acolhedora área publica-bar e quartos confortáveis, com detalhes Art Deco que lhes conferem um charme especial.

33 qto – †130/450 € †††143/450 € – ⌷ 14 €

Planta : E1-c – *Rua Rodrigues Sampaio 17* ✉ *1150-278* Ⓜ *Avenida* – ✆ *21 315 5016*
– *www.heritage.pt*

Do Chiado

TOWNHOUSE · FUNCIONAL Situado em pleno Chiado! No interior dos seus quartos, que evocam o mundo oriental, importa destacar os quartos do 7º andar pelas suas varandas privadas e vistas sobre a cidade.

39 qto ⌷ – †120/240 € †††150/300 €

Planta : F2-c – *Rua Nova do Almada 114* ✉ *1200-290* Ⓜ *Baixa-Chiado*
– ✆ *21 325 6100* – *www.hoteldochiado.pt*

Internacional Design H.

TOWNHOUSE · DESIGN Singular, sem dúvida, conta com uma decoração de design que não deixa ninguém indiferente. Os seus divertidos quartos estão distribuídos por quatro andares, cada um com um estilo: urban, tribu, zen e pop. O restaurante, de linha eclética, propõe uma cozinha atual.

55 qto – †100/500 € †††110/500 €

Planta : F2-v – *Rua da Betesga 3* ✉ *1100-090* Ⓜ *Rossio* – ✆ *21 324 0990*
– *www.idesignhotel.com*

Olissippo Castelo

FAMILIAR · CLÁSSICA Hotel de traçado clássico próximo ao castelo de São Jorge. Disponibiliza quartos de grande nível, todos bastante amplos e 12 quartos têm varandas com vistas privilegiadas.

24 qto ⌷ – †250/280 € †††250/280 €

Planta : G2-v – *Rua Costa do Castelo 120* ✉ *1100-179* Ⓜ *Rossio* – ✆ *21 882 0190*
– *www.olissippohotels.com*

🏨 Porto Bay Liberdade   🖼 ⅙ 🖶 ⟨ ৫ AC 𝒮 🐕 🚗

TOWNHOUSE · COMTEMPORÂNEA Localizado num palacete restaurado, onde surpreende com uma magnífica fachada clássica e um interior de carácter contemporâneo. Conta com um simpático lobby, quartos de linha clássica-atual, esplanada-pátio interior com serviço de cafetaria e um bar repleto de charme na cobertura.

95 qto – 🛏135/250 € 🛏🛏150/300 € – ☕ 20 € – 3 suites

Planta : E1-f – *Rua Rosa Araújo 8* ✉ *1250-195* ⓜ *Avenida* – 𝒸 *21 001 5700*
– *www.portobay.com*

🍴 **Bistrô 4** – ver seleccão restaurantes

🏨 Porto Bay Marquês   ⇗ ⅙ 🖶 ⟨ AC 𝒮

BUSINESS · COMTEMPORÂNEA Um hotel confortável e bastante completo. Conta com um lobby acolhedor, quartos de estética contemporânea com detalhes atuais, um solário no terraço e um restaurante de carácter polivalente, que aposta na cozinha italiana repleta de autenticidade.

50 qto – 🛏105/197 € 🛏🛏123/217 € – ☕ 15 € – 22 suites

Planta : E1-b – *Rua Duque de Palmela 32* ✉ *1250-098* – 𝒸 *21 003 2700*
– *www.portobay.pt*

🏨 Sofitel Lisbon Liberdade   ⇗ ⅙ 🖶 ৫ AC 🐕 🚗

BUSINESS · DESIGN Bem situado, dado que se encontra numa das avenidas mais centrais e prestigiadas de Lisboa. Confortáveis espaços de linhas clássico-contemporâneas e grandes doses de amabilidade.

151 qto – 🛏180/500 € 🛏🛏180/500 € – ☕ 25 € – 12 suites

Planta : E1-r – *Av. da Liberdade 127* ✉ *1269-038* ⓜ *Avenida* – 𝒸 *21 322 8300*
– *www.sofitel-lisboa.com*

🏨 Verride Palácio Santa Catarina ⓝ   ⇗ 🖶 ৫ AC 𝒮

EDIFÍCIO HISTÓRICO · CONFORTÁVEL Um hotel diferente, que ocupa um palacete do séc. XVIII, situado na parte alta da cidade. Dispõe de quartos de diversos tamanhos, destacando as suítes denominadas do Rei e da Rainha. Boa oferta gastronómica com opção de... tomar o pequeno almoço à la carte!

15 qto – 🛏300/500 € 🛏🛏300/500 € – ☕ 30 € – 4 suites

Planta : E3-a – *Rua de Santa Catarina 1* ✉ *1200-401* – 𝒸 *21 157 3055*
– *www.verridesc.pt*

🏨 Solar do Castelo   🛎 🖶 AC 𝒮

HISTÓRICO · A MODA Instalado num palacete do séc. XVIII! Desfruta de um bonito pátio empedrado, por onde passeiam pavões, um pequeno museu de cerâmica e quartos de linha clássica-atual.

20 qto – 🛏162/450 € 🛏🛏176/450 € – ☕ 14 €

Planta : G2-c – *Rua das Cozinhas 2* ✉ *1100-181* – 𝒸 *21 880 6050*
– *www.heritage.pt*

🏨 Memmo Alfama H.   ⇐ 🖼 🖶 AC 𝒮

TOWNHOUSE · DESIGN Contemporâneo, único e em pleno coração da Alfama. Ocupa três edifícios interligados entre si. A não perder a deslumbrante vista desde o terraço!

42 qto ☕ – 🛏190/450 € 🛏🛏190/450 €

Planta : G3-b – *Travessa das Merceeiras 27* ✉ *1100-348* – 𝒸 *21 049 5660*
– *www.memmohotels.com*

🏨 Solar dos Mouros   🛎 ⇐ AC

HISTÓRICO · MODERNA Casa típica personalizada na sua decoração, com uma distribuição algo irregular e um moderno interior. Possui quartos coloristas e em vários casos com excelentes vistas.

13 qto ☕ – 🛏199/599 € 🛏🛏219/619 €

Planta : G2-x – *Rua do Milagre de Santo António 6* ✉ *1100-351* – 𝒸 *21 885 4940*
– *www.solardosmouroslisboa.com*

Este

ricardorocha / Fotosearch LBRF / age foto-stock

Restaurantes

⊛ D'Avis 🏠 AC ※

ALENTEJANA · RÚSTICA X É um pitoresco cantinho alentejano na moderna zona da Expo'98. Tem um balcão à entrada, onde vende produtos típicos, assim como duas salas decoradas com ferramentas agrícolas e peças antigas. Genuína gastronomia alentejana.

Lista 20/30 €

Planta : D1-a – *Av. D. João II-1 (Parque das Nações)* ⊠ *1990-083* – ✆ *21 868 1354* – *fechado domingo e feriados*

⃝ A Casa do Bacalhau ♿ AC ※

PORTUGUESA · QUADRO CONTEMPORÂNEO XX Emblemático, com um ambiente moderno, como pano de fundo para uma sala de jantar com o tecto original do século XVIII, construído em abóbada. Descubra as maneiras diferentes de cozinhar bacalhau!

Menu 25/50 € – Lista 29/44 €

Planta : D2-b – *Rua do Grilo 54* ⊠ *1900-706* – ✆ *21 862 0000* – *www.acasadobacalhau.com* – *fechado domingo em julho-agosto e domingo jantar resto do ano*

Alojamentos

⌂⌂⌂ Myriad by Sana H. ⚡ ⬖ 🖥 🆂 🗖 🔛 ♿ AC ※ 🛎 🚗

BUSINESS · MODERNA Localizado junto à Torre Vasco da Gama, é um vislumbre do futuro. O interior alia design contemporâneo e requinte, com todos os quartos debruçados sobre o rio e uma excelente varanda. O restaurante, oferece uma cozinha de autor portuguesa de cariz internacional.

186 qto – ♦170/240 € ♦♦240/270 € – ☲ 30 €

Planta : D1-c – *Cais das Naus, Lote 2.21.01 (Parque das Naçoes)* ⊠ *1990-173* ⓜ *Oriente* – ✆ *21 110 7600* – *www.myriad.pt*

⌂⌂⌂ H10 Duque de Loulé ⚡ 🗖 🔛 ♿ AC ※ 🛎 🚗

TRADICIONAL · COMTEMPORÂNEA Um hotel com personalidade! Ocupa um antigo convento, conserva ainda a fachada, com um magnífico interior, onde há uma fusão do design com os elementos tradicionais portugueses. O restaurante aposta na gastronomia lusa.

89 qto – ♦120/250 € ♦♦130/260 € – ☲ 21 € – 5 suites

Planta : C2-b – *Avenida Duque de Loulé 81-83* ⊠ *1050-088* ⓜ *Marqués de Pombal* – ✆ *21 318 2000* – *www.h10hotels.com*

⌂⌂⌂ Inspira Santa Marta ⚡ 🗖 🔛 ♿ AC 🛎 🚗

TOWNHOUSE · MODERNA Afirma ser ecologicamente sustentável, distribui os seus espaços seguindo os princípios orientais do Feng Shui e, por sua vez, sabe combinar equipamento e conforto. O restaurante, de aspeto informal, enriquece a sua carta com vários menus ao almoço.

89 qto ☲ – ♦120/250 € ♦♦150/300 €

Planta : E1-x – *Rua Santa Marta 48* ⊠ *1150-297* ⓜ *Avenida* – ✆ *21 044 0900* – *www.inspirahotels.com*

T. et B. Morandi / hemis.fr

Oeste

Restaurantes

Eleven (Joachim Koerper)　　🐝 ⩽ 🔥 AC 🍴 🔄 P

CRIATIVA · ELEGANTE XxX Inserido num edifício de design no alto do jardim Amália Rodrigues. Na sala, moderna, luminosa e com uma vista deslumbrante tanto sobre o Parque Eduardo VII como sobre à cidade, aposta numa cozinha de autor conceituada gastronomicamente.

→ Foie-gras de pato, soja, rum e laranja. Lavagante sobre espinafres e shiso, caviar e champagne. Soufflé de maracujá com gelado de banana.

Menu 94/175 € – Lista 70/135 €

Planta : C2-w – *Rua Marquês de Fronteira* ⊠ *1070-051* Ⓜ *São Sebastião* – *℘ 21 386 2211 – www.restauranteleven.com – fechado domingo*

Feitoria　　🐝 🏠 🔥 AC 🍴 🛥

MODERNA · QUADRO CONTEMPORÂNEO XxX Um restaurante com uma oferta de grande nível. Conta com um hall-bar de espera e uma sala de ambiente cool. O chef conduz-nos por uma cozinha contemporânea criativa de cariz tradicional, elaborada com produtos de qualidade onde os pratos reflectem esta excelência.

→ Bivalves com arroz carolino e salicornia queimada. Peixe fresco da lota de Peniche, caldo das barrigas, espargos e caviar. Ananás dos Açores, pimenta selvagem e especiarias.

Menu 85/135 € – Lista 72/87 €

Planta : A3-e – *Hotel Altis Belém, Doca do Bom Sucesso* ⊠ *1400-038* – *℘ 21 040 0208 – www.restaurantefeitoria.com – só jantar – fechado de 2 a 16 de janeiro, domingo e 2ª feira*

Loco (Alexandre Silva)　　AC 🍴

MODERNA · TENDÊNCIA XX Encontra-se junto à Basílica da Estrela e apresenta uma única sala, aberta a cozinha, que surpreende pelo seu design. Alexandre Silva, famoso por ter sido o vencedor do primeiro concurso Top Chef de Portugal, sintetiza a sua gastronomia em dois menus de degustação, ambos sugestivos, criativos e com protagonismo do produto local.

→ Lula marinada com ovas de polvo e oleo de pimento, caldo crú de caranguejo. Lingua de vaca com molho de moscatel roxo e pickle de batata. Ervilhas, alho negro e malaguetas verdes.

Menu 96/126 € – só menu

Planta : B3-c – *Rua dos Navegantes 53* ⊠ *1250-731* Ⓜ *Rato – ℘ 21 395 1861 (preciso reservar) – www.loco.pt – só jantar – fechado de 4 a 17 de junho, de 12 a 25 de novembro, domingo e 2ª feira*

Solar dos Nunes　　AC 🍴

TRADICIONAL · RÚSTICA X Intimista e acolhedor, sobressai pela magnífica calçada portuguesa no chão da sala de jantar e pelo facto de ter as paredes cobertas de reconhecimentos. Vitrinas bem recheadas de peixe, aquário de marisco, carta tradicional portuguesa e excelente adega.

Lista 30/40 €

Planta : B3-t – *Rua dos Lusíadas 68-72* ⊠ *1300-372 – ℘ 21 364 7359* – *www.solardosnunes.pt – fechado domingo*

ⁱⁱ◯ Varanda   🏖 ≤ 🏠 🅰️🅲 🍽 🚗

MODERNA · ELEGANTE XxxX Destaca para a varanda, debruçada sobre o parque Eduardo VII, e para a oferta, com um buffet completo ao almoço e uma aposta muito mais gastronómica à noite.

Menu 84/114 € - Lista 80/120 €

Planta : C2-f – *Hotel Four Seasons H. Ritz Lisbon, Rua Rodrigo da Fonseca 88*
✉ *1099-039* ⓜ *Marquês de Pombal* – 𝒞 *21 381 1400* – *www.fourseasons.com* – só jantar

ⁱⁱ◯ Adega Tia Matilde   🅰️🅲 🍽 ⇆ 🚗

TRADICIONAL · FAMILIAR X Um clássico lisboeta! Nesta casa de família simples, que abriu as suas portas em 1926, é proposta uma cozinha tradicional que aposta sempre na autenticidade e no sabor.

Menu 22 € - Lista 35/50 €

Planta : C2-h – *Rua da Beneficéncia 77* ✉ *1600-017* ⓜ *Praça de Espanha*
– 𝒞 *21 797 2172* – *www.adegatiamatilde.pt* – fechado sábado jantar e domingo

ⁱⁱ◯ Go Juu   🅰️🅲 🍽

JAPONESA · DESIGN X Descubra a autêntica cozinha nipónica num espaço singular, praticamente minimalista, com profusão de madeiras e um sushi bar na sala. Existe uma zona exclusiva para sócios!

Menu 20/25 € - Lista 30/89 €

Planta : C2-k – *Rua Marqués Sá da Bandeira 46* ✉ *1050-149* ⓜ *S. Sebastião*
– 𝒞 *21 828 0704* – *www.gojuu.pt* – fechado 20 agosto-3 setembro, domingo jantar
e 2ª feira

ⁱⁱ◯ O Talho   🅰️🅲 🍽

CARNES · TENDÊNCIA X Sumamente original, o acesso é feito através de... um moderníssimo talho! O local propõe uma carta na qual tudo gira em torno do mundo da carne e respetivos acompanhamentos.

Lista 31/48 €

Planta : C2-x – *Carlos Testa 18* ✉ *1050-046* ⓜ *S. Sebastião* – 𝒞 *21 315 4105*
– *www.otalho.pt*

Alojamentos

🏨 Four Seasons H. Ritz Lisbon   ≤ 🖥 🆂🅿🅰 ⅃♭ 🖃 & 🅰️🅲 🖄 🚗

LUXO · CLÁSSICA Convida a uma estadia repleta de conforto! Edifício moderno com um interior muito luminoso e com um ambiente clássico e elegante. Disponibiliza áreas públicas espaçosas, um vasto leque de tratamentos no spa e quartos com todos os equipamentos modernos.

241 qto – ♦575/905 € ♦♦575/905 € – ⌑ 47 € – 41 suites

Planta : C2-f – *Rua Rodrigo da Fonseca 88* ✉ *1099-039* ⓜ *Marquês de Pombal*
– 𝒞 *21 381 1400* – *www.fourseasons.com*

ⁱⁱ◯ **Varanda** – ver selecção restaurantes

🏨 Lapa Palace   🕊 🖄 ≤ ⌷ ⅃ 🖳 ⅃♭ 🖃 & 🅰️🅲 🍽 🖄 🚗

GRANDE LUXO · CLÁSSICA Palácio luxuoso do século XIX situado no alto de uma das sete colinas que dominam Lisboa com vistas para a foz do rio Tejo. O restaurante, elegante e luminoso, propõe uma cozinha tradicional bastante actualizada, ideal para uma estadia inesquecível!

109 qto ⌑ – ♦410/430 € ♦♦410/430 € – 11 suites

Planta : B3-a – *Rua do Pau de Bandeira 4* ✉ *1249-021* ⓜ *Rato* – 𝒞 *21 394 9494*
– *www.olissippohotels.com*

🏨 Pestana Palace   🕊 🖄 ⌷ ⅃ 🖳 ⅃♭ 🖃 & 🅰️🅲 🍽 🖄 🚗

PALACE · CLÁSSICA Belíssimo palácio do século XIX decorado à época, com salões suntuosos, quartos repletos de detalhes e... um ambiente em modo de jardim botânico! O restaurante, que surpreende com um reservado intantiga cozinha, propõe almoços simples e jantares mais elaborados.

176 qto ⌑ – ♦140/260 € ♦♦150/270 € – 18 suites

Planta : B3-d – *Rua Jau 54* ✉ *1300-314* – 𝒞 *21 361 5600* – *www.pestana.com*

🏨 Altis Belém   ⚐ ≼ 🖥 📶 ♨ ⬆ ⟐ 🆑 🕍 🚗

CADEIA HOTELEIRA · DESIGN Luxo e modernidade! Provido de uma zona chill out na cobertura, uma cafeteria minimalista e quartos bastante amplos, com decorações temáticas alusivas à época dos descobrimentos portugueses e respectivos intercâmbios culturais. O restaurante, elegante e ao mesmo tempo bastante sóbrio, propõe uma cozinha de cariz actual.

45 qto 🍽 – 🛏180/400 € 🛏🛏200/420 € – 5 suites

Planta : A3-e – *Doca do Bom Sucesso* ✉ 1400-038 – ✆ 21 040 0200
– *www.altishotels.com*

❀ **Feitoria** – ver selecção restaurantes

🏨 Da Estrela   ⚐ ⬆ 🆑 ⌁ 🕍 🚗

TOWNHOUSE · MODERNA A sua decoração original evoca o espírito da antiga escola que ocupou o edifício, por isso, agora combinam as velhas ardósias, mesas e cabides com móveis de design. O restaurante, de uso polivalente, oferece os três serviços do dia.

13 qto 🍽 – 🛏60/405 € 🛏🛏70/415 € – 6 suites

Planta : B3-g – *Rua Saraiva de Carvalho 35* ✉ 1250-242 Ⓜ *Rato* – ✆ 21 190 0100
– *www.hoteldaestrela.com*

🏨 The Vintage Lisboa   ⚐ 🖥 📶 ♨ ⬆ ⟐ 🆑 ⌁ 🕍 🚗

TOWNHOUSE · COMTEMPORÂNEA Demonstra que cuidou os detalhes para criar um espaço pessoal e ao mesmo tempo acolhedor. Oferece quartos de estilo clássico-actual, todos equipados com grande nível, e um restaurante de carácter polivalente.

53 qto 🍽 – 🛏150/500 € 🛏🛏150/500 € – 3 suites

Planta : E1-e – *Rua Rodrigo da Fonseca 2* ✉ 1250-191 Ⓜ *Rato* – ✆ 21 040 5400
– *www.nauhotels.com*

🏨 As Janelas Verdes   ⬆ ⟐ 🆑 ⌁

TRADICIONAL · CLÁSSICA Instalado num palacete do século XVIII, mesmo ao lado do Museu Nacional de Arte Antiga. Aqui encontrará romanticismo, charme, história, personalidade...

29 qto – 🛏143/450 € 🛏🛏157/450 € – 🍽14 €

Planta : B3-e – *Rua das Janelas Verdes 47* ✉ 1200-690 – ✆ 21 396 8143
– *www.heritage.pt*

🏨 York House   ⚐ 🆑 ⌁ 🕍

HISTÓRICO · COMTEMPORÂNEA Um hotel com charme, instalado no antigo Convento das Carmelitas, do século XVII. O interior foi remodelado tanto no conforto como na decoração. Disponibiliza quartos à escolha, entre uma decoração design chic ou uma decoração mais clássica. Restaurante carismático, mantém o painel de azulejos, antigos.

33 qto – 🛏100/180 € 🛏🛏100/180 € – 🍽20 €

Planta : B3-e – *Rua das Janelas Verdes 32* ✉ 1200-691 – ✆ 21 396 2435
– *www.yorkhouselisboa.com*

LOUSADA

Porto – 9 349 h. – Mapa regional n° **6**-A2
Mapa das estradas Michelin n° 591-I5

⅏○ **Quinta de Cedovezas**   AC ⌿ P 🛏

CASEIRA · CASA DE CAMPO ⅹ Este restaurante familiar encontra-se em pleno ambiente rural, numa bela casa de campo construída em pedra. Oferecem amabilidade e uma cozinha tradicional de cariz caseiro.
Lista 22/33 €

Rua de Cedovezas 102 - Sudeste : 2 km (Pias) ✉ 4620-505 – ☎ 255 811 513
– www.quintadecedovezas.com – fechado 15 agosto-6 setembro, domingo jantar e 2ª feira

MACEDO DE CAVALEIROS

Bragança – 6 257 h. – Alt. 580 m – Mapa regional n° **6**-C2
Mapa das estradas Michelin n° 591-H9

⊛ **Brasa**   AC ⌿

TRADICIONAL · QUADRO CONTEMPORÂNEO ⅹ Um negócio com um ambiente moderno no qual encontraremos amabilidade e profissionalismo. A sua proposta combina a cozinha tradicional portuguesa com a de influências francesas, surpreendendo esta última pelas especialidades tais como as Françesinhas de marisco.
Menu 15 € – Lista 25/35 €

Rua S. Pedro 4 ✉ 5340-259 – ☎ 278 421 722 – fechado 15 dias em março, 15 dias em setembro e 2ª feira

⅏○ **O Montanhês**   AC ⌿ ⇦ P

GRELHADOS · RÚSTICA ⅹ Restaurante com uma decoração rústica e organização familiar, com duas salas, uma delas com lareira. Oferece pratos regionais e a especialidade são as carnes grelhadas.
Lista 20/30 €

Rua Camilo Castelo Branco 19 ✉ 5340-237 – ☎ 278 422 481 – fechado de 1 a 15 de novembro, domingo jantar e 2ª feira

⌂ **Solar do Morgado Oliveira** ❶   ⤮ AC ⌿ P

HISTÓRICO · HISTÓRICA Uma casa do séc. XVII que tem estado sempre em mãos da mesma família. Possui espaços sociais cheios de objetos antigos e quartos personalizados com móveis de época.
5 qto ⌒ – †60/85 € ††70/95 €

Rua Pereira Charula 16 ✉ 5340-278 – ☎ 278 432 276
– www.morgado-oliveira.com

em Chacim Sudeste : 12 km

⌂ **Solar de Chacim**   ⚘ ⥷ ⇦ ⤮ ⅏ ⌿ P 🛏

CASA DE CAMPO · CLÁSSICA Casa senhorial do final do século XIX situada numa pequena aldeia. Dispõe de quartos agradáveis, a metade com o seu próprio terraço, e de uma sala de refeições clássica de uso exclusivo para clientes alojados. Desfrute da natureza com as suas bicicletas de uso gratuito!
6 qto ⌒ – †45/50 € ††60/70 €

✉ 5340-092 Macedo de Cavaleiros – ☎ 278 468 000 – www.solarchacim.pt.vu

ARQUIPÉLAGO DA MADEIRA

O peixe-espada preto, o sargo, o gaiado... estamos em pleno Atlântico e isso transparece nos menus. Uma dieta que é contrabalançada com boas carnes e com o surpreendente gosto que estas ilhas têm pelo alho, um condimento natural muito usado nas suas receitas.

As especialidades gastronómicas:
Uma das entradas mais típicas é o bolo do caco, um pão de trigo que se costuma barrar com manteiga de alho. Também são muito populares as sopas (sopa de trigo, sopa de tomate e cebola, a tradicional açorda...), a famosa espetada em pau de loureiro (pedaços de carne de vaca em ramos de loureiro, que são grelhadas), o tradicional picado madeirense, a carne de vinha-d'alhos e, para rematar, os saborosíssimos bolos de mel, uma sobremesa a não perder.

E para beber:
Descubra o sabor da poncha, uma bebida tradicional feita com mel, aguardente de cana-de-açúcar e sumo de limão.

254 876 h. • Mapa regional nº 5-A2
• Mapa das estradas Michelin nº 733

MADEIRA

CÂMARA DE LOBOS – 17 986 h. – Mapa regional n° **5**-A2

⊛ Vila do Peixe   ← 🏠 🕭 🕸

PEIXES E FRUTOS DO MAR · QUADRO TRADICIONAL 🕇 Situado na parte mais alta da localidade e com magníficas vistas do porto. A sua cozinha de produtos do mar é especializada em peixe grelhado, escolhendo-se o peixe como no mercado para ser pesado e preparado à sua frente. Cuidado, os acompanhamentos são cobrados à parte!

Menu 20/39 € – Lista 22/40 €

Dr. João Abel de Freitas 30-A ✉ *9300-048* – ✆ *291 099 909*
– www.viladopeixe.com

🏠 Quinta da Serra ❶   ✿ ⊛ ← 🛏 🖵 ⅃ఱ 🍽 🖸 🕭 🕸 Ⓟ

CASA DE CAMPO · CLÁSSICA Uma bela quinta do séc. XVIII que serviu como residência de verão de um cônsul inglês. Oferece salões de época, quartos de linha clássica-funcional, um restaurante com certificação BIO e... um bucólico ambiente verde, com várias árvores de grande porte!

44 qto ⌑ – 🛉70/100 € 🛉🛉90/135 € – 8 suites

Estrada do Chote 4 ✉ *9325-140* – ✆ *291 640 120*
– www.hotelquintadaserra.com

CANIÇAL – 3 924 h. – Mapa regional n° **5**-A2

🏠 Quinta do Lorde   ✿ ← 🛏 ᚐ ⅃ఱ 🍽 🖸 🕭 AC ⛳ 🚗

BUSINESS · MODERNA Magnífico hotel, semelhante a uma pequena aldeia madeirense típica. Espalha os quartos, apartamentos, áreas públicas, lojas e restaurantes entre diferentes edifícios bem interligados. Apresenta uma ampla oferta gastronómica, a maior piscina de hotel da ilha e até uma marina própria!

143 qto ⌑ – 🛉80/190 € 🛉🛉80/350 € – 34 suites

Sítio da Piedade, Este : 3.5 km pela estrada de Prainha e desvio a direita por Rua Marina da Quinta Grande ✉ *9200-044* – ✆ *291 969 830*
– www.quintadolorde.pt

FUNCHAL – 111 892 h. – Mapa regional n° **5**-A2

✾✾ Il Gallo d'Oro   ℬℬ 🛏 🏠 🕭 AC 🕸 Ⓟ

MODERNA · ELEGANTE 🕸🕸🕸 Como viajantes, podemos encontrar paraísos na terra em diversas partes do mundo; um deles, com certeza, é a ilha da Madeira, conhecida como "A pérola do Atlântico". Esse sobrenome não é casual, pois a sua orografia e exuberante vegetação podem ver-se no maravilhoso hotel The Cliff Bay, onde brilha Il Gallo d'Oro.

No aspeto puramente gastronómico, o chef francês Benoît Sinthon, apaixonado por esta terra, promove uma cozinha fresca e saborosa que exalta os sabores atlânticos, tanto da ilha como do oceano, resgatando antigas receitas e reinterpretando-as a partir da técnica mais atual.

Conselhos e curiosidades? Passe um tempo na esplanada, digna de qualquer conto de fadas, pois as suas impressionantes vistas sobre o litoral constituem um cenário perfeito para um fim de tarde romântico. Também devemos lembrar-nos que foi aqui que teve início a famosa "Rota das Estrelas", um festival gastronómico que, desde 2010, está irmanando os cozinheiros com estrela MICHELIN.

→ Caldoso da costa madeirense. Vitela, homenagem à festa da flor. Inspiração exótica.

Menu 105/245 € – Lista 107/123 €

Hotel The Cliff Bay, Estrada Monumental 147 ✉ *9004-532* – ✆ *291 707 700*
– www.portobay.com – só jantar – fechado domingo

⁛ William ≼ 🖐 🕭 🗚 ⅍ 🅿

CLÁSSICA · ROMÂNTICA XxX Um restaurante singular, sem dúvida, tanto pela elegância clássica como pela sua magnífica localização, uma vez que permite usufruir de uma vista panorâmica soberba do litoral. Cozinha atual, de influência europeia, com base nos melhores produtos locais.

➜ Duo de lavagante com manga e papaia. Sortido de peixe do dia, lula, polvo e xerém de ameijoas. Chocolate... laranja, avelã e mais chocolate.

Menu 120/185 € – Lista 69/119 €

Hotel Belmond Reid's Palace, Estrada Monumental 139 ⊠ 9000-098
– ℰ 291 717 171 – www.belmond.com – só jantar – fechado domingo e 2ª feira

⊕ Casal da Penha 🏠 🕭 ⅍

PORTUGUESA · QUADRO CLÁSSICO X Este restaurante simples, amavelmente dirigido por pai e filho, destaca-se pela sua localização central, e acima de tudo, pela sua maravilhosa esplanada do andar superior. Carta de gosto tradicional com especialidades locais, peixe do dia, arrozes e paellas.

Lista 23/45 €

Penha de França, beco Ataide 1 ⊠ 9000-014 – ℰ 291 227 674
– www.casaldapenha.com – fechado domingo almoço

⅃○ Villa Cipriani ≼ 🖐 🏠 🗚 ⅍ 🅿

ITALIANA · QUADRO CLÁSSICO XxX Integrado no hotel Reid's Palace e situado numa villa independente. Elegância, cozinha italiana e magnífica vista sobre as falésias, destacando-se desde o terraço.

Menu 60/85 € – Lista 52/78 €

Hotel Belmond Reid's Palace, Estrada Monumental 139 ⊠ 9000-098
– ℰ 291 717 171 – www.reidspalace.com – só jantar

⅃○ Armazém do Sal 🏠 🗚 ⅍ ⟳

TRADICIONAL · RÚSTICA XX Uma casa de ambiente rústico, autêntico e acolhedor. Predomina o granito e a madeira com pormenores de moderno desing. Interpretação moderna da cozinha tradicional!

Menu 32/49 € – Lista 30/50 €

Rua da Alfândega 135 ⊠ 9000-059 – ℰ 291 241 285 – www.armazemdosal.com
– fechado sábado almoço e domingo

⅃○ The Dining Room 🖐 🏠 ⅍ ⟳ 🅿

INTERNACIONAL · ELEGANTE XX Assente numa casa histórica e rodeado por um esplêndido jardim. Na sua elegante sala, que possui um "ar inglês", oferecem uma cozinha clássica, com toques atuais e pratos internacionais.

Menu 42 € – Lista 48/64 €

Hotel Quinta da Casa Branca, Rua da Casa Branca 7 ⊠ 9000-088 – ℰ 291 700 770
– www.quintacasabranca.pt – só jantar

⅃○ Uva ≼ 🏠 🗚 ⅍

MODERNA · DESIGN XX Encontra-se no terraço do hotel, junto à piscina, pelo que proporciona esplêndidas vistas. Cozinha de gosto atual-internacional e grande seleção de vinhos a copo.

Lista 45/65 €

Hotel The Vine, Rua das Aranhas 27-A ⊠ 9000-044 – ℰ 291 009 000
– www.hotelthevine.com

🏨 Belmond Reid's Palace ≼ 🖐 🏊 🕃 🕸 ⅃⅍ 🛎 🔲 🗚 🛁 🅿

HISTÓRICO · CLÁSSICA Lendário hotel, quase atemporal, onde a elegância de inspiração inglesa está aliada ao estilo vitoriano. Com um âmbito natural exuberante, orgulha-se do encantador é precioso jardim subtropical sobre a falésia onde está situado. Luxo, alta cozinha e uma deslumbrante vista para o oceano Atlântico.

163 qto ⌂ – ♥295/440 € ♥♥295/440 € – 35 suites

Estrada Monumental 139 ⊠ 9000-098 – ℰ 291 717 171 – www.belmond.com
⁛ **William** · ⅃○ **Villa Cipriani** – ver seleccão restaurantes

The Cliff Bay

LUXO · CONFORTÁVEL Desfrute de uma estadia inesquecível neste atraente hotel, com jardins, uma zona privada para banhos no mar e umas vistas fantásticas para o oceano desde a maior parte dos seus elegantes quartos. A vasta oferta culinária contempla opções ligeiras, informais e de carácter gastronómico.

202 qto ☒ – ♦175/215 € ♦♦195/375 € – 6 suites

Estrada Monumental 147 ✉ 9004-532 – ☎ 291 707 700 – www.portobay.com

❀❀ **Il Gallo d'Oro** – ver selecção restaurantes

Pestana Promenade

CADEIA HOTELEIRA · DESIGN Destaca-se pelas suas vistas, pois está localizado sobre a falésia; a maior parte dos seus quartos, actuais e alegres (quase todos com varanda), sobressaem tanto às suas piscinas como ao oceano. Lobby amplo, bom SPA e suites personalizadas. O restaurante combina o seu buffet internacional com outros temáticos.

118 qto ☒ – ♦165/320 € ♦♦165/320 € – 4 suites

Rua Simplicio dos Passos Gouveia 31 ✉ 9000-001 – ☎ 291 141 400 – www.pestana.com

Quinta Bela São Tiago

HISTÓRICO · PERSONALIZADA Ocupa uma casa senhorial situada na parte antiga do Funchal, uma zona sempre animada e com ruelas repletas de vida. Apesar de ter uma boa sala de jantar recomenda-se jantar na esplanada de maneira a desfrutar das vistas, tanto do imenso oceano como da cidade.

56 qto ☒ – ♦95/135 € ♦♦124/386 € – 8 suites

Rua Bela São Tiago 70 ✉ 9060-400 – ☎ 291 204 500 – www.solpuro.pt

Quinta da Casa Branca

LUXO · MODERNA Rodeado de uma exuberante vegetação e instalado num prédio do séc. XIX, fundado pelos descendentes de John Leacock. A maior parte dos quartos distribui-se por dois edifícios de conforto contemporâneo e uma magnífica casa situada no centro do jardim.

41 qto ☒ – ♦185/210 € ♦♦185/210 € – 8 suites

Rua da Casa Branca 7 ✉ 9000-088 – ☎ 291 700 770 – www.quintacasabranca.pt

⫟○ **The Dining Room** – ver selecção restaurantes

Quinta Jardins do Lago

HISTÓRICO · PERSONALIZADA Quinta com charme do séc. XVIII situada sobre uma das colinas que rodeiam o Funchal, destaca-se a deslumbrante vista. Todos os quartos têm varanda ou terraço para desfrutar do belo jardim botânico. Oferta gastronómica clássica e internacional.

36 qto ☒ – ♦210/260 € ♦♦210/260 € – 4 suites – 1 apartamento

Rua Dr. João Lemos Gomes 29 ✉ 9000-208 – ☎ 291 750 100 – www.jardinsdolago.com

The Vine

BUSINESS · DESIGN Localizado num centro comercial, contrasta com os outros hotéis da ilha pela sua modernidade, vencedor em 2013 do premio Leading Design da Europa. Quartos temáticos, SPA com tratamentos de vinothérapie, piscina panorâmica infinita...

79 qto ☒ – ♦120/300 € ♦♦150/450 €

Rua das Aranhas 27-A ✉ 9000-044 – ☎ 291 009 000 – www.hotelthevine.com

⫟○ **Uva** – ver selecção restaurantes

Castanheiro

TRADICIONAL · CONFORTÁVEL Destaca-se pela sua localização em plena zona monumental, rodeado de edifícios históricos e com quartos clássicos confortáveis, alguns com uma pequena cozinha. As vistas sobre a cidade desde a piscina são uma autêntica maravilha!

81 qto ☒ – ♦150/200 € ♦♦200/350 €

Rua de Castanheiro 31 ✉ 9000-081 – ☎ 291 200 100 – www.castanheiroboutiquehotel.com

pela estrada de Camacha por VR1 : 8 km

🏠 Casa Velha do Palheiro

TRADICIONAL · PERSONALIZADA Desfrute plenamente do relaxamento e da natureza nesta casa senhorial com um ambiente inglês encantador. Dispõe do seu próprio jardim botânico, um elegante SPA e um campo de golf. O restaurante aposta numa reinterpretação da cozinha tradicional.

32 qto ☲ – †165/240 € ††185/270 € – 5 suites

Rua da Estalagem 23, São Gonçalo ✉ 9060-415 Funchal – ☏ 291 790 350 – www.palheiroestate.com

PONTA DO SOL – 4 577 h. – Mapa regional nº **5**-A2

🏠 Estalagem da Ponta do Sol

TRADICIONAL · MODERNA A estalagem surpreende pelo seu design, pois trata-se de um edifício antigo, com anexos modernos, localizado no topo de um rochedo. Decoração funcional e moderna, vista magnífica. O seu restaurante desfruta de uma montagem actual e uma bela panorâmica sobre o oceano.

54 qto ☲ – †67/94 € ††76/117 €

Quinta da Rochinha ✉ 9360-529 – ☏ 291 970 200 – www.pontadosol.com – fechado 7 enero-13 febrero

MAIA

Porto – 12 406 h. – Mapa regional nº **6**-A2
Mapa das estradas Michelin nº 591-I4

em Nogueira Este : 3,5 km

😊 Machado

TRADICIONAL · RÚSTICA ✗ Restaurante tipicamente regional, onde predomina a madeira, a pedra e o granito. Oferecem um menu abundante, com doses generosas e elaborações de cariz caseiro. O ex-líbris da casa é a Vitela assada no forno à moda de Lafões!

Menu 24 € – só menu

Rua Dr. António José de Almeida 467 ✉ 4475-456 Nogueira Maia – ☏ 22 941 0839 – www.restaurantemachado.com – fechado 2ª feira e 3ª feira salvo dezembro

MALHOU

Santarém – 773 h. – Mapa regional nº **4**-B2
Mapa das estradas Michelin nº 592-N3

😊 O Malho

TRADICIONAL · RURAL ✗✗ Casa familiar construída com arquitectura típica da região do Ribatejo. Salas, com uma decoração clássica mas com detalhes regionais, sugere uma cozinha tradicional especializada em peixe. Por encomenda oferecem muitos mais pratos dos que têm na carta!

Lista 20/30 €

Rua Padre Reis 4 ✉ 2380-537 – ☏ 249 882 781 – www.restauranteomalho.com – fechado agosto, domingo jantar e 2ª feira

MANTEIGAS

Guarda – 2 864 h. – Alt. 775 m – Mapa regional nº **3**-C2
Mapa das estradas Michelin nº 591-K7

🏠 Casa das Obras

FAMILIAR · HISTÓRICA Casa Senhorial que conserva no seu interior a atmosfera do séc. XVIII, com aconchegantes detalhes e mobiliário de época nos quartos. Pequeno jardim com piscina ao atravessar a rua.

6 qto ☲ – †50/85 € ††60/95 €

Rua Teles de Vasconcelos ✉ 6260-185 – ☏ 275 981 155 – www.casadasobras.pt

pela estrada de Gouveia Norte : 16 km e desvio a esquerda 1,5 km

🏨 Casa das Penhas Douradas ✿ 🐕 ≤ 🖂 & ⚄ **P**

SPA E BEM ESTAR · DESIGN Casa de estilo montanhês que destaca-se pela sua localização, em plena natureza e suas magníficas vistas para a serra da Estrela. Os seus quartos acolhedores dispõem de grandes janelas e com muito design de interior, forrados a cortiça e bétula. Pequeno SPA e restaurante funcional, baseado num menu.

18 qto ⌧ – †100/255 € ††115/270 €

✉ 6260-200 Manteigas – 𝒞 963 384 026 – www.casadaspenhasdouradas.pt

MARRAZES Leiria → Ver Leiria

MARVÃO
Portalegre – 486 h. – Alt. 865 m – Mapa regional n° **1**-C1
Mapa das estradas Michelin n° 592-N7

🏨 Pousada de Marvão ✿ 🐕 ≤ ⊡ ⒶⒸ ⚄

CADEIA HOTELEIRA · CLÁSSICA Insere-se dentro de uma emblemática vila com muralhas! Disponibiliza acolhedores espaços comuns e quartos com um ambiente clássico regional, divididos entre dois edifícios separados. O restaurante, panorâmico e com uma magnífica vista, oferece uma cozinha tradicional.

28 qto ⌧ – †105/195 € ††125/201 € – 3 suites

Rua 24 de Janeiro 7 ✉ 7330-122 – 𝒞 245 993 201 – www.pousadas.pt

🏠 El Rei D. Manuel ✿ 🐕 ≤ ⊡ ⒶⒸ ⚄

FAMILIAR · REQUINTADA Um hotel pequeno e acolhedor, situado no coração desta vila de beleza impar, onde os proprietários cuidam todos os detalhes. Disponibiliza quartos confortáveis, sete com vistas deslumbrantes, e uma sala de jantar acolhedora que aposta na cozinha regional.

15 qto ⌧ – †50/65 € ††65/85 €

Largo de Olivença ✉ 7330-104 – 𝒞 245 909 150 – www.turismarvao.pt

MEALHADA
Aveiro – 4 522 h. – Alt. 60 m – Mapa regional n° **3**-B2
Mapa das estradas Michelin n° 591-K4

🍴 Rei dos Leitões 🅝 🕸 & ⒶⒸ ⚄ ⇔ **P**

TRADICIONAL · CONVIVIAL 🕱🕱 Nesta casa, com uma longa trajetória familiar, a proposta é uma cozinha tradicional muito bem elaborada, com o "Leitão assado" como prato estrela. Dispõem de uma adega fantástica!

Lista 35/75 €

av. da Restauração 17, Norte : 1 km ✉ 3050 -382 – 𝒞 231 202 093 – fechado de 7 a 25 de janeiro, 24 junho-12 julho, de 23 a 27 de setembro e 4ª feira

MELGAÇO
Viana do Castelo – 1 560 h. – Mapa regional n° **6**-B1
Mapa das estradas Michelin n° 591-F5

em Peso Oeste : 3,5 km

🏨 Quinta do Reguengo 🐕 🏊 ⊡ & ⒶⒸ **P**

TRADICIONAL · CLÁSSICA Dispõe de uma agradável organização familiar e surpreende por estar rodeado por um vinhedo, com o qual fazem o seu próprio vinho Alvarinho, oferecendo degustações num lagar anexo. Quartos amplos, clássicos e de excelente conforto para a sua categoria.

12 qto ⌧ – †75/90 € ††82/103 € – 1 suite

✉ 4960-267 Melgaço – 𝒞 938 044 051 – www.reguengodemelgaco.pt

MESÃO FRIO
Vila Real – 1 927 h. – Mapa regional n° **6**-B3
Mapa das estradas Michelin n° 591-I6

pela estrada N 108 Este : 2 km e desvio a esquerda 0,8 km

 Casa de Canilhas

FAMILIAR · RÚSTICA Casa familiar dotada de amplas esplanadas e magníficas vistas sobre o rio Douro. Possui uma acolhedora sala social com biblioteca e uns quartos repletos de atractivos pormenores.

7 qto ⌂ – †60/120 € ††70/130 €

Lugar de Banduja ⊠ 5040-302 Mesão Frio – ℰ 254 891 181 – www.canilhas.com

MIRANDELA

Bragança – 11 852 h. – Mapa regional n° **6**-C2
Mapa das estradas Michelin n° 591-H8

 Flor de Sal

PORTUGUESA · DESIGN ✗✗✗ Dispõe de um atrativo hall-adega, uma moderna sala e um bar com esplanada junto ao río. Cozinha regional de produto, com protagonismo para o azeite da zona.

Lista 25/38 €

Parque Dr. José Gama ⊠ 5370-527 – ℰ 278 203 063 – fechado janeiro, domingo jantar e 2ª feira

MONÇÃO

Viana do Castelo – 2 469 h. – Mapa regional n° **6**-A1
Mapa das estradas Michelin n° 591-F4

 Convento dos Capuchos

HISTÓRICO · MODERNA Perfeito para relaxar, pois ocupa parcialmente um convento do século XVIII e tem uma boa área ajardinada, com um tanque cheio de peixes e um bosque de bambus. Disponibiliza quartos de estilo clássico atual e dispõe de um claustro central. O seu restaurante propõe uma cozinha tradicional atualizada.

24 qto ⌂ – †63/127 € ††78/132 €

Qta. do Convento dos Capuchos (Antiga Estrada de Melgaço) ⊠ 4950-527 – ℰ 251 640 090 – www.conventodoscapuchos.com

na estrada de Sago Sudeste : 3 km

 Solar de Serrade

MANSÃO · HISTÓRICA Ocupa uma casa brazonada de estética senhorial e encontra-se numa quinta repleta de vinhas, e são produtores de Alvarinho. Apresenta belos salões com decoração da época, uma capela e elegantes quartos, a maioria com mobiliário antigo.

6 qto ⌂ – †60/70 € ††80/95 € – 2 suites

Mazedo ⊠ 4950-280 Mazedo – ℰ 251 654 008 – www.solardeserrade.pt

MONFORTE

Portalegre – 1 384 h. – Mapa regional n° **1**-C1
Mapa das estradas Michelin n° 592-O7

pela estrada N 369 Noroeste : 5,5 km e desvio a esquerda 1km

 Torre de Palma

CASA DE CAMPO · COMTEMPORÂNEA Localizado em pleno campo, numa quinta histórica que ainda conserva vestígios de uma vila lusitano-romana. Surpreende pela sua torre esbelta, a sua capela, a sua adega, o seu centro equestre... e várias casas alentejanas independentes orientadas para o turismo familiar!

18 qto ⌂ – †135/350 € ††135/350 € – 1 suite

Herdade de Torre de Palma ⊠ 7450-250 Monforte – ℰ 245 038 890 – www.torredepalma.com

MONSARAZ

Évora – 782 h. – Alt. 342 m – Mapa regional nº **1**-C2
Mapa das estradas Michelin nº 593-Q7

pela estrada de Telheiro Norte : 1,5 km e desvío a direita 1,3 km

⛪ Monte Alerta 💲 ⇐ 🛋 ⏚ 🆎 ⅍ 🅿

CASA DE CAMPO • RURAL Casa de campo familiar com instalações magníficas e exteriores bastante atraentes. Dispõe de uma ampla zona de convívio e quartos espaçosos, em traços gerais coloridos, alegres e com mobiliário simples, antigo ou de imitação.

10 qto ♨ – ✚60/90 € ✚✚65/95 €

✉ 7200-175 Monsaraz – ✆ 968 756 785 – www.montealerta.pt

MONTE REAL

Leiria – 2 936 h. – Alt. 50 m – Mapa regional nº **4**-A1
Mapa das estradas Michelin nº 592-M3

🍴 Paços da Rainha ⅍ 🆎 ⅍ 🚗

INTERNACIONAL • QUADRO CLÁSSICO 𝕏𝕏 Restaurante de ambiente requintado e acolhedor, com uma excelente decoração, aposta numa cozinha de autor inovadora com influência tradicional portuguesa e mediterrânica.

Menu 22/45 € – Lista 25/35 €

Hotel Palace H. Monte Real, Rua de Leiria ✉ 2426-909 – ✆ 244 618 900
– www.termasdemontereal.pt

🏨 Palace H. Monte Real ⏚ ⊡ ⅍ 🆎 ⅍ 🛁 🚗

EDIFÍCIO HISTÓRICO • CONFORTÁVEL Este hotel instalado em um edifício imponente de aparência palaciana com uma fachada maravilhosa e um anexo moderno, oferece quartos muito confortáveis, aqueles que encontram-se na parte nova dispõem de varanda.

96 qto ♨ – ✚114/139 € ✚✚151/180 € – 5 suites

Rua de Leiria ✉ 2426-909 – ✆ 244 618 900 – www.termasdemontereal.pt

🍴 **Paços da Rainha** – ver selecção restaurantes

MONTEMOR-O-NOVO

Évora – 11 001 h. – Alt. 240 m – Mapa regional nº **1**-B2
Mapa das estradas Michelin nº 593-Q5

pela estrada N 4 Oeste : 4 km e desvio a esquerda 0,5 km

❀ L'And Vineyards ⅍ 🆎 ⅍ 🅿

MODERNA • MINIMALISTA 𝕏𝕏 Restaurante de ambiente exclusivo e contemporâneo enquadrado numa sala com paredes envidraçadas, com uma magnífica vista sobre o campo e sobre o lago do hotel. O Chef sugere uma cozinha de autor com sabores da região, toda uma encenação com apresentações irrepreensíveis.

➔ Bolinhos de aves campestres e foie-gras cozidos a vapor, shiso e trufa primaveril. Lavagante assado com "beurre blanc" de citrinos, espuma e salada crocante de funcho. Lichia "In The Sky With Diamonds", iogurte, pinhão caramelizado e gelado de pêra.

Menu 75/105 € – Lista 61/85 €

Hotel L'And Vineyards, Herdade das Valadas ✉ 7050-031 Montemor-O-Novo
– ✆ 266 242 400 – www.l-and.com – fechado janeiro, 2ª feira, 3ª feira, 4ª feira almoço e 5ª feira almoço

🏨 L'And Vineyards 💲 ⏚ 🖼 🌐 ✖ ⊡ ⅍ 🆎 ⅍ 🛁 🅿

LUXO • CONFORTÁVEL Este estabelecimento aposta no design, na gastronomía e no vinho! Um estadia aqui é uma experiência autêntica, pois possui quartos com vistas para o céu através de tetos corrediços (Sky View) e outros quartos tipo apartamento (Land View), todos equipados e com conforto máximo.

26 qto ♨ – ✚180/364 € ✚✚200/430 € – 26 suites

Herdade das Valadas ✉ 7050-031 Montemor-O-Novo – ✆ 266 242 400
– www.l-and.com

❀ **L'And Vineyards** – ver selecção restaurantes

MORA
Évora – 2 522 h. – Mapa regional nº **1**-B1
Mapa das estradas Michelin nº 593-P5

🍴○ **Afonso** [AC] 🛇

ALENTEJANA · RÚSTICA ⅹ Negócio familiar dotado com um bar e uma sala de refeição neo-rústica, esta última com belos arcos em azulejos. A sua carta de cozinha alentejana é complementada com uma excelente aposta de caça. O expositor de sobremesas da entrada é um verdadeiro convite!

Lista 30/43 €

Rua de Pavia 1 ✉ *7490-207 –* ✆ *266 403 166 – www.restauranteafonso.pt
– fechado 15 dias em maio, de 15 a 30 de setembro e 4ª feira*

MOREIRA DE CÓNEGOS
Braga – 4 853 h. – Mapa regional nº **6**-A2
Mapa das estradas Michelin nº 591-H4/H5

🍴○ **S. Gião** �

 [AC] 🛇 ⟳ **P**

TRADICIONAL · QUADRO CLÁSSICO ⅹⅹ Goza de grande prestígio em todo Portugal! Na sua sala, de estilo clássico regional, com grandes janelas com vista para as montanhas, poderá degustar uma cozinha tradicional portuguesa bastante delicada, sempre muito bem apresentada.

Lista 30/51 €

Rua Comendador Joaquim de Almeida Freitas 56 ✉ *4815-270 –* ✆ *253 561 853
– www.sgiao.com – fechado domingo jantar e 2ª feira*

NANTES Vila Real ➜ Ver Chaves

NAZARÉ
Leiria – 10 309 h. – Mapa regional nº **4**-A2
Mapa das estradas Michelin nº 592-N2

🍴○ **Taberna d'Adélia** 🕸 [AC] 🛇

PEIXES E FRUTOS DO MAR · FAMILIAR ⅹ Está situado a poucos passos da praia e dispõe de duas salas, surpreendendo uma delas pela sua decoração com imensas mensagens dos seus clientes. Escolhem e pesam o peixe à frente do cliente!

Lista 30/40 €

Rua das Traineras 12 ✉ *2450-196 –* ✆ *262 552 134 – www.tabernadadelia.com
– fechado 15 dias em dezembro, 7 dias em outubro e 4ª feira*

NOGUEIRA Porto ➜ Ver Maia

ÓBIDOS
Leiria – 3 340 h. – Alt. 75 m – Mapa regional nº **4**-A2
Mapa das estradas Michelin nº 592-N2

🍴○ **Comendador Silva** 🏠 [AC] 🛇

MODERNA · QUADRO CLÁSSICO ⅹⅹ Tem personalidade, apresenta um interior clássico-atual e propõe uma cozinha tradicional portuguesa com apresentações cuidadas. Uma agradável esplanada perto da muralha!

Lista 33/45 €

Hotel Casa das Senhoras Rainhas, Rua Padre Nunes Tavares 6 ✉ *2510-070
–* ✆ *262 955 360 – www.hotelcasasenhorasrainhas.pt – fechado 3ª feira*

🏛 **Pousada Castelo Óbidos** ⟡ 🛇 ← & [AC] 🛇

EDIFÍCIO HISTÓRICO · HISTÓRICA Recupera um castelo medieval encostado à muralha e... com exteriores dignos de um filme! Os quartos, personalizadas com nomes de reis, estão distribuídos entre a alcáçova e uma casa nobre. O restaurante, que preza a cozinha regional, surpreende pela sua vista.

19 qto ⌱ – ♦170/429 € ♦♦170/429 €

Paço Real ✉ *2510-999 –* ✆ *21 040 7630 – www.pousadas.pt*

🏠 Real d'Óbidos   ♨ ⊡ ⅙ AC ⅍ ⅍ 🚗

BOUTIQUE HOTEL · HISTÓRICA Edifício senhorial localizado junto às muralhas. Possui um exterior encantador, quartos personalizados e uma piscina com vista deslumbrante. Temática medieval atenciosamente cuidada!

18 qto ⊡ – †80/140 € ††85/150 € – 1 suite

Rua D. João de Ornelas ⊠ 2510-074 – 𝒞 262 955 090
– www.hotelrealdobidos.com

🏠 Casa das Senhoras Rainhas   ♨ ⊡ AC ⅍

TRADICIONAL · CLÁSSICA Na parte antiga da cidade. A casa oferece uma boa sala social e quartos clássicos com mobiliário colonial orientados para as muralhas, a maioria deles com varanda.

10 qto ⊡ – †113/165 € ††155/209 €

Rua Padre Nunes Tavares 6 ⊠ 2510-070 – 𝒞 262 955 360
– www.hotelcasasenhorasrainhas.pt

🍴 **Comendador Silva** – ver selecção restaurantes

OURÉM
Santarém – 12 294 h. – Mapa regional nº **4**-B2
Mapa das estradas Michelin nº 592-N4

🏠 Pousada Conde de Ourém   ⅍ ♨ ⅀ ⊡ ⅙ AC ⅍

TRADICIONAL · HISTÓRICA A pousada está localizada na parte antiga da cidade e conta com dois edifícios, o antigo hospital e a casa senhorial. Os quartos dispõem de mobiliário funcional e piso de madeira. O restaurante de estilo clássico-actual é completado por um terraço de verão íntimo.

30 qto ⊡ – †80/134 € ††90/144 €

Largo João Manso, Zona do Castelo ⊠ 2490-481 – 𝒞 249 540 930
– www.insigneplushotel.pt

PAÇO DE ARCOS
Lisboa – 15 315 h. – Mapa regional nº **4**-B3
Mapa das estradas Michelin nº 592-P2

🍴 Casa da Dízima   ⅍ ⅏ AC ⅍

MODERNA · RÚSTICA XX Deve o seu nome à história do edifício, que em tempos serviu para cobrar os impostos. Conta com varias salas, as principais de ar rústico-moderno; oferece uma cozinha moderna de cariz tradicional portuguesa e internacional.

Lista 28/40 €

Rua Costa Pinto 17 ⊠ 2770-046 – 𝒞 21 446 2965 – www.casadadizima.com
– fechado domingo jantar

🍴 Os Arcos   AC

PEIXES E FRUTOS DO MAR · FAMILIAR XX Provido de uma trajectória longa e duas salas de refeições, ambos dominados pelo tijolo à vista e a madeira mas um deles com vistas para o mar. Especializado em peixe e marisco, também confecciona a Lampreia do rio Minho na época.

Lista 30/55 €

Rua Costa Pinto 47 ⊠ 2770-046 – 𝒞 21 443 3374 – www.restauranteosarcos.pt

PALMELA
Setúbal – 17 455 h. – Mapa regional nº **1**-B2
Mapa das estradas Michelin nº 593-Q3

🏠 Pousada de Palmela   ⅍ ♨ ⅌ ⊡ AC ⅍ ⅍ 🅿

HISTÓRICO · HISTÓRICA Excelente pousada situada num convento do séc. XV, junto às muralhas do castelo de Palmela. Tem um grande nível, com agradáveis zonas nobres e elegantes quartos. O restaurante oferece uma montagem muito cuidada e uma interessante ementa tradicional.

27 qto ⊡ – †110/244 € ††110/244 € – 1 suite

Castelo de Palmela ⊠ 2950-317 – 𝒞 21 235 1226 – www.pousadas.pt

PASSOS DE SILGUEIROS

Viseu - 3 250 h. – Mapa regional n° **3**-B2
Mapa das estradas Michelin n° 591-K5

ⅱ◯ **Mesa de Lemos ❶**   ⪕ ⌕ AC P

CRIATIVA · DESIGN ✗✗ É magnífico e destaca pela sua idílica localização, ocupando um prédio de design, muito bem integrado na natureza. Cozinha moderna, criativa e... diferente!

Menu 40/105 € – Lista 57/68 €

Quinta de Lemos, Oeste : 2 km ✉ 3500-541 – ✆ 961 158 503
– www.celsodelemos.com – fechado 25 decembro-1 janeiro, 31 julho-21 agosto, 2ª
feira, 3ª feira, 4ª feira almoço e 5ª feira almoço

PEDRA FURADA

Braga – Mapa regional n° **6**-A2
Mapa das estradas Michelin n° 591-H4

⊛ **Pedra Furada**   ⌗ AC ⅏ P

TRADICIONAL · CONFORTÁVEL ✗ Está localizado em pleno Caminho de Santiago Português, por isso trabalham principalmente com peregrinos. Dispõe de um terraço acolhedor, um bom bar público e uma sala de jantar rústica com chaminé. A sua cozinha caseira é enriquecida com alguns produtos cultivados por eles mesmos!

Lista 23/37 €

Estrada N 306 ✉ 4755-392 – ✆ 252 951 144
– www.pedrafurada.com – fechado de 19 a 29 de agosto e 2ª feira jantar

PENALVA DO CASTELO

Viseu – 2 045 h. – Mapa regional n° **3**-C1
Mapa das estradas Michelin n° 591-J6

⌂⌂ **Parador Esentia Casa da Insua**   ⅍ ⌂ ⌕ ⌘ ⊡ ⅌ AC ⅏ ⌂ P

EDIFÍCIO HISTÓRICO · CLÁSSICA Com charme e história, pois ocupa uma casa senhorial do séc. XVIII que pertenceu ao governador de um estado do Brasil. Belíssimos jardins, amplas zonas nobres e quartos confortáveis, clássicos no edifício principal e mais modernos nos seus anexos.

19 qto – †90/190 € ††90/190 € – ⊑ 16 € – 10 suites – 5 apartamentos
Insua ✉ 3550-126 – ✆ 232 640 110
– www.parador.es

PENELA

Coimbra – 3 360 h. – Mapa regional n° **3**-B2
Mapa das estradas Michelin n° 592-L4

na estrada IC 1 Sul : 2 km

⌂⌂ **Deucitânia Design**   ⅍ ⪕ ⌘ ⌕ ⌹ ⊡ ⅌ AC ⌂ P

CASA DE CAMPO · PERSONALIZADA Ocupa o espaço de uma antiga fábrica de papel, junto ao rio, e o resultado é surpreendente, trata-se de um hotel temático em que tudo gira em torno do mundo romano. Uma vasta extensão de terreno, turismo relacionado com a natureza e cozinha tradicional.

42 qto – †60/190 € ††70/200 €
Ponte do Espinhal ✉ 3230-292 – ✆ 239 700 740
– www.duecitania.pt

O símbolo ⅏ indica uma carta de vinhos especialmente atraente.

PENICHE

Leiria – 14 749 h. – Mapa regional nº **4**-A2
Mapa das estradas Michelin nº 592-N1

⭐️○ Nau dos Corvos ≼ 🅰️🅲️ 🕸️ 🅿️

PEIXES E FRUTOS DO MAR · CONFORTÁVEL ✕✕ Destaca-se pela sua excelente localização em cima de um promontório rochoso. Dispõe de um hall com expositor, o seu próprio viveiro de marisco, um bar privado panorâmico e uma sala dotada de grandes janelas para contemplar a imensidão do Atlântico.
Lista 32/63 €
Cabo Carvoeiro (junto ao farol) ✉️ *2520-605 –* 𝒞 *262 783 168*
– www.naudoscorvos.com – fechado domingo jantar e 2ª feira

🏠 Pinhalmar 🦢 ⬥ ≼ ⏃ 🕸️ 🖃 🕭 🅰️🅲️ 🛁 🅿️

TRADICIONAL · FUNCIONAL Encontra-se num local praticamente isolado, muito próximo do farol do Cabo Carvoeiro. Aqui encontrará um bar-salão social de traçado actual com algumas mesas do restaurante, e quartos funcionais, metade deles com varandas e vistas par o oceano. Suba para desfrutar da paisagem a partir da cobertura!
27 qto ⌧ – ♦️40/120 € ♦️♦️45/125 €
estrada Marginal Sul (Cabo Carvoeiro) ✉️ *2520-227 –* 𝒞 *262 789 349*
– www.pinhalmar.com

PESO Viana do Castelo ➡️ Ver Melgaço

PESO DA RÉGUA

Vila Real – 5 292 h. – Mapa regional nº **6**-B3
Mapa das estradas Michelin nº 591-I6

⭐️○ Castas e Pratos 🦞 🍽️ 🅰️🅲️ 🕸️

PORTUGUESA · NA MODA ✕✕ Instalado num antigo armazém de madeira, completamente remodelado, que em tempos pertenceu à estação ferroviária. Disponibiliza uma cozinha tradicional muito bem atualizada e uma excelente carta de vinhos apresentada com um iPad.
Menu 75/85 € – Lista 40/65 €
Rúa José Vasques Osório ✉️ *5050-280 –* 𝒞 *254 323 290 – www.castaspratos.com*

⭐️○ Cacho d'Oiro 🅰️🅲️ 🕸️ 🅿️

PORTUGUESA · QUADRO CLÁSSICO ✕ Este restaurante, gerenciado por um casal, apresenta um interior de estilo clássico e encontra-se próximo ao mercado. Elaboram uma cozinha regional portuguesa de qualidade, com boas carnes e o Cabrito assado no forno é a grande especialidade da casa.
Lista 22/32 €
Travessa Rua Branca Martinho ✉️ *5050-292 –* 𝒞 *254 321 455*
– www.restaurantecachodoiro.pt – fechado de 15 a 30 de junho

PINHÃO

Vila Real – 648 h. – Alt. 120 m – Mapa regional nº **6**-B3
Mapa das estradas Michelin nº 591-I7

⭐️○ Rabelo ≼ 🍽️ 🅰️🅲️ 🕸️ 🅿️

MODERNA · QUADRO CLÁSSICO ✕✕✕ Agradável, acolhedor e com um terraço de verão! Comer aquí é uma boa opção se deseja degustar tanto os pratos regionais como os tradicionais lusitanos... isso sim, com elaborações e apresentações bem atualizadas.
Lista 30/60 €
Hotel Vintage House, Lugar da Ponte ✉️ *5085-034 –* 𝒞 *254 730 230*
– www.vintagehousehotel.com – fechado 7 janeiro-fevereiro

🏠 Vintage House ⟨ 🗵 🖭 AC ⅍ 🏖 P

LUXO · CLÁSSICA No conjunto, tem um bom nível, com uma decoração atualizada e aprazível vista sobre o Douro. Possui zonas nobres bem cuidadas e quartos bem redecorados num estilo clássico-atual.

50 qto ⌂ – †165/225 € ††180/240 € – 2 suites

Lugar da Ponte ⊠ *5085-034* – *⟨ 254 730 230 – www.vintagehousehotel.com
– fechado 7 janeiro-fevereiro*

🍴 **Rabelo** – ver seleccão restaurantes

ao Norte 5 km

🏠 Casa do Visconde de Chanceleiros ⟨ ⌂ ⤂ ⟨ ⅍ AC P

TRADICIONAL · CONFORTÁVEL Muito agradável e bem cuidado, pois a sua decoração original combina perfeitamente os estilos clássico e regional. As áreas comuns encontram-se no edifício principal e os quartos nos anexos, com vista para um campo repleto de oliveiras e vinhas. Surpreende pela sua sauna, já que está dentro de uma grande barrica de vinho!

10 qto ⌂ – †130/165 € ††135/185 €

Largo da Fonte. Chanceleiros ⊠ *5085-201 Pinhão* – *⟨ 254 730 190
– www.chanceleiros.com*

🏠 Casa de Casal de Loivos ⟨ ⌂ ⤂ ⟨ ⅍

FAMILIAR · CONFORTÁVEL Antiga casa de pedra localizada no alto de uma colina com vistas maravilhosas para o rio Douro. Dispõe de um salão social com chaminé, quartos corretos e casas de banho recentemente atualizadas.

6 qto ⌂ – †90/95 € ††110/115 €

⊠ *5085-010 Casal de Loivos* – *⟨ 254 732 149 – www.casadecasaldeloivos.com
– fechado dezembro-fevereiro*

POÇO BARRETO

Faro – 219 h. – Mapa regional n° **2**-B2
Mapa das estradas Michelin n° 593-U4

😊 O Alambique 🏠 AC ⅍ P

INTERNACIONAL · RÚSTICA ⅍ Casa situada ao rés-do-chão, localizada junto a uma estrada, com duas salas de tectos altos e uma montagem correcta, separadas por dois arcos de pedra. Ementa internacional com preços razoáveis.

Menu 25/43 € – Lista 25/41 €

Estrada de Silves ⊠ *8300-042* – *⟨ 282 449 283 – www.alambique.de – só jantar
– fechado dezembro-11 janeiro, 4ª feira (novembro-fevereiro) e 3ª feira*

PONTE DE LIMA

Viana do Castelo – 2 871 h. – Alt. 22 m – Mapa regional n° **6**-A2
Mapa das estradas Michelin n° 591-G4

🍴 Açude ⟨ AC ⅍ P

REGIONAL · QUADRO TRADICIONAL ⅍ Apresenta um interior rústico e destaca-se pela sua localização, junto ao Clube Náutico do Rio Lima. Carta tradicional-regional com especialidades sazonais, como a lampreia.

Lista 25/39 €

Arcozelo - Centro Naútico ⊠ *4990-150* – *⟨ 258 944 158
– www.restauranteacude.com – fechado 7 dias em novembro e 2ª feira*

🍴 Petiscas 🏠 AC ⅍

TRADICIONAL · CONFORTÁVEL ⅍ Íntimo, charmoso e muito bem localizado, ao lado da Ponte Velha. Correta carta tradicional-regional portuguesa. Prove o Bacalhau com broa!

Lista 30/45 €

Largo da Alegria - Arcozelo ⊠ *4990-240* – *⟨ 258 931 347 – fechado 15 dias em
novembro e 2ª feira*

na Estrada N 203 Nordeste : 5,2 km

🏠 Carmo's Boutique H. 　　　　🏠 🍴 🛎 ☎ 🅿 🚗 🅰🅲 🅿

BOUTIQUE HOTEL · COMTEMPORÂNEA Único e exclusivo, surpreende pelo design vanguardista que é perfeitamente integrado na natureza. Conta com uma biblioteca-restaurante, um SPA de aromaterapia, quartos elegantes e a opção de experiências sugestivas. Nenhum detalhe é deixado ao acaso!

18 qto 🖙 – ♦190/390 € ♦♦210/390 €

Gemieira ✉ 4990-645 – 𝒞 910 587 558 – www.carmosboutiquehotel.com

PORTALEGRE

18 942 h. – Alt. 477 m – Mapa regional n° **1**-C1
Mapa das estradas Michelin n° 592-O7

🔞 Solar do Forcado 　　　　　　　　　🅰🅲 🕸

TRADICIONAL · RÚSTICA 𝕏 Localizado numa rua de pedrada do centro histórico, perto do castelo, apresentando-se com estilo rústico e paredes repletas de motivos tauromáquicos. Cozinha tradicional especializada em carnes, a bom preço e com especialidades como o Cozido à portuguesa.

Lista 18/27 €

Rua Candido dos Reis 14 ✉ 7300-129 – 𝒞 245 330 866 – fechado agosto, sabado almoço e domingo.

no bairro da Pedra Basta Sudeste : 3 km

🍴 Tomba Lobos 　　　　　　　　　　　🍴 🕸 🅿

ALENTEJANA · QUADRO TRADICIONAL 𝕏𝕏 Conta com um acolhedor bar decorado com motivos tauromáquicos e uma sala de refeições clássica-atual. Que nos propõe? Cozinha alentejana baseada em produtos de mercado, com caça e cogumelos sazonais.

Lista 25/44 €

Lote 16 ✉ 7300-529 Portalegre – 𝒞 245 906 111 – www.tombalobos.pt – fechado domingo jantar e 2° feira

PORTELA Braga ➜ Ver Vila Nova de Famalicão

PORTIMÃO

Faro – 45 431 h. – Mapa regional n° **2**-A2
Mapa das estradas Michelin n° 593-U4

na Praia da Rocha Sul : 2 km

🔅 Vista 　　　　　　　　　　🏵 ⪡ 🍴 🅰🅲 🕸 🅿

MODERNA · LUXO 𝕏𝕏𝕏 Luminoso, fresco e atual. A sua atraente proposta culinária centra-se em menus que contemplam não só os produtos do mar como os da zona, tratados com mimo e elaborados com base em conceitos criativos modernos. O terraço surpreende pelas suas maravilhosas vistas para o Atlântico!

➜ Cavala, ervilha e vinagre de lavanda. Pescada, aipo e lingueirão. Maçã verde, aipo e wasabi.

Menu 75/145 € – Lista 70/90 €

Hotel Bela Vista, av. Tomás Cabreira ✉ 8500-802 Portimão – 𝒞 282 460 280 – www.vistarestaurante.com – só jantar – aberto março-dezembro

🏠 Bela Vista 　　　　　　⪡ 🛎 ☎ 🅿 🅰🅲 🕸 🆔 🅿

LUXO · PERSONALIZADA Ocupa um precioso palacete do início do século XX e destaca-se pela sua magnífica localização no centro da praia, numa zona elevada e com fantásticas vistas para o mar. Salões íntimos, bar elegante, SPA requintado e quartos bem cuidados...11 no edifício principal e o restante nos anexos.

38 qto 🖙 – ♦250/500 € ♦♦250/500 €

av. Tomás Cabreira ✉ 8500-802 Portimão – 𝒞 282 460 280 – www.hotelbelavista.net – aberto março-dezembro

🔅 **Vista** – ver selecção restaurantes

NÓS GOSTAMOS...

Depois de visitar algumas das suas adegas em Vila Nova de Gaia tem que ir ao **The Yeatman**, onde pode desfrutar de uma cozinha excepcional e uma das melhores vistas do Porto. Há três coisas que não devem ser esquecidas: a criatividade de **Antiqvvm**, a proposta do chef José Avillez fora de Lisboa (**Cantinho do Avillez**) e as famosas Tripas à moda do Porto do **Lider**.

PORTO

237 591 h. – Alt. 90 m – Mapa regional nº **6**-A3
Mapa das estradas Michelin nº 591-I3

Plantas da cidade nas páginas seguintes

Restaurantes

✿ **Antiqvvm**

CRIATIVA · ELEGANTE XxX Goza de uma localização realmente singular, num parque no centro da cidade, ao lado do Museu Romântico e com fantásticas vistas ao Douro desde o seu jardín. Aqui a proposta é baseada na cozinha tradicional e sazonal, com toques internacionais e umas apresentações muito cuidadas.
→ Lavagante azul e ostra da ria Formosa. Linguado, ouriço do mar e cenouras. Pudim Abade de Priscos e citrinos.
Menu 45/130 € – Lista 60/83 €
Planta : E2-a – *Rua de Entre Quintas 220* ✉ *4050-240* – ✆ *22 600 0445*
– www.antiqvvm.pt – fechado de 15 a 29 de janeiro, domingo jantar e 2ª feira

ⅈ◯ **O Paparico**

TRADICIONAL · RÚSTICA XxX O ambiente acolhegante convida-o a sentir-se como em casa! Situado na parte alta da cidade, apresenta um ambiente rústico muito confortável. Cozinha tradicional portuguesa.
Menu 90/120 € – Lista 65/85 €
Planta : D2-k – *Rua de Costa Cabral 2343* ✉ *4200-232* – ✆ *22 540 0548*
– www.opaparico.com – só jantar – fechado 15 días no Natal, 15 días em agosto, domingo e 2ª feira

ⅈ◯ **DOP**

TRADICIONAL · NA MODA XX Inserido num edifício histórico! Nas suas salas de refeições, atuais e desniveladas entre si, pode contar com uma cozinha tradicional de qualidade. Excelente adega com vinhos portugueses e internacionais.
Menu 80/90 € – Lista 52/70 €
Planta : F3-f – *Largo de São Domingos 18 (Palácio das Artes)* ✉ *4050-545*
– ✆ 22 201 4313 – www.doprestaurante.pt – fechado domingo e 2ª feira almoço

653

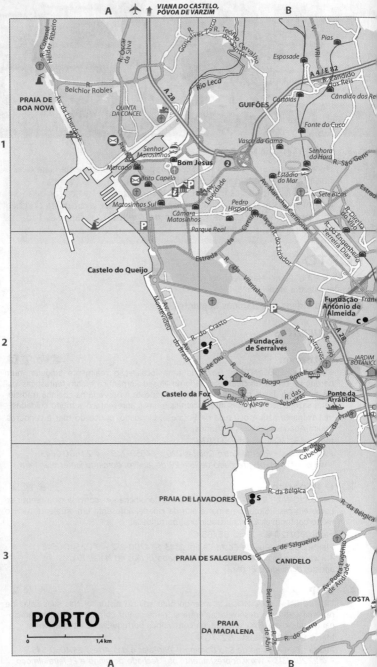

PORTUGAL

VIANA DO CASTELO,
PÓVOA DE VARZIM

A   B

PRAIA DE
BOA NOVA

Belchior Robles

R. Coronel Helder Ribeiro

R. Oscar da Silva

Gonçalves Zarco

R. Teófilo Carvalho dos Santos

Rio Leça

A 28

QUINTA
DA CONCEL

Senhor
Matosinhos

Mercado

Bom Jesus

Brito Capela

Matosinhos Sul

Câmara
Matosinhos

Parque Real

Pedro
Hispano

Liberdade

Pias

Esposade

A 4 / E 82

R. Cândido
dos Reis

Cândido dos Re

GUIFÕES

Custoias

Fonte do Cuco

Vasco da Gama

Senhora
da Hora

R. São Gens

Estádio
do Mar

Sete Bicas

Estra

R. Marechal Carmona

R. Quinta
do Vizo

R. do Engenheiro
Ferreira Dias

1

Castelo do Queijo

Av. da Liberdade

Estrada

R. de

Circunvalação

R. de Vilarinha

R. do Lidador

Fundação
António de
Almeida

Fran

A 28

c

Av. de Montevideu

Av. do Brasil

R. do Crasto

R. de Diu

R. de
Diogo

f

X

Fundação
de Serralves

R. de
Botelha

R. das
Sobreiras

R. Gripi

R. de
Serralves

JARDIM
BOTÂNIC

Castelo da Foz

Passeio Alegre

Ponte da
Arrábida

R. da Praia

EC

Lug

R. do
Cabedalo

2

PRAIA DE LAVADORES

S

R. da Bélgica

R. da Bélgica

Av.

Beira-Mar

R. de Salgueiros

PRAIA DE SALGUEROS

CANIDELO

Av. Porta Eugénio
de Andrade

3

COSTA

PORTO

0   1,4 km

PRAIA
DA MADALENA

R. do Cerro

R. 25
de Abril

A   B

654

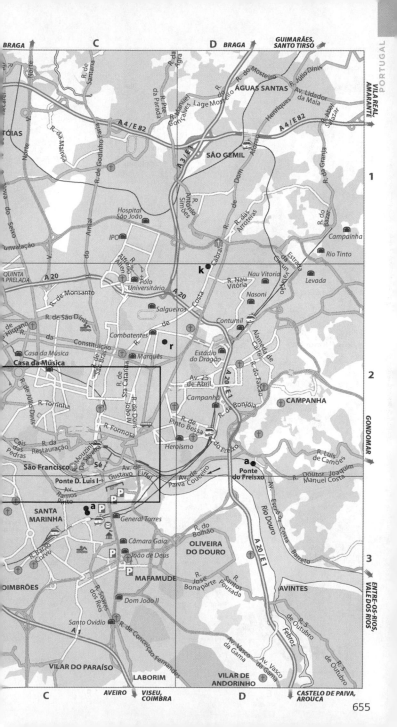

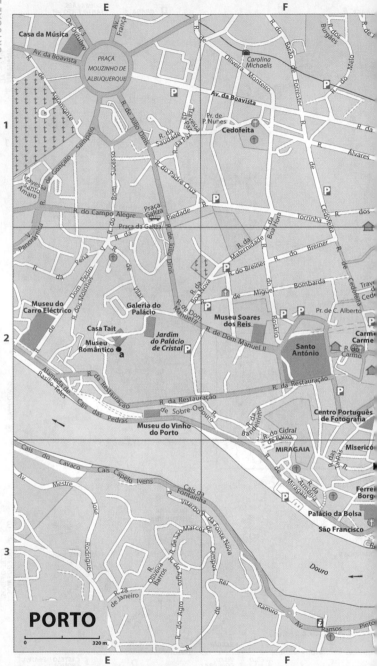

PORTO

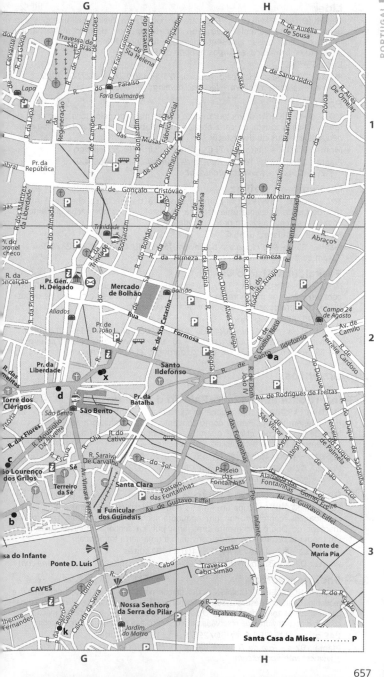

⑩○ Lider 🆎 ⅏

TRADICIONAL · FAMILIAR ⅩⅩ Encontra-se numa zona residencial tranquila e é gerido de forma exemplar pelo seu proprietário, ciente de tudo. A luz natural inunda o interior que se apresenta clássico e funcional. Não se esqueça de provar um prato emblemático, as Tripas à moda do Porto.

Lista 35/51 €

Planta : C2-r – *Alameda Eça de Queiroz 126* ✉ *4200-272* – ✆ *22 502 0089* – *www.restaurantelider.com* – *fechado domingo em agosto*

⑩○ Palco 🛋 & 🆎 ⅏ 🚗

MODERNA · DESIGN ⅩⅩ Restaurante de design marcado pelos tons pretos e dourados. A sua proposta, de cariz atual, é mais elaborada ao jantar, com uma carta pequena e menus de degustação.

Menu 25/80 € – Lista 48/71 € – ementa simples ao almoço

Planta : G2-x – *Hotel Teatro, Rua Sá da Bandeira 84* ✉ *4000-427* – ✆ *22 040 9620* – *www.hotelteatro.pt*

⑩○ Cantinho do Avillez 🆎 ⅏

TRADICIONAL · BISTRÔ Ⅹ A primeira proposta do mediático chef José Avillez fora de Lisboa. Presenta uma estética de bistrô urbano que enche diariamente, com uma ementa atual de preços moderados.

Menu 13 € – Lista 35/55 €

Planta : G3-c – *Rua Mouzinho da Silveira 166* ✉ *4050-416* – ✆ *22 322 7879* – *www.cantinhodoavillez.pt*

⑩○ Euskalduna Studio Ⓝ 🆎

MODERNA · TENDÊNCIA Ⅹ Toque à campainha para entrar! Na sua sala, íntima e com um balcão de mármore de estilo japonês, propor-lhe-ão um menu de degustação, com pratos atualizados de base tradicional.

Menu 95/110 € – só menu

Planta : H2-a – *Rua Santo Ildefonso 404* ✉ *4000-466* – ✆ *935 335 301 (preciso reservar)* – *www.euskaldunastudio.pt* – *só jantar* – *fechado de 1 a 5 de janeiro, de 11 a 25 de maio, de 11 a 25 de agosto, domingo, 2ª feira e 3ª feira.*

Alojamentos

🏨 InterContinental Porto-Palacio das Cardosas 🍴 ℔ 🔲 & 🆎

LUXO · CLÁSSICA A impressionante fachada do s. XVIII dá lugar a um edifício que, em tempos, serviu como convento. Tem uma luxuosa zona nobre, com lojas de joias, e confortáveis quartos, alguns tipo duplex. O restaurante combina uma ementa atual e a opção de menus.

105 qto – ♦190/450 € ♦♦190/450 € – ⌑ 22 €

Planta : G2-d – *Praça da Liberdade 25* ✉ *4000-322* – ✆ *22 003 5600* – *www.intercontinental.com*

🏨 Pestana Palacio do Freixo 🍴 🕊 ← 🎱 ⅃ 🔲 ℔ 🔲 & 🆎 ⅏ 🈂 🅿

LUXO · HISTÓRICA Ocupa um Palácio Barroco do séc. XVIII e uma antiga fábrica de Moagens, conferindo-lhe um enquadramento privilegiado com terraço nas margens do Douro. Apresenta uma área pública senhorial, quartos clássicos e um moderno restaurante, onde convidam a uma carta tradicional.

77 qto ⌑ – ♦244/387 € ♦♦258/401 € – 10 suites

Planta : D2-a – *Estrada N-108* ✉ *4300-416* – ✆ *22 531 1000* – *www.pestana.com*

🏨 Sheraton Porto 🍴 🔲 ⊕ ℔ 🔲 & 🆎 ⅏ 🈂 🚗

CADEIA HOTELEIRA · CLÁSSICA Um grande hotel, em todos os sentidos, amplo e moderno. Conta com espaços surpreendentes pela sua luminosidade e um enorme hall que engloba as zonas de convívio. O seu restaurante moderno combina o serviço buffet com uma cave envidraçada reservada para o serviço a la carte de refeições combinadas.

249 qto – ♦125/285 € ♦♦150/295 € – ⌑ 18 € – 17 suites

Planta : B2-c – *Rua de Tenente Valadim 146* ✉ *4100-476* – ✆ *22 040 4000* – *www.sheratonporto.com*

Carrís Porto Ribeira

LUXO · MODERNA Encontra-se na parte antiga da cidade e ocupa cinco casas que, depois de serem corretamente remodeladas, foram interligadas por passadiços de aço e vidro. Acolhedora área social de estilo rústico-atual e quartos de estilo moderno. A sua sala de jantar propõe uma cozinha fiel ao receituário tradicional português.

159 qto – ♦74/300 € ♦♦74/300 €

Planta : G3-b – *Rua do Infante D. Henrique 1* ✉ *4050-296* – ℘ *22 096 5786* – *www.carrishoteles.com*

Teatro

TOWNHOUSE · DESIGN Muito original pois recria um ambiente boémio e teatral! Trata-se dum edifício de nova construção que se ergue no mesmo lugar onde noutros tempos havia um teatro.

74 qto ☒ – ♦100/200 € ♦♦100/200 €

Planta : G2-x – *Rua Sá da Bandeira 84* ✉ *4000-427* – ℘ *22 040 9620* – *www.hotelteatro.pt*

🍴 **Palco** – ver selecção restaurantes

A.S. 1829

TOWNHOUSE · PERSONALIZADA Muito central e cheio de história, pois tanto o seu nome como a sua decoração fazem referência à antiga papelaria-tipografia familiar e ao ano da sua fundação (Araújo & Sobrinho, 1829). Quartos de linha clássico-atual e restaurante correto.

41 qto ☒ – ♦108/418 € ♦♦118/428 €

Planta : F3-b – *Largo de São Domingos 45* ✉ *4050-545* – ℘ *22 340 2740* – *www.as1829.luxhotels.pt*

na Foz do Douro

✿ Pedro Lemos

MODERNA · NA MODA ✗✗ Instalado numa casa de pedra bem recuperada, próxima à Foz do Douro, apresenta um cuidado interior de linha clássica-atual e uma simpática esplanada no terraço. Aposta por uma cozinha ao gosto atual, com base em diversos menus de degustação, que mudam em função do número de pratos.

→ Foie-gras de pato, pão de especiarias e fruta de temporada. Corvina de anzol, espargos brancos, ameijoa e topinambur. Banana, alfazema e pérolas de barbeito.

Menu 110/130 € – só menu

Planta : B2-x – *Rua do Padre Luis Cabral 974* ✉ *4150-459 Foz do Douro* – ℘ *22 011 5986* – *www.pedrolemos.net* – *fechado domingo e 2ª feira*

🍴 Cafeína

TRADICIONAL · ÍNTIMA ✗✗ A particular fachada de azulejos conduz-nos a um espaço dividido em duas salas de sofisticado ambiente contemporâneo, uma representando uma biblioteca. Há sofisticação na cozinha tradicional portuguesa e internacional.

Menu 16/50 € – Lista 30/45 €

Planta : B2-f – *Rua do Padrão 100* ✉ *4150-557 Foz do Douro* – ℘ *22 610 8059* – *www.cafeina.pt*

🍴 Terra

INTERNACIONAL · DESIGN ✗✗ Fachada surpreendente e muito particular, à entrada um sushi-bar e uma sala de decoração sóbria e confortável. Cozinha japonesa, tradicional e internacional, com pratos italianos.

Menu 46 € – Lista 30/45 €

Planta : B2-f – *Rua do Padrão 103* ✉ *4150-559 Foz do Douro* – ℘ *22 617 7339* – *www.restauranteterra.com*

PÓVOA DE LANHOSO
Braga – 5 052 h. – Mapa regional n° **6**-A2
Mapa das estradas Michelin n° 591-H5

em Calvos Nordeste : 3 km

🏠 Maria da Fonte   🌤 🐾 ⌁ ⊡ 🛏 ❌ 🍴 & 🆎 🛜 🐾 🅿

CASA DE CAMPO · FUNCIONAL Vários edifícios em pedra, típicos da região, formam este conjunto localizado num ambiente rural com bonitos exteriores e áreas sociais aconchegantes. Os quartos são funcionais, no entanto destacam-se os que têm paredes de pedra. O restaurante luminoso oferece uma cozinha tradicional.
31 qto ☑ – ♦50/80 € ♦♦60/90 €
Rua da Escola ✉ *4830-065 Calvos –* ℰ *253 639 600 – www.mariadafonte.com*

PÓVOA DE VARZIM
Porto – 28 420 h. – Mapa regional n° **6**-A2
Mapa das estradas Michelin n° 591-H3

pela estrada N 13

🍴 O Marinheiro   🆎 🐾 🅿

PEIXES E FRUTOS DO MAR · QUADRO MEDITERRÂNEO XX Um barco encalhado em terra firme alberga este original restaurante disposto em dois andares e com um atractivo ambiente marinheiro. A sua especialidade são os produtos do mar.
Lista 35/50 €
A Ver-o-Mar, Norte : 2 km ✉ *4490-091 A Ver-o-Mar –* ℰ *252 682 151*
– www.grupojgomes.com

PRAIA DA BARRA Aveiro ➜ Ver Aveiro

PRAIA DA GALÉ Faro ➜ Ver Albufeira

PRAIA DA ROCHA Faro ➜ Ver Portimão

PRAIA DE SÃO TORPES Setúbal ➜ Ver Sines

PRAIA DO CANAVIAL Faro ➜ Ver Lagos

PRAIA DO GUINCHO Lisboa ➜ Ver Cascais

PRAIA DO MARTINHAL Faro ➜ Ver Sagres

PRAIA GRANDE Lisboa ➜ Ver Colares

QUARTEIRA
Faro – 21 798 h. – Mapa regional n° **2**-B2
Mapa das estradas Michelin n° 593-U5

em Vilamoura

✿ Willie's (Wilhelm Wurger)   🌤 🆎 🐾

INTERNACIONAL · QUADRO CLÁSSICO XX Localizado numa zona de turismo de férias muito vocacionada ao golfe! Na sua sala, acolhedora, íntima e de linha clássica, poderá degustar uma cozinha internacional com esmeradas apresentações. O chef-proprietário sempre está atento aos detalhes.
➜ Ravioli de marisco e peixe com molho de vermute. Vieiras salteadas sobre risotto de truffa. Crepe com morangos e gelado de canela.
Lista 60/79 €
Rua do Brasil 2, Área do Pinhal Golf Course, Noroeste : 6 km
✉ *8125-479 Vilamoura –* ℰ *289 380 849 – www.willies-restaurante.com – só jantar
– fechado dezembro-5 fevereiro e 4ª feira*

ⅠO Emo   🏠 AC 🍽

MODERNA · NA MODA XX Integrado no último piso do hotel, é um espaço moderno, com vista panorâmica sobre os campos de golfe. Carta mediterrânica com pratos contemporâneos e diferentes menus de degustação.

Lista 47/70 €

Hotel Anantara Vilamoura, Av. dos Descobrimentos, Victoria Gardens, Noroeste : 7 km ✉ *8125-309 Vilamoura –* 𝒞 *289 317 000*
– *www.vilamoura.anantara.com – só jantar*
– *fechado domingo e 2ª feira*

🏨 Anantara Vilamoura   🛁 ⩽ 🛋 ⬛ 🏊 ⬛ 🕒 ⅓ 🍽 ⬛ ⬛ ⅙ AC 🍽 🏋 🚗

RESORT · COMTEMPORÂNEA Este hotel de luxo, perto dum campo de golf, tem como filosofia a identificação dos seus espaços com o ambiente (detalhes, música ambiente, doçaria regional...) Um SPA excelente com pessoal de origem tailandesa e quartos atuais, todos com varanda.

263 qto ⌑ – ♦120/450 € ♦♦138/468 € – 17 suites

Av. dos Descobrimentos, Victoria Gardens, Noroeste : 7 km
✉ *8125-309 Vilamoura –* 𝒞 *289 317 000*
– *www.vilamoura.anantara.com*
ⅠO **Emo** – ver selecção restaurantes

🏨 Hilton Vilamoura As Cascatas   ⅄ 🛁 ⬛ 🏊 🕒 ⅓ 🍽 ⬛ ⬛ ⅙ AC

CADEIA HOTELEIRA · COMTEMPORÂNEA Encontra-se numa zona 🏋 🚗 residencial e próximo de um campo de golfe, pelo que a maior parte dos seus clientes são adeptos deste desporto. Destaca-se tanto pelo nível dos seus quartos como pelo seu SPA, o maior de Portugal. Uma escolha interessante para levar a família!

176 qto ⌑ – ♦96/330 € ♦♦115/350 €

Rua da Torre D'Agua Lote 4.11.1B ✉ *8125-615 Vilamoura –* 𝒞 *289 304 000*
– *www.hiltonvilamouraresort.com*

🏨 The Lake Resort   ⅄ 🛁 ⬛ 🏊 🕒 ⅓ ⬛ ⅙ AC 🍽 🏋 🚗

CADEIA HOTELEIRA · COMTEMPORÂNEA Construção clássica com quartos amplos, luminosos e atuais. Surpreende bastante pelo seu exterior, com um pequeno lago, areia artificial na piscina e inclusivamente um caminho privado até à praia. Uma proposta gastronómica bastante variada!

183 qto ⌑ – ♦135/518 € ♦♦135/518 € – 9 suites

Av. do Cerro da Vila, Praia da Falésia, Oeste : 4,5 km ✉ *8126-910 Vilamoura*
– 𝒞 *289 320 700 – www.thelakeresort.com*
– *fechado dezembro-janeiro*

QUATRO ÁGUAS Faro ➜ Ver Tavira

QUELUZ

Lisboa – 26 248 h. – Alt. 125 m – Mapa regional n° **4**-B3
Mapa das estradas Michelin n° 592-P2

em Tercena Oeste : 4 km

😊 O Parreirinha   AC 🍽

TRADICIONAL · QUADRO REGIONAL X Não se deixe enganar pela fachada simples, pois escondido trás ela encontrará um restaurante bem liderado e com ainda melhor atendimento. Conta com varias salas de ar regional, em destaque a sala do fundo por ter lareira. Cozinha tradicional de doses generosas.

Lista 31/50 €

Av. Santo António 41 ✉ *2730-046 Barcarena –* 𝒞 *21 437 9311*
– *www.oparreirinha.com*
– *fechado sábado almoço e domingo*

QUINTA DA MARINHA Lisboa → Ver Cascais

QUINTA DO LAGO Faro → Ver Almancil

REDONDELO
Vila Real – 527 h. – Mapa regional n° **6**-B2
Mapa das estradas Michelin n° 591-G7

🏠 Casas Novas　　　　　　　　　　　⇧ ⪡ 🛏 🏊 🖼 ⅃⅃ ※ 🗓 ⅃ 🎴 🅿

EDIFÍCIO HISTÓRICO · CONFORTÁVEL Imponente casa senhorial do século XVIII que ainda conserva entre as suas pedras os pormenores característicos da arquitetura barroca. Reparte os quartos entre o edifício original e um anexo mais moderno, todos eles com amplos terraços com vistas para as montanhas. O seu restaurante elabora uma cozinha tradicional.

27 qto ⌂ – ♦60/75 € ♦♦70/100 €

Rua Visconde do Rosário 1, Casas Novas ✉ 5400-727 – ☏ 276 300 050
– www.hotelruralcasasnovas.com

REDONDO
Évora – 5 733 h. – Alt. 306 m – Mapa regional n° **1**-C2
Mapa das estradas Michelin n° 593-Q7

em Aldeia da Serra

🏠 Água d'Alte　　　　　　　　　　　　　🐾 🛏 ⅃ 🎴 🅿

CASA DE CAMPO · PERSONALIZADA Conjunto de construção actual, em forma de quinta, de localização puramente campestre. Possui uma sala de convívio rústica e quartos acolhedores, todos de traçado clássico-actual. Salão biblioteca muito agradável, com cozinha aberta e lareira.

8 qto ⌂ – ♦125/200 € ♦♦125/200 €

Aldeia da Serra 14 ✉ 7170-120 Redondo – ☏ 266 989 170 – www.aguadalte.com
– fechado de 16 a 30 de novembro e de 3 a 16 de janeiro

SAGRES
Faro – 1 909 h. – Mapa regional n° **2**-A2
Mapa das estradas Michelin n° 593-U3

na Praia do Martinhal Noreste : 3,5 km

🏠 Martinhal　　　　　⇧ 🐾 ⪡ ⅃ 🖼 ⅃⅃ ※ 🗓 ⅃ 🎴 ※ 🅿

RESORT · COMTEMPORÂNEA Este luxuoso hotel-resort, orientado para famílias e crianças, faz parte de um grande complexo rodeado por vilas e apartamentos. Disponibiliza quartos com mobiliário de design, numerosos serviços e vários restaurantes. O restaurante gastronómico localiza-se no edifício principal.

37 qto ⌂ – ♦185/580 € ♦♦185/580 €

Quinta do Martinhal ✉ 8650-908 Sagres – ☏ 282 240 200 – www.martinhal.com

SALREU
Aveiro – 3 815 h. – Alt. 50 m – Mapa regional n° **3**-A1
Mapa das estradas Michelin n° 591-J4

🍴 Casa Matos　　　　　　　　　　　　　　　　　🎴 ※ 🅿

REGIONAL · ÍNTIMA ※ Um negócio familiar localizado à beira da estrada. Conta com um bar na entrada, onde oferecem deliciosos petiscos e uma sala clássica-atual, distribuída em dois alturas. Cozinha regional elaborada com produtos de qualidade. Experimente a Patanisca de bacalhau!.

Lista 24/35 €

Rua Padre Antonio Almeida 7-A ✉ 3865-282 – ☏ 963 111 367 – fechado domingo

SANTA LUZIA Viana do Castelo → Ver Viana do Castelo

SANTA LUZIA
Faro – 1 455 h. – Mapa regional n° **2**-C2
Mapa das estradas Michelin n° 593-U7

⊙ Casa do Polvo Tasquinha 🛜 🏧 ⍋

REGIONAL · QUADRO MEDITERRÂNEO ⅹ Esta aldeia marinheira é conhecida em todo o país como "A Capital do Polvo", um dado fundamental para entender o amor gastronómico que aqui, em frente à Ria Formosa, sentem pelo popular polvo. Cozinha e ambiente marinheiro.

Lista 27/46 €

Av. Eng. Duarte Pacheco 8 ⊠ 8800-545 – ℰ 281 328 527 – www.casadopolvo.pt
– fechado 14 dias em novembro, 2ª feira salvo julho-setembro e 3ª feira

SANTA MARTA DE PORTUZELO Viana do Castelo → Ver Viana do Castelo

SANTARÉM
31 746 h. – Alt. 103 m – Mapa regional n° **4**-A2
Mapa das estradas Michelin n° 592-O3

🏠 Casa da Alcáçova ⍋ ⍾ 🎄 🏧 ⍙ 🅿

EDIFÍCIO HISTÓRICO · CLÁSSICA Esta casa senhorial do século XVII oferece algumas ruínas romanas, uma muralha antiga, uma vista maravilhosa para o rio Tejo, uma sala de estar elegante e quartos de estilo clássico.

12 qto ⌂ – †99/119 € ††105/155 €

Largo da Alcáçova 3 ⊠ 2000-110 – ℰ 243 304 030 – www.alcacova.com

SERTÃ
Castelo Branco – 6 196 h. – Mapa regional n° **3**-B3
Mapa das estradas Michelin n° 592-M5

⊙ Pontevelha ⍾ 🏧

REGIONAL · SIMPLES ⅹ Independente do hotel! Com uma sala de grande dimensão circular panorâmica, com magnífica vista, apresenta uma carta regional com grande diversidade de carnes grelhadas.

Lista 25/35 €

Hotel Convento da Sertã, Alameda da Carvalha ⊠ 6100-730 – ℰ 274 600 160
– www.santosemarcal.pt – fechado 2ª feira

⊙ Santo Amaro 🏧

REGIONAL · QUADRO CLÁSSICO ⅹ Sobressai desde o exterior com uma sala panorâmica com vista, de desenho moderno, onde está o snack-bar. Sala de jantar sóbria e de estilo clássico, oferece uma cozinha de inspiração regional.

Lista 23/36 €

Rua 1º de Dezembro 15 ⊠ 6100-597 – ℰ 274 604 115 – www.santosemarcal.pt
– fechado 4ª feira

🏠 Convento da Sertã ⍋ ⊡ 🎄 🏧 ⍙ 🅿

HISTÓRICO · MINIMALISTA Enquadrado num Convento Franciscano do século XVII. A imponente fachada, convida a entrar para um pequeno claustro, coberto, transformado em sala de estar. Disponibiliza uns quartos modernos e minimalistas, cada um personalizado com um pássaro da região.

25 qto ⌂ – †80/110 € ††90/140 €

Alameda da Carvalha ⊠ 6100-730 – ℰ 274 608 493
– www.conventodasertahotel.pt

⊙ **Pontevelha** – ver selecção restaurantes

SESIMBRA

Setúbal – 23 894 h. – Mapa regional nº **1**-A2
Mapa das estradas Michelin nº 593-Q2

ⅰ○ Ribamar   🛋 🆑 🕸

PEIXES E FRUTOS DO MAR · CONFORTÁVEL ✕✕ Dotado de uma sala principal em dois pisos com elegante decoração marítima, a cozinha deste restaurante é aberta com uma esplanada panorâmica de sonho. Peixe fresco acabado de chegar do mar, de excelente qualidade.

Menu 25/40 € – Lista 29/41 €

Av. dos Náufragos 29 ⊠ *2970-637 –* 𝒞 *21 223 4853*
– www.restauranteribamar.pt/pt

SESMARIAS Faro ➜ Ver Lagoa

SESMARIAS ➜ Ver Albufeira

SETÚBAL

90 640 h. – Mapa regional nº **1**-B2
Mapa das estradas Michelin nº 593-Q3

ⅰ○ Poço das Fontainhas   🛋 🆑 🕸

PEIXES E FRUTOS DO MAR · QUADRO TRADICIONAL ✕ Se quer peixe fresco do mar não encontrará um espaço melhor, com venda avulso e cozinhado sobretudo na grelha. Excelente aquário de marisco e uma vistosa montra de produtos.

Lista 25/40 €

Rua das Fontainhas 98 ⊠ *29010-082 –* 𝒞 *265 534 807*
– www.pocodasfontainhas.com – fechado 2ª feira

🏛 Do Sado   🀫 🌭 ⇐ 🖃 🕭 🆑 🕸 🎿 🚗

TRADICIONAL · COMTEMPORÂNEA Destaca-se pelas suas magníficas vistas, pois ocupa parcialmente um bonito palacete, com um anexo actual, situado na parte alta de Setúbal. Salas polivalentes, amplos quartos e uma esplanada requintada com guarda-sóis tipo "haimas". O restaurante está no terraço, razão pela qual tem um carácter panorâmico.

66 qto ⌑ – ✝60/150 € ✝✝70/200 €

Rua Irene Lisboa 1-3 ⊠ *2900-028 –* 𝒞 *265 542 800 – www.hoteldosado.com*

SINES

Setúbal – 13 200 h. – Mapa regional nº **1**-A3
Mapa das estradas Michelin nº 593-S3

☺ Cais da Estação   🕭 🆑 🕸

PEIXES E FRUTOS DO MAR · CONFORTÁVEL ✕ Ocupa uma antiga estação de comboio, um espaço com telhado de duas águas. Oferece um balção com uma excelente vitrina de peixe com um ambiente clássico e duas salas. Carta tradicional baseada na excelente qualidade dos seus produtos.

Menu 13 € – Lista 23/41 €

Av. General Humberto Delgado 16 ⊠ *7520-104 –* 𝒞 *269 636 271*
– www.caisdaestacao.com – fechado 2ª feira

na Praia de São Torpes Sudeste : 8,5 km

☺ Trinca Espinhas   ⇐ 🛋 🆑 🕸 🅿

GRELHADOS · SIMPLES ✕ Ocupa uma casa de madeira sobre a praia com uma decoração de ar marinheiro, uma vidraça aberta ao mar e uma maravilhosa esplanada. Carnes e peixes na brasa!

Lista 20/30 €

Praia de São Torpes ⊠ *7520-089 Sines –* 𝒞 *269 636 379 – só almoço salvo fins de semana de dezembro-maio – fechado novembro e 5ª feira*

SINTRA

Lisboa – 29 591 h. – Alt. 200 m – Mapa regional n° **4**-B3
Mapa das estradas Michelin n° 592-P1

🏨 Sintra Boutique H.   🕭 ⊡ & 📠 ❊ 🛁

BOUTIQUE HOTEL · FUNCIONAL Um hotel funcional-atual que surpreende tanto pela amabilidade do pessoal, como pelo equipamento, com um restaurante que aposta na cozinha tradicional. Quanto aos pequenos-almoços, são duas as propostas: à la carta nos quartos e tipo buffet na sala de refeições.

18 qto 😐 – †100/130 € ††140/180 €

Rua Visconde de Monserrate 48 ⊠ 2710-591 – 𝒞 21 924 4177
– www.sintraboutiquehotel.com

na estrada de Colares Oeste : 1,5 km

🏨 Tivoli Palácio de Seteais   🕭 🐦 ≼ 🛏 ⅄ ❤ ⊡ 📠 ❊ 🛁 🅿

EDIFÍCIO HISTÓRICO · GRANDE LUXO Magnífico palácio do século XVIII rodeado de jardins. Depois da sua elegante recepção encontrará várias salas de ar régio e excelentes quartos com mobiliário de época. O restaurante complementa-se com uma esplanada e um recinto semi-privado, este último numa preciosa sala oval.

30 qto 😐 – †400/1500 € ††430/1530 €

Rua Barbosa do Bocage 8 ⊠ 2710-517 Sintra – 𝒞 21 923 3200
– www.tivolihotels.com

na estrada da Lagoa Azul-Malveira Sudoeste : 7 km

✿ Lab by Sergi Arola   🎇 📠 ❊ 🚗

CRIATIVA · TENDÊNCIA XxX Íntimo, singular, autêntico, diferente... tudo o que transmite a personalidade deste mediático chef espanhol. Destaca tanto pela beleza da sala de refeições, que se assoma de um modo mágico ao campo de golfe, como pela sua criativa proposta culinária, de raízes mediterrânicas, mas com toques do excelente produto autóctone.

→ Raviolis de cavala, consomé e pó de azeitona preta do Alentejo. Caviar osetra e foie-gras. Laranja sanguínea.

Menu 95/130 € – Lista 78/137 €

Hotel Penha Longa H. ⊠ 2714-511 Sintra – 𝒞 21 924 9011 – www.penhalonga.com
– só jantar – fechado janeiro, fevereiro, domingo, 2ª feira e 3ª feira

✿ Midori   & 📠 ❊ ⟲ 🚗

JAPONESA · NA MODA XX Um restaurante exclusivo e de estética atual, que se ergue como o máximo expoente da cozinha japonesa em Portugal. Dos seus fogões sai uma aposta pela cozinha portuguesa com alma nipónica, pois tendo por base técnicas e modos de fazer orientais, trabalha-se o melhor produto local, nomeadamente os peixes. Só abrem para o jantar!

→ Mukozuke. Yakimono. Dezato.

Menu 95/130 € – Lista 73/114 €

Hotel Penha Longa H. ⊠ 2714-511 Sintra – 𝒞 21 924 9011 – www.penhalonga.com
– só jantar – fechado domingo e 2ª feira

🏨 Penha Longa H.   🕭 🐦 ≼ ⅄ 🎞 ⬢ ⅃♨ ❤ 🖼 ⊡ & 📠 🛁 🚗

GRANDE LUXO · HISTÓRICA Neste peculiar complexo, rodeado por um ambiente exclusivo, encontrará um palacete, monumentos do séc. XIV e quartos muito confortáveis, todos elegantes e com varanda. Com vistas tanto para o campo de golfe como para o Parque Natural. Os seus restaurantes sugerem uma variada oferta culinária de carácter internacional.

177 qto 😐 – †250/1000 € ††250/1000 € – 17 suites

⊠ 2714-511 Sintra – 𝒞 21 924 9011 – www.penhalonga.com

✿ **Lab by Sergi Arola** · ✿ **Midori** – ver selecção restaurantes

TAVIRA

Faro – 15 133 h. – Mapa regional n° **2**-C2
Mapa das estradas Michelin n° 593-U7

🍴 A Ver Tavira ❶   🏠 🅰🅲 🎿

MODERNA · QUADRO CLÁSSICO ✕✕ Situado em pleno centro histórico. Aqui oferecem uma boa cozinha ao gosto atual, com um cunho claramente mais gastronómico ao jantar. Varanda-sacada com fantásticas vistas!

Menu 45/75 € – Lista 42/60 €

Largo Abu-Otmane (calçada da Galeria 13) ✉ *8800-306 –* 𝒞 *281 381 363*
– www.avertavira.com – fechado janeiro, domingo jantar e 2ª feira salvo abril-setembro

em Quatro Águas

🏨 Vila Galé Albacora   🏠 🌣 ⛱ 🍳 🛌 🟢 🛁 🅰🅲 🎿 🏋 🅿

CADEIA HOTELEIRA · FUNCIONAL Localizado junto à ria, numa aldeia antiga de pescadores. Distribuído por vários edifícios baixos que rodeiam a piscina. Quartos alegres e funcionais, todos com varanda. O restaurante serve um buffet e uma pequena carta tradicional.

157 qto ⌑ – ♦75/186 € – ♦♦80/219 € – 6 suites

Sitio de Quatro Águas, Sul : 4 km ✉ *8800-901 Tavira –* 𝒞 *281 380 800*
– www.vilagale.pt – fechado 24 novembro-4 fevereiro

TERCENA Lisboa ➜ Ver Queluz

TERRUGEM

Portalegre – 1 251 h. – Mapa regional n° **1**-C2
Mapa das estradas Michelin n° 592-P7

😊 A Bolota   🅰🅲 🎿 🅿

TRADICIONAL · CONFORTÁVEL ✕✕ Um paraíso gastronómico na zona! Salas com um ambiente clássico regional e acolhedor. Apresenta uma cozinha tradicional portuguesa com pratos alentejanos e inovações na cozinha internacional. A qualidade-preço no menu de degustação é insuperável.

Menu 23/28 € – Lista 28/40 €

Rua Madre Teresa - Quinta das Janelas Verdes ✉ *7350-491 –* 𝒞 *268 656 118*
– fechado 29 julho-7 agosto, domingo jantar, 2ª feira e 3ª feira

TOMAR

Santarém – 18 206 h. – Alt. 75 m – Mapa regional n° **4**-B2
Mapa das estradas Michelin n° 592-N4

🏨 Dos Templários   🏠 🌣 ⛨ ⛱ 🍳 🛌 🏊 🍽 🔲 🅰🅲 🎿 🏋 🅿

TRADICIONAL · CLÁSSICA O seu nome é cúmplice da história local! Rodeado por majestosos jardins junto ao rio, com diversas salas de reuniões e quartos espaçosos, quase todos com varanda. O restaurante oferece tanto cozinha tradicional como de inspiração internacional.

167 qto ⌑ – ♦79/145 € – ♦♦104/217 € – 10 suites

Largo Cândido dos Reis 1 ✉ *2304-909 –* 𝒞 *249 310 100 – www.hoteldostemplarios.com*

TONDA

Viseu – 984 h. – Alt. 330 m – Mapa regional n° **3**-B2
Mapa das estradas Michelin n° 591-K5

😊 3 Pipos   🎲 🏠 🛌 🅰🅲 🎿 🔄 🅿

REGIONAL · RÚSTICA ✕✕ Esta casa familiar conta com um bar, uma loja gourmet e cinco salas de ambiente rústico-regional, todas com as paredes de granito e pormenores alusivos ao mundo do vinho. A sua ementa de cozinha caseira completa-se com pratos sugeridos.

Menu 20 € – Lista 22/32 €

Rua de Santo Amaro 966 ✉ *3460-479 –* 𝒞 *232 816 851 – www.3pipos.pt*
– fechado 27 agosto-3 setembro, domingo jantar e 2ª feira

TORREIRA

Aveiro – 2 745 h. – Mapa regional nº **3**-A1
Mapa das estradas Michelin nº 591-J3

na estrada N 327 Sul : 5 km

🏨 **Pousada da Ria**   🏠 🕸 ⋖ 🎄 🅰🅲 🔥 🅿

CADEIA HOTELEIRA · CLÁSSICA Esta confortável Pousada que, além de instalações muito aconchegantes, tem uma encantadora esplanada sobre as águas calmas da ria de Aveiro. A beleza do ambiente encontra eco na sala de jantar, onde propõem uma ementa de gosto tradicional.

24 qto 🖙 – 🛉95/250 € 🛉🛉120/270 €

Bico do Muranzel ✉ *3870-301 Torreira* – *𝒸 234 860 180* – *www.pousadas.pt*
– fechado janeiro e fevereiro

TRÓIA

Setúbal – Mapa regional nº **1**-A2
Mapa das estradas Michelin nº 593-Q3

🏨 **Tróia Design H.**   🏠 🎄 🎄 🏊 🆂🅿🅰 🔥 🚤 ⋔ 🅰🅲 🍴 🔥 🞉

LUXO · COMTEMPORÂNEA O melhor é a sua localização na Península de Tróia... um Parque Natural com extensas praias! Encontrará umas instalações modernas e de grande nível, com um completo SPA, quartos tipo apartamento e, num anexo, tanto um casino como um grande centro de conferências. Entre os seus restaurantes destaca-se o B&G, com a cozinha à vista do cliente.

144 qto 🖙 – 🛉119/269 € 🛉🛉119/269 € – 79 suites

Marina de Tróia ✉ *7570-789 Carvahal* – *𝒸 265 498 000*
– www.troiadesignhotel.com – fechado 15 novembro-27 dezembro

UNHAIS DA SERRA

Castelo Branco – 1 398 h. – Mapa regional nº **3**-C2
Mapa das estradas Michelin nº 592-L7

🏨 **H2otel**   🏠 🕸 ⋖ 🎄 🆂🅿🅰 🔥 🚤 ⋔ 🅰🅲 🍴 🔥 🞉

SPA E BEM ESTAR · CLÁSSICA Tranquilo, isolado e com um design de destaque. Conta com amplos espaços de convívio, quartos ao mais alto nível, um SPA-balneário completo com tratamentos à base de águas sulfurosas e um restaurante luminoso. Os preços dos quartos incluem AquaLudic!

84 qto 🖙 – 🛉90/250 € 🛉🛉130/250 € – 6 suites

av. das Termas ✉ *6201-909* – *𝒸 275 970 020* – *www.h2otel.com.pt*

VALE DE AREIA Faro → Ver Ferragudo

VALE FORMOSO Faro → Ver Almancil

VALENÇA DO MINHO

Viana do Castelo – 3 430 h. – Alt. 72 m – Mapa regional nº **6**-A1
Mapa das estradas Michelin nº 591-F4

dentro das Muralhas

🏨 **Pousada São Teotónio - Valença**   🏠 🕸 ⋖ 🔥 🅰🅲 🞉

CADEIA HOTELEIRA · RÚSTICA Esta pousada localizada num dos extremos da muralha dispõe de uma vista panorâmica privilegiada sobre as águas do Minho. Os quartos, totalmente equipados, oferecem um conforto clássico. O restaurante, que ocupa uma sala com grandes janelas e magníficas vistas, oferece uma cozinha fiel às receitas tradicionais de Portugal.

18 qto 🖙 – 🛉79/195 € 🛉🛉85/195 €

Baluarte do Socorro ✉ *4930-619 Valença do Minho* – *𝒸 251 800 260*
– www.pousadavalenca.pt

VALHELHAS
Guarda - 396 h. - Mapa regional nº **3**-C2
Mapa das estradas Michelin nº 591-K7

⅏○ **Vallecula** ⒜Ⓒ ⌘

TRADICIONAL · RÚSTICA ⅄ Negócio de organização familiar instalado numa antiga casa que surpreende pela sua rude fachada de pedra. Ambiente rústico e cozinha fiel às receitas tradicionais portuguesas.
Lista 20/30 €
Praça Dr. José de Castro 1 ⊠ 6300-235 – 𝒞 275 487 123 – fechado setembro, domingo jantar e 2ª feira

VIANA DO CASTELO
30 228 h. - Mapa regional nº **6**-A2
Mapa das estradas Michelin nº 591-G3

⊛ **Tasquinha da Linda** 🏠 ⒜Ⓒ ⌘

PEIXES E FRUTOS DO MAR · CONVIVIAL ⅄ Os proprietários são vendedores grossistas de peixe, um detalhe básico da orientação do negócio. As suas instalações charmosas situam-se num antigo armazém do molhe, possui grandes viveiros e é especializado em peixes e mariscos, não servem pratos de carne.
Lista 25/44 €
Rua dos Mareantes A-10 ⊠ 4900-370 – 𝒞 258 847 900
– www.tasquinhadalinda.com – fechado 15 dias em janeiro, 15 dias em outubro e domingo

🏨 **Axis Viana**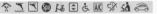

SPA E BEM ESTAR · MODERNA Surpreende tanto pelo seu design exterior, realmente espetacular, como pelo seu grande hall, o lobby-bar, a sua luminosa zona de convívio e os seus quartos modernos, todos devidamente equipados. Restaurante simples, com serviço de buffet e menu, e... um enorme SPA com 2600 m²!
81 qto ⊿ – ⑆60/150 € ⑆⑆70/200 € – 6 suites
Av. Capitão Gaspar de Castro ⊠ 4900-462 – 𝒞 258 802 000
– www.axishoteis.com

🏨 **Casa Melo Alvim** ⌂ ⊡ ⒜Ⓒ ⅏ Ⓟ

EDIFÍCIO HISTÓRICO · PERSONALIZADA Uma casa senhorial do século XVI que, isso sim, exibe diferentes estilos artísticos como consequência das sucessivas ampliações. Zona de convívio com lareira e quartos com mobiliário português, de uma forma geral.
16 qto ⊿ – ⑆70/140 € ⑆⑆90/220 € – 4 suites
Av. Conde da Carreira 28 ⊠ 4900-343 – 𝒞 258 808 200 – www.unlockhotels.com

em Santa Marta de Portuzelo Norte : 5,5 km

⊛ **Camelo** 🏠 ⒜Ⓒ ⌘ ⇆ Ⓟ

REGIONAL · SIMPLES ⅄⅄ Conseguiu ganhar nome na zona, pois combina acertadamente o serviço à la carte e a organização de grandes eventos; de facto, no jardim dispõem de uma enorme tenda para banquetes. Enaltecem os valores da autêntica cozinha minhota!
Lista 23/34 €
Rua de Santa Marta 119 - Estrada N 202 ⊠ 4925-104 Viana do Castelo
– 𝒞 258 839 090 – www.camelorestaurantes.com – fechado 2ª feira

em Santa Luzia Norte : 6 km

🏨 **Pousada Viana do Castelo** ⌂ ⊛ ≼ 🍴 ⊼ ⊡ ⊡ ⒜Ⓒ ⌘ ⅏ Ⓟ

CADEIA HOTELEIRA · CLÁSSICA Singular, ocupa um edifício de inícios do século XX com uma vista esplendorosa para o mar e para o estuário do Rio Lima. O melhor são os terraços, mas também se destaca pelo seu elegante interior de linha clássica e o seu charmoso restaurante, com cozinha tradicional e internacional.
51 qto ⊿ – ⑆110/272 € ⑆⑆110/272 €
Monte de Santa Luzia ⊠ 4901-909 Viana do Castelo – 𝒞 258 800 370
– www.pousadas.pt

VIDAGO
Vila Real – 1 204 h. – Alt. 350 m – Mapa regional n° **6**-B2
Mapa das estradas Michelin n° 591-H7

🏨🏨 Vidago Palace   ✿ ⬡ 🛏 ⌁ 🗔 🌐 🎱 🖼 🖨 🄰🄲 🏊 🅿

GRANDE LUXO · REQUINTADA Um dos emblemas da hotelaria portuguesa! É magnífico e está instalado num imponente edifício que se destaca tanto pelas suas zonas nobres, com uma esplêndida escada, como pelos seus quartos. Também oferece um SPA, um campo de golfe e dois restaurantes, um deles no antigo salão de baile.

56 qto ⌂ – ♦160/250 € ♦♦180/300 € – 14 suites

parque de Vidago ✉ 5425-307 – 𝒞 276 990 900
– www.vidagopalace.com

VIEIRA DO MINHO
Braga – 2 239 h. – Alt. 390 m – Mapa regional n° **6**-B2
Mapa das estradas Michelin n° 591-H5

em Caniçada Noroeste : 7 km

🏨 Pousada da Caniçada-Gerês   ✿ ⬡ ⬔ 🛏 ⌁ ⅙ 🄰🄲 ✄ 🏊 🅿

CADEIA HOTELEIRA · REGIONAL Encontra-se num lugar alto e afastado que surpreende pelas suas magníficas vistas para a serra do Gerês e o rio Cávado. Oferece instalações de estilo rústico, quartos bem equipados e um agradável restaurante que segue fielmente as receitas tradicionais.

36 qto ⌂ – ♦80/262 € ♦♦90/272 €

Estrada N 304 (av. da Caniçada 1518) ✉ 4850-054 Caniçada – 𝒞 21 040 7650
– www.pousadas.pt

VILA DO CONDE
Porto – 28 636 h. – Mapa regional n° **6**-A2
Mapa das estradas Michelin n° 591-H3

em Areia pela estrada N 13 - Sudeste : 4 km

🍴 Romando   ⅙ 🄰🄲 ✄ ⟳ 🅿

TRADICIONAL · QUADRO CONTEMPORÂNEO XX Fica situado num bairro nos arredores da Areia e apresenta-se com uma grande sala de estilo moderno. Cozinha tradicional portuguesa, com boa selecção de arrozes e alguns mariscos.

Lista 35/55 €

Rua da Fonte 221 ✉ 4480-088 Vila do Conde – 𝒞 252 641 075
– www.romando.pt

VILA NOVA DE CACELA
Faro – 3 902 h. – Mapa regional n° **2**-C2
Mapa das estradas Michelin n° 593-U7

ao Norte 6,5 km

🍴 Vistas   ⬔ �იπ ⅙ 🄰🄲 ✄ ⟳ 🅿

PORTUGUESA · QUADRO CLÁSSICO XxX Tem um encanto especial, possui um ambiente clássico-elegante pouco habitual e uma esplanada sobre o campo de golf. Pode pedir pratos à la carta dos seus diferentes menus!

Menu 73/95 € – Lista 65/84 €

Sitio de Pocinho-Sesmarias (Monte Rei Golf & Country Club) ✉ 8900-907
– 𝒞 281 950 950 – www.monte-rei.com – só jantar
– fechado novembro-fevereiro, domingo e 2ª feira

Está bom tempo? Aproveite o prazer de comer na esplanada: 🌁

VILA NOVA DE CERVEIRA

Viana do Castelo – 1 432 h. – Mapa regional nº **6**-A1
Mapa das estradas Michelin nº 591-G3

em Gondarém pela estrada N 13 - Sudoeste : 4 km

🏠 Boega   🗇 🦮 🛋 🍸 ⚒ Ⓐ/Ⓒ 🍴 ⚿ 🅿

MANSÃO · TRADICIONAL Esta casa senhorial, com agradáveis exteriores, distribui os seus quartos em três edifícios, albergando no núcleo principal, os quartos mais clássicos e luxuosos, quase todos com vistas para o Minho. O restaurante, também de estilo clássico, centra a sua oferta num buffet correto.

27 qto ⌂ – ♦45/80 € ♦♦55/110 € – 2 suites

Quinta do Outeiral ⊠ *4920-061 Gondarém –* 𝄐 *251 700 500*
– www.boegahotel.com
– aberto abril-setembro e fins de semana resto do ano

VILA NOVA DE FAMALICÃO

Braga – 8 478 h. – Alt. 88 m – Mapa regional nº **6**-A2
Mapa das estradas Michelin nº 591-H4

em Portela Nordeste : 8,5 km

🍴O Ferrugem   Ⓐ/Ⓒ ⚿

MODERNA · NA MODA XX Muito atrativo, pois esconde-se num... antigo estábulo! Na sua sala, com altíssimos tetos e ambiente rústico-moderno, poderá descobrir uma cozinha atual de tendência criativa.

Menu 40/56 € – Lista 40/50 €

estrada N 309, Rua das Pedrinhas 32 ⊠ *4770-379 Portela –* 𝄐 *252 911 700*
– www.ferrugem.pt
– fechado de 16 a 31 de agosto, domingo jantar e 2ª feira

VILA NOVA DE GAIA

Porto – 30 147 h. – Mapa regional nº **6**-A3
Mapa das estradas Michelin nº 591-I4

ver planta do Porto

🕄🕄 The Yeatman   ⅋⅋ ≼ 🏠 ⅄ Ⓐ/Ⓒ ⚿ 🚗

CRIATIVA · ELEGANTE XxxX Todo o mundo sabe que a cidade do Porto possui um encanto especial, atemporal, quase mágico; o que já nem toda a gente sabe é que um dos lugares para a contemplar se encontra na ribeira de Vila Nova de Gaia, do outro lado do Douro. É precisamente aqui, no hotel The Yeatman, que vamos encontrar este maravilhoso restaurante panorâmico.

O chef Ricardo Costa, natural de Aveiro, oferece uma cozinha criativa que se constrói tendo por base dois pilares, a gastronomia tradicional portuguesa e o uso dos melhores produtos da estação, tratados com uma delicadeza extrema e um evidente domínio técnico.

Onde é que vamos encontrar esse "plus" de que estamos a falar? Na sala de jantar, de elegante linha clássica e com grandes janelas, mas, sobretudo, na espetacular esplanada, que se assoma sobre a parte mais bela da cidade para que contemplemos as famosíssimas caves (Taylor, Ferreira, Sandeman...) e a bucólica ponte D. Luís I, inaugurada em 1886 e declarada Património da Humanidade.

➜ Carabineiro, meloa, presunto e estragão. Leitão, jalapeño, coentros e chilli. Mascarpone, lima kaffir e baunilha.

Menu 140/170 € – só menu

Planta : C3-a – *Hotel The Yeatman, Rua do Choupelo (Santa Marinha)*
⊠ *4400-088 –* 𝄐 *22 013 3100*
– www.theyeatman.com
– só jantar – fechado janeiro e 2ª feira

ⓘ○ The Blini　　　　　　　　　　　⟨ 🆔 🅿

TRADICIONAL · CONFORTÁVEL ✕✕ Um restaurante que encanta pelas sua espetacular vista, tanto para o Porto como para as águas do Douro. Cozinha tradicional e atual, com uma grande oferta de menus e deliciosos arrozes.

Menu 19/95 € – Lista 35/65 €

Planta : G3-k – Rua General Torres 344 ✉ 4430-107 – ☎ 22 405 5306
– www.theblini.com – fechado domingo no inverno

🏨🏨 The Yeatman　　　　🛎 ⟨ 🛏 ⌁ 🎬 🆒 🅜 🍴 🛗 🆔 🏛 🚗

GRANDE LUXO · REQUINTADA Impressionante conjunto escalonado numa zona de caves, em frente à zona histórica da cidade. Possui uns quartos de traçado clássico-actual, todos dotados de varanda e muitas delas personalizadas com temas alusivos da cultura vitivinícola.

89 qto ⌘ – 🛏225/580 € 🛏🛏255/610 € – 20 suites

Planta : C3-a – Rua do Choupelo (Santa Marinha) ✉ 4400-088 – ☎ 22 013 3100
– www.theyeatman.com

✿✿ **The Yeatman** – ver selecção restaurantes

VILA VIÇOSA
Évora – 5 023 h. – Mapa regional n° **1**-C2
Mapa das estradas Michelin n° 593-P7

ⓘ○ Narcissus Fernandesii　　　　🏡 🛗 🆔 🆒 🛜 🚗

INTERNACIONAL · ELEGANTE ✕✕ Surpreende pelo seu nome, faz referência a uma planta, praticamente extinta, que só cresce em algumas pedreiras de mármore. Oferecem elegância e pratos de sabores atuais.

Lista 48/67 €

Hotel Alentejo Marmòris, Largo Gago Coutinho 11 ✉ 7160-214 – ☎ 268 887 010
– www.alentejomarmoris.com

🏨🏨 Pousada Convento Vila Viçosa　　🛎 🛜 🛏 ⌁ 🍴 🛗 🆔 🏛 🅿

EDIFÍCIO HISTÓRICO · TRADICIONAL Situado no antigo convento real de As Chagas de Cristo, que data de princípios do século XVI. O seu interior prevalece a herança histórica com muito confortável, fazendo girar as zonas comuns, no geral de traçado clássico-elegante, em volta do claustro. Sala para pequenos-almoços com o tecto abobadado e sala de refeições luminosa.

34 qto ⌘ – 🛏90/130 € 🛏🛏105/230 € – 5 suites

Convento das Chagas - Terreiro do Paço ✉ 7160-251 – ☎ 268 980 742 – www.pousadas.pt

🏨🏨 Alentejo Marmòris　　⌁ 🎬 🆒 🍴 🛗 🛗 🆔 🆒 🏛 🚗

PARTICULAR · CLÁSSICA Um hotel bastante singular, é propriedade de um empresário do mármore e esse detalhe é evidente uma vez que este material está presente em todo o lado. Decoração clássica e conforto atuais, com algumas banheiras integradas dentro do próprio quarto.

44 qto ⌘ – 🛏135/170 € 🛏🛏150/185 € – 3 suites

Largo Gago Coutinho 11 ✉ 7160-214 – ☎ 268 887 010 – www.alentejomarmoris.com

ⓘ○ **Narcissus Fernandesii** – ver selecção restaurantes

VILAMOURA Faro → Ver Quarteira

VISEU
40 236 h. – Alt. 483 m – Mapa regional n° **3**-B1
Mapa das estradas Michelin n° 591-K6

✿ Muralha da Sé　　　　　　　　　🆔 🆒 🛜

TRADICIONAL · RÚSTICA ✕✕ Singular e bem localizado para o turista, dado que se encontra... praticamente em frente à Catedral! Tem um pequeno hall, uma agradável sala de jantar, com as paredes em pedra e lareira, assim como um espaço mais que faz a função de privado. Cozinha tradicional portuguesa.

Lista 20/35 €

Adro da Sé 24 ✉ 3500-195 – ☎ 232 437 777 – www.muralhadase.com – domingo jantar e 3ª feira

⛫ Pousada de Viseu ⌂ ☗ ▣ 🛗 ⊡ ♿ AC 👓 🅿

EDIFÍCIO HISTÓRICO · CONFORTÁVEL Instalado no antigo hospital de São Teotónio, este lindo edifício de 1842 dispõe de um agradável pátio coberto e quartos de estilo moderno, aqueles que encontram-se no último andar possuem varanda. O restaurante combina estética moderna com menu tradicional.

81 qto ⌷ – ⋔85/165 € ⋔⋔85/165 € – 3 suites

Rua do Hospital ⊠ *3500-161 –* 𝒞 *232 456 320 – www.pousadas.pt*

⛫ Casa da Sé ⊡ AC 👓

EDIFÍCIO HISTÓRICO · HISTÓRICA Procura um hotel com charme? Pernoite nesta casa nobiliária do séc. XVIII, um edifício que soube manter toda a sua essência tanto na sua cuidada recuperação, assim como num mobiliário de outrora que... pode ser adquirido!

12 qto ⌷ – ⋔75/150 € ⋔⋔85/160 €

Rua Augusta Cruz 12 ⊠ *3500-088 –* 𝒞 *232 468 032 – www.casadase.net*